실 제 인 물 | 실 제 선 택

솔로몬의 마케팅 ^{제 9 판}

Michael R. Solomon, Greg W. Marshall, Elnora W. Stuart 지음

황용철, 강민정, 김미리, 손민희, 전주언, 황연희 옮김

Σ 시그마프레스

솔로몬의 마케팅 : 실제 인물 실제 선택, 제9판

발행일 2019년 2월 25일 1쇄 발행

저 자 Michael R. Solomon, Greg W. Marshall, Elnora W. Stuart
역 자 황용철, 강민정, 김미리, 손민희, 전주언, 황연희
발행인 강학경
발행처 (주) 시그마프레스
디자인 우주연
편 집 이호선

등록번호 제10-2642호
주소 서울특별시 영등포구 양평로 22길 21 선유도코오롱디지털타워 A401~402호
전자우편 sigma@spress.co.kr
홈페이지 http://www.sigmapress.co.kr
전화 (02)323-4845, (02)2062-5184~8
팩스 (02)323-4197

ISBN 979-11-6226-141-5

MARKETING: REAL PEOPLE, REAL CHOICES, 9th Edition

＊책값은 책 뒤표지에 있습니다.

이 도서의 국립중앙도서관 출판예정도서목록(CIP)은 서지정보유통지원시스템 홈페이지(http://seoji.nl.go.kr)와 국가자료공동목록시스템(http://www.nl.go.kr/kolisnet)에서 이용하실 수 있습니다.(CIP제어번호 : CIP2019005553)

▶ 역자 서문

솔로몬, 마샬, 스튜어트의 *Marketing: Real People, Real Choices* 8판 번역을 출판사로부터 의뢰를 받고는 100여 일이 넘도록 숙고에 숙고를 거듭했다. 우선은 7판 번역진에 참여하거나 기여한 바가 전혀 없었기 때문이다. 이 분들께 누가 되어서는 안 되겠다는 일념에 결심이 망설여졌고, 7판 번역서를 몇 번이고 다시 읽고, 읽었다.

시그마프레스의 문정현 부장님과 끊임없는 소통 끝에 8판 번역에 착수해야겠다고 결심을 했다. 그런데 그 사이 9판이 출간되어 9판으로 재번역 작업을 진행하고, 번역진도 9판에 맞게 변경했다. 삼고초려 끝에 1년여의 시간을 함께해주신 강민정 교수님(목포대), 김미리 교수님(서강대), 손민희 교수님(동국대 경주캠퍼스), 전주언 교수님(안양대), 그리고 황연희 교수님(경성대)께 머리 숙여 거듭 고맙고 감사한 마음을 전한다. 특히 교내외 학과장 등 여러 보직 수행에 한참임에도 불구하고 마케팅 번역서에 대한 소명의식과 투철한 마케팅 교육관으로 독자 여러분과 마케팅 후학들에게 귀감이 되어주셨다.

원서가 말하려는 바를 충실히 잘 전달했는지 평가할 수 있는 권리는 이 번역서를 읽고 있는 독자 분들의 몫이라고 생각한다. 번역이 가지는 한계를 극복하기 위해 나름 최대한 성의를 다해 보았지만 그럼에도 불구하고 여기저기서 부족하고 매끄럽지 못한 부분들이 발견될 것에 어려운 마음을 금할 길이 없다. 이 부분들은 다음 판에서 수정 · 보완해 나갈 것임을 약속드린다.

사실, '상표가치제안(brand value proposition)'이라는 키워드에 매료되어 이 긴 여정을 시작하였는지도 모르겠다. 현대 마케팅을 새로운 관점에서 전개하고 있는 원저자들의 마케팅에 대한 생각을 번역 과정을 통해 어렵지 않게 번역진과 공감할 수 있었다. 이 책은 온-오프라인 더 나아가서 마케팅 4.0 시대를 맞이하여 마케팅의 새로운 방향을 제시하고 있다. 기존의 마케팅 도서와는 확연히 다른 관점을 개척하고 있는 솔로몬, 마샬 그리고 스튜어트에게 학문적인 존경과 무한한 신뢰를 보낸다.

번역하는 중간 중간 포기하고 싶은 마음도 들었지만, 함께 격려하고 독려해주신 번역진 여러분 그리고 문정현 부장님을 비롯한 출판사 관계자 분들의 도움으로 이 책이 세상에 나와 빛을 보게 되었음을 솔직히 고백한다.

끝으로, 좋은 연구 환경을 제공해주시고 계신 소속 대학교의 총장님과 학과 교수님들께 심심한 감사의 말씀을 올린다.

2019년 2월
대표 역자 씀

▶ 저자 서문

제9판에서 무엇이 새로운가?

제9판의 새로운 점은 곧 마케팅의 새로운 점이다. 간단히 말해서, 우리는 오늘날 마케팅의 새로운 개념이 세 가지 핵심 문제(가치, 분석 및 통계, 윤리적이고 지속 가능한 마케팅)를 해결하도록 해야 한다. 이번 판에서 변경한 내용의 예는 다음과 같다.

- 오늘날의 마케팅 담당자는 '숫자를 좋아하는 사람'이 되어야 한다. 점점 더 많은 기업들이 데이터에 기반하고 있으며, 정교한 분석을 통해 조직이 즉시 사용할 수 있는 옵션을 혁신하여 가치를 창출, 제공, 측정하고 있다. 이 책은 매 버전마다 분석 및 통계에 대한 마케팅 원칙 목록을 지속적으로 주도하고 있으며, 이 판에서는 마케팅 담당자가 '새로운 툴을 활용하는 방법'을 파악하기 위해 이 적용 범위를 크게 확대하였다. 또한 이번 판에서는 마케팅 담당자가 고객 요구 사항을 파악하고 충족하기 위해 노력하는 과정에서 '빅데이터'를 이해하고 활용할 수 있는 흥미로운 새로운 툴을 어떻게 사용하는지를 보여주기 위해 이러한 적용 범위를 지속적으로 확대하였다. 이 책 전반에 걸쳐 이러한 점을 강화하기 위해 각 장에서는 주요 마케팅 개념을 측정하는 몇 가지 중요한 방법을 설명하는 핵심 계량지표 글상자를 제공하며, 각 장 마지막에 마케팅 계량지표 적용하기를 포함하였다.
- 제8판에서는 새로운 빅데이터 및 마케팅 분석이라는 새롭고 중요한 주제에 전체 장(제5장)을 할애한 최초의 마케팅 원론 교과서가 된 것을 자랑스럽게 생각한다. 제9판에서는 이 장을 확대해서 수많은 새로운 핵심 용어, 실습에 대한 개념을 연결하기 위한 더 많은 적용 사례, 그리고 이 훌륭한 장의 자료를 더 잘 설명하기 위한 새로운 표와 그림을 일부 추가했다.
- 제9판은 윤리적이고 지속 가능한 마케팅의 중요성에 대해 중점을 둔다. 이 주제는 오늘날의 학생들에게 매우 중요하기 때문에 윤리적 문제에 대한 내용은 앞부분인 제2장에서 다룬다. 학생들이 기본적으로 마케팅이 무엇인가에 관해 이해하게 되면, 그것이 어떻게 되어야 하는지를 배우기 시작한다. 그리고 각 장에서는 헤드라인에서 가져온 사례 : 실제 상황에서 윤리적/지속 가능한 의사결정 글상자를 제공한다. 여기서 우리는 문제가 되는 마케팅 실습을 설명하고 나서 학생들에게 이 주제에 대한 의견을 묻는다. 이러한 글상자 14개는 모두 제9판에서 새롭게 추가된 것으로, 코카콜라, 치폴레, 폭스바겐, 킴벌리 클락, 그리고 올스타(스너기)와 같은 관심 있는 회사들을 포함한다.
- 각 장 마지막에서 마케팅 행동 사례라는 주제를 계속 다루고 있으며, 이 중 13개는 제9판에서 새롭게 선보였다. 이러한 마케팅 사례에서 다루는 흥미로운 문제와 기회를 제공하는 열정적인 기업으로는 겟피드백, 에어버스, 스프링, 페이스북, 디즈니, 타깃 및 소바가 있다.
- 의사결정에 초점을 둔 실제 인물들은 이 책의 각 장을 구성하는 특징들 중 하나다. 제9판은 7개의 새로운 삽화(전체의 50%)로 이 전통을 이어간다. 이 새로운 삽화에는 트위터, 캠벨 수프, 웨이트 와처스, 레비 스트라우스, 퀘이커, BDP 인터내셔널, 피치(버거킹의 광고 대행사)의 간부가 포함된다.

● 마지막으로 이 책은 내용의 최신성을 강조한다. 오늘날의 학생들은 오늘날 그리고 내일까지 마케팅 세계에서 무슨 일이 벌어지는지 우리가 예측할 수 있는 범위 안에서 알 권리가 있다. 다음은 제9판에서 소개하는 새로운 핵심 용어 샘플이다.

제1장

기업 책임(accountability)

투자수익(return on marketing investment: ROMI)

모바일 마케팅(mobile marketing)

사용자 제작 콘텐츠(user-generated content, also referred to as consumer-generated content)

기업 시민의식(corporate citizenship)

스크린 중독(screen addicts)

그로스 해커(growth hackers)

하울 비디오(haul videos)

경쟁우위(competitive advantage)

소비자 중독(consumer addiction)

웹 1.0(Web 1.0)

웹 3.0(Web 3.0)

웹 4.0(Web 4.0)

클라우드(cloud)

포지셔닝(positioning)

제2장

아랍의 봄(Arab Spring)

온실효과(Greenhouse Effect)

지구온난화(global warming)

세계 은행(World Bank)

국제통화기금(International Monetary Fund, IMF)

환율(foreign exchange rates)

국제 수지(balance of payments)

BRICS 국가(BRICS countries)

드론(drones)

무인 항공기(unmanned aerial vehicles, UAV)

제3장

시장 계획(market planning)

활동 계량지표(activity metrics)

결과 계량지표(outcome metrics)

선행 지표(leading indicators)

제4장

시장 조사 온라인 커뮤니티(market research online community, MROC)

기계적 관찰(mechanical observation)

시선 추적 기술(eye tracking technology)

내적 타당성(internal validity)

외적 타당성(external validity)

제5장

마테크(mar-tech)

마케팅 자동화(marketing automation)

채널 파트너 모델(channel partner model)

감정 분석(emotion analysis)

디지털 마케팅 채널(digital marketing channels)

A/B 실험(A/B test)

랜딩 페이지(landing page)

이탈률(churn rate)

판매 마진(margin on sales)

제6장

환기상표군(evoked set)

고려상표군(consideration set)

결정속성(determinant attributes)

보완적 결정규칙(compensatory decision rules)

멀티태스킹(multitasking)

리치 미디어(rich media)

새드버타이징(sadvertising)

양심적 소비자 운동(conscientious consumerism)

제7장

세대별 마케팅(generational marketing)

디지털 원주민(digital natives)

구매력(buying power)

조직인구통계(organizational demographics)
포지셔닝 설명서(positioning statement)
브랜드 의인화(brand anthropomorphism)

제8장
기술적 성공(technical success)
상업적 성공(commercial success)
베타 테스트(beta test)
최첨단 기술(bleeding edge technology)

제9장
브랜드 희석(brand dilution)
지속 가능한 포장(sustainable packaging)
모방 포장(copycat packaging)

제10장
수직적 통합(vertical integration)
통제를 위한 제품 구매(shopping for control)
키스토닝(keystoning)
고/저 가격 전략(high/low pricing)
판촉 가격 전략(promo pricing)
가격 세분화(price segmentation)
최고 부하 가격 결정(peak load pricing)
탄력 요금제(surge pricing)
피라미드의 하단 가격 결정(bottom of the
　　pyramid pricing)
유인 가격 결정(decoy pricing)
위신가격 방식 또는 프리미엄 가격 방식
　　(prestige pricing or premium pricing)

제11장
직접 경로(direct channel)
제품 전환(product diversion)
전환자(diverter)
회색 시장(gray market)
수평 적재(level loading)
구독 상자(subscription boxes)

제12장
체험적 판촉(experiential merchandising)
목적 소매상(destination retailer)

옴니 채널 마케팅[omnichannel(omni-channel)
　　marketing]
조직적 소매 범죄(organized retail crime,
　　ORC)
비콘 마케팅(beacon marketing)
전자 지갑(digital wallets)
공정무역공급자(fair trade suppliers)
분리소매(bifurcated retailing)
서비스(services)

제13장
비교 광고(comparative advertising)
브랜드 스토리텔링(brand storytelling)
삶의 단편 광고(slice-of-life advertising)
라이프스타일 광고(lifestyle advertising)
광고 조작(ad Fraud)
광고 블로킹(ad blocking)
모바일 납치(mobile hijacking)
검색엔진(search engines)
검색 마케팅(search marketing)
검색엔진 마케팅(search engine marketing,
　　SEM)
후원 검색 광고(sponsored search ads)
텍스트 메시지 광고(text message advertising)
수익화(monetize)
앱 내 광고(in-app advertising)
QR 코드 광고(QR code advertising)

제14장
파트너 관계 관리(partner relationship
　　management, PRM)
재택근무(telecommute)
가상 사무실(virtual office)
핵심 관리대상(key account)
다기능 팀(cross-functional team)
다수준 판매(multilevel selling)
직접 판매(direct selling)
영상 보도자료(video news release, VNR)
삭퍼핏팅(sock-puppeting)
유료 영향력자 프로그램(paid influencer
　　programs)

제9판 실제 인물, 실제 선택의 특징

실제 마케팅 담당자 만나기

실제 인물, 실제 선택의 많은 부분은 제9판에서 새롭게 추가되었고, CEO에서 브랜드 매니저에 이르기까지 다양한 의사결정자들을 포함하고 있다. 이 책은 다음의 사람들을 포함한다.

- 마이클 바움올, 트위터
- 키스 서터, 존슨앤존슨
- 돈디나 브래들리, 웨이트워처스
- 베키 프랑키에비치, 퀘이커 식품
- 닐 골드만, 언더아머
- 제니퍼 세이, 레비 스트라우스
- 스테퍼니, 오라클
- 스탠 클라크, 에스키모 조

마케팅에서의 윤리와 지속 가능성

사업과 마케팅에서의 윤리와 지속 가능성의 역할이 매우 중요하기 때문에, 우리는 이 책의 개별 장뿐만 아니라 모든 장에서 이 주제들을 강조한다. 헤드라인에서 가져온 사례 글상자는 매일 마케팅 담당자들이 직면하는 윤리적이고 지속 가능한 의사결정의 실제 사례를 포함한다.

따라 하기 쉬운 마케팅 계획 견본

제9판은 여러분이 이 책의 진도를 나갈 때 활용할 수 있고, 마케팅 계획을 쉽게 만들 수 있는 유용한 견본을 제3장 마지막에 실었다. 이 견본은 각 장의 마케팅 개념을 체계화하고 자신의 견고한 마케팅 계획을 창출하는 체계를 제공한다.

부록 A : 마케팅 계획

가상의 회사에 대한 기본적인 마케팅 계획을 제공한다. 확장된 예시는 학생들에게 수업 프로젝트를 위한 완벽한 마케팅 계획을 짜는 데 필요한 기초를 제공해준다. 또한 이 계획에는 학생들이 자신의 계획을 개발하면서 묻는 많은 질문에 답하는 '방법'에 관한 지침이 포함되어 있다.

부록 B : 마케팅 경력에서의 당신의 미래

마케팅 분야에서 성공적이고 보람 있는 커리어를 계획하는 방법에 대한 학생들에게 지침을 제공한다. 성공은 직업 시장의 필요를 충족시켜주는 독특한 브랜드를 스스로 개발하는 것에 기초를 두고 있다. 진로 안내 지침서는 비판적 사고와 구체적인 행동을 위해 각 단계에서의 제안과 함께 마케팅 계획의 단계를 따른다.

스터디 맵

각 장 뒷부분에는 목표 요약, 핵심 용어, 연습문제—개념 : 지식 확인하기, 실행 : 배운 것 적용하기, 개념 : 마케팅 계량지표 적용하기, 선택 : 당신은 어떻게 생각하는가?, 미니 프로젝트 : 행하면서 배우기 등—를 포함하는 통합적 스터디 맵이 학생들을 위해 제시된다. 이들 평가들을 완성함으로써 학생들과 강사들이 학습의 최대 성과를 달성할 수 있다.

마케팅 계량지표를 통한 마케팅의 가치 측정

마케팅 담당자들은 어떻게 기업에 가치를 더할까? 그리고 그 가치가 어떻게 정량화될 수 있을까? 점점 더 많은 기업들이 책임을 요구하며, 마케팅 담당자들은 특정 마케팅 활동이 자사의 투자수익(ROI)에 어떠한 직접적인 영향을 미치는지를 보여주는 다양한 '성과표'를 개발하면서 반응한다. 그리고 업무상, 마케팅 담당자들이 내리는 의사결정은 좋은 오래된 마케팅 본능과 결합된 데이터 기반의 사실들에 의해 더욱 정확하게 파악된다. 각 장에서는 학생들에게 이러한 조치 중 일부를 실제로 사용하도록 요구하는 간단한 **계량지표 적용**을 포함하여 주요 마케팅 개념을 측정하는 몇 가지 방법을 설명하는 핵심 **계량지표 글상자**를 제공한다. 또한 모든 장의 끝에는 마케팅 담당자가 올바른 의사결정을 내리는 데 도움이 되도록 학생들이 조치를 연습할 수 있는 추가적인 기회를 제공하는 **마케팅 계량지표 적용하기**가 포함되어 있다. 제10장 뒷부분에 있는 마케팅 수학 부록의 가격 책정 실습은 학생들이 실제 가격 문제를 풀 수 있는 기회를 제공한다.

각 장의 마지막에 실린 새롭게 추가되고 업데이트된 사례들

각 장은 기업이 직면하는 실제 마케팅 도전 과제에 관한 흥미로운 **마케팅 행동** 사례로 끝을 맺는다.

마지막에 있는 질문들은 해당 기업이 올바른 길로 나아갈 수 있게 해준다.

▶ 요약 차례

▶ 차례

제2부　다양한 고객들이 원하는 가치 제안 결정 · 98

제4장 : 시장 조사 / 98

실제 인물, 실제 선택 : 나의 문제는… 99
아는 것이 힘 100
　마케팅 정보 시스템(MIS) 101

제5장 : 마케팅 분석 툴 : 빅데이터의 시대로! / 132

실제 인물, 실제 선택 : 나의 문제는… 133

제6장 : 소비재와 산업재 시장의 이해 / 166

실제 인물, 실제 선택 : 나의 문제는… 167
소비자 의사결정 과정 168

제3부 고객을 위한 가치 제안 개발 · 242

제4부 가치 제안의 전달 및 의사소통 · 364

제13장 : 촉진 I : 광고와 촉진
전략 / 440

실제 인물, 실제 선택 : 나의 문제는… 441
'세상과 항상 연결되어 있는' 디지털 세계에서

제14장 : 촉진 II : 소셜 미디어
마케팅, 직접/데이터베이스
마케팅, 인적 판매 그리고
공중관계 / 486

실제 인물, 실제 선택 : 나의 문제는… 487

실 제 인 물 │ 실 제 선 택

솔로몬의 마케팅 제9판

마케팅 세계로의 초대 : 가치 창조와 전달

마이클 바움올

▼ 트위터 의사결정자

현재 트위터에서 어카운트 매니저(Account Manager)로 활동하고 있다. 2009년 라피엣대학교를 졸업하고, 디지털 미디어와 광고에 초점을 맞추고 경력을 쌓고자 했다. 첫 5년 동안에는 디지털 미디어 환경을 변화시키는 광고 기술 회사에서 일했다. 나스닥이나 이베이 같은 기업들이 거래하는 것처럼, 내가 다녔던 회사는 광고 입찰자에게 웹사이트상에서 광고 공간을 제공하는 플랫폼을 구축하는 것을 주요 업무로 다뤘다. 젊지만 스타트업으로서의 성장 가능성을 보았고, 디지털 광고와 연관된 다양한 경험과 기술들을 자세히 배울 수 있다고 생각했기에 즐겁게 회사를 다녔다. 또한 업무가 즐거웠고, 구글과 비슷한 조직 문화가 마음에 들었다. 나는 계속해서 성장했고, 결국 주요 광고 대행사 및 '트레이딩 데스크'라 불리는 디지털 매체 거래 담당자들을 관리하게 되었다. 회사는 작지만 동료 직원들이 광고 산업을 이해할 수 있도록 도움을 주었으며, 동료들이 전문적인 기술을 습득할 수 있도록 노력했다.

동시에 아이폰 전용 앱으로 밤에 주로 활동하는 사람들을 위한 소셜 미디어 플랫폼인 바소셜(BarSocial)을 공동 창업했다. 이 앱은 사용자들이 밖에서 놀 때 최적의 장소를 찾는 친구 혹은 기타 사용자들과 함께 공유하는 서비스를 제공한다. 바소셜은 앱스토어에서 1년 이상 판매되고 있으며, Wired.com에 소개되어 있다. 나는 기술 산업의 변화를 이해하기 위해 되도록 빠르게 정보를 습득하고자 한다. 바소셜을 만든 것은 내가 지금까지 경험했던 일들 중에서 가장 도전적인 업무 중에 하나였다. 나는 기회만 주어진다면 당신 자신을 위한 사업을 진행해보라고 권유하고 싶다.

소셜 미디어를 위한 열정과 함께 저는 세계에서 가장 잘 알려진 트위터에서 일하게 되어 기쁘게 생각하고 있다. 트위터는 사용자들의 경험과 관점을 공유하는 포럼을 제공하는 소셜미디어 플랫폼이다. 내가 지금까지 가진 경력을 토대로 트위터는 개별 종업원들이 전문가로 성장할 수 있도록 도와주는 문화를 구축했다. 트위터에서 내 역할은 광고주와 크리에이티브와 매체 에이전시의 관계를 유지 및 발전시켜주는 것이다. 또한 트위터 컨설턴트로서 트위터처럼 빠르게 성장하고자 하는 기업들의 컨설팅해주고 광고 솔루션의 힘을 보여주는 업무도 담당하고 있다.

마이클의 생애

휴식 시간에 주로 하는 일은?
영화를 보고, 가족과 시간을 보내며, 춤을 춘다.

절대 하고 싶지 않은 업무 실수는?
회의 진행 중 제가 무엇인가 기여할 수 있는 부분에 대해서 소리 높여 이야기하지 않으려고 한다.

현재 읽고 있는 비즈니스 관련 서적은?
조나 버거 *Contagious: Why Things Catch On*

내 삶을 위한 모토는?
오랜 관계와 새로운 관계 모두 집중해라. 그들은 분명 당신을 전문가로 성장할 수 있게 도와줄 것이다.

무엇이 나에게 동기부여를 하는가?
내 방식대로 세상에 영향을 줄 수 있는 기회

인터뷰하는 동안 이것은 피했으면…
진짜가 아닌 것

내가 가장 싫어하는 것은?
영화 보는 동안 계속 말을 거는 상황

트위터는 많은 사람들이 손쉬운 디바이스를 통해 인터넷에 쉽게 접근하여 사용할 수 있는 모두를 위한 마이크다. 우리의 경험과 생각들을 하루 중 24시간, 일주일에 내내 공유할 수 있게 되었고, 트위터는 사람들의 생각과 경험을 마음대로 표현할 수 있는 플랫폼으로 성장했다.

트위터가 제공하는 서비스와 유사하게, 트위터 매니지먼트 팀은 팀원들이 그들의 아이디어를 자유롭게 이야기하고 나눌 수 있는 환경을 조성하고자 했다. 종업원들은 지속적으로 그들의 가치를 공유했으며, 창의적이고 생산적인 아이디어를 상호 연결시키고자 했다. 트위터 초기에 내부 문화는 창업자들의 비전이 반영되어 있었다.

트위터 내부적으로는 아이디어를 공유하고 피드백하는 다양한 방식이 있다. 이메일 체인, 디스커션 보드, 그리고 워터쿨러 컨버세이션(water cooler conversation), 피드백 폼과 같이 다양한 방식들을 통해 종업원은 아이디어를 표현한다. 다양한 선택이 있음에도 불구하고 (a) 다양한 아이디어를 공유할 수 있는 적절한 방법 선택의 어려움과 (b) 누구의 아이디어를 공유해야 할 것인지에 대한 어려움이 여전히 존재한다.

세일즈 팀의 멤버로서 나는 클라이언트의 근원적 욕구를 파악하는 데 초점을 맞추고 있으며, 이는 트위터 팀에 상당히 중요한 정보가 될 수 있다. 또한 사용자들을 위한 제품을 개발하는 책임을 지고 있는 트위터 커뮤니티 멤버들의 참여도 중요하다. 여기서 몇 가지 질문이 있다. 우리는 어떻게 하면 트위터 테두리 안에서 혁신을 지속하고 종업원들, 고객, 그리고 마케터에게 직면한 다양한 도전들을 해결할 수 있을까? 우리는 어떻게 하면 이를 추적할 수 있을까?

교류가 많아지고 결국 생산적인 아이디어를 공유할 수 있다. 하지만 몇몇 종업원들은 공적인 자리에서 자신의 제안과 생각을 표현하는 것을 불편해한다. 또한 미팅 참여로 인해 개인 업무 시간은 줄어들고 제대로 된 업무 수행이 힘들 수 있다.

2 선택 **종업원들이 아이디어를 공유하고 구축하고 측정할 수 있는 내부 온라인 툴을 만든다(트위터 안의 또 다른 트위터).** 트위터처럼 어떤 팀 멤버라도 자신의 생각을 표현하고 아이디어 혹은 제품에 대한 다양한 생각들을 다른 동료 직원들과 공유할 수 있도록 한다. 종업원들은 제품 혹은 아이디어 선정을 위한 투표도 할 수 있다. 또한 포스트, 추적, 그리고 코멘트 등을 추적할 수 있는 플랫폼도 만들 것이다. 하지만 몇몇 종업원들은 모든 사람들이 좋든 싫든 투표에 참여해야 하기 때문에 그룹에 아이디어를 내는 것을 꺼려할 수 있다. 또한 트위터 안에 또 다른 플랫폼을 만드는 것에 대한 특별한 메리트를 인식하지 못하고 있다.

3 선택 **트위터상에서 공유된 다양한 아이디어들을 트위터 팀과 공유한다.** 이는 트위터를 개발하는 데 있어 외부 커뮤니티를 활용하는 방식이다. 잠재 고객들로부터 실시간으로 피드백받을 수 있기 때문에 단순히 고객이 아닌 파트너로 그들을 다룰 것이다. 하지만 트위터 종업원이 아닌 사람들로부터 나올 수 있는 민감한 이슈에 대한 우려가 있다. 그리고 확보한 다양한 관점(혹은 아이디어)에 대해 확신하기 어려울 수 있다. 모든 사람들이 반드시 우리 사업과 관련된 충분한 경험과 관점을 갖고 있는 것은 아니기 때문이다.

당신이 마이클이라면 무엇을 선택할 것이며, 그 이유는 무엇인가?

마이클이 고려하는 세 가지 선택 1 · 2 · 3

1 선택 **트위터 안에서 아이디어와 혁신을 공유할 수 있는 주간 미팅을 갖는다.** 이는 팀 멤버들이 그들의 의견, 관점, 그리고 아이디어 등을 공유할 수 있는 시간이 될 수 있다. 종업원들은 스스로 기업의 의사결정에 직접 참여할 수 있다고 느낄 수 있다. 그리고 직접 면대면으로 만남이 이루어지기 때문에 다른 팀과의 상호

당신의 선택

무엇을 선택할 것인가? 그 이유는?

☐ 선택 1   ☐ 선택 2   ☐ 선택 3

1.1
목표

마케팅과 마케팅 믹스에 대해 설명하고 마케팅의 적용 범위와 마케팅 가치에 대해 이해한다.

마케팅 : 그것은 무엇인가?

마케팅. 사람들은 마케팅을 좋아하던지 혹은 싫어한다. 이것은 단순히 마케팅을 사랑한다 혹은 미워한다는 의미가 아니라 대부분의 사람들은 실제로 마케팅이 무엇인지 모른다는 것을 의미한다. 호주에서 크리스 코넬의 콘서트를 관람하기 위해 일리노이의 피오리아에서 온 수 많은 극성 팬들이 호주 팬들과 함께 열광의 도가니를 펼치며 환호성을 질렀던 것을 마케팅으로 볼 수 있을까? 도널드 트럼프와 힐러리 클린턴이 대통령 선거를 위해 수백만 달러를 들인 것이 마케팅일까? 혹은 아마존사에서 당신에게 수천 통의 이메일을 보내면서 제품을 구매하도록 유혹하는 것이 마케팅일까? 그렇다. 이 모든 것들은 마케팅 사례로 볼 수 있다. 하지만 어디까지나 빙산의 일각에 불과함을 잊어서는 안 된다.

당신은 이미 마케팅에 대해 많은 것들을 알고 있다. 어쩌면 당신의 일상생활 깊숙이 마케팅이 자리매김했다고 보는 것이 맞다. 수백만 명의 **소비자**(consumer)들 중에 하나인 당신은 제품 혹은 서비스 사용자다. 당신은 자가용을 구매하고, 의류를 선택하며, 점심식사(당신이 채식주의라 하더라도)를 하고, 영화를 관람하며, 미용을 한다. 당신은 마케팅 프로세스의 일부다. 이 책에서는 왜 당신이 마케팅 프로세스의 일부인지, 그리고 당신이 왜 그것에 관심을 가져야 하는지 알려줄 것이다.

실제로 당신과 같은 소비자들은(당신 스스로 자신이 별 볼 일 없다고 생각할지라도) 마케팅 활동의 중심에 있다고 해도 과언이 아니다. 마케터들은 소비자를 정의하는 과정에서 단순히 개인차원이 아닌 기업, 정부, 여성회, 기부단체와 같은 조직 차원에서도 정의를 한다.

여기에 중요한 핵심이 있다. 무엇보다도 마케팅은 소비자 욕구를 충족시키는 것을 우선으로 해야 한다. 우리는 소비자가 왕(혹은 여왕)이라고 본다. 그렇다고 해서 이윤 창출, 거래 유지, 그리고 고품질을 유지하려는 판매자의 욕구를 무시해서는 안 된다. 제품은 소비자와 마케터의 욕구를 동시에 충족시킬 수 있어야 한다.

만약 당신이 사람들에게 **마케팅**(marketing)의 정의를 물어본다면 수많은 대답을 들을 것이다. 어떤 사람들은 "뻔뻔한 영업사원이 제가 원하지도 않는 제품을 구매하도록 영업하는 것이 마케팅이에요."라고 답할 것이며, 또 어떤 사람들은 "간단해요. TV광고죠!"라고 답할 것이다. 대학생들은 이렇게 대답할 수 있다. "제가 경영학 학위를 받기 전에 이수해야 할 과목이요." 이러한 각각의 대답들은 모두 정답이 될 수 있다. 하지만 미국 마케팅 학회(American Marketing Association)에서는 2013년에 마케팅에 대해 다음과 같이 공식적으로 정의했다.

> 마케팅은 큰 범위에서 고객, 클라이언트, 파트너, 그리고 사회를 위해 가치(value)가 반영된 제공물(offerings)을 창조, 소통, 전달, 그리고 교환하는 일련의 활동이자 제도이며 그 과정이다.[1]

이러한 정의는 마케팅이 거래 당사자 모두에게 가치를 전달하는 활동이라는 것을 기본 전제로 갖고 있다. 지금까지 서두가 너무 길었다. 이제부터 마케팅은 정확히 무엇인지 파악하기 위해 미국 마케팅 학회의 정의를 하나하나 나누어 확인해보자.

"마케팅은 일련의 활동이자 제도이며 그 과정이다."

이 책을 통해서 다루겠지만 마케팅은 굉장히 많은 활동들이 포함된다. 대기업의 CMO(chief marketing officer : 최고마케팅책임자)가 결정하는 마케팅 계획에서부터 당신이 재학 중인 대학

소비자 제품이나 서비스의 궁극적 소비자

마케팅 고객을 위한 가치를 창조, 소통, 전달하고 조직과 이해 당사자들에게 이득이 되도록 고객과의 관계를 관리하는 조직의 기능 및 일체의 과정[2]

교의 페이스북 페이지 개설에 이르기까지 그 활동은 다양하다. 많은 조직들은 마케팅의 중요성에 대해서 다르게 인식하고 있다. 어떤 기업들의 임원들은 마케팅을 최우선으로 고려하고 있으며(실제로 상당수의 최고 경영자들은 마케팅 경력을 갖추고 있다), 또 어떤 기업들은 마케팅을 후순위로 고려하고 있다. 미국 포춘지의 100대 기업 CEO 중 약 10%, 영국의 FTCE(Financial Times Stock Exchange) 100대 CEO 중 약 21%, 그리고 소비재와 헬스케어 산업의 약 40% CEO들은 마케팅 경력을 갖추고 있다. 실제로 밀접한 관련이 있는 것이다![3]

우리는 다음과 같은 마케팅 활동들을 다룰 것이다.

- 마케팅 조사를 통한 고객 욕구의 이해
- 비즈니스 성공을 위해 시장 내에서 사람 혹은 조직을 선택하는 활동
- 제품 개발
- 제품 가격 결정
- 고객에게 제품을 전달하는 행위

또한 우리는 기업이 보다 나은 마케팅 프로그램을 위해 도움을 주는 다양한 기관에 대해서도 학습할 것이다.

- 전통적인 광고를 비롯해 새로운 디지털 커뮤니케이션, 제품 촉진, 그리고 마케팅 조사 수행과 같은 다양한 마케팅 커뮤니케이션 활동을 창출하고 전달해주는 광고 대행사
- 성공적인 마케팅 프로그램을 계획하고 실행하기 위해 요구되는 필수 자료를 제공하는 닐슨과 같은 마케팅 조사 업체
- 전통 매체
- 인터넷과 소셜 미디어
- 공정하고 윤리적인 마케팅 활동을 위해 법을 제정하고 규정하는 정부기관
- 제품을 소비자에게 효율적으로 전달해주는 물류업체
- 최종 소비자와 직접 거래하는 유통업체

우리는 마케터가 궁극적으로 마케팅 활동의 목적이라 할 수 있는 소비자 만족을 위해 이러한 기관들과 어떻게 협업할 수 있는지 논의할 것이다.

P&G과 같은 대기업이든 혹은 에스키모 조와 같은 중소기업이든 상관없이 마케터의 의사결정은 기업 활동에 중요한 영향을 미친다. 마케팅 관리자는 이윤, 마케팅 예산, 그리고 가격을 결정하는 데 있어 협업이 필요한 재무 및 회계부서 관리자와의 관계도 적절하게 유지해야 한다. 또한 마케팅 관리자는 애플스토어 앞에서 신제품을 기다리는 아이폰 열성 팬들을 위해 제시간에 제품이 생산되고 고품질을 유지할 수 있는 생산부서와도 협업이 요구된다. 또한 마케터는 고객 욕구를 충족시킬 수 있는 제품 개발을 위해 R&D와의 협업도 이루어져야 한다.

"창조, 소통, 전달, 그리고 교환하는… : 마케팅 믹스"

우리가 논의했듯이, 마케팅은 욕구를 충족시키는 활동이다. 이를 위해 마케터는 다양한 도구가 필요하다. **마케팅 믹스**(marketing mix)는 마케터의 전략적 도구로 활용된다. 사전에 규정된 소비자들에게 이상적인 반응을 이끌어내기 위해 많은 기업들은 전략적 도구를 사용하게 된다. 이러한 도구는 제품, 제품 가격, 촉진 활동(광고), 그리고 소비자에게 제품을 소개하고 구매할 수 있

마케팅 믹스 제품 자체와 제품의 가격, 제품을 획득 가능하게 하는 장소, 그리고 사전에 정의된 소비자들로부터 원하는 반응을 창출하도록 제품을 소비자에게 소개하는 활동들의 조합

그림 1.1 📷 스냅숏 | **마케팅 믹스**

마케팅 믹스는 마케터의 전략적 도구다.

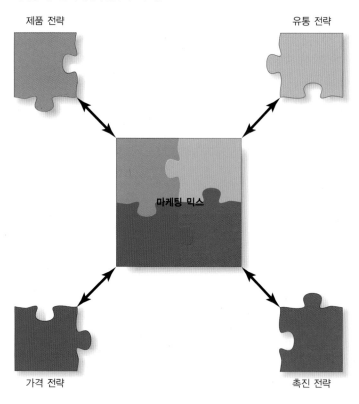

제품 전략

유통 전략

마케팅 믹스

가격 전략

촉진 전략

는 적절한 장소 선정 등이 이에 해당된다. 우리는 이러한 마케팅 믹스를 제품(product), 가격(price), 촉진(promotion), 그리고 유통(place)으로 간주하고 이를 4P(Four Ps)로 간주한다.

우리는 4P를 소개하면서 각 요소들을 서로 구분했지만 실제로 제품, 가격, 촉진, 그리고 유통과 연관된 의사결정은 상호보완적이다. 네 가지 마케팅 믹스 중 단 하나만 의사결정을 내리게 된다 하더라도 결국 다른 요소들에게도 영향을 미치게 된다. 예를 들어, 슈퍼드라이(최근 들어 빠르게 성장하고 있는 일본 의류 기업)가 기존 의류 제품에 비해 더 고가인 가죽 바이커 자켓을 도입한다면 어떤 의사결정을 내려야 할까? 만약 슈퍼드라이사가 고가의 소재로 재킷을 만들겠다고 결정했다면, 높은 비용이 투입될 수밖에 없고 고가격에 제품을 판매해야 할 것이다. 이는 소비자들에게 있어 고가격 의류 제품으로 인식될 것이다. 슈퍼드라이사는 고품질 이미지를 전달하기 위한 광고 및 기타 촉진 전략을 계획해야 하고, 니만 마커스, 버그도프 굿맨, 그리고 블루밍데일과 같은 고급 소매상들을 통해 판매해야 고급 가죽 재킷을 구매하려는 소비자를 공략하기 위한 마케팅 전략을 구축할 수 있다. 퍼즐의 각 조각을 맞추듯이 마케팅 믹스는 상호보완적이라 할 수 있다. 📷 그림 1.1에서 볼 수 있듯이 개별 P는 기타 나머지 세 가지 P와 서로 결합된다. 이는 4P가 적절하게 운영되기 위해서는 개별 P들이 나머지 세 가지 P들과 상호 조정이 되어야 한다는 것을 의미한다.

우리는 이 장 뒤편에서 개별 마케팅 믹스(4P)를 자세히 학습할 것이다. 그 전에 4P가 마케팅 믹스에서 어떤 역할을 하는지 간단히 살펴보도록 하자.

제품

최근에 당신은 무엇을 위해 돈과 시간을 썼는가? 금요일 저녁에 피자를 먹고, 주말에 콘서트에 갔으며, 코트에서 친구와 테니스를 하기 위해 라켓을 샀는가? 마케팅 교재이기 때문에 이러한 모든 것들은 정말 "멋지다."고 하는 걸까? 이 모든 것들이 전부 제품이다. **제품**(product)은 거래를 위해 개인 혹은 조직이 제공하는 재화, 서비스, 아이디어, 장소, 그리고 개인이다. 신제품을 개발하는 것은 기업 성공을 지속시키기 위해 반드시 필요하다. 마케팅 믹스 측면에서 제품은 제품 속성과 연관된 디자인과 패키지를 포함하며, 무료 배송과 같은 기타 서비스도 포함한다.

제품은 다양한 요소로 구성되는데 제품 성공을 위해서는 각 요소들의 조합이 무엇보다 중요하다. 당신이 재학 중인 대학교 교육을 생각해보자(물론 상당히 비싼 제품에 속한다). 기초화학 (혹은 마케팅 수업도 괜찮다) 수업이 지루하겠지만 당신은 이미 이를 구매하고 있는 중이며, 체육관, 수영장, 그리고 실내 암벽등반에서 운동을 하며 이를 지불하고 있다. 강의실 건물 증축을 위해 일정 금액을 지불하고 있다. 어쩌면 명문 대학을 졸업하는 것이 최고 자랑거리가 될 수 있을 것이다.

4P 제품, 가격, 촉진, 유통

제품 유형의 제품, 서비스, 아이디어, 또는 이 모든 것들의 결합체로 교환과정을 통해 소비자의 욕구를 충족시키는 것들. 특징, 기능, 혜택, 쓰임새 등의 결합체

촉진

대부분의 사람들은 광고에 친숙하지만 **촉진**(promotion)은 마케팅 커뮤니케이션(marketing communication)을 의미하는데, 제품에 대한 고객들의 인식과 그 이해 그리고 잠재 고객들이 제품을 구매할 수 있도록 설득시키는 마케터의 활동들이다. 마케팅 커뮤니케이션은 인적 판매, TV 광고, 상점 내 쿠폰 발행, 빌보드, 잡지 광고, 언론 홍보 활동, 웹페이지, 그리고 소셜미디어 사이트 운영에 이르기까지 다양하다. 오늘날 마케터들은 모바일 마케팅, 지역 기반 마케팅, 행동 디지털 마케팅(behavioral digital marketing), 그리고 소셜 미디어 마케팅과 같은 디지털 마케팅 커뮤니케이션을 구상하고 실행하는 데 초점을 맞추고 있다.

유통

유통(place)은 고객에게 제품을 적재적소에 전달하는 일련의 활동으로 간주된다. 이 P는 **유통경로관리**(channel of distribution)와 밀접한 관련이 있는데, 기업 혹은 개인이 생산자로부터 최종 소비자에게로 전달되는 경로를 관리하는 것을 의미한다. 가령 의류 혹은 전자제품을 취급하는 전통 아울렛과 같은 지역 소매상들은 웹사이트를 운영하면서 고객들이 원하는 제품을 올바른 시간대에 적정 물량을 제공하는 데 힘쓰고 있다.

가격

우리가 알고 있는 **가격**(price)이란 피자, 콘서트 티켓, 테니스 라켓 등을 구매할 때 지불하는 금액으로 알고 있다. 물론 그러한 의미도 있지만 이 책에서는 가격을 가치 배정 혹은 소비자가 제공물을 얻기 위해 요구되는 거래 총량으로 보고자 한다. 종종 마케터들은 제품에 대한 고객들의 흥미를 유발시키기 위해 가격을 활용하기도 한다. 특히 제품을 판매하는 과정에서 마케터들은 보다 높은 품질 혹은 최첨단 기술임을 알리고 싶을 때 높은 가격을 책정해서 판매하기도 한다. 디자이너 의류나 액세서리 등이 소수의 고객들에게만 판매될 수 있도록 높은 가격에 책정되는 것이 그 예다. 우리들 대부분은 9,600달러에 이르는 프라다 파이썬 혹은 악어 스트라이프 프레임 사첼 백, 1,045달러에 판매되는 발렌티노 락스터드 구두를 구매하기에 부담스럽다. 만약 당신이 구매할 수 있다면, 굳이 이 수업을 수강하지 않아도 된다!

그것이 크든 작든 모든 마케팅 활동의 중심은 '거래 관계(exchange relationship)'다. **거래**(exchange)는 개인이 무엇인가를 주고받는 교환이 이루어질 때 발생한다. 구매자는 그들이 원하는 제품, 서비스, 그리고 아이디어를 받고 판매자는 그 가치에 부합하는 어떤 대상을 받을 경우 거래가 발생하는 것이다. 오늘날 대부분의 거래는 제품 혹은 서비스와 현금, 직불 및 신용카드, 그리고 비트코인과 같은 통화를 통한 금전 거래로 이루어진다. 또한 다른 형태의 거래도 발견된다. 예를 들어 정치인들은 공약과 당신의 표를 거래하며, 도시 관리인들은 당신이 재활용할 경우 보다 깨끗한 환경을 제공한다. 또한 보건 관리인들은 당신이 손을 적절하게 씻으면, 보다 안전하게 살 수 있도록 도와준다고 주장한다.

거래가 이루어지기 위해서는 둘 혹은 그 이상의 개인 혹은 조직이 기꺼이 상호 거래를 맺을 수 있는 의지가 있어야 하며, 상대방이 원하는 무엇인가를 가지고 있어야 한다. 거래 당사자 간에는 거래 가치에 동의해야 하며, 그것을 어떻게 전달할 것인지 합의되어 있어야 한다. 또한 언제든지 거래를 지속 혹은 거절할 수 있는 자유를 가지고 있어야 한다. 이러한 상황에서 흉기를 휘두르는 강도가 당신의 생명을 위협하며 돈을 '거래'하자고 하는 것은 타당한 거래가 될 수 없다. 반대로 누군가가 제품을 구매하면서 상점 내 가격이 '순 날강도'라고 불평한다 하더라도 제품을 구매하기 위해 돈을 지불했고, 일주일 뒤에 그에 대해 불만을 갖더라도 거래가 발생한 것

촉진 태도나 행동에 영향을 미치기 위해 마케팅 관리자들이 수행하는 의사소통의 조합

유통 소비자들이 원하는 시간과 장소에서의 제품 획득 가능성

유통경로관리 생산자로부터 최종 소비자에게 제품을 이전시키는 것과 관련된 개인 또는 기업

가격 가치의 할당량, 또는 기업이 제공한 것을 수령하기 위해 교환해야 할 금액

거래 구매자와 판매자 간의 가치 이동 과정

악탈은 정당한 거래가 아니다.

소비재 개인적인 용도로 개인 소비자들이 구입하는 상품

서비스 중간 판매자 없이 생산자와 소비자 간에 직접 교환되는 무형의 제품

B2B 마케팅 제품/서비스 생산, 재판매, 또는 사업 운용을 위해 기업이나 조직이 필요로 하는 제품과 서비스에 대한 마케팅

산업재 개인이나 조직이 제조과정을 위해 구매하거나 또는 그들 고유의 사업영위를 위해 사용하려는 재화

으로 봐야 한다.

그렇다고 해서 모든 사람들이 거래라는 개념에 동의하는 것은 아니다. 예를 들어 영화 불법 다운로드를 생각해보자. 레오나르도 디카프리오가 나온 블록버스터 영화가 개봉 전에 길거리 모퉁이에서 고작 몇 달러에 판매된다면(혹은 토렌토의 다운로드) 이것은 거래라고 볼 수 없을 것이다.

"…제공물을…" : 우리가 시장에서 무엇을 제공할 수 있는가?

마케터는 시장에서 무엇을 제공물로 제공할 수 있을까? 마케팅은 단순히 새로운 아이폰을 도입하거나 대학 입학 전 당신의 어머니가 스모어의 전자레인지를 구매하도록 하는 것 그 이상으로 매우 다양하다.

아메리칸 익스프레스와 같은 서비스 기업 혹은 그린피스와 같은 비영리단체에서도 최고의 마케터들이 배출된다. 정치인, 운동선수, 그리고 가수들도 그들의 경쟁우위를 위해 마케팅을 활용한다(카사디안을 떠올려보자). 정치체제(민주주의 혹은 전체주의)와 같은 이념, 종교(기독교 혹은 이슬람교), 그리고 예술회화(현실주의, 추상주의) 등도 '마켓플레이스(marketplace)'를 수용하고 활용한다. 이 책에서는 단순히 물리적 형태를 구매하는 것을 넘어 재화, 서비스, 개인, 장소, 그리고 아이디어 등도 시장에서 거래될 수 있는 제품으로 간주하고자 한다.

소비재와 서비스

소비재(consumer goods)는 개별 소비자들이 개인 혹은 가족이 직접 사용하기 위한 목적으로 구매되는 유형품(tangible products)으로 정의된다. **서비스**(services)는 우리가 지불하지만 소유할 수 없는 무형품(intangible products)으로 정의된다. 서비스 거래는 미국과 기타 개발도상국에서는 국내총생산(GDP) 중 75% 이상을 차지한다.[4] 따라서 마케터는 유형품이 아닌 서비스를 마케팅할 때 직면할 수 있는 다양한 도전들을 어떻게 맞이해야 할지 고민하기 시작했다.[5] 소비재와 서비스 모두 제품으로 보기 때문에 '제품과 서비스'라고 지칭하는 것보다 '소비재와 서비스'라고 지칭하는 것이 보다 정확하다.

B2B 마케팅과 서비스

B2B 마케팅(business-to-business marketing)은 조직과 조직 사이에서 나타나는 재화와 서비스의 거래로 간주된다. 일반적으로 보통 사람들은 매일 같이 발생하는 수많은 소비재들의 거래에 초점을 맞춰 마케팅을 생각하지만 실제로는 기업 혹은 조직 간 산업재 거래가 이루어지는 경우가 훨씬 많다. 많은 기업들은 제품 생산 혹은 운영을 위해 **산업재**(industrial goods)를 구매한다. 예를 들어, 완성차 업체들은 자동차 제조를 위해 대량의 철강을 구매하고 효과적인 생산 관리를 위해 비용 및 기타 정보를 추적하는 컴퓨터 시스템을 구매하기도 한다.

브리티시 팬스 기업은 현금과 개인의 사생활을 거래한다.

최근 들어 주목받는 **전자상거래**(e-commerce)의 경우 인터넷상에서 사람들이 책, CD, 자동차와 같은 일반 소비재를 구매하는 것을 넘어 기업 간 산업재 거래에서 상당수 발견되고 있다.

비영리 마케팅

앞서 논의했듯이, 비즈니스 관점에만 초점을 맞춰 마케팅 용어를 사용하지는 않는다. 박물관, 동물원, 교회와 같은 상당수의 **비영리기관**(not-for-profit organization 혹은 NGOs: nongovernmental organizations)들도 마케팅 컨셉을 적극적으로 활용한다. 또한 국가 혹은 도시도 지역 비즈니스를 활성화시키기 위하여 마케팅 기술을 도입하기도 한다. 미국의 각 도시(혹은 주)가 마케팅 기술을 도입한 대표적인 사례로 I♥NY를 꼽을 수 있다. 최근에는 켄터키와 오리건 등도 광고 대행사를 통해 브랜딩 캠페인을 진행하기 시작했다(현재 오리건에서는 "오리건. 우리는 꿈꾸는 당신을 사랑합니다(Oregon. We love dreamers.)"가 공식 캠페인 모토다).[6]

아이디어, 장소, 그리고 개인 마케팅

마케팅 원리는 사람들에게 아이디어를 창출하고 그들의 행동을 긍정적인 방향으로 바꾸기도 한다. 많은 기업들은 울고 있는 아이를 달래기 위해 애쓰는 아버지에게 많은 것들을 판매하기 위해 노력한다. 우리는 "웃으세요! 당신은 스페인에 있습니다.", "그리스에서 당신의 신화를 만들어보세요."와 같은 슬로건으로 특정 장소를 알리는 여행 마케팅(tourism marketing)도 친숙하다.

당신은 아마 "별들은 태어나지 않고 만들어집니다."라는 말을 들어 봤을 것이다. 이는 실제로 맞는 말이다. 아델은 뛰어난 목소리를 가지고 있으며, 크리스 데이비스는 뜨거운 타이밍에 틀림없다. 그들의 이러한 능력으로 인해 수백만 명의 팬들이 CD를 구매하고 야구장을 찾는 것으로는 설명이 부족하다. 당신에게 유명인이라고 '인식'시킬 수 있는 원리가 작동했기 때문에 그들은 스타가 될 수 있었던 것이다. 미란다 램버트, 셀레나 고메즈, 그리고 드레이크와 같은 연예인들은 그들의 음악에 관심 갖고 흥미를 갖는 잠재 소비자들에게 지속적으로 노출시키고 그들의 재능을 적절하게 '포장(package)'해서 성공을 거둘 수 있었다.

동일한 마케팅 방식으로 우리와 같은 개인들도 소셜미디어 프로파일을 통해 스스로를 '포장'할 수 있게 되었다. 이러한 개인 마케팅이 이전보다 훨씬 중요해지기 시작했는데, 웹사이트, 블로그, 그리고 유튜브를 통해 이제는 누구나 '15분이면 유명해질 수' 있게 되었기 때문이다. 이렇듯 페이스북, 플리커, 혹

오늘날. 거의 모든 사람들은 온라인상에서 '15분이면 유명'해질 수 있다.

전자상거래 재화와 서비스를 전자적으로, 통상 인터넷을 통해 구매 또는 판매하는 활동

비영리기관(NGOs) 자선 목적, 교육 목적, 지역 공동체, 그리고 구성원을 끌어모으고 그들에게 서비스를 제공하는 기능을 지원하기 위해 재화와 서비스를 구매하는 여타 공공 서비스 목적을 가진 조직들

이탈리아 케첩 브랜드는 간단한 조미료로 욕구를 충족시켜줄 수 있음을 보여주고 있다.

은 트위터를 통해 확실한 수백 명들이 관심을 가지면서 일반인들이 일시적으로 유명해지는 현상을 마이크로 셀러브리티(microcelebrity)라고 부른다. 'Bed Intruder Song'을 부른 사람, Boxxy나 Gary the Goat, 그리고 'Alex from Target'과 Grumpy Cat과 같이 인터넷상에서는 길게 기억되기는 힘들지만 짧은 시간에 굉장한 인기를 누릴 수 있게 되었다.

"… 고객을 위한 가치…"

오늘날 가장 성공한 기업들은 **마케팅 컨셉**(marketing concept)을 적절하게 실행하고 있음을 확인할 수 있다. 즉, 마케터들은 가장 먼저 고객 욕구를 파악하고 이를 충족시킬 수 있는 제품을 제공하여 장기적인 이윤을 창출하고 있다. 마케팅 컨셉을 실행하기 위해서는 굉장히 복잡할 뿐만 아니라 마케팅 구성요소에 대한 기본적인 지식을 갖추어야 한다.

표 1.1에는 근원적 욕구(needs), 구체적 욕구(wants), 혜택(benefit), 수요(demand), 시장(market), 그리고 마켓플레이스(marketplace)에 대한 개념들이 소개되어 있다.

예를 들어, 당신은 자동차가 필요(need)한 상황에서 마쯔다 MX-5 미아타를 갖고 싶어(want)할지도 모른다. 미아타는 단순히 이동수단의 개념을 넘어 당신을 보다 멋져 보이게 할 수도 있다. 하지만 불행히도 당신은 고가의 자동차를 살 여유가 없기 때문에 마쯔다는 당신을 그들이 추정하는 수요로 보지 않거나 혹은 그 시장 규모가 매우 작은 것으로 간주할 수 있다. 따라서 당신은 중고차 시장과 같은 다른 마켓플레이스를 알아보게 될 것이다.

물론 마켓플레이스는 지속적으로 변한다. 젊은 소비자들이 증가함에 따라 사용할 제품을 구매하는 것이 아니라 렌트하는 경우가 증가하기 시작했다. 눈에 띄는 이러한 변화 중에 하나로 자동차 시장을 살펴볼 수 있는데, 집카와 같은 혁신 스타트업 업체들이 자동차 대출을 받기 위한 노력 혹은 자동차를 사용하지 않을 때 고려해야 할 주차장 사용에 대한 고민에서 자유롭고

마케팅 컨셉 소비자의 욕구를 파악한 뒤, 그러한 욕구를 채워줄 수 있는 제품을 제공하여 기업의 장기적 이윤 창출을 확고히 하는 것에 중점을 둔 경영방침

근원적 욕구 소비자의 실제 상태와 희망하는 상태 사이에 존재하는 차이에 대한 인지

구체적 욕구 개인의 사회·문화적 배경에 영향을 받는, 근원적 욕구를 충족시키기 위한 어떤 특정 상품에 대한 구체적인 갈망

혜택 소비자가 제품의 구매를 통해 얻고자 하는 결과로 소비자의 구매 행위를 촉진

수요 욕구를 충족시킬 수 있는 구매력과 자원을 동반한 소비자의 소비 욕구

시장 특정 상품에 의해 충족될 수 있는 어떤 근원적 욕구를 공유하는 소비자들과 실제로 그 상품을 구매할 수 있는 자원, 의지, 또는 권력을 갖춘 소비자들을 모두 포함

마켓플레이스 교환이 이루어질 수 있도록 하는 어떤 장소나 매개체

표 1.1	고객을 위한 가치	
용어	**정의**	**적용**
근원적 욕구	소비자의 실제 상황과 이상적 상황과의 차이	그 차이가 크다면, 소비자는 이러한 욕구를 충족시키기 위한 동기가 발생한다. 만약 당신이 배고프다면 스낵을 구매할 것이다. 만약 당신의 헤어스타일이 마음에 들지 않는다면 당신은 새로운 헤어스타일을 시도할 것이다.
구체적 욕구	근원적 욕구를 충족시키기 위한 구체적인 제품에 대한 열망으로 사회 및 문화적 영향을 받음	두 학생이 매우 배고픈 상황에서 첫 번째 학생은 한 움큼의 트레일 믹스를 마음껏 먹는 건강 지향적인 학생인 반면 두 번째 학생은 기름진 치즈버거와 감자튀김을 먹고 싶어할 수 있다. 첫 번째 학생은 트레일 믹스를 원하는 것이고 두 번째 학생은 패스트푸드(그리고 디저트로 제산제도 함께)를 원하는 것이다.
혜택	욕구를 충족시키는 과정에서 제품을 통해 전달받는 혜택	매출이 하락하고 몇 년이 지난 후 맥도날드는 아침 식사를 요구하는 고객을 위한 프로그램을 구축했고 이를 통해 기존 고객을 유인했으며 동시에 점심 메뉴 매출도 올랐다.[7]
수요	제품을 획득하기 위한 소비자의 구매력	멋진 빨간색 BMW 컨버터블에 대한 수요는 그 차를 사거나 리스할 여유가 없는 소비자를 포함한다.
시장	특정 제품을 통해 만족하고자 하는 유사한 욕구를 가진 전체 소비자 집합으로 제품 구매에 대한 자원과 그 의도를 갖고 있음	장학금, 정부 보조, 그리고 대출의 증가로 점점 많은 대학생들이 대학교육을 받을 수 있게 되었다.
마켓플레이스	실제로 판매와 구매가 이루어지는 장소	오늘날 교환은 면대면, 우편 카탈로그, TV 홈쇼핑, 이베이 옥션, 그리고 스마트폰 앱에서도 가능하다.

싶은 도심 지역 사람들을 위하여 시간 단위로 자동차를 렌트할 수 있는 서비스를 제공하기 시작하면서 그 변화가 나타나기 시작했다. 현재 많은 대기업들이 이러한 시도를 하고 있다. 독일 하노버에서는 폭스바겐이 새로운 렌트 서비스인 퀵카 프로젝트를 시작했으며, BMW는 유럽과 미국에서 드라이브나우 전기차 카셰어링 프로그램을 도입하기 시작했다.

교통수단 마켓플레이스의 두 번째 변화는 라이드 셰어링(ride-sharing)이다. 우버는 이러한 현상을 설명하는 대표적인 기업 중 하나다. 우버 운전자는 자가용을 사용하는데, 본인이 원할 때 자가용을 공유한다. 고객들은 기존 택시보다 우버를 더욱 선호하는데, 우버 운전자들은 택시 운전사보다 더욱 세심하게 배려할 뿐만 아니라 자가용을 이용하기 때문에 고객을 보다 편하게 대해 주기 때문이다.[8]

최근 들어 자신이 사용하지 않은 제품을 렌트해주면서 돈을 버는 **대여 기업가**(rentrepreneurs)도 등장하기 시작했다. 그들은 바비큐 그릴에서부터 핼러윈 코스튬을 위한 도구에 이르기까지 다양한 제품들을 빌려주는데, 프랑스의 지록, 미국의 크레이그리스트 등을 주로 이용한다. 몇몇 전문가들은 이러한 트렌드를 **협력소비**(collaborative consumption)로 간주하기도 한다.

우버와 같은 자동차 공유 서비스는 기존 교통 시장을 분열시키고 있다.

대여 기업가 더 이상 사용하지 않는 제품을 타인에게 대여해주어 수익을 창출하는 기업가형 소비자

협력소비 대여 기업가처럼 실행하는 기업 소비활동

효용 제품이나 서비스를 이용할 때 소비자가 얻게 되는 혜택

마케팅은 효용을 창출한다

마케팅 거래는 **효용**(utility)을 창출한다. 효용은 우리가 재화 혹은 서비스를 구매했을 때 기대할 수 있는 유용성 혹은 혜택을 의미한다. 사람들이 원하는 시간과 장소에서 제품을 획득할 수 있도록 도와주는 마케팅 시스템은 사람들의 삶을 보다 편하게 해준다. 효용은 가치를 창출하는 것이다.

마케팅 프로세스는 고객들에게 몇 가지 효용성을 충족시켜준다. 구체적으로 살펴보면 다음과 같다.

- **형태 효용**(form utility)은 천연자원에서 최종 제품으로 완성되는 과정에서 제공되는 마케팅 혜택이다. 가령, 의류업체가 실크, 실, 그리고 지퍼 등으로 신부 들러리를 위한 드레스를 제조하는 것이 그 예다.
- **장소 효용**(place utility)은 고객이 원하는 장소에서 제품을 전달해줌으로 발생하는 마케팅 혜택이다. 굳이 멀리 이동하지 않아도 뉴욕에서 가장 세련된 드레스를 제공하는 업체로부터 캔자스에서 드레스를 받을 수 있는 것이 그 예다.
- **시간 효용**(time utility)은 고객이 필요로 하는 시간까지 제품을 보관해 줌으로써 발생하는 마케팅 혜택이다. 어떤 여성들은 웨딩드레스를 구매하지 않고 원하는 시간에만 빌리기도 하는 것이 그 예다.
- **소유 효용**(possession utility)은 고객이 제품을 소유하고, 사용하며, 즐기면서 발생하는 마케팅 혜택이다. 웨딩드레스 숍에서는 다양한 스타일과 색채로 구성된 다양한 드레스를 구비하여 신부들의 선택 폭을 넓히도록 하고 있다.

렌트더런웨이는 두 명의 경영대 학생이 창업한 서비스다. 다이앤 본 포스텐버그와 같은 유명 디자이너 의류를 1/10 가격에 대여해준다. 여성들은 4일간 대여할 수 있으며, 넷플릭스 비디오처럼 고객들의 집까지 의류를 배송해주고 대여 기간이 끝나면 고객들은 의류를 봉투에 담아 반송하면 된다. 굉장히 유용하다.

그린 마케팅의 실천

이해관계자 회사의 구매자, 판매자, 혹은 투자자, 공동체 거주자, 그리고 심지어 제품과 서비스가 만들어지고 팔리는 국가의 국민들, 즉 달리 말해 그 거래의 결과와 관련해 이해관계가 있는 모든 사람 또는 조직

마케터는 다양한 방식으로 효용을 제공한다. 이제부터 고객들은 부가가치를 '어떻게 전달받는지' 구체적으로 살펴보도록 하자.

클라이언트와 파트너를 위한 가치

마케팅은 단순히 고객의 욕구를 충족시키는 것을 넘어 다양한 이해관계자들의 욕구를 충족시킨다. **이해관계자**(stakeholders)는 재화와 서비스가 만들어지고 판매되는 것에 관여되는 개인 혹은 조직으로 간주되는데 구매자, 판매자, 기업 투자자, 지역 주민들, 그리고 국가 시민들이 이에 포함된다. 따라서 마케팅은 마케팅 프로세스에 관여된 모든 사람들을 만족시킨다.

사회를 위한 가치

마케팅 활동이 지구와 사회 그리고 당신에게 긍정적인 방향 측면에서 어떻게 기여할 수 있을까? 미국에서 가장 큰 소매점 중에 하나인 타깃은 마케팅 활동의 사회적 기여에 대해 긍정적으로 생각하고 있다. 타깃은 2012 사회적 책임활동 보고서를 통해 지속 가능한 환경 보호와 자원 보존 두 분야에서 최고의 성과를 보여주었다고 발표했다. 가령 타깃은 상점에서 판매되는 모든 해산물은 지구환경에 해를 끼치지 않는 선에서 잡힌 것만을 취급하며, 상점 내에서 판매될 때까지의 모든 과정이 추적 가능하도록 설계하고 있다. 또한 타깃은 재활용 쇼핑백 프로그램을 통해 고객이 돈을 절약할 수 있도록 하고 있다. 타깃은 고객이 재활용 쇼핑백을 가져온 고객들에게 5센트씩 할인해주는 프로그램을 운영하고 있는데, 지금까지 700만 달러를 고객에게 돌려주었다. 그리고 타깃 의류 라인의 절반 이상은 '찬물 세탁' 라벨이 붙어 있는데, 이는 고객들이 세탁할 때 불필요한 에너지 낭비를 방지해주는 효과로 이어지게 되었다.[9]

1.2 마케팅의 시작은 언제인가? 개념의 변화

목표

마케팅 개념의 변화에 대해 설명한다.

지금 우리는 마케팅 프로세스가 어떻게 작동하는지 공부하고 있다. 그럼 다시 처음으로 돌아와서 현재 공부하고 있는 마케팅 프로세스가 '과거'에도 동일하게 작동했을까? 믿기 힘들겠지만 기업이나 조직이 고객의 욕구를 충족시켜야 한다는 마케팅 원리는 최근 들어 생겨난 개념이다. 1950년대까지만 하더라도 대다수의 기업들은 오직 제품을 빠르게 그리고 저렴하게 생산하는 것이 목적이었다. 마케팅 개념이 어떻게 발전해 왔는지 살펴보도록 하자. 표 1.2에는 마케팅 역사상 중요한 몇 가지 사건들이 소개되어 있다.

표 1.2 | **마케팅 역사상 중요한 몇 가지 사건**

연도	마케팅 사건
1961	P&G의 팸퍼스 런칭
1964	블루리본스포츠(현재의 나이키)의 첫 운동화 생산
1971	라디오와 TV에서 담배광고 게재
1980	테드 터너가 CNN 개국
1981	MTV 개국
1985	뉴코크의 런칭, 그 후 코카콜라 클래식은 79일 후에 다시 돌아옴
2004	미국 내 온라인 매출 100억 달러 달성
2010	애플은 아이패드를 출시한 후 첫 날에만 30만 개를 판매하였으며, 28일 만에 100만 개의 아이패드를 판매했다. 이는 100만 개의 아이폰을 판매하는 데 74일이 걸린 기간의 절반에도 미치지 않는 것이다. 소비자들은 매달 300억 이상의 영상들을 온라인으로 시청한다.
2014	페이스북이 가상현실 헤드셋 제조업체인 오큘러스 리프트를 인수. 향후 소셜 네트워크의 향방을 예측할 수 있는 이벤트
2016	마이크로소프트가 링크드인을 261억 달러에 인수

출처 : Patricia Sellers, "To Avoid Trampling, Get Ahead of the Mass," Fortune, 1994, 201-2, except as noted. Keith Regan, "Report: Online Sales Top $100 Billion," June 1, 2004, http://www.ecommercetimes.com/story/34148.html.

생산 시대

우리는 마케팅 역사를 크게 네 가지로 구분하고 있다. 표 1.3에는 이에 대해 간단히 요약되어 있다. 많은 사람들은 헨리 포드의 모델 T가 미국 역사를 바꾸었다고 말한다. 1908년에 첫 생산된 T는 '틴 리지' 혹은 '싸구려 깡통 차'로 불렸는데, 825달러에 판매되었다. 포드는 지속적으로 품질을 개선했다.

포드는 **생산 지향**(production orientation)에 집중했는데, 이는 시장에서 공급보다 수요가 더욱 큰 상황에서 제품을 생산하고 분배하기 위해서는 효율성에 초점을 맞출 수밖에 없었기 때문이다.

판매 시대

시장에서 제품 공급이 수요를 초과하면, 기업들은 '적극적인 판매'에 초점을 맞추게 되고, 영업사원들은 보다 공격적으로 제품을 판매할 수밖에 없게 된다. 이러한 **판매 지향**(selling orientation)은 기업 관리자들이 마케팅을 판매 기능으로 간주하고 재고가 쌓이지 않도록 공격적인 판매에 집중하는 마케팅 개념이다. 판매 지향 마케팅 개념은 2차 세계대전 이후 1950년대에 주목받기 시작했다. 하지만 소비자들은 공격적인 판매(영업)를 좋아하지 않았기에 판매 지향적 마케팅에 대해 부정적인 이미지가 형성되기 시작했다.

반복 구매가 아닌 단 한 번의 구매가 중요한 기업들의 경우 이러한 판매 지향적인 마케팅을 선호한다. 이는 대부분 미탐색품(unsought goods)에서 발견되는데 미탐색품은 사람들이 사전에 제품을 구매하고자 고민하지 않는 제품으로 간주된다. 예를 들어, 대부분의 사람들은 본인의 묘지를 찾기 위한 쇼핑을 하지 않는다. 따라서 이를 선택해야 할 상황에 놓일 경우 기업들은 공격적인 판매(영업)를 통해 구매로 유도해야 한다. 이러한 상황에서 또 다른 많은 경쟁자들은 소비자들의 새로운 욕구를 찾기 위해 노력하고 있다. 최근에는 화장 혹은 시체 방부 보전이 아닌 인터넷상으로 이루어지는 온라인 장례로 이루어지는 **친환경 묘소**(eco burials)가 증가하기 시작했다.

생산 지향 제품 생산과 유통의 효율성 극대화에 초점을 맞춘 경영 철학

판매 지향 마케팅을 판매 기능이나 재고를 줄이기 위한 한 방편으로 보는 경영관

표 1.3	마케팅의 진화		
이이콘	시대	기술	사례
	생산 시대	마케팅의 역할은 상대적으로 적었으며, 소비자들은 가능한 모든 제품들을 받아들여야 함	헨리 포드의 T모델은 575달러 이하로 판매되었으며, 60%의 시장 점유율을 확보했음
	판매 시대	시장에서 제품 공급이 수요를 앞서기 시작하면서, 마케팅은 판매 기능으로 전환되었음. 재고 처리를 위해 판매사원들의 '적극 판매'가 강조되기 시작함	판매 지향은 2차 세계대전 이후 주목받기 시작했는데, 전후 수요 충족으로 기업들이 판매에 초점을 맞추면서 시작되었음
	관계 시대	기업들이 본격적으로 소비자 욕구(근원적 욕구와 구체적 욕구)를 충족시켜주기 위한 노력이 시작됨	기업들은 고객 욕구를 파악하기 위한 시장조사를 시작했으며, 다양한 집단의 욕구를 충족시키기 위한 제품 개발에 집중하기 시작함
	지속가능경영 지향	기업은 다음 세 가지를 충족시키기 위해 노력함 1. 재무적 축 2. 사회적 축 3. 환경적 축	기업들은 이해관계자들을 위해 수익을 극대화할 뿐만 아니라, 기업 운영과 관련된 다양한 커뮤니티들을 만족시키기 위해 환경을 보호하는 지속가능경영도 함께 실행하고 있음

관계 시대

조지아의 애틀랜타에 있는 플라자 피에스타에서는 히스패닉 소비자들에게 많은 사랑을 받고 있다. 일단 쇼핑몰과 다르게 그곳은 마치 전통 멕시코 마을과 비슷한 분위기를 보여주고 있다. 버스 정류장이 가깝고 미용 및 의료 서비스, 그리고 일요일에 울려 퍼지는 음악 등이 단순히 쇼핑몰이 아닌 색다른 경험을 기대할 수 있는 곳이다.[10] 플라자 피에스타는 **고객 지향**(customer orientation)을 표방하고 있다.

마케터들은 경쟁우위를 확보하고 이윤 창출을 극대화하기 위해 국제적으로 대부분의 기업들은 고객 지향적 마케팅을 지향하고 있다. 따라서 전반적인 제품 품질을 높이는 데 집중하기 시작했다. 1990년대까지 마케팅 커뮤니티의 대부분은 **전사적 품질경영**(total quality management, TQM)을 따르기 시작했는데, 이는 생산라인에 있는 모든 종업원들이 지속적으로 품질 개선에 노력하는 경영 철학의 일종이다. 우리는 제9장에서 TQM에 대해 학습할 것이다.

지속가능경영 지향

최근에는 많은 기업들이 마케팅 투자의 중요성을 인식하기 시작하면서 재무적 성과 역시 중요하게 인식하기 시작했다. 여기서 더 나아가 기업들은 **지속가능경영**(triple-bottom-line orientation)을 지향하기 시작했다.[11] 지속가능경영은 세 가지 주요 개념으로 구성되어 있다.

고객 지향 고객의 필요와 욕구를 충족시키는 것을 최우선으로 여기는 경영철학

전사적 품질경영(TQM) 전 직원이 생산라인에서부터 완제품에 이르기까지 제품 생산, 판매의 전 과정에 걸쳐 지속적 품질 향상에 힘쓰도록 하는 경영철학

지속가능경영 경제적인 이윤 창출, 사회공동체를 위한 공헌, 지속가능경영 창조 등의 세 가지 핵심 축의 조화에 초점을 둔 경영방침

1. 재무적 축(financial bottom line) : 이해관계자들에게 재정적 이윤 창출
2. 사회적 축(social bottom line) : 기업이 위치한 지역사회에 기여
3. 환경적 축(environmental bottom line) : 환경 파괴를 최소화하고 개선할 수 있는 지속 가능한 기업경영 운영

이러한 장기적 관점에서 이루어지는 접근법을 **사회 지향적 마케팅 개념**(societal marketing concept)이라고 부른다. 그것은 기업 이윤을 창출하고 사회에 기여하면서 동시에 고객 욕구를 충족시키는 마케팅 활동을 의미한다. 최근에는 **지속 가능성**(sustainability)에 초점을 맞춰 제품을 설계하고 생산하는데, 우리는 이를 "미래의 욕구를 저해하지 않는 선에서 현재의 욕구를 충족시키는 것"으로 정의하고자 한다.[12] 이러한 철학은 "선한 일을 함으로써 보다 잘되는 것"과 유사하다. 실제로 지속 가능한 경영을 지향하는 많은 기업들은 보다 깨끗하고 안전한 환경을 위한 사회적 욕구를 충족시키기 위하여 상당한 노력을 기울이고 있다.

아디다스는 지속 가능한 마케팅을 실현하는 대표적인 기업 중에 하나로 2015년 Global 100 Most Sustainable Corporations의 3위에 오르기도 했다. 아디다스의 지속가능 마케팅의 기조는 다양한 이해관계자들로부터 아이디어를 탐색하고 수집하는 '오픈 소스(open source)' 프로그램 운영이다. 오픈 소스 파트너 중에 하나인 팔리포디오션과 함께 해양 쓰레기를 제거하기 위해 2016년에는 해양 쓰레기들을 재활용해서 새로운 제품을 만드는 프로젝트를 진행하기도 했다.[13]

이러한 지속가능경영은 사회 및 경제 분야(근무 환경 개선 혹은 식량, 기후 환경, 그리고 기타 삶의 질과 관련된 외교 활동)를 포함한 다양한 비즈니스에 적용이 가능하다. 지속가능경영의 또 다른 주요 축으로는 제품이 환경에 미치는 영향력이다. **그린 마케팅**(green marketing)은 소비자의 마음속에 친환경 마케팅이 제공하는 혜택을 인식시켜주는 것을 목적으로 구상된 마케팅 전략이다. 그린 마케팅은 지속가능경영을 위해 많은 기업들이 강조하는 전략 중에 하나다.

기업이 사회적 책임을 수행하는 가운데 장기적 관점에서 고려해야 할 부분 중에 하나는 마케팅 활동을 통해 창출된 가치를 추정하는 **기업 책임**(accountability)이다. 이는 마케터들이 그들이 노력 대비 실제 가치를 추정하고 사회공헌에 어떤 기여를 했는지를 확인시켜줘야 한다는 것을 의미한다. 일반적으로 **투자수익**(return on investment, ROI) 혹은 **마케팅 투자수익**(return of marketing investment, ROMI)으로 설명된다. 마케터들은 그들이 기업을 위해 어느 정도 가치를 창출했는지 파악해야 하는데, 그러기 위해서는 그들이 정확히 무엇을 투자했고 그 결과 어떤 성과로 이어졌는지 정확히 알아야 한다. 당신은 제3장에서 ROMI에 대해 구체적으로 학습할 것이다.

하지만 마케팅 활동의 가치를 추정하는 것은 쉬운 일이 아니다. 많은 경우 경영 관리자들은 "우리 제품의 인지도를 올린다.", "사람들에게 보다 건강한 스낵을 제공한다."와 같이 마케팅 목적이 다소 모호하게 정의되는 것에 대해 지적한다. 물론 이러한 목적은 중요하지만 구체적으로 명시되어 있지 않기에 기존 관리자(임원)들은 마케팅의 실제 영향력이 어느 정도인지 파악하기 힘든 경우가 많다. 관리자들은 이러한 노력을 투자가 아닌 비용으로 간주하기 때문에 기업 예산 측면에서 마케팅 활동이 배재되는 경우가 상당히

해비타트 포 휴머니티는 선의를 실천하고 있다.

사회 지향적 마케팅 개념 마케터들은 고객의 욕구를 충족시켜야 하는데, 이와 관련한 모든 행위가 사회 발전과 기업의 이윤 창출에도 도움이 되는 방향으로 이루어져야 한다는 경영철학

지속 가능성 차세대의 욕구 충족에 필요한 사회자원을 희생하지 않고 현세대의 욕구를 충족시키는 것에 초점을 맞춘 제품 설계

그린 마케팅 환경적 관리를 지지해서 소비자의 마음에 차별적 편익을 창출하는 마케팅 전략

기업 책임 조직의 마케팅 활동으로 인해 창출된 가치를 측정하는 과정

투자수익(ROI) 시간이나 돈 같은 자원 지출이 회사의 재정에 영향을 미쳤는지 측정하는 방법

모바일 마케팅 모바일 디바이스(폰, 태블릿, 스마트워치와 같은 웨어러블 스크린 등)를 매개로 이루어지는 소비자와의 상호작용

사용자 제작 콘텐츠 소비자들이 제작한 마케팅 콘텐츠이자 활동으로 광고, 온라인 리뷰, 블로그, 소셜 미디어를 통해 신제품 개발, 도소매 선정 등에 투입

브랜디드 콘텐츠 고객관계를 구축하기 위해 브랜드를 판매하는 대신 교육과 엔터테인먼트를 브랜드를 통해 제공하는 마케팅 커뮤니케이션. 브랜드는 단지 후원자의 역할을 함

스크린 중독 스마트폰, 태블릿, 컴퓨터에 상당한 시간을 소비해 일상생활에서 상당한 어려움을 겪는 소비자

그로스 해커 소비자들의 관심을 강하게 이끌고 오랫동안 그들을 머물게 하려는 앱 혹은 사이트를 관리하는 전문가

기업 시민의식 기업이 위치한 지역 혹은 그 사회에 대한 사회적 책임 활동

많다. 지속적인 마케팅 활동을 위해서 마케터들은 기업 목적을 달성하는 과정에서 마케팅 활동가치가 어떻게 기여했는지 정확히 측정해서 마케팅 활동의 중요성을 증명해야만 한다.[14]

밀러쿠어스는 기업 책임의 중요성을 인식하고 기업 재무 종업원들에게 마케팅 종업원들의 역할을 적절하게 설득시켰다. 밀러쿠어스의 CFO와 CMO는 재무 부서와 마케팅 부서가 긴밀하게 협업할 수 있도록 사무실을 가까이 두고 언제든지 협업할 수 있도록 관리하고 있다.[15]

마케팅 진화의 다음은 무엇인가?

미래를 정확히 예측하는 것은 어렵지만 마케터들은 오늘의 현상들에 기반해 마케팅의 미래를 예측하고자 노력하고 있다. 현재 예측되는 마케팅의 미래는 굿콘텐츠, 빅데이터, 모바일 마케팅, 마케팅 계량지표, 고객 상호작용, 기업들의 선의 활동에 대한 수요 등으로 요약할 수 있다.[16] 구체적인 설명은 다음과 같다.

모바일폰, 태블릿 PC, 웨어러블 스크린 등으로 고객과 상호작용하는 **모바일 마케팅**(mobile marketing)은 미래의 마케팅을 예측하는 데 있어 매우 중요한 개념이다. 작은 스크린을 통해 개별 고객들과의 관계가 형성될 뿐만 아니라 개발도상국 내에서 모바일 스크린에 대한 수요가 성장함에 따라 전반적인 고객 수가 증가하고 있다는 점에서 매우 중요하다.

고객들이 만족할 수 있는 좋은 품질의 콘텐츠도 온라인 마케팅에서 중요한 역할을 할 것으로 예상된다. **사용자 제작 콘텐츠**(user-generated content 혹은 consumer-generated content)는 고객이 광고 제작과 같은 마케팅 활동에 직접 개입하는 것으로, 사용자 제작 콘텐츠가 성장함에 따라 **브랜디드 콘텐츠**(branded content)에도 긍정적인 영향을 미치고 있다. 브랜디드 콘텐츠는 지난 몇 년간 주요 커뮤니케이션 전략 중 하나로 자리매김하고 있다. 브랜디드 콘텐츠는 브랜드에 의해 만들어지며 그 브랜드가 콘텐츠의 후원자 역할을 하는데, 단순히 제품을 판매하는 것을 목적으로 하지는 않는다. 레고 무비(The Lego Movie)는 브랜디드 콘텐츠 사례 중에 하나로 볼 수 있는데, 해당 영화는 레고 매출을 높이는 것을 목적으로 두지 않는다고 강조하지만 레고사는 해당 영화를 제작하는데 있어 매우 중요한 후원자 역할을 했다.

온라인 리뷰, 블로그, 소셜 미디어를 적극적으로 사용함에 따라 상당수의 브랜드는 모든 고객에게 긍정적 이미지를 전달해야 하고 기업들은 온·오프라인에서 발생하는 고객들의 반응을 보다 면밀하게 접근해야 할 필요성이 증대되기 시작했다. 이는 고객들의 다양한 목소리를 듣기 위해 브랜딩은 두 가지 경로를 통해 소통해야 함을 의미한다. 이제는 고객 행동에 대한 추적이 용이해졌기 때문에 보다 개인화된 브랜드 경험을 제공해야 할 필요성이 증대되기 시작한 것이다.

기업들의 선의의 활동에 대한 수요도 과거보다 훨씬 높아지기 시작했다. 고객들은 선의의 활동을 하는 기업들에게는 지속적으로 보상과 칭찬을 하지만 그렇지 않은 기업들에게는 선의의 활동을 강요하기도 한다. 기업의 사회적 책임(corporate social responsibility)이라고 불리는 **기업 시민의식**(corporate citizenship)은 기업이 위치한 지역 혹은 그 사회에 대한 책임 활동으로 간주된다. 향후에는 기업 시민의식이 마케팅의 주요 기능 중 하나로 자리매김할 것으로 예상된다.

고객 데이터의 양이 증가함에 따라 이를 효과적으로 활용하고 해석할 수 있는 능력은 고객들의 삶의 질 개선으로 이어질 수 있게 되었다. 빅데이터의 주요 목적은 마케터들이 보다 나은 제품을 생산하고 고객 서비스를 개선하도록 하는 것도 있고 더 나아가 해당 데이터로 고객들의 건강 개선을 비롯한 삶의 질을 개선하는 데도 유용하게 활용될 수 있다. 2~3개의 스타벅스 매장이 한 블록 사이로 위치해 있는 이유를 아는가? 스타벅스는 지리 및 인구통계 정보로 수집된 빅데이터를 전략적으로 분석해서 매장 상권 분석을 성공적으로 수행한 바 있다.[17] 우리는 제5장에서 빅데이터에 대해 보다 자세히 학습할 것이다.

헤드라인에서 가져온 사례

현실세계에서 윤리적/지속 가능한 의사결정

당신은 하루에 얼마나 많은 시간 동안 스마트폰 혹은 태블릿 PC를 사용하는가? 당신도 다른 대학생들처럼 스마트폰으로 이메일을 확인하고, 페이스북 페이지를 읽고, 수업 전에 게임을 즐기고 있지는 않은가? 심지어 수업 시간에는 어떤가? 만약 그렇다면 당신은 이미 작은 스크린에 중독된 사람 중 한 명일 수도 있다. 미국인의 약 71%는 스마트폰을 옆에 두고 잠을 자며, 3%는 자면서도 한 손에 스마트폰을 쥐고 잔다. 그리고 서베이 응답자 중 약 1/3은 아침에 일어나자마자 스마트폰부터 찾는다고 했다.[18]

물론 대학생만 스마트폰 혹은 태블릿 PC에 중독된 것은 아닐 것이다. 어린이들 역시 바비, 핫휠, 그리고 닌자 터틀 대신 스크린에 집중하기 시작했다. 이렇듯 **스크린 중독**(screen addicts)은 어린이, 십 대, 그리고 성인 모두에게 급격하게 늘어나고 있다.

몇몇 전문가들은 어린이들이 이러한 중독에 빠질 경우 알코올 혹은 약물 중독처럼 신체적 건강과 심리 상태에 심각한 해를 끼친다고 주장한다. 영국심장기관에서는 아이패드 세대에 있는 어린이 10명 중 단 1명만 건강하다고 밝히기도 했다.[19]

많은 기업들은 모든 세대들이 스마트폰이나 태블릿 PC를 이용해 더욱 많은 시간을 소비하도록 노력하고 있다. 소비자들의 관심을 끌기 위해 다양한 앱과 사이트를 개발하는 전문가들은 많은 사람들이 더욱 많은 시간을 쓸 수 있도록 노력하는데 그러한 전문가들은 **그로스 해커**(growth hacker)라고 부른다.[20]

많은 선두 기업들은 다소 다르게 접근하고자 하지만 이러한 그로스 해킹에 대한 인센티브는 분명 증가하고 있다. 이는 과연 비윤리적이라고 할 수 있을까? 산업의 리더들은 인터넷 중독을 방지하기 위해 시민의식을 갖고 근무해야 할까? 그들은 사용자들이 중독에 빠지지 않게 일정 시간 이상 사용하면 경고 메시지를 알려주는 앱을 개발해야 할까?

윤리 체크 : ↖

기업들은 작은 스크린으로 소비자들이 보다 많은 시간을 소비할 수 있도록 해야 하는가?

□ 예 □ 아니요

1.3

목표

고객, 생산자, 그리고 사회 관점에서 본 가치를 이해한다.

마케팅 가치와 가치 마케팅

우리는 마케팅은 거래에 참여하는 모든 사람들에게 가치를 전달하는 활동이라고 했다. 여기에는 고객, 판매자, 그리고 사회까지 포함된다.

고객들은 구매를 통해 얻게 되는 가치를 어떻게 결정할까? 해당 가치를 확인하는 한 가지 방법은 비용 대비 혜택을 고려하는 것이 있다. 즉 고객들은 정확한 시간과 돈을 거래하는 기업에게 '투자'하고 그로 인해 기대할 수 있는 혜택은 얼마인지 추정하는 것이다.

하지만 거래 관점에서 봤을 때 고객, 판매자, 그리고 사회가 바라보는 가치 관점은 서로 다르다. 구체적으로 살펴보도록 하자.

고객 관점에서의 가치

당신이 한 짝의 신발을 구매하려고 고민하고 있다고 가정해보자. 아마 당신은 몇 가지 기준에 근거해 신발을 구매하고자 할 것이다. 구매의사결정 과정에서 당신은 신발을 구매하기 위한 지불 비용과 구매한 신발로부터 기대할 수 있는 편익을 비교할 것이다. 즉 신발을 구매하는 과정에서 당신이 고려하는 각각의 신발로부터 기대할 수 있는 편익(기능성)과 지불 가격을 상호 비교하게 될 것이다.

마케터들은 **가치 제안**(value proposition)을 통해 고객들에게 제공될 편익을 알린다. 가치 제안은 마켓플레이스상에서 고객들이 특정 기업의 제품을 구매할 경우 기대할 수 있는 가치들의 총합으로 볼 수 있다. 이러한 가치 제안은 제품 자체만의 편익을 넘어 기업이 약속한 해당 제품의 전반적인 모든 가치들을 포함한다. 예를 들어, BMW, 메르세데스 벤츠, 혹은 아우디 등을 운전하는 운전자들은 단순히 목적지에 빨리 도착하는 것을 넘어 자신들이 선호하는 브랜드를 직접 운전한다는 것에 대한 강력한 충성심도 함께 기대하는 것이 그것이다.

이러한 각각의 브랜드들은 고유의 이미지로 시장에서 경쟁하는데, 세련된 광고, 유튜브 비디

가치 제안 기업이 고객에게 제시한, 어떤 제품의 구매를 통해 실현할 수 있는 가치들을 합산한 것

오 등에 수천만 달러를 투자하여 고유의 이미지를 구축하기 위한 마케팅 커뮤니케이션 활동이 이루어진다. BMW를 구매할 때, 당신은 단순히 자동차를 운전하는 것을 넘어 당신이 어떤 사람이고 또 이상적인 모습의 당신을 어떻게 보여줄 수 있을지 기대하며 구매하게 될 것이다. 또한 호화스러운 운전과 최고급 서비스를 추가하는 것은 또 다른 유형의 가치 전달로 볼 수 있다. 마케터들이 당면한 도전은 바로 확실하고 분명한 가치 제안을 구축하는 것이다. 이러한 도전의 가장 중요한 숙제는 경쟁사보다 우수하고 가치를 고객에게 확신시켜주는 것이다.

판매자 관점에서의 가치

우리는 마케팅 거래를 통해 구매자에게 가치를 전달할 수 있다고 학습했는데, 그렇다면 판매자들은 그 가치를 어떻게 확보할 수 있을까? 한 가지 분명한 것은 거래로 인해 판매자들에게 이윤이 돌아가야 발생할 수 있다는 것이다. 그렇다면 그러한 가치가 관리자, 근무자, 그리고 주주들에게도 돌아갈까?

여기서 중요한 포인트가 하나 있다. 우리는 기본 이동수단으로서 고객관점에서 자동차의 가치를 정확히 측정할 수 없지만, 판매자 관점에서 봤을 때는 이를 다양한 형태로 추정할 수 있다. 단순히 수익을 창출하는 것을 넘어 많은 기업들은 그들이 고객에게 제공할 수 있는 자부심이나 명성 등을 개념화하여 가치로 추정하기도 한다. 온라인 소매점인 자포스의 핵심 가치는 "우리의 서비스를 통해 와우! 하고 소리칠 수 있도록 해주자."이다. 몇몇 조직들은 단순히 영리를 추구하거나 혹은 수익을 창출하는 데 초점을 맞추지 않는다. 그린피스, 스미스소니언 연구소, 그리고 내셔널 퍼블릭 라디오와 같은 비영리조직들은 대중들을 교육시키고 선의의 동기를 부여하는 것에 그 가치를 두고 있다.

최근 들어 많은 기업들은 기존의 비즈니스 방식을 수정하고 있다. 그들은 고객을 소극적인 피해자로 보는 것이 아니라 하나의 파트너로 간주하기 시작했다. 강력한 충성도를 가지고 있는 고객들에게 감사 이벤트를 벌이는 것을 종종 볼 수 있는데, 이를 **브랜드 축제**(brandfest)라고도 부른다. 예를 들어, 지프는 지프 4×4 소유주들과 강력한 유대관계를 맺고 있는데, 매년 그들을 위한 오프로드 어드벤처 이벤트를 개최하고 있다. 이러한 지프 대회는 다른 지프 소유주들에게 4×4 오프로드 경험을 제공하도록 해주어 강력한 브랜드 충성도를 구축할 수 있게끔 해준다.[21]

지프가 개최하는 이러한 이벤트는 기존 고객을 유지하는 것보다 새로운 고객을 유인하는 것은 더 많은 비용이 요구된다라는 점을 잘 알려준다. 따라서 많은 기업들은 기존 고객을 유지하기 위한 방법으로 선회하기 시작했는데, 우리는 이 책을 통해 이를 반복적으로 알려줄 것이다. 여기서 중요한 규칙이 하나 있다. 최근 들어, 기업들은 "이 고객이 우리에게 실제로 어느 정도 가치가 있는가?"라는 질문을 하면서 고객과 강력한 관계를 맺게 됨으로써 얻을 수 있는 가치를 확보하기 위해 많은 노력을 기울이고 있다는 것이다. 기업들은 고객 충성도를 확보하기 위해 인적 · 물적 노력을 기울이지만 비용으로 작용할 수 있음을 잘 안다. 고객 유지 활동은 분명 기업 차원에서 긍정적인 성과로 이어질 수 있지만 고객을 유지하는 데 초점을 맞춘 나머지 그 가치를 읽어 버리는 사례도 종종 발견되기도 한다.

기업들은 **고객생애가치**(lifetime value of customer)를 통해 특정 구매자가 현재 구매 시점부터 미래까지 반복적으로 구매할 때마다 기대할 수 있는 이윤을 추정하기도 한다. 생애가치를 계산하기 위해 기업들은 개인이 지불하게 될 총액수와 그들과 관계를 유지하면서 기업이 지출한 비용을 통해 이를 추정하게 된다. 핵심 계량지표 글상자에서는 마케터들이 생애가치를 어떻게 추정하는지 소개한다.

브랜드 축제 고객들의 충성도에 감사의 마음을 전하기 위해 기업이 개최하는 이벤트 행사

고객생애가치 한 사람의 고객이 기업의 제품을 구매함으로써 그 고객이 일생 동안 창출해주는 잠재적 이익

핵심 계량지표

이 장에서는 기업이 고객에게 제공하는 가치 개념과 가치 제안에 대해서 학습했다. 하지만 마케터들은 이러한 가치를 어떻게 측정할까? 마케터들은 **마케팅 스코어카드**(marketing scorecard)를 개발했다. 마케팅 스코어카드는 계량화된 수치로 측정되는데, 기업 혹은 브랜드가 실제로 어떻게 목표를 성취했는지 반영되어 있다. 실제로 우리는 마케팅 부서에서 보고서를 작성할 때 이러한 마케팅 스코어카드를 확인할 수 있다. 스코어카드는 짧고 간결하게 작성되어 있는데, 다양한 차트와 그래프가 포함되어 있어 가독성이 높다. 그들은 매출 대비 비용, 웹 방문 수와 실제 구매 비율, 기업 사후 서비스 고객 만족도, 기업 후원을 위한 소비자 참여 조사를 위한 고객 응답 비율과 같은 내용들이 '지표'로 반영되어 있다. 당신은 표 1.4에서 스코어카드 예를 볼 수 있을 것이다. 이 장을 통해 당신은 실제 스코어 혹은 **계량지표**(metrics)를 계산해볼 수 있을 것이다.

계량지표 적용

1. 표 1.4를 보고 당신의 마케팅 수업에 참여한 학생 만족을 위한 스코어카드를 만들어보자. 만족 측정을 위한 당신만의 기준을 설정해보자.
2. 당신 수업에 참여하는 학생들에게 스코어카드를 작성하게 한 후 학기 중간에 동일하게 스코어카드를 작성하게 한다.
3. 결과를 요약하고, 해석한 후 보고하자.

경쟁우위를 통한 가치 창출

많은 기업들은 매출 상승, 이윤 창출, 그리고 더욱 많은 고객을 유인할 수 있는 고유의 **경쟁우위**(competitive advantage)를 갖고자 노력한다. 일반적으로 경쟁우위는 비용우위(cost advantage)와 차별화 우위(differential advantage)로 구분된다. 비용우위는 기업이 제품 혹은 서비스를 경쟁사보다 더 낮은 비용으로 공급하던지 혹은 보다 저렴한 가격으로 소비자에게 제시할 경우 가능하다. 반면에 차별화 우위는 경쟁사 제품과 구분된 독특한 혜택을 제공해주어 고객들이 우수하다고 인식할 경우 가능하다.

그렇다면 기업들이 경쟁우위를 확보하기 위해서 어떤 노력을 기울여야 할까? 그 첫 번째는 실제로 해당 기업이 무엇을 잘할 수 있는지 파악해야 한다. **차별화된 경쟁력**(distinctive competency)이란 경쟁우위를 확보하기 위한 자사만의 독특하고 우수한 능력을 의미한다. 예를 들어, 전 세계 탄산음료 시장에서 50%의 시장점유율을 갖고 있는 코카콜라가 유통 경로와 마케팅 커뮤니케이션 측면에서 차별화된 경쟁력을 갖고 있다. 2차 세계대전 당시 코카콜라는 모든 군인들이 탄산음료를 섭취할 수 있도록 군부대와 파트너를 맺으면서 유통 경로망에서 차별

마케팅 스코어카드 기업이나 상표가 다양한 목적을 달성하는 데 있어 실제로 어떻게 수행하고 있는지를 보고(종종 계량적 용어로 되어 있음)하는 피드백 수단

계량지표 마케팅 관리자가 상이한 전략들이나 전술들의 효과성을 확인하기 위해 사용하는 척도 또는 '스코어카드'

경쟁우위 매년 더욱 높은 매출, 높은 수익성, 그리고 더욱 많은 고객을 확보하여 성공을 이끌도록 유도하는 기업만의 고유 경쟁력

차별화된 경쟁력 어떤 기업이 그들의 직접적인 경쟁자와 비교해서 갖는 우월적 능력

표 1.4	고객서비스 스코어보드 사례		
	분기별 스코어		
항목	1분기	2분기	3분기
만족도			
C1 직원 응대	60%	65%	68%
C2 제품 구비	60%	62%	63%
C3 서비스 품질	60%	62%	55%
C4 시설의 청결도	75%	80%	85%
C5 종업원의 지식	62%	62%	58%
C6 종업원의 용모	60%	62%	63%
C7 위치 편의성	60%	65%	68%

출처 : Adapted from C. F. Lunbdy and C. Rasinowich, "The Missing Link: Cause and Effect Linkages Make Marketing Scorecards More Valuable," Marketing Research, Winter 2003, 14–19, p. 18. Copyright ⓒ 2003 American Marketing Association.

차별화된 편익 독특한 고객 혜택을 제공함으로써 경쟁자의 제품과 구별되게 해주는 제품 특성

가치사슬 제품을 디자인, 생산, 마케팅, 배달 및 지원하는 데 포함되는 일련의 활동. 사슬 내의 각 연결은 고객이 궁극적으로 구매하는 제품으로부터 가치를 추가하거나 제거하는 잠재력을 가짐

화된 경쟁력을 확보할 수 있었다. 실제로 군부대들은 코카콜라의 운송비를 부담했으며, 군병력들이 탄산음료를 즐길 수 있도록 공장을 설립하도록 도와주기도 했다.[22] 두 번째 경쟁우위인 마케팅 커뮤니케이션 프로그램은 글로벌 시장에 안착하는 데 큰 기여를 했다. 코카콜라는 단순히 제품을 판매하는 것이 아니라 '행복'을 판매한다고 강조한다.

경쟁우위를 확보하기 위한 두 번째 단계는 차별화된 경쟁력을 경쟁사가 모방하기 어려운 독특한 가치를 지닌 **차별화된 편익**(differential benefit)으로 전환하는 것이다. 차별화된 편익은 고객의 욕구를 충족시켜줄 수 있지만 경쟁사가 모방하기 어려운 독특한 무엇인가를 제품을 통해 전달해줌으로써 완성된다. 이러한 차별화된 편익은 고객이 해당 기업의 제품을 프리미엄 가격으로 지불하고 강력한 선호도를 형성하는 데 있어 중요한 역할을 한다. 오랫동안 애플 컴퓨터의 고객들은 기존 PC와 다르게 우수한 그래픽 기술에 대한 만족도로 인해 강력한 충성도를 보여주었다. 하지만 PC 제조업체들이 애플의 독특한 경쟁우위를 모방하면서 애플은 새로운 제품 디자이너를 고용해 다채로운 색채로 미래지향적인 외관을 가진 컴퓨터를 설계했다. 이러한 경쟁우위에 근거하여 기존 PC 고객들을 애플 컴퓨터로 유인하는 데 성공할 수 있었다(표 1.5).

가치사슬의 가치 부가

기업 내·외부의 많은 인력들은 고객에게 가치를 창출하고 전달하기 위하여 협업한다. **가치사슬**(value chain)은 가치를 창출하기 위해 각 부서(인력) 간의 협업을 보여주는 유용한 개념이다. 해당 개념은 제품 디자인, 제조, 마케팅, 운송, 그리고 지원에 이르는 일련의 과정들을 포함한다. 마케팅 활동에 대한 지원이 이루어지기 위해서는 가치사슬상에 인적자원관리와 기술 개발도 함께 포함되어야 한다.[23]

가치사슬에 대한 개념을 이해하기 위해서는 모든 제품들이 철광석이나 원유와 같은 천연자원에서부터 시작되어 제조과정을 거친 후 완성품을 통해 최종 소비자에게 그 가치가 전달되는 과정을 알아야 한다. 최종 소비자가 구매하는 제품에 따라 각 사슬 간 연결고리는 추가 혹은 제거되기도 한다. 성공한 대부분의 기업들은 경쟁사와 비교했을 때 가치사슬상에서 하나 이상의 뛰어난 성과를 보여준다. 이는 결국 차별화된 경쟁력이자 궁극적으로는 경쟁우위로 이어지게 된다. 가치사슬상 주요 기능들은 다음과 같다.

표 1.5 | 기업들은 차별화된 경쟁력으로 어떻게 경쟁우위를 확보하는가?[24]

기업	차별화된 경쟁력	차별화된 혜택	경쟁우위
코카콜라	유통 경로와 마케팅 커뮤니케이션	전 세계 소비자들을 위한 편의성과 브랜드 인지도	다른 탄산음료는 코크와 비교했을 때 충성고객이 적지만 코카콜라는 전 세계 탄산음료 시장에서 50% 이상의 점유율을 확보하고 있음
애플	제품 품질과 디자인	최신 기술에 대한 접근성	애플의 맥컴퓨터는 전 세계 PC가 하락세에 있음에도 불구하고 28.5%의 매출 성장을 기록함
사우스웨스트항공	가격 접점	가격에 민감한 고객들에게 소구	사우스웨스트항공사는 미국 내에서 최고의 국내 항공사로 자리매김함
아마존닷컴	구색과 유통 경로망	유용성, 편의성 그리고 제품 접근성	아마존은 온라인 서점에서 50%의 시장 점유율을 확보함
스타벅스	제품 품질	고객 만족	스타벅스는 커피 산업에서 33%의 점유율을 확보함

- 조달물류(inbound logistics) : 제품 제조를 위한 자원 혹은 구성품을 전달
- 운영(operations) : 자원을 최종 제품으로 전환하는 활동
- 유통물류(outbound logistics) : 최종 제품을 운송
- 마케팅 : 최종 제품 판매와 촉진
- 서비스 : 추가 지원을 통한 고객 욕구 충족

가치사슬을 보다 쉽게 이해하기 위해서 당신 지역에 위치한 애플 스토어에서 판매되는 새로운 아이패드를 떠올려보자. 당신은 모든 임직원들이 디자인, 제조, 유통에 모두 관여한다고 생각하는가? 광고를 제작하고, 작은 태블릿 사이즈에 대한 선호도를 추정하기 위해 고객을 조사하고, 혹은 제품이 운송되는 과정에서 파손되지 않도록 패키지를 포장하는 활동들은 서로 다른 직원들이 담당한다고 생각하는가? 이러한 직원들이 없다면 아이패드 제조가 가능하다고 생각하는가?

[📷] 그림 1.2를 보면 이러한 모든 활동들은 애플의 가치사슬에 따라 움직임을 확인할 수 있을 것이다. 애플의 가치사슬을 보면 애플은 다양한 의사결정에 놓여 있음을 확인할 수 있을 것이다. 음악 재생을 위해 어떤 전자 부품이 들어가야 하는지, 패키지를 위해 어떤 액세서리를 가지고 와야 하는지, 그리고 아이팟을 애플 스토어까지 운송하기 위해 어떤 유통 경로를 거쳐야 하는지, 판매 후 고객 지원 서비스는 어떻게 구성해야 하는지, 마지막으로 어떤 마케팅 전략을 구축해야 하는지 결정해야 할 사안은 매우 많다. 가치사슬로 연결되어 각 부서들은 경쟁우위를 창출하기 위해 상호 협업하며 효율성을 극대화해야 한다.

우리는 이 책을 마케팅 프로세스에 맞춰 구성했다. 마케팅 프로세스 단계는 가치 교환에 근거하여 구성되어 있으며, 거래가 이루어지는 동안 개별 구성원들의 만족도를 충족시켜 향후에도 지속적인 비즈니스가 가능하도록 설계되어 있다. [🎷] 그림 1.3은 개별 단계들이 그려져 있다. 기본적으로 우리는 자원(구성품)에서 최종 제품으로 제조되어 소비자에게 전달되는 일련의 가치사슬을 통해 마케터들이 무엇을 해야 할지 학습할 것이다.

우리는 제1장에서 기업들이 성공적인 글로벌 마케팅 전략과 윤리적 마케팅을 실행하기 위한 계획 방법을 학습할 것이다. 제2장에서는 마케팅 조사와 빅데이터를 이용해 마케터들이 개

그림 1.2 [📷] **스냅숏** │ 애플의 가치사슬

애플의 가치사슬은 조달물류, 운영, 유통물류, 마케팅 및 판매, 서비스를 포함한다.

조달물류	운영	유통물류	마케팅 및 판매	서비스
• 플레이너 리튬 건전지(소니) • 하드 드라이브(도시바) • MP3 디코더 및 제어칩(포털 플레이어) • 플래시 메모리 칩(샤프) • 스테레오 디지털-아날로그 변환기(월프슨 마이크로 전자) • 방화벽 인터페이스 제어기(텍사스 인스트루먼츠)	• 소비자 리서치 • 신제품 개발 팀 • 엔지니어링 및 생산	• 운송업체 • 도매상 • 소매상	• 광고 • 세일즈 포스	• 컴퓨터 기술자

출처 : Based on information from Erik Sherman, "Inside the Apple iPod Design Triumph," May 27, 2006, http://www.designchain.com/coverstory.asp?issue=summer02.

그림 1.3 〔과정〕 │ **가치 창출과 전달**

이 책은 가치 교환이 이루어지고 그 교환에 관여하는 모두가 만족하기 위한 일련의 단계를 소개하고 있다. 이 장의 네 단계는 가치 창출 및 전달과 관련되어 있다.

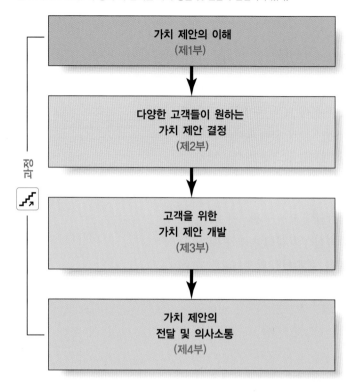

별 고객들의 서로 다른 욕구를 어떻게 이해하고 충족시킬 것인지에 대해 학습할 것이다. 제3장에서는 마켓플레이스에서 제품을 어떻게 보이고, 가치를 전달할 것이며, 고객에게 판매를 유도할 수 있는지 그 방법들이 포함된 '포지션(position)'에 대해 학습할 것이다. 제4장에서는 제품을 고객에게 어떻게 전달하고 촉진시킬 것인지 학습할 것이다.

소비자가 창출하는 가치 : 청중에서 공동체로의 변화

앞서 논의했듯이, 전 세계 마케팅 흐름 중 주목할 만한 것 중 하나로 소비자들이 제품을 단순히 구매하는 것을 넘어 가치를 창출하기 시작했다는 것이다. 즉 소비자가 광고제작자, 소매업자, 신제품 개발 컨설턴트로서의 역할을 담당하기 시작한 것이다. 그들은 제품을 보다 멋있게 보이는 자신만의 광고를 만들어 유튜브에 올리기도 한다. 또한 이베이(eBay)에 비틀즈의 기록물부터 세탁기에 이르기까지 다양한 제품들을 판매하고 구매한다. 또한 웹사이트를 통해 패션 디자이너들과 함께 새로운 스타일의 옷을 디자인하기 위한 아이디어를 공유하고, 전혀 새로운 광고를 계획하며, 자신만의 독특한 제품을 개발하기도 한다. 몇몇 소비자는 자신이 최근에 구매한 제품을 유튜브를 통해 자랑스럽게 선보이는 '**하울 비디오**(haul videos)'를 포스팅하기도 한다(믿기 어렵겠지만 '하울 비디오'를 검색해보면 상당히 많은 소비자들이 하울 비디오를 시청하고 실제로 해당 제품을 구매하고 있음을 확인할 수 있을 것이다).

이러한 의미 있는 변화는 마케터들에게 소비자에 대한 인식을 바꾸는 계기가 되었다. 소비자들은 단순히 제품을 구매하는 수동적인 구매자가 아니라 제품 제조에서부터 기업이 정확히 무엇을 해야 할지 함께 고민하고 참여하는 공동체로 인식해야 하는 것이다. 또한 소비자들은 직접 영상을 찍고, 제품 리뷰를 작성하며, 블로그에 이를 소개하기 때문에 브랜드 커뮤니케이션의 일원으로 봐야 한다. 다음은 **소비자 제작 콘텐츠**(consumer-generated content)에 대한 사례다.

- 기라델리 초콜릿은 뉴욕 타임스퀘어에 소비자들이 초콜릿을 먹은 장소와 시간 등을 방송을 통해 보여주었다.[25]
- 아이리포트는 시민 기자들이 직접 찍은 사진과 영상을 CNN 브레이킹 뉴스를 통해 소개되는 서비스로 CNN TV 네트워크 내에서 저력을 보여주고 있다.[26]
- 본래 미 해군 명령-제어 시스템을 개발하는 소프트웨어 업체인 라이트 솔루션은 종업원들이 신기술 도입, 새로운 비즈니스 진입, 혹은 시스템 개선 등을 자유롭게 제안하고 공유할 수 있는 내부 '예측 시장(prediction market)' 제안망을 구축했다. 이 제안망에는 주식, 시간, 회의 리스트, 그리고 이메일 알림 기능 등이 있다. 종업원들은 해당 주식을 마음껏 사고팔 수 있으며, 기업 내부 개발자, 컴퓨터 과학자, 그리고 프로젝트 관리자(마케터, 회계재무 담당)에 따라 주가 변동이 발생한다. 의미 있는 주식의 경우 실제로 신제품 개발로 이어지기도 하는데, 기업 전체 매출 중 30%를 차지하고 있다.[27]
- 수년간 도리토스는 팬들이 직접 만든 최고의 30초 광고를 선정하는 'Crash the Super Bowl'

하울 비디오 최신 구매 제품을 유튜브 등에 포스팅하는 영상 콘테스트를 개최해 왔다. 팬들에 의해 선택된 최우수 광고는 슈퍼볼 게임이 진행되는 동안 게시되며, 최우수 광고 수상자에게는 100만 달러의 수상금도 수여한다.[28]

소비자가 창출하는 가치 : 소셜 네트워킹

1990년대, 사이트 운영자에 의해 콘텐츠가 제공되는 형태의 인터넷(웹 1.0)이 본격적으로 시작되었다. 당시에는 소비자가 웹사이트 비즈니스에 직접 관여하는 경우가 거의 없었다.[29] 기업들이 만들고 운영한 사이트는 상업적으로나 기술적으로 봤을 때, 조악했고 단순했으며, 단순히 기능에만 집중하는 형태로 구성되었다. 그 후 페이스북과 같은 소셜 네트워킹 사이트가 등장하면서 **웹 2.0**(Web 2.0)이 시작되었고 마케터들은 쌍방향 소통을 시도하기 시작했다. 사람들은 블로그를 이용하기 시작했고 전자상거래가 본격적으로 발전하는 계기가 마련되었다.

현재 우리가 경험하고 있는 **웹 3.0**(Web 3.0)은 소비자들이 라이브 채팅과 인스턴트 메시지를 통해 실시간으로 커뮤니케이션할 수 있는 환경으로 볼 수 있다. 치폴레 그릴에서 식중독 사건이 발생했지만 마케터들이 이를 적절히 알리지 않았을 때, 소비자들은 트위터나 페이스북을 통해 이를 알렸고 불만을 털어 놓기도 했다. 만약 웹상에서 소비자가 침낭을 검색했다면 마케터는 웹 브라우저 행동을 추적해서 메인 페이지나 다른 웹페이지상에서 침낭과 관련된 광고를 해당 소비자에게 노출시킬 수 있게 되었다. 아마 당신이 특정 사이트에서 무엇인가를 검색했다면 다른 사이트를 방문했을 때도 사전에 검색했던 것이 그대로 노출되었던 경험이 있을 것이다.

최근에는 고객 관여(customer engagement), 클라우드 운영, 그리고 적극적인 웹 참여가 가능한 **웹 4.0**(Web 4.0)이 도래했고, 마케터들은 이를 적극적으로 활용하기 위해 본격적으로 움직이기 시작했다. 이는 단순히 제품을 판매하는 것을 넘어 고객들이 그들의 경험과 의견을 표출하는 것을 적극적으로 활용해야 함을 의미한다. 빠르게 변하는 인터넷 환경에 대응하기 위해서는 기업들이 소셜 미디어, 블로그, 그리고 기타 온라인 채널을 통해 고객들의 적극적인 참여를 유인해야 한다. 우리는 **클라우드**(Cloud)를 단순히 물리적 공간으로 생각하기 쉽지만 실제로는 네트워크 서브에 기반해 완전히 다른 기능을 갖고 있음을 기억해야 한다. 클라우드는 무한대에 가까운 저장 용량을 갖고 있기 때문에 당신 학교에서는 이메일에서 클라우드로 이동하려는 움직임을 보일 것이다. 실제로 몇몇 소프트웨어 기업들은 클라우드로 옮기고 있는 추세다. 예를 들어, 몇몇 중소기업 경영자들은 퀵북스(미국의 온라인 회계 프로그램 – 역주)를 매달 갱신하려는 움직임이 발견되고 있다.[30]

웹의 발달로 소비자들은 소셜 미디어(social media)를 통해 새로운 가치를 창출하기 시작했는데, 소셜 미디어에 있는 인터넷 플랫폼을 이용해 자신만의 콘텐츠를 개발하고 다른 사람들과 이를 공유하기 시작했다. 소셜 미디어는 페이스북이나 트위터 같은 소셜 네트워크와 트립어드바이저와 같은 제품후기 사이트 등이 있다. **소셜 네트워킹 플랫폼**(social networking platforms)상에서 사용자들은 웹사이트에 자신의 프로필을 올리고 비슷한 흥미거리를 갖고 있는 다른 사람들과 네트워크를 형성하기도 한다. 당신과 당신 친구들은 수업에 들어오기 전에(혹은 수업 중이라도) 페이스북 페이지를 확인하는 행동은 아마 일상이 되었을 것이다.

실제로 이와 같은 소셜 미디어 플랫폼은 가장 뜨거운 화두라 해도 과언이 아니다. 점점 더 많은 광고인들은 이러한 플랫폼이 일상적으로 열심히 친구들을 만나는 특정 소비자에게 다가가기 위한 가장 최적의 방법이라는 것을 잘 알고 있다. 이러한 소비자들은 토요일 밤에 즐긴 화끈한 파티에서 찍은 사진들을 끊임없이 올리고, 정치 혹은 사회 이슈에 대한 의견을 포스팅하기도 하며 새롭게 발견한 아티스트를 공유하는 것을 즐긴다.[31] 그들은 다음과 같은 특징을 갖고 있다.

웹 1.0 사이트 소유주가 콘텐츠를 제공하는 인터넷의 시작을 알렸던 시기

웹 2.0 사회적 연결망과 사용자 상호작용성을 통합하는 새로운 세대의 월드 와이드 웹(범세계적 통신망)

웹 3.0 라이브챗이나 인스턴트 메시지 등을 이용해 실시간으로 소비자들이 커뮤니케이션하는 세대로 마케터들은 온라인상의 소비자 활동을 추적할 수 있음

웹 4.0 수천 개의 앱에 접근 가능한 소비자들은 스마트폰이나 태블릿을 통해 언제 어디서든지 브랜드에 접근할 수 있게 되었음

클라우드 무제한의 저장 용량을 갖춘 네트워크 서브

소셜 네트워킹 플랫폼 사용자에게 웹사이트상에서 프로필을 통해 자신을 나타내도록 해주고 공통된 관심에 대한 내용을 공유하기 위해 네트워크의 여타 구성원들과의 연결을 제공하고 수용하는 온라인 플랫폼

- 그들은 사용자의 수를 증가시킨다. 아마존은 당신과 유사한 흥미를 갖고 있는 다른 사람들이 구매한 책을 당신에게 추천하면서 구매를 유도한다.
- 사람의 눈에 의해 돈이 결정된다. 구글은 사람들이 특정 단어를 검색한 후 노출된 광고 수에 따라 광고비를 책정한다.
- 그들은 언제나 베타 버전으로 활용된다. 기존에 고정된 웹사이트나 책과 다르게 콘텐츠는 항상 변화하고 진일보한다. 온라인 백과사전으로 불리는 위키피디아(Wikipedia)를 지속적으로 업데이트하는 열정적인 편집자들은 끊임없이 발견되는 오류를 '수정'한다.
- 기존에 정해진 분류기준인 텍소노미(taxonomy)가 아닌 **폭소노미**(folksonomy)를 기준으로 분류한다. 이미 구축된 시스템에 의해 콘텐츠를 구분하는 것이 아니라 사이트 사용자가 구분하는 것이다. 판도라의 청취자들은 자신들이 직접 선정한 뮤지션을 중심으로 구성된 '라디오 방송국'을 운영한다.[32]

새로운 뉴미디어 발달로 인해 기업들의 비즈니스 접근 방식은 변하기 시작했다. 이를 마케팅 전략에 접목시켜보자. **대중의 지혜**(wisdom of crowds) 관점에서 봤을 때 특정 상황에서는 현명한 개인보다 전체 집단이 더욱 현명한 결정을 할 수 있다. 실제로 그렇다면, 소비자 전체 수는 제품 성공을 예측할 수 있는 주요 변수로 작용할 수 있다.[33] 마케터들은 소셜 네트워크 커뮤니티를 이용해 많은 집단을 상대로 마케팅 활동을 벌이는 **크라우드소싱**(crowdsourcing)을 활용하기도 한다. 실제로 레고는 CUUSOO 크라우드소싱을 활용해 팬들로부터 아이디어 컨셉을 확보하고 제품화한다. 레고사는 만 명에 이르는 후원자들로부터 확보한 아이디어를 리뷰하고 있으며, 이를 통해 실제로 30주년을 기념한 고스트버스터즈를 개발하였으며 '우승자'에게는 매출당 1%의 수익을 돌려주었다.[34] 우리는 제13장에서 크라우드소싱에 대해 자세히 학습할 예정이다.

사회적 관점에서의 가치

모든 기업들은 기업 활동을 하는 과정에서 사회에 긍정적인 영향과 부정적인 영향을 동시에 미친다. 게다가 우리는 마케팅 활동으로 인해 사회적 가치가 증가 혹은 감소할 수 있음을 기억해야 한다. 대부분의 경우 우리와 같은 소비자들은 마케터에게 다양한 책무를 요구한다. 우리는 그들이 안전하고 제대로 된 제품을 판매한다고 믿고 있기 때문이다. 또한 우리는 가격을 책정하고 유통하는 과정이 공정하게 이루어진다고 믿고 있다. 하지만 시장에서의 무조건적인 승리에 대한 압박으로 인해 정직하지 못한 거래가 발생하는 것을 발견하기도 한다. AIG나 골드막삭스와 같은 글로벌 금융회사들의 몰락은 이를 대변한다.

일반적으로 기업들은 윤리와 사회적 책임을 갖는 것이 좋은 사업이 될 수 있음을 알고 있다. 인터넷과 소셜 미디어는 소비자들이 안전하지 않거나 결함이 있는 제품, 나쁜 서비스, 혹은 사기 등을 알 수 있게 해주었다. 일부는 이를 어렵게 찾기도 한다.

미국 환경보호청(U.S. Environmental Protection Agency)은 폭스바겐 AG의 48만 2,000대의 디젤 차량에 대한 배기가스 조작에 대해 경고한 바 있다. 첫 번째 경고를 무시하고 난 후 폭스바겐은 나중에 이를 받아들였다. 하지만 폭스바겐 주가는 하루 아침에 1/3로 떨어졌고 수천만 달러의 벌금이 부과되었다.[35] 반대로 P&G는 자사의 릴리 탐폰에서 여성들이 독성 쇼크 증후군(toxic shock syndrome, TSS)이 발견됐다는 보고서를 접한 후 바로 생산을 중단했다. 과학자들은 릴리와 TSS 간에 인과관계가 발견되지 않았다고 보고했지만, 해당 증후군을 알리고 환불 조치를 해야 한다는 미국 식품의약청의 권고를 받아들였다. 그 결과 P&G는 7,500만 달러의 손실이 생겼고 몇십억 달러에 이르는 전체 여성 위생용품 시장에서 25%를 차지하는 신제품을 포기했다.[36]

마케팅과 소비자 행동의 부정적인 면

이 책으로 학습하는 당신은 그렇지 않기를 바라지만 때때로 마케터들은 의도와는 상관없이 고객 신뢰를 저버리고 피해를 끼치는 경우가 종종 발생한다. 그리고 이러한 마케팅의 부정적인 면으로 인해 엄청난 비난에 시달리기도 한다.[37] 소매업자들의 미끼상술(bait-and-switch)로 계획했던 지출보다 더욱 비싼 가격을 구매하도록 유인하기 위해 소비자 판단을 흐리게 하는 불법적인 행위들이 이에 해당된다.

또는 마케팅 활동이 실제로 불법은 아니지만 사회에 유해한 영향을 미치는 경우도 있다. 몇몇 주류 및 담배 제조업체들은 소득이 낮은 사람들을 대상으로 광고를 집행하는데, 이는 남용으로 이어져 큰 문제로 이어지기도 한다. 또는 반사회적 행동을 유발하기도 한다. 컬럼바인 고등학교 학살사건을 다룬 온라인 게임의 경우 십 대들의 살인 행위가 아무렇지 않을 수 있음을 인식시킬 수 있었다는 점에서 이에 해당된다. 제2장에서 이는 마케팅 윤리에 대해 보다 자세히 다룰 것이다.

학계, 정부, 그리고 산업계에서는 많은 노력을 기울이고 있지만 소비자들에게 가장 위험한 적은 바로 그들 자신이 될 수도 있다. 우리는 우리 자신을 보다 냉철하게 바라봐야 한다. 우리는 제품 혹은 서비스를 구매하면서 개인, 가족, 그리고 사회적 복지와 안녕을 높일 수 있다고 믿는다. 하지만 우리의 욕구, 선택, 그리고 활동들이 예기치 못하게 우리가 살고 있는 이 사회에 부정적인 영향을 미치기도 한다. 누군가에게는 매우 심각할 수 있으며 또 누군가에게는 사소할 수도 있다. 과도한 음주나 흡연과 같은 유해한 행동에 대한 사회적 압력이나 절도 혹은 보험사기와 같은 돈을 최고로 여기는 문화적 가치 등이 이에 해당된다. 아름다움과 성공에 대한 무조건적인 선망은 자기 자신의 불만족으로 이어지기도 한다. 소비자 행동의 부정적인 면에 대한 몇 가지 사례를 살펴보자.

> **중독 소비**(addictive consumption) : **소비자 중독**(consumer addiction)은 제품과 서비스에 생리적 · 심리적으로 의존하는 증상이다. 이러한 증상에는 알코올 중독, 약물 남용, 흡연 등이 있는데, 많은 기업들은 해당 제품을 판매하면서 혹은 증상을 해결하기 위한 방법들을 판매하면서 수익을 창출하기도 한다. 최근에는 작은 화면 중독(small screen addiction)이 발견되기도 한다. 많은 사람들은 중독을 약물과 연관지어 생각하지만 무엇인가에 지속적으로 의존해 안정감을 찾는다면 중독의 범위는 더욱 넓어질 수 있다. '쇼핑 중독'은 약물 혹은 알코올 중독과 다르지만 무엇인가에 중독되었다는 점에서는 동일하게 간주된다.[38] 중국, 대한민국, 대만 그리고 미국의 일부에서는 인터넷 혹은 작은 화면 중독이 발견되고 이를 치료하기 위한 기관도 생기기 시작했다. 게임 중독자들이 뭔가를 먹고 마시는 것을 잊어버린 채 게임에만 몰두하는 현상이 이에 해당된다. 소수지만 챕스틱 중독(Chap Stick Addicts)도 발견되는 전체 250명의 회원이 실제로 이를 해결하기 위해 노력하고 있다.[39]

> **불법 행위**(illegal activities) : 소비자들이 자신의 이익을 위해 저지르는 불법 행위에 드는 비용은 연간 400억 달러에 이른다. 매켄-에릭슨 광고대행사에서는 다음과 같은 사실을 조사를 통해 발견했다.[40]
> - 전체 응답자 중 91%는 거짓말을 정기적으로 한다. 자신의 몸무게나 수입에 대해서 사소한 거짓말을 하며 21%는 그들의 나이를 속이기도 한다. 9%는 자신의 머리 색깔도 거짓말한다고 밝혀졌다.
> - 미국인 10명 중 4명은 본인의 부담금을 낮추기 위해 보험료를 속인 적이 있다고 응답했다.

소비자 중독 알코올, 약물, 담배, 쇼핑, 그리고 인터넷과 같이 재화나 서비스에 의존하는 소비자의 생리적 · 심리적 의존증

손실 소매업자가 물품 도난, 종업원 절도, 그리고 상품화 과정에서의 손상 등으로부터 경험하는 손실

소비 저항 제품을 고의적으로 파손하는 행위

- 응답자 중 19%는 입장료를 내지 않고 몰래 영화 상영관에 들어간 적이 있다고 응답했다.
- 5명 중의 4명 이상은 자신이 전혀 관여하지 않았지만 자신이 그에 대한 공로를 인정받기 위해 노력한 적이 있다고 응답했다. 필스버리의 최고경영자에 따르면 이러한 행위를 '스피드 스크래치(speed scratch)'로 부르기 시작했다.

손실 : 2014년 전체 매출의 1.38% 혹은 4,400만 달러의 손실 비용이 발생했다. 이러한 **손실**(shrinkage)은 절도, 종업원 절도로 인한 재고 혹은 현금 손실을 의미한다. 제12장에서 자세히 다루겠지만 결국 기업 비즈니스에 심각한 영향을 미친다. 이는 결국 더욱 높은 가격으로 책정되어 소비자에게 돌아가게 된다. 구매자가 아닌 종업원으로부터 발생하는 손실은 약 40%에 이른다고 분석되었다.

소비 저항 : 또 다른 극단적 소비 행동 중에 하나가 **소비 저항**(anticonsumption)인데 이는 의도적으로 제품에 해를 끼치는 행동을 했을 경우 발생한다. 이는 건물 혹은 지하철에 스프레이 그래피티를 하는 활동에서부터 컴퓨터 바이러스를 퍼뜨려 기업 활동에 악영향을 미치는 활동까지 다양하다.

1.4

목표
마케팅 계획의 기본을 설명한다.

프로세스로서의 마케팅

마케팅의 정의 중 하나로 프로세스를 살펴볼 수 있다. 마케팅은 한순간의 활동으로 볼 수 없음을 의미한다. 마케팅 관리자들이 기업의 목표를 달성하고 그들이 가지고 있는 도구로 전략을 실행하기 위한 일련의 의사결정 과정이 마케팅이다. 이 장에서는 마케터들이 어떻게 의사결정을 내리고 계획을 실행하며 도구를 어떻게 활용하는지 확인할 것이다. 우리는 제3장에서 이를 학습할 것이다.

마케팅 프로세스 중 가장 큰 비중을 차지하는 것은 **시장 계획**(market planning)인데, 이를 위해 '큰 그림(big picture)'을 그리고 전략적으로 접근해서 기업과 제품이 이 그림에 적합하도록 움직여야 한다. 시장 계획의 첫 번째 단계는 시장환경을 분석하는 것이다. 이는 기업의 제품 개발과 마케팅 과정에서 영향을 미칠 수 있는 현재의 강점과 약점을 파악해야 함을 의미한다. 또한 경쟁자의 활동, 문화 및 기술의 변화, 그리고 경제환경과 같이 마켓플레이스에서 기업에 영향을 미칠 수 있는 기회와 위협도 함께 분석되어야 한다.

기업(혹은 개인)은 시장 계획을 하는 과정에서 다음과 같은 질문을 해야 한다.

- 우리 고객들은 앞으로 3~5년간 어떤 제품 편익을 찾을 것인가?
- 우리 기업은 경쟁사와 차별화될 수 있는 어떤 능력을 갖추고 있는가?
- 향후에 우리에게 이익을 안겨줄 수 있는 또 다른 세분화된 시장이 무엇이 있는가?
- 생산 공정, 커뮤니케이션 전략, 그리고 유통 전략에 영향을 미칠 수 있는 기술의 변화는 무엇이 있는가?
- 향후 몇 년간 시장에 영향을 미칠 수 있는 사회·문화적 가치는 어떻게 변할 것인가?
- 생산 설비에 대한 태도를 변화시킬 소비자들의 환경 인식은 어떻게 변할 것인가?
- 국내외 시장에서 기업 활동에 영향을 미칠 법적 규제가 발생할 것인가?

이러한 질문과 대답은 마케팅 계획(marketing plan)을 구축하는 데 있어 기본이라 할 수 있다. 이러한 마케팅 계획은 마케팅 환경의 기술, 마케팅 목적과 전략 구축, 그리고 세부적인 마케팅 전략을 누가 담당할 것인지 등이 포함된 문서로 볼 수 있다. 제3장에서는 마케팅 계획을 보다 상세하게 다룰 것이며 당신은 마케팅 계획의 기본 구조와 내용을 학습할 것이다. 마케팅 의사결정의 대부분은 시장에서 어떤 제품을 누구에게 전달할 것인가와 관련되어 있다. 몇몇 기업들은 근원적 욕구(needs)와 구체적 욕구(wants)의 큰 차이가 없는 고객들을 대상으로 가능한 많은 제품과 서비스를 판매하기 위해 **대중 시장**(mass market)을 공략하기도 한다. 이런 경우 마케팅 계획은 기본 제품과 단 하나의 전략으로 모든 고객을 대상으로 진행된다.

이러한 접근 방식은 비용면에서 효과적일 수 있지만 해당 시장에서 보다 세분화된 근원적 욕구로 고객을 공략한 경쟁사에 의해 잠재고객을 빼앗길 위험도 있다. **시장 세분화**(market segment)는 기존의 큰 시장에서 유사한 욕구를 가진 소수의 고객들로 집단화한 것을 의미한다. 예를 들어, 포드, GM 그리고 BMW는 서로 다른 세분 시장별로 다양한 차종을 생산하고 있다. 기업의 목적과 자원에 따라 기업들은 하나 혹은 둘 이상의 세분 시장을 공략한다. **표적시장**(target market)은 마케팅 계획에 따라 자사의 제공물을 직접 전달하는 특정 시장을 의미한다. 마케터들은 경쟁사 브랜드와 비교했을 때 소비자의 마음속에 독특한 인식을 심어줄 수 있는 포지셔닝(positioning)을 개발하게 된다. 우리는 제7장에서 이를 자세히 다룰 것이다.

대중 시장 고객의 독특한 요구와 욕구의 차이가 없는 대부분의 소비자

시장 세분화 전체 시장 내에서 어떤 방법으로든 그들의 욕구가 일군의 소비자들과는 서로 유사하며 다른 소비자들과는 다르게 구별되는 집단

표적시장 기업이 그들의 마케팅 계획을 수립할 때 초점을 맞추고 그들의 마케팅 노력을 지향하는 세분시장

목표 요약 ➡ 핵심 용어 ➡ 적용

제1장
스터디 맵

1.1 목표 요약

마케팅과 마케팅 믹스에 대해 설명하고 마케팅의 적용 범위와 마케팅 가치에 대해 이해한다.

마케팅은 활동이고 기관의 집합이며 고객 가치를 충족시키는 시장 제공물의 창조, 커뮤니케이션, 유통, 교환의 과정이다. 따라서 마케팅은 거래에 의해 영향을 받는 이해관계자 모두에게 가치를 전달하는 것이 궁극적인 목적이라 할 수 있다. 고객의 근원적 욕구와 구체적 욕구를 알아내고 충족시킴으로써 장기적인 이윤을 달성하려고 하는 조직은 마케팅의 개념을 도입해야 한다.

마케팅 믹스는 제품, 가격, 유통, 그리고 촉진을 포함한다. 제품은 고객 욕구를 충족시키기 위한 구체적인 수단이며, 가격은 제품 거래를 위해 요구되는 가치의 총합이다. 유통(유통경로)은 제품이 고객에게 전달되는 경로이며, 촉진은 고객이 제품을 구매하도록 설득하는 과정이다.

비록 물리적 형태를 띠고 있지 않다 하더라도, 마케팅 제품은 재화, 서비스, 그리고 아이디어 등이 모두 포함된다. 소비재는 유형재로 소비자들이 개인 혹은 가족을 위한 소비를 위해 구매된다. 서비스는 무형재로 가격을 지불하고 사용하지만 소유할 수 없다. 기업이 다른 조직에게 사업을 위해 재화나 서비스를 판매하면서 기업 간 재화나 서비스의 거래가 이루어지기도 한다. 비영리단체, 아이디어, 장소, 사람 또한 마케팅의 대상이다.

고객의 욕구를 충족시키는 데 초점을 맞추는 마케팅 개념을 실행하기 위해서 마케팅은 고객에게 가치를 전달해야 한다. 마케팅은 유형재, 장소, 시간, 그리고 각종 소유 형태를 통해 제공한다. 또한 마케팅은 다양한 이해관계자를 넘어 사회, 그리고 지구 전체의 욕구를 충족시키기 위한 가치를 전달해야만 한다.

핵심 용어

가격	비영리기관(MGOs)	이해관계자
거래	산업재	전자상거래
구체적 욕구	서비스	제품
근원적 욕구	소비자	촉진
대여 기업가	소비재	협력소비
마케팅	수요	혜택
마케팅 믹스	시장	효용
마케팅 컨셉	유통	4P
마켓플레이스	유통경로관리	B2B 마케팅

1.2 목표 요약

마케팅 개념의 변화에 대해 설명한다.

20세기 초반 기업은 제품을 생산하고 유통하는 데 가장 효율적인 방법에 초점을 맞춘 생산 지향을 추구했었다. 1930년대 초반 몇몇 기업들이 영업사원들의 공격적인 제품 판매를 강조하는 판매 지향을 도입했다. 1950년대 조직들은 고객 만족에 초점을 맞춘 고객 지향을 도입하기 시작했다. 이것이 바로 마케팅 개념의 발달로 이어지게 된다. 오늘날 많은 기업이 품질과 가치에 헌신하는 것뿐만 아니라 경제적·사회적 이윤도 고려하는 지속가능경영의 3대 축을 지향하고 있다. 사회적 마케팅 개념은 마케터들이 고객의 욕구를 충족시키는 것을 넘어 사회적 가치도 함께 실현하는 것을 의미한다. 유사하게 기업들은 지속 가능성에 초점을 맞추고 제품을 설계하고 제조한다. 전문가들은 다양한 콘텐츠의 사용 증가, 빅데이터, 모바일 마케팅, 고객 상호작용 그리고 기업 시민의식 등의 발달로 마케팅은 지속적으로 변할 것으로 예측하고 있다.

핵심 용어

고객 지향	브랜디드 콘텐츠	지속가능경영
그로스 해커	사용자 제작 콘텐츠	지속 가능성
그린 마케팅	사회 지향적 마케팅 개념	투자수익(ROI)
기업 시민의식	생산 지향	판매 지향
기업 책임		화면 중독
모바일 마케팅	전사적 품질 경영 (TQM)	

1.3 목표 요약

고객, 생산자, 그리고 사회 관점에서 본 가치를 이해한다.

가치는 소비자가 재화나 서비스를 구입할 때 얻게 되는 혜택으로 간주된다. 마케팅은 이러한 혜택을 가치 제안 형태로 고객에게 전달해야 한다. 고객을 위한 가치 제안은 제품 그 자체뿐만 아니라 전달하기로 약속한 모든 혜택들을 포함해야 한다. 판매자는 거래 후 수익성이 어느 정도 되는지, 경쟁우위를 통해 이해관계자들에게 어떤 가치를 제공하는지, 가치사슬을 통해 가치를 어떻게 제공하는지를 평가하고 결정해야 한다. 고객들은 소셜 네트워크를 통해 광고 감독, 소매업자, 신상품 개발 컨설턴트 입장에서 가치를 창출하기도 한다. 사회는 생산자와 소비자가 윤리적이고 이익이 되면서 환경 친화적인 교환 관계에 임할 때 마케팅 활동으로부터 가치를 얻는다. 마케팅과 소비자 활동에 대한 비판은 어떤 면에서 타당하게 다루어져야 한다.

핵심 용어

가치사슬	소셜 네트워킹 플랫폼	웹 4.0
가치 제안		차별화된 경쟁력
경쟁우위	소비자 중독	차별화된 편익
계량지표	소비 저항	크라우드소싱
고객생애가치	손실	클라우드
대중의 지혜	웹 1.0	폭소노미
마케팅 스코어카드	웹 2.0	하울 비디오
브랜드 축제	웹 3.0	

1.4 목표 요약

마케팅 계획의 기본을 설명한다.

마케팅 계획의 전략적 과정 중 그 첫 단계는 제품 개발과 마케팅에 도움 혹은 방해가 될 수 있는 조직 내부와 외부의 환경적 요인들을 평가하는 것이다. 이 분석을 바탕으로 마케터들은 목표를 세우고 전략을 개발한다. 많은 기업이 전체 시장을 세분화하고 그중 가장 매력적인 시장을 표적으로 하는 표적 마케팅 전략을 쓴다. 그리고 그 표적시장에서 경쟁적 위치를 얻을 수 있는 마케팅 믹스를 설계한다.

핵심 용어

대중 시장	시장 세분화	표적 시장

연습문제

개념 : 지식 확인하기

1-1. 마케팅이 무엇인지 간단히 설명하라.

1-2. 마케팅 믹스의 구성요소를 설명하라

1-3. 소비재, 서비스, 산업재를 정의하라.

1-4. 근원적 욕구, 구체적 욕구, 수요에 대해 설명하라. 또한 각 개념의 마케팅 역할은 무엇인가?

1-5. 효용이란? 마케팅은 어떻게 다른 형태의 효용을 창출하는가?

1-6. 마케팅 개념의 발달을 서술하라.

1-7 마케터는 사회적 마케팅 개념과 지속 가능성을 어떻게 실행하는가?

1-8. 인터넷을 설명하고 웹 3.0과 웹 4.0이 고객과 상호작용하는 과정에서 마케터에게 어떤 기회를 창출하는지 설명하라.

1-9. 고객생애가치는 무엇을 의미하며 어떻게 계산하는가?

1-10. 경쟁우위가 기업에게 의미하는 것은 무엇인가? 기업은 무엇을 통해 경쟁우위를 얻게 되는가?

1-11. 마케팅 계획 세우기에는 무엇이 포함되는가?

실행 : 배운 것 적용하기

1-12. **수업시간 10~25분 팀별 과제** 당신은 다양한 전통 소매상과 온라인에 소비재를 제공하는 대형 유통 체인점에 마케팅 컨설턴트로 채용되었다고 가정하자. 해당 기업은 소셜 네트워크를 통해 고객과 상호작용하여 고객 충성도를 높이고자 한다. 고객 충성도를 높일 수 있는 열 가지의 소셜 네트워크 활동에 대해 구상해보자.

1-13. **수업시간 10~25분 팀별 과제** 성공적인 기업은 차별적인 경쟁력을 이용해 고객들에게 차별화된 혜택을 전달함으로써 경쟁우위를 확보한다. 당신이 재학 중인 경영대학을 생각해보자. 어떤 차별적 경쟁력이 있는가? 어떤 차별화된 혜택을 학생들에게 제공하는가? 당신이 생각하기에 대학이 경쟁우위를 확보하기 위해 무엇을 해야 하는가? 당신의 생각을 정리해보자.

1-14. **수업시간 10~25분 팀별 과제** 당신과 당신 학교 친구들은 수강하고 있는 다양한 과목들에 대해 이야기를 할 것이다. 당신의 친구들 중 한 명이 "마케팅은 그리 중요하지 않아. 단순히 멍청한 광고만 다룰 뿐이야."라고

말했다고 가정하자. 다른 친구는 "마케팅은 사람들의 생활에 실질적으로 별 영향을 주지 않아."라고 말한다. 이 두 의견에 대한 당신의 반대 주장을 역할극의 형식으로 발표해보자.

1-15. **추가 연구(개인)** 최근 보고에 따르면 영유아 및 어린이를 포함한 소비자들의 작은 화면 중독이 발견되고 있다고 보고하고 있다. 이를 설명할 수 있는 10개의 질문 문항을 만들어보자. 스마트폰이나 태블릿을 사용하는 5명 이상의 친구들을 대상으로 인터뷰를 진행해보고, 찾아낸 결론을 작성해보자.

1-16. **추가 연구(그룹)** 오늘날 마케터들은 인터넷과 빅데이터의 발달로 향후 마케팅은 큰 변화를 맞이할 것이라는 것을 알고 있다. 당신 팀은 인터넷과 빅데이터가 향후 기업과 비영리조직에 어떤 변화를 일으킬 것인지 논의해보자. 그리고 향후 미래에 인터넷과 빅데이터가 사회에 어떤 영향을 미칠지도 예상해보고 조별로 발표해보자.

개념 : 마케팅 계량지표 적용하기

이 장에서는 지속 가능성의 중요성에 대해 논의한 후, 기업과 소비자들이 판매나 구매를 결정을 할 때 재정적 비용과 함께 다른 비용들 또한 함께 고려함을 배웠다. 그런 비용 중 하나가 환경 파괴에 관한 것이다. 마케터들은 쇼핑객들에게 어떻게 이 비용을 쉽게 계산하도록 할 수 있는가? 이 질문에 대한 답은 어떤 제품군에서는 분명히 나타난다. 예를 들어 미국 소비자들은 가전제품을 구입할 때 EnergyStar™를 보고 전력 소비량과 연간 비용을 비교한다. 또한 우리는 제품이나 서비스의 이산화탄소 발생량을 알려주는 탄소발자국(carbon footprint)을 보고 제품을 평가할 수도 있다. 일반적으로 미국인들은 연간 9.44톤의 이산화탄소를 발생시키고 있다![41] 탄소발자국은 직간접적인 두 가지 요소의 합으로 산출된다.

- 직접적 요소는 가정 내 에너지 소비와 교통수단들과 관련한 화석연료의 연소로 인한 이산화탄소 발생을 측정하는 것이다.

- 간접적 요소는 우리가 사용하는 제품의 수명주기(생산에서부터 폐기에 이르기까지의 기간) 동안 간접적으로 발생되는 이산화탄소를 측정한다.[42]

최근 들어, 많은 사람들이 우리가 선택한 소비가 보이지 않는 비용을 수반한다는 것을 잘 알고 있지만, 이로 인한 환경적 비용에 대해 어떻게 받아들이는 것이 최선인지에 대해서는 여전히 명확한 답이 없는 실정이다. 많은 경우 소비자들은 이런 비용이 단기간에 자신들에게 직접적으로 영향을 주지 않는 이상 이러한 문제에 관해 무신경하다.

1-17. 소비자 입장에서 당신은 지속 가능한 기업으로부터 제품을 구매할 수 있도록 유도할 수 있는 계량지표를 어떻게 제안해볼 수 있겠는가?

1-18. 당신은 지속 가능성을 보여주는 기업의 제품이 보다 비싸더라도 해당 기업의 제품을 구매할 것인가?

선택 : 당신은 어떻게 생각하는가?

1-19. 비판적 사고 저널리스트, 정부관료, 그리고 소비자들은 기업들이 소비자들로부터 매우 많은 양의 자료(빅데이터)를 수집하는 것에 대해 상당한 우려를 갖고 있다. 반면에 어떤 사람들은 소비자의 다양한 욕구를 충족시키기 위한 고품질의 제품을 개발하기 위해서 이러한 활동은 필수라고 주장하기도 한다. 당신은 이에 대해 어떻게 생각하는가? 정부는 이를 규제해야 할까? 이러한 활동이 소비자에게는 어떤 피해를 끼칠 것으로 보는가? 혹은 이러한 활동이 진정 소비자를 도울 수 있다고 생각하는가?

1-20. 윤리 제품 안전에 대해 상당한 노력을 기울임에도 불구하고 몇몇 제품에는 제품 안전상 문제가 발생하고 있다. 마케터는 제품 안전성을 공적으로 알리는 데 있어서 어디에 초점을 맞추어야 할까? 마케터는 제품에 문제가 발생할 경우 어디까지 책임을 져야 할까?

1-21. 비판적 사고 마케팅 개념은 마케팅이 고객의 욕구를 만족시키는 능력에 그 초점을 맞추고 있다. 마케팅은 평범한 대학생인 당신의 욕구를 어떻게 충족시키는가? 당신의 삶에 있어서 어떤 부분이 마케팅에 의해 영향을 받는가? 당신의 삶에 있어서 마케팅의 영향을 받지 않는 부분은 어떤 것이 있는가?

1-22. 비판적 사고 많은 소비자들은 환경에 대해 많은 걱정을 하고 있다. 그린 마케팅 활동과 친환경 제품에 대한 수요도 높아지고 있다. 하지만 친환경 제품은 다소 비싼 가격으로 인해 구매로 이어지는 데 한계가 있다. 당신은 이를 어떻게 설명할 수 있겠는가? 마케터는 과연 무엇을 잘못 했는가? 정부는 이를 어떻게 해결할 수 있을까? 성공적인 그린 마케팅을 위한 당신은 어떤 제안을 할 수 있겠는가?

1-23. 비판적 사고 사용자가 제작한 광고는 사용자 제작 콘텐츠 추세 중에 하나인 듯 보인다. 마이스페이스, 플리커(이용자가 사진을 게시하고 다른 사람의 사진에 댓글을 달 수 있는 웹사이트), 블로그, 유튜브와 같은 동영상 공유 사이트 등이 그 예라 할 수 있다. 당신은 이러한 현상들이 그저 한때 지나가는 유행인 것 같은가, 아니면 중요한 트렌드라고 생각하는가? 마케터들은 이런 활동들을 어떻게 다루어야 하는가?

1-24. 윤리 미국심리학회는 인터넷 중독을 심리적 질병으로 간주하고 있다. 인터넷 중독은 문제로 인식되어야 하는가? 왜 그렇게 생각하는가?

1-25. 윤리 크라우드소싱은 많은 기업들에게 큰 관심을 받고 있다. 기업들은 팬들 사이에서 입소문을 불러 일으키고 특별한 투자 없이 광고 캠페인을 진행할 수 있다는 점을 잘 알고 있다. 크라우드소싱은 소비자들에게도 큰 반향을 일으킬 것인가? 혹은 기업들에게만 효과가 있을 것인가?

미니 프로젝트 : 행하면서 배우기

이 미니 프로젝트의 목적은 서로 다른 조직에서 사회적 마케팅과 지속 가능성의 중요성에 대한 이해를 증진시키기 위해서 진행된다.

1-26. 2~3명의 학생이 한 팀이 되어 마케팅을 실행하는 하나의 조직을 선택하라. 그 조직은 생산자, 서비스 제공자, 소매업자 또는 비영리단체 그 무엇도 괜찮다. 그 후 선택한 조직에서 마케팅 활동을 담당하는 실무원을 방문해서 만나보자. 당신과 함께 시설을 둘러보고 조직의 마케팅 활동에 대해 설명해줄 수 있는 그런 사람을 만나보자.

1-27. 개별 팀 구성원들은 다음의 주제들을 할당받아 해당 회사의 프로그램을 파악하기 위한 질문지를 만들어 보자.
- 기업의 표적 고객과 세분화된 시장은 무엇인가?
- 기업의 근원적 욕구와 구체적 욕구를 어떻게 결정하는가?
- 회사는 어떤 제품을 제공하는가 : 특징, 혜택, 고객 만족을 위해
- 회사의 가격 전략은 어떻게 되는가?
- 고객 참여를 유도하기 위한 상호작용 콘텐츠는 무엇

이 있는가?

- 제품을 어떻게 유통하며 어떤 문제에 당면해 있는가?
- 고객의 근원적 욕구와 구체적 욕구를 결정하는 것은 무엇인가?
- 마케터는 '소비적 마케팅 개념'과 '지속 가능성'을 어떻게 받아들이고 있는가. 또한 이러한 활동이 기업에는 어느 정도 차지하는가? 해당 기업은 이러한 활동을 어떻게 적용하고 있는가? 만약 그렇지 않다면 향후 활동 계획은 어떻게 되는가?

1-28. 당신이 발견한 내용에 근거해 팀 보고서를 작성해보라. 보고서의 각 섹션에서 당신이 생각했던 것과 달라서 놀라웠거나 새롭게 배운 것들은 무엇인지 생각해보자.

1-29. 당신이 알아낸 것들을 수업시간에 발표해보라. 당신 팀이 생각하기에 그 회사가 하고 있는 것 중 특별히 좋다고 생각되는 것과 그리 좋지 않은 것에 대한 의견으로 끝을 맺어라.

마케팅 행동 사례   코카콜라의 실제 선택

만약 당신 고객들의 수가 실제로 줄어든다면 당신은 무엇을 먼저 할 것인가? 미국에서 탄산음료 매출은 과거와 같지 않다. 약 980억 달러에 이르는 탄산음료 시장은 과당음료에 대한 소비자들의 태도 변화로 큰 도전을 맞이하고 있다. 역사적으로 탄산음료는 미국 시장에서 매우 큰 비중을 차지했으며, 매출 역시 지속적으로 성장해 왔다.

비만, 당뇨, 건강과 관련된 이슈들이 미국 내에서 부각되고 있다. 2014년 질병관리 예방본부는 미국 성인의 35%가 비만이라고 밝혔다. 그리고 이러한 문제는 성인뿐만 아니라 어린이들에게도 동일하게 적용되고 있다. 비만과 기타 건강 관련 이슈들이 제기되고 있지만 코카콜라와 같은 탄산음료 제조업체들은 이러한 비난에 직면하고 대응해 오고 있다. 최근 소비자들이 갖고 있는 보다 건강한 삶에 대한 관심과 그 트렌드로 인해 1990년대 이후 탄산음료 매출은 25% 가까이 떨어지고 있다.

코카콜라 북미 사장인 J. 알렉산더 M. 더글라스는 보다 건강한 삶에 대한 대중들의 태도 변화로 인해 장기적인 경쟁 환경으로 변화해야 한다고 언급했다. 과당음료에 대한 소비자들의 태도 변화와 함께 그들은 다이어트 탄산음료에 들어간 과당 안정성에 대해서도 의문을 갖기 시작했다. 노스캐롤라이나대학교의 식품영양학 교수인 베리 M. 팝킨에 따르면, 소비자들은 결국 탄산음료 대신 다른 대체 음료로 선택할 것이라고 예측하고 있다. 그리고 궁극적으로 소비자들은 물을 선택할 것으로 보고 있다.

역설적으로 건강한 삶은 코카콜라 역사에서 중요한 시발점이었다. 1886년에 존 S. 펨버튼 박사는 소다수에 맛 좋은 시럽을 섞은 음료를 개발해 소비자에게 판매했다. 펨버튼 박사는 모르핀 중독을 치료하기 위해 프랑스 와인 코카를 혼합한 논알코올로 개발한 것이다. 펨버튼 박사는 이러한 신제품을 두통, 피로회복, 그리고 신경 안정을 위해 사용될 수 있음을 강조했다.

코카콜라로 발전한 이 제품은 약국에서 판매되었다. 하지만 펨버튼 박사는 의약품으로 촉진되는 대신 음료로 판매하기로 결정했다.

비만 및 탄산음료 협회 등에서는 '탄산 세금'을 통해 과당음료의 사용을 억제하고자 하는 일부 도시 정책으로 인해 문제에 당면했다. 전반적으로 탄산음료 제조업체들이 정부 정책에서 승리를 거두는 것처럼 보이지만 궁극적으로 소비자들은 탄산음료가 해롭다는 것을 알기 때문에 도전에 직면해 있다고 볼 수 있다.

코카콜라는 최근 연차 보고서를 통해 "비만으로 인해 우리 제품의 수요는 줄어들 것이다."라고 밝혔다. 또한 비만과 건강에 대한 우려는 코카콜라가 지속 가능한 사업 성장을 위해 반드시 관리해야 하는 부분이라고 밝히기도 했다.

향후 공공보건 관료자들의 정책이 미국인들이 인식하는 탄산음료에 대한 느낌에 어떤 영향을 미칠까? 탄산음료가 담배처럼 부정적인 제품으로 인식되고 많은 소비자들이 이를 외면할 것인가? 앞으로 코카콜라는 어떤 변화를 맞이해야 시장 지위를 상실하지 않고 유지할 수 있을까?

당신의 결정

1-30. 코카콜라가 결정해야 할 사항은 무엇인가?

1-31. 이러한 상황을 이해하기 위해서 가장 중요한 요소는 무엇인가?

1-32. 대안은 무엇이 있는가?

1-33. 당신이 추천하는 결정은 무엇인가?

1-34. 당신의 제안을 실행하기 위한 구체적인 방법은 무엇인가?

참고자료 : Margot Sanger-Katz, "The Decline of 'Big Soda'—The Drop in Soda Consumption Represents the Single Largest Change in the American Diet in the Last Decade," New York Times (October 2, 2015), http://www.nytimes.com/2015/10/04/upshot/soda-industry-struggles -as-consumer-tastes-change.html?_r=0 (accessed April 2, 2016); Claire Suddath, "Coke Confronts Its Big Fat Problem: Inside the Relaunch of America's No. 1 Soft Drink," *Bloomberg BusinessWeek* (July 31, 2014), http://www.bloomberg.com/news/articles/2014-07-31/coca-cola -sales-decline-health-concerns-spur-relaunch (accessed April 2, 2016); "Is This the Real Thing? Coca-Cola's Secret Formula 'Discovered,'" Time, Inc. (February 15, 2011), http://newsfeed.time.com/2011/02/15/is-this-the-real-thing-coca-colas-secret-formula-discovered/(accessed April 3, 2016).

국제적 · 윤리적 · 지속 가능한 마케팅

Courtesy of Keith Sutter/Johnson & Johnson

키스 서터
▼ 존슨앤존슨의 의사결정자

키스 서터는 존슨앤존슨의 지속 가능한 브랜드 마케팅 부서의 상무 이사이다. 이 역할을 맡은 키스는 존슨앤존슨이 운영하는 250개의 회사들을 이끌며 지속 가능한 제품, 비즈니스, 마케팅 전략을 개발하고 있다. 그는 존슨앤존슨의 숙달된 Earthwards® 공정을 포함한 폭넓은 제품 관리와 환경적 성공을 회사의 무역 고객과 소비자들에게 돌렸다.

키스는 2001년부터 존슨앤존슨 마케팅 부서의 직원으로 그의 경력을 시작했다. 이후, 그는 밴드에이드®, 뉴트로지나®, 랙트에이드®, 루덴스® 등과 같은 브랜드를 담당하는 브랜드 마케터의 직책을 맡았다.

키스는 펜실베이니아대학교의 와튼스쿨에서 경제학 학사를 취득했고, 코넬대학교의 SC 존슨 경영 대학원의 MBA 과정을 수료했다. 그는 필라델피아 센터 시티에서 아내 에이미와 두 아들 레오, 찰리와 함께 살고 있다.

키스에게 묻다

휴식 시간에 주로 하는 일은?
철인 3종 경기와 야외 스포츠를 즐긴다.

졸업 후, 첫 직장은?
존슨앤존슨의 마케팅 담당 직원이었다. 스펀지밥이나 엘모와 같은 만화 캐릭터의 라이선스를 갖고 있는 데커레이티드 밴드에이드®와 함께 일할 수 있었다.

현재 읽는 비즈니스 관련 서적은?
말콤 글래드웰의 *David & Goliath*

어떤 것에 동기부여를 받는가?
신사업의 기회, 혁신적인 신제품 및 비즈니스 모델

관리 스타일은?
팀에 좋은 본보기가 됨과 동시에 우리 비즈니스 문제에 결과를 창출해내는 혁신적 솔루션을 만들 자유를 주는 스타일이다.

자신과 면접할 때 하지 말아야 할 것은?
구체적 경험에 대해 물었을 때 결과에 대한 자세한 예시를 들지 못하는 것이다.

나의 (문제)는…

존슨앤존슨은 세계적인 의료 제품 제조업체 중 하나이다. 회사는 밴드에이드®, 뉴트로지나®, 리스테린®, 스플렌다®, 타이레놀®이나 의료 기기나 조제 약과 같이 소비자들에게 많은 친숙한 브랜드를 판매하고 있다. 이 글로벌 기업 내에서 Earthwards®의 사업 운영 방식은 제품의 지속 가능성을 향상시키도록 직원들을 독려한다. 이 접근 방식은 존슨앤존슨이 자사의 기업 환경 및 사회적 영향에 대해 어떻게 생각하고 대응하는지, 기획, 제조, 안전한 사후 처리까지의 제품 수명 주기에 걸친 혁신적이고 지속 가능한 솔루션을 직원들이 디자인할 수 있도록 정의한다.

존슨앤존슨이 2009년에 Earthwards® 공정을 시작했을 때, 키스와 그의 팀은 이 공정을 사용하여 제품 팀들이 그들의 60개의 제품을 크게 개선하도록 장려했다. 현재 존슨앤존슨은 기존 공정을 회사 전반에 걸쳐 통합하고 확장했다. 회사는 지속적인 혁신을 창출하기 위해 Earthwards 접근법으로 모든 신제품에 대하여 다음과 같이 요구한다.

- 제품 관리를 위한 요구 사항 충족 : 모든 신제품은 규정을 준수하고 존슨앤존슨의 높은 기준을 달성해야만 한다.
- 제품 수명 주기가 영향을 미치는 영역 : 제품 수명 주기의 영향은 제품 범주 수준에서 검토되며, 제품 개발의 설계, 조달, 제조 및 마케팅 단계에서 개선을 추진할 수 있는 기회가 있는지 고려한다.

다음의 내용은 모든 제품 팀에게 숙지가 요구된다.

- 개선 사항 적용 및 검증 : 제품 팀은 지속 가능성 전문가와 협력하여 권장 개선 사항을 적용하고, 환경적 마케팅 주장에 대해서는 적절한 가이드라인에 따라 검토 및 승인된다.

가장 지속 가능한 제품 팀에게 다음을 제공한다.

- 자사의 가장 혁신적이고 개선된 제품을 치하하는 Earthwards® 인정을 수상할 수 있도록 노력한다 : 제품이 7개의 영향력 범주(사용 재료, 포장, 에너지 절약, 배출물 감소, 물 절약, 긍정적인 사회적 영향 또는 혜택, 제품 혁신)에서 최소한 3개 이상의 중요한 개선을 달성할 경우, 내부 및 외부 전문가들로부터 해당 제품이 Earthwards® 인정을 받을 수 있는지와 추가적인 개선사항을 제시한다. Earthwards® 인정을 받은 팀은 Earthwards.com에서 공개적으로 인정받으며 존슨앤존슨 대표로부터 그들이 이룬 혁신에 대해 보상을 받는다.

키스가 Earthwards®를 홍보하기 위한 최선의 전략을 고려할 때, 그의 가장 큰 도전 중 하나는 존슨앤존슨의 전 세계 12만 7,000명 직원들에게 이 아이디어를 도입하도록 설득하는 것이었다. 그는 존슨앤존슨이 전사적으로 지속 가능한 제품 개발에 대한 Earthwards® 접근법을 인식시키고 관심 갖게 할 방법이 필요했다. 존슨앤존슨 사업부 전반에 걸친 프로세스 인식, 이해, 채택을 유도하는 것이 그의 팀을 측정할 수 있는 핵심 성과 지표였다.

키스는 이 목표를 달성하기 위해 한정된 자원만을 갖고 있다.

키스가 고려한 세 가지 선택 1 · 2 · 3

1 선택 ── 초기 Earthwards®부터 벗어난 성공적인 전략을 펼친다. 핵심 이해관계자들이 1년에 한 번 정도 모일 수 있도록 지역별 친환경 마케팅 컨퍼런스를 개최한다. 컨퍼런스는 활용 가능한 주요 도구나 자원을 전시함으로써 다른 직원들로부터 이메일을 요청받아 분배된다. 이는 하이터치(high-touch: 고객에게 사람 대 사람으로 영업) 전략이고 직원의 적극적인 참여가 이루어지지만 존슨앤존슨 같은 대기업에서는 효과적으로 적용하기 힘들다.

2 선택 ── 모든 직원들이 엑셀부터 온라인 데이터베이스에 접속할 수 있는 온라인 평가표 및 Earthwards® 제출서를 포함한 고객 인트라넷 사이트를 개발한다. 해당 사이트는 키스와 그의 팀이 현재까지 만든 Earthwards® 에 대한 설명을 수록하고 있으며, 존슨앤존슨의 다양한 사업 영역에 Earthwards 적용을 권장한다. 이 솔루션은 로우터치(low-touch: 고객과 사람 대 사람으로 영업하지 않음. 전자상거래나 인터넷 쇼핑몰 등이 이에 해당) 전략이며, 직원의 적극적인 참여를 이끌어내지 않지만, 회사의 모든 사람이 쉽게 데이터베이스에 접근할 수 있어 효율적이다. 키스와 그의 팀은 내부적으로나 시장에 적용할 수 있는 Earthwards® 프로그램에 대해 추가 개발할 수 있는 자원을 확보하고 있다.

3 선택 ── 존슨앤존슨 내에서 영향력 있는 20~30명의 리더를 파악하는 하이터치 전략을 개발한다. 각 리더의 사업 절차에 Earthwards®를 적용한 사례를 만들어 다수의 직접 참여(in-person) 회의나 교육 세션을 계획하고, 존슨앤존슨 내부에서 각 리더들이 프로그램 도입을 이끌도록 장려한다. 이러한 전략은 직원들의 참여를 이끌어내겠지만, 그 효과를 측정하기 어려울 것이다.

당신이 키스라면 무엇을 선택할 것이며, 그 이유는 무엇인가?

당신의 선택

무엇을 선택할 것인가? 그 이유는?

☐ **선택 1**   ☐ **선택 2**   ☐ **선택 3**

2.1

목표

국제 마케팅과 세계화를
위해 기업이 해야 하는
의사결정의 큰 그림을
이해한다.

글로벌 무대에 올라선 마케팅

여기 중요한 질문이 하나 있다 : 당신 자신을 미국 작은 마을의 거주자라고
생각하십니까, 아니면 국제 사회의 구성원이라고 생각하십니까? 사실 여러
분과 여러분의 친구들은 세계의 시민이며, 세계 시장의 참여자다. 여러분은
에콰도르에서 수확한 바나나를 먹고, 멕시코에서 생산한 맥주를 마시고, 호
주, 남아프리카, 칠레의 와인을 마시고 있을 가능성이 매우 높다. 당신은 집
에 오면 태국에서 만든 신발을 벗고 인도네시아에서 수입한 칵테일 테이블 위에 발을 올려 놓
을 것이고, 브라질이나 캐나다에서 방영 중인 월드컵 축구 경기를 중국에서 만든 HDTV로 시
청하면서 당신의 페이스북 페이지를 중국산 스마트폰으로 확인할 수 있다. 그리고 여러분은 아
프리카 에볼라 유행병, 유럽의 테러, 북한과 시리아에서 일어난 최근의 사건과 같이 중요한 세
계적 이슈들에 대해 어느 정도 알고, 그에 대한 관심을 가지고 있을 것이다. 또한 당신은 세계
적인 사업체를 가진 기업에서의 커리어를 꿈꾸고 있는지도 모른다.

글로벌 경제하에서 기업들은 글로벌 시장의 미래 불확실성에 영향을 받는다. 수년간 소비자
들과 세계 지도자들은 하나의 세계 시장 및 자유무역의 성장이 모두에게 혜택을 주었다고 주장
해왔다. 왜냐하면 자유무역은 개발도상국 사람들에게 선진국 시민들의 그것과 동일한 경제적
혜택을 누릴 수 있도록 해주었기 때문이다.

많은 지도자들이 하나의 시장을 원하는 다른 이유가 있다. **온실효과**(Greenhouse Effect)가 지
구의 미래를 위협할 수 있다는 공포 역시 중요한 이유 중 하나이다. 온실효과는 무엇일까요?
간단한 말로, 대기에 공장과 자동차가 이산화탄소(온실가스 중 가장 중요하게 차지하는 가스)
를 많이 배출하고 동시에 밀림에서 벌목을 함으로써 나무가 대기에 공급하는 산소를 감소시키
는 것이다. 온실가스의 증가는 연약한 식물에게 따뜻한 곳을 제공하는 온실처럼 지구를 더 따
뜻하게 한다. 그 결과로 많은 사람들이 지구에 파괴를 가져올 정도로 기온을 높이는 **지구온난화**
(global warming) 현상이 일어난다고 믿고 있다. 이러한 두려움으로 인해 많은 사람들은 기업과
정부가 지구의 미래를 보호할 수 있을 환경 기준을 만들고 준수하도록 하는 내부 규율을 개발
하도록 했다.

물론, 단일 시장에는 다른 이슈도 있다. 중동 지역 내에서 사용할 수 있었던 새로운 소셜
미디어의 도움을 받아 아랍 국가들에서 일어난 일련의 반정부 시위와 폭동인 **아랍의 봄**(Arab
Spring)은 중동의 독재국가에서 살고 있는 많은 사람들에게 민주주의의 꿈을 꾸게 해주고 더 나
은 삶을 살 수 있을 것이라는 희망을 주었다. 그러나, ISIS와 같은 새로운 폭력적이고 급진적인
단체들이 이러한 나라들의 큰 부분을 차지했다. 그들은 전 세계적으로 증가한 테러 공격과 함께
등장했기 때문에 시민들과 국가 지도자들은 테러리스트를 지원하거나 숨겨주는 국가들과의 무
역 및 입국에 대한 제약을 두자고 제안했다. 비슷한 시기에 발생한 유가 하락은 나라별 자국 기
업과 산업을 보호하려고 애썼으며, 그 결과 세계 경제의 경기 후퇴에 대한 우려를 증가시켰다.

당신은 "이러한 최근 사건들이 마케팅 수업과 무슨 관련이 있나요?"라고 질문할지도 모른
다. 우리는 좋든 싫든, 글로벌 공동체의 구성원이기 때문에 세계 어느 곳에서 일어나는 일이면
자국을 비롯한 세계 무대에서 성공에 영향을 미칠 가능성이 있는 마케팅 전문가의 업무가 존재
하는 것이다. 우리는 이러한 영향들에 대해 이 장 및 책 전체에서 이야기해볼 것이다.

글로벌 마케팅 경쟁은 흥미롭고, 그 보상도 크지만 가진 것을 모두 잃을 수도 있다. 국내 기
업 및 외국 기업 모두 경쟁 상대이고, 국내 법, 관습, 소비자 선호도의 차이는 여러분의 머리를
어지럽힐 수 있다. 여기서 우리는 오늘날의 세계 무역의 현황에 대해 논의하고 기업들이 글로

온실효과 이산화탄소와 다른 온실가
스의 배출에 의해 지구의 대기가 온실
처럼 변하는 현상

지구온난화 지구에 파괴적 효과를 가
져올 수 있는 기온 상승

아랍의 봄 아랍 국가 내에서 사용할
수 있게 된 새로운 소셜 미디어의 등
장으로 인해 가능해진 반정부 시위와
반란

벌 기회들을 고려하면서 결정해야 하는 사항을 살펴볼 것이다.

세계 무역

세계 무역(world trade)은 다른 나라들 간에 재화와 서비스의 흐름(세계 국가들의 모든 수출과 수입의 총가치)을 의미한다. 2009년, 세계는 세계 경제 위기를 겪었고 그 결과로 전 세계적인 수출이 급격히 감소했다. 오늘날, 국가 간 상품 수출이 2009년의 12조 달러에서 2014년에는 19조 달러 가까이 증가함에 따라 세계 무역이 더 증가하고 있다는 것을 알 수 있다. 19조 달러는 대체 얼마나 큰 액수인가? 이렇게 생각해보자. 최근, 복권 당첨금은 10억 달러까지 올랐다. 매일 10억 달러에 당첨된다면, 19조 달러를 채우기 위해선 50년보다 더 긴 시간이 걸릴 것이다. 물론 모든 국가가 국가 간 무역 흐름에 동일한 수준으로 참여하는 것은 아니다. 누가 누구와 사업을 하는지에 대한 '큰 그림'을 이해하는 것은 마케팅 담당자들이 세계 무역 전략을 분석하고자 할 때 중요하다. 📷 그림 2.1은 2014년 북미 지역 내 국가들이 전 세계 주요 파트너와의 교역량을 보여준다.

원거리 시장의 고객을 확보하는 것도 좋지만, 그들의 요구 사항을 잘 충족시키기 위해서는 유연성이 요구된다. 현지의 사회 및 경제 조건에 맞추어 사업의 운영을 다르게 해야 하기 때문이다. 예를 들어, 외국 기업이 구매하고자 하는 상품을 현금으로 구매할 수 없는 상황이라면 무역 파트너들의 요구를 수용해야만 한다. 믿거나 말거나, 알바니아의 '레크(lek)'부터 우즈베키스탄의 '숨(sum)'까지 포함하는 100여 개 국가의 통화의 전환은 불가하다. 즉, 해당 국가의 통화는 그 국가의 국경 밖에서 통화를 사용하거나 교환할 수 없다. 다른 국가에서는 단순히 현금이나 신용 거래가 충분하지 않기 때문에 무역회사들은 제품을 교환하는 거래 시 서로 치밀하게 조율을 하거나 현지 정부로부터의 세금 우대에 대한 보답으로 재화를 제공하기도 한다. 이러한 **연계무역**(countertrade)은 전 세계 무역의 약 25%를 차지한다.[1]

전 세계에서 생산된 제품을 점점 더 많이 접할 수 있게 된다는 것이 늘 좋지만은 않다. 최근의 세계 무역은 대부분 중국에서 생산된, 납으로 오염된 장난감, 독성 디에틸렌 글리콜을 함유한 치약, 그리고 더 최근에는 암을 유발하는 석면으로 장식된 크레용과 같이 안전하지 못한 상

세계 무역 여러 나라 간의 상품과 서비스의 흐름—세계 모든 국가들의 모든 수출입이 갖는 가치

연계 무역 현금으로 상품의 값을 지불하는 대신 다른 상품과 교환하는 것

그림 2.1 📷 **스냅숏 | 북아메리카 상품 거래 흐름(10억 달러 기준)**
누가 누구와 비지니스를 하는지 이해하는 것은 해외 마케팅 전략을 개발하는 데 필수적이다. 이 그림에서 알 수 있듯이, 북미는 주로 아시아, 유럽, 남미와 가장 활발하게 무역이 이루어진다.

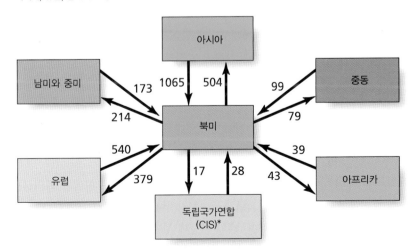

* 아르메니아, 아제르바이잔, 벨라루스, 카자흐스탄, 키르기스스탄, 몰도바, 러시아 연방, 우크라이나.

품의 과잉 공급을 동반하고 있다.[2] 2014년 유럽 위원회의 유해 물질에 대한 조기 경고 시스템 (RAPEX)에 따르면, 안전하지 않은 제품에 대한 경고가 현저하게 증가했다고 한다. 위원회가 전달 받은 2,000개가 넘는 경보 문제 중에서 위험한 제품의 3분의 2는 중국에서 생산되었다.[3] 대부분의 중국 제조업체들이 좋은 품질의 제품을 생산하고 있음에도 불구하고, 일부 부도덕한 제조업체들로 인해 중국 제조업체의 명성을 훼손됐고, 미국과 유럽의 정부 당국이 중국 수입품에 대한 감시를 강화하도록 부추기고 있다.

그림 2.2 과정 | **글로벌 시장 진입의 결정 과정**

글로벌 시장 진입은 다음의 의사결정을 따른다.

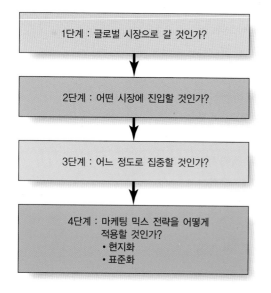

세계로 나아가야 하는가?

그림 2.2는 기업이 세계 진출을 고려할 때 다음의 네 가지 단계를 반드시 생각해봐야 한다는 것을 보여준다.

- 1단계. "진출할 것이냐?" 혹은 "진출하지 않을 것이냐?", 즉 내수 시장에만 집중하는 것이 최선인가 아니면 다른 시장에 발을 들이는 것이 좋은가?
- 2단계. '진출'하기로 결정했다면, 어떤 글로벌 시장이 가장 매력적인가? 어떤 국가(들)가 우리에게 가장 큰 기회를 제공하는가?
- 3단계. 어떤 시장 진입 전략이 가장 효과적이며, 어떤 수준의 집중이 가장 효과적인가? 뒤에서 다시 다루겠지만, 단순히 제품을 해외 시장으로 수출하는 것은 위험 부담이 매우 적은 반면에, 기업이 다른 국가에 제조 시설을 건설하고 운영하기로 결정하는 경우에는 부담과 위험이 크다. 이것은 잠재적으로 얻을 수 있는 더 큰 이익에 대한 위험으로써 감수할 가치가 있을 것이다.
- 4단계. 해외 시장에서 마케팅 믹스 전략을 어떻게 계획하고 있는가? 우리가 진출한 모든 나라에 표준화된 전략을 사용해야 하는가 아니면 각 나라마다 고유한 현지화 마케팅 전략을 운영해야 하는가?

이제, 네 단계의 의사결정 중 그 첫 번째로 글로벌 시장에 진출할 것인가 말 것인가에 대해 살펴보자.

국제화를 위한 의사결정

수백만 명 혹은 수십억 명의 소비자들이 다른 나라에서 당신의 제품을 반길 것이라는 가능성은 매우 매력적일 것이다. 그러나 모든 기업들이 해외로 진출할 수 있거나 해야만 하는 것은 아니고, 분명한 것은 해외 시장이 모두 비슷한 환경을 가지고 있지도 않다. 마케팅 전문가는 글로벌 시장 진출에 대한 결정을 내릴 때 해외에서의 성공 가능성을 높이거나 낮출 수 있는 다양한 요소들에 대해 고려해야 한다. 그러한 요소들 중 의사결정에 중요한 국내 시장에서의 수요 및 기업의 경쟁우위를 먼저 살펴보도록 하자.

국내 및 세계 시장의 조건 살피기

기업이 국내 시장의 이윤 극대화가 정점을 찍었고 이제는 감소할 수 있는 상황에서 해외 시장은 사업의 성장 기회를 제공하고 있다고 판단되면, 글로벌 시장에 진출하기로 결정한다. 물론, 국내 사업의 성장과 이윤 창출의 기회가 있다면, 해외 시장에 투자하는 것은 좋은 생각이 아닐지도 모른다.

스타벅스는 커피를 마시는 대부분의 미국인들에게 커피를 판매하고 있다. 첫 스타벅스는 1971년 시애틀에서 문을 열었고 이후에 미국 전역으로 퍼져나갔다. 스타벅스의 글로벌 확장은 1996년, 북미 지역이 아닌 도쿄의 첫 지점에서 시작되었다. 스타벅스는 그 이후로 매년 여러 나라에 새로운 지점을 내면서 확장하고 있다. 오늘날, 스타벅스는 70여 개국에서 2만 4,000개 이상의 매장을 운영하고 있다.[4] 이 정도면 엄청난 양의 커피를 만들어내는 셈이다.

경쟁우위 파악하기

제1장에서 우리는 기업들이 경쟁자들보다 더 나은 경쟁우위를 창출할 수 있는지 알아보았다. 기업이 세계 시장에서 경쟁하게 되면, 경쟁우위를 갖는 것이 더 큰 도전 과제로 중요해진다. 더 많은 경쟁자들이 있고, 현지 기업들은 대부분 '홈 어드밴티지(home-court advantage)'를 갖는다. 마치 축구게임과 같다. 점점 더 많은 미국인들이 축구를 하지만, 어린아이들이 걷기 시작하면서부터 축구공을 가지고 놀기 시작하는 유럽이나 남미와 같은 국가들의 뿌리 깊은 축구 팬심을 당할 수는 없다.

기업이 글로벌 시장에 진출하고자 한다면, 먼저 국내 시장에서 성공할 수 있었던 경쟁우위가 무엇인지 파악해야 한다. 이 경쟁우위가 다른 나라로의 진출에 도움이 될 것인가? 만일 그 답이 "그렇다"이면, 기업은 세계화에 대해 좀 더 진지하게 생각하는 것이 현명할 것이다. 스타벅스는 제품 품질, 우수한 고객 서비스, 그리고 직원에 대한 공정한 대우 덕분에 미국은 물론 해외에서도 큰 성장을 이루고 있다.[5]

글로벌 결정 과정의 첫 단계에 대해 이야기해보았으니, 이제는 마케팅 전문가들이 어떤 시장에 진입할지 결정하는 데 도움이 되는 정부가 설정한 국제 무역 정책, 국내 및 해외에서의 마케팅 결정에 영향을 주는 외부 환경의 다양한 요소에 대해 알아보고자 한다. 그리고 마케팅 전문가들의 의사결정에 대한 개입 정도를 평가해보고, 국내 시장에서 이용한 마케팅 전략을 국제 시장의 성공을 위해 응용할 것인지, 응용한다면 어떻게 할 것인지에 대해 살펴볼 것이다.

2.2 국제적 · 지역적 · 국가별 무역 규정 이해

기업이 가장 강력한 경쟁우위를 갖고 있을지라도 해외 시장에서의 성공을 장담하지 못한다. 많은 정부들이 세계는 어느 국가의 기업이든 자유로이 경쟁할 수 있는 단일 열린 시장이 되어야 한다고 주장하지만, 실제 그들의 행위는 이와 반대되는 경우가 많다. 왜냐하면 현지 정부가 자국의 경쟁기업을 위해 '꼼수'를 부릴 수 있기 때문이다. 종종 현지 정부는 국내 사업자의 편의를 위해 외부 기업의 해외 시장 진출을 위한 노력들을 방해하는 장애물(아니면 하다못해 과속방지턱 정도라도)을 세우기도 한다. 당연히, 이곳 미국에서도 자국 기업들에게 이익을 주기 위해, 혹은 해외 기업이 자국 정부에서 받는 특혜를 감소시키기 위해 무역을 규제할지에 대한 논의가 정 · 재계에서 활발하게 이루어지고 있다.

국제 협력과 규약

최근 몇 년간, 많은 국제적인 발의안이 규제 없는 세계 무역을 위해 진입 장벽의 경계를 허물고 있다. 가장 주목할 만한 것은 제2차 세계대전 이후 유엔(UN)이 **관세무역협정**(General Agreement on Tariffs and Trade, GATT)을 체결한 것인데, 이것은 국가들 간에 자유 무역을 설립하는 데 크게 기여했다. 우루과이 라운드로 알려진 1984년 회의에서 GATT는 **세계무역기구**(World Trade

관세무역협정(GATT) 수입세와 무역 규제를 줄이기 위한 국제 조약

세계무역기구(WTO) GATT를 대체한 조직으로, 회원국 사이의 무역 규정을 세우고 국가 간 분쟁을 중재

세계 은행 경제를 개선하고 지속 가능한 발전을 도모하여 빈곤을 줄이고 사람들의 삶을 개선하는 것을 목표로 하는 국제 대출 기관

국제통화기금(IMF) 환율 변동을 통제해 국제 환율 안정을 목표로 하는 국제 금융 기관

환율 한 국가의 통화 가치를 다른 국가의 통화로 표현

국제 수지 한 국가가 얼마나 수출하는지를 그 국가가 얼마나 수입하는지와 비교하는 지표. 만일 한 나라가 수출보다 수입을 많이 한다면, 그 국가는 음수의 국제 수지를 가짐

보호무역주의 국내 기업에 이점을 주기 위해 한 나라의 정부가 채택한 정책

수입할당제 한 국가에 판매할 수 있는 제품의 양을 해당 국가 정부가 제한

금수 조치 한 국가 내에서 판매하거나 수출하는 것을 완전히 금지

Organization, WTO)를 창시하였다. 161개국의 WTO 회원국을 보유함으로써(현재는 20여 개 이상의 나라들이 추가적으로 회원국 자격을 두고 있는), WTO 회원국은 세계 무역의 98%를 차지하고 있다. 세계무역기구는 하나의, 열린 세계 시장으로 성장시키는 데 엄청난 노력을 기울여왔고 국가 간 무역에 관한 국제 규정을 다루는 유일한 국제 기구이다. WTO의 주요 기능은 '무역이 최대한 순조롭고 예측 가능하며 자유롭게 흘러가도록 하는 것'이다.[6]

세계무역기구는 개방적이고 공정한 세계 시장의 형성을 막는 다른 문제들도 처리한다. 만약 여러분이 아시아에서 시간을 보내다 보면, 수많은 고급 시계, 가죽 가방, 최근 음악 CD가 터무니없이 싼 값에 팔리는 것을 볼 수 있을 것이다. 누가 20달러짜리 롤렉스 시계를 거부할 수 있을까? 물론 맹점이 있다. 그런 상품은 가짜이거나 불법 복제된 제품이다. 저작권과 특허권을 보호하는 것은 기업에게 있어 큰 골칫거리이며, WTO의 주요 쟁점이기도 하다. 불법 제품 판매로 인해 수익이 크게 감소되기 때문에, **불법 복제**는 미국 기업들에게 심각한 문제이다. 우리는 뉴욕, 로마, 두바이의 뉴스 헤드라인을 통해 경찰이 수백만 달러 가치의 가짜 명품 핸드백에서 가짜 비아그라까지 압수했다는 소식을 접하고 있다.[7]

세계 무역의 발전에 강하게 영향을 미치고 있는 또 다른 두 조직은 **세계 은행**(World Bank)과 **국제통화기금**(International Monetary Fund, IMF)이다. 1944년 창립된 세계은행은 181개 회원국에 의해 관리되는 국제 대출 기관이다. 세계 은행의 목적은 가난을 멈추고 경제 발전과 지속 가능한 발전을 장려함으로써 사람들의 삶을 향상시키는 것이다. 이 목적을 이루기 위해, 세계 은행은 연간 200여억 원을 경제 발전 프로젝트로 사용한다. 가장 후진국들의 대출금을 최대 50년의 기간 동안 이자 없이 상환하면 된다.[8]

1944년에 창립된 IMF의 주요 목적은 **환율**(foreign exchange rates) 변동을 통제하여 국제 금융 거래의 안정성을 보장하는 것이다. 환율은 간단히 한 나라의 통화가 다른 화폐로 얼마의 가치를 갖는지 보여준다. 환율을 안정화시키는 것은 극심한 **국제 수지**(balance of payments) 문제를 예방할 수 있으며, 국가 간 무역을 가능하게 만든다. 국제 수지는 한 국가가 얼마나 많은 수출을 하고 있는지, 얼마나 많이 수입하는지를 비교한 것을 의미한다. 만일, 판매하는 것보다 더 많이 수입하고 있다면, 역조 국제 수지(반드시 나쁜 것은 아니다)의 양상으로 해석한다.[9] 그림 2.1을 보면 세계 각국의 수입 및 수출하는 상품들의 양을 살펴볼 수 있으며, 국제 수지의 불균형을 파악할 수 있다.

보호 무역 : 수입할당제, 금수 조치, 관세

WTO가 자유 무역을 위해 일하는 한편, 일부 정부들은 자국 기업들에게 이익을 주기 위해 외국 기업들에게 **보호무역주의**(protectionism)를 포함하는 정책을 채택한다. 많은 정부들이 외국 재화에 **수입할당제**(import quotas)를 실행하여 자국 산업에 이점을 부여한다. 할당제로부터 해당 국가의 국민들에게는 제품 가격을 높이는 결과를 낳기도 하는데, 그 이유는 저렴한 외국산 재화들이 없기 때문에 자국 기업들이 제품 가격을 낮추어야 하는 시장 압력을 받지 않기 때문이다.

우리가 보통 수입할당제라고 하면 국내 제조업과 농수산업을 보호하기 위해서라고 생각하지만, 중국은 해외 영화에 대한 엄격한 할당제가 존재한다. 하지만 할리우드와 중국의 공동 제작은 할당제 대상에서 제외된다. 2016년 3월, 맷 데이먼이 중국에서 영화 제작을 시작했을 때 크게 이슈가 되었다. 공동 제작한 영화의 주요 내용은 '인류를 멸망시키기 위해 지옥에서 올라온 것 같은 괴물을 무찌르기 위해' 만리장성을 무기로 활용하는 정예 병사들에 대한 것이다.[10]

금수 조치(embargo)는 지정된 국가와의 무역과 무역을 완전히 금지하는 극단적인 수입할당제이다. 50년이 넘는 세월 동안, 미국의 시가 애연가들은 이웃 나라와의 정치적 차이 때문에 나타

표 2.1 세계의 주요 경제적 공동체	
공동체	회원국
안데스공동시장(www.comunidadandina.org)	볼리비아, 콜롬비아, 에콰도르, 페루
동남아시아국가연합(ASEAN)(http://aseansec.org)	브루나이, 캄보디아, 인도네시아, 라오스, 말레이시아, 미얀마, 필리핀, 싱가포르, 태국, 베트남
중앙아메리카공동시장(CACM)	코스타리카, 엘살바도르, 과테말라, 온두라스, 니카라과, 파나마
동남아프리카공동시장(COMESA)(comesa.int)	부룬디, 코모로, 콩고, 지부티, 이집트, 에리트레아, 에티오피아, 케냐, 리비아, 마다가스카, 말라위, 모리셔스, 르완다, 세이셸, 수단, 스와질란드, 우간다, 잠비아, 짐바브웨
유럽연합(EU)(Europa.eu)	오스트리아, 벨기에, 불가리아, 크로아티아, 키프로스, 체코, 덴마크, 에스토니아, 핀란드, 프랑스, 독일, 그리스, 헝가리, 아일랜드, 이탈리아, 라트비아, 리투아니아, 룩셈부르크, 몰타, 네덜란드, 폴란드, 포르투갈, 루마니아, 슬로바키아, 슬로베니아, 스페인, 스웨덴(영국도 회원국이었으나 2016년에 탈퇴함)
남미공동시장(MERCOSUR)(mercosur.int)	브라질, 파라과이, 우루과이, 아르헨티나
북미자유무역협정(NAFTA)(nafta-sec-alena.org)	캐나다, 멕시코, 미국
남아시아특혜무역협정(SAPTA)(saarc-sec.org)	아프가니스탄, 방글라데시, 부탄, 인도, 몰디브, 네팔, 파키스탄, 스리랑카

난 미국 정부의 럼주와 쿠바산 시가에 대한 수입 금지로 고통받아왔다. 이제 미국 정부가 양국 관계의 정상화를 향해 움직이고 있어, 미국인들은 독특한 쿠바 상품을 다시 즐길 수 있다.

정부는 또한 외국 경쟁사의 상품을 더 비싸게 만들어 자국의 경쟁자들에게 이점을 주기 위해 **관세**(tariffs), 즉 수입품에 대한 세금을 부과한다. 뉴발란스는 미국에서만 운동화를 생산한다. 미국은 자국 기업을 보호하기 위해, 수입된 해외 기업의 신발에는 48%의 관세를 부과한다. '나이키 에어 조단 III 레트로 인프라레드 23, 신발이 그렇게 비싼 데에는 이유가 있다!'[11]

경제적 공동체

여러 국가들은 서로 협력하여 그들 간의 무역을 촉진시키고 회원국들이 다른 곳에서 경쟁하는 것을 수월하게 할 수도 있다. 이러한 **경제적 공동체**(economic communities)들은 서로 협력하여 무역 정책을 조정하고, 회원국들 간 국경을 넘어 상품 및 자본 흐름에 대한 규제를 완화한다. 경제적 공동체는 제품 내용, 포장 라벨, 광고 규제와 같은 분야의 정책을 공동으로 설정하기 때문에 마케팅 담당자들에게 중요하다. 예를 들어, 미국은 미국, 캐나다, 멕시코를 포함하는 북미자유무역협정(North American Free Trade Agreement, NAFTA)의 회원국이다. 유럽연합(European Union, EU)은 4억 9,000만 명의 소비자를 대표하고 있으며 이들 중 3억 명 이상이 유로를 통화로 사용하고 있다. 표 2.1은 세계의 주요 경제적 공동체를 보여준다.

2.3

목표

기업의 외부 사업 환경 요소가 국내 및 세계 시장에서의 마케팅 전략 및 결과에 어떤 영향을 미치는지 이해한다.

외부 마케팅 환경 분석

기업이 해외 시장에 진출하기로 결정했든 아니든, 머리를 모래에 파묻고 세계에서 일어나는 일들에 대해 무지한 채로 성공할 수는 없다. 경쟁자들은 그렇게 무지하지 않을 것이기 때문이다! 마케팅 계획은 마케팅 담당자들이 기업 내부와 외부 환경에 대해 잘 알아야 성공한다. 기업 내부 환경에 대한 내용은 제3장에서 다룰 것이다. 이 장에서는 기업의 외부 환경을 이해하는 것이 해외 시장에 진출하기로 한 기업에게 왜 중요한지 알아볼 것이다.

변화는 빠르게 일어나고, 새로운 발전은 매우 성숙한 시장도 뒤흔들 수 있다. 인도 자동차 시

관세 수입한 제품에 대한 세금

경제적 공동체 회원국 사이의 무역을 촉진하고 다른 국가에서 경쟁하기 쉽게 하기 위해 함께 연합한 국가 단체

그림 2.3 📷 스냅숏 │ **외부 환경의 구성요소**

국내 및 해외 시장에서 모두 성공하기 위해서 기업의 외부 환경을 이해하는 것은 중요하다.

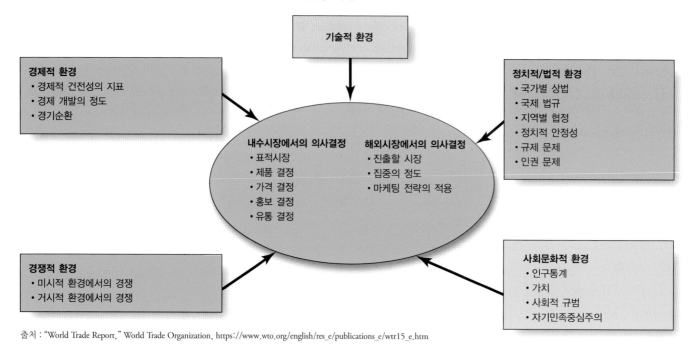

출처 : "World Trade Report," World Trade Organization, https://www.wto.org/english/res_e/publications_e/wtr15_e.htm

장의 주요 기업인 타타 모터스의 사례에서 찾을 수 있다. 2016년, 타타는 지카라는 이름의 새로운 해치백을 출시하려 했지만, 안타깝게도 전 세계적으로 고통을 안겨준 지카 바이러스와 이름이 너무 비슷했다. 그래서 타타는 차량 이름을 서둘러 바꾸어야만 했다.[12]

세계 시장에 진출하기로 했다면, 잠재적 국가 또는 지역 시장의 현지 상황에 대해 파악하는 것은 어떤 방향으로 진출해야 할지 의사결정하는 데 큰 도움이 된다. 📷 그림 2.3은 우리가 살펴볼 다양한 외부 환경을 도식화하여 보여준다.

경제적 환경

2008~2009년 사이에 나타난 대침체(Great Recession)로 초래된 힘든 경제적 장애 이후, 세계 경제는 마침내 회복하고 있다. 진행 속도는 느리지만, 세계 경제는 2014년에는 2.6%, 2015년에는 3.0%, 2016년에 3.3% 성장했다. 가장 높은 수입을 올린 국가들은 성장이 더뎠지만(2016년, 2.4%), 수입이 상대적으로 적었던 국가들은 높은 성장률(5.3%)을 기록했으며, 전 세계적으로 가장 수입이 적었던 국가들, 즉 **최빈개도국**(least developed country, LDC)들은 5.9%의 성장률을 기록했다.

우리가 세계 경제의 미래를 볼 때, 미래 성장에 영향을 줄 수 있는 영역은 두 가지가 있다. 유가 감소는 수요 감소와 함께 공급 증가에 영향을 미치며, 몇몇 지역의 지정학적 긴장 상태가 무역에 미치는 부정적 영향도 무시할 수 없다.[13] 마케팅 전문가는 현재의 경제 수준을 두 가지 다른 관점, 즉 (1) 전반적인 경제의 건전성과 국가의 개발 정도, (2) 사업 주기의 현 단계로 이해할 필요가 있다. 이제 각각을 살펴보자.

경제적 건전성의 지표

최빈개도국(LDC) 경제적 개발 단계가 가장 낮은 국가

의사가 건강 검진을 하는 동안 체온을 재듯이, 기업들은 좀 더 세부적인 검토에 앞서 한 나라의 경제 환경으로 대변하는 전반적인 '건강한 정도'를 알아야 할 필요가 있다. 미국 중앙정보국

표 2.2 | **경제적 · 인구통계적 특징 비교**

	콩고	인도	중국	브라질	러시아	미국	카타르
순위*	2	61	103	107	135	177	185
총GDP	$632억 7,000만	$8조 270억	$11조 3,800억	$3조 1,660억	$3조 4,710억	$17조 9,700억	$3,240억
1인당 GDP	$800	$6,300	$14,300	$15,800	$23,700	$56,300	$145,000
빈곤층	63%	29.8%	6.1%	21.4%	11.2%	15.1%	NA
인플레이션	1.1%	5.6%	1.5%	10.6%	15.4%	0.2%	1.6%
실업률	NA	7.1%	4.2%	6.4%	5.4%	5.2%	0.45%
인구	7,900만	12억 5,100만	13억 6,700만	2억 400만	1억 4,200만	3억 2,100만	220만
인구 1,000명당 출산율	34.88	19.55	12.49	14.46	11.6	12.49	9.84
인구 증가율	2.45%	1.22%	0.45%	0.77%	−0.04%	.78%	3.07%
0~14세 인구	42.65%	28.09%	17.08%	23.27%	16.68%	19.0%	12.52%
15~24세 인구	21.41%	18.06%	13.82%	16.47%	10.15%	13.64%	12.96%
25~54세 인구	29.75%	40.745%	47.95%	43.80%	45.54%	37.76%	70.23%
55~64세 인구	3.56%	7.16%	11.14%	8.66%	14.01%	12.73%	3.39%
65세 이상 인구	2.63%	5.95%	10.01%	7.8%	13.61%	14.88%	0.89%
기대수명	56.93년	68.13년	75.41년	73.53년	70.47년	79.68년	78.59년
문맹률	63.8%	71.2%	96.4%	92%	99.7%	NA	97.3%
기대학령	10년	12년	13년	14년	15년	16년	14년
인구 100명당 휴대폰 사용자	48	76	94	139	155	94	156
인터넷 사용자	<1%	19.2%	4.60%	53.4%	59.3%	86.8%	96.7%

*현재 국제 달러로 표현된 값을 기반으로, (현재 연도) 1년을 반영한 통화 환율 및 구매력(PPP) 조정. 순위는 '가장 가난한(1위)'에서 가장 부유한(185위)'로 표시함.

순위 출처 : Source for ranking: Valentina Pasquali, "The Poorest Countries in the World," *Global Finance Magazine*, April 2, 2016, https://www.gfmag.com/global-data/economic-data/the-poorest-countries-in-the-world?page=12 (accessed April 2, 2016); data based on, https://www.cia.gov/library/publications/the-world-factbook/geos/rs.html (accessed April 2, 2016). *The World Factbook* is updated biweekly.

(CIA)의 월드팩트북(World Factbook)에서 대부분 국가들에 대한 정보를 쉽게 찾을 수 있다(온라인 정보에 접근하기 위해 그다지 높은 수준의 보안 확인이 요구되지 않는다).

경제적 건전성을 측정하는 가장 흔한 척도는 한 나라의 **국내 총생산**(gross domestic product, GDP), 즉 연간 자국 내에서 생산된 재화와 서비스의 총달러 가치이다. 표 2.2는 표본 국가의 GDP 및 기타 경제적 · 인구통계적 특징을 보여준다. 총 GDP 외에도, 국내 총생산을 그 국가의 인구 수로 나눈 1인당 **국내 총생산**(per capita GDP)에 근거하여 마케팅 담당자들은 각각의 국가를 비교할 수도 있다. 1인당 국내 총생산은 종종 더 좋은 경제적 건전성의 지표로 활용되는데, 이는 각 국가의 인구 크기를 고려하여 조정된 값이기 때문이다.

그러나 이러한 비교는 여전히 완벽하지는 않다. 1인당 국내 총생산은 한 국가의 재산이 소수에 집중되어 대부분의 국민들이 기본적인 필수품을 해결할 수 없는 상황에 대해 말해주지 않기 때문에 잘못된 지표가 될 수 있다. 게다가 동일한 상품과 서비스의 가격은 일부 세계 시장에서

국내 총생산(GDP) 국가 내에서 생산한 재화와 서비스의 총합

훨씬 더 싸다. 해외 시장에 진출하려는 기업들이 환율을 고려하는 중요한 이유이다.

앞서 언급한 환율은 간단히 한 나라의 통화가 다른 화폐로 얼마의 가치를 갖는지 보여주는 것이다. 예를 들어, 우리가 유럽연합의 회원국들에서 1달러의 가치가 얼마나 되는지 알고 싶다면, 유럽에서는 87.8센트(1달러=0.878유로)밖에 되지 않다는 것을 알 수 있다. 유럽의 이웃 국가들이 유로화와 기준 통화의 환율을 동일하게 본다면, 그들은 미국에서 유로가 15% 정도 더 가치가 있다는 것을 알게 될 것이다(즉, 환율은 €1 = $1.14). 환율이 왜 중요한가? 이 비율로 다른 국가에서의 제품 가격을 결정하기 때문에 궁극적으로 기업이 국경 밖에서의 판매 능력을 결정하는 것이다. 달러가 더 강세이면 당신은 달러로 더 많은 유로를 얻을 수 있을 것이고, 1달러로 더 많은 프랑스산 와인이나 에스카르고를 살 수 있다면, 미국 고객들은 그것들을 더 많이 살 것이다. 만약 달러가 유로화에 비해 가치가 떨어진다면, 이탈리아를 통해 하이킹할 때 달러는 유로를 적게 환전되어 상대적으로, 유럽인들은 값싼 휴가를 위해 미국으로 몰려갈 것이다.

물론 GDP와 환율만으로는 마케팅 담당자들이 한 나라의 경제 환경이 매력적인 시장인지 판단하는 데 필요한 정보를 제공하지 못한다. 마케팅 담당자들은 다른 국가에서 '평소 사업'을 할 수 있는지를 고려해야 한다. 한 나라의 **경제적 하부구조**(economic infrastructure)는 한 나라의 유통, 재정, 통신 시스템의 질을 일컫는다. 예를 들어, 금융 기관이 덜 발달한 국가들은 여전히 소비자와 기업 고객이 신용 카드나 수표 대신 현금으로 상품과 서비스에 대해 지불해야 하는 현금 경제를 운영하고 있을 수 있다. 재화나 도로 시스템이 없는 더욱 가난한 나라들에서 판매자들은 수많은 소규모 소매상들에게 재화를 배달하기 위해 당나귀 수레, 손수레, 자전거 등을 이용해야 할지도 모른다.

경제발전의 정도

마케팅 담당자들이 세계에서 기회를 탐색할 때 국가의 **경제발전 정도**(level of economic development)를 고려하는 것이 도움이 된다. 경제학자들은 이를 결정하기 위해 국내 총생산 증가와 같은 단순한 사실에만 의존하지 않는다. 그들은 가난, 불평등, 실업을 줄이기 위해 국가가 취하고 있는 조치들도 살펴본다. 또한 한 나라의 **생활 수준**(standard of living), 한 나라가 소비하는 상품과 서비스의 평균적인 질과 양을 지표로 사용한다. 그들은 경제 발전의 정도를 다음 세 가지 수준으로 설명하고 있다.

1. 앞서 말했듯이, 경제 발전의 최저 단계에 있는 국가는 최빈개도국(LDC)이다. 대부분의 경우, 이런 국가의 경제적 기반은 농업이다. 분석가들은 아프리카와 남아시아의 많은 국가들을 LDC로 간주하고 있다. 최빈개도국에서의 생활 수준은 낮으며 문맹률이 높다. 대부분의 사람들이 소비할 돈이 충분하지 않기 때문에 다이아몬드나 캐비아 같은 호화 제품들을 팔 수 있는 기회가 흔치 않다. 이들 국가는 필요한 만큼 경작하고 남은 것으로 물물 교환한다. 이러한 국가들은 쌀과 같은 기본 식료품이나 신발과 옷을 만들 수 있는 직물을 저렴하게 판매하기 좋은 시장이다. 추가적으로, 이곳의 소비자들이 필요로 하는 태양광 충전식 휴대폰이나 냉각 없이 작동할 컴퓨터와 같은 제품들에 대한 기회가 있다.

2. 경제의 중심을 농업에서 산업으로 옮겨가면 생활 수준, 교육 수준, 기술의 사용 수준이 높아진다. 이러한 국가들을 **개발도상국**(developing country)이라고 한다. 이런 국가에서는 중산층이 존재하는데, 대개 작은 사업체를 성공적으로 운영하기 위해 열심히 일하는 기업가들로 구성된다. 오늘날 10명 중 8명 이상의 소비자들이 개발도상국에 살고 있기 때문에, 잠재적인 고객과 숙련된 노동력이 있는 이러한 국가로 많은 기업들을 끌어들이고 있다.

경제적 하부구조 한 국가의 유통, 금융 및 통신 시스템의 품질

경제발전 정도 한 국가의 전반적인 경제 상황

생활 수준 한 국가 안에서 소비되는 재화와 서비스의 평균적인 품질과 양에 대한 지표

개발도상국 농업에서 산업 중심으로 경제의 중심을 이동시키고 있는 국가

마케팅 담당자들은 이러한 개발도상국들을 피부 관리 제품이나 빨래 세제와 같은 소비재를 위한 미래 시장으로 보고 있다.

최빈개도국과 개발도상국에는 하루에 2달러도 채 소비하지 않는, 전 세계에 존재하는 40억 이상의 소비자 집단을 일컬어 **저소득층**(bottom of the pyramid, BOP)이라고 한다.[14] 이들 BOP 소비자들은 구매력 평가 지수가 50억 달러에 달하는, 잠재적으로 거대한 마케팅 기회의 대상이 된다. 이들은 또한 마케팅 담당자들에게 큰 도전 과제를 제시하는데, 이들은 다른 소비자 집단들과 달리, 샴푸 한 병 같은 '재고품'을 살 여유가 없기 때문이다. P&G, 유니레버, 그리고 다른 기업들은 청소 제품, 섬유 유연제, 샴푸 등을 저렴한 가격과 함께 한 번 사용할 수 있는 **일회용 포장**(sachet packaging) 형태로 제공함으로써 이들의 수요를 충족시킨다.

브라질, 러시아, 인도, 중국과 같은 개발도상국들은 **BRICS 국가**(BRICS countries) 또는 단순히 BRICS로 지칭된다. 원래 BRIC으로 불려졌지만, 2010년 남아프리카가 추가되며 BRICS가 되었다. 이 5개국은 개발도상국 중에서 가장 빨리 성장하고 있고, 30억 이상의 인구를 갖고 있으며, 세계 인구의 42% 이상을 차지하고 있다. 이들의 총 GDP는 16,039조 달러로, 전 세계 GDP의 20%에 달한다. 마케팅 담당자들은 해당 국가들이 부유하지 않지만, 경제적 번영을 향한 움직임을 시작하고 있는 대규모의 소비자들 때문에 미래 시장으로서 잠재력이 있다고 생각한다.[15] BRICS는 마케팅 담당자들에게 흥미로운 기회를 제공하지만, 이 국가들의 경제가 변동이 잦아 불안정하므로, 신중하게 접근해야 한다. 예를 들어, 브라질의 정치적 위기는 해외 투자 의욕을 꺾었고, 러시아의 '오일 러시(oil rush)'는 유가 하락에 영향을 미쳤으며, 중국의 폭발하는 경제는 불안을 초래한다.

선진국(developed country)은 정교한 마케팅 시스템, 강력한 사기업, 많은 상품과 서비스에 대한 풍부한 시장 잠재력을 자랑한다. 이러한 국가들은 경제적으로 진보되어 있으며, 국제 마케팅 담당자들에게 광범위한 기회를 제공하고 있다.

1976년, 세계에서 가장 경제적으로 발달한 국가들인 프랑스, 서독, 이탈리아, 일본, 영국, 미국의 6개국은 G6로 알려진 단체를 만들었다. 이후 1976년 캐나다와 1998년 러시아가 추가로 가입하면서, G6는 G8이 되었다. 2014년 러시아는 크림 반도 사태에 연관되면서 G8의 회원국 자격이 폐지되어 다시 **G7**(Group of 7)이 되었다.[16] G7의 목적은 고도로 발달한 경제를 가진 민주주의 국가들과 국제 사회가 직면한 주요 경제적·정치적 문제들을 다룰 수 있는 방법을 제공하는 것이다. G7 정상회담은 세계 경제 및 국제 무역과 더불어 에너지, 테러리즘, 실업, 정보 고속 도로, 범죄와 약물, 군비 통제, 환경 등에 관한 주제들을 논의에 최근 포함시켰다.[17]

경기 순환

경기 순환(business cycle)은 경제 변동의 전반적인 패턴을 나타낸다. 모든 경제는 호황(높은 수요, 고용, 소득 수준), 불황(수요 감소, 고용 및 소득 감소), 회복(생산의 점진적인 향상, 실업률 감소, 소득 증가)의 순환을 거친다. 심각한 경기 불황은 불경기(depression)라고 하며, 이 시기에는 물가 하락에도 불구하고, 사람들이 대부분 경제적 여유가 없으며 실업자도 증가하기 때문에 수요가 거의 없다.

인플레이션은 물가 및 생활비가 증가하고 재화의 비용이 상승함에 따라 돈이 구매력을 잃는 상황에서 일어난다. 예를 들어, 1960년과 2004년 사이에 물가가 매년 5% 이상 올라, 1960년 당시 1달러 상당의 물품은 2004년에 6달러 이상이 되었다. 인플레이션 기간 동안에는 달러 소득

저소득층(BOP) 전 세계에서 하루에 2달러 이하의 생활비만 사용하는 소비자 그룹

일회용 포장 최빈개도국이나 개발도상국에서 청소용 제품, 섬유 유연제, 샴푸 등을 저렴한 일회용 포장으로 판매

BRICS 국가 개발도상국 중, 경제 성장이 가장 빠른 국가들로서 브라질, 러시아, 인도, 중국, 남아프리카. 30억 이상의 인구를 보유하고, 전 세계 인구의 42%가 이들 국가의 국민이며, 전 세계 생산의 20%를 차지하는 나라

선진국 정교한 마케팅 시스템, 강한 사기업, 많은 재화와 서비스에 대하여 풍부한 시장 잠재성을 가진 국가

G7 경제적으로 가장 발전한 국가들의 비공식적 모임. 이 국가들은 연간 한 번씩 국제 사회가 직면한 주요 경제 및 정치적 문제에 대해 논의함. 이전에는 G8이었으나, 회원국이었던 러시아가 2014년 크림 반도 침략으로 인해 제외됨

경기 순환 소비자와 기업의 구매력에 영향을 주는 경제의 변화를 반영하는 전반적인 패턴. 호황기와 경기 침체, 불경기, 회복을 포함

이 증가할 수도 있지만, 상품과 서비스의 비용이 더 크기 때문에 실질 소득(달러로 살 수 있는 양)은 감소한다.

경기 순환은 고객의 구매 행동에 미치는 영향 때문에 마케팅 담당자에게 특히 중요하다. 호황기에 소비자들은 더 많은 상품과 서비스를 구매한다. 마케팅 담당자들은 사업을 성장시키고 재고 수준을 유지하기 위해 노력하며, 심지어 고객들의 소비 욕구를 충족시키기 위해 신제품을 개발한다. 2008년부터 전 세계 국가들이 겪은 불황 기간에 소비자들은 그저 구매를 덜 할 뿐이다. 그들은 1달러를 아끼기 위해서 덜 비싸거나 낮은 품질의 브랜드로 대체하는 '하향 거래(trade down)'를 했을 것이다.

경쟁적 환경

기업의 외부 환경에서 두 번째로 중요한 요소는 경쟁적인 환경이다. 치약에서 SUV 자동차에 이르는 다양한 제품에 대해, 기업들은 새로운 제품 기능, 새로운 가격 책정 또는 시장 점유율을 유지하거나 확보할 수 있는 광고를 만들 수 있도록 경쟁업체들의 정황을 잘 알고 있어야 한다. 이를 위해, 마케팅 담당자들은 미시 환경(microenvironment)과 산업 내에서 경쟁하는 대체 제품들을 비교함으로써 자신의 경쟁적인 위치, 즉 거시 환경(macroenvironment)을 이해할 필요가 있다.

세계 체스 게임의 선수들처럼, 마케팅 관리자들은 경쟁자들을 강점과 약점에 따라 평가하고, 그들의 마케팅 전략을 감시하고, 그들의 행보를 예측하려고 노력해야 한다. 이를 위해, 전 세계적으로 점점 더 많은 기업들이 경쟁 상대의 공개적으로 이용 가능한 인터넷, 뉴스 미디어, 건축 허가증이나 특허권과 같은 정부 문서의 출처에서 수집할 수 있는 정보를 수집하고 분석하는 **경쟁 지능**(competitive intelligence, CI) 활동을 벌이고 있다. 성공적인 CI는 기업이 경쟁업체의 신제품, 제조 공정 또는 경영진의 관리 스타일을 학습하는 것을 의미한다. 그러면 기업은 이러한 정보를 활용하여 우수한 마케팅 전략을 개발할 것이다(제4장에서 마케팅 지능 정보의 수집에 관해 더 배울 것이다).

미시경제에서의 경쟁

미시경제(microenvironment)에서의 경쟁은 표적시장의 구성원들이 선택할 수 있는 제품 대안을 의미한다. 다음의 세 단계에서 이러한 선택을 한다.

1. 소비자들의 **재량 소득**(discretionary income) 또는 사람들이 주택, 공공요금, 식품, 의류 등의 필수품에 대한 지불 후 남은 돈을 놓고 경쟁한다. 우리는 '남는 돈'을 새로운 태블릿을 사는 데 쓸까, 기부를 할까, 아니면 건강한 삶에 투자하여 다이어트를 해볼까? 고민한다. 이런 선택은 나라마다 다르다. 러시아 사람들은 월급의 대부분을 음식, 술, 담배에 지출한다. 미국에서는 의료 서비스 지출이 크다. 일본에서는 집세가 평균 수입의 4분의 1을 차지하고, 사우디아라비아에서는 소득의 10%를 가구 구입에 쓴다.[18]

2. **제품 경쟁**(product competition)이다. 경쟁자들은 자사의 제품을 시장 내 동일한 소비자의 근원적 욕구(needs)와 구체적 욕구(wants)를 만족시키기 위해 노력한다. 예를 들어, 소파에서 뒹굴기를 좋아하는 어떤 사람이 재량소득을 이용하여 근육을 만들어야겠다고 결정했다면, 그 사람은 아마 헬스클럽에 등록하거나 집에다 솔로플렉스 기계와 같은 운동기구를 사들일 것이다.

3. **브랜드 경쟁**(brand competition)이다. 경쟁자들은 소비자의 돈을 위해 유사한 제품이나 서

경쟁 지능(CI) 공개되어 있는 경쟁자의 정보를 수집하고 분석하는 것

재량 소득 집세, 공과금, 음식, 옷과 같은 필수품에 대한 지불 이후 수입에서 남은 부분

제품 경쟁 서로 다른 제품을 제공하는 기업이 동일 소비자 집단을 대상으로 근원적 욕구와 구체적 욕구를 충족시키고자 경쟁하는 것

브랜드 경쟁 비슷한 재화나 서비스를 제공하는 기업이 브랜드의 명성이나 기대되는 이익을 이용하여 경쟁하는 것

비스를 제공한다. 당신의 게으른 친구가 헬스장을 등록하기로 결정하였다면, 친구는 골드 짐, 솔 사이클, YMCA 등과 같은 산업계의 유명 브랜드 경쟁자들 중에서 하나를 선택할 수도 있고, 그냥 운동 자체를 포기하고 더 큰 바지를 사버릴 수도 있다.

거시경제에서의 경쟁

거시경제(macroenvironment)에서 경쟁은 마케팅 담당자들이 그들이 속한 산업의 전반적인 구조, 즉 큰 그림에 대한 이해가 필요하다는 것을 의미한다. 이 구조는 시장을 한 기업이 완전하게 지배하는 구조일 수 있으며, 공평한 경쟁 환경에서 경쟁하는 수많은 기업들이 존재하는 구조일 수도 있다.

1. 이것은 그냥 보드게임이 아니다 : **독점**(monopoly)은 한 판매자가 시장을 지배할 때 발생한다. 판매자가 마을에서 '유일한 공급자'이기 때문에, 가격을 낮게 유지하거나 좋은 품질의 제품이나 서비스를 생산해야 할 부담을 거의 느끼지 않는다. 오늘날 대부분의 미국 산업에서 정부는 경쟁을 제한하고 독점 금지에 관한 법규를 위반하는 기업에 대한 기소조치를 하고 있어 소비자의 복지를 보장하려 하고 있다.

2. **과점**(oligopoly) 상태는 다수의 구매자와 소수의 판매자가 존재하면서 각 판매자는 높은 시장 점유율을 차지하고 있다. 판매자가 소수에 불과하기 때문에, 특정 판매자의 행동은 즉각적으로 다른 판매자에게 영향을 미친다. 과점은 제품을 생산하기 위해 설비나 기술에 상당한 투자를 필요로 하는 산업에서 주로 나타난다. 항공 산업이 바로 과점 산업이다.

3. **독점적 경쟁**(monopolistic competition)의 단계에서 시장에서 구매자들을 놓고 다수의 판매자들이 경쟁한다. 그러나 각각의 기업들은 조금씩 다른 제품을 시장에 제공하고, 각 판매자의 시장 점유율이 매우 낮은 수준이다. 예를 들어, 나이키, 뉴발란스, 언더아머를 포함한 운동화 제조업체들은 고객에게 특별한 가치를 제공하기 위해 치열한 경쟁을 벌인다. 물론 아직까지 아디다스만이 지면의 딱딱한 정도를 감지하고 최적의 상태로 적응시키는 컴퓨터 기능을 가진 250달러짜리 운동화를 제공한다.

4. 마지막으로, **완전 경쟁**(perfect competition)은 기본적으로 다수의 소규모 판매자들이 동일한 제품이나 서비스를 제공할 때 발생한다. 이러한 산업에서 어떤 기업도 품질, 가격, 공급에 중대한 영향을 미치지 않는다. 실제로 완전 경쟁의 조건을 갖춘 산업은 드물지만, 농업 시장(다수의 개인 농부들이 있으며, 각각 동일한 옥수수나 할라피뇨를 생산한다)이 이에 가장 근접하다고 말할 수 있다.

기술적 환경

기술적 환경(technological environment)은 마케팅 활동에 매우 큰 영향을 미친다. 물론, 인터넷은 최근 마케팅에 있어서 가장 큰 기술적 변화이다. 소비자들이 집 밖을 나서지 않고도 무엇이든 그들이 원하는 것(심지어 그들이 원하지 않는 것도 포함)을 살 수 있게 해 주었다.

몇몇 사람들은 마케팅의 다음 혁신인 게임 체인저가 이미 존재한다고 믿는다. 2013년, 아마존의 CEO 제프 베조스는 미국 전역에 '옥토콥터(octocopters)' 혹은 '**드론**(drone)'을 사용하여 30분 내에 상품 배송을 위한 프로젝트 '프라임 에어'를 준비하고 있다고 밝혀 CBS 기자 찰리 로즈를 놀래켰다.[19] 드론은 GPS를 이용하여 원격 조종되는 무인 비행체 혹은 날아다니는 로봇이다. **무인 항공기**(unmanned aerial vehicles, UAV)라고도 알려진 드론은 취미생활로 사용하는 사람도 있고, 비즈니스에도 활용되고 있다. 드론은 골든 글로브 시상식 촬영과 아이오와 지역의 옥수

특허 경쟁자들로부터 자사의 발명품을 생산하거나 판매하는 것을 법적으로 막는 시스템. 일정 기간 동안 시장에서의 경쟁을 줄이거나 없애는 것을 목적으로 함

수 밭을 촬영하는 데 성공했다. 또한 왕좌의 게임과 스타워즈 촬영장에도 드론이 사용되었다. 최근, FAA는 드론의 금지를 취소하고 사용 규정을 개정하여 아마존과 같은 기업이 드론을 통한 물품 배송 사업을 할 수 있게 했다.[20]

성공적인 마케팅 담당자들은 도움이 될 만한 아이디어와 트렌드를 찾아 지속적으로 외부 비즈니스 환경을 탐색해야 한다. 발명가들은 뭔가 흥미로운 것을 발견했다고 느낄 때, 발명품을 생산하고 판매할 수 있는 독점적인 권리를 보호하고자 대개 **특허**(patent)를 신청한다. 이것은 한 나라에서 특정 발명품을 생산하고 판매할 수 있는 독점권을 부여하는 법률 문서이다.

정치적 · 법적 환경

정치적 · 법적 환경(political and legal environment)은 사업에 영향을 미치는 지역, 주, 국가, 세계의 법률과 규정을 일컫는다. 법적 및 규정은 수많은 사업의 의사결정을 위한 주요 동기가 된다. 국내 시장에서만 사업하는 기업들은 현지 규정에만 신경 써도 되지만, 글로벌 마케팅 담당자들은 세계를 대상으로 사업하는 데 영향을 미칠 수 있는 더욱 복잡한 정치적 문제들에 대해 이해해야 한다.

미국 법률

미국에서 비즈니스 활동을 지배하는 법률은 두 가지 목적을 가지고 있다. 셔먼 독점금지법과 윌러−레아 법처럼 일부 법은 기업들이 서로 공정하게 경쟁하도록 하고 있다. 식품 의약품법과 소비자 제품 안전법과 같은 법률은 기업이 소비자를 이용하여 부당한 이득을 취할 수 없게 한다. 일부 사업가들은 과도한 법 규정은 경쟁을 제한시킬 뿐이라고 주장하지만, 다른 이들은 법

표 2.3 | 마케터가 알아야 할 주요 미국 법률

법	목적
셔먼 독점금지법(1890)	독점을 없애고 자유 경쟁을 보장하기 위해 만들어진 법. (만일 경쟁을 제약하는 경우) 독점적 세력권, 가격 담합, 약탈적 가격 결정 금지
식료약품법(1906)	식품과 약품의 생산 과정에서 해를 끼치는 행위 금지
연방통상협회법(1914)	연방거래위원회를 만들어 불공정 행위 감시
로빈슨−패트먼 법(1936)	경쟁 도매업자 혹은 유통업자에게 비용적으로 정당하지 못한 가격 차별 금지
윌러−레아 연방통상협회법 개정(1938)	연방통상협회법의 개정. 기만과 오해의 소지가 있는 광고를 불법으로 만듦
랜햄 상표법(1946)	브랜드 이름과 상표를 보호하고 규제
어린이 보호와 장난감 안전법(1969)	어린이에게 안전한 포장의 기준 마련
소비자 신용 보호법(1968)	신용, 대출 조건, 이자율을 완전히 공개할 것을 의무화하여 소비자를 보호
국가 수신거부목록(2003)	연방통상협회가 제정한 소비자가 수신받은 광고의 수를 제한할 수 있도록 함
신용카드 의무, 책임, 공개법(2009)	불공평한 이자율 인상 금지, 불공정한 수수료 방지, 이해하기 쉽게 작성된 공개 정보, 학생과 청년을 보호함
건강보험개혁법(2013)	고용주로부터 혜택받지 못하는 미국인을 위한 건강보험 혜택 의무화. 기존 조건에 대한 보험 적용 거부를 제거하고, 보험 적용 범위의 수명 한계를 종료하여 보험 규정 개정[21]
데이터 브로커 의무법(2014)	소비자에게 데이터 브로커가 수집하는 개인 정보 파일에 대한 액세스 권한, 부정확한 정보를 수정할 수 있는 능력 및 해당 데이터를 다른 회사에 판매하지 않도록 선택할 수 있는 기회 제공
미국자유법(2015)	미국국가안보국(NSA)의 전화 통화 수집 및 모니터링 관행에 대한 에드워드 스노든 사례의 결과. 전화 메타데이터는 미국 정부가 아닌 통신 회사에 저장하도록 의무화함

표 2.4 | 미국 규제 기관과 역할

규제 기관	역할
소비자제품안전협회(CPSC)	잠재적으로 위험한 제품으로부터 소비자를 보호. 규제 및 시험 프로그램을 통해 CPSC는 기업의 제품이 고객에 해를 끼치지 않도록 보장하는 일을 도움
환경보호기관(EPA)	환경 보호를 목적으로 하는 규제를 개발 및 시행. 이런 규정들은 제조업체가 자사 제품에 사용하는 재료와 공정 그리고 제품 개발 능력에 큰 영향을 미침
연방통신협회(FCC)	전화, 라디오, TV, 그리고 최근에는 인터넷 사용까지 규제. FCC 규제는 통신산업에 있는 기업의 마케팅 활동에 중요한 영향을 미치며 해당 매체를 사용하는 모든 기업에게 간접적 영향을 미침
연방통상협회(FTC)	기만적 광고 규제와 제품 표시 기준에 관한 법률. 주로 벌금을 통해 법을 집행
식약청(FDA)	식품, 약품, 화장품, 동물 제품에 대한 법과 규정을 시행. 마케터가 시장에 상품을 출시하기 전에 반드시 FDA의 승인이 필요
주간통상위원회(ICC)	주간(州間) 버스, 트럭, 기차, 수도 운영을 규제. ICC는 기업이 자사 제품을 효율적으로 고객에게 전달하는 능력에 직접적으로 영향을 미침

이 궁극적으로 공평한 시장을 유지하게 하고 어려움에 처한 산업을 지원하기 때문에 궁극적으로 기업들에게 도움을 준다고 말한다.

표 2.3은 미국 소비자와 사업자의 권리를 보호하고 유지하는 주요 연방 법의 일부를 표시하고 있다. 연방 및 주 정부는 사업 활동을 감시하고 법을 집행하는 다수의 규제 기관을 창설했다. 표 2.4에는 마케팅 활동에 영향을 미칠 수 있는 일부 기관들을 열거해 놓았다.

무역에서의 정치적 제약

글로벌 기업들은 정부가 취하는 정치적 행동들이 그들의 사업 운영에 막대한 영향을 미칠 수 있다는 것을 알고 있다. 극단적으로, 두 국가가 전쟁에 휘말리게 되면 사업 환경은 엄청난 변화를 가져온다.

전쟁 이외에도 미국이 쿠바, 북한, 그리고 최근에 러시아에 행한 것과 같이 어떤 국가에는 교역을 금지하는 **경제적 제재(economic sanctions)**가 가해져 시장에의 접근이 차단될 수도 있다. 러시아가 2014년 우크라이나 동부를 침략한 후, 미국과 유럽 국가들은 러시아에 대한 경제 제재를 강화했다. 그에 대한 복수로, 러시아는 유럽 연합이나 몇몇 국가의 식료품 수입을 금지시켰다.[22]

경우에 따라 내부적 압력에 의해 현시 정부가 자국령 내에서 상업 활동을 하는 외국 기업을 인수하기도 한다. **국유화(nationalization)**는 정부가 한 외국인 소유 기업의 재산을 인수한 뒤 이에 대한 배상(대개로 총가치의 100%를 변상하지는 않는다)을 할 때 이루어진다. 국영화의 유명한 사례 중 하나는 1956년 이집트 대통령 가말 압델 나세르가 수에즈 운하 기업을 국유화했을 때이다. 마찬가지로, 2차 세계대전 이후 독일과 다른 유럽 국가들은 사적으로 소유한 기업들을 국유화했다. **몰수(expropriation)**는 현지 정부가 어떠한 보상 없이 외국 기업의 자산을 압류하는 것이다(기업은 그저 운이 없는 것이다). 1959년 쿠바 혁명 이후, 쿠바 정부는 대부분 미국 회사나 개인 소유였던 모든 외국인 소유의 사기업들을 몰수했다. 이제는 미국이 쿠바와의 관계를 정상화했으니, 예전에 잃어버린 자산을 되돌려 받을 수 있을까?

무역에서의 법적 제약

정부와 경제적 공동체들은 특정 국가에서 어떤 제품을 팔아도 되는지, 어떤 제품이 생산되어야 하는지, 그리고 마케팅 담당자들이 해당 제품에 대해 어떤 주장을 할 수 있는지에 대한 법을

국유화 정부가 한 외국인 소유 기업의 재산을 인수한 뒤 이에 대한 배상(대체로 총가치에 좀 못 미치는 가격)을 하는 것

몰수 정부가 아무런 보상 없이 외국 기업의 자산을 압류하는 것

현지 제조 규정 제품의 일정 부분이 현지 국가나 현지 경제적 공동체의 산업체가 공급하는 구성요소로 제조되어야 한다고 규정하는 보호 무역의 한 형태

미국 일반특혜관세제도(GSP) 개발도상국이 미국 내 상품 수출 시 관세 없이 상품을 판매할 수 있는 특혜를 부여하여 경제적 성장을 장려하는 제도

만든다. 다른 규정은 현지 국가의 일정한 수준의 참여를 보장한다. **현지 제조 규정**(local content rules)은 제품의 일정 부분이 현지 국가나 현지 경제적 공동체의 기업이 공급하는 구성요소로 제조되어야 한다고 규정하는 보호 무역의 한 형태이다. 예를 들어, 브라질은 최근 풍력 터빈의 제조와 조립에 관한 현지 제조 규정을 강화했다. 이런 규칙에 따르면, 탑을 짓는 데 사용되는 최소 70%의 강판과 100%의 시멘트는 브라질산이어야 한다. 또한 이 탑의 나셀(기계 장치에 들어갈 조립물)은 현지에서 조립해야 한다.[23] 이러한 규정을 통해 브라질이 자국민을 위한 더 많은 국내 제조업 일자리를 확보할 수 있다.

인권 문제

일부 정부와 기업은 자국민을 학대하는 국가로의 사업 확장 기회를 거부하기도 한다. 이들 기업과 정부는 아동이나 죄수를 저임금으로 고용하여 비용을 절감하거나, 공장 문을 잠가버리는 등의 행위를 함으로써 노동자를 위험한 근로 조건에 처하게 만드는 기업과의 무역을 우려하고 있다. 한때 안전하지 못한 노동 관행의 상징이었던 나이키는 지난 20여 년 동안 잘못을 인정하고 이전의 악덕한 행위를 임금 인상과 공장 감사로 개선했으며, 지금은 다른 회사들이 배우고 모범으로 삼을 수 있는 기업이 되었다.[24]

미국 일반특혜관세제도

미국 일반특혜관세제도(U.S. Generalized System of Preferences, GSP)는 개발도상국의 경제 성장을 촉진하기 위해 미국 의회가 추진하는 프로그램이다. GSP 규정에 따르면, 개발도상국은 미국에 관세 없이 제품을 수출할 수 있다. 한 가지 확실히 해야 할 것은 각 국가는 자국 노동자의 권리를 향상시키는 데 주목하고 있다는 사실을 지속적으로 보여주어야 한다. 양면의 동전과 같이, 미국 기업이 개발도상국의 현지 근로자들에게 지불해야 할 임금 수준이 낮기 때문에, 종종 해외로 사업을 확장하거나, 해외로 사업을 완전히 옮기기도 한다. 그들에게 필요한 일자리를 제공하지만, 일부 기업은 현지 빈곤선보다 현저히 떨어지는 임금을 지급하여 노동자를 착취하거나, 환경을 오염시키고, 품질이 떨어지거나, 안전하지 못한 제품을 소비자에게 판매하여 비판의 대상이 된다.

사회문화적 환경

사회문화적 환경은 사회, 그 사회에서 살아가는 사람들, 그리고 그 사회의 가치와 신념을 반영하는 문화의 특징을 일컫는다. 자국 내 시장이든 글로벌 시장에서든, 마케팅 담당자들은 시민들의 관습, 특성, 관행을 이해하고 이에 대한 적응이 필요하다. 가족의 역할이나 이성 간의 적절한 관계와 같은 문화적 우선 순위에 대한 기본적인 믿음은 어떤 시장에서든 상품과 홍보 메시지에 대한 사람들의 반응에 영향을 미친다.

이러한 가치를 이해하기 위해서는 한 문화의 역사 지식이 필요하다. 예를 들어, 대한민국에 오랫동안 미군이 주둔했다는 것을 알고 있는 사람은 돼지 어깨 부위를 사용하는 제품 중 스팸이 매년 235만 달러나 팔린다는 것에 놀라지 않을 것이다. 한국 전쟁 당시에 음식은 부족했고 몇몇 한국인들만 미군 부대의 PX에 갈 수 있었다. 그 결과 보잘것없던 상품이 신분의 상징이 되었고, 현재는 스팸의 기원을 모르는 젊은 한국 사람이 부대찌개에 즐겨 먹는다.[25]

문화는 종종 사람들이 제품에 반응하는 방식에 영향을 준다. 스팸은 당신에게 어떤 의미인가?

인구통계

사회의 특성을 이해하기 위한 첫 번째 단계는 그 사회의 **인구통계**(demographics)를 살펴보는 것이다. 인구의 크기, 연령, 성별, 인종, 소득, 교육, 직업 및 가족 구조와 같은 인구의 관찰 가능한 측면을 측정한 통계를 일컫는다. 인구통계학적 연구 결과는 주택 담보 대출에서 빗자루나 병따개에 이르기까지 많은 제품의 시장 규모를 예측하고자 하는 마케팅 담당자들에게 큰 가치를 가진다. 제7장에서는 인구통계학적 요인이 마케팅 전략에 어떤 영향을 미치는지에 대해 더 자세히 다룰 것이다.

해외 시장에서 타파웨어의 폭발적 성장은 인구통계의 중요성을 보여준다. 더 이상 변화가 없는 시장(많은 미국 여성들이 직장을 갖고 있기에 타파웨어 파티에 가는 것은 쉽지 않다)에 직면하자, 타파웨어는 조건이 더 좋은 다른 나라에 진출하여 사업 영역을 확장하고 있다. 그중 하나는 인도네시아다. 인도네시아 전통에는 아리산(*arisan*: 친목 도모)이라는 것이 있는데, 여성들이 친구들을 만나 친분을 쌓고 음식 레시피를 공유하고, 돈을 모아 선물을 사주기도 한다. 타파웨어는 이런 사회적 관계에 의존하여, 판매자를 아리산 모임에 보내 자사 제품을 홍보하고 새 판촉요원을 고용했다. 식품용기 회사로서 적절한 선택이었다.[26]

가치

모든 사회가 옳고 그른 삶의 방식에 대한 일련의 **문화적 가치**(cultural values)를 지니고 있는데, 이는 사회 구성원들에게 깊은 영향을 미친다.[27] 이러한 믿음은 우리가 살아가는 거의 모든 방면에 영향을 미친다. 예를 들어, 대부분의 미국인에게 시간 엄수(punctuality)는 핵심적인 가치이며, 실제로 비즈니스 리더들은 종종 "시간은 돈이다."라고 선언한다. 라틴아메리카나 다른 나라에서는 이렇지 않을 수도 있다. 만약 당신이 10시에 사업 회의가 있다면, 대부분의 사람들이 10시 30분쯤이나 그 이후에나 도착할 것이다.

가치 차이로 인하여 한 국가에서 크게 성공한 마케팅이 다른 나라에서는 왜 실패하는지 설명할 수 있다. 2009년 마텔은 상하이에서 가장 번화한 장소에 3만 6,000평방피트의 매장을 오픈하여 중국 시장을 공략하려 했다. 패션 상담부터 바비 인형이나 옷을 사는 것까지 바비와 관련된 모든 것을 그 매장 안에서 해결할 수 있었다.

2년 후, '바비의 집'은 폐업을 하고 말았다. 뭐가 잘못되었을까? 마텔은 중국 가정과 미국 가정의 차이를 이해하지 못했다. 패션 스타일보다는 교육을 강조하는 부모들이 보기에 바비는 너무 경박했다. '바비의 집' 폐업 2년 후, 마텔은 '바이올린 연주자 바비' 같은 제품으로 자녀들이 '천재'가 되길 바라는 부모들을 겨냥했다.[28]

문화의 상이성에 관한 주요 관점 중 하나는 집단주의 또는 개인주의를 강조하는 것이다. 베네수엘라, 파키스탄, 대만, 태국, 터키, 그리스, 포르투갈과 같은 **집단주의 문화**(collectivist cultures)에서는 사람들이 자신의 개인적 목표를 안정된 공동체 목표에 종속시키는 경향을 갖고 있다. 이와 대조적으로 미국, 호주, 영국, 캐나다, 네덜란드와 같은 **개인주의 문화**(individualist cultures)의 소비자들은 개인의 목표에 방점을 두는 경향이 있고 집단의 요구가 지나칠 때는 더

인구통계 인구 크기, 연령, 성별, 인종, 소득, 교육, 직업 및 가족 구조와 같은 인구의 관측 가능한 측면을 측정한 통계

문화적 가치 한 사회가 가지고 있는 옳고 그른 삶의 방식에 대한 깊은 믿음

집단주의 문화 안정된 공동체를 위해 구성원들이 개인적 목표를 희생하는 문화

개인주의 문화 구성원들이 공동체의 목표보다 개인의 목표에 더 중요성을 부여하는 문화

앰네스티는 전 세계 인권 캠페인을 벌이고 있다. 이 스위스 광고는 가정 폭력을 근절하기 위한 것이다.

일본의 매장 직원은 유니폼을 입는 것이 일반적이며, 유니폼은 해당 국가의 집단 문화를 상징한다.

사회적 규범 무엇이 옳고 그른지 혹은 수용할 수 있는지 아닌지 결정하는 구체적인 규칙

욱 쉽게 그 멤버십을 교체하는 경향이 있다.[29]

당신은 다운독 자세(Downward Facing Dog)를 하는 사람이 아닐지도 모르지만, 룰루레몬에서 쇼핑하기를 좋아한다면, 그 자세를 할 줄 아는 사람처럼 보일 것이다. 요가가 미국을 휩쓸고 있고, 요가의 기원지인 인도보다 더 큰 유행을 타고 있다. 요가는 음식, 약 처방, 집 내부 장식과 같은 인도 내의 오랜 미신적 관습과 밀접하게 연관되어 있다. 인도의 소비자들은 이러한 제품의 현대적 버전을 원하며, "Baba Cool Movement"로 알려진 신흥 사업가들이 소비자들이 원하는 고대 미신을 기반으로 한 건강한 제품을 제공한다. 예를 들어, 바바 람데브는 스와미(*swami* : 성자)이지만, 그는 동시에 전통적 가치를 현대적 버전으로 바꾸는 효과적인 마케팅 전문가이다. 그와 다른 사업가들은 다양한 다국적 기업에 타격을 입힐 정도로 성공했다. 이제는 다국적 기업이 환경에 적응하거나 퇴장해야 할 차례이다. 이것은 최근 콜게이트가 인도 사람들이 양치에 쓰는 인도의 멀구슬 나무 추출물과 숯을 넣은 치약을 출시한 이유이다.[30]

사회적 규범

가치는 좋은 행동과 나쁜 행동에 대한 일반적인 생각이다. **사회적 규범**(social norms), 혹은 어떤 것이 옳고 그른지, 사회에서 용인되는 것과 그렇지 않은 것을 규정하는 특정 규율들은 이러한 가치로부터 흘러나온다. 사회적 규범은 옷을 입는 방법, 말하는 법, 먹는 법, 행동하는 법 등을 나타낸다. 예를 들어, 적절한 식사 시간을 규정하는 관습도 있다. 많은 유럽, 중동, 라틴아메리카 사람들은 저녁 식사를 9시나 그 이후에 시작한다. 그들은 7시만 되면 배가 꼬르륵거리는 미국인 방문객들을 보며 놀라워한다. 관습은 식기 사용, 식사 예절, 식사에 적절한 옷차림까지 세세한 것(식탁 앞에서 슬리퍼는 금지!)까지를 포함한 식사 방법에 대해서도 말해준다.

마케팅 담당자들이 다른 나라로 사업을 확장하려고 할 때, 그 나라의 경영진이 무엇이 적절한 것이고 기대에 부응하는 것인지에 대해 서로 다른 생각을 가지고 있다면 이러한 대립되는 관습이 문제가 된다. 보디랭귀지도 이러한 어려움에 포함된다. 라틴 국가의 사람들은 미국 사람들보다 훨씬 더 상대와 가까이 서 있으며, 상대방이 떨어져 있으려고 한다면 모욕당했다고 느낄 수 있다.

많은 국가에서 가벼운 친구 사이에도 서로의 한쪽 볼에 키스하는 인사를 한다. 미국에서는 이성에게만 키스를 해야 하고, 한쪽 볼에만 해야 한다. 반면, 스페인과 유럽의 다른 지역에서는 동성, 이성에 관계없이 양쪽 뺨에 키스하고, 중동에서는 아주 특별한 친구가 아닌 이상, 남자가 여자에게, 혹은 여자가 남자에게 키스를 하는 것이 허용되지 않는다. 대신 남자들끼리 혹은 여자들끼리 손을 잡거나 팔짱을 끼고 다니는 것은 매우 흔하다.

언어

언어 장벽은 마케팅 담당자들이 외국 시장에 진출할 때 겪게 되는 너무 당연한 문제 중 하나다. 해외 여행자들은 종종 매우 황당한 영어 표

마케터는 종종 다른 문화권의 이미지를 현지 고객과 소통하기 위해 '빌려주고' 있다. 이 광고는 브라질의 멕시코 레스토랑을 위한 광고이다.

지판을 보게 된다. 아카풀코 호텔의 안내문인 "이곳에서 제공되는 모든 물은 매니저가 개인적으로 훑고 지나갔습니다(The manager has personally passed all the water served here)."를 살펴보자. 이런 오역의 문제는 단순히 낮부끄러움에서 그치지 않는다. 제품의 라벨링, 사용 설명서, 광고 및 개인 판매에도 영향을 미칠 수 있다. 혼동을 피하기 위해서 마케팅 담당자들은 언어의 미묘한 차이를 이해할 수 있는 현지 사람들과 함께 일해야만 한다. 특히 아우디가 이 말을 귀담아 들어야 한다. 아우디는 프랑스에서 E-트론 라인의 판매 문제를 겪을지 모른다. 프랑스에서 *Étron*이라는 단어는 속도, 지속 가능성, 정교함의 이미지를 떠올리게 하지 않는다. 이 단어는 *s*로 시작하는 네 글자짜리 단어를 의미한다.[31]

소비자 자기민족중심주의

자기민족중심주의(ethnocentrism)는 자신의 민족 혹은 민족 집단이 다른 사람들보다 우월하다는 믿음을 일컫는다. 마찬가지로, **소비자 자기민족중심주의**(consumer ethnocentrism)는 그들의 나라에서 생산된 제품과 다른 국가에서 생산된 제품들에 대한 소비자들의 믿음을 가리킨다. 이런 소비자들은 자국에서 생산된 제품이 우월하다고 느끼거나, 다른 나라에서 생산된 제품을 사는 것이 잘못되었거나, 부도덕하고, 비애국적이라고 느낄 수도 있다. 소비자 자기민족중심주의는 소비자들로 하여금 다른 곳에서 만들어진 제품들을 시도하기를 꺼리게 만들 수 있다.

소비자 자기민족중심주의 소비자들이 자신의 나라에서 만든 제품이 우수하다고 생각하거나 수입된 제품을 구입하는 것이 잘못되었다고 생각하는 것

2.4
목표
기업이 세계 시장에 진출하기 위한 전략과 전술에 대해 설명한다.

글로벌 마케팅 전략은 어떻게 '글로벌'해야 하는가?

세계적으로 진출하는 것은 쉬운 일이 아니다. 심지어 예리한 마케팅 능력으로 잘 알려진 기업이라도 실수를 저지를 수 있다. 예를 들어, 디즈니는 홍콩 디즈니랜드를 개장했을 때 저지른 실수로부터 몇 가지 교훈을 얻은 바 있다.[32]

- 클수록 좋다. 중국인들이 자주 찾는 거대한 미국의 놀이공원들과 달리, 홍콩 디즈니랜드는 하루면 쉽게 둘러볼 수 있는 디즈니의 가장 작은 놀이공원이다.
- 신데렐라가 누구인가? 중국 방문객들은 토이 스토리와 같은 최근 영화들의 등장 인물들은 잘 알고 있지만, 그들은 어릴 적 신데렐라 이야기를 듣고 자라지 않았다. 그래서 디즈니의 전통 캐릭터들은 놀이공원 곳곳에서 등장하지만, 방문객과의 감정적 유대가 부족하다.

디즈니가 2016년 6월, 중국 내륙의 첫 디즈니랜드인 상하이 디즈니랜드를 열었을 때, 디즈니는 충분한 교훈을 얻었다. 홍콩 디즈니랜드와 다르게, 마법의 스토리북 성을 만들었는데, 중국 가정에 친숙한 캐릭터들을 상징하는 미키 에비뉴, 상상의 정원, 판타지랜드, 어드벤처 아일랜드, 트레저코브 투모로우랜드의 6개의 독특한 주제로 구성되어 있다. 심지어 토이 스토리 호텔도 있다.[33]

기업 수준에서 의사결정 : 마케팅 진입 전략

만약 기업이 자국을 넘어 해외로 사업을 확장하기로 결정한다면, 자사의 사업 구조를 조정하는 방법과 현지 수요를 수용하기 위해 자사의 제품 마케팅 전략을 조정할지에 대한 중요한 결정을 내려야 한다. 마치 연애하듯이, 기업은 다른 나라 사업에 얼마나 투자할 수 있는지 결정해야 한다. 이러한 헌신은 얕은 관계부터 본격적인 '결혼' 관계까지 갈 수 있다. 한쪽에서, 기업은 제품

오늘날 많은 소비자들은 전 세계 익숙한 제품으로부터 새로운 변형을 찾고 있다. 독일 감자칩 광고에는 "아프리카의 가장 특별한 비밀을 발견하십시오."라고 적혀 있다.

을 수출하는 데 그치는 반면, 다른 쪽에서는 외국계 자회사를 인수하거나 자체적인 상점이나 제조 시설을 열어 다른 나라에 직접 투자한다. 투자의 범위에 관한 이러한 결정은 **통제와 위험** 사이의 균형이 포함된다. 직접적인 개입은 그 기업에게 해당 국가에서 일어나는 일에 대한 더 많은 통제권을 주지만, 만약 성공적이지 못하면 그 위험도 더욱 클 수밖에 없음을 의미한다.

해외 시장에 진출하기 위한 네 가지 세계화 전략인 수출, 계약 협정, 전략적 제휴, 직접 투자에 대해 살펴보자. 표 2.5에 이 네 전략을 요약했다.

수출

만약 어떤 기업이 해외 시장으로 제품을 수출하기로 결정했다면, 그들은 그들 스스로 제품을 판매할 것인지 아니면 기업을 대표하여 물건을 대신 판매할

수출상 타국에서 기업을 내세우기 위해 기업이 사용하는 중간자

중개인에 의존할 것인지 결정해야 한다. 이러한 전문가들, 혹은 **수출상**(export merchants)들은 현지 시장을 잘 이해하고 있으며, 구매자를 연결시키기 위한 협상까지 할 수 있다. 수출 전략은 기업이 세계 시장에서 자사의 제품을 판매할 수 있도록 하고 국내 시장의 침체에 대한 완충 장치가 된다. 기업은 사실상 제품을 국내에서 만들기 때문에 제품 디자인과 생산에 대한 의사결정을 통제할 수 있다.

계약 협정

기업이 해외 시장에 진출할 수 있는 다음 단계의 투자 형태는 그 나라에서 사업의 일부 또는 전

표 2.5 │ 시장진입전략

전략	수출 전략	계약 협정		전략적 제휴	직접 투자
위험 수준	낮음	중간		중간	높음
통제 수준	낮음	중간		중간	높음
옵션	직접 수출 수출업자에 의존	라이선싱 현지 기업이 자사 제품을 생산할 수 있도록 라이선스 부여	프랜차이즈 현지 기업이 자사 사업 모델을 전면 도입	합작투자기업과 현지 파트너가 자원을 공동출자	종종 현지 기업을 인수하여 소유권을 가짐
장점	낮은 투자, 재정 손실의 위험이 낮음. 제품의 품질을 통제할 수 있다. 다른 나라에서 제품을 생산하는 데 겪는 어려움을 피할 수 있음	진입 장벽을 피할 수 있음. 재정적 투자를 제한함으로써 위험이 낮음	프랜차이즈를 택한 현지 기업은 진입 장벽을 피할 수 있음. 재정적 투자를 제한하여 위험이 낮음	새로운 시장에 쉽게 접근. 정부나 다른 지자체의 특별한 혜택	최대한의 자유와 통제 수입 제한을 피할 수 있음
단점	성장 기회의 제한 '해외 제품'으로 인식	제품의 생산 방법이나 마케팅 과정을 관리할 수 없기 때문에 기업 브랜드 이미지를 실추시킬 수 있음. 제조법, 설계, 다른 지적 재산권을 허가 없이 사용할 위험 존재	프랜차이즈 기업이 동일한 재료와 공정을 따르지 않아 브랜드 이미지를 실추시킬 수 있음	재정적 위험이 큼	투자 및 재정 위험이 매우 큼. 정부가 불안정하면 잠재적 국유화 및 몰수 위험이 존재

부를 운영하기 위해 그 나라에 있는 기업과 계약하는 것이다. 이 협정의 가장 흔한 두 가지 형태는 라이선스와 프렌차이즈이다.

1. **라이선스 계약**(licensing agreement)이란 기업(라이선스 인가자)은 다른 기업(라이선스 소지자)에게 판매된 상품에 대한 로열티를 지불하는 대가로 특정 국가나 지역에서 자신의 제품을 생산하고 판매할 권리를 준다. 라이선스는 라이선스 인가자가 시장 진입 시 해결해야 할 장벽들을 피할 수 있게 해주지만, 동시에 제품이 생산되고 마케팅되는 방식에 대한 통제를 잃게 한다.
2. **프랜차이즈**(franchising)는 가맹점에게 현지 국가에서 사업을 하는 모든 방법을 채택할 수 있는 권리를 주는 라이선스 형태이다. 기업은 가맹점의 영업을 잘 감시하여 파트너 기업이 자사의 브랜드 이미지를 잘 유지하는지 확인해야 한다.

전략적 제휴

해외 시장에 대한 보다 더 많은 투자를 하기로 선택한 기업들은 진출 국가에 있는 하나 이상의 현지 기업들과 파트너가 되어 공통의 목표를 위해 자원을 공동 출자할 수 있도록 하는 **합작 투자**(joint venture)의 형식을 통해 **전략적 제휴**(strategic alliance) 관계를 맺는다. 전략적 제휴를 통해 파트너 국가에서 기업에게 주는 특혜 덕분에 기업들은 새로운 시장에 쉽게 접근할 수 있다.

직접 투자

가장 높은 수준의 투자는 기업이 소유권을 통해 국제적으로 확장할 때, 그들이 현지 국가의 사업체를 완전히 매수할 때 생긴다. 현지 기업의 부분 혹은 전체를 인수하는 것은 해외 기업으로 하여금 현지 기업의 국가에 대한 정치적 상식과 시장 지위를 이용할 수 있게 한다.

마케팅 믹스 전략

어떤 기업이 다른 나라에서 어떻게 운영될 것인지에 대한 '큰 그림'을 보는 결정 외에도, 관리자들은 그들의 개별 국가 상황에 맞는 마케팅 전략을 구축해야 한다. 그렇다면 기업들은 현지 조건에 맞추기 위해 4P(제품, 가격, 유통, 촉진)를 수정하거나 새롭게 만들어야 하는 것일까?

표준화 대 현지화

해외 시장에 진출하기로 결정했다면, 마케팅 담당자들은 다음과 같은 질문들을 생각해봐야 한다.

1. 현지 국가의 스타일과 취향이 반영된 마케팅 커뮤니케이션을 어느 정도로 맞추어야 할까?
2. 동일한 제품으로 현지인들에게 판매할 것인가?
3. 가격을 다르게 책정해야 할까?
4. 현지 고객들에게 어떻게 판매할 것인가?

마케팅 전문가들은 표준화(standardization)와 현지화(localization) 중 어떤 전략이 더 나은지 결정해야 한다. 표준화를 주장하는 사람들은 기본 수요와 욕구는 어딜 가든 같다고 주장한다. 문화 간 유사점에 대한 초점은 기업이 마케팅 전략에 아무런 변화를 주지 않아도 해외에서 경쟁할 수 있으며, 많은 시장에 제품 개발 비용과 홍보 자료 비용을 분담할 수 있으므로 규모의 경제를 실현할 수 있다. 널리 퍼지고 지속적인 노출은 전 세계에 강하고 통일된 이미지를 만들 수 있

라이선스 계약 한 기업이 다른 기업에게 특정 국가나 지역에서 자사의 제품을 생산하고 홍보할 권리를 주고 로열티를 받는 계약

프랜차이즈 사업을 하는 전반적인 방식을 적용시킬 수 있는 권리를 주는 형태의 라이선스

합작 투자 둘 이상의 기업이 모여 만든 공동 기구에 합작하기로 한 기업의 자원을 모아 공동의 목표를 달성하고자 하는 전략적 제휴

전략적 제휴 외국 시장에 더 깊은 투자를 원하는 기업과 해당 국가의 기업 사이에 맺는 관계

연속적 확장 전략 국내 시장과 해외 시장 모두에 동일한 제품을 제공하는 기업의 제품 전략

제품 적응화 전략 해외 시장에 유사하지만 개선된 제품을 제공하는 기업의 제품 전략

어 코카콜라와 같은 글로벌 브랜드를 만드는 데 도움이 된다.

이와는 대조적으로, 현지화를 선호하는 사람들은 세계가 그렇게 작지 않다고 느낀다. 그들은 지역 환경에 맞추어 제품과 홍보 메시지를 계획할 필요가 있다고 생각한다. 이러한 마케팅 담당자들은 각각의 문화는 독특한 행동 양식과 성격을 가지고 있어, 고유하다고 주장한다. 애틀랜타의 월드오브코크를 방문하면, 전 세계에서 판매하는 콜라를 시음할 수 있다.

P 하느냐 P 하지 않느냐 : 마케팅 믹스 수정

기업이 표준화 전략을 채택할 것인지 아니면 현지화 전략을 채택할 것인지를 결정하게 되면, 4P를 계획해야 한다.

제품 결정

기업은 제품 전략을 결정할 때 다음과 같은 세 가지 표준화/현지화 전략의 선택권을 갖는다. 전략의 종류는 동일 제품을 판매할지, 현지 상황에 맞춘 제품을 판매할지, 혹은 새로운 제품을 판매할지로 나눌 수 있다.

1. **연속적 확장 전략**(straight extension strategy, 표준화 전략)은 국내외 시장에서 동일한 제품을 판매하는 것을 말한다. 애플사의 아이패드는 연속적 확장 전략의 좋은 예이다. 여러분이 세상 어디를 가든, 모든 아이패드는 기본적으로 동일하다.

2. **제품 적응화 전략**(product adaptation strategy, 수정된 현지화 전략)은 다양한 문화권에 속해 있는 소비자들은 제품 선호도가 서로 다르며 뚜렷하다는 가정하에 채택된다. 때때로 이러한 차이점들은 미묘하지만 중요할 수 있다. 예를 들어, 한국에서는 친숙한 분홍색과 오렌지 색의 던킨 도넛 네온사인이 고급 커피와 전통적인 글레이즈드 도넛으로 소비자를 유혹하지만, 한국적인 흑미 도넛, 할라페뇨 소시지 파이 도넛, 라이스 스틱과 같은 메뉴가 더욱 인기가 많다.[34]

   제품 적응화 전략은 기업이 동일한 제품을 현지 요구에 맞추어 변형한다는 것을 의미한다. 여러분이 어렸을 때 접했던 토마스와 친구들을 기억할 것이다. 토마스는 세계에서 가장 큰 완구 시리즈 중 하나이며, TV 프랜차이즈이다. 마텔은 매년 10억 이상을 벌어다주는 토마스를 2012년에 인수했다. 마텔은 토마스의 친구들이 주로 남성이고 백인이라 다양성이 떨어진다고 판단하여, 14명의 새로운 친구들(4명은 여성인)을 소개했다. 당신은 이 새 캐릭터들이 팀에 합류한 것이 좋은지, 아니면 이들이 단순히 문화적 편견을 반영할 뿐인지 생각해볼 수 있다. 아래 토마스의 친구들을 살펴보자.[35]

   브라질의 라울 : '열정적인', '강하고 민첩한."
   중국의 융바오 : '성취욕이 강하며 진보적인'
   인도의 아시마(여성) : '두려움을 모르는', '친구 돕는 것을 좋아하는'
   멕시코의 카를로스 : '자부심이 넘치는', '언제나 웃는'

CNN의 터키 광고는 적어도 모두에게 공통점이 있음을 담고 있다.

3. **제품 개발 전략**(product invention strategy, 현지화 전략)이란 기업이 해외 시장으로 진출하기 위해 새로운 제품을 개발하는 것을 의미한다. 어떤 경우에는 제품 개발 전략을 **역개발 전략**(backward invention)의 형태로 취한다. 예를 들어, 아프리카, 아시아, 중동에 살고 있는 약 15억 명의 사람들(세계 인구의 20% 이상)이 여전히 안정적인 전기를 사용하지 못하고 있다. 이는 기업들에게 전력 없이도 작동할 수 있는 냉장고와 에어컨 시스템과 같은 제품을 개발하도록 했다.[36]

이들 중 많은 사람들이 불을 밝히기 위해 자신과 환경 모두에 해로운 등유 램프를 사용할 수밖에 없다. 여기 몇 가지 놀라운 통계가 있다.

- 등유 램프에서 나오는 연기로 인해 매년 약 150만 명의 아프리카 여성과 어린이들이 사망한다.
- 인도에서 매년 150만 명 이상의 사람들이 등유 램프로 인한 화상을 겪고 있다.
- 등유 램프는 화석 연료를 태우고 이산화탄소를 배출하면서 지구온난화에 영향을 미치고 있다.[37]

이러한 문제를 해결하기 위해 짐 리브스와 마틴 리디포드는 배터리가 없고 중력을 이용하여 불을 밝히는 5달러짜리 그래비티전구를 개발했다. 최대 28파운드의 모래, 먼지, 암석으로 채워진 주머니에 부착된 이 전구는 중력에 의해 서서히 내려오고 동력에 에너지를 공급하게 되어 전구에 불이 들어오게 된다. 중력이 주머니를 아래로 당기면, 톱니 벨트가 돌아가며 전구의 모터를 움직인다. 25분 정도 전구를 사용한 후, 다음 25분을 위해 주머니를 다시 들어올리면 된다.[38] 들어올릴 힘만 좀 있다면, 지속적으로 사용할 수 있는 광원을 생성할 수 있다.

촉진 결정

마케팅 담당자들은 해외 시장에서 그들의 커뮤니케이션 방식을 수정해야 하는지 고려할 필요가 있다. 일부 기업은 동일한 메시지로 전 세계 모두의 관심을 끌 수 있을 것이라고 생각하는 반면, 다른 기업은 맞춤화된 메시지를 전달해야 한다고 생각한다. 립톤차의 제조사인 유니레버는 첫 글로벌 광고 캠페인에서 현재 차를 마시는 사람과 미래에 차를 소비하게 될 고객들에게 스스로 차를 선택하라는 의미의 "더 많은 차를 마시자."라는 메시지를 전달하고 있다. '머펫'쇼의 개구리 커밋을 모델로 한 광고는 뜨거운 차 소비자와 아이스 티 소비자 모두를 겨냥한다. 모든 광고가 "더 많은 차를 마시자(Be More Tea)."라는 광고 문구를 적절히 번역하여 사용하고 있지만, 커밋 개구리가 잘 알려진 국가는 일부에 불과하다는 것을 알게 되었다.[39]

가격 결정

국내에서 생산하는 것보다 종종 해외 시장에서 생산하는 것이 더 많은 비용을 요구할 때도 있다. 이는 운송비, 관세, 환율 차이, 현지 자재 조달의 차이로 발생한다. 상품을 수입하는 기업들에 대한 관세가 부과되기도 하는데, 재정 부담을 완화하기 위해 일부 국가들은 **자유무역지대**(free trade zone)를 조성하였다. 이 지역은 외국 기업들이 세금이나 관세 없이 상품을 시장으로 운송할 수 있는 지정 구역이다.

　제품의 가격을 너무 높게 책정하면, 경쟁자들은 비록 불법일지라도 자사 제품을 더 낮은 가격으로 제공하는 방법을 찾을 것이다. **회색시장제품**(Gray market goods)은 상표 소유자의 동의

제품 개발 전략 해외 시장을 위해 새로운 제품을 개발하는 기업의 제품 전략

역개발 전략 전기나 다른 진보된 기반시설이 없는 국가의 사람들의 수요를 충족시키기 위해 덜 진보된 제품을 개발하는 기업의 제품 전략

자유무역지대 해외 기업이 시장에 재화를 출시하기 전까지 세금이나 관세를 내지 않고 보관할 수 있도록 지정된 구역

회색시장제품 상표권자의 허가 없이 해외에서 생산되고 수입된 제품

덤핑 기업이 해외 시장에서의 발판을 마련하기 위해 자국 시장에서 제공하는 것보다 매우 저렴한 가격에 제품을 제공하는 것

없이 수입되는 품목이다. 회색시장제품은 위조품이 아니지만, 보증 범위 및 현지 규제 요건 준수 측면에서 승인된 제품과 다를 수 있다. 치약에서부터 약품에 이르기까지 다양한데 겉모습은 같을지 몰라도 구성품은 다른 경우가 있다. 인터넷상에서는 치약에서부터 교과서에 이르기까지 다양한 회색시장제품이 있다고 강조하지만 "겉으로는 진실일지 몰라도 지나치면 진실이 아닐 수 있다."라는 것을 명심해야 한다.

또 다른 비윤리적이고 불법적인 가격 정책 관행은 기업이 자사 제품을 해외에서 지나치게 낮은 가격으로 책정하는 **덤핑**(dumping)이다. 이것은 국내에서 생산된 초과 공급을 해외에서 해결하기 위해 악용되는데, 앞서 논의했던 태양열 집열판과 같은 제품에만 제한된 것이 아니다. 농수산물도 덤핑이 가능하다.

장소/유통 결정

자사 제품을 해외 시장에 있는 소비자들에게 전달하는 것은 굉장히 어렵다. 기업은 안정적인 유통 경로망을 구축해야 한다. 마케팅 담당자들은 내수 시장에서 대형 유통 도소매업상과 거래했다면, 해외에서는 수천 개의 영세한 도소매상들과 거래해야 하며, 구멍가게 같은 곳이나 외진 시골에 수레나 손수레, 자전거로 물품을 운반하는 중개업자와 일해야 할 수도 있다. LDC에서는 제품을 포장하고, 냉장하고 장기간 저장하는 데 심각한 문제에 당면할 수도 있다.

여기까지 우리는 마케팅 담당자들이 외부 환경에 대해 학습할 필요가 있다는 것과 좋은 마케팅 믹스 결정을 내려야 국내 및 해외에서 성공할 수 있다는 것에 대해 이야기했다. 다음 장에서는 더 중요한 윤리적 마케팅 행위에 대해 이야기할 것이다.

2.5
목표

실제 윤리 마케팅의 중요성을 이해한다.

마케팅 계획에서 윤리의 중요성

윤리적 마케팅 결정의 중요성은 여러 번 강조해도 부족함이 없다. 사업은 여러 이해관계자와 연관되어 있고, 가능한 한 그들 모두에게 좋은 일을 해야 한다. 좀 더 이기적으로 행동하면, 비윤리적 결정은 나중에 큰 걸림돌이 될 것이다. 낮은 기준의 윤리적 결과는 세기가 바뀐 이후에도 뉴스 헤드라인을 장식하고, 널리 알려진 기업 스캔들의 수를 고려하면 윤리의 중요성은 매우 분명하다. 이런 비윤리적 행위의 결과로 인해 사람들이 직장을 잃고, 은퇴 후 자금으로 사용되리라 믿었던 연금도 하룻밤 사이에 사라지는 경우가 많다. 주주들은 투자한 금액을 잃고 소비자는 가치 없는 상품이나 서비스에 값을 지불하게 된다.

2015년, 미국 환경 보호국에서는 미국에서 판매되는 48만 2,000대의 폭스바겐 자동차가 안전 기준을 통과하기 위해 조작된 컴퓨터 소프트웨어를 통해 디젤 차량 배기가스를 조작했음을 발견하고 이 사실에 대해 고소한 바 있다. 나중에 폭스바겐은 이 장치를 8만 대의 차량에 장착했음을 시인했다. 그 결과, 폭스바겐의 주가가 폭락했고, 매출이 하락했으며, 차량 소유자들과 투자자들이 소송을 진행했고, 2016년 **포춘지**가 선정한 100대 기업에서 탈락하게 되었다.[40]

윤리 철학

사람들마다 윤리적 행동에 대한 기준과 그 실행은 다르다. 우리는 다양한 윤리 철학을 참조할 수 있고, 각각의 철학이 어떻게 사람들의 결정에 도움을 주는지를 살펴볼 수 있다. 표 2.6에는 윤리 철학에 대해 소개되어 있으며, 이러한 기준들이 윤리적 행동에 어떤 영향을 미칠지 확인할 수 있다.

예를 들어, 신제품에 포함시킬 여러 가지 안전 기능에 대한 결정을 내리는 수단으로 실리적 접근(utilitarian approach)은 좋은 품질의 제품을 하자 없이 생산하는 것이다. 다음으로 공정(fairness) 혹은 정의적 접근(justice approach)은 종업원 보상과 관련된 것으로 모든 종업원들의 급여가 공정하게 지급되어야 하며 만약 차등 지급될 경우 납득할 만한 근거가 있어야 한다는 것이 이에 해당된다.

물론 이러한 윤리적 행동에 영향을 미치는 또 다른 요인이 있다. 그것은 **윤리적 상대주의**(ethical relativism)로 한 문화권에서의 윤리적 기준이 다른 문화권에서는 다르게 해석될 수 있다는 것으로 설명된다. 다시 말해서, 옳고 그른 것은 문화 내의 도덕적 규범과 관계된 것이다. 미국의 많은 기업 관리자들은 다른 국가(혹은 경제 공동체)에서 미국에서의 윤리적 규범을 강조했다가 난감한 상황에 빠진 경우를 종종 경험한다. 가령, 마감 시한을 못 지키거나 미팅에 참석하지 못 할 경우 혹은 추가적인 서비스를 제공할 수 없을 경우 미국 사업가들은 그 사실에 대해 알린다. 하지만 다른 문화권에서는 진실이 아니더라도 답은 언제나 "네"일 것이다. 서양인들은 이런 솔직하지 못한 대답을 비윤리적 행동이라고 판단한다. 세계의 일부 지역에서는, 심지어는 그 요구를 받아들일 의사가 없어도 어떤 요청에 대해서도 "아니요"라고 말하는 것이 무례하다고 믿는다.

사업 윤리 코드

윤리는 한 문화에서 대부분의 사람들이 무엇이 옳고 그른지를 판단하는 방법의 원칙이다. **기업윤리**(business ethics)는 기업의 행동을 지도하는 기본 가치이다. 이러한 가치는 관리자가 자사 제품에 사용되는 것, 원자재를 공급받는 위치, 광고 방식, 가격 설정 방법 등 모든 종류의 마케팅 계획 결정을 좌우한다. 건전한 기업 윤리를 개발하는 것은 시장에서 고객과 다른 사람들과의 강력한 관계를 구축하기 위해 중요하다.

직원과 다른 이해관계자들이 그들에게 기대된 것이 무엇인지 알리기 위해, 많은 기업들은 그들 자신의 계획 단계에 사용할 **윤리 강령**(code of ethics)을 개발한다. 이는 조직 내의 모든 사람들이 따라야 하는, 문서로 쓰여진 행동 기준이다. 예를 들어, AT&T는 11페이지에 이르는 윤리 실행 강령(Code of Business Conduct)을 웹사이트(www.att.com)를 통해 안내하고 있다. 회사와

윤리적 상대주의 한 문화에서 윤리적인 것이 다른 국가에서는 그렇지 않을 수 있음

기업 윤리 기업의 행동을 이끄는 기본 가치들

윤리 강령 조직 내 모두가 따라야 하는 기술된 행동 기준

실리주의 가장 많은 실리나 가장 적은 해악을 가져오는 결정을 지지하는 윤리 철학

권리 접근법 모두의 도덕적 권리를 가장 잘 보호하는 결정을 지지하는 윤리 철학

공정성 접근법 모든 인간을 동등하게 대하는 결정을 지지하는 윤리 철학

공동선 접근법 공동체 내의 모두에게 좋은 결정을 지지하는 윤리 철학

미덕주의 특정 이상이나 미덕과 일치하는 결정을 지지하는 윤리철학

표 2.6 │ 일반적인 윤리 철학

윤리 철학	윤리적 결정에 대한 설명	의사결정 시 답해야 할 질문
실리주의(utilitarian approach)	가장 큰 이익이나 가장 적은 손해를 제공하는 결정(이익과 손해의 최적의 균형)	어떤 선택이 가장 이익이 높으면서 가장 손해가 적은가?
권리 접근법(rights approach)	모든 사람의 도덕적 권리를 보호하는 데 가장 좋은 결정으로, 다음의 것들을 포함 • 원하는 삶을 추구할 권리 • 진실을 알 권리 • 다치지 않거나 안전할 권리 • 사생활을 보호받을 권리	어떤 선택이 모든 이해관계자들의 권리를 대변하는가?
공정성 접근법(fairness or justice approach)	모든 사람을 공평하게 대하는 결정이나 공평화가 어렵다면, 특정 기준을 바탕으로 정당화해야 함	어떤 선택이 사람들을 동등하게 대우하는가?
공동선 접근법(common good approach)	공동체 내에서 모두의 행복에 기여하는 의사결정	어떤 선택이 구성원 일부가 아닌 공동체 전체를 위하는가?
미덕주의(virtue approach)	특정한 이상이나 미덕을 따르는 결정. 미덕은 정직, 용기, 동정심, 관용, 인내, 사랑, 검소, 성실, 공정, 신중 등이 있음	어떤 선택이 내가 되고 싶은 사람이 되도록 이끄는가?

표 2.7 │ 미국 마케팅 협회 윤리 강령

마케팅 전문가를 위한 윤리적 규범과 가치

서문
미국 마케팅 협회는 협회의 회원들(실무자, 교육자, 학생)에게 가장 높은 수준의 전문적 윤리 규범과 가치를 홍보하는 데 헌신한다. 규범이란 사회와 전문 기관으로부터 기대하고 유지하는 행동 기준을 말한다. 가치는 바람직하고, 중요하고, 도덕적으로 적절하다고 판단하는 것에 대한 공동체의 집단적 개념을 대표한다. 또한 우리 자신의 개인적인 행동과 다른 이들의 행동을 평가하는 기준이 되기도 한다. 마케팅 전문가로서, 조직에 봉사할 뿐만 아니라 경제 발전의 일환으로 거래를 만들고, 촉진하고, 실행하는 데 있어서 사회의 지도자 역할을 한다는 것을 인식해야 한다. 이 역할에서 마케팅 담당자들은 다수이 이해 관계자를 향한 책임을 포괄하는 전문적 윤리 규범 및 윤리 가치를 따를 것을 요구받는다.

윤리 규범
마케팅 담당자로서, 우리는
  1. 해를 끼치지 않는다.
  2. 마케팅 시스템에 대한 신뢰를 쌓는다.
  3. 윤리적 가치를 따른다.

윤리적 가치
  정직 고객과 이해관계자를 대할 때 정직하고 숨김이 없을 것
  책임 우리의 마케팅 결정과 전략의 결과를 받아들일 것
  존중 모든 이해관계자는 기본적인 인간으로서의 존엄성을 인지할 것
  투명성 마케팅 업무에서 열린 자세로 임할 것
  시민의식 이해관계자에 대한 경제적 · 법적 · 박애적 · 사회적 책임을 충족할 것

적용
우리는 AMA 회원들이 해당 이해관계자들에 대한 명시적이고 암묵적인 약속을 이행하기 위해 조직을 이끌고 돕는 데 용감하고 적극적이어야 한다고 생각한다.

미국 마케팅 협회(The American Marketing Association)는 회원들이 윤리 강령을 통해 윤리적인 비즈니스 기준을 준수하도록 돕는다.
출처 : Copyright ⓒ American Marketing Association.

직원은 서로 정직할 것을, 기업과 주주들에게 정직하게 행동하고, 고객에게 정직하게 행동하고, 공동체에 정직하게 행동하고, 다른 이들에게 정직하게 행동하며, 행동 강령 그 자체에도 정직할 것을 맹세한다.[41]

마케팅 담당자들이 업무에서 윤리적 행동을 지키도록 돕기 위해, 미국 마케팅 협회(American Marketing Association, AMA)는 표 2.7에 수록된 윤리 강령을 개발했다. 이 코드는 가격 책정에서부터 마케팅 연구에 이르기까지 마케팅 과정의 모든 측면과 관련된 규범 및 기대치를 명시하고 있다.

마케팅이 비윤리적인가?

대부분의 마케터들은 윤리적인 사람이 되고 싶어 한다. 어떤 사람은 그것이 옳은 일이기 때문에 윤리적으로 행동하는 반면, 다른 사람은 소비자나 정부의 규제 당국과 문제를 일으키지 않기 위해 그렇게 한다. 그러나 여전히 의심스럽거나 비윤리적인 마케팅의 예가 있다. 다음 내용들을 읽어보자.

1. 마케팅은 부자를 도와주고 가난한 자들을 착취한다 : 실제로 많은 마케팅 담당자들은 그들의 수익에 대해 염려하지만, 동시에 모든 소비자들에게 더 나은 삶의 질을 제공하기를 원하며, 우리가 제1장에서 논의한 사회적 마케팅 개념을 준수한다. 하지만 예외도 있다. 가령, 선진국에서 흡연율이 줄어들면서 담배 제조업체들은 후진 개발도상국 혹은 개발도상국으로 진출하고자 하는데, 이에 따라 해당 국가 국민들의 건강에 적신호가 켜진 것이다.[42]

2. 안전하지 않은 제품 : 마케팅 담당자가 진심으로 고객을 위해서인지 혹은 그저 정부의 규제 때문인지는 정확히 몰라도 대부분의 기업들은 안전한 제품을 제조하고 있다. 만약 자사

제품에 문제가 발견됐다면 해당 사실을 고객들에게 최대한 빨리 안내하고 리콜을 시행해야 한다.

3. **낮은 품질의 제품** : 많은 사람들이 직물과 가구와 같은 수입 제품들이 좋지 않다며 미국 제조업의 유실을 안타까워한다. 그러나 제품의 품질은 소비자가 제품에서 무엇을 원하는지에 따라 결정된다. 50년 동안 사용하는 냉장고를 원하는가? 가전 제품 제조업체들은 그런 물건을 디자인하고 팔 수 있지만, 소비자들이 그런 제품에 대한 비용을 기꺼이 지불할 것인가? 소비자들이 기꺼이 더 높은 품질에 대한 돈을 지불할 때까지, 마케팅 담당자들은 소비자들이 원하는 가격에 맞는 제품을 제공해야 한다.

4. **계획적 구식화** : 수익성을 유지하기 위해 마케팅 담당자들은 기존 상품이 일정 기간 동안 시장에 유통된 후에는 반드시 새로운 상품을 도입해야만 한다. 아이폰이 대표적인 사례이다. 통신사와의 예약이 끝나갈 때쯤, 새롭고 더 좋은 아이폰이 나온다는 걸 알고 있는가? 많은 사람들은 새로운 아이폰 속성이 더 뛰어나기 때문에 이를 반긴다. 하지만 여전히 플립형 휴대폰을 갖고 있는 사람들이 있으며, 완전히 박살나기 전까지 이를 사용하려는 사람들도 있다.

5. **필요하지 않은 제품 혹은 구매할 여력이 없는 고객들을 대상으로 무리한 지출을 요구** : 많은 사람들이 연간 이자율이 400퍼센트를 넘는 소규모 대출 업계나 자동차 보험 회사와 같은 사업에 대해 우려하고 있다. 이러한 고객들은 대부분 개인 재무상황이 매우 나쁘거나 혹은 돈을 어떻게 관리해야 하는지에 대한 지식이 거의 없다. 타이어를 살 여유가 없는 소비자들에게 타이어를 임대해주는 회사도 있다. 물론 타이어 비용이 전부 지불될 때쯤이면 고객은 이미 여러 개의 타이어를 살 만큼의 돈을 지출했을 것이다.

뇌물이 뇌물이 아니라면? 글로벌 비즈니스상에서의 윤리적 이슈

많은 LDC와 개발도상국에서 중산층의 급여는 안타깝게도 매우 낮다. 경제는 우리가 노골적인 **뇌물 수수**(blatant bribery) 또는 **갈취**(extortion)라고 부르는 제도에 의해 운영되고 있다. 이러한 '지불'의 일부는 단지 사소한 부패이고 '특혜'는 하찮은 것들이다. 반면에 또 다른 일부는 고위급 정부나 기업 관계자들을 포함할 수도 있고 치명적인 결과를 가져올 수도 있다. 주차 공간이 없는 곳에 불법적으로 차를 주차하거나 배달 트럭을 주차해야 할 경우, 경찰관에게 돈을 조금만 주면 된다. 혹은 매장 주인이 경찰관에게 매장을 잠시 봐달라고 요구하려면, 매장 내 제품 중 하나를 경찰관에게 주어야 가능한 경우도 있다. 수입업자가 해외에서 오는 제품을 국내에서 인도받으려면, 몇 주간 선적될 제품을 확인해줄 정부 관계자에게 돈을 줘야 하는 경우도 있다. 그리고 누군가 새 건물을 짓는 계약을 체결하기를 원하거나 안전하지 않은 건물이 검사를 통과하기를 원한다면, 여러분은 무엇을 해야 하는지 알고 있을 것이다.

뇌물(bribery)은 누군가가 자발적으로 불법적인 이득을 얻기 위해 돈을 제공할 때 발생한다. **갈취**(extortion)는 강요 혹은 협박을 통해 누군가에게 돈을 부당 취득할 때 발생한다. 1977년에 제정된 해외부정거래방지법(Foreign Corrupt Practices Act, FCPA)은 미국 기업들이 해외에서 영업할 시 뇌물을 수수하는 것을 금지하기 때문에 그들을 불리하게 만든다. 그러나 FCPA는 '허가, 라이선스, 비자 및 작업 명령과 같은 기타 공문서 처리, 경찰 보호 제공과 같은 일상적인 정부 조치'에 대한 지불을 허용한다.[43]

뇌물 불법적인 이익을 위해 누군가가 스스로 돈/금전적 이익을 제공하는 것

갈취 권력자가 강압적으로 을의 입장에 있는 사람에게서 돈/금전적 이익을 요구하는 것

2.6

목표

마케팅 계획에서 지속 가능한 역할을 설명한다.

지속 가능성 : 마케터는 선의를 실행해야 한다

제1장에서 우리는 오늘날 많은 기업들이 지속가능경영(triple bottom-line) 구성을 채택하는 것을 보았다. 이러한 기업들은 재정적인 성공에만 초점을 맞추지 않고, 그들이 어떻게 지역 사회에 공헌하고(사회 지속성) 지속 가능한 사업 관행(환경 지속성)을 만드는지에 초점을 맞춘다. 오늘날, 많은 사람들은 지속 가능성이 더 이상 선택 사항이 아니라고 믿는다. 그것은 필수이고, 현재 일어나고 있고, 미래에도 계속해서 전략적 계획의 일부가 될 것이기 때문이다.

지속 가능한 사업 관행이 왜 그렇게 중요한가? 정말 간단하다. 오늘날에 우리에게 필요한 것들이나 미래에도 우리가 알고 있는 그대로 생명을 유지하기 위해서는 우리 행성의 천연 자원(공기, 물, 광물 자원, 채굴하는 광석)이 필요하다. 오늘날, 우리 지구의 인구는 놀라운 속도로 계속해서 증가하고 있다. 경제 성장, 특히 개발도상국의 성장은 우리가 천연 자원을 더 높은 비율로 소비한다는 것을 의미한다. 중국과 인도 같은 개발도상국의 엄청난 성장은 마케팅 기회의 확장만을 의미하지 않는다. 이들 국가의 중산층은 선진국의 소비자들의 삶을 바라보며, 그와 같은 삶을 원하기 때문에, 지속 가능한 소비 수준이 저해되기 시작했다.

친환경 소비자 환경 친화적인 제품을 적극적으로 찾고 구매할 가능성이 높은 소비자

공정무역공급자 재화를 생산하는 노동자들이 공정한 임금을 받고 제조사들이 환경 친화적이며 지속 가능한 생산 방식을 택할 수 있도록 개발도상국의 생산자들에게 공정한 가격을 지불할 것을 약속하는 기업

지역주의 소비자들이 거주지 50~100마일 내의 농장에서 생산된 제품을 적극적으로 찾는 양상

지속 가능성은 현명한 기업 의사결정이다

지속 가능한 마케팅을 더 잘 이해하기 위해서, 소비자를 파악하고 만족시키는 것은 조직의 장기적인 수익성을 보장한다. 우리는 마케팅 개념을 되돌아봐야 할지도 모른다. 지속 가능성은 기업이 스스로를 유지하고 수요에 사회의 장기적인 미래를 유지하기 위한 필요성을 더한 것이다.

오늘날에는 운영 효율성 증대, 원자재 사용 감소, 에너지 절약, 재활용 자재 사용 증가, 자연 및 사회적 환경으로의 폐기물 배출 방지를 통해 지속 가능성을 높이려는 기업의 수가 증가하고 있다.[44]

지속 가능한 마케팅 믹스 개발

우리는 몇몇 기업들이 지속 가능한 마케팅 관행을 어떻게 시행하고 있는지 살펴봄으로써, 마케팅 4P와 표적 마케팅을 수정하여 지속 가능한 마케팅의 가장 좋은 방법이 무엇인지 확인해본다.

All Good Bananas

뉴질랜드의 공정 무역 바나나 캠페인

- 표적 마케팅 전략 : 마케팅 관계자들은 지속 가능성에 대한 고객의 태도를 이해할 필요가 있다. 기업들은 어떤 고객들이 친환경 제품을 구매하기 위해 더 높은 가격을 지불할 것인지 탐색해야 한다. 그 후, 마케팅 담당자들은 환경 친화적인 제품을 적극적으로 찾고 구매할 **친환경 소비자**(green customers)들을 성공적인 표적으로 삼을 수 있다.

- 제품 전략 : 지속 가능한 제품 전략에는 전기 자동차와 같이 좀 더 환경 친화적인 제품의 생산 및 제품과 포장에 환경 친화적이고 재활용된 자재의 사용이 포함된다. 일부 기업들은 **공정무역공급자**(fair trade suppliers)를 선택하기 위해 노력하고 있다. 이는 개발도상국의 생산자들에게 공정한 가격을 지불하고, 상품을 생산하는 노동자들이 공정한 임금을 지불받고, 제조업체들이 지속 가능한 생산 관행을 따르도록 보장하는 기업을 말한다.

헤드라인에서 가져온 사례

현실세계에서 윤리적/지속 가능한 의사결정

당신은 '스몸비(smombie)'인가? 스몸비는 스마트폰과 좀비를 합하여 만들어진 말이다. 이 단어는 독일에서 걸으며 문자 메시지를 보내는 사람을 부르기 위해 만들어졌다. 한동안 유튜브에서 보행 중 문자 메시지를 보내느라 벽에 부딪히거나 울타리에 걸려 넘어지고, 구멍에 빠지는 사람들을 보는 것은 웃음거리였다. 하지만 보행자가 차와 부딪히는 것을 막기 위하여 차고 앞에 경비를 세우거나 정부가 보행 시 문자 보내는 것을 금지하는 법안을 통과시키면, 이는 더 이상 웃음거리가 아니다.

스마트폰 제조사들이 새로운 기능을 만들수록 더 많은 어플리케이션이 등장함으로써 이러한 문제를 증가시킨다. 스마트폰을 사용하다 주의를 살피지 못해 응급실에 실려오거나 사망에 이르는 보행자의 수도 증가하고 있다. 단순히 주의력이 부족했던 게 문제가 아니다. 연구에 따르면, 스마트폰을 사용할 때 우리의 보행 방식이 달라진다고 한다. 우리는 더 느리게 걷고, 이동 경로에서 쉽게 벗어난다.

가장 큰 문제는 이런 현상에 대해 무엇을 해야 하는가이다. 일부 도

시에는 계단이나 교차로에 안내 표지판을 세웠다. 뉴욕은 차량 최대 속도를 낮추었고, 샌프란시스코는 보행자 도로를 만들었다. 하와이 입법자들은 전자기기를 보며 길을 건너는 사람에게 250달러의 벌금을 부과하는 법을 제안했다.

더 중요한 것은 자동차 회사들이 에어백, 자동 브레이크 시스템(ABS), 후방 카메라, 미끄러짐 경고 시스템, 다른 차가 가까이 오면 켜지는 경고 등을 만든 것처럼, 스마트폰 제조사들도 이러한 문제를 해결해야 할 의무가 있다는 것이다. 어찌되었든 제품 엔지니어들이 사람들의 관심을 끌어 모으고 유지시키도록 스마트폰을 개발했기 때문이다. 상해를 예방하도록 스마트폰을 설계할 수 없을까? 만보기나 운동 밴드와 같은 제품이 사용자가 걷고 있다는 것과 몇 발자국 걸었는지 감지할 수 있다면, 스마트폰은 왜 동일한 행동하에서 교통 상황에 조심하라는 알림을 보내지 못할까?

스마트폰 제조 회사들은 자발적으로 행동을 취해야 할까? 아니면 정부의 개입이 필요한가?

윤리 체크 : ◀

문자 메세지를 보내는 동안 부상자 및 사망자를 줄이기 위해 전화 회사의 윤리적 의무가 있다고 당신은 생각하는가?

☐ 예   ☐ 아니요

- **가격 전략** : 많은 소비자들은 친환경 제품을 사고 싶어 하지만, 가격이 기존의 동일한 제품들보다 ─ 상대적으로 비싼 가격이라 인식해서 구매를 주저한다. 지속 가능한 마케팅 관행은 친환경 제품 가격을 다른 제품들의 가격과 같거나 비슷하게 설정하는 것을 목표로 한다. 진정으로 지속 가능한 전략은 장기적으로 가격을 낮추는 것인데, 그 이유는 보다 많은 효율성을 장려하고 ─ 자원 낭비를 최소화시킬 수 있기 때문이다.
- **유통 전략** : 지속 가능한 유통 전략은 비용 절약과 친환경 제품 소비자의 중성도에서 오는 이익을 모두 확보하기 위해 노력하는 소매업체를 포함할 수 있다. 대기 오염의 주범인 장거리 트럭 운송에 대한 의존도를 줄이기 위해 제조업체와 소매업체들 모두 근처의 공급 업체로부터 물건을 구입할 수 있다. 특히 식품 산업에서는 쇼핑객들이 그들이 사는 곳에서 50~100마일 이내의 농장에서 생산된 제품들을 구매하려는 **지역주의**(locavorism)에 대한 관심이 증가하고 있다.[45]
- **촉진 전략** : 가장 확실한 지속 가능한 홍보 전략은 광고와 다양한 메시지를 통해 지구와 미래 세대에 대한 기업의 헌신을 고객들에게 알리는 것이다. 하지만 다른 기회들도 있다. TV광고 제작에는 엄청난 비용이 들며, 촬영을 완료하는 데 이틀에서 사흘이 걸릴 수도 있다. 일부 회사들은 오래된 광고를 '재사용'하기 시작했고, 이를 통해 고객들은

미국 소비자의 가치는 변화하고 있다. 많은 사람들이 첨가물을 포함하고 있지 않은 '자연적' 식품을 선호하고 있다.

핵심 계량지표

오늘날 대부분의 조직은 비영리 조직이든 영리 조직이든 수익이 생존에 필수적이므로, 사업 성공의 전통적 기준인 수익성을 통해 측정한다. 하지만 지속 가능한 사업은 두 가지 추가 기준을 통해서도 성공을 측정한다: 자연 자본(natural capital)과 사회적 자본(social capital)이다. 제1장에서 얘기했듯이, 이 개념은 지속가능경영(triple-bottom-line) 구성이라고 한다. 지속 가능한 사업에서 내린 모든 의사결정은 자연 환경을 해치지 않고(가능하다면 개선도 하는 것을 지향), 사회나 공동체에 기여하는 요소가 있어야 한다. 기업은 직원을 귀중한 자원처럼 대해야 하며, 공동체에 받은 만큼 돌려주어야 한다. 다행히도, 환경과 사회적 자산을 개선하는 사업 관행은 장기적으로 수익성을 개선하기도 한다. 이러한 것들이 적용된다면, 지속 가능한 사업 관행은 자연, 공동체, 경제가 상부상조하는 장을 마련할 수 있다.

　　지속 가능성 계량지표(sustainability metrics)는 조직이 지속 가능성을 적용하여 얻을 수 있는 이익을 측정하는 도구이다. 불행히도, 널리 쓰이는 재무적 지표와는 달리, 현재 지속가능경영의 다른 두 요소를 측정할 수 있는 표준화된 방법이 없다. 따라서 한 기업과 다른 기업이 지속 가능성을 위해 하는 일들을 비교하기 매우 어렵다. 사회적 자산 지표는 아마 가장 만들기 어려운 지표일 것이다. 그래서 표준화된 지표를 만드는 건 매우 어렵다. 여기 가장 흔하게 찾아 볼 수 있는 지속 가능성 지표의 다섯 가지 예가 있다.

- 물적 집약도 : 조직 산출물의 한 단위당 낭비된 원료의 양(파운드)

- 에너지 집약도 : 조직의 열/에너지 요구사항을 충족하기 위해 소모한 연료의 양(BTU로 표시)
- 물 소비 : 조직 산출물의 한 단위당 소비된 깨끗한 물(갤런)
- 독성 배출 : 조직 산출물의 제조 과정에서 방출된 유독 물질의 양(파운드)
- 오염물질(온실가스) 배출량 : 조직 산출물의 제조 과정에서 방출한 오염물질(파운드)

기업은 필요에 따라 위 범주의 여러 계량지표를 모아 보완이 될 수 있는 계량지표를 만들 수 있다.[46]

계량지표 적용

1. 오늘날 대부분의 기업들은 웹사이트 내에 지속 가능성을 위해 무엇을 하고 있는지 명시하고 있다. 제품을 제조하는 기업 하나를 선택해보자(은행이나 유통업 같은 순수 서비스 기업 제외). 그들의 웹사이트에서 지속 가능성에 대한 웹페이지를 찾아보자(만일 선택한 기업의 웹사이트에 해당 페이지가 없다면, 다른 기업을 조사해보자).
2. 지속 가능성 활동을 하고 있다는 것을 증명하기 위해 기업이 보여주는 주요 활동은 무엇인가?
3. 지속 가능성 활동의 성공을 수치화하기 위해 무엇을 증거로 제시하고 있나?

지속 가능성 계량지표 지속 가능한 방법을 적용했을 때 한 조직이 얻게 되는 이익을 측정하는 도구

해당 기업이 지속 가능 마케팅을 실행하고 있다고 인식시키기도 했다.

지속 가능한 소비자 행동

지속 가능성은 제조 공정의 개선으로 끝나지 않는다. 마케팅 전문가들은 무엇이 고객들로 하여금 지속 가능한 제품을 찾고, 돈을 지불하고, 사용하는 동기를 부여하는지 이해할 필요가 있다. 다수의 소비자들은 비용이 더 들고 덜 편리하고 제품 성능이 좀 떨어져도, 천연 자원 사용을 최소화하는 제품을 구매하고, 재활용, 재사용 및 용도 변경된 제품 사용을 권장하고, 공정 거래되고 유기농 식품을 구입하고, 환경 친화적인 청소 용품, 동물에 실험하지 않은 세면도구를 사용하고, 차량을 공유한다. 소비자들이 환경 문제에 대한 관심을 갖고 환경 친화적 제품에 대해 잘 알게 되면 지속 가능한 마케팅 관행의 중요한 역할을 담당하게 된다.

목표 요약 ➡ 핵심 용어 ➡ 적용

2.1 목표 요약

국제 마케팅과 세계화를 위해 기업이 해야 하는 의사결정의 큰 그림을 이해한다.

늘어나는 세계 무역(국가 간 재화와 서비스의 흐름)의 양은 현금, 신용, 연계 무역을 통해 이루어질 수 있다. 세계 무대로 진출하려는 의사결정은 때로 내수 시장의 기회가 점점 줄어들고 기업의 경쟁우위로 인한 해외 시장에서 성공 가능성을 인식했을 때 일어난다. 기업이 해외 진출을 결정하고 나면 어떤 시장이 가장 매력적인지, 어떤 시장 진입 전략이 가장 적합한지, 최상의 마케팅 믹스를 어떻게 개발할 것인지 고려해야 한다.

핵심 용어

세계 무역	연계 무역	지구온난화
아랍의 봄	온실효과	

2.2 목표 요약

세계무역기구(WTO)와 경제적 공동체와 같은 국제 조직과 개별 국가의 규정이 기업의 세계화 기회를 어떻게 촉진하고 제한하는지를 설명한다.

1984년 관세무역일반협정(GATT)에 의해 설립된 세계무역기구(WTO)의 161개 회원국은 무역이 '최대한 순조롭고 예측 가능하며 자유롭게' 흐를 수 있는 단일 세계 시장을 만들고자 했다. 그러나 일부 정부들이 자국 기업에 이익을 주기 위해 보호주의 정책을 채택하였고, 이러한 정책에는 수입할당제, 금수 조치, 외국 상품에 대한 가격 인상과 같은 관세를 포함한다. 많은 국가들이 자유 무역을 촉진하기 위해 경제적 공동체를 구성한다.

핵심 용어

경제적 공동체	국제통화기금(IMF)	세계 은행
관세무역협정(GATT)	금수 조치	수입할당제
관세	보호무역주의	환율
국제 수지	세계무역기구(WTO)	

2.3 목표 요약

기업의 외부 사업 환경 요소가 국내 및 세계 시장에서의 마케팅 전략 및 결과에 어떤 영향을 미치는지 이해한다.

경제적 환경은 어느 국가의 국내 총생산(GDP), 경제적 하부구조, 경제발전 정도, 경기 순환에서의 단계로 측정될 수 있는 국가의 건전성 상태를 일컫는다. 마케팅 전문가는 경쟁 지능을 사용하여 미시 환경에서의 브랜드, 제품 및 재량 소득 경쟁을 검토한다. 그들은 또한 산업의 구조, 즉 거시경제에서의 경쟁을 고려한다. 한 나라의 정치적 · 법률적 환경은 사업에 영향을 미치는 법과 규정들을 포함한다. 마케팅 전문가들은 국가의 정치적 제약, 즉 외국인 자본 수용의 국유화나 몰수 가능성, 현지 제조 규정, 노동 및 인권에 관한 규정을 이해해야 한다.

기술은 마케팅의 모든 측면에 영향을 미칠 수 있기 때문에, 마케팅 담당자들은 기술적 변화에 대해 잘 숙지하고 있어야 하며 정부와 민간 연구 조사 결과도 잘 관찰해야 한다. 마케팅 담당자들은 또한 인구통계학, 가치관, 사회적 규범과 관습, 언어, 민족중심주의를 포함하는 한 나라의 사회 문화적 환경을 검토한다. 일부 국가의 윤리적 환경은 마케팅 담당자들이 정직성과 같은 것들의 윤리적인 관점 차이를 이해하지 못하는 경우에 문제가 될 수 있다. 개발도상국 중에서 부패는 서구 기업들에게 주요한 방해물이다. 뇌물과 부당 취득은 1977년에 제정된 해외부정지불방지법(FCPA)을 따라야만 하는 미국 기업들에게 윤리적 딜레마를 안겨주었다.

핵심 용어

개발도상국	독점적 경쟁	선진국
개인주의 문화	드론	소비자 자기민족중심주의
경기 순환	몰수	
경쟁 지능(CI)	무인 항공기	완전 경쟁
경제발전 정도	문화적 가치	인구통계
경제적 하부구조	미국 일반특혜관세 제도(GSP)	일회용 포장
과점		재량 소득
국내 총생산(GDP)	브랜드 경쟁	저소득층(BOP)
국유화	사회적 규범	제품 경쟁
독점	생활 수준	집단주의 문화

| 최빈개도국(LDC) | 현지 제조 규정 | G7 |
| 특허 | BRICS 국가 | |

2.4 목표 요약

기업이 세계 시장에 진출하기 위한 전략과 전술에 대해 설명한다.

외국 시장 진입 전략은 기업에게 다양한 수준의 헌신으로 나타난다. 재화의 수출은 가장 낮은 수준의 헌신을 요구하지만 제품 판매에 대한 통제도 거의 불가능하다. 라이선스나 프랜차이즈와 같은 계약적 협약은 좀 더 높은 수준의 통제를 허용한다. 합작 투자를 통한 전략적 제휴에서는 헌신의 정도가 증가한다. 마지막으로, 기업은 기존 기업을 매입하거나 현지 국가에 외국 자회사를 설립하여 직접 투자할 수도 있다. 둘 이상의 국가에서 운영되는 기업은 그들의 마케팅 전략을 표준화하여 모든 국가에서 동일한 접근법을 사용할 수 있고 각 시장마다 서로 다른 전략을 채택하는 현지화를 취할 수 있다. 기업은 기존 제품을 그대로 판매할 것인지, 기존 제품에 변화를 줄 것인지, 아니면 완전히 새로운 제품을 개발할 것인지를 결정해야 한다. 대부분의 경우에, 홍보 전략, 가격 전략, 유통 전략, 그리고 제품 자체는 다른 나라의 소비자의 요구에 부합하여 조정되어야 한다.

핵심 용어

덤핑	연속적 확장 전략	제품 적응화 전략
라이선스 계약	자유무역지대	프랜차이즈
수출상	전략적 제휴	합작 투자
역개발 전략	제품 개발 전략	회색시장제품

2.5 목표 요약

실제 윤리 마케팅의 중요성을 이해한다.

기업이 모든 이해관계자를 위해 최선을 다하고 기업과 사회에 서 낮은 기준의 윤리적 결과를 피하기 위해 윤리적인 사업 운영이 중요하다. 다양한 윤리 철학은 윤리적 의사결정으로부터 다양한 결과를 낳았다. 기업을 안내하는 가치인 기업 윤리는 종종 기업 행동 윤리 강령을 개발하는 데 사용된다. 대부분의 마케팅 담당자들이 윤리적 결정을 하려고 노력하지만, 마케팅에 대한 비난을 정당화할 수 있는 행동들의 예가 있다. 많은 나라에서 뇌물과 갈취는 용인되는 사업 방법이다.

핵심 용어

갈취	기업 윤리	윤리 강령
공동선 접근법	뇌물	윤리적 상대주의
공정성 접근법	미덕주의	
권리 접근법	실리주의	

2.6 목표 요약

마케팅 계획에서 지속 가능한 역할을 설명한다.

늘어나는 세계 인구와 제품에 대한 수요로 지속 가능한 사업 관행은 미래의 삶에 필수적이다. 많은 기업들이 환경과 우리 지역 사회의 미래를 보호하기 위하여 고안된 목표 마케팅, 제품, 가격, 유통 및 홍보 전략을 개발하여 지속 가능성을 실천한다.

핵심 용어

| 친환경 소비자 | 지역주의 | 지속 가능성 계량지표 |
| 공정무역공급자 | | |

연습문제

개념 : 지식 확인하기

2-1. 기업이 해외 시장 진출을 결정하는 데 영향을 미치는 시장 조건을 설명하라.

2-2. 세계 무역이 무엇을 의미하는지 설명하라. 자유 무역을 장려하는 데 있어서 WTO와 경제적 공동체의 역할은 무엇인가? 보호무역주의란 무엇인가? 수입할당제, 금수조치, 관세에 대해 설명하라.

2-3. GDP, 경제 개발의 범주, 경기 순환이 세계 시장에 진출하려는 마케팅 담당자들의 결정에 어떻게 영향을 미치게 되었는지를 설명하라. BRIC은 무엇인가? G7은 무엇인가?

2-4. 마케팅 담당자들이 직면한 경쟁의 종류를 설명하라. 재량소득 경쟁, 제품 경쟁, 브랜드 경쟁

2-5. 독점, 과점, 독점적 경쟁, 완전 경쟁이란 무엇인가?

2-6. 정치적·법률적 환경의 어떤 측면이 기업의 해외 시장 진출에 영향을 미치는가? 인권 문제가 기업의 해외 시장 진출을 위한 결정에서 왜 중요하게 여겨지는가?

2-7. 마케팅 담당자들이 말하는 기술적 환경과 사회 문화적 환경은 무엇인가? 그들은 왜 해외 시장에서의 이러한 환경에 대한 이해를 해야 하는가?

2-8. 민족중심주의는 무엇인가? 소비자민족중심주의는 무엇인가?

2-9. 기업의 해외 시장 진입 전략이 될 수 있는 네 가지 참여 방법에 대해 기술하라 : 수출, 계약적 협정, 전략적 제휴, 직접 투자

2-10. 세계 시장에서 마케팅 전략을 표준화하는 것이 좋다는 근거는 무엇인가? 현지화의 근거는 무엇인가? 기업이 마케팅 믹스를 표준화하거나 현지화할 수 있는 방법에는 무엇이 있는가?

2-11. 윤리적인 의사결정에 대한 실리주의, 권리 접근법, 공정성 접근법, 공동선 접근법, 미덕 주의를 기술하라. 윤리적 상대성이란 무엇인가?

2-12. 기업의 지속 가능성 참여가 왜 점점 더 중요해지는가? 지속 가능성을 포함할 수 있는 4P 전략은 무엇인가?

실행 : 배운 것 적용하기

2-13. 수업시간 10~25분 팀별 과제 표 2.2의 자료를 이용하여 서로 다른 두 나라를 선정해보자. 그리고 아래 제품 중하나를 골라보자. 두 나라의 자료를 이용하여 시장 확대를 위한 해당 제품의 판매가 좋은 기회를 제공할지 아닐지에 대해 주장해보자.

1. 새롭고 더 환경 친화적인 방법으로 냉·난방하는 주택

2. 소형 전기차

3. 바비와 켄 인형 액세서리

4. 전기가 필요 없고, 저가로 쉽게 사용할 수 있는 재봉틀

2-14. 창의적 과제/단기 프로젝트 수업 내에서 조를 짜고 달러 제너럴과 같은 저가 소매업 체인의 마케팅 부서에서 일한다고 가정해보자. 당신의 회사는 글로벌 시장으로 확장하기로 결정했다. 현재 당신은 프랑스, 에콰도르, 브라질, 호주에 매장을 오픈하려고 하고 있다. 이들 국가

에 대한 정보를 온라인 CIA Factbook과 다른 출처를 통해 찾아보라. 각 국가에 대한 자료를 바탕으로, 그 국가에 진입하는 것의 장단점을 생각해보자. 어떤 나라가 제일 진입하기 좋은가? 수업 시간에 그 이유에 대해 발표해보자.

2-15. 추가 연구(개인) 이 장에서 설명된 여섯 가지 윤리 철학에 대해 생각해보자. 여섯 가지의 철학을 다음 이어지는 윤리적 딜레마 중 하나에 적용해보자. 가장 윤리적인 결정은 무엇인가? 왜 그렇게 생각하는가? 당신이라면 어떤 결정을 내릴 것인가?

1. 같은 수업을 듣는 학생이 컨닝하는 것을 목격했다. 방금 본 것을 무시할 것인가, 누군가에게 알릴 것인가, 아니면 다른 행동을 할 것인가?

2. 당신은 학교 동아리 회장이다. 동아리의 운영금은 당신이 관리하고 있다. 당신 차의 타이어를 교체해야 하는데, 이번 주 내내 그럴 만한 돈이 없을 것 같다. 당신은 동아리 운영비를 빌려 타이어를 교체하고 1주일 내로 갚을 생각을 하고 있다.

3. 당신은 한 수업에서 조별 과제를 해야 한다. 이 조의 한 조원은 다른 수업의 조별 과제에서도 같은 조인데, 이 사람은 아무것도 하려고 하지 않으면서 다른 조원들에게 도움을 바라고 있다. 당신은 무엇을 할 수 있고, 무엇을 해야 할 것인가?

2-16. 수업시간 10~25분 팀별 과제 당신이 아래 제품 중 하나를 생산하는 회사의 마케팅 관리자라고 가정하자. 당신의 회사는 인도 시장 진출을 고려 중이며, 가장 좋은 진입 전략은 무엇일지 결정해야 한다. 단순히 제품을 수출하는 것이 좋을 것인가, 아니면 전략적 제휴, 라이선스, 합작 투자가 더 나은 선택일 것인가? 최상의 진입 전략을 위한 아이디어를 생각해보자. 전략에 대한 권장사항, 전략을 구현하는 방법 및 그 방법을 권장하는 이유를 구체적으로 설명해보자.

1. 소비자 시장을 대상으로 하는 아이패드와 같은 태블릿 PC

2. 할인 소매업 체인점의 확장

3. 한 시간 단위부터 시작하는 단기 자동차 렌탈 서비스

2-17. 창의적 과제/단기 프로젝트 소비자민족중심주의는 자신의 문화로부터 오는 제품들을 선호하는 개인적 경향을 말한다. 때때로 사람들은 모국에서 만든 제품이 수입한 상품보다 더 좋다고 생각한다. 여러분 주위의 대학생들이 국내외에서 생산된 제품에 대해 어떻게 생각하는지 조사해보자. 다른 학생들에게 수입된 제품과 국내에서

제조된 제품(브랜드가 아니다!)을 비교하여 평가하는 설문지를 만들어보자. 설문 응답자에게 국내 제품이 더 낫다고 생각하는지, 혹은 수입품이 더 낫다고 생각하는지 묻고 어떤 것을 구매할지에 대한 질문도 할 수 있다. 조사 결과에 대한 보고서를 준비해보자.

2-18. 수업시간 10~25분 팀별 과제 어떤 사람들은 우리의 환경은 위험에 처하지 않았고, 지속 가능성에 대한 노력으로 제품을 더 비싸게 만들 뿐이라고 주장한다. 수업에서 지속 가능성을 추구하는 팀과 그와 반대되는 팀, 두 팀으로 나누어 토론을 계획해보자.

2-19. 추가 연구(개인) 당신은 여름 휴가로 해외 여행을 가려고 한다. 당신은 그리스, 페루, 영국, 이집트로 가는 것을 고려하고 있다. 이 네 국가의 현재 환율을 알아보고, 각 국가마다 지난 5년간의 평균 환율을 계산해보자. 이들 국가의 환율에 대한 정보만으로 어디로 여행갈지 결정해보고, 왜 그 국가를 선택했는지 말해보자.

2-20. 추가 연구(그룹) 여러분은 미국에서 떠오르고 있는 커피하우스 체인점의 일원이고, 여러분은 경쟁자들에 대한 정보를 더 알기 위해서 경쟁 정보 수집 활동에 참여할 필요가 있다. 인터넷을 사용하여, 여러분의 마케팅 전략을 향상시키는 데 도움이 될 수 있는 스타벅스나 던킨도너츠가 수행한 5개의 정보를 수집해보자.

개념 : 마케팅 계량지표 적용하기

서구의 많은 기업들은 그들의 미래가 오늘날 10명의 소비자 중 8명이 살고 있는 개발도상국에 있다고 보고 있다. BRICS 국가(브라질, 러시아, 인도, 중국, 남미)의 증가하는 소비자 수는 상당한 양의 가처분 소득을 축적하고 있기 때문에 기업에 새로운 기회를 제공한다. 세계적인 화장품 대기업 베이르스도르프, 니베아와 같은 기업들은 소비자들의 욕구를 충족시키기 위해 자사 제품과 마케팅 활동을 조정한다. 이것은 샴푸, 식기세척제, 섬유 유연제와 같은 제품을 소형 용기나 1회용 주머니에 포장하여 몇 센트에 파는 것을 의미한다. 스위스의 거대 기업인 네슬레는 가나에서 새우맛 즉석 수프를 개당 2센트에 판매하고 있고, 금융 회사인 알리안츠는 카레와 제휴하여 인도에 소액보험을 월 5센트의 아주 싼 가격으로 판매하고 있다.

이러한 기업들은 새로운 시장에서 그들의 성공을 어떻게 측정하는가? 선진국의 기업들은 대개 고객 인지도, 고객 만족도, 시장 점유율, 수익 증가, 고객 투자 수익, 마케팅 투자 수익률과 같은 표준 마케팅 지표를 사용한다. 그러나 이러한 지표들은 다량의 제품을 중심으로 한 표준 시장 진입 전략을 바탕으로 하고 있어 이에 상응하는 가격 책정 및 프로모션 전략과 연계되어 방금 설명한 접근 방식과는 매우 다르다. 따라서 이러한 지표들은 수많은 사람들이 정상 가격의 일부만으로 제품의 합리화된 버전을 구매하는 개발도상국의 새로운 시장에서는 별로 쓸모가 없을 것이다.

2-21. 위에서 설명한 접근법이 시장은 작지만 증가하는 가처분 소득을 가진 소비자들이 있는 BRICS 시장에 진출할 때 효과적이라고 생각하는가?

2-22. 이 접근법의 성공은 어떻게 측정하는 것이 더 나은가? 즉, 어떤 계량지표가 선진국에서 사용되는 일반적인 측정 계량지표보다 더 유용할 것인가? 창의적으로 기업들이 이러한 개발도상국 시장에서 성공을 측정하는 데 사용할 수 있는 몇 가지 지표를 개발하라. 힌트 : 기업들이 시장에서 영향력과 판매를 증가시킴으로써 성취하기를 바라는 것이 무엇인지 주의 깊게 기억하라.

선택 : 당신은 어떻게 생각하는가?

2-23. 비판적 사고와 윤리 당신은 초콜릿 캔디와 제빵용 초콜릿의 주요 생산자인 기업의 CMO이다. 회사 초콜릿은 대량으로 미국과 유럽에 수출한다. 수년간, 당신의 기업은 초콜릿의 재료인 코코아 콩을 국가 A에서 구매하고 있다. 국가 A는 전 세계 초콜릿의 30%를 생산하지만 아동 착취에 대한 보고가 퍼지면서 많은 국가의 지도자와 소비자에게 우려의 대상이 되었다. 몇몇 농장에서 아이들은 주당 100시간 이상 일하도록 강요받았으며 육체적으로 착취당하고 있었다. 게다가 몇몇 아이들은 교육을 받지도 못하고 있는 실정이다. 당신은 공급자를 바꿔 국가 B에서 코코아 거래를 해야 할지 고민 중이다. 국가 B는 윤리적으로 생산되며 코코아 산업 분야에서 선두주자이다. 코코아는 환경 친화적인 방법으로 생산되고, 공정 거래 인증을 받고, 코코아 생산에서는 세계에서 따를 경쟁자가 없다. 그러나 안타깝게도, 국가 B의 코코아 가격은 국가 A의 두 배이다. 이는 자사 상품의 가격을 상당히 인상시켜야 하고, 매출에 좋지 않은 영향을 줄 것이다. 더불어, 회사의 몇 개의 시설을 폐쇄하고 직원을 해고해야 함을 의미한다. 점점 시장의 소비자들은 인권 침해 문제에 더 많은 관심을 보이고 있고, 공정 무역 상품을 구매하고자 한다. 다음에 대한 생각을 정리해보자.

a. 본문에 제시된 것 이외에, 국가 A에서 코코아를 계속 구매하는 것의 장단점

b. 본문에 제시된 것 이외에, 국가 B로 코코아 공급자를 바꾸는 것의 장단점

c. 실리주의 입장으로, 어떤 국가에서 코코아를 구매하는 것이 옳은가? 왜 그렇게 생각하는가?

d. 인권 기반 접근으로, 어떤 국가에서 코코아 구매를 선택하겠는가? 왜 그런 결정을 하게 되었는가?

e. 여러분은 국가 A를 선택할 것인가? 국가 B를 선택할 것인가? 왜 해당 국가 선택한 이유는 무엇인가?

2-24. 비판적 사고 사업의 세계화에서 기술은 어떤 역할을 하는가? 기술이 공정한 경제 활동의 장을 무너뜨리는가? 아니면 기술이 '부자'와 '가난한 사람' 사이의 거리를 넓혔을까? 각각의 예를 적어도 하나씩 들고 여러분의 입장을 설명해보자.

2-25. 비판적 사고 LDC는 WTO가 선진국에 요구하는 동일한 환경 기준을 충족시킬 필요는 없다. LDC가 WTO의 오염물 배출 기준이나 다른 환경 보호 이슈에서 제외되어도 괜찮은가? 그 이유는 무엇인가?

2-26. 비판적 사고 일부 국가들은 영화, 텔레비전, 음악, 다양한 미국 상품에 의한 문화의 유입에 대해 비판적이다. 미국 문화는 무엇 때문에 거부되는 것일까? 미국 마케팅 담당자들이 수출하는 제품들 가운데 일부 외국 시장에 유해할 수 있는 것은 무엇이 있는지 찾아보자. 이런 문제는 어떻게 해결할 수 있는가?

2-27. 비판적 사고 일부 미국 국민들은 자유 무역을 지지하는 반면, 다른 사람들은 정부가 섬유나 가구와 같은 제품 수입에 대한 규제를 낮추어 공장이 문을 닫고 직원이 일자리를 잃는 일에 대해 불만을 갖거나 분노한다. 그들은 미국 기업에 특혜를 주고, 혹은 최소한 해외 기업이 그들의 정부에게서 받는 특혜의 효과를 감소시키기 위해서라도 미국 정부가 수입 품목에 대해 더 강력한 규제가 필요하다고 생각한다. 여러분은 이에 대해 어떻게 생각하는가? 대답에 대한 근거를 제시해보자.

2-28. 비판적 사고 1999년, 몇몇 단일 유럽 국가들은 유럽연합을 형성하기 위해 모였고, 그들 각각의 통화 체계를 유로로 바꾸었다. 이런 방식을 따르는 다른 경제적 공동체가 등장할까? 여러분의 의견을 논리적으로 설명하고, 필요하다면 몇 가지 가능한 예를 들어보자. 단일 세계 통화 사용의 가능성은 어떠한가? 가능할까? 왜 그렇게 생각하는가? 혹은 왜 그렇지 않다고 생각하는가?

2-29. 윤리 윤리적 상대론은 한 문화에서 윤리적인 것이 다른 문화에서는 윤리적인 것으로 간주되지 않을 수도 있다는 것을 시사한다. 차이가 발생할 때 기업의 태도는 어떠할까? 기업들은 자신의 국가나 현지 국가의 윤리적 가치와 관행을 따라야 하는가? 정부는 이에 대해 무엇을 해야 할까? WTO의 역할은 무엇인가?

2-30. 윤리 이 장에 제시된 AMA의 마케팅 전문가를 위한 윤리적 규범과 가치(AMA Code of Ethical Norms and Values for Marketers)를 읽어보자. https://www.ama.org/AboutAMA/Pages/Statement-of-Ethics.aspx. 이 문서에 제시된 영역 중에서 마케터들이 지속적으로 수행하기 가장 어려운 부분이 무엇이라고 예상하는가? 이러한 문제들을 특별히 성가시게 만드는 것이 무엇인가? 일반적으로 마케팅이 AMA 규정을 잘 준수한다고 생각하는가? 자신의 입장을 뒷받침하기 위해 자신의 지식과 경험에서 나온 구체적인 증거를 제시해보자.

미니 프로젝트 : 행하면서 배우기

미니 프로젝트의 목적은 국내 시장에서 성공한 제품이 해외 시장에 진입해서도 계속해서 성공적으로 이끌기 위해 필요한 것이 무엇인지 이해하는 데 있다. 당신은 남성 및 여성용 고급 메이크업, 피부 관리, 두발 관리 제품을 생산하는 기업의 마케팅 전문가라고 가정하자. 해당 제품들은 젊은 층에서 인기 있는 남성과 여성 음악가들로부터 추천되는 제품이다. 오직 자사의 소매점에서만 제품들이 판매되고 있다.

2-31. 귀사의 현지 경쟁 우위를 설명하고 이러한 경쟁 우위가 전 세계적으로 귀사에 도움이 될 것이라 믿는 이유를 설명하라.

2-32. 귀사의 서비스에 가장 적합한 글로벌 시장을 결정하라. 당신은 단일 국가 시장를 목표로 할 것인가, 아니면 경제적 공동체를 목표로 할 것인가? 당신이 그러한 목표를 선정한 이유에 대해 설명해보자.

2-33. 어떠한 시장 진입 전략을 추구할 것인지를 결정하라. 다시 한 번, 당신이 그 전략을 선정한 이유를 설명해보자.

2-34. 귀사의 마케팅 믹스 전략을 설명하라.
- 귀사의 제품을 어떻게 수정할 것인가?
- 다른 제품에 대해 어떤 결정을 해야 할 것인가?
- 제품을 어떻게 홍보할 것인가?
- 제품의 가격을 어떻게 결정할 것인가?
- 귀하는 어떤 위치/유통 결정을 고려할 것인가?

수업 시간에 진행할 수 있도록 발표를 준비해보자.

마케팅 행동 사례   포드의 실제 선택

포드 자동차 회사는 멕시코 산루이포토시주에 소형차 공장을 건설하는 데 16억을 투자했다. 이는 멕시코에 2,800여 개의 일자리를 창출해낼 수 있다. 사동차 연구 센터(Center for Automotive Research)는 미국 내 자동차 업계의 노동에 대한 평균 시급이 30달러이며, 멕시코의 5달러보다 훨씬 높은 액수라고 밝혔다. 포드가 멕시코로 생산 기지를 옮기면 소형차의 가격을 더 인하할 수 있고, 세계 자동차 시장에서 포드의 경쟁력을 높여줄 것이다. 이러한 움직임은 미국 내 시설을 재배치하여 이윤을 더 남기는 SUV나 F-시리즈의 트럭과 같은 대형차를 생산할 수 있는 기회를 제공하게 된다. 추가적으로, 멕시코는 미국이나 해외로 차량을 효율적으로 수출할 때 필요한 경제 기반시설도 갖추어져 있다.

포드가 멕시코의 첫 자동차 생산 기업이 되었던 1925년부터 멕시코는 포드 제조 역사의 한 부분이었다. 포드 멕시코 지점의 CEO이자 회장인 가브리엘 로페즈는 "포드 멕시코는 차량 생산 기업 중 네 번째로 크고, 엔진 생산자 중 네 번째로 크며, 멕시코는 세계에서 두 번째 수준의 자동차 부품 공급 기업 시설을 가지고 있다."고 말했다. 지난 90년 동안 포드는 멕시코 내의 생산 역량을 구축하고 개발하기 위해 80억 달러 이상의 금액을 투자했다. 현재 포드는 2개의 조립 공장, 2개의 금형 공장, 엔진 공장 하나를 멕시코에 두고 있다. 멕시코 내에서 생산량 증가는 포드의 장기 생산 계획과 일치한다.

멕시코를 대상으로 추가적인 투자에 비판이 없는 것은 아니다. 미국 내 일자리가 멕시코로 이동하는 사항에 대해 워싱턴에서는 항상 정치적 논란의 한 부분이다. 포드의 계획은 대통령 선거 운동이 일어나고 있을 쯤이었고, 후보들 사이에서 이에 대한 반대 여론이 일어날 때 발표되었다. 한 후보는 포드와 같이 비용 절감을 위해 제조 시설을 해외로 옮기는 미국 기업에 대해 더 큰 관세와 벌금을 부과해야 한다고 주장했다. 포드는 자사의 사업 활동을 강력히 변호했다. CEO 마크 필즈는 "80% 이상의 북미 지역 내 투자가 미국에 집중되어 있고, 북미 내 제품 설계의 97%는 미국에서 이루어진다."고 말했다.

자동차 산업 노동자(United Auto Workers, UAW) 연합의 회장 데니스 윌리엄스는 포드의 움직임에 반대하는 대변인 중 한 사람이다. 그는 미국 이외의 저임금 국가로 생산지를 옮기는 것은 미국 내 노동자가 고통받는 것을 의미한다고 주장했다. 이것은 기업 내에서는 중요한 문제이나, UAW 회원들은 국내 임금이 증가할 것으로 보고 있다. 즉, 포드가 멕시코로 이동하는 것은 회사 입장에서는 더욱 이익이 될 수 밖에 없는 것이다. 또한, 회사 최고 경영진은 향후 몇 년간 포드는 미국 내에서 90억 이상의 투자로 8,500여 개의 일자리를 만들거나 유지할 것이라고 했다.

생산지를 멕시코로 이동하는 것은 포드 전략의 전부가 아니다. '하나의 포드(One Ford)'라는 전략적 계획의 한 부분으로, 포드는 글로벌 생산 역량을 스페인, 독일, 중국, 중동, 아프리카와 같은 지역까지 확장하기 위해 수억 달러를 투자하고 있다. 포드가 재무 상태를 개선하고 있지만, 미국 외로 일자리를 이동시킨다는 부정적 인식은 어떻게 대처해야 할까? 회사의 이익을 증가시키고 해외 생산에 대한 의존을 감소시킬 수 있을까? 포드는 현재 정치적 상황 때문에라도 그들의 계획을 수정해야 할까?

당신의 결정

2-35. 포드가 직면한 의사결정은 무엇인가?

2-36. 이러한 의사결정 상황을 이해하는 데 중요한 요소는 무엇인가?

2-37. 대안은 무엇인가?

2-38. 당신은 어떤 의사결정을 제안할 것인가?

2-39. 당신의 제안을 이행하기 위한 방법은 무엇인가?

참고자료 : Daniel Miller, "Ford Motor Company's Move to Mexico Isn't a New Development," The Motley Fool (April 8, 2016), http://www.fool.com/investing/general/2016/04/08/ford-motor-companys-move-to-mexico-isnt-a-new-deve.aspx (accessed April 11, 2016); Brent Snavely, "6 Reasons Ford Picked Mexico for a New Plant," Detroit Free Press (April 7, 2016), http://www.freep.com/story/money/cars/ford/2016/04/06/6-reasons-ford-mexico-new-plant/82693218/ (accessed April 11, 2016); Ana Laura Alvarado Olivares, "Celebrating 90 Years of Great Stories in Mexico," Ford.com (July 20, 2015), http://www.at.ford.com/news/cn/Pages/Celebrating%2090%20Years%20of%20Great%20Stories%20in%20Mexico.aspx (accessed April 13, 2016).

전략적 마케팅 계획

Stephanie Nashawaty

스테파니 나샤와티
▼ 오라클의 의사결정자

스테파니 스튜어트 나샤와티는 오라클 기업의 고객 경험(customer experience, CX) 혁신 판매 담당 그룹 부사장이다. 그녀는 글로벌 2000 선두 기업을 대상으로 15년 이상의 소프트웨어 판매 경험과 기업 마케팅 솔루션 분야에 대한 광범위한 전문 지식을 보유하고 있다.

스테파니는 현재 오라클의 CX 판매의 지휘권(판매, 서비스, 마케팅과 같은 고객과 접촉하는 오라클의 애플리케이션 솔루션을 포함하고 있다)을 가지고 있다. 그녀는 기업 판매 임원들로 구성된 엘리트 영업팀을 이끌고 있는데, 그들은 오라클의 가장 전략적인 고객들에게 100만 달러에서 3,000만 달러에 달하는 클라우드 거래를 제공하는 업무를 담당하고 있다. 또한 스테파니는 엑센추어, 딜로이트와 같은 시스템 통합 업체 및 디지털 에이전시와 함께 공동 비즈니스 개발 기회를 위해 노력한다.

스테파니가 오라클에 합류하기 전, 2010년 IBM은 그녀가 유니카 기업의 부사장으로 재직할 당시 회사를 인수했다. 그녀는 IBM의 기업 마케팅 관리(Enterprise Marketing Management, EMM) 사업부를 계획하고 착수하는 일을 도왔다. 이 부서의 '스마터 마케팅(Smarter Marketing)'은 현재 IBM의 '스마터 플래닛(Smarter Planet)' 캠페인 및 시장 진출 전략의 핵심 기반이다. 그녀는 EMM 글로벌 영업팀(연매출 4억 달러)을 이끌었으며 최고마케팅책임자(CMO)를 대상으로 상품을 판매하는 데 주력했다. 그녀는 IBM의 Acquisition Talent Acceleration Program을 통해 그녀의 업적과 팀에 대한 기여도를 인정받았다. 이 기간 동안, 그녀는 3개 기업의 마케팅 도메인(DemandTec, Tealeaf, Xtify)을 인수하고 통합하기 위한 중역 관리자였다. 스테파니는 판매, 여행, 통신 및 기타 산업의 CMO와 협력하였는데, 다양한 채널에서 브랜드를 활용한 고객 경험을 최적화하는 글로벌 경험을 다양하게 쌓았다.

스테파니는 버몬트대학교에서 정치학 학사학위를 취득했으며 스탠퍼드대학교의 석사학위 프로그램을 이수하였다. 그녀를 비롯한 가족들은 매사추세츠주 니덤에 거주하고 있다.

휴식 시간에 주로 하는 일은?
십 대 두 딸들과 시간을 보내고 하이킹, 수영, 스키, 테니스를 즐긴다.

졸업 후, 첫 직장은?
엔터프라이즈렌트카의 경영 연수생이었다.

최고의 경력은?
IBM의 Acquisition Talent Acceleration Program에 선정되었는데, 이 프로그램은 IBM 직원의 1% 미만이 참여 가능했다.

현재 읽고 있는 비즈니스 관련 서적은?
밥 로드와 레이 벤레즈의 *Converge: Transforming Business at the Intersection of Marketing and Technology*

삶의 모토는?
"좋은 것이 좋다(최고보다는 최선을 다해 조금씩 발전하는 것이 좋다.)", 이것은 과도하게 분석적인 의사결정에 갇혀 있기보다는 반복하고 실행에 옮기자는 것을 의미한다.

삶의 원동력은?
실패에 대한 두려움

관리 스타일은?
협업과 결정

오라클은 기업이 운영해야 하는 막대한 정보를 관리할 수 있도록 지원하는 거대 기업으로 업계는 호황을 누리고 있다. 초기 비즈니스의 핵심은 관계형 데이터베이스였다. 예를 들어, 글로벌 통신 회사인 브리티시 텔레콤(BT)은 최신의 글로벌 정보 기술(IT) 인프라 및 표준화된 데이터베이스 관리를 통해 고객 서비스를 향상시키기 위해 오라클의 데이터베이스 솔루션을 사용한다. 오라클의 지원하에서 BT는 오라클 솔루션을 사용하기 전에는 몇 주 동안 이루어진 작업을 20분 만에 데이터베이스를 구축할 수 있다.

회사는 고객과 잠재 고객에 대한 방대한 양의 정보에 접속할 수 있게 되었다. 이러한 데이터들은 해당 브랜드와 관련된 고객의 온라인 웹 서핑 행동, 상점과 키오스크에서의 활동 내역, 콜센터 문의 등을 통해 수집되며, 잃어버린 수화물에 대한 항공사 트위터도 해당된다. 마케팅 부서에서는 자동화 기술을 통해 모든 데이터들을 관리함으로써 충성도 높은 고객들과 지속적으로 상호작용할 수 있다. 오늘날, 미국 기업들은 마케팅 기술에 연간 1조 5,000억 달러 이상을 지출하고 있다. 가트너 연구기관은 2017년까지 대부분의 기업 CMO가 CIO(chief information officer : 최고정보책임자)보다 기술에 더 많이 투자할 것이라고 예측했다.

기업 운영이 점점 더 복잡해지고 정보통신의 변화에 대한 요구가 증가한다는 것은 회사가 해결해야 할 위험들과 연관되어 있다. 오늘날, IT 전문가들은 수많은 정보를 관리하고 사용자가 원하는 시간에 적절한 서비스 품질로 제공해야 한다. 또한 경제 환경 측면에서 IT 부서는 예산을 줄이고 기존 투자로부터 더 큰 가치를 창출해야 한다.

오라클은 오랜 기간 동안 인적 자원 및 영업 부서와 같은 다양한 사업 영역을 효율적으로 지원하는 소프트웨어 애플리케이션을 제공하고 있다. 2005년 시벨 시스템을 구입하면서 고객관계관리(CRM) 애플리케이션을 인수하였으며, 시벨 CRM은 영업 사원이 잠재 고객과 계정을 관리하고 비즈니스를 예측할 수 있게 해주는 애플리케이션이었다. 이것은 고객과 지속적인 연락을 유지할 수 있게 만드는 중요한 역할을 담당했다. 예를 들어, 고객의 거래내역, 포인트, 다른 상품을 추적하는 로열티 프로그램을 운영하기 위해서는 매달 수천 개, 때로는 수백만 건의 상호작용을 모니터링해야 한다.

기술 환경의 변화는 급속하게 이루어지고 있다. 특히, 산업은 SaaS(Software as a Service)라는 새로운 모델로 이동하고 있다. 이것은 자신의 컴퓨터에 소프트웨어를 구매하여 설치하는 것이 아니라 새로운 '분산 컴퓨팅' 기술을 활용한 '주문형 소프트웨어' 접근 방식이다. 이 방법은 사용자가 어디에 있던 소프트웨어에 접속할 수 있도록 프로그램을 원격으로 저장한다. 사용자는 해당 소프트웨어에서 사용자 정의를 할 수 있으며, 더 빠른 응답을 얻고, 대용량의 데이터를 분석함으로써 글로벌 작업을 수행하는 고객들이 여러 지역의 데이터를 손쉽게 관리할 수 있게 해준다. 데이터가 건물의 기계실 내에 물리적으로 저장되지 않고 '구름(the cloud)'에 존재하고 있기 때문에 많은 사람들이 이러한 혁신적인 정보 저장소를 '클라우드 컴퓨팅(cloud computing)'이라고 부른다.

기술 환경에서의 이러한 변화는 오라클에게 커다란 기회와 위협으로 작용한다. 기회는 오라클이 지금까지 해왔던 자사 제품을 독점적으로 CIO에 판매할 수 있다. CMO와 그의 팀은 데이터 중심의 의사결정이 매우 잘 이루어지고 있기 때문에 오라클은 완전히 새로운 잠재 고객을 발견할 수 있

다. 회사는 혼란스러운 상황에 대응하기 위해 정교한 기술에 대한 '지출'을 늘릴 것이며, 기능 중심으로 지출하던 돈과 비교하여 많은 금액이 데이터 관련 제품 및 서비스에 대한 마케팅 예산으로 옮겨 갈 것이다.

위험: 오라클은 제품 영역에서 성공을 거두었기 때문에, 아이러니하게도 데이터 관리를 위한 수백 개의 전통적인 솔루션 업체의 주요 협력 고객들이 존재하는 시장에 도전하고 있다. 회사는 새로운 클라우드 기반의 비즈니스 환경에서 경쟁할 수 있는지에 대한 우려로 고심하면서 지난 몇 년 동안 어려움에 직면해 왔다.

오라클이 시대에 맞춰 변화하기 위해 수많은 고객을 '클라우드(to the cloud)'로 옮기려 한다면, 고객은 현재 상태를 유지해야 할지에 대해 두 번 생각해봐야 하는 것이다. 회사의 정보 관리 방법을 완전히 개편하려는 CIO는 SaaS 솔루션 회사가 무엇을 경쟁력 있게 제공할지에 대해 탐색하는 것이다. 이러한 경우, 오라클 고객에게는 자유로운 선택의 시간이 될 것이다.

오라클은 시장 진출을 위한 전략 계획을 수립할 때, 중요한 조율 작업을 수행해야 한다. 수익 창출의 새로운 원천을 확보하기 위해 영업 인력을 구조화하면서 동시에 클라우드 컴퓨팅 기술의 선두 주자로 오라클의 명성을 다시 확보해야 한다. 회사는 새로운 클라우드 컴퓨팅 역량을 개발하던지 이미 SaaS 기반 솔루션을 보유한 다른 기업의 새로운 마케팅 시장을 이해하는 영업팀을 확보하는 데 주력해야 한다.

오라클은 새로운 클라우드 기반 시장에서 승리해야 하지만 동시에 기존 고객 기반의 충성도 또한 함께 유지해야 한다. 회사는 까다로운 데이터베이스 마케팅 과제를 해결할 능력이 있으며, 비즈니스 세계가 클라우드로 계속 이동하기 때문에 오라클의 솔루션이 고객을 창출, 상향 판매, 유지하는 데 도움이 될 것이라고 CMO에 확신을 주어야 한다.

스테파니가 고려한 세 가지 선택 1·2·3

1 선택 — **마케팅 고객과 과정을 그대로 유지한다.** 오라클은 전제-기반 솔루션 제공 업체로서 대단히 성공적인 기업이다. 이 회사는 여전히 고객을 위한 일에 만족하고 거대한 기업 고객 명단을 자랑하고 있다. 클라우드 기반 솔루션으로 전환하면 고객을 혼란에 빠뜨릴 수 있으며 경쟁자의 시장에 문을 두드리는 것이다. 물론, 오랜 기간 동안 그 벽이 존재하였다. 시간이 지남에 따라 CMO들은 지속적으로 클라우드로 업무를 옮길 것이고, 오라클은 쓸모없는 기술에 매여 발전하지 못한 채 업계 혁신가로서의 명성을 잃을 수 있다.

2 선택 — **새로운 SaaS 마케팅 기술을 제공하는 회사를 인수한다.** 기존 및 신규 고객을 대상으로 클라우드 솔루션을 판매하는 데 초점을 맞춘 전용 영업팀을 통해 시장에 진출하라. 오라클이 전문지식을 가진 회사를 인수하면, 이 기술을 위해 독점적으로 설계된 고객 기반과 제품 및 조직을 신속하게 확보하게 된다. 이것은 오라클 제품들과 결합, 보완하게 되어 자체 소프트웨어 엔지니어가 첨단

당신의 선택

무엇을 선택할 것인가? 그 이유는?

☐ 선택 1 ☐ 선택 2 ☐ 선택 3

애플리케이션을 신속하게 개발할 수 있다. 이와 같은 선택은 SaaS 고객으로부터 즉각적인 매출 흐름을 창출할 수 있도록 하고 오라클은 데이터 베이스 관리에서 최첨단 조직으로 다시 브랜드를 탈바꿈할 수 있다. 하지만 이들 회사를 인수하는 것은 거액의 비용이 발생한다. IBM, 세일즈포스닷컴, 어도비, SAP 등 오라클의 가장 큰 경쟁자들도 이들을 감시하고 있기 때문에 회사는 분명한 입장을 고수할 수 있는 전쟁과도 같은 입찰을 시도할 수 있다. 인수 전략은 오라클의 판매에 대한 시장 혼란을 초래할 뿐만 아니라 시벨과 같은 레거시 애플리케이션의 경우처럼 전략적 파트너가 새로운 제품에 익숙하지 않을 수도 있다. 실제로 시벨 시스템을 사용하는 고객이 장기간 플랫폼에 전념하지 않는다고 판단할 경우 오라클은 고객을 잃을 수도 있다. 마지막으로, 소규모 기업의 영업사원을 고용하고 그들이 오라클에 계속 남아 있을지 여부는 분명하지 않다. 그들 중 일부는 거대 기업보다 젊은 신생 기업을 선호할 수도 있기 때문이다.

3 선택

하던 대로 한다. 기본 데이터 관리 기능을 위해 시벨 시스템을 지속적으로 홍보하라. 이 시장에 진입하려는 수많은 다른 회사들과 경쟁하는 데 있어 비용이 많이 드는 마케팅 솔루션 부분에 굳이 투자할 필요가 없다. 오라클은 선택 2에서와 같이 새로운 회사를 인수하는 데 수십억 달러를 낭비하지 않아도 되므로 훨씬 적은 비용으로 결정을 내릴 수 있다. 선택 1의 경우처럼, 오라클은 이미 데이터 베이스 솔루션 시장에 잘 알려진 선두 기업이다. 오라클이 시장에 보내는 메시지는 훨씬 간단하고 직관적이며 이미 제품에 대해서 잘 알고 있고, 고객과 친숙한 측면에서 이점을 가지고 있다.

그러나 혁신적인 솔루션에 대한 풍부한 보상을 제공하는 기술 업계에서 오라클은 '오래된 말 타기(기존의 방식을 추구)'를 시도하고 있다는 인식 변화에 대한 조치가 필요하다. 몇 년 후, 모든 비즈니스가 클라우드로 옮겨간 후에는 예전의 시장 리더로만 남아 있을 것이다. 오라클은 현재 잘 나가는 분야에 초점을 맞추고 마케팅 분야에 투자하지 않는다면 '소탐대실'의 자신의 모습을 발견할 것이다. 마케팅 기능은 모든 지표에서 기술투자 비용을 꾸준히 늘리는 방향으로 운영될 것이다. 오라클이 수익성이 있으면서 경쟁 강도가 높은 분야에 진입하기로 결정했다면, 그땐 기회를 놓친 것이다.

당신이 스테파니라면 무엇을 선택할 것이며, 그 이유는 무엇인가?

3.1 사업 계획 과정 : 큰 그림 그리기

목표
사업 계획 과정과 그 세 단계를 설명한다.

사업은 "계획이 전부다."라는 오래된 구절이 있다. 계획은 오라클과 같은 회사가 고유한 정체성과 존재 목적을 정의할 수 있도록 한다. 신중한 계획을 통해 기업은 시장에서 분명한 목소리로 말함으로써 고객이 회사가 무엇인지, 경쟁업체가 제공하지 않는 것이 무엇인지, 특히 고객, 클라이언트 파트너, 사회에 어떻게 가치를 창출할지 결정한다. 이 장에서 당신은 효과적인 사업 계획과 시장 계획의 힘을 경험하고 성공적인 계획을 수립할 수 있는 능력을 위한 기초를 마련한다.

이 과정은 정말로 중요하다. 그래서 기획자가 하는 일과 그들이 회사와 제품을 지속적으로 유지할 수 있도록 그들의 질문에 대한 토론을 시작하고자 한다. 훌륭한 사업 계획을 다방면으로 수립하는 것은 마치 스마트폰으로 멋진 디지털 사진('셀피-자신을 찍는 행위')을 찍는 것과 같다. 따라서 이 장의 제목과 같다. 사진의 성공은 카메라의 렌즈가 올바른 정보를 잡고 있는가, 이미지를 올바르게 배치하고 있는가에 달려 있기 때문에 사진을 찍는 행위는 사업 계획과 비슷하다고 볼 수 있다.

공식적인 계획 과정을 거쳐 얻어진 지식은 금과 같은 가치가 있다. 사업에서 진행 중인 활동으로 시장 계획을 세우지 않고서는 회사가 어디로 가는지, 어떻게 도달할 것인지, 또는 지금 당장 바른 길이나 잘못된 길로 가고 있는지 알 수 없다. 광야에서 길을 잃었을 때 명확한 지도가 없는 것과 마찬가지일 것이다. 로드맵에 대해 더 말해보자면, 이 장의 끝부분에는 마케팅 계획을 수립하는 방법과 책 전체에서 정보를 찾을 수 있는 위치를 보여주는 유용한 가이드가 추가로 포함되어 있다. 이 로드맵은 책을 읽는 동안 매우 유용할 것이고, 당신이 읽고 있는 장이 어디든지 간에 마케팅 관점에서 '큰 그림'으로 이해할 수 있을 것이다.

사업 계획 수립(business planning)이란 정확히 무엇인가? 간단히 말해서, 기업을 장단기적으로 안내하는 의사결정의 진행과정이다. 계획은 회사의 강점을 확인하고 구축하며 변화하는 비즈니스 환경에서 모든 수준의 관리자가 정보에 입각한 의사결정을 내릴 수 있도록 도와준다. 계획(planning)이란 조직이 조치를 취하기 전에 목표를 수립하는 것을 의미한다. IBM, 포드와 같은 대기업에서의 계획은 회사의 여러 부서에서 온 많은 사람들이 참여하는 복잡한 과정이다. 그러나 당신 고향의 맥의 식당파와 같은 작은 회사는 계획의 범위가 매우 다르다. 그러나 기업의 규모나 산업에 관계없이 훌륭한 계획은 성공 가능성을 높인다.

다음 절에서는 조직의 계획 단계를 살펴보자. 먼저, 관리자가 조직 전체 또는 사업 단위를 운영하기 위한 의사결정에 대한 **사업 계획**(business plan)을 어떻게 개발하는지 살펴본다. 이후 전체적인 전략적 계획 프로세스와 해당 프로세스의 단계를 검토하여 **마케팅 계획**(marketing plan)의 개발 및 구현을 유도한다. 이 프로세스와 결과 문서는 마케팅 환경을 설명하고 마케팅 목표와 전략을 설계하며 계획에 포함된 전략을 회사가 어떻게 실현하고 통제할 것인지를 안내할 것이다.

사업 계획의 3단계

우리는 일반적으로 계획이 무엇인지 알고 있다. 우리는 휴가 또는 훌륭한 토요일 밤 파티를 계획한다. 심지어 우리 중 일부는 어떻게 공부할 것인지 계획을 세우고 마지막 순간에 스트레스를 받지 않고 과제를 완성한다. 기업이 계획을 세우는 과정은 더욱 복잡하다. 📷 그림 3.1에서 볼 수 있듯이 계획은 전략, 기능, 운영의 세 가지 수준에서 이루어진다. 최상위 수준은 큰 그림이며, 하위 수준은 높은 목표 달성을 위해 기업이 취해야 하는 '견해와 행동'으로 설정한다.

첫 번째 단계 계획

전략 계획(strategic planning)은 장기 성장을 위하여 기업의 자원(금융 자산 및 노동력) 및 역량(전문 지식 및 경험으로 인해 잘할 수 있는 것)을 시장 기회와 일치시키는 경영 의사결정 프로세스이다. 전략 계획에서 최고경영자(chief executive officer, CEO), 회장, 기타 최고 경영자 등과 같은 최상위 관리자는 기업의 목적을 정의하고 향후 5년 동안 회사가 달성하고자 하는 목표를 명시한다. 예를 들어, 오라클의 전략 계획은 향후 5년 동안 총매출 20%를 증가시키는 것을 목표로 세울 수 있다.

사업 계획 수립 회사를 안내하는 장단기적 의사결정 과정

사업 계획 조직 전체를 안내하는 결정들을 포함하는 계획

마케팅 계획 마케팅 환경을 묘사하고, 마케팅 목표와 전략의 개요를 기술하며, 마케팅 전략의 각 부분을 수행해 나갈 책임자에 대하여 명시한 문서

전략 계획 기업의 장기적 성장을 위한 조직의 자원과 역량이 시장 기회에 적합한지에 대한 의사결정 과정

그림 3.1 📷 스냅숏 | **사업 계획 세우기 단계**

조직이 계획을 세울 때는 목표를 정하고 그 목표를 달성하기 위해 해야 할 것들을 결정한다. 거대 기업에서 계획 세우기는 전략, 기능, 운영 계획 단계를 거쳐 이루어진다.

전략 계획	기능(시장) 계획	운영 계획
기업의 최고 경영진이 담당 1. 미션 정의 2. 내부·외부적 환경 평가 3. 조직 전체나 SBU의 목표 설정 4. 경영 포트폴리오 작성 　(해당 사항이 있을 시) 5. 성장 전략 구축	**기능 단계의 최고 경영진, 즉 기업의 최고마케팅책임자가 담당** 1. 상황 분석 수행 2. 마케팅 목표 설정 3. 마케팅 전략 구축 4. 마케팅 전략 실행 및 통제	**현장 경영자가 담당** 1. 마케팅 계획을 실행하기 위한 행동 계획 세우기 2. 계획이 어떻게 진행되고 있는지 감시하기 위한 마케팅 계량지표 사용

출처 : Copyright ⓒ American Marketing Association.

전략적 사업 단위(SBUs) 별도의 사업처럼 운영되는 기업 내의 개별 단위로서, 사업 단위별 사명, 경영 목표, 자원, 관리자, 경쟁자가 존재

기능 계획 조직의 장기적 전략 계획을 지원하면서 단기 전략 및 전술에 대한 세부 계획을 개발하는 데 집중하는 의사결정 과정

시장 계획 기능 계획 마케팅 담당자가 하는 일로서, 광범위하게 3~5년 동안 지원하는 기업 전략 계획과 연차별 상세한 연간 계획

운영 계획 조직의 기능적 계획을 수행하는 일상 업무에 대한 세부 사항을 설정하는 데 집중하는 의사결정 과정

월트 디즈니와 같은 대기업은 **전략적 사업 단위**(strategic business units, SBUs)라고 불리는 수많은 독립적 부서가 존재한다. SBU는 자신의 미션, 경영 목표, 자원, 관리자, 그리고 경쟁자를 가질 만큼 독특한 사업의 다른 영역을 대표하는 기업 내의 개별 단위를 의미한다. 디즈니의 SBU에는 공원과 리조트, 미디어 네트워크, 소비자 제품 및 양방향 미디어 및 스튜디오가 포함된다. 따라서 전략 계획은 전반적인 기업 수준(캘리포니아의 버뱅크의 디즈니 본사, 세계적으로 퍼져 있는 회사 계획 전체를 담당) 및 SBU 수준에서 이루어진다. 이러한 두 단계에 대해서는 이 장의 후반부에 다시 논의할 것이다.

두 번째 단계 계획

다음 단계는 **기능 계획**(functional planning)이다. 기능 계획이라고 하는 이유는 기업의 마케팅, 재무, 인사 등이 포함된 다양한 기능적 분야를 포함하고 있기 때문이다. 부사장 또는 각 업무 책임자들이 주로 기능 계획을 담당한다. 우리는 마케팅 담당자가 수행하는 기능 계획을 **시장 계획**(market planning)이라고 한다. 이와 같은 계획 세우기를 담당하는 사람은 마케팅 디렉터, 마케팅 부사장, 최고 마케팅 책임자 등의 직함을 가지고 있다. 이러한 마케팅 담당자는 내년에 세 가지 신제품을 성공적으로 출시함으로써 특정 시장의 40%를 확보하는 목표를 세울 수 있다. 이 목표는 마케팅 계획의 일부분이다. 시장 계획은 대체로 기업의 전략 계획을 뒷받침하는 3~5년 간의 폭넓은 계획과 다음 해를 위한 자세한 연간 계획으로 구성된다.

세 번째 단계 계획

세 번째 계획 세우기 단계는 **운영 계획**(operational planning)이다. 마케팅에서 판매 매니저, 마케팅 커뮤니케이션 매니저, 브랜드 매니저, 마케팅 조사 매니저 등의 인물들이 포함된다. 이 단계에서는 기능 계획을 매일 어떻게 실행할 것인지에 초점이 맞추어지며, 연간, 반년간, 또는 분기별 계획을 자세하게 포함하고 있다. 운영 계획은 영업 사원이 한 달에 몇 개의 제품을 팔아야 하는지, 또는 어떤 채널을 통해 한 시즌에 몇 개 정도의 텔레비전 기업 광고를 해야 할 것인지 등을 보여줄 수 있다. 운영 계획 수립 단계에서 소셜 미디어를 활용해 스토리를 제작함으로써 자사의 제품을 촉진하는 마케팅 캠페인을 위한 계획을 세울 수 있다.

물론, 마케팅 관리자는 다른 조직에 염려를 끼칠 걱정 없이 계획을 세우며 사무실에 그냥 앉아 있는 것이 아니다. 각각의 단계들을 앞에서 설명했지만, 모든 사업 계획은 하나의 **통합된 활동**이다. 오라클과 같은 조직에서 한 조직이 전략·기능·운영 계획을 해당 조직 전체의 이익을 위해 조직의 사명과 목표라는 맥락에서 반드시 서로 함께 유기적으로 운영되어야 한다. 따라서 모든 단계의 계획자는 회계에 대한 원칙, 주주에 대한 회사의 가치, 직원 배치 및 인적 자원 관리에 대한 요구 사항을 고려해야 한다. 즉, 계획을 세울 때는 조직 세계의 아주 작은 부분일지라도 항상 '큰 그림'을 염두에 두어야 한다.

다음 절에서, 방금 소개한 계획의 세 가지 단계에 대해 좀 더 자세히 알아보자.

3.2

목표
전략 계획의 단계를 설명한다.

전략 계획 : 그림의 구도 잡기

대규모 기업들은 모든 달걀을 한 바구니에 담는 것, 즉 한 제품에 의존하는 것은 위험한 일이라고 알고 있다. 이러한 연유로 기업들은 다양한 제품을 생산하고, 제품이나 브랜드별로 자체 분과를 가지고 있다.

여러 개의 SBU를 가진 기업(디즈니 기업의 예시를 들어 설명하였음)들

에게 전략 계획의 첫 번째 단계는 최고 경영진이 전체 기업을 아우르는 사명을 설정하는 것이다. 최고경영자는 사업의 내·외부 환경을 평가하고 각각의 SBU 내에서 의사결정의 기준이 되는 기업 단위를 목표로 설정한다. SBU를 가질 만큼의 규모가 크지 않은 작은 기업에게 전략 계획은 간단히 회사 차원에서 이루어진다. 기업의 SBU를 가지고 있든 그렇지 않든 간에 전략 계획을 세우는 과정은 기본적으로 동일하다. 이제 전략 계획을 세우는 단계를 📈 그림 3.2와 함께 좀 더 자세히 살펴보도록 하자.

1단계 : 사명 정의

이론적으로, 전략 계획을 세우는 단계에서 최고 경영진이 첫 번째로 해야 할 것은 다음과 같은 질문들에 대답하는 것이다.

- 우리는 어떤 사업을 하고 있는가?
- 우리는 어떤 고객을 상대하고 있는가?
- 기업의 능력을 개발하고 노력을 집중시키기 위해 우리는 무엇을 해야 하는가?

이러한 질문들에 대한 대다수의 기업의 대답은 그 조직의 전략 계획을 이끌어가는 요소가 된다. 조직의 전반적인 목적과 자신의 고객, 제품, 자원 등의 관점에서 달성하고 싶은 것을 서술한 공식 문서인 **기업 강령**(mission statement)의 한 부분이 된다. 예를 들어, 트위터의 사명 선언문은 "모든 사람에게 장벽 없이 아이디어와 정보를 즉각적으로 생성하고 공유할 수 있는 권한을 부여하는 것"이다. 이상적인 기업 강령은 지나치게 광범위하지도 협소하지도 않고 지나치게 근시안적이지도 않은 것이다.[1] 지나치게 광범위한 범위의 사명은 조직에 초점 있는 방향을 제시하지 못한다. "우리는 좋은 품질의 제품을 생산한다." 또는 "우리의 사업은 고객을 행복하게 한다." 등의 문구는 기업을 이끌어가는 데 도움이 되지 못한다. 그 이유는 이와 같은 주장을 실현하는 기업을 찾기 어렵기 때문이다. 명확한 기업 강령은 어떤 종류의 조직이든 필요하다는 것을 인지해야 한다.

2단계 : 내·외부 환경 평가

전략 계획 세우기의 두 번째 단계는 기업의 내·외부 환경을 평가하는 것이다. 이러한 과정을 **상황 분석**(situation analysis), 환경 분석(environmental analysis), 또는 사업 검토(business review)라고 한다. 이 분석은 기업 내부 환경에 대한 강점 및 약점, 기업이 처한 외부 환경에 대한 기회 및 위기를 포함한 논의이다.

내부 환경(internal environment)은 기업 내부의 운영에 영향을 미치는 모든 통제 가능한 요소들을 말한다. 내적 강점은 그 기업의 기술력에 있을지도 모른다. 기업은 다른 기업이 흉내낼 수 없는 특별한 능력이 있는가? 어떤 특허권을 가지고 있는가? 기업의 설비 시설, 재정 안정성, 공급자와의 관계, 기업의 명성, 지속적으로 변함없이 좋은 품질의 제품을 생산할 수 있는 능력, 시장에서 인기 있는 브랜드 등도 기업의 중요한 강점 또는 약점이 될 수 있다. 내부 요소는 회사의 구조, 조직 문화, 모든 종류의 재무적 자산 등이 포함된다.

기업의 인적 및 지적 자본과 같은 기업의 직원들은 때때로 내적 강점 또는 약점이다. 직원들은 어떠한 기술을 가지고 있는가? 직원들은 어떤 트레이닝을 받아왔는가? 회사에 충성도가 얼마

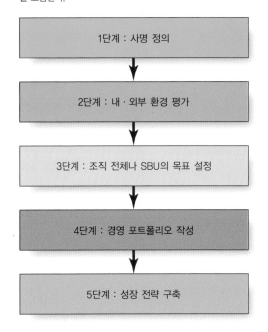

그림 3.2 📈 과정 | **전략 세우기 순서**

전략 계획을 세우는 과정은 성장 전략 개발로 귀결되는 단계들을 포함한다.

1단계 : 사명 정의

↓

2단계 : 내·외부 환경 평가

↓

3단계 : 조직 전체나 SBU의 목표 설정

↓

4단계 : 경영 포트폴리오 작성

↓

5단계 : 성장 전략 구축

기업 강령 조직의 존재 목적과 기업이 달성하고자 하는 고객, 제품, 자원에 대해 서술한 공식적인 내용

상황 분석 기업의 내·외부 환경 분석

내부 환경 직원, 시설, 조직 운영에 영향을 미치는 작업 방식을 포함한 조직 내부의 통제 가능한 요인

나 되는가? 회사에 주인의식을 가지고 있는가? 기업은 최고의 연구진과 의사결정자들을 채용해 왔는가?

외부 환경(external environment)은 기업에 긍정적·부정적으로 영향을 미칠 수 있는 기업 외부 요소들로 구성된다. 오라클을 비롯한 많은 기업에서 오늘날의 외부 환경은 전 세계를 대상으로 하기 때문에 경영자와 마케터가 경제, 경쟁, 기술, 법, 윤리, 사회 문화적 흐름 등과 같은 요인들을 고려해야 한다. 경영진이 통제할 수 있는 내부 환경 요인과는 달리 이러한 외부 요소들은 기업이 직접적으로 통제할 수 없다. 따라서 경영진은 계획 세우기의 과정을 통해 외부 환경 요인들에 적절히 대처해야 한다.

제2장에서 오늘날 글로벌 기업이라는 맥락에서 일어나고 있는 마케팅의 외부 환경에 대한 다양한 요인들을 살펴보았다. 외부 환경에서 초래되는 기회와 위기를 인식하는 것이 중요하다는 것을 배웠을 것이다. 한편으로 트렌드 또는 아직 충족되지 않은 고객의 요구는 성장을 위한 기회가 될 수 있다. 또 다른 한편으로 고객이 변화하는 요구나 구매 패턴은 특정 기업의 제품으로부터 떠나고 있음을 의미할 수 있고, 이는 곧 닥치게 될 위기와 위협의 신호일 수 있다. 아주 성공적인 기업도 외부 환경의 압력에 잘 대처하기 위해 계속 변화해야 한다. 오라클과 같은 대부분의 마케팅 관련 공급 사업은 클라이언트의 마케팅 예산에 크게 영향을 받는데, 고객의 마케팅 예산이라는 것은 경제적 상황과 종래에는 고객의 수요에 의해 결정된다.

기업의 내·외부 환경에 대한 분석 결과는 무엇인가? 경영자들은 분석의 결과를 **SWOT 분석**(SWOT analysis)이라 불리는 형태로 정리한다. SWOT 분석은 상황 분석의 결과를 정리한다. 이러한 과정은 경영자들에게 기업 내부 환경에서 오는 의미 있는 강점(S)과 약점(W), 외부 환경에서 오는 기회(O)와 위기(T)에 분명히 초점을 맞출 수 있도록 도와준다. SWOT 분석은 기업의 성장을 위한 기회를 제공하는 동시에 기업의 영업과 이익에 손해를 미칠 수 있는 외부적인 위기를 타개할 수 있도록 하는 전략을 세울 수 있도록 도와준다.

3단계 : 조직 전체 또는 SBU의 목표 설정

B Christopher/Alamy Stock Photo

사우스웨스트 항공은 항상 고객에게 '사우스웨스트 정신'을 잘 전달할 수 있는 직원을 채용하고 교육하는 것에 심혈을 기울여왔다. 사우스웨스트를 이용해본 사람은 누구나 자유롭고 신나는 분위기를 느낄 수 있고, 승무원들은 복도에서 볼링을 하거나 기장이 고객과 함께 세레나데를 부르는 등의 아주 재미있는 장면들을 연출한다. 가장 재미있던 것은 신나는 분위기를 만들기 위해 이착륙 시에 말 타는 시늉을 하면서 말 울음소리를 냈던 사례이다. 경쟁사들이 쉽사리 따라 할 수 없는 사우스웨스트의 진정한 강점은 직원들의 정신이다.

기업 강령을 만들고 난 후, 최고 경영진들은 이를 조직이나 SBU의 목표로 만드는 작업을 한다. 이런 목표는 기업 강령으로부터 직접 나온 것으로, 기업의 장기적 경영계획 속에서 무엇을 이루어낼 것인가를 밝히는 것이다. 기업이 독립적인 SBU를 가질 만큼 크다면, 각 SBU는 그 고유의 업무 목표를 가진다.

효과적인 목표를 설정하기 위해서는 자세하고, 측정 가능하며(기업이 목표를 달성했는지 그렇지 못했는지 알 수 있어야 한다), 실현 가능하고, 지속 가능해야 한다. 실현 가능성은 특별히 중요한데 기업의 현실적으로 이루어낼 수 없는 '뜬구름을 잡는' 목표는 직원들에게 좌절감을 주고(열심히 일하지만 성취감을 맛볼 수 없다), 기업 내 공급자와 주주들과 같은 다른 이해관계자들에게도 실망감을 안겨주게 될 것이다. 기업의 목표가 지속 가능해야 한다는 것 또한 아주 중요하다. 목표가 아주 단시간 동안만 지속될 수 있다면 이를 위해 투자를 하는 것이 무슨 큰 의미가 있는가? 이런 단기적인 목표 설정은 경쟁업체가 더 나은 제품을 가지고 시장에 뛰어들 가능성을 기업이 과소평가한 경우 주로 발생한다. 목표가 지속 가능하다는 확신 없이는 투자에 대한 재정적 이익을 창출할 가능성도 없다.

목표는 수익과 매출, 이윤, 시장에서 기업의 위치, 투자 수익, 생산성, 제품 개발, 고객 만족, 사회적 책임, 그리고 수많은 다른 속성들과 연결되어 있다. 목표의 측정 가능성을 위해 마케터는 목표를 숫자로 설정한다. 예를 들어, 어떤 기업은 목표를 이윤의 10% 증가라고 설정할 수 있다. 생산성을 높이거나 비용을 줄이거나, 혹은 수익성이 떨어지는 분과를 팔아버림으로써 이러한 목표를 달성할 수 있다. 혹은 10% 이익 증가라는 목표를 신제품 개발, 신기술 투자, 신시장 개척을 통해 달성할 수 있다.

최근 삼성전자는 2020년 비전의 일환으로 연간 매출 4,000억 달러를 달성하고 세계 5대 브랜드 중 하나로 자리매김한다는 두 가지 야심 찬 목표를 밝혔다. 2020년까지 연간 매출을 두 배 이

삼성은 향후 10년 동안 이룰 엄청난 성장 목표를 가지고 있다.

상으로 끌어올리려는 삼성의 계획은 모호하지만 회사는 현재의 산업 및 시장에서의 입지를 강화하고 새로운 기회를 창출하기 위한 적극적인 로드맵을 제시했다.[2]

4단계 : 사업 포트폴리오 작성

수많은 SBU가 있는 회사의 경우, 전략 계획은 각각의 사업체에 자원을 어떻게 배분하여 조직의 성장을 담보할 수 있는 것인가에 대한 의사결정을 포함한다. 개별 SBU는 기업의 전략적 계획 속에서 고유의 사업 영역을 가지고 있으며, 그들만의 표적시장과 전략을 가지고 있다. 독립적인 사업체와 같이 개별 SBU는 고유의 비용, 수익, 이윤을 책임지는 거대 기업 내의 개별 이윤 창출 센터를 가지고 있다. 이러한 회계가 각 SBU별로 따로 이루어지는 것이다.

투자자들이 보유하고 있는 서로 다른 주식의 집합체를 포트폴리오라고 부르듯이 큰 기업이 운영하는 다양한 사업체들의 집합을 **사업 포트폴리오**(business portfolio)라고 한다. 이러한 서로 다른 사업체들은 일반적으로 아주 상이한 제품군을 대표하고, 운영을 위한 예산과 경영도 각각 별도로 이루어진다. 다각화된 사업 포트폴리오를 가지는 것은 기업이 단일 제품이나 단일 소비자군에 의존하는 것을 방지한다. 예를 들어, 디즈니 테마파크와 크루즈를 위해 여행을 많이 하지 않는 해에는 마케터가 소비자들에게 텔레비전 네트워크를 통해 디즈니 TV를 시청하거나 웹사이트를 통해 미키 마우스를 구매하도록 유도하면서 매출 손실을 메울 수 있기를 기대하게 된다.

포트폴리오 분석(portfolio analysis)은 기업의 경영 포트폴리오의 잠재력을 평가하는 데 사용되는 방법이다. 경영진에게 어떤 SBU가 기업의 자원을 더 많이 혹은 적게 배정받을 것인지를 결정하고, 어떤 SBU가 기업의 전체적인 미션과 잘 부합하는지를 알 수 있도록 도와준다. 포트폴리오 분석을 위한 모델들이 있다. 모델들 가운데 특히 유명한 보스턴 컨설팅 그룹(BCG)의 **BCG 성장-시장 점유 계량지표**(BCG growth-market share matrix)를 살펴보자.

BCG 모델은 기업이 다른 사업에 투자할 때 성공적인 SBU에 대한 현금자산을 창출할 수 있는 잠재력을 결정하는 데 그 초점이 맞추어져 있다. 📷 그림 3.3에 나와 있듯이 BCG 계량지표의 세로축은 시장의 매력도, 즉 **시장 성장률**(market growth rate)을 나타낸다. 그림에서는 시장 성장률이 '높음', '낮음'이라고 되어 있지만, 마케터들은 SBU 제품의 전체 시장 성장률을 연간 10%, 50%, 100%, 200%로 나타낼 수도 있다.

그림 3.3의 가로축은 시장 내에서 SBU의 현재 강점을 상대적인 점유율을 통해 보여준다. 마케터들은 SBU의 현재 시장 점유율을 5%, 25%, 75%로 나타낼 수 있다. 2개의 축이 결합하여 나

사업 포트폴리오 조직이 소유하고 소득 창출 및 성장 능력이 구별되는 서로 다른 제품 또는 브랜드

포트폴리오 분석 기업의 비즈니스 믹스를 평가하고 조직의 전략적 사업 단위의 잠재력을 파악하기 위한 관리 도구

BCG 성장-시장 점유 계량지표 보스턴 컨설팅 그룹이 개발한 포트폴리오 분석 모델로서 기업이 현금을 창출할 수 있는 성공적인 제품의 잠재력을 평가하거나 신제품에 투자할 때 활용하는 방법

그림 3.3 📷 스냅숏 │ BCG 계량지표

보스턴 컨설팅 그룹(BCG)의 성장-시장 점유 계량지표는 기업이 자신의 다양한 제품 또는 SBU를 별, 캐시 카우, 물음표, 개 등으로 분류하는 방법이다. 매트릭스가 관리자들로 하여금 기업이 어떻게 성장해야 하는지에 대한 훌륭한 의사결정을 할 수 있도록 도움을 준다.

출처 : Product Portfolio Matrix, ⓒ 1970, The Boston Consulting Group.

별 시장 성장률과 점유율이 모두 높은 제품

캐시 카우 시장 점유율은 높지만 성장 잠재력이 낮은 제품

물음표 시장 성장률은 높지만 점유율은 낮은 제품

디즈니의 소매점은 다각화된 회사의 '물음표'다.

타내는 사분면은 네 가지 서로 다른 종류의 SBU를 보여준다. BCG의 각 사분면은 기호를 이용해 특정 범위의 시장 성장률과 점유율로 구분하고 상징적으로 명시한다. 각 사분면에 대해 좀 더 자세히 알아보도록 하자.

- **별**(stars) 성장 가능성이 높은 시장에서 지배적인 시장 점유율의 제품들을 갖고 있는 SBU이다. SBU가 압도적인 시장 점유율을 가지고 있기 때문에 별은 거대한 이익을 창출하지만 동시에 생산과 촉진 수요를 충족시키기 위해 거대한 자금이 요구된다. 별은 그들 스스로가 자금을 창출하기 어렵기 때문에 사업의 다른 파트로부터 자금에 대한 투자가 필요하다. 물론 별에 의해 직접적으로 발생한 수익은 다시 별에게 재투자될 것이다. 예를 들어, 최근 디즈니는 디즈니 스튜디오를 '별'로 바라보고 있으며, 루카스 필름과 스타워즈 유니버스의 지적 자산으로 상당한 이윤을 창출할 수 있다. '스타워즈 에피소드 VII: 전설의 귀환'이 아바타를 몰아내고 미국 시장의 새로운 기록을 달성하면서, 전 세계적으로 20억 달러 이상의 수익을 창출했다.[3]

- **캐시 카우**(cash cows) 성장 가능성이 낮은 시장에서 지배적인 시장 점유율을 갖고 있다. 새로운 회사들에게는 기회가 그다지 많지 않기 때문에 경쟁자들은 이 시장에 잘 진출하지 않는다. SBU는 잘 성숙되어 있으며, 동시에 기업은 최소한의 자금으로 사업을 유지할 수 있는 높은 시장 점유율을 가지고 있다. 기업은 대체로 캐시카우 자금을 이용하여 다른 SBU의 성장을 지원한다. 물론 기업의 목표가 수익을 올리는 데 있다면 성장 잠재력이 없거나 지나치게 많은 수의 캐시 카우는 부담이 될 수도 있다. 디즈니에게 테마 파크는 캐시 카우에 적절한 SBU이다. 매출은 기본적으로 오랜 시간 동안 안정적이다. 올랜도의 할리우드 스튜디오에 있는 월트 디즈니 월드는 스타워즈 유니버스 전용 부분의 14구역을 건설하기 위하여 여러 구역을 폐쇄하였다. 그 결과로 테마 파크는 새로워지고, 방문자들에게 매력적으로 다가갈 수 있을 것이다.[4]

- **물음표**(question marks) 성장 가능성이 높은 시장에서 낮은 시장 점유율을 갖고 있는 SBU는 '문제 있는 자식'이라고도 종종 불린다. 사업 단위가 물음표인 경우, 핵심 이슈는 투자와 새로운 전략을 통해 '별'로 변모할 수 있는가의 여부이다. 예를 들어, 기업은 더욱 많은 자산을 제품을 위한 마케팅에 쏟아 붓고 시장 점유율이 개선되기를 기대해볼 수 있다. 그러나 물음표의 문제는 지속적인 투자에도 불구하고 사업의 실패가 이루어질 수 있다는 것이다. 그러므로 회사는 물

음표에 대한 투자를 신중하게 결정해야 하며, 그것이 어떠한 것도 이득이 없는 채 부정적인 자금 흐름과 실망을 안겨줄 수 있다는 것에 대해서 고려해야 한다. 디즈니의 경우, 디즈니의 오프라인 상점들이 이 물음표 카테고리에 포함되는데, 전문 소매 상점 전체와 비교했을 때 이들의 실적이 지난 몇 년간 정체하고 있기 때문이다. 오늘날 대부분의 소매점처럼 디즈니 온라인 상점은 상당히 훌륭한 실적을 보여주고 있다.

- **개**(dogs) 성장 가능성이 낮은 시장에서 작은 시장 점유율을 가지고 있다. 특화된 제품을 제한된 시장에 공급하는 사업이므로 성장 속도가 빠르지 않다. 가능하다면, 거대 기업들은 이 카테고리에 있는 SBU를 작은 기업에게 팔거나 시장에서 제거한다. 정통 전략 기획자인 디즈니는 미라맥스 영화 스튜디오를 오래된 개(플루토와 구피 : 말장난을 의도한 것은 아님)

디즈니가 최근에 마블 코믹스를 인수하면서 엔터테인먼트 회사로서 안정된 별이 되었다.

로 확실하게 구분했다. 그 이유는 2010년이 끝날 때까지 17년 동안 판매했기 때문이다.[5] 또한, 2011년에는 디즈니 휴가 클럽이 워싱턴 D.C. 근처의 내셔널 하버에 새로운 주요 시설을 착수하기 위한 계획을 폐기했다.[6] 대침체 이래로, 이러한 움직임은 의심없이 '휴가 소유권'으로 불리는 시분할 시장에서의 불쾌감을 반영한다.

개 시장 성장률과 점유율이 모두 낮은 제품. 빠르게 성장할 가능성이 낮은 제한된 시장에서 특정 제품을 제안하는 사업에 해당됨

시장 침투 전략 현재 고객, 비사용자, 경쟁 브랜드 사용자를 대상으로 기존 제품의 판매를 늘리기 위해 고안된 성장 전략

디즈니와 같이, 오라클은 BCG 계량지표를 사용하여 제품 라인을 평가하고 미래 성장을 위해 어떤 곳에 투자할 것인지에 대한 중요한 의사결정을 할 수 있을 것이다. 오라클은 다양한 제품을 통해 시장 성장률 및 상대적 시장 점유율을 평가하고, 각 영역별 현금화 또는 현금 사용자의 정도를 확인함으로써, 다른 사업 기회에 더 투자할지 여부를 결정할 것이다.

5단계 : 성장 전략 개발

BCG 계량지표가 경영자들로 하여금 어떤 SBU에 투자를 해야 성장에 도움이 될 것인지 결정할 수는 있지만, 어떻게 성장으로 이끄는지에 대한 답을 주지 못한다. SBU의 성장을 새로운 소비자층을 찾는 것인가, 기존 제품의 새로운 다양성을 개발하는 것인가, 아니면 다른 성장 전략을 통해 이루어낼 수 있을 것인가? SBU 단계의 전략 계획 세우기의 한 부분으로 성장 전략에 대한 평가를 포함한다.

마케터는 서로 다른 성장 전략을 분석하기 위해 📷 그림 3.4에서 보여지는 것처럼 제품-시장 성장 계량지표를 사용한다. 계량지표의 세로축은 기존의 시장이나 새로운 시장에서의 성장 기회를 나타낸다. 세로축은 기업이 자원을 기존 제품에 투자하는 것이 더 나은지, 아니면 새로운 제품을 획득해야 하는지에 관한 것이다. 이 계량지표는 가장 기본이 되는 시장 침투, 시장 개발, 제품 개발, 다각화의 네 가지 마케팅 전략을 보여준다.

- **시장 침투 전략**(market penetration strategies) 기존 시장 내에서 사용자, 비사용자, 경쟁제품 사용자를 대상으로 기존 제품의 매출 증가를 추구하는 전략이다. 예를 들어, 음성 인식 시장은 애플

그림 3.4 📷 **스냅숏** | 제품-시장 성장 계량지표

마케터들은 제품-시장 성장 계량지표를 이용하여 여러 가지 성장 전략을 분석한다.

제품 역점

	기존 제품	신제품
기존 시장	**시장 침투 전략** • 기존 시장에서 기존 제품의 판매 증가	**제품 개발 전략** • 기존 시장에서 새로운 제품 판매를 통한 성장
새로운 시장	**시장 개발 전략** • 새로운 시장에서 기존 제품 소개	**다각화 전략** • 새로운 제품 및 새로운 시장을 통한 성장

시장 역점

의 시리, 마이크로소프트의 코타나, 구글 나우 등으로 비교적 많이 몰려 있지만, 아마존은 최근 몇 년 동안 제품 수용을 늘릴 수 있는 독립형 상품의 소개를 모색했다. 아마존의 에코 (Echo: '알렉사'라고 불리는 소프트웨어로 동작함)는 사용자가 스포티파이를 통해 특정 노래를 재생하고 우버를 호출하는 음성 인식 스피커이다. 아마존의 다양한 작업을 매우 편리하게 이용하기 위한 목적을 가지고 에코는 통합 목록을 개발하고 강조함으로써, 더 큰 시장을 확보할 수 있었다. 아마존은 에코와 알렉사 소프트웨어를 홍보하기 위해 텔레비전 방송의 황금 시간대인 슈퍼볼 50에 많은 돈을 투자했다.[7] 머지 않아, 아마존 사용자는 은행 업무를 수행할 수 있는 '가상 텔러' 제품을 만날 수 있을 것이다.[8]

- **시장 개발 전략**(market development strategies) 기존 제품을 새로운 시장에 소개하는 전략이다. 이 전략은 지리적으로 새로운 지역으로 사업을 확장하는 것 또는 동일한 지역에서 새로운 고객층을 끌어들이는 것을 의미한다. 예를 들어, 보잉사는 전 세계 여러 나라에서 항공기를 판매하고 있지만 최근 아프리카 시장에 처음으로 진입했다. 최근 쿠바와의 관계가 개선되어, 많은 미국 기업들이 쿠바 근처의 섬들을 새로운 기회로 간주하기 시작했다. 2016년 초, 매리어트의 스타우드 호텔 앤드 리조트는 쿠바에서 미국 최초로 약 60년 만에 호텔 운영이 이루어졌다. 글로벌 호텔인 스타우드에게는 쿠바의 정부 정책으로 수십 년 동안 제약을 받았던 매력적인 시장이 개방된 것이다.[9]

- **제품 개발 전략**(product development strategies) 기존 시장에 새로운 제품을 판매함으로써 성장하는 전략이다. 제품 개발은 새로운 아이템을 개발 또는 기존 제품을 바꾸거나 향상시켜 더 나은 제품을 제공하는 일종의 기업 제품 라인을 확장하는 것을 의미한다. 남부 캘리포니아에서 맥도날드는 케일, 달걀 흰자, 익숙하지 않은 미키 D 성분을 함유한 건강한 아침 식사를 시험하기로 했다.[10] 아침 식사 메뉴의 제품 개발 실험 및 성공은 건강에 관심이 많은 소비자로부터 추가적인 이윤 창출을 만들 수 있는 기회를 제공한다.

- **다각화 전략**(diversification strategies) 신제품과 새로운 시장을 강조하는 성장전략이다. 코카콜라는 영양 불균형과 비만에 대한 전 세계적 반발에 대처하기 위해 과당 옥수수 시럽의 장점을 뛰어넘는 다양한 브랜드와 제품을 선보인다. 핵심 브랜드의 판매가 감소함에 따라, 최근 코카콜라는 건강 음료로 알려진 혼합곡물 음료 제조로 유명한 중국의 추량 음료 제조 업체를 인수하고자 노력했다.[11] 또한, 최근 몇 년간 코카콜라는 건강에 좋은 것으로 알려진 식물 추출물인 스테비아 감미료를 바꾸면서 코카콜라 라이프를 개발했다. 건강 제품에 대한 수요가 가속화되면서, 코카콜라는 약해진 전통적 고칼로리 제품 포트폴리오에서 신흥 경제국에서의 기회를 포착한 다각화 전략으로 사업을 전환하고 있다.[12]

지금까지 배운 것들을 복습하자면, 전략 계획 세우기는 기업 강령의 개발, 내·외부 환경 평가(SWOT 분석), 목표 설정, 사업 포트폴리오 구성, 성장 전략 개발을 포함한다. 다음 절에서 우리는 마케팅 계획 세우기의 과정으로서 마케터들의 기능적 계획들에 대해 살펴볼 것이다.

쿠바는 정부의 규제가 해제되면서 미국 기업에게 유망한 시장이다.

헤드라인에서 가져온 사례

현실세계에서 윤리적/지속 가능한 의사결정

이 장의 초반에서는 포트폴리오 관리와 별, 캐시 카우, 물음표, 개로 구분되는 경영 기업에 대해 학습하였다. 제약 업계의 캐시 카우는 특정 건강 상태를 치료하는 수단인 약물 형태로 오랫동안 간주되었다. 이것은 실질적으로 큰 시장을 가지고 있지 않을 수도 있지만 특정 건강 상태로 고통받는 사람들에게는 유일한 선택일 것이다. 우리는 특정 약이 독점적 위치를 차지하고 있기 때문에, 제품 가격에 대한 민감성이 낮을 수 있다고 주장할 수 있다. 특히, 건강 상태를 치료하기 위한 유일한 선택이라고 판단한 의사의 처방이라면 더욱 그렇다.

제약회사는 사회의 요구사항과 수익의 균형을 맞추기 위해 공공 및 정부의 감시를 받고 있다. 일반적으로, 제약 업계는 혁신적인 신약을 시장에 출시하는 데 투자된 제품 개발 비용이 하늘을 치솟으며, 승인 일정도 매우 길다고 주장하고 있다. 터프츠 센터는 신약 개발 연구에 투자된 총비용이 26억 달러 이상이며, 개발 기간 또한 10년 이상이 소요되었다고 발표하였다.[13]

제약업은 위험도가 높은 비즈니스 모델이지만, '신약(next big drug)'이 성공하면 천문학적인 수익을 기대할 수 있다. 이러한 환경에서 혁신을 위한 자금 조달의 한 가지 방법은 성장 잠재력이 낮은 소규모 전문

시장에서 기존 의약품의 가격을 지속적으로 상승시키는 것이지만, 해당 의약품이 필요로 하는 전체 환자의 요구가 전체 매출에 영향을 미치지 않을 수 있다(제10장에서 가격 비탄력성을 학습하면서 가격 변동이 수요 변화에 의해 크게 영향을 받지 않음을 확인할 것이다).

최근 튜링 제약 회사는 자사 제품인 다라프림의 가격을 13.50달러에서 무려 750달러로 인상하면, 더 많은 사람들이 혜택을 볼 수 있도록 신약을 개발하는 데 투자할 수 있다고 주장했다. 당시 다라프림은 1만 명이 안 되는 사람들에게 처방되는 약이며, 면역 체계가 손상된 환자들에게는 기생충 감염과 싸울 수 있는 생명의 은인과 같은 존재였다. 튜링에 대한 대중들의 외면은 극에 달했다. 최고 경영자는 '생명 공학의 나쁜 소년'으로 비난받았으며 혐의와 관련은 없었지만 궁극적으로 사임했다.[14]

이러한 의약품은 크게 인기가 없을지 모르지만, 가격 인상의 폭이 크더라도 불법은 아니다. 제약 회사가 높은 재정적 위험을 감수하고 있으며, 모든 신약이 성공하는 것이 아니기 때문일 것이다. 대부분의 제품 개발 단계까지도 도달하지 못하며, 전적으로 재정적인 부담을 떠안아야 하기 때문에 최종 제품으로 이어지는 데 실패한다.[15]

> **윤리 체크 :**
>
> 제약 회사가 처방 의약품의 가격을 사업의 필요에 따라 원하는 수준으로 책정하는 것이 적절한가?
>
> □ 예   □ 아니요

3.3

목표

마케팅 계획의 순서를 설명한다.

마케팅 계획 : 마케팅 전략의 개발과 실행

지금까지 우리는 아주 광범위한 전략 계획에 중점을 두었다. 그러나 큰 밑그림의 관점은 우리가 설정한 목표를 향해 어떻게 나아가야 할 것인지를 설명해주지 못한다. 전략 계획에서 '번지르르 늘어놓은 말'들은 마케팅 매니저, 생산 매니저, 재무 매니저와 같이 하위 단계의 기능 분야 매니저들에게 압력으로 작동된다. 그들은 늘어놓은 말들을 실행시키고 조직과 SBU의 목표를 달성할 수 있는 기능 계획을 세워야 한다. 이 책은 마케팅 수업이고 마케팅 서적인 만큼, 기능 계획 단계에서 우리의 초점은 자연스럽게 마케팅 계획에 맞추어져 있고, 그것은 우리가 그림 3.1에서 보았던 계획의 다음 단계다.

제1장에서 살펴보았던 마케팅 믹스의 4P의 성공적인 기업은 성공 가능한 **제품**을 소비자가 원하는 가격에 공급할 수 있어야 하고, 그 제품을 올바른 소비자군에게 **홍보**할 수 있는 수단을 가지고 있어야 하며, 제품을 소비자들이 손쉽게 구매할 수 있는 장소에 위치시킬 수 있어야 한다는 것을 일깨워준다.

마케터가 방대한 양의 계획을 세워야 위와 같은 일들을 가능하게 한다. 마케팅 계획 세우기의 과정은 전략 계획 세우기와 아주 유사하다. 전략 계획 세우기와 마케팅 계획 세우기의 중요한 차이는 마케팅 믹스와 관련한 문제들, 즉 기업 제품, 제품 가격, 촉진 방법, 유통 방법 등을 주로 계획의 주안점으로 삼는다. 제1장에서 배웠듯이, 마케팅은 가치를 가진 재화의 창조, 소통, 유통, 교환에 초점을 두고 마케팅 계획을 세우는 것은 이러한 마케팅의 중요한 요소들을 성공적으로 만들어내는 데 중심적인 역할을 한다. 이제 그림 3.5를 이용하여 마케팅 계획 세

그림 3.5 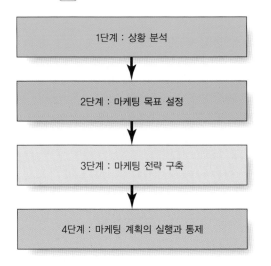 과정 | 마케팅 계획 세우기의 순서

1단계 : 상황 분석
↓
2단계 : 마케팅 목표 설정
↓
3단계 : 마케팅 전략 구축
↓
4단계 : 마케팅 계획의 실행과 통제

우기 과정에 포함된 여러 단계들에 대해 좀 더 자세히 알아보도록 하자.

1단계 : 상황 분석

마케팅 계획 세우기의 첫 번째 단계는 마케팅 환경을 분석하는 것이다. 제2장에서 우리는 마케팅 담당자에게 영향을 주는 경제적, 기술적, 정치적 및 법적, 사회 문화적 환경에 영향을 미치는 네 가지 주요 외부 요소에 대해 살펴 보았다. 이를 위해 마케팅 책임자는 회사의 SWOT 분석을 기반으로 마케팅 계획에 영향을 미치는 환경에 대한 정보를 검색한다. 예를 들어, 오라클은 표적 시장의 일반적인 이해만 가지고 제품을 위한 효과적인 마케팅 프로그램을 만들기 어려웠다. 오라클은 구체적으로 어떤 매체를 통해야 잠재적 고객들이 좋아하는지, 제품에 대한 어떤 메시지가 이 고객들로 하여금 구매를 하도록 할 것인지, 고객들은 회사의 새로운 서비스나 고객 관리에 대해 어떠한 경로로 소통을 하고 싶어 하는지, 잘 이해하고 있어야 한다. 또한 오라클의 경쟁자들이 고객들을 대상으로 어떤 마케팅을 하고 있는지 잘 파악하고 있어야 효과적인 계획을 세울 수 있다.

2단계 : 마케팅 목표 설정

마케팅 매니저가 마케팅 환경에 대해 확실히 이해했다면, 다음 단계는 구체적인 마케팅 목표를 설정하는 것이다. 마케팅 목표와 기업 목표는 무엇이 다른가? 일반적으로 마케팅의 목적은 기업의 마케팅 믹스와 관련한 요소들과 관련 있는 세밀한 것들이다. 사업 목표와 마케팅 목표 사이의 관계를 다음과 같이 생각해보자. 사업 목표는 기업 전체의 운영을 이끄는 역할을 하는 반면, 마케팅 목표는 기업이 궁극적으로 사업 목표를 달성하기 위해 마케팅 기능을 달성해야만 하는 목표들을 명시한다. 그리하여 오라클의 마케팅 목표는 제품 개발, 가격 설정 전략, 구체적인 마케팅 커뮤니케이션 방법과 같은 마케팅 믹스와 관련된 요소들을 결정하는 것이다.

3단계 : 마케팅 전략 구축 – 표적시장 선택과 마케팅 믹스 전략 구축

마케팅 계획 세우기의 다음 단계는 마케팅 매니저가 실질적인 마케팅 전략을 세우는 것이다. 다시 말해, 마케팅 목표를 달성하기 위해 반드시 수반되어야 하는 활동들에 관한 의사결정이다. 마케터가 어떤 시장을 표적으로 할 것인지에 대한 의사결정을 하고, 시장에서 제품의 위치를 설정하는 실질적인 마케팅 믹스 전략[제품, 가격, 판촉, 장소(공급망)]을 개발하는 것을 의미한다. 이 단계에서 마케터는 소비자들이 경쟁제품과 비교하여 자신의 제품을 어떻게 생각하는지를 파악해야 한다.

제1장에서 언급했듯이, 표적시장은 기업이 선택하는 세분 시장으로서 기업은 자사 제품이 해당 세분 시장에 속한 고객들에게 가장 잘 팔릴 것이라 믿는다. 기업은 잠재적 수요(제품을 사기 위해 기꺼이 돈을 쓸 것이라 생각되는 소비자의 수)를 평가하고 시장의 주요 고객을 대상으로 지속 가능한 경쟁우위를 창출할 수 있을 것인지를 판단한다.

리 청바지는 제품 포트폴리오를 다각화하였다.

마케팅 믹스에 관한 의사결정은 마케팅이 기업의 표적시장 내에서 제품, 가격, 판촉, 유통을 통해 그 목표를 어떻게 달성할 것인지를 정하는 것이다. 좀 더 나은 설명을 위해 다양한 항공사의 접근법을 비교해보자.

오늘날 많은 승객들은 항공사 서비스 특징 중 하나로 더 큰 수하물을 싣기 원한다.

- 제품은 마케팅 믹스의 가장 기본이 되는 부분(기업은 판매할 제품 없이 이윤 창출이 어렵다)이므로 신중하게 수립된 **제품 전략**(product strategy)은 마케팅 목표를 달성하는 데 필수적이다. 제품 전략은 제품 디자인, 포장, 브랜딩, 지원 서비스(예 : 유지보수), 그리고 제품에 변화를 주려면, 특성 표적 고객에게 원하는 특별한 혜택을 제공할 것인지 등에 대한 것이다. 한 예로 알래스카 항공은 표준 중심 공간(pivot bin)보다 48% 더 많은 기내 수하물을 수납할 수 있도록 기내 공간을 제공하는 보잉 737 항공기 버전을 최초로 운항한 항공사이다.[16] 만약 당신이 기내 가방을 검사하는 비용과 번거로움을 느끼고 싶지 않고, 마지막 가방 검사를 마친 후 게이트에 도착해서 기내에 가방을 놓을 공간이 없었던 경험을 가지고 있다면, 당신은 알래스카 항공의 넓은 기내 수화물 공간의 크기에 관심을 가질 것이다.[17]

- **가격 전략**(pricing strategy)은 기업이 제품에 대해 얼마만큼의 가격을 매길 것인가를 결정한다. 물론 가격은 고객들이 기꺼이 감수할 수 있는 것이어야 한다. 그렇지 않을 경우 다른 모든 마케팅 노력들은 수포로 돌아간다. 최종 소비자를 대상으로 하는 가격을 책정하는 것과 더불어 가격 전략은 도소매업자들에 대한 가격 결정도 포함한다. 기업은 가격 전략의 기반을 비용이나 수요에 둘 수도 있고, 경쟁 제품의 가격을 기준으로 할 수도 있다. 최근 몇 년 동안 대부분의 항공사들은 티켓 가격에 포함시켰던 서비스에 대한 추가요금(위탁 수화물이 있는지에 대한 점검)을 청구해 왔다. 이러한 관행은 이윤을 높이기 위한 디번들링(Debundling)으로 알려져 있다. 델타 항공은 비용 절감의 혜택이 포함된 'Comfort+™'이라는 새로운 옵션을 제공하기 시작했다. 이 옵션은 스카이 팀 우선 탑승, 프리미엄 콘텐츠가 탑재된 오락, 무선 인터넷 접속, 알코올 음료 및 스낵, 다리를 펼 수 있는 넓은 좌석을 포함한다. 여행자들은 Comfort+™이 괜찮은 조건이라면 개별 비용을 지불하는 '리번들(rebundled)' 서비스를 쉽게 추가할 것이다.[18]

- **촉진 전략**(promotional strategy)은 마케터가 제품의 가치 제안을 표적시장과 어떻게 소통할 것인지에 관한 것이다. 마케터는 제품 메시지와 메시지를 전달할 광고, 영업 판촉, 공중 관계, 직접 마케팅, 인적 판매를 통한 촉진 전략을 사용한다. 많은 기업들이 그들의 메시지를 고객들에게 전달하기 위해 위에 나열한 모든 것들을 사용한다. 에미레이트 항공은 전 세계로 항공편을 운항하는 국제 항공 회사이다. 에미레이트는 항공 여행이 보편화된 오늘날 항공기 내 기능 및 경험에 중점을 두고 고급스러움과 편안함을 제공하고 있다. 이러한 인식을 높이기 위해 에미레이트 항공은 고객들에게 새로운 브랜드 홍보대사인 제니퍼 애니스톤을 내세워 주요 광고 캠페인을 시작했다. 광고에서 제니퍼 애니스톤은 미국 항공기의 퍼스트 클래스 승객들을 위한 스낵코너, 개인 침실, 샤워 룸도 없는 기내를 떠돌아다닌다(오! 끔찍해라!). 광고는 그녀의 끔찍한 꿈에 대해 바텐더와 이야기를 나누는 동안에 한 시간 정도 더 비행할 수 있을지 물어보면서 에미레이트 항공의 고급 기내 시설을 사용하면서 끝난다.[19]

캘리포니아의 아몬드 재배업자들은 견과류가 건강에 좋다는 점을 강조하여 소비를 증대시키는 마케팅 전략을 구사한다.

- 유통 전략(distribution strategy)은 기업이 어떻게, 언제, 어디에서 표적 고객들에게 제품을 공급하는지(장소에 관한)에 대한 윤곽을 잡아주는 전략이다. 유통 전략을 개발할 때, 마케터는 반드시 제품을 최종 소비자에게 직접 판매할 것인지, 도소매상을 통해 할 것인지를 결정해야만 한다. 과거 항공사는 여행사를 통해 티켓을 고객에게 대면 또는 전화로 직접 판매하였지만, 오늘날 고객들은 주로 트래블로시티와 같은 공급 업체를 통해 온라인 티켓을 구매한다. 온라인 판매를 통해서 고객들은 이점을 얻을 수 있다. 예를 들어, 고객들은 한눈에 최고의 항공사 요금 및 운항 일정을 살펴볼 수 있고, 항공편, 호텔 및 렌터카와 같은 여행 서비스를 예약할 때 할인을 받을 수 있다. 예를 들어, 그들이 받을 수 있는 최고의 거래는 익스피디아가 2016년 2월 29일의 윤년을 기념하기 위해 앱에서 제공한 '호텔 예약 시, 29% 할인' 혜택이었다.[20]

4단계 : 마케팅 계획의 실행과 통제

계획이 수립되면 계획을 실행에 옮겨야 한다. 실제로 마케터는 마케팅 계획을 실행하기 위해 다양한 요인들을 처리하는 데 상당히 많은 시간을 보낸다. 오라클은 마케팅 환경을 이해한 후에 최적의 목표와 전략을 수립하고, 생각을 정리하여 정식 계획으로 문서화시키고 난 후에야 비로소 성공적인 계획을 수립한다. 모든 기업이 마찬가지로 계획을 어떻게 실행하느냐가 시장에서 기업의 존폐를 좌우하는 일일 것이다.

실행 단계에서 마케터는 설정한 마케팅 목표를 실제로 어느 정도까지 충족시킬지에 대한 판단을 모색해야만 한다. **통제**(control)라고 불리는 공식적인 감시 과정은 다음과 같은 단계로 이루어진다.

1. 실제 성과를 측정한다.
2. 설정된 마케팅 목표나 전략을 성과와 비교한다.
3. 분석을 바탕으로 목표나 전략을 조정한다. 조정에 대한 문제는 성공적인 마케팅 계획 수립의 가장 중요한 점을 부각시킨다. 마케팅 계획은 바위에 새겨진 것이 아니며, 마케터는 변화가 불가피한 경우에 유연하게 대처하여 계획을 조정할 수 있어야 한다. 효과적인 통제를 위해, 오라클은 개별 마케팅 계획과 연관된 적절한 계량지표를 설정해야 한다.

마케팅 목표를 세우고 마케팅 전략이 얼마나 성공적인지 측정하는 **계량지표**를 만들고 나면 전략에 어떤 변화가 필요한지 결정할 수 있다. 예를 들어, 오라클이 특정 제품 라인의 시장 점유율을 20% 늘리고자 한 1분기 목표가 설정된 1분기 목표에 겨우 맞춘다면 어떻게 해야 하는가? 통제 과정은 시장 계획자가 계획한 회사의 목표를 왜 달성하지 못하고 있는지를 주의 깊게 살펴보는 것을 의미한다. 이것은 내적 요인에 의한 것인가, 외적 요인에 의한 것인가, 아니면 둘 다인가? 원인이 무엇인지에 따라 오라클은 마케팅 전략(제품 교체, 가격 조정, 광고 증가 또는 변화)을 조정해야 한다. 또 다른 방법으로 오라클은 마케팅 목표를 조정하여 그 목표가 조금 더 실질적이고 실현 가능하도록 만들 수 있다. 이 시나리오는 앞서 논의했던 전략 계획 세우기의 중요한 부분을 잘 나타내고 있다. 목표는 세밀하고, 측정 가능하며, 실현 가능(그리고 **지속 가**

통제 실제 성과를 기존 마케팅 목적과 비교하고 조정함으로써 전략 혹은 목표를 수정해 나가는 과정능)해야 한다. 목표가 현실과 동떨어져 있을 때, 마케팅 계획에 연관된 모든 이들의 사기를 저하시키는 결과를 가져온다.

오라클을 비롯한 모든 기업들에게 효과적인 통제는 적절한 **마케팅 계량지표**(matrix)를 필요로 한다. 제1장에서도 이야기했듯이 마케팅 지표는 마케터가 다양한 전략과 구술에 대해 효과적으로 측정할 수 있게 만든다. 계량지표를 범주화하는 두 가지 일반적인 방법은 다음과 같다. (1) **활동 계량지표**(activity metrics)는 다양한 마케팅 과정의 일부로 회사에서 취해진 특정 활동을 추적하는 데 초점을 맞춘다. (2) **결과 계량지표**(outcome metrics)는 마케팅 과정으로 인한 핵심 사업의 결과로 식별되는 특정 이벤트를 측정하고 추적하는 데 초점을 맞춘다. 활동 계량지표의 예로는 영업사원이 한달 동안 고객에게 보낸 통화 수가 있을 것이며, 결과 계량지표의 예로는 해당 달에 발생한 통화로부터의 주문 수와 관련 있을 것이다.

계량지표는 오늘날 마케팅에서 매우 중요하므로 제5장의 마케팅 분석 및 '빅데이터'와 함께 광범위한 주제로 다루게 될 것이다. 제2장에서 살펴본 바와 같이, 기업의 지속 가능성 및 사회적 책임에 대한 마케팅 성과의 통제와 측정을 유지하기 위한 이해는 매우 중요하다. 지속가능성은 이윤 창출뿐만 아니라 윤리, 환경, 사회적 책임 등의 중요한 문제들에도 관심을 갖는 등의 행위를 통해 좋은 실적을 내는 기업과 관련이 있다. 마케팅 계획 세우기에서 기업이 단기적인 실적을 통제하는 데만 초점을 맞추어 지속 가능한 전략을 수행하는 것은 바람직하지 않다.

오늘날 CEO들은 마케팅에 대한 투자가 장기적으로 기업의 재정적 및 비재정적 성공에 어떤 영향을 미치는지를 수량화하는 데 급급하다. **투자수익**(return on investment, ROI)이라는 단어를 들어본 적이 있을 것이다. 마케팅 맥락에서 우리는 **마케팅 투자수익**(return on marketing investment, ROMI)이라고 한다. 사실 마케팅을 비용이 아니라 투자로 여기는 것은 아주 중요하다. 이 시각의 차이는 기업이 사업을 잘 운영해 나가기 위해 좀 더 전략적으로 마케팅을 이용할 수 있느냐 하는 문제와 직결되어 있기 때문이다. ROMI는 현대의 많은 기업들에게 마케팅이 이윤 창출에 얼마나 기여하는지를 분석할 수 있게 하는 계량지표이다.

그렇다면 ROMI는 정확히 무엇인가? ROMI는 특정 마케팅 캠페인이나 프로그램에 대한 투자로 생성된 이윤을 주어진 위험 수준에서(위험 수준은 그 특정 프로그램에 대한 경영진의 분석으로 정해진다) 해당 프로그램의 지출로 들어간 비용으로 나눈 것이다. 다시 말하면, 주요 단어는 **투자**이다. 계획 세우기에서 경영자가 마케팅을 비용이 아닌 투자로 생각하는 것은 구체적인 목표를 달성하는 데 사용된 마케팅 예산이다.[21]

다음은 ROMI의 개념에 대한 간단한 예시이다. 일반적인 마케팅 캠페인에 들어간 비용이 3만 달러, 새로운 수익이 15만 달러라고 가정해보자. 따라서 해당 프로그램의 ROMI는 5.0(ROI는 투자의 다섯 배)이다. 회사의 총마케팅 예산이 25만 달러이고 신규 매출액이 100만 달러인 경우 ROMI 장애물 등급은 4.0($1,000,000/$250,000)으로 간주된다. 이는 각 프로그램이 마케팅 지출 1달러당 ROMI 벤치 마크인 4.00달러의 이윤을 충족하거나 초과하도록 노력해야 함을 의미한다. 마케팅 캠페인은 ROMI 기준점을 초과하기 때문에, 해당 투자에 대한 지속성은 유지될 것이다.[22]

조직이 ROMI를 올바르게 이용하기 위해서는 (1) 가장 합당하고 일관적인 계량지표를 구별해야 하고, (2) ROMI 검토는 다른 주요 마케팅 계량지표(마케팅 자금 회수 – 얼마나 빠르게 마케팅 비용이 회수되는가)와 함께 이루어져야 하며, (3) ROMI가 만들어내는 행위들의 잠재적 장기 효과(다시 말해, 조직의 장기적인 지속 가능성)에 대해 충분히 고려해야 한다.[23] 다행스럽게 ROMI 이외에도 마케팅 성과의 특정 부분을 평가하는 마케팅 척도는 많이 있다는 사실이다. 제5장에서는 마케팅 담당자가 계획, 전략, 전술의 성공 수준을 측정하는 데 사용하는 유용한 계

활동 계량지표 기업 내 다양한 마케팅 과정에서 취해진 특정 활동들에 대해 측정 및 추적하는 계량지표

결과 계량지표 마케팅 과정으로 인한 핵심 사업의 결과로 확인된 특정 이벤트를 측정하고 추적한 계량지표

마케팅 투자수익(ROMI) 마케팅에 대한 투자가 재정적, 다른 형태로 회사의 성공에 영향을 미치는지에 대해 정량화하는 방법

실행 계획 계획 내에서 다양한 마케팅 전략을 실현하고 조절하기 위해 마케팅 계획에 포함된 개별 지원 계획. 실행 계획은 때때로 '마케팅 프로그램'으로 불리기도 함

량지표를 학습하게 될 것이다.

실행 계획

마케팅 계획에서 실행과 통제가 실제로 어떻게 나타나는가? 아주 쉬운 방법으로 다양한 마케팅 목표와 전략을 지원하는 **실행 계획**(action plan)을 세워 마케팅 계획 속에 포함시키는 것이다. 실행 계획('마케팅 프로그램'이라고도 불림)을 사용하는 가장 좋은 방법은 마케팅 계획의 실행과 관련한 각각의 중요 요소들마다 실행 계획을 개별적으로 세우는 것이다. 표 3.1은 실행 계획을 위한 견본이다.

예를 들어, 오라클의 첫 1/4 분기에 시장 점유율을 20%까지 늘리기 위한 목표를 뒷받침하기 위한 실행 계획의 사용을 고려해보자. 마케팅 계획은 목표에 도달하기 위한 마케팅 믹스의 요소를 어떻게 이용할 것인가와 관련된 다양한 전략들이 포함될 것이다. 다음과 같은 중요한 질문들을 생각해보자.

- 표적시장에서 중요한 근원적 욕구와 구체적 욕구는 무엇인가?
- 시장과 관련된 제품을 어떻게 배치할 것인가?
- 제품과 브랜딩 전략은 무엇인가?
- 그룹을 위한 가격 전략은 무엇인가?
- 표적시장에서 제품 홍보를 어떻게 할 것인가?
- 시장에 접근하기 위한 최상의 유통 전략은 무엇인가?

이처럼 중요한 전략적 문제들은 다양한 실행 계획을 필요로 한다.

실행 계획은 담당자들로 하여금 책임을 분담하고, 시간 계획을 세우고, 예산을 세우며, 마케팅 계획의 평가와 통제를 효과적으로 할 수 있도록 도와준다. 표 3.1에서 보이듯, 네 가지 과정

핵심 계량지표

ROMI는 마케팅 효과와 효율성을 판단하기에 항상 적절하거나 충분한가? 마케팅의 성공을 측정하는 데 있어서, ROMI를 전적으로 의존하는 것에 대한 일반적인 여섯 가지 반대 의견을 제시하였다.

1. 기업 회계 장부에서 마케팅 지출은 투자가 아닌 비용으로 표시되는 경우가 많다. 이 관행은 기업의 "마케팅 비용은 지출이다."라고 지속적으로 생각하게 만든다.
2. ROMI는 이익을 지출로 나누어야 하지만, 모든 최종 성과지표(재무 과목에서 배운 것처럼)는 지출을 공제한 후에 이익이나 현금 흐름을 고려한다.
3. 계산된 ROMI는 만약 문제의 마케팅 지출이 발생하지 않았다면 어떤 일이 일어날지 알아야 한다. 일부 마케팅 담당자들은 이러한 수치를 가지고 있다.
4. 일반적으로 ROMI가 마케팅 생산성을 위한 대표적인 단어로 인식되었지만, 아직까지 기업들은 ROMI를 상당히 다르게 계산하고 해석하고 있다는 데 수많은 증거가 있다. 경영진들이 ROMI에 대한 자신들만의 서로 다른 계산법으로 토론할 때 혼란을 야기시

킬 수 있다.
5. ROMI는 본질적으로 기업의 마케팅 자산(예 : 브랜드)의 영향을 무시하고 관리자들을 보다 단기적인 의사결정의 관점으로 이끄는 경향이 있다. 즉, 일반적으로 장기적인 영향이나 브랜드 자산의 변화를 보지 않고 단기간의 점진적 이윤과 지출만을 고려한다.
6. 그리고 장단기적 의사결정에 대해 말하자면, ROMI(단기적 정보에 초점을 맞춘 다른 계량지표들 – 특정 마케팅 캠페인)는 종종 경영진을 단기적 성과에 집중하도록 하여 기업의 지속 가능성에 대한 책임을 저해한다. 시장에서의 윤리는 모순되어서는 안 된다. 종종 비윤리적 행동은 신속하고 단기적인 마케팅 결과에 대한 요구에 의해 발생한다.[24]

계량지표 적용

1. 위의 ROMI에 대한 여섯 가지 반대 의견을 검토하고 학생들과 상의해보자.
2. 위의 여섯 가지 의견 중 두 가지를 선택하고, 마케팅 계획에서 잘못된 결정을 내리게 되는 구체적인 사례를 제시하라.

표 3.1 │ 실행 계획 견본

실행 계획의 제목	실행 계획에 적절한 제목을 붙여라.
실행 계획의 목적	실행 계획을 통해 달성하고 싶은 것은 무엇인가? 즉, 마케팅 계획에서 실행 계획을 지원하는 구체적인 목적과 전략은 무엇인가?
실행 계획의 서술	간단 명료하지만 철저하게 실행 계획을 설명하라. 어떤 단계들이 포함되는가? 실행 계획의 핵심은 여기에 있다. 여기에는 실행 계획의 의도된 목적을 달성하기 위해 해야 할 작업들이 서술되어 있다.
실행 계획의 책임	실행 계획을 수행하는 책임자가 개인 또는 조직 단위인가? 특정 외부 단체가 필요한가? 가장 중요한 것은 실행 계획에 대한 최종 '소유권'을 가지고 있는가? 즉, 조직 내에서 누가 책임을 지고 있는가?
실행 계획의 타임라인	계획을 완성하기 위한 특정 이벤트를 타임라인에 작성하라. 타임라인의 다양한 요소들의 책임자가 서로 다른 경우에는 해당 정보를 제공하라.
실행 계획의 예산	실행 계획을 수행하는 데 필요한 비용은 얼마인가? 상황에 따라 직접 비용만 포함되거나 간접 비용도 포함될 수 있다. 개별 실행 계획의 예산은 결과적으로 전체 마케팅 계획의 예산이다.
실행 계획의 평가와 통제	언제, 어떻게, 누가 실행 계획을 평가할 것인지에 대한 적절한 기준을 제시하라.

은 실행 계획의 최종 요소들이다. 마케팅 계획을 전체 관점으로 본다면, 때로는 실행하는 것이 거의 불가능해 보이기도 한다. 어느 것이나 그렇듯, 규모가 큰 프로젝트도 한 단계씩 차근차근 이루어져야 한다. 실제로 마케터들은 각 실행 계획의 최종 네 단계의 투입을 합쳐 마케팅 계획의 전체적인 실행과 통제의 부분을 완성한다. 각 요소들을 조금 더 면밀히 살펴보도록 하자.

책임 분담

마케팅 계획은 사람 없이 실행 불가능하다. 또한 마케팅 계획 세우기에 관여된 모든 사람이 마케터인 것은 아니다. 사실 마케팅 계획은 조직 대부분과 관련이 있다. 상위 경영진과 인사과는 계획의 목표를 달성하기 위해 필요한 인력을 효율적으로 배치할 수 있어야 한다. 제1장에서 배웠듯이 마케팅은 단지 마케팅 부서만의 책임이 아니다. 마케팅 계획은 실행보다 더 명확한 것은 아무것도 없다. 영업, 생산, 품질 통제, 배송, 고객 서비스, 재무, 정보 통신과 같은 목록은 마케팅 계획을 성공적으로 이끄는 데 일조할 것이다.

시간 계획 세우기

각각의 실행 계획은 요구되는 다양한 작업들을 수행하기 위해 시간 계획을 세워야 한다. 시간 계획은 전체 마케팅 계획에 반드시 포함되어야 하는 요소이다. 대부분의 마케팅 계획은 시간표를 플로우차트(flowchart)의 형식으로 그리는데, 계획의 부분들을 모아 통합적인 형태로 시각화하여 보여주는 데 효과적이기 때문이다. 마케터는 운영 관리에서 많이 활용하는 간트 차트(Gantt chart) 또는 PERT 차트를 이용하여 시간 계획을 세운다. 이것은 일반 사업자가 집을 지을 때 처음 삽을 뜨는 순간부터 완공에 이르기까지의 다양한 요소들을 계획하는 데 사용하는 도구와 같다. 궁극적으로 경영자는 마케팅 계획의 예산과 재무 관리에 관한 사항을 시간 계획 내에 표시해두어 현금 지출이 필요한 시기를 알 수 있다.

예산 편성

실행 계획의 각각의 요소들은 예산 항목을 가지고 있는데, 계획을 실행에 옮기는 데 필요한 비용이라는 가정하에 만들어진 것이다. 마케팅 계획과 관련한 필요 경비를 예측하는 것은 어려운 일이다. 그러나 예산 편성 과정에서의 정확도를 향상시키기 위한 방법으로, 개별 실행 계획의 지출을 최대한 정확하게 산출할 수 있도록 만드는 것을 목표로 두고 있다. 전체 마케팅 계획 단계

선행 지표 마케팅 담당자에게 현재 활동 계획에 대해 마케팅 활동을 조율하여 성과를 향상시킬 수 있는 방식으로서, 현재 노력의 성과에 대한 통찰력을 제공하는 성과 지표

후행 지표 실현된 결과를 바탕으로 실행 계획의 성과를 통찰 있게 제공하는 성과 지표

운영 계획 마케팅 계획의 일상적인 실행에 초점을 둔 계획. 운영 계획에는 수행할 구체적인 활동에 대한 세부 지침과 책임자, 작업 수행을 위한 시간표가 포함됨

에서 경영자는 전체 예산을 설정하고, 마케팅 계획 세우기 단계를 통해 예산을 추적한다. 경영자는 각 예산 항목을 책임지는 당사자들에게 예산의 변동 사항을 보고하도록 한다. 예를 들어, 어떤 기업의 영업 부사장은 세부 영업 분야의 실적을 할당된 예산과 비교한 주간 혹은 월간 보고서를 받고, 예산이 과도하게 할당되어 있음을 알게 되었다고 하자. 부사장은 해당 영업 매니저에게 연락하여 예산을 정상적으로 돌려 놓기 위해 그들이 무엇을 해야 하는지 결정한다. 이 예산이 할당된 모든 기업의 기능 분야에 반복적으로 적용된다. 이를 통해, 예산은 그 자체로 통제의 주요한 요소이다.

측정과 통제에 대한 결정

앞서, 우리는 실제 성과를 측정하기 위한 정상적인 감시의 과정으로서 통제의 개념으로 수립된 마케팅 목표 혹은 전략과 성과를 비교하고, 이 분석을 토대로 목표 혹은 전략을 수정한다고 보았다. 마케터가 개별 실행 계획을 감시·통제하기 위해 사용하는 척도들은 궁극적으로 마케팅 계획에 대한 전체적인 통제 과정을 형성한다. 마케터들이 개별 실행 계획을 감시하고 통제하기 위해 사용하는 계량지표는 결과적으로 마케팅 결과의 전반적인 통제요소로 사용된다. 계량지표는 마케팅 결과의 **선행 지표**(leading indicators) 또는 **후행 지표**(lagging indicators)로 사용할 수 있다. 선행 지표는 마케팅 담당자가 관련 마케팅 활동을 (희망에 따라) 조정하여 현재 활동 계획에 대해 성과를 향상시킬 수 있는 방법으로, 현재 노력에 대한 성과의 통찰력을 제공한다. 후행 지표는 실현된 성과에 기반한 실행 계획의 성과를 반영한다. 후행 지표는 현재의 행동 계획 자체의 범위를 넘어서 개선과 함께 행동 계획의 검토 및 분석을 위한 기반을 제공한다. 즉, 다음 작업에 대한 사후 통찰력을 제공한다.

불행히도 많은 마케터들이 측정과 통제를 늘 잘하는 것은 아니어서 마케팅 계획을 절충해야 하는 경우가 생기기도 한다. 기업의 단기적 목표와 장기적 지속 가능성이 조화를 이루기 위해서는 좋은 척도의 선택이 중요하다는 것을 기억하자.

운영 계획 : 마케팅 계획의 실천

계획 세우기는 전략, (마케팅 계획과 같은) 기능, 운영의 세 단계에서 일어난다는 것을 상기하자. 앞서 우리는 마케터들이 상황을 분석하고, 마케팅 목표를 세우며, 마케팅 전략을 수립하고, 실행하고 통제하는 과정인 마케팅 계획 세우기에 대해 논의했다. 말하기는 쉽다. 그 어떤 좋은 계획도 글로 쓰여 있기만 할 뿐 제대로 실현되지 않으면 무용지물이다. 이를 위해 **운영 계획**(operational plans)이 있다. 운영 계획은 매일 어떻게 실천하는가에 초점을 맞춘 것으로, 쇠붙이에 페달을 달아 굴러가게 하듯이 마케팅 계획이 실행되도록 하는 역할을 한다.

운영 계획은 앞서 논의한 영업 매니저, 마케팅 커뮤니케이션 매니저, 브랜드 매니저, 마케팅 연구 매니저와 같은 일선의 매니저들이 해야 하는 일이다. 운영 계획은 대체로 전략 계획이나 마케팅 계획에 비해 단기 계획(1~2개월 정도)으로 이루어지며, 구체적인 행위들의 수행 방향과 행위의 책임 소재, 각 업무를 이행하는 시간표 등을 포함한다. 실제로 표 3.1에 제시한 실행 계획의 견본은 운영 단계에서 주로 적용된다.

매니저들이 계획의 성공을 가능하기 위해 사용하는 수많은 마케팅 계량지표들은 사실 운영 계획 단계에서 사용된다. 예를 들어, 기업의 영업 매니저가 기업-고객 관계와 관련한 광범위한 척도, 즉 신규 고객의 수, 월간 영업 전화, 고객 회전율, 고객 충성도 등을 추적할 책임을 맡았다고 하자. 운영 단계에서 수집된 데이터는 상위 경영진에게 보내진 다음, 기능 단계 혹은 그 상위 단계의 계획 세우기에 활용된다.

쉽게 해보자! 마케팅 계획 수립 견본을 사용하라

여기에서 서술한 계획의 단계는 전형적이고 서면으로 작성된 마케팅 계획을 문서화한다. 이 장의 마지막 부분에서는 보충 자료로 마케팅 계획의 견본이 있다. 견본은 당신이 마케팅 계획의 '빈칸을 채울 수 있도록' 정보를 편하게 활용할 수 있을 것이다. 이 견본은 계획의 각 부분에서 당신이 대답해야 하는 질문들을 제시하고 있다. 또한 마케팅 계획을 세우기 위해 필요한 각 장의 쟁점이 되는 부분을 로드맵으로 제공한다. 당신이 이 책을 다 읽을 때 즈음엔 모든 조각들이 모여 실제 마케터들이 어떻게 현실적인 선택을 하는지에 대해 잘 이해할 수 있게 되기를 바란다.

앞서 지적한 바와 같이 , 마케팅 계획은 제품을 성공적으로 마케팅하기 위한 최상의 안내를 제공해야 한다. 대기업의 최고 경영진은 종종 서면으로 된 계획을 마케팅 매니저들한테 제출할 것을 요구한다. 생각을 글로 옮겨 봄으로써 마케팅 매니저들이 구체적인 목표와 전략을 효과적으로 표현할 수 있도록 해주기 때문이다. 작은 신생 기업에서는 잘 짜여진 마케팅 계획이 종종 기업의 꿈을 이루어줄 투자자들을 유치하는 데 핵심 요소가 되기도 한다.

목표 요약 ➡ 핵심 용어 ➡ 적용

제3장
스터디 맵

3.1 목표 요약

사업 계획 과정과 그 세 단계를 설명한다.

사업 계획 과정은 기업의 단기 및 장기간 동안 끊임없이 이루어질 의사결정의 과정이다. 조직 전체 또는 사업 단위를 이끄는 의사결정이 포함되며, 이것은 마케팅 환경을 설명하는 과정이나 결과의 보고서를 다루는 마케팅 계획과는 다르다. 즉, 마케팅 목표 및 전략을 구축하고 기업은 그들이 설정한 계획에 따른 전략을 어떻게 실현하며 통제할 것인지를 구분하는 것이다.

계획 수립은 세 가지 단계로 이루어진다. 전략 계획은 경영 의사결정 과정으로 기업의 자원과 능력을 장기적 성장을 위한 시장 기회와 일치시키는 것이다. 대기업은 **전략적 사업 단위**(SBUs)라고 불리는 수많은 내부 부서를 가지고 있다. 기능 계획은 마케팅, 재무, 인사 등, 기업의 다양한 기능 부서들이 참여한다. 또한 운영 계획은 기능 계획의 일상적인 시행에 초점을 맞추고, 연간, 반기 또는 분기의 상세한 계획을 포함한다.

핵심 용어

기능적 계획	사업 계획 수립	전략적 사업 단위
마케팅 계획	시장 계획	(SBUs)
사업 계획	운영 계획	전략 계획

3.2 목표 요약

전략 계획의 단계를 설명한다.

자체적 사업 단위를 가진 규모가 큰 대기업의 경우, 전략 계획 세우기의 첫 번째 단계는 최고 경영진이 전체 기업의 강령을 수립하는 것이다. 그리고 최고 경영진은 사업의 내부 및 외부 환경을 평가하고 기업 단위의 목표를 설정하여 개별 SBU 내의 의사결정을 지원한다. 개별 SBU를 가질 만큼 규모가 크지 않은 소기업의 경우, 전략 계획 세우기는 단순히 전체 기업 수준에서 이루어진다.

전략 계획 세우기의 1단계는 미션을 정의하는 것이다. 미션은 조직의 전반적인 목적과 고객, 제품 및 자원 측면에서 달성하고자 하는 내용을 설명하는 공식 문서이다. 2단계는 상황 분석이라는 프로세스를 통해 내·외부 환경을 평가하는 것이다. 이 분석은 나중에 조직의 강점, 약점, 기회, 위협을 식별하는 SWOT 분석 형식으로 이루어진다. 3단계는 구체적이며 측정 및 달성 가능하고 지속 가능한 조직 또는 SBU의 목표를 설정하는 것이다. 4단계는 대기업이 운영하는 다양한 사업 범위에 대한 포트폴리오를 수립하는 것이다. 다양한 사업 또는 단위에 가장 효과적으로 자원을 할당하는 방법을 결정한다. 이를 위해 관리자는 보스턴 컨설팅 그룹(BCG)의 성장-시장 점유율 계량지표를 사용하여 SBU를 별, 캐시 카우, 물음표, 개로 구분한다. 전략 계획 세우기의 마지막인 5단계는 성장 전략을 개발하는 것이다. 마케팅 담당자는 제품-시장 성장 계량지표를 사용하여 시장 침투, 시장 개발, 제품 개발, 다각화의 네 가지 기본 마케팅 전략을 분석한다.

핵심 용어

개	사업 포트폴리오	캐시 카우
기업 강령	상황 분석	포트폴리오 분석
내부 환경	시장 개발 전략	BCG 성장-시장
다각화 전략	시장 침투 전략	점유 계량지표
물음표	외부 환경	SWOT 분석
별	제품 개발 전략	

3.3 목표 요약

마케팅 계획의 순서를 설명한다.

큰 그림이 그려지면 마케팅 관리자, 생산 관리자 및 재무 관리자와 같은 하위 수준의 기능 영역 관리자는 조직 및 SBU의 목표를 달성하기 위한 기능적 마케팅 계획(가장 기본적인 작업)을 개발해야 한다. 이 마케팅 계획 과정의 단계는 전략 계획 단계와 매우 유사하다. 그러나 전략 계획과 마케팅 계획의 중요한 차이점은 마케팅 전문가가 마케팅 믹스의 4P와 관련된 문제에 집중하는 것이다. 관리자는 마케팅 환경에 대한 상황 분석(situational analysis)을 시작으로 회사의 브랜드, 크기, 제품 기능과 관련된 세분화된 마케팅 계획을 수립한다. 다음은 마케팅 관리자가 조직의 표적시장을 선정하고 어떤 마케팅 믹스 전략을 사용할지 결정한다. 제품 전략은 표적시장에서 주목을 받을 만한 제품과 제품 특성들에 대한 의사결정을 하는 것이다. 가격 전략은 유통업자 및 최종 소비자가 얼마만

큼 가격을 매길 것인지를 구체적으로 명시하는 것이다. 촉진 전략은 표적시장에 접근하기 위해 광고, 판매 촉진, PR, 대중화, 인적 판매, 직접 마케팅을 포함한다. 유통(장소) 전략은 표적 고객에게 언제, 어디에서 원하는 제품을 전달받을 수 있을지에 관한 것이다. 마케팅 전략이 구축되면, 마케팅 계획의 마지막 단계인 실행에 반드시 옮겨져야 한다. 통제는 실제 성과를 측정하고 이를 계획했던 바와 비교하는 것이다. 통제를 유지한다는 것은 '마케팅 척도'라고 불리는 구체적인 마케팅 성과 측정방법의 필요성을 반영한다.

운영 계획은 세일즈 매니저, 마케팅 커뮤니케이션 매니저, 마케팅 조사 매니저와 같은 실무 담당자에 의해 이루어지고 마케팅 계획의 그날그날 실행에 초점이 맞추어져 있다. 운영 계획은 대체로 단기 계획으로, 특정 행위에 대한 자세한 지시사항, 책임자가 누구인지, 언제 어느 때 실행에 옮겨질 것인지 등에 대한 내용으로 이루어진다. 효과적인 실행을 위해서 마케팅 계획은 반드시 운영 단계에서 계획을 지원하는 개별 실행 계획을 포함하고 있어야 한다. 각 실행 계획은 예산의 추정, 실행 시간 계획 세우기, 마케터들이 과정을 모니터링하고 계획과 달라지는 부분을 통제할 수 있는 적절한 지표 등을 필요로 한다. 종종 실제 실행 계획과 상이한 경우, 자원을 교체하거나 늘려야 하며, 변화하는 상황들을 인지해서 계획의 목적을 수정해야 한다.

핵심 용어

결과 계량지표	선행 지표	통제
마케팅 투자수익 (ROMI)	실행 계획	활동 계량지표
	운영 계획	후행 지표

연습문제

개념 : 지식 확인하기

3-1. 마케팅 계획은 무엇이며 사업 계획과 어떻게 다른가?

3-2. 전략, 기능, 운영 계획에 대한 세 가지 수준의 사업 계획 과정을 설명하라.

3-3. 기업 강령이란 무엇인가? SWOT 분석이란 무엇인가? 계획 과정에서 이들의 역할은 무엇인가?

3-4. 전략적 사업 단위(SBU)란 무엇인가? 기업 및 SBU 수준에서 전략 계획은 어떻게 다른가?

3-5. 전략 계획 프로세스의 5단계를 설명하라.

3-6. 기업이 SBU 계획 시, 포트폴리오 분석을 위해 BCG 모델을 어떻게 활용하는가?

3-7. 시장 침투, 제품 개발, 시장 개발 및 다각화에 대한 네 가지 사업 성장 전략을 설명하라.

3-8. 마케팅 계획 과정의 네 단계를 설명하라.

3-9. 마케팅 투자수익(ROMI)이란 무엇인가? 마케팅을 비용 대신 투자로 보는 기업에게 어떤 영향을 주는가?

3-10. 마케팅 지표에 대한 몇 가지 예를 제시하라. 마케팅 계획의 중요한 요소들의 진행 상황을 추적하는 데 있어서 마케터들은 각 지표를 어떻게 사용하는가?

3-11. 실행 계획이란 무엇인가? 마케팅 계획 세우기에서 실행 계획은 왜 그렇게 중요한 부분을 차지하는가? 마케터들이 마케팅 계획을 실행 계획을 통해 개별 요소로 구분하는 것이 왜 중요한가?

3-12. 운영 계획이 마케팅 계획을 어떻게 지원하는가?

실행 : 배운 것 적용하기

3-13. **창의적 과제/단기 프로젝트** 마케팅을 전공하는 학생으로서 당신은 대기업들이 여러 개의 전략적 사업 단위(SBU)로 업무를 조직한다는 것을 알고 있다. 대학도 SBU에 해당하는 많은 단과대학과 학과로 구성되어 비슷한 구조를 보인다. 당신의 대학이 어떻게 전체 학과 단위를 각각의 SBU로 구분하고 있는지 생각해보자. 이와 같은 계획을 실행하는 데 있어 문제점은 무엇인가? 학생들과 교직원들에게는 어떤 부분이 장점과 단점으로 나타날 것인가? 대학 SBU에 대한 당신의 분석을 수업시간에 공유할 수 있도록 준비해보자.

3-14. **창의적 과제/단기 프로젝트** 당신은 글로벌 수준에서 운영되는 기업의 제품이나 서비스를 하나 선정하자. 교재의 그림 3.4에서 제시된 지표를 사용하여 그것들이 각 범주(시장 침투, 시장 개발, 제품 개발, 다각화)에 적합한 예시인지 확인하라. 그리고 전략을 위한 특정 범주에 배치한 근거/정당성을 제시하라.

3-15. **창의적 과제/단기 프로젝트** 당신이 좋아하는 식당을 골라라. 두 가지 또는 세 가지 활동의 계량지표를 선별하고 해당 서비스의 싱과를 보다 잘 모니터링하거나 통제할 수 있다고 생각하는 결과 계량지표를 설정해보자. 선택한 각각의 기준이 서비스 성과를 평가하는 데 적합한 이유(문맥에서 결과 계량지표와 반대되는 활동 계량지표를 사용하기 적합한 이유를 포함)를 설명해보자. 이러한 계량지표 가운데 추적하기 쉬운 것을 구분하고 그 이유는 무엇인지 대답해보자.

3-16. **수업시간 10~25분 팀별 과제** 당신이 중소기업을 시작하려는 사람들을 돕는 전문 컨설팅 회사의 직원으로서, 헬스 클럽에 일반적인 운동과 웨이트 트레이닝, 그리고 신체 치료, 체중 감량 의사 및 기본적인 진단 검사와 같은 특정 유형의 의료 지원과 같은 새로운 개념을 도입하는 데 관심 있는 고객을 담당하게 되었다고 가정해보라. 공식적인 마케팅 계획을 세우기 위해 그나 그녀가 해당 서비스에 돈을 지불해야 하는 이유에 대해 고객을 설득시키는 역할극 방식을 취해보자.

3-17. **추가 연구(개인)** 크고 작은 사업은 수익성과 지속 가능성을 원한다면 계획을 해야 한다. 당신이 좋아하는 지역 사업 중 한 곳을 연락하여 기업의 사업 계획을 수립하는 담당자와 약속을 잡아라. 계획 과정 작업에 소요되는 시간, 얼마나 자주 업데이트 되는지, 어떤 정보의 유형들이 포함되는지 확인하라. 당신이 발견한 것들을 짧은 보고서에 요약해보자.

3-18. **추가 연구(그룹)** 디즈니처럼 SBU가 여러 개 있는 대기업을 선정해보자. BCG 모델을 사용하여 SBU를 모형의 각 범주인 별, 캐시 카우, 물음표, 개 중 하나 이상으로 할당해보자. 당신의 구분을 정당화하기 위해 각 범주당 적어도 2개를 포함하자. 수업시간에 공유하기 위해 간단한 발표자료를 준비해보자.

개념 : 마케팅 계량지표 적용하기

당신은 이번 장에서 대부분의 마케팅 담당자가 마케팅 계획 세우기의 성공 수준을 측정해야 한다고 압박감을 느꼈을 것이다. 그들은 마케팅 목표를 설정하고, 측정하고, 실행한다. 널리 사용되는 측정 기준 중 하나는 시장 점유율이며, 제품 카테고리 판매 비율을 자사 제품과 경쟁업체 제품의 비율 합으로 나타낸다. 예를 들어, 최근 통계에 따르면 전 세계 PC 판매에서 레노버는 약 21%의 점유율로 HP의 19% 점유율을 뛰어 넘었다.[25] 3위부터 5위는 델, 애플, 에이서가 차지하였다. 시장 점유율이 마케팅 목표를 표현하는 흔한 방법에도 불구하고 성과척도로서 가장 큰 비중으로 평가되고 있다. 이는 때때로 회사의 이익 강화의 목적보다 '자랑할 권리'가 될 수 있다. 특히, 태블릿 및 기타 장치가 PC를 대체함으로써 세계 PC 시장의 매출이 매년 감소하는 상황이다. 그 이유는 점유율 1위 기업은 수익성 높고 새롭게 성장하는 제품 라인에서 벗어난 투자를 꺼려하기 때문이다.

3-19. 당신은 어떤 조건에서 시장 점유율이 하나의 지표로서 기업에게 중요하다고 생각하는가? 주요 지표로 시장 점유율에 지나치게 의존하게 되면, 잠재적인 위험에는 무엇이 있는가? 이러한 의존성이 높은 기업을 운영하기 위해 어떤 자의적 행동을 해야 하나?

3-20. 시장 점유율이 감소하고 있는 PC 시장 이외의 다른 제품군에서 가장 높은 시장 점유율을 가진 기업을 구별하라. 그들의 수익을 어떻게 그려볼 수 있는가?

선택 : 당신은 어떻게 생각하는가?

3-21. 미션을 정의하는 것은 전략 계획 세우기의 첫 번째 핵심 단계이다. 많은 기업들이 그들의 웹사이트에 미션 선언문을 제시하여 대중들로부터 쉽게 접근할 수 있도록 한다. 당신은 기업의 미션을 누구나 볼 수 있도록 해야 한다고 생각하는가? 그 이유는 무엇인가? 만약 그렇지 않다고 주장한다면 그렇게 생각한 특정 상황이나 요인이 있는가?

3-22. BCG 성장–시장 공유 계량지표는 제품을 별, 캐시 카우, 물음표, 개로 구분한다. 당신은 이것이 조직의 사업을 검토하는 데 유용하다고 생각하는가? 각 범주에 적절한 제품의 예는 어떤 것들이 있는가?

3-23. BCG 계량지표의 개 범주에 속하게 된 제품은 회사의 시장 잠재력이 제한적이며 상대적으로 작은 시장 점유율을 가지고 있음을 의미한다. 이 프레임워크 내에서 개로 분류된 제품은 일반적으로 시장에서 철수를 위한 명백한 후보군이지만, 조직에서 현명한 방법이 아닌 경우도 있는가? 그렇다면, 회사는 개에 해당하는 제품을 유지하고 싶어하는가?

3-24. 이 장에서 우리는 기업이 어떻게 전략, 기능, 운영 계획을 세우는지에 대해 논의했다. 그러나 어떤 기업은 이런 공식적인 계획이 없이도 성공을 이루기도 한다. 당신은 기업이 성공하기 위해 계획 세우기가 필요하다고 생각하는가? 어떤 상황에서 조직의 계획 세우기가 중요하고 중요하지 않은가?

3-25. 대부분의 계획 세우기는 성장 전략을 포함한다. 그러나 성장을 추구하는 것이 늘 옳은 것인가? 당신은 조직의 목표를 확대하는 것이 아닌 축소하는 조직을 생각할 수 있는가? 성공을 위해 규모를 줄이기로 계획한 조직을 알고 있는가?

3-26. 대부분의 사람들이 성공적인 마케팅을 생각할 때, 회사 내부 문화는 즉각적인 성공 요인으로 떠오르지 않는다. 경영 과정에서 기업 문화에 대해 배웠을 것이다. 기업 문화란 무엇인가? 기업 문화가 훌륭한 마케팅을 수행하는 데 있어서 중요한 이유는 무엇인가? 마케팅을 위한 훌륭한 기업 문화라고 생각하는 측면의 예를 몇 가지 제시해보자.

3-27. 많은 회사들이 "마케팅은 비용이다."라는 사고 방식에 따라 행동한다. 당신은 마케팅이 비용이라는 의견에 동의하는가? 또는 마케팅을 투자로 간주해야 하는가? 마케팅이 비용/투자로 취급되는지에 대한 사업 표준이 있어야 하는가 아니면 개별 조직에게 자율권을 맡겨야 하는가? 그 이유를 설명해보자.

3-28. 관리자들 사이에서 흔히 하는 말은 "측정할 수 없다면, 관리할 수 없다."는 것이다. 마케팅 계량지표에 대해 과소 평가가 된 부분이 있는가? 계량지표의 단적인 관점에서 마케팅 사례나 특정 상황에 중점을 두는 것이 회사에 부적절하거나 해가 되는 경우가 있는가?

미니 프로젝트 : 행하면서 배우기

미니 프로젝트는 실질적인 경험을 통해 시장 계획에 대한 이해를 돕기 위함이다.

3-29. **a.** 시장 계획 프로젝트를 위해 다음 중 하나를 선택하라.
- 당신 자신(직업을 찾는 과정)
- 당신의 대학
- 당신의 대학의 특정 학과

b. 다음으로 시장 계획 과정의 다음과 같은 요소들을 개발하라.
- 기업 강령
- SWOT 분석
- 목표
- 표적시장에 대한 서술
- 포지셔닝 전략
- 목표를 달성하고 표적시장에 적합한 마케팅 믹스 전략(제품, 가격 책정, 유통 및 판촉 전략)의 간략한 개요

c. 이 장에서 제공된 기본 견본을 사용하여 마케팅 계획에 대한 간략한 개요를 준비해보자.

마케팅 행동 사례 아마존의 실제 선택

마케팅에서 어제의 성공은 곧 오래된 뉴스가 된다. 세계 최대 유통업체 중 하나가 기업의 이전 성과를 이루는 데 어떻게 계획할까? 소매 시장은 단순히 가격만으로 경쟁 기업과 차별화하는 것이 점점 어려워지고 있다. 아마존이 현재 이 문제에 직

면해 있으며 기존 고객을 유지하고 확장시키기 위한 지원 활동을 개발해야 한다. 이 작업을 이행하는 주요 활동 중 하나는 아마존 프라임을 개발한 것이다. 이 서비스는 2005년에 만들어졌으며 구매 상품을 미국 내에서 2일 내로 무료로 배송한다. 당시 연회비는 79달러였으며 동일 상품 배송 시, 할인된 1일 배송비가 적용되었다. 2014년의 수수료는 99달러로 인상되었고 고객 가치를 높이기 위해 더 많은 서비스가 추가되었다.

고객은 프리미엄 인스턴트 비디오를 통해 웹 브라우저나 다양한 아마존 비디오 호환 장치를 이용하여 영화 및 TV 프로그램을 스트리밍 할 수 있다. 현재 수만 권에 달하는 라이브러리는 잠재 고객을 유치하기 위한 폭넓은 선택권을 제공한다. 그리고 구독자는 쇼타임, 스타즈 및 기타 스트리밍 엔터테인먼트 채널과 같은 프리미엄 콘텐츠 공급자로부터 온라인 비디오 구독을 구입할 수도 있다. 애드온 서비스의 목적은 복잡한 기업 경쟁 환경에서 아마존 프라임으로 신규 고객을 유치하는 것이다. 2016년, 넷플릭스는 7,500만 명 이상의 가입자를 보유한 세계 최대의 스트리밍 비디오 콘텐츠 제공 업체이다. 또한 훌루는 스트리밍 서비스를 제공하는 월트 디즈니, 21세기 폭스, 컴캐스트의 NBC 유니버설 합작 회사이다.

프라임 서비스에 대한 아마존의 최신 기능 중 하나는 프라임 스토어 카드이다. 이 카드는 모든 아마존 제품 구입 비용의 5%를 현금으로 돌려준다. 149달러 이상을 구매한 고객들에게는 대해 5%의 현금 환급 대신 특정 금융 옵션을 선택할 수 있다. 여기서, 고객은 지불해야 하는 금액의 한계에 도달하면 초과액을 6개월, 12개월 또는 24개월 이내에 상환하는 조건으로 수수료 지급을 피할 수 있다. 또한 아마존에서 판매하는 몇몇 아이템들은 12개월 할부로 0% 금융 지원을 제공한다. 아마존의 주요 이점 중 하나는 비자, 마스터카드, 아멕스와 같은 전통적인 카드로 결제하는 것보다 프라임 스토어 카드 사용에 따른 거래 처리 비용이 낮다.

오프라인 소매점의 최고 이점 중 하나는 고객에게 온라인에서 제공하는 것 이상의 즉각적인 만족감을 제공하는 것이다. 아마존은 이러한 오프라인의 이점을 상쇄시키기 위해 서비스를 소개했다. 최근 일부 도시에 도입된 프라임 나우는 고객이 7.99달러의 수수료를 지불하면 1시간 이내에 상품을 수령할

수 있으며, 2시간 이내에 상품을 받고자 할 경우에는 무료인 서비스이다. 현재 프라임 나우 서비스를 사용할 수 있는 제품은 1만 5,000~4만 개로 제한되어 있으며, 프라임 회원은 수백만 개의 품목을 2일 배송으로 이용할 수 있다. 프라임 나우는 확실히 혁신적인 서비스이지만, 주문형 배송 서비스를 위한 일부 시장에서 구글 익스프레스 및 우버러시와 같은 경쟁자들이 존재한다.

아마존은 프라임이란 큰 그림에서 더 많은 서비스를 계속해서 제공할 것이다. 프라임 팬트리는 회원들이 식료품 및 가정용 제품을 가상 상자에 넣으면, 박스당 5.99달러에 배송해주는 옵션이다. 프라임 뮤직은 광고 없이 재생 목록에 접근하고 100만 곡 이상의 노래 및 앨범 카탈로그를 제공한다. 프라임 포토는 아마존 클라우드에 무제한으로 사진을 저장할 수 있는 공간을 제공한다. 이러한 연계적인 다양한 서비스 수많은 경쟁업체들의 관심을 불러일으키고 있다. 아마존이 앞으로 나아가기 위한 핵심 질문은 다음과 같다. 이와 같은 대형 포트폴리오를 어떻게 성공적으로 관리할 수 있을까? 아마존은 시간이 지남에 따라, 경쟁적인 시장에서 성공적인 아마존 프라임의 수익성을 위해, 장기적이고 지속적인 전략이 필요하다는 점을 신중하게 고려해야 한다.

당신의 결정

3-30. 아마존이 직면한 의사결정은 무엇인가?

3-31. 이러한 의사결정 상황을 이해하는 데 중요한 요인은 무엇인가?

3-32. 대안은 무엇인가?

3-33. 당신이 추천하는 의사결정은 어떤 것인가?

3-34. 당신의 제안을 실행하는 방법들은 어떤 것들이 있는가?

참고자료 : Tricia Duryee, "Future-Proofing Prime: Amazon's Plans Go Way Beyond Free Shipping," *GeekWire.com*, (April 26, 2014), http://www.geekwire.com/2014/future-proofing-prime-amazons-ambitious-plans-go-way-beyond-shipping/ (accessed April 5, 2016); Amazon.com, "About Amazon Prime," https://www.amazon.com/gp/help/customer/display.html/ref=hp_468520_norush?nodeId=20044 4160 (accessed April 5, 2016); Taylor Tepper, "Should You Get the Amazon Prime Store Card?" *Time.com*, July 24, 2015, http://time.com/money/3970639/amazon-prime-store-credit-card/ (accessed April 5, 2016); Jason Del Rey, "Prime Now Has Become Amazon's Biggest Retail Bet," *Re/code.net*, December 14, 2015, http://recode.net/2015/12/14/prime-now-has-become-amazons-biggest-retail-bet/ (accessed April 5, 2016).

개요

| C. 마케팅 전략 개발
↓　**3. 가격 전략**

질문

↓　• 소비자들에게 우리 제품의 가격을 얼마로
　　측정하고, 어떤 채널을 개발할 것인가?

장

　제10장 : 가격 : 제품은 얼마의 가치가 있는가?

마케팅 계획 수립

이 견본을 사용하는 방법

다음은 마케팅 계획을 수립하고 과정을 안내하는 로드
맵 역할을 하는 편리한 견본이다.

1. 첫 번째 열은 기본 마케팅 계획의 **개요**를 제공한다.
2. 두 번째 열은 마케팅 계획의 각 절에서 답해야 하
　는 **질문**들이 있다.
3. 세 번째 열은 책의 각 **장**을 읽으면서 답을 찾을 수
　있다.

당신이 모든 것을 수행했을 때, 모든 조각들이 맞추어
지면서 당신은 실제로 마케터들이 선택하는 방식에 대
해 이해할 수 있다.

마케팅 계획 개요

A. 상황 분석 수행
　1. 내부 환경

　2. 외부 환경

　3. SWOT 분석

B. 마케팅 목표 설정

C. 마케팅 전략 개발
　1. 표적시장 및 포지셔닝 선택

　2. 제품 전략

　3. 가격 전략

　4. 배포 전략

　5. 홍보 전략

D. 마케팅 계획의 수립 및 통제
　1. 실천 계획(모든 마케팅 믹스 요소)

　2. 책임

　3. 타임라인

　4. 예산

　5. 측정 및 통제

계획 설정을 위한 질문	당신이 궁금했던 질문들에 대한 장(제1~14장) 구성
• 마케팅은 회사의 사명, 목표 및 성장 전략을 어떻게 지원하는가? • 기업 문화란 무엇이며 마케팅 활동에 어떤 영향을 주는가? • 과거에 우리 회사는 목표 시장으로 무엇을 했는가? 제품? 가격? 홍보? 공급망? • 우리 회사가 갖고 있는 경영 전문 지식을 포함하여 어떤 자원이 우리를 독보적으로 만들어주는가? 회사는 과거에 자사 제품을 통해 어떻게 가치를 창출했는가?	제1장 : 마케팅 세계로의 초대 : 가치 창조와 전달 제2장 : 국제적·윤리적·지속 가능한 마케팅 제3장 : 전략적 마케팅 계획 제4장 : 시장 조사 제5장 : 마케팅 분석 툴 : 빅데이터의 시대로!
• 국내 및 글로벌 시장 전체의 제품 특성은 무엇인가? 시장은 얼마나 큰가? 누가 우리 제품을 구입하는가? • 경쟁자는 누구인가? 그들의 마케팅 전략은 무엇인가? • 경제적 환경의 주요 추세는 무엇인가? 기술 환경? 규제 환경? 사회문화적 환경?	
• 내·외부 환경 분석을 토대로 강점, 약점, 기회, 위협 요소(SWOT)에는 무엇이 있는가?	
• 우리 회사의 목표를 지원하기 위해 어떤 마케팅을 해야 하는가?	제2장 : 국제적·윤리적·지속 가능한 마케팅 제3장 : 전략적 마케팅 계획
• 소비자와 조직이 제품을 구매, 사용, 폐기하는 방법은 무엇인가? • 어떤 세분 시장을 선택해야 하는가? 만약 소비자 시장이라면 인구통계, 심리학 및 행동 세분화, 해당 세분 시장의 미디어 습관은 무엇인가? 만약 비즈니스 시장이라면 조직 인구통계는 무엇인가? • 시장에 우리 제품을 어떻게 배치할 것인가?	제4장 : 시장 조사 제5장 : 마케팅 분석 툴 : 빅데이터의 시대로! 제6장 : 소비자와 산업재 시장의 이해 제7장 : 세분화, 표적 마케팅, 포지셔닝
• 우리의 핵심 제품은 무엇인가? 실제 제품? 가상의 제품? • 우리는 어떤 제품 라인/제품 믹스 전략을 사용해야 하는가? • 제품을 포장, 브랜드화하고 레이블을 붙이려면 어떻게 해야 하는가? • 서비스 품질에 대한 관심을 우리의 성공으로 어떻게 강화시킬 수 있을까?	제8장 : 제품 I : 혁신과 신제품 개발 제9장 : 제품 II : 제품 전략, 브랜딩, 그리고 제품 관리
• 소비자 채널을 통해 우리 제품 가격을 책정할 것인가? 이 가격으로 얼마를 팔아야 수익을 창출하는가? 어떤 가격 정책을 사용해야 하는가?	제10장 : 가격 : 제품은 얼마의 가치가 있는가?
• 우리는 소비자에게 어떻게 제품을 가장 효과적이고 효율적으로 제공하는가? • 고객 및 기타 이해관계자에게 제공하는 가치를 극대화하기 위해 공급망 요소를 어떻게 통합하는가? • 우리 제품을 판매하기 위해 어떤 유형의 소매업체와 협력해야 하는가?	제11장 : 상품 배달 : 유통 전략 결정 제12장 : 고객 경험 전달 : 오프라인과 온라인
• 제품에 대한 일관된 메시지를 어떻게 개발하는가? 가장 효과적으로 입소문을 만들려면 어떻게 해야 하는가? • 광고, 판매 촉진, 소셜 미디어, 직접/데이터베이스 마케팅, 인적 판매 및 공중관계에 어떤 접근 방식을 사용해야 하는가? • 마케팅 커뮤니케이션 계획에서 영업 인력은 어떤 역할을 해야 하는가? 직접 마케팅은 어떻게 사용되어야 하는가?	제13장 : 촉진 I : 광고와 촉진 전략 제14장 : 촉진 II : 소셜 미디어 마케팅, 직접/데이터베이스 마케팅, 인적 판매 그리고 공중관계
• 우리는 마케팅 계획을 어떻게 수립하는가?	
• 마케팅 계획을 실현하고 성취하려고 하는 책임자는 누구인가?	제3장 : 전략적 마케팅 계획 제4장 : 시장 조사 제5장 : 마케팅 분석 툴 : 빅데이터의 시대로!
• 마케팅 계획의 요소를 설정하기 위한 적절한 타이밍은 언제인가?	
• 마케팅 목표를 달성하기 위해 필요한 예산은 얼마인가?	
• 마케팅 계획의 실제 성과를 측정하고 마케팅 목표를 달성하기 위한 계획된 성과를 진행 상황과 비교하는 방법은 무엇인가?	

시장 조사

Cindy Bean

신디 빈
▼ 캠벨 수프의 의사결정자

신디 빈은 캠벨 수프 회사의 소비자 통찰력 관리자이다. 2010년에 캠벨에 입사한 이래, 신디는 대부분의 시간을 소비자 근원적 욕구의 확인된 영역에 대응하는 전사적 혁신 파이프 라인을 구축하고 운영하는 2개의 신규 사내벤처 팀 중 하나에서 소비자 통찰력을 발휘해왔다. 신디의 팀은 여러 부서의 리더로 구성되어 탐사 영역을 반복적으로 파악하고 솔루션 또는 신제품 기회를 제공하는 아이디어를 신속하게 시제품으로 만들고 검증한다. 신디는 스칼렛 소스, 슬로우 쿠커 소스, 오븐 소스, 그리고 가장 최근의 그릴 소스를 포함한 성공적인 저녁 소스 제품군을 출시하는 데 참여해 왔다.

캠벨에 입사하기 전에는 신디는 다양한 사업을 관리하며 다양한 산업에서 일했다. 신디는 모더레이터 자격증을 갖고 정성적 연구 컨설턴트로 일해왔다. 그녀는 매출 및 시장 점유율 데이터, 경쟁 정보, 신디케이트 리서치, 현재 업계 상황 및 기타 관련 정보를 통합하여 존슨앤존슨의 비스타콘 경영진에게 비전 케어 사업의 월별 현황을 전달했다. 그녀는 포트폴리오 전반에 걸친 소비자 세분화 연구를 기획, 설계, 관리함으로써 와이어스 제약회사(현재 화이자) 여성의료제품의 마케팅 효과를 높였고, 항우울제인 프리스틱에 대한 통찰을 이끌어냈다. 그녀는 맥닐 컨슈머 헬스케어의 소아용 타이레놀, 상부 호흡기, 수면제(타이레놀 PM과 심플리 슬립) 연구를 주도했다. 또한 그녀는 회사 401(k) 및 403(b) 플랜을 포함한 뱅가드 그룹의 기관 사업 부문에서 연구 기능을 관리했다.

신디는 드렉셀대학교에서 학사학위를 받고 펜실베이니아주립대학교에서 MBA 학위를 받았다.

신디의 생각

휴식 시간에 주로 하는 일은?
남편과 두 아이와 함께 시간을 보내거나, 요가를 하거나 책을 읽거나 새로운 요리법을 시도하면서 보낸다.

졸업 후, 첫 직장은?
뱅가드 그룹에서 재무 분석가로 일했다.

직업과 관련하여 하지 않았으면 했던 실수는?
신제품 출시에 시간이 너무 오래 걸렸던 것이다. 완벽함은 존재하지 않지만 소비자가 실시간으로 그것과 상호 작용하는 것을 보고 수정함으로써 소비자가 원하는 것에 더 쉽게 접근할 수 있다.

지금 읽고 있는 경제 서적은?
다니엘 카네만의 *Thinking, Fast and Slow*

삶의 모토는?
통제할 수 있는 것에 대해서만 걱정하자!

무엇이 나를 움직이는가?
아이들에게 긍정적인 역할 모델이 되는 것 외에도, 사람들의 삶을 더 나은 삶으로 만드는 방법을 알 수 있을 만큼 그들을 이해할 필요가 있다.

관리 스타일은?
매우 협업적이고 활동 지향적이다.

인터뷰할 때 이것만은 하지 않았으면 하는 건?
당신의 행동에 대한 구체적인 대답을 기대할 때 당신의 과거에 대해 모호하게 대답하는 것

화나게 하는 것은?
자신의 행동에 대해 책임지지 않는 사람들

나의 문제는…

몇 해 전 캠벨은 정체된 수프 사업을 키우는 임무에 착수했다. 통조림 수프는 아직도 베이비 붐 세대들에게 인기가 있지만 젊은 소비자들은 그만큼 관심이 없다. 그들은 전자레인지로 데워 먹을 수 있는 식품이나 피자나 타코 같은 간편식에 의존하고 있다. 캠벨은 만약 회사가 18~34세 사이의 밀레니얼 세대 소비자 집단을 유인할 상품을 내놓지 못한다면, 자사의 핵심 사업이 위기에 처하게 될 것을 깨달았다. 이러한 고객은 미국 인구의 25%로 약 8,000만 명이다. 이들은 음식에 많은 돈을 쓰지만, 수프에는 거의 돈을 쓰지 않는다.

캠벨은 무엇이 밀레니얼 세대를 움직이게 하는지 이해하기 위해 총력을 기울였다. 우리는 어떤 종류의 수프가 그들에게 어필하는지 알기 위해 밀레니얼 세대의 문화와 습관을 조사했다. 나는 여러 부서 간 혁신 팀을 이끌고 있는데, 이 팀에서 젊은 소비자들과 일대일 및 그룹으로 수차례에 걸친 광범위한 대면 심층 면담을 진행했다. 우리는 젊은 사람들과 함께 그들의 집에서 식사를 하고, 그들의 찬장을 확인하고, 그들이 슈퍼마켓으로 쇼핑하러 갈 때도 따라갔다.

그런 노력 끝에, 팀은 통조림 수프와 관련된 모든 문제점들을 나열했다. 예를 들어, 그들은 우리에게 이 제품들이 너무 '가공된' 것으로 생각되며 맛이 단조롭고, 동질적이며, 자극적이지 않다고 말했다. 또 다른 흔한 불만은 소비자들이 찾는 건강에 좋은 성분(퀴노아, 케일 같은 유행하는 채소)이 부족하다는 것이다. 우리는 이 그룹이 '플렉시테리언'을 포함한다는 것을 발견했다. 즉, 그들은 며칠 동안은 채식주의 식사를 하고, 주말이나 특별한 날엔 갈망을 채우기 위해 고기를 먹는다. 그들은 지속 가능성, 식재료의 현지 조달, 기업 관행 등에 대해 신경을 쓰는 경향이 있다.

이러한 통찰력의 결과로 확인된 문제점들에 대한 잠재적인 해결책을 테스트하기 위한 제품 개념과 시제품을 개발했다. 우리는 실제 밀레니얼 세대로부터 받은 피드백을 바탕으로 솔루션을 세부 조정하면서 이러한 아이디어들을 포커스 그룹 앞에 제시하기를 반복했다.

이런 과정은 우리가 밀레니얼 세대에 대한 소구력을 향상시키기 위해 무엇을 할 수 있는지에 대한 훌륭한 통찰력을 주었다. 한 손쉬운 결정은 포장지를 캔에서 파우치로 바꾸는 것이었다. 응답자들은 파우치가 '신선한 재료'라는 메시지를 전달한다고 했다. 그리고 우리는 수프의 맛 프로필이 베이비부머들이 익숙한 구성보다 더 대담해야 한다는 것을 알았다. 우리는 이런 신제품 플랫폼을 만들기 위해 궁극적으로 다음 사항을 준수했다.

- 만족스럽고 편안한 식사를 원하는 젊은 성인들
- 보다 풍미 있는 삶을 추구하는 까다로운 취향을 만족시킨다.
- 항상 최신의 풍미와 포장을 신뢰할 수 있는 브랜드로부터 제공한다.

하지만 캠벨사의 현재 수프 포트폴리오를 감안할 때, 우리는 캠벨이라는 이름으로 이미 판매한 기존 제품과 다르게 이 밀레니얼 세대 겨냥 플랫폼을 포지셔닝해야 했다. 특히, 우리가 테스트한 아이디어들의 대부분은 캠벨의 슬로우 케틀 브랜드와 중복되었다. 슬로우 케틀 브랜드는 캠벨을 포장용 프리미엄 수프군에 포함시키기 위해 만들어졌다. 소비자들이 식당의 수프에서 즐기는 풍부하고 복잡한 맛에 점점 더 관심을 갖게 되자, 우리는 그런 경험을 가정으로 가져올 기회를 보았다. 우리의 요리 팀은 '신

캠벨의 슬로우 케틀과 고 브랜드

경 써서 준비한' 느낌을 가져오기 위해 슬로우 케틀을 만들었다. 비록 여전히 슈퍼마켓 수프 판매대로부터 오더라도 맛도 친숙하고, 푸짐하고, 다른 통조림 수프보다 품질도 좋고, 포장은 집에서 만든 것이라는 점을 전달하기 위한 것이었다(그것은 타파웨어처럼 통에서 나온다). 그 브랜드는 수입이 많은 밀레니얼 세대를 겨냥하고 있다. 그 제품군에 대한 소매가격이 프리미엄이 붙은 3.25달러이기 때문에, 캠벨에게는 작지만 흥미로운 기회를 제공하고 있다.

분명히 우리는 밀레니얼 세대의 관심을 끌면서, 이것이 '당신 아버지의 수프'가 아님을 분명히 하고, 동시에 슬로우 케틀 브랜드와의 혼동을 피할 수 있는 새로운 상품을 만들어내기 위한 최선의 방법을 찾기 위해 더 많은 일을 해야겠다.

당신의 선택

무엇을 선택할 것인가? 그 이유는?
☐ 선택 1   ☐ 선택 2   ☐ 선택 3

신디가 고려한 세 가지 선택 1·2·3

1 선택

밀레니얼 세대를 겨냥한 수프를 제공하기 위해 수프 포트폴리오 내에 새로운 공간을 개척한다. 우리는 새로운 상품이 캠벨사의 다른 브랜드에서는 얻을 수 없는, 조리 수프에 대한 독특한 욕구를 충족시킨다는 것을 입증해야 할 것이다. 이 전략은 우리에게 전적으로 밀레니얼 세대의 요구에 기초하여 처음부터 새로운 브랜드를 만들 기회를 줄 것이다. 그 브랜드는 수프 외에도 아마도 밀레니얼 세대의 요구에 맞게 포지셔닝된 간편식, 푸짐한 이동 중 간식과 같은 다른 식품들을 포함할 것이다. 이 새로운 제품 라인은 매우 독특해서 우리의 포트폴리오의 다른 부분들, 특히 슬로우 케틀의 매출을 잠식하는 것에 대해 걱정할 필요가 없을 것이다. 하지만 브랜드를 만드는 것은 비용이 많이 들고 위험하다. 인지도를 높이고 시용을 장려하기 위해 적어도 3년간은 투자를 해야 할 것이다. 우리는 슬로우 케틀과 같은 어느 정도 비슷한 제품을 제공하기 때문에, 만약 우리가 새로운 브랜드를 분리하기 위한 정말 확실한 메시지를 만들어내지 못한다면 우리는 시장에 혼란을 가져옴으로써 자기 무덤을 파는 격이 될 것이다.

2 선택

기존 브랜드를 밀레니얼 세대 포트폴리오의 얼굴로 위상을 재정립한다. 우리의 슬로우 케틀 브랜드는 이미 이러한 젊은 소비자들의 요구를 충족시킬 수 있는 많은 요소들을 가지고 있다. 약간의 변화가 있다면, 우리는 아마도 그것을 목표 시장과 부합할 수 있는 제품으로 바꿀 수 있을 것이다. 이 접근 방식은 완전히 새로운 브랜드를 구축하는 것보다 투자가 적게 든다. 또한 이러한 수프를 생산할 수 있는 내부 제조 능력을 이미 보유하고 있다. 한편으로, 밀레니얼 세대에게 마케팅할 때 진짜가 아니라고 인식되는 제품을 제공하는 심각한 실수를 할 수도 있다. 슬로우 케틀 브랜드가 이미 시장에 나와 있기 때문에, 이들 현명한 젊은 소비자들은 기존의 상품에 몇 가지 수정하는 정도로는 그들에게 진짜로 다가가는 것은 아니라고 결정할 수도 있다. 밀레니얼 세대는 뜨거운 난로에서 끓는 수프보다 빠른 '가짜'로 보이는 제품에서 달아날 것이다.

3 선택

위험을 감수하지 말고 기존 솔루션을 고수한다. 독특한 밀레니얼 세대 제품에 투자하는 것은 너무 많은 비용과 시간이 소요될 수 있다. 그리고 새로운 솔루션은 우리의 노력을 정당화하는 데 충분한 ROI를 제공하지 못할 수도 있다. 이러한 보수적인 솔루션을 통해 건실한(비록 정체된) 기본 비즈니스를 유지하는 데 자원을 집중할 수 있다. 우리는 익숙한 캠벨 브랜드의 향수에 소구하기 위해 광고를 늘릴 수 있다. 왜냐하면 밀레니얼 세대도 때때로 이런 종류의 소구에 잘 반응하기 때문이다. 한편으로, 만약 이런 버티기 전략이 역효과를 낸다면, 우리는 새로운 소비자 세대 전체와 무관해질 위험이 있다. 그럴 경우에는, 우리는 고령화된 충성 고객이 결국에는 소멸됨에 따라 계속해서 적자를 경험할 것이다. 만약 경쟁자들이 최종적으로 밀레니얼 세대의 공간에 들어가게 된다면, 그들이 이 귀중한 표적고객을 붙잡을 때 우리는 방관할 수밖에 없게 될 것이다. 우리는 대부분의 소비재(CPG) 회사들이 이 새로운 세대를 만족시키기 위해 유사한 조치를 취하고 있다는 것을 알고 있다. 많은 전통적인 브랜드들은 자연 색상으로 전환하고 있고, 인공 감미료와 고과당 옥수수 시럽을 제거하고 있으며, 어떤 경우에는 유전자 변형 식품에 대한 소비자들의 우려를 해결하기 위해 비유전자 변형 상표로 바뀌고 있다. 변화가 다가오고 있다는 것에는 의심의 여지가 없다.

당신이 신디라면 무엇을 선택할 것이며, 그 이유는 무엇인가?

4.1 아는 것이 힘

목표
마케팅 의사결정에서 마케팅 정보 시스템과 마케팅 의사결정 지원시스템의 역할을 설명한다.

이제까지, 성공적인 마케팅 계획 수립은 매니저들이 정보에 기반한 의사결정으로 조직을 이끌어가는 것임을 알게 되었다. 그런데 마케터들은 실제로 어떻게 이런 선택을 하게 되는 것일까? 구체적으로 마케터들은 마케팅 목표를 수립하고 표적시장을 선정하고 제품의 위상을 재정립하고 제품, 가격, 촉진, 유통 전략을 개발하는 데 무엇이 필요한지를 어떻게 알아내는 것일까?

이 질문에 대한 대답은 (두구두구…) 정보이다. 정보는 마케팅 엔진을 가동하는 연료이다. 마케팅 정보 시스템 분야에 유명한 약어로 GIGO(Garbage In, Garbage Out)가 있다. "무가치한 데이터를 넣으면 무가치한 결과가 나온다."는 의미이다. 효과적인 의사결정을 위해 마케터들은 '쓰레기'가 아닌, 최근의 정확하고 적절한 정보를 가지고 있어야 한다. 이런 요구를 이해하기 위해, 마케터들은 먼저 필요한 정보를 확인하기 위해 다양한 조사와 데이터 수집에 참여해야 한다.

이 장에서 우리는 마케터들이 정보를 얻기 위해 사용하는 도구들에 대해 논의해볼 것이다. 그런 다음, 제5장에서 마케팅 분석 툴을 통해 의사결정에 시장 조사를 적용하는 방법에 대해 자세히 알아볼 것이다. 다음 장들에서, 우리는 소비자와 조직이 어떻게 그리고 왜 구매하는지 그리고 마케터들이 표적 마케팅을 통해 어떻게 그들의 초점을 더 날카롭게 다듬게 되는지를 자세히 살펴볼 것이다.

시장 조사라는 주제에 뛰어들기 전에, 한 가지 질문이 있다. 자신의 고객에 대해 더 많이 알기 위해 연구를 수행하는 마케터는 어떠한 윤리적 도전도 받아서는 안 된다. 그렇지 않은가? 뭐 완벽한 세상에선 그럴 수도 있지만, 실제로 마케팅 연구의 여러 측면들은 윤리적인 문제를 일으킬 만한 소지가 있다. **시장 조사 윤리**(market research ethics)는 마케팅 조사를 수행하는 과정에서 참여자들에게 피해를 주지 않는 윤리적이고 공명정대한 접근법을 선택하는 것을 의미한다.

조직이 데이터를 모을 때, 사생활 침해나 비밀 유지와 같은 중요한 문제들이 대두된다. 마케터들은 조사 응답자와 일을 함에 있어서 그들이 어떻게 데이터를 이용하는지에 대해 명확하게 밝혀야 하고 응답자들에게 비밀 유지와 익명성에 관한 선택사항들을 충분히 고지해야 한다. 예를 들어, 당신의 진짜 의도는 직접 마케팅을 위해 잠재적 고객에 대한 **데이터베이스**(database)를 구축하는 것이면서 마치 마케팅 조사인 것처럼 가장하여 데이터를 수집하는 것은 비윤리적이다. 데이터베이스는 연락처, 제품, 고객, 재고 등에 대한 정보를 제공하기 위해 검색 및 문의를 처리할 수 있는 조직된 데이터 집합(대개 전자적)이다. 응답자와의 신뢰를 악용하는 기업들은, 비윤리적인 연구에 종사한다는 사실이 외부로 알려졌을 때―그들의 명성에 해를 입힐 수 있는 치명적인 위험에 처하게 된다. 이는 향후 연구를 진행할 때 참가자를 모으기 어렵게 만들고, '우물에 독을 푸는 격'으로 소비자들이 기업을 신뢰하지 못하게 하여 다른 기업의 연구 또한 어렵게 만든다.

시장 조사 윤리 시장 조사 과정에서 연구 참가자들에게 해가 되지 않도록 마케팅 조사를 실행하는 윤리적이고 공정한 접근법을 활용하는 행동

데이터베이스 연락처, 제품, 고객, 재고품 등에 대한 정보를 제공하기 위해 검색 및 문의를 처리하는 데이터의 체계적 수집 형태 (주로 전자 형태)

마케팅 정보 시스템(MIS) 먼저 마케팅 매니저가 원하는 정보가 무엇인지 파악하고 시스템 사용자에게 관련된 적절한 마케팅 정보를 수집, 분류, 분석, 저장, 배포하는 과정

마케팅 정보 시스템(MIS)

많은 기업들이 **마케팅 정보 시스템**(marketing information system, MIS)을 이용하여 정보를 수집한다. MIS는 마케팅 관리자들이 필요로 하는 정보를 먼저 결정하는 과정이다. 그런 다음에 사용자에게 적시에 관련된 마케팅 정보를 수집, 분류, 분석, 저장 및 배포한다.  그림 4.1에서 보듯이, MIS는 다음과 같은 세 가지 중요한 요소를 포함한다.

그림 4.1 과정 | **마케팅 정보 시스템**

기업의 마케팅 정보 시스템(MIS)은 다양한 소스의 데이터를 저장하고 분석하여 유용한 마케팅 의사결정을 내릴 수 있도록 데이터를 정보로 변환한다.

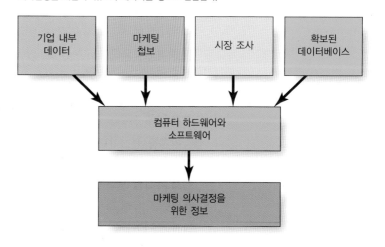

1. 네 가지 유형의 데이터(기업 내부 데이터, 시장 첩보, 시장 조사, 확보된 데이터베이스)
2. 데이터 분석과 보고서 작성을 위한 컴퓨터 하드웨어와 소프트웨어
3. 마케팅 의사결정자를 위한 결과

여러 원천에서 MIS에 데이터를 '공급'한 다음, 시스템의 소프트웨어가 이를 '소화'시킨다. MIS 분석가들은 결과물을 이용하여 다양한 의사결정자들을 위한 보고서를 정기적으로 만들어낸다.

인트라넷 사내 부서, 직원, 데이터베이스를 연결하기 위해 인터넷 기술을 이용한 기업 내부 커뮤니케이션 네트워크

시장 첩보 시스템 마케터가 사업과 관련하여 전 세계에서 일어나는 정보들을 수집하는 데 사용하는 방법

역설계 경쟁 상대의 제품을 물리적으로 분해하여 제품 구성 방법을 확인하는 과정

MIS의 네 가지 데이터 원천들의 각각에 대해 자세히 살펴보자.

기업 내부 데이터

기업 내부 데이터 시스템은 조직 내의 정보를 이용하여 매출과 마케팅 활동에 관한 결과 보고서를 만들어낸다. 기업 내부 데이터는 기업의 매출 기록, 즉 어떤 고객들이 어떤 제품을, 얼마만큼, 얼마 만에 구입하는지, 어떤 품목이 재고가 있고 어떤 품목이 재고가 없어 이월 주문되었으며, 언제 해당 품목이 고객에게 배송될 것인지, 어떤 품목이 불량으로 반품되었는지 등에 대한 정보를 포함한다.

종종 MIS는 현장의 판매사원과 영업 관리자에게 회사의 **인트라넷**(intranet)을 통해 내부 기록을 접할 수 있도록 해준다. 인트라넷은 기업의 부서, 직원, 그리고 데이터베이스를 연결하기 위해 인터넷 기술을 사용하는 기업 내부 커뮤니케이션 네트워크이다. 인트라넷은 권한이 있는 직원들만이 접근이 가능하도록 되어 있다. 현장의 판매사원과 영업 관리자들이 기업의 MIS에 접속하기 위해 인트라넷을 사용할 수 있을 때 더 나은 고객 서비스를 제공할 수 있다. 왜냐하면 가격, 재고 수준, 생산 일정, 배송일자, 고객의 매출 기록 등에 관한 정보에 즉각적으로 접속할 수 있기 때문이다. 사내 인트라넷 개념과 관련해서 **고객관계관리(CRM)**에 대한 개념이 있으며, 이는 제5장에서 더 자세히 다룰 것이다.

본사의 마케팅 매니저들은 회사의 내부 데이터 시스템을 통해 일간 또는 주간 단위로 브랜드별, 제품라인별 매출 데이터를 살펴볼 수 있다. 그들은 매출 목표와 시장 점유율 목표 달성도를 점검하기 위해 월별 매출 보고서를 열람할 수도 있다. 예를 들어, 아칸소주 월마트 본사의 구매자와 관리자들은 제품, 판촉, 가격 경쟁력, 심지어는 회사의 유통 시스템에 대한 문제를 신속하게 발견하기 위해 전국의 매장 현금등록기에서 얻은 최신 판매 정보를 활용한다.

시장 첩보

제2장에서 다루었듯이, 효과적인 의사결정을 하기 위해 마케터들은 마케팅 환경에 대한 정보가 필요하다. 따라서 MIS의 두 번째 중요한 요소는 **시장 첩보 시스템**(market intelligence system)으로, 마케터들이 자신들의 사업과 관련된 세계의 상황에 대한 정보를 얻는 방법이다. 첩보(intelligence)라는 용어는 어쩌면 스파이 활동을 연상시킬 수도 있지만, 사실 회사가 자신이 처한 환경(경쟁 환경을 포함)에 대해 필요로 하는 거의 모든 정보들은 회사 웹사이트, 업계 간행물, 또는 경쟁 시장에 대한 직접적인 현장 관찰 등 일상적인 출처를 모니터링하여 얻을 수 있다.

또한 판매원들은 매일 '전면에 서서' 고객들, 배급업자들, 그리고 잠재적 고객들과 대화를 나누기 때문에 귀중한 정보의 원천이다. 소매업자들은 때로 '미스터리 쇼퍼'를 고용하여, 고객으로 위장시켜 자신들의 매장과 경쟁사의 매장을 방문하게 하고 이들이 사람들을 어떻게 대하는지 파악하기도 한다. (돈을 받고 쇼핑하는 것을 상상해보라!) 정보는 또한 경쟁 제품에 대해 조직 구매자들과 이야기를 함으로써 얻어질 수도 있고, 무역 박람회를 방문한다든지, 아니면 단순히 경쟁 상품을 구매하고, 이용하고, 심지어는 해당 제품이 어떻게 구성되어 있는지를 알아보기 위해 제품을 물리적으로 분해해보는 **역설계**(reverse engineering)를 통해서도 얻을 수 있다.

마케팅 관리자는 제2장에서 읽은 다양한 외부 환경 요인(경제 상황, 정치적 문제, 소비자 인식을 제고시키는 사건들을 포함)에 따른 매출 변동을 예측하거나, 발전하는 추세를 따라잡기 위해 미래를 예측하는 데 시장 첩보 데이터를 사용할 수 있다. TV 방송국들은 넷플릭스와 같은 플랫폼을 통해 소비자들이 점점 더 몰아보기 시청을 하는 것을 관찰해왔고, 그 결과로 그들의 쇼를 소비자들의 변화하는 선호와 기대에 부응하는 방식으로 제공하기 시작했다. 예를 들어,

TBS는 '몰아보기－마라톤'이라는 이름이 붙여진 25시간짜리 행사에서 코미디 시리즈인 '엔지 트라이베카'에 대한 모든 에피소드를 방영했다. 이 전략은 수많은 젊은 시청자들을 끌어들이는 데 효과가 있었다. 시청객의 3분의 1은 TBS에게 전혀 새로운 시청자들이었다.[1]

시장 조사

시장 조사(market research)는 마케팅 효과성을 개선하기 위해 고객, 경쟁자, 경영 환경 등에 관한 데이터를 수집하고 분석하고 해석하는 것을 말한다. 마케팅 연구라는 용어는 종종 시장 조사와 상호 교환하여 사용되지만, 그러나 정확히는 **마케팅 연구**는 범위가 보다 넓고 종종 마케팅 분야의 학자들이 해당 분야에 대해 수행하는 연구의 유형을 의미하는 데 비해, **시장 조사**는 마케팅 전문가가 시장과 소비자에 대해 수행하는 조사 유형을 말한다. 회사는 마케팅 첩보 데이터를 수집하여 매니저들을 지속적으로 시장에서 일어나는 일에 정통하도록 하지만, 관리자들이 특정한 결정을 내리는 것을 돕기 위해 특별한 정보가 필요할 때 시장 조사 역시 요청된다.

그들의 사업이 멋진 패션 액세서리를 십 대들에게 판매하는 것이든, 산업용 냉각제를 공장에 판매하는 것이든, 기업들은 고객이 무엇을, 언제, 어디서 원하는지, 경쟁업체들이 이런 고객의 욕구에 대해 어떻게 하고 있는지에 대한 이해가 있을 때 성공할 수 있다. 그것에 대해 무엇을 하는지 알 때 성공을 거둔다. 다시 말해, 기업이 정확한 마케팅 정보를 많이 얻을수록 그 기업은 더욱 성공할 수 있는 것이다. 따라서 사실상 모든 회사들이 어떤 형태로든 마케팅 조사에 의존한다. 조사의 규모와 형태는 회사마다 완전히 다를지라도. 일반적으로 MIS에서 구할 수 있는 마케팅 조사 데이터는 신디케이트 조사 보고서이거나 맞춤 조사 보고서들이다.

신디케이트 조사(syndicated research)는 전문 회사가 정기적으로 수집하여 다른 기업들에게 판매하는 일반적인 정보이다. INC/The QScores Company 등이 그 예로, 이들 회사는 1,800명 이상의 유명 인사들에 대한 소비자 인식에 관한 보고서를 작성하여 광고에 유명 인사를 모델로 쓰고 싶은 회사들에게 이 보고서를 판매한다. 이 회사는 또한 만화 캐릭터, 스포츠 스타, 심지어 고인이 된 유명 인사들에 대해서도 소비자의 관심 정도를 등급으로 매긴다.[2] 코미디언 빌 코스비는 역대 가장 높은 QScore 기록을 보유하고 있다. 불행하게도, 최근의 범죄 혐의와 관련된 부정적인 언론의 맹공격에 비추어 볼 때, 이전에 사랑받았던 코미디언의 QScore는 아마도 역사상 가장 큰 QScore 변화로 자취를 감추게 되었다.[3] 신디케이트 조사 보고서의 또 다른 예로는 닐슨의 텔레비전 등급과 닐슨(예전의 아비트론)의 라디오 등급이 있다. Experian Simmons Market Research Bureau와 Mediamark Research Inc.는 소비자의 구매 행동과 매체 사용 실태, 그리고 응답자들의 지역적 인구통계학적 특성에 대한 정보를 결합하는 신디케이트 조사 회사이다.

아무리 가치 있는 것이라 할지라도, 신디케이트 조사는 모든 마케팅 관련 질문에 대한 답을 주지는 못한다. 왜냐하면 이 조사가 수집하는 정보라는 것은 대개 얕고 광범위하기 때문이다. 예를 들어, 이 조사는 누가 무슨 텔레비전 쇼를 시청하는지 또는 어떤 향수 브랜드가 올해 인기가 많은지 등과 같은 일반적인 경향을 파악하는 데 유용하다. 반대로 **맞춤 조사**(custom research)는 단일 기업이 특정 질문에 대한 답을 얻기 위해 실시하는 것이다. 이러한 종류의 조사는 특히, 기업들이 왜 특정한 경향이 나타나는지에 대해 더 자세히 알고자 할 때 유용하다.

어떤 기업들은 기업 내부에 자체적인 조사 담당 부서를 두어 연구를 하게 하기도 한다. 그러나 많은 기업들이 의뢰인의 요구에 맞추어 프로젝트를 제작·진행하는 전문적인 외부 조사 업체들을 고용한다. 만일 여러분이 퍼즐을 푸는 것을 좋아하고, 무엇이 소비자들을 움직이게 하는지에 대해 알고 싶어 한다면 이것은 멋진 유망한 직업이다! 이런 맞춤 조사 보고서는 MIS가 포함하는 또 다른 종류의 정보이다. 마케터들은 새로운 제품의 시장 기회를 알아보기 위해, 기

시장 조사 마케팅 효과성을 개선하기 위해 고객, 경쟁자, 경영 환경 등에 관한 자료를 수집, 분석, 해석하는 활동

신디케이트 조사 정기적으로 정보를 수집해서 다양한 회사에 보고서를 판매하는 리서치 회사에 의해 수행된 조사

맞춤 조사 기업 경영자가 필요로 하는 특정 정보를 제공하기 위해 조사된 연구

하라스 같은 첨단 기업들은 라스베이거스 같은 장소에서 사람들이 무엇을 하는지 아주 잘 알고 있다. 데이터에서 일부 고객들이 특정 호텔을 선호하거나 특정 유형의 게임 또는 특정 유형의 쇼를 선호하는 것으로 나타나면, 이들 고객은 자신의 취향에 맞는 촉진 자료를 받게 된다. 슬롯 게임을 즐기는 사람들은 슬롯 토너먼트에 대한 알림을 받고, 마술 쇼의 팬들은 랜스 버튼이 출연 예정일 때 정보를 받는다.

존 제품을 촉진하기 위해, 또는 제품의 품질·사용자·이용 방법에 대한 정보를 제공하기 위해 시장 조사를 이용한다.

확보된 데이터베이스

마케팅 의사결정에 있어 유용한 많은 정보는 외부 데이터베이스의 형태로 존재한다. 기업들은 이런 데이터베이스를 다양한 원천에서 얻을 수 있다. 예를 들어, 어떤 기업들은 그들의 고객 데이터베이스를 비경쟁사에 팔기도 한다. 미국 인구통계국, 노동통계국 및 기타 기관이 수집하는 방대한 양의 경제 및 인구통계 정보를 포함한 정부 데이터베이스는 적은 비용으로 또는 무료로 제공된다. 주정부나 지역정부는 자동차 등록 허가 데이터 같은 정보들을 유료로 제공할 수도 있다.

최근에는 이런 데이터베이스를 마케팅 목적을 위해 사용하는 것은 정부의 철저한 감시하에 이루어지고 있다. 일부 소비자들이 이런 데이터의 사용이 초래할 수 있는 사생활 침해에 대해 염려하고 불만을 제기하기 때문이다. 전반적인 소비자 동향 분석을 위해 데이터를 이용하는 것이 한 예이다. 광고 우편물을 발송하고 광고 전화를 하며 스팸 이메일을 보내는 데 데이터를 사용하는 것은 엄청난 반발에 부딪혀 결국 '전화 금지' 리스트와 안티스팸 법률이 생기기에 이르렀다.

아마도 당신은 당신의 연락처 정보를 요구하는 온라인상의 대부분의 것에 등록할 때, 회사나 당신의 연락처 정보를 입수한 다른 어떤 조직에서도 광고성 우편물은 받지 않는다는 '수신거부' 항목을 선택할 수 있다는 것을 알아차렸을 것이다. 법적으로 당신이 수신거부를 결정하면 회사는 당신의 정보를 마케팅 목적에 이용할 수 없다.

마케터가 데이터베이스를 사용하는 것에 대한 전반적인 사안들을 제5장의 '빅데이터'와 관련하여 더욱 깊이 있게 다룰 것이다. 현재로서는, 여러분이 검색하는 모든 웹사이트 또는 모바일 링크, 그리고 여러분이 오늘 게시하는 모든 트위터 또는 페이스북 메시지가 마케터의 데이터베이스로 연결될 수 있다는 것만 알아두자.

마케팅 의사결정 지원 시스템

마케팅 의사결정 지원 시스템(MDSS) 매니저들이 목적에 따라 필요한 정보를 찾고 분석할 수 있도록 지원하는 데이터, 분석 소프트웨어 및 상호작용 소프트웨어

앞서 보았듯이 기업의 마케팅 정보 시스템은 의사결정자들을 위해 내·외부 환경에서 무슨 일이 일어나고 있는지에 대한 보고서를 주기적으로 만들어낸다. 그러나 때로 이러한 보고서들만으로는 적절하지 않을 때가 있다. 여러 매니저들은 각기 다른 정보를 원할 수 있고, 어떤 경우에는 그들이 해결해야 하는 문제가 너무 애매하거나 독특해서 MIS 과정이 쉽게 답을 줄 수 없을 수도 있다. 그래서 많은 기업들은 그들의 MIS를 **마케팅 의사결정 지원 시스템**(marketing decision support system, MDSS)으로 보강한다. 그림 4.2는 MDSS의 요소들을 보여준다. MDSS는 마케팅 관리자(컴퓨터를 잘 모르는 사람이라도 상관없다)가 MIS 데이터에 접근하여 그들 고유의 분석을 수행(때로 사내 인트라넷 내에서)할 수 있도록 해주는 분석 및 상호작용 소프트웨어를 포함한다.

그림 4.2 🎯 과정 │ **마케팅 의사결정 지원 시스템**

MIS는 관리자들에게 의사결정에 필요한 많은 보고서를 제공하지만, 그들의 모든 정보 요구에 답하지는 않는다. 마케팅 의사결정 지원 시스템(MDSS)은 마케터가 MIS 시스템에 쉽게 접속하여 질문에 대한 답을 찾을 수 있도록 하는 MIS의 발전된 형태이다.

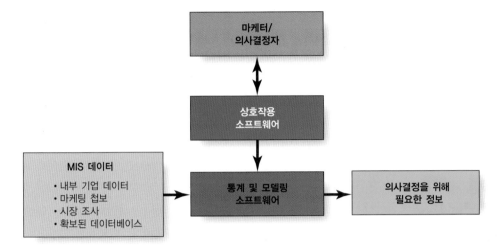

몇 년 전 마스터 카드는 '컨버세이션 스위트'라 불리는 MDSS 응용 프로그램을 개발했다. 이 제품은 마케터들에게 회사의 막대한 글로벌 광고 예산 할당에 대한 의사결정에 대해 추가적으로 알려줄 수 있는 집약적인 단일 소스의 데이터와 통찰력을 제공했다. 컨버세이션 스위트에는 다양한 마케팅 지표와 시장별로 그룹화된 데이터 시각화를 보여주는 40피트 디스플레이와 대형 플랫폼에 표시된 다양한 정보의 원천을 쉽게 조사할 수 있도록 프로그램화되어 있는 다양한 터치 스크린 컴퓨터 같은 특성을 포함한다.[4]

대개 MDSS는 정교한 통계 모델링 소프트웨어를 포함한다. 통계 소프트웨어는 매니저들이 시장의 요소들 간의 복잡한 관계를 들여다볼 수 있게 해준다. 예를 들어, 소비자들이 경쟁사 브랜드와 관련하여 자사 브랜드에 대해 어떻게 인식하고 있는지를 알고자 하는 마케터라면 '다차원 척도법'이라는 통계기법을 이용하여 '지각도'를 그리거나 여러 브랜드들 간의 상호관계를 그래픽으로 나타낼 수도 있다. 지각도의 예는 제7장에서 보도록 한다.

모델링 소프트웨어는 의사결정권자가 데이터 안에 존재하는 관계들에 대해 가능하거나 선입견을 검토하여 '가상적인' 질문을 할 수 있도록 해준다. 한 예로, 미디어 모델링 소프트웨어를 사용하여 마케터는 자신의 광고를 어디에 배치할지에 대한 특정 의사결정을 내리면 결과가 어떻게 될지 알 수 있다. 매니저는 매출 데이터와 모델을 이용하여 얼마나 많은 소비자들이 자신의 브랜드를 계속해서 선택할 것인지, 얼마나 많은 소비자들이 다른 브랜드로 바꿀 것인지를 파악하여 시장 점유율에 대한 지속적인 예측을 가능하게 한다. 표 4.1은 MIS와 MDSS가 대답할 수 있는 다른 마케팅 관련 질문의 예이다.

마스터카드의 경우, 컨버세이션 스위트는 일반적으로 이러한 활동을 수행하는 데 필요한 전문적인 기술 없이도 마케팅 관리자가 가치가 높은 데이터와 통찰을 쉽게 확인하고 활용할 수 있는 방법을 제공한다.

표 4.1	MIS와 MDSS가 대답할 수 있는 질문의 예

MIS가 대답할 수 있는 질문	MDSS가 대답할 수 있는 질문
지난달과 지난해 우리 회사의 각 제품 판매액은 얼마나 되는가?	판매 감소가 단순히 전체 산업 판매의 변화를 반영하는 것인가, 아니면 산업 변화가 설명할 수 없는 하락의 일부가 있는가?
우리 산업에서 어떤 변화가 일어나고 있으며, 구매 패턴이 가장 많이 변하고 있는 소비자들의 인구통계학적 특성은 무엇인가?	다양한 제품 범주에서 동일한 추세를 확인할 수 있는가? 소비자 동향의 변화가 우리의 모든 제품들과 유사한가? 가장 충성도가 높거나, 가장 낮아 보이는 소비자의 인구통계학적 특성은 무엇인가?
우리 제품의 대량 사용자, 중간 사용자 또는 소량 사용자의 많은 비율에 도달할 수 있는 가장 좋은 매체는 무엇인가?	특정 미디어 구매를 추가 또는 삭제하여 미디어 일정을 변경할 경우, 우리 제품 이용자에 대한 도달률이 줄어들 것인가?

4.2

목표

고객 통찰의 개념과 효과적인 마케팅 의사결정에 미치는 영향을 이해한다.

고객 통찰과 마케팅

기업이 방대한 양의 데이터를 수집하기가 점점 더 쉬워지고 있다. **데이터**(data)는 처리해야 할 원시적, 비체계적인 사실이다. 분석가는 의사결정에 유용하도록 데이터를 처리, 체계화, 구조화해서 제시한다. 이러한 변환은 해석된 데이터인 **정보**(information)를 생성한다. 하지만 너무 많이 아는 것에는 단점이 있다! 그게 무슨 뜻인지 아무도 모른다면, 이 모든 데이터는 그다지 유용하지도 않고 압도적일 수 있다. 어떤 사람들이 바다에 대해 묘사한, "물, 물은 어디에나 있으나, 마실 물은 한 방울도 없다!"라는 표현은 "데이터, 데이터는 어디에나 있으나, 통찰은 얻을 수 없다!"라는 말로 전환될 수 있다.

시간을 절약하려면 고객 통찰 전문가를 투입하라. **고객 통찰**(customer insights)의 개념은 본질적으로 기업이 고객을 확보, 개발, 유지할 수 있도록 해주는 정보의 수집, 구축, 해석을 말한다. 캠벨사의 신디 빈과 마찬가지로 오늘날 대부분의 기업들은 시장 계획 결정을 뒷받침하기 위해 이용 가능한 모든 정보를 조사하는 일을 하는 전담 전문가 팀을 유지하고 있다. 이 전문가 그룹은 고객이 조직과 어떻게 상호 작용하는지를 파악하고(골치 아픈 상황 포함), 향후 전략계획에 대해 생각할 때 계획입안자를 안내하기 위해 최선을 다한다.

일은 생각보다 복잡하다. 전통적으로, 대부분의 회사들은 '사일로'(격납고처럼 부서별로 고립된 상태)에서 운영되어, 예를 들어, 신제품 개발에 종사하는 사람들은 그들이 설계한 품목에 대한 불만 사항을 실제로 처리해야 하는 고객 서비스에 있는 누구와도 접촉하지 않는다. 고객 통찰 전문가는 팔레트에 다양한 색상을 사용해 작업을 해야 하는 아티스트와 같다. 그 일은 조직이 활용할 수 있는 보다 완벽한 그림을 그리기 위해 신디케이트 조사, 마케팅 연구, 고객 서비스, 충성도 프로그램 및 기타 출처로부터의 피드백을 통합하는 것이다. 이에 따라 조직 내에서 이 기능은 대개 기업의 전략적 사업부 전반에 걸쳐 지원 역할을 한다.

예를 들어, 캠벨의 제품라인 관리자는 특정 스프 제품군 내에서 구매한 소비자의 선호도와 특성에 대한 더 많은 정보를 얻기 위해 신디 빈의 고객 통찰 팀에 연락을 취할 수 있다. 그러면, 고객통찰력 팀은 해당 제품 라인에서 수프를 즐기는 특정 유형의 소비자에 대한 광범위한 데이터와 고객 세분시장별 구매 빈도, 특정 유형의 수프 소비에 영향을 미치는 세분시장별 주요 요인 등과 같은 또다른 데이터를 수집한다. 신디의 팀은 틀림없이 이 정보를 이해하기 쉬운 형식으로 전달해서 가장 실행 가능한 통찰을 강조해줄 것이다. 이 분석을 통해 제품 라인 관리자는 제품의 시장 성과를 촉진하기 위해 자원을 어떻게 할당해야 할지 결정할 수 있다. 캠벨과 마찬가지로 많은 기업이 고객(소비자)통찰 부서를 추가하여 '흐름을 따라잡고' 있다. 이러한 증가 추

데이터 처리해야 할 원시적, 비체계적인 사실

정보 해석된 자료

고객 통찰 고객을 확보, 개발 및 유지할 수 있도록 하는 정보의 수집, 배포, 해석

세는 결국 거대한 정보의 바다에서 유용한 지식을 얻기 위해 물고기를 잡는 방법을 아는 졸업 생들에게 많은 유망한 직업 기회를 제공한다. 데이터를 사용하여 고객에 대한 통찰력을 얻는 방법에 대한 자세한 내용은 제5장에서 다루기로 한다.

4.3 시장 조사 과정의 단계

목표
시장 조사 과정의 단계와 주요 요소들을 열거하고 설명한다.

정보를 수집하고 해석하는 것은 매니저들이 '그저 호기심에서' 한 번 해보고 끝나는 일이 아니다. 이상적으로, 시장 조사는 늘 진행형인 과정, 마케터들이 시장에 대해 배우기 위해 반복해서 밟아야 하는 단계들의 연속이다. 기업이 자체적으로 조사를 수행하든, 외부 업체를 고용하든 간에 목적은 동일하다. 매니저들이 정보에 기반한 마케팅 의사결정을 할 수 있도록 돕는 것이다. 그림 4.3는 조사 과정의 여러 단계를 보여준다. 각 단계를 자세히 살펴보자.

1단계 : 조사 문제 정의

마케팅 조사 과정의 첫 단계는 매니저들이 어떤 정보가 필요한지 분명히 이해하는 것이다. 이 단계를 조사 문제 정의라고 한다. 여기서 문제라는 용어가 반드시 '뭔가 잘못된 것'을 가리키는 것이 아니라 기업이 대답해야 할 전반적인 질문들을 일컫는다는 점을 알아둘 필요가 있다. 문제를 정의하는 데는 세 가지 구성요소가 있다.

1. 조사 목적을 구체화한다 : 조사를 통해 답을 얻고자 하는 질문들이 무엇인가?
2. 관심 대상인 소비자 집단을 식별한다 : 관심 대상인 소비자 집단의 특징은 무엇인가?
3. 환경적 맥락에서 문제를 다룬다 : 기업의 내 · 외부적 사업 환경의 어떤 요소들이 상황에 영향을 줄 수 있는가?

위에 나열한 여러 문제들 각각에 제대로 된 정보를 제공하는 것은 생각만큼 단순하지 않다. 고급 승용차 생산자가 지난 한 해 매출이 급감한 이유를 알고자 한다고 가정하자. 조사 목표는 다음과 같은 다수의 가능한 질문들에 관한 것일 것이다—기업의 광고가 올바른 고객들에게 다가서지 못했는가? 고객들에게 올바른 메시지를 전달했는가? 기업의 자동차가 고객을 돌아서게 할 만한 특이한 점(아니면 부족한 면)이 있는 것은 아닌가? 경쟁업체가 고객의 상상력을 더욱 잘 사로잡는 기능과 이점을 제공했는가? 양질의 서비스를 제공하는 것과 관련한 기업의 명성에 문제가 있는가? 소비자들은 가격이 그들이 얻는 가치에 비해 적절하다고 여기는가? 조사자들이 선택한 특정 목표들은 고객들로부터 받은 의견, 시장에서 받은 정보, 때로는 조사를 설계하는 사람의 직관 등 다양한 요소들에 달려 있다.

그림 4.3 과정 │ 시장 조사 과정 단계

시장 조사 과정은 문제나 필요한 정보를 정의하는 것으로 시작하여 관리자를 위한 최종 연구 보고서로 끝나는 일련의 단계들을 포함한다.

조사 문제 정의
- 조사 목적을 구체화한다.
- 소비자 모집단을 식별한다.
- 환경적 맥락에서 문제를 다룬다.

조사 설계 결정
- 2차 자료를 이용할 수 있는지 여부를 확인한다.
- 1차 자료가 필요한지 여부를 확인한다.
  - 탐색 조사
  - 기술 조사
  - 인과 조사

1차 자료 수집을 위한 도구 선택
- 가장 적합한 설문조사 방법을 결정한다.
  - 우편 설문
  - 전화 면담
  - 대면 면담
  - 온라인 설문
- 가장 적합한 관찰 방법을 결정한다.
  - 인적 관찰
  - 비간섭적 측정
  - 기계적 관찰

표본 설계
- 확률적 표본추출법과 비확률적 표본추출법 중에서 고른다.

자료 수집
- 필요한 경우 설문지와 답변을 번역한다.
- 여러 소스의 데이터를 결합한다(사용 가능한 경우).

자료의 분석과 해석
- 데이터를 표와 교차표로 만든다.
- 결과를 해석하거나 결론을 도출한다.

조사 보고서 준비
- 일반적으로 조사 보고서는 다음과 같은 내용을 포함한다.
  - 경영진을 위한 요약
  - 조사 방법에 대한 서술
  - 연구의 결과에 대한 논의
  - 연구의 한계점
  - 결론과 제안

조사를 통해 답을 얻고자 하는 질문의 초점은 종종 발생 가능한 문제를 식별하게 하는 시장의 반응으로부터 얻을 수 있다. 자동차 안전성으로 오랜 명성을 지닌 볼보는 메르세데스-벤츠, BMW, 렉서스, 아우디 등의 고급 브랜드들과 경쟁하느라 고전을 면치 못했다. 고급 자동차 구매자들 사이에서 볼보가 어떻게 시장 점유율을 높일 수 있었을까?

조사 목적이 기업이 연구하고자 하는 소비자 집단을 결정한다. 볼보의 경우, 조사는 기존의 볼보 자동차 소유자들에게 초점을 맞추어 그들이 자동차에 대해 특별히 좋아하는 것이 무엇인지를 알아내는 것이 될 수 있었다. 또는 볼보 비소유자를 대상으로 그들의 생활 방식, 고급 자동차에서 기대하는 것, 또는 볼보 자동차 구매를 꺼리게 만드는 볼보 브랜드에 대한 그들의 믿음을 알아내는 것이 될 수도 있었다. 대신에, 볼보사는 왜 소비자들이 경쟁 브랜드를 사지 않았는지에 초점을 맞추는 것을 선택했다. 관리자들은 경쟁 상대를 바라볼 때 구매자들이 경험하는 '애로 사항'을 파악하여, 자신들의 마케팅 활동으로 이러한 반대 이유에 대처할 수 있도록 하는 것이 좋은 아이디어라고 생각했다.

그렇다면 볼보사는 무엇을 알아냈을까? 조사에 따르면 많은 자동차 구매자들이 벤츠와 BMW의 '과시적인' 이미지에 겁을 먹은 나머지 실제 구매를 하지는 않는다는 것을 보여주었다. 다른 이들은 주위의 너무 많은 사람들이 렉서스를 몰고 있다고 생각했고, 독자적인 선택을 중시했다. 볼보의 마케팅 부사장은 볼보 소유주의 '럭셔리함에 대한 해석'은 다르지만 매우 현실적이라고 설명했다. 그들은 삶의 경험에 더 관심이 있고, 많은 잡동사니 대비 스칸디나비아식 단순한 디자인에 더 관심이 있었다. 그들은 매우 고급 고객이고 고급 제품을 좋아하지만, 다른 사람들에게 깊은 인상을 줄 필요를 느끼지 못한다. 조사 결과에 따라, 볼보사는 소비자들에게 다른 것도 괜찮고 심지어 바람직하다는 것을 보여주는 새로운 광고 캠페인을 개발했다. 볼보사는 심지어 경쟁 명품 브랜드를 조롱거리로 삼기도 했다. 한 TV 광고에서, 메르세데스 벤츠 SUV에 탄 한 세련된 여성이 정지 신호에 백미러로 그녀의 화장을 확인하고 있다. 볼보 X60 모델을 탄 보다 건실해 보이는 다른 여자가 그녀 옆에 차를 멈추고 자신의 백미러를 본다. 차이점은 그녀는 뒷좌석에 앉아 있는 그녀의 아이들을 웃게 하기 위해 웃긴 표정을 짓는다. 그때 해설자가 "볼보는 모든 사람들을 위한 것이 아니고, 우리는 어느 정도 그런 걸 좋아해요."라고 말한다.[5]

2단계 : 조사 설계 결정

구체적인 문제들을 구분하고 나면, 조사 과정의 두 번째 단계는 '공격 계획'을 결정하는 것이다. 이러한 계획이 **조사 설계**(research design)로, 마케터들이 정확하게 어떤 정보를 수집해야 하고 어떤 형태의 연구를 해야 하는지를 구체화한다. 조사 설계는 분석에 활용될 자료가 1차 자료냐 2차 자료냐에 따라 크게 두 가지 범주로 나누어진다(🔍 그림 4.4 참조). 모든 마케팅 문제가 동일한 조사 기법으로 이루어지는 것이 아니고 마케터들은 다수의 기법들을 조합하여 많은 문제들을 효과적으로 해결할 수 있다.

2차 자료를 활용한 연구

마케터들이 조사 설계를 결정하기 위해 대답해야 하는 첫 번째 질문은 의사결정을 위해 필요한 정보들이 이미 존재하느냐이다. 예를 들어 커피 생산자가 다양한 인구통계학적 지리적 세분 시장 간의 커피 소비의 차이점을 알고 싶다고 하자. 아마도 이들은 미국 커피 협회에서 이미 수행한 적이 있는 다수의 연구로부터 필요한 정보를 얻을 수 있을지도 모른다. 당면한 문제 외에 다른 목적으로 수집되어 있는 데이터를 **2차 자료**(secondary data)라고 부른다.

조사 설계 마케터들이 어떤 정보를 수집하고 어떤 유형의 연구를 수행할 것인지를 구체적으로 명시한 계획

2차 자료 주어진 문제에 대한 것이 아닌 다른 목적으로 수집된 자료

그림 4.4 과정 | **시장 조사 설계**

일부 연구 문제의 경우, 2차 자료가 필요한 정보를 제공할 수 있다. 다른 경우에는 1차 자료 수집 방법 중 하나가 필요할 수 있다.

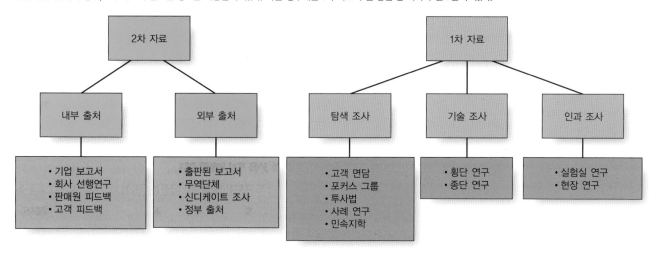

많은 마케터들은 직접 나가 소비자들로부터 새롭고 '신선한' 데이터를 모으고 싶어 한다. 실제로, 새로운 데이터를 얻는 것은 마케팅 DNA의 일부로 보인다. 그러나 2차 자료가 이미 있다면 기업은 시간과 비용을 절감할 수 있다. 연구를 설계하고 진행하는 비용이 들지 않기 때문이다. 때로 마케터들이 필요로 하는 데이터는 회사 보고서, 회사의 선행 연구, 고객, 판매 직원, 지점의 피드백, 장기 근속 직원의 기억 등의 형태로 그 기업의 바로 코앞에 '숨어' 있을 수도 있다(관리자가 다른 문제를 연구하고 있는 누군가 이미 유사한 보고서를 제출했다는 사실을 모른 채 얼마나 많은 연구를 의뢰하는지 놀라울 따름이다).

그러나 대부분의 경우 조사자들은 2차 자료를 찾기 위해 회사 외의 장소를 뒤져야 한다. 대중지 및 경제지에 실린 보고서, 민간 연구 기관 또는 정부 기관의 연구들, 무역 관련 기관의 산업 실태에 대한 조사 등을 통해 2차 자료를 얻을 수 있다. 예를 들어 많은 회사들이 신디케이트 조사 기업인 익스페리안 시몬스에서 실시하는 설문조사인 *National Consumer Study*와 같은 보고서를 구독한다. 시몬스는 결과를 발표하고 마케터들, 광고 기획사들, 출판사들에게 판매한다. 이런 데이터는 대학 도서관을 통해서도 접근 가능하다. 이 데이터베이스는 모든 주요 매체들, 500여 개의 제품군, 8,000개 이상의 브랜드들에 대한 사용 행동과 관련한 6만 개 이상의 데이터 변수들을 담고 있다. 익스페리안 시몬스의 데이터는 브랜드 매니저들에게 제품 사용자의 프로필을 알려주고, 사용량이 많은 사람들을 식별하며, 표적시장이 구매 전에 어떤 정보원에 의지하는지에 대한 정보도 제공한다.[6] 마케터들에게 유용한 온라인 데이터 소스로는 의견 조사 회사(ORC), 미국 인구 조사국 및 노동 통계국, 미국 마케팅 협회 및 *LexisNexus*가 있다.

1차 자료 개요 의사결정을 내리는 데 도움을 주기 위해 수행한 조사로부터 얻은 자료

1차 자료를 활용한 연구

물론, 2차 자료가 항상 답을 줄 수 있는 것은 아니다. 회사가 구체적인 의사결정을 할 때 때로 **1차 자료**(primary data)를 수집해야 하는 경우가 있다. 1차 자료는 당면한 문제를 구체적으로 다루기 위해 응답자로부터 직접 수집한 정보이다. 1차 자료는 기존의 고객과 잠재적 고객의 인구통계학적ㆍ정신분석학적 정보, 자사의 제품과 경쟁사의 제품에 대한 고객의 태도와 의견, 제품에 대한 인지도와 지식 정도 그리고 제품 사용자에 대한 믿음 등에 관한 것을 포함한다. 다음 절에서는 1차 자료를 수집하는 다양한 조사 설계 옵션들에 대해 간략히 설명한다.

탐색 조사 마케터들이 향후의 보다 엄격한 조사를 위한 통찰을 얻기 위해 사용하는 방법

포커스 그룹 훈련받은 중재자에 의해 진행되는 규모가 작은 소비자들의 제품 지향 토론

시장 조사 온라인 커뮤니티(MROC) 일반적으로 시장 조사 기관이나 부서에서 고객의 감정과 성향에 대한 통찰을 얻기 위하여 활용하는 사적으로 구성한 집단

탐색 조사

마케터들은 새로운 전략과 기회를 위한 아이디어를 도출하거나 현재 제품과 관련한 문제들을 좀 더 효과적으로 해결하기 위해 **탐색 조사**(exploratory research)를 사용한다. 탐색 조사는 대개 다른 기법들에 비해 규모가 작고 비용이 적게 들기 때문에 마케터들은 큰 위험 부담 없이 무슨 일이 일어나고 있는가에 대한 자신들의 직감을 테스트하는 데 탐색 조사를 사용한다.

탐색 조사는 종종 '전형적인' 고객의 프로필에 잘 부합하는 소수의 소비자들을 심층 면담하기도 한다. 연구자들은 제품, 서비스, 광고 또는 매장에 대해 소비자, 영업 사원 또는 기타 직원을 면담할 수 있다. 연구자들은 또한 단순히 매장에서 '시간을 보내면서' 사람들이 경쟁 브랜드들 중에서 선택할 때 무엇을 하는지 관찰하기도 한다. 아니면 그들은 대상이 되는 소비자들이 주로 모이는 곳에 가서 질문을 하기도 한다. 어떤 연구자들은 젊은 사람들은 전통적인 조사 환경에서는 지나치게 의심이 많거나 회의적이라는 것을 깨닫고, 이들이 콘서트 표를 사려고 줄을 서 있을 때 또는 클럽 등지에서 면담을 시도한다.[7]

대부분의 탐색 조사를 **정성적**이라고 한다. 이는 조사의 결과가 정성적인, 소비자의 태도, 느낌, 구매 행동 등에 대한 자세한 언어적·시각적 정보인 경우가 많기 때문이다. 예를 들어, 소비자 기업 레킷벤키저는 피니시® 식기세척제의 경우 시장 점유율을 높이기 위해 경쟁하는 가장 좋은 방법은 제품의 기능적 성능에 초점을 맞추는 것이라고 믿게 되었다. 광고를 통해, 그들은 이 제품이 식기 세척기와 유리 제품을 청소하는 데 얼마나 효과적인지를 보여주었고, 어떤 경우에는 P&G와 같은 직접적인 경쟁사 제품과 결과를 비교했다. 하지만 그 후, 레킷벤키저는 시장 조사 회사를 참여시켜 실제로 제품을 사용하는 가정에서의 가족 관찰에 초점을 맞춘 일련의 민속지학적 연구를 수행하였다(이 절의 후반부에서 민속지학적 연구를 다룰 것이다). 본 연구의 결과는 피니시® 사용으로 인한 식기 세척기와 유리 제품의 청결 상태에 기능적으로 초점을 맞추는 것이, 더욱 매력적인 광고 메시지를 가리고 있다는 것을 깨닫게 해주었다. 이는 식기 세척기가 가정의 중심적인 부분으로서, 다양한 사회 행사와 가족 행사에 걸쳐 수행하는 역할(그리고 차례로 식기 세척기 세제의 역할)과 관련이 있었다. 이러한 통찰력의 결과로, 설거지 거리들이 만들어지는 모든 크고 작은 인생의 사건들을 소개하는 완전히 새로운 광고 캠페인이 시작되었다. "인생의 모든 일은 설거짓거리를 만듭니다. 당신의 식기 세척기를 사랑하세요. 아주 좋아하세요. 피니시®에게 맡기세요." 이 캠페인은 소비자들로부터 긍정적인 반응을 얻었고 칸 국제 광고 페스티벌에서 은메달을 수상하며 업계의 갈채를 받았다.[8]

포커스 그룹(focus group)은 마케팅 조사자가 탐사 자료를 수집하기 위해 가장 자주 사용하는 기법이다. 포커스 그룹은 대체로 5~9명의 특정한 특성(모두 한 달에 최소 두 번은 골프를 친다든지 20대 여성이라든지 하는 특성)을 공유하는 소비자들로 구성된다. 이런 사람들이 한자리에 앉아 제품, 광고 또는 사회자가 제시하는 다른 마케팅 주제에 관해 토론한다. 일반적으로 사회자는 이 집단 토론을 (캠코더나 녹음기로) 기록한다. 이런 기록은 한쪽에서만 볼 수 있는 유리를 통해 토론을 관찰할 수 있도록 되어 있는 특별한 장소에서 이루어진다. 포커스 그룹에서 수집한 통찰의 결과로, 밀러쿠어스는 한 브랜드의 포장 디자인을 수정하여 포장지를 밝게 하고 소비자에게 보다 잘 소구하기로 결정했다. 포커스 그룹 면접에서 밀레니얼 세대로부터 블루문 벨기에 화이트 에일의 포장은 '어둡고', '외롭고', '신비롭게' 인식된다는 것을 알게 되었고, 결과적으로 포장을 더욱 '활기 찬' 주제로 변화시켰다.[9]

오늘날은 대면으로뿐만 아니라 사이버 공간에서도 포커스 그룹을 찾는 것이 일반적이다. 이케아, 볼보 같은 기업들은 소셜 네트워킹 사이트와 유사하게 되어 있는 온라인 포커스 그룹 사이트를 이용한다. 이케아는 카탈로그 업데이트에 대한 피드백을 얻기 위해 **시장 조사 온라인 커뮤니티**

(market research online community, MROC)로도 알려진 5개국의 인터넷 소비자 컨설팅 보드를 활용했다.[10] MROC는 비공개로 구성된 그룹의 사람들로, 일반적으로 시장 조사 회사 또는 부서에서 고객의 감정과 성향을 파악하는 데 활용된다. MROC 기반 연구는 일반적으로 탐색적이면서 정성적인 방법으로 간주된다. MROC는 제품 아이디어, 브랜드 전략, 포장 결정 등 많은 시장 조사 질문에 유용하다.[11] 이케아와 다른 접근 방식으로, 볼보는 회사가 개발한 광고에 대한 피드백을 수집하기 위해 트위터 채팅을 통해 포커스 그룹을 출범시켰다. 볼보 마케팅 담당자들은 소비자들로부터 받은 즉각적인 피드백이 광고에서 균형을 잡는 데 도움이 됐다고 말했다. 회사와 온라인 커뮤니티 간의 신속한 소통은 실시간 데이터 수집을 가능하게 한다.[12]

사례 연구(case study)는 특정 기업 또는 조직에 대한 포괄적인 조사이다. 고객이 다른 기업인 기업 대 기업 간 마케팅 조사에서, 예를 들어, 조사자는 어떤 특정 회사가 어떻게 구매를 하는지를 알려고 할지도 모른다. 목표는 주요 의사결정자를 알아내 그들이 공급회사를 결정할 때 어떤 기준들을 강조하는지를 알고, 결정에 영향을 미칠 수 있는 이들 의사결정자들 사이의 불화나 경쟁심에 관한 것들을 알아내는 것이다.

또 다른 정성적인 접근법은 **민속지학**(ethnography)으로, 마케터들이 수개월 혹은 수년간 '원주민들과 함께 생활'하는 인류학자들로부터 차용해온 기법이다. 어떤 마케팅 조사자들은 사람들의 집을 직접 방문하거나 실제 소비자의 소비 행동에 참여하여 그들이 실제로 어떻게 제품을 사용하는지 이해하고자 한다. 당신이 어떤 소비자인지를 알아내기 위해 당신이 물건을 고르는 동안, 그리고 당신이 제품을 사용하는 동안 조사가 계속 당신 주변을 맴돌고 있다고 상상해 보라. 이는 기본적으로 마케팅 버전의 리얼리티 쇼이다. 단지 그들이 연구하는 사람들이 TV에 나오는 사람들보다 조금 더 '현실적'이기를 바랄 뿐!

기술 조사

앞서 보았듯이 포커스 그룹과 관찰 기법 등 마케터들이 문제나 기회를 더 잘 정의할 수 있도록 도와주는 정성적 기법들은 다양하다. 이것들은 일반적으로 소수의 사람을 대상으로 하는 연구들로 어떤 일이 일어나고 있는지를 인지하기에는 충분하지만 마케터들이 관찰한 내용을 표본을 넘어서 일반화하기에는 충분하지 않다.

마케팅 조사의 다음 단계는 **기술 조사**(descriptive research)를 수행하는 것이다. 이런 종류의 연구는 마케팅 문제를 체계적으로 파고들어 규모가 큰 표본 집단에 바탕을 두고 결론을 내린다. 결론은 일반적으로 정량적인 용어, 즉 평균, 퍼센트 또는 대규모 측정에서 얻어지는 기타 통계 수치로 표현된다. 이런 정량적 조사 방법에서 프로젝트는 다양한 지역에서 리스테린 병이 한 달에 몇 개나 팔렸는지 세는 것과 같은 아주 간단한 것일 수도 있고, 구강 청결제 맛에 관한 소비자 선호에 대해 수천 명의 소비자들에게 우편 발송된 설문조사의 응답을 통계적으로 분석하는 것과 같은 복잡한 것일 수도 있다. 어떤 경우이건, 마케터들이 기술적 조사를 할 때는 구체적인 질문에 대한 대답을 구하는 것이다. 이는 탐색 조사에서 있을 수 있는 '밑밥을 던져놓고 물고기가 걸려들기를 기다리는 식의' 조사와는 대조적이다. 그러나 정성적 접근법의 유용성을 과소평가하지 마시길! 초기의 정성적 시장 조사는 후속 정량적 접근법에 대해 정보를 제공하고 형성하는 역할을 한다.

기술적 기법을 채택하는 마케팅 조사자들은 대개 **횡단연구 설계**(cross-sectional design)를 이용한다. 이 방법은 일반적으로 한 시점에 하나 이상의 표본 응답자들에게 **설문지**와 같은 소비자 조사 도구에 대한 응답을 체계적으로 수집하는 것이다. 자료는 한 번 이상 수집되기도 하지만, 대개 동일한 응답자로부터 한 번 이상 같은 자료를 수집하지는 않는다.

사례 연구 특정 기업 또는 조직에 대한 종합적 연구

민속지학 자신의 집이나 공동체 안에서의 사람을 관찰하는 데 기반한 연구 기법

기술 조사 문제에 대해 체계적으로 조사하고 많은 수의 관찰을 바탕으로 결론을 내리는 연구 방법

횡단연구 설계 체계적으로 수집된 정량적 정보를 포함한 서술적 방식

헤드라인에서 가져온 사례

현실세계에서 윤리적/지속 가능한 의사결정

건강상의 위험을 내포하는 제품이나 서비스를 제공하는 회사가 해당 제품이 그러한 건강상의 위험에 대해 거의 책임이 없거나 아예 책임이 없음을 제안하는 연구에 자금을 지원하는 것이 허용되어야 하는가? 자금 지원 회사나 연구를 수행하는 회사의 비윤리적 관행 형태로 나타날 수 있는 이해 상충이 있는가?

청량음료 업계에서는 코카 콜라가 2010~2015년까지 청량음료에 대한 과학적 연구에 1억 3,200만 달러 이상을 지출했다고 2016년 초에 발표했다.[13] 콜라는 업계 경쟁업체들과 마찬가지로, 회사의 가장 많이 팔리는 제품들에서 발견되는 다량의 설탕과 고과당 옥수수 시럽의 소비에 따른 건강상의 영향에 대한 사회적 우려에 대응해야 했다. 많은 청량 음료 회사들에게 이것은 설탕 함유량이 낮고 건강에 더 좋은 것으로 인식되는 상품으로 다양화하는 것을 의미했다. 코카콜라의 최고 경영자인 무타르 켄트는 그들의 모든 연구 지원금의 공개는 '혼란과 불신'이라는 대중의 느낌을 피하기 위해 취한 조치였다고 말한다. 공개 시기

는 글로벌 에너지 균형 네트워크(Global Energy Balance Network)라는 단체가 처음에 자신들의 연구가 코카 콜라의 자금 지원을 받았다는 것을 밝히지 않은 것이 발표된 직후였다. 그 단체는 미국인들이 칼로리 소비에 비합리적으로 집착하며 운동의 중요성을 간과하고 있다는 입장을 고수했다.[14]

어떤 사람들은 비만 방지 연구를 위한 코카 콜라의 자금 지원은 탄산 음료가 비만에 미치는 역할에서 초점을 벗어나기 위해 운동 부족이 비만에 미치는 역할에 더 많은 초점을 맞추려는 시도라고 주장했다. 그러한 비난에 대한 확실한 증거가 없다면, 원하는 결과가 잠재적으로 유해한 제품에 대해 우호적인 입장을 뒷받침할 것임을 분명히 하는 이해 상충을 가지고, 조직이 자금을 지원하는 연구 단체에 영향력을 행사하는 것의 윤리성에 대해 고려해볼 가치가 있다.

> **윤리 체크 : ↖**
>
> 마케팅 임원으로서, 당신이 다른 독립적인 연구가 그러한 견해와 모순된다는 것을 알고 있을 때 제품이 건강상의 위험을 제기하지 않는다는 입장을 지지하는 연구를 의뢰하고 자금을 제공해도 괜찮은가?
>
> ☐ 예   ☐ 아니요

종단연구 설계 시간을 두고 동일한 표본 응답자의 응답을 추적하는 방식

이런 일회성 연구와 달리 **종단연구 설계**(longitudinal design)는 동일한 표본 응답자의 응답을 장기간을 두고 추적한다. 시장 조사자들은 때로 소비자 패널을 구성하여 정보를 얻기도 하는데, 이런 경우 더 큰 시장을 대표하는 응답자 표본은 매주 또는 매월 자신들의 구매에 대한 정보를 제공하는 것에 동의한다. P&G, 유니레버, 콜게이트파몰리브, 존슨앤존슨 등과 같은 주요 소비 포장재 기업들은 시장별로 소비자 자문단을 구성하여 지역 소비자들의 반응을 살핀다. P&G는 두 가지 주요 자문 패널을 유지하는데, 하나는 십 대를 위한 자문 패널(Tremor)이고 다른 하나는 엄마를 위한 자문 패널(Vocalpoint)이다. 패키지 디자인부터 홍보물에 이르기까지 모든 분야에 75만 명 이상의 회원이 간여함으로써, P&G는 이들 회원들의 충성심과 지지가 P&G의 매출을 10~30% 증가시켰다고 추정한다.[15]

인과 조사

기저귀와 맥주 구매가 오후 5~7시에 절정에 달한다는 것은 사실이다. 이들 제품 중 하나를 구매하는 것이 쇼핑객들로 하여금 다른 하나를 구매하게 한다고 말할 수 있을까? 그렇다면 어느 것이 원인이라고 말할 수 있을까? 아기를 돌보는 것이 부모의 음주로 이어지는가? 혹은 단순히 젊은 아빠들이 퇴근하는 도중에 점포에서 맥주와 기저귀를 구매할 때 우연이 이것이 발생한 거라고 대답할 것인가?[16]

그리고 치마 기장은 어떤가요? 1920년대 이후로 조지 테일러의 '치마 기장 이론'에 따르면 여성들의 치마 기장은 전반적인 경제적 상태를 반영한다. 그 이론은 여성들이 실크 스타킹을 신던 시대에 시작되었다. 경기가 호황일 때는 치마 기장을 짧게 줄여 스타킹을 과시했고, 경기가 침체되었을 때는 여자들이 그 화려한 스타킹을 살 여유가 없다는 사실을 감추려고 치마 기장이 길어졌다. 믿기지 않는가? 2009년에도 마찬가지였는데, 패션쇼 무대의 치마 기장이 '충격적일 정도로 짧았을 때', 주식 시장은 그해 15% 상승했다.[17]

기술적 기법(descriptive technique)은 시장에서 일어나고 있는 일에 대한 귀중한 정보를 제공

하지만, 그것의 특성 때문에 기술 조사는 시장 현상을 단지 **묘사**만 할 수 있으며, 그것이 발생하는 이유는 설명해주지 못한다. 때때로 마케팅 담당자들은 자신들이 한 일이 행동에 어떤 변화를 가져왔는지 알아야 한다. 예를 들어 매장에서 한 제품 옆에 다른 제품을 놓아두는 것은 사람들이 각각을 더 많이 구매할 거라는 것을 의미할까? 우리는 이 질문에 간단한 관찰이나 묘사를 통해 답할 수 없다.

인과 조사(causal research)는 원인과 결과 간의 관계를 알아내고자 한다. 마케터들은 어떤 것(예 : 기저귀 판매대 옆에 맥주 상자를 놓는 것 같은)에 변화를 주었을 때, 이 변화가 다른 것들의 변화(기저귀 매출의 급증 같은)를 초래하는지에 대해 알고자 할 때 인

기저귀와 맥주의 판매는 서로 상관관계가 있지만, 한 가지가 다른 것의 판매를 야기하는가?

과 조사 기법을 사용한다. 마케터들은 이런 변화를 초래하는 요소들을 **독립변수**라고 하고 그 결과를 **종속변수**라고 한다. 독립변수는 종속변수에 변화를 초래한다. 앞선 기저귀의 예에서 맥주 전시는 독립변수이고 기저귀 매출 데이터는 종속변수가 된다. 즉, 이 연구는 기저귀 매출의 증가가 맥주와의 근접성에 '의존'하는지를 조사하는 것이다. 조사자들은 데이터를 모아 통계적으로 그 인과 관계를 시험한다.

이러한 형태의 인과 조사는 종종 실험적 설계를 사용하여 이루어진다. **실험**(experiments)은 대안적인 설명을 배제함으로써 인과 관계를 정립하고자 한다. 높은 수준의 통제를 유지하기 위해, 실험은 실험자들이 경험하는 것을 정확하게 통제할 수 있도록 실험실로 실험자(참가자)를 데려오는 것을 수반할 수 있다. 기저귀 예를 들면, 한 무리의 남자들이 시험장에 와서 컴퓨터 화면의 '가상 가게'에 들어가는 것으로 돈을 받을 수도 있다. 그러면 연구원들은 그 남자들에게 가상의 통로를 클릭할 때 장바구니를 채워 달라고 요청할 것이다. 실험을 통해 기저귀의 배치를 한 시나리오에서는 맥주 선반 옆으로, 다른 시나리오에서는 종이 제품 근처로 변경할 수 있다. 실험의 목적은 어떤 배치가 더 많은 남자들이 기저귀를 카트에 넣게 하는지 알아내는 것이다.

인과 조사 원인과 결과의 관계를 규명 및 이해하는 기법

실험 조작된 환경에서의 변수들의 관계를 예측하는 방법

뉴로마케팅 소비자가 왜 특정 의사결정을 하는지에 대한 이해를 높이기 위해 뇌 활동을 측정하도록 기능적 자기 공명 영상(fMRI)과 같은 기술을 사용하는 뇌 연구의 유형

3단계 : 1차 자료 수집을 위한 도구 선택

조사자가 1차 자료를 가지고 연구를 하기로 결정하면 다음 단계는 그것을 어떻게 수집할 것인지를 정해야 한다. 우리는 광범위하게 1차 자료 수집방법을 **설문조사** 혹은 **관찰**로 서술한다. 데이터를 수집하는 방법에는 여러 가지가 있고 마케터들은 늘 새로운 것을 시도한다. 오늘날 몇몇 마케팅 조사자들은 심지어 다양한 광고나 제품에 대한 우리 뇌의 반응을 직접 측정하기 위해 정밀한 두뇌 스캔을 시도하기도 한다.

이러한 **뉴로마케팅**(neuromarketing) 접근법은 기능적 자기 공명 영상(fMRI)과 같은 기술을 사용하여 뇌 활동을 측정함으로써 소비자가 하는 의사결정의 이유를 더 잘 이해하고자 한다. 그리고 일부 기업들은 지속적인 뉴로마케팅 연구 프로그램을 구축하기 위해 자체 연구소와 내부 과학자들에게 투자하기도 한다.

뉴로마케팅은 다양한 형태의 마케팅 커뮤니케이션 요소에 대한 소비자들의 반응을 이해하기 위한 도구로서 페이스북, 트위터, 타임 워너와 같은 회사들 사이에서 인기를 얻고 있다. 예

를 들어, 페이스북은 사람들이 TV에 제공된 광고 정보에 비해 휴대폰에 제공된 광고 정보를 보다 더 평가절하한다는 것을 최근 몇 년 동안 배웠다 이러한 통찰은 세일즈 브레인이라는 회사에 의뢰한 연구의 결과이다. 세일즈 브레인의 분석가들은 참여자들의 몸에 많은 센서를 부착하여, 그들이 휴대폰과 TV로 광고를 보는 동안 땀, 심박 수, 안구 운동, 뇌 활동과 같은 요소들을 측정하였다.[18] 우리들 대부분은 시장 조사를 수행하기 위해 fMRI 기기에 접근할 수 없기 때문에, 이 절에서는 1차 자료를 수집하는 여러 다른 방법들을 설명하는 데 더 초점을 맞춘다.

1차 자료 수집 방식으로서 뉴로마케팅과는 달리, 설문 조사는 보다 '전통적인' 접근 방식을 제공한다. 설문 조사 방법에는 질문에 답변하는 응답자와의 면담 또는 다른 직접적인 접촉이 포함된다. 설문조사는 전화, 직접 대면, 우편, 인터넷으로 이루어질 수 있다. 표 4.2는 데이터 수집을 위한 다양한 설문조사 방법들의 장점과 단점을 요약해 보여준다.

설문지

설문지는 체계적인 정도에 따라 종류가 나뉜다. 완전히 비체계적인 설문지(unstructured questionnaire)에서는 조사자는 사전에 질문 항목들을 느슨하게 준비한다. 질문들은 이전 질문에 대한 응답자들의 대답에 따라 점진적으로 발전시킬 수도 있다. 다른 한편으로 조사자는 완전히 체계적인 설문지(completely structured questionnaire)를 사용할 수도 있다. 이 경우 조사자는 모든 응답자들에게 완전히 동일한 질문들을 하고 각 참여자는 동일한 선택형 질문들에 응답한다. 아마도 당신은 이런 종류의 설문지를 경험한 적이 있을 것이다. 어떤 문장에 '아주 많이 동의'하는지 '어느 정도 동의'하는지 등을 표시함으로써 응답해야 한다. 중간 정도 체계적인 설문지

표 4.2 │ **설문조사 데이터 수집방법들의 장단점**

데이터 수집	장점	단점
우편 설문	• 익명성 보장 • 낮은 비용 • 진행 중인 연구에 적합	• 설문지 회수까지 장시간 소요 • 낮은 응답률 • 설문지 형식에서의 비유연성 • 설문지의 길이는 응답자의 주제에 대한 관심에 따라 제한적 • 응답자가 질문을 이해하고 있는지 불명확 • 응답자가 불명확함 • 응답자가 정직하다는 보장이 없음
전화 면담	• 신속 • 질문의 유연성 • 낮은 비용 • 제한된 면접원 후속 조치 • 제한된 설문지 길이	• 응답자 협조 수준 감소 • 응답자가 잘못 이해할 가능성이 큼 • 응답자가 자료를 볼 수 없음 • 전화기가 있는 가구로 한정됨 • 자동 응답기와 발신자 표시를 이용하여 전화를 차단 • 통화 제외 목록은 많은 연구 대상이 참여하지 않도록 허용
대면 면담	• 질문의 유연성 • 긴 설문 가능 • 응답자의 질문 이해 여부를 확인하기 용이함 • 장시간 소요 • 시각 자료 또는 다른 자료 사용 가능	• 높은 비용 • 면접원 편향
온라인 설문	• 즉각적인 데이터 수집 및 분석 • 매우 유연한 질문 • 낮은 비용 • 면접원 편향 없음 • 지리적 제한 없음 • 시각 자료 또는 다른 자료 사용 가능	• 응답자가 불명확함 • 응답자가 정직하다는 보장이 없음 • 제한된 설문지 길이 • 응답자의 질문 이해 여부를 확인하기 어려움 • 자기 선택 표본

(moderately structured questionnaires)는 각 응답자들에게 동일한 질문을 하지만 응답자는 질문에 자기들 고유의 방식대로 대답할 수 있다.

우편설문(mail questionnaires)은 집행하기가 용이하고 응답자의 익명성을 보장해준다. 단점은 설문지가 인쇄되어 우편으로 발송되기 때문에 조사자들이 물어볼 수 있는 질문에 유연성이 거의 없고 응답자들이 질문에 대답하는 상황에 대한 통제도 불가능하다는 것이다. 우편설문은 또한 설문을 돌려받는 데 시간이 많이 소요되고, 사람들이 이런 설문을 그냥 무시해버리는 경향이 있기 때문에 다른 데이터 수집 방법에 비해 응답률도 낮다.

전화면담(telephone interviews)은 대개 짧은 전화통화로 이루어지는데, 면담자가 짧은 질문 목록을 응답자에게 읽어주는 형식이다. 전화면담을 데이터 수집 방법으로 사용하는 데는 여러 가지 문제점

가상 상점과 같은 첨단 기술을 통해 마케터는 응답자의 컴퓨터 화면이나 모바일 장치로 쇼핑 경험을 재현할 수 있다.

이 있다. 응답자가 면담자에게 직접 이야기하는 것을 편안하게 느끼지 않을 수 있다. 특히 설문 조사가 민감한 사안을 다루는 경우에는 더욱 그러하다.

전화면담과 관련된 또 다른 문제점은 **텔레마케팅**(telemarketing)의 증가이다. 이는 기업이 전화상으로 소비자들에게 직접 판매하는 것으로, 텔레마케팅의 증가로 전화 설문조사에 대한 소비자들의 참여 의지가 많이 희석되었다. 전화 판촉 메시지로 사람들을 짜증나게 하는 것(보통 저녁 식사 시간에!) 외에도 부도덕한 텔레마케터들은 자신들의 의도를 마케팅 조사로 위장하기도 한다. 이들은 마치 어떤 연구를 하는 것인 양 소비자들에게 접근하지만, 진의는 응답자들에게 무엇인가를 팔거나 기부를 요청하는 것이다. 이런 것들이 점점 더 많은 사람들로 하여금 자동응답기나 발신자 표시를 이용하여 전화를 걸러내도록 하고 있다. 그 결과 응답률도 낮아진다. 그리고 앞서 지적한 바와 같이 전화 거는 대상에서 제외하는 목록은 많은 응답할 가능성이 있는 표본들을 정당한 마케팅 조사와 부도덕한 텔레마케팅 모두에게서 제외되도록 한다.[19]

대면면담(face-to-face interviews)에서는 면담자가 한번에 한 명의 응답자에게 질문을 한다. '예전'에는 조사자들이 질문을 하기 위해 종종 집집마다 찾아다녔지만 요즘은 보안상의 문제와 맞벌이 가정의 증가로 낮 동안에는 집에 사람이 없는 경우가 많아져서 오늘날에는 드문 방식이다. 대개 오늘날의 대면면담은 쇼핑몰에서의 고객 대면조사인 **쇼핑몰 조사**(mall intercept)로 이루어진다. 조사자들은 쇼핑몰 또는 다른 공공장소에서 쇼핑객들을 응답자로 모집한다. 당신은 아마도 지역 쇼핑몰에서 이런 광경을 목격한 적이 있을 것이다. 클립보드를 든 사람이 웃으며 쇼핑객들을 멈춰 세우고 몇 가지 질문에 대답해줄 수 있는지를 묻는 그런 광경 말이다. 예를 들어, 여러분은 자동차 쇼에서 자동차를 자랑하는 슈퍼 히트 모델들의 사진을 본 적이 있는가? 비록 당신이 구매자들의 관심을 얻기 위해 업계가 '부스 바비'라고 부르는 것을 사용하는 이런 전략을 꽤 '구식'이고 한물간 방법이라고 생각하더라도, 실제로 자동차 회사들은 완곡하게 '제품 전문가'라고 부르는 것의 이용을 두 배로 늘렸다. 선망받는 모델이나 배우들은 새로운 차량에 대한 질문에 대답하는 것으로 하루에 1,000달러를 번다. 차이점은 오늘날 그들이 질문을 하게 될 가능성이 높다는 것이다. 이제 많은 회사들은 모델들이 방문자들로부터 그들의 선호도에 대한 정보를 최대한 추출하기를 원한다. 그들은 그 차의 여러 색상들을 좋아하는가? 스타일에 대

텔레마케팅 소비자 혹은 기업 고객에게 전화상으로 직접 판매하는 방법

쇼핑몰 조사 조사자가 쇼핑몰 혹은 다른 공공장소에서 쇼핑객들을 모집 및 면담하는 연구

Mark Scheuern/Alamy Stock Photo

오늘날의 오토쇼 모델은 '제품 전문가'로 격상했다.

해서는 어떤지? 여전히 경제 상황에 대해 걱정하고 있는지? 많은 제품 전문가들은 방문객이 부스를 떠나는 순간 그/그녀의 반응을 기록한다. 다른 사람들은 일일 보고서를 쓰거나 쇼가 끝날 때 종합적인 보고서를 제출한다. 이 조사자들은 단순히 얼굴만 예쁜 것이 아니다.[20]

쇼핑몰 고객 대면조사는 새로운 포장 디자인이나 스타일에 대한 견해를 얻거나 새로운 음식이나 향수에 대한 반응을 알아보는 데 좋은 기회를 제공한다. 그러나 쇼핑몰을 자주 방문하는 모든 사람들 중 특정 집단만을 대상으로 하기 때문에, 쇼핑몰 고객 대면조사의 표본은 모집단을 대표하지 못한다(모집단이 쇼핑몰 고객이 아니라면). 우편이나 전화설문보다 비용이 더 들뿐만 아니라, 면대면 상황에서는 응답자들이 개인적인 질문에는 대답하기를 꺼릴 수 있다.

온라인 설문(online questionnaires)은 한창 그 인기가 높아가고 있지만 이런 설문의 사용에도 문제가 있을 수 있다. 많은 조사자들이 응답의 질에 대해 의문을 제기한다. 특히 누가 컴퓨터에 응답을 입력하는지 아무도 확신할 수 없기 때문이다(우편 및 전화 인터뷰와 마찬가지로). 또한 능숙한 온라인 소비자들이 정말로 일반적인 모집단을 대표할 수 있는지도 의문이다.[21] 그러나 리서치 기업들이 신분을 확인하는 새로운 방법들을 고안해내고, 이미지와 소리 및 애니메이션들을 사용하여 설문지 형식을 새롭게 하며, 보다 다양한 응답자들을 모집함에 따라 이 모든 염려들은 빠르게 사라져가고 있다.[22]

관찰법

주요 1차 자료 수집 방법의 두 번째는 관찰(observation)이다. 이 용어는 조사자가 단순히 소비자의 행동을 기록하는 상황을 의미한다.

인적 관찰(personal observation)은 조사자가 소비자들이 마케팅 활동에 어떻게 반응하는지를 알아보기 위해 그들의 행동을 단순히 지켜보는 것이다. 실험실은 조사자들이 실험 대상이 보는 것과 하는 것을 통제할 수 있도록 해주지만, 마케터들이 이런 종류의 '순수한' 조사를 할 수 있는 여건을 늘 갖추고 있을 수는 없다. 그렇지만 조사자들이 독립변수를 통제할 수 있는 한, 실제 상황에서 현장 조사를 하는 것은 가능하다. 예를 들어, 어떤 기저귀 회사가 나이, 수입 등 고객의 특성이 비슷한 슈퍼마켓 두 곳을 정했다고 하자. 슈퍼마켓의 협조를 받아 회사는 한 슈퍼마켓에는 기저귀를 맥주 옆에 진열하고 다른 슈퍼마켓에서는 휴지류 옆에 진열을 한 다음 2주간 남성들에 의한 기저귀 구매량을 기록한다. 만일 훨씬 많은 남성들이 두 번째 슈퍼마켓보다 첫 번째 슈퍼마켓에서 기저귀를 구입한다면(회사는 진열위치 이외의 다른 모든 것이 두 곳에서 동일하도록 한다), 기저귀 생산업체는 맥주가 배경에 존재하는 것이 기저귀 판매량을 늘리는 결과를 가져왔다고 결론 내릴 수 있다.

조사의 대상자들이 누군가가 그들을 지켜보고 있다는 사실을 알게 되면 행동에 변화를 줄 수도 있다고 의심이 되면, 사람들이 무엇인가를 소비한 후 남겨진 물리적 증거의 흔적들을 추적 기록하는 **비간섭적 측정**(unobtrusive measures)을 할 수도 있다. 예를 들면, 누군가에게 현재 그 사람의 집에 있는 주류에 대해 말해줄 것을 요구하는 대신, 조사자는 집으로 직접 찾아가 조사 대상자의 주류 찬장에 있는 병 갯수를 실제로 세어보는 '찬장 조사'를 할 수 있는 것이다. 다른 방법은 각 가구의 소비 습관에 대한 힌트를 얻기 위해 쓰레기 더미를 뒤질 수도 있다. '쓰레기 수거인'은 어떤 음료가 어떤 종류의 음식과 함께 버려지는지 말해줄 수도 있다. 이런 연구에서 사람들은 조사자가 그들이 버린 물건들을 살펴본다는 것을 알지 못하기 때문에 정보는 완전히 객관적이다(냄새는 좀 나겠지만!).

기계적 관찰(mechanical observation)은 행동을 기록하는 데 인간이 아닌 도구를 사용하는 1차 자료 수집 방법이다. 기계적 관찰의 전형적인 적용 사례 중의 하나는 닐슨의 유명한 '피플미터(people meters)'라고 불리는 텔레비전 시청 양상을 기록하기 위해 선택된 시청자들의 텔레비전 옆에 부착하는 박스 사용이다. 닐슨이 이 기구로부터 얻는 자료는 누가 어떤 프로그램을 시청하는지를 나타낸다. 이 '시청률'은 방송국들이 광고주에게 텔

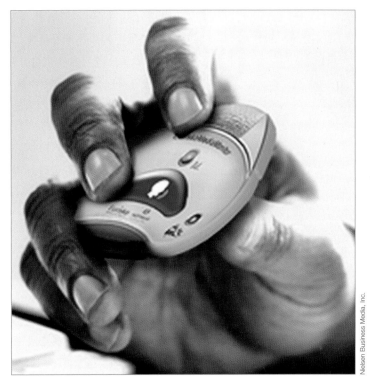

닐슨의 피플 미터는 미국 소비자들의 대규모의 표본이 무엇을 시청하는지를 모니터한다.

레비전 광고료를 얼마나 받을 것인지, 어떤 프로그램을 폐지할 것인지, 또는 개편할 것인지를 결정하는 데 도움을 준다. 닐슨은 또한 디지털 미디어에서 사용자 활동도 측정한다. 조사 회사의 미국 패널만 해도 소비자가 디지털 미디어에 접근하기 위해 사용하는 모든 잠재적 장치를 포함하는 3만 개 사이트에 걸쳐 2만 명 이상의 인터넷 사용자로 구성되어 있다.[23] 이를 통해 닐슨은 시청자가 좋아하는 TV프로그램과 어떻게 상호 작용하는지에 대해 고객들에게 보다 최신의 정보를 제공할 수 있다. 예를 들어, 그것은 사람들이 올리는 TV 관련 트윗의 수를 추적하고, TV 관련 트윗을 올리는 개인의 나이와 성별을 포함한 인구통계 정보를 제공한다.[24]

유사하게, 닐슨 오디오(예전 아비트론)는 수천 개의 '휴대용 피플미터(PPMs)'를 배치했다.[25] PPM은 호출기와 유사하며 TV광고나 선반 디스플레이와 같은 촉진활동에 음성이 들리지 않는 코드를 삽입한 미디어에 대한 착용자의 노출을 자동으로 기록한다. 따라서 소비자가 방송 상업

광고, 극장 광고, 혹은 다른 형태의 상업 광고에 노출되면, PPM은 이를 등록, 기록, 그리고 신호에 시간 표시를 한다. 이동성은 모든 노출이 등록되도록 해주고, 이는 참여자들이 종종 기록하는 것을 잊어버리는 '피플미터'와 '진술 일기'의 문제를 제거할 수 있다.[26]

몇몇 회사들이 사용하는 또 다른 형태의 기계적 관찰은 **시선 추적 기술**(eye tracking technology)이다. 이 방법은 휴대용 또는 고정형 장비를 이용해 참가자의 눈의 움직임을 추적하며, 사람들이 무엇을 보는지와 얼마나 오래 보는지에 대한 깊은 통찰력을 제공한다. 마케팅 담당자들에게

비간섭적 측정 어떠한 행위가 이루어진 후 남아 있는 물리적 증거들의 상태를 측정하는 방법

기계적 관찰 미래 분석 및 해석을 가능하게 하는 형태의 인간 행동을 포착하기 위해 기계에 의존하는 1차 자료 수집 방법

시선 추적 기술 사람이 서로 다른 시각적 요소와 자극에 반응하고 상호작용하는지에 대한 상황별 통찰력을 얻기 위하여 개인 시선의 위치와 움직임을 추적하는 센서와 정교한 소프트웨어를 이용하는 기계식 관찰 기법

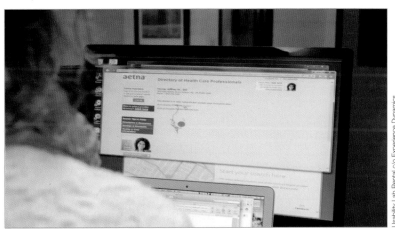

정교한 시선 추적 기술은 마케터들에게 사람들이 무엇을 보는지에 대한 근접한 시각을 제공한다.

이것은 소비자들이 시각적인 특성을 가진 다양한 형태의 마케팅에 어떻게 관여하는지 더 잘 이해할 수 있는 기회를 제공한다. 그것의 사용의 예로는 인쇄물, 텔레비전, 모바일 광고, TV로 중계되는 스포츠 경기에서의 간접광고에 대한 시선의 움직임을 추적하는 것을 포함한다. 시선 추적 기술의 휴대용 또는 웨어러블 버전이 개선됨에 따라 실험실 이외의 장소, 즉 '현실 세계'에서 데이터를 수집될 수 있는 기회를 더 많이 제공하므로 마케터에게 보다 적용 가능한 정보를 제공할 수 있다.[27]

일부 소매점은 정교한 기술을 이용해 쇼핑객들이 매장 내 어디를 돌아다니는지 관찰하여 통행량이 많은 곳과 죽은 공간을 찾아낼 수 있도록 한다. 어떤 경우에 이러한 '열 지도(heat map)'는 쇼핑객들의 휴대 전화에서 나오는 신호를 사용하여 통로를 지나가는 그들의 움직임을 기록한다.

온라인 조사

많은 기업들이 웹이 자료 수집의 훌륭한 방법이라는 것을 깨달았다. 빠르고 상대적으로 저렴하며, 단순한 설문지에서부터 온라인 포커스 그룹에 이르기까지 다양한 조사가 가능하다. 실제로 P&G와 같은 일부 대기업은 현재 소비자 정보의 상당 부분을 온라인에서 수집하고 있다. 온라인 조사의 발전은 아주 빠르게 일어나고 있다. 이제 이 온라인 조사가 어디로 향하고 있는지 살펴보도록 하자.

온라인 조사에는 크게 두 가지 종류가 있다. 한 가지는 소비자들이 웹 서핑을 하는 동안 그들을 추적하여 얻은 정보이다. 두 번째는 수강과목 소셜 미디어 사이트를 포함한 웹사이트 설문조사, 이메일, 혹은 채팅방에서 가상의 사회자가 진행하는 포커스 그룹을 통해 보다 선별적으로 수집하는 정보이다. 트위터나 페이스북과 같은 대부분의 소셜 미디어 플랫폼은 트렌드를 분석하고 시장 조사를 실시할 수 있는 다양한 방법을 제공한다. 단순히 최신 게시물과 인기 있는 용어를 검색(마케팅 담당자가 '웹을 긁어모으기'라고 부르는)하는 것으로도 새로운 동향에 대한 통찰력을 얻고 고객이 실시간으로 무엇을 이야기하는지를 알 수 있다. 이러한 접근 방식의 한 예는 트위터에서 해시태그 검색을 수행하는 것이다. 해당 브랜드, 산업 또는 제품과 관련된 해시태그를 사용하여 몇 가지 검색을 설정하면 고객, 단골고객 또는 경쟁업체가 주요 용어를 사용할 때 즉시 알림을 받을 수 있다.[28]

웹 설문조사를 통해 데이터를 수집하고자 하는 마케터에게 MTurk(Amazon Mechanical Turk)와 같은 플랫폼은 효과적인 매체이다. MTurk는 시장 조사자들이 일반적으로 시간이 많이 걸리지는 않지만, 효과적으로 완료하기 위해서는 인간의 지능이 요구되는 일회성 과제에 대한 요청을 게시할 수 있는 웹사이트를 제공한다.[29] MTurk 또는 유사한 플랫폼을 사용하여 시장 조사 데이터를 수집하는 것은 대량의 응답을 수집하는 데 사용되는 다른 방법보다 잠재적으로 더 빠르고 비용이 덜 들 수 있다. 회사가 이용할 수 있는 근로자 청중과 필요한 업무 수행에 대한 상대적으로 낮은 가격 때문이다(경우에 따라 참가자는 각 과제의 완료 시 답례로 푼돈을 받고 신속한 과업에 참여한다). 특정 응답자 그룹을 포함해야 하는 시장 조사의 경우, 그러한 플랫폼은 적절하지 않을 수 있으며 대신 전문 패널 데이터를 찾는 것이 더 적합할 수 있다.

친구들과 셀카 사진을 공유하고 싶겠지만, 기업들 역시 인스타그램과 핀터레스트에 올라와 있는 당신의 최근 사진들을 자세히 살피고 있을 수도 있다. 몇몇 회사들은 소비자들이 일상생활에서 어떻게 브랜드를 사용하는지에 대해 더 많이 알 수 있도록, 사진을 스캔하는 특별한 소프트웨어를 사용하여 로고, 표정, 문맥을 식별한다. 들여다볼 수 있는 사진들이 엄청나게 많다. 인스타그램에만 공유할 수 있는 약 200억 장의 사진과 매일 추가되는 6,000만 장의 사진이 있다. 이런 관행은 너무나도 새로운 것이어서 사생활에 대한 우려가 점점 커지고 있다. 이제는 무엇을 게시할 것인지에 대해 두 번 생각해보라.[30]

모든 플랫폼과 형태에 걸쳐, 인터넷은 소비자들이 구글, 빙, 애스크, 그리고 다른 검색 엔진에서 정보를 검색할 때 그들을 추적할 수 있는 전례 없는 능력을 제공한다. 우리는 온라인으로 온갖 것을 찾는 데 너무 익숙해져서 구글이 동사가 되었다. 소비자들이 'J 브랜드 청바지의 최저가격'이나 '홈 시어터' 같은 검색어를 입력함에 따라, 이러한 질문들은 온라인 행동 추적에 관여하는 마케터들이 이용할 수 있는 데이터의 바다에 작은 방울이 된다. 그들은 우리가 온라인에서 무엇을 보고 있는지 어떻게 알까? 쿠키 몬스터를 기억하자! **쿠키**(cookie)는 사용자가 사이트에 연결할 때 웹사이트 스폰서가 사용자의 하드드라이브에 삽입하는 텍스트 파일이다. 쿠키는 웹사이트 방문에 관한 자세한 정보를 기억하여 사용자들이 어떤 페이지를 방문했는지 추적한다. 일부 사이트에서는 방문자가 자신에 대해서나 자신이 좋아하는 것과 싫어하는 것에 대한 질문에 대답함으로써 사이트에 '등록'하기를 요청하거나 요구한다. 그런 경우에 쿠키를 통해 사이트에서 고객에 대한 이런 세부 정보에 접근할 수도 있다.

쿠키와 관련된 기술은 아마존이 사용자들이 과거에 주문한 책에 근거하여 새로운 책을 추천할 때와 같이 웹사이트가 맞춤식 서비스를 제공할 수 있도록 해준다. 이런 경우를 생각해보자. 늦은 저녁이고, 여러분은 공부를 해야 하지만, 여러분은 스스로 그렇게 할 수 없다. 그래서 당신은 당신의 태블릿을 가지고 넷플릭스에 로그인한다. 그리고 당신이 로그인했던 다른 때와 같이, 넷플릭스는 당신을 교과서로부터 멀어지게 하는 많은 영화와 TV 쇼를 제공한다. 하지만 넷플릭스가 당신이 무엇을 보고 싶어 하는지 어떻게 알 수 있을까? 때로는 당신의 취향을 친구들보다 더 잘 예상하는 것 같기도 하다.

아니, 유일한 업무가 사무실에 앉아서 당신이 다음에 무엇을 보고 싶어 할지 추측하기 위해 온라인으로 당신을 따라다니는 사람 같은 건 없다. 이러한 놀라운 연관성은 **예측 기술**(predictive technology)의 결과이다. 즉, 예측 기술은 많은 사람들의 쇼핑 패턴을 이용하여 어떤 물건들이 팔릴 때 어떤 다른 제품들이 함께 팔릴 가능성이 높은지를 결정한다. 단 이 경우에 당신이 '쇼핑'하고자 하는 것은 보고자 하는 영화이다. 당신이 즐길 만한 영화나 TV쇼를 알아내기 위해, 넷플릭스는 여러 사람들로 구성된 팀들을 훈련시켜 수천 편의 영화를 보고 '폭력성' 또는 '줄거리 완결성'과 같은 속성들에 대해 태그를 붙인 후 그런 속성들을 수백만 명의 사용자들 시청 습관과 결합한다.[31] 그리고 넷플릭스는 당신의 시청 욕구를 만족시키기 위해 무엇을 제공해야 하는지 안다.

컴퓨터의 설정을 변경하여 쿠키를 차단하거나 제한할 수는 있다. 비록 당신이 온라인 신문이나 여행사와 같이 당신을 승인하기 위해 이런 정보를 요구하는 많은 사이트에 로그인하려고 한다면 이것이 삶을 어렵게 만들겠지만, 소비자의 온라인 행로를 추적함으로써 생성된 정보는 대규모 사업이 되었으며, 또한 대규모로 '빅데이터'로 널리 알려졌다. 이 주제에 대해서는 제5장에서 자세히 설명하기로 한다. 지금까지 연방 통상 위원회는 자체적인 광범위한 개인정보보호 규정을 개발하는 대신 기업과 산업이 자체적으로 기준을 만들어 유지하도록 해왔지만, 많은 이들이 상황이 바뀌기를 바라고 있고, 온라인 개인정보보호 권리와 관련하여 모든 정부 차원에서 많은 논의가 진행되고 있다. 온라인 개인정보보호 권리를 찬성하는 사람들은 다음과 같은 원칙들이 지켜지기를 원한다.

- 소비자에 대한 정보는 소비자에게 속한다.
- 소비자는 정보 수집에 대한 공지를 받아야 한다.

쿠키 웹 사이트 스폰서가 인터넷 이용자들의 움직임을 추적하기 위해 이용자들의 하드 드라이브에 삽입한 텍스트 파일

예측 기술 추가 구매할 가능성이 높은 제품을 결정하기 위해 많은 수의 사람들의 쇼핑 패턴을 활용하는 분석 기법

반송률 특정 사이트를 방문하고(일반적으로 홈페이지) 나서, 추가적으로 페이지를 확인하지 않고 '반송'(사이트를 나가는)하는 방문자들의 비율을 바탕으로 웹사이트의 트래픽을 분석하는 마케팅 계량지표

- 소비자는 자신에 대한 정보가 어떻게 사용되는지 알아야 한다.
- 소비자는 정보 수집을 거부할 수 있어야 한다.
- 소비자에 대한 정보는 소비자의 허락 없이 판매되거나 제3자에게 제공되어서는 안 된다.

어떤 정보 수집 방법도 완벽한 것은 없다. 온라인 조사도 마찬가지이다. 온라인 기술에 대한 많은 비판이 오프라인 기술에도 적용된다. 한 가지 잠재적인 문제는 응답자의 대표성이다. 많은 소비자 집단들, 주로 가난하고 연령대가 높은 이들은 다른 집단들에 비해 인터넷 접속이 제한되어 있다.

또한 많은 연구들(우편 설문이나 쇼핑몰 조사와 동일하게)이 자기 선택 표본의 문제를 보인다. 즉, 응답자들이 온라인 연구에 참여를 부탁하는 초청장을 받는 것에 동의를 한 상태이기 때문에 정의상, 그들은 설문조사에 참여하기를 좋아하는 그런 종류의 사람들인 것이다. 표적 집단, 패널과 같은 다른 종류의 조사에서와 마찬가지로 '전문적인 응답자', 즉 설문조사 참여를 즐기는(그리고 돈을 받는 것을) 사람들을 만나게 되는 것은 흔하다. 해리스 인터랙티브(Harris Interactive), SSI(Survey Sampling International), 톨루나(Toluna)와 같은 우수한 온라인 조사 전문가들은 이런 사람들의 참여를 감시하고 특정 기간 동안 다른 연구에 참여할 수 있는 횟수를 제한함으로써 이러한 문제를 해결하고자 한다. 그러나 불행히도 온라인 데이터 수집이 급증함에 따라 많은 신규 및 검증되지 않은 데이터 공급 업체들이 업계에 발을 들여놓다 보니, 온라인 연구의 관점에서 보면, 오래된 경구, 구매자 위험 부담(구매자가 조심하자) 원칙이 적용된다.

온라인 연구에는 또 다른 단점들이 있다. 해커들이 조사 결과에 영향을 주려고 할 수도 있다. 경쟁업체는 이러한 연구들의 정보를 가로챔으로써 경쟁사의 마케팅 계획, 제품, 광고 및 기타 독점적인 요소 등에 대해 알 수 있다(오프라인 연구에서도 쉽게 발생할 수 있음). 부정 행위가 만연함에 따라, 오늘날 어떤 회사들은 거짓말 퇴치 소프트웨어를 사용하여 설문조사에 포함된

핵심 계량지표

점점 더, 마케팅은 기업 웹 전략의 전자 상거래 측면을 담당한다. 마케팅은 회사의 웹 전략 측면에서 전자 상거래에 책임이 있다. **반송률**(bounce rate)은 웹 사이트 트래픽 분석을 위한 마케팅 지표이다. 웹 사이트(일반적으로 홈페이지) 방문자 중 웹 사이트 내의 다른 페이지를 계속 보지 않고 웹 사이트를 '빠져나가는'(그냥 떠나버리는) 방문자의 비율을 나타낸다. 이해하기 쉬운 간단한 측정 기준이며 다음 공식을 기반으로 한다.

$$반송률 = \frac{\text{한 페이지만을 본 방문자 수}}{\text{웹 페이지 총방문자 수}}$$

구글 애널리틱스와 같은 도구를 사용하면 사이트의 반송률을 쉽게 추적할 수 있다. 이러한 도구들은 웹 사이트의 페이지별 반송률, 사용자가 어떻게 사이트에 왔는지(자연 검색, 유료 검색, 배너 광고 등), 시간의 경과에 따라 반송률이 어떻게 변하는지, 기타 데이터들을 보여주어, 마케터가 실제로 누출이 발생하는 위치를 파악할 수 있게 해준다.

마케터들은 시작 페이지가 방문자들의 관심을 효과적으로 유발하는지 여부를 확인하기 위해 반송률을 사용한다. 쉽게 말해서, 반송률은 웹 사이트의 한 페이지에 얼마나 많은 방문자들이 왔다가 다른 페이지들을 보지 않고 떠나는지를 측정하는 것이다. 반송률이 낮은 페이지는 이 시작 페이지가 방문자들이 더 많은 페이지를 보고 웹 사이트를 더 깊게 살펴볼 것을 권장한다는 것을 의미한다. 반면에, 높은 반송률은 일반적으로 방문자들이 그 첫 번째 '접촉'에서 마주치는 것이 무엇이든 더 많은 것을 확인하고 싶을 만큼 흥미롭지 않다는 것을 나타낸다.[32]

계량지표 적용

1. 웹 사이트 효과성을 위한 경험 법칙으로, 훌륭한 웹 사이트는 세 가지 기본 기준을 충족시켜야 한다. (1) 사이트는 매력적이어야 한다. (2) 사이트는 당신이 가고 싶은 곳으로 쉽게 이동할 수 있어야 한다. (3) 사이트에는 최신 정보가 있어야 한다(오래된 정보 말고). 당신이 웹 사이트에서 반송할 때, 그것은 이러한 이유들 중 하나 또는 그 이상 때문일 가능성이 있는가? 그것들 중에 당신에게 다른 것들보다 더 중요한 것이 있는가?

2. 우리가 설명한 반송률에 대해 고려해보라. 다른 마케팅 지표와 마찬가지로, 반송률만을 기준으로 의사결정을 해서는 안 된다. 마케팅 담당자가 웹 사이트의 효과성에 대한 평가를 위해 사용해야 할 다른 고려 사항들은 무엇인가?

각각의 컴퓨터에 디지털 지문을 심어 거짓 응답을 하거나 가능한 많은 설문조사에 참여하여 산업을 가지고 노는 전문가들을 식별하기도 한다.[33]

정보의 질 : GIGO(무가치한 데이터를 넣으면 무가치한 결과가 나온다)

기업이 정보를 수집하는 데는 포커스 그룹, 민속지학적 접근, 관찰법, 통제된 실험 등 여러 가지 방법이 있음을 보았다. 그러나 마케터들이 조사를 통해 발견한 것들은 얼마나 믿을 만한 것인가?

너무나 자주, 연구를 진행하는 마케터들은 조사자들이 그럴싸하게 생긴 숫자들과 도표들로 가득찬 방대한 양의 보고서를 제출하기 때문에 이 모든 것들이 '진실'이라고 생각한다. 불행하게도 이 '진실'이라는 것이 어떤 사실에 대한 한 사람의 해석에 불과할 때가 있다. 또는 조사자들이 제안을 하기 위해 사용한 정보가 잘못된 것일 수도 있다. 이 장의 앞에서 "무가치한 자료를 넣으면 무가치한 결과가 나온다(Garbage in Garbage out, GIGO)."에 대해서 언급했다.[34] 즉, 결론은 그것을 도출해내기 위해 사용한 정보의 질에 달린 것이다. 대개 세 가지 요인, 즉 타당성, 신뢰성, 대표성이 연구 결과의 질에 영향을 준다.

타당성(validity)은 설문조사가 측정하려고 생각한 것을 실제로 측정한 정도이다. 타당성은 내적 타당성과 외적 타당성으로 더욱 세분될 수 있다. **내적 타당성**(internal validity)은 연구 설계가 측정 대상이 의도했던 대로 정확하게 측정되고 오염되지(예를 들어, 연구에 의도하지 않은 요인을 우발적으로 포함) 않는 방식으로 설정된 정도와 관련이 있다. 이는 일반적으로 얻어진 결과를 오염시킬 수 있는 외부 요소의 유입을 차단하기 쉬운 매우 통제된 환경(예 : 실험실)에서 확보된다. **외적 타당성**(external validity)은 연구 결과가 관련 표적시장에 실질적으로 적용 가능한(표적시장을 대표하는 특정 연구 참여자들에게만 해당되는 것이 아니고) 정도와 관련이 있다. 이것에 대한 또 다른 견해로는 연구 결과가 실제 세계에서 활용될 때도 지속될 것인가이다.

타당성 문제는 1980년대 유명한 뉴 코코 대실패의 근본적인 원인 중 하나였다. 코카콜라는 기존의 콜라를 좀 더 달달한 새 음료로 교체한 후, 주력 상품에 대한 사람들의 충성도를 낮게 평가했다. 이 실수는 너무나 엄청난 것이어서 저자들이 태어나기도 전에 일어난 일이긴 했지만, 오늘날에도 여전히 이야기가 되고 있다. 눈을 가리고 진행된 맛 시험에서 회사는 맛 평가단의 익명의 한 콜라에 대한 선호도가 콜라 브랜드에 대한 선호도를 측정하는 타당한 방법이라고 여겼다. 우리는 또한 소비자들이 좀 더 여유 있는 환경에서 한 캔, 한 병, 한 잔의 콜라를 즐길 때 일반적으로 더 많은 양의 콜라를 마시는 것과 반대로 적은 양을 시험해보도록 하는 한 모금의 테스트는 결함(외적 타당성의 결여)이 있다고 자신 있게 말할 수 있다.[35] 코카콜라는 맛만을 측정하는 것은 사람들이 좋아하는 청량음료에 대해 가지고 있는 깊은 충성심을 측정하는 것과 같지 않다는 것을 실패를 통해 배웠다. 코카콜라는 강한 소비자의 충성심을 이끌어내는 브랜드이자 문화적 상징이다. 맛에 손을 대는 것은 어머니의 손맛을 모욕하는 것과 마찬가지였다. 코카콜라는 예전 버전인 '코카콜라 클래식'으로 복귀한 후에야 비로소 매출이 회복되었다.[36]

신뢰성(reliability)은 조사 측정 기법들이 오류가 없는 정도이다. 때로 조사자들이 질문을 하는 방식이 사람들의 응답에 영향을 미쳐 오류가 발생하는 경우가 있다. 트로잔 콘돔회사의 매력적인 여성 면담자가 남성 대학생을 붙잡고 그들이 피임 제품을 사용하는지 물어보는 경우를 상상해보라. 남학생들이 우편으로 받은 익명의 설문조사를 통해 같은 질문에 대답을 한다면, 대답이 달라질 거라고 생각되는가? 아마도 그들의 대답은 달라졌을 것이다. 사람들은 대답의 익명성이 보장되지 않을 경우 자신들이 실제로 행하는 것을 밝히기를 꺼리기 때문이다. 조사자들은 같은 질문을 여러 가지 다른 방식으로 물어보기도 하고, 같은 질문을 여러 가지 상황에서 묻기

대표성 모집단과 연구 대상 소비자의 유사
정도

표본 추출 조사를 위해 응답자를 선택하는
과정

확률 표본 모집단의 각 구성원이 포함될 가
능성이 사전에 알려진 표본

도 하며, 동일한 응답에 대해 여러 명의 분석가들이 해석을 하기도 하는 등, 다양한 방법을 통
해 신뢰도를 극대화하기 위해 노력한다. 그런 다음, 응답들을 비교하여 일관성과 안정성을 확
보할 수 있다.

　신뢰성은 연구의 대상이 되는 소비자 모집단이 질문을 이해하고 있는지를 확신할 수 없을
때 문제가 된다. 예를 들어, 어린이들은 시장 조사에서는 어려움이 많은 대상이다. 어린이들
은 자신의 행동에 대해 신뢰하기 힘든 보고를 하는 경향이 있고, 기억력이 별로 없으며, 추상적
인 질문을 잘 이해하지 못하기 때문이다. 많은 경우, 어린이들은 자신이 왜 어떤 것을 다른 것
보다 더 선호하는지 설명하지 못한다(아니면 어린이들은 이런 비밀을 어른들과 공유하기 싫어
한다).[37] 이런 이유로 조사자들은 연구가 어린 소비자들을 대상으로 하는 경우 특별히 창의적일
필요가 있다. 📷 그림 4.5는 일본에서 행해진 어린이들의 텔레비전 프로그램 선호도를 측정하
는 연구에서 조사자들이 사용했던 완성 테스트(completion test)를 보여준다.

　대표성(representativeness)은 조사 연구의 소비자들이 조직이 관심을 갖고 있는 대규모 집단에
유사한 정도이다. 이 기준은 연구를 위해 응답자들을 선정하는 과정인 **표본 추출**(sampling)의 중
요성을 강조한다. 그러면 생각해야 하는 문제는 표본이 얼마나 커야 하는가와 이들을 어떻게
선택할 것인가 하는 것이다. 다음 절에서 표본 추출에 대해 좀 더 자세히 알아보자.

4단계 : 표본 설계

조사자가 문제를 정의하고 조사 방법을 결정하고 자료를 어떻게 모을 것인지 결정했다면, 다음
단계는 필요한 정보를 누구에게서 얻을 것인지 결정하는 것이다. 물론 모든 고객들이나 잠재적
고객들로부터 자료를 모을 수도 있다. 만약 이것이 가능하다 해도 이는 지나치게 많은 비용과
시간이 드는 일이다(이것이 미국 인구 조사에서 10년마다 수백만 달러를 소비하는 일이다). 모
든 사람들이 미국 정부처럼 시장의 모든 이들을 대상으로 여론 조사를 할 수 있는 자원이 있는
것은 아니다. 그래서 조사자들은 대개 대부분의 자료를 모집단의 일부, 즉 **표본**으로부터 수집한
다. 이 표본의 응답을 바탕으로 조사자들은 결과를 보다 대규모의 모
집단으로 일반화한다. 이런 유추가 정확한지 부정확한지는 연구 표본
의 종류와 질에 달려 있다. 표본은 크게 두 가지 종류, 즉 확률 표본과
비확률적 표본으로 나뉜다.

확률 표본

확률 표본(probability sample)에서는, 모집단의 각 구성원은 표본에 포
함될 일정한 확률을 가지고 있다. 확률적 표본을 이용하는 것은 표본
이 모집단을 대표하고 표본의 구성원들로부터 도출한 모집단에 대한
유추가 정당하다는 것을 보장한다. 예를 들어, 확률 표본에서 남성이
여성보다 높은 비율로 '말랑말랑한 영화'보다 액션 영화를 선호한다
고 말한다면, 우리는 일반적으로 남성이 여성보다 높은 비율로 등장
인물이 키스하고 투닥거리는 것보다 깨지고 잘리는 그런 영화를 보고
싶어 한다고 유추할 수 있다.

　가장 기본적인 확률 표본의 종류는 단순 무작위 표본(simple random
sample)으로 모집단의 모든 구성원이 동일하고 알려진 확률로 표본에
포함될 가능성이 있다. 예를 들어 교실에 있는 40명 전원의 이름을 종
이에 적어 모자에 넣은 뒤 뽑기를 하면 교실에 있는 각 학생들이 40분

그림 4.5 📷 스냅숏 | 완성 테스트

어린아이들로부터 정확한 데이터를 얻는 것은 특히 어려운 일이 될 수 있다.
연구자들은 종종 이 일본어 완성 테스트와 같은 시각 자료를 사용하여 아이
들이 자신의 감정을 표현하도록 장려한다. 그 테스트는 소년들에게 그림 속
의 소녀가 "다음에 보고 싶은 프로그램이 뭐야?"라고 질문할 때 그림 속의
소년이 대답할 것이라고 생각하는 것을 빈 풍선에 쓰도록 요구했다.

의 1의 확률로 표본에 포함될 가능성이 있다. 대부분의 연구에서 표본을 추출한 모집단은 모자에 담기에는 너무 커서 마케터들은 구성원의 목록에서 무작위 표본을 추출하기 위해 컴퓨터 프로그램을 사용한다.

때로 조사자들은 체계적인 **표본 절차**(systematic sampling procedure)를 사용하여 모집단의 구성원을 뽑아내기도 한다. 무작위로 시작하여 모집단에서 n번째 되는 구성원을 뽑아내는 것이다. 예를 들어 우리가 이 수업에서 10명의 구성원으로 된 표본을 추출한다고 하자. 그러면 우리는 출석부에서 두 번째 있는 사람을 시작으로, 이후 매 네 번째 이름, 즉 출석부에서 두 번째, 여섯 번째, 열 번째, 열네 번째, 이런 식으로 추출을 하는 것이다. 조사자들은 체계적인 표본을 이용한 연구들이 단순 무작위 표본을 이용한 연구들만큼이나 정확하다는 것을 알고 있다. 그러나 대상이 되는 모집단의 구성원의 목록이 이미 컴퓨터 데이터 파일에 있지 않다면, 단순 무작위 표본을 추출하는 것이 훨씬 간단하다.

또 다른 종류의 확률 표본은 **층화 표본**(stratified sample)으로 조사자가 모집단을 연구의 주제와 관련 있는 세분시장으로 나누는 것이다. 예를 들어 당신이 극장 관객들이 가장 좋아하는 영화가 무엇인지에 대해 연구하고 싶다고 가정하자. 선행 연구로부터 모집단의 남성과 여성은 영화 장르에 따라 다른 태도를 보인다는 것을 알게 되었다. 남성은 액션 영화를, 여성은 로맨틱 코미디를 좋아한다. 층화 표본을 추출하기 위해 먼저 모집단을 남성과 여성으로 나누어야 한다. 그리고 각각의 세분 시장으로부터 모집단에서 그들이 차지하는 비율에 따라 응답자를 무작위로 선택한다. 이런 방법으로 당신은 연구 결과에 차이를 만들어낼 것이라고 알고 있는 특성에 따라 모집단에 비례하는 표본을 만들어낼 수 있다.

비확률 표본

때로 조사자들은 확률 표본을 추출하는 데 시간과 노력이 지나치게 많이 요구된다고 여긴다. 어쩌면 그들은 답을 신속하게 얻어야 하거나, 아니면 그냥 사람들이 주제에 대해 어떻게 느끼는지에 대한 일반적인 감각을 얻고 싶은지도 모른다. 그런 경우 그들은 **비확률 표본**(nonprobability sample)을 선택하게 되는데, 이는 응답자를 선택할 때 개인적인 판단에 의존하는 것으로 어떤 경우 조사자들은 눈에 띄는 누구에게나 질문을 하기도 한다. 비확률 표본을 사용하게 되면 모집단의 어떤 구성원들은 표본에 포함될 기회가 아예 없다. 그러므로 표본이 모집단을 대표한다고 확신할 만한 근거가 전혀 없다. 비확률 연구에서 얻어진 결과는 일반적으로 실제 어떤 일이 일어나는지 시사할 뿐, 확정적인 것은 아니다.

편의 표본(convenience sample)은 비확률 표본으로, 자료가 모아지는 시간과 장소에 우연히 접근 가능한 개인들로 구성된다. 예를 들어 당신이 학생회관 앞에 서 있다가 지나가는 학생들에게 설문지를 작성해줄 것을 부탁한다고 하면, 이 설문에 응하는 '실험 대상'이 편의 표본이 되는 것이다.

끝으로, 조사자들은 어떤 특징을 가진 개인들을 그들의 모집단 내에서 차지하는 비율과 동일한 비율로 포함시키는 **할당 표본**(quota sample)을 사용할 수도 있다. 예를 들어 당신이 대학에서 학생들의 태도를 연구한다고 하자. 당신은 그냥 학교로 가서 1학년, 2학년, 3학년, 4학년 학생들을 대학 내 각 수업에서 차지하는 비율만큼 찾아내면 된다. 할당 표본은 층화 표본과 아주 비슷하지만, 할당 표본에서는 조사자가 개인적인 판단에 의해 응답자를 선택한다는 점이 다르다.

5단계 : 자료 수집

이제 조사자들은 해결해야 할 문제의 본질을 결정했다. 또한 문제를 어떻게 조사할 것인지와

비확률 표본 응답자를 선정하는 데 조사자의 개인적 판단을 활용하는 표본

편의 표본 데이터가 수집되는 시기와 장소에서 접근 가능한 개인들로 구성된 비확률 표본

역번역 자료를 외국어로 번역한 후 원래의
언어로 되돌리는 과정

어떤 정보가 필요한지를 구체화해줄 조사 설계도 마쳤다. 조사자는 자료 수집과 표본 추출 방법도 선택했다. 조사자가 이 모든 결정을 하고 나면, 다음은 실제로 자료를 수집하는 단계이다.

우리는 앞서 결론의 질은 어떤 자료를 쓰느냐에 달려 있다는 것을 지적한 바 있다. 같은 논리가 데이터를 수집하는 사람들에게도 적용된다. 연구 결과의 질은 연구에서 가장 서투른 면담자의 수준에 불과하다. 부주의한 면담자는 질문들을 쓰여진 대로 제대로 읽지 않거나 응답자들의 대답을 올바르게 기록하지 않을 수도 있다. 따라서 마케터들은 면담자들이 조사의 절차를 쓰여진 그대로 정확하게 따라 할 수 있도록 훈련하고 감시해야 한다. 다음 절에서 우리는 자료 수집에서의 문제점과 그 해결책에 대해 알아보기로 한다.

외국에서 자료 수집 시 어려운 점

세계 곳곳에서 시장 조사를 한다는 것은 미국 기업에게 큰일이다. 미국 상위 50개 기업의 경우 (매출 기준) 수입의 절반 이상이 미국 이외의 지역에서 얻어진다.[38] 그러나 제2장에서 보았듯이, 시장 조건과 소비자 선호도는 세계 각국마다 다르고, 시장 조사 운영의 정교함과 해외 시장에서 이용할 수 있는 자료의 양에 엄청난 차이가 있다. 한 예로 멕시코에서는 여전히 스페인어 이외의 언어를 사용하는 원주민들이 사는 지역이 넓어서 조사자들이 이런 지역의 사람들은 그냥 지나칠 가능성이 있다. 어떤 설문 조사든 정부의 승인이 필요한 이집트에서는 이 승인 절차가 몇 달 혹은 몇 년씩 걸릴 수 있다. 그리고 많은 개발도상국에서는 기반시설이 취약하여 전화나 우편 설문조사를 실행하는 데 장애가 되고, 인터넷 접속의 부재는 웹 기반 조사를 어렵게 만든다.

이 외에도 여러 가지 이유로 적절한 자료 수집 방법을 선택하는 것이 어렵다. 어떤 국가에서는 많은 사람들이 전화기를 가지고 있지 않기도 하고, 높은 문맹률로 인해 우편설문에 어려움을 겪기도 한다. 현지 관습을 이해하는 것은 도전적인 일이다. 또한 문화적 차이도 설문에 대한 응답에 영향을 준다. 예를 들어 덴마크와 영국 소비자들 둘 다 아침을 먹는 것이 중요하다는 것에 동의한다. 그러나 덴마크 표본은 아침식사로 과일과 요구르트를 떠올리는 반면 영국 표본은 토스트와 차를 생각하고 있을 것이다. 때로 마케터들은 조사 설계를 할 때 현지 조사자들을 참여시켜 이런 문제들을 극복할 수 있다.

해외 시장에서 시장 조사를 실시할 때 생기는 또 다른 문제는 바로 언어이다. 때로 번역이 잘못되는 경우가 있다. 어떤 경우에는 한 국가의 하위문화 전체가 조사 표본에서 제외되기도 한다. 사실 이 문제는 미국 내에서 점점 더 심각해지고 있는데, 이는 모집단 내 비영어 사용자의 비율이 점점 늘고 있기 때문이다.

언어 차이를 극복하기 위해 조사자들은 **역번역**(back-translation)을 거친다. 역번역은 두 단계로 이루어지는데, 우선 원어민이 설문지를 표적 응답자의 언어로 번역한 후 제2외국어에 능통한 사람이 이 새로운 버전의 설문지를 다시 원래 언어로 역번역하여 번역 과정에서 설문의 의미가 제대로 전달되었는지 확인한다. 이런 예방책을 쓴다 해도 조사자들은 다른 문화에서 얻어진 자료를 해석할 때는 반드시 신중을 기해야 한다.

6단계 : 자료의 분석과 해석

마케팅 조사자들이 자료를 수집하고 나면, 다음은 무엇인가? 그것은 마치 오래된 질문 '나무가 숲에 떨어지면'에 대한 생각과 같다. "결과는 존재하는데 이것을 해석할 사람이 없다면, 그 결과는 의미가 있는 것인가?" 철학자들은 모르겠지만, 마케터들은 아마 "아니요."라고 대답할 것이다. 결과가 쓸모 있으려면 자료들은 해석이 필요하다.

자료 분석의 중요한 역할에 대한 이해를 돕기 위해 다음과 같은 가상의 조사를 예로 들어보

표 4.3 | **자료 표와 교차표의 예**

지방 함량 선호도(응답 수 및 백분율)

지방 함량이 높은 음식, 중간 지방 음식, 저지방 음식 중 어느 것을 선호하십니까?

설문 응답	응답 수	응답 백분율
고지방	21	6
중간 지방	179	51
저지방	150	43
합계	350	100

성별 지방 함량 선호도(응답 수 및 백분율)

지방 함량이 높은 음식, 중간 지방 음식, 저지방 음식 중 어느 것을 선호하십니까?

설문 응답	여성 응답 수	여성 백분율	남성 응답 수	남성 백분율	합계	총백분율
고지방	4	2	17	10	21	6
중간 지방	68	39	111	64	179	51
저지방	103	59	47	27	150	43
합계	175	100	175	100	350	100

자. 냉동식품을 파는 어떤 회사가 식단에서 지방 함량 정도에 대한 소비자들의 선호도를 더 잘 이해하고 싶어 한다고 하자. 회사는 전화면담을 통해 1차 자료를 수집하는 기술적 조사 연구를 실시했다. 회사는 음식 선호도는 성별과 연관이 있다는 것을 알고 있기 때문에 175명의 여성과 175명의 남성으로 구성된 층화 표본을 사용했다.

대개, 마케터들은 우선 표 4.3에서와 같이 자료를 표로 만든다. 즉, 그들은 자료를 표나 다른 형태로 정리하여 전체적인 응답에 대한 큰 그림을 그려본다. 표 4.3의 자료는 표본의 43%는 저지방 식사를 선호한다는 것을 보여준다. 또한 다른 변수를 바탕으로 교차표를 만들 수도 있다. **교차표**란 카테고리들 간에 결과가 어떻게 달라지는지를 보기 위해 자료를 하위집단(이 예에서는 남성과 여성으로 구분)으로 나누어 검토하는 것을 의미한다. 표 4.3의 교차표에 따르면 여성의 59%와 남성의 27%만이 저지방 식품을 선호한다. 또한 조사자들은 추가로 다음 과정에서 배울 수 있는 통계적 시험들을 해볼 수 있다.

표와 교차표를 바탕으로 조사사들은 결과를 해석하고 권고사항을 만든다. 예를 들어 표 4.3의 연구 결과는 여성들이 남성들보다 저지방 식단에 대해 더 관심을 가질 가능성이 많다는 결론에 도달하게 한다. 이 자료를 바탕으로 조사자들은 기업이 새로운 저지방 식품 라인을 출시할 때에는 여성을 표적으로 해야 한다고 제안할 수 있다.

7단계 : 조사 보고서 준비

마케팅 조사 과정의 마지막 단계는 조사 결과에 대한 보고서를 작성하는 것이다. 일반적으로 조사 보고서는 최고 경영진, 의뢰인, 발주 부서 등의 독자들에게 간결하고 분명하게 그들이 알아야 할 것이 무엇인지를 쉽게 이해할 수 있으면서도 지루하지 않게 말할 수 있어야 한다. 일반적인 조사 보고서는 다음과 같은 것들을 포함한다.

- 전체 보고서의 요지를 담은 경영진을 위한 요약
- 조사 방법에 대한 이해 가능한 서술

- 표, 교차표, 그리고 추가적인 통계 분석을 포함한 연구의 결과에 대한 철저한 논의
- 연구의 한계점(완벽한 연구는 없다)
- 결과로부터 도출한 결론과 결과를 바탕으로 한 경영 활동을 위한 제안들

목표 요약 ➡ 핵심 용어 ➡ 적용

제4장
스터디 맵

4.1 목표 요약

마케팅 의사결정에서 마케팅 정보 시스템과 마케팅 의사결정 지원 시스템의 역할을 설명한다.

마케팅 정보 시스템(MIS)은 기업 내부 데이터, 마케팅 첩보, 시장 조사, 확보된 데이터베이스, 컴퓨터 하드웨어, 소프트웨어로 구성된다. 기업은 MIS를 사용하여 매니저들이 마케팅 의사결정을 위해 필요로 하는 정보를 수집, 정리, 분석, 저장, 유통한다. 마케팅 의사결정 지원 시스템(MDSS)은 관리자들이 분석 소프트웨어와 상호작용 소프트웨어를 사용하여 MIS 데이터에 접근하고 분석을 수행하여 제품 및 서비스에 대해 필요한 정보를 찾을 수 있도록 도와준다.

핵심 용어

데이터베이스	맞춤 조사	신디케이트 조사
마케팅 의사결정 지원 시스템MDSS)	시장 조사	역설계
마케팅 정보 시스템 (MIS)	시장 조사 윤리	인트라넷
	시장 첩보 시스템	

4.2 목표 요약

고객 통찰의 개념과 효과적인 마케팅 의사결정에 미치는 영향을 이해한다.

오늘날 조직에서는 방대한 양의 데이터를 수집하고 있지만, 데이터를 유용하게 활용하기 위해서는 고객 통찰 전문가가 필요하다. 고객 통찰의 개념은 기업이 고객을 확보, 개발, 유지할 수 있도록 해주는 정보의 수집, 배포 및 해석을 의미한다. 이러한 정보는 시장 계획 결정을 뒷받침하고 향후 사업 전략 계획 수립을 안내한다.

핵심 용어

고객 통찰	데이터	정보

4.3 목표 요약

시장 조사 과정의 단계와 주요 요소들을 열거하고 설명한다.

조사 과정은 문제를 정의하고 조사 설계나 연구 형태를 결정하는 것에서 시작한다. 그다음 조사자들은 데이터 수집 방법을 선택한다. 즉 2차적 정보를 활용할 수 있는지 아니면 커뮤니케이션 연구나 관찰을 통한 1차적 연구가 필요한지를 결정하는 것이다. 그리고 나서 조사자들은 표본의 종류를 정하고 정보를 수집한다. 조사의 마지막 단계는 정보를 분석 및 해석하고 조사 보고서를 작성하는 것이다.

탐색 조사는 대체로 정성적 자료를 사용하고 이는 개인 면담이나 포커스 그룹 면접, 또는 민족지학과 같은 관찰법을 통해 얻을 수 있다. 기술 조사는 횡단·종단 연구를 포함한다. 인과 조사는 가격 변동과 같은 마케팅의 독립 변수와 매출과 같은 종속 변수 사이의 인과 관계를 이해하기 위해 통제된 실험을 설계함으로써 한 걸음 더 나아 간다.

조사자들은 설문조사 방법과 관찰법을 통해 정보를 수집할 수 있다. 설문조사에는 우편설문, 전화면담, 대면면담, 온라인 설문 등이 있다. 연구는 단순 무작위 표본 혹은 층화 표본과 같은 확률 표본을 이용할 수 있다. 확률 표본은 표본 결과에 기초하여 모집단에 추론할 수 있다. 비확률 표본 방법에는 편의 표본과 할당 표본이 있다. 조사자는 자료의 타당성, 신뢰성, 대표성을 확보하기 위해 노력한다.

다양한 소셜 미디어 플랫폼을 포함한 인터넷 기반 조사는 모든 시장 조사에서 빠르게 성장하는 분야이다. 온라인 추적은 쿠키를 사용하여 소비자들이 웹 사이트의 어디를 방문하는

지 기록한다. 소비자들은 사생활 침해 문제와 이 정보가 어떻게 사용되고, 다른 사람들에게 제공되는지에 대해 점점 더 우려하게 되었다. 인터넷 기반 조사는 또한 신속하고 저렴하기 때문에 전통적인 커뮤니케이션 자료 수집 방법을 대체할 만한 매력적인 것이다. 많은 기업들이 온라인 포커스 그룹 면담을 수행하기 위해 인터넷을 활용한다.

핵심 용어

1차 자료	기계적 관찰	내적 타당성
2차 자료	기술 조사	뉴로마케팅
대표성	신뢰성	탐색 조사
민속지학	실험	텔레마케팅
반송률	역번역	편의 표본
비간섭적 측정	예측 기술	포커스 그룹
비확률 표본	외적 타당성	표본 추출
사례 연구	인과 조사	확률 표본
쇼핑몰 조사	조사 설계	횡단연구 설계
시선 추적 기술	종단연구 설계	
시장조사 온라인 커 뮤니티(MROC)	쿠키	
	타당성	

연습문제

개념 : 지식 확인하기

4-1. 마케팅 정보 시스템(MIS)이란 무엇인가? 마케팅 정보 시스템에는 어떤 종류의 정보가 포함되는가?

4-2. 마케팅 의사결정 지원 시스템(MDSS)은 어떻게 마케터들이 필요한 정보를 쉽게 얻을 수 있도록 해주는가?

4-3. 고객 통찰의 개념과 시장 계획 의사결정에서 차지하는 고객 통찰의 역할을 정의하라.

4-4. 조사가 될 문제를 정의하는 것은 조사의 궁극적 성공을 위해 왜 그렇게 중요한가?

4-5. 1차 자료와 2차 자료의 차이를 설명하라.

4-6. 탐색 조사에서 정보를 모으는 기법에는 어떤 것들이 있는가? 이러한 유형의 데이터 수집이 유용한 이유는 무엇인가?

4-7. 기술 조사가 무엇인지 설명하라.

4-8. 인과 조사의 목적을 설명하라. 기술 조사와는 어떻게 다른가?

4-9. 1차 자료를 수집하는 주요 방법은 무엇인가?

4-10. 이 장에서 "무가치한 데이터를 넣으면 무가치한 결과가 나온다."라는 메시지가 언급되었다. 이 개념이 시장 조사에 미치는 영향은 무엇인가?

4-11. 쿠키란 무엇인가? 쿠키와 관련하여 어떤 윤리적 문제와 사생활 침해에 관한 문제가 발생할 수 있는가?

4-12. 온라인으로 정보를 수집할 때 조사자들은 어떤 문제들을 반드시 고려해야 하는가?

4-13. 데이터의 질을 생각할 때 타당성, 신뢰성, 대표성의 차이점은 무엇인가? 데이터가 이런 특성들을 만족한다는 것을 어떻게 알 수 있는가?

4-14. 확률 표본과 비확률 표본은 어떻게 다른가? 확률 표본의 종류에는 어떤 것이 있는가? 비확률 표본의 종류에는 어떤 것이 있는가?

4-15. 교차표란 무엇인가? 교차표는 정보를 분석하고 해석하는 데 어떻게 활용될 수 있는가?

실행 : 배운 것 적용하기

4-16. 수업시간 10~25분 팀별 과제 당신의 회사가 세계 여러 시장에서 소비재에 대한 마케팅을 시작할 계획을 세우고 있다고 하자. 당신은 남아프리카, 스페인, 중국에서의 마케팅 조사 계획을 세우는 일을 맡았다. 각 지역에서 마케팅 조사를 실시할 때 나타날 수 있는 문제점들을 역할극을 통해 제시해보라.

4-17. 창의적 과제/단기 프로젝트 소비자에게 제품을 판매하는 다국적 기업을 선택하라.
   a. 횡단면 설계를 사용하여 가장 적절하게 연구된 특정 제품과 해당 제품과 관련된 연구 질문을 확인하라. 이러한 설계를 선택한 것에 대한 당신의 논리를 정당화하라.
   b. 종단 설계를 사용하여 가장 적절하게 연구된 특정 제품과 해당 제품과 관련된 연구 질문을 확인하라.

4-18. 창의적 과제/단기 프로젝트 마케팅 조사 회사의 거래처 담당자로서, 당신은 의뢰인에게 어떤 형태의 연구가 잘 맞는지 결정해야 한다. 다음 각각의 의뢰인의 질문에 대해, 당신은 어떤 조사 방법을 쓸 것인지 나열하라.

a. 마케팅 커뮤니케이션 계획에서 지역 은행이 사용하기에 텔레비전 광고와 잡지 광고 중 어느 것이 더 효과적인가?

b. 미국 캘리포니아 소재의 전국적인 규모의 한 와인 메이커는 자신이 생산하는 중간급 와인을 코르크 마개에서 틀어서 여는 뚜껑으로 바꿔야 할 것인가?

c. 소비자들은 환경 친화적이라고 알려진 브랜드를 더 선호하는가?

d. 여성 의류를 판매하는 전자 상거래 사이트의 어떤 기존 기능이 구매 결정에 가장 중요한가?

4-19. **창의적 과제/단기 프로젝트** 4-17에서 선택한 각 주제들에 대해 좀 더 수동적인(관찰) 접근 방식을 사용하여 당신이 채택한 의사소통 방법을 지원하는 방법은 무엇인가?

4-20. **창의적 과제/단기 프로젝트** 4-17에서 선택한 각 주제들을 다루는 데 2차 자료를 어느 정도로 활용할 수 있는가? 있다면, 선택한 문제를 해결하는 데 가장 유용한 2차 자료는 무엇인가?

4-21. **수업시간 10~25분 팀별 과제** 당신의 마케팅 조사 회사가 여러 명의 의뢰인을 위한 정보를 수집하기 위해 설문조사를 계획하고 있다. 당신의 상사는 당신과 몇몇 신입 직원들에게 약간의 사전 작업을 지시했다. 상사는 여러분 각각에게 프로젝트에 포함될 다음 여섯 가지 주제 중에서 세 가지 주제를 뽑아서 다음의 정보 수집 방법의 장점과 단점을 분석할 것을 부탁했다 : 우편설문, 전화면담, 대면면담, 온라인 설문.

a. 어떤 도시에서 소비되는 스포츠 건강음료의 양

b. 어떤 지역 은행에서 고객이 빠져나가고 있는 이유

c. 기업이 가정용 팩스밀리의 생산과 마케팅에 얼마나 투자해야 하는가?

d. 주 경계를 넘어서 복권에 쓰여지는 돈은 얼마인가?

e. 지역 의사들이 해당 도시의 병원에서 바뀌었으면 하는 것은 무엇인가

f. 여러 스포츠 스타들에 대한 소비자들의 태도

4-22. **추가 연구(개인)** 일부 기업에서는 경쟁업체보다 우위를 점하기 위해 뉴로마케팅을 활용한다. 이러한 기법을 사용하는 최소 2개의 회사를 조사하라. 뉴로마케팅을 활용하여 경쟁 우위를 확보하는 방법을 설명하고, 이러한 기업들이 얻은 정보의 가치가 투자만큼의 가치가 있는지 여부를 평가하라(힌트 : 뉴로마케팅이란 용어를 검색하는 것으로 시작해볼 것).

4-23. **추가 연구(개인)** 이 장에 열거된 각 유형의 기계적 관찰

(피플 미터, 휴대용 피플 미터, 시선 추적)에 대해 온라인으로 조사를 수행하여 각 방법의 이점과 한계를 파악(그리고 문서화)한다.

개념 : 마케팅 계량지표 적용하기

지금까지 마케터들은 기업의 웹 광고의 성공을 측정하는 척도로 클릭률에 지나치게 의존하는 경향이 있다. 클릭률(click-through rates)은 상품이나 서비스를 구매하거나 더 많은 정보를 얻을 수 있는 다른 페이지로 연결시켜주는 광고에 대해 반응하기 시작한 방문자 비율을 의미한다. 엄밀히 말해, 클릭률은 광고에서 클릭하는 횟수를 총노출 수(웹 사이트 방문 중에 광고가 소비자에게 제시된 횟수)로 나눈 것을 말한다. 따라서

$$\text{클릭률}(\%) = \frac{\text{클릭 수}}{\text{노출 수}}$$

클릭률은 유용한 정보를 제공하지만, 소비자 반응의 질이 아닌 양을 측정할 뿐이다. 시장 조사를 위한 다양한 접근 방식에 대해 이 장에서 배운 것을 생각해보라.

4-24. 웹 광고 캠페인의 성공을 측정하는 데 활용될 수 있는 자료 수집 방법 중, 클릭 이상의 의미 있는 데이터를 제공하는 데 도움이 될 수 있는 방법은 무엇일까?(힌트 : 웹과 관련된 척도라고 해서 웹을 기반으로 하지 않은 조사 방법은 부적절하다는 것을 의미하진 않는다)[39]

선택 : 당신은 어떻게 생각하는가?

4-25. **비판적 사고** 이 장에서는 대중들이 여러 유명인사들을 인식하는 방식을 추적하기 위해 사용되는 QScore를 소개한다. 긍정적인(그리고 이상적으로 높은) QScore는 유명인사에 대한 긍정적인 인식을 나타내는 반면, 부정적인 QScore는 부정적인 인식을 나타낸다. 연예인이 부정적인 QScore로 인해 상업적인 측면에서 이득이 있을지도 모르는 특정한 종류의 이미지나 평판을 갖는 것이 가능한가? 답변과 함께 예를 들라.

4-26. **윤리** 어떤 마케터들은 소비자에게 무언가를 판매하는 것이 진짜 의도나 대답을 원하는 시장조사원으로 위장하는 경우가 있다. 이런 행위가 합법적인 조사자들에게 어떤 영향을 주는가? 이런 행위는 어떻게 처리해야 한다고 생각하는가?

4-27. **비판적 사고** 당신은 연구에 능동적으로 참여하는 것에 대해 받는 보상의 양과 해당 연구에 참여한 사람이 투입하는 노력의 수준 사이에 관계가 있을 수 있다고 믿

는가?

4-28. **비판적 사고** 마케팅 조사에 대한 당신의 전반적 태도는? 소비자의 입장에서 이득이 되는 행위라고 생각하는가? 아니면 단지 마케터들에게 소비자가 정말로 필요하지 않은 물건을 사도록 설득하는 방법에 대한 새로운 통찰을 주기 위한 것에 불과하다고 생각하는가?

4-29. **비판적 사고** 점점 더 많은 기업들이 고객에 대해 수집된 데이터를 이해하기 위해 고객 통찰 전문가를 고용하기 시작했다. 이 직책이 회사 내에서 정말 필요하다고 생각하는가? 아니면 그냥 한때의 유행이라고 생각하는가? 논거를 설명하라.

4-30. **윤리** 많은 산업에서 마케터들은 아이들에 대한 시장 조사를 실시함으로써 이득을 볼 수 있다. 어린이를 대상으로 조사를 수행하기에 적절한 가장 어린 나이는 몇 살일까? 왜 이 나이를 선택했는가?

4-31. **비판적 사고** 당신은 개인 정보를 시장 조사원들에게 공개할 의향이 있는가? 어느 정도를 말해줘도 괜찮다고 생각하는가? 아니면 어디에서 선을 그을 것인가?

4-32. **비판적 사고** 여러분의 집에서 민속지학 연구에 기꺼이 참여할 의향이 있는가? 무엇 때문인가?

4-33. **비판적 사고** 쿠키를 허용하지 않도록 컴퓨터의 설정을 변경하겠는가? 무엇 때문인가?

4-34. **비판적 사고** 2014년 국회 회기 중, 2014 데이터 브로커 및 책임 법은 중개인이 자신에 대해 수집하는 정보의 유형에 대해 소비자에게 더 많은 통제권을 제공하고, 이러한 정보를 다른 회사에 판매하지 못하도록 하기 위해 도입되었다. 이러한 법률을 지지하겠는가? 무엇 때문인가?

4-35. **윤리** 이 장에서 언급된 비간섭적 측정법으로 소비자 또는 경쟁자의 쓰레기를 뒤지는 것이 있었다. 마케터들이 이런 행위를 할 권리가 있다고 생각하는가? 이런 행위는 윤리적인가?

4-36. **비판적 사고** 휴대용 피플 미터(PPMs)를 이용하여 소비자의 판촉 노출 정도를 추적하는 것을 생각해보라. 당신은 PPM 사용을 요구하는 이런 연구에 기꺼이 참여할 것인가? 무엇 때문인가?

4-37. **윤리** 뉴로마케팅에 의해 제공되는 잠재적 기회 중 하나는 뇌 활동의 패턴을 관찰하고 (a) 다양한 제품 속성의 존재와 이러한 속성의 변화가 소비자가 실제로 선택하기 전에 어떤 선택을 할지 예측하는 데 어떻게 도움을 줄 수 있는지, (b) 그리고 소비자가 이러한 변화가 자신의 선택에 미치는 영향을 인식하지 않고 해당 속성이 다른 선택에 영향을 미치도록 어떻게 조작될 수 있는지 확인하는 능력이다. 당신은 마케터들이 그들의 이익을 위해 이런 종류의 지식을 사용할 수 있어야 한다고 믿는가? 그렇게 하는 데 개인적인 거리낌이 있는가?

미니 프로젝트 : 실행하면서 배우기

이 미니 프로젝트의 목적은 마케팅 조사 기법에 친숙해지고 이 기법들을 경영 의사결정에 응용할 수 있도록 하는 데 있다.

4-38. 다른 학생 3명과 함께 수행할 프로젝트의 '의뢰인'으로 소규모의 소매업이나 패스트푸드 레스토랑을 선택하라 (조사를 시행하기 전 반드시 매니저의 허락을 받아야 한다). 그리고 나서 다음의 가능한 주제들 중 하나를 골라 연구 문제를 만들어보라.

- 직원-고객 상호작용
- 고객 활동이 가장 분주한 때
- 서비스에 대한 고객의 인식
- 고객이 좋아하고 싫어하는 메뉴
- 사업장의 환경에 대해 고객이 좋아하는 것과 싫어하는 것
- 고객이 중요하다고 인지하는 혜택
- 사업장을 자주 찾는 고객의 연령대
- 특정 연령대의 구매 습관
- 고객의 불만을 다루는 방법

1. 조사 계획 세우기
   a. 연구할 문제 정의
   b. 조사의 종류 선택
   c. 자료 수집 방법 선택
   d. 자료 수집의 형태와 방식 개발
2. 조사 진행
3. 이 장에서 다룬 시장 조사 과정의 7단계에서 제시된 다섯 가지 부분을 포함하는 보고서 작성(또는 수업 시간 중 발표)

마케팅 행동 사례　겟피드백의 실제 선택

우리 모두는 세상이 모바일로 이동해버렸다는 것을 알고 있다. 하지만 이것이 시장 조사가 이루어지는 방식에는 어떤 영향을 미칠까? 퓨 리서치 센터에 따르면, 휴대 전화를 소지한 사람들의 30%가 자신의 휴대 전화를 주된 인터넷 접속 지점으로 사용한다고 한다. 소비자들은 그들이 회사, 제품, 서비스와 상호 작용하는 방법을 바꾸고 있으며 최근 조사에 따르면 모든 시장 조사의 38%가 모바일 기기에서 시작되었다. 특히, 전통적인 시장 조사 자료 수집 방법(우편, 전화)을 고려할 때, 밀레니얼 세대의 알려진 응답률은 어느 집단보다 낮다. 그러나 그들은 모바일 기기로 수행되는 연구에는 보다 기꺼이 반응한다. 그러나 놀랍게도 포레스터 리서치는 설문 조사 프로세스를 모바일로 수행하는 시장 조사 기관이 17%에 불과하다고 추정하고 있으며, 이는 대부분의 시장 조사 회사가 아직도 시대에 뒤떨어진 기술과 기법을 사용한다는 것을 나타낸다.

2013년에 크레이그 스웬스러드와 션 화이틀리는 시장에서의 정보 수집 격차를 인식하고 모바일 우선 고객 설문 조사로 그 격차를 줄이기로 결정했다. 세일즈포스닷컴에서 근무하던 두 명의 직원들이 모바일 컴퓨팅으로의 전환의 최전선에 있겠다는 목표로 겟피드백이라는 스타트 업 기업을 설립했다. 겟피드백은 스마트폰, 태블릿, 모바일 웹 브라우저에 대한 설문조사를 생성하는 서비스이다. 온라인 전자메일 마케팅 애플리케이션 및 소프트웨어 회사인 캠페인 모니터는 약 1년 후에 겟피드백을 인수했다. 현재 겟피드백에는 유나이티드 웨이, ESPN, 페이스북, 링크드인, 나이키와 같은 단골 기업을 포함하여 1,000명 이상의 기업고객이 있다. 사용 가능한 데이터 수집 서비스에는 월 100개 이내의 표본을 제공하는 개인용(월 25달러)과 월 10,000개 이내의 표본을 제공하는 기업용(월 150달러) 패키지 등을 포함한다. 또한 서비스 상품에는 웹, 전자메일 및 전화 기술 지원이 포함될 수 있다.

스웬스레드는 모바일 설문조사가 빠른 스크롤과 처리를 위해 작은 화면 크기에 맞게 최적화하는 방법을 포함하여 많은 과제를 안고 있다는 것을 알았다. 겟피드백은 회사의 마케팅을 강화하기 위해 비디오 클립, 사진 또는 기타 이미지를 통합할 수 있는 템플릿을 제공한다. 고객들은 설문지를 작성한 다음 색상, 글꼴, 로고 및 이미지를 통해 스타일을 추가할 수 있다. 온라인 설문조사의 응답자 참여와 완료율을 높이기 위해서는 이미지와 비디오가 필수적이다. 목표는 설문조사가 브랜드의 개성을 반영하도록 하는 것이다. 겟피드백의 다른 주요 기능에는 고객들이 수집된 정보를 보다 완전하게 사용할 수 있도록 알림과 분석 도구 세트를 제공하는 푸시 알림 기능이 포함된다. 이러한 모든 상황은 실시간으로 발생할 수 있으므로 겟피드백의 고객은 경쟁사보다 빠른 속도로 대응할 수 있다. 수집된 정보는 고객이 소유하며 고객기업 내에서 쉽게 공유할 수 있다. 정보는 쉽게 다운로드 가능하며, 마이크로소프트 엑셀 또는 쉼표로 구분된 값(CSV)을 처리할 수 있는 분석 소프트웨어로 내보낼 수 있다.

ESOMAR는 2015년 글로벌 시장 조사 보고서를 통해 전화 여론 조사, 온라인 설문조사, 설문지 및 기타 시장 조사에 대한 연간 글로벌 지출액을 총 430억 달러(미국에서만 연간 190억 달러)로 추정하였다. 소비자 조사 시장은 거대하고 특히 온라인과 모바일 환경에서 꾸준히 성장하고 있다. 서베이멍키는 현재 크래프트 푸드, 삼성, 페이스북을 포함한 2,500만 명 이상의 고객을 확보하고 있는 시장 선두 주자이다. 서베이멍키의 최고경영자 잰더 루리는 다음과 같이 강조한다. "이제 실행이 문제다. 우리는 번창하고 성공할 모든 기회를 가지고 있다. 하지만 우리가 어떻게 하는지에 초점을 맞추지 않는다면 경쟁자들이 그것을 가져갈 것이다."

겟피드백은 지속적으로 성공하기 위해서는 시장 선도업체에 도전하고, 응답자가 최대한 효율적으로 답변할 수 있도록 설문조사를 진행하고, 정보 품질을 유지하며, 고객에게 큰 가치를 제공해야 한다. 동시에, 회사는 모기업인 캠페인 모니터가 매력적인 주주 이득을 창출하도록 도와야 한다. 이처럼 동적으로 변화하는 경쟁적인 성장 환경에서는 다음 전략적 조치를 결정하기가 어렵다. 겟피드백은 한 걸음 물러나 경쟁 환경을 고려하고 기회와 리스크를 평가하며 향후 성장 계획을 수립해야 한다.

당신의 결정

4-39. 겟피드백이 직면한 의사결정은 무엇인가?

4-40. 이러한 의사결정 상황을 이해하는 데 중요한 요인은 무엇인가?

4-41. 대안에는 어떠한 것들이 있는가?

4-42. 당신이 추천하는 의사결정은 무엇인가?

4-34. 당신의 추천사항을 실행하는 방법들은 어떤 것들이 있는가?

참고자료 : Heather Clancy, "With Mobile Surveys, Market Research Gets a Makeover," *Fortune* (March 25, 2014), http://tech.fortune.cnn.com/2014/03/25/with-mobile-surveys-market-research-gets-a-makeover (accessed April 13, 2016); Ted Saunders, "Improving the Survey Experience for Mobile Respondents," *Marketing Research Association* (August 13, 2015), http://www.marketingresearch.org/article/improving-survey-experience-mobile-respondents (accessed April 13, 2016); Sarah Kimmorley, "Zander Lurie explains How It felt to Be SurveyMonkey's CEO After His Best Mate Dave Goldberg Died," *Business Insider* (Apr 7, 2016), http://www.businessinsider.com.au/zander-lurie-on-taking-over-the-role-of-surveymonkeys-ceo-after-his-best-mate-dave-goldberg-died-2016-4 (accessed April 13, 2016).

마케팅 분석 툴 : 빅데이터의 시대로!

Lisa Arthur

리사 아서
▼ 테라데이터 법인의 의사결정자

테라데이터의 최고 마케팅 책임자(CMO)로서, 리사 아서는 글로벌 시장 및 수요 전략, 제품 및 솔루션 마케팅, 고객 중심 전략계획을 주도하며 데이터 기반 마케팅 및 테라데이터의 통합 마케팅 클라우드 솔루션에 대한 글로벌 업계의 선구자 역할을 수행한다. 30년 경력의 마케팅 베테랑인 그녀는 또한 인터넷 리더 아가마이 테크놀로지, B2B2C 애플리케이션 제공 업체인 마인드펫, 그리고 가장 최근에는 아프리모(지금은 테라데이터)에서 CMO로 근무했다. 그녀는 2013년에 출간된 *Big Data Marketing: Engage Your Customers More Effectively to Drive Value*의 저자이기도 하다.

리사는 오라클에서 거의 7년을 보냈으며, 마케팅 부사장으로서 오라클 CRM 및 비즈니스 스위트 온디맨드의 시장 진입과 성장을 관리했다. 그녀는 신터림의 설립자로서, 자신의 시장 중심의 프로세스와 통찰력을 실리콘 밸리 신생 기업들과 포춘 50 기술 기업들에게 전략적 조언을 제공하는 데 적용하였다.

경험 많은 기조 연설자인 리사는 웹 2.0, 오피스 2.0, 다이렉트 마케팅 협회, 호주 다이렉트 마케팅 협회, 미국마케팅협회 전략 컨퍼런스, 스탠퍼드대학교, MIT 슬론 CMO 회담 및 다양한 CMO 포럼에서 다양한 주제를 다루었다. 그녀는 산업 미디어에서 자주 인용되고, B2C 커뮤니티에서 공동으로 블로그를 운영하며, 아시아 월스트리트 저널 방송에 출연했고 AMA와 함께 수많은 논문을 게재했다. 그녀의 업계를 선도하는 블로그들은 포브스닷컴 CMO 네트워크에 등장했으며, 그녀는 이코노미스트 그룹의 마케팅 블로그인 린 백의 기고가이기도 하다. 리사의 최근 수상 경력으로는, 오늘날 최고의 여성 마케팅 전문가들을 기리는 다이렉트 마케팅 뉴스의 2013년 '마케팅 홀 오브 페임'과 미국 비즈니스 협회에서 올해의 마케팅 책임자에게 수여하는 2012년 '스티브 어워드'를 수상한 바 있다. 또한 2014년, 2012년, 2011년에는 영업 및 총괄 관리 협회에서 '감시의 여인'으로 선정되기도 했다. 그녀는 또한 마케팅 과학 연구소의 이사이다. 그녀는 오하이오주립대학교에서 학사학위를 받았다.

휴식시간에 주로 하는 일은?
저술, 요리, 사진 찍기

졸업 후, 첫 직장은?
학자금 대출을 받았는데, 구직이 쉽지 않았다. 그래서 임시직 채용과 배치 전문가로서 나의 직업 경력을 시작했다. 말할 필요도 없이, 나는 마케팅으로 전환하게 되어 기쁘다.

경력의 정점이라면?
나의 첫 번째 서적인 '빅데이터 마케팅'을 출간했을 때.

직업과 관련하여 하지 않았으면 했던 실수는?
내 직감에 귀 기울이지 않았던 것. 나는 이런 실수를 몇 번이나 했다. 데이터가 의사결정에 필수적이기는 하지만, 직감도 마찬가지다.

지금 읽고 있는 경제 서적은?
레이 커즈와일의 *The Singularity Is Near*

나의 영웅은?
남편이다. 매일, 그는 내 인생의 '슈퍼맨'이고, 그의 사랑과 지지 없이는 내가 하는 어떤 일들도 하지 못했을 거다.

삶의 모토는?
결코 늦지 않았다.

무엇이 나를 움직이는가?
고객 참여 및 경험을 혁신하고 변환하는 데 데이터를 사용하여 마케팅을 보다 가치 있는 기능으로 만들기 위해 회사인 테라 데이터와 함께 노력 중이다.

관리 스타일은?
협업적 지도라고 할 수 있다.

화나게 하는 것은?
"할 수 없다."는 말이다.

리사가 2009년에 아프리모(현재는 뉴욕 증권 거래소에 상장된 상장 기업인 테라데이터 코퍼레이션의 일부임)에 최고 마케팅 책임자(CMO)로 합류했을 때, 그 회사는 11년간 사업을 해왔고 마케팅 자원 관리(MRM), 멀티 채널 캠페인 관리, 기업 마케팅 관리 분야에서 큰 성공을 거두었다. 이 회사는 마케팅 결과와 효율성을 제고하기 위해 자사의 마케팅 소프트웨어와 서비스를 활용한 200여 개가 넘는 우량 기업 고객 명단을 자랑했다. 테라데이터에서 2011년에 인수한 애플리케이션은 테라데이터애스터 솔루션을 통해 빅데이터 검색 및 마케팅 속성을 포함하도록 확장되었다. 마케터는 빅데이터의 소비자이자 생성자이며, 마케터는 통찰력을 얻은 다음 소비자와 구매자가 실시간으로 참여하여 차선책 제안 또는 차선책 메시지를 제공하도록 할 수 있다. 테라데이터는 데이터 및 분석 플랫폼과 업계를 선도하는 멀티 채널 캠페인 관리 솔루션의 선두 주자이기 때문에, 마케팅 애플리케이션과 빅데이터 및 고급 분석 기능의 결합은 이미 견고한 마케팅 솔루션의 가치를 높여준다.

테라데이터의 인수 전에, 리사는 회사인 아프리모와 회사 브랜드를 마케팅 담당자를 위한 플랫폼으로 재포지셔닝하기 위한 변화 관리자로 채용되었다. 멋진 로고를 만들어낸 브랜딩과 포지셔닝 작업이 있었으나 그 회사는 여전히 마케팅 임원들과 그들의 팀들에게 회사가 제공할 수 있는 것 사이의 분명한 연결 고리를 놓치고 있었다.

그 회사는 빠르게 성장하고 있었고 그것의 소구력을 더 넓은 시장으로 확장할 필요가 있었다. 동시에, 마케팅 운영, 캠페인 관리 및 디지털 메시징 솔루션으로 구성된 차세대 클라우드 서비스와 함께 고객 데이터를 실시간으로 파악할 수 있도록 지원하는 관련 분석 도구를 출시했다. 클라우드 분석 제품군은 신흥 시장으로, 폭발적으로 증가할 준비가 된 분야의 모든 특징을 갖추고 있다. 하지만 아프리모 브랜드는 잘 알려져 있지 않았고, 마케팅 분석 툴 업계 대부분의 사람들은 이 회사를 단지 MRM 기술 솔루션 제공 업체로 인식하고 있었다. 실제로는 이 회사는 더 많은 것—글로벌 기업이 전체 마케팅 업무를 즉시 그리고 장기적으로 관리할 수 있도록 해주는 마케팅 소프트웨어 플랫폼을 제공했다. 마케팅 운영 관리 외에도 아프리모는 자사의 고객들에게 고객 및 잠재 고객과 온라인 또는 오프라인으로 커뮤니케이션할 수 있는 고급 캠페인 관리 기능과 이메일 및 SMS 전송을 간소화 및 가속화할 수 있는 온라인 플랫폼을 위한 통합 디지털 메시징 기능을 제공하였다.

이 회사는 클라우드 기반 플랫폼인 아프리모 마케팅 스튜디오 온디맨드를 출시할 준비를 하고 있었다. 클라우드 제품 출시는 마케팅 솔루션의 보다 유연한 구현과 사용을 제공하기 위해 회사에 전략적으로 중요했다. 출시는 리사가 회사에 입사한 분기 내에 예정되어 있었고, 연례 글로벌 사용자 컨퍼런스는 6개월밖에 남지 않았다. 마케팅 부서의 자원들은 극도로 제한되었다. 그 회사의 리더 팀은 새로 오는 CMO의 도착을 기다려 왔기 때문이다. 리사의 전략적 관점에서 아프리모 브랜드는 생기를 되찾고, 진화되고, 활기차게 변해야 할 필요가 있었다. 분명히 이 시장은 진정한 선구자가 될 준비가 되어 있었다. 문제는 제한된 인적 자원과 자본이었고 '회사를 다시 시작할' 시간이 많지 않았다.

리사가 고려한 세 가지 선택 1 · 2 · 3

1 선택
현재의 방침과 속도를 유지하고, 브랜드를 재출시하는 데 더 많은 시간과 자원을 제공하기 위해 단기간 동안은 제품 출시에만 집중한다. 회사의 능력을 더 잘 전달할 수 있는 보다 광범위한 브랜드 작업을 하기 위해 9~12개월을 기다린다. 이를 통해 리사와 그녀의 팀은 단기적으로 잠재 고객들에게 많은 관심을 불러일으킬 수 있는 '빅뱅' 제품 출시에 집중할 수 있게 된다. 마케팅 부서의 인력이 부족했기 때문에, 이 선택은 팀이 제품 출시를 제대로 하는데 집중할 수 있게 해줄 것이다. 한편, 새로운 클라우드 제품은 아프리모의 재포지셔닝 작업을 주도할 예정이었고, 리사는 출시의 영향이 전면적이고 통합된 접근 방식 없이 사라질까 봐 걱정했다.

2 선택
제품과 브랜드를 두 갈래로 출시한다. 아프리모는 새로운 클라우드 제품에서 얻을 수 있는 수익을 활용하여 다음 해의 공격적인 성장 계획에 자금을 댈 수 있었을 것이다. 이 선택은 회사가 수익 목표를 달성하고 회사의 재출시를 위한 2개의 기준점(하나가 아닌)을 제공할 수 있도록 한다. 새로운 클라우드 제품에 의해 발생하는 구전이 있을 것이고, 몇 달 후 브랜드 재출시는 그 위에서 구축될 것이다. 또한 이 결정은 전체 아프리모 브랜드가 재출시되었을 때 회사가 전면 가동할 수 있도록 초기 수용자 고객 사이에서 클라우드 제품을 조정할 시간을 준다. 그래도 최소한의 인원으로 짧은 시간 안에 2개의 별도의 출시를 성공시킬 수 있을지는 미지수다. 이것은 꽤 드문 전략이었기 때문에, 새로운 CMO에 위험 부담이 큰 행동이었다.

3 선택
클라우드 제품 출시를 지연시키고 아프리모를 재브랜딩하려는 노력을 가속화한 다음 클라우드 제품과 새 브랜드를 함께 출시한다. 이 옵션은 회사에 활력을 불어넣을 수 있는 폭발적인 접근 방식이었다. 회사의 클라우드 진출을 알리는 혁신적인 제품 출시가 수반되기 때문에 재출시는 훨씬 더 큰 영향을 미칠 것이다. 회사의 모든 이벤트 계획 자원이 하나의 진정한 통합 계획에 집중할 수 있었을 것이다. 한편으로, 이러한 지연은 아마 아프리모에게 수익 손실을 초래할 것이다. 시간상의 지체는 경쟁자들에게 유사한 제품을 미리 시장에 내놓아 아프리모의 성공을 훔칠 기회를 줄 수 있다. 또한, 지연은 테라데이터가 전통적으로 업계의 사람들이 대규모의 신제품 출시가 발표될 것으로 기대했던, 업계의 대규모 가을 무역 전시회인 드림 포스를 놓치게 한다.

당신이 리사라면 무엇을 선택할 것이며, 그 이유는 무엇인가?

당신의 선택

무엇을 선택할 것인가? 그 이유는?

☐ 선택 1   ☐ 선택 2   ☐ 선택 3

제5장

5.1

목표

마케터들이 고객관계관리를 실행함으로써 어떻게 장기적 성공과 이익을 증대시키는지 설명한다.

고객관계관리 : 마케터를 위한 핵심 의사결정도구

마케터들이 많은 양의 데이터와 고급 분석 도구를 어떻게 활용하는지에 대한 논의의 시작점으로 **고객관계관리**(customer relationship management, CRM)의 개념을 소개하는 것이 좋겠다. 대부분의 성공적인 기업에서 CRM 시스템은 고객과의 관계 증진을 지향하는 강력한 분석 역량을 발전시키는 데 활용 가능한 다양한 데이터 출처를 통합하는 고객 데이터의 중심 허브로 작용한다. 방대한 양의 데이터는 마케터들이 과거에는 가능하지 않았던 방식으로 고객을 이해하고 고객과 상호작용하는 것이 가능하도록 만들었다. 이제는 최고마케팅책임자가 최고정보책임자보다 기술에 더 많은 비용을 투자하는 것을 알고 있는가? 마케팅 분석 툴(이 장의 뒤쪽에서 이 용어를 정식으로 정의한다) 전용 기술을 판매하는 기업들이 약 3,000여 개에 달하고 이 수치는 매년 300~500개씩 증가한다. 이러한 폭발적인 증가는 **마테크**(mar-tech)라 불리는 기술의 새로운 범주를 탄생시켰다.[1]

제1장에서, **고객 지향**은 고객의 욕구와 요구의 만족을 우선순위로 하는 사업 방식이라는 것을 배웠다. 이제, 기업들이 실제로 어떻게 우선순위화하는지에 대해 좀 더 자세히 알아볼 때이다. 이러한 목적을 위해, 가장 성공한 회사들은 시간에 따른 고객의 선호와 행위를 체계적으로 추적하고, 가치 제안을 개개인의 독특한 요구와 욕구에 최대한 가깝게 조정하는 것을 포함하는 CRM 프로그램을 수용한다. CRM은 기업이 개별 고객에게 말하고 각 고객의 반응을 고려하여 마케팅 프로그램의 요소들을 조정하는 것을 가능하게 해준다.[2] CRM 트렌드는 여러 단계를 포함하는 **일대일 마케팅**(one-to-one marketing)을 촉진한다.[3]

1. 고객들을 식별하고 고객들에 대해 최대한 자세히 알아낸다.
2. 고객들을 요구 사항과 회사에 대한 가치 측면에서 구분한다.
3. 고객과 상호 작용하며 비용 효율성과 상호 작용의 효과를 개선할 수 있는 방법을 모색한다.
4. 기업이 제공하는 제품이나 서비스의 일부분을 개별 고객에게 맞춤형으로 제공한다. 이는 해당 기관이 이전의 상호 작용을 통해 고객에 대해 알게 된 내용에 따라 각 고객을 다르게 대우한다는 것을 의미한다.[4]

성공적인 일대일 마케팅은 기업이 최고의 고객을 식별하고, 그들의 요구에 부응하며, 그들의 만족도를 증가시키게 하는 CRM에 의존한다는 것을 기억하자.[5]

핵심은, CRM은 고객들과 소통하는 것이고, 고객들이 회사와 '긴밀하고 개인적으로' 소통할 수 있게 하는 것이다. CRM 시스템은 컴퓨터, 전용 컴퓨터 소프트웨어, 데이터베이스 및 종종 인터넷을 사용하여, 각 **접점**(touchpoint), 즉 고객과 회사 간의 모든 직접적인 인터페이스(온라인, 전화 또는 대면)에서 정보를 수집하는 애플리케이션이다.

이러한 시스템에는 청구서나 소포의 상태를 확인할 수 있게 해주는 웹 사이트에서 구매를 요청하는 콜센터까지 모든 것이 포함되어 있다. 페덱스 웹 사이트에 접속해서 분실된 소포를 추적한다면, 이는 CRM 시스템의 일부이다. 근관을 파기 위한 내일의 진료예약을 알려주는 치과 의사의 전화 메시지를 받는다면 이것 역시 CRM에 해당된다(미안한 일이지만). 자동차 판매원으로부터 새 차가 맘에 드는지 묻는 전화를 받을 때, 그것 역시 CRM이다. 우리가 제4장에서 언급한 정보는 마케팅 엔진을 작동시키는 연료라는 것을 기억하는가? CRM을 통해 기업들은 고객으로부터 수집한 정보를 처리하고 관리한다.

고객관계관리 가치 제안을 소비자 개개인의 독특한 욕구와 요구에 가능한 한 근접하게 맞추기 위하여 지속적으로 소비자의 선호와 행동을 체계적으로 추적하는 활동

마테크 '마케팅 기술'의 약자로 주로 마케팅 기능과 기술의 융합을 의미하며 특히 디지털 기술을 통한 마케팅 활동에 중점을 둠

일대일 마케팅 CRM에 의해 촉진되며, 각 고객에게 제공되는 재화나 서비스에 대한 일부 관점을 고객화하는 마케팅

접점 고객과 기업 간의 직접적인 인터페이스(온라인, 전화, 대면)

잠재적인 모든 접점을 통해 고객으로부터 수집할 수 있는 모든 데이터를 유지 관리하고 활용하는 방법에 대해 생각하다 보면 금세 압도당할 수 있다. 이러한 모든 데이터를 최대한 활용하는 데 필요한 인지적 부담(및 사무적 노력)을 줄이기 위해 기업들은 마케팅 자동화를 구축한다. **마케팅 자동화**(marketing automation)는 조직이 다양한 프로세스를 자동으로 처리하기 위한 제반 규칙을 마련하는 데 사용할 수 있는 시스템 및 기술의 집합이다. 이러한 규칙은 데이터 수집 및 처리뿐 아니라 다양한 고객 중심 작업의 실행과 관련될 수 있다.

예를 들어 회사 블로그에 새 게시물이 올라올 때마다 이메일 알림 수신을 신청한 잠재적인 고객을 생각해보자. 몇 주 후에 그 혹은 그녀는 블로그 포스트에서 읽고 코멘트를 하는데, 그것은 고객이 당신의 회사 제품 중 하나에서 얻은 가치에 대해 논하는 것이다. 그리고 며칠 후에 그 사람은 당신의 웹 사이트에서 같은 제품의 기술적 특징을 설명하는 문서를 다운로드 받는다. 이 시점에서, 정신을 바짝 차리고 있으면, 잠재 고객이 귀사 제품 중 하나에 상당한 관심을 기울이고 있다는 점이 점점 더 분명해지고 있지만, 다른 모든 일들과 함께 진행되고 있기 때문에 관리자들은 종종 이러한 활동 패턴을 놓치기 쉽다. 이 예에서 조직은 처음부터 마케팅 자동화 시스템을 사용하여 이와 같은 순차적인 이벤트를 감시하고, 상황적 중요성과 관계에 대한 이해를 바탕으로 관리자는 시스템이 잠재적인 고객에게 이메일을 보내 영업 담당자와 통화하거나 웹 세미나에 참석하거나 기타 후속 조치 옵션을 제공하도록 지시할 수 있다. 이러한 맞춤형 응답은 고객이 후속 조치를 취할 가능성을 크게 높인다.

전자 상거래 분야에서는 직접 판매 회사인 JD 윌리엄스가 이메일 마케팅 캠페인의 표적화 및 개인화 기능을 향상시키기 위해 오라클의 마케팅 자동화 기술을 구현했다. 조직은 고객 이름과 같은 매우 단순한 데이터를 사용하는 기본적인 의사소통 수준에서 고객의 생애주기, 고객이 탐색하고 쇼핑하는 채널, 그 외 고객 행동 데이터 등에 기반한 맞춤형 의사소통이 가능한 수준으로 발전했다. 마케팅 자동화에 대한 이 투자의 결과는 믿을 수 없을 정도였다. JD 윌리엄스는 이메일의 클릭률이 268% 증가했고, 이러한 이메일 중 하나를 클릭한 고객들에 의한 구매도 92% 증가했다. 매달 4,200만 개 이상의 이메일을 보내고 개인화된 접근 방식을 원하는 JD 윌리엄스 같은 회사에게 있어, 분석 및 운영 마케팅 프로세스의 향상된 자동화가 오늘날의 경쟁적인 시장에서는 바람직할 뿐만 아니라 필수적인 요소이다.[6]

앞에서 언급했듯이, CRM은 자동화된 방법을 추진할 뿐만 아니라, 직원들이 고객과의 인간적인 접촉과 개인적인 관계를 극대화하는 데에도 중요한 역할을 한다. 예를 들어, USAA의 경험을 생각해보자. 이는 군사 시장에 공급하는 보험회사로 시작해 오늘날 세계적인 금융서비스 회사로 도약했다. 1922년, 25명의 육군 장교들이 산 안토니오에서 만났을 때 서로의 차를 보장하기로 결정했다. 그들의 작은 회사가 언젠가는 600만 명의 회원을 받아 미국에서 유일하게 완전히 통합된 금융 서비스 회사가 될 것이라고는 상상도 하지 못했다. 스테이트팜사와 올스테이트, 그리고 다른 전통적인 보험사들과는 달리, USAA는 현장 요원들에게 당신이 찾아가고, 앉아서, 최근의 낚시 여행에 대해 수다를 떨 수 있는 사무실을 제공하지 않는다. 실제로 USAA의 직원들은 거의 전적으로 전화를 통해 사업을 운영하고 있다. 그러나 USAA의 어느 회원이든 그 서비스에 대해 어떻게 생각하는지 물어보기만 하면, 당신은 열렬한 찬사를 듣게 될 것이다.

USAA의 성공 비결은 주로 최첨단 CRM 시스템에 있다. 당신이 지구상에서 어디에 있든, 낮이든 밤이든 상관 없이, USAA의 대리인은 당신의 프로필을 작성할 것이고, 당신은 그나 그녀가 당신을 알고 있다고 느낄 것이다. 물론, 그러한 사람들이 그 시스템의 잠재력을 충분히 활용하기 위해서는 상당한 직원 교육이 필요하다. 그러나 USAA는 장기적인 고객 관계를 구축하고 유지하는데, 더 중요한 것은 고객들로 하여금 은행, 신용카드, 자금 관리, 투자 및 재무 계획을

마케팅 자동화 다양한 마케팅 관련 프로세스를 자동화된 방식으로 처리하기 위한 일련의 규칙을 설정하는 데 사용할 수 있는 시스템 및 기술 그룹

포함한 사업의 대부분 또는 전부를 USAA로 이전하도록 만드는 데 탁월하다는 것이다. 충성도를 높이기 위해, USAA는 회원들이 구매 할인 혜택을 받을 수 있도록 모든 종류의 인기 제품 라인과 브랜드를 판매하는 온라인 회사 매장도 운영하고 있다.[7]

USAA의 성공은 왜 CRM이 많은 성공적인 회사들에서 추진 철학이 되었는지를 보여주고 설명하는 데 도움을 준다. 정보기술 리서치 선도기업인 가트너는 CRM시장이 2013년에서 2014년까지 204억 달러 규모에서 232억 달러 규모로 성장했다고 지적했다.[8] 분명히, CRM은 점점 더 기업 운영 방식의 중요한 부분이 되어가고 있고, 그러한 추세가 둔화되고 있다는 어떠한 징후도 보이지 않는 듯하다. 가트너는 클라우드 기반 CRM 시스템으로 채택하거나 이전하는 기업이 더 많아질 것이며, 이로 인해 기업이 더욱 강력해질 것으로 전망하고 있다.[9] 여기 잘 작동하는 CRM의 몇 가지 좋은 예가 있다.

- 아마존닷컴은 CRM에 대한 행복한 고객 접근법에서 세계적인 챔피언 마스터다. 충성 고객의 경우, 아마존은 웹 사이트에서의 맞춤형 제품 추천뿐만 아니라 이메일을 통한 적합한 제품 추천과 프로모션 제공이 가능하도록 사용자 방문을 추적한다.[10] 아마존 홈페이지에서, 사용자는 섹션으로 정리된 제품 추천을 찾을 수 있다. 그것은 과거의 브라우징과 쇼핑 행동 그리고 사용자가 최근에 구매한 제품과 아직 구입하지 않은 하나 또는 그 이상의 제품 간에 관찰된 관계와 같은 요인들과 관련이 있다. 이 섹션들에는 '당신이 본 상품들과 관련된'섹션, '당신의 쇼핑 트렌드에서 영감을 받은'섹션, 그리고 '위시 리스트에서 영감을 받은' 섹션 등이 포함된다.[11] 이러한 고객 경험의 개인화에 대한 초점은 방문하는 동안 고객이 계속해서 참여하도록 하고 더 많은 혜택을 얻기 위해 계속 방문할 수 있도록 한다.

- 토미바하마는 고객 서비스에 집중할 수 있는 CRM 관련 기술을 통해 고객 주변의 다양한 데이터를 수집하고 더욱 신속·정확하게 고객 피드백에 대응할 수 있다. 고객이 자신의 새 마티니 유리 캠프 셔츠에 대해 좋지 않은 평점을 매기거나 소셜 미디어에 이에 대한 부정적인 코멘트를 게시하는 경우, 그 회사는 문제 해결 방안을 찾기 위해 자동적으로 그 또는 그녀에게 연락한다. 토미바하마도 CRM 시스템과 통합된 기술을 사용하여 소매점, 매장, 매장 내 키오스크에서 고객의 피드백을 수집하여 직원들에게 실시간으로 제공할 수 있다. 이 기능은 피드백이 접수된 직후에 직원들이 문제를 해결하고 탁월한 서비스를 제공함으로써 고객에게 영웅이 될 수 있는 즉각적인 기회를 제공한다.[12]

디즈니의 매직 밴드는 방문객들이 테마 파크와 상호 작용할 수 있게 해주는 웨어러블 컴퓨터이다.

- 디즈니는 마이 매직 플러스를 출시했는데 이는 디즈니 월드 방문객들이 휴가 경험에 대한 효율적인 계획을 세울 수 있고, 공원을 돌아보는 데 필요한 티켓과 다른 물건들을 가지고 다닐 필요를 줄여주는 시스템이다. 주요한 특징 몇 가지를 말하면, 방문객들은 미리 이벤트를 예약하고, 탑승 시간을 예약하고, 그들이 과거에 경험했던 파크 활동들을 재검토할 수 있다(되새길 수 있다). 마이 매직 플러스는 디즈니 매직 밴드라고 불리는 착용 가능한 컴퓨터와 제휴하도록 설계되어 있는데, 이를 통해 사용자들은 영수증이나 다른 형태의 증거를 가지고 다니지 않고 마이 매직 플러스 시스템을 통해 취한 모든 행동을 확인할 수

있다. 또한 그들은 파크에 있는 동안 착용 가능한 매직 밴드를 사용하여 거래를 할 수 있다. 방문객들에게 이득과 편리함은 분명하지만, 디즈니에게 또 다른 큰 장점은 방문객들의 행위과 행동에 대해 수집할 수 있는 데이터의 양이다. 이러한 데이터를 통해 기업은 각 고객과 소통하는 방법을 더 잘 이해하고 각 관계를 더 효과적으로 관리할 수 있다.[13] 그렇다! 거대한 테마 파크 안에서조차 일대일 마케팅이 이루어지고 있다!

고객 관련 지표

다른 사고 방식을 가지고 있는 것 외에도, 성공적으로 CRM을 실행하는 회사들은 다른 목표들을 가지고 있고, 성공의 다른 지표들을 사용하고, 그렇지 않은 회사들과는 다른 방식으로 소비자들을 본다. CRM은 사용자가 세 가지의 중요한 고객 관련 지표, 즉 고객 점유율, 고객생애가치(CLV) 및 고객 우선순위 설정을 검토할 수 있게 해준다(그림 5.1 참조). 이제 이러한 각각의 아이디어를 살펴보자.

고객 점유율

기존 고객을 유지하는 것이 신규 고객을 확보하는 것보다 항상 더 쉽고 저렴하기 때문에, CRM 회사들은 시장 점유율이 아닌, 그들의 **고객 점유율**(share of customer)을 늘리려고 노력한다. 이는 개별 고객이 장기적으로 동일 브랜드를 구매하는 비율이다. 소비자가 1년에 6켤레, 3개의 서로 다른 제조사의 신발을 2개씩 산다고 가정해보자. 한 제화공이 현재의 고객들에게 편지를 보내 그들이 한 해 동안 회사의 신발을 더 많이 산다면 특별 가격 할인이나 선물을 받을 수 있도록 그들을 초대할 수 있는 CRM 시스템을 가지고 있다고 가정한다. 만약 회사가 소비자에게 3개나 4개 혹은 6개 모두를 사게 할 수 있다면 고객 점유율이 증가할 것이다. 그리고 고객들이 이미 그 회사의 신발을 좋아하기 때문에 그것은 그리 어려운 일이 아닐 수도 있다. CRM 시스템이 없다면, 신발 회사는 판매를 늘리기 위해 아마도 전통적인 광고를 사용할 것이다, 그것은 고객 전용 다이렉트 메일 캠페인보다 훨씬 비용이 많이 든다. 따라서 이 회사는 한 명, 두 명 또는 세 명의 신규 고객을 확보하는 데 소비하는 것보다 훨씬 더 저렴한 비용으로 매출과 수익을 올릴 수 있다.

고객생애가치

제1장에서 기억하는 바와 같이, **고객생애가치**(customer life cycle value, CLV)는 기업이 현재와 미래에 고객이 구입하는 모든 구매를 포함하여 특정 고객으로부터 기대할 수 있는 이익을 나타낸다. 따라서 이 지표는 한 명의 고객이 한 회사의 제품을 구매함으로써 고객의 일생 동안 발생할 수 있는 잠재적 이익을 말한다. 기업이 고객들이 계속해서 구매할 수 있도록 그들과 장기적인 관계를 발전시킨다면 해당 기업의 수익성과 장기적인 성공이 훨씬 더 클 것이라는 것은 이해할 수 있다. 만약 각 고객의 구매가 첫 번째 판매라면 비용은 훨씬 더 많이 들고 이익은 더 낮아질 것이다. 그래서 우리가 이런 주문을 계속 반복하는 것이다. 새 고객을 확보하는 것보다 기존 고객을 유지하는 것이 훨씬 더 이익이 된다.

　마케팅 담당자는 고객의 평생 가치를 어떻게 계산하는가? 여기 자동차 판매업자를 이용하는 예가 있다. 밀레니얼 모터스라는 이름의 자동차이다. 이제 마케팅에 있어 중요한 개념을 실행

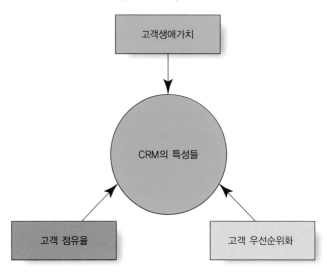

그림 5.1 스냅숏 | **CRM에서 이용 가능한 고객 지표들**

CRM 신봉자들은 고객 점유율, 고객생애가치, 고객 우선순위화를 검토한다.

고객생애가치

CRM의 특성들

고객 점유율

고객 우선순위화

고객 점유율 한 상표의 제품에 대한 고객 개인의 구매 비율

할 때가 되었으니 안전벨트를 매라. 밀레니얼 모터스 마케팅 매니저는 먼저 CRM 시스템의 데이터를 이용하여 향후 20년 또는 30년에 걸쳐 회사의 모든 제품에 대한 고객의 향후 구매를 추정한다. 목표는 향후에 회사가 고객으로부터 어떤 이익을 얻을 수 있을지를 파악하는 것이다(분명히 이건 단지 추정치일 것이다).

예를 들어, 밀레니얼 모터스는 우선 고객이 평생 동안 회사를 위해 창출할 총이익을 계산하여 단일 고객의 평생 가치를 계산할 수 있다. 이 수치는 그가 아마 사게 될 자동차 대수에 평균적인 총마진(관련 차량의 가격에서 딜러가 지불한 비용과 고객에게 판매하는 비용을 뺀 값)을 곱한 값을 포함한다. 우리는 이 수치에 밀레니얼이 몇 년 동안 차량에 제공할 서비스와 수리에 대한 추정치와 어쩌면 자동차 대출금으로 얻을 수 있는 수입까지도 더한다. 판매 및 마케팅 활동 측면에서 초기에 고객을 유치하는 데 드는 비용을 차감할 수 있다. 결과 값은 또한 밀레니얼이 계산된 기간 동안 고객을 유지할 가능성(이는 모든 고객의 이력 데이터를 기반으로 추정할 수 있다)뿐만 아니라 관계의 생애 기간 동안에 고객의 기대 가치와 관련된 기타 고유한 잠재적 위험 또는 불확실성도 고려해야 한다. 고객의 평생 가치는 매출 흐름이 창출하는 총이익이 될 것이다. CLV를 계산하는 과정은 다음과 같다.

고객생애가치($)＝마진($)/[1＋할인율(%)−유지율(%)]−획득 비용($)[14]

'할인율' 계산은 앞에서 언급한 위험 또는 불확실성 요소를 고려한 것이다.

실제로 기업들이 사용하는 고객생애가치(CLV) 계산은 전체 관계에 걸쳐 일정한 가치(상수)를 가정하지 않는 한 기간부터 다음 기간까지 고객과의 관계에서 발생하는 변화를 고려(예 : 이전의 밀레니얼 모터스 사례)하기 때문에 더 복잡할 수 있다. 항공사가 활용하는 로열티 프로그램과 해당 프로그램 내의 등급들은 회사와 고객의 관계가 한 시점에서 다음 시점으로 어떻게 변화할 수 있는지를 보다 정확하게 파악할 수 있는 고객생애가치 계산에 대한 한 가지 접근 방식을 탐구하기 위한 적절한 프레임워크를 제공한다. 로열티 프로그램 내의 고객은 시간의 경과에 따라 구체적인 구매 행동에 근거하여 특정 로열티 프로그램의 한 등급에서 다른 등급으로 이동할 수 있다(아메리칸 에어라인 어드밴티지 프로그램이라면, 예를 들어, 고객 등급이 골드에서 플래티넘으로, 다시 이그제큐티브 플래티넘으로). 등급에서의 승급은 항공사에 대한 고객 가치가 상승하는 수준과 명확히 관련이 있다.

CLV 계산의 더 복잡한 버전은 고객과 항공사 관계의 평생에 걸친 고객의 가치를 추정하기 위해 고객 충성도 프로그램 내에서 정의된 등급과 주어진 기간 동안 고객이 특정 등급에서 다른 등급으로 이동할 가능성과 일정 기간 동안 특정 등급의 고객과 관련된 가치를 결합할 수 있다. 이런 접근 방식은 간단한 공식으로 표현하기가 어렵다. 대신에 CLV를 추산하기 위해 마케팅 담당자는 마코브 체인 모델 같은 보다 복잡한 통계적 접근법에 의존한다. 그럼에도 불구하고, 이 예에서는 기업과 고객 관계의 과정에서 일정한 가치를 가정하는 것에 국한되지 않고, 어떻게 더 미묘하게 고객생애가치를 계산할 수 있는지에 대한 일반적인 접근법을 제공해야 한다.

이러한 점을 염두에 두고, 처음에 제공된 CLV를 계산하는 방법은 기업이 고객 가치를 결정하기 위해 일하는 방식과 마케팅 관리에 주는 시사점들을

은행의 고객들은 수익성 면에서 차이가 난다. 어떤 사람들은 은행을 주로 주말 동안 사용할 현금을 꺼내 쓰는 장소로 이용한다.

이해하기 위한 적절한 출발점을 제공한다. 고객생애가치(CLV) 중요성의 핵심은 아무도 수익보다 더 많은 비용이 드는 고객은 확보하려 하지 않는다는 점이다. 그러나 CLV와 같은 효과적인 추정치가 없다면, 시간이 지남에 따라 잘못된 고객들에게 많은 마케팅 비용을 투자할 수 있다.

고객 우선순위 결정

CRM 접근 방식을 이용하여, 기업은 고객들에게 우선순위를 정하고, 거기에 따라 고객들과의 의사 소통을 맞춤화한다. 예를 들어, 어떤 은행원은 수익성 면에서 모든 고객이 동등한 것은 아니라고 말할 것이다. 어떤 사람들은 대출이나 신용카드에 대한 이자를 지불하기 때문에 많은 수익을 내는 반면, 다른 사람들은 은행을 단지 소량의 돈을 저장하고 맥주를 사기 위해 매주 조금씩 꺼내쓰는 편리한 장소로 사용한다. 은행은 CRM 시스템을 이용하여 가치, 위험, 이탈, 그리고 새로운 금융 상품 구매에 대한 관심과 같은 요인들에 근거하여 각 고객의 프로필을 만든다. 이 자동화 시스템은 은행이 현재 또는 잠재적 고객 중 어떤 사람을 특정 커뮤니케이션의 목표로 삼을지 또는 계좌를 유지하는 데 얼마나 많은 노력을 들일 것인지 결정하는 데 도움을 준다(비용은 3분의 1로 절감하면서). 각 개별 고객의 가치를 기반으로 다양한 유형의 커뮤니케이션 접점을 활용하는 것이 타당하다. 예를 들어, 인적 판매(접촉당 가장 비용이 많이 드는 형태의 마케팅 커뮤니케이션)는 대량 구매 고객과의 접촉에 있어 75%를 차지할 수 있다. 반면에 보통 다이렉트 메일이나 텔레마케팅은 소량구매 고객과 상담할 때 가장 좋은 방법이다.

5.2

목표

빅데이터, 데이터 마이닝 및 마케터가 이러한 기술을 활용하는 방법을 이해한다.

빅데이터 : 테라바이트 룰

CRM 시스템은 훌륭한 내부 조직 데이터 저장소를 제공한다. 그러나 더 많은 소비자 경험이 디지털 공간으로 이동하고, 개인 및 기업과의 연결 및 상호 작용의 새로운 수단이 가능해짐에 따라 빅데이터가 점점 더 중요한 개념이 되고 있는 것은 당연하다. 제1장에서 간단히 **빅데이터**(Big Data)에 대해 소개했고, 빅데이터는 기존의 데이터베이스 기술로는 처리하기 어렵거나 불가능한 엄청난 양의 기하급수적인 데이터(정형, 비정형 데이터 모두) 증가를 설명하는 일반적인 용어라는 것 역시 배웠다.

선도적인 데이터 분석 소프트웨어 공급업체인 SAS에 따르면, "빅데이터는 정보의 양, 속도, 다양성, 가변성 및 복잡성이 지속적으로 증가하고 있음을 의미한다".[15] 당신이 구글 같은 검색엔진을 통해 정보 검색하기, 페이스북이나 트위터 같은 소셜 미디어 사이트를 통해 친구들과 연결하기, 스포티파이나 유튜브 같은 사이트에서 음악 듣기, 또는 웹이나 우리 모두가 참여하는 모바일 앱을 통해 하는 무수한 다른 활동들에 쓰는 시간을 생각해보자, 그러면 우리가(아마도 자신도 모르게) 매일 생성하는 엄청난 양의 데이터에 대해 이해하기 시작할 것이다. 당신이 온라인으로 취하는 각각의 행동은 디지털 족적을 남긴다. 그리고 모든 당신의 족적은, 특히 분석가들이 그들을 수천 혹은 심지어 수백만 명의 다른 사람들의 족적과 결합할 때 사회의 다양한 이해 관계자들에게 귀중한 통찰력을 제공해줄 가능성이 있다. 표 5.1은 마케터들이 따라가야 할 중요한 족적을 생성하는 일반적인 사용자 행동의 몇 가지 예를 제공한다.

엄청난 성공을 거둔 넷플릭스의 드라마 '하우스 오브 카드'는 빅데이터 활용에 힘입어 넷플릭스의 첫 번째 원작 프로그램들 중 하나가 되었다. 이는 넷플릭스가 자사 사이트에서 가져온 소비자 데이터의 보고를 이용하여, 소비자의 시청 습관(예 : 언제, 어디서, 그리고 어떤 장치로 시청하는가?) 및 콘텐츠 선호(제4장의 예측 기술 부분과 넷플릭스가 여러 사람들로 구성된 팀들

빅데이터 기존의 데이터베이스 기술의 처리 방법으로는 불가능에 가까운 많은 양의 구조화, 혹은 비구조화된 데이터의 기하급수적 성장을 의미하는 신용어

표 5.1	디지털 플랫폼에서 생성되는 데이터의 예	
	사용자 작업의 예	마케터를 위한 관련 데이터의 잠재적 활용
페이스북	인터넷 스타의 페이스북 페이지에 '좋아요'를 누른다.	각각의 '좋아요'를 나타내는 데이터가 저장되고 작업을 수행한 개별 사용자와 연결된다. 예를 들어, 만약 마케터가 관련된 인터넷 연예인이 여성 밀레니엄 세대 고객을 위한 상품을 보증하기에 적합하다고 믿는다면, 인터넷 연예인은 자신의 팔로워들의 대다수가 마케터의 제품이 어필할 수 있는 올바른 연령대와 성별에 속한다는 것을 보여주는 관련 데이터를 마케터에게 제시할 수 있다.
유튜브	동영상을 본다.	동영상의 시청을 나타내는 데이터를 기록하고 동영상의 특성(예 : 주제)에 기초하여 향후 플랫폼에 대한 사용자의 참여(예 : 동영상 조회수와 보낸 시간)를 높일 수 있는 관련 동영상들을 추천한다. 마케터는 충분한 수의 사용자 그룹이 주어진 주제 내의 동영상들을 보는지 알 수 있고, 유튜브를 이용하여 해당 그룹 내의 사용자에게 동영상 광고를 배포할지 선택할 수 있을 것이다(관련 비디오 주제가 광고 중인 제품과 관련된 관심사를 가진 소비자 그룹을 끌어들인다는 가정에 근거).
	동영상 전에 등장하는 광고 건너뛰기	사용자의 '동영상 건너뛰기' 버튼을 누르는 동작을 나타내는 데이터가 기록된다. 마케터가 특정 비디오 광고가 자주 건너뛰게 되는 것을 집계된 데이터의 검토(광고에 노출된 모든 사용자에 걸친)를 통해 알게 된다면, 이것은 더 깊게 파고들어 그것이 전달된 비디오 광고의 내용이나 청중에 특정한 문제가 있는지 결정할 수 있는 좋은 근거가 될 수 있다.

사물 인터넷 일상에서 찾아볼 수 있는 물체가 인터넷에 연결되고 상호 연결된 시스템을 통해 정보를 주고 받을 수 있는 시스템

을 수천 편의 영화를 보고 '폭력성'이나 '줄거리 완결성'과 같은 속성에 따라 태그를 달도록 훈련시켜서 어떻게 당신이 좋아할 만한 영화나 TV쇼를 알아내어 더 나은 추천을 할 수 있는지 떠올려보자)를 포함한 콘텐츠 구입을 위한 정보를 제공해줄 수 있기 때문이다. 이러한 모든 데이터를 통해 넷플릭스는 '하우스 오브 카드'에 대한 권리를 사는 것이 현명한 결정인지 여부를 회사가 해당 프로그램을 즐기고, 즉각 몰아보기를 시작할 수 있는 적합한 유형의 현재(그리고 어쩌면 잠재적) 고객집단을 찾을 수 있을 것이라는 높은 자신감을 근거로 보다 정확하게 예측할 수 있었다. 넷플릭스는 어떤 프로그램과 영화의 라이선스를 취득하고 제작할 것인지에 대한 선택의 폭을 넓히는 데 방대한 양의 데이터를 활용한다.[16]

마케팅 담당자에게 빅데이터는 세 가지 주요 영역에서 경쟁 우위를 제공할 수 있는 잠재력이 있다.

1. 분석 기능을 통해 마케팅 활동에 더 큰 ROI(투자 수익)를 제공하는 새로운 기회의 식별
2. 획득한 통찰을 소비자의 욕구에 더 잘 부응하는 제품과 서비스로 전환
3. 제품 및 서비스에 대한 커뮤니케이션을 시장에 보다 효율적이고 효과적으로 제공

새로운 기술이 사람, 기계 및 조직과 연결하는 방식을 지속적으로 강화하고 있기 때문에 우리 모두가 생산하는 데이터의 양도 느려지는 것으로 보이지 않는다. **사물 인터넷**(Internet of Things)은 기술 동향에 관한 기사와 이야기에서 점점 더 많이 등장하고 있는 용어이다. 그것은 일상의 물체들이 인터넷에 연결되어 있고 다시 연결된 시스템을 통해서 정보를 교환할 수 있는 시스템을 의미한다.[17] 이 네트워크의 일부가 될 수 있는 영역에는 의료 기기, 자동차, 장난감, 비디오 게임, 심지어 냉장고에 들어있는 맥주 여섯 팩도 포함되며, 이 목록들은 계속해서 이어진다. 빅데이터라는 맥락에서, 이는 훨씬 더 많은 양의

제품 코드를 스캔할 수 있는 스마트 냉장고는 사물 인터넷의 일부이다. 냉장고가 당신을 위해 쇼핑 목록을 정리하고 심지어 식료품 가게에 배달을 요청하는 이메일을 보낼 날이 멀지 않았다.

데이터에 접근할 수 있고, 소비자가 일상용품을 사용하는 범위와 방식에 대한 통찰을 제공해준다는 것을 의미한다. 앞서 언급한 마케팅 자동화 기술과 마찬가지로, 이러한 지식을 통해 기업들은 수동으로 수행되었던 작업을 자동화할 수 있다. 우리는 이미 이러한 변화를 소규모로 보고 있다. 구글 네스트 시스템을 사용하는 사람에게 집주인이 집에 들어오기 10분 전에 에어컨(냉방기)이 켜지도록 그들의 집에 있는 온도 조절 장치를 자동으로 조절하도록 요청해보자!

마케터들에게 있어서, 이러한 개체와 데이터의 상호 연결은 제품과 사용자의 상호 작용을 추적하는 제품에 내장된 센서를 통해 얻어진 데이터를 이용해 우리가 제품을 사용하는 방법에 대한 통찰력을 얻는 것을 의미한다. 이 정보는 인터넷 연결을 통해 실시간으로 전송된다. 이는 어떻게 사람들이 제품을 사용하는 지에 대해 더 많은 지식을 얻게 해줄 뿐만 아니라, 전통적인 시장 조사가 천문학적인 재정적 투자를 통해서만 달성할 수 있는 규모(기본적으로 제품 사용자한 명 한 명의 작업을 추적하는 것)로 행해질 수 있다.

그래서 사물 인터넷이 완전히 장악하고 있는 세상에서 우리가 얼마나 많은 데이터를 생산할 수 있을지를 쉽게 알 수 있다. 사물 인터넷에서 비롯된 가능성에 대해 자동차 제조사 볼보의 사업 분석국장인 잰 와슨의 다음 인용구를 생각해보자. "고객이 차량을 주행하는 방식과 주행 속도, 고객의 행동 유형을 살펴보고, 향후 모델을 개발하는 데 활용할 수 있습니다. 이들이 중앙화면을 활용하여 서로 다른 엔터테인먼트 기능을 수행하는지, 아니면 스티어링 휠의 방향 전환버튼을 사용하는지 또는 음성 컨트롤 장치를 사용하는지를 알 수 있습니다. 또한 이 특정 고객의 특정 데이터를 활용하여 다음과 같이 고객에게 알릴 수도 있습니다. '실제로 차량에 해당 기능이 있습니다. 이걸 이용하는 건 아닌 것 같은데, 이건 이렇게 되는 겁니다.' 그리고 우리는 그들에게 그들이 알아야 할 것을 보여주는 비디오를 제공할 수 있습니다."[18]

빅데이터의 생성, 출처, 그리고 활용

빅데이터를 구성하는 수많은 정보 조각은 다양한 출처에서 비롯된다. 마케터를 위한 가장 중요한 빅데이터 출처 중 일부가 여기에 나열되어 있으며 📷 그림 5.2에 설명되어 있다.

1. 소셜 미디어 : 이용자들 서로 간에, 브랜드들과, 다른 단체들과 상호작용하는 많은 이용자들을 자랑하는 소셜 미디어 사이트들의 증가와 함께, 개인들이 제품에 대해 어떻게 느끼는지 그리고 그들의 삶에서 다른 모든 것에 대해서 어떻게 느끼는지에 대해서 수많은 정보가 생산되고 있다. 오늘날 소비자들이 온라인상에서 제품을 칭찬하거나 비난하는 것은 드문 일이 아니다. 그러한 정보는 마케팅 담당자들에게 그들이 말하고 있는 것뿐만 아니라 그들이 그것을 말하게 한 요인들에 대해서도 매우 가치 있는 것일 수 있다. 오늘날, 몇몇 회사들은 **웹 스크래핑**(web scraping : 컴퓨터 소프트웨어를 사용하여 웹사이트에서 많은 양의 데이터를 추출하는 것)과 **감성 분석**[sentiment analysis : 그들이 올리는 코멘트의 맥락이나 감정을 평가함으로써 제품이나 브랜드에 대한 팔로워의 태도(예 : 긍정, 부징, 중립)를 파악하는 과정], 그리고 제품과 서비스에 대한 사람들의 경험을 추적하기 위해 페이스북, 트위터, 그 밖의 소셜 미디어 플랫폼에 있는 수백만 개

웹 스크래핑 웹 사이트에서 많은 양의 데이터를 추출하기 위한 컴퓨터 소프트웨어의 사용 프로세스

감성 분석 코멘트의 맥락이나 감정을 평가함으로써 제품이나 브랜드에 대한 팔로워의 태도(예 : 긍정, 부정, 중립)를 파악하는 과정

그림 5.2 📷 **스냅숏 │ 마케터를 위한 빅데이터 출처**
빅데이터는 다양한 출처에서 제공된다. 이러한 출처들은 조직 내·외부에 존재하며, 서로 다른 여러 그룹에서 생성 및 편집될 수 있다.

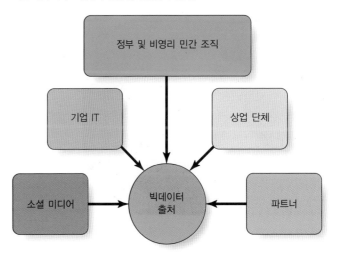

스캐너 데이터 고객 카드로 체크아웃 할 때 계산대에서 스캔된 항목에서 파생된 데이터

채널 파트너 모델 공유/통합 IT시스템을 통해 구매 업체와 각 공급업체 간의 양방향 정보 교환이 촉진되는 채널 파트너 간 관계

의 포스트를 분석하고 매핑하는 것을 포함하는 다른 첨단 기술들에 참여(몰두)한다. 그들은 관리자들이 고객들이 게시물에서 사용하는 단어의 유형들을 쉽게 알아볼 수 있도록 게시물들의 주제를 시각적으로 묘사한다(참고 : 만약 여러분의 브랜드 이름이 "끔찍하다." 혹은 "형편없다."와 같은 단어와 함께 자주 언급된다면 아마도 문제가 있을 것이다).

2. **기업 IT 데이터** : 이러한 데이터 소스는 조직 내에 존재하는 데이터 소스로, CRM 데이터베이스, 웹 분석용 데이터베이스(예 : 구글 애널리틱스), 기업 자원 계획 데이터베이스 및 회계 관련 데이터베이스도 포함할 수 있다. 이러한 각 출처는 조직의 소비자에 대한 귀중한 정보를 포함할 수 있다. 안타깝게도 이러한 시스템이 부서의 '사일로(고립된 저장소)'에 존재하는 경우가 너무 많으며, 회사의 한 그룹이 이 정보를 회사 내의 다른 그룹과 공유하지 않을 수 있으므로 각 그룹은 고객의 불완전한 그림만 보게 된다. 따라서 마케팅은 조직 내에서 이러한 그룹을 가로질러 데이터베이스를 분석하고 점들을 연결하는 기능을 수행해야만 한다.

3. **정부 및 비영리 민간 조직** : 정부가 제공하는 이러한 유형의 자료는 미국 인구 총조사 결과에서 추출된 것에서부터(www.census.gov를 짧게 둘러보는 것만으로도 인구 조사 데이터에 압도될 것이다) 개발도상국의 경제 상황 데이터에 이르기까지 무엇이든 될 수 있고, 마케팅 담당자에게는 국내 소비자의 인구 통계를 보다 잘 이해하고 전 세계적으로 확장할 수 있는 기회를 제공해준다. 접근 가능하고 기계 판독 가능한 정부 생성 데이터의 종류와 양이 지속적으로 증가함에 따라 진취적인 마케터에게는 계속해서 새로운 기회가 제공될 것이다.[19]

4. **기업 정보원(상업적인 출처)** : 오늘날 많은 회사들이 대량으로 데이터를 수집해서 이 데이터로부터 가치를 끌어낼 수 있는 조직에 판매한다. 일부 제공 업체의 경우, 이 활동은 그들의 주 수입원이며, 다른 기업의 경우는 주요 사업 활동 이상으로 좋은 추가적인 수입원이다. 예를 들어 (이것은 당신을 놀라게 할 수도 있고 그렇지 않을 수도 있다), 아메리칸 익스프레스나 마스터 카드와 같은 많은 신용카드 회사들은 당신의 구매 데이터를 광고주들에게 판매하고, 광고주들은 광고를 효과적으로 타깃팅하는 데 활용한다. 그리고 세이프웨이와 같은 슈퍼마켓들은 수년간 **스캐너 데이터**(scanner data : 당신의 인구통계학적 프로필 정보를 기록에 가지고 있는) 회원카드로 지불할 때 현금등록기에서 스캔한 모든 항목에서 파생된 데이터)를 판매해왔다. 슈퍼마켓은 특정 고객의 행동을 식별할 수 없도록 집계된 형태로 데이터를 판매하지만, 스캐너 데이터는 여전히 구매자들이 다양한 카테고리에서 얼마나 구매하는지, 그리고 어떤 브랜드를 선택하는지에 대한 매우 유용한 정보를 제조업체와 소매업체 모두에게 제공한다.[20]

5. **파트너 데이터베이스** : 제11장에서, 유통 경로의 다른 구성원들에 대해 읽게 될 것이다. 오늘날 많은 기업이 공유 IT시스템 또는 통합 IT시스템을 통해 구매기업과 공급업체 간에 양방향 정보 교환이 이루어지는 **채널 파트너 모델**(channel partner model)을 채택하고 있다(채널 관계에 대해서는 제11장에서 더 자세히 다룬다). 당신이 월마트와 같은 대형 소매업체에서 판매하는 제품의 제조업체라면 월마트가 자사의 상점에서 구매자들과의 상호작용을 통해 수집하는 소비자 정보에 접근함으로써 얻을 수 있는 정보와 통찰에 대해 생각해보라.

Mangostock/Shutterstock

슈퍼마켓에서 사용하는 로열티 카드는 구입 내역에 대한 귀중한 데이터를 가게에 제공한다.

실제로, 월마트는 이미 이러한 접근법을 채택한 것으로 잘 알려져 있는데, 리테일 링크라는 공급 업체 관리 시스템을 통해 실시간 구매 데이터를 공급 업체에 제공하여 공급 업체가 자사 제품에 대한 구매 데이터를 실시간으로 추적할 수 있게 한다. 공급 업체는 자신의 제품을 정확히 소비자들이 필요로 하는 시간과 장소에서 이용 가능하도록 보급 과정을 관리할 수 있다. 또한 마케팅 담당자에게 있어 이는 다양한 월마트 매장 내의 구매 패턴을 분석하는 데 사용할 수 있는 귀중한 구매 데이터 출처를 실시간으로 제공한다. 월마트가 이 과정 자체를 관리해야 하는 비용도 절약하게 해준다.[21]

기업에게 있어 많은 양의 데이터를 활용하여 새로운 통찰력을 제공하고 소비자와 내부 비즈니스 운영에 대한 분명한 이해를 제공하는 것은 매력적인 제안이자 경쟁 우위의 잠재적인 원천이다. 앞 절에서 언급했듯이, 공급망 내에서의 통합 강화를 통해 조직은 모든 지점에서의 제품의 움직임을 보다 더 효율적으로 추적할 수 있다. 이는 수요와 공급 간의 균형을 더욱 효율적으로 맞추는 데 도움이 되며, 원자재나 제품이 정확히 필요한 시점에 공급되는 것에 관한 한 공급망 구성원들 사이에서 더 큰 신뢰를 만들어낼 수 있다[이에 대해서는 우리가 유통에 대해 논의할 때, 특히 제11장에서 **적기 공급 생산**(just in time, JIT) 납품 및 재고 기술에 대해 자세히 다룬다]. 궁극적으로, 이는 소매점들이 소비자에게 더 낮은 가격의 형태로 돌려줄 수 있는 비용 절감을 의미한다.

마케팅 담당자에게는 조금 알려진, 그러나 꽤 중요한 빅데이터의 출처로는 마케팅 측면에서 고려하지 않았을 수도 있는 일상적인 측면이다. 구체적으로 말하자면, 실시간으로 수집되는 날씨 데이터는 마이크로 로컬 환경에서 더 비용 효과적이고 가치 있게 사용 가능하도록 만드는 기술(즉, 마케팅 자동화)의 발전 덕분에 마케터들에게 큰 자산이 될 수 있다. 빅데이터 및 비즈니스 분석 역량으로 가장 잘 알려진 유서 깊은 기술 기업인 IBM이 최근에 기상 회사(기상 채널)의 디지털 자산을 구입한 사실을 알면 놀랄 것이다. 이것은 훌륭한 조치였다. 그중에서도 특히 이는 빅 블루(IBM의 과거 별명)가 방대한 양의 날씨 관련 데이터를 수많은 기존 제품과 서비스에 통합 가능하게 할 뿐 아니라 그 데이터를 활용하는 새로운 솔루션을 개발 가능하게 한다.[22]

IBM에 있어서 이 인수의 가치를 제대로 인식하기 위해서는, 날씨의 결과로 소비자 행동이 어떻게 변할 수 있는지에 대해서 생각해보라. 예를 들어, 한 전국적인 스파 업체가, 관련 지역의 날씨가 나빠질 경우 잠재적인 고객에게 '우천시 프로모션'을 진행하기 위해 위치별 날씨 데이터를 사용하기로 결정할 수 있다. 만약 여러분이 토요일에 하이킹(또는 다른 야외활동)을 갈 계획을 가지고 있다고 상상해보라. 침대에서 나올 때, 당신은 창문 밖으로 태양은 어디에서도 찾을 수 없다는 것을 본다. 새로운 계획, 스파데이! 당신이 방금 받

Brand Association Map

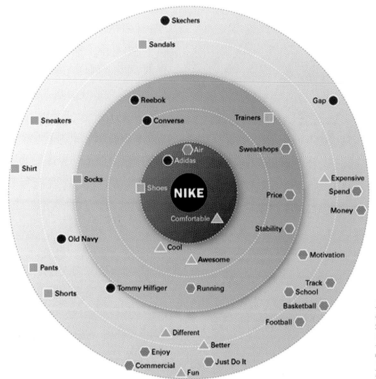

닐슨의 BAM(브랜드 연상 맵)은 온라인에서 소비자의 대화를 분석하여 해당 브랜드와 가장 밀접하게 관련된 단어와 문구를 표시한다. 단어가 지도의 중심에 근접할수록 강한 연상을 의미한다. 그리고 단어들 간의 근접성은 온라인 게시물에서 그들의 관계의 강도를 나타낸다.

은 이메일 프로모션 덕분에 스파는 악천후로 인한 하루를 구원할 수 있는 가장 우선적인 대안이 되었다. 이러한 접근법은 더 극단적인 상황에서도 유용하게 쓰인다. 예를 들어, 일부 지역이 허리케인의 진로 안에 있을 때, 월마트는 경험으로부터 해당 지역의 매장에 서비스하는 트럭에 어떤 제품을 빨리 실을지 안다. 가장 판매량이 많은 2개의 품목은 딸기 팝 타르트와 맥주이다.[23]

데이터 마이닝

누가 당신이 좋은 것을 너무 많이 가질 수 없다고 하는가? 오늘날 기업 입장에서는 데이터의 부족이 문제가 아니다. 오히려, 많은 경우 다룰 수 있는 것보다 더 많은 정보를 가지고 있다. 빅데이터는 **정보 과부하**(information overload) 문제를 쉽게 악화시킬 수 있다. 마케팅 담당자는 많은 데이터에 파묻혀 있기 때문에 어떤 데이터가 유용한 정보를 제공하고 어떤 것이 그렇지 않은지에 대한 판단력이 거의 마비된다.

대부분의 MIS 시스템은 내부의 고객 거래 데이터베이스와 이미 확보된 데이터베이스를 포함한다. 종종 이런 데이터베이스들은 그 양이 아주 방대하다. 이 방대한 양의 데이터를 잘 이용하기 위해서는 **데이터 마이닝**(data mining)이라 불리는 정교한 분석 기술이 이제 많은 기업들에게 우선 순위가 되었다. 데이터 마이닝은 분석가가 빅데이터(킬로바이트 혹은 기가바이트보다 훨씬 큰 테라바이트로 종종 측정된다)를 면밀히 조사하여 서로 다른 고객 집단 간의 고유한 행동 패턴을 알아내는 과정이다. 여러분에게 그 규모에 대해 알려주자면 1테라바이트는 1,024기가바이트와 같은 것이다.

데이터 마이닝이 마케팅 의사결정 과정을 어떻게 지원하는지 이해를 돕기 위해 몇 가지 예를 살펴보자.

- 슈퍼마켓 체인인 세이프웨이는 영국 시장에서의 데이터 마이닝을 통해 이 체인점의 상위 25%의 귀중한 고객들이 판매량이 209위에 불과한 치즈를 빈번하게 구입했다는 사실을 알았다. 이 제품이 가장 수익성이 높은 고객들에 의해 크게 선호되고 있다는 사실을 알지 못한 채, 세이프웨이는 형편없는 성과 때문에 당연히 이 제품을 재고에서 빠뜨렸을 것이다.[24]
- 웹 기반의 여행사 오비츠는 맥 사용자들이 야간 호텔 숙박에 있어서 PC 사용자들보다 비용을 30%나 더 많이 쓴다는 것을 데이터 마이닝을 통해 발견하였다. 이러한 통찰력 덕분에 오비츠는 맥 사용자들에게 더 자주 하이엔드 옵션을 제공하게 되었다. 오비츠가 현명한 사업상의 결정을 내렸음은 분명하지만, 시행될 당시에는 부당하다고 인식되어 상당히 많은 비판에 직면했다.[25] 데이터 마이닝은 귀중한 통찰력을 제공할 수 있지만 마케팅 담당자는 데이터 기반 의사결정을 진공 상태에서 해서는 안 되며, 데이터 마이닝 결과가 제안하는 것을 수행했을 시 야기될 수 있는 모든 영향까지 고려해야 한다.

데이터 마이닝은 분석가가 서로 다른 데이터베이스를 결합해서 구매 결정, 마케팅 메시지에 대한 노출, 상점 내 촉진들 간의 연관성을 이해할 수 있도록 정교한 프로그램을 다루는 컴퓨터를 이용한다. 이런 일들은 아주 복잡해서 종종 회사들은 데이터를 저장하고 처리하기 위해 **데이터 웨어하우스**(data warehouse, 1,000만 달러가 넘는 비용이 든다)를 만들어야 할 필요가 있다.[26] 뉴스에서 읽어보았겠지만, 논란의 여지가 있기 때문에, 강력한 소비자 데이터 생산자인 구글, 넷플릭스, 아마존, 페이스북, 트위터의 마케터들은 데이터 마이닝에 많은 시간을 쏟아 붓는다. 예를 들어, 페이스북은 소셜 미디어 플랫폼을 매일 사용하는 10억 명 이상의 사용자들에 의한 다양한 게시물, 코멘트, 그리고 반응의 결과로 생성된 방대한 양의 데이터에 접근할 수 있다.[27]

헤드라인에서 가져온 사례

현실세계에서 윤리적/지속 가능한 의사결정

소프트웨어 알고리즘은 우리 일상생활에서 중요한 부분을 차지하고 있으며 개인 및 조직 생산성 향상의 주요 원천이 되었다. 알고리즘은 방대한 양의 데이터를 샅샅이 뒤져 숨겨진 패턴을 찾고 어떻게 사용할지 결정한다. 이러한 공식은 시스템으로 하여금 사용자가 쇼핑을 할 때 매우 개인화된 경험을 제공하거나 사용자의 웹 사이트 또는 전화기에 이미 본 내용을 바탕으로 새로운 콘텐츠를 제공하도록 유도할 수 있다.

티셔츠 회사인 솔리드 골드 봄은, 잘 알려진 속담인 '침착하고 지속적인'의 문구를 수정하여 수천 가지 변형의 티셔츠 디자인을 자동화하는 데 알고리즘을 사용하면서 이것을 힘들게 배웠다. 영국은 2차 세계대전 중에 독일의 폭격 작전 동안 민간인들의 사기를 유지하기 위해 이 문구를 사용했다. 이 알고리즘은 "침착하게 축구를 하세요."와 " 침착하게 춤을 추세요."를 포함한 모든 종류의 변형을 만들어냈다. 이러한 수천 개의 다른 대안들은 불쾌한 말이 들어간 버전(여기서는 보여줄 수 없는)을 포함하여 웹에 존재한다. 그 셔츠는 입소문이 났고, 말할 필요도 없이 많은 사람들이 기분이 좋지 않았다. 그 회사는 공격적인 문구의 제품이 알고리즘의 우발적인 결과라는 이유만으로 회사를 봐주어서는 안 된다고 강하게 생각하는 사람들로부터 많은 비난을 받았다. 이 사건이 야기한 부정적인 반응은 작은 회사가 감당하기에는 너무 컸고, 몇 달

후에 솔리드 골드 봄은 결국 문을 닫았다.[28]

페이스북도 알고리즘으로 인해 몇몇 논쟁의 중심에 놓였다. 한 소식통은 '뉴스 큐레이터'로 알려진 페이스북 내부의 일부 계약자들이 보수 정치 성향의 사람들이 관심을 가질 수 있다는 이유로 플랫폼의 '화젯거리' 모듈에서 뉴스를 선별적으로 제외했을 수 있다고 공개적으로 주장했다.[29] 페이스북 직원들이 자신들의 개인적 편견이나 회사의 편견에 따라 '화젯거리' 모듈의 기사들을 선별적으로 배제했다는 주장이 사실이더라도, 그러한 활동이 불법이 아닐 것이다. 그럼에도 불구하고, 상황은 알고리즘이 효과적으로 목적을 달성하기 위해 인간의 개입을 필요로 할 때 발생할 수 있는 윤리적으로 모호한 영역을 지적한다.

또한 알고리즘은 이의 생성에 관련된 설계자, 개발자 및 시험관의 개인적 선호의 결과로서 시스템적 편견을 포함할 수 있다는 점을 고려해 볼 가치가 있다. 이는 알고리즘의 사용과 성능에 대한 또 다른 잠재적인 윤리적 문제로 이어진다.[30] 따라서 페이스북의 '화젯거리'를 선택하는 과정에서 인간의 개입이 없이도, 공식이 특정 단어나 구를 강조하도록 프로그래밍 되었기 때문에, 사용된 알고리즘은 하나 이상의 특정한 관점으로 편향될 수 있다.

> **윤리 체크 : ↖**
>
> 자신의 플랫폼에 뉴스를 게시하고 배포하기 위해 알고리즘을 사용하는 소셜 미디어 회사들은 관련 알고리즘의 내부 작동에 투명성을 제공해야 하는가?
>
> □ 예 □ 아니요

데이터 마이닝을 위한 주요 데이터 유형

데이터 마이닝 기술이 발전하고 소프트웨어가 다양한 형식으로 정보를 이해하고 분석하는 데 점점 능숙해짐에 따라, 데이터로부터 소비자에 대한 깊은 통찰력을 얻는 능력이 증가하고 있다. 전자 형식의 데이터는 정형 데이터 또는 비정형 데이터로 구분할 수 있다. **정형 데이터**(structured data)는 엑셀 스프레드 시트 또는 ESPN. com과 같은 스포츠 웹 사이트의 통계표에서 찾을 수 있는 것이다. 이러한 데이터 세트는 일반석으로 숫자 또는 범주형이다. 그것들은 대개 컴퓨터가 읽고, 정리하고, 이해하기 쉬운 방식으로 구성되어 있다. 그것들은 데이터베이스에 무리 없이 삽입될 수 있다. 그리고 대개 열과 행 안에 쉽게 배치할 수 있다.

이와는 대조적으로, **비정형 데이터**(unstructured data)는 전형적으로 인간의 눈을 위해 포맷되고 컴퓨터가 쉽게 이해할 수 없는 방법으로 구성된 비계량 정보를 포함한다.[31] 비정형 데이터의 좋은 예는 이메일 메시지의 본문이다. 이메일은 인간에게는 많은 의미를 지니고 있지만, 기계가 이해하고 정리하는 데에는 어려움이 따른다. 🎵 그림 5.3은 정

정형 데이터 (1) 일반적으로 숫자 또는 범주형 데이터, (2) 컴퓨터가 읽고, 구성하고, 이해하기 쉬운 방식으로 구성하고 형식화된 데이터, (3) 완벽한 방식으로 데이터베이스에 삽입될 수 있는 데이터

비정형 데이터 컴퓨터에서 쉽게 이해될 수 없으며 일반적으로 사람의 눈으로 인지할 수 있는 비수치 정보

Scanrail/Fotolia

대규모 데이터 웨어하우스(또는 서버 팜)는 마케터가 데이터를 마이닝하고 구매 패턴을 검토하여 고객의 선호 사항에 대한 통찰력을 얻는 데 필요한 방대한 양의 정보를 저장한다.

그림 5.3 과정 | **정형 데이터와 비정형 데이터의 예**

정형 데이터보다 훨씬 더 많은 비정형 데이터가 매일 다양한 비즈니스 프로세스를 통해 생성되지만, 두 데이터 모두 마케팅 담당자에게 고객과 시장에 대한 더 많은 통찰력을 제공할 수 있다.

정형 데이터	비정형 데이터
• 일자 • 시간 • 인구조사자료 • 페이스북의 '좋아요'	• 이메일 본문 • 트윗 • 페이스북 상태 업데이트 메시지 • 동영상 대본

형 데이터와 비정형 데이터의 여러 유형들의 예를 열거한다.

컴퓨터가 한 번에 많은 데이터 값들을 쉽게 분석할 수 있기 때문에 과거에는 데이터 마이닝과 데이터 분석이 정형 데이터에 주력했다. 예를 들어, 야구 통계학자는 선수가 한 시즌 동안 섰던 모든 '타석'을 결과와 함께 컴퓨터에 넣고 그의 한해 평균 타율(여러 다른 유용한 수치들 외에도)을 예측하라고 쉽게 명령할 수 있었다. 이 결과는 필드에서의 각 선수들의 성적을 보다 잘 이해할 수 있게 해준다.

엄청난 양의 비정형 데이터로부터 의미를 끌어내는 일은 점점 더 도전적인 일이 되고 있다. 잠재적으로 더욱 흥미로운 일이기도 하다. 예를 들어, 당신이 캔디바를 파는 회사의 소셜 미디어 매니저이고 당신은 페이스북과 트위터를 통해 고객들과 어울리는 데 많은 시간을 보내고 있다고 상상해보라. 운 좋게 당신이 많은 '좋아요'와 팔로워들을 보유하고 높은 수준의 상호작용을 하더라도, 당신은 이러한 데이터에 만족하지 않고 이것이 단지 빙산의 일각일 뿐이라고 믿게 된다. 거기다 고객들로부터 얻어진 이러한 모든 의견은 수많은 훌륭한 정보의 원천이 될 수 있다. 문제는 수천 개의 의견이 쏟아져 들어오고 있는데, 당신은 단 한 명이라는 것이다. 어떻게 당신이 그들의 내용물을 효과적으로 분석하고 이 모든 정보로부터 의미 있는 패턴을 구별해낼 수 있을까? 심지어 대규모 팀이라 해도 고객들이 서로 다른 회사에 대해 온라인으로 이야기할 때 매일 생성하는 방대한 양의 비정형 데이터에서 발췌하려고 시도하는 데 상당한 어려움을 겪게 될 것이다.

기술이 구하리라! 데이터 분석 기술의 상당한 발전으로 대량의 텍스트 데이터에서 패턴을 검색하고 추출할 수 있는 컴퓨터 로직을 개발함으로써 비정형 데이터의 분석 과정이 보다 쉬워졌다. 또한 수작업이 아닌 자동화된 프로세스를 통해서 비용 효율적으로 처리할 수도 있다(당신이 의미 있다고 생각하는 정보를 뽑아서 기록하기 위해 사람 손으로 모든 메시지를 샅샅이 뒤져야 한다고 상상해보라!).[32] 또 다른 이점은 이러한 기술 유형은 비정형 데이터에 '구조'를 제공하여 조직 내 다른 곳에 있는 데이터 소스와 결합하여 공유하고 활용할 수 있게 한다는 것이다.

이전 장에서 브랜드와 관련하여 소비자들이 갖고 있는 태도를 결정하기 위해 일반적으로 소셜 미디어 데이터와 함께 사용되는 **정서 분석**을 소개했다. 기술이 더욱 진보함에 따라, 마케터들은 정서('긍정적인' 또는 '부정적'인 혹은 '중립적인'이라고 간단히 기록될 수도 있는)를 넘어서 보다 복잡한 느낌과 감정의 범위로 더욱 더 발전하고 있다. **감정 분석**(emotion analysis)으로 알려진 이 방법은, 특정한 브랜드 혹은 제품의 맥락 안에서 소셜 미디어 커뮤니케이션의 내용을 분석하고 그 커뮤니케이션이 어떤 정서적 카테고리에 해당하는지를 결정할 수 있다. 미디어 공룡 기업인 비아콤(MTV, 니켈로디언, BET 등)은 최근 감정 분석을 위해 Canvs라는 기술 스타트 업을 선택했다. 이는 광고 파트너에게 시청자들이 비아콤의 프로그램과 그 밖의 다른 콘텐츠에 실린 광고에 어떻게 반응하고 있는지에 대한 더 큰 통찰력을 제공하기 위해서다. Canvs는 '최고로 멋진', '어색한', '은밀한 즐거움', '충격적인'과 같은 범주를 포함하는 56개의 범주(즉, 비정형 데이터를 제공하고 정형 데이터로 변환)로 코멘트를 분류할 수 있다. 이것은 특정한 세

감정 분석 커뮤니케이션의 콘텐츠를 평가하면서 제품과 브랜드에 관련한 추종자의 감정을 식별 및 분류하는 정교한 프로세스

대 언어[예 : bae(baby의 줄임말), on fleek(유튜브나 인스타그램에서 헤어나 메이크업이 완벽하게 잘된 경우 쓰는 말)]뿐만 아니라 소셜 미디어에서 인기 있는 단문식 표현을 포함한 400만 개 이상의 단어와 구로 이루어진 회사 자체 데이터베이스 내에서 소셜 미디어 코멘트를 볼 수 있는 알고리즘을 통해 가능하다.[33] 데이터 마이닝 작업에서 정형 데이터와 비정형 데이터를 모두 활용할 수 있게 되면 마케팅 담당자가 고객을 더 깊이 이해할 수 있는 기회가 생긴다.

데이터 마이닝 : 마케터를 위한 적용 분야

이 장과 이전 장에서는 현재 고객과 잠재 고객 모두를 더 잘 이해하는 것이 모든 마케터들에게 핵심적인 목표가 되어야 한다는 것이 주요 주제이다. 기업과 소비자 간의 모든 상호 작용(어떤 부서가 상호 작용을 촉진하는지에 관계없이, 각 접점에서 일어나는)은 마케터가 활용할 수 있는 귀중한 정보를 제공해줄 수 있다. 빅데이터의 가치를 높이는 데이터 마이닝 기술은 마케터들에게 조직의 성과를 높일 수 있는 기회를 제공한다. 이러한 노력에 필요한 데이터를 식별하고 취합하기 위해 조직은 흔히 분석에 필요한 데이터 출처를 식별하고 수집하는 데 도움이 되는 마케팅, 영업, 매장 내 운영, IT 등의 다양한 부서에서 차출된 인력으로 팀을 구성한다.[34]

📷 그림 5.4와 같이, 데이터 마이닝은 마케팅에 네 가지 핵심 적용 분야가 있다.[35]

1. **고객 확보** : 많은 기업들이 인구통계학적 정보와 그 외 다양한 고객 정보를 데이터베이스에 가지고 있다. 예를 들어 다수의 슈퍼마켓들이 주간 특별 가격 인하 행사를 '회원'들에게 제공한다. 이 상점들의 회원 지원서는 고객들이 나이, 가족 규모, 주소 등을 쓸 것을 요구한다. 이 정보를 가지고 슈퍼마켓은 특정 제안에 대해 기존의 고객들 중 누가 가장 잘 반응할 것인가를 알아내 동일한 제안을 같은 인구통계학적 특징을 보이는 비고객에게 보낼 수 있다. 당신은 영국의 세이프웨이가 슈퍼마켓 스캐너 데이터의 마이닝을 통해 그들의 가장 귀중한 고객들 중 다수가 특정 유형의 치즈를 선호한다는 사실을 알게 되었다는 것을 이전에 읽었다.

2. **고객 유지와 충성도** : 기업은 지출이 큰 고객을 식별하여, 이탈 위험이 있거나 그렇지 않은 그들을 표적으로 그들의 충성심에 대해 보상하기 위해 다른 이들은 받지 못하는 특별한 경품이나 유인 상품을 제공하고 유지 가능성을 증가시킨다.[36] 가장 수익성이 좋은 고객을 계속 유치하는 것은 사업의 성공을 이루는 아주 좋은 방법이다. 다시 말하지만, 좋은 고객을 유지하는 것이 지속적으로 새로운 고객을 찾아내는 것보다 비용이 덜 들기 때문이다.

3. **고객 포기** : 이상하게 들릴지 모르지만 기업들은 때로 고객들이 다른 곳으로 가주기를 바라

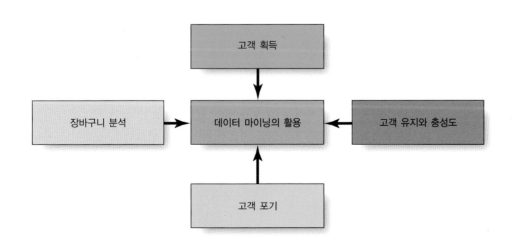

그림 5.4 📷 **스냅숏** │ **데이터 마이닝의 활용**

데이터 마이닝은 마케터에게 네 가지 주요 적용 분야를 제공한다.

데이터 과학자 경쟁우위를 제공하는 숨겨진 통찰력을 발견하기 위해 서로 다른 여러 데이터 원본을 조사하는 개인

기도 한다. 왜냐하면 그들을 서비스하는 데 지나치게 많은 비용이 들기 때문이다. 요즘은 이런 경우를 '고객 해고'라고 한다. 예를 들어 백화점은 수익성이 없는 고객(지출이 적거나 구입한 물건들을 대부분 반품하는 이들)을 데이터 마이닝을 통해 식별할 수 있다. 스플린트는 데이터 마이닝을 통해 고객들을 '좋은 고객, 나쁜 고객, 최악의 고객'으로 나누는 것으로 유명하다.[37]

4. 장바구니 분석 : 특정 제품을 어떤 고객이 구입했는지에 대한 기록을 바탕으로 집중적인 촉진 전략을 개발하는 것이다. 한 예로 HP는 고객들 중 누가 최근에 새로운 프린터를 구입했는지 신중하게 분석하여 그들을 표적으로 잉크 카트리지 특별 할인과 프린터 활용법에 관한 내용을 담은 이메일을 발송했다. 또 다른 예는 사용자가 아마존에서 하나의 아이템을 구매하고 나서 그 아이템을 구매한 다른 사용자들도 구매한 여러 개의 아이템을 추천받았을 때(고객이 레이첼 레이 요리 냄비를 구매한 후 레이첼 레이 요리 팬을 추천하는 것과 같은 것)이다.

데이터 과학자 : 빅데이터를 성공적인 통찰로 전환하기

제4장에서는 마케팅 의사결정을 위한 고객 통찰의 중요한 역할에 대해 이야기했다. 데이터를 통찰로 변환하고 데이터를 활용하여 조직이 소비자와 소통하는 방식을 개선하는 것은 정말 어려운 과제다. 그것은 분석가들이 강력한 데이터베이스와 복잡한 소프트웨어의 도움으로 실행하는 것이다. 이러한 분석가(비즈니스 인텔리전스 개발자라고도 함)는 기술 분야에서 최고의 기업들이 활용하고 있다. **데이터 과학자**(data scientist)는 여러 개의 서로 다른 데이터 소스를 검색하여 경쟁 우위를 확보할 수 있는 숨겨진 통찰을 찾아내는 사람이다.[38] 이들은 대개 박사학위를 소지하고 있으며, 종종 여섯 자리 숫자의 초봉을 받고 있으며(글래스도어닷컴에 따르면, 2016년 급여 중앙값은 113,436달러였다[39]), 빅데이터를 활용하려는 조직에게 점점 더 중요한 경쟁 우위의 원천이 되고 있다. 기존의 데이터 분석가는 대개 하나의 데이터 소스를 검토하는 반면, 데이터 과학자는 대개 조직 전반에서 여러 데이터 소스를 검토한다.

링크드인을 사용해본 적이 있다면 이 사이트에서 가장 자주 사용되는 기능 중 하나가 이 기업의 조너선 골드먼이라는 데이터 과학자의 실험을 통해 개발되었다는 사실을 알고 싶어 할 것이다. 특히 골드먼은 이 사이트에서 여러분이 실생활에서 알고 있을지도 모르는 링크드인 사용자 2개의 프로필을 한 번에 보여주는 '당신이 알지도 모르는 사람' 기능을 개발했다. 골드먼은 교육 기관에서의 공유된 시간과 같은 공통 요소를 토대로 사용자를 평가하고 점수를 매기는 방법을 개발한 후, 특성을 통해 표시되는 프로필을 최고점에서 최저점(한도까지)까지 정렬함으로써 이를 달성했다. 그 아이디어는 원래 메시지에 대한 관심을 일으키기 위해 사이트에 광고로 구현되었다. 물론, 이 사이트의 관리자들은 이 기능이 평균보다 30% 더 높은 클릭률을 보이는 것을 발견했다. 그 직후에 조직 내 최고 경영자가 '당신이 알지도 모르는 사람' 기능을 표준 기능에 추가하는 것을 승인했다.[40]

이와 같은 많은 다른 통찰력들은 과학자들이 생성할 수 있는 데이터와 이들이 조직에 제공할 수 있는 가치를 보여준다. 여러 출처에서 더 많은 데이터를 사용할 수 있게 되면 조직에서는 데이터를 정보로 변환하기 위해 기술과 호기심을 지닌 사람이 계속 필요하게 될 것이다(데이터 과학자가 되는 데 관심이 있는가?).

5.3 마케팅 분석 툴

목표

마케팅 분석 툴이 무엇을 포함하고 있는지, 그리고 기업이 마케팅 분석 툴과 예측 분석 툴을 어떻게 활용하여 마케팅 성과를 향상시킬 수 있는지 설명한다.

기술의 발전으로 소비자들이 이전에는 물리적 공간에서만 가능했던 많은 활동에 온라인으로 참여할 수 있게 됨에 따라 마케팅 분석 툴은 마케터의 도구 상자에서 점점 더 중요해지고 있다. 일반적으로 분석 기능은 하나 이상의 그룹이 의미 있는 것으로 간주하는 데이터 내 패턴의 식별, 해석 및 표현으로 간주할 수 있다.[41]

핵심적으로 **마케팅 분석 툴**(marketing analytics)은 여러 기술과 프로세스로 구성되어 마케팅 담당자가 마케팅 활동의 효과를 수집, 측정, 분석, 평가할 수 있도록 한다. 마케팅 분석 솔루션은 마케팅 담당자에게 서로 다른 마케팅 전략의 성과를 전체적으로 살펴볼 수 있는 방법을 제공한다.[42] 이들은 데이터 기반 환경에서 매우 중요한 수준의 분석과 정확도 및 속도를 제공할 수 있다. 간단히 말해서, 마케팅 분석 툴은 빅데이터를 활용하고 이해하여 마케팅 의사결정에 사용할 수 있도록 한다! 즉, 오늘날의 마케터가 보유한 정보의 폭과 깊이는 의사결정을 주도하고 마케터가 투자 가치를 보다 잘 이해하도록 도울 수 있는 유용한 정보를 제공하기 위해서는 대규모의 이질적인 데이터 세트를 이동할 수 있는 기술의 활용 능력을 필요로 한다.

광고에서 특정한 행동을 측정 가능한 결과(판매 같은)와 관련시킬 수 있어야 한다는 필요성은 마케팅 담당자들에게 오랫동안 당면 과제였다. 특히 TV 광고, 광고판, 그리고 다른 형태의 전통적인 광고에 돈을 지출해온 사람들에게는 그러한 노력의 가치를 정량화하는 것이 진정한 도전이다. 여러분은 아마도 맥도날드의 빅맥을 특집으로 다룬 TV 광고를 봤을 것이고, 그 광고 때문에 그다음 날 맥도날드 제품을 사는 것을 택했을 것이다. 그러나 당신을 패스트푸드점으로 밀어 넣은 것이, 맥도날드의 다른 마케팅 투자가 아니고, 그 광고였다는 것을 다른 사람들이 어떻게 알 수 있을까? 디지털 마케팅은 마케팅 분석 툴을 쉽게 적용할 수 있기 때문에 매력적인 솔루션을 제공한다. 이를 통해 마케팅 담당자는 이전의 추측과 달리 특정 채널을 사용할 때 얻을 수 있는 ROI 값을 더 잘 파악할 수 있다.

마케팅 분석 툴 마케터가 마케팅 활동의 효과성을 수집, 측정, 분석, 평가할 수 있도록 하는 기술의 집합과 과정

디지털 마케팅 채널 회사의 디지털 마케팅 커뮤니케이션을 통해 잠재 고객에게 도달할 수 있는 유통 경로

디지털 마케팅 채널을 마케팅 분석 툴에 연결하기

마케팅 담당자가 직면하는 끊임없는 과제 중 하나는 다양한 마케팅 캠페인과 채널의 효과를 판단하는 것이다. 이는 출처를 추적할 수 없는 채로는 시작점이 어디에서 왔는지 또는 무엇이 소비자의 구매로 이어졌는지가 항상 명확하지 않기 때문이다. 예를 들어, 소비자가 제품을 알게 되고 궁극적으로 구매한 것이 TV에서 본 광고 때문인지 혹은 그녀가 잡지에서 본 광고 때문인지, 아니면, 둘 다 때문인지? TV나 잡지와 같은 전통적인 미디어의 경우, 마케터에게 어떤 행동이 가장 큰 효과를 가져오는지 여전히 명확하지 않다.

하지만 디지털 미디어와 디지털 마케팅 채널의 확산과 함께, 마케팅 담당자의 어떤 조치가 소비자로 하여금 궁극적으로 조직의 이익에 부합하는 결정을 내리게 하는지를 이해하는 것이 더욱 간단해졌다. **디지털 마케팅 채널**(digital marketing channels)은 디지털 마케팅 커뮤니케이션을 통해

점점 더 많은 소매업체들이 온라인 구매를 유도하기 위해 고객의 휴대 전화에 판촉 코드를 보내고 있다.

현재 및 잠재적 고객에게 전달될 수 있는 구체적인 유통 수단이다. 디지털 마케팅 채널을 통한 의사소통의 전달은 종종 매개체 역할을 하는 하나 이상의 기술 플랫폼의 사용을 요구한다.

예를 들어 한 가상 의류 회사가 여러분에게 새로운 가을 컬렉션에 대해 알리기 위해 홍보 이메일(그리고 희망컨대 구매를 유도하는)을 보내기로 결정했다고 가정해보자. 이메일에는 의류 품목의 일부를 착용한 모델의 이미지와 가을 컬렉션을 보여주는 웹 사이트의 특정 부분에 대한 링크, 계산 시 입력할 수 있는 특별 프로모션 코드(예 : FALL20)가 포함되어 있다. 이 프로모션은 수신자가 구매하는 가을 컬렉션 품목의 20%를 할인해준다.

이제 이 소매점을 지원하기 위해 마케팅 분석 툴을 시작하는 방법을 살펴보자. 힌트 : 다음 단락에서는 우리가 설명하는 시나리오에서 당신의 가상적인 행동에 근거하여 데이터가 기록되는 프로세스의 몇 가지 핵심 부분을 언급할 것이다('데이터 기록'이라는 문구에 주의할 것). 그림 5.5에서는 이 시나리오에서 일부 작업 간의 관계, 이러한 작업으로 인해 생성된 특정 데이

그림 5.5 과정 | 디지털 마케팅 채널의 예

이 그림은 가상의 의류 회사를 위한 디지털 마케팅 채널 추진 계획의 몇 가지 측면의 예를 보여준다.

To: customer123@email.com
From: donotreply@genericclothingco.com
Subject: Check Out The New Fall Collection

Generic Clothing Company

새로운 가을 컬렉션 확인

The New Fall Collection has Arrived

Fall's latest styles are in from Generic Clothing Company and you won't want to miss out. From sweaters to jackets we have the looks that you'll love.

For a limited time enter Promo Code FALL20 when checking out to get 20% off of any purchases that you make from the fall collection. Offer Expires 11/24.

지금 쇼핑 시작

To remove your name from our mailing list, please click here.

Questions or comments? E-mail us at someone@example.com or call 555-555-5555

사용자 작업	a. 이메일을 열고 내용을 검토한다(이미지 표시).
	b. 회사 웹 사이트로 이동하기 위해 "지금 쇼핑 시작!" 버튼을 클릭한다.
기록된 데이터의 예(이메일의 모든 수신자에 대해 집계로 고려됨)	a. 이메일 열기
	b. 선택된 특정 버튼
마케팅 분석 툴 적용 분야	a. 이메일을 연 수신자의 백분율
	b. 이메일을 열고 웹 사이트 링크를 클릭한 이메일 수신자의 백분율
분석 기능 적용 분야와 관련된 마케터의 고려 사항 예	a. 이메일의 제목이 이메일 수신자의 주목과 관심을 얻는 데 효과적이었나?
	b. 이메일의 내용이 이메일의 목적과 수신자와의 관련성을 전달하는 데 얼마나 효과적이었나?

Generic Clothing Company

Checkout 🛒

가을 컬렉션

가을 스웨터(여성용)
List Price: $19.99

가을 재킷(여성용)
List Price: $49.99

가을 스카프(여성용)
List Price: $14.99

가을 스웨터(남성용)
List Price: $19.99

가을 재킷(남성용)
List Price: $49.99

가을 스카프(남성용)
List Price: $14.99

사용자 작업	c. '가을 컬렉션' 페이지를 검토하고 개별 페이지로 이동하기 위해 '가을 스웨터' 이미지 링크를 클릭한다.
기록된 데이터의 예(이메일의 모든 수신자에 대해 집계로 고려됨)	c. 클릭한 특정 이미지/링크와 링크가 연결한 페이지
마케팅 분석 툴 적용 분야	c. 사용자가 이 페이지에서 방문한 총페이지 중 각 페이지(의류 품목)가 차지하는 비율(프로모션 이메일에 의해 사이트로 안내된 모든 사용자에 해당)
분석 기능 적용 분야와 관련된 마케터의 고려 사항 예	c. 프로모션 이메일에서 '가을 컬렉션' 페이지로 이동한 후 소비자들이 방문하는 페이지(의류 품목)는 무엇인가? 만약 몇몇 사람들이 더 자주 방문한다면, 프로모션 이메일의 내용이나 표적 청중에 대해 제안할 수 있는 것은 무엇인가?

가을 컬렉션 > 가을 스웨터(여성용)

가을 스웨터(여성용)

List Price: $19.99

Quantity: 1

d 쇼핑 카트에 추가

사용자 작업	d. 쇼핑 카트에 의류 항목을 추가하기 위해 '쇼핑 카트에 추가' 버튼을 선택한다.
	e. 결제하기 링크를 선택하여 결제 페이지로 이동한다.
기록된 데이터의 예 (이메일의 모든 수신자에 대해 집계로 고려됨)	d. 쇼핑 카트에 추가된 특정 의류 품목
	e. 클릭한 특정 링크와 링크가 연결한 페이지
마케팅 분석 툴 적용 분야	d. 개별 의류 품목이 각 사용자의 쇼핑 카트에 추가된 총 의류 품목에서 차지하는 비율(프로모션 이메일에 의해 사이트로 안내된 모든 사용자에 해당)
	e. 사용자에게 '결제 페이지'로 이동한 총클릭 수 중 각 페이지가 차지한 클릭 비율(프로모션 이메일을 통해 사이트로 안내된 모든 사용자에 해당)
분석 기능 적용 분야와 관련된 마케터의 고려 사항 예	d. 소비자들 사이에서 가장 인기 있는 의류 품목은 무엇이며, 그 이유는 무엇인가?
	e. '결제' 페이지에서 구매를 완료하기로 결정하기 전에 소비자들이 마지막으로 방문하는 페이지는 무엇이며, 그 이유는 무엇인가?

Generic Clothing Company

Checkout 🛒

결제

Item Summary

Quantity	Description	Amount
1	Fall Sweater (for Her)	$19.99

Subtotal: $19.99

Shipping Cost: $4.99

Tax: $2.50

Total: $27.48

Input Promo Code (if Applicable) f FALL20

g 계속 결제

사용자 작업	f. 쿠폰 번호(FALL20)를 입력한다.
	g. 결제 완료 페이지로 이동하기 위해 '계속 결제' 링크를 선택한다.
기록된 데이터의 예 (이메일의 모든 수신자에 대해 집계로 고려됨)	f. 해당 없음(사용된 쿠폰 번호 기록은 사용자가 '계속 결제' 링크를 선택하느냐에 따라 다름)
	g. 입력된 쿠폰 번호: 클릭한 특정 링크와 링크가 연결한 페이지
마케팅 분석 툴 적용 분야	f. 해당 없음
	g. '계속 결제' 링크를 선택한 사용자 중 유효한 쿠폰 번호를 입력한 사용자 비율(프로모션 이메일을 통해 사이트로 안내된 모든 사용자에 해당)
분석 기능 적용 분야와 관련된 마케터의 고려 사항 예	f. 해당 없음
	g. 쿠폰 번호는 소비자들의 구매 유도에 얼마나 효과적인가? 쿠폰 번호를 사용할 때 소비자들은 더 많은 아이템을 구매하거나 더 많은 비용을 지출하는가(사용하지 않았던 소비자와 비교해서)?

터 및 데이터의 잠재적 분석 관련 애플리케이션에 대해 이 프로세스를 보여준다.

수신함에 이메일을 받고 제목을 읽은 다음 이메일을 열기로 결정한다(데이터가 기록됨). 이메일의 내용을 검토한 후 새 가을 컬렉션을 확인하기로 결정한다. 따라서 웹 사이트의 해당 부분에 대한 링크를 클릭(데이터가 기록됨)한다. 개별 제품 페이지(데이터가 기록됨)에 해당하는 링크를 클릭하여 항목과 관련된 몇 가지 구체적인 정보를 살펴보고, 궁극적으로 쇼핑 카트에 스웨터를 추가하는 것을 선택한다(데이터가 기록됨). 체크아웃 페이지로 이동하여(데이터가 기록됨) 프로모션 코드를 입력하고, 이를 처리할 버튼을 선택한(데이터가 기록됨) 다음, 해당 품목에 대한 비용을 지불한다(데이터가 기록됨).

이제 앞 단락에서 '기록됨'으로 식별된 모든 데이터를 마케팅 분석 툴을 통해 관련 이메일 캠페인이 이 소매점 입장에서 만족스러운 ROI를 달성하고 있는지 여부를 더 잘 이해할 수 있도록 변환할 수 있다. 아마도 당신만 이 프로모션 이메일을 받은 것은 아닐 것이고 그것의 다른 변

A/B 실험 웹 페이지, 배너 광고, 이메일 등과 같은 마케팅 자산 특성에 대한 변화의 효과를 확인하는 데 사용되는 방법. 이 방법은 무작위로 형성된 두 사용자 모집단에 기존 방법과 변형된 방법을 노출시키면서 활용. 각 모집단 대상자들의 행동을 바탕으로 변형된 방법이 관심도(클릭 횟수)에 더 효과적으로 작용되는지에 대한 결과 도출

종들이 배포되었을 것이다(아마도 더 높거나 낮은 할인율과 다른 의상을 입은 모델들의 다른 이미지를 포함한). 이러한 각 변형은 데이터 내에서 식별 가능하며, 마케터는 판매 유도 과정의 각 단계를 따라 판매 촉진이라는 궁극적인 목표의 측면에서 각각의 변형이 어떻게 수행되었는지를 더 상세하게 분석할 수 있다. 아마도 무엇보다, 마케터들은 이제 이메일 홍보의 각 변형(전체로서의 노력과 함께)과 관련된 비용 대비 투자를 측정하고 회사가 어떻게 추가적인 개선을 할 수 있는지 파악할 수 있다. 가장 간단한 형태로, 유통업체들은 **A/B 실험**(A/B test)을 실시할 수 있는데, 이는 마케팅 자산(예 : 웹 페이지, 배너 광고 또는 이메일)의 한 가지 특징을 변경하는 것의 효과를 테스트하기 위한 방법이다. 근본적으로, 이것은 한 버전이 다른 버전보다 '더 높게' 끌어당기는지를 확인하기 위해서 같은 메시지의 두 가지 변형을 보내는 것을 수반한다. 이 테스트는 무작위로 일부 사용자는 원래 버전에 노출시키고 다른 사용자를 변경된 버전에 노출시킴으로써 수행된다. 각 그룹 내 사용자의 행동을 기록하고 그 결과를 사용하여 변경된 버전이 특정 지표(예 : 클릭률)에서 더 좋은 성과를 보이는지를 판단한다. 이 실험의 위력을 "일요일 신문에 광고를 내고, 월요일에 가게 방문객이 어떨지 보자." 같은 옛날 방식과 비교해보면, 당신은 이 접근법의 이점을 쉽게 인식할 수 있다.

전 채널의 연결

마케팅 분석 툴이 조직에 제공하는 증가하는 가치를 이해하는 데는 우리가 정보를 수집하는 방식이 시간이 지나면서 얼마나 변했는지를 인식하는 것이 중요하다. 다음 장에서 보게 될 것처럼, 오늘날의 소비자들은 다채널 미디어 사용자로 진화했다. 이것은 우리들의 대부분이 컴퓨터, 태블릿, 그리고 전화를 포함한 다양한 출처에서 세계에 대한 정보를 얻고, 하루 중에 한 곳에서 다른 곳으로 자유롭게 이동한다는 것을 의미한다. 더 많은 사람들이 인터넷에 접속하고 인터넷상에서 시간을 보내면서, 디지털 마케팅은 마케터의 도구 박스에서 점점 더 중요한 요소가 되었다. 2013년 퓨 리서치 센터가 실시한 한 조사에 따르면, 미국인의 87%가 인터넷을 사용하고 있고(1995년 14%에서 증가한), 미국인의 74%가 적어도 하나의 소셜 네트워킹 사이트를 사용하고 있으며, 42%는 여러 개의 소셜 네트워킹 사이트를 사용하고 있다.[43]

전 세계적으로, 더 많은 사람들이 더 광범위한 목적을 위해 인터넷을 사용한다. 개발자들이 지속적으로 새로운 애플리케이션을 출시함에 따라 얼마나 많은 기능들이 더 빠르고, 더 쉽고, 더 직관적으로 만들어질지 누가 알겠는가? 주요 IT 조사 및 컨설팅 업체인 가트너에서 북미와 영국 기업(연 매출이 5억 달러 이상인)의 마케팅 임원들을 대상으로 실시한 설문 조사에서 응답자의 98%가 온라인 및 오프라인 마케팅을 합병으로 간주하고 있다고 밝혔다. 또한, 설문 조사에 따르면 2015년 전체 마케팅 예산이 10% 증가한 것으로 나타났다. 가트너 그룹 부사장은 설문 조사 결과를 토대로 이에 대해 다음과 같이 언급했다. "마케팅 담당자가 오프라인 마케팅 분야와 온라인 마케팅 분야를 더 이상 명확하게 구분하지 않습니다. 고객이 디지털 주도형 환경을 선택함에 따라, 디지털 마케팅은 개별적인 규율로서 작용하는 대신 모든 마케팅의 맥락이 된다. 디지털 마케팅은 이제 디지털 세계에서의 마케팅이다." 이러한 변화는 왜 디지털 커머스(혹은 디지털 기술을 사용한 제품과 서비스의 구매와 판매)에 대한 투자가 증가(전년도의 경우 디지털 마케팅 예산의 8%를 차지하던 데서 11%로 증가)했는지를 설명하는 데 도움을 준다.[44] 마케팅 담당자들이 계속해서 자신들의 노력에 대해 ROI를 입증해야 한다는 압박감을 느끼고 있기 때문에, 디지털 마케팅과 특히 디지털 커머스에 대한 강조는 미래에도 계속될 것이다.

디지털 마케팅 채널에 대한 투자 옵션은 소비자들이 많은 돈을 여러 옵션들을 통해 소비함에 따라 다양하다. 📷 그림 5.6에는 다양한 디지털 마케팅 채널의 다섯 가지 주요 그룹을 보여준

다. 소셜 미디어, 디지털 광고 네트워크, 이메일, 검색 엔진 및 휴대 전화에 문자 메시지로 전달되는 디지털 메시지인 문자 메시지 서비스(SMS)를 보여준다. 마케팅 담당자들이 이용할 수 있는 디지털 광고 옵션에 대해서는 제13장에서 자세히 설명하기로 한다. 이러한 모든 업체들은 기업들에게 광고 공간을 판매함으로써 많은 돈을 벌 수 있다. 10억 명 이상이 사용하는 페이스북은 무료로 프로필을 만들 수 있는 기능을 제공하지만, 페이스북의 사업 모델은 광고를 판매하여 매출을 올리는 데 크게 의존하고 있다. 점점 더 많은 소셜 네트워킹 사이트들이 사용자들의 흥미를 잃게 하지 않는 방식으로 그들의 사이트에 광고를 제공할 수 있는 창의적인 방법을 찾고 있다. 웹 사이트의 사용자 환경 및 관련성을 침해하지 않는 기업을 위한 가치의 원천을 구축하는 것이 목표이다.

또한 대부분의 소셜 네트워킹 사이트가 광고주에게 마케팅 활동을 평가하고 최적화할 수 있도록 분석 툴 및 기능에 대한 액세스 권한을 제공하기 위해 많은 노력을 기울이고 있다. 예를 들어, 인기 있는 인터넷 밈 발생기 및 이미지 공유 플랫폼 Imgur는 사용자와 광고주들이 그들의 이미지가 어떻게 확산되는지 더 잘 이해하도록 돕는 고급 분석 기능을 추가했다. 추가된 기능을 통해 사용자는 단순히 이미지가 얼마나 많이 보여졌는지 아는 것 외에 지정된 날짜와 시간에 캡처된 보기의 수, 어떤 웹 사이트가 이미지의 원래 버전으로 다시 연결되는지, 이러한 웹 사이트 내 어디에 이미지가 공유되는지 등을 파악할 수 있다. 결론적으로 광고주는 Imgur의 분석을 사용하여 이미지의 성과를 추적하고 입소문이 나는(또는 입소문이 나지 않는) 경로상의 특정 단계를 파악하며 이미지가 가장 잘 수신된 위치를 파악할 수 있다.[45]

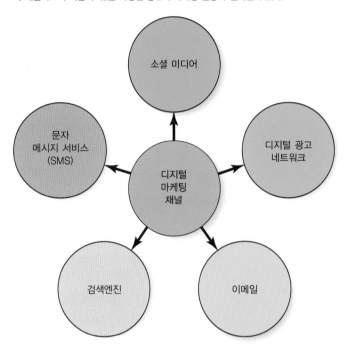

그림 5.6 📷 스냅숏 │ **주요 디지털 마케팅 채널**

디지털 마케팅 채널은 일반적으로 다섯 가지 유형으로 나뉜다. 이것들 안에는, 마케터들이 개발하고 추적할 수 있는 다양한 종류의 마케팅 활동과 캠페인이 있다.

클릭당 비용 마케터가 광고에 배치한 웹 페이지로 바로 연결하는 광고에 대한 개별 클릭 수에 따라 비용이 부과되는 온라인 광고 구매

노출당 비용 사용자가 보는 페이지에 광고가 나타날 때마다 비용이 청구되는 온라인 광고 구매

디지털 마케팅을 위한 비즈니스 모델

마케팅 담당자에게 있어 디지털 마케팅 투자는 사용자가 취하는 특정한 조치에 비용이 직접 연관되는 경우가 많기 때문에 특히 매력적이다. 예를 들어, 구글의 유료 검색 광고는 **클릭당 비용**(cost-per-click)으로 구매하거나 입찰할 수 있다. 이는 개별적으로 광고를 클릭하여 마케팅 담당자가 광고 내에 배치한 웹 페이지로 연결될 때만 광고 비용이 청구된다는 것을 의미한다. 이러한 광고료 부과 방식은 온라인 광고 공간 공급 업체들에게 흔하다. 디지털 방식으로 광고를 구매하는 다른 방법으로는 사용자가 보는 페이지에 광고가 나타날 때마다 비용이 부과되는 광고 **노출당 비용**(cost-per-impression)이 포함된다.

온라인 광고 공간을 판매하는 회사들은 광고 비용을 부과하기 위해 보통 이 두 가지 방법을 사용한다. 클릭당 광고비는 일반적으로 사용자에게 높은 수준의 상호 작용을 요구하기 때문에 더 고가다. 즉, 사용자는 광고가 나타나는 페이지를 실제로 방문하기 때문에, 고객이 되는 데 한 걸음 더 가까워진다. 이와는

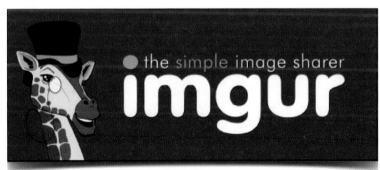

Imgur는 마케터에게 매우 효과적인 분석을 제공하는 이미지 공유 플랫폼이다.

검색엔진 최적화 한 기업의 사업과 관련된 단어가 검색될 때, 전형적인 검색 결과 목록에 기업 이름이 상단에 게시되도록 하는 체계적 과정

달리, 노출당 광고비로 구매하는 것은 비교적 저렴하지만, 광고 노출의 가치를 측정하는 것이 쉽지 않기 때문에 대개 더 큰 믿음을 요구한다. 예를 들어, 만약 마케팅 담당자가 특정 수의 광고 노출이 어느 정도의 클릭으로 변환되는지를 알고 있거나 여기에 대해 좋은 아이디어를 가지고 있다면, 노출당 광고비 구조를 이용하는 경우에도 클릭 수 측면에서의 광고 비용을 더욱 정확히 추정할 수 있을 것이다. 이런 방식으로, 마케터는 클릭당 가격 책정에 비해 노출당 가격 책정을 통해 더 나은 가치를 얻을 수 있을 것이다.

디지털 마케팅의 한 가지 이점은 데이터가 이동하는 속도(거의 순간적인)로 데이터가 들어온다는 점이다. 이는 곧 마케팅 담당자가 디지털 마케팅 전략의 성과를 추적하여 단기 및 장기적으로 자신의 성과를 파악할 수 있음을 의미한다. 마케팅 분석 툴을 통해 그들이 투자한 모든 채널에 걸쳐 이러한 데이터를 수집하고 각 채널의 성과를 향상시키는 데 귀중한 통찰력을 제공하는 방식으로 데이터를 제공할 수 있다.

마케팅 책무성 : 채널 간의 디지털 마케팅 투자 가치 결정

당신이 특수 헤드폰을 판매하는 전자 상거래 웹 사이트를 가지고 있고, 이 웹 사이트에 새로운 고객을 유치하는 데 투자하기 시작했다고 상상해보라. 여러 음악 웹 사이트를 방문하는 사람들에게 전략적으로 보여지는 온라인 배너 광고를 구매하였고, 여러 인디 록 밴드 페이지에 "좋아요"를 누른 사람들의 피드에 후원 게시물로 보여지는 페이스북 광고도 구입하였다. 당신은 시스템적인 프로세스를 통해 해당 사업과 관련된 일반적인 검색 구문 목록의 맨 위 또는 그 근처에 당신의 회사가 나타나도록 보장해주는 **검색엔진 최적화**(search engine optimization, SEO)에 대해서도 살펴보았다. 그 결과, 당신은 사람들이 '고품질 헤드폰'이나 '음악을 들을 수 있는 가장 좋은 방법'과 같은 검색어를 입력할 때 당신의 웹 사이트가 구글이나 빙 같은 검색엔진에서 높은 순위를 차지하는 것을 보장하기 위해 SEO 전문가를 고용했다.

이제 여러 마케팅 채널에 투자했기 때문에 매출이 증가하는 것을 보기 시작한다. 여러 다른 디지털 마케팅 채널에 대한 당신의 투자가 다들 성과를 거두고 있는 것으로 보이지만, 이 중, 어떤 채널들이 여러분의 목표 청중들과 좀 더 효과적으로 소통하고, 그 대가로 더 많은 매출을 올리고 있다면 어떻게 될까? 어떤 채널에 더 많이 투자할지, 어떤 채널을 뜨거운 감자처럼 떨어뜨릴지 어떻게 결정할까?

대답은 마케팅 분석 툴을 통해 여러 채널들의 성과를 분석하고 향후 마케팅 비용을 최대한 활용할 수 있다. 당신의 전자 상거래 사이트에서 실제로 작동하는 것을 이해하기 위해서, 당신은 검색어를 구글에 입력해서 당신의 사이트에 온 고객들로부터 더 많은 매출이 나오는지, 아니면 페이스북 광고를 클릭해서 온 사람들이 더 많은 돈을 쓰는지 볼 수 있을 것이다. 또는 배너 광고가 상대적으로 고객을 적게 끌어들이고 이들이 발생시키는 거래가 상대적으로 적다는 것을 발견할 수 있다.

만약 당신이 이러한 각 채널의 고객 거래당 평균 비용과 각 채널의 고객 거래당 평균 가치를 비교한다면, 어느 채널이 당신의 전자 상거래 사이트에 가장 큰 가치를 제공하는지는 명확해질 것이다. 심지어 이러한 채널 중 하나는 비용이 매출보다 더 비싸다는 것을 알게 될 수도 있다. 표 5.2는 각 디지털 마케팅 채널에 대해 관련 계산을 수행할 수 있는 방법을 보여주는 예로 샘플 데이터를 제공한다. 이 예에서 검색 엔진 최적화(SEO)가 가장 높은 매출을 제공하는 것을 확인할 수 있지만, 페이스북 광고는 고객 거래당 가장 큰 가치(또는 거래당 가장 높은 수익성)를 제공한다. 이러한 통찰은 우리의 특수 헤드폰 회사가 미래에는 페이스북 광고에 더 많이 투자하도록 장려할지도 모른다.

표 5.2 | 마케팅 성과 계산 및 비교 샘플

디지털 마케팅 채널	평균 고객 거래액(해당 채널 총매출/해당 채널을 통해 취득한 총고객 거래 수)	고객 거래당 평균 비용(해당 채널 총지출/해당 채널을 통해 취득한 총고객 거래 수)	디지털 마케팅 채널 투자의 평균 가치(평균 고객 거래액-고객 거래당 평균 비용)
배너 광고	$450,000(매출)/10,000(고객 거래 수)= **$45(평균 고객 거래액)**	$100,000(지출)/10,000(고객 거래 수)= **$10(고객 거래당 평균 비용)**	$45(평균 고객 거래액)-$10(고객 거래당 평균 비용)= **$35(디지털 마케팅 채널 투자의 평균 가치)**
페이스북 광고	$1,200,000(매출)/15,000(고객 거래 수)= **$80(평균 고객 거래액)**	$240,000(지출)/15,000(고객 거래 수)= **$16(고객 거래당 평균 비용)**	$80(평균 고객 거래액)-$16(고객 거래당 평균 비용)= **$64(디지털 마케팅 채널 투자의 평균 가치)**
검색엔진 최적화	$2,100,000(매출)/40,000(고객 거래 수= **$55(평균 고객 거래액)**	$200,000(지출)/40,000(고객 거래 수)= **$5(고객 거래당 평균 비용)**	$55(평균고객 거래액)-$5(고객 거래당 평균 비용)= **$50(디지털 마케팅 채널 투자의 평균 가치)**
채널 전체 합계(공식에 대한 각 채널 입력 값의 총합계)	$375,000(매출)/65,000(고객 거래 수)= **$57.69(평균 고객 거래액)**	$440,000(지출)/65,000(고객 거래 수)= **$6.77(고객 거래당 평균 비용)**	$57.69(평균 고객 거래액)-$6.77(고객 거래당 평균 비용)= **$50.92(디지털 마케팅 채널 투자의 평균 가치)**

마케팅 분석 툴과 디지털 마케팅 계획이 만들어내는 데이터가 없었다면, 이 결과는 판단하기가 더 어려웠을 것이며, 그 결과 전자 상거래 사이트의 마케팅 믹스에 더 많은 낭비가 있었을 것이다. 이러한 것들이 Zappos.com 및 Overstock.com과 같은 기업들이 그들의 마케팅 투자가 건전한 ROI를 제공하는지를 확인하기 위해 매일 다루는 까다로운 질문 유형들이다. 마케팅 분석 툴을 통해 고객이 다양한 마케팅 채널의 성과를 더 잘 파악할 수 있도록 지원한다.

마케팅 분석 툴 데이터에 의존하여 특정한 노력을 관련된 성과와 연결시킬 때에는 어느 정도의 주의가 도움이 될 수 있다는 점에 주목할 필요가 있다. 예를 들어, 어떤 사람이 어떤 제품에 대한 TV 광고를 보고 해당 제품에 대해 더 알아보기 위해 온라인에 접속하기로 결정한다고 가정해보자. 이때 그 또는 그녀는 온라인에서 그 제품의 쿠폰을 포함하는 배너 광고를 우연히 발견한 후 쿠폰을 사용하여 제품을 구매하기 위해 배너 광고를 클릭한다. 겉으로 봐서는 마케팅 담당자에게 있어 TV 광고가 소비자에게 미치는 영향에 대한 인식이 없기 때문에 판매에 대한 모든 공이 배너 광고로 가야 하는 것처럼 보일 수도 있다. 하지만 보시다시피 그것은 전적으로 정확하지는 않다. 여기에서 설명된 위험은 특정 결과를 전달하는 과정에서 한 번의 특정 노력이 가지는 가치의 낭비이다.

디지털 마케팅의 효과를 판단할 수 있는 능력은 추적하고 측정할 수 있는 명확한 목표들을 갖고 있느냐에 달려 있다. 전자 상거래 사이트의 경우에, 정의된 한 가지 목표는 아마도 소비자와의 거래를 완료하는 것일 것이다. 그러나 기업 컨설팅 회사의 웹 사이트의 경우에는, 잠재 고객이 그들의 특정한 문제를 돕기 위해 컨설팅 회사가 무엇을 할 수 있는지에 대한 정보를 요청하게 하는 것이 목표가 될 수 있다. 그리고 이러한 데이터를 CRM 시스템에 연결할 수 있으면, 개인이 정보 요청서를 작성하는 시점부터 최종적으로 고객이 될 때까지 추적함으로써 기업은 먼저, 고객이 웹 사이트를 방문하도록 동기를 부여한 특정 디지털 마케팅 전략 계획을 되돌아보고, 새로운 비즈니스를 창출하는 데 도움이 되는 특정 채널과 요인에 대한 통찰력을 얻을 수 있다.

이 예에서는 서로 다른 빅데이터의 여러 요소 ─ 조직의 여러 부서에 흩어져 있는(이 경우, 웹 기반 상호 작용을 위해 현재 마케팅 분석 시스템에 포착된 것과 함께 CRM 시스템에) ─ 를 어떻게 고객에 대한 종합적인 정보의 형태로 취합할 수 있는지 설명한다. 마케팅 분석 툴을 통해 이러한 데이터는 미래의 투자가 어디에 이루어져야 하는지 또는 현재의 마케팅 캠페인이 어떻게 조정되어야 하는지를 더 잘 이해하기 위해 각 마케팅 채널뿐만 아니라 각 고객에 대한 보다

랜딩 페이지 특정 다이렉트 마케팅 기회를
위해 만들어진 웹사이트 내 단일 페이지

완벽한 그림으로 변환될 수 있다. 각 고객의 전체 스토리를 이해하면 마케팅 담당자는 의미 있고 매력적인 방법으로 그들 자신의 행동과 커뮤니케이션을 그 스토리의 구조에 엮는 방법을 더 잘 이해할 수 있다.

비디지털 마케팅 채널 내에서 마케팅 책무성

디지털 마케팅 채널과 활동의 맥락에서 마케팅 분석 툴에 많은 주의를 기울이고 있음에도 불구하고, 마케팅 분석 툴을 이용해서 비디지털 마케팅 채널과 관련된 통찰을 생성하는 방법에 대해 논의하는 데 약간의 시간을 할애하지 않는 것은 나태한 일일 것이다. 특히, 다이렉트 메일(제14장에서 프로모션 툴로서 논의할 내용)의 경우 마케팅 분석 툴을 통해 그 가치를 좀 더 효과적으로 측정할 수 있도록 설정할 수 있는 비디지털 마케팅 채널의 한 유형이다. 여러분은 이 단계에서 스스로에게 물어볼 수도 있다. 다이렉트 메일을 활용한 마케팅 캠페인이 판매(또는 원하는 다른 행동)로 이어졌는지를 어떻게 알 수 있는가? 핵심은 특정 다이렉트 메일 캠페인의 표적이 되는 현재 고객 또는 잠재 고객을 식별하고 그들을 특정한 목표(예 : 구매하기)와 연계하는 메커니즘을 설치하는 것이다.

이것이 어떻게 작동하는지에 대한 좋은 예는 우리가 이전에 의류 회사의 장에서 소비자들에게 새로운 가을 컬렉션에 대해 알리는 프로모션 이메일을 보냈던 한 예와 관련이 있다. 기억하듯이, 그 구성요소 중 하나는 고객이 할인을 위해 입력할 수 있는 프로모션 코드였다. 제품이나 서비스의 판매를 촉진하기 위한 다이렉트 메일 캠페인도 캠페인의 효과를 측정하기 위해 고유한 프로모션 코드를 생성함으로써 유사한 전략을 사용할 수 있다. 고객이 온라인 상점이나 물리적 상점에서 이 코드를 사용할 경우, 마케팅 분석 툴을 통해 해당 거래 건을 관련 다이렉트 메일 캠페인의 결과로 돌릴 수 있다. 관련 프로모션 코드(및 배송 비용)와 함께 얼마나 많은 DM 항목이 발송되었는지, 코드 사용 횟수(및 관련된 거래 총액)는 얼마나 되는지를 파악함으로써 캠페인이 얼마나 효과적이었는지를 알 수 있다.

또 다른 예는 다이렉트 메일 캠페인 내에서만 보이는 특정 URL을 사용하는 것이다. 해당 URL은 특정 다이렉트 마케팅 캠페인을 위해 구축된 웹 사이트의 단일 페이지인 랜딩 페이지로 연결해준다. **랜딩 페이지**(landing page)는 일반적으로 사용자를 페이지로 안내하는 마케팅 커뮤니케이션 콘텐츠에 논리적으로 연결된 특정 정보를 포함하도록 설계되어 있으며, 대개 사용자가 마케터가 원하는 활동에 참여 가능하게 해주는 대화형 요소를 하나 이상 포함하고 있다(예 : 연락처 양식 작성). 마케팅 분석을 통해, 랜딩 페이지에 대한 각 방문자는 관련 DM 캠페인과 연계될 수 있다. 그런 다음, 회사는 특정 캠페인이 사람들을 (a) 이벤트에 대해 응답(RSIP)하게 하고 (b) 실제로 이벤트에 참여하도록 독려하는 데 얼마나 효과적이었는지 판단할 수 있다.

다른 비디지털 마케팅 채널에도 유사한 전략을 적용하여 캠페인별로 해당 마케팅 목표를 얼마나 효과적으로 달성하고 있는지 파악할 수 있다. 그러한 접근법에 필수적인 것은 특정한 마케팅 활동과 그것의 원하는 결과 간의 관계를 분리할 수 있는 것이다. 따라서 캠페인별 고유 프로모션 코드, 캠페인별 특정 URL 또는 사용 고객 후속조치를 위한 캠페인별 특정 전화번호는 특정한 마케팅 활동과 특정한 결과를 연결시킬 수 있도록 해준다. 이러한 연결고리는 캠페인의 성과를 이해하기 위해 마케팅 분석 역량을 적용하는 데 최대의 기회를 제공한다.[46]

예측 분석 툴

우리가 미래를 예측할 수 있을까? 지금까지, 우리는 현재 마케팅 채널과 전략계획이 어떻게 수행되고 있는지를 더 잘 이해하기 위해, 다시 말해서, 우리가 이미 내린 의사결정의 가치를 검증하는 방법을 이해하고, 향후 투자 방법을 더 잘 결정할 수 있도록 잠재적으로 사실 기반 트리거들을 생성하기 위해 조직이 어떻게 마케팅 분석 툴을 활용할 수 있는지 살펴보았다. 마케터를 위한 또 다른 흥미로운 분야는 실제로 미래를 예측하고 실행 전에 마케팅 캠페인의 가치를 더 잘 이해하는 능력이다.

미래에 구현될 수 있는 한 가지 흥미로운 예측 분석 툴은 아마존에 의해 특허 출원 형태로 널리 공개된, '예상 패키지 배송'이라고 불리는 과정에 대한 것이다. 이 아이디어는 고객들이 '구매'를 클릭하기도 전에 패키지의 배송을 시작할 수 있도록 데이터 기반 시스템을 개발하는 것이다. 근본적으로 아마존은 특정 지역의 고객들이 원할 것으로 예상되지만 실제로는 아직 구체적인 고객 주문이 이루어지지 않은 제품들을 박스에 담아 발송할 수 있을 것이다 이렇게 적절한 제품을 이동하는 것은 배달 시간을 줄일 수 있고, 따라서 고객들이 온라인 쇼핑 대신에 오프라인 소매점을 방문하는 것을 단념시킬 수 있다.[47]

이 예측 기반 시나리오는 **예측 분석 툴**(predictive analytics)이 점차적으로 마케팅 담당자에게 중요한 가치를 제공할 수 있는 지점이다. 이러한 기술들은 특정한 미래 결과 값을 보다 정확하게 예측하기 위해 상호 연관된 많은 양의 데이터와 변수를 사용한다 ('예측' 분석의 핵심은 현재 뿐만 아니라 미래에 초점을 맞추는 것이다).[48] 확실히, 기업들은 판매 및 기타 중요한 사업 성과 및 결과물의 측정치를 예측하는 데 이러한 기술을 수십 년 동안 사용해 왔지만, 이 분야에 새롭거나 흥미로운 게 없다고 착각하지는 말라. 빅데이터와 차세대 데이터 마이닝 기능 덕분에, 우리가 예측할 수 있는 미래 결과의 종류와 그 예측의 정확도는 마케팅 담당자들로 하여금 그들이 미래의 성공적인 마케팅 투자를 예상했던 그 어느 때보다 더 정확성을 얻게 한다.

보더폰 네덜란드는 네덜란드에서 두 번째로 큰 이동 통신사이며, 예측 분석 솔루션은 고객의 행동을 더 잘 이해하고 향후 행동을 더 잘 예측하기 위한 강력한 선택인 것 같다. 비즈니스 인텔리전스를 위한 조직의 선임 정보 설계자가 밝힌 바와 같이, "우리는 상당히 많은 고객과 제한된 마케팅 예산을 가지고 있으며, 자금을 효과적으로 적용하고 최상의 결과를 얻는 방법을 이해할 필요가 있다" 보더폰은 풍부한 정보를 보유하고 있어, 소비자 행동을 보다 효과적으로 예측하고 정보에 기반하여 더 나은 맞춤형 서비스를 소비자에게 제공할 수 있는 기회를 파악할 수 있는 역량을 보유하길 원했다. 보더폰이 예측 분석 툴을 통해 가치를 창출할 수 있었던 한 가지 방법은 겨울 로밍 패턴, 특히 그 시기에 어떤 고객이 스키를 타러 갈 가능성이 가장 높은지에 대해서 더 잘 파악하는 것이었다. 보더폰은 분석을 통해 '겨울 스키 타기' 그룹에 어느 고객이 포함될지 보다 잘 파악하고 예측할 수 있었으며, 그들을 겨울 로밍 전용 캠페인의 대상으로 삼았다.[49] 만약 회사가 스키장에 갈 계획이 없는 고객들에게 이 제안을 했다면 어떻게 되었을까? 필시, 이 캠페인은 자원을 낭비하고, 잠재적으로는 집에 있는 동안에 행복한 스키어들의 모습으로 폭격을 당하기를 원하지 않는 '방콕 고객들'을 짜증나게 만들 위험 때문에 재앙이 되었을 것이다 (마케팅 규칙 1번: 현재 수익성이 높은 고객을 화나게 하지 말 것!).

예측 분석 툴의 또 다른 잠재적 응용 분야로는 빅데이터를 사용하여 고객이 이탈할 가능성을 예측하는 것이다. 이 귀중한 '경고'를 통해 회사는 위험에 가장 많이 노출된 고객을 파악하여 실제로 이탈하기 전에 사전 예방적으로 다시 양호한 상태로 돌아가게 하는 조치를 취할 수 있다. 연 매출 15억 달러의 음성, 데이터 및 IP서비스의 기업 단위 공급 업체인 XO 커뮤니케이션스는 이를 위해 예측 분석 툴을 활용했다. 그 회사는 이탈의 신호가 그 자료에 포함되어 있다는 것을 알았지만, 이러한 징후들을 확인하여 회사의 고객 담당자가 이탈률을 줄이기 위한 조치를 취할 수 있는 유용한 통찰력으로 바꾸기 위해서는 보다 발전된 방법을 필요로 했다. 예측 변수로는 '지원 호출 패턴'과 '체납 패턴'이 있었다. XO 커뮤니케이션스가 효과적으로 예측 분석 툴

예측 분석 툴 툴은 특정한 미래 결과를 더 정확하게 예측하기 위해 관계를 식별한 변수들 내에서 대량의 데이터를 사용한다.

이탈률 계약 기간이 만료되어 더 이상 회사의 고객으로 간주되지 않는 고객의 비율. 예를 들어, 서비스 계약을 해지하거나, 관련 소매점에서 쇼핑을 중단하는 경우

마케팅 계량지표 마케팅 담당자들이 그들의 마케팅 캠페인, 전략 계획, 채널의 성과를 확인할 수 있도록 하고, 적절한 경우에 제어 매커니즘 역할을 하는 데 도움이 되는 특정 측정치

을 적용하기 위한 핵심은 해당 고객 담당자에게 시기적절하게 통찰력을 제공하여 그들이 사전에 조치할 수 있게 하는 것이었다. 이러한 노력의 통제된 출시를 통해 회사의 **이탈률**(churn rate, 이 비율은 일정 기간 동안 해당 기간이 끝날 때까지 회사의 고객이 이탈한 비율에 해당)이 47% 감소했다(다음 섹션에서 이탈률 공식을 제공하고 개념에 대해 자세히 설명한다는 점에 유의할 것). XO 커뮤니케이션스의 경우, 고객 손실은 고객의 회사와의 서비스 계약을 취소하는 것으로 계산되었을 것이다. 통제된 출시로 인한 고객 이탈의 감소는 고객 이탈률이 예전 그대로였다면 놓쳐버렸을 1,500만 달러의 수익을 지킬 수 있도록 했다.[50]

보더폰과 XO 커뮤니케이션스 같은 회사들뿐만 아니라, 대부분의 마케팅 담당자들에게, 특정 고객이 필요로 할 때 고객에게 가치 있는 서비스와 지원을 제공하는 멋진 지점을 발견하는 것은 오늘날의 글로벌 경쟁 시장에서 매우 중요하다. 예측 분석 툴 및 마케팅 분석 툴은 일반적으로 마케팅 전략의 훌륭한 실행을 가능하게 한다.

5.4 마케팅 제어를 위한 계량지표

목표

기업이 마케팅 계량지표를 사용하여 성과를 측정하고 마케팅 제어를 달성하는 방법을 파악한다.

이 장 전체에 걸쳐 그리고 이 책의 다른 지점들에서 다른 유형의 계량지표들과 그것들이 마케터에게 제공하는 혜택을 다룬다(예 : 각 장의 **핵심 계량지표** 글상자와 각 장의 마지막에 있는 **마케팅 계량지표 적용하기** 실습). 데이터가 풍부하고 데이터 기반 환경에서 기업은 운영 환경 안팎에서 어떤 일이 벌어지고 있는지를 그 어느 때보다 자세히 파악할 수 있다. 마케팅 담당자들에게 이것은 그들의 다양한 투자에 대한 수익을 보다 명확하게 보여주고 이 지식을 마케팅 계획과 전략을 개발하고 실행하는 데 사용할 수 있는 능력을 갖게 됨을 의미한다.

제3장에서 마케팅 관리란 실제 성과를 측정하여, 이 성과를 기존의 마케팅 목표와 비교하고, 이 분석에 기초하여 전략이나 목표를 조정하는 과정이라는 것을 배웠다. **마케팅 계량지표**(marketing metrics)는 마케팅 담당자가 마케팅 캠페인, 전략 계획 및 채널의 성과를 파악할 수 있도록 돕는 특정 측정치이며, 적절한 경우 시정 조치가 필요할 때 제어 기제로 작용한다.

따라서 마케팅 제어는 예상되는 성과에서 긍정적이든 부정적이든 편차가 발생하는 순간, 바로 이를 파악하기 위해 관련 마케팅 지표를 계산하고 추적하는 능력이다. 이 중요한 프로세스를 통해 마케팅 담당자는 심각한 손실이나 비효율성이 발생하기 전에 행동을 시정할 수 있다. 마케팅 담당자들이 디지털 마케팅에 대한 투자를 늘리는 또 다른 이유는 다른 미디어 채널에 대한 그들의 투자를 변경할 수 있는 속도 때문이다. 예를 들어, 페이스북 캠페인으로부터의 비정상적으로 많은 기부의 흐름을 감지한 자선단체는 갑작스러운 관심을 활용하기 위해 즉시 더 많은 재원을 해당 채널로 옮길 수 있다.

더 많은 마케팅 계량지표들을 살펴보기에 앞서, 한 가지 중요한 점은 마케팅 효과를 측정하기 위해 한 번에 너무 많은 측정 기준을 사용하는 것은 일반적으로 실용적이지 않다는 것이다. 원하는 마케팅 전략의 결과와 일치하는 적합한 계량지표를 식별하면 올바른 제어가 이루어지며 조직이 가장 중요한 결과를 올바른 마케팅 의사결정과 동기화하는 데 초점을 맞출 수 있다.

예를 들어, 당신이 세탁 세제 생산자라고 상상해보자. 더 많은 비즈니스를 유치하기 위해, 당신은 당신의 팀에 판매 증가를 위해 부서의 자원을 사용할 수 있는 완전한 재량권을 주기로 결정했다. 당신은 그들이 세제 판매량을 증가시키는 능력에 의해 평가받을 거라고 말한다. 다음 몇 주 동안, 당신은 세제가 슈퍼마켓 선반에서 떨어져 나가는 것 같아 기쁠 것이다. 하지만 더 자세히 조사해보면, 당신은 판매의 급증에도 불구하고, 이익이 증가하지 않았다는 것도 알게

핵심 계량지표

세 가지 계량지표 예

다음은 빅데이터 및 마케팅 분석 툴에 대한 장과 관련된 세 가지 계량지표의 좋은 예이다. 다음과 같은 기호들이 사용된다.
$=통화 수치, %=백분율 수치, #=단위의 숫자

클릭률

디지털 마케팅 내에서, **클릭률**(click-through)은 광고 관련 웹 사이트 또는 관련 페이지를 방문하기 위해 광고를 클릭하기로 결정한 사용자(해당 링크가 있는 페이지 또는 광고의 시청자)의 백분율을 나타내는 계량지표이다.[51]

클릭률(%)=[클릭 수(#)/노출 수(#)]×100

대부분의 디지털 마케팅 캠페인 또는 전략계획에서는 마케팅 효과를 판단하기 위한 수단으로 클릭률을 사용한다. 특히, 클릭률은 다른 웹 페이지로 이동하기 위해 클릭할 정도로 해당 광고를 적절하고 흥미 있다고 생각하는 사용자들의 비율을 나타낸다. 그러나 웹 페이지나 웹 사이트에 도착하는 그 순간부터, 방문자는 페이지 내용에 대한 관심 부족이나 다른 이유로 인해 웹 페이지를 즉시 떠나기로 결정했을 수 있다. 클릭률과 함께 얻어진 다른 계량지표들은 더욱 완전한 그림을 제공해줄 수 있다.

전환율

전환율(conversion)은 디지털 마케팅의 효과를 측정하는 데 사용되는 인기 있는 계량지표이며, 백분율로 표현된다. 웹 페이지와 소비자의 상호 작용에 기초한 전환은 제품 또는 서비스의 구매(또는 한 번에 여러 구매), 우편물 수신자 명단에 가입하는 선택, 또는 소셜 미디어를 통해 그 회사의 팔로어가 되려는 결정 등이 될 수 있다.[52] 전환율은 원하는 활동을 완료한 웹 사이트 방문자 수를 웹 사이트 총방문자 수로 나눈 다음 100을 곱하여 백분율 값으로 계산한다.

전환율(%)=(목표 달성자 수/웹 사이트 총방문자 수)×100

전환율을 일일 기준으로 추적하거나 누적된 값으로 제공할 수 있으며, 다른 마케팅 캠페인 또는 채널에 적용하여 이러한 활동의 영향을 측정하고, 사이트에 고객들을 끌어들이는 것이 무엇인가와 같은 질문에 답할 수 있다. 그것은 또한 마케팅 활동의 성과를 개선하기 위해 마케팅 담당자들에게 시정 조치를 취할 기회를 사전에 제공할 수 있다.

주문당 비용

주문당 비용(cost-per-order)은 웹 사이트 방문자를 거래를 선택한 고객으로 전환하는 데 들어간 마케팅 투자라는 관점에서 주문을 획득하는 데 소요된 비용을 나타낸다.[53] 디지털 마케팅 안에서, 이 측정치는 마케팅 담당자들이 그들의 마케팅 투자가 얼마나 효과적인지에 대한 보다 정확한 아이디어를 얻도록 하기 위해 특정 캠페인이나 마케팅 채널 단위로 세분될 수 있다.

주문당 비용($)=광고 비용($)/주문 수(#)

마케팅 담당자들에게, 그것은 주문을 생성하기 위한 평균 광고비에 대한 보다 명확한 아이디어를 제공한다. 예를 들어, 어떤 사람들은 페이스북 광고가 유튜브 비디오 광고보다 주문당 비용이 더 저렴하다는 것을 알게 되고, 결과적으로 더 많은 자원들이 페이스북으로 몰리게 된다.

계량지표 적용

클릭률, 전환율, 주문당 비용을 계산하여 생성된 정보에 대해 생각해보자.

1. 어떻게 이 세 가지를 계산하는 결과에 대한 지식이 마케팅 담당자가 웹 전략에 더 나은 투자 의사결정을 내릴 수 있도록 돕는가?
2. 이 계량지표들 중 하나가 다른 것들보다 더 유용하다고 생각하는가? 만일 그렇다면, 무엇 때문에 그렇게 생각하는가?

될 것이다. 밝혀진 바와 같이, 귀사의 마케팅 팀은 50% 할인쿠폰으로 시장을 포화시켜 왔으며, 이 가격 판촉이 판매의 증가를 유발한 것이다. 당신은 비록 할인된 가격으로 인해 이익에 긍정적인 영향을 미치지 않았을 수 있지만, 새로운 고객들이 쿠폰을 받아 이 브랜드를 시험 구매함으로써 장기적으로는 더 많은 이익을 가져올 것임이 분명하다고 스스로 위안을 삼는다. 불행하게도, 마케팅 팀은 새로운 고객들을 목표로 하는 효과적인 일을 하지 못했다. 쿠폰을 회수한 구매자는 주로 보통 때와 다름없이, 다만 할인된 가격으로 구매한 단골고객(기존 사용자)인 것으로 드러났다. 그 결과, 다음 달 매출이 실제로 하락한다. 그 이유: 지난달에 세탁용 세제를 비축한 고객들은 프로모션 가격으로 구매해 비축해둔 제품을 계속 사용하고 있다. 노력의 목표가 더 명확하게 정의되고 시장 점유율과 매출 증가 모두와 관련하여 올바른 계량지표가 선택되었다면, 아마도 더 나은 통제력을 지닌 보다 목표 지향적인 접근 방식이 시행될 수 있었을 것이다.

자, 그럼 몇 가지 추가적인 계량지표를 살펴보자. 각각의 경우, 다음 기호가 사용된다. $=통

클릭률 웹 사이트 또는 관련된 웹 페이지를 방문하기 위해 광고를 클릭하기로 결정한 웹 사이트 사용자의 비율을 나타내는 계량지표

전환율 해당 페이지와 소비자 간의 상호 작용과 관련된 사전 정의된 목표의 달성을 나타내는 웹 페이지에서 발생하는 이벤트

주문당 비용 웹사이트 방문자를 구매자로 전환시키기 위한 마케팅 투자의 의미에서 주문에서 얻어지는 비용

판매 마진 제품의 판매 금액과 비용의 차이

화 수치, %=백분율 수치, #=단위 숫자.

판매 마진

판매 마진(margin on sales)은 상품이 팔리는 가격과 그 비용 사이의 차이를 나타낸다. 이 계량지표는 달러 금액 또는 제품이 판매된 가격의 백분율로 표시할 수 있다.

판매 마진(#)＝단위당 판매 가격($)－단위당 비용($)
판매 마진(%)＝(단위당 판매 이익/단위당 판매 가격)×100[54]

마케팅 담당자들은 제품이나 서비스와 관련된 판매 마진을 여러 가지 의사결정을 위해 잘 이해하는 것이 중요하다. 관련된 의사결정의 예로는 다양한 유통 경로와 지역 내에서 판매되는 제품의 가격 책정, 특정 마케팅 투자의 ROMI 결정, 그리고 고객 또는 세분시장의 수익성 평가를 포함한다. 제10장에서 이윤에 대한 보다 자세한 내용을 다룬다.

이탈률

이 장에서 이전에 소개된 **이탈률**은 신규 고객 확보 비용을 기존 고객 유지 비용과 비교해볼 때 많은 회사에 있어 중요한 지표이다. 이탈률을 낮추는 것은 조직의 중요한 재무 목표이자 고객 유지 노력이 효과가 있다는 신호가 될 수 있다(XO 커뮤니케이션스 예에서 보았듯이). 또한 기업의 이탈률의 증가는 경쟁 환경의 변화를 암시하는 지표로 작용할 수 있다. 예를 들어, 경쟁자가 그들의 제품이나 서비스로 전환시키기 위해 고객에게 상당한 인센티브를 제공하는 경우다. 이것의 좋은 예는 스프린트가 AT&T와 버라이즌의 무선 전화 서비스를 이용하다가 스프린트로 전환하는 고객들의 요금을 절반으로 줄여준다는 주장을 하며 마케팅 캠페인을 시작했을 때이다.[55]

이탈률(%)＝(전기 말에 손실된 고객의 수/전기 초의 총고객 수)×100[56]

위의 공식에서 기간을 임의의 기간으로 정의할 수 있지만, 일반적으로 고객 이탈을 정확하게 관찰할 수 있는 기간으로 정의된다. 이러한 기간은 특정 제품 또는 서비스에 따라 분기 또는 1년이 될 수 있다. 우리가 해당 기간이 끝났을 때 고객이 손실된 것을 파악하는 데 사용할 수 있는 고객 행동의 예(또는 고객 행동의 결여)로는 서비스 계약 해지, 서비스 계약의 미갱신 또는 (마지막 구매 이후 한 번 이상 고객이 추가로 구매할 것으로 예상되는 일정 기간 내에) 구매를 하지 않고 지정된 일수가 경과되는 것이 있다.

목표 요약 ➡ 핵심 용어 ➡ 적용

5.1 목표 요약

마케터들이 고객관계관리를 실행함으로써 어떻게 장기적 성공과 이익을 증대시키는지 설명한다.

CRM 프로그램을 사용하는 회사들은 대화 및 피드백을 통해 일대일로 개별 고객에 대한 관계를 구축하고 그들의 행동을 차별화한다. 사용 가능한 모든 데이터를 효과적으로 관리할 수 있는 능력은 마케팅 자동화 기능 덕분에 크게 향상되었으며, 이를 통해 세일즈 및 마케팅 전문가는 고객 데이터에서 중요한 통찰력을 얻을 수 있다. CRM의 성공 여부는 흔히 고객 점유율, 고객생애가치(CLV), 고객 우선 순위를 이용하여 한 번에 한 명의 고객을 대상으로 측정된다. CRM은 또한 시스템 내에서 효과적으로 수집되고 정리된 풍부한 데이터에 기반하여 고객과의 커뮤니케이션이 더욱 원활해지도록 하기 위한 수단을 마케터들에게 제공한다.

핵심 용어

고객관계관리(CRM)	마케팅 자동화	일대일 마케팅
고객 점유율	마테크	접점

5.2 목표 요약

빅데이터, 데이터 마이닝 및 마케터가 이러한 기술을 활용하는 방법을 이해한다.

빅데이터는 볼륨과 속도 측면에서 모두 증가하는 데이터를 말한다. 그것은 사회뿐만 아니라 조직 내의 다양한 기능 안의 더 넓은 범위의 출처에서 나온다. 빅데이터는 마케팅 담당자가 데이터 마이닝과 같은 방법을 활용해서 고객을 보다 잘 이해할 수 있게 해준다. 마케팅 담당자가 데이터 마이닝을 사용할 경우, 소비자 구매 결정, 마케팅 메시지에 대한 노출, 매장 내 프로모션 같은 것들 간의 관계를 이해하기 위해 정교한 프로그램을 운영하는 컴퓨터를 사용하여 대형 데이터 세트를 체계적으로 분석한다. 데이터 마이닝을 통해 어떤 고객에게 추가로 투자할지, 어떤 고객을 포기할지, 신규 투자를 위한 기회가 어디에 있는지에 대한 중요한 의사결정을 내릴 수 있다.

핵심 용어

감성 분석	비정형 데이터	정보 과부하
감정 분석	빅데이터	정형 데이터
데이터 과학자	사물 인터넷	채널 파트너 모델
데이터 마이닝	스캐너 데이터	
데이터 웨어하우스	웹 스크래핑	

5.3 목표 요약

마케팅 분석 툴에 무엇을 포함하고 있는지, 그리고 기업이 마케팅 분석 툴과 예측 분석 툴을 어떻게 활용하여 마케팅 성과를 개선할 수 있는지 설명한다.

마케팅 분석 툴은 마케팅 담당자가 현재 보유한 풍부한 데이터를 보다 효과적으로 파악하고 분석할 수 있는 수단을 제공한다. 디지털 마케팅의 확산과 데이터가 수집되고 분석될 수 있는 속도로 인해 마케팅 담당자는 마케팅 투자의 성과와 관련하여 거의 실시간으로 통찰력을 얻을 수 있다. 여러 채널(물리적 채널 및 디지털 채널 모두)에 걸쳐 다양한 마케팅 계획의 성과를 분석할 수 있는 이 능력은 가치가 창출되는 곳을 보다 정확하게 파악하는 수단을 제공한다. 예측 분석 툴은 마케팅 담당자가 마케팅 캠페인과 투자를 계획하면서 결과가 발생하기 전에 미리 파악하여 현명한 의사결정을 내릴 수 있도록 도와줄 수 있는 잠재력을 갖고 있다.

핵심 용어

A/B 실험	디지털 마케팅 채널	예측 분석 툴
검색엔진 최적화	랜딩 페이지	이탈률
노출당 비용	마케팅 분석 툴	클릭당 비용

5.4 목표 요약

기업이 마케팅 계량지표를 사용하여 성과를 측정하고 마케팅 제어를 달성하는 방법을 파악한다.

마케팅 계량지표는 마케팅 담당자에게 마케팅 캠페인 및 채널의 성과를 보다 깊이 이해하고 잠재적인 위험 신호 또는 기회를 포착할 수 있는 수단을 제공한다. 온라인에서 데이터를 쉽게 수집할 수 있는 도구뿐만 아니라 디지털 마케팅의 인기의 증가에 힘입어 마케팅 담당자는 과거에는 불가능하거나 비용 면에서 효과적이지 않았던 세부 사항 수준에서 마케팅 성과를 추적할 수 있다. 이 절에서 제공된 마케팅 계량지표들은 단지 작은 표본에 불과하지만, 마케팅 통제가 이루어지는 것을 보장하기 위해 어떤 종류의 계량지표가 사용될 수 있는지에 대한 몇 가지 예를 제공한다. 올바른 계량지표의 선택을 통해 마

케팅 담당자는 마케팅 활동의 성과를 더 잘 이해하고, 개선의 기회를 파악할 수 있으며, 더 큰 이익을 실현할 수 있는 지점에서 더 나은 시정 조치를 취할 수 있다.

핵심 용어

마케팅 계량지표	클릭률	전환율
주문당 비용	판매 마진	

연습문제

개념 : 지식 확인하기

5-1. CRM이란 무엇인가? 기업들은 CRM을 어떻게 활용하는가?

5-2. 고객 점유율, 고객생애가치(CLV), 고객 우선 순위 설정의 개념을 설명하라.

5-3. 빅데이터에 대해 어떻게 설명하겠는가? 빅데이터가 제공하는 가장 중요한 경쟁 우위 요소는 어떤 것들인가?

5-4. 마케터를 위한 다양한 빅데이터의 원천에 대해 설명하라.

5-5. 데이터 마이닝이란 무엇인가? 마케터들에게 가장 중요한 활용 분야는 무엇인가?

5-6. 정형 데이터와 비정형 데이터 간의 차이는 무엇인가? 각각의 예는 무엇인가?

5-7. 마케팅 분석 툴이란 무엇이며 오늘날의 마케팅 분석 툴 솔루션을 통해 어떤 종류의 통찰력을 얻을 수 있는가? 예측 분석 툴이란 무엇인가?

5-8. 디지털 광고를 클릭당 비용 구조로 구입하는 것과 노출당 비용 구조로 구입하는 것의 차이는 무엇인가? 둘 중 하나가 다른 것보다 더 나은가?

5-9. 마케팅 계량지표를 정의하라. 마케팅 지표는 어떻게 마케터가 다양한 마케팅 계획의 성과를 파악하고 더 큰 통제권을 갖게 하는가?

5-10. 클릭률이란 무엇인가? 그리고 어떻게 계산되는가?

5-11. 전환이란 무엇인가? 전자상거래 웹 사이트에서 변환의 몇 가지 예로는 어떤 것들이 있는가?

5-12. 주문당 비용이란 무엇인가? 마케터는 이러한 지표를 통해 어떤 정보를 얻을 수 있는가?

실행 : 배운 것 적용하기

5-13. 추가 연구(개인) 이 과제를 위해 당신은 감성 분석을 수행하는 소프트웨어 프로그램의 수동 버전의 역할을 하게 될 것이다. 사용자가 페이스북 페이지에 게시된 특정 브랜드의 게시물에 대해 사용자가 작성한 의견의 샘플(명시적인 단어나 표현이 전혀 들어 있지 않은 3~5개 사이)을 선택하라. 의견를 받아 적은 후 각 의견 내의 감성을 긍정적인 내용, 부정적인 내용, 중립적인 내용으로 분류하라. 각 코멘트의 어떤 요소에 의해 그렇게 분류한 것인지에 대한 설명을 포함하라(예 : 구두점의 사용, 문맥, 특정 단어 포함, 속어 사용 등). 관련 브랜드를 책임지고 있는 마케터는 이러한 의견에서 어떤 통찰력을 얻어야 하는가?

5-14. 창의적 과제/단기 프로젝트 자신의 전자 상거래 사이트를 구축하고 있다고 상상해보라. 당신은 사이트를 시작하기 전에 일련의 변환 및 지표들을 정의하고 적용하는 것의 중요성을 잘 이해하고 있기 때문에, 추적을 위한 특정 변환의 정의와 개발을 웹 사이트 설계에 통합시켰다. 사이트에서 추적을 위해 변환을 나타내는 작업과 그것이 어떻게 귀사의 목표에 부합되는지를 나열하라. 이것은 당신의 웹 사이트이니, 마케팅 성과를 보다 잘 추적하고 분석할 수 있도록 해주는 웹 사이트의 외양과 느낌에 있어 가치가 있을 것이라고 믿는 모든 종류의 특징이나 요소(전통적이든 일반적이지 않은 것이든)를 포함시키는 것을 자유롭게 해보라.

5-15. 창의적 과제/단기 프로젝트 당신이 당신의 회사를 위해 구글을 통한 모든 유료 검색 광고를 책임지고 있다고 생각해보자. 당신의 동료 중 한 명이 인스타그램 광고를 담당하고 있다. 당신의 상사는 마케팅 예산을 구성

중이고 당신에게 인스타그램 광고에 얼마나 할당되어야 하는지에 대해 따져 보라고 요청했다. 그는 "구글의 유료 검색 광고보다는 인스타그램에 더 많은 돈을 쓰는 것이 나을 것 같다."면서, "인스타그램에 게시된 사진들이 검색 엔진에서 볼 수 있는 작은 텍스트 블록보다 더 매력적이다."라고 말한다. 당신은 그런 의견에 전적으로 동의하며, 이를 뒷받침할 데이터도 가지고 있다.

   a. 인스타그램 광고에 비해 구글 유료 검색 광고가 더 많은 마케팅 예산을 받아야 한다는 주장에 대해 어떻게 하겠는가? 상사의 발언에는 어떤 요소들이 이것을 고려하지 않고 있는가?

   b. 이 문제를 해결하기 위해 어떤 지표들을 사용할 것인가? 이 지표들의 관련성과 중요성을 어떻게 설명할 것인가?

5-16. 수업시간 10~25분 팀별 과제 대학 입학 담당자로서, 당신은 졸업 가능성이 높고, 학업 중이나 졸업 후에 더 높은 수준의 성공을 거둘 학생들을 입학시키기 위해 입학 절차에서 예측 분석을 사용하는 방법을 탐색하려고 한다. 당신의 상사인 입학 감독관 역할을 하고 있는 또 다른 학생과, 예측 분석 툴이 학생들의 입학 결정에 중요한 구체적인 이유에 대해 토론하라. 계속 진행해야 할 부분이 있는지 주의하여 확인하라.

개념 : 마케팅 계량지표 적용하기

CRM에 대한 장 토론에서, CRM의 네 가지 주요 특성들인 고객 점유, 고객의 생애가치, 고객 자산, 고객 우선순위화에 대해 읽었다. 이들 요소는 각각 모니터링 및 CRM 전략계획의 효과 평가라는 맥락에서 논의된다.

   J.C. 페니의 충성도 프로그램, JCP 보상에 대해 생각해보라. 웹 사이트(www.jcprewards.com)에 가서 그들의 보상 프로그램에 대한 정보를 검토하라.

5-17. J.C. 페니는 이와 같은 보상 프로그램의 맥락에서 어떤 방식으로 CRM의 네 가지 요소들을 측정할 것으로 기대되는가?

5-18. 각 요소에 대해 데이터가 어떻게 수집되며, J.C. 페니의 경영진은 어떻게 그 자료를 충실한 고객들이 회사와 매우 강한 관계를 구축하는 데 사용할 수 있을까?

선택 : 당신은 어떻게 생각하는가?

5-19. 윤리 CRM은 고객들로부터 수집된 데이터에 의존하여 해당 고객들에 대해 맞춤형, 또는 일대일 경험을 생성한다. 데이터는 다양한 접점—정보를 제공하기 위해 고객이 회사와 접촉하는 장소에서 수집된다. 예를 들어, 체크 아웃 줄, 전화, 웹 사이트 등이 있다. 기업이 고객의 CRM 전략계획을 채우고 구동하기 위해 그들로부터 정보를 수집하고 있다는 것을 고객에게 설명할 의무가 있는가? 아니면, 그런 관행들이 일상적이라는 것이 오늘날의 세계에서는 당연한 것인가? 일반적으로, 데이터베이스 기반 포지셔닝 전략에 대한 개인적인 관점은 어떤 것인가? 회사와 고객에 대한 잠재적인 장단점은 무엇인가?

5-20. 비판적 사고 현재 또는 잠재 고객 그룹에 대한 자원 할당을 결정하는 수단으로 고객생애가치(CLV)를 사용하는 것과 관련하여 발생할 수 있는 잠재적인 도전이 있는가? 있다면, 이러한 도전은 무엇이 될까?

5-21. 윤리 사물 인터넷은 인터넷에 연결되어 서로 연결될 수 있는 장치의 증가된 확산을 말한다. 비록 사회와 기업 모두에게 이런 수준의 연결에는 많은 이점이 있지만, 많은 위험과 윤리적 문제도 있다. 이것에서 비롯된 위험과 윤리적인 문제에는 어떤 것들이 있는가? 이점이 단점보다 큰가? 인터넷 연결을 허용하지 않는 물리적 개체는 무엇이고 그 이유는 무엇인가?

5-22. 윤리 많은 기술 응용 프로그램(예 : 소셜 미디어 플랫폼)은 해당 기술을 사용하는 개인의 데이터를 돈으로 환산할 수 있기 때문에 부분적으로 무료로 유지할 수 있다. 당신은 이들 회사가 수집한 데이터로 무엇을 할 수 있는지에 대해 제한이 있다고 믿는가? 만일 그렇다면, 어떤 데이터 사용이 제한되어야 하는가?

5-23. 비판적 사고 디지털 마케팅에 대한 소비는 최근 몇 년간 증가해 왔고, 긴 시간 동안 인터넷을 사용하는 수많은 개인들로 인해 왜 그런지 이해하기 쉽다. 일부 조직에서는 예산의 절반 이상을 디지털 마케팅에 사용한다. 마케팅 예산의 절반 이상을 디지털 사용에 할애하는 것을 어떻게 정당화할 수 있다고 보는가? 당신은 더 많은 회사들이 디지털 마케팅에 우선적으로 투자해야 한다고 믿는가? 디지털 마케팅이 투자처로 타당하지 않다는 것을 보여주는 그룹이나 요소들은 무엇인가?

5-24. 비판적 사고 어도비사가 수행한 조사에 따르면, 마케터들의 77%가 고객 구매 이력에 관한 데이터가 마케팅 성과를 향상시킬 수 있다고 믿지만, 21%만이 실제로 사용한다. 이와 유사하게, 88%는 행동 데이터가 유사한 영향을 미칠 수 있다고 믿지만, 20%만 사용한다.[57] 이러한 통계는 마케팅 분석 툴의 가치에 대한 인식과

마케팅 분석 툴의 실제 실행 빈도 사이의 모순을 강조한다. 왜 그렇다고 생각하는가? 만약 당신이 조직에 마케팅 분석 툴을 구현하는 업무를 담당한다면, 어떤 장애물에 부딪칠 것 같은가? 그리고 누구에게서, 장애물들은 어떻게 극복할 것인가?

5-25. **비판적 사고** 당신이 데이터 침해(고객이 생성하거나 고객과 공유한 데이터 중 일부가 손상된 경우)를 겪는 기업의 고객이라면, 해당 기업에 대한 당신의 인식이 바뀔 것인가? 만약 그렇다면, 이유는 무엇인가? 어떤 유형의 데이터가 손상되었는지가 중요한가? 사건의 심각성에 대한 인식을 낮추거나 높일 수 있는 다른 요소들이 있는가? 만일 그렇다면, 어떤 것들이 포함될 것인가?

5-26. **윤리** 기업이 데이터 기반 관찰에 근거하여 대체로 관련 서비스에 더 많은(또는 더 적은) 돈을 쓰려는 의향과 관련된 특성을 가지는 소비자에게 고(또는 저)비용 서비스를 목표로 하는 것이 옳다고 생각하는가? 이러한 전략의 채택 가능성을 탐구하는 마케터로서 당신을 불편하게 만들 수 있는 차별의 형태를 구성하고 있는가? 만일 당신이 그것을 받아들일 수밖에 없는 소비자라면 어떻겠는가?

미니 프로젝트 : 실행하면서 배우기

다양한 유형의 기업이 다른 접근 방식을 사용해 기존 및 잠재 고객을 온라인에 참여시키고 있다. 회사의 웹 사이트는 보통 잠재 고객과 기존 고객들에게 정보를 제공하는 중요한 원천이다. 이 프로젝트의 목적은 마케팅 활동에 대한 보다 큰 통찰력을 얻고 더 효과적인 제어를 가능하게 하기 위해 마케팅 분석

툴이 어떻게 구현될 수 있는지를 더 깊이 이해하는 것이다.

a. 기업 웹사이트 3개를 선정하라. 여기에는 하나의 전자 상거래 사이트(예 : 아마존), 하나의 컨설팅 회사(예 : IBM), 하나의 소비자 패키지 상품 회사(예 : 타이드)가 포함되어야 한다.

b. 각 회사의 웹 사이트에 대해, 웹 사이트에 나오는 조직의 목표들을 나열하고, 이러한 목표와 가장 근접하게 일치하는 웹 사이트의 특정 변환 조치를 파악하라. 예를 들어, 사용자가 전자 우편 뉴스 레터에 가입하게 함으로써 고객 유치에 지원을 받을 수 있고, 궁극적으로 달성될 수 있다. 전자 우편 뉴스 레터는 변환 행위로 정의된다.

5-27. 변환 작업을 중요도에 따라 순위를 정하고, 순위를 그렇게 매긴 이유에 대해 설명하라. 조직의 목표와 관련해서 단기 지향인지 장기 지향인지 파악하고 이유도 함께 제시하라.

5-28. 웹 사이트 각각에 대해 추적을 위한 마케팅 계량지표를 2개만 선택할 수 있다면 각 웹 사이트에 대해 선택할 지표 2개를 제시하고 그 이유를 설명하라.

5-29. 방문한 일부 웹 사이트에는 정보 요청 양식이 있어야 한다. 종종, 이것은 마케터가 고객에 대한 정보를 수집하여 CRM 시스템에 배치하는 방법 중 하나이다. 이런 양식을 찾아 어떤 정보를 요구하는지 확인하라. 이러한 정보가 기업에 어떤 방식으로 사용될 수 있는지, 또 마케터가 고객과 더 많은 교류를 하기 위해서는 어떤 방법으로 사용될 수 있는지에 대해 기술하라. 분석된 각 웹 사이트에 대해 향후 커뮤니케이션 측면에서 이러한 데이터를 활용할 수 있는 창의적인 방법들을 추천하라.

마케팅 행동 사례 노바티스의 실제 선택

만약 당신이 치료를 받을 때마다 누군가가 그것에 대해 알고 있다면 기분이 어떻겠는가? 노바티스는 누군가가 브리즈테일러 흡입기를 사용할 때마다 클라우드에서 정보를 수집하기를 원한다. 그 회사는 퀄컴 생명 회사와 환자가 브리즈테일러를 사용할 때 정보를 전송하는 인터넷 연결 흡입기를 만들기로 합의했다. 이 장치는 만성적인 폐쇄성 폐질환(COPD) 치료제인 온브리즈, 씨브리, 울티브로를 전달한다. 회사들은 사용자

의 건강 상태, 약의 효능, 그리고 장치 자체에 관한 데이터를 엄청난 수의 환자들로부터 수집할 수 있을 것이다. 이러한 협업을 통해 광범위한 의료 혜택을 얻을 수 있지만 환자의 비밀 보장이 중요한 문제가 될 수 있다.

노바티스의 뿌리는 250년 이상 거슬러 올라간다. 현대의 기업은 세 스위스 회사 시바, 가이기, 산도스의 연합이다. 오늘날 스위스 바젤에 본사를 두고 있는 노바티스는 혁신적인 의

약품, 시력 관리, 비용 절감형 일반 의약품 분야의 글로벌 리더이다. 회사의 글로벌 연구 사업에는 다른 기업 및 학술 파트너가 참여하는 정부 지원의 공동 연구 프로젝트가 포함된다. 노바티스 소유의 회사는 약 12만 명의 정규직 사원을 고용하고 180개 이상의 국가에서 의약 제품을 제공한다.

이 새로운 브리즈테일러 추진 계획으로, 환자들이 제품을 사용할 때, 그들의 스마트 폰이나 태블릿으로 추적 정보를 보낼 것이다. 환자 관련 통계자료는 무선으로 노바티스 COPD 모바일 애플리케이션으로 전송된 다음 데이터를 클라우드로 전송한다. 노바티스 파마슈티컬스의 부서장 겸 CEO인 데이비드 엡스타인은 다음과 같이 말했다. "환자와 연결된 브리즈테일러 디바이스에서 실시간에 가까운 데이터 수집이 가능해짐에 따라 환자는 치료 경과에 중요한 투약에 대한 자신의 준수 여부를 모니터링할 수 있다." 노바티스는 인터넷으로 연결된 투약 장치를 제공함으로써 환자들에게 사용하기 쉽고 단순한 경험을 제공하는 최초의 제약 회사가 되기를 원한다. 또한 의사 및 기타 의료 기관은 데이터에 접속할 수 있으며 이를 이용하여 환자의 상태 및 의약품 사용을 직접 모니터링할 수 있다.

잠재적인 이점에도 불구하고 많은 양의 환자 데이터 수집에는 상당한 위험이 따른다. 브리즈테일러가 수집한 정보는 환자의 장치, 의료 기관의 시스템 및 클라우드에 저장된다. 이 데이터는 범죄자들이 이름, 생년월일, 보험증권번호, 비용청구 데이터, 의료 진단 코드 등의 정보를 훔칠 수 있는 매력적인 기회를 제공한다. 도난당한 의료 데이터는 가짜 ID를 만들거나 의료 장비를 구입하거나 마약을 획득하는 데 유용하다.

의료 기기 사이버 보안 및 개인 정보 보호 변호사인 에릭 볼레브리트는 "정보가 많을수록 신원 도용이 쉬워지며, 해커가 제3자에게 판매할 수 있는 프로필의 가치가 높아진다." 게다가, 그는 정보 시스템을 해킹하는 범죄자들이 그 데이터를 이용하여 환자들의 생명을 위협하고 제조사를 협박할 가능성이 증가하고 있다고 믿는다.

노바티스는 클라우드 기반 의료 정보를 사용하여 약물들이 COPD 치료에 미치는 영향을 더 잘 이해할 수 있다. 그러나 데이터 공유가 기밀임을 보장하면서도 연구자에게 유용하게 사용될 수 있는 방법을 개발해야 한다. 노바티스는 어떻게 이 정보를 사용하여 환자와 의료 전문가 모두에게 의료 혜택을 제공하는 동시에 민감한 데이터를 보호해야 할까?

당신의 결정

5-30. 노바티스가 직면한 의사결정은 무엇인가?

5-31. 이러한 의사결정 상황을 이해하는 데 중요한 요인은 무엇인가?

5-32. 대안에는 어떠한 것들이 있는가?

5-33. 당신이 제안하는 의사결정은 무엇인가?

5-34. 당신의 제안을 실행하는 방법들은 어떤 것들이 있는가?

참고자료 : John Miller, "Big Pharma's Bet on Big Data Creates Opportunities and Risks," *Reuters* (January 26, 2016), http://www.reuters.com/article/us-pharmaceuticals-data-idUSKCN0V41LY (accessed May 10, 2016); "Company History," *Novartis*, https://www.novartis.com/about-us/who-we-are/company-history (accessed May 10, 2016); "Novartis Pharmaceuticals Collaborates with Qualcomm in Digital Innovation with the Breezhaler Inhaler Device to Treat COPD," *Novartis*, https://www.novartis.com/news/media-releases/novartis-pharmaceuticals-collaborates-qualcomm-digital-innovation-breezhalertm (accessed May 10, 2016).

소비재와 산업재 시장의 이해

Dondeena Bradley

돈디나 브래들리

▼ 웨이트 와처스의 의사결정자

돈디나 브래들리는 헬스 산업에서 혁신적인 전략을 이끌어 온 헬스 및 웰빙 분야의 전문가다. 현재 그녀는 웨이트 와처스 인터내셔널에서 글로벌 혁신을 담당하고 있다. 웨이트 와처스에 근무하기 전에는 펩시에서 부사장을 지냈으며, 뉴트리션 R&D 부사장도 지낸 바 있다. 또한 존슨앤존슨, 캠벨 수프, 그리고 M&M/마스에서 식품영양 분야에서 활동했다. 그녀는 식품영양 전공으로 오하이오대학교에서 박사학위를 받았으며, 퍼듀대학교에서 석사학위를 그리고 앤더슨 대학교에서 학사학위를 받았다.

돈디나의 선택

휴식 시간에 주로 하는 일은?
독서, 스케치, 그리고 음악을 연주한다.

졸업 후 첫 직무는?
M&M 마스에서 리서치 사이언티스트로 근무를 시작했다.

현재 읽고 있는 비즈니스 관련 서적은?
제인 맥고니걸의 *Super Better*

나의 매니지먼트 스타일은?
협업, 협력, 그리고 새로운 발견

내가 가장 싫어하는 것
서로 끊임없이 대화하는 사람

1960년대 초, 웨이트 와처스의 창업자인 진 니데치는 뉴욕 퀸스에 있는 자신의 집으로 일주일에 한 번씩 친구들을 초대한 후 일상생활과 다이어트에 대한 이야기를 나누곤 했다. 오늘날 이 친구들은 전 세계 수백만 명의 남성과 여성으로 구성된 현재의 웨이트 와처스 고객이 되었으며, 그들은 여전히 체중 감량과 보다 건강한 삶에 대한 이야기를 나누고 있다.

창립 후 50년이 지난 현재도 이러한 건강 지원에 대한 수요는 지속되고 있다. 미국인의 3분의 2는 과체중이며, 3분의 1은 비만인 것으로 알려져 있다. 많은 미국인들이 다이어트 음료에서 운동 프로그램까지 소개하는 웨이트 와처스나 제니 크레이그, 그리고 뉴트리시스템과 같은 업체들에게만 지불하는 비용이 연간 600억 달러에 이른다.[1] 헬스케어 업체들과 종업원들은 이러한 현상에 주목하고 지속적인 체중 감량을 고민하고 있다.

현재 소비자들은 체중 감량에 대한 인식이 바뀌고 있다. 오늘날 소비자들은 단순히 엄격한 금식에 의존한 다이어트를 하지 않는다. 그들은 보다 건강한 식품 섭취, 운동, 그리고 정서적 웰빙에 이르는 통합적으로 개인화된 솔루션을 원하고 있다. 그리고 체중계로 체중 감량하는 것을 넘어 더욱 포괄적인 건강 관리 성공 프로그램을 찾고 있었다.

제한적인 선택 사항에서 사람들은 하나의 프로그램에 '참여'하거나 혹은 몰입하는 데 상당한 어려움을 겪고 있었다. 많은 사람들은 본인의 선호도와 필요에 맞는 고객화된 다이어트와 운동 프로그램을 사용하기 시작했고 스마트폰, 앱, 그리고 추적도구를 이용해 '스스로 관리'하기 시작했다. 많은 소비자들은 웨이트 와처스와 같은 규격화된 프로그램을 더 이상 좋아하지 않는다고 이야기하고 있다.

2016년 1월, 이러한 흐름에 맞춰 웨이트 와처스는 개별 회원들의 독특한 라이프스타일, 목표, 그리고 도전에 근거한 개인화된 프로그램인 '비욘드 스케일' 프로그램을 런칭했다. 런칭 초기에 개별 회원들은 건강한 식습관을 유지하기 위한 스마트 포인트 타깃, 적극적인 운동 참여를 유도하는 개인화된 목표, 그리고 독특한 상황에 맞춘 교육 등이 포함된 고객화된 프로그램을 받았다.

회원들은 온라인 혹은 오프라인상에서 해당 프로그램에 참여할 수 있다. 회원들은 약 45분간 진행되는 주간 미팅에 참여한다. 이미 프로그램에 참여해 성공한 리더들은 체중 감량을 위한 다양한 제언을 위해 함께 참여한다.

회원들에게 지속적인 동기부여를 위해 다양한 도전들을 소개하면서 일주일을 보내도록 하는데, 실제로 체중 감량은 상당한 시간이 요구되기도 한다. 연구 보고에 의하면 행복한 사람들은 보다 건강한 결정을 한다는 보고도 있다.

글로벌 혁신팀의 리더로서 나는 웨이트 와처스가 면대면(face-to-face)으로 전환하는 것에 초점을 맞추고 있다. 나의 도전은 오늘날 매우 바쁜 일상에서 고객들이 적극적인 건강 관리를 하도록 유도하는 것인데, 50세 이상의 여성을 주요 고객으로 보고 있다.

또한 우리 팀은 사업 시작 후 큰 성공을 거두다가도 내리막길에 접어드는 현상에 대한 패턴도 함께 알아보고자 했다. 실제로 1월에 강력한 마케팅 이후에 '엄청난' 회원들이 참여하다가도 연말에 가까워질수록 참여자수가 줄어드는 일이 반복되고 있다. 이는 사람들이 동기를 잃고 몰입도도 떨어지며, 프로그램 참여를 지속하기에 어려움을 인식하고 있기 때문인 것으로 보고 있다.

사람들은 여전히 웨이트 와처스를 외면하지 않고 있다. 하지만 오늘날 소비자 행동에 맞는 뭔가 새로운 방식을 찾아야만 한다고 생각한다.

돈디나가 고려한 세 가지 선택 1·2·3

1 선택
주간 미팅을 보다 생산적으로 즐겁게 바꾼다. 라이프스타일 전문가와 함께 요가, 필라테스, 그리고 기타 '원스톱 쇼핑'을 참여자들에게 제공한다. 이는 시간을 쪼개 체중을 감량하면서 본전을 뽑으려는 바쁜 현대인들에게 상당히 매력적일 수 있다. 이러한 소비자들은 전체 미국 인구들 사이에서 웰빙에 대한 관심이 높아지고 있는 것과 함께 한다. 하지만 이러한 의사결정은 웨이트 와처스의 본질을 흐릴 수도 있다. 웨이트 와처스가 제공하는 체중 감량을 시도하면서 겪는 걱정과 불안에 대해 공유하는 프로그램은 고유의 경쟁우위이기 때문이다. 또한 웨이트 와처스는 이 분야의 전문가가 없다. 따라서 기업의 전략적 미션 측면에서 보다 넓은 범위의 라이프스타일을 관리하는 부서를 구상해야 한다. 더욱이 우리 분야에서 활동하는 사람들에게 엄청난 양의 훈련이 추가로 제공되어야 한다.

2 선택
참여자들에게 웨이트 와처스(날짜, 다이어트, 지루함)에 대한 인식을 전환시키기 위해 인생을 변화시켜줄 수 있는 경험을 제공해주는 현대식 몰입 웰빙 이벤트를 구상한다. 현재 회원들에게 활력을 불어넣고, 떠난 회원들을 다시 돌아오게 하며 웨이트 와처스 참여를 고려하는 사람들에게 독특한 새로운 기회를 제공할 수 있다. 최근에는 솔 사이클에서 45분간 진행되는 그룹 사이클에서부터 요가, 명상, 그리고 요리에 이르는 하와이 리조트에 이르기까지 경험에 대한 지불이 하나의 추세며, 이러한 프로그램들은 입소문으로 금방 퍼지고 있다. 우리 팀은 그동안 지속했던 프로그램을 수정하기 위한 피드백을 검토했고 보다 유연하게 운영하고자 한다. 하지만 이러한 극단적인 변화는 웨이트 와처스의 전통적인 모델과 큰 차이가 있다. 또한 웨이트 와처스가 단순히 음식에만 치중한다고 인식되면 회원들에게 외면받을 수 있다. 마지막으로 이를 실행하기 위해서는 새로운 경험에 대한 습득이 요구되는데 이를 위해서는 상당한 자원이 필요할 수 있다.

3 선택
혁신적 이벤트를 구상하되, 원더러스트와 같은 기존 업체와 파트너를 맺어 웨이트 와처스의 경험과 시설을 활성화시킨다. 무엇인가 새로운 것을 구상하기보다는 검증된 비즈니스 모델과 수백, 수천 명을 위한 확실한 이벤트를 개최할 수 있는 유능한 공동 후원자와 함께 웨이트 와처스는 빠르게 시장에 진입할 수 있다. 하지만 파트너는 체중 감량 커뮤니티의 욕구에 익숙하지 않아서 우리 고객들을 위한 '진정한' 경험을 제공해주지 못할 수도 있다. 또한 이러한 이벤트가 성공한다면, 웨이트 와처스는 이러한 이벤트를 '소유'할 수 없기 때문에 현재 진행 중인 프로그램 가치를 평가하기 어려울 수도 있다. 지금 돈디나의 입장에서 결정해보자.

당신의 선택

무엇을 선택할 것인가? 그 이유는?

☐ 선택 1   ☐ 선택 2   ☐ 선택 3

6.1

목표

소비자 행동의 정의와 구매의사결정 과정을 설명한다.

소비자 의사결정 과정

우리를 둘러싼 수많은 신제품, 재치 있는 패키지, 그리고 독특한 광고 등은 우리의 관심을 끌기 위해 노력할 뿐만 아니라 구매에 이르도록 끊임없이 요구하고 있다. 심지어 '작은 화면'을 통해 우리는 인터넷에 하루 종일 접속할 수 있게 되었고, 이는 언제 어디서나 수많은 판매자들로부터 제품 정보에 노출되고 다른 소비자들에 의한 후기까지 접할 수 있게 되었음을 의미한다.

그러나 소비자들은 모두 동일하게 반응하지 않는다. 개인 소비자들은 모두 독특한 특성을 갖고 있으므로 제품을 선택한 이유 역시 모두 다르다. 마케팅 개념의 초점은 소비자들의 근원적 욕구(needs)와 구체적 욕구(wants)를 충족시키는 것이라는 점을 다시 한번 떠올려보자. 이러한 목표를 성취하기 위해서는 먼저 소비자들의 근원적 욕구와 구체적 욕구가 무엇인지를 파악해야만 한다. 무엇이 소비자로 하여금 IHOP의 엔프루티®를 주문하기 위해 인터내셔널 하우스 팬케이크에 방문하게 하는지, 혹은 어떤 이유로 스타벅스 라떼와 데니시를 선택하게 하는지, 그리고 또 어떤 이유로 카시 시리얼과 과일을 선택하도록 하는지 그 원인은 다양하다. 주변 사람들은 평소에 관심을 갖지 않다가 어떤 이유로 소비자들이 카시 시리얼을 박스로 구매할까?

소비자 행동(consumer behavior)은 개인 또는 집단이 그들의 근원적 욕구와 욕구를 충족시키기 위하여 제품, 서비스, 아이디어 또는 경험을 선택, 구매, 소비, 그리고 폐기하는 일련의 과정이다. 마케팅 관리자는 소비자 의사결정을 하나의 연속적인 과정으로 인식해야 한다. 즉, 소비자가 현금을 지불하고 제품 또는 서비스를 받는 거래 그 이상의 의미를 갖고 있음을 기억해야 한다.

앞서 논의했던 한 통의 시리얼을 구매하고자 하는 구매 사례를 생각해보자. 표면적으로는 단순한 구매 행위로 보일지 모르나 실제로는 시리얼 마케팅 관리자는 구매 과정을 보다 면밀히 이해야만 한다. 첫 번째 의사결정 단계는 시리얼을 어디서 구매할 것인가이다. 만약 많은 양의 시리얼을 구매해야 한다면, 지역 슈퍼마켓이 아닌 초대형 크기의 박스로 판매하는 창고형 소매점에서 구매하려고 할 것이다. 만약 보다 건강한 오개닉 시리얼을 찾고자 한다면, 홀푸드나 지역 협동조합에서 시리얼을 구매할 것이다. 물론 한밤중에 시리얼이 생각난다면 가까운 편의점에서 구매할 것이다. 구매할 장소를 정했다면, 다음으로는 어떤 시리얼을 구매할 것인지에 대한 의사결정으로 이어진다. 저지방·고섬유질의 시리얼을 섭취할 것인지, 아니면 마시멜로가 섞인 설탕 혼합 시리얼을 섭취할 것인지 정할 것이다. 물론 다양한 시리얼을 구입한 후 섞어서 섭취할 수도 있다.

마케팅 관리자들은 또한 소비자들이 제품을 언제 그리고 어떻게 소비하는지를 파악해야 한다. 시리얼을 아침식사로 먹는지 혹은 저녁에 TV를 시청하면서 스낵으로 먹는지 파악하는 것은 중요하다. 또한 어떤 특정 경우에 어떤 종류의 시리얼을 먹는지 파악하는 것도 필요하다. 가령, 밤을 새우고 나서 안식을 취하기 위해 어린이용 시리얼을 섭취할 수 있다. 제품을 어디서 보관할 것인지 그리고 대용량 박스 포장의 음식을 저장할 수 있는 식료품 저장실을 부엌에 가지고 있는지 등도 파악할 수 있다.

그리고 몇 가지 더 있다. 마케팅 관리자는 소비자 행동 과정에 있어서 단계별로 영향을 미치는 수많은 요인들을 파악해야 한다. 내부 요인, 구매 시점에서의 상황 요인, 그리고 주변 사람들로부터의 사회적 영향 등을 파악해야 한다. 이 장에서 우리는 이러한 모든 요인들이 어떻게 그리고 왜 소비자가 행동하는 바에 영향을 미치는지에 대해 살펴볼 것이다. 그러나 우선 소비자가 내리는 의사결정의 유형과 의사결정 과정에서의 단계를 살펴볼 것이다.

소비자 행동 개인이나 집단이 그들의 요구와 욕구를 충족시키기 위하여 재화, 용역, 아이디어 또는 경험을 선택하고 구매하며 사용하고 폐기하는 과정

모든 의사결정은 동일하지 않다

기존의 많은 연구자들은 소비자들은 경쟁 제품들의 정보를 신중히 수집하고, 우리의 요구를 충족시키실 수 있는 속성이나 특성을 가지고 있는 제품을 결정하고, 각 대안의 장단점을 비교 및 검토하며 만족스러운 결정에 도달한다고 가정했다. 그러나 이러한 의사결정 과정에 대한 설명이 얼마나 정확할까? 이러한 과정이 실제로 당신이 시리얼을 구매하는 과정으로 설명이 가능한가?

이러한 과정은 소비자가 신차 구입처럼 중요한 구매를 고려할 때 발견되지만, 한 박스의 시리얼을 구매할 때도 유사한 구매 과정을 거친다고 할 수 있을까? 오늘날 우리는 의사결정자들이 인식하는 구매 중요도에 따라, 그리고 최종 결정을 위한 선택 노력의 가중에 따라 면밀한 분석에서부터 단순한 충동에 이르기까지 다양한 접근법을 따라야 함을 알고 있다.[2] 많은 연구자들은 시리얼 구매와 같은 습관적 구매의사결정(habitual decision making)에서부터 새로운 자동차 구매와 같은 확장된 문제해결(extended problem solving)까지의 '의사결정 노력'의 연속체로 봐야 한다는 것을 알고 있다.

소비자들이 확장 문제해결에 관여할 경우 ▨ 그림 6.1에 제시되어 있는 구매의사결정 단계를 거치게 된다. 즉 문제 인식, 정보 탐색, 대안 평가, 제품 선택, 구매 후 평가가 그 과정이다.

반면에 습관적 의사결정을 할 때는 의식적인 노력을 별로 기울이지 않는다. 정보 탐색과 대안 평가는 대부분 짧은 시간 내에 결정된다. 예를 들어, 당신은 매주 동일한 브랜드의 시리얼을 아무 생각 없이 쇼핑 카트에 던져 넣었을 것이다. ▨ 그림 6.2는 확장 문제해결과 습관적 의사결정 간의 차이점을 제시하고 있다.

많은 의사결정들 중에는 제한적인 문제해결(limited problem solving)을 위한 의사결정을 거치는데, 이는 약간의 과업을 수행하기 위한 중간 정도의 의사결정으로 볼 수 있다. 이러한 의사결정에는 새로운 런닝화 또는 스마트폰을 위한 멋진 폰 케이스 등을 구매할 때 해당될 수 있다. 그렇다면 우리는 구매 의사결정에 얼마나 많은 노력을 기울일까? 그 대답은 **관여도**(involvement)다. 이는 구매의 결과에 대해 얼마나 중요하게 인식하는가의 수준으로 볼 수 있다.

또한 우리는 구매의사결정 과정에서 제품에 대한 위험도가 높다고 인식하면 관여 수준은 더욱 높아진다. 새로운 컴퓨터나 스포츠 자동차와 같이 제품의 가격이 비싸거나 복잡할 경우 혹은 제품 사용을 이해하기 어려울 때 **지각된 위험**(perceived risk)을 인식하게 된다. 이러한 지각된 위험은 잘못된 선택으로 인해 당황스러운 상황이 발생하거나 혹은 사회적 소외를 경험한다고 인식할 때 발견되기도 한다. 예를 들면 어떤 여성이 자신이 속한 여성 모임에서 대부분 코치 핸드백을 들고 다니는 상황에서 콜스에서 판매하는 기능적인 나인웨스트 지갑을 구매해야 할 경

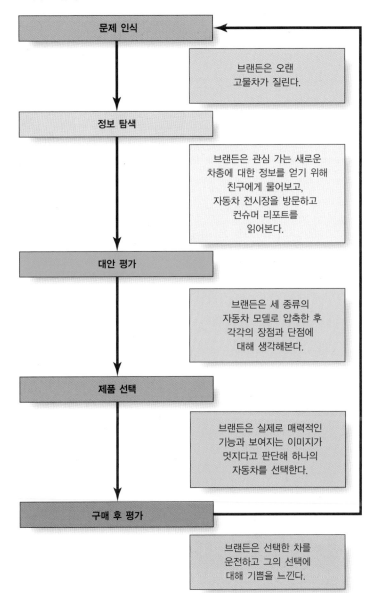

그림 6.1 🛠 과정 | 소비자 의사결정과정

소비자 의사결정은 다음과 같은 과정을 거친다.

문제 인식

브랜든은 오랜 고물차가 질린다.

정보 탐색

브랜든은 관심 가는 새로운 차종에 대한 정보를 얻기 위해 친구에게 물어보고, 자동차 전시장을 방문하고 컨슈머 리포트를 읽어본다.

대안 평가

브랜든은 세 종류의 자동차 모델로 압축한 후 각각의 장점과 단점에 대해 생각해본다.

제품 선택

브랜든은 실제로 매력적인 기능과 보여지는 이미지가 멋지다고 판단해 하나의 자동차를 선택한다.

구매 후 평가

브랜든은 선택한 차를 운전하고 그의 선택에 대해 기쁨을 느낀다.

관여도 소비자에게 구매의 지각된 결과가 갖는 상대적 중요성

지각된 위험 어떤 제품의 선택이 재무적이든 물리적이든 그리고/혹은 사회적이든 장래에 부정적 결과를 초래하리라는 믿음

그림 6.2 과정 | 확장된 문제해결 vs. 습관적 의사결정

확장된 문제해결과 습관적 의사결정은 다르다.

	확장된 문제해결	습관적 의사결정
제품	새로운 자동차	시리얼 한 박스
관여 수준	높음(중요한 결정)	낮음(중요하지 않은 결정)
지각된 위험	높음(고가, 복잡한 제품)	낮음(간단, 저렴한 제품)
정보 처리	신중한 정보 처리(광고, 잡지, 딜러, 웹사이트 검색)	환경 단서에 반응(간판, 진열)
학습모델	인지적 학습(주변 정보를 이용하기 위한 통찰력과 창의력 사용)	행동적 학습(광고 속 멋진 제품을 보고 긍정적 태도 형성)
요구되는 마케팅 활동	광고, 판매사원, 브로슈어, 웹사이트를 활용한 정보 제공 제품 혜택과 잘못된 의사결정의 위험을 고객에게 교육	구매시점의 제품 진열과 같은 환경적 단서 제공

우 무례하다고 생각해서 구매를 주저할 수 있다.

지각된 위험이 낮을 경우 대부분의 소비자들은 시리얼 구매를 위한 의사결정 과정에서 관여 수준이 상대적으로 낮아진다. 이런 경우 우리가 고려하는 선택사항들이 특별히 중요하거나 그 위험 수준이 낮기 때문에 큰 관심을 기울이지 않는다. 최악의 시나리오는 그 맛을 좋아하지 않아서 별생각 없는 룸메이트에게 시리얼을 떠넘겨버리는 것이다. 저관여(low-involvement) 상황에서 소비자들의 의사결정은 엔드 캡이라 불리는 식료품점내 통로 끝에 진열된 시리얼을 본 소비자가 구매를 고려하는 상황과 같은 환경적 단서에 반응하는 경우로 볼 수 있다. 이러한 환경 하에서 마케팅 관리자는 구매 시점에 어떻게 점포 진열을 해야 구매의사결정에 영향을 미칠 수 있을지 고민해야 한다.

주택 혹은 자동차를 구매하는 경우와 같은 고관여(high-involvement) 구매의 경우 모든 가능한 정보를 주의 깊게 처리하며, 그러한 제품 구매 전 상당한 심사숙고 과정을 거친다. 구매 후의 결과가 매우 중요하며 그에 따른 위험도 상대적으로 높다. 특히 잘못된 의사결정으로 인해 심각한 재무적 손실, 악화 또는 궁핍으로 이어질 수도 있다. 우리는 대부분 점심시간에 자동차 딜러 사무실에 생각없이 방문하지 않을 것이며 테슬라 로드스타 구매를 위해 별생각 없이 계약금을 미리 지불하지 않을 것이다. 고관여 제품 구매의 경우 마케팅 관리자는 소비자들이 의사결정을 하기 전에 그들이 제품을 왜 선택해야 하고 그것이 왜 최선의 선택이 될 수 있는지 소비자를 교육해 지각된 위험을 낮추어야 한다.

이상에 논의한 의사결정 과정의 각 단계를 이해하기 위해 그림 6.1에서 자동차를 구매하는 상황, 즉 고관여 구매 의사결정에 놓인 브래든 사례를 살펴보자.

1단계 : 문제 인식

문제 인식(problem recognition)은 소비자가 현재 상황과 희망하거나 이상적인 상황 간에 유의미한 차이가 발생했음을 인식할 때 나타난다. 10년간 현대 자동차 정비업소를 방문한 어떤 여성은 이에 대해 문제를 인식할 수 있고, 기존에 가지고 있던 토요타 자동차를 새로운 스포츠카로 바꾼다면 보다 멋진 모습을 보일 수 있지 않을까 생각하는 남성도 어떤 문제를 인식하고 있는 것이다. 만약 어떤 사람이 자신이 가지고 있는 자동차가 별문제는 없지만 매우 오래되어 비웃

문제 인식 소비자 문제의 현재 상태와 바라거나 이상적인 상태 간 의미 있는 차이를 인식할 때 일어나는 과정

의사결정 단계별 과정	마케팅 전략	사례
문제 인식	현재 상황과 이상적 상황과의 차이를 고객이 인지하도록 함	• 새로운 자동차를 소유함으로써 경험할 수 있는 즐거움을 보여주는 TV 광고 제작
정보 탐색	소비자 정보 탐색이 이루어지는 시기와 장소에 정보 제공	• 표적고객이 주 시청자인 TV 프로그램에 광고 지식이 풍부한 판매사원 교육 • 판매 전시장에 신차 브로슈어 비치 • 흥미를 유발하고 가독성이 좋은 정보 웹사이트 구축 • 입소문 전략을 위한 블로그와 소셜 네트워크를 통한 정보 제공 • 검색엔진의 상위에 노출될 수 있도록 검색엔진 마케팅 활용 • tripadvisor.com과 같은 리뷰 웹사이트 평가 참여
대안 평가	브랜드 간 비교를 통해 개별 브랜드의 우월성을 전달하는 과정에서 소비자 평가 기준을 이해	• 가장 중요한 평가 기준을 찾기 위한 조사 진행 • 브랜드 우월성과 연관된 신뢰되는 데이터를 활용한 광고 제작
제품 선택	소비자의 직관적 선택을 이해하고 브랜드 의사결정을 독려하는 커뮤니케이션 진행	• '미국산'임을 광고(원산지 효과) • 오랜 역사를 가진 브랜드 강조 (브랜드 충성도)
구매 후 평가	소비자 기대를 장려	• 정직한 광고와 판매 제안

그림 6.3 과정 │ **의사결정 단계에서 반응**

소비자 의사결정의 이해는 마케터가 소비자 문제 인식부터 만족에 이르는 단계별 전략을 구축하는 데 큰 도움이 된다.

음을 사는 것보다는 멋진 자동차로 교체해 선망의 대상이 되길 원한다면 아마 후자에 속할 것이다.

그렇다면 마케팅 의사결정이 소비자의 문제 인식에 어떤 역할을 하는가? 대부분의 문제 인식은 소비자가 자연스럽게 혹은 실제로 그 욕구가 발생했을 때 나타나지만 마케팅 관리자들은 종종 소비자의 현재 상태(오래된 자동차)가 그들이 바라는 상태(번쩍이는 컨버터블 자동차)와 동일하지 않다는 것을 인식하도록 자극할 수 있는 기발한 광고 메시지를 노출시키기도 한다. ✍ 그림 6.3은 소비자 의사결정 과정에서의 마케터의 대응 전략을 소개하고 있다.

2단계 : 정보 탐색

브렌든이 새로운 자동차를 구매해야겠다는 구체적인 문제를 인식하면 이를 해결하기 위한 적절한 정보를 찾을 것이다. **정보 탐색**(information search)은 소비자가 당면한 문제를 해결하기 위해 어떤 선택사항들이 있는지 찾기 위해 기억을 검토하고 환경 조사를 하는 과정이다. TV 광고물, 인터넷상에서 구글 검색을 통해 확보한 정보, 혹은 유튜브 영상 등은 매우 가치 있는 정보가 될 수 있다. 브랜든은 그의 친구들, 페이스북의 운전자들의 모임, www.caranddriver.com에서 제공하는 정보, 자동차 대리점의 안내책자, 제조업자의 웹사이트상의 정보로부터도 정보를 수집할 수 있다. 우리는 제14장에서 디지털 세상에서 소비자들이 정보를 수집할 수 있는 다양한 기회들에 대해서 보다 자세히 다룰 것이다.

정보탐색 과정은 개별적 욕구를 충족시켜줄 수 있는 선택 가능한 대안들 탐색 과정이 포함된다. 소비자들은 **환기상표군**(evoked set)을 통해 가능한 대안들을 떠올리고 **고려상표군**(consideration set)에서 구체적인 대안들을 선택한다. 마케터들이 소비자들에게 지속적으로 브랜드에 대한 메시지를 노출시키는 이유는 환기상표군에 들기 위함이다.

최근 들어 소비자들은 제품에 대한 정보 검색을 위해 인터넷을 더욱 자주 사용한다. 구글과

정보 탐색 소비자가 합리적인 의사결정을 하기 위해 적절한 정보를 탐색하는 과정

환기상표군 의사결정 과정에서 소비자들이 떠올린 모든 대안 브랜드

고려상표군 최종 의사결정을 위해 소비자들이 구체적으로 선택하려는 대안 브랜드

비교쇼핑 대리점 혹은 **숍봇** 온라인 쇼핑객들이 가장 낮은 가격에 물색하는 것을 발견하고 그 제품과 판매상에 대한 고객 비평과 평가를 제공하도록 도와주는 웹 응용프로그램

결정속성 제품 선택을 위해 비교되는 가장 중요한 특이 속성

평가 기준 경쟁하고 있는 제품 대안들을 비교하기 위하여 소비자가 사용하는 차원

빙과 같은 검색엔진을 통해 키워드로 수많은 웹페이지를 검색하고 유용한 정보의 위치를 찾으며 그러한 키워드를 포함하고 있는 사이트 목록까지 보고한다. 제13장에서 우리는 마케팅과 검색엔진과의 관계를 상세히 다룰 것이다.

Bizrate.com이나 Pricegrabber.com과 같은 **비교쇼핑 대리점**[comparison shopping agents 혹은 **숍봇**(shopbot)]은 온라인 쇼핑객들을 위해 가장 저렴한 가격의 제품을 찾도록 도와주는 웹 응용 프로그램이다. 이러한 사이트는 제품을 어디서 구입할 수 있는지와 그리고 구체적인 가격까지 제시하며, 제품과 판매자에 대한 소비자 리뷰도 함께 제공한다. 또한 이를 통해 소비자에게 제품과 온라인 소매상들에 관한 긍정적·부정적인 피드백 모두를 확인할 수 있게 해준다. 점점 더 많은 소비자들은 유튜브나 페이스북과 같은 네트워킹 웹사이트를 통해 다른 소비자들의 의견과 경험을 검색하기 시작했다. 이하에서 이러한 사이트와 여타 이와 유사한 것들에 대해 더 논의할 것이다.

3단계 : 대안 평가

브랜든이 그의 선택 가능한 대안을 확인하면, 몇몇의 확실한 경쟁 대안들 중에 하나를 선택해야만 한다. 이러한 의사결정 과정에는 두 가지 구성요소가 있다. 첫째, 다양한 정보를 수집한 소비자는 그가 관심이 있는 몇 개의 제품으로 줄이는 것이다. 즉, 가장 중요한 속성을 중심으로 각 제품들 간의 차이를 비교하는 **결정속성**(determinant attributes)이 그것이다. 브랜든은 붉은색 페라리 자동차를 오랫동안 원했다. 그러나 잠깐 동안 생각을 해보고는 현실로 돌아와서 이탈리아 스포츠카는 불가능하다고 어쩔 수 없이 인정한다. 그리고 실제 그가 구매할 수 있는 닛산 베르사, 기아 리오, 쉐보레 스파크. 그리고 혼다 피트 중 하나를 결정해야만 한다. 그는 마음속에 떠오르거나 페이스북 친구들이 알려준 가격을 중심으로 대안을 좁혀나간 것이다.

이제 결정해야 한다. 브랜든은 세 가지 가능 대안들을 체계적으로 검토해야 하고, 중요한 속성을 확인하고 선택할 구체적인 **평가 기준**(evaluative criteria)을 정해야 한다. 그 기준으로는 자동차 출력, 안락성, 가격, 스타일 그리고 안전성 등일 수 있다. 마케팅 관리자는 소비자들의 평가 기준에 근거해 제품 특성에 대해 지속적으로 교육시키고 있음을 기억하자. 즉 마케팅 관리자는 제품의 뛰어난 속성들을 그저 '편하게' 강조해준다. 브랜든과 같은 소비자들이 대안 평가 과정에서 올바른 결론을 내릴 수 있도록 마케팅 관리자는 소비자가 어떤 기준에 근거해 결정하고 그 기준을 얼마나 중요하게 인식하고 있는지 이해해야만 한다. 이 정보를 통해 평가 기준을 정의하는 과정에서 판매 및 광고 전문가들은 자사 브랜드의 가장 뛰어난 속성을 강조한다.

4단계 : 제품 선택

브랜든이 그의 대안들을 검토하고 어느 정도 평가를 했으면 이제는 본격적으로 '제품을 선택해야만 하는' 단계에 접어든다. 하나의 제품을 선택하고 선택한 제품을 구체적으로 실행하는 것이 이번 단계다. 몇 주간 고민한 끝에 브랜든은 베르사와 피트가 매력적인 품질을 가지고 있다고 생각했지만 결국 가격면에서 수용할 만하고 그가 원하는 이미지를 보여줄 수 있다고 판단해 결국 혼다 피트를 선택했다. 자동차에 대한 이러한 모든 생각들이 잠시나마 그를 미치게 만들었고, 피트를 구매해야겠다는 확신으로 이어지게 되었다.

그렇다면 브랜든과 같은 소비자들은 그들이 고려하는 선택 대안들 중 하나를 어떻게 선택할까? 이러한 의사결정은 모든 제품의 특성들을 머릿속으로 하나하나 비교해야 하기 때문에 상당히 복잡하다. 어떤 자동차는 연비가 좋고, 또 어떤 자동차는 2,000달러 저렴할 수 있으며, 또 어떤 자동차는 보다 안전할 수 있다. 우리는 이러한 품질들을 어떻게 이해할 것이며, 어떻게 최종

결정에 도달할 수 있을까?

확장된 문제해결 의사결정 측면에서 우리는 모든 속성들을 고려하고 상대적 중요성들을 평가하게 된다. 이러한 의사결정을 **보완적 결정규칙**(compensatory decision rules)이라 하는데, 이는 경쟁 제품들의 속성 정보를 평균화하는 것을 의미한다. 즉 특정 속성의 부족함은 결과적으로 다른 속성의 우수함으로 인해 상쇄됨을 의미한다.

다른 방법으로는 모든 제품들을 일일이 비교평가하는 것이 아니라 '경험법칙(rules of thumb)' 혹은 휴리스틱에 의존해 선택하는 방식이 있다. 이러한 **휴리스틱**(heuristic)은 소비자들이 보다 간단하게 의사결정하도록 도와준다. 가령, '가격 = 품질'이라는 생각이 그것이다. 즉 대부분의 사람들은 고가의 브랜드는 그 제품을 만들기 위한 비용이 높기 때문에 더 좋은 제품이라고 인식하는 것이 그것이다(항상 그렇지 않다 하더라도).

아마도 가장 일반적인 휴리스틱은 **브랜드 충성도**(brand loyalty)일 것이다. 이는 우리가 동일 브랜드를 반복적으로 구매해 마케터들이 성배라고 생각하는 고객 행동으로 설명된다. 강력한 브랜드 충성도를 가진 소비자들은 경쟁이 되는 다른 선택 대안들에 대한 관심이 상대적으로 적다. 즉 사람들은 선호하는 브랜드에 대한 충성도가 형성되면 평생 동안 이를 바꿀 의향이 없을 수도 있는 것이다. 경쟁 브랜드 입장에서는 이러한 선호를 바꾸는 것이 매우 어려울 수 있다.

또 다른 휴리스틱의 사례는 **원산지**(country of origin)다. 제품이 특정 국가에서 제조될 경우 기대할 수 있는 고유의 제품 속성을 의미한다. 자동차 제품군에서 살펴보면, 많은 사람들은 독일차는 앞서나가는 기술을 연상하고, 스웨덴 자동차는 안전을 연상한다. 브랜든은 일본 혼다 피트가 기아 또는 쉐보레보다 훨씬 신뢰할 수 있다고 보았으며 결국 이를 의사결정에 반영했다.

5단계 : 구매 후 평가

의사결정 과정의 마지막 단계는 소비자가 결정한 선택에 대한 평가 과정이다. 모든 소비자는 구매를 한 후(내가 도대체 무슨 생각을 했지?) 후회를 경험하며, 동시에 우리가 구매한 것(희망하지만)으로부터 즐거움을 얻기도 한다. 제품 평가는 **소비자 만족/불만족**(consumer satisfaction/disatisfaction)으로 나타난다. 이는 제품을 구매한 후 그 제품에 대해 갖는 전반적 느낌 또는 태도를 의미한다.

구매한 제품에 대한 만족 여부는 어떻게 결정되는가? 우리는 제품을 구매할 때, 제품 품질에 대한 약간의 기대(expectation)를 갖는다. 제품이나 서비스가 이러한 기대를 충족 혹은 넘을 경우 소비자는 만족을 경험한다. 다시 말하면, 이미 구매한 제품(서비스)의 기존 성과와 비교해 제품 품질을 평가한다. 만약 어떤 소비자가 새로 구입한 승용차가 25mpg 연비를 갖고 있음을 알았을 경우 사전에 25mpg 연비를 기대했다면 다소 만족하겠지만, 만약 20mpg 연비를 기대했다면 더욱 만족할 것이다. 하지만 구매 전에 해당 승용차는 30mpg 연비를 갖고 있다고 알았다면, 그는 불만족할 것이다.

이러한 제품 기대 수준은 마케팅 커뮤니케이션, 친구나 가족과 같은 비공식적 정보 원천, 그리고 그 제품 범주와 관련된 이전의 경험들로부터 형성된다. 이는 광고와 여타 커뮤니케이션을 통해 제품 기대 수준을 정확히 제시해야 하는 이유이기도 하다.

구매 후 제품이 소비자 기대를 충족시켜줌에도 불구하고 소비자는 후회 또는 **인지 부조화**(cognitive dissonance)를 경험할 수 있다. 매력적 속성을 지닌 제품 대안을 제외했을 때 우리는 의사결정을 추후 다시 평가할 수도 있다. 예를 들어 브랜든은 "어쩌면 기아 자동차는 좋은 자동차를 합리적인 가격에 제조하기 때문에 리오를 선택했어야 하지 않을까."라고 생각할 수 있다. 만족한 고객을 만들어내고 이러한 부조화를 제거하기 위해 마케팅 관리자는 판매 후 서비스와 같

보완적 결정규칙 경쟁 제품들의 속성 정보를 평균화해서 의사결정에 반영하는 방법

휴리스틱 의사결정 과정을 단순화함으로써 신속한 의사결정으로 유도하는 정신적 경험법칙

브랜드 충성도 어떤 상표가 경쟁이 되는 상표보다 뛰어난 제품을 만든다는 신념에 근거하여 그 상표에 대하여 긍정적인 태도에 수반되는 지속적인 제품 구매 패턴

소비자 만족/불만족 소비자가 제품 구매 후에 그 제품에 대해 가지는 전반적인 느낌이나 태도

인지 부조화 소비자가 여러 유사한 선택 대안들 중에서 선택한 뒤에 느낄 수 있는 불안이나 후회

그림 6.4 🔀 과정 │ 소비자 의사
결정에 영향을 미치는 요인들

소비자 의사결정에 영향을 미치는 요인은
매우 다양하다. 마케터들은 구매 과정에
서 영향을 미치는 요소 중 무엇이 중요한
지 이해해야 한다.

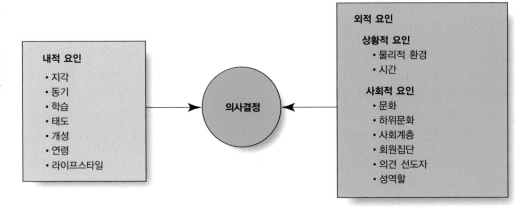

은 지속적인 커뮤니케이션을 통해 구매에 대한 확신을 갖게 해주어야 한다.

어떤 연구에서는 경영학과 학생들이 고객불만사항을 특정 기업에 보낸 후 학생들의 태도 변화를 보고한 바 있다. 어떤 기업은 무료 샘플을 보내주었으며, 또 어떤 기업은 사과의 답장을 보내주었으며, 또 어떤 기업은 아예 무시했다. 그 결과 무료 샘플을 보내준 기업에 대해서는 그 태도가 긍정적으로 변했으며, 사과 답장을 보낸 기업에 대해서는 태도 변화가 없었다. 하지만 무시한 기업에 대해서는 오히려 더 부정적인 태도가 강화되었다.[3]

소비자 구매의사결정 과정의 메커니즘을 이해하기 위해서 마케터는 소비자의 삶에 영향을 미치는 다양한 요인들을 파악하고 이해해야 한다. 🔀 그림 6.4에는 의사결정에 영향을 미치는 세 가지 요인(내적 요인, 상황적 요인, 사회적 요인)이 제시되어 있다. 이 모든 것들이 서로 상호작용하여 의사결정에 반영된다.

6.2
목표
내적 요인이 소비자 구매
의사결정에 어떤 영향을
미치는지 설명한다.

소비자 구매의사결정에 영향을 미치는 내적 영향요인

당신의 드림카는 무엇인가? 아마도 페라리일 수도 있다. 하지만 당신의 룸메이트는 머스탱이 드림카일 수 있으며, 당신의 아버지는 메르세데스가 드림카일 수도 있다. 옛말에 "그것이 초콜릿과 바닐라를 만드는 이유이다."라는 말이 있다. 이러한 차이의 상당 부분은 소비자 행동에 미치는 외부적 영향요인에서 비롯된다고 볼 수 있다. 즉, 어떤 차가 가장 좋은 차인지 결정해주는 외부의 다양한 정보들을 해석하는 방식에서 그 차이가 있는 것이다.

지각

지각(perception)은 사람들이 외부로부터 정보를 선택, 조직, 해석하는 과정이다. 우리는 감각기관(눈, 귀, 코, 입, 피부)을 통해 빛, 색채, 향, 촉감 그리고 소리에 반응해 정보를 수집한다. 우리는 그동안 수집한 감각정보들을 과거 경험에 근거해 이해하고 해석한다.

우리는 광고, 점포 내 진열, 파격 제품 세일, 페이스북 친구들의 의견 등을 통해 수많은 제품 정보에 노출되어 있다. 이러한 지각 과정은 마케터에게 중요한 시사점을 갖게 한다. 즉, 우리의 주의를 끌기 위해 경쟁하는 수많은 양의 정보를 흡수하고 이해하는 과정에서 단편적 메시지는 오히려 그 길을 잃을 가능성이 있다. 만약 그 메시지를 알아차린다 하더라도 우리가 메시지에 부여하는 의미가 마케팅 관리자가 의도했던 의미와 같을 것이라는 보장은 없다. 따라서 마케터는 감각기관을 통해 지각하는 각각의 과정인 노출, 주의, 해석을 이해해야 한다.

지각 사람들이 외부 세계로부터의 정보를
선택하고, 조직화하고, 해석하는 과정

노출

자극은 인간의 감각기관에 의해 감지될 수 있는 범위 내에 있어야 한다. 다시 말하면 사람들이 물리적으로 자극을 보고, 듣고, 맛보고, 냄새 맡거나 또는 느낄 수 있어야 한다. 가령, 고속도로 주변의 옥외광고는 운전 중인 운전자들이 쉽게 읽을 수 있도록 충분히 커야 하며 만약 그 정도 크기가 확보되지 않는다면 그 메시지는 놓치게 된다. **노출**(exposure)은 인간의 감각기관이 자극을 수용할 수 있는 정도 혹은 그 범위를 의미한다.

마케터는 자사 제품을 노출시키기 위하여 상당한 노력을 기울이는데, 이로 인해 멋진 사람들이 제품을 사용하기도 하지만 또 많은 사람들은 그저 이를 관찰만 한다. 일례로 마케터는 그들의 제품이 A급 스타들이 아카데미상을 수여받을 때, 공식·비공식

증강현실은 마케터에게 상당한 관심을 불러일으키고 있다. 증간현실은 물리 계층과 디지털 계층을 혼합해 다이나믹한 이미지를 만든다. 제14장에서 증강현실에 대해 보다 자세히 다룰 것이다.

적으로 함께 받는 선물 꾸러미에 들어가길 원한다. 물론 A급 스타들은 카메라 앞에서 그들이 받은 선물들을 스스럼없이 자랑한다. 예를 들어, 배우인 케빈 제임스는 조지 포먼 그릴을 선물로 받았는데, 전 세계 수백만 명이 시청한 '킹 오브 퀸즈'에 이를 에피소드로 넣었다.[4]

많은 사람들은 실제로 못 본 메시지라 하더라도 광고는 제품 구매를 설득할 수 있다고 믿고 있다. 마치 얼음 속에 숨겨진 메시지에 비유되는 **식역하 광고**(subliminal advertising)는 1950년대 이후 많은 관심을 받기 시작했다. 미국 소비자 조사에서 응답자 중 약 3분의 2는 식역하 광고가 존재한다고 믿고 있으며, 응답자 중 절반은 이러한 광고로 인해 소비자가 원하지 않는 제품을 구매하도록 유도한다고 확신하고 있는 것으로 나타났다.[5]

이러한 식역하 광고가 실제로 제품 지각에 유의미한 영향을 미친다는 주장을 지지할 만한 충분한 증거가 있지 않음에도 불구하고 여전히 마케터들은 식역하 광고를 사용하고 있다. 물론 이에 대한 우려도 존재한다. 미국의 ABC 방송사는 KFC 광고를 거부했는데, 시청자들을 유인하기 위해 광고 속에 은밀히 삽입된 비밀 메시지를 찾도록 광고를 만들었다고 판단했기 때문이다. 그 광고(다른 방송국에서 집행됨)는 겉보기에는 KFC의 99센트 버펄로 스내커 치킨 샌드위치를 위한 일반적인 광고였다. 하지만 그 광고를 천천히 재생하면 시청자는 무료 샌드위치 쿠폰을 받기 위해 KFC 홈페이지에 방문하라고 이야기하고 있다. 역설적으로 이는 단어 혹은 이미지를 은밀하게 숨긴 식역하 광고와는 전혀 다르다고 볼 수 있는데, 시청자들에게 특정 메시지를 통해 이를 찾을 수 있는지의 여부를 알려주는 노골적인 캠페인이기 때문이다.[6] 간결하게 설명하면, 즉 숨겨진 메시지는 생각하기에 흥미를 자아내고 재미있을지 모르나 그 효과가 없다고 봐도 무방할 듯하다.

주의

당신이 고속도로를 운전하고 있는 동안에도 수많은 차들이 당신을 지나칠 것이다. 하지만 우리가 실제로 주의를 기울이는 차는 몇 대나 될까? 기껏해야 밝은 분홍색과 보라색의 폭스바겐 버그와 고속도로 나들목에서 당신을 방해한 미등이 깨진 혼다 정도일 것이다. **주의**(attention)는 특정 자극물에 대한 정신 과정(mental-processing)으로 간주된다.

노출 자극이 사람들의 감각기관에 의해 감지될 수 있는 크기의 정도

식역하 광고 마케팅 관리자의 의사소통에 있어서 추정상 숨겨진 메시지

주의 사람이 어떤 특정 자극에 대해 정신적 처리 과정에 몰두하는 정도

TBWA, Lisbon

메시지의 새로움과 대조는 소비자 주의를 유도하는 데 유용하다.

주의에 영향을 미치는 요인

주의는 광고 효과성에 매우 중요한 영향을 미치기 때문에 마케터들은 그들의 메시지에 소비자들이 주의를 기울일 수 있는 방법에 대해 끊임없이 생각한다. 다음과 같은 자극들에 의해 소비자들의 주의는 달라질 수 있다.

개인적 욕구와 목적 : 소비자들은 현재 인식하는 욕구와 관련된 메시지에 주의를 기울일 가능성이 더 높다. 예를 들어, 만약 당신이 차량 사고를 당했다면 당신은 아마 안전에 대한 욕구가 발생할 것이다. 그리고 만약 현재 배고프다면 패스트푸드 광고에 관심을 기울일 것이다.

크기 : 잡지와 신문 광고가 크고, TV 광고가 길수록 주의는 높아질 수 있다.

새로움(novelty) : 무엇인가 예상하지 않았던 자극이 노출될 경우 소비자 주의를 유도할 수 있다. 우리 앞에 빨간색과 흰색의 물방울무늬가 새겨진 폭스바겐 버그, 인도 옆 벽에 그려진 페인팅, 쇼핑 카트 뒷면, 욕실 벽 등이 다소 새롭게 느껴질 수 있기에 주의를 기울일 수 있다. 또한 이러한 새로움은 제품 패키지에도 적용할 수 있다. 펩시가 펩시 원을 출시하고, 코크가 코카콜라 제로를 선보였을 때 상당한 주목을 받았다.

마케터들은 **멀티태스킹**(multitasking) 상황(이메일, TV, 인스턴트 메시지 등을 지속적으로 확인하는)에서 문제에 직면한다. 특히 젊은 세대들의 주의를 유도하는 것은 상당한 도전이며, 당신 교수는 이를 잘 알고 있을 것이다! 십 대들의 절반 이상은 멀티태스킹에 상당히 몰입한다고 알려져 있는데, 그들은 핸드폰, TV, 노트북을 교대로 사용하면서 한번에 다양한 정보를 처리한다.[7]

온라인 광고주들은 그들의 메시지를 노출시키기 위해 혁신을 지속하고 있다. 이중 **리치 미디어**(rich media)는 비디오와 영상으로 구성된 최신 콘텐츠와 시청자가 함께 상호작용하는 디지털 광고를 의미한다. 쉐보레 스파크 2016 모델 웹사이트를 방문하면 서로 다른 색채, 트림, 바퀴, 인테리어를 비교할 수 있도록 설계되어 있다.[8] 메트로폴리탄 미술 박물관 온라인 리치 미디어는 전시된 그림을 클릭하면 파노라마 형식으로 관람할 수 있도록 되어 있다.

해석

해석(interpretation)은 사전 경험이나 가정(assumptions)에 기반해 자극에 의미를 부여하는 과정이다. 두 사람이 동일한 사건을 보거나 듣는다 하더라도 밤 혹은 낮에 따라 그들의 해석은 다르며, 그들이 그 자극물에 무엇을 기대하는지에 따라서 해석은 달라질 수 있다. 3~5세의 어린이들이 맥도날드 감자튀김을 먹을 때에도 평범한 흰색 포장지보다는 맥도날드 포장지에 담겨 있을 때 더욱 맛있다고 생각한다. 심지어 당근마저도 맥도날드 포장지에 담겨 있을 때 더욱 맛있다고 생각한다. 로널드가 매우 자랑스러워 할만하다![9]

동기

동기(motivation)는 욕구를 충족시키고자 하는 내부 상태를 의미한다. 특정 욕구가 활성화되면 소비자는 그 목표를 향해 나아가기 위한 긴장의 상태를 지속하게 되는데, 이때 목표를 달성해 욕구를 해소함으로써 이러한 긴장을 줄이게 된다. 당신은 고속도로에서 매우 크게 그려진 햄버

멀티태스킹 이메일, TV, 인스턴트 메시지와 같이 다양한 활동을 동시에 병행하는 것

리치 미디어 시청자와 상호작용 속에 콘텐츠에 몰입시키려는, 시청각 요소로 구성된 디지털 광고 용어

해석 사람이 자극과 관련하여 가지는 사전적 연상과 그 사람이 자극에 관해 설정하는 가정에 기초하여 의미를 부여하는 과정

동기 목적 지향적 행동을 활성화함으로써 사람들의 욕구를 충족시키도록 하는 내적 상태

그림 6.5 📷 스냅숏 │ 매슬로우의 욕구 위계와 관련 제품

에이브러햄 매슬로우는 동기를 범주화한 욕구를 계층화했다. 경험이 풍부한 마케터는 소비자들의 각 욕구에 따른 동기에 따라 원하는 제품과 브랜드가 다르다는 것을 알고 있다.

출처 : Adapted from Maslow, Abraham H.; Frager, Robert D.; Fadiman, James, *Motivation and Personality*, 3rd Ed., ⓒ 1987. Reprinted and Electronically reproduced by permission of Pearson Education, Inc., Upper Saddle River, New Jersey.

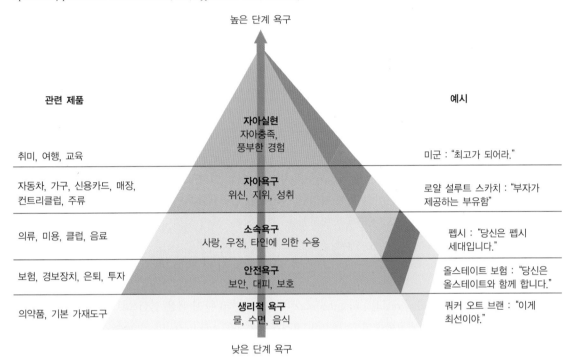

거 옥외광고를 본 후 육즙이 풍부한 햄버거가 생각나 햄버거를 먹기로 결정한 적이 있는가? 이는 동기가 발생했기 때문이다.

심리학자 에이브러햄 매슬로우는 동기에 대한 의미 있는 접근법을 제안한 바 있다.[10] 그는 욕구의 중요성에 따라 기본적인 욕구에서 보다 높은 욕구로 이어지는 5단계 수준인 **욕구 위계**(hierarchy of needs)를 구상해냈다. 그 위계는 사람들이 어떤 수준의 욕구를 충족하기 전에 그보다 낮은 수준의 욕구를 먼저 충족해야 한다. 즉, 식품을 구매할 충분한 돈이 없을 경우 새로 출시된 포올맨카인드 청바지는 큰 관심을 끌지 못하는 것이다.

📷 그림 6.5에서 볼 수 있는 바와 같이 사람들은 음식이나 수면과 같은 기본적인 신체적 욕구로 이루어진 가장 낮은 단계에서 욕구 충족을 시작한다. 그리고 타인으로부터의 인정 혹은 성취감같이 보다 복합적인 욕구를 충족시키기 위하여 보다 높은 수준으로 올라간다. 궁극적으로 자아실현(self-fulfillment)과 같은 목표를 달성하기 위한 동기로 인해 가장 높은 수준의 욕구에 이르게 된다. 그림에서 보여주듯이 마케터는 표적고객과 연관된 욕구 수준을 잘 알고 있다면 그에 맞는 제품과 메시지를 설계해야 한다.

마케터들은 소비자들이 게이미피케이션을 하

욕구 위계 보다 기본적인 욕구는 계층의 바닥에 놓이게 하고 보다 높은 욕구는 꼭대기에 두어서 욕구 중요성의 다섯 가지 수준에 따라 동기를 범주화하는 접근 방법

소비자들은 기능성과 심미성을 이유로 욕조와 같은 많은 제품들을 구매한다.

게이미피케이션 포인트 적립, 배지, 레벨 등을 부여하는 게임 설계를 도입한 마케팅 전략으로 소비자 개입을 높임

학습 획득된 정보나 경험에 의해 야기된 행동에 있어서 상대적으로 영구적인 변화

행동학습이론 외부적 사건이나 자극에 의해 소비자 행동이 어떻게 변화되는가에 초점을 맞춘 학습이론

고전적 조건화 반응을 유발하는 자극이 처음에는 고유의 반응을 유발하지 않았으나 처음의 자극과 관련하여 시간이 흐름에 따라 유사한 반응을 일으키는 다른 자극과 짝이 되었을 때 나타나는 학습

데이터 브로커 소비자 정보를 수집해 자세한 프로파일을 제작하고, 그러한 정보를 판매하는 기업

는 동안 명성, 지위, 성취감에 대한 욕구와 관련될 수 있음을 알아야 한다. **게이미피케이션** (gamification)은 마케터들이 쇼핑과 같은 일상 맥락에서 게임 디자인을 적용하는 전략이다. 포인트 혹은 배지와 같은 것을 수여해 소비자들의 동기를 자극한다. 예를 들어, NIKE+는 소비자들이 더 많은 운동을 하며 목표를 성취할 때마다 포인트를 지급한다. 포스퀘어와 징가는 앱 사용을 늘리기 위해 게이미피케이션을 적용했다. 스트라이드는 '구물론(Gumulon)'을 소개했는데, 글로벌 시장에서 가장 먼저 도입된 모바일 기반 츄잉 게임이다. 사용자는 자신의 모바일 기기 앞에서 자신의 입으로 은하계를 조종한다. 간단히 씹는 동작으로 게임 속 주요 캐릭터인 에이스를 조종하면서 동굴 속을 탐험하며 레벨을 올린다. 많은 사람들은 이러한 게이미피케이션이 향후에도 지속적으로 성장할 것으로 예상하고 있다. 만약 당신의 노력으로 뱃지를 모을 수 있다면 조금 더 열심히 공부하겠는가?

학습

학습(learning)은 정보 혹은 경험으로부터 비롯된 행동 변화다. 학습을 연구하는 많은 심리학자들은 학습 과정을 설명하기 위한 다양한 이론들을 연구해왔으며, 마케팅 관리자들은 주요한 목표가 자사 제품을 선호하도록 소비자들을 '가르치는' 것이 되었다. 우리는 사람들이 행동학습과 인지학습이 어떤 과정을 거치는지에 대해 알아볼 것이다.

행동학습

행동학습이론(behavioral learning theories)은 사건들 간의 관계 혹은 경험으로부터 학습이 발생한다고 가정한다. 행동학습의 한 유형인 **고전적 조건화**(classical conditioning)를 살펴보면, 어떤 사람에게 동시에 두 가지 자극을 지각한다. 잠시 후 그 사람의 반응은 한 자극에서 다른 자극으로

헤드라인에서 가져온 사례

현실세계에서 윤리적/지속 가능한 의사결정

일반적인 소비자 정보는 엄청난 수익을 기대할 수 있기 때문에 큰 사업 기회로 간주된다. 대부분의 사람들은 기업들이 컴퓨터에 쿠키를 이용해 개인 온라인 활동을 추적할 수 있다는 것을 잘 알고 있다. 아마존은 당신이 선호하는 서적을 제안하고, 뉴욕타임스 온라인 판을 읽고 있을 때 보쉬 냉장고 팝업 광고가 노출되는 것이 그 이유다. 그리고 당신은 어느새 냉장고를 구매하기 위해 매장에 와 있음을 알게 될 것이다. 하지만 어떤 기업들이 소비자들에 대한 정보를 수집하고 실제로 어떤 일이 벌어지는지 정확히 알기란 어렵다.

데이터 브로커(data brokers)는 소비자 정보를 수집하고 개별 프로파일을 상세히 다루는 기업을 일컫는다. 이러한 기업들은 타인에 대한 정보를 판매하고 공유한다. 구글에서 검색한 내용뿐만 아니라 당신이 페이스북에 올린 글들, 그리고 온라인에서 당신이 거래한 품목들, 그리고 당신이 복용한 의약품까지 추적이 가능하다. 분석도구를 활용해 브로커들은 당신의 이름, 주소, 선호도, 가장 친한 친구, 나쁜 습관, 그리고 온라인과 오프라인에서의 일상 움직임 등을 그려낼 수 있다. 그리고 당신에 대해 그려진 '그림'을 광고주, 금융기관, 보험회사, 병원, 케이블 방송국, 정책 캠페인, 소매점, 정부 및 입법 기관 등에 판매하기도

한다.

많은 소비자들은 야생에 있다고 믿고 있는데, 실제로 소비자 정보는 채굴되고 팔리는 금만큼 보호받지 못하고 있다. 하지만 실제로 원하는 제품 혹은 서비스에 대한 유용한 정보를 얻을 수 있기 때문에 많은 사람들은 혜택을 받고 있다고 볼 수 있다. 그리고 당신이 구매하지도 않을 제품 광고의 귀찮음에도 어느 정도 벗어날 수 있다. 하지만 많은 비평가들은 이에 대해 우려를 하고 있는데, 이는 데이터 브로커들이 신용, 고용상태, 보험, 가구, 그리고 기타 개인 정보를 사용하는 데 있어 어떤 규제도 없기 때문이다. 그리고 소비자들은 그들의 정보가 브로커들에게 제공된다는 사실을 알 수 있는 권한과 관련된 법률도 없다. 또한 소비자 정보를 데이터 브로커들이 판매하는 것을 거부할 수 있는 법률도 없다. 페이스북과 같은 플랫폼들은 개인정보 보호를 제공하고 있지만 많은 사람들은 그들의 정보가 어떻게 쓰이는지 명확히 할 수 있는 안내 사항을 읽지 않고 그러한 선택이 있음을 모른다. 당신은 이러한 사업이 비윤리적이라고 생각하는가?

윤리 체크 : ↖

소비자 정보를 보호할 수 있는 데이터 브로커에 대한 정부 규제가 필요하다고 생각하는가?

☐ 예 ☐ 아니요

소비자 정보가 어느 정도 수익이 있다고 가정한다면, 소비자들은 이러한 정보에 대한 금전적 보상을 받을 수 있다고 생각하는가?

☐ 예 ☐ 아니요

전이된다. 예를 들어, 특정 제품과 숨이 막힐 정도로 아름다운 풍경을 동시에 보여준(마케팅 관리자가 희망하기를) 광고에 노출된 이후 해당 광고 속 제품을 다시 보게 되면 광고로 유발된 긍정적인 감정이 제품으로 전이된다. 힌트 : 석양에 아름다운 해변의 신형 자동차를 보여주거나 밝은 단풍이 진 포장도로 위를 달리며 도로를 질주해 내려오는 자동차를 보여주는 광고를 본 적이 있는가?

또 다른 행동 학습으로 **조작적 조건화**(operant conditioning)가 있는데, 이는 사람들이 보상이나 처벌의 결과에 근거해 학습이 이루어지는 경우를 의미한다. 이러한 피드백은 동일한 상황에서 사람들이

소비자들은 그들의 환경적 반응에 따라 제품의 호감도를 결정하기도 한다. 마마이트는 영국에서 나온 잼으로 효모 추출 잼이다. 호주에서는 베지마이트로도 불린다. 하지만 미국인들은 접하기 어렵다.

어떻게 반응할 것인가를 추정할 수 있다. 미로 속에 있는 쥐가 치즈 한 조각을 찾기 위해 움직이듯이, 소비자들은 맥도날드 해피밀을 구매하면 장난감과 같은 '경품(reward)'을 받는 것과 유사하다. 마케팅 관리자가 우리를 실험실의 쥐로 간주한다고 생각하고 싶진 않지만 이러한 피드백이 행동 유발을 위한 보상이 되는 것은 틀림없다.

인지학습

행동이론과 반대로 **인지학습이론**(cognitive learning theory)은 사람을 새로운 정보를 적극적으로 받아들이면서 문제를 해결하는 학습자로 규정한다. 인지학습을 지지하는 연구자들은 학습이 진행되는 과정에서 창의성과 통찰력의 역할을 강조한다. 인지학습은 소비자들이 환경 속에서 다양한 아이디어 혹은 관찰된 사물들 간의 관계를 연상할 때 발생한다.

관찰학습(observational learning)은 다른 사람의 행동을 관찰하는 과정에서 그 행동의 결과로 인해 어떤 일이 발생했는지를 지각할 때 이루어진다. 사람들은 다양한 관찰을 하면서 기억 속에 이를 저장하고 향후 특정 시점에서 그들이 어떤 행동을 해야 할 때 해당 정보를 사용한다. 마케터들은 소비자들이 자사 제품의 혜택을 알려주는 광고 혹은 기타 메시지를 만들기 위해 종종 관찰학습을 이용한다. 헬스클럽과 운동기구 제조업체들은 런닝머신 위를 달리는 근육질의 남성과 여성을 출연시키는가 하면 구강청정제 제조업자는 상쾌한 입김이 연애의 핵심임을 강조한다.

지금까지 지각, 동기 부여, 학습의 세 가지 내적 과정이 소비자에게 어떤 영향을 미치는지 논의했다. 하지만 마케팅 메시지나 전술에 대한 소비자 해석 혹은 반응과 같은 과정은 소비자 특성에 따라 다르다. 이러한 소비자 특성들(소비자 태도, 소비자 개성, 연령집단)에 대해 알아보자.

태도

태도(attitude)는 사람, 사물 또는 특정 이슈에 대한 지속적인 평가로 간주된다.[11] 소비자들은 맥도날드나 웬디스 중 무엇이 최고의 햄버거인지와 같은 특정 브랜드에 대한 태도를 갖고 있다. 또한 소비자들은 고칼로리 햄버거가 무엇인지 혹은 다이어트를 위해 피해야 할 음식이 무엇인지와 같은 일반적인 소비 관련 행동도 평가한다. 마케터들은 소비자 태도를 측정하는데, 이는 태도가 행동을 예측하기 때문이다. 가령, 혼다 피트를 선호하는 브랜든과 같은 소비자들은 뷰익과 같이 보다 편한 자동차보다는 '멋진' 차를 구매할 확률이 높음을 의미한다. 의미 있는 태도 측정을 위해 마케터는 감정, 인지, 행동으로 구성된 태도를 이해해야 한다.

감정(affect)은 태도의 느낌(feeling) 요소이다. 이는 특정 제품에 대한 전반적인 정서 반응으로

조작적 조건화 포상이나 처벌의 결과로서 발생하는 학습

인지학습이론 내부 정신적 과정의 중요성과 환경을 지배하기 위해 주변으로부터의 정보를 활발하게 이용하여 문제를 해결해가는 사람이라는 관점을 강조하는 학습이론

관찰학습 다른 사람의 행동을 관찰하고 그 결과 어떤 일이 발생했는지를 주목할 때 발생하는 학습

태도 사람, 사물, 그리고 어떤 사안에 대한 비교적 지속적인 평가에 기초하여 자극에 호의적, 비호의적으로 반응하는 학습된 성향

감정 태도의 정의적 요소로 사람들이 어떤 제품에 대해 가지는 전반적인 감정적 반응

새드버타이징 제품에 대한 주의를 높이고 제품 관여를 높이기 위해 부정적인 정서를 유발시키는 광고

인지 태도의 인지적 요소. 사람들이 어떤 제품과 그 중요한 특성에 대해 가지는 신념이나 지식

행동 태도의 행동적 요소. 어떤 제품을 구매 또는 사용하려는 의도와 같이 어떤 것을 하고자 하는 소비자의 의도를 포함

개성 사람들이 환경 내의 상황들에 반응하는 방법에 끊임없이 영향을 주는 독특한 심리적 특성

자아개념 개인적 속성에 관한 신념, 관측, 느낌의 합성물로 구성되는 개인의 자아 이미지

볼 수 있다. 감정은 우리를 보다 행복하게 해주는 향수와 같은 제품 등에 의미 있게 적용될 수 있다. 또는 많은 광고 제작자들은 소비자 주의를 유도하고 제품과의 관계 형성을 위해 부정적인 정서를 사용하기도 한다. 이러한 추세를 **새드버타이징**(sadvertising)이라고 부르는데, 소비자들을 실컷 울게 만드는 광고로 우리 주변 다양한 환경 속에서 이를 이용할 수 있다. 슈퍼볼 광고에 나왔던 강아지들과 포니들이 그것이다.[12] 이러한 정서적 반응을 유도하는 광고가 적절하게 제작될 경우 맥박 혹은 땀 배출과 같은 생리적 변화를 일으키기도 한다. 많은 광고 연구자들은 소비자들이 인터넷, 모바일 디바이스, 혹은 TV 등을 통해 광고를 볼 경우 그들의 심장박동수, 피부 전도성, 눈의 움직임 등을 측정하기도 한다.[13]

인지(cognition)는 사람들이 제품 혹은 속성에 대해 갖고 있는 신념 혹은 인식으로 지식(knowing)의 일부다. 기술 정보에 근거해 발전하는 컴퓨터와 같은 다소 복잡한 제품의 경우 이러한 인지는 매우 중요한 역할을 한다.

행동(behavior)은 어떤 제품을 구매하거나 혹은 사용하려는 의도와 특정 행동을 하려는(doing) 소비자 의도를 의미한다. 시리얼과 같은 제품의 경우 소비자들은 한정된 정보에 근거해 행동(구매 혹은 시음)하고 제품 맛을 통해 이를 평가한다.

개성과 자아 : 당신이 구매한 제품이 당신인가?

개성(personality)은 특정 환경의 상황에 대한 반응에 일관되게 영향을 미치는 독특한 심리적 특성으로 간주된다. 모험을 추구하는 소비자는 항상 새로운 경험과 최신 제품을 탐색하는 반면에 어떤 소비자들은 같은 브랜드를 반복해서 사용하면서 익숙한 환경에 있는 것을 가장 행복할 수 있다. 오늘날 Match.com, Matchmaker.com과 eHarmony.com과 같은 연애정보업체들은 소비자들에게 '개인 프로필'을 만들 것을 요구하고 유사한 프로필을 가진 사람을 연결해준다.

개인의 **자아개념**(self-concept)은 자기 자신에 대한 태도이다. 자아개념은 자신의 능력에 관한 신념과 행동에 관한 지각 그리고 신체 혹은 얼굴 특징에 관한 (긍정적이건 부정적이건) 감정의 복합체로 구성되어 있다. 사람들이 갖고 있는 긍정적 혹은 부정적 자아개념은 구매 행동에 영향을 미치고, 더 나아가 변화된 인생에 대한 환상에도 영향을 미치기도 한다.

자존감은 자신의 자아개념에 대한 긍정적 인식의 정도로 정의된다. 현재 우리 사회는 자아에 상당히 빠져 있다. 소비자들은 핏비트와 같은 앱을 통해 자신의 건강을 확인하며, 페이스북으로 친구들과의 관계를 확인할 뿐만 아니라 다른 사람들에게 보여지는 모습을 '관리(edit)'하기 위해 의류 및 미용용품에 수백만 달러를 지출한다. '셀카' 유행은 파티, 박물관, 기타 다양한 장소에서 자기 자신을 보여주고 증명하기 위한 또 다른 현상 중 하나다. 최근에 젊은 연령층을 대상으로 진행된 설문조사에 의하면 셀카를 찍는 데 연간 54시간을 보낸다고 밝혀지기도 했다. 응답자들의 절반은 출산 기념 스냅 사진에 대해 긍정적으로 대답했으며, 다섯 명 중에 한 명은 장례식도 스냅 사진으로 찍어도 좋다고 응답하기도 했다.[14]

웨이트 와처스의 돈디나는 상당수의 많은 제품들은 자아 이미지 개선과 직접적으로 연관되어 있다고 주장한다. 이러한 제품들은 개인의 신체 일부에 초점을 맞추고 자신의 신체에 대한 느낌을 연관시킨다. 물론 우리 사회는 '마른 몸'을 강조하고 있으며, 여성들은 지속적으로 식욕이 전혀 없어 보이는 모델들의 이미지에 끊임없이 노출되어 있다. 이는 오히려 현실적인 신체를 향한

제품과 서비스는 특정 세대층에게만 소구하기도 한다.

사회적 운동으로 이어지고 있다. 최근에 타깃에 보이 콧한 플러스 사이즈 블로거들이 나타나기 시작했는 데, 이는 보다 큰 사이즈를 판매하는 디자이너 의류를 타깃에서 판매하지 않았기 때문이다. 타깃은 소셜 미 디어를 통해 이를 조치했으며, 문제를 해결하고자 했 다. 현재 타깃은 AVA & VIV로 불리는 큰 사이즈 의류 를 판매하고 있는데, 그렇다면 이러한 의류의 모델은 누구일까?[15]

가족생애주기 중 몇몇 단계에서는 완전히 새로운 변화를 맞이하기도 한다.

연령

사람들의 나이는 구매 행동에 영향을 미치는 또 다른 내부 영향요인이다. 우리들은 비슷한 연령대의 다른 사람들과 함께 문화에 대한 경험과 기억들을 공유한 다. 우드스탁, 우드스탁 2, 우드스탁 3에 참여한 사람 들을 보면 확인이 가능하다. 제품과 서비스는 때때로 특정 연령대의 집단에게 소구한다. 예외 도 있지만 리아나의 CD를 구매하는 사람은 바브라 스트라이샌드의 디스크를 사는 사람보다 일 반적으로 더욱 젊다.

연령은 매우 중요하다. 실제로 몇 살인지와는 상관없이 소비자들의 구매는 **가족생애주기** (family life cycle)에 따라 달라지기도 한다. 가족생애주기란 가족 구성원이 나이 들어감에 따라 거치게 되는 각 단계를 의미한다. 독신자는 고급 승용차, 오락물, 레크리에이션에 많은 지출을 한다. 어린 자녀를 가진 부부는 아기용 가구, 보험, 그리고 보다 넓은 주택을 구매하는 반면 자녀 들이 이미 '보금자리를 떠난' 나이 든 부부는 플로리다의 은퇴자용 주택을 구매하려 할 것이다.

라이프스타일

연령, 소득 같은 **인구통계적 특성**(demographic)들은 마케터들에게 사람들이 무엇을 구매하는지 알려주기는 하나 그 이유를 설명하지는 못한다. 연령, 소득 같은 인구통계적 특성들은 사람들 이 무엇을 구매하는지 알려주기는 하나 그 이유를 나타내지는 못한다. 두 명의 소비자가 동일 한 인구통계적 특성을 가지고는 있으나 완전히 다른 사람일 수 있다. 즉, 둘 다 20세의 남자 대 학생일 수는 있지만 서로 동일하지는 않다. 이는 마케터가 개별 라이프스타일에 따라 보다 자 세한 프로파일을 만들어야 하는 이유이기도 하다. **라이프스타일**(lifestyle)은 사람들이 그들의 시 간, 돈, 에너지를 어떻게 소비하는지 결정하는 삶의 양식이며, 이는 그들의 가치, 취미 그리고 기호가 반영되어 있다.

전문 마케터들은 소비자들의 라이프스타일 선호도가 고유의 가치와 연관된 제품과 서비스 에 어떤 기회를 제공할 수 있는지 알기 위해 노력한다. 마리화나 혁명을 예로 들 수 있다. 미국 에서는 법정 소송으로 거의 30억 달러의 소송이 진행되었는데, 미국의 많은 주에서는 마리화나 를 합법화하기 시작했다. 따라서 마리화나에 대한 소비자들의 욕구를 충족시켜주기 위한 크고 작은 거래가 진행되기 시작했는데, 관련된 아이템이 없었다. 1974년 마리화나 밀수꾼이 창립한 하이타임스(High TImes)는 이러한 라이프스타일을 반영한 '무역 잡지'다. 오늘날 하이타임스는 이 러한 혁명을 이끌고 있다. 주말 페스티벌로 진행되는 하이타임스 칸나비스 컵스에는 500개 이 상의 벤더들, 세미나, 그리고 아이스 큐브나 데이비드 아퀘트와 같은 유명인들이 참석한다. 현재는 대마를 판매하는 나이트클럽과 합법화를 기념하는 양말과 같은 기념품들도 판매하고

가족생활주기 사람들이 나이 들어감에 따 라 통과하게 되는 상이한 단계를 기초로 가 족 구조 내의 소비자들을 특징 짓는 수단

라이프스타일 사람들이 그들의 시간, 돈, 에너지를 어떻게 소비하는지를 결정하며 그들의 가치와 기호, 선호를 반영하는 생활 양식

소비자 행동을 추적하기 위한 다양한 접근법이 있다. 몇 가지 사례는 다음과 같다.

- **전반적 인지도** : 특정 브랜드의 이름을 소비자들이 알고 있는 비율을 의미한다. 크게 '보조 인지도'와 '비보조 인지도'로 구성되어 있다. 마케터는 소비자에게 전체 치약 브랜드 중 센소다인 치약을 떠올리는지 유무로 비보조 인지도를 측정할 수 있다. 보조 인지도는 소비자에게 "당신은 톰즈 오브 메인 치약을 들어본 적이 있으십니까?"라고 물어보면서 측정할 수 있다. 그리고 다음 질문을 통해 추가 정보를 확보할 수 있다.

- **탑오브마인드 인지도(TOMA)** : 소비자가 특정 제품군을 떠올렸을 때 가장 먼저 떠오르는 브랜드를 의미한다. 마케터는 TOMA를 "아이비리그 대학교 하면 가장 먼저 떠오르는 대학교는 어디입니까?"와 같은 질문을 통해 측정한다.

- **소비자 지식** : 소비자들에게 특정 브랜드에 대한 지식을 물어보며 측정할 수 있다. 브랜드 지식을 측정하기 위해서, 마케터는 "기아 쏘울은 블루투스 기술이 기본적으로 장착되어 있습니까?"와 같은 제품 속성이나 기능에 대한 질문으로 이를 측정한다.

- **브랜드 태도** : 브랜드 속성에 대한 신념, 제품군에서 브랜드 속성에 대한 중요도, 그리고 브랜드에 대한 전반적인 선호도와 같은 개념들을 설문조사를 통해 측정한다. 일반적으로 "칙필에이에 대해 어떻게 생각하십니까?"와 같은 질문으로 측정한다.

- **구매 의도** : 소비자들이 제품 구매에 대한 구체적인 의사를 측정한다. 설문조사를 통해 "새로운 러닝화를 구매하기 위해 매장에 방문한다면, 브룩스 러닝화를 구매할 의향이 어느 정도 있으십니까?"와 같이 측정할 수 있다. 주의 : 구매 의도가 높다고 해서 반드시 구매로 이어지는 것은 아니다.

- **구매 습관** : 소비자 자기 행동에 대한 또 다른 측정 개념이다. "평균적으로 당신 가족은 한 달에 얼마나 자주 외식을 하십니까?", "당신이 최근에 방문한 레스토랑은 어디입니까?", "당신은 가족들과 외식할 때 얼마 정도 지출하십니까?"와 같은 질문이 이에 포함된다.

- **고객 충성도** : 특정 브랜드에 대한 소비자의 몰입 수준이다. 마케터는 소비자가 일반적으로 사용하는 브랜드에 대해 다음과 같이 질문할 수 있다. "손 비누를 사기 위해 매장에 방문했지만 당신이 가장 좋아하는 브랜드가 매장에서 판매되지 않는 것을 확인했습니다. 당신은 다른 브랜드를 구매하시겠습니까? 아니면 선호하는 브랜드가 판매될 때까지 기다리시겠습니까?"

- **고객 만족** : "당신은 제트블루 항공사의 기내 서비스에 대해 얼마나 만족하십니까?"와 같은 질문을 통해 측정이 가능하다.

계량지표 적용

소비자 행동에 대한 계량지표를 고려한 후 제시된 아래 항목들 중 가장 유용하다고 판단한 계량지표를 선택해보자.

1. 기업의 현재 고객을 자세히 이해하기 위한 목적

2. 기업의 잠재 신규 고객 선정 목적

3. 신제품에 대한 시장 잠재력 추정 목적

심리분석학 세분시장을 구성하기 위한 심리학적, 사회학적, 인류학적 요인들의 이용

활동 · 관심 · 견해(AIOs) 소비자들을 여러 차원으로 나누기 위해 사용된 소비자의 활동, 관심, 견해에 대한 측정도구

있다.[16]

소비자의 라이프스타일을 규정하기 위해 마케터들은 **심리분석학**(psychographics)을 시도하는데, 이는 소비자들은 심리 및 행동 유사성으로 범주화하는 방법이다. 즉 사람들의 **활동**(activities) · **관심**(interests) · **견해**(opinions)와 같은 AIOs에 근거해 소비자들의 특성을 파악하는 것이다. 이러한 구성개념들은 휴가지에 대한 선호도, 클럽회원권, 취미, 정치적 · 사회적 태도, 음식과 패션에 있어서의 기호 등에 근거를 두고 있다. 대규모 표본의 자료를 사용함으로써 마케팅 관리자는 소비자의 활동과 제품 사용 패턴에 있어서 서로 유사한 고객들의 윤곽을 만들어낸다.[17]

6.3

목표

소비자 행동에 영향을 미치는 상황적 요인과 타인과의 관계를 이해한다.

소비자 의사결정에 영향을 미치는 상황적 · 사회적 영향요인

우리는 사람들이 마케팅 메시지를 어떻게 지각하는지, 제품 구입을 위해 어떤 동기가 발생하는지, 개성, 연령, 가족생애주기, 생애주기에 따라 어떤 의사결정을 내리게 되는지에 대한 내적 영향요인에 대해 알아봤다. 이제는 소비자 의사결정에 영향을 미치는 상황적 · 사회적 영향요인에 대해 학습할 것이다.

상황적 영향요인

상황적 영향요인(situational influences)은 언제, 어디서, 그리고 어떤 상황에서 소비자들의 구매 행동에 영향을 미치는지의 여부를 결정하는 외부 상황들을 의미한다. 몇 가지 상황적 단서들에는 물리적 환경과 시간 압박 등이 있다.

마케터들은 장식, 향, 빛, 음악, 온도와 같은 물리적 환경요인들이 소비에 의미 있는 영향을 미친다는 것을 알고 있다. 어떤 카지노 업체들은 고객들이 핸들을 잡아당길 때, 고객들에게 친숙한 '윙 소리'가 나지 않는 전자 슬롯 머신으로 교체하자 매출이 24% 줄어든 바 있다.[18] 그리고 플로리다주의 올랜도에 있는 하드락 호텔은 매장 밖에 와플콘 향이 나게 조작한 후 아이스크림 판매가 50% 증가하기도 했다.[19]

최근 들어 **감각 마케팅**(sensory marketing)에 대한 관심이 높아지고 있다. 호텔, 자동차 제조업체, 은행(물론 사람들은 돈 냄새를 가장 좋아하겠지만)과 같은 기업들도 향을 사용하기 시작했다. 어떤 기업들은 바닐라향 같은 개별 향을 제공하기도 하며, 또 어떤 기업들은 시중에서 인기가 많은 향을 배합해서 제공하기도 한다. 빅토리아 시크릿이나 블루밍데일과 같은 소매업체들은 특수 제작한 향을 이용해 고객들에게 어필하고 브랜드 가치를 상승시키기도 했다. 서적, 영화, 의류, 심지어 아이폰에도 향이 삽입되어 제공될 날이 멀지 않았다.[20] 마케터들은 이를 **감각 브랜딩**(sensory branding)이라고 부른다.[21] 소비자 의사결정에 영향을 미치는 다른 구성요소들을 더 살펴보도록 하자.

물리적 환경

물리적 환경이 사람들의 기분과 행동에 강력한 영향을 미친다는 것은 더 이상 비밀이 아니다. 사전에 광고를 통하여 소비자를 설득하기도 하지만 매장 환경이 구매에 상당한 영향을 미친다는 것을 마케터들은 알고 있다. 기존 연구들을 살펴보면 소비자들의 약 4분의 3은 슈퍼마켓 내 복도에 진열된 제품을 보고(그래서 항상 슈퍼마켓을 방문하기 전에 무엇인가를 먹어야 한다) 구매 여부를 결정한다고 주장한다. 이는 매장 내 마케팅과 브랜딩은 소비자의 구매의사결정에 강력한 영향을 미침을 의미한다.[22]

환기(arousal)와 기쁨(pleasure)은 매장 내에서 쇼핑객들이 긍정적 혹은 부정적 반응을 유도하는 중요한 개념이다. 다시 말하면, 주변 환경에 따라 사람들은 무디거나 또는 활기가 있거나, 또는 즐겁거나 즐겁지 않을 수 있다. 환경이 자극적이라는 이유만으로 그것이 반드시 즐거운 것만은 아니다. 즉 전혀 그렇지 않은 점포에서도 즐겁게 열광할 수도 있는 것이다. 이는 소매업체들이 매장 내에 엔터테인먼트 요소를 가미하려는 이유이기도 하다. 예를 들어, 아웃도어 스포츠 장비를 판매하는 바스프로숍은 대규모 수족관, 폭포, 송어양식, 연못, 양궁장 및 사격연습장, 퍼팅연습장, 얼음낚시에서부터 환경보호 활동에 이르기까지 다양한 장치를 마련해 놓고 있다. 만약 당신의 감각과부화로 인해 배고픔을 느낀다면, 전국 60여 개 매장 이상에서 레스토랑을 만날 수 있다.

시간

시간은 소비자가 갖고 있는 한정된 자원 중에 하나다. 우리가 "시간을 내다." 또는 "시간을 소비하다."라고 말하는 것은 모두 모두 "시간은 돈이다."를 의미하는 것이다. 마케터는 하루 중 언제, 1년 중 어떤 계절에 그리고 구매를 위한 시간이 어느 정도 주어졌느냐가 의사결정에 영향을 미친다는 것을 알고 있다.

사실 많은 소비자들은 예전보다 시간 압박이 상당하다고 믿고 있다. 이와 같은 **시간 부족**

감각 마케팅 독특한 향수 등과 같은 차별적 감성적 경험을 제품이나 서비스와 연계시키는 마케팅 기법

감각 브랜딩 감각경험을 제공해 브랜드와 연계시키는 마케팅

시간 부족 소비자들이 이전보다 시간에 대해 부족하다고 느끼는 신념

문화 한 집단의 사람들이 중요시하는 가치, 신념, 관습 및 취향

하위문화 구성원들이 차별적인 일단의 신념, 특성, 또는 공동의 경험을 공유하는 사회적 집단

(time poverty)에 대한 인식은 소비자로 하여금 약국에서의 드라이브 스루 이용, 식료품 배달, 그리고 모바일 펫 그루밍과 같은 서비스를 이용하게 만들었다. 버지니아의 팜빌에 있는 장례식장은 빈소를 찾은 조문객들이 차에서 내리지 않아도 조문할 수 있는 드라이브 스루 서비스를 제공하고 있다.[23]

또한 웹상에서는 '언제나 영업 중인' 편리한 '매장'이 있어 원하는 시간, 장소, 그리고 방법으로 소비자들이 찾을 수 있다. 미국에서는 전체 소매업에서 온라인 쇼핑몰은 일곱 배 이상 성장했다. 응답자들의 70%는 그들이 선호하는 온라인 소매업이 있다고 응답했지만 이것인 전통적인 소매업의 종말을 의미하는 것은 아니다.[24] 대신 이러한 소매업체들은 당신의 욕구에 맞춰 운영될 수 있다. 예를 들어, 많은 소매업자들은 무료로 당신 근처에 있는 매장에서 제품을 인도받을 수 있도록 서비스하고 있으며, 해당 지역에서 온라인으로 구매한 제품을 반품할 수도 있다. 당신이 온라인상에서 새로운 여름용 탱크탑을 구매하면서 당신도 모르게 탱크탑에 어울리는 귀걸이와 슬리퍼에 노출되기도 한다.

소비자 의사결정에 영향을 미치는 사회적 영향요인

우리는 모두 개인이면서 동시에 우리들의 구매 의사결정에 영향을 미치는 집단의 구성원이기도 하다. 가족, 친구, 그리고 반 친구뿐만 아니라 민족 및 정당에 이르기까지 우리에게 영향을 미치는 집단은 다양하다. 문화, 사회적 계층, 친구와 같은 사회적 영향 요인도 구매에 영향을 미친다. 이러한 다양한 사회적 영향요인에 대해 알아보자.

문화

일반적으로 **문화**(culture)는 특정 사회의 인격으로 간주된다. 집단이 만들어낸 가치, 신념, 관습, 기호 등을 문화로 볼 수 있는 것이다. 특정 문화(특히 우리 자신의 문화)에서 일반적으로 바람직하거나 혹은 적절하다고 생각하는 바가 다른 문화에서도 동일하게 인정되는 경우가 있다. 또한 다르게 인식되는 경우도 있다. 예를 들어, 영어로 구성된 마케팅 메시지가 스페인어로는 다르게 해석될 수도 있다. 미국에 거주하는 히스패닉 소비자들은 그들의 정체성을 유지하는 데 상당한 노력을 기울이고 있다. 마케터들은 "히스패닉 소비자들은 자신의 정체성을 강화시켜줄 수 있는 브랜드를 구매한다."라는 것을 기억해야 한다.[25] 이는 소비자와의 관계를 강화하기 위해서는 그들의 가족과 종교도 고려해야 함을 의미한다.

가치

제2장에서 학습한 바와 같이 문화적 가치는 삶의 옳고 그름에 관한 신념으로 볼 수 있다.[26] 문화적 가치를 이해하는 마케터들은 문화적 가치에 따라 제품을 맞출 수 있다. 또한 이러한 문화적 가치는 지속적으로 변한다. 예를 들어, 집단주의 국가의 가치는 개인의 만족이 우선되는 개인주의 국가의 가치와 상당히 다르다. 집단주의적 문화에서는 가족이나 종족에 대한 충성심은 개인의 목표보다 우선한다. 오늘날 인도, 일본, 중국과 같은 몇몇 집단주의 국가의 많은 소비자들은 보다 풍요로워지면서 동시에 개인주의로 바뀌고 있음을 발견할 수 있다. 마케터들에게 있어 이러한 현상은 여행, 사치품, 테니스나 골프와 같은 스포츠 활동, 그리고 엔터테인먼트 분야의 성장으로 이어질 수 있음을 의미한다.

하위문화

하위문화(subculture)는 대중문화와 공존하지만 종교 혹은 인종과 같이 독특하게 구분되는 신념

또는 특성을 갖는 또다른 집단을 의미한다. **소집단문화**(microcultures)는 특정 활동이나 예술 형태로 구분된 소비 집단이다. '더 보이스'나 '그레이 아나토미'와 같은 TV쇼, 캔디 크러쉬 사가와 같은 온라인 게임, 그리고 익스트림 스포츠와 같은 레저활동 등으로 형성된다. 소셜 미디어는 하위문화와 소집단문화에 있어 중요한 역할을 한다. 즉, 소셜 미디어는 소비자들의 생각, 사진, 비디오 등을 공유하면서 유사한 취향을 가진 사람들을 만날 수 있도록 기회를 제공하고 있다. 이 책의 후반부에 이러한 중요한 새로운 공유 기반 시스템에 관해 학습할 것이다.

마케터에게 가장 중요한 몇 가지 하위문화는 인종과 민족 집단이다. 그 이유는 많은 소비자들이 그들의 전통 유산과 강하게 연결되어 있을 뿐만 아니라 이러한 유산을 나타내는 제품에 상당한 관심을 갖고 있기 때문이다. 크로락스는 히스패닉 소비자들에게 다가가기 위해 전통적으로 집안 청소를 어떻게 하는지 연구했다. 그후 크로락스는 크로락스 프라갠지아 라인을 도입했는데, 청소, 소독, 방향에 이르는 모든 과정을 다루고 잇다. 심지어 화장지통 클리너도 라틴 아메리카에서 사용하는 작은 바구니 혹은 카나스틸라처럼 생겼다.[27]

양심적 소비자 운동 : 새롭게 부상하는 라이프스타일 추세

특정 사회 속에서 진행되는 강력한 사회 운동 또한 소비자들이 무엇을 원하고 원하지 않는지를 결정하는지에 영향을 미친다. 그러한 영향요인 중 하나는 **소비자 운동**(consumerism)인데, 이는 기업의 부정적 관행으로부터 소비자를 보호하려는 사회 운동이다. 최근에 주목할 만한 소비자 운동 중에 하나는 환경 오염을 유발하고 지구에 해를 끼치는 기업 활동이다. 기후 변화, 멸종동물, 그리고 각종 발암물질과 유해한 박테리아 등에 대한 우려와 관련 이슈가 우리 앞에 놓여 있다.

이러한 이슈들은 소비자와 매체를 통해 지속적으로 제기되고 있고, 우리가 먹는 식품, 입는 의류, 거주 혹은 근무하는 건물, 자동차에 이르기까지 다양한 분야에서 환경에 대한 우려가 반영되어 있고 제품구매 의사결정에 영향을 미친다. 마케터들은 소비자 운동에 주목하고 이를 따라야 한다. 유니레버는 페이스북과 유튜브에 액스(AXE) 브랜드를 통해 온수 사용 절감을 독려하는 캠페인을 진행한 바 있다. '샤워풀링(Showerpooling)' 캠페인은 팬들에게 뜻이 맞는 지인 혹은 타인과 함께 샤워하도록 요청한다.[28] 몇몇 연구자들은 이러한 현상을 **양심적 소비자 운동**(conscientious consumerism)이라고 부른다.[29] 우리는 채식 레스토랑, 전기차, 태양열패널 등을 통해 이러한 운동을 확인할 수 있다.

사회계층

사회계층(social class)은 한 사회 내에 존재하는 사람들 간의 계층을 의미한다. 동일한 사회계층의 사람들은 직업·교육 수준·소득 수준 등에서 유사하며, 의복·장식 스타일·레저활동에 있어서 비슷한 취향을 갖는다. 각 계층의 구성원들은 활동·관심·견해(AIOs)에 대한 선호뿐만 아니라 많은 정치적·종교적 신념 또한 공유한다.

많은 마케터들은 특정 사회계층 내의 소비자들에게 소구하기 위해 제품과 점포를 설계한다. 근로자들은 일시적 유행이나 심미성 대신에 내구성과 편리성과 같은 실용적인 측면에서 제품을 평가하는 성향이 높다. 그들은 독특함보다는 예측 가능성을 선호하기 때문에 다양한 색채의 최신 가구와 같이 새로운 형태의 제품을 시도하려 하지 않는다.[30] 마케터들은 이러한 차이를 이해하고 서로 다른 사회계층에 소구할 수 있는 제품과 커뮤니케이션 전략을 개발할 필요성을 잘 알고 있다.

사치품은 종종 **지위 상징**(status symbol)을 의미하는데, 상위층의 구성원(또는 적어도 다른 사람들이 그렇게 믿도록 만드는)들이 그들의 지위를 과시하는 용도로 소비되기도 한다. '물질적

소집단문화 특별한 활동이나 예술 형식으로 구별되는 소비자 집단

소비자 운동 유해한 사업 관행으로부터 소비자를 보호하고자 하는 사회적 운동

양심적 소비자 운동 일상적인 구매상황에서 환경에 대한 지속적인 관심을 보이는 소비자 운동으로 마케터들은 광고를 통해 이를 지지하기도 함

사회계층 가족 배경, 교육, 직업, 그리고 수입과 같은 요인에 의해 부여된 가치에 따라 어떤 사회 내 집단의 지위나 신분

지위 상징 사람들에게 그들이 보다 높은 사회계층의 구성원임을 과시(혹은 최소한 그들이 구성원임을 믿게)하는 방법을 제공해 주는 시각적 표식

루카스필름은 스타워즈 셀러브레이션을 매년 개최하면서 5만 명의 제다이, 우키, 그리고 스톰트루퍼 등을 초대한다.

풍요를 누린 사람이 승자'라는 자동차 스티커는 이러한 성취의 상징을 보여준다. 그러나 시간이 지남에 따라 지위 상징은 계속 변한다. 예컨대 제임스 딘이 1956년에 출현한 영화 '자이언트'에서 캐딜락 컨버터블은 미국에서 가장 높은 지위를 나타내는 상징적 자동차였다. 오늘날에는 이러한 부유한 소비자들은 메르세데스, 테슬라, 그리고 프리우스를 더욱 선호하고 있다.

오늘날 전통적인 신분 상징은 소득이 증가하고 있는 전 세계의 광범위한 소비자들에게 유용하다. 이러한 변화는 어느 정도의 멋 혹은 스타일을 제시하는 대량 소비 제품에 대한 수요를 가열시킨다. 노키아, H&M, 자라, ING, 델 컴퓨터, 갭, 나이키, 이지젯, 또는 로레알 등과 같은 기업들의 성공에 대해 생각해보자. 해당 기업들은 **대량 계층**(mass class)이라고 명한 소비자 세분시장의 요구에 응하고 있다. 대량 계층은 다국적기업의 고품질 제품을 소비할 수 있는 충분한 구매력을 갖고 있는 수백만의 글로벌 소비자를 의미한다.

집단 회원

군중들과 함께 해본 사람은 혼자 있을 때와 집단 속에 있을 때 서로 다르게 행동한다는 것을 알고 있다. 집단 구성원이 많을 경우 어떤 한 구성원이 관심받고 지목되는 일은 거의 없으며, 행동에의 제약도 어느 정도 사라진다. 많은 경우 집단 구성원들은 개별적으로 의사결정을 할 때보다 더욱 위험한 대안을 고려하는 성향이 높아진다.[31]

준거집단(reference group)이란 소비자가 긍정적으로 인식하거나 모방하기를 원하는 집단을 말한다. 소비자들은 그들이 무엇을 입을 것이며, 어디에서 시간을 보내고, 무슨 브랜드를 살 것인지를 결정할 때 이 집단을 '참고'한다. 이 영향력은 가족과 친구가 될 수 있으며, 마틴 루서 킹 2세와 같은 존경받는 정치인, 안젤리나 졸리나 또는 (감히 말한다면) 당신의 교수와 같은 유명인사도 될 수 있다. 마케터들은 집단 회원들의 의류, 자동차, 음악, 스포츠팀, 그리고 영화 등을 전 세계에 알릴 팬들을 모집한다. '스타워즈'의 루카스 필름보다 더욱 강력한 영향을 발휘할 수도 있는 것이다.[32]

의견 선도자

브랜든과 마찬가지로 당신도 새로운 차를 구매한다면 누구에게 조언을 구할 것인가? **의견 선도자**(opinion leader)란 제품에 관한 전문지식에 근거해 다른 사람들의 태도나 행동에 영향을 미치는 사람을 말한다.[33] 의견 선도자들은 특정 제품군에서 높은 수준의 관심을 보인다. 그들은 블로그를 읽고, 판매원과 대화하고, 팟캐스트를 구독하면서 끊임없이 그들의 지식을 새롭게 발전시킨다. 이러한 관여도로 인해 의견 선도자들은 가치 있는 정보원천이 된다.

특정 기업의 대리인과 달리 의견 선도자는 해당 기업에 대한 특별한 불만이 있는 것도 아니고 제품에 대한 긍정적이고 부정적인 정보(그들이 블로그에 글을 올리는 대가로 보상을 받고

대량 계층 대학 교육, 주거 또는 사치스러운 자동차 등과 같은 돈이 많이 드는 품목을 제외한 고품질 제품을 살 수 있는 충분한 여력의 구매력 수준을 즐기고 있는 수백만의 전 세계 소비자

준거집단 개인의 평가, 염원, 또는 행동에 의미 있는 영향을 미치는 실제적, 가상적 개인 또는 집단

의견 선도자 하나 또는 그 이상의 제품 범주에 있어 활발한 관심이나 전문성 때문에 다른 사람들의 태도나 행동에 자주 영향을 미칠 수 있는 사람

있지 않다면)를 모두 제공한다. 더구나 이러한 전문 소비자들은 종종 신제품을 먼저 구매해서 제품의 위험과 불확실성을 먼저 경험해 다른 소비자들에게 알려주기도 한다.

성역할

우리가 받는 강력한 영향력 중에 하나는 남성과 여성에게 어울리는 적절한 태도, 행동, 외모 등에 관한 사회적 기대로 간주되는 **성역할**(gender role)이다.[34] 물론 마케터들 역시 사회가 우리에게 남성과 여성으로서 어떻게 행동해야 하는지를 가르치기도 한다. 마케팅 커뮤니케이션과 제품들은 종종 남성과 여성을 다르게 묘사한다. 이로 인해 남성과 여성의 '적절한' 성 역할과 함께 어느 제품이 각각의 성에 더욱 적합한지를 학습시킨다.

대부분의 문화에서는 남성과 여성의 적절한 성역할을 기대한다. 칠레의 이 광고는 이를 잘 보여주고 있다.

성역할은 문화에 따라 다양하지만 시간에 따라 지속적으로 변한다(최근에 욕실을 사용하는 트랜스젠더에 대한 논의를 생각해보자). 다른 문화에서는 기성세대들의 인식을 바꾸기 어려운 경우도 있다. 이탈라아의 한 남성은 40대의 부인을 '가정을 적절하게 관리하지 않았다는' 명목으로 경찰에 신고했다. 그는 2년간 요리와 집안 청소를 게을리 했다고 주장했다. 만약 그녀가 유죄 판결을 받게 되면 6년형에 처하게 된다.[35]

많은 제품들은 한쪽의 성역할을 특별히 강조한 성 전형성을 갖고 있다. 수년 동안 소비자들과 페미니스트들은 바비 인형이 실제 여성의 신체와 다른 왜곡된 이미지를 강조한다고 비난했다. 2015년 마텔사는 다양한 피부색, 헤어스타일, 외모로 구성된 바비 인형을 소개했다. 바비는 톨, 커비, 그리고 프티트 구성된 세 가지 버전을 새롭게 출시한 것이다.[36]

성역할은 복잡한 사회에서 끊임없이 진화하고 있다. 그리고 '적절한' 행동은 무엇인지에 대한 논쟁도 지속되고 있다. 지난 수년 동안 매체가 여성들에게 부여한 메시지에서 이러한 점을 확인할 수 있다. 지나치게 자극적인 것이 멋지다는 것이다. 패리스 힐튼, 린제이 로한, 브리트니 스피어스, 마일리 사일러스와 같은 롤모델들은 십 대들에게 그들의 섹슈얼리티를 어떻게 방송으로 보여줄 수 있는지를 알려주고 있다. 물론 보통의 부모들처럼 이러한 현상에 모두 동의하는 것은 아니다.

남성의 성역할 또한 변하고 있다. 그 하나로 남자들은 지금과는 다르게 외모에 큰 관심을 갖지 않았다. 오늘날 남자들은 외모 관리는 두 번째로 큰 걱정거리(돈이 가장 큰 걱정이고 이는 그들의 가족 혹은 건강보다 더욱 심각한 걱정거리이기도 하다)다.[37] 이를 증명하자면 전 세계 남성들은 외모와 관련된 제품(일반적인 면도기, 세이빙 크림 등을 제외한)만 하더라도 매년 175억 달러를 소비하고 있다.[38] 머리젤과 보습에 신경쓰는 남성들이 전통적인 '마초적' 남성주의를 갖고 있는 사람들과 공존할 수 있을까? 명백하게도 남자다움에 대한 문화적 정의는 남성들이 한 지점에서는 단정하지 못하다는 위험 구역에서 다른 지점에서는 여성적인 행동에 이르는 구역에 의해 설정된 '안전지대'에서 성 역할이 재정의되면서 진화하고 있다. 그리고 몇몇 보고서에서는 '레트로섹슈얼', 즉 털북숭이 가슴과 턱수염, 각진 턱과 아래턱을 보여주는 우락부락한 모습을 창출하기 위해 정형외과 수술을 받는 등, 구식의 남성상을 강조하고자 하는 남자의 출현을 보고하고 있다.[39]

성역할 남성과 여성들에 대한 적절한 태도, 행동, 용모에 관한 사회적 기대

Prolam Young & Rubicam

6.4

목표

B2B 시장 및 B2B 시장 수요의 특성, 마케터들이 B2B 고객을 분류하는 방법을 이해한다.

산업재 시장 : 기업이 고객일 경우 발생하는 구매와 판매

당신은 대부분의 마케터들이 아이폰 신규 앱과 같은 최첨단의 제품, 건강한 몸매를 유지시키는 새로운 파워 드링크, 자기만의 컬렉션에 어울리는 멋진 신발 등을 촉진시키는 방법을 구상하며 시간을 보낸다고 생각할지 모르겠다. 하지만 이는 일부에 불과하다. 많은 마케터들의 '실제 업무'는 최종 사용자인 소비자들에게 제품을 촉진시키는 것이 아니라 기업과 조직을 대상으로 판매하는 제품들(효율적인 산업 운영을 위한 소프트웨어 어플리케이션, 산업 공장용 안전화, 슈퍼마켓의 카트, 공항에서 수화물을 추적해주는 센서 등)에 대한 촉진도 매우 큰 부분을 차지한다. 실제로 젊은 마케터들에게 있어 가장 흥미롭고 높은 수익을 차지하는 업무의 대부분은 당신이 들어본 적도 없는 산업 분야에 있는데, 이는 이러한 대부분의 산업은 소비자와 직접 거래하지 않기 때문이다.

최종 소비자처럼 기업 구매자들도 의사결정을 하지만 중요한 차이점이 있다. 기업 구매자들의 경우 구매 금액이 수백만 달러 이상일 수도 있고 구매자와 판매자 모두에게 많은 이해관계가 달려 있다는 것이 그것이다. 소비자 한 번에 2~3벌의 티셔츠를 구매할 수 있다. 하지만 **포춘지 500대 기업**에 포함된 엑슨 모빌, 펩시, 페덱스와 같은 기업들은 자사 로고가 박힌 기업 유니폼을 한 번에 수백, 수천 개를 구매한다.

다음 거래를 생각해보자. P&G는 국내외 시장을 대상으로 제품 촉진을 위해 광고 대행사와 계약한다. 메트로폴리탄 오페라는 배우들의 의상, 무대장치, 프로그램을 구매한다. 맥스 다이너는 비제이스 홀세일 클럽에서 완두콩 통조림을 다량 구매한다. 미국 정부는 3,000여 개의 HP 레이저프린터를 구매한다. 카타르는 자국 항공기를 확보하기 위해 2억 달러가 넘는 신규 보잉 787 드림라이너 5대를 구매하기도 한다.[40]

이상의 모든 거래들은 하나의 공통점이 있다. 그것은 바로 B2B 마케팅(business-business marketing)의 일부라는 것이다. 제1장에서 살펴보았듯, 이는 기업과 조직들이 개인적인 소비와는 다른 목적으로 제품과 서비스를 구매하는 경우로 볼 수 있다. 일부 기업들은 이들 제품과 서비스를 재판매 목적으로 **유통 경로**(channel of distribution)의 역할을 한다. 이에 대한 학습은 제11, 12장에서 다룰 것이다. 어떤 기업들은 고객 욕구를 충족시키거나 기업 운영을 지원하기 위해 자신들이 구매한 제품과 서비스를 사용한다. **조직 시장**(organizational markets)이라고도 불리는 **B2B 시장**[business-to-business(B2B) market]에는 제조업체, 도매상, 소매상, 병원, 대학, 정부 기관과 같은 다양한 기관들이 포함된다.

규모가 크고 복잡한 기업 시장을 보다 자세히 설명하기 위해 청바지를 예로 들어보자. 소비자는 점포에 걸려 있는 다양한 청바지들을 둘러보고 최종적으로 한 벌을 구매하지만, 청바지를 판매하는 매장 담당자는 여러 제조업체들로부터 다양한 사이즈, 스타일, 브랜드의 청바지를 구매해야 한다. 개별 청바지 제조업체들은 개별 공급업체들로부터 천, 지퍼, 단추, 실을 구매해야 하고, 그 공급업체들은 이러한 소재를 제조하기 위해 원재료를 다시 구매해야만 한다. 그 밖에도 연결고리상에 있는 모든 기업들은 장비, 전기, 노동력, 컴퓨터 시스템, 법무 및 경리 서비스, 보험, 사무용품, 포장재, 그리고 수많은 다른 제품과 서비스를 구매해야 한다. 그러므로 세븐포올맨카인드 청바지를 한 벌 구매하는 것은 수많은 기업들 간에 거래에 따른 결과라 할 수 있다. 당신이 쇼핑을 하는 동안 많은 이해 관계자들의 움직임이 있었던 것이다. 이 장에서 우리는 다양한 유형의 산업고객들과 B2B 구매 유형, 그리고 B2B 의사결정 과정에 대해 학습할 것이다. 마지막으로 B2B 전자상거래와 디지털 마케팅도 학습할 것이다.

조직 시장 B2B 시장의 다른 이름

B2B 시장(B2B) 제조업체, 도매상, 소매상, 다른 조직들을 포함하는 고객들의 그룹

그림 6.6 📷 스냅숏 | 기업 시장

기업 시장의 고객은 크게 세 가지로 구분된다. 생산업자, 재판매업자, 그리고 조직이 그것이다. B2B 마케터는 성공적인 관계 구축을 위해 세 가지 유형의 고객을 파악해야 한다.

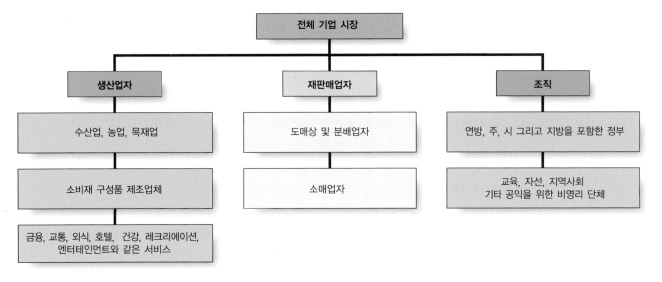

B2B 고객의 유형

앞에서 말했듯이, 많은 기업들은 제품을 제조하기 위해 산업재 시장에서 제품을 구매한다. 다른 B2B 고객들은 재화나 서비스를 되팔거나 빌려주거나 임대해준다. 또한 정부기관, 적십자와 같은 비영리단체나 교회와 같은 여타 단체에서는 다른 방식으로 공익을 추구한다. 우리는 📷 그림 6.6에 소개된 B2B 고객의 세 가지 유형인 생산업자, 재판매업자, 조직을 살펴볼 것이다. 그리고 마케터가 특정 산업들을 어떻게 분류하는지 살펴볼 것이다.

생산업자

생산업자(producers)들은 제품이나 서비스를 최종 고객에게 공급하기 위해 다른 상품이나 서비스를 구매한다. 이러한 이유로 그들은 많은 수의 원자재뿐만 아니라 다른 제조업체들이 만든 상품들을 구입하는 구매자이다. 예를 들면, 델은 자사의 컴퓨터 라인에 투입되는 마이크로프로세서 칩을 인텔과 AMD로부터 구매하고, 메리어트 호텔은 천, 가구, 음식을 구매하여 투숙객들에게 숙박 시설과 음식을 제공한다. 제조업체, 수산업, 농업, 그리고 다수의 사업에서도 생산업자가 있다.

재판매업자

재판매업자(resellers)는 소비자나 다른 기업에게 재판매, 대여, 혹은 리스의 목적으로 최종 완성품을 구매한다. 재판매업자들이 실제로 제품을 제조하는 것은 아니지만 고객들이 원하는 시간과 장소에 맞춰 제품을 판매하기 때문에 제1장에서 언급한 시간, 장소, 소유 효용성을 제공해준다. 예를 들어 월마트는 치약, 땅콩, 아동용 신발 등 수많은 제품들을 구매하여 전 세계 1만여 개의 지점에서 이를 판매한다.[41]

월마트, 월그린스, 그리고 크로거 슈퍼마켓과 같은 유통업체들은 도매업과 소매업의 역할을 한다. 제12장에서 도매업과 소매업에 대한 역할을 자세히 다룰 것이다.

생산업자 다른 제품 혹은 서비스를 생산하는 데 사용되는 제품을 구매하는 개인 또는 조직

재판매업자 이윤을 추구하고 사업 운영을 유지하기 위해 다른 개인 혹은 조직에게 재판매, 임대, 리스 등의 목적으로 완제품을 구매

정부와 비영리단체

정부와 비영리단체는 기업 시장에서는 서로 다른 유형의 조직이다. **정부 시장**(government markets)은 미국에서 가장 큰 규모의 기업이자 조직 시장이다. 미 정부 시장에는 3,000개 이상의 카운티, 3만 5,000개의 지방자치단체, 3만 7,000개의 특별 지구, 50개의 주, 그리고 컬럼비아 특별 지구 외에도 연방정부까지 있다. 주와 지방자치단체의 시장만으로도 미국 국민총생산의 15%를 차지한다.[42]

물론 전 세계적으로 수천 개의 정부 시장이 존재하고 있는데, 그중 대부분의 정부들은 폭격기나 원자력 발전과 같은 특정 제품만을 구매하는 고객으로 간주된다. 그러나 많은 정부 지출은 우리에게 친숙한 제품을 구매하는 데 사용된다. 개별 소비자들의 구매 단위는 적은 펜, 연필, 종이, 교도소나 구치소에 놓을 접이식 침대, 이불, 휴지, 일상적 정비를 위한 청소용품 등을 정부는 대단위로 구매한다.

제1장에서 보았듯이, 비영리단체(not-for-profit institutions)들은 교육, 지역사회와 같은 기관이거나 병원, 교회, 대학, 박물관, 자선기관과 같이 공익 서비스 목적을 지닌 조직, 그리고 구세군이나 적십자와 같은 공익 연계 조직 등이 있다. 이러한 기관들은 파트타임으로 근무하는 비전문 구매자가 구매하기 때문에, 마케터에게 의존하여 판매 전후에 더 많은 조언과 지원을 구할 수도 있다.

북미산업분류체계

세 가지 일반적인 분류로 B2B 시장을 구분하기도 하지만 마케터들은 **북미산업분류체계**(North American Industry Classification System, NAICS)를 이용하여 산업 고객을 구분하기도 한다. 이것은 미국, 캐나다, 멕시코 지역의 산업을 숫자를 이용하여 분류해놓은 것이다. 표 6.1은 NAICS의 코드 분류표를 보여준다. NAICS는 북미자유무역협정(NAFTA)에 속해 있는 국가들이 경제 및 금융 통계치를 비교할 수 있도록 1997년 미국의 표준산업분류(U.S. Standard Industrial Classification, SIC) 체계를 대체했다.[43] NAICS는 지리적 기준으로 기업 수, 판매 총액, 종업원 수, 그리고 산업 분야의 성장률을 보고한다. 많은 기업들은 잠재 시장을 평가하고, 같은 산업분류 내에서 자신들의 수준이 어느 정도인지 파악하기 위해 NAICS를 이용한다.

기업들은 또한 새로운 고객을 찾기 위하여 NAICS를 활용할 수 있다. 마케터는 우선 현재 고객들을 NAICS 산업 분류별로 구분하고, 이 산업 분류에 포함된 다른 기업들의 잠재적 판매액을 평가할 수도 있다.

기업 시장에서의 상이점을 만드는 요인

이론적으로, 기본적인 마케팅 원리는 소비자 시장과 기업 시장 모두에 적용될 수 있다. 기업들은 고객 욕구를 파악하고 이러한 욕구를 충족시키기 위해 마케팅 믹스를 설계한다. 교실에 있는 책상과 의자를 제조하는 기업을 예로 들어보자. 소비재를 마케팅 하는 기업들과 마찬가지로, 강의실용 가구를 만드는 기업도 대학이라는 표적 고객을 대상으로 경쟁우위를 창출하여야 한다. 다음으로 해당 기업은 마케팅 믹스 전략을 수립해야 한다. 강의실 등받이 의자는 단지 학생들이 강의시간에 졸지 않게 해준다고 생각할 수 있지만, 그 의자는 수년간 수천 명의 학생들에게 우수한 학습 환경을 제공할 수 있도록 일정 수준의 편안함을 제공해야 한다. 대학이 강의실용 가구를 지불하기 때문에 해당 기업에게도 적절한 이윤을 줄 수 있는 가격이 제시되어야 한다. 그리고 기업은 그 대학과 다른 대학들이 자사 제품이 구매 고려 대상에 포함되도록 강력한 영업을 계획하고 마케팅 커뮤니케이션 전략을 수립해야 한다.

정부 시장 공공의 목표를 수행하고 그것의 운영을 지원하기 위해 재화와 서비스를 구매하는 연방, 주, 지방자치단체

북미산업분류체계(NAICS) 미국, 캐나다, 멕시코가 비즈니스 활동에 따라 기업을 분류하기 위해 사용하는 숫자 코딩 시스템

표 6.1	북미산업분류체계(NAICS)	
	냉동식품	원격통신
• 영역(두 자리 수)	31~33 제조업	51 정보
• 부영역(세 자리 수)	311 음식 제조업	513 방송 및 원격통신
• 산업 그룹(네 자리 수)	3114 과일 및 야채 보존과 특수 음식 제조	5133 통신
• 산업(다섯 자리 수)	31141 냉동식품 제조업	51332 무선통신 기기(인공위성 제외)
• 미국산업(여섯 자리 수)	311311 냉동과일, 음료, 야채 제조업	513322 휴대전화 및 기타 무선통신

이렇듯 산업재 고객을 대상으로 하는 마케팅이 소비재 마케팅과 유사해 보이지만 몇 가지 복잡한 차이점이 있다.[44] 📷 그림 6.7은 이 차이를 간략하게 정리한 것이고, 표 6.2는 두 가지 형태의 시장 차이를 설명하고 있다.

다중 구매자

산업재 시장에서의 제품은 개별 소비자 욕구를 충족시키는 것 이상으로 충족시켜야 할 사항이 많다. 즉 기업에서 구매 의사결정에 관여된 모든 사람들의 요구사항을 충족시켜야만 한다. 만약 어떤 개인이 집이나 방에 놓을 새로운 의자를 구매하기로 하였다면 만족시켜야 할 대상은 개별 소비자에 불과하다. 하지만 교실에 놓인 의자는 학생뿐만 아니라 교직원, 관리자, 그리고 대학에서 실제 구매 업무를 하는 사람들까지 만족시켜야 한다. 만약 학교가 국립이라면 의자는 국가 표준 기술 규격을 맞추어야 할지도 모른다. 만약 친환경 정책을 운영 중이라면 친환경 기준에 맞추어서 구매해야 할 것이다.

고객의 수

조직 고객은 최종 사용 소비자와 비교하여 그 숫자도 적지만 큰 차이가 있다. 미국의 개인 소비자 시장에는 1억 명의 고객들이 있지만, 기업과 다른 조직 고객은 50만 명이 채 되지 않는다.

구매 규모

B2B 시장의 산업재는 주문량과 가격 면에서 소비재를 압도한다. 예를 들어 다른 기업에게 근무복을 대여해주는 기업의 경우 근무복을 세탁하기 위하여 매년 엄청난 양의 세제를 구매할 것이다. 반면, 축구를 하는 아이를 둔 엄마가 더러운 양말과 반바지 등을 세탁할 때에는 몇 주에 한

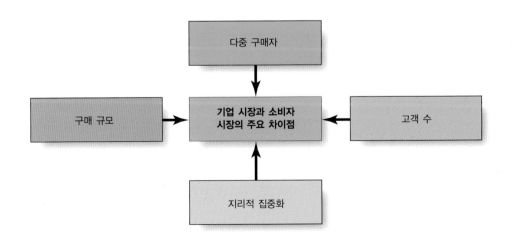

그림 6.7 📷 스냅숏 | **기업 시장과 소비재 시장의 차이점**

기업 시장과 소비재 시장은 큰 차이점이 있다. 마케터는 이러한 차이점을 이해하고 조직 고객을 위한 전략을 구축해야 한다.

표 6.2 | 조직 시장과 소비자 시장의 차이점

조직 시장	소비자 시장
• 개인 소비가 아닌 다른 목적으로 소비	• 개인 또는 가정 소비를 위해 구매
• 제품 사용자가 아닌 다른 사람이 구매	• 대부분 최종 사용자가 구매
• 구매 결정은 여러 사람들이 관여	• 대부분 개인이나 커플 또는 가족 같은 소그룹이 결정
• 제품 전문성에 기인한 기술적 사양에 따라 구매	• 브랜드 명성이나 개인 추천에 의해 구매
• 대안을 자세히 비교한 후 구매	• 충동구매가 빈번하게 발생
• 합리적인 기준에 근거해 구매	• 제품 촉진에 의한 정서적 반응에 근거해 구매
• 구매자는 장기간의 의사결정에 참여	• 개인적 구매는 종종 빠른 결정이 이루어짐
• 판매자와 구매자 간의 상호의존성 : 장기적 관계	• 다양한 판매자들과 한시적 또는 일시적 관계 형성
• 경쟁 입찰, 가격 협상, 복잡한 합의를 거침	• 현금이나 신용카드로 구매
• 생산자와 직접 거래	• 생산자가 아닌 다른 기관을 통해 구매
• 높은 위험과 비용이 따름	• 위험 부담이 적고 가격도 낮음
• 대량 구매자의 제한된 수	• 개인 또는 가구 고객이 많음
• 구매자들은 때로는 한 지역에 밀집	• 구매자는 전 지역에 고르게 분포
• 제품이 복잡하고 조직의 사용 용도에 따라 제품을 분류	• 개인적 목적에 의한 제품과 서비스
• 다른 제품이나 서비스에서 파생된 수요는 비탄력적이고 변동성이 있으며, 다른 제품 혹은 서비스에 대한 수요와 중첩	• 소비자 욕구나 선호도에 근거하며, 가격 탄력적이고 지속적인 거래가 이루어지면 다른 수요와 중첩되지 않음
• 인적판매 강조	• 촉진은 광고에 집중

통을 쓸 뿐이다.

　기업은 수백만 달러 이상의 비용이 들 수도 있는 최신 제조 장비나 컴퓨터 마케팅 정보시스템과 같은 제품들을 구매한다. 마케터는 이러한 구매 규모의 차이를 인지해 효과적인 마케팅 전략을 수립해야만 한다.

지리적 집중화

산업재와 소비재 시장의 또 다른 차이는 **지리적 집중화**(geographic concentration)이다. 많은 기업 고객들이 전국적으로 퍼져 있지 않고 오히려 작은 지역에 집중되어 있음을 의미한다. 뉴욕의 중심지에서 살든, 오리건의 작은 어촌에 살든 소비자들은 치약과 텔레비전을 구매한다. 캘리포니아 해변을 따라서 50마일가량 펼쳐져 있는 실리콘 밸리는 숙련된 기술자와 과학자들이 밀집해 있어서 몇 년 동안 수천 개의 미국 전자제품 및 소프트웨어 회사들의 고향이 되었다. 지리적으로 집중된 시장을 공략하고자 하는 B2B 마케터들은 자신들의 판매 노력을 집중할 수 있고 심지어는 특정한 지역에 물류센터를 짓기도 한다.

B2B 수요

산업재 시장의 수요는 소비재 시장의 수요와는 다르다. B2B 제품에 대한 대부분의 수요는 파생된 것이고, 비탄력적이며, 변동성이 있고, 결합적이다. 이러한 요소들이 B2B 수요에 어떤 영향을 미치는지를 이해하는 것은 마케터들이 판매를 예측하고 효과적인 마케팅 전략을 계획할 때 중요하다. 이러한 개념들을 조금 더 세부적으로 살펴보도록 하자.

파생 수요

소비자 수요는 욕구와 욕구 충족 간의 관계에 근거하고 있다. 그러나 기업 고객들은 개인 욕구를 충족시키기 위해 제품과 서비스를 구매하지 않는다. 대신 기업은 **파생 수요**(derived demand)에 영향을 받는데, 이는 제품과 서비스에 대한 기업 수요는 소비자들의 수요로부터 직접 혹은 간접적으로 발생되기 때문이다.

📈 그림 6.8을 보자(아래에서부터 시작하자). 산림 제품의 수요는 당신이 수업시간에 사용할 교재를 만들기 위해 출판사들이 구매하는 펄프에서 비롯된다. 그리고 교재 수요는 교육의 수요로부터 발생된다. 교육 역시 당신이 구매를 하는 '제품'이다(때때로 파티나 미식축구 경기가 덤으로 따라온다). 이러한 파생 수요의 결과로 한 기업의 성공은 다른 산업 분야에 있는 기업에 달려 있다고 볼 수 있다. 파생된 기업 수요의 본질은 마케터들이 결국 B2B 시장에 영향을 미칠 수 있는 소비자 추세의 변화를 지속적으로 지켜봐야 함을 의미한다. 따라서 대학에 입학하는 학생의 수가 줄어들거나 디지털 교재에 대한 수요가 높아진다면, 산림 산업은 또 다른 수요처를 찾아야만 할 것이다.

비탄력적 수요

비탄력적 수요(inelastic demand)는 B2B 제품의 가격이 오르거나 내려도 별 상관이 없어 기업 고객들은 같은 양을 구매한다는 것을 의미한다. B2B 시장에서 수요는 거의 비탄력적이다. 그 이유는 B2B의 수요가 대부분 소비재를 생산하는 데 필요한 많은 부품 중의 하나이거나 원재료이기 때문이다. B2B 제품 가격이 대폭 인상되더라도 최종 소비재 가격에는 거의 영향을 미치지 않는다.

예를 들어, 당신은 6만 4,000달러의 포르쉐 박스터 S 한정판을 구매한다고 가정하자.[45] 이 자동차를 생산하기 위해서 포르쉐는 수천 가지의 부품을 구매해야 한다. 만약 타이어, 배터리, 혹은 스테레오 가격이 오르거나 내린다고 하더라도 포르쉐는 개별 소비자들의 수요에 맞출 수 있는 충분한 물량을 확보해야 할 것이다. 박스터의 가격을 30달러나 40달러, 혹은 100달러나 올린다고 하더라도 박스터에 대한 소비자 수요는 크게 변하지 않을 것이기 때문에 부품에 대한 수요 역시 변하지 않는다.

수요 변동

기업 수요는 소비자 수요보다 변동이 더욱 크다. 이는 두 가지 이유가 있다. 첫째, 소비자 수요의 작은 변동이 기업 수요에서는 큰 파장으로 이어질 수 있다. 예를 들어, 항공 여행을 보자. 만약 항공 연료 가격이 상승하면 항공권 가격이 오르고, 이에 따라 일부 소비자가 항공편으로 가던 휴가를 자가용으로 가거나 혹은 취소할 수 있다, 이로 인해 항공사는 신규 항공기 주문을 미루거나 취소하며, 결국 보잉이나 에어버스 같은 항공기 제작사에서 항공기 제작 수요에 대한 급격한 감소로 이어질 수 있다.

둘째, 제품 수명기대가 그것이다. 기업 고객들은 산업재 제품을 비주기적으로 구매하는 경향이 있다. 많은 기업들은 대형 장비를 10년이나 20년에 한 번씩만 교체하기도 한다. 따라서 수요의 변동이 클 수밖에 없다. 많은 기업들의 장비들이 노후화된 해에는 수요가 매우 많지만, 다음 해에는 해당 장비가 적절하게 운용되어서 수요가 작아진다.

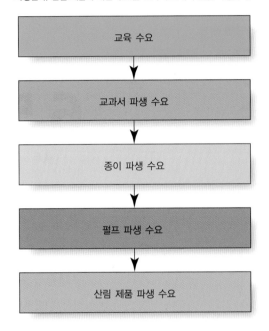

그림 6.8 📈 과정 | 파생 수요

B2B 수요는 파생 수요로 다른 제품이나 서비스에 대한 수요로부터 파생된다. 산림 제품에 대한 수요는 교육 수요에서 간접 파생된다.

교육 수요

↓

교과서 파생 수요

↓

종이 파생 수요

↓

펄프 파생 수요

↓

산림 제품 파생 수요

파생 수요 기업 또는 조직 제품에 대한 수요가 소비재 또는 서비스의 수요를 발생시키는 수요

비탄력적 수요 가격의 변화가 총수요에 거의 영향을 미치지 않는 수요

공동 수요 하나의 제품을 생산하는 데 함께 사용되는 2개 혹은 그 이상의 재화에 대한 수요

구매등급 의사결정에 필요한 시간과 노력의 정도를 특징짓는 기업 구매 상황의 세 가지 범주 중 하나

직접 재구매 기업 구매자들이 최소의 의사결정이 필요한 일상적인 구매를 하는 구매 상황

공동 수요

공동 수요(joint demand)는 한 제품을 제조하는 데 2개 이상의 제품이 필요할 때 생긴다. 예를 들면, 앞서 보았던 포르쉐 박스터 S 한정판을 만들기 위해서 타이어, 배터리, 전극 플러그가 필요하다. 만약 이 부품들 중 한 가지의 공급이 줄어든다면 포르쉐는 많은 자동차를 만들기 어려울 것이고, 그러면 포르쉐는 다른 부품들도 그렇게 많이 구매하지 않을 것이다.

6.5

목표

서로 다른 기업 구매 상황을 이해하고 전자상거래와 소셜미디어를 사용하는 기업 구매의사결정 과정을 확인한다.

기업 구매 상황과 기업 구매의사결정 과정

지금까지 우리는 B2B 시장과 소비재 시장의 차이점을 학습했고 산업재 시장의 서로 다른 고객의 종류를 살펴보았다. 이 절에서 우리는 기업 구매 상황의 중요한 특징들에 대하여 알아볼 것이다. 이것은 최종 소비자에게 판매하는 것과 동일하게 성공적인 B2B 마케터는 고객이 어떤 의사결정과정을 거치는지 이해할 필요가 있기 때문이다. 이러한 지식을 갖춘 기업은 구매자의 의사결정과정 초기부터 관여한다.

구매등급 체계

최종 소비자와 같이 기업 구매자들 역시 다른 제품들보다 시간과 노력을 더욱 기울여 구매하는 경우가 있다. 이것은 주로 제품의 복잡성과 의사결정의 필요성에 따라서 결정된다. **구매등급**(buyclass) 체계는 📷 그림 6.9에 나와 있듯이 정보를 수집하고, 구매 결정을 위해 필요한 인적 노력의 정도를 확인하는 것을 의미한다. 세 가지 다른 구매 상황에 적용되는 이러한 구분에는 직접 재구매, 수정 재구매, 신규 구매가 있다.

직접 재구매

직접 재구매(straight rebuy)는 B2B 고객이 정기적으로 제품들을 구입하는 것을 의미한다. 구매자는 똑같은 제품을 전에도 여러 번 구매했고, 재고가 부족하면 같은 공급업체로부터 재주문한다. 제품을 재주문하는 것은 시간이 오래 걸리지 않는다. 구매자들은 일반적으로 가격, 품질, 서비스, 그리고 납기에 대한 기업의 기준을 충족시킬 수 있는 승인된 공급업체 목록을 갖고 있다. GE 헬스케어의 경우 의사들과 간호사들이 수술실에서 입는 의복이나 모자와 같은 기본적인 수술용품들을 일상적으로 구매한다.

직접 재구매는 종종 공급업체가 수입을 안정적으로 유지하기 위해 필요한 '기본적인' 매출액으로 간주하기 때문에, 많은 공급업체의 마케터들은 정기적으로 재구매를 하는 고객들과 좋은 관계를 유지하려고 노력한다. 판매원들은 정기적으로 이러한 고객들에게 전화를 하여 주문을 직접 받거나, 고객이 추가로 필요한 제품이 있는지 물어보기도 한다. 목표는 고객이 부족한 재고를 채우기 위해 동일한 제품을 다시 구매할 때, 두 번 생각하지 않게 만드는 것이다. 재구매는 공급업체의 매출액을 늘리고 판매비용을 보상하는 데 중요한 역할을 담당한다.

그림 6.9 📷 스냅숏 │ 구매등급 체계 요소

세 가지 다른 조직 구매 상황과 관련된 구매등급 체계 분류 : 직접 재구매, 수정 재구매, 신규 구매

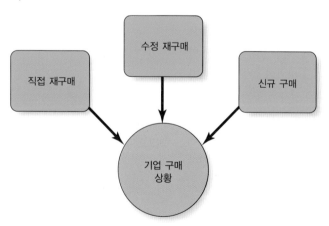

수정 재구매

고객들이 크게 의식하지 않고 직접 재구매를 한다면 공급업체는 매우 기쁠 것이다. 그러나 이러한 상황이 계속되는 것은 아니다. **수정 재구매**(modified rebuy)는 기업이 보다 좋은 가격, 품질, 정확한 납기를 맞추는 새로운 공급업체를 찾고자 결정할 때 나타난다. 이러한 상황은 이미 구매한 제품에 대한 새로운 수요가 발생할 때도 나타난다. 예컨대, 다수의 블랙베리 스마트폰을 구매한 구매자는 기업이 그들의 휴대 통신 시스템을 업그레이드 할 경우 여러 가지 여타 옵션을 재평가하게 된다.

수정 재구매는 직접 재구매보다 많은 시간과 노력을 필요로 한다. 수정 재구매하는 구매자는 일반적으로 구매 조건을 숙지하고 있으며, 또 다른 잠재 공급자를 고려한다. 마케터는 수정 재구매를 한다는 것은 구매자의 공급자 리스트에서 어떤 기업이 제거될 경우 인정된 공급자로 추가될 수 있음을 의미한다는 것을 잘 알고 있다. 따라서 과거에 어떤 기업이 블랙베리로부터 스마트폰을 구매했다 하더라도 향후에도 그 관계가 유지될 수 있음을 의미하는 것은 아니다. 지금은 애플과 구글의 안드로이드 등의 여타 플랫폼들이 공인된 공급업체 지위를 획득할 수 있으며 앞으로도 그러한 경쟁은 계속될 것이다. 영리한 마케터들은 그러한 상황에서 이득이 되거나 손해를 보는 문제들을 발견하고 이를 확인하기 위해 구매자들을 일상적으로 방문한다.

신규 구매

신규 구매(new-task buy)는 첫 구매를 의미한다. 이러한 신규 구매는 불확실성과 높은 위험성을 갖고 있다. 구매자는 사전 경험이 없기 때문에 구매를 위한 많은 노력이 요구된다.

예를 들어, 당신이 재학 중인 대학교에서 '액티브 러닝(active-learning)' 학습을 시작한다고 가정하자. 다양한 전공과 개별 강의실에 맞는 비품을 구매하기 위해서는 복잡한 신규 구매 과정을 거쳐야만 한다. 신규 구매 상황에서 대부분의 구매자들은 제품 경험이 부족할 뿐만 아니라 해당 제품을 공급하는 업체에 대해서도 친숙하지 않다. 공급업체 선정은 중요하고, 구매자는 여러 잠재적 회사들의 품질, 가격, 납기, 서비스에 대한 정보를 수집해야만 한다.

마케터는 신규 구매를 위한 주문을 받기 위해서 기업 구매자와 밀접한 업무 관계를 구축해야 함을 알고 있다. 실제로 많은 상황에서 마케터는 자사 제품을 추천하는 고객에게 초점을 맞춰야 한다. 예를 들어 고등교육 산업을 구성하는 제품과 서비스를 생각해보자. 당신이 훌륭한 교재를 구매하려고 돈을 지불하는 사람이라 하더라도, 결국 당신의 교수가 이 책을 구입하도록 유도한 현명한 의사결정자일 것이다. 해당 교수는 이미 다양한 교재들을 살펴보고, 출판사의 판매원들과 이야기를 나눈 후 결정했을 것이다.

전문 구매자와 구매 센터

소비재 마케터가 고객을 이해하는 것이 중요한 것처럼, B2B 마케터도 기업 고객 중 구매를 담당자를 이해하는 것은 필수다. 훈련받은 전문 구매자들이 주로 B2B 시장에서 구매 업무를 수행한다. 이러한 사람들은 구매 담당자, 구매 관리자 또는 자재관리 담당자와 같은 직책을 갖고 있다.

몇몇 소비자들은 지칠 때까지 쇼핑하는 것을 즐기지만 대부분의 사람들은 쇼핑을 하는 데 많은 시간을 소비하지 않는다. 그러나 전문 구매자들은 매일 하루 종일 구매하는 활동이 그들의 업무이다. 구매자들은 제품 가격 외에도 운송비용, 부속품, 유지비용, 기타 비용들을 포함한 경제적 요소들을 고려해서 구매를 결정한다. 구매자들은 우수한 품질의 제품 선정과 납기에 책임을 진다. 이들은 자신의 모든 것을 책임지고 구매를 결정한다.

기업 구매 상황에서는 다양한 사람들이 모여 의사결정을 한다. 어떤 제품을 구매하느냐에

수정 재구매 기업 구매자들이 예전에 구매했던 것에 일부 변화를 고려한 제한적 의사결정을 하는 구매 상황의 범주

신규 구매 광범위한 의사결정이 필요한 복잡하거나 위험한 새로운 B2B 구매

표 6.3 │ 구매 센터 역할		
역할	예상 담당자	책무
• 제안자	• 생산직원, 판매 관리자, 거의 모든 직원	• 구매 필요성 인지
• 사용자	• 생산직원, 비서, 거의 모든 직원	• 최종적으로 제품을 사용할 사람
• 정보통제자	• 구매요원	• 기업 내 정보 흐름 통제
• 영향자	• 기술자, 품질관리전문가, 기술 전문가, 외부 컨설턴트	• 제언 및 전문성을 공유하며 의사결정에 영향을 미침
• 의사결정자	• 구매요원, 관리자, 최고경영자	• 최종 구매결정
• 구매자	• 구매요원	• 구매결정 집행

따라 생산 담당자에서부터 재무 담당자에 이르기까지 다양한 구성원들이 참여한다. **구매 센터**(buying center)는 조직에서 의사결정 과정에 참여하는 구성원들의 집단을 일컫는다. 비록 이 용어가 구매 활동 과정에서 논란이 될 수 있는 '통제 센터'라는 느낌도 들지만, 실제로 구매 센터는 특정한 장소를 지칭하는 것은 아니다. 다만 구매의사결정을 위한 다기능 팀으로 보는 것이 맞다. 일반적으로 구매 센터의 구성원은 특정 의사결정에 대한 전문지식과 관심이 있어야 하며 하나의 조직 차원에서 최상의 결정을 내려야 한다.

구매의 복잡성과 구매 센터의 규모에 따라 참여자는 표 6.3에 나온 역할 6개 중 하나 혹은 그 이상을 맡을 것이다. 다음을 살펴보자.

- **제안자**(initiator)는 기업이 구매하여야 한다는 것을 처음으로 인식하면서 구매 과정을 시작한다. 생산 근로자가 특정 장비가 제대로 작동하지 않는다는 것을 평가하고 이로 인해 생산에 차질을 빚고 있다고 감독에게 보고할 수 있다. 조직 내에서 제안자의 위치나 구매의 종류에 따라, 제안자는 제품의 실제 구매 의사결정에 영향을 미칠 수도 있고 그렇지 않을 수도 있다. 마케터들은 구매를 제안하는 직원들에게 고품질의 제품을 알려주고 확신시켜주는 것은 매우 중요하다.
- **사용자**(user)는 구매 센터의 구성원으로 제품이 실제로 필요한 사람이다. 구매 센터에서 사용자의 역할은 다양하다. 예를 들어, 한 사무 보조자는 매일 몇 시간씩 복사기를 다루어야하기 때문에 새로운 복사기가 갖고 있는 특성에 대해 자신의 의견을 적극적으로 제시할 것이다. 마케터는 다른 경쟁사들과는 차별화된 자신들의 제품 혜택을 사용자에게 알려주어야 한다.
- **정보통제자**(gatekeeper)는 다른 구성원들 간의 정보 흐름을 통제하는 사람이다. 일반적으로 정보통제자는 구매 대리인으로서 판매원들로부터 정보와 자료를 수집하고, 판매원들의 발표 일정을 조정하고, 구매 결정 과정상에서 판매원이 다른 구성원들에게 접근하는 것을 통제한다. 판매원 입장에서는 정보통제자와 강력한 인적 관계를 유지하는 것이 자사 제품을 구매 센터에 제안할 수 있는 요인이 될 수 있다.
- **영향자**(influencer)는 전문직에 대한 조언 및 공유를 함으로써 구매 의사결정에 영향을 미치는 구성원을 의미한다. 조직 내에서 기술자, 품질 관리 전문가, 다른 기술 전문가들과 같이 훈련이 잘된 직원들은 일반적으로 회사가 제품 생산에 사용하는 장비, 재료, 부품 구매에 의미 있는 영향을 미친다. 영향자는 제품 사용에 영향을 미칠 수도, 미치지 않을 수도 있다. 마케터는 구매 센터에서 누가 핵심 영향자인지 파악하고 이들에게 자사 제품의 경쟁 속성을 알려야 한다.

구매 센터 구매 결정에 참여하는 조직 내 사람들의 집단

- 의사결정자(decider)는 최종 구매 결정을 내리는 구성원이다. 의사결정자는 보통 구매 센터에서 가장 큰 권한을 갖고 있다. 이 사람은 종종 회사 내에서 예산 집행에 대한 권한도 갖고 있다. 정기적인 구매가 이루어질 경우에는 결정자가 구매 대리인일 수도 있다. 하지만 구매가 복잡하다면, 관리자나 최고 경영자(CEO)가 구매자일 수도 있다. 분명한 것은 결정자는 마케터에 있어 성공의 핵심이고, 판매 과정에서 상당한 신경을 써야 하는 사람이다.
- 구매자(buyer)는 구매를 실행하는 사람이다. 구매자는 입찰, 계약 협상, 납기 일정 조정 및 대금 지불 계획을 수립한다. 회사가 한 번 구매 의사결정을 내리면, 마케터는 이제 구매자와 구매의 세부 사항을 협상하는 데 주의를 기울여야 한다. 성공적인 마케터는 이 단계에서 훌륭한 서비스를 제공하면 향후에도 고객과의 거래 관계를 유지할 수 있다는 것을 잘 알고 있다.

기업 구매의사결정 과정

우리는 기업의 산업재 구매 과정에서 제안자에서부터 시작하여 구매자로 이어지는 과정을 학습했다. 마케터에게 보다 더 힘든 것은 실제 거래가 이루어지기 전에 구매 팀의 구성원들은 의사결정 과정에서 여러 단계를 거친다는 것이다. 그림 6.10에서 보여주는 것처럼 기업 구매의사결정 과정은 소비자의 구매의사결정 과정과 비슷하게 여러 단계를 거친다. 이러한 단계에 대한 이해를 돕기 위해서 당신은 웨이 래디컬 스케이트보드 회사에 취직하였는데, 회사가 하는 신규 구매로서 웹 페이지 구축을 위한 신규 소프트웨어의 구매 과업을 맡게 되었다는 가정에서 각 단계를 살펴보자.

1단계 : 문제 인식

소비자 구매의사결정처럼 기업의 구매의사결정의 시작은 문제 인식에서 비롯된다. 직접 재구매의 경우 종이, 펜, 쓰레기 봉투와 같은 물품 재고가 없을 때 나타난다. 이러한 경우에는 구매자가 주문하고 나면 의사결정 과정은 끝난다. 수정 재구매의 경우 개선된 제품, 기술의 변화 또는 광고, 브로슈어, 또는 다른 마케팅 의사소통 커뮤니케이션으로부터 오래된 장비를 교체하고자 하는 욕구가 발생할 경우 나타난다. 문제 인식 과정에서 두 가지 사건이 일어날 수 있다. 첫째, 기업은 문서로 요구나 요청한다. 그리고 구매의 복잡한 정도에 따라 구매 센터를 구성한다. 신규 구매에 대한 필요성은 회사가 어떠한 방법으로라도 운영을 강화하고자 하거나, 판매원이 회사 운영의 효율성을 향상시키거나 최종 생산품을 개선할 신규 제품을 소개할 때 가끔 일어난다.

2단계 : 정보 수집

직접 재구매가 아닌 경우, 두 번째 의사결정 과정은 구매 센터에서 제품과 공급업체들에 대한 정보를 수집하는 것이다. 구매 센터의 직원들은 개인적으로나 혹은 조직적으로 무역 잡지와 정기 간행물의 보고서를 참고하고, 외부 컨설턴트로부터 자문을 구하기도 하며, 다른 제조업체와 공급업체들과의 마케팅 커뮤니케이션에 주의를 기울이기도 한다. 소비재 시장처럼, 마케터들은 고객이 원할 때 언제라도 정보에 접근할 수 있도록 무역 잡지에 광고를 집행하고, 책자나 인쇄물을 우편으로 보내며, 장기적 관계를 구축하기 위해 전문 판매원이 정기적으로 기업 고객에게 전화를 한다. 이 장 마지막에서는 B2B 기업들이 인터넷과 소셜 미디어를 그들의 매출을 어떻게 올리는지 확인할 것이다.

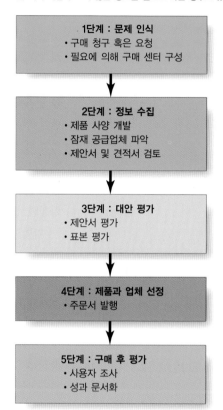

그림 6.10 과정 | **기업 구매 과정 단계**

기업의 구매의사결정은 소비자 의사결정과 유사하다. 하지만 더욱 복잡하고 더 많은 정보를 필요로 하는 경우도 있다.

1단계 : 문제 인식
- 구매 청구 혹은 요청
- 필요에 의해 구매 센터 구성

2단계 : 정보 수집
- 제품 사양 개발
- 잠재 공급업체 파악
- 제안서 및 견적서 검토

3단계 : 대안 평가
- 제안서 평가
- 표본 평가

4단계 : 제품과 업체 선정
- 주문서 발행

5단계 : 구매 후 평가
- 사용자 조사
- 성과 문서화

제품 명세서 제품 구매에 요구되는 품질, 크기, 무게, 기타 세부 사항 등에 대한 설명서

고객 추천 프로그램 고객들이 성공 스토리를 공식적으로 공유하고, 다른 잠재 고객들에게 제품을 적극적으로 추천하며, 일반적으로 온라인 커뮤니티를 통해 가능하게 하는 공식적인 프로세스

매우 많은 산업에서는 다양한 서비스를 제공할 수 있는 전문화된 수많은 출판물들이 있다. 특정 산업의 선두 기업으로부터 후원을 받는 각 출판물에는 특정 분야의 경쟁사에 대한 많은 정보가 담겨 있기도 한다. 누가 해변가에서 로맨스 소설을 필요로 할 것인가? 대신에 케미컬 프로세싱(*Chemical Processing*) 혹은 미트앤포울트리(*Meat and Poultry Magazine*) 최신 호를 읽어 보자.

물론 때때로 B2B 마케터들은 자사 제품에 대한 정보를 전문매체가 아닌 일반매체를 이용하여 촉진시키는 경우도 있다. 예를 들어, 미국의 생명보험 회사인 AFLAC은 자사 고객의 대부분이 B2B에 있음에도 불구하고 텔레비전 광고를 집행했다. 많은 최종 소비자들은 AFLAC이 무엇을 판매하는 회사인지 제대로 알지 못하지만, 오리의 익살스러운 모습에 대해 이야기하는 것은 좋아했다. 실제로 AFLAC은 인력 채용 및 유지를 위해 다양한 보험과 혜택들로 구성된 종업원 복지 패키지를 찾는 40만 개 이상의 기업들과 거래를 하고 있었다. 그러나 AFLAC이 대중매체에 광고했던 이 전략은 매우 성공적이었다. 기업 구매자 또는 인사부 관리자는 이러한 서비스를 찾을 때면 AFLAC이라는 이름이 가장 먼저 떠오르게 된 것이다. AFLAC은 자신의 분야에서 확실한 성공을 거둔 것이다.[46]

기업 구매자들은 구매를 위해 품질, 크기, 무게, 색, 기능, 용량, 교육 훈련, 보증, 서비스 기간, 납기 요건 등을 기술한 **제품 명세서**(product specifications)를 활용한다. 제품이 복잡한 기술로 되어 있을 경우, 기술자와 다른 전문가들은 그들이 필요로 하는 제품의 특성을 파악하고 규격품 구매, 주문형 상품과 서비스를 구매할 때 중요한 역할을 한다. 제품 명세서를 확인하면, 다음 단계는 잠재적 공급업체를 파악하고 이들로부터 구두나 서면으로 된 제안서 또는 입찰서를 받는다. 공급업체들 간 제품 차이가 거의 없거나 브랜드 제품의 경우에는 할인, 운송비, 납기 일자를 포함하는 가격 정보에 대한 비공식적 요청도 할 수도 있다. 동시에 잠재적 공급업체들은 판매자들로부터 상세한 정보를 요구하는 문서로 된 공식 제안 요청서나 견적 요청서를 받는다.

3단계 : 대안 평가

다음 단계는 제안서 평가다. 제품과 서비스에 대한 총지출 금액이 회사의 수익성에 큰 영향을 미칠 수 있기 때문에, 다른 조건들이 동일할 경우 가격은 가장 중요한 고려요소가 될 수 있다. 가격 평가는 특정한 양을 구매했을 때 제공하는 할인 정책, 반품 정책, 수리와 유지 서비스 비용, 대금 지불 조건, 대규모 구매에 드는 재무 비용 등이 포함된다. 자산 장비는 평균 수명, 재판매 가격, 노후 장비처분 비용 등이 포함된다. 일부 경우, 구매 센터는 가장 낮은 가격을 제출한 공급업체와 먼저 협상하기도 한다.

기업은 종종 가장 낮은 가격을 제시한 입찰자를 선정하더라도, 다른 요소들에 의해 구매가 결정되기도 한다. 아메리칸 익스프레스는 기업 신용카드, 회사의 출장 경비를 세부적으로 보여주는 월간 리포트를 제공하며 고객 충성도 프로그램과 연결된 다양한 특전 등을 제공하면서 경쟁업체들이 제공하지 못하는 추가 서비스를 통해 여행사로부터의 입찰에 성공한 바 있다.

보다 복잡하고 비용에 대한 부담이 높을수록 구매자들은 적절한 공급업체를 찾기 위해 많은 시간을 들이고, 마케터들도 주문을 받기 위하여 많은 시간을 투자한다. 일부의 경우, 기업들은 현재 고객들에게 **고객 추천 프로그램**(customer reference program)에 참여해달라고 요청하기도 한다. 이러한 상황에서 고객들은 공식적으로 성공 사례를 공유하고, 종종 동일한 욕구를 지닌 사람들로 구성된 온라인 커뮤니티의 한 부분으로 다른 잠재적 고객에게 제품을 추천하기도 한다.

마케터들은 종종 구매 센터를 대상으로 공식적인 발표회나 제품 시연회를 한다. 대형 장비의 경우에는 장비의 성능을 시연하기 위해 구매자들 초대해 다른 고객들과 이야기하거나 방문하는 기회를 주기도 한다. 덜 복잡한 제품의 경우 구매자들은 잠재 공급업체에 제품 샘플을 요청

해 개별 평가를 한다. 구매 센터는 웨이 래디컬 그룹 소프트웨어를 위해 여러 회사의 판매원들에게 소프트웨어 샘플을 보내달라고 요청할 수도 있다.

4단계 : 제품과 업체 선정

구매자들이 모든 제안서를 평가한 후 본격적으로 선정 작업이 시작된다. 구매 과정에서 다음 단계는 기업의 요건을 충족시킬 수 있는 가장 적절한 제품과 공급업체를 선택하는 단계다. 큰 문제가 발생하지 않도록 운영되어야 하는 장비나 시스템의 경우 신뢰성과 내구성은 매우 중요하다. 또한 판매 후 하자보증, 수리 서비스, 정기 점검 등도 고려해야 한다.

구매자가 결정해야 할 중요한 의사결정 중의 하나는 기업의 요건을 가장 잘 충족시킬 수 있는 공급업체의 수를 결정하는 것이다. 가끔 여러 공급업체보다 단일 공급업체와 거래를 맺을 때 보다 이익이 되는 경우가 있다. 구매자와 판매자가 매우 밀접히 협력하는 **단일 공급**(single sourcing)은 회사가 빈번한 배송이나 전문 제품을 필요로 할 때 유용하다. 단일 공급은 생산 공정에 투입되는 재료 품질을 일관되게 공급해준다. 단일 공급은 필요로 하는 제품과 서비스를 다른 공급업체의 간섭 없이 기업이 선택한 공급업체만이 납품하도록 하는 것을 의미한다. 만약 그 단일 공급업체에서 문제가 발생한다면 회사와 최종 소비자와의 관계에도 매우 심각한 영향을 미칠 것이다.

그러나 많은 공급업체보다 하나 혹은 소수의 공급업체를 활용하는 것은 많은 이점이 있다. 한 공급업체로부터 공급받는 기업은 가격이나 계약 조건을 협상할 때 유리하다. 또한 하나 또는 소수의 공급업체를 갖는다는 것은 발행할 송장 수가 적고, 협상해야 할 계약도 적으며, 만나야 할 판매원의 수도 적기 때문에 전반적인 관리 비용을 줄일 수 있다.

반대로 **복수 공급**(multiple sourcing)은 여러 서로 다른 공급업체로부터 제품을 구매하는 것을 의미한다. 이 복수 공급에서는 공급업체들이 가격 경쟁을 벌인다. 한 공급업체가 납품에 문제가 생길 경우 회사는 다른 업체들을 통하여 공급받을 수 있다. 자동차 산업에서는 "자동차 제조업체는 특정 공급업체의 경쟁자가 동일한 제품을 만들 능력이 없다면 한 공급업체로부터 신제품을 구매하지 않는다."라는 철학이 있다. 이러한 방식은 혁신을 억누르는 경향이 있지만, 생산 라인에는 안정적인 부품 공급을 보장한다.

때로 공급업체의 선택은 구매자와 판매자가 서로의 고객이 되어주기로 합의하는 **호혜주의**(reciprocity)에 따를 수 있다. 즉 우리 기업이 상대 기업의 제품을 구매하고 상대 기업이 우리 제품을 구매하는 것이 그것이다. 예를 들어 트럭을 생산하는 회사에 부품을 납품하는 회사는 오직 그 회사의 트럭만을 구매하는 것으로 상호합의하는 것이다.

미국 정부는 이러한 호혜주의 계약을 찬성하지 않는데, 종종 대기업들 간의 호혜주의 계약은 자유경쟁을 막고 신규 공급업체는 새로운 기회를 얻을 수 없기 때문에 불법이라고 주장하기 때문이다. 그러나 미국 정부는 자신들의 사업 분야에서 많은 영향력을 미치지 않는 소기업들 간의 호혜주의는 상호 자유의사라고로 판단할 경우 합법이라고 보고 있다. 다른 국가에서 호혜주의는 B2B 마케팅에서 일반적이며 오히려 이를 기대하는 관행도 있다.

아웃소싱(outsourcing)은 사내에 공급되지 않는 제품이나 서비스를 외부 업체가 공급하도록 하는 것이다. 예를 들면, 소덱소는 미국 내 6,000개 이상의 시설에 음식과 시설 관리 서비스를 담당하는 가장 큰 아웃소싱 업체이다. 대학교는 소덱소의 주요 고객인데, 이는 음식을 준비하고 제공하는 것보다는 학생 교육에 집중하는 것을 더욱 원하기 때문이다(덕분에 당신의 교수들은 가르치는 것만큼 요리를 잘 할 필요가 없다!).

아웃소싱은 점점 일반화되고 있는 전략이지만, 때로는 논란이 있다. 많은 비평가들은 미국

오프쇼어링 기업들이 내부에서 해오던 일들을 수행하기 위해 중국이나 인도와 같은 지리적으로 떨어져 있는 기업들과 계약하는 활동

역마케팅 구매 기업들이 자신들의 명세서에 맞는 제품들을 생산할 수 있는 공급업체들을 확인하려는 기업의 관행

B2B 전자상거래 둘 혹은 그 이상의 기업 또는 조직 간의 인터넷 교환

기업들이 내부에서 해오던 일들을 수행하기 위해 중국이나 인도와 같은 지리적으로 떨어져 있는 기업들과 계약 맺어 이전하는 **오프쇼어링**(offshoring)을 반대하고 있다. 이러한 일들은 컴퓨터 코드를 작성하는 복잡한 일들부터 예약을 받거나, 통신 판매를 하거나, 미국 패스트푸드점에서 자동차에 탄 채 주문을 받는 일과 같은 쉬운 일들도 있다(그렇다. 실제로 인도의 운영자는 #3버거콤보를 현장에서 주문받기보다는 요리사에게 직접 전달하는 것이 더욱 효율적일 수 있다).

구매자와 판매자 간의 협력 관계의 다른 형태에는 **역마케팅**(reverse marketing)이 있다. 판매자들이 잠재 고객을 파악하고 이들에게 제품의 홍보를 하기보다는, 구매자들이 특별히 '요구하는' 제품을 공급할 수 있는 공급업체를 찾고 그 아이디어를 공급업체에게 '판매'하는 것이다. 실제로 대형 가금류 생산업자들이 역마케팅을 활용한다. 퍼듀는 자신을 위한 '황금 알'을 낳기 위해 양계업자들에게 영계, 닭 요리, 양계장 자금 관리, 의약품 등 필요한 모든 것을 공급하는 회사이다. 이는 농부에게는 구매자가 생기고, 동시에 퍼듀는 닭 공급을 보장받을 수 있는 것이다.

5단계 : 구매 후 평가

소비자들이 구매를 평가하는 것처럼 기업 구매자는 제품과 공급업체의 성과가 기대치에 도달했는지를 평가하게 된다. 구매자는 제품뿐만 아니라 설치, 납품, 공급업체가 제공한 서비스에 대한 만족을 평가하기 위해 사용자들을 대상으로 설문조사를 한다. 제품 생산자로서 이것은 구매 기업의 제품에 대한 최종 소비자의 만족 수준과 부합된다고 볼 수 있다. 생산자 제품에 대한 수요가 증가하였는가, 감소하였는가, 변하지 않았는가? 기업은 공급업체 성과를 문서화하고 검토해 그 공급업체와 거래를 유지할지 또는 중단할지 결정한다.

구매 후 평가에서 중요한 요소는 측정이다. 기업, 제품, 브랜드 등에 대한 고객 경험의 측정 요소에 대해 생각할 때 당신은 무의식적으로 메리어트 호텔에 투숙한 여행자의 견해 혹은 새로운 스타벅스 커피 맛의 경험과 같은 최종 사용자인 소비자를 생각할 것이다. 마찬가지로 B2B에서 관리자들은 구매로부터 얻은 피드백에 대해 많은 관심을 가진다.

B2B 전자상거래와 소셜미디어

우리가 이미 알고 있듯이, 인터넷은 신제품 출시부터 제품 유통, 그리고 효과적이고 효율적인 마케팅 커뮤니케이션에 이르기까지 마케팅을 변화시켰다. 그리고 이것은 기업 시장에서도 동일하다. **B2B 전자상거래**[business-to-business(B2B) e-commerce]는 2개 이상의 기업 또는 조직 간에 인터넷으로 거래를 하는 것을 의미한다. 소비자 시장 전자상거래만큼 화려하지는 않지만, 기업 운영 방식에 의미 있는 영향을 미쳤다. 전자상거래를 위해 인터넷을 이용함으로써 기업 마케터들이 공급업체, 공장, 유통업체, 고객들에게 직접 연결할 수 있게 해주었다. 또한 상품의 주문과 배달, 판매 추적, 고객 피드백에 투여되는 시간을 급격히 줄여주었다.

B2B 전자상거래의 가장 간단한 형태는 기업이 필요한 제품과 서비스에 대한 온라인 카탈로그 제공이다. 기업들은 인터넷 사이트가 기술 지원, 제품 정보, 주문 현황 정보 및 기업 고객에 대한 고객 서비스를 제공하는 데 중요한 역할을 한다는 것을 잘 알고 있다. 예를 들어, 많은 기업들이 책자 설명서를 전자 다운로드로 대체할 때 연간 수백만 달러를 절약할 수 있게 되었다. 물론 B2B 전자상거래는 새로운 B2B 서비스 산업에 대한 기회를 창출하기도 한다.

인트라넷과 엑스트라넷

비록 인터넷이 B2B 전자상거래의 기본이라 하더라도, 많은 기업들은 비즈니스를 수행하는 데 보다 안전한 방법을 제공하는 인트라넷을 활용한다. 제4장에서 언급했듯이 이 용어는 회사의 부

서, 직원, 그리고 데이터베이스에 접속하기 위해 인터넷 기술을 사용하는 기업 내부의 컴퓨터 네트워크를 의미한다. **인트라넷**(intranet)은 승인된 직원들에게만 접근을 허용한다. 인트라넷은 전체 웹에서 사용할 수 있는 더욱 엄격한 안전장치로 기업의 강력한 통제하에 일관된 내부 업무를 처리하게 해준다. 기업들은 또한 인트라넷은 화상 회의, 내부 문서 배포, 지리적으로 떨어져 있는 지사와의 의사소통, 직원 훈련 등도 가능하게 해준다.

인트라넷과는 대조적으로, **엑스트라넷**(extranet)은 조직 외부의 특정 공급업체, 고객, 그리고 다른 사람들이 회사의 내부 시스템에 접근할 수 있게 해준다. 엑스트라넷을 사용할 수 있도록 승인된 기업 고객은 온라인으로 주문할 수 있다. 엑스트라넷은 특히 기업과 딜러, 물류업체 그리고 체인점들과의 안전한 의사소통이 필요한 기업에게 유용하다. 당신이 상상할 수 있듯이, 인트라넷과 엑스트라넷은 매우 효율적이다.

단순히 비용절감을 넘어 엑스트라넷은 거래처와 제품디자인과 같은 프로젝트를 공유하고 그 관계를 유지하는 데도 유용하다. 거래 과정 네트워크라고 불리는 GE의 엑스트라넷은 일련의 온라인 구매 과정으로 시작하였으며, 광범위한 온라인 엑스트라넷 커뮤니티로 확대되어 GE를 미국의 가장 큰 에너지 회사 중 하나인 컨솔러데이티드 에디슨과 같은 대형 고객과도 연결되도록 하였다.

B2B 전자상거래의 이면

인터넷을 이용해서 사업을 하는 것은 너무나도 멋지게 들린다. 하지만 많은 양의 정보가 인터넷을 통하여 돌아다니기 때문에 보안상의 위험도 함께 따른다. 당신은 최근 해커들이 타깃이나 니먼 마커스와 같은 소매상들로부터 소비자들의 신용카드 번호를 확보한 사건을 들어 봤을 것이다. 그러나 기업들은 이보다 더욱 큰 걱정이 있다. 해커들이 회사의 사이트를 뚫고 들어왔을 때, 기업의 이전 기록을 삭제하고 영업 기밀을 훔칠 수도 있는 것이다. 소비자 시장이나 B2B 시장의 전자상거래 기업들은 인증과 거래가 안전하다는 것에 대한 **보증**을 염려한다. 이는 오로지 승인된 개인만이 사이트에 접속해서 주문을 할 수 있다는 것을 의미한다. 보안은 기업이 범죄자로부터 거래 과정에서 생성된 정보, 예를 들면 신용카드 번호와 같은 정보에 대한 보안까지 포함된다.

일반 종업원들 역시 보안 문제를 일으킬 수 있다. 이들은 회사 컴퓨터에 대한 자신들의 비밀번호를 부주의하게 다루어서 승인받지 않은 개인이 회사의 컴퓨터 시스템에 접속하게도 한다. 예를 들어 해커들은 별명, 생년월일, 취미 혹은 배우자의 이름과 같은 예측 가능한 비밀번호를 추측하기도 한다.

어떤 종업원들은 의도적으로 보안 문제를 일으키기도 한다. 그들은 의도적으로 기밀문서를 유출하거나 컴퓨터 시스템을 해킹해서 기밀정보를 유출하기도 한다. 에드워드 스노든은 국가안보국의 컨설턴트로 근무하면서 수천 개의 기밀 문서를 언론에 유출한 바 있다. 또한 보안 프로그램이 설치되었음에도 불구하고 타깃의 컴퓨터 시스템에 해커들이 **멀웨어**(malware)를 설치해 4,000만 개 이상의 신용카드 번호와 고객 데이터를 유출하기도 했다.[47]

방화벽(firewall)은 인증된 개인만이 컴퓨터 시스템에 접근을 허용하게 하는 하드웨어와 소프트웨어의 조합이다. 방화벽은 접근을 제한하기 위해 인터넷과 인트라넷 간의 모든 정보를 감독하고 통제한다. 어떤 기업은 일부 직원만이 시스템의 특정 부분에 접근하도록 하고 싶을 때 인트라넷 내에 방화벽을 추가 설치하기도 한다. 방화벽이 확실히 효과적이긴 하지만 비용이 많이 들고 지속적인 감독이 필요하다.

암호화(encryption)는 메시지를 섞어서 올바른 열쇠를 가진 다른 사람 또는 컴퓨터만이 해독

인트라넷 기업 내 부서, 종업원, 그리고 데이터 베이스 등이 서로 연결된 기업 커뮤니케이션 네트워크

엑스트라넷 공급업체, 고객들, 다른 조직과 기업 부서, 종업원, 데이터베이스를 연계하는 시설 및 기업 컴퓨터 네트워크

멀웨어 컴퓨터 시스템에 해를 끼치지 위해 설계된 소프트웨어

방화벽 인증된 개인만이 컴퓨터 시스템에 접근하도록 설계된 하드웨어와 소프트웨어의 결합

암호화 메시지를 섞어서 올바른 열쇠를 가진 다른 사람 또는 컴퓨터만이 해독할 수 있게 하는 것

할 수 있게 하는 것이다. 열쇠가 없다면 이상한 기호들로 보인다. 적절한 암호화 소프트웨어가 없다면 이를 풀 수 없다. 암호화가 없다면 비윤리적인 사람들이 메시지를 중간에서 가로채서 읽을 수 있게 하는 '탐지' 프로그램을 만들어내어 신용카드 번호를 알아내기 쉬울 것이다. 그 탐지 프로그램은 네 자리 숫자가 4개씩 지닌 메시지를 찾아내 자료를 복사한다. 이는 다른 사람이 당신의 신용카드 번호를 알고 있음을 의미한다.

방화벽, 암호화, 그리고 다른 보안 장치들이 있음에도 불구하고 B2B 마케터를 위한 웹보안은 중요한 문제로 남아 있다. 인트라넷과 엑스트라넷 사용에 대한 위협은 경쟁적인 첩보활동 이상이다. 바이러스를 만들거나 개인 컴퓨터와 전체 컴퓨터 시스템을 혼란하게 만드는 해커와 인터넷 범죄자들의 증가는 많은 기업들과 고객들이 공격 대상이 될 수 있음을 의미하기 때문에 항상 긴장 상태를 유지해야 함을 의미한다.

B2B와 소셜미디어

페이스북, 링크드인, 그리고 트위터와 같은 컴퓨터 마케팅의 추세처럼 B2B에서도 소셜 미디어를 활용한 예산 집행이 늘어나고 있다.[48]

- 최근 연구에 따르면 B2B 마케터들은 3개의 주요 소셜 미디어인 링크드인(91%), 트위터(85%), 그리고 페이스북(81%)을 사용한다고 밝혔다. 또한 세 사이트의 효과성은 링크드인(62%), 트위터(50%), 그리고 페이스북(30%) 순으로 나타났다고 밝히고 있다.
- B2B 마케터의 45%는 링크드인으로 고객을 확보했다.
- 소셜미디어 마케터들은 링크트인을 통한 구인 광고를 높이고 있는데 2010년 대비 약 1,300% 증가했다.
- B2B 마케터들의 76%는 기업 블로그를 운영하고 있으며, 52%는 컴퓨터를 이용한 콘텐츠 커뮤니케이션이 중요하다고 응답했다.
- B2B 마케터들은 소셜 미디어를 어떻게 이용할까? 83%는 브랜드 노출에 활용하며, 69%는 웹트래픽, 그리고 65%는 마케팅 인사이트를 확보하는 데 이용한다고 응답했다.
- B2B 마케터들은 왜 소셜 미디어를 활용하기 시작했을까? 많은 마케터들은 기존의 광고 커뮤니케이션에 피곤함을 느끼고 다른 업체와 보다 긴밀한 연관이 가능하기 때문에 소셜 미디어를 활용한다고 말한다.
- 2013년 B2B 업체를 포함한 글로벌 인터넷 광고비는 TV(40.2%)에 이어 소셜 미디어(20.6%)가 뒤를 이었다. 신문광고는 오히려 17.0% 떨어졌다.

컴퓨터 마케팅과 마찬가지로 B2B 업체들이 소셜 미디어 마케팅을 활용한 성공적인 전략을 구상할 수 있다.[49] 첫째, 소셜 미디어 사이트는 표적 고객을 규정하기 위한 좋은 정보를 제공한다. 소셜 미디어를 통해 잠재 고객과 경쟁사가 어떻게 상호작용하는지 확인할 수 있다. 그리고 소비재 시장과 마찬가지로 가장 중요한 것은 당신의 제품, 기업, 그리고 경쟁사에 대해서 고객들이 어떤 이야기를 나누는지 모니터링할 수 있다는 것이다. 구글 애널리틱스, 래디안6, 소셜 멘션과 같은 도구를 통해 이를 해결할 수 있다. 소셜 미디어는 마케터와 고객이 토론, 질의응답, 경험에 대한 공유를 가능케해준다. 트위터, 페이스북, 그리고 블로그를 통해 논의되는 다양한 이야기들에 마케터들은 관심을 갖고 집중해야 한다. 소셜 미디어는 산업에서 질문에 대한 적절한 응답을 제공해주며, 시장에서의 리더십도 가능케해준다.

목표 요약 ➡ 핵심 용어 ➡ 적용

6.1 목표 요약

소비자 행동의 정의와 구매의사결정 과정을 설명한다.

소비자 행동은 개인이나 집단이 그들의 요구와 욕구를 충족하기 위하여 재화, 서비스, 아이디어, 경험을 선택, 구매, 사용, 폐기하면서 거치는 과정이다. 소비자 의사결정은 습관적이고 반복적(저관여)인 구매에서부터 중요하고 위험한(고관여) 구매에 이르기까지 매우 다양하다. 소비자들이 중요한 구매의사결정을 거칠 경우 그들은 다섯 단계로 구성되는 일련의 과정을 거친다. 첫째, 소비자들은 해결해야 할 문제가 있음을 인식한다. 그후 최선의 의사결정을 위해 정보를 검색한다. 다음으로 선택된 대안들을 여러 평가 기준에 근거하여 평가하고 판단한다. 이 시점에서 소비자들은 구매 의사결정을 할 준비가 된다. 구매 후에 소비자들은 그 선택이 사전 기대에 부응했는지 여부를 결정하고 실망, 후회, 인지적 부조화를 경험하기도 한다.

핵심 용어

결정속성	비교쇼핑 대리점	지각된 위험
고려상표군	혹은 숏봇	평가 기준
관여도	소비자 만족/불만족	환기상표군
문제 인식	소비자 행동	휴리스틱
보완적 결정규칙	인지 부조화	
브랜드 충성도	정보 탐색	

6.2 목표 요약

내적 요인이 소비자 구매의사결정에 어떤 영향을 미치는지 설명한다.

몇몇 내부적 요인들은 소비자 의사결정에 영향을 미친다. 지각은 소비자가 자극을 선택하고, 조직하며, 해석하는 방법이다. 동기는 소비자 스스로가 욕구를 충족하려는 내적 상태이다. 학습은 정보나 경험으로부터 기인하는 행동 변화다. 행동적 학습은 외부 사건에 기인되며, 인지적 학습은 내부 정신적 활동으로 간주된다. 태도는 사람, 사물 또는 이슈에 대한 지속적인 평가이며 감정, 인지, 행동으로 구성되어 있다. 개성은 소비자의 특정 상황에 대한 반응이다. 마케터는 소비자 자아개념에 부합하는 제품 속성을 개발하기 위해 소비자의 자아개념 이해를 지속적으로 탐색한다.

소비자의 연령, 가족생활주기, 그들의 생활양식 또한 소비 선호에 강하게 관련이 된다. 마케터는 제품 구매 이유를 설명하는 소비자들의 활동, 관심, 견해에 따라 그들을 집단화하기 위하여 심리분석학을 사용하기도 한다.

핵심 용어

가족생애주기	리치 미디어	주의
감정	멀티테스킹	지각
개성	새드버타이징	태도
게이미피케이션	식역하 광고	학습
고전적 조건화	심리분석학	해석
관찰학습	욕구 위계	행동
노출	인지	행동학습이론
데이터 브로커	인지학습이론	활동 관심 견해
동기	자아개념	(AIOs)
라이프스타일	조작적 조건화	

6.3 목표 요약

소비자 행동에 영향을 미치는 상황적 요인과 타인과의 관계를 이해한다.

상황적 영향요인에는 물리적 환경요인과 시간적 압박이 포함된다. 물리적 환경 차원들은 분위기, 즐거움 등을 형성하며 소비자의 환경 반응에 중요한 영향을 미친다. 하루 중의 어느 때, 1년 중의 한 계절, 구매를 몇 번 해야 하는지 또한 의사결정에 영향을 미친다.

제품에 대한 소비자의 전반적 선호는 그들이 몸담고 있는 문화 서로 다른 여러 하위문화 그리고 집단주의나 개인주의와 같은 요소에 의해 결정된다. 소비자주의는 유해한 기업 관행으로부터 소비자를 보호하기 위한 사회적 운동이다. 사회계층, 집단 회원 그리고 의견 선도자 등은 소비자 선택에 영향을 미치는 여타 유형의 사회적 영향요인들이다. 준거집단은 소비자가 즐겁다고 느끼거나 모방하고자 하는 집단을 의미하는데, 이 준거집단은 소비자의 구매의사결정에 영향을 미친다. 구매는 또한 실제 또는 가상의 집단들로부터의 압력에 의해 결정되기도 한다. 사회적 영향을 미치는 요인으로 사회적 역할(여성과 남성)도 있는데, 예를 들면 성-유형별 제품이 그것이다.

핵심 용어

감각 마케팅	성역할	의견 선도자
감각 브랜딩	소비자 운동	준거집단
대량 계층	소집단문화	지위 상징
문화	시간 부족	하위문화
사회계층	양심적 소비자 운동	

6.4 목표 요약

B2B 시장 및 B2B 시장 수요의 특성과 마케터들이 B2B 고객을 분류하는 방법을 이해한다.

B2B 시장은 개인적 소비 이외의 목적으로 제품이나 서비스를 구매하는 기업 및 조직 구매자를 포함한다. 기업 고객은 생산업자, 재판매업자, 정부 및 비영리단체들을 포함한다. 생산자는 이윤을 창출하기 위한 재화나 서비스를 생산하는 데 필요한 원재료, 부품 및 기타 재화를 구매한다. 재판매업자는 완제품뿐만 아니라 그들의 운영을 유지하는 데 필요한 재화와 서비스를 구매한다. 정부와 비영리단체는 그들의 목적을 수행하는 데 필요한 재화와 서비스를 구매한다. 북미자유무역협정(NAFTA)에 의해 개발된 숫자 코딩 시스템인 북미산업분류체계(NAICS)는 기업 및 조직 시장의 분류 체계로서 폭넓게 사용되고 있다.

조직 시장과 소비자 시장 간에는 크고 작은 여러 가지 차이점이 있다. 성공적인 마케팅을 위해 마케터는 둘 간의 차이를 이해하고 조직 고객과의 효과적인 관계를 위한 전략을 개발해야 한다. 예를 들면 기업 고객은 대개 수가 적고, 지리적으로 집중되어 있으며, 종종 다량으로 고가의 제품을 구입한다. 다른 재화와 서비스의 수요에서 파생된 수요는 가격 상승이나 감소에 큰 영향을 받지 않지만 매우 큰 변동에 영향을 받으며, 일부 다른 재화의 수요 및 가용 능력에 연결되어 있다는 특징이 있다.

핵심 용어

B2B 시장	재판매업자	파생 수요
조직 시장	정부 시장	비탄력적 수요
생산업자	북미산업분류체계	공동 수요

6.5 목표 요약

서로 다른 기업 구매 상황을 이해하고 전자상거래와 소셜미디어를 사용하는 기업 구매 의사결정 과정을 확인한다.

구매등급 체계를 통하여 기업 구매의사결정을 위한 기업의 정도와 노력을 확인할 수 있다. 기업 구매상황은 직접 재구매, 수정 재구매, 신규 구매가 있다. 구매 센터는 구매 의사결정을 위해 함께 하는 사람들의 집단이다. 구매 센터의 역할은 다음과 같다. (1) 구매 필요성을 인식하는 제안자, (2) 제품을 사용하는 사용자, (3) 정보 흐름을 조정하는 정보통제자, (4) 전문지식과 제언을 공유하는 영향자, (5) 최종 구매의사결정을 하는 의사결정자 그리고, (6) 구매를 직접 실행하는 구매자가 그것이다. 기업 구매의사결정은 소비자 구매의사결정과 유사해 보이지만 다소 복잡하다. 예를 들어 정보 탐색 과정에서 B2B 기업은 제품 명세서를 작성해야 하고 잠재 공급자를 정해야 하며, 제품 제안서를 받아야 한다.

B2B 전자상거래는 둘 이상의 기업이나 조직 사이의 인터넷 거래로서 정보, 제품, 서비스 및 지불 교환으로 간주된다. B2B 기업은 종업원에게만 접근이 허용되는 인트라넷과 공급자만 접근이 허용되는 엑스트라넷을 이용한다. 또한 방화벽과 암호화를 통해 해커를 비롯한 기업 보안에 상당한 노력을 기울인다. B2B 기업들은 표적 고객들의 정보를 수집, 브랜드 노출과 웹트래픽 관리, 고객 모니터링, 고객과의 소통 등을 위해 소셜미디어를 적극적으로 활용한다.

핵심 용어

고객 추천 프로그램	수정 재구매	인트라넷
구매등급	신규 구매	제품 명세서
구매 센터	아웃소싱	직접 재구매
단일 공급	암호화	호혜주의
멀웨어	엑스트라넷	B2B 전자상거래
방화벽	역마케팅	
복수 공급	오프쇼어링	

연습문제

개념 : 지식 확인하기

6-1. 소비자 행동이란 무엇인가? 마케터에게 있어 소비자 행동에 대한 이해는 왜 중요한가?

6-2. 습관적 의사결정, 한정적 문제해결 행동, 확장적 문제해결 행동을 설명하라. 의사결정 과정에 있어서의 지각된 위험은 어떤 역할을 하는가?

6-3. 소비자 의사결정 과정의 각 단계는 무엇인가?

6-4. 지각이란 무엇인가? 지각 과정인 노출, 주의, 해석을 설명하라.

6-5. 동기와 관련된 매슬로우의 욕구단계를 설명하라.

6-6. 케이미피케이션이 소비자 동기와 브랜드 상호작용에 어떤 영향을 미치는가?

6-7. 행동학습이란 무엇인가? 인지적 학습이란 무엇인가?

6-8. 태도의 세 가지 구성요소는 무엇인가?

6-9. 개성이란 무엇인가?

6-10. 가족생활주기는 무엇인가?

6-11. 라이프스타일의 의미를 설명하라.

6-12. 물리적 환경, 시간과 같은 상황적 요인들은 소비자 구매의사결정에 어떤 영향을 미치는가?

6-13. 문화, 하위문화, 소집단문화는 무엇인가?

6-14. 사회 계층은 마케터에게 어떤 의미인가?

6-15. 준거집단이란 무엇이며, 소비자에게 어떻게 영향을 미치는가?

6-16. 의견선도자들이란 무엇인가?

6-17. 성 역할이란 무엇인가? 정의와 그 예를 제시하라.

6-18. B2B 시장과 소비자 시장은 어떻게 다른가?

6-19. 파생 수요, 비탄력 수요, 수요 변동, 공동 수요에 대하여 설명하라.

6-20. B2B 시장은 어떻게 분류하는가?

6-21. 신규 구매, 수정 재구매, 직접 재구매를 설명하고 각각에 해당하는 마케팅 전략의 차이점을 설명하라.

6-22. 구매 센터란 무엇인가? 구매 센터에서 구성원들의 역할은 무엇인가?

6-23. 기업 구매 의사결정 과정의 단계는 무엇인가?

6-24. 단일 공급, 복수 공급, 아웃소싱이란 무엇인가?

6-25. B2B 전자상거래에서의 인트라넷과 엑스트라넷의 역할에 대하여 설명하라. 그리고 B2B 전자상거래가 직면한 보안 문제는 무엇인가? 기업의 보안 위험을 줄이기 위

해 사용하는 몇 가지 안전대책은 무엇인가?

실행 : 배운 것 적용하기

6-26. **창의적 과제/단기 프로젝트** 이 장에서는 소비자들이 구매를 할 때 거치는 일련의 단계(문제 인식에서 구매 후 평가까지)를 학습했다. 다음의 제품 중 하나를 구매하고자 할 때 각 단계에서 당신이 채택하는 과정을 자세히 기술해보자.
   a. 직무 면접을 위한 정장
   b. 친한 친구 생일 선물로 준비하는 쥬얼리
   c. 패스트푸드 점심
   d. 크리스마스 트리
   그리고 마케터는 당신이 최종 브랜드를 구매하기 위해 진행되는 구매의사결정과정에서 무엇을 할 수 있을지 제안해보자(힌트 : 제품, 유통, 가격, 촉진 전략을 생각해보자).

6-27. **수업시간 10~25분 팀별 과제** 지난주 수업에 당신의 교수는 학생들에게 동기를 부여하고 적극적인 참여를 위해 다음 학기부터 게이미피케이션 전략을 실행할 것이라고 했고, 당신에게 도움을 요청했다. 그녀가 실제 강의실에서 적용할 수 있는 게이미피케이션을 제안해 보자. 해당 전략의 목적과 측정 그리고 보상 시스템도 구상해보자.

6-28. **창의적 과제/단기 프로젝트** 아마 당신은 현재 재학 중인 대학교에 입학하기 전에 다른 대학교로의 입학도 고려한 바 있을 것이다. 소비자들의 구매의사결정을 보다 깊게 이해하기 위해서는 지각, 동기, 기타 요소들이 어떻게 작용하는지 알아야 한다. 당신의 구매 행동에 영향을 미치는 내적 요인들을 무엇이 있을지 그 예를 들어보자.

6-29. **창의적 과제/단기 프로젝트** 당신이 이번 달에 구매한 제품을 떠올려보자(토요일 밤에 먹은 피자 혹은 스마트폰) 혹은 충동 구매(아이튠스에서의 음악 다운로드)도 함께 떠올려보자. 그리고 매슬로우의 욕구 단계에 적용시켜보자. 각각의 제품들이 욕구 단계에 어떻게 적용되는지 설명하고 그 동기는 무엇인지도 설명해보자.

6-30. **수업시간 10~25분 팀별 과제** 당신은 조경 용품을 유통하는 회사의 판매 관리자라고 가정하라. 당신의 고객들

은 매우 다양하게 분포되어 있다. 당신이 재직 중인 기업은 레이크, 삽과 같은 작은 도구에서부터 트랙터와 자동 관개 시스템에 이르기까지 다양한 제품들을 취급하고 있다. 당신의 고객들은 직접 재구매, 수정 재구매, 그리고 신규 구매 등을 한다. 당신은 이번 주에 지역 판매 담당자와의 미팅이 잡혀 있다. 그는 당신과 거래를 위한 다양한 구매 유형에 대해 이야기를 나누길 원한다. 이때 필요한 회의 내용을 계획하고 다른 수강생들과 함께 역할극을 하면서 당신의 상사에게 이를 어떻게 계획을 발표할 것인지 논의해보자.

6-31. **추가 연구(개인)** 이 장에서 우리는 고객과 상호작용하는 방법으로 리치 미디어를 활용할 수 있음을 학습했다. 웹 서핑을 하면서 리치 미디어의 예를 적어도 세 가지 이상 찾아보자. 당신이 찾은 리치 미디어를 구체적으로 설명하고, 광고주가 해당 리치 미디어를 통해 어떻게 소비자와 상호작용할 것인지, 그리고 이를 통해 무엇을 개선할 수 있는지 설명해보자.

6-32. **추가 연구(그룹)** 당신은 이 장에서 제품 욕구를 인식할 경우 소비자들은 다양한 브랜드들을 고려 대상으로 떠올린다고 학습했다. 다른 수강생들과 함께 다음 단계를 거치면서 함께 연구해보자.

  a. 대학생들이 주로 구매하는 제품을 선택하라.

  b. 연구에 참여할 학생들에게 나눠줄 설문지를 만들어보자. 학생들에게 당신이 선택한 제품들의 브랜드 리스트를 작성하게 요청하는 질문 문항을 만든다. 그들에게 문항에 응답할 수 있는 시간은 5분으로 제한한다.

  c. 참여자들에게 만약 오늘 제품을 구매해야 한다면, 그들이 제품을 선택하는 데 있어 무엇을 고려하는지 물어보자.

  d. 설문조사 결과 보고서를 만들고 난 후 해당 연구 결과를 통해 발견한 시사점은 무엇인지 발표해보자.

개념 : 마케팅 계량지표 적용

B2B 고객들(클라이언트)은 매우 바쁜 전문가들일 뿐만 아니라 마케터들에게 시간상의 이유로 충분한 자료를 제공하는 것을 꺼려하기도 한다. 고객 만족, 품질, 고객 관여, 재구매 의사, 문제 해결의 소요 시간 및 효과성 등과 같은 주요 개념들을 측정하기 위해 마케터들은 사용자에게 가장 친숙하고 효율적인 데이터 수집 방법을 사용해야만 한다. 만약 그렇지 않으면 고객은 필요한 데이터를 제공할 가능성이 매우 낮아진다.

6-33. 제4장으로 돌아가서 데이터를 수집하는 접근법들을 다시 한번 살펴보자. 업무로 바쁜 B2B 고객들의 협력을 이끌어내기 위해 정보를 수집하는 접근법을 제안해보자. 당신이 선택한 접근법을 가능한 구체적으로 묘사하고 이를 선택한 이유를 설명하라.

선택 : 당신은 어떻게 생각하는가?

6-34. **비판적 사고** 인구통계적 혹은 문화 가치의 변화는 마케터에게 있어 매우 중요하다. 성공적인 마케팅을 위해 위와 같은 변화들이 다음 제품에 미칠 영향을 논의해보자.

  a. 주택

  b. 식품

  c. 교육

  d. 의복

  e. 여행과 관광

  f. 자동차

6-35. **비판적 사고** 소비자들은 그들의 준거집단에 순응해야한다는 압박을 느끼기 때문에 제품을 구매하기도 한다. 이러한 준거집단의 순응성은 소비자에게 긍정적 영향을 미치는가 혹은 부정적 영향력을 미치는가? 어떤 유형의 제품에서 준거집단 순응성이 보다 자주 발견되는가?

6-36. **윤리** 지난 수년간 마케터들은 고객들의 무의식을 자극하기 위해 감각 마케팅들을 실행해 왔다. 그리고 기존 연구들에 의하면 이는 분명 효과가 있다고 밝히고 있다. 하지만 감각 마케팅은 과연 정당하다고 볼 수 있을까? 어떤 사람들은 마케터들이 비윤리적인 방법으로 고객들을 조작하여 구매를 자극한다고 주장하기도 한다. 감각 마케팅과 관련된 장점과 단점은 무엇일까? 당신의 생각은 어떠한가?

6-37. **비판적 사고** 전자상거래는 B2B 거래를 획기적으로 바꾸고 있다. 기업들에게 있어 B2B 전자상거래의 이점은 무엇인가? 그리고 사회에 미치는 영향은 무엇이 있겠는가? 또한 B2B 전자상거래는 어떠한 단점들이 있는가?

6-38. **비판적 사고** 모바일 커머스는 스마트폰과 태블릿 PC가 데스크톱 혹은 랩톱 컴퓨터를 대체하면서 전자상거래 분야에서 빠르게 성장하고 있다. 모바일 커머스는 향후 소비자들의 구매행동에 어떤 변화를 일으킬 것인가? 마케터들은 모바일 커머스를 사용하는 소비자들을 위해 무엇을 준비하고 계획해야 하는가? 당신은 향후 모

바일 커머스가 어떤 변화를 맞이할 것이라고 생각하는 가?

6-39. 비판적 사고 경쟁입찰로 제품을 구매하는 방식은 기업 구매 유형들 중에서 상당한 관심을 받고 있다. 구매자 들에게 있어 이러한 구매 방식의 장점과 단점은 무엇인 가? 판매자들에게 장점과 단점은 무엇인가? 그리고 기 업들은 그 사업을 최저 입찰자에게 주어야 하는가? 혹 은 왜 그렇지 않은가?

6-40. 윤리 기업 구매에 있어서 단일 공급 정책을 시행할 경 우 다른 공급업자들은 판매 기회를 가질 수 없다. 이는 윤리적이라 할 수 있는가? 기업들에게 있어 이점은 무 엇인가? 그리고 단점은 무엇인가?

6-41. 비판적 사고 구매 센터에서 정보통제자는 센터 내에서 의 정보 흐름을 통제하는 역할을 한다. 따라서 정보통 제자는 가능성 있는 판매자와 그렇지 못한 판매자를 결 정한다. 정보통제자는 상당한 권력을 갖고 있다고 생 각하는가? 가능성 있는 판매자들이 공정하게 취급받기 위해 어떤 정책들이 시행되어야 하는가?

6-42. 비판적 사고 아웃소싱과 오프쇼링은 많은 논란이 있다. 사업 관점에서 아웃소싱은 어떤 편익이 있으며, 소비자 에게 돌아갈 수 있는 편익은 무엇이 있는가? 반대로 사 업 관점에서 아웃소싱은 어떤 단점이 있으며, 소비자에 게 돌아갈 수 있는 단점은 무엇이 있는가? 실제로 아웃 소싱은 어느 정도 규제가 있어야 한다고 생각하는가? 그 이유를 논의해보자.

미니 프로젝트 : 행하면서 배우기

이 미니 프로젝트의 목적은 구매의사결정 과정에 이해를 증진 하는 것이다. 다음에 제시된 제품들 중 하나를 선택하고 지시 를 따르자.

- 신차 혹은 중고차
- 봄 휴가
- 아파트
- 컴퓨터 혹은 스마트폰

6-43. 문제 인식 당신이 해당 제품을 구매하려는 이유(문제) 는 무엇인지 설명해보자.

6-44. 정보 탐색 당신이 선택한 제품에 대한 정보를 인터넷을 통해 찾아보자. 그리고 둘 혹은 그 이상 해당 제품을 취 급하는 매장에 방문해서 정보를 수집하도록 하자.

6-45. 대안 평가 당신이 관심을 갖고 있는 대안 다섯 가지를 선 택해보자. 그리고 둘 혹은 셋으로 줄여보자. 무엇이 가 장 유용한지 그리고 각 대안들의 장단점을 논의해보자.

6-46. 제품 선택 당신이 구매할 제품을 선택하자. 구매의사결 정과정에서 선택된 제품을 직관적으로 설명해보자.

6-47. 구매 후 평가 당신이 해당 제품을 구매했다고 가정한 후 만족 혹은 불만족한 요인은 무엇인지 논의해보자. 그리고 그 이유는 무엇인지 생각해보자.

6-48. 각각의 구매과정 시나리오를 보고서로 작성해보자.

마케팅 행동 사례 에어버스의 실제 선택

에어버스는 상당한 여유가 있다고 생각한다. 에어버스는 A320(세계에서 가장 많이 팔린 비행기)과 A320네오(새로운 엔 진 탑재)를 갖고 있다. A320네오는 단일 기종으로 서로 다른 엔진 배열로 연료 효율성이 높다. 에어버스에 따르면, A320네 오는 엔진 소음이 적을 뿐만 아니라 오염 배출도 적고 더욱 먼 거리를 20% 연료를 절감한 상태에서 운행이 가능하다고 밝히 고 있다.

연료 효율성을 높이고 탑승객들의 편안한 탑승을 위해 샤크 렛에서 공급하는 엔진을 장착하고 있다. 또한 샤크렛은 공기 역학을 줄이고 연료 배출을 4%까지 줄일 수 있다. 상어 지느 러미를 닮은 샤크렛은 매우 가벼운 소재에 2.4미터에 이른다.

공기역학을 적절하게 이용하고 무게를 줄였기 때문에 A320네 오는 거의 500해리(nautical mile)까지 운항거리를 넓힐 수 있 었다. 내부 인테리어 역시 변화를 줬는데, 짐칸을 확장하고 공 기순환 시스템도 개선했으며, 승객도 20명 추가할 수 있게 되 었다.

에어버스는 이러한 네오 타입을 A319네오와 A321에도 적 용하고자 했다. 기존 비행기에서 사용하는 부품들 중 약 95% 는 공유가 가능해 호환성이 높아 구현 비용을 절감할 수 있으 며, 다양한 개선이 이루어지고 있다.

에어버스 A320네오의 가장 강력한 경쟁자는 보잉이 최근에 도입한 737맥스다. 보잉의 프로그램 관리 부사장인 스콧 팬처는 737맥스를 '중형 비행기 시장의 심장'이라고 평했다. 737맥스는 날개를 새로 설계해 연료 효율성을 높였을 뿐만 아니라 날개와 엔진의 인터페이스를 개선하고 윙레트(winglet)를 사용하고 있다. 하지만 여전히 보잉은 에어버스에 가려져 있다. 797맥스 프로그램은 에어버스보다 늦게 운항을 시작했다. 즉 에어버스의 A320네오가 첫 운항을 할 때까지도 737맥스는 첫 운항을 시작하지 못한 것이다. 보잉은 3,072대의 주문을 받고 있지만 2017년에나 첫 운항이 잡혀 있다.

2015년부터 A320네오는 약 4,500여 대의 주문이 이루어지고 있다. 2016년 1월에는 독일 항공사인 루프트한자가 A320네오의 첫 운항을 맡았다. 에어버스는 사전 주문방식으로 이루어지는 항공기 시장의 리더가 된 것이다.

항공시 산업에서 제조업자가 도입 단계에서 작은 생산 문제를 경험하는 것은 흔한 일이다. 항공기 산업에서 몇 가지 문제점들이 발견되기도 하는데, A320네오는 초기에 배송이 지연되는 문제를 갖고 있었다.

루프트한자가 A320네오의 첫 운항을 맡았지만 에어버스의 의도는 아니었다. 카타르 항공사가 2015년 말에 이미 주문을 했던 것이다. 하지만 항공기 시험 중 엔진에 결함이 발생할 것을 알고 주문을 잠시 미뤘다. 에어버스는 이러한 문제를 적절하게 다루기 위해 전문 기술 직원이 있는 공항에서만 A320네오를 다루기 위해 루프트한자에 집중한 것이다. 누군가는 "좋은 일은 시간이 걸린다."라고 하기도 했다.

A320의 초기에는 배송상 문제가 있었지만 어느 정도 해결될 것으로 예상된다. 하지만 4,000개 이상의 주문을 기다리는 많은 고객들에게 긍정적인 관계를 유지해야 한다. 에어버스는 고객들이 주문을 취소하고 보잉을 선택하는 것을 어떻게 다루어야 할까? 에어버스의 도전은 끝나지 않았다.

당신의 결정

6-49. 에어버스가 결정해야 할 것은 무엇인가?

6-50. 이러한 상황에서는 무엇을 이해하는 것이 가장 중요한가?

6-51. 어떤 대안이 있는가?

6-52. 당신은 어떤 결정을 제안할 수 있는가?

6-53. 당신의 제안을 실행하기 위해서는 무엇을 해야 하는가?

참고자료 : Based on Dhierin Bechai, "Did The Airbus A320neo Lose Its Momentum?" *Seeking Alpha* (March 21, 2016), http://seekingalpha.com/article/3959986-airbus-a320neo-lose-momentum (accessed April 21, 2016); "Spotlight on ⋯ The neo: a Born Leader," *Airbus*, http://www.airbus.com/aircraftfamilies/passengeraircraft/a320family/spotlight-on-a320neo/ (accessed April 21, 2016); Dominic Gates, "Boeing's 737 MAX Takes Wing with New Engines, High Hopes," *Seattle Times* (January 29, 2016), http://www.seattletimes.com/business/boeing-aerospace/boeings-737-max-takes-off-on-first-flight/ (accessed April 21, 2016).

세분화, 표적 마케팅, 포지셔닝

Levi Strauss

젠 세이
▼ 리바이 스트라우스 의사결정자

젠 세이는 리바이 스트라우스사의 브랜드인 리바이스®의 최고마케팅 책임자다. 그녀는 16년이 넘는 기간을 마케팅, 전략, 전자상거래 팀에서 다양한 요직을 맡으며 리바이 스트라우스 사와 함께 해왔다. 2013년에 세이는 리바이스® 브랜드의 글로벌 최고마케팅책임자가 됐다.

그로부터 20년 전, 그녀는 리바이스®를 포함하여 다양한 브랜드와 일을 했던 풋콘앤벨딩의 광고대행사에서 그녀의 경력을 시작했고, 1999년 리바이 스트라우스사에 정착하기 전까지 바나나 리퍼블릭의 광고 매니저로 전환하여 근무했다.

그녀는 리바이 스트라우스사에서 리바이스® 브랜드와 다커스 브랜드 양쪽 모두에서 다양한 역할을 맡았다. 그녀는 미국 리바이스®의 마케팅 이사, 리바이스®의 글로벌 전략 상임 이사, 리바이 스트라우스사의 글로벌 마케팅 부사장 그리고 다커스의 글로벌 마케팅 수석 부사장을 역임했다. 2012년에 그녀는 글로벌 전자상거래 수석 부사장이 되어 브랜드를 초월하여 levi.com과 dockers.com 양쪽의 사업 재편성을 이끌었다.

2013년에 젠은 최고마케팅책임자 역할로 리바이스® 브랜드에 돌아왔다. 부임 직후, 그녀는 라이브 인 리바이스 캠페인(Live in levi's® campaign)을 시작했다. 수십 년간 전 세계의 팬들에게 사랑받아왔던 낙관적인 마인드로 리바이스®라는 브랜드를 다시 연결시키려는 취지였다. 캠페인은 전 세계의 사람들이 어떻게 리바이스®라는 브랜드를 입으며 살아가고 있는지 보여주는 방식으로 리바이스®의 상품과 브랜드를 홍보하는 기념 행사였다. 특히 콘텐츠 중 '아름다운 아침(Beautiful Morning)'이라는 텔레비전 코너는 2015년에 테이스트 어워드(Taste Award)에서 특별 수상의 영예를 안아 젠의 즉각적인 영향력을 알게 해주었다.

세이는 2006년 애드에이지가 선정한 40세 이하 최고의 마케팅 관리자 40인, 2014년 토털리테일이 선정한 여자 소매왕, 2015년 마케팅 분야의 여자 혁신가 50명에 이름을 올리는 등 다양한 상을 받았다. 가장 최근에는 2016년 핫 토픽(Hot Topic)이 선정한 100대 소매업 마케팅 관리자에 이름을 올렸다.

어렸을 때 세이의 삶은 헌신, 도전 그리고 경쟁으로 가득 차 있었다. 그녀는 1986년에 미국 체조 선수권 대회에서 우승했는데 이는 1985년 세계 선수권 대회에서 심각한 부상을 입은 지 1년도 채 되지 않은 때였다. 결국 미국 올림픽 위원회는 그녀를 그해의 체조선수로 지명했다. 8년 뒤 그녀는 국가대표팀을 은퇴하고 스탠퍼드대학교로 진학해 커뮤니케이션학과 정치학을 복수전공한다. 2008년에 세이는 그녀의 첫 번째 책인 '우승하기(Chalked Up)'을 출간했다. 이 책은 경쟁으로 점철된 체조의 세계에서 그녀가 쟁취한 승리와 투쟁을 묘사한 회고록이었다. 그녀는 '굿모닝 아메리카'와 'CBS 모닝 쇼' 등 다양한 토크 쇼에 출연하여 어린 선수들의 엘리트 경쟁에 대한 찬반 논쟁에 대해 토론했다.

세이는 현재 남편인 다니엘과 세 아들인 버질, 와이엇, 오스카와 함께 캘리포니아의 샌프란시스코에 거주 중이다. 그녀는 온라인 소매점인 outlets salon.com, mommytrackd.com, Basilandspice.com을 돕고 있다. 또한 그녀는 '우승하기'부터 시작된 운동선수의 대변가 역할도 계속하고 있다. 2016년에 스위티 베티(영국 레크리에이션용 의복 분야의 선도 브랜드)는 세이를 회사의 이사회의 일원으로 임명했다.

휴식시간에 주로 하는 일은?
가족(아이 3명, 남편 1명, 개 1마리)과 함께 보내고 책을 읽고, 요리하고, 글을 쓰고, 운동하면서 보낸다.

졸업 후, 첫 직장은?
영화 및 체조 감독의 제작 보조였다.

최고의 경력은?
리바이스의 CMO로서 라이브인 리바이스와 리바이스 스타다움 착수

직업과 관련하여 하지 않았으면 했던 실수는?
하나의 길로만 경력을 설계했는데, 예측할 수 없는 다음 단계를 준비하는 과정에서 개방적으로 미리 대비했더라면……

삶의 모토는?
끝내라.

관리 스타일은?
개방적이고 솔직하며, 항상 겸손하고, 소매를 걷어 올려 일을 하고, 직접적 의사소통 방식을 취한다. 항상 기억하라. 당신은 모든 것을 알지 못한다!

화나게 하는 것은?
리더십을 생각하는 리더들은 사람들에게 무엇을 해야 할지 말한다. 사람들에게 의미를 부여해라. 의미가 없거나 불필요한 것에 대해서는 참지 말라.

나의 (문제)는…

실제 **인물**, 실제 **선택**

리바이스 브랜드는 의미와 시장 점유를 잃고 있었다. 비록 기술적으로는 우리가 청바지 시장 점유율에서 선두였지만, 우리가 진짜로 시장을 선도하고 있다는 느낌은 들지 않았다. 리바이스의 시장 점유율은 프리미엄 브랜드와 당시 갓 등장한 패스트 패션 업체들로부터 야금야금 잠식당하고 있었다. 우리는 재무, 자본의 성과, 브랜드의 장기적 안정성 측면에서 성공을 목표로 재정비할 필요가 있었다. 우리는 의미 있고 차별화된, 다양한 소비자에게 매력을 줄 수 있고 세계적으로 성공 가능성이 있는 명확한 브랜드 가치를 제안할 수 있어야 했다. 나의 역할은 이 방향 안에서 조직을 다방면으로 고취시키는 한편, 이 포지셔닝에 적합한 장기적인 마케팅 캠페인을 창안하고 그 과정을 이끄는 것이었다.

젠이 고려한 세 가지 선택 1 · 2 · 3

1 선택
가장 먼저 무엇보다도, 우리는 명백함에 주목했다. **리바이스는 가장 오래된 청바지다.** 설립자인 리바이 스트라우스와 재단사였던 제이컵 데이비스는 남성용 작업바지에 대갈못을 넣는 방법에 대해 미국 특허를 1873년에 취득했었다. 또한 회사는 150년이라는 긴 역사를 자랑한다. 이 포지셔닝은 브랜드에게 혁신 기업이라는 지위를 보장해준다. 우리는 가장 오래되었지만 최초이기도 하다. 그 어떤 다른 회사도 이런 얘기를 할 수 없다. 아무도 청바지 혹은 그런 상품 영역에 손대지 않았다. 비록 이것들이 중요한 의미를 담고 있긴 하지만 현대 소비자들과는 연관이 없다. 그게 오늘날 소비자들에게 브랜드를 선택할 이유를 제공하는 건 아니다. 우리는 밀레니엄 세대가 진실성에 가치를 둔다는 점을 알고 있지만, 이 속성을 보다 강력하게 홍보하거나 우리 브랜드를 선택할 다른 이유를 제시할 필요가 있었다.
우리는 또한 독창성의 다른 정의를 주목했다. 우리는 '독창성'이 '처음'만을 의미하지는 않는다고 생각했다. 독창성은 새로운 것, 신선한 것, 창의적인 것 그리고 독립적인 것이라고도 할 수 있다.

2 선택
우리는 **"리바이스는 당신처럼 독창적입니다."**라는 문구로 브랜드와 소비자 사이의 관련성을 만들어내고자 했다. 이 문구는 유의미하고 열망을 하게 만들었다. 모든 사람이 스스로를 독창적이고, 독특하고, 개인적으로 보고 싶어 한다. 그리고 리바이스가 이걸 가능하게 할 수 있었다는 점은 확실히 설득력이 있었다. 리바이스는 오랫동안 개성에 대해 얘기해왔는데, 가장 주목할 부분은 바로 문화의 아이콘인 제임스 딘이었다. 그가 1950년대에 영화 '이유 없는 반항'에 흰 셔츠와 가죽 재킷, 그리고 리바이스 501을 입고 등장한 장면은 아직도 팝 문화에 전설적인 장면으로 회자되곤 한다. 하지만 독창성과의 연계는 효력을 잃어갔다. 많은 청바지와 의복 브랜드들이 이 문구를 사용했다(정당하든 아니든 말이다). 우리는 독창성이 시장에서 우리를 차별화시켜주고, 사람들에게 다른 브랜드가 아닌 리바이스를 선택할 이유를 줄 수 있는지에 대해 더 이상 확신할 수 없었다. 하지만 소비자들에게 우리의 오랜 유산을 상기시켜려 한다면, 리바이스가 정당한 요구를 하고 있다는 데에는 의심의 여지가 없었다.

3 선택
전 세계의 소비자들과 연구를 시작하면서, 우리는 많은 사람들이 리바이스를 통해 놀라운 경험을 했다는 얘기를 들었다. 그들은 도로 여행, 첫사랑, 콘서트, 그리고 밤샘 댄스파티 등의 스토리를 꺼냈다. 그들은 이런 경험들 때문에 그들이 리바이스와 갖게 된 유대감에 대해 얘기했고, 그들이 다른 청바지나 의복에는 이런 종류의 관계를 갖지 않는다고 말했다. 리바이스 청바지와 그들의 관계는 매우 특별했다. 여기에 창안해서 **"다른 청바지는 당신에게 입는 옷일 뿐, 리바이스는 당신의 인생입니다."**라는 문구를 만들었다. 이 문구는 고객들과의 감정적인 유대감으로 엄청난 차별화와 중요성을 제공했다. 문제는 청바지가 예전보다도 더 패션 지향적이라는 점이다. 우리는 감정적인 메시지뿐 아니라 스타일적인 메시지까지 다뤄야 할 필요가 있다. 그리고 이러한 연결은 전 세계 시장에서 우리가 가지고 있는 취약점이다. 예를 들어 중국처럼 오랫동안 사람들이 리바이스를 입지 않은 나라는 이런 연결을 구축할 시간이 없었다.

당신이 젠이라면 무엇을 선택할 것이며, 그 이유는 무엇인가?

당신의 선택

무엇을 선택할 것인가? 그 이유는?
☐ 선택 1　☐ 선택 2　☐ 선택 3

7.1

목표

표적 마케팅 과정의 단계를 확인한다.

표적 마케팅 : 시장 선택 및 진입

제1장으로 돌아가보자. 우리는 시장을 '특별한 상품을 통해 만족될 공통의 요구를 갖고 있고, 또한 이를 위해 지불할 자원을 보유하고 있으며, 자원과 상품을 기꺼이 교환할 의사가 있고, 교환을 결정할 권리가 있는 모든 고객과 잠재적 고객'이라고 정의했다. 그리고 당신은 지금까지 마케팅을 공부하면서 마케팅 관리자의 목표가 가치 창출, 고객과의 관계 구축, 그리고 요구 충족임을 알고 있다. 하지만 현대 사회는 복잡하기 때문에 모든 사람의 요구가 동일하다는 것은 안일한 생각이다. 물론 청바지조차도 말이다.

오늘날, 사람들의 서로 다른 요구를 이해하는 것은 복잡한 일이다. 왜냐하면 기술과 문화의 발전이 **시장 분할**(market fragmentation)이라는 상황을 야기했기 때문이다. 즉, 사람들의 다양한 관심과 배경이 자연스럽게 그들을 다양한 요구와 욕구를 가진 수많은 집단으로 나눠놓은 것이다. 이 다양성 때문에 같은 재화나 서비스가 모두를 만족시키지는 못한다.

예를 들어, 고등교육에서 분할의 효과를 고려해보자. 지금 듣고 있는 이 과목을 포함해서 어떤 과목을 선택해야 할지에 대한 문제에 직면하기 전에 당신은 엄청나게 다양한 대학교 중 어디에 진학할지를 결정해야 하는 더 큰 문제가 있었다. 그 대학교 중에는 커뮤니티학과나 기술전문대학, 그리고 국공립 혹은 사립 4년제 대학교뿐만 아니라 영리를 목적으로 하는 대학인 피닉스나 캐플런대학교, 그리고 웨스턴거버너스대학교처럼 온라인으로만 강의가 이루어지는 대학도 있었다. 이런 각각의 고등교육 기관들은 서로 다른 시장의 요구를 해결한다. 또한 현재 당신의 요구를 해결해줄 수 있는 게 꼭 당신의 미래의 요구도 충족시켜줄 수 있는 것은 아니다. 다행히 당신의 능력, 배경, 그리고 물론 오래된 수표장으로부터 선택할 수 있는 다양한 옵션들이 있다.

마케팅 관리자들은 모든 사람들에게 동일한 항목을 제공하는 대량 마케팅의 효율성과 소비자가 원하는 바를 원하는 그대로 정확하게 개인별로 제공하는 효과성 간에 균형을 유지해야 한다. 대량 마케팅은 확실히 원가를 절감할 수 있다. 즉, 하나의 제품을 모든 소비자에게 제공할 때 우리는 개별 광고 캠페인과 각 항목을 위한 서로 다른 포장을 위한 요구사항을 생략할 수 있다. 그러나 소비자들은 사물을 다르게 본다. 소비자들의 관점에서 최고의 전략은 그들 자신을 위해 완벽한 제품을 제공하는 것이다. 불행히도, 그것은 사실상 비현실적이다.

버거킹은 40년 동안 "당신의 방식대로 드세요."라는 모토를 내세우고 있다. 하지만 2014년 이 패스트푸드 회사는 기존의 상징적인 모토를 폐기하고 "당신 방식이예요."라는 새로운 버전의 슬로건을 제시했다. 새 모토는 사람들에게 "언제라도 그들이 원하는 방식으로 살 수 있고, 살아야 한다. 완벽하지 않아도 괜찮다. 자아 표현이 가장 중요하고 우리를 로봇이 아닌 우리 개인으로 만들어주는 것은 바로 우리의 차이다."라는 점을 상기시킬 수 있도록 고안되었다.[1] 이러한 변화는 버거킹을 편리하게 만들었다. 사실 버거킹은 기존의 약속(모토)을 어느 정도까지만 제공하고 있었다. 즉, '마음대로'는 겨자나 케첩 같은 익숙한 조미료의 경계 안에서만 유효했을 뿐, 당신의 햄버거를 블루 치즈, 망고 소스, 혹은 다른 '독특한' 재료로 토핑하는 건 불가능했기 때문이다.

결국, 모든 사람에게 같은 것을 팔려고 노력하는 대신, 마케팅 관리자는 전체 시장을 고객의 특성에 기초하여 상이한 세분시장으로 분할하고, 하나 또는 그 이상의 세분시장을 선택해서, 이러한 특정 세분시장의 요구를 충족할 수 있는 제품을 개발하는 **표적 마케팅 전략**(target marketing strategy)을 선택한다. 📈 그림 7.1은 세분화, 표적화, 포지셔닝의 세 단계 과정을 보여

시장 분할 현대 사회에서 소비자의 다양한 근원적 욕구(needs)와 구체적 욕구(wants)에 따라 생긴 집단

표적 마케팅 전략 시장을 고객의 특성을 바탕으로 서로 다른 세분시장으로 구분하고, 하나 또는 그 이상의 세분시장을 선택하여 해당 세분시장의 소비자의 요구를 충족시키는 제품 개발

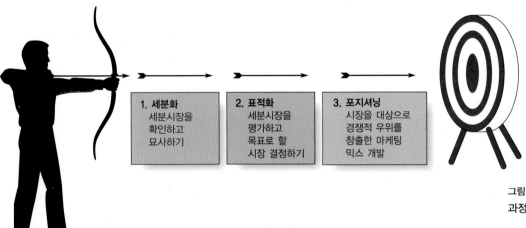

1. **세분화**
세분시장을
확인하고
묘사하기

2. **표적화**
세분시장을
평가하고
목표로 할
시장 결정하기

3. **포지셔닝**
시장을 대상으로
경쟁적 우위를
창출한 마케팅
믹스 개발

그림 7.1 과정 | **표적 마케팅 과정의 단계**

표적 마케팅 전략은 세 단계로 구성된다. 우선, 마케팅 관리자는 시장을 고객의 특성에 기초하여 세분시장으로 나누고, 하나 또는 그 이상의 세분시장을 선별하고, 마지막으로 그러한 특정 세분시장의 요구를 충족하기 위한 제품을 개발한다.

주는데, 이것이 이 장에서 우리가 검토하려는 것이다. 첫 번째 단계인 세분화부터 시작해보자.

7.2
목표
시장 세분화의 필요성 및 접근법을 이해한다.

1단계 : 세분화

세분화(segmentation)는 대규모 시장을 하나 또는 그 이상의 유의미하게 공유된 특성을 근거로 보다 작은 시장으로 분할하는 과정이다. 이 과정은 소비자 시장뿐만 아니라 기업 간 시장(B2B 시장)에서 대부분의 마케팅 관리자들이 살아가는 방식이다. 사실 언제나 모든 사람을 만족시킬 수는 없기 때문에 당신은 최선의 결과를 도출할 필요가 있다. 매리어트사는 가치 지향적인 코트야드 호텔부터 호화로운 리츠칼튼 호텔까지 16개의 다양한 브랜드를 제공하여 시장을 세분한다. 새로운 브랜드들은 이케아와 파트너십을 맺은 목시 체인, 그리고 1980년대에 부티크 호텔 컨셉을 창안하고 스튜디오 54 디스코로 유명해진 이안 스크라저와 연계한 우버힙 에디션 호텔을 모두 포함한다.[2] 마케팅 관리자는 어떻게 인구 모집단을 세분화할까? 그들은 어떻게 전체 파이를 '소화'해낼 수 있는 작은 조각으로 나눌까? 마케팅 관리자들은 하나 또는 그 이상의 유용한 **세분화 변수**(segmentation variables), 즉 전체 시장을 상당히 동질적인 집단들로 나누고, 각 집단은 서로 다른 요구와 선호를 갖도록 하는 차원을 결정해야 한다. 이 절에서 우리는 마케팅 관리자가 최종 소비자를 나누기 위해 사용하는 세분화 변수의 유형에 대한 고찰을 시작으로 이러한 세분화 과정을 살펴볼 것이다. 그 후에 B2B 세분화를 다루고자 한다.

소비자 시장 세분화

예전에는 스포츠 신발 시장을 선수용과 비선수용으로 구분하면 충분했다. 그러나 요즘엔 스포츠용 재화 점포에 가 보면 선수용 시장이 다양하게 분할되어 있음을 알 수 있다. 조깅, 농구, 테니스, 사이클링, 다종목 운동, 심지어는 스케이트보드용 신발까지 우리를 기다리고 있다. 만약 우리가 오늘날 구할 수 있는 모든 신발의 종류대로 시장을 세분하고자 한다면, 여러 가지 세분화 변수가 필요하다. 우선, 모든 사람이 신상 스니커즈 신발을 몇 백 달러씩 기꺼이 지불하거나 또는 어느 정도 가격까지 인하할 수는 없으므로 마케팅 관리자들은 이익을 고려해야 한다(에어 조단 프렌즈와 패밀리 에디션 킥스 한 쌍에 대하여 당신은 6,000달러를 기꺼이 지불할 것이다).[3] 둘째로, 남성들은 친구들과 농구를 하기 위한 농구화에 흥미가 있는 반면, 여성들은 신상

세분화 하나 또는 그 이상의 의미 있는 특성들을 바탕으로 대규모 시장을 작은 여러 개의 시장으로 나누는 과정

세분화 변수 전체 시장에서 서로 상이한 요구나 선호를 가지고 있는 상당히 동질적인 집단으로 나눈 차원

그림 7.2 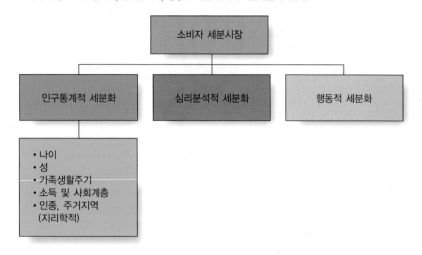 스냅숏 | 소비자 시장 세분화

소비자 시장은 인구통계적, 심리분석적, 행동적 기준에 따라 세분화할 수 있다.

필라테스 신발에 관심이 있다. 따라서 마케팅 관리자들은 성별도 고려해야 한다. 모든 연령대가 특정 운동화를 구매할 때 같은 관심사를 보이지는 않으므로, 우리는 인구통계학적, 심리분석적, 행동적 차이를 포함한 여러 방법을 이용하여 대규모 소비자 '파이'를 소규모 조각으로 나눌 수 있다. 인구통계적 세분화의 경우에 있어서 인구통계 집단의 여러 핵심 하위범주들이 있을 수 있다. 즉, 연령(세대적 차이를 포함), 성별, 가족생활주기, 소득과 사회계층, 인종, 거주 지역 등이 있고 때로는 별도의 지리적인 세분화를 언급할 수 있다. 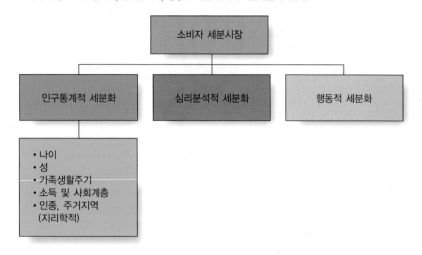 그림 7.2는 소비자 시장을 세분화하는 주요 접근법들을 요약해서 보여주고 있다.

다음의 절에서 우리는 세분화에 대한 각각의 접근법들을 차례로 고찰할 것이나, 첫 번째 주의사항을 보자. 특정 집단, 저소득 소비자, 낮은 교육 수준, 비모국어 사용자 그리고 어린이 등의 집단에게 마케팅 활동을 할 때 그들이 상황을 과도하게 이용하지 않도록 극도로 주의해야 하는 것이 마케팅 관리자에게 지워진 의무이다. 제2장에서 우리는 저소득층(bottom of the pyramid, BOP)이라는 글로벌 세분시장을 소개했다. 그 시장은 2달러가 안 되는 돈으로 하루를 생활하는 전 세계의 40억 명이 넘는 사람들을 의미한다. 윤리적인 마케팅 관리자들은 자신의 삶에 능동적으로 일하고 신뢰성을 추구하는 사람들의 성향과 일반 대중들을 구분하는데 섬세해야 한다. 이러한 실천적 행동이 마케팅의 사회적 책임을 이행하는 것이기 때문이다.

다른 세분 시장에 대한 논의를 시작하기 전, 또 다른 경고가 하나 필요하다. 세분 시장을 식별하는 것은 마케팅 담당자의 반복된 행동이 아니며, 고정관념의 한 형태로 의도된 것도 아니다. 시장을 세분화하는 아이디어는 비슷한 근원적 욕구를 가진 소비자 집단을 구분함으로써 대량 마케팅 방식보다 효율적이고 효과적으로 마케팅을 수행할 수 있게끔 한다. 그렇다고 해서 우리가 성별이나 장소와 같이 중요한 특성을 공유하고자 대중을 집단으로 나누고 싶다는 뜻은 아니다.

인구통계학적 세분화 : 연령

제2장에서 언급한 대로 **인구통계**(demographics)란 인구 모집단의 규모, 연령, 성, 인종 집단, 소득, 교육, 직업, 가족 구조 등 인구 집단의 관찰 가능한 측면을 측정하는 통계이다. 이러한 설명어들은 재화 혹은 서비스의 잠재적 고객을 확인하기 위해 필수적이다. 설명어들이 객관적 특성을 나타내기 때문에 일반적으로 인식하기 쉽다. 따라서 남는 건 메시지나 상품과 연관된 연령 집단에 연결해주는 것이다. 서로 다른 연령대의 소비자들은 그들 집단이 원하는 서로 다른 요구와 욕구를 갖는다. 어떤 한 세대의 구성원들은 동일한 견해와 가치, 우선사항을 공유하는 경향이 있다. 이런 특성들이 시장 세분화와 표적화를 위해 결합될 때, 이러한 접근 방법을 **세대별 마케팅**(generational marketing)이라 한다.

예를 들어, 어린이들은 많은 마케팅 관리자에게 있어서 매력적인 연령의 세분시장이다. 비록 어린이들은 뭐니 뭐니 해도 장난감과 게임의 구매에 관한 것이 절대 다수라고 하지만, 그들이 다른 가족들의 구매에 끼치는 영향 또한 무시할 수 없다(식료품 매장에서 그들을 관찰해보

인구통계 규모, 연령, 성, 인종집단, 소득, 교육, 직업, 가족구조를 포함한 인구 모집단으로서, 관찰 가능한 측면에서 측정한 통계량

세대별 마케팅 동일한 관점, 가치, 우선순위들을 공유하는 세대의 구성원들을 대상으로 한 마케팅

라!) 최근 유고브 옴니버스(YouGov Omnibus)의 설문조사에 따르면, 42%의 부모들이 아이가 물건을 사달라고 떼를 쓸 때 제품을 구매했다고 응답했다. 요령 있는 아이들이 더 많은 심부름을 한다거나 학교에서 좋은 성적을 받아 오겠다는 등의 협상 전략을 사용한다는 것은 이미 우리 모두 알고 있다.[4] 이 설득에 도가 튼 아이들이 어떻게 부모의 마음을 누그러뜨리는지 확인하는 것은 어렵지 않다. 물건을 사는 게 싸우는 것보다 쉽기 때문이다. 넷플릭스의 경우, 아이들을 위한 콘텐츠를 개발하는 것이 핵심 전략이 되었다. 회사는 70개의 오리지널 프로그램 중 20개를 어린이들에게 특화시켰다. 넷플릭스는 스스로의 포지션을 가족을 위한 주요 엔터테인먼트이자 장기적인 고객 가치 제고의 주요 동력으로 인식시키는 것에서 이 세분화 시장의 중요성으로 인식했다.[5] **Z세대**(Generation Z)는 1994년 이후에 태어난 사람들을 일컫는 비교적 최신 용어다. 이들은 21세기의 첫 번째 세대이며, 우리가 경험한 어느 세대보다도 다양하다. 55%는 백인, 24%는 히스패닉, 14%는 아프리카계 미국인, 4%는 아시아계이다. 그들은 가구의 책임을 전통적인 방식의 성 역할에 익숙하지 않다. 또한 그들은 온라인상에서 많은 시간을 보내는 **디지털 원주민**(digital natives)이기 때문에, 브랜드 회사와 디지털 양방향 대화를 기대한다.

마케팅 관리자들은 젊은이들로 이루어진 새 그룹이 소비자로서 어떤 모습인지 깨닫기 시작했다. '대공황'을 겪으며 자란 이들은 이상적이거나 평온한 세상을 잘 기대하지 않는다. 그들은 독립적이고, 아베크롬비앤피치보다는 프리 피플을 선호하는 경향이 있다.[6] 또한 그들은 소셜 미디어를 통해 전 세계에서 새로운 문화를 접할 수 있기 때문에 모두 집에서 '헝거게임'을 보거나 한국 케이팝을 듣는다. 그들의 우상은 세계에서 구독자가 가장 많은 유튜브 채널의 주인공인 스웨덴의 비디오 프로듀서 퓨디파이와 2,500만 명의 팔로우가 있는 십 대 비디오 돌풍의 주역인 에반과 같은 '자체 제작(self-made)' 인터넷 스타다.[7]

보고에 의하면 13~18세 사이의 연령집단은 2,000억 달러 이상을 다양한 제품에 소비(이들에 의한 구매와 이들을 위한 구매 모두 합쳐서)한다.[8] 이 금액의 대부분은 '느낌이 좋은' 제품, 즉 음악, 비디오 게임, 화장품, 그리고 패스트 푸드에 쓰이고 상황에 따라 문신이나 물담배도 포함된다. 그들은 수많은 상이한 제품들과 이 제품을 사기 위한 재원에 많은 관심을 가지고 있으므로 다수의 마케팅 관리자들은 열광적으로 십 대 시장의 환심을 사려고 한다.[9] 스냅챗은 십 대를 포함해 젊은층에게 어필할 수 있는 멋진 기능들을 포함한(당신의 얼굴에 유니콘의 특징을 입히는 기능처럼) 플랫폼을 만들었다. 이 플랫폼은 한 사용자(예 : 부모)가 다른 사용자(예 : 부모의 자녀)의 아이디를 모른다면 다른 사용자의 활동을 엿볼 수 없게 만들어졌다. 플랫폼 투자자 중 한 명인 소셜미디어 전문가 게리 베이너척은 인스타그램이 등장한 이후에 이렇게 말했다. "14~24세 사이의 모든 미국인에게 스냅챗은 그들 인생에서 1순위 혹은 2순위 앱이다."[10]

Y세대(Generation Y)는 보통 **밀레니엄**(millennials) 세대, 혹은 '에코부머(Echo Boomers)'라고 불리며 1979~1994년 사이에 태어난 사람들로 구성된다. 이 연령대는 온라인을 확장시킨 첫 번째 세대다. Y세대는 소비재 구매자(인구의 약 27%)의 마음 내키는 대로 소비하는 특성 때문에 매력적인 시장이다. 그들은 매년 1조 3,000억 달러를 사용한다.[11]

하지만 Y세대 소비자들은 독서를 싫어하고 스트리밍이나 디지털 동영상을 보기 위해 TV를 꺼 놓기 때문에 전통적인 미디어로는 접근이 어려울 수 있다. 결과적으로 많은 마케팅 관리자들은 소셜 미디어와 관련 기술을 이용하여 스마트폰이나 태블릿을 통해 '그들이 생활하는 곳'에 접근하기 위한 여타 다른 방법들을 개발해야 했다. 우리는 이 책의 뒷부분에서 새로운 세대의 마케팅 커뮤니케이션 기술로의 전환에 대해 논할 것이다.

우리는 이미 Y세대가 기술에 능하다는 것을 알고 있지만 그들을 과거의 세대와 구분되게 하

Z세대 1994년 이후에 태어난 소비자 집단

디지털 원주민 온라인에서 상당한 시간을 소비하여 브랜드로 하여금 쌍방 커뮤니케이션에 초대되기를 기대하는 사람들

Y세대(밀레니엄 세대) 1979~1994년 사이에 태어난 소비자 집단

X세대 1965~1978년 사이에 태어난 소비
자 집단

베이비 부머 1946~1964년 사이에 태어
난 사람들의 세분시장

는 또 다른 특징은 뭐가 있을까? 퓨 리서치(Pew Research)의 조사에 따르면 과거의 세대(과거의 세대가 그들과 같은 연령대였을 때에 비하여) Y세대는 인종적으로 다양하고 더 고학력이다. 게다가 다른 세대와 비교하여 미혼자의 비율(X세대가 56%인 것에 비해 Y세대는 68%)이 높다.[12]

1965~1978년 사이에 태어난 소비자 집단은 4,600만 명의 미국인으로 구성되어 있으며, **X세대**(Generation X)라고 알려졌다. 그들은 불행하게도 그리고 부당하게도 게으름뱅이 또는 버스터('베이비 붐' 이후의 '베이비 버스터')라고 불린다. 이들 중 대다수가 마케팅에 대해 냉소적이다. X세대라는 유명한 책에는 "나는 표적시장이 아니다!"라는 제목이 있을 정도였다.[13]

이런 거친 평판에도 불구하고, 50대 초반인 X세대의 구성원들은 나이를 먹어감에 따라 원숙해졌다. 회고해보면, 그들 또한 사업가 집단이 되기 위한 정체성을 개발해왔다. 한 연구는 X세대가 현대 기술혁명의 상당 부분을 이끌고 있으며, 기업들은 기업가적 자질 때문에 그들을 물색한다고 밝혔다. 이 세분시장의 대부분의 사람들은 직장에서 오랜 시간을 보내는 맞벌이 부부 밑에서 자라서 안정된 가정을 갖고 싶어 했다. X세대는 집을 물질적 성공보다는 개성의 표현으로 보는 경향이 있다. 절반 이상의 X세대가 주거 개선과 수선 프로젝트에 참여하고 있다.[14] 따라서 X세대는 게으름뱅이가 아니다!

베이비 부머(baby boomers)는 1946~1964년 사이에 태어나서 지금은 50대, 60대인 소비자로서 많은 마케팅 관리자들에게 중요한 세분시장이다. 다른 이유가 없다면 그들 중 많은 사람들이 부자이기 때문에 중요하다. 베이비 붐은 2차 세계대전 이후 군인들이 집으로 돌아와서 결혼을 서둘러 진행하고 가정을 이루기 시작할 무렵 발생했다. 1950년대와 1960년대로 돌아가보면, 부부들은 보다 젊을 때 자녀를 갖기 시작했고 이전 세대보다 더 많은 자녀를 낳았다. 과잉 출산의 결과는 실질적으로 국가의 기반을 변화시켰다. 단독주택의 증가, 학교의 증가, 교외로의 이동, 집에서 직장까지의 통근용 고속도로 등이 그것이다.

최근 연구에서 마케팅 관리자들이 이 연령대의 세분시장을 재량적 소비능력과 비재량적 소비능력을 고려하기 위해서는 2개의 다른 집단으로 구분하는 것이 훨씬 효과적이라고 주장했다. 갤럽(Gallup) 조사에 의하면, 이 세대에서 연령대 전반부['선발부머들(leading-edge Boomers)']에 태어난 베이비 부머들의 소비가 후반부['후발부머들(trailing-edge Boomers)']에 태어난 사람들의 소비와 극명한 차이를 보였다. 일반적으로, 후발부머들은 선발부머들에 비해 비재량적 지출(주택 관리나 식료품류 등)에 더 많은 돈을 소비한다. 두 집단의 소비 능력 차이에 대해서 한 가지 해석은 바로 재정적 의무 차이이다. 더 연장자인 베이비 부머들(59~68세)은 더 이상 대출이나 고등교육에 대한 빚을 지불하지 않아도 되는 지점에 도달했다. 이러한 정보는 비재량 상품을 취급하는 마케팅 관리자들이 마케팅 전략을 구축하는 데 중요한 지침을 제공한다.[15]

최근 미국 인구조사국의 추정에 따르면, 65세 이상의 미국인은 4,600만 명이 조금 넘으며 전년도보다 증가한 것으로 나타났다. 65세 이상 인구 비율에서 플로리다주와 메인주가 각각 19%와 18%로 1위와 2위를 차지했다.[16] 노인 시장에 대응하기 위하여 기업들은 매장과 제품을 변화시키고 있다. 씨브이에스(CVS)는 미끄러짐을 방지하기 위해 매장 안에 카펫을 깔았고 월그린은 작은 글씨가 인쇄되어 있는 상품이 있는 진열장 앞에 돋보기를 설치했다. 킴벌리-클라크는 디펜스 계열을 더 일반 속옷처럼 보이게 재디자인했을 뿐 아니라 '노인' 구역이 아닌 일반 위생 상품과 함께 제품을 비치할 것이다.[17]

많은 성숙한 소비자들은 레저시간과 지속적인 건강을 향유하고 있다. 사실 오늘날의 핵심적인 문제는 "사람들이 더 오래 살게 되면 과연 고령자를 어떻게 정의해야 하는가와 80대가 새로운 60대인가?"이다. 후반에서 보게 되겠지만 이 집단을 가장 잘 규정해주는 요소는 아마도 연령이 아니라 기동성을 포함한 라이프스타일이다. 점점 더 많은 마케팅 관리자들이 활동적인 라이프스타일을 연장자들에게 강력하게 어필하는 재화를 제공하고 있다. 그리고 연장자들이 젊었을 때 유행하던 음악을 포함하여 향수를 불러일으키는 요소와 제품들을 종종 조합해낸다. 사람들은 청소년기 또는 24~25세 사이에 발매된 음악들에 대한 관심이 최고로 있으며, 좋아하는 경향이 있다. 경향이 있다. 부머세대를 주로 겨냥하여 광고하는 샌덜스 리조트 회사는 카리브해에 있는 낭만적 휴가지를 위한 광고에 '(I've Had) The Time of My Life'라는 음악을 사용하고 있다. 그 곡은 빌 메들리와 제니퍼 원스에 의해 녹음되었으며, 1987년의 영화 '더티 댄싱'으로 유명해졌다. 영화는 1963년의 시대 배경으로 샌덜스사의 주요 인구통계적 세분화 시장인 부머에게 1980년대와 1960년대의 향수를 불러 일으켰다.[18] 이후에 최근 ABC가 스크림 퀸스의 아비게일 브레스린이 출연한 쇼를 세 시간짜리로 리메이크하여 방영함으로써 같은 일이 반복되었다.[19]

메트로섹슈얼 패션, 주거 디자인, 고급요
리, 개인 건강 관리에 관심이 많은 도시 남성

인구통계학적 세분화 : 성

향수부터 패션 의류 및 액세서리에 이르기까지 많은 제품들이 남성과 여성에게 어필한다. 성별 세분화는 어린 연령대에서부터 시작한다. 심지어 기저귀도 여아용은 분홍색, 남아용은 파란색을 사용한다.

어떤 경우에는 제조업자들은 각각의 성별에 어필하는 병렬제품을 개발한다. 예를 들어, 질레트의 설립자인 킹 질레트(그 사람의 이름 첫 자가 실제로 King이었다)가 1903년에 안전 면도날을 도입한 이래 남성용 미용 제품들이 전통적인 질레트의 우선 사업이 되어왔다. 하지만 오늘날에는 질레트의 비너스 계열이 모든 연령대의 여성을 위한 최고의 면도기다.

캘리포니아의 소규모 맥주회사인 쉬 베버리지사는 소셜 미디어는 물론 웹 사이트에서도 사용해왔던 '퀸 오브 비어(Queen of Beer)'라는 문구를 특허청에 등록 신청했다. '더 킹 오브 비어즈(The King of Beers)'의 버드와이저는 소비자에게 혼란을 야기할 수 있다는 이유로 이에 반대했다. 그 맥주가 앤호이저부시사와 연관되어 있다는 잘못된 결과(협회와 관계된 해당된 모든 브랜드의 이익)로 이어졌다. 쉬 베버리지사는 최근에 여성 소비자에게 집중하여 식당이나 가게에서 맥주를 팔기 시작했으며, 남성 소비자 위주의 맥주 시장에서 서비스가 불충분했던 여성 취향의 맛과 스타일에 적합하다는 점을 내세웠다. 쉬 베버리지사는 상표권을 계속 추구하며 여성 맥주 애호가들에게 그들의 선호를 특별히 반영하고 있다는 점을 계속 어필할 것을 선언했다.[20]

마케팅 전문 용어인 **메트로섹슈얼**(metrosexual)은 2000년대 후반에 등장했다. 이 용어는 패션, 주거 디자인, 맛있는 요리, 그리고 피부 관리에 매우 관심 있는 깔끔한 도시 남자를 의미한다. 메트로섹슈얼들은 보통 여성적인 측면에 밝으며, 높은 교육 수준의 도시 거주자들이다. 대부분의 남성들이 당당하게 메트로섹슈얼이고자 하지는 않지만, 미용 관리 제품, 패션 액세서리, 그리고 '예전에 여성용' 제품 범주 등에 대한 새로워진 관심이 다양한 마케팅 기회를 창출하고 있음을 부인할 수는 없다. 뉴욕타임즈와 같은 주요 신문사들은 남성 패션과 미용에 할애되는 일반화된 세분시장을 제시하고 있다.

최근에는 주류 시장에서 메트로섹슈얼의 가치와 행동 양식에 대한 폭넓은 수용과 동화가 진행되고 있

SHE 맥주는 여성 음주자를 표적 대상으로 한다.

SHE Beverage Company Inc.

다. 소매업자들은 쇼핑을 마치고 바로 나가는 예전의 삭막한 남성들과는 대조적으로 매장을 오랜 시간 동안 구경하고, 제품 계열 전반에 걸쳐 광범위한 소비를 하는 남성들에게 즐거운 경험을 제공하도록 하는 데 노력을 들여왔다. 예를 들어, 고급 소매점인 클럽 모나코는 이제 몇몇 소매점에서 바, 카페, 서점 그리고 미용실을 제공하기에 이르렀다.[21]

당신은 2007년 말에 시작된 '대침체(Great Recession)'에 대해 들어보았을 것이다. 구매 습관에 대해 신속하게 파악해야 했던 마케팅 관리자들에게 대침체의 영향은 큰 충격이었다. 경기 침체와 그 여파로 인해, 성별 세분화 시장에서 생겨난 흥미로운 점은 남성들이 자신보다 더 고학력과 고수입의 아내와 결혼할 가능성이 높아졌고, 여성들은 그 반대가 되었다는 점이다. 최근 수십 년 동안 보수가 좋은 일을 하는 아내의 수가 증가함으로써 남성들에게 결혼의 경제적 이득은 더 커져 왔다. 남성의 일자리 중 약 4분의 3이 실직되고 있었을 때인 불황기에 교육과 소득 수준의 격차는 더욱 증가했다. 1960년, 13.5%의 아내들이 남편의 교육 수준이 자신보다 높았고, 6.9%가 교육을 덜 받은 남성과 결혼했다. 2012년, 그 비율은 각각 19.9%와 20.7%였는데, 이때 역사상 처음으로 여성들이 자신보다 교육을 덜 받은 남성과 결혼한 비율이 높았다.[22] 1960년에 6.2%의 남성들이 자신보다 돈을 잘 버는 여성과 결혼했고 2007년에 이 비율은 24%였다.[23]

인구통계학적 세분화 : 가족생활주기

가족의 욕구와 지출은 시간이 지남에 따라 변화하기 때문에, 소비자를 세분화하는 한 방법은 그들이 위치해 있는 가족생활주기의 단계를 고려하는 것이다(제6장에서 가족생활주기에 대해 학습했다). 상이한 생활주기 세분시장에 있는 소비자들이 동일한 제품을 원하지 않을 가능성이 있거나 혹은 적어도 이러한 재화들을 같은 양으로 원하지 않을 수 있다는 점은 놀랄 일이 아니다. 결혼 및 다른 방식의 라이프스타일로의 전환에 대한 관점이 변하면서 독신 가구의 수는 매년 증가하고 있다. 이러한 경향은 시간이 지날수록 계속 증가할 것으로 보이며, 주택 관리와 건강 관리를 포함한 다양한 산업의 마케팅 분야에 영향을 줄 것으로 예상된다.[24] 시장조사 전문 기업인 NPD 그룹의 보고서에 의하면, 최근 과자 소비의 증가는 독신 가구의 증가에 크게 기인한다고 발표했다.[25,26]

그러나 가족생활주기에 맞춘 모든 마케팅 시도가 성공하는 것은 아니다. 거버사는 간편한 식사를 하는 혼자 사는 노인들을 타깃으로 1인용 식품용기를 시장화하려고 한 적이 있다. 이 회사는 '싱글즈'라고 용기를 명명하였다. 그러나 유아식 업체라는 강한 이미지가 방해 요인으로 작용했다. 그 제품은 표적시장의 소비자들이 유아식을 사는 것처럼 보이는 것을 꺼려했기 때문에 완전히 실패했다.[27]

가족들이 나이를 먹고 새로운 생활주기 단계로 전환됨에 따라, 서로 다른 제품 범주들의 중요성이 상승하고 하락한다. 젊은 독신자 및 신혼부부들은 운동을 좋아할 가능성이 가장 높으며, 술집이나 영화관에 가며 술(다른 말로 하면 파티라고 함)을 소비한다. 나이 든 부부 및 독신자는 유지보수 서비스를 이용할 가능성이 높다. 연장자들은 리조트 콘도와 골프용 제품의 주요 시장이다. 마케팅 관리자들은 가족생활주기별 구매 자료를 검토함으로써 표적 소비자의 가족생활주기 세분시장을 확인할 필요가 있다.

문화적 변화는 사람들의 역할이 변화함에 따라 끊임없이 새로운 기회를 창출해준다. 예를 들어, 60대의 베이비 부머 세대의 여성들은 자동차 산업에서 섹시하고 사치스러운 '보상 자동차(reward cars)'라고 부르는 새로운 시장이 유행이다. 우먼-드라이버스닷컴(Women-Drivers.com)의 대표인 안나 플레밍이 말했다. "야구를 하는 아들이나 발레를 하던 딸의 엄마로부터 졸업하면서, 여성들은 새로 발견한 자유를 손에 넣고 섹시하고 관대한 '나를 위한 모바일(me-mobiles)'

을 구매하고 있다."[28]

구매력 소비자들이 가진 재량 및 비재량적 자금의 할당에 대한 이해를 기반으로 마케터들이 각기 다른 소비자 그룹에 서로 다른 제품 혹은 다른 버전의 제품을 잘 매치할 수 있는 방법을 결정할 수 있게끔 도와주는 세분 시장의 개념

인구통계학적 세분화 : 소득과 사회계층

부의 분포는 어느 집단이 가장 큰 **구매력**(buying power)을 갖는지 결정해주기 때문에 마케팅 관리자들에게 큰 관심의 대상이 된다. 구매력은 마케팅 관리자에게 소비자들이 행할 수 있는 임의적이고 비임의적인 자금 분배에 대한 이해를 기초로 하여 다양한 재화 및 제품 버전을 서로 다른 소비자들에게 가장 잘 연결할 수 있는지 결정하는 것을 도울 수 있다. 정말 부유한 사람들이 계속 부유해지고 있었던 지난 50년이 지난 후, 대침체는 대규모 투자에 대한 손실로 인해 그들을 맥 빠지게 해 왔다. 이 글을 쓰는 동안 주식 시장의 반등으로 손실이 완화되었지만, 투자에 대한 리스크 및 변동성의 역사는 다른 소득 세분시장과 마찬가지로 부자의 소비자 행동에 영향을 미칠 가능성이 크다. 물론 10만 달러 또는 그 이상의 수입을 버는 가구들은 대부분 '참으로 부유한' 무리에 속하지 않지만 마케팅 관리자들은 그들의 일시적인 소비에 매우 의존한다. 그들이 미국 가구의 20%에 불과하지만 모든 소득의 반 이상을 통제하고 있으며, 다른 사람들과 비교하여 신용 시장에 의한 제약 가능성이 낮다. 평균적으로 그들은 2.6배의 구매를 성사시키고 3.7배의 돈을 더 많이 사용한다.[29]

과거에는 마케팅 관리자들 사이에서 상위 계층, 중간 계층, 하위 계층 등과 같이 **사회적 계층** 세분시장을 고려하는 것이 보편적이었다. 그러나 많은 소비자들은 이러한 분류 체계에 따라 구매하지 않고 오히려 그들이 표현하고자 하는 이미지에 따라 구매했다. 최근에는 메르세데스, BMW, 그리고 아우디와 같은 고급 자동차 제조업체들은 전통적인 모델에 비해 절반보다 낮은 가격의 자동차 버전을 개발했다. 이러한 브랜드에 대해 열정적인 구매의 대상으로 보는 고객들을 유도하기 위한 접근법은 성공적이었다.

매출과 시장 점유에 있어서 아방가르드 전기차 제조업체인 테슬라는 이러한 소비자들을 위해 로드스터의 가격에 절반도 되지 않는 '저가형' 모델 Ⅲ를 공개했다. 그리고 회사는 선주문을 받았지만 그에 해당하는 수요를 따라갈 수가 없었다.[30]

인구통계학적 세분화 : 인종

소비자의 국적은 때로 특정 잡지나 TV쇼, 음식, 의복, 그리고 레저활동에 대한 선호를 나타내는 강한 지표가 된다. 마케팅 관리자들은 다양한 인종과 민족집단의 소비자들에게 유행이 지난 고정관념들을 상기시키고자 할 때 이러한 차이와 민감성을 인지해야 할 필요가 있다.

아프리카계 미국인, 아시아계 미국인, 그리고 스페인계 미국인들은 미국에서 가장 큰 인종집단들이다. 미국의 인구조사국은 2050년까지 여타 인종들이 증가함에 따라 비스페인계 백인이 인구의 50% 미만(1995년 74%에 비해)을 구성할 것으로 예측하고 있다. 이와 같이 중요한 인종 세분시장 각각에 대해 자세히 살펴보기로 하자.

아프리카계 미국인들은 미국 인구의 약 13%를 차지한다.[31] 많은 마케팅 전문가들은 인종별 하위문화의 큰 영향력을 인식하고 이와 같은 소비자들에게 어필할 수 있는 재화와 용역을 규정하기 위해 노력한다. 장난감 시장 또한 예외는 아니다. 아이들은 장난감과 장난감처럼 보이는 캐릭터에 끌리는 경향이 있다. 디즈니 티비 쇼 '맥스터핀스 의사'는 뒷마당에서 장난감을 고치는 아프리카계 미국인을 스타화한 것이다. 블록버스터 쇼는 작년 5억 달러의 상품을 판매했다. 이러한 성공은 다양한 인종의 등장인물에게 기회를 제공하는 미국의 인구 변화를 반영한 것이다.[32]

아직까지 그들의 숫자는 상대적으로 적지만, 아시아계 미국인들은 미국에서 가장 빨리 성장

콘텐츠 마케팅 회선, 블로그, 코멘트, 비디오, 공유적 사회적 이미지, 인포그래픽의 형태를 통해 사고하는 리더십 전략

하고 있는 소수집단이다. 2002~2014년 사이에 아시아계 미국인 인구는 46%에서 1,910만 명에 도달했고, 2015~2015년 사이에는 150% 증가할 것으로 예측되었다. 마케팅 관리자들에게 이 세분시장은 8,000억 달러에 달하는 잠재 구매력 때문에 특히 매력적이다. 놀랍게도 이 수치는 모든 밀레니엄 세대의 구매력(약 2,000억 달러)의 거의 네 배에 달한다.[33] 버즈피드는 '당신이 중국인 이민자 부모님 밑에서 자랐다는 22가지 징후'나 '필리핀 사람이 귀찮아하는 21가지 이야기'처럼 아시아계 미국인과 관련된 주제나 경험을 담고 있는 책을 출판하여 아시아계 미국인에게 다가가고자 했다. 새롭고 유익한 콘텐츠를 다른 세분시장에 전달하는 이 접근법은 버즈피드가 다른 유형의 소비자 세분시장뿐만 아니라 아시아계 미국인으로 특정한 문화적 집단과 연결할 수 있게 해준다.[34] 또한 이 접근법은 특정 소비자 집단과 공감할 수 있는 **콘텐츠 마케팅**(content marketing)을 개발하고 싶어하는 마케팅 관리자들에게 버즈피드를 매력적으로 보이게 한다. 이 용어는 필자 이름을 적은 행, 블로그, 댓글 달기 기회, 비디오, 공유할 수 있는 사진들, 시각화 데이터 등의 형태로 생각하는 리더십을 기르는 전략을 의미한다. 핵심 출발점은 바로 소비자들이 주로 봐 오던 전통적인 광고 메시지가 아니라 '일반적인' 사람들이 게시한 것처럼 보여야 한다는 점이다.

스페인계 미국인의 인구는 실제로 최근 10년 동안 가장 빨리 성장하고 있고, 오늘날 주류 마케팅 관리자들이 적극적으로 육성하고 있는 세분시장이다. 스페인계 미국인들은 미국의 가장 큰 소수집단으로서 아프리카계 미국인을 추월했다.[35] 미국 내에서 스페인계 미국인의 구매력은 1조 5,000억 달러를 초과하는 것으로 추산되며, 이는 2010년의 구매력보다 50% 이상 성장한 수치다.[36] 급성장 외에도 5개의 여타 요인들이 마케팅 관리자들에게 스페인계 미국인 세분시장을 매력있는 시장으로 만들어주고 있다.

- 스페인계 미국인들은 상표에 대해, 특히 그들의 고국 제품에 대해 충성스러운 경향이 있다.
- 그들은 동일한 국가에서 온 사람들에게 어필하기 위해 마케팅 믹스를 쉽고 세밀하게 조정해주는 국가 원산지에 대하여 강하게 집착하는 경향이 있다.
- 이 세분시장의 구성원(미국 평균치가 32세인 데 비해 스페인계 미국인의 연령 중위 수는 23.6세)은 화장품이나 음악과 같은 젊음을 지향하는 제품을 위해서 가장 잠재력 있는 젊은 시장이기 때문에 마케팅 관리자들에게 매력적이다.
- 미국의 여타 가정의 수가 2.7명인 데 비교하여 평균적인 스페인계 미국인 가정은 3.5명이다. 이런 이유로 스페인계 미국인의 가구는 식료품과 여타 가정용품에 대해 국가 전체의 평균보다 15~20%까지 더 많은 가처분 소득을 지출한다.
- 일반적으로 스페인계 미국인 소비자들은 마케팅과 판매 활동에 대해 관계 형성 접근법에 매우 수용적이다. 따라서 소비자 접점의 관계적 측면을 강조함으로써 브랜드와 회사에 대한 충성도를 구축할 많은 기회들이 존재한다.[37]

특정 인종집단처럼, 스페인계 소비자들을 대상으로 한 표현은 문화적 차이를 고려할 필요가 있다. 예를 들어, 신랄하거나 풍자적인 유머는 스페인계 미국인의 문화가 아니기 때문에 성공적인 "갓밀크?(Got Milk?: 우유 구했어?)" 캠페인이 수용되지 못하였다. 게다가, 우유 결핍의 개념은 스페인계 어머니들에게는 그렇게 유쾌하지만은 않았다. 만약 그녀들에게 우유가 떨어진다는 것은 집안을 망하게 했다는 의미와 같았다. 설상가상으로 "God Milk?"는 스페인어로 "젖이 나오고 있나요?"로 번역된다. 따라서 새로운 스페인어 판에서는 부엌에서 플란(flan: 대중적인 푸딩)을 요리하고 있는 다정한 모습으로 "그리고 당신은 오늘 그들에게 충분한 우유

를 주었나요?"로 바뀌었다. 또한 타코벨사의 "나는 타코벨을 원해요(Yo quiero Taco Bell)."를 외치던 치와와 강아지는 몇 년 전에 목초지로 방목됐다.

스페인계 젊은이들이 주류 문화를 바꾸고 있다고 해도 과언이 아니다. 이들 중 다수는 힙합과 에스파냐 록을 즐기고 멕시코 쌀밥에 스파게티 소스를 곁들여 먹으며, 옥수수 팬케이크에 땅콩버터와 젤리를 곁들어 먹는 '젊은 이중문화수용자'들이다. 사실, 우리는 젊은층과 노인층 모두에서 이중문화적인 스페인계를 찾곤 한다. 한 연구에 의하면 스페인계 미국인 인구 중 44%가 이중문화적이라고 한다. 그 집단 안에서는 유산을 유지하는 데 더 집중하는 사람들이 있고 신문화의 영향이라는 맥락 안에서 개방적인 사람들도 있다.[38] 스페인계 시장에 대해 한 가지 주의할 점은 '히스패닉'이라는 용어 자체가 부적절하다는 점이다. 예컨대, 쿠바계 미국인, 멕시코계 미국인, 그리고 푸에르토리코인들은 동일한 언어를 공유하지만, 그들의 역사, 정치, 문화에는 많은 차이가 있다. 그들이 동질적인 세분시장인 것처럼 마케팅을 한다면 큰 실수가 될 수도 있다. 그러나 해당 용어는 인구통계적 수식어로 널리 사용되고 있다. 미국 인구조사국에 의하면 2020년까지 전체 십 대 미국인 수가 10% 증가하는 것에 비해 스페인계 십 대가 62% 증가할 것으로 보인다. 그들은 라틴계 문화의 세 가지 특징인 영성, 더 강한 가족 관계, 삶에서의 더 많은 색채를 찾는다. 라틴 차트에서 주류에 이르는 음악 크로스오버는 팝 우상 인 샤키라, 엔리케 이글레시아스, 마크 앤소니, 제니퍼 로페즈 및 레게 감각의 대디양키가 선도한다.

크로스 오버 센세이션 마크 앤소니는 라틴계 음악을 주류로 만들기 위해 노력하고 있다.

일터와 여타 장소에서 문화적 다양성을 위한 기회는 다민족성의 증가로 인한 중요한 결과 중 하나이다. **문화적 다양성**(cultural diversity), 즉 조직의 고용인, 고객, 공급자, 유통 경로 파트너들에 있어서 상이한 성별, 인종, 민족집단, 종교 등에 속하는 사람들을 포함시키기 위해 모색하는 경영실무는 오늘날 예외라기보다는 일상적인 것이다. 마케팅 활동을 하는 조직들은 모든 유형의 사람들을 고용함으로써 많은 이득을 취하고 있으며, 이것은 다양한 고객 집단을 대상으로 어필할 브랜드들을 위한 전략을 개발하는 데 도움이 되는 상이한 배경, 경험, 관점들을 갖고 있기 때문이다.

인구통계학적 세분화 : 주거지역

사람의 선호가 종종 그들이 어디에 거주하는지에 영향을 받는다는 점을 인식하고 나서 수많은 마케팅 관리자들은 지리적 구역에 따라 그들의 제품과 서비스를 제공하고 있다. 이것을 **지리적 세분화**(geographic segmentation)라고 불린다. 구글 어스나 여타 유사한 **지리 정보 시스템**(geographic information system, GIS)은 시장세분화에 대해 지리적 접근법을 강화했다. GIS는 지리 구역에 속한 소비자들에 대한 디지털 방식으로 저장된 정보와 지세도(geographic map)를 섬세하게 결합할 수 있다. 그러므로 이전에 비해 시장 계획과 의사결정에 있어서 지리적 위치를 기반한 시장 정보의 사용이 용이해졌다.

지역 시장을 더 세밀하게 세분화하고자 하는 경우에 마케팅 관리자들은 때때로 **지리인구학**(geodemography) 기술을 이용하여 지리학과 인구학을 결합하기도 한다. 지리인구학의 기본 가정은 '유유상종', 즉 서로 가까이 사는 사람들은 유사한 특성을 공유한다는 것이다. 복잡한 통계

문화적 다양성 조직의 직원, 고객, 공급자, 유통 경로 구성원에 있어서 성별, 인종, 민족, 종교가 서로 다른 사람들을 포괄하는 관리 관행

지리적 세분화 살고 있는 지역에 따라 사람들의 선호가 달라지기 때문에 마케터들이 특정 지리적 영역에 맞게 제품을 조정하는 접근법

지리 정보 시스템(GIS) 특정 지리적 영역의 소비자에 대한 정보가 디지털 방식으로 저장된 지리학적 지도를 결합하는 시스템

지리인구학 인구통계학과 지리학을 통합한 세분화 기술

적 기법은 가정용품, 잡지, 그리고 여타 제품들에 대한 동일한 선호를 갖는 지리적 영역을 확인해주고 있다. 이는 마케팅 관리자들로 하여금 공통된 선호 패턴을 가진 가구 세분시장을 구축하게 해준다. 고객에게 집중해서 관심을 가질 수 있는 이 방법은 특정 제품에 관심이 있을 가능성이 크며, 몇몇 경우에 있어서는 매우 정확하게 세분해서 어떤 한 구역의 가족들의 생활이 어떤 세분시장에 속하는 반면 그다음 구역이 가족들의 생활은 속하지 않을 수 있다.

광범위하게 사용되고 있는 지리인구학적 시스템 중 하나는 프리즘(PRIZM)인데, 닐슨 클라리타스에 의해 개발된 대규모 데이터베이스이다. 이 시스템은 소득, 연령, 인종, 직업, 교육 수준, 세대 구성과 같은 다양한 사회경제적 자료와 마케팅 전략에 매우 중요한 라이프스타일 속성인 그들이 어디로 휴가를 가는지, 어떤 차를 소유하며, 그들의 선호 상표는 무엇인지, 그리고 선호하는 매체는 무엇인지와 같은 쇼핑 패턴에 근거하여 미국 인구를 66개의 세분시장으로 분류하고 있다. 66개의 세분시장은 매우 부유한 '어퍼 크러스트(Upper Crust : 상류계층)'와 '블루 블러드 에스테이츠(Blue Blood Estates : 귀족혈통)'부터 낮은 소득의 '빅 시티 블루스(Big City Blues : 대도시 육체 근로자)'나 '로 라이즈 리빙(Low-Rise Living : 하층 생활자)' 이웃들까지 아우른다.

마케팅 관리자가 판매하고 있는 특정 제품이나 서비스에 관련해서 도달하고자 하는 비교적 젊은 소비자 세분시장에 관한 간단한 설명이 여기에 있다.

- 젊은 디지털 지식층(Young Digerati)은 기술에 능숙하고, 도시의 가장자리의 세련된 동네에 살고 있다. 부유하고, 교육 수준이 높으며, 인종적으로 혼합되어 있는 젊은 디지털 지식층의 공동체들은 전형적으로 멋진 아파트, 콘도, 헬스클럽과 의상실, 캐주얼 레스토랑, 그리고 주스에서부터 커피, 소규모 제조 맥주에 이르기까지의 모든 유형의 바들로 가득 채워져 있다. 젊은 디지털 지식층은 평균적으로 블루밍데일에서 미국 소비자들보다 더 많이 쇼핑하고, 아시아로 여행을 가며 드웰(Dwell : 컴퓨터, 인터넷 IT 용어 대사전)을 읽고, 독립영화 채널을 시청하며, 아우디 A3를 몰고 다닌다.

- 키즈 & 쿨데삭(Kids & Cul-de-Sacs) 계층은 상위 중산 계급이며, 교외에 거주하고, 자녀가 있는 결혼한 부부들이다. 그들은 선망의 대상이 되고 있는 최근에 세분화된 대가족들의 라이프스타일의 형태다. 스페인계와 아시아계 미국인의 비율이 높은 이 세분시장은 대학 교육을 받기 위해 왔으며 중상위의 소득을 가진 화이트컬러 전문직이다. 그들의 교육 수준, 풍요 그리고 자녀와의 연계는 자녀 중심 제품과 서비스를 위해 거액의 지출을 현실화한다. 그들은 일반적인 미국 소비 형태보다 타깃닷컴에서 주문하거나, 판타지 스포츠(온라인상의 가상의 스포츠 게임)를 즐기거나, 페어런츠(*Parents*) 잡지를 읽거나, X 게임 을 보거나, 혼다 오딧세이 자동차를 더 많이 구매하는 편이다.

- 샷건즈 & 픽업스(Shotguns & Pickups) 계층은 이름 그대로 따온 것이다. 그들은 사냥용 소총과 픽업트럭을 소유한 라이프스타일에서 1순위에 가깝다. 이 계층에 속한 미국인들은 젊고, 대가족과 함께 생활하는 근로층 부부이며, 작은 집에서 살고 조립식 주택에 거주한다. 거주자의 3분의 1이 세계 어느 곳에나 머물 수 있는 이동식 주택에 거주한다. 그들은 평균적인 미국 소비자보다 메리 케이에서 더 많은 주문을 하고, 말을 기르며, 포 휠러(*Four Wheeler*)를 읽고 '머레이쇼'를 보며 램 디젤 픽업을 수집하는 경향이 있다.

지역 기반 표적화의 한 가지 흥미로운 접근법은 바로 **지리표적화**(geotargeting)다. 지리표적화는 웹사이트 방문자의 지리적 위치를 결정하고, 그나 그녀의 국가, 지역/주, 도시, 대도시 코드/

당신은 세분화를 위한 지리인구통계학을 비롯한 접근법은 적절한 표적 시장을 식별하는 데 강력하며, 높은 수준의 적확성을 가질 수 있다는 점을 확인하였다. 계량지표에 관하여, 다양한 고객 세분화의 특징에 대한 좋은 데이터는 궁극적으로 표적화하는 데 중요하다. 그 이유는 표적 마케팅은 최종적으로 최고의 투자수익(ROI)을 가지고 있는 세분 집단에 자원이 전략적으로 투자되기 때문이다.

지리 정보 기술의 힘으로부터 의사결정을 위한 정보를 생성해내기 위해서는 집에서 가까운 PRIZM 데이터베이스를 실행해보라.

계량지표 적용

1. Nielsen My Best Segments 웹 사이트(모든 검색 엔진에서 "Nielsen My Best Segments" 웹 사이트 검색)로 이동하라.

2. 우편 번호 조회를 클릭한 다음, 보안 코드와 함께 당신의 우편 번호를 입력하고 제출을 클릭하라.

3. 우편 번호를 구성하는 여러 리스트가 나타난다. 각 세부 사항을 클릭하라.

4. 당신은 우편 번호의 기본 인구 통계를 자세히 설명하는 상자를 통해 간단한 사실을 볼 수 있다(인구, 중간 연령, 중간 소득, 가구당 총지출 합계).

5. 우편 번호에 대한 세부 리스트의 프로필 및 기타 정보에 대한 당신의 반응은 어떠한가? 결과에 놀랐는가, 아니면 예상했던 것인가?

6. 주어진 프로필을 감안할 때, 대표적인 세부 리스트에서 특히 매력적이라고 생각하는 제품 및 서비스는 어떤 종류인가?

우편 주소, 조직, IP 주소, ISP, 혹은 여타 다른 기준에 기반하여 방문자에게 서로 다른 콘텐츠를 제공하는 인터넷 마케팅이다.[39] 예를 들어, 캄파리 아메리카사는 21~34세 사이의 소비자들이 술집이나 레스토랑의 비율이 높은 장소에 있으면, 대중교통 앱인 리프트에서 차후의 교통편에 대해 5달러 할인을 해주는 홍보로 소비자를 표적화했다. 이러한 할인은 표적 세분시장의 고객이 레스토랑이나 술집에서 술을 마시는 동안 사용하는 특정 모바일 앱을 통해 이루어진다. 이 캠페인의 목적은 음주를 하러 나가는 것에 대한 책임감 있는 행동을 고취시키고 캄파리사와 자사의 주요 주류 브랜드에 대한 대중의 우호적인 태도를 불러일으키기 위함이었다. 제안을 받은 사람 중 20% 이상이 수락을 했고, 수용자 중 대다수가 디지털 광고 기준에 동의했다.[40,41]

결국, 상당히 정교한 지리인구학 세분화는 마케팅 관리자들에게 때때로 한 명이나 소수의 인원이 전체를 차지하는 작은 지리적 세분시장을 표적화하는 것을 의미하는 **마이크로마케팅**(micromarketing)을 할 수 있게 해준다. 이것은 우리가 제5장에서 다뤘던 일대일 마케팅이다.

> **마이크로마케팅** 개인 단위로 구성된 매우 작은 지리적 세분화를 식별하고 표적하는 능력
>
> **심리분석학** 세분시장을 구성하기 위한 심리학적·사회학적·인류학적 요소의 사용

심리적 세분화

인구통계학 정보는 매우 유용하지만, 항상 소비자들을 의미 있는 세분시장들로 구분하는 데 충분한 정보를 제공하지 못한다. 예를 들어, 여대생이라는 세분시장이 사용하는 향수를 파악하기 위해서 인구통계적 변수를 사용할 수 있다고 하더라도 우리는 특정 여대생이 스포츠 정신보다는 섹시함의 이미지를 표현하는 향수를 더 선호하는지, 아닌지 말할 수 없다.

제6장에서 다뤘듯이 **심리분석학**(psychographics)은 소비자를 공유된 활동, 흥미, 의견, 혹은 견해(AIO)와 같이 심리학적이고 행동적인 유사성을 기준으로 세분화한다.[42] 마케팅 관리자들은 종종 소비자들의 보다 생생한 모습을 묘사하려고 전형적인 고객들의 프로필을 개발하곤 한다. 비록 몇몇

할리 라이더의 프로필에는 (적어도 주말에는) 스릴 추구와 반문화적 이미지에 대한 선호도가 포함된다.

VALS™ 미국 성인들의 심리적 · 경제적 자원을 8개의 그룹으로 구분한 심리 세분화 시스템

게이머 세분시장 심리/라이프스타일의 구성요소에 세대 간 마케팅을 깊이 결합한 소비자 세분 시장(게임에 대해 배우거나 즐기는 여가 시간을 보내는 사람)

배지 비디오 게임을 통해 얻는 이정표 또는 보상

행동적 세분화 소비자들이 재화나 서비스에 대해 어떻게 사용하고, 행동하고 느끼는지를 바탕으로 세분화하는 기법

80/20 법칙 구매자의 20%가 제품 매출의 80%를 구매하는 마케팅 법칙

마케팅 관리자들과 그들의 창의적인 마케팅 업체들은 소비자들을 분류하기 위한 독자적인 심리학 기술을 개발하기도 하지만, 다른 마케팅 관리자들은 전체 미국 인구를 세분화 해놓은 서비스를 구독하거나 이 정보를 고객에게 제공하여 전략 계획 같은 독점 마케팅 프로젝트 응용 프로그램에 사용한다. 이런 종류의 시스템 중 가장 유명한 것은 **VALS™**(Values and Lifestyles)이다. VALS™은 전략적 사업 통찰(Strategic Business Insights, SBI)의 상품이다. VALS™은 미국 성인들을 그들의 경제적 자원뿐 아니라 심리학적인 동기에 따라서 8개의 집단으로 나누었다.

심리/라이프스타일과 엄청난 양의 세대별 마케팅을 결합한 한 세분화 시장이 **게이머 세분시장**(gamer segment)이다. 이 시장은 때로 게이머 세대라고도 불리며, 여기서 게이머란 '비디오 게임'의 '게이머'를 말한다. 이 집단에게 최고의 오락은 비디오 게임이며 비디오 게임을 제2의 천성으로 삼고 자랐다. 또한 대학에 들어가고 직장을 갖게 되면서 그들은 계속 게임에 대한 감각을 유지해 나갔다. 비디오 게임을 하는 것은 분명한 하나의 라이프스타일이다. 구글사가 2000년대에 "구글하다(to google)"라는 일반동사로 바꾼 것처럼 최근 10년 동안의 화두는 게임화(gamification)이다. 이는 제6장에서 봤듯이, 마케팅 관리자가 게임이 아닌 부분에 점수나 뱃지 등을 부여하는 방식을 도입하는 등, 게임에 활용되는 기술을 적용하여 소비자의 행동을 유발하는 것을 의미한다(예 : 게임화는 시험에서 당신이 올바른 답을 찾았을 경우 배지를 획득하고 다음 단계의 숙제로 넘어가는 것처럼 활용된다). 혹시나 해서 덧붙이자면 **배지**(badge)란 게임에서 한 플레이어가 진전이 있을 경우에 받게 되는 획기적인 무언가, 또는 보상의 유형을 말한다. 만약, 당신이 포스퀘어(전 세계의 식당, 쇼핑 센터 등의 자료를 모아놓은 사이트)에 들어가서 '짐랫(포스퀘어에서 주는 뱃지)', '오버쉐어(포스퀘어에서 주는 배지)', '크렁크드(포스퀘어에서 주는 뱃지)' 등을 받은 적이 있다면 배지 시스템에 대해 이해할 수 있다. 게이머 세분시장이 점점 더 온라인 쇼핑을 많이 하고 싶어 하는 소비자들과 연관됨에 따라 어떤 종류의 배지가 게이머 시장에서 매력적일지에 대해 고민하는 마케팅 관리자가 현명한 관리자일 것이다.

행동적 세분화

사람들은 동일한 제품을 서로 다른 이유에 의해서, 특정 상황에서 상이한 양을 사용할 수 있다. 그래서 인구통계적 세분화와 심리분석적 세분화는 소비자가 제품을 가지고 무슨 행동을 하는지를 연구하는 데 매우 유용하다. **행동적 세분화**(behavioral segmentation)는 어떤 제품에 대하여 어떻게 행동하며, 어떻게 느끼고, 어떻게 사용하는지에 기초하여 소비자 세분시장을 나눈다. 행동에 기초하여 시장을 세분화하는 한 가지 방법은 어떤 제품의 사용자와 비사용자로 시장을 구분하는 것이다. 그래서 마케팅 관리자는 현재의 사용자에게 그 보상을 해주거나 또는 새로운 사용자를 포섭하려고 할 것이다. 사용자와 비사용자를 구분하는 것 외에도 마케팅 관리자들은 현재의 고객을 강한(heavy), 중간(moderate), 약한(light) 사용자로 표현할 수 있다. 그들은 구매자의 20%가 그 제품 매출액의 80%(이 비율은 근사값이지 정해진 진리는 아니다)를 차지한다는 경험법칙인 **80/20법칙**(80/20 Rule)을 종종 사용한다. 이 법칙은 어떤 제품을 어쩌다가 사용하는 다수의 사람보다는 진정으로 좋아하는 소수의 사람들에게 집중하는 것이 중요하다는 것을 의미한다.

최근에 스타벅스는 자사의 로열티 프로그램을 기존의 거래 횟수에 따라 고객에게 보상해주던 구조에서 회사에 더 많은 돈을 지출한 고객에게 더 많은 보상을 하는 방식으로 재편하기로 결정했다. 예를 들어, 기존에는 톨 사이즈 커피를 구매한 고객과 벤티 사이즈 화이트 초콜릿 모카와 모닝 샌드위치를 구매한 고객 사이에서 회사는 확연한 수입 차이가 있음에도 두 고객은 같은 수의 별을 받았다. 스타벅스 로열티 프로그램의 변화가 처음에는 상당한 양의 부정적인

피드백을 받았지만(아마 새로운 환경에서는 혜택을 크게 받지 못하는 고객에게서 온 것이 겠지만), 분석가들은 결과적으로 스타벅스가 가장 귀중한 고객(더 자주 구매하면서도 더 많은 양을 사고 더 많은 돈을 지출하는 고객들)에게 더 많은 보상을 할 수 있다는 점에서 장기적으로 현명한 판단이었다고 분석했다.[43]

행동적 세분화에서 80/20 법칙과 관련된 개념과 연관된 **사용률**(usage rate)이 있다. 사용률이란 특정한 상품이나 서비스를 소비한 사용자들의 구매량이나 구매 빈도를 반영한 것이다. 아메리칸 에어라인 에이어드밴티지나 메리어트 리워즈처럼 여행업이나 서비스업 전체가 그들의 로열티 프로그램을 통해 고급 사용자들을 육성하고 있다. 고급 사용자 세분 시장은 종종 장기적인 관점에서 믿기 힘들 정도로 수익률이 높다.

노스캐롤라이나의 애슈빌에 있는 빌트모어 이스테이트는 연례 크리스마스 축하 행사에서 상황에 따른 세분 시장 전략으로 참여를 늘렸다. 이 부동산의 마케팅 담당자는 크리스마스 순례를 매년 가족 전통으로 만드는 사용자를 포함한 다양한 유형의 방문자를 대상으로 네 가지 서로 다른 전략을 개발했다.

여전히 대다수의 상황을 지배하는 80/20 법칙이 존재하지만 수많은 사람들에게 무제한의 재화들을 제시할 수 있는 인터넷의 능력은 마케팅 관리자들이 세분화에 관한 생각을 변화시켰다. **롱 테일**(long tail)이라 불리는 접근법은 몇 개의 히트 상품으로 판매량을 높이는 전통적인 생각을 바꾸고 있다. 기본적인 아이디어는 이윤을 창출하기 위한 히트(블록버스터 영화나 베스트셀러 서적과 같은) 상품에만 더 이상 의존할 필요가 없다는 것이다. 기업은 소수의 사람들이 원하는 다양한 상품을 적은 양으로 판매해도 돈을 벌 수 있다는 것이다.

인터넷 연결을 통해 구매자에게 양도할 수 있는 디지털 제품의 판매는 상당수의 기업에게 재고 유지비를 줄이고 필요에 따른 소비자 충족을 허용해준다는 점에서 롱테일 접근법을 확인시켜준다. 아마존, 애플 아이튠즈 스토어 그리고 구글 플레이 스토어는 다양한 상품을 다수에게 적게 판매하여 수익을 낼 수 있도록 준비된 사이트들이다. 이 사이트들은 크고 작은 판매자들이 그들의 플랫폼을 통해 물건을 제공함으로써 이익을 얻기도 한다.

행동에 기초하여 시장을 분할하는 또 다른 방법은 **사용 상황**(usage occasions), 또는 소비자들이 그 제품을 가장 많이 사용하는 때가 언제인지를 관찰하는 것이다. 우리는 많은 제품들을 특정 상황과 연관시키는데, 하루 중의 어느 때, 휴일, 어떤 사업 행사, 우연한 모임 등이 해당한다. 기업들은 종종 그 제품이 언제, 어떻게 요구되는지에 따라 그 시장을 분할한다. 루스의 크리스 스테이크하우스는 USDA 최고급 소고기를 특징으로 하는 최고급 스테이크 레스토랑 부문 시장 선두주자다. 이 회사는 졸업식, 생일파티, 판촉 행사 등등 특별한 행사 장소로 유명하고 사람들은 그 장소에서 축하행사를 갖기를 원한다. 그리고 종종 특별한 손님 덕분에 상황에 따른 테이블이 장식되고, 주방장의 멋들어진 디저트가 곁들여지는 등 사람들은 이 모든 것에 행복해한다.

온라인상에서 구글은 구글 도메인, 질문, IP 주소, 언어 선호 등의 자료에 기초하여 자신의 광고주들에게 검색엔진 사용자들을 대상으로 특정 세분시장에 특정 광고를 표적화하는 것을 가능하게 한다. 이러한 방법으로 회사들은 구글의 자동 분류 기능을 사용하여 특정 세분시장에 의도한 광고를 전송할 수 있게 된다. 그러므로 구글의 광고주들은 계절의 변화에 기초하여 자

사용률 특정 제품 및 서비스를 소비자들이 구매한 양이나 사용 빈도를 반영한 측정 도구

롱 테일 소수의 사람들이 원하는 다양한 품목에 대해 적은 양을 판매하여 충분한 수익 창출이 가능하다는 개념의 새로운 세분화 접근법

사용 상황 소비자가 제품을 가장 많이 사용하는 시기를 근거로 행동적 시장 세분화의 지표로 활용

조직인구통계 세분화된 기업 간 시장을 구분하기 위해 여러 조직들을 기술하고, 분류하고, 조직하는 데 사용할 수 있는 조직별 차원

표적화 마케터가 잠재적 세분시장의 매력도를 평가하고 각 세분시장의 소비자들을 자신의 고객으로 전환시키기 위해 자원을 투자하는 대상으로 결정하는 전략

표적시장 조직이 그들의 마케팅 계획으로 집중하고 마케팅 노력을 지향하는 세분시장

동적으로 표적화된 광고를 보낼 수 있다. 즉 사람들은 세금 소프트웨어에 대해 질문하지 않아도 세금을 내는 기간에 터보택스의 광고를 구글 페이지에서 더 많이 보게 된다.[44]

B2B 시장 세분화

우리는 마케팅 관리자가 소비자 파이를 나누기 위해 사용하는 세분화 변수들을 고찰해왔으나 B2B 마케팅 관리자의 경우는 어떠할 것인가? 제6장에서 비즈니스 시장에 관해 배운 바에 추가해서 세분화도 그들의 고객을 더 잘 이해하는 데 도움이 됨을 인식하는 것은 매우 중요하다. 비록 세분화를 위한 특정 변수들이 다르다 할지라도 거대한 시장을 관리 가능한 조각(연관된 특성의 공유)들로 분류하는 기본적인 논리는, 팔리는 제품이 페스토이건 살충제이건 동일하다.

조직인구통계(organizational demographics)는 마케팅 관리자가 B2B 시장을 세분화하기 위해 여러 서로 다른 조직을 설명, 분류, 조직하는 데 사용하는 조직별 차원이다. 또한 조직인구통계는 B2B 마케팅 관리자들에게 그들의 잠재 고객 욕구와 특성을 이해하도록 도움을 주고 있다. 이러한 분류 차원에는 회사의 규모(총매출이나 종업원의 수), 설비의 수, 국내 기업인지 다국적 기업인지, 구매 정책, 그들이 종사하고 있는 사업의 유형을 포함한다. B2B 시장은 그들이 생산 기술에 근거하여 세분화될 수 있고 또는 그들의 고객이 제품의 사용자인지 아닌지에 따라서도 세분화될 수 있다.

많은 산업 분야가 특정 산업에서 활동하는 기업의 규모나 수에 대한 정보를 얻기 위해 제6장에서 논했던 북미산업분류체계(North American Industry Classification System, NAICS)를 사용한다. B2B 마케팅 관리자들은 종종 정보 사업체에 컨설팅을 요청하거나 웹상의 후버(Hoover's)와 같은 데이터베이스나 야후! 파이낸스(Yahoo! Finance)로부터 전 세계의 사기업 및 공기업에 관한 최근의 정보를 제공받는다.

7.3

목표

세분시장 평가 방법 및 표적화 전략을 위한 선택 방법에 대해 설명한다.

2단계 : 표적화

우리는 표적 마케팅 전략에 있어서 첫 번째 단계를 살펴봤는데, 이 단계에서 기업은 시장을 특정 개성을 공유하는 소규모 집단으로 구분하였다. 다음 단계는 **표적화**(targeting)이며, 마케팅 관리자는 개별 잠재 세분시장의 매력도를 평가하고 잠재적 세분시장 내의 어떤 소비자를 대상으로 자원을 투입하여 고객으로 만들지 결정한다. 그들이 선택한 집단 또는 고객집단들을 기업의 **표적시장**(target market)이라고 한다. 당신이 제1장에서 배웠듯이, 표적 시장은 조직이 마케팅 계획에 집중하고 노력을 기울일 대상이 되는 세분시장이다.

이 절에서 우리는 세분 시장 평가, 세분 시장 프로필 개발, 표적화 전략 선택이라는 표적화의 세 단계를 검토할 것이다. 🏃 그림 7.3은 이러한 세 단계를 도식화하였다.

그림 7.3 🏃 과정 │ **표적화 단계**
표적화는 세 가지로 구별되는 활동 단계를 포함한다.

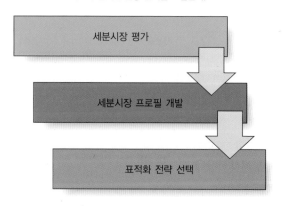

표적화 단계

1단계 : 세분시장 평가

마케팅 관리자가 세분시장을 구분하는 것이 반드시 유용한 표적 대상이라는 의미는 아니다. 실효성 있는 표적 세분 시장이 되기 위해서는 다음의 요건이 충족되어야 한다.

- 세분시장의 구성원들이 그들의 제품 욕구와 요구에 있어서 서로 유사한가? 또한 다른 세분시장의 소비자들과는 다른가? 소비자 욕구에 있어서 실질적인 차이가 없다면, 기업은 대량 마케팅 전략을 사용해야 할 것이다. 직장을 가진 여성과 직장을 갖지 않은 여성들이 건성 피부에 대해 동일한 불편을 느낄 때 이들 각각을 위한 피부 보호 계열 제품 계열을 만드는 것은 시간 낭비다.

- 마케팅 관리자가 세분시장을 측정할 수 있는가? 마케팅 관리자는 잠재적 세분 시장의 규모와 구매력을 파악한 후에 마케팅 노력을 기울이기에 충분한지 결정해야 한다.
- 세분시장이 현재와 미래에 수익성이 있을 만큼 충분히 큰가? 예를 들어, 바비인형 수집가들을 위한 웹 페이지를 디자인하고자 하는 그래픽 디자이너들은 이 사업을 가치 있게 해줄 만큼 충분한 주요 광수집가들이 충분한지, 그리고 인형 수집 추세가 계속될 것인지에 대해 결정해야 한다.
- 마케팅 커뮤니케이션이 그 세분시장에 도달할 수 있는가? 나이 든 소비자들, 특정 교육 수준을 가지고 있는 소비자들, 주요 도시에 거주하는 소비자들의 선호 매체가 무엇인지 확인하기 쉽기 때문에 효율적으로 그들에게 TV 프로그램이나 잡지를 선택하는 것은 매우 용이하다. 그러나 마케팅 커뮤니케이션이 관화어(Mandarin Chinese)로 겹쳐 녹음된 테일러 스위프트의 음악을 듣는 금발에 여러 개의 피어싱을 한 왼손잡이들에게만 도달할 수 있을 것 같지는 않다.
- 마케팅 관리자는 세분시장의 요구에 적절히 부응할 수 있는가? 기업이 경쟁자들보다 세분 시장을 더 잘 만족시킬 수 있는 전문성과 자원을 가지고 있는가? 몇 년 전 소비재 제조기업인 워너램버트(현재, 화이자사의 한 부분이 되어 있다)사는 앤턴먼스 베이커리사를 인수함으로써 패스트리 사업에 진입하려는 노력의 실수를 범했다. 슈퍼마켓에서 앤턴먼스사는 최고급 포장 케이크, 과자류, 패스트리, 파이를 판매한다. 불행하게도 워너램버트의 리스테린 구강청정제와 트라이던트 껌에 대한 전문 지식은 제과, 제빵 분야에 이전되지 못했고, 곧 거액의 손실을 초래하게 되었다.

2단계 : 세분시장 프로필 개발

마케팅 관리자가 유용한 세분시장을 확인하면, 세분시장 구성원들의 요구를 이해하고 사업 기회를 모색하기 위한 프로필을 만들어내는 것이 도움이 된다. 세분시장 프로필은 해당 세분 시장의 '전형적'인 고객에 대한 설명이다. 예를 들면, **세분시장 프로필**(segment profile)은 고객의 인구통계, 위치, 라이프스타일 정보, 고객들이 제품을 얼마나 자주 구매하는지를 포함한다. 제너럴 밀의 상품인 햄버거 헬퍼의 마케팅 관리자들이 재정적으로 넉넉하지 않은 밀레니엄 세대를 표적화하기로 결정했을 때, 그들은 소셜 미디어에 게시했던 이미지를 조정해야 했다. 만우절 날, 그 회사는 맥널리스미스 대학 음악학과 학생들이 햄버거 헬퍼를 주

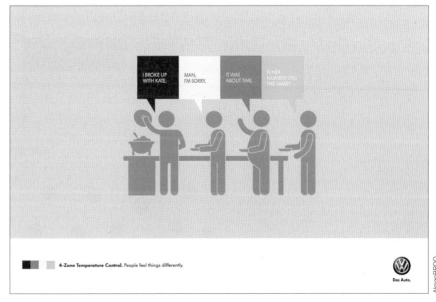

폭스바겐은 동일한 제품이 모두에게 유용하지는 않다는 것을 상기시켰다.

비차별적 표적화 전략 모든 사람들에게 광범위하게 소구하는 전략

제로 제작한 다섯 가지 랩 음악으로 구성된 '스토브를 살펴봐'를 소셜 미디어에 게시했다. 그 음악은 소비자들에게 인기가 있었으며, 게시된 날 오후 5시까지 사운드 클라우드에서 27만 번 이상 재생되었다. 회사의 마케팅 커뮤니케이션 기획자 중 하나는 소비자 표적 세분시장을 "기숙사실 안에 햄버거 헬퍼를 가지고 오는 젊고, 세련된 밀레니엄 세대의 젊은이들"이라고 표현했다.[45]

3단계 : 표적화 전략 선택

기본적인 표적화 의사결정은 표적이 어떻게 잘 맞추어져야 하는지를 중심으로 수행된다. 하나의 대규모 세분시장만을 쫓을 것인가 또는 하나 이상의 소규모 세분시장의 욕구 충족에 초점을 맞추어야 할 것인가? 📷 그림 7.4에 요약된 네 가지 표적화 전략을 살펴보자.

월마트와 같은 기업은 광범위한 유형의 사람들을 대상으로 **비차별적 표적화 전략**

그림 7.4 📷 **스냅숏 │ 표적화 전략 선택하기**

마케팅 관리자는 표적화 전략에 대한 의사결정을 해야 한다. 기업이 하나의 전체 시장을 추구해야 하는가, 하나 또는 여러 세분시장을 추구해야 하는가, 또는 심지어 표적 고객을 개별적으로 추구해야 하는가?

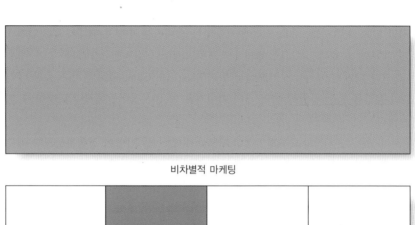

비차별적 마케팅

차별적 마케팅

집중적 마케팅

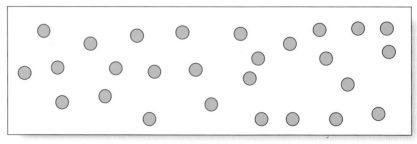

맞춤 마케팅

(undifferentiated targeting strategy)을 선택하고 있다. 이 전략이 성공적이라면, 규모의 경제에 의한 생산, 조사, 판촉 비용의 혜택을 얻게 될 것이므로 효율적일 것이다. 즉, 여러 표적시장을 선택하고 개별의 세분시장을 위한 생산 또는 광고 메시지를 창출하는 것보다 하나의 생산과 광고 캠페인을 개발하는 것이 훨씬 저렴할 것이다. 그러나 기업은 소비자들이 유사한 욕구를 가지고 있어서 동일한 제품과 메시지가 많은 고객들에게 매력적으로 다가갈 수 있을 것이라고 확신한다.

차별적 표적화 전략(differentiated targeting strategy)을 선택한 기업은 상이한 제품 욕구를 가진 여러 고객집단을 위한 집단별 제품을 개발한다. 차별적 전략은 소비자들이 다른 제품과 구별된 이미지를 내포한 브랜드(상표)들 중에서 선택할 때, 그리고 다양한 제품에 대한 소비자들의 차별적 욕구로 인해 하나 이상의 세분시장을 구분할 수 있을 때 사용된다.

2014년, 대중의 논란이 되었던 제품 안정성 문제에도 불구하고, GM은 역사적으로 여러 고객 집단의 욕구를 만족시키는 차별적인 상품계열을 통해 차별화 전략의 선두주자로 군림해왔다. GM의 캐딜락과 뷰익 계열은 고급스러움을 원하는 고객에게 제공되었다. 쉐보레 볼트 하이브리드는 기름값을 아끼고 환경을 보호하고자 하는 고객에게 원하는 가치를 제공해주었다. 그리고 마지막으로 GMC 제품 계열은 트럭이나 크로스오버, 스타일리시하고 안정적인 SUV가 필요한 고객들을 대상으로 했다.

차별화된 마케팅은 하나의 제품을 여러 세그먼트로 연결하여 서로 다른 방식으로 소통함으로써 해당 세분시장에 매력을 어필할 수 있다. 에어로스미스의 스티븐 타일러가 등장한 가장 고전적인 광고 중 하나인 "Got Milk?" 캠페인을 다시 한 번 예로 들면, 1970년대의 부머와 1990년대의 Y세대를 대상으로 하여, Run-DMC의 'Walk This Way' 리메이크와 '아메리칸 아이돌'의 심사위원으로서 타일러가 재조명을 받았다.

기업이 단일 세분시장에 하나 이상의 제품을 제공할 때, **집중적 표적화 전략**(concentrated targeting strategy)을 사용한다. 자원이 많지 않거나 모든 사람들에게 모든 것들을 제공하고 싶지 않은 소규모 기업들이 이 전략을 활용한다. 그레이트콜 와이어리스는 2000년대 중반에 지터벅이라는 휴대전화를 개발하던 회사였다. 버튼 수를 줄이고 큰 버튼들에 집중된 기능들을 제공함으로써 당시의 기술적으로 정교하게 발전하는 휴대폰(그리고 스마트폰)에 역행했다. 지터벅은 단순한 커뮤니케이션 장치를 원하던 어르신들을 주요 표적 대상으로 삼았다. 그러나 시간이 지나면서 외관상 스마트폰과 닮은(오늘날의 어르신들은 '최신 유행에 밝아 보이는' 게 중요하다)' 모델을 포함하여 선택사항들을 제공하는 방향으로 진화했다. 하지만 어르신들을 대상으로 한 세분시장의 가장 가치 있었던 부분은 선택의 폭이 좁은 터치 스크린 인터페이스과 긴급 구조 버튼 같은 기능들이었다.[46]

이상적으로, 마케팅 관리자는 각 개인이나 기업들의 독특한 요구를 정확하게 충족시켜주는 제품을 제공할 수 있도록 세분시장을 자세하게 정의할 수 있어야 한다. 집중화를 통한 이러한 수준은 의사, 변호사, 헤어스타일리스트 등으로부터 얻는 개인적인 또는 전문적인 서비스에 나타난다. **맞춤 마케팅 전략**(customized marketing strategy)은 제조업자가 하나 또는 소수의 대규모 고객과 거래하며 이러한 고객이 사용하는 제품을 개발하는 산업적 상황에서도 흔

블랙삭스는 집중적인 표적화 전략을 실행한다.

Local Motors

새로운 3D 인쇄 기술을 통해 소비자는 말 그대로 자신의 자동차를 제작할 수 있다.

하게 등장한다.

세분화의 특정 수준을 컴퓨터나 자동차와 같은 대량 생산 제품으로 적용할 때 현실적일 수 없을 뿐만 아니라 가능하지도 않다. 그러나 탄탄한 고객 관계를 형성시킨 컴퓨터 기술의 진보는 개인별 고객들에게 특정 제품과 제품 매시지를 제공하는 새로운 방법에 대해 경영자의 관심을 집중하게 한다. 사실, 일부 기업가는 새로운 3D 인쇄 기술을 사용하여 고객이 자신의 자동차를 제작할 수 있다는 가능성에 대해 연구하고 있다.[47] 이는 제조업자가 기본적인 상품이나 용역을 개인의 특정한 요구에 맞추어 변화시키는 **대량 맞춤화**(mass customization)의 극단적인 예다.[48] 리바이 스트라우스는 이 영역의 선구자였다. 기업 연구자들은 전 세계 여성 중 80%가 뚜렷한 세 가지 체형으로 나뉜다는 것을 발견했다. 따라서 한 사이즈로 모든 체형에 맞는 제품을 만드는 것은 물리적으로 불가능했다. 리바이스 커브 아이디 프로그램은 종업원이 청바지의 슬라이트 커브, 데미 커브, 볼드 커브라는 맞춤 경험을 고객에게 제공하는 것이다.[49]

7.4

목표

포지셔닝 전략 개발과 수행 방법을 이해한다.

3단계 : 포지셔닝

표적 마케팅 전략을 개발하는 마지막 단계는 표적 세분시장에 속하는 소비자들에게 그들의 독특한 욕구와 기대를 충족시키는 재화 또는 서비스를 제공하는 것이다. **포지셔닝**(positioning)은 특정 세분시장의 재화 또는 서비스가 경쟁사와 비교해서 어떻게 지각하게 할 것인지에 영향을 미치기 위한 마케팅 전략을 개발하는 것을 의미한다. 이 정의의 핵심 단어는 **지각**이다. 즉, 포지셔닝은 보는 사람의 관점에서 이루어진다.

회사는 고객이 특정 방식으로 자사의 제품을 생각한다고 진정으로 믿을 수 있을 수 있지만, 조사 결과가 뒷받침하지 않는다면 마케팅 관리자의 '생각'은 중요하지 않다. 브랜드를 포지셔닝하기 위해 마케팅 관리자들은 중요한 표적 소비자들이 경쟁적인 제품들을 평가하는 데 활용한 판단 기준을 명확히 이해하고 제품, 서비스, 조직이 표적 소비자의 욕구를 충족시켜줄 것이라는 확신을 주어야 한다. 더불어, 기업은 그들의 표적시장에 특정 위치를 전달하기 위한 방안을 찾아야 한다.

포지셔닝은 여러 가지 방법으로 나타난다. 때때로 포지셔닝은 멋진 사람들이 당신의 제품을 사용하고 있다는 것을 확실히 하고, 다른 사람들이 그들을 관찰하게 하는 문제에 불과하다. 고성능 스포츠웨어 회사 언더아머 사장의 가까운 친구가 '애니 기븐 선데이(Any Given Sunday)'의 영화 오디션을 위해 로스앤젤레스로 비행기를 타고 가는 것을 본 후, 사장은 그 회사의 스포츠웨어 무료 샘플을 그 영화사의 배역 감독에게 줄 선물로 그 친구에게 들려 보냈다. 배역 감독은 언더아머의 품질을 무척 맘에 들어 했고, 영화사가 고용한 의류회사에게 해당 샘플을 주었고 그들 또한 그 의류를 정말로 좋아했다. 그다음은 당신도 알다시피, 알 파치노와 제이미 폭스가 출연한 영화에서 둘 다 언더아머 의류를 입고 출연했을 뿐 아니라 제이미 폭스가 탈의실에서

대량 맞춤화 개인의 욕구를 충족시키기 위한 기본적인 재화 또는 서비스의 수정을 기하는 접근법

포지셔닝 특정 세분시장이 제품 및 서비스를 타 경쟁사 제품 및 서비스와의 비교에서 어떻게 지각하는지에 영향을 미치기 위한 마케팅 전략의 개발

헤드라인에서 가져온 사례

현실세계에서 윤리적/지속 가능한 의사결정

과거에 어린이들은 성인들보다 더 광고에 민감하고 영향을 받기 쉽다고 널리 인식되었기 때문에 사탕 회사들이 아이들을 대상으로 직접 광고한 연유로 조사를 받아왔다. 최근 아이들의 비만, 당뇨병, 구강건강 인식에 대한 대중 광고가 너무 많은 설탕과의 관계 때문이라는 것을 사탕 마케팅 관리자에게 증명하지 못했기에 충격이었다.

2007년 아이들의 음식과 음료 광고 계획(Children's Food and Beverage Advertising Initiative, CFBAI)은 건강한 제품과 주로 건강한 식습관을 홍보하는 메시지를 만들어 아이들에게(12세 이하의 아이들로 규정) 음식과 음료산업을 돕기 위해 시작됐다.[50] 계획이 실행되면서 몇몇 사탕 회사들은 아이들을 대상으로 한 직접 광고를 줄이거나 전면 폐지하겠다고 약속했지만, 연구에 의하면 2008년과 2011년 사이에 아이들이 사탕 광고에 노출된 정도는 실제로 74%까지 올랐고 아이들의 주변에(즉, 아이들을 정확히 겨냥하지는 않은) 노출된 사탕 광고 또한 증가했음이 밝혀졌다.[51]

어떤 광고가 특정 세분시장을 가리키고 있는지 아닌지를 결정하는 것은 매우 주관적이다. 이는 광고자와 규제자 사이에 해당 광고가 아이들을(본 사례) '겨냥'했는지 아닌지에 대해 사용된 단어에서 야기된다. 또한 이런 상황의 모호함은 잠재적으로 부도덕한 마케팅 관리자가 무언가를 지키겠다는 맹세를 하면서 뒤로는 기술적으로 이 맹세를 지키지 못하는 다른 짓을 꾸밀 수 있도록(이것이 사탕 회사의 사례에서 진실인지 아닌지는 그들이 알 것이다) 여지를 제공한다.

2016년, 부활절 직후에 다수의 주류 사탕 회사들은 아이들을 직접적으로 겨냥하여 광고를 하지 않을 것임을 공표했다. 이 회사들 중에는 페라라 사탕 회사, 기라델리 초콜릿 회사, 젤리벨리 사탕 회사, 저스트본 퀄리티컨펙션, 프로모션인모션사, 그리고 R.M. 파마사가 포함되어 있었다. 이 공표는 곧이어 사탕 회사를 눈여겨보던 사람들에게 긍정적인 반응을 이끌어냈다.[52] 그러나 공표된 결정이 실제로 아이들을 직접적으로 겨냥한 사탕 관련 마케팅의 수를 줄였는지(주변 노출 사탕 광고도 포함하여)는 지켜봐야 한다.

> **윤리 체크 :** ↖
>
> 사탕 회사들이 아이들을 대상으로 직접광고를 할 수 있도록 허락해야 할까?
>
> ☐ 예 ☐ 아니요

옷을 갈아 입는 장면에서 그의 국부 보호대에 선명한 언더아머 로고가 보였다. 영화가 상영된 후, 언더아머사의 웹사이트 방문 수가 급증했다.[53] 가장 최근에 언더아머는 NBA의 천재 스테판 커리의 유명세와 경기장에서 그의 엄청난 활동의 결과로 창출된 수익을 얻은 계약을 할 수 있었다. 회사의 대표는 최근의 수입 조사에서 어떻게 다른 제품군 사이에서 신발류 부문이 전년도의 같은 기간 대비 95%의 판매 증가를 할 수 있었는지에 대해 논의했다. 그가 신발류의 엄청난 판매 결과에 대해 제시한 원인은 스테판 커리의 인기였다. 월 스트리트의 한 분석가는 그 이유로 커리가 언더아머사의 발행주식에 140억의 가치를 부여했다고 분석했다.[54]

포지셔닝 단계

그림 7.5는 마케팅 관리지가 그들의 제품이나 서비스를 어떻게 포지셔닝할지 의사결정을 하는 단계를 보여준다. 즉, 경쟁자의 위치를 분석하고, 자사 제품이나 서비스의 경쟁적 우위를 제시하고, 마케팅 믹스를 완성한 다음, 반응을 평가함으로써 필요에 따라 마케팅 믹스를 수정한다. 포지셔닝의 각 단계를 자세히 살펴보자.

1단계 : 경쟁자 위치 분석

첫 번째 단계는 시장에서 경쟁자의 위치를 분석하는 것이다. 효과적인 포지셔닝 전략을 개발하기 위해서 마케팅 관리자는 현재 시장의 형세를 이해해야 한다. 경쟁자가 누가 있는가? 표적시장은 그들을 어떻게 지각하고 있는가? 해당 제품 범주 내에서의 직접적 경쟁자를 제외하고 유사한 혜택을 제공하는 여타 제품이나 서비스가 있는가?

때로는 간접적 경쟁, 특히 그것이 새로 부상하는 소비자의 추세를 반영한 경우에는 직접적인 경쟁보다 훨씬 중요할 수 있다. 맥도날드는 수년간 버거킹과 웬디스와 같은 대규모 패스트푸드 햄버거 체인점으로 한정한 직접 경쟁에만 근거하여 포지셔닝 전략을 개발했다. 맥도날드는 애플비스, T.G.I. 프라이데이스, 아웃백, 칠리스의 풀서비스 레스토랑의 사전 포장 음식에 이르는

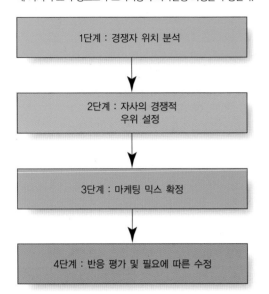

그림 7.5 과정 ｜ 포지셔닝 단계

네 가지 주요 구성요소가 포지셔닝의 의사결정 과정을 구성한다.

1단계 : 경쟁자 위치 분석

2단계 : 자사의 경쟁적
우위 설정

3단계 : 마케팅 믹스 확정

4단계 : 반응 평가 및 필요에 따른 수정

냉동 1인용 음식이 편리하게 음식을 조리할 수 있다는 소비자들의 욕구를 충족시키는 간접적 경쟁자들을 인식하는 데 사실상 실패했다. 궁극적으로, 맥도날드는 성인에게 더 적합한 음식들을 다양하게 준비하고 좀 느려진 서비스로 보강함으로써 간접적인 경쟁에 대응해야 한다는 것을 이해하기 시작했다. 아침 시간의 대표 음식을 제공하는 스타벅스와 던킨도너츠에 정면으로 사업 주도권을 빼앗기 위해 겨냥한 커피 제품의 맥카페가 그들의 최근 성공작이다.

2단계 : 자사의 경쟁적 우위 설정

두 번째 단계는 소비자들이 경쟁제품보다 더 낫다고 인식할 이유를 제공하기 위해 제품이나 서비스에 경쟁적 우위를 제시하는 것이다. 이 목표를 달성하기 위해서, 연관된 마케팅 커뮤니케이션이 제품이 제공하는 특정 가치를 소비자에게 분명하게 알리는 데 주력하도록 한다. **포지셔닝 설명서**(positioning statement)는 회사의 상품이 어떻게 포지셔닝되어 있는지 내부적으로 파악하는 데 도울 수 있다. 포지셔닝 설명서는 일반적으로 제품이 표적화된 세분시장, 대상 세분시장에 대해 제품에 기인할 가장 중요한 요구 사항(차별화 요소) 및 상품에 대한 해당 요구 사항을 뒷받침하는 가장 중요한 증거를 포함한다. 만일 기업이 단지 '유사(모방) 제품'만 제시한다면 사람들을 낮은 가격에 구매하도록 유인할 수 있다. 여타 경쟁적 우위의 형태에는 탁월한 이미지(조르지오 아르마니), 독특한 제품의 속성(리바이스의 501개 버튼플라이 청바지), 보다 나은 서비스(캐딜락의 노변 지원 프로그램), 보다 나은 실력을 갖춘 사람(노드스트롬 백화점의 전설적인 판매원) 등이 포함된다.

3단계 : 마케팅 믹스의 확정

일단 포지셔닝 전략이 설정되면 세 번째 단계에서 마케팅 관리자는 여러 조각들을 한 자리에 모으는 마케팅 믹스를 확정한다. 마케팅 믹스의 구성요소들은 선택된 세분시장에 부합되어야 한다. 이는 제품이나 서비스가 편의성 또는 사회적 지위 등과 같은 세분시장의 가치로 전달해야 한다. 다르게 말하면 마케팅 믹스는 가치를 증대시키고 소비자 욕구를 충족(어디서 들어본 말 아닌가?)시켜야 한다. 또한 마케팅 관리자는 이러한 소비자들이 지불할 수준에서 제품에 대한 가격을 설정해야 하고, 소비자들이 방문하기 좋아하는 장소에서 이용 가능하도록 해야 하며, 소비자들이 알게 되기를 좋아하는 장소에서 제품의 혜택을 정확하게 의사소통해야 한다. 다시 말해서, 포지셔닝 전략은 제1장에서 다뤘던 조직의 마케팅 믹스로 귀결된다.

　이 책의 제8장부터는 상품, 가격, 물류, 판촉과 같은 마케팅 믹스의 요소들을 개발하는 전략을 보다 자세하게 다룰 것이다. 개별 마케팅 믹스 전략들을 합치면 당신의 제품을 위한 전반적인 포지셔닝 전략이 도출된다.

4단계 : 반응 평가 및 필요에 따른 수정

네 번째와 마지막 단계에서 마케팅 관리자는 표적시장의 반응을 평가해서 필요에 따라 전략을 수정할 수 있다. 시간이 지나면 기업은 표적으로 선정한 세분 시장을 바꿀 필요가 있는지 또는 시장의 변화에 반응하기 위해 제품의 포지션을 변경할 것인지까지도 발견할 수 있다. 다음의 고전적인 사례를 살펴보자. TGI 프라이데이스와 잭 다니엘스는 서로 다른 시장의 오래된 브랜드다. 하지만 리세스의 땅콩 버터 컵 사례 속의 땅콩 버터와 초콜릿처럼, 프라이데이와 잭 다니엘스는 잭 다니엘스 버거 같은 신메뉴들을 창조하기 위해 협력했다. 그 메뉴는 어르신부터 젊

포지셔닝 설명서 제품의 특정 가치를 제안하기 위한 마케팅 커뮤니케이션을 기업 내부에서 개발하고 유지 관리의 지원을 하는 제품 포지셔닝의 표현

은 사람까지 재포지션되었다.

포지셔닝 전략의 변경은 **재포지셔닝**(repositioning)이다. 변화하는 시대에 발맞춰, 브랜드 이미지를 수정하려고 노력하는 기업은 어렵지 않게 찾을 수 있다. 셀프서비스로 운영되면서 증권중개로 제일 먼저 지목되는 찰스 슈워브(Charles Schwab)의 사례를 들어보자. 예산 중개사업에 있어서의 경쟁, 특히 온라인 중개업자들로부터의 도전이 슈워브를 저렴한 가격을 강조한 완전 서비스를 제공하는 재무 서비스 회사로 재포지셔닝하도록 자극했다. 다음과 같은 방식으로 생각해보라. 수많은 주식거래의 온라인 서비스 제공기업 중 하나로서 슈와브가 기여할 수 있는 가치가 그렇게 많지 않다. 이러한 환경에서 고객들은 실제 차별점이 전혀 없는 하나의 상품(즉, 주식을 구매하기 위한 다양한 방법 중 한 가지 방안)으로 기업을 바라 볼 것이다. 슈와브는 여전히 기본 서비스만 제공하는 제품들을 가지고 있으나, 확장된 제품 계열과 온라인과 인적 판매를 통한 더 많은 정보로 매출과 이윤의 실제 성장에 기여하고 있다. 즉, 보다 높은 수수료를 보장해주고 고객 관계를 깊게 구축해주는 정보로부터 유발되고 있는 것이다. 마케팅 관리자가 브랜드에 대한 최고의 상태를 불가분하게 초월했다고 생각하여 수정하려고 할 때 재포지셔닝을 한다. 때때로 옥시돌 세제, 브렉 샴푸, 오발틴 시리얼, 프론티어 항공 그리고 탭 콜라처럼 거의 잊혀진 제품들은 브랜드가 거의 거의 죽기 직전으로부터 향수의 물결을 타고 다시 소생해서 **복고 상표**(retro brands)로 새롭게 시장으로 돌아온다.[55]

1990년대에 인기 있었지만 10년 넘게 생산이 중단된 탄산음료를 되찾기 위해 세 명의 사람이 서지 운동이라는 강력한 커뮤니티를 페이스북을 통해 만들었다. 이 단체는 엄청난 수의 적극적인 지지자들[30만 명 이상의 사람들이 페이스북 커즈 페이지(Facebook Cause page)에 지원했다]을 모았고 서지의 생산자인 코카콜라가 서지에 대한 그들의 사랑을 알리기 위해 노력했다. 서지 운동의 노력은 결국 성공적이었고, 현재 그 운동을 일으킨 세 명의 설립자들은 노력이 헛되지 되지 않도록, 서지가 미래에 유력한 제품으로 남아 있는지를 확인하기 위해 열심히 일하고 있다.[56]

제품에 생명 불어 넣기 : 브랜드 개성

어떤 면에서, 브랜드는 사람과 유사하다. 우리는 종종 상표를 성격적 특성의 측면에서 묘사하곤 한다. 우리는 점포, 향수, 자동차에 대해 이야기할 때, 저렴한, 우아한, 섹시한, 멋진과 같은 형용사를 사용할 수 있다. 이것이 차별적 이미지를 창출하고자 재화와 용역의 특성과 편익을 내포하는 **브랜드 개성**(brand personality)을 개발하려는 이유이다. 여성들을 위한 최고의 패션잡지인 엘르에 대한 광고는 "엘르 잡지는 응답 카드가 아니다. 엘르 잡지는 하나의 범주가 아니다. 엘르 잡지는 수축포장되어 있지 않다. 엘르는 잡지가 아니다. 엘르는 여자다."라고 선언했다.

소비자들에게 브랜드 개성을 심어주는 효과적인 한 가지 방법은 브랜드를 사람처럼 보이게 하는 마케팅 활동으로 고의적 연계를 시키는 것이다. 브랜드에 사람의 속성을 부여하는 현상을 **브랜드 의인화**(brand anthropomorphism)라고 하며, 트위터에 브랜드 계정에 누군가의 댓글을 달거나(즉, '대답을 통한 브랜드의 의인화') 상업광고에서 브랜드의

소배 음료 회사는 1996년 마이애미 사우스 비치에서 시작되었다. 창립자가 아베이 호텔 건물의 아트데코 양식으로부터 도마뱀을 봤을 때로 역사는 거슬러 올라간다. 이 장에서 학습한 것과 같이, 소베는 세분화, 표적 마케팅, 포지셔닝 과정을 능숙하게 실행했으며, 오늘날에는 확고한 인구통계학적/심리적 표적을 대상으로 놀라운 브랜드 및 제품 라인을 자랑하고 있다.

마스코트를 통해 상호교류를 하는 방식으로 나타난다. 50년간 활발한 광고 활동을 펼쳐 온 필스베리 도우보이는 후자(마스코트)의 대표적 예인데, 그의 친절한 태도와 트레이드 마크였던 배꼽을 찔렸을 때 터져 나오는 킬킬거림은 소비자에게 브랜드로 인식시키는 데 도움을 줬다.[57] 이 내용은 제9장에서 더 자세히 다룰 것이다.

사람으로서의 제품? 어쩌면 우스운 얘기인지도 모르나 마케팅 연구자들은 "만약 어떤 제품이 살아 있다면" 무엇이 될 것인지를 묘사하는 데 있어 대부분의 소비자들이 아무런 문제를 느끼지 않는다는 것을 알고 있다. 사람들은 종종 제품이 어떤 색깔의 머리카락을 하고 있으며, 제품이 들어가 살고 있는 주택의 유형, 그리고 심지어 말랐는지, 과체중인지, 중간인지 등을 포함하는 명백하고 자세한 묘사를 하곤 한다.[58] 못 믿겠다면 이걸 직접 해보도록 하라.

브랜드 개성을 만들어내는 한 부분은 표적시장이 경쟁상표보다 더 선호할 제품의 정체성을 개발하는 것이다. 마케팅 관리자가 그들의 제품을 실제로 소비자의 마음속 어디에 자리 잡게 할 것인가를 어떻게 결정하는가? 한 가지 해결책은 소비자들에게 무슨 특성이 중요한지 그리고 그러한 제품 속성에 대한 경쟁적 대안 제품을 어떻게 평가하는지도 물어보는 것이다. 마케팅 관리자들은 이러한 정보를 제품이나 상표들이 소비자의 마음속 어디에 '위치'하는지의 그림을 그리는 생생한 방법인 **지각도**(perceptual map) 구축을 위해 사용한다.

예컨대, 만일 당신이 미국의 20대 여성 독자들이 좋아할 새로운 출판물을 위한 아이디어를 원한다고 가정하자. 당신은 그들이 좋아할 새 출판물에 대한 아이디어를 개발하기 위해 그녀들이 어떻게 잡지를 인식하는지의 지각도를 구축해야 한다. 여성 독자 표본을 인터뷰한 후, 그들이 잡지를 선택할 때 그들에게 두 가지 핵심적인 질문을 확인해야 한다. (1) 잡지가 '전통적'인가? 말하자면 가족, 가정, 개인적 관심사를 지향하는가, 내지는 개인적 외모와 패션을 지향하여 '현재의 유행을 한발 앞서는' 것인가? (2) 그 잡지가 나이가 지긋하고 경력이 갖추어진 '고소득층의' 여성을 위한 것인가 또는 보다 젊고 그들의 직업을 막 시작하고 있는 비교적 '저소득층의' 여성을 위한 것인가?

📷 그림 7.6의 지각도는 이러한 여성들의 평가로부터 주요 여성 잡지들이 어떻게 기대되고 있는지를 보여준다. 지각도는 당신의 새로운 잡지가 어디에 포지셔닝되어야 하는지에 대해 어느 정도의 지침을 제공해준다. 당신은 좌하 분면의 '서비스 잡지' 집단과 직접적으로 경쟁할 것인지 또는 우상 분면의 전통적 패션지 집단들과 경쟁할 것인지를 결정해야 한다. 이 경우 당신은 당신의 새로운 잡지가 이러한 기존의 잡지들이 제시하지 못하는 특별한 편익을 제공할 것인지를 결정해야 한다. 예컨대, 미디어 기업인 콘데나스트는 미용성형의 정신적·신체적·감정적 위험과 같은 미용 문제에 관해 보다 더 깊이 있게 다룸으로써 패션지와 경쟁하기 위해 얼루어 잡지처럼 포지셔닝했다.

당신은 지각도에서 기업에 의해 점유되지 않은 영역에 입지하도록 노력해야 한다. 여대생을 위한 '최신' 패션으로 표적화할 수 있다. 간과된 세분시장은 마케팅 관리자들을 위한 '성배'이다. 즉, 일이 잘되면 마케팅 관리자들은 세분시장을 획득하기 위해 신속히 움직여 그 제품 범주에서의 비교 기준을 설정할 수 있다. 축구를 하는 자녀를 둔 엄마들을 위한 미니밴 시장을 처음으로 확인했던 크라이슬러, 여타 다른 저가 항공에서 제공하는 저렴한 항공권 및 집단 탑승 과정을 발견한 제트블루, 안락한 개념을 선도하고 직장 여성을 위한 '사용자 친화' 의류인 리즈 클레이본의 전술로 회사의 성과를 올려주었다. 잡지 범주에서는 아마도 **마리끌레르**가 가장 가까운 포지션을 가지고 있을 것이다.

그림 7.6 📷 **스냅숏 | 지각도**

지각적 도식화는 마케팅 관리자에게 경쟁자의 브랜드와의 비교를 통해 자사 브랜드에 대한 소비자의 지각을 확인하게 한다.

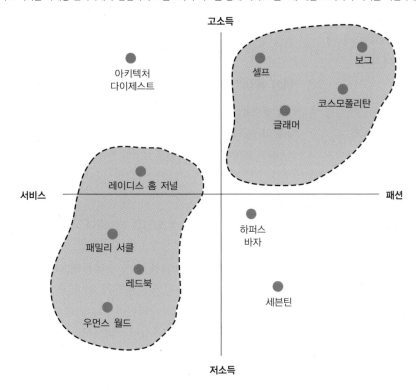

제7장
스터디 맵

목표 요약 ➡ 핵심 용어 ➡ 적용

7.1 목표 요약

표적 마케팅 과정의 단계를 확인한다.

마케팅 관리자들은 동일한 품목을 모두에게 제공하는 대량 마케팅의 효율성과 고객이 원하는 바를 각 개인별로 제공하는 효과성의 균형을 유지해야 한다. 이를 달성하기 위하여 마케팅 관리자는 모두에게 무언가를 팔려고 하는 대신 다음의 단계들을 거쳐야 한다. (1) 고객의 특성에 근거하여 전체 시장을 상이한 세분시장들로 나누는 표적 마케팅 전략을 선택하고, (2) 하나 또는 그 이상의 세분시장을 선택하며, (3) 선택한 특정 세분시장의 필요를 충족시키는 제품을 개발한다.

핵심 용어

시장 분할　　　　　　　표적 마케팅 전략

7.2 목표 요약

시장 세분화의 필요성 및 접근법을 이해한다.

기술 및 문화적인 차이로 인한 대중사회를 다양한 집단으로 구분하는 시장 분할로 인해서 시장 세분화는 오늘날의 시장에서 때로는 필수불가결하다. 대부분의 마케팅 관리자들은 현실적으로 모든 사람들의 욕구를 충족시키지는 못하므로 전체 시장의 파이를 몇 가지 중요한 특성을 공유하고 동일한 욕구와 선호를 보이는 세분화된 구성원들의 시장 조각들로 나누는 것이 보다 효율적이다. 마케팅 관리자들은 소비자 시장을 연령, 성, 가족생활주기, 사회계층, 인종이나 민족 정체성, 주거지 등을 포함하는 인구통계적 특성에 기초하여 세분화하는 것의 유용함을 발견한다. 두 번째 차원인 심리분석법은 사람들이 공유하고 있는 기호나 성향으로 구분하는 심리적 · 사회적 특성에 대한 척도로 사용한다. 또한 소비자 시장은 제품에 대한 소비자 행동, 예컨대 소비자들의 브랜드 충성도, 사용률(높음, 중간, 낮음), 사용 상황에 근거하여 세분화될 수 있다. B2B 시장은 종종 산업 통계지수, 북미산업분류체계(NAICS)에 기초한 산업 유형, 지리적 입지 등에 근거하여 세분화된다.

핵심 용어

게이머 세분시장	사용 상황	지리적 세분화
구매력	세대별 마케팅	지리표적화
디지털 원주민	세분화	콘텐츠 마케팅
롱 테일	세분화 변수	행동적 세분화
마이크로마케팅	심리분석학	80/20 법칙
메트로섹슈얼	인구통계	VALS™
문화적 다양성	조직인구통계	X세대
배지	지리 정보 시스템 (GIS)	Y세대(밀레니엄 세대)
베이비 부머		
사용률	지리인구학	Z세대

7.3 목표 요약

세분시장 평가 방법 및 표적화 전략을 위한 선택 방법에 대해 설명한다.

표적화를 위한 하나 또는 그 이상의 세분시장을 선택하기 위해서 마케팅 관리자는 각 세분시장을 검토하고 표적시장으로서 성공 잠재력을 평가한다. 의미 있는 세분시장은 여타 세분시장에서의 요구와 다른 요구를 가지고 있고, 이것은 확인될 수 있으며, 독특한 마케팅 믹스로 도달할 수 있고, 독특한 마케팅 커뮤니케이션에 응답할 것이며, 이윤을 창출할 만큼 충분한 규모이고, 장래에 성장 가능성을 가지고 있으며, 해당 기업이 경쟁자보다 더 잘 충족시킬 수 있는 욕구를 가지고 있다.

마케팅 관리자가 차별적인 세분시장을 확인한 후, 각 세분시장의 시장 잠재력을 추정한다. 세분시장의 상대적 매력성 또한 기업의 전반적 마케팅 전략 선택에 영향을 미친다. 기업은 그들의 특성과 시장의 성격에 기초하여 비차별적, 차별적, 집중적, 또는 고객 맞춤 전략을 선택할 수 있다.

핵심 용어

대량 맞춤화	세분시장 프로필	표적시장
맞춤 마케팅 전략	집중적 표적화 전략	표적화
비차별적 표적화 전략	차별적 표적화 전략	

7.4 목표 요약

포지셔닝 전략 개발과 수행 방법을 이해한다.

마케팅 관리자는 표적시장(들) 및 전반적인 전략을 선택한 뒤, 고객들이 경쟁자들과 비교해서 자사의 브랜드를 어떻게 지각하기를 원하는지, 즉 자신의 브랜드가 경쟁자와 유사하게, 반대로, 또는 동떨어지게 지각되어야 하는가를 결정해야 한다. 포지셔닝을 통해 브랜드 개성이 개발된다. 마케팅 관리자는 지각도와 같은 조사 기법을 사용함으로써 상표 포지셔닝을 비교할 수 있다. 포지셔닝 전략을 개발하고 수행함에 있어 기업은 경쟁자들을 분석하고, 자사 제품에 의해 제공되는 경쟁적 우위를 결정하며, 포지셔닝 전략에 부합한 마케팅 믹스를 조정하고, 선택된 마케팅 믹스에 대한 반응을 평가한다. 마케팅 관리자는 제품의 재포지셔닝의 필요성을 보여줄 시장에서의 변화를 지속적으로 살펴보아야 한다.

핵심 용어

복고 상표	재포지셔닝	포지셔닝
브랜드 개성	지각도	포지셔닝 설명서
브랜드 의인화		

연습문제

개념 : 지식 확인하기

7-1. 시장 분할은 무엇이고, 마케팅 관리자들에게 그 결과는 어떠한 것인가?

7-2. 표적 마케팅 전략이란?

7-3. 시장 세분화란 무엇이고, 오늘날 시장 상황에서 그것이 왜 중요한 전략인가?

7-4. 소비자 시장을 세분화할 때 자주 이용하는 주요 인구통계적 특성들을 열거하고 설명하라.

7-5. 소비자 심리분석적 세분화의 과정을 설명하라.

7-6. 행동적 세분화란 무엇인가?

7-7. 마케팅 관리자들이 B2B 시장을 세분화하는 방법들은 어떤 것이 있는가?

7-8. 마케팅 관리자가 세분시장이 표적화의 후보로 적합한지 판단하는 기준을 나열하라.

7-9. 비차별적, 차별적, 집중적, 맞춤 마케팅 전략을 설명하라. 대량 맞춤화란 무엇인가?

7-10. 제품 포지셔닝이란 무엇인가?

7-11. 마케팅 관리자들이 브랜드 개성을 만들고자 하는 의미는 무엇인가? 브랜드 의인화의 예를 들어보아라.

7-12. 마케팅 관리자들은 효과적인 포지셔닝 전략을 위해 지각도를 어떻게 활용하는가?

실행 : 배운 것 적용하기

7-13. 창의적 과제/단기 프로젝트   당신은 기업가이며, 플로리다 해안가를 따라 위치한 부티크 호텔의 새 계열사를 디자인하는 중이다. 호텔마다 75개의 객실에 최고급 장식과 와이파이 서비스, 고급 과자와 프리미엄 맥주, 그리고 야간에 299달러인 최고 상표 주류가 비치된 미니바가 제공된다. 호텔은 스파, 구내 식당, 지역 악단이 연주하는 별도의 풀서비스 바가 있다. 표적 고객의 인구통계, 즉 연령, 성별, 가족생활주기, 소득과 사회 계층, 인종, 거주지를 열거하라.

7-14. 창의적 과제/단기 프로젝트   회사의 마케팅 관리자가 자동 복사기 B2B 시장에 진입하기로 결정함에 따라, 당신은 전반적인 시장 전략을 구축하고자 한다. 당신은 대량 마케팅, 집중적 마케팅, 차별적 마케팅, 맞춤 마케팅 전략의 가능성을 염두에 두고 있다.

   a. 각각의 전략이 상품, 가격, 판촉, 분배 채널과 관련하여 당신의 마케팅 계획을 약술하라.

   b. 각 전략의 바람직한 정도를 평가하라.

   c. 최고의 전략을 위한 당신의 최종 조언을 서술하라.

7-15. 수업시간 10~25분 팀별 과제   예비 대학생들에게 좋은 대학으로 만들어주기 위하여 당신과 학우들은 당신 학교의 전형적인 대학생들의 프로필을 하나의 시장으로 만들어야 한다. 표적 고객의 세분시장 프로필 혹은 '모습'을 묘사해보자. 당신의 설명을 수업에서 공유해보자.

7-16. 수업시간 10~25분 팀별 과제   마케팅 컨설팅 회사의 회계 이사로서, 당신의 새로운 고객은 대학이다. 그것도 당신의 모교이다. 당신은 대학을 위한 포지셔닝 전략을 개발해야 한다. 당신의 팀과 함께 아이디어의 윤곽을 다음의 내용 포함하여 그려보자.

   a. 경쟁자는 누구인가?

   b. 경쟁자의 포지션은?

   c. 대학은 어떤 표적시장이 가장 매력적인가?

   d. 당신은 이 대학을 경쟁자와 비교하여 세분시장에 어떻게 포지셔닝할 것인가?

7-17. 추가 연구(개인)   지리정보시스템(GIS)은 지리학적 지도와 특정한 지역의 소비자에 대해 디지털화되어 저장된 정보를 결합한 것이다. 웹사이트를 이용하여 구글 어스 같은 GIS를 사용하여 지역의 시장 정보를 만들어낸 사업 혹은 비영리 예시나 사례연구가 있는지 찾아보라. 그 예시나 사례연구를 요약하고 수업 중에 발표하라.

7-18. 추가 연구(개인)   적어도 20년 이상 된 특정 소비자 포장재 회사의 제품을 선택하고, 그 기간 안에서 최소 5개의 인쇄 광고물을 찾아보라. 마케팅 커뮤니케이션 콘텐츠 중에서 어떻게 그 제품의 표적 고객과 포지셔닝이 바뀌어 왔는가? 그리고 당신은 이 변화가 왜 발생했다고 생각하는가? 만약 그 제품의 표적고객이나 포지셔닝이 변하지 않았다면, 표적화와 포지셔닝에서 그 제품의 기능이 그대로 유지된 이유는 무엇인가?

7-19. 창의적 과제/단기 프로젝트   당신은 벌브라 불리는 새 소프트 드링크 브랜드의 마케팅 관리자다. 당신은 이 제품을 Z세대에게 널리 어필하기 위해 어떤 브랜드 개성을 부여할지 결정해야 한다. 브랜드 개성을 묘사해보고 해당 브랜드 개성이 실현되는 것을 도울 수 있는 마케팅 믹스(상품, 장소, 가격, 판촉)의 구체적인 요소들을 규정하라.

개념 : 마케팅 계량지표 적용하기

계량지표의 관점에서, 당신의 최종 표적으로 삼고자 하는 다양한 고객 세분시장의 특징에 대한 좋은 데이터는 중요하다. 그 이유는 표적 마케팅이 궁극적으로 투자에 대해 최고의 수익을 올릴 것으로 보이는 세분시장에 자원을 투자하는 전략이기 때문이다. 이 장에서 우리는 VALS™이 심리적 시장세분화의 대표적 접근법임을 배웠다.

7-20. 심리학적 기술 및 그 결과 정보에 대한 의사결정의 실효성을 높이는 당신만의 VALS™ 범주를 만들어보자.

   a. VALS™ 웹사이트(구글 검색 혹은 www.strategicbusinessinsights.com)로 들어가라.

   b. "Take the VALS™ Survey"를 누르고, 모든 질문에 응답한 후 제출을 누르고 결과를 살펴봐라.

   c. 당신의 VALS™ 유형은 무엇인가? 다른 VALS™ 유형과 함께 이를 설명하는 웹사이트에 그 정보(VALS™/VALS™ type 탭 밑에 있다)를 살펴봐라.

d. 당신만의 VALS™을 배운 느낌이 어떤가? 결과에 놀랐는가? 예상과 같은가? 왜 혹은 왜 그렇지 않은가?

e. 당신의 VALS™ 유형에 대한 지식이 당신 고객행동과 관련하여 어떤 정보를 제공하는가?

선택 : 당신은 어떻게 생각하는가?

7-21. 윤리 마케팅에 대한 몇몇 비평들은 시장 세부화와 표적 마케팅은 소중한 자원을 낭비하는 불필요한 제품 선택을 초래하고 있다고 제시하였다. 이러한 비판들은 마케팅 관리자들이 다수의 제품 선택들을 만들어내지 않았더라면, 굶주린 자들에게 음식과 노숙자들에게 주택을 제공하고, 전 세계에 걸쳐 사람들의 욕구를 충족시키는 더 많은 자원을 확보할 수 있을 것이라고 하였다. 전반적으로 세분화와 표적 마케팅의 결과가 사회에 해로운가? 혹은 유익한가? 기업은 이러한 비판에 관심을 가져야 하는가? 왜 혹은 왜 아닌가?

7-22. 비판적 사고 유용한 세분시장을 위한 기준 중에 하나는 시장의 규모이다. 이 장은 세분시장이 유용하기 위해서는 현재와 미래에 이윤을 가져다줄 수 있도록 충분한 규모를 가지고 있어야 하며, 너무 규모가 작은 세분시장은 이윤 가능성이 없기 때문에 무시되어야 한다고 주장한다. 그렇다면 하나의 세분시장은 그 규모가 얼마나 커야 하는가? 당신은 기업이 어떤 세분시장으로부터 이윤 달성을 할 수 있는지 어떻게 결정해야 한다고 생각하는가? 기술 발전이 소규모 세분시장의 이윤을 달성 가능한 것으로 만들 수 있는가? 기업은 소규모 또는 이윤 달성이 불가능한 세분시장을 위한 제품을 개발할 도덕적이거나 윤리적인 의무를 언제 한 번이라도 가져본 적이 있는가? 언제인가?

7-23. 윤리 기업의 마케팅 관리자들은 이윤 창출을 위해 있지만, 또한 소비자의 이득을 취해서는 안 된다는 윤리적 의무가 있다. 특히 저소득층처럼 불리한 소비자들에게는 더더욱 그러하다. 당신은 말라리아 확산을 막기 위해 아프리카에 모기장을 판매하는 것이 윤리적이라고 생각하는가? 인도의 시골 지방에 코카콜라나 펩시콜라를 파는 게 윤리적인가? 왜인가? 혹은 왜 아닌가? 무엇을 팔고 팔아야 하는지에 대한 윤리적인 하한선이 있는가? 그 선은 어떻게 설명할 수 있는가?

7-24. 비판적 사고 마케팅 관리자들은 때때로 같은 제품을 다른 가격에 판매하는 방식으로 다양한 사회 계층 세분시장을 표적으로 삼는 전략을 개발할 것이다. 이러한 전략을 사용한 브랜드는 무엇이 있고, 어떻게 성공시켰는가? 이런 접근을 취하는 것에는 특정 제품이나 브랜드에게 잠재적인 위험이 존재하는가? 그리고 해당 위험에 노출되기 쉽게 만드는 것은 무엇인가?

7-25. 비판적 사고 이 장에서 우리는 지리표적화의 사용 및 특정 그룹에 적절하고 영향력 있는 판촉 같은 혜택을 소비자에게 더 정교하게 제공하기 위한 능력에 관하여 습득하였다. 지리표적화가 회사에 역효과를 낼 수 있는가? 지리표적화가 부정적인 반응이나 결과를 야기한 예는 무엇인가? 회사 이미지에는 어떤 영향을 주었는가?

7-26. 비판적 사고 수년 전, 앤호이저부시는 스페인계 미국인들을 대상으로 마케팅 활동에 전념할 새로운 부서를 개설하고 6,000만 달러 이상을 투자하여 스페인계 미디어의 3분의 2 이상에 광고를 할 것이라고 밝혔다. 반면 밀러 맥주 회사는 스페인어 방송사인 유니비전과 함께 3년치 패키지 광고에 1억 달러를 지출했다. 그러나 스페인계 미국인 사회운동가들은 즉시, 젊은이들을 편향시키고 불균형적으로 알코올을 남용할 가능성이 대중들을 표적으로 한다는 이유로 맥주 광고 공세에 대한 공중 위생 문제를 제기하였다. 스페인계 젊은이에 대한 조사는 그들이 백인과 흑인 또래들에 비해 음주, 취할 가능성이 더 높고, 폭음에 빠지기 쉬울 것이라는 것을 보여주고 있다. 앤호이저부시의 최고 중역은 "맥주 광고판이 라틴계 또는 여타 소수 지역사회 단체 내의 사람들에게 알코올 남용을 증가시킨다고 주장하는 어떤 사람들에게도 동의하지 않는다. 우리의 시장 모집단 가운데 빠르게 성장하고 있는 세분시장을 오늘날 세계 시장에서 무시한다는 것은 사업을 잘못하는 일일 것이다."라고 응답하였다.

a. 술과 담배 제조사들은 연령, 소수인종, 장애인, 그리고 다른 사람들처럼 특정 세분시장에 불건전한 상품을 표적화했다고 비난받아 왔다. 당신은 이러한 관점을 문제라고 여기는가? 기업은 이러한 집단을 표적화할 때 서로 다른 기준을 적용해야 하는가? 정부는 이러한 마케팅 활동을 감시, 감독해야 하는가?

7-27. 윤리 게이미피케이션은 제6장에서 다룬 내용이다. 시장의 특정 세분시장에 대한 게이미피케이션 접근은 소비자에게 엄청난 행동을 야기할 수 있으며, 상당수는 관련 상품 소비의 증가로 그 행동이 이루어진다. 일반적으로 많은 양(술이나 설탕)이 소비되면서 잠재적 건강 문제와 연관이 있는 상품이라면, 마케팅 관리자는 해당 상품의 과도한 소비를 조장하는 게이미피케이션 활동

이나 비슷한 '재밌는' 접근법을 사용할 수 있게 해야 하는가?

7-28. **비판적 사고**　마케팅 관리자들은 주로 유명인사들에게 제품을 보증해달라고 요청하지만, 브랜드를 유명인사와 엮는 것은 해당 유명인사가 어떤 부정적으로 인식될 언행이나 행동을 통해 관중으로부터 호의를 잃게 됐을 때 위험할 수 있다. 당신은 유명인사와의 연계가 위험을 감수할 만한 가치가 어떻게 있다고 판단하는가? 당신은 결정을 하고 잠재위험을 줄이기 위해 무엇을 알고 싶은가?

미니 프로젝트 : 행하면서 배우기

이 미니 프로젝트는 기업이 표적 마케팅 의사결정을 어떻게 하는지에 대한 보다 나은 이해를 도울 것이다. 이 프로젝트는 남성 운동화에 초점을 맞추고 있다.

　　a. 남성 운동화 시장을 세분화하는 데 상이한 차원들에 관한 유용한 아이디어를 수집하라. 본인 고유의 아이디어를 활용하거나, 타 운동화 브랜드들에 의해 개발된 광고나 마케팅 커뮤니케이션을 검토해보기를 원할 것이다.

　　b. 파악하고 있는 시장 세분화를 위한 차원들에 근거하여 설문지를 개발하고 소비자 조사를 수행하라. 당신은 어떤 질문을 해야 할지, 그리고 어떤 소비자를 대상으로 조사해야 하는지를 결정해야 한다.

　　c. 연구 조사로부터 수집한 자료를 분석하고 서로 다른 잠재적 세분시장을 확인하라.

　　d. 각 잠재적 세분시장을 묘사하는 세분시장 프로필을 개발하라.

　　e. 프로필에 근거한 각각의 시장 마케팅 전략이 어떻게 달라야 하는지에 대한 여러 가지 아이디어를 제시하라.

　　f. 당신의 경쟁 우위를 정의하라.

7-29. 당신의 아이디어, 연구, 발견 그리고 마케팅 전략의 권장사항에 대한 개요를 발표 내용으로 개발하라(또는 보고서를 작성하라).

마케팅 행동 사례　　스프리그의 실제 선택

저녁으로 뭐 먹지? 스프리그는 그 질문에 대한 건강을 의식하는 고객의 대답에 참여하고 싶었다. 스프리그는 주문형 배달 레스토랑으로 균형 잡힌 식사를 제공하며 15~20분 내에 완벽하게 준비되어 배달된다. 회사는 신선한 재료를 사용하여 건강한 라이프스타일을 지원함으로써 혁신적으로 맛있는 음식을 만드는 데 집중한다. 회사의 표적시장은 바쁜 스케줄을 가지고 있으면서 과일, 야채, 단백질 그리고 다른 영양성분을 아우르는 식사에 대해 열망이 있는 사람들이었다. 스프리그의 웹사이트에는 "우리는 맛이 좋으며 버터, 기름, 설탕은 줄인 음식을 만들기 위해 최고의 재료를 사용합니다."라고 적혀 있었다. 고객들은 인터넷이나 어플을 이용해 식사를 주문하는 선택권을 가지고 있다.

CEO인 가간 비야니는 교통수단을 공유하는 회사인 리프트에서 일할 당시, 배달 주문하는 음식이 피자 같은 건강에 해로운 것이 너무 많다고 깨달았다. 그래서 2013년 그는 속도나 편의와 타협하지 않는 대신 건강을 생각하는 소비자들에게 더 나은 선택을 제공하는 회사를 설립했다. 연구 주방장이자 비야니의 첫 번째 직원이었던 제시카 엔젤은 스프리그의 메뉴를 개발했다. 그녀는 구글의 주방장이었던 네이트 켈러와 팀을 이뤘는데, 당시 지역 농장과 관계를 맺고 회사의 지적인 노력을 관리했었다. 켈러는 그녀의 요리법을 실험할 거대한 예산과 재량권을 가지고 있었고 열정적인 미식가들도 초대했다. 샘플 메뉴에는 고추 샐러드가 가미된 구운 닭고기, 구운 붉은 감자와 양배추가 들어간 쇠고기 키마, 콜리플라워 베샤멜 소스가 들어간 트러플 맥과 치즈가 있었다.

스프리그는 메뉴를 개선하고, 높은 가치를 주구하는 건강하고 혁신적인 음식을 계속 배달하기 위해서 끊임없이 고객으로부터 수집된 정보를 활용했다. 엔젤은 각각의 음식들이 고객의 기대치를 충족시키거나 초과하는지를 확인하기 위해 고객의 피드백을 연구했다. 평가가 기대와 다를 때면 그녀는 해당 메뉴를 다시 선보이기 전, 문제를 수정할 방법을 찾아 심사숙고하여 응답했다. 또한 그녀는 메뉴가 처음 나올 때의 상태로 배달하는 내내 유지되는 것이 어렵다는 것을 깨달았다. 결국, 음식 개발 과정은 어떻게 하면 음식을 엉망진창으로 뒤섞이지 않은 상태로 고객에게 배송할 수 있을지 고려해야 했다.

음식 시장에서 주문배달 세분시장은 성장 중이며, 많은 새로운 기업가들에게 매력적으로 보인다. 먼처리사는 샌프란시스코, 뉴욕, 로스앤젤레스, 시애틀에서 신선한 앙트레, 디저트, 음료, 유아식을 배달하는 회사다. 먼처리는 음식을 성공적으로 조리할 조리법을 동봉하여 반조리 식품으로 배달한다. 포스트메이츠사는 지역 특사의 네트워크를 운영하여 15분 내에 음식을 배달하는 팝(Pop)이라는 서비스를 통해 음식을 배달한다. 팝은 음식을 대기하는 시간을 절약하여 빠르게 전달할 수 있었다. 팝에 참여한 포스트메이츠의 배달원들은 특정 상점으로 가야 한다거나 음식을 기다려야 할 필요 없이, 바로 배달 가능한 신선한 음식들을 가지고 있었다. 심지어 우버조차도 우버 이츠로 시장에 참여하고 있다. 우버 이츠는 그들의 경쟁 우위인 우버 기술과 고객 관계를 이용하여 주문배달 서비스를 제공하는 우버의 자회사이다.

　스프리그 다음에는 뭐가 나올까? 건강에 민감한 소규모 배달주문 세분시장만을 대상으로 표적화하는 것이 최선일까? 비야니는 검색엔진, 소셜 미디어, 그리고 여타 기술 시장의 선례처럼 주문배달 시장이 경쟁자들 사이에서 도태되는 경험을 할 것이라고 예측한다. 즉, 초기 공급 업체들은 시장에서 사라지고 오늘날 몇 안 되는 경쟁자들만이 남아 있게 된다는 것이다. 스프리그는 어떻게 생존한 기업 중 하나가 될 수 있었을까?

당신의 결정

7-30. 스프리그가 직면한 의사결정은 무엇인가?

7-31. 이러한 의사결정 상황을 이해하는 데 중요한 요인은 무엇인가?

7-32. 대안에는 어떠한 것들이 있는가?

7-33. 당신이 제안하는 의사결정은 무엇인가?

7-34. 당신의 제안을 실행하는 방법들은 어떤 것들이 있는가?

참고자료 : Based on Harry McCracken, "The R&D behind Meal Delivery Startup Sprig's New Recipes," Fast Company (January 27, 2016), http://www.fastcompany.com/3055772/the-rd-behind-meal-delivery-startup-sprigs-new-recipes (accessed April 21, 2016); "Homepage," *Sprig*, https://www.sprig.com/#/ (accessed April 21, 2016); Melia Robinson, "This Idealistic Food Startup Could Change the Way We Eat—If It Survives," *Business Insider* (April 21, 2016), http://www.techinsider.io/sprig-food-delivery-on-demand-startup-2016-4 (accessed April 21, 2016); http://blog.postmates.com/post/130627727422/poprocks (accessed April 29, 2016).

제품 I : 혁신과 신제품 개발

Neal Goldman, Under Armour

닐 골드먼

▼ 언더 아머의 의사결정자

닐 골드먼은 메릴랜드주 볼티모어에 본사를 두고 있는 언더 아머의 남성용 스포츠 의류 및 단체 운동복 담당 이사이다. 닐은 4년 전부터 언더 아머의 남성 의류 사업부에서 일하고 있으며, 운동복 안에 착용하는 베이스 레이어, 미국 프로 미식축구 연맹 유니폼, 그리고 미식축구 유니폼 등 다양한 제품 카테고리의 사업을 책임져왔다. 언더 아머에서 일하기 전, 그는 워리어 스포츠에서 브라인의 라크로스 운동복의 제품 및 브랜드 매니저로 일했다. 거기서 그는 제품의 방향 설정에서부터 마케팅 전략 실행, 브랜드 자산 활성화에 이르기까지 모든 것을 감독하며 3년 만에 브라인 사업을 두 배로 늘렸다. 닐은 2004년 조지타운대학교에서 영문학 학사로 졸업했는데, 대학에 다니는 4년 내내 남자 라크로스 팀의 선발 투수였고 공동 주장을 맡았었다. 그는 항상 득점 부문의 상위 10위 안에 드는 선수였고, 2004년 조지타운 올해의 남자 선수로 선정되기도 했었다.

나의 정보

업무 시간 이외에 주로 하는 일은?
제멋대로 행동하는 두 살짜리 아들과 놀면서, 10년 전 내가 라크로스 선수였을 때처럼 체력이 좋은 척하기

졸업 후 처음으로 선택한 직업은?
위글리 껌의 영업직

최고의 경력은?
최고 경력이라 생각되는 것이 매번 변하기는 하지만 현재로서는 이사로 인정받고 있는 것

인생의 좌우명은?
두 가지가 있는데, 첫 번째는, 쉬운 일이라면 누구나 할 수 있다. 두 번째는, 온도계가 아니라 온도 조절 장치가 되라.

삶의 원동력은?
개인적으로는, 우리 가족을 자랑스럽게 만드는 것이고 직업적으로는, 미지에 대한 호기심

경영 스타일은?
말이 아닌 행동으로 이끌어라. 스스로 권한을 행사해서 의사결정을 내리는 게 어떤 것인지 우리 팀에게 보여주고 싶다.

특별히 싫어하는 것은?
말만 많고 결론이 나지 않는 회의들

1996년, 메릴랜드대학교의 미식 축구 선수인 케빈 플랭크는 그와 그의 동료들이 보호대 안에 착용하는 면 100% 티셔츠보다 더 좋은 무언가가 있을 거라 생각했다. 그들이 입는 면 티셔츠는 연습을 시작한 지 채 몇 분도 지나지 않아 금새 땀으로 축축해지기 시작했고, 일단 땀에 젖고 나면 마르는 데 시간이 오래 걸렸다. 그들은 땀에 흠뻑 젖은 무거운 티셔츠의 축축하고 불편한 느낌 때문에 괴로웠을 뿐만 아니라 잘 맞지도 않았다. 뿐만 아니라, 안에 입은 티셔츠가 계속해서 선수복 밖으로 삐져나와 주의를 산만하게 했다. 케빈은 더 나은 해결책이 있어야 한다는 것을 깨닫고, 원단 시장을 샅샅이 뒤지기 시작했다. 그는 자신의 기호에 맞는 합성섬유 혼합 원단을 찾아냈고, 작은 사이즈의 러닝셔츠와 함께 재단사에게 가져다 주었다. 이것으로, 언더 아머의 컴프레션 셔츠(compression shirts)가 처음으로 만들어졌다.

이처럼 1996년 케빈의 아이디어로부터 시작된 언더 아머는 18년 후에 세계 최상급의 운동화, 스포츠 의류, 그리고 여성용/유아용 스포츠 용품을 판매하는, 200만 달러가 넘는 거대 기업으로 급성장했다. 그러나 언더 아머의 성장과 전 세계 시장 및 신규 제품 카테고리의 확장과는 상관 없이, 오랜 역사를 지닌 전통적인 제품 '컴프레션 히트기어'는 기업의 핵심 사업부로 남아 있다. 이 베이스레이어 의류 라인은 "홈그라운드를 사수하라(Protect This House)."라는 언더 아머의 핵심 메시지와도 밀접하게 연결되어 있다.

2011년 봄, 유례없이 사업이 번창하기 시작했던 시기에 언더 아머의 히트기어 베이스레이어 제품 카테고리의 판매량은 점차 감소하기 시작했다. 언더 아머가 이 제품 카테고리를 생산한 이래 처음으로 다른 브랜드들과의 경쟁이 치열해지기 시작했기 때문이라고 히트 기어를 취급하는 대형 도매상들은 말한다. 가장 위협적인 경쟁자는 나이키로, 프로 컴뱃이라는 새로운 제품을 막 출시했던 때였다. 언더 아머가 컴프레션 의류의 첫 장을 열었지만, 나이키 프로 컴뱃은 바로 다음 장을 노리고 있었다. 나이키는 언더 아머 브랜드에 아직 노출되지 않은 다음 세대의 운동선수들을 분명한 타깃으로 삼고 새로운 고성능의 보호복 라인을 출시했다.

언더 아머가 직면한 문제는 제품과 마케팅 두 가지 측면이었다. 적어도 소비자의 관점에서 볼 때, 히트 기어의 베이스레이어 제품 카테고리는 지난 10년 동안 전혀 변화하지 않았다. 언더 아머의 제품들은 판매 매장에서 '우유와 계란' 취급을 받아 왔다. 우유와 계란 같은 주요 필수품을 구매하기 위해 주기적으로 식품매장을 찾듯이, 베이스레이어 제품 같은 기본적인 제품들이 매장에 걸려 있는 한, 소비자들은 매장을 방문할 것이라는 의미이다. 이러한 사고방식으로 인해 언더 아머는 여성 의류와 운동화 같은 새로운 제품 카테고리들을 창출하는 데에만 주력해 왔고, 베이스레이어 제품 카테고리 내의 신제품을 개발하기 위한 동력은 부족했다. 마케팅 또한 심각한 문제였다. 가장 큰 라이벌인 나이키는 창의적인 오프라인 매장 마케팅과 온라인 SNS 마케팅에 집중하면서 모든 고객 접점에서의 전면 공격을 감행했다. 나이키는 고객과 새로운 감정적 연결고리를 구축했을 뿐만 아니라 유명한 프로 운동 선수 및 창의적인 자원을 활용하여 폭발적으로 베이스레이어 제품 카테고리 시장에 침투해 들어왔다. 언더 아머의 홈그라운드를 위협한 것이다.

설상가상으로, 제품라인 구조를 단순화하는 것에서부터 시장에 출시하기까지, 제품 개발을 위한 일정에는 18개월이 걸렸다. 사업이 침체되

기 시작하면, 사실상 그 어떤 제품라인도 빠르게 정비한다는 것은 불가능하다. 히트 기어의 컴프레션 라인은 매년 수백만 개의 제품이 팔려나간다. 어떻게 제품을 조정하든 유통망 전체에 파급효과를 미칠 수 밖에 없으며, 이는 운송 시간, 판매, 이익에 영향을 줄 것이다. 그러나 새로운 계획의 시행이 지연되면 될수록 언더 아머는 더 많은 매출 하락을 보게 될 것이다. 위협에 대한 대응이 지연됨에 따라 장기 수익은 위협을 받을 수밖에 없으며, 스포츠 의류 부문에서 언더 아머의 전체적인 시장 점유율은 하락할 것이다.

사업부의 리더로서, 나의 역할은 단기적인 수익을 회복할 뿐만 아니라 장기적인 성공 브랜드를 구축한다는 최종 목표를 달성하기 위해 우리가 선택할 수 있는 모든 대안들을 평가하고 모든 부서들의 수행 업무를 고려한 전략을 개발하는 것이다.

1 선택

제품 문제에 집중하여 전략을 결정한다. 가능한 한 빨리 매장에 내놓을 수 있는 신제품을 개발한다. 새롭고 흥미로운 스타일로 판매 추세를 역전시킬 수 있도록 노력한다. 신제품 개발에 역점을 두고 베이스레이어 제품 카테고리에 새로운 제품을 즉시 추가하는 이 전략은 소매점들의 제품 구입 예산, 즉 분명히 더 많은 예산을 나이키 제품을 구매하는 데 할당하기 시작한 소매점들을 붙잡아놓을 수 있을 것이다. 또한 이 전략은 시장의 다른 제품들에 비해 언더 아머가 더 매력적이고 경쟁력 있는 제품으로 보이도록 해서, 언더 아머의 핵심 브랜드로 소비자들을 다시 끌어 모으게 할 것이다. 그러나 언더 아머의 제품 개발 팀이 보다 빠른 시간 안에 지체 없이 신제품을 개발하기 위해서는 시간 단축을 위한 특정 조치가 필요하기 때문에 생산 비용은 증가하게 될 것이다. 일단 디자인과 핏이 완성되면 즉시 생산을 시작할 수 있도록 현재 거래하고 있는 공급 업체와의 논의를 통해 자재, 장식 및 제조 공정을 준비시켜야 한다. 이 제품 라인이 요구하는 고품질의 재료와 상당한 수준의 디자인, 그리고 빠른 시장 대응 전략이 모두 가능하게 하려면 제품을 생산하는 데 필요한 비용이 25~50%까지 상승할 수 있다. 현재와 같은 경쟁 시장에서는 제품 개발 비용을 소비자에게 전가할 수 없기 때문에, 판매를 통해 단기적 매출을 확보한다 하더라도 기업의 전체적인 순수익은 감소할 것이다. 게다가 나이키보다 더 많은 매장 공간을 점유하지 못할 가능성이 있기 때문에 새로운 제품을 진열하기 위해서는 현재 진열되어 있는 제품 중 일부를 철수해야 한다. 그러려면 기업은 현재 매장에 있는 제품들을 수거해야 하고, 재고 관리 비용뿐만 아니라 판매를 포기한 비용까지 떠안아야 한다.

2 선택

마케팅 문제에 집중하여 전략을 결정한다. 현재 제품 라인을 유지하는 대신, 언더 아머의 타깃 시장인 현직 선수들에 대한 마케팅을 강화하는 데 시간과 돈 그리고 모든 자원들을 투입한다. 그러면 다른 신규 비즈니스 카테고리에 대한 투자를 지

속하면서도 언더 아머 브랜드의 강점인 브랜드 스토리를 전파할 수 있다. 매장에 진열된 베이스레이어 제품들이 어떻게 소비자에게 노출되어 있는지를 철저하게 검토하여 브랜드에 새로운 활력을 불어넣을 창의적인 방안을 도출하고, 소비자들이 제품을 보다 자세히 살펴볼 수 있도록 조정할 것이다. '우유와 계란'으로 취급받던 베이스레이어의 스타일이 이제는 각광을 받게 되고, SNS를 통한 사회적 캠페인을 시작하면 즉각적으로 수백만 명의 소비자에게 다가갈 수 있다. 그러나 이런 마케팅 공세를 통해 베이스레이어 제품을 주목받게 할 수는 있지만, 이는 판매에 일시적인 활력소만을 제공해줄 뿐이다. 심지어 마케팅 공세로 인한 단기적인 수익은 베이스레이어 사업부에 잘못된 안일함을 갖게 할 수도 있다. 제품에 대한 관성으로 경쟁업체의 매력적인 신제품에 대응하지 못하는 동일한 문제가 6개월 또는 9개월 후에 다시 반복될 수 있으며, 그렇게 되면 이제 와서 신제품을 시장에 내놓는 게 가능한가 하는 훨씬 더 깊은 의구심에 빠질 것이다. 게다가 언더 아머의 마케팅에 집중하기 위해서는 마케팅 팀이 진행하고 있는 다른 계획들도 보류해야 한다. 마지막으로, 비용이 실질적인 문제가 될 수 있다. 나이키의 마케팅 예산에 비하면 언더 아머의 예산은 매우 작기 때문에, 대기업과 마케팅으로 정면으로 맞서는 것은 어려운 일이 될 것이다.

3 선택   **새로운 사업 계획으로 다시 시작한다.** 베이스레이어 제품을 기본부터 다시 설계한다. 신규 대체 섬유, 디자인적 요소, 제품의 특색 및 이점, 가격, 그리고 소비자 포지셔닝 등 모든 측면에서의 세부 사항을 분석한다. 선택 1에서 제안한 것처럼 제품 개발 프로세스를 서둘러 진행하는 것이 아닌, 장기전을 구상하는 것이다. 공급 체인과 순수익을 희생시키지 않고도 모든 비즈니스 요구 사항을 충족시킬 수 있는 견고한 제품 출시 전략을 개발한다. 다시 선보이는 신제품이 전 세계의 운동 선수들에게 어떤 의미를 갖는지를 알리는 마케팅 메시지를 확산시키기 위해 마케팅 팀은 기꺼이 더 많은 시간과 돈, 그리고 자원을 투자할 수 있을 것이다. 이런 장기간에 걸친 전략은 이전 시즌에 마케팅 팀이 진행하던 프로젝트의 흐름을 방해하지 않기 때문에, 새로운 전략에 집중하여 임무를 수행하기 위해 필요한 시간 및 자금을 미리 준비할 수 있다. 이처럼 한 걸음 물러나 여유를 갖고 다시 시작하는 사치를 누리는 것이 좋은 일이기는 하지만, 지금까지는 어쩔 수 없이 이 방법을 선택하지 못했다. 이 전략을 실행하면 단기적인 매출은 하락할 것이고 시장 점유율은 줄어든다. 우리는 아직 바닥이 얼마나 깊은지 알지 못한다. 매출이 부진하거나 저조한, 험난한 한 해를 보낸 후에 새로운 제품을 가지고 시장에 돌아온다면 소매점들은 여전히 언더 아머를 신뢰할 수 있을까? 또 다른 중대한 우려사항은 제품 라인을 재정비하기 위해서는 기업이 설립되었을 때와는 다른 방향으로 제품 범주를 수정해야 한다는 것이다. 지난 17년 동안 동일한 방식으로 사업을 운영해왔던 CEO와 COO는 지금 왜 새로운 전략이 필요한가에 대해 의문을 제기할 것이다. 그러나 이것 외에도, 성공하기 위해서 그들이 쌓아 올린 것을 근본적으로 수정하고 이전과는 다른 방향으로 제품 계획을 진행해야 한다는 것을 어떻게 그들에게 설명할 것인가. 영업적인 측면에서, 기존의 브랜드 전략은 소비자가 새로운 제품 라인에 대한 기대감을 갖게 할 만큼 충분한 파장을 만들지 못했기 때문에, 시장에서의 돌풍을 일으키기 위해서는 더 많은 마케팅 비용과 높은 위험이 뒤따른다. 만약 신제품과 새로운 마케팅 전략이 성공하지 못한다면, 언더 아머는 얼마나 깊은 수렁에 빠질 것인가?

이제 닐의 입장에서 생각해보자. 당신은 무엇을 선택할 것인가? 그 이유는 무엇인가?

8.1 목표
다양한 제품 계층을 통해 가치가 도출되는 방법을 설명한다.

더 좋은 쥐덫을 만들고 가치를 더하라

"더 좋은 쥐덫을 만들어라, 그러면 전 세계 사람들이 가게 문턱이 닳도록 드나들 것이다." 우리는 모두 이 말을 들어봤을 것이다. 그러나 사실은 더 좋은 제품을 만들었다는 이유만으로는 그 제품의 성공을 보장할 수 없다. 수십 년간, '빅터'라는 이름으로 나무 재질의 쥐덫을 생산해온 우드스트림사는 좀 더 우수한 쥐덫을 만들기로 결정했다. 우드스트림의 제품 개발자들은 쥐의 식습관, 움직임, 보금자리 등 살아 있는 쥐에 대한 모든 것들을 연구했다(살아 있는 쥐를 말이다!). 그들은 가능한 최고의 디자인을 찾아 내기 위해 다양한 종류의 시제품을 개발했고 집에 가져가 시험했다. 마침내 기업은 검은 플라스틱으로 만든 구멍 있는 욕조를 뒤집어 놓은 듯한 근사한 모형의 '리틀 챔프'를 선보였다. 쥐가 플라스틱 통 속으로 들어가 미끼를 물면, 통 안쪽에 설치되어 있던 스프링이 작동해 올가미가 위로 당겨지면서 순간적으로 쥐의 목을 조여 잡게 되는 제품이었다.

대단한 신제품인 것처럼 들리겠지만, 결과적으로 '리틀 챔프'는 실패했다. 신제품 개발을 위해 쥐를 연구했을 뿐 제품을 이용할 소비자의 기호는 연구하지 **않았기** 때문이다. 밤에 쥐덫을 설치하는 사람은 남편이지만, 아침에 쥐덫에 걸려든 쥐를 치우는 것은 주부들이라는 것을 기업은 나중에서야 알게 되었다. 불행히도 대다수의 주부들은 '리틀 챔프'를 한 번 쓰고 버리기에는 너무 비싼 제품이라 인식했고 재사용해야만 될 것 같은 느낌을 받았다. 그러나 쥐덫을 다시 사용하기 위해 올가미를 비우는 일은 대다수의 주부가 원치 않는 것이었다. 이들은 한 번 쓰고 기꺼이 쓰레기통으로 던져버릴 수 있는 쥐덫을 원했다.[1]

우드스트림의 실패는 뛰어난 아이디어와 우수한 기술의 제품보다 소비자가 원하는 혜택을 제공하는 제품을 개발하는 것이 중요하다는 사실을 깨닫게 한다. 아주 간단한 쥐약을 묻힌 치즈에서부터 우수한 기술의 혁신적인 쥐덫에 이르기까지 다양한 제품들이 소비자가 원하는 잠재적 이점을 제공한다. 우드스트림사는 '빅터'라는 제품을 '설치류 박멸의 세계적 리더'라고 주장하고 있지만 치즈와 신발 상자 또한 첨단 기술의 쥐덫과 마찬가지로 쥐를 잡을 수 있는 것들이다.

우리는 제품의 가치를 전달함에 있어, 어떻게 하면 소비자를 사로잡아 구매를 유도할 수 있을지 면밀히 살펴볼 필요가 있다. 제1장을 통해 **가치 제안**이란 제품이나 서비스를 구매할 경우 얻게 될 이익에 대한 소비자 인식이라는 것을 알았다. 따라서 마케팅 담당자의 직무는 두 가지이다. 이미 세상에 나와 있는 제품보다 더 나은 가치를 만들어내는 것, 그리고 소비자에게 이것이 진실이라는 점을 확신시키는 것이다.

제1장에서 정의했듯이, **제품**이란 교환의 과정을 통해 개인이나 기업 고객의 욕구를 충족시키는 유형의 제품, 서비스, 아이디어 또는 이들의 조합을 말한다. 제품은 단지 포장지에 쌓여진 물건이 아닌, 물리적인 특성, 기능, 혜택, 그리고 효용성과 더불어 브랜드와 포장을 포함하는 **속성**(attributes)들의 집합인 것이다.

제품은 물리적 제품뿐만 아니라 서비스나 아이디어 또는 사람이나 장소일 수도 있다. **제품** (goods)은 우리가 보고, 만지고, 냄새 맡고, 듣고, 맛 보고, 소유할 수 있는 유형의 생산물이다. 따라서 제품은 쿠키 한 팩, 빛나는 새 아이패드, 집, 테슬라의 전기 자동차를 생산하기 위한 부품, 또는 멋지지만 값비싼 코치 핸드백 같은 것들일 수 있다. 반면에 서비스, 아이디어, 사람, 장소 등과 같은 **무형**의 제품들은 우리가 언제나 보거나 만지거나 맛을 보거나 냄새를 맡을 수 있는 것들은 아니며 소유할 수도 없는 제품들이다. 무형 제품에 대해서는 제12장에서 자세히 살펴볼 것이다.

제3부 '고객을 위한 가치 제안 개발'에서 가장 중요한 단어는 **개발**이다. 가치 제안을 개발하는 마케팅 담당자가 수행하는 업무의 대부분은 혁신적인 제품을 개발하고 판매하는 것이기 때문이다. 이 장에서는 먼저 제품이 무엇인지를 알아보고 마케팅 담당자가 소비재와 B2B 제품을 어떻게 분류하는지 살펴볼 것이다. 그런 다음 우리는 신제품에 대해, 즉 마케팅 담당자들이 어떻게 새로운 제품을 개발하고 시장은 그 제품을 어떻게 받아들이는지(또는 받아들이지 않는지)에 대해 살펴볼 것이다.

좀 더 폭넓게 말하면, 이 책의 제3부와 제4부에서는 마케팅 믹스의 모든 요소들을 체계적으로 살펴볼 것이다. 즉, 제3부에서는 네 가지 Ps 중 제품 및 가격을 그리고 제4부에서는 유통(장소)과 촉진을 설명한다. 제7장에서 배웠듯이, 훌륭한 마케팅 믹스를 개발하고 실행하는 것은 포지셔닝 전략의 핵심이다. 그리고 그 시작은 제품이다. 마케팅에서 흔히 말하듯이, "제품이 좋지 않다면 나머지는 문제도 되지 않는다".

속성 어떤 제품의 형상, 기능, 편익과 용도를 말함. 마케터는 제품을 어떤 물리적인 상품에 더하여 거기에 담긴 포장, 브랜드 이름, 편익, 지원 기능 등을 다 포함하는 하나의 묶음으로 봄

제품 우리가 보고, 만지고, 냄새 맡고, 듣고, 맛볼 수 있는 어떤 형태를 가진 제품

핵심 제품 제품이 소비자 또는 사업자 고객
에게 제공하는 모든 편익들

제품의 계층

'중요한 것은 선물이 아니라 마음'이라는 말을 들어 본 적이 있을 것이다. 때론 이 말이 시시한 선물에 대한 변명으로 사용되기도 하지만, 보통은 선물이란 주는 이가 당신을 기억하고 있음을 보여주는 표시, 또는 상징이라는 것을 의미하는 말로 쓰인다. 우리는 선물을 평가할 때 그것이 화려해 보이는가, 특별한 종이로 포장되었는가, 재사용된 선물(다른 사람에게 받은 선물을 다시 나에게 주는 것)은 아닌가 하는 것들을 고려하는 경우가 있다. 이들 모든 요소들은 전체 선물의 일부분으로 상자 안에 들어 있는 실제 물건에 더해져 선물의 가치를 만들어낸다.

선물처럼 제품은 교환을 통해 소비자가 얻게 되는 모든 것을 뜻한다. 📷 그림 8.1에서 볼 수 있듯이, 우리는 제품을 세 가지 계층, 즉 핵심 제품, 실제 제품, 확장 제품으로 구분할 수 있다. 마케팅 담당자가 마케팅 전략을 개발할 때 어떻게 하면 이들 각각의 계층에서 고객의 욕구와 필요를 충족시킬 수 있을까를 생각해야 하는데, 그것이 바로 고객 가치의 창출이다. 그러면 각 제품의 계층을 차례로 살펴보자.

핵심 제품

핵심 제품(core product)은 제품이 소비자 또는 기업 고객에게 제공할 수 있는 모든 편익이다. 제1장에서 언급한 바와 같이, 편익이란 고객이 제품을 소유하거나 사용함으로써 얻게 되는 모든 결과물을 의미한다. 경험 많고 노련한 마케팅 담당자들(물론 몇몇 젊은 마케팅 담당자들도)은 이렇게 말할 것이다. "마케팅 담당자는 반 인치용 드릴 날을 만들어 판매한다. 그러나 소비자는

그림 8.1 📷 스냅숏 │ 제품의 계층

제품은 고객이 받는 모든 것이다. 즉 기본 혜택, 물리적 제품, 포장뿐만 아니라 제품과 함께 제공되는 '나머지 것들'을 모두 포함된다.

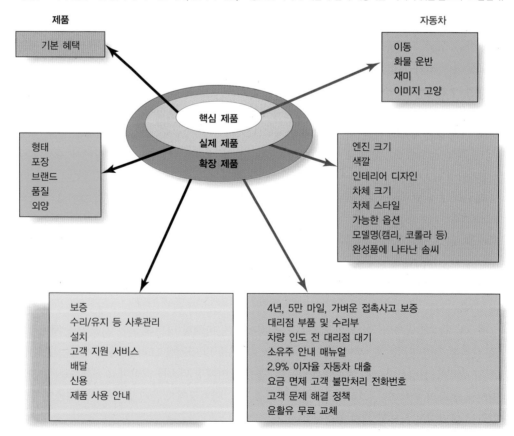

반 인치짜리 구멍을 구매한다." 이 말은 사람들이 핵심 제품(이 경우에는 구멍을 뚫는 능력)을 구매한다는 것을 상기시켜준다. 만약 레이저와 같은 새로운 제품이 더 쉽고 더 저렴하게 구멍을 만들어낼 수 있다면, 드릴 날 생산업체는 어려움을 겪게 될 것이다. 이 이야기가 우리에게 주는 교훈은 무엇인가? "마케팅은 속성이 아니라, 편익을 제공하는 것이다. 그리고 이는 가치 제안의 근거가 된다."

실제로 많은 제품들이 다양한 편익들을 제공한다. 예를 들어 자동차가 제공하는 기본 편익은 운송이다. (잘 수리된) 모든 차량은 A지점에서 B지점까지 우리를 이동시키는 능력을 제공한다. 제품은 또한 다양한 혜택들, 즉 고객을 위한 맞춤형 편익을 제공한다. 어떤 사람들은 단순히 경제적인 교통수단을 찾지만, 어떤 이들은 환경 친화적인 하이브리드 차동차를 높이 평가하고, 어떤 사람들은 최신형 차동차나 4륜 구동 차량(ATV), 또는 친구들이 부러워할 만한 아주 멋진 스포츠카를 원한다.

이 다이어트를 위한 디저트는 낮은 열량에 달콤한 맛이라는 가치를 제안한다.

실제 제품

두 번째 계층인 **실제 제품**(actual product)은 고객이 원하는 편익을 제공하는 물리적 제품 또는 제공되는 서비스를 말한다. 예를 들어, 세탁기를 구매할 경우 핵심 제품은 옷을 깨끗하게 세탁하는 능력이겠지만 실제 제품은 큰 사각형의 금속기계가 된다. 건강검진을 받을 때의 핵심 서비스는 당신의 건강을 유지하는 것이지만 실제적인 서비스는 당신의 신체를 성가시게 찌르거나 쑤셔대는 것이다. 제품의 외관이나 스타일, 포장, 브랜드명 같은 제품의 독특한 특징들이 실제 제품에 해당한다. 삼성은 낮은 가격의 TV뿐만 아니라 집을 저당 잡아야 할 정도로 비싼 대형 평면 TV까지 다양한 가격대의 수십 가지 모델을 생산한다. 그러나 결국 이 제품들 모두는 소비자가 보고자 하는 TV프로그램을 시청할 수 있도록 해주는 동일한 핵심 편익을 제공한다.

확장 제품

마지막으로, 마케팅 담당자는 고객에게 **확장 제품**(augmented product)을 제공한다. 확장 제품은 보증, 신용, 배달, 설치, A/S 서비스처럼 실제 제품에 부가된 각종 지원적인 기능들을 말한다. 제품에 이러한 보조적인 지원 기능들을 부가하는 것은 자사 제품을 다른 제품들보다 더 돋보이게 하는 효과적인 방법이 된다.

예를 들어, 애플은 소비자들이 원하는 기기에 음악이나 비디오 파일을 직접 다운로드할 수 있게 해주는 아이튠즈 스토어를 개발함으로써 음악 산업에 진정한 혁명을 일으켰다. 아이튠즈는 새로운 음악을 자동으로 정렬하여 저장하고, 정확하게 제목을 붙여 분류해주기 때문에 소비자의 번거로움을 줄여준다. 소비자들은 이러한 혁신으로 인해 더 이상 수백 개의 CD를 어디에 보관해야 할지 고민하지 않게 되었다면서 감탄했다. 애플의 확장 제품(편리함, 폭넓은 선택, 사용 용이성)은 매출과 이익 측면에서 기업에 큰 도움을 주었을 뿐만 아니라, 고객은 자신이 원하는 기기에서 이 모든 것을 할 수 있다는 사실에 열광했다. 스포티파이와 타이달 같은 음악 스트리밍 서비스가 인기를 끌자 애플은 소비자의 변화된 선호를 고려해 애플뮤직을 만들었다. 개별 노래나 앨범을 구매하는 기존 방식과는 반대로 애플뮤직은 한달 사용료를 지불하면 방대한

실제 제품 바라는 편익을 제공하는 물리적 상품 또는 제공되는 서비스

확장 제품 실제 제품에 더하여 보증, 신용, 배달, 설치, 판매 후 수리 서비스와 같은 여러 지원들

양의 다양한 노래들을 들을 수 있는 권한을 부여한다.[2] 사용자들을 유인하기 위한 한 가지 눈에 띄는 혜택은 최근 출신된 인기 래퍼인 드레이크의 싱글 앨범 같은 유명 아티스트의 콘텐츠를 독점적으로 공개하는 것이다.[3]

8.2

목표

마케팅 담당자가 제품을 분류하는 방법을 설명한다.

마케팅 담당자는 제품을 어떻게 분류하는가

지금까지 우리는 제품이 유형적인 제품 또는 무형의 서비스, 또는 아이디어일 수 있으며, 소비자에게 가치를 제공할 수 있는 다양한 제품 계층이 있다는 것을 배웠다. 이제 제품이 서로 어떻게 다른지 살펴보면서 제품의 개념을 확장시켜보고자 한다. 소비자가 제품에 대해 무엇을 고려하고, 어떻게 느끼는지, 그리고 제품을 어떻게 구입하는지에 따라 제품은 여러 카테고리로 분류된다. 이러한 제품 분류에 대한 이해는 마케팅 담당자들이 고객의 욕구를 충족시키는 새로운 제품 및 마케팅 믹스를 개발하는 데 도움을 준다.

먼저 제품이 얼마나 오래가는지 그리고 소비자가 그 제품을 어떻게 구매하는가에 기반해서 소비재 제품의 차이를 살펴보자. 그런 다음 B2B 제품의 일반적인 유형에 대해 논의할 것이다.

제품이 얼마나 오래가는가?

마케팅 담당자는 제품이 얼마나 오래가는가에 따라 소비재를 내구재와 비내구재로 분류한다. 예를 들어 냉장고는 보통 수년간 사용하는 **내구재**(durable goods)이지만, 우유 한 통은 기껏해야 일주일 정도 가는 **비내구재**(nondurable goods)이다. 내구재는 자동차나 가구 그리고 가전제품처럼 몇 달 또는 몇 년, 심지어 몇십 년 동안 혜택을 제공하는 소비재를 말한다. 반면에 비내구재는 신문이나 음식처럼 짧은 기간 동안 소비하는 제품이다.

보통 내구재는 (제6장에서 보았듯이) 고관여 상황에서 구매할 가능성이 높은 반면, 비내구재는 저관여 의사결정일 가능성이 높다. 소비자가 자동차나 집을 구매할 때 그들은 구매 과정에 많은 시간과 에너지를 소비한다. 따라서 고관여 제품을 마케팅하는 사람이라면 다양한 제품 혜택에 대한 소비자의 욕구와 제품 보증, 고객 서비스, 그리고 고객 지원의 중요성을 이해할 필요가 있다. 뿐만 아니라 마케팅 담당자들은 소비자가 자신이 필요로 하는 정보를 찾아낼 수 있도록 확실히 해야 한다. 정보 제공을 위한 방법 중 하나는 기업의 웹사이트에 '자주 묻는 질문(FAQ)'란을 제공하는 것이다. 또 다른 방법은 페이스북, 트위터, 게시판, 블로그를 활용해서 제품을 중심으로 하는 커뮤니티를 구축하는 것이다. 기업이 주도적으로 이런 제품 커뮤니티를 구축할 수 있다면 기업은 사람들이 자사 제품에 대해 어떤 이야기를 하는지 지속적으로 관찰할 수 있을 뿐만 아니라, 기업에 특정 제품과 관련된 질문을 할 수 있고, 사용자들끼리 서로 정보를 공유할 수 있는 장을 제공할 수 있다. 첨단 제품의 경우, 소비자의 경험을 촉진하고 소비자가 구입한 제품의 모든 기능들을 최대한 사용할 수 있도록 돕는 SNS 및 온라인을 통한 커뮤니티 구축은 제품의 가치를 극대화하는 데 특히 중요하다. 애플은 아이패드 사용자들을 위한 인기 있는 온라인 포럼을 운영하고 있는데, 사용자들은 여기에 새로운 질문을 올리거나 이전의 질문에 대한 답변을 찾고, 다른 사람들이 질문한 내용에 적극적으로 응답한다. 이 포럼은 사용자가 아이패드를 어떻게 사용하고 있는가에 따라 일반적인 개인 용도로 사용하고 있는 사용자를 위한 커뮤니티와 사업 및 교육 목적으로 사용하고 있는 이용자를 위한 커뮤니티, 두 그룹으로 나누고 각 사용자 그룹에게 최대의 효용을 제공한다.[4]

반면에, 비내구재를 구매할 때 소비자들은 대개 너무 자세한 것들까지 파악하려고 애를 쓰지

내구재 승용차, 가구, 가전제품처럼 오랜 기간에 걸쳐 편익을 제공하는 소비재

비내구재 음식물처럼 소비되거나, 신문처럼 오랫동안 유용하지 못하기 때문에 단기간에 편익을 제공하는 소비재

않는다. 제품과 관련된 정보를 많이 찾아보거나 꼼꼼하게 따져보는 경우는 매우 드물며, 구매가 가능하고 가격이 적당하다면 소비자는 어떤 브랜드이건 구매한다. 이러한 사실은 소비자의 구매 의사결정이 상당 부분 과거의 구매 경험에 좌우된다는 것을 의미한다. 과거에 구매한 어떤 제품의 사용 경험이 만족스러웠다면 소비자는 다른 제품을 고려해야 할 이유를 찾을 수 없게 되고, 결국은 습관적으로 동일한 브랜드를 선택한다.

소비자는 어떻게 제품을 구매하는가?

마케팅 담당자는 또한 소비자가 제품을 어디에서, 어떻게 구매하는가에 따라 제품을 분류한다. 📷 그림 8.2는 소비재 시장과 산업재 시장에서 제품이 어떻게 분류되는지를 보여준다. 우선, 소비재 시장에서 제품과 서비스는 편의품, 선매품, 전문품, 미탐색품으로 분류된다. 앞서 제6장에서 우리는 투입하는 노력의 정도에 따라 소비자의 구매의사결정과정이 어떻게 달라지는지에 대해 이야기했다. 습관적인 의사결정, 제한적 문제 해결 의사결정, 그리고 확장된 문제 해결 의사결정과 같은 소비자의 상이한 의사결정 과정들은 제품을 분류하는 것이 왜 중요한지 이해할 수 있게 한다.

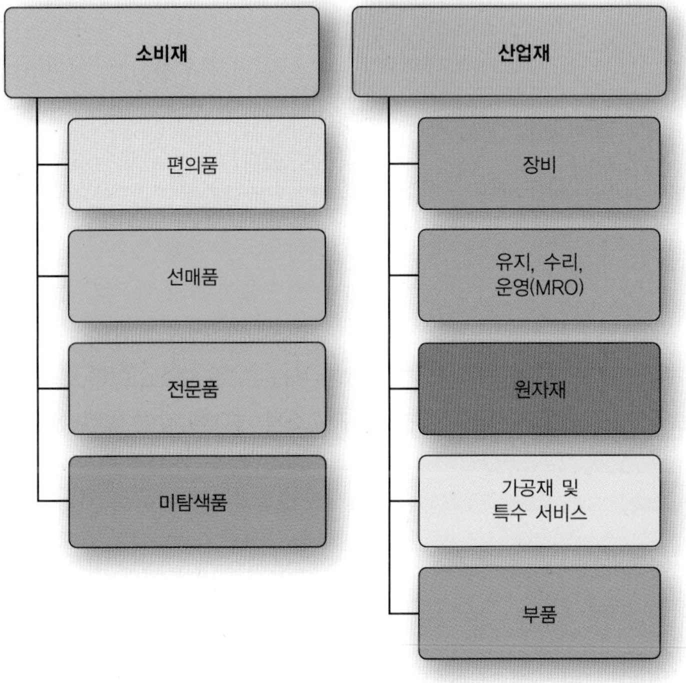

편의품(convenience product)은 일반적으로 제품 간 비교와 인지적 노력을 최소화하는 의사결정 과정을 통해 빈번하게 구매하는 비내구적인 제품이나 서비스를 말한다. 편의품이라는 이름에서 알 수 있듯이, 소비자는 이 제품들을 가까운 거리에서 편리하게 구입할 수 있기를 원하며, 어떤 브랜드든 간에 쉽게 구할 수 있는 제품을 구입한다. 일반적으로, 편의품은 가격이 저렴하고 어디서나 구매할 수 있는 제품이다.

그림 8.2 📷 **스냅숏 │ 제품의 분류**

제품은 소비재 시장에 속해 있는가, 산업재 시장에 속해 있는가에 따라 다르게 분류된다.

소비재	산업재
편의품	장비
선매품	유지, 수리, 운영(MRO)
전문품	원자재
미탐색품	가공재 및 특수 서비스
	부품

우리는 대부분의 식료품점, 마트 또는 편의점에서 우유나 빵을 구매할 수 있다. 일반적으로 소비자들은 편의품에 대해 알아야 할 필요가 있거나 알고 싶은 것들은 이미 모두 알고 있다. 그렇기 때문에 구매에 적은 노력을 기울이며 자신이 선호하는 브랜드가 구매하기 편리한 장소에 없다면 기꺼이 다른 대체 브랜드를 구매한다.

마케팅 담당자가 편의품에 대해 가장 중요시해야 하는 점은 무엇일까? 짐작하겠지만 편의품을 찾을 가능성이 있는 모든 장소에서 소비자가 그 제품을 쉽게 구입할 수 있도록 해야 한다는 것이다. 소비자들은 편의품을 구매하는 데 많은 고민을 하지 않기 때문에, 식빵 같은 제품을 판매하는 기업은 스마트폰이나 다른 내구재들처럼 상세한 '스펙 리스트'를 제공하는 대신 브랜드 이름에 대한 인지도를 높이는 데 모든 전략을 집중한다.

아래 다양한 유형의 편의품들이 있다.

- **생활 필수품**(staple products)은 우유나 빵, 가솔린처럼 어디에서나 구할 수 있는 기본적이고 필수적인 제품들이다. 대부분의 소비자들은 브랜드 간의 차이를 거의 인식하지 못한다. 특정 필수품은 다시 소비재 제품으로 분류되기도 한다. **일용 소비재**(fast-moving consumer

편의품 보통 저렴한 가격에 어디에나 퍼져 있고 최소한의 비교와 노력으로 자주 구매하는 소비재 또는 서비스

생활 필수품 거의 어디서나 구입이 가능한 기본적이거나 필요한 품목들

소비재 제품 또는 **일용 소비재** 빠르게 소비되며 자주 다른 브랜드로 대체되는 저가의 제품들

충동품 사람들이 흔히 충동적으로 구매하는 제품

긴급품 급박한 때에 구매하는 제품

선매품 소비자들이 구매를 하기 전에 상당한 시간과 노력을 들여 정보를 수집하고 대안들을 비교하는 제품이나 서비스

goods, FMCG)라고도 부르는 **소비재 제품**(consumer packaged goods, CPG)은 우리가 빠르게 소비하고 자주 교체하는 저비용 제품들이다.

생필품과 마찬가지로 소비재 제품(CPG 또는 FMCG) 또한 빈번하게 구매되지만 생필품만큼 생활에 필수적인 것은 아니며, 일반적인 생필품보다는 더 다양하다. 소비자들이 제품의 품질, 특성 및 혜택에 있어서의 차이를 이미 인지하고 있기 때문에 브랜드를 위주로 하는 마케팅 활동이 이루어진다. 유통 측면에서 대형 소매상들은 쇼핑객들을 매장으로 유인하기 위한 수단으로 소비재 제품을 활용한다. 소비재 제품으로 인해 매장 안으로 발길을 돌리게 된 소비자들은 결국 다른 종류의 제품들(아래의 충동품과 선매품 참고)도 쇼핑 바구니에 담게 될 가능성이 높다. 제조사의 폐업과 판매 중단으로 인해 위태롭게 유지되던 트윙키 제품라인은 한동안 유통점에서 사라졌었다. 그러나 얼마 후 트윙키 제품이 재판매되기 시작했을 때, 월마트는 제품이 매장에 유통되기도 전에 트윙키의 재판매를 알리는 홍보를 적극 추진했고, 결과적으로 제품이 매장에서 판매되기 시작하자 소비자들은 아마존 매장으로 몰려들었다. (그리고 당연히 소비자들은 매장 입구에서부터 트윙키 제품으로 돌진했다). 그러나 트윙키 제품을 열망해서 월마트에 갔다고 해서 단 1개의 제품만 사고 월마트를 빠져 나올 수 있겠는가? 트윙키 제품이 재판매된 그 주, 월마트의 매출은 전 세계적으로 증가했다.

- 필수품이 보통 우리가 충분한 여유를 갖고 먼저(또는 적어도 주유계기판에 빨간 경고등이 켜졌다면 차가 멈추기 전에) 구매하는 제품이라면, 갑작스럽게 구매하는 제품은 **충동품**(impulse products)이라 한다. 만약 유명 연예인의 멋진 사진이 실린 것을 보고 특정 잡지를 쇼핑 카트에 집어 넣었다면 당신은 충동구매를 한 것이다. 마케팅 담당자들은 충동품을 판촉할 때 두 가지를 염두에 두어야 한다. 하나는 고객의 시선과 마음을 붙잡을 수 있도록 제품의 설계와 디자인에 신경을 써야 한다는 것이고, 다른 하나는 이 제품들이 눈에 아주 잘 띄도록, 예컨대 통로 끝이나 계산대 앞 같은 공간에 진열해야 한다는 것이다. 그게 바로 우리가 봄철마다 매대의 코너 부분에서 밝은 색상으로 포장된 과자를 자주 발견하게 되고, 계산대 앞에 높인 껌과 사탕에 눈길을 빼앗기는 이유이다. 고객들의 시선이 대부분 휴대 전화에 가 있는 요즘, 제품의 포장 디자인과 진열은 더욱 중요해지고 있다. 늘 손에 휴대 전화를 들고 다니는 소비자들은 계산대 앞에서 기다리고 있을 때조차 문자를 보내거나 페이스북을 확인하느라 자신의 주변에 고객의 관심을 끌기 위해 애쓰고 있는 충동품이 있다는 사실을 알아차리지 못한다.[5] 달콤한 껌 한 봉지가 흥미진진한 페이스북의 포스트와 경쟁하기는 점점 더 어려워지고 있는 것이다. 그러나 기술의 발달(예 : '비콘'이라 불리는 위치 기반 정보 전송 장치-12장에서 자세한 내용 설명)로 인해 매장을 돌아다니고 있는 소비자들을 대상으로 하는 스마트폰을 통해 제공되는 고도로 타깃팅된 판촉이 가능해졌고, 마케팅 담당자들은 과거에는 생각하지 못했던 방식으로 충동구매를 촉진할 수 있게 되었다.[6]
- 제품의 이름이 암시하듯, 긴박한 필요성이 있을 때 우리는 **긴급품**(emergency products), 예를 들어 반창고, 우산, 또는 욕실 배수구가 막혔을 때 뚫을 수 있는 어떤 것 등을 구매한다. 우리는 그 제품을 즉시 그리고 아주 절실하게 필요로 하기 때문에, 때로는 제품의 품질조차 고려하지 않고 구매를 결정한다.

편의품과는 반대로, **선매품**(shopping products)은 구매 시 가격, 속성 및 품질에 대한 정보를 수집하기 위해 상당한 시간과 노력을 투입하는 제품 또는 서비스를 말한다. 선매품의 경우, 소비자들은 구매 전에 다양한 대안들을 비교해보는 경향이 있다.

태블릿 컴퓨터는 선매품의 좋은 예이다. 이 제품은 브랜드별로 특성과 기능이 다양하며 새로운 버전이 끊임없이 출시된다. 구매자는 속도, 화면 크기, 기능성, 무게 및 배터리 수명 등과 같은 개별 속성들뿐만 아니라 속성들의 묶음에 대한 많은 타협안과 대안을 비교해야 한다. 태블릿 제조사는 이러한 의사결정상의 어려움을 이해한다. 그래서 그들은 광고를 통해 다른 대안들과 비교한 결과를 소비자에게 전달하고자 많은 노력을 기울이고 있다. 물론 예상하듯이, 대개는 자사의 제품이 더 우수하다는 것을 알리기 위한 방법을 찾는다.

전문품(specialty products)은 소비자에게 중요한 고유의 특성을 가진 제품으로 거의 모든 가격대에 걸쳐 제공된다. 휘발유 가격이 하락하게 되면, 하이브리드 자동차의 가격 효율성은 일반 자동차에 비해 떨어진다. 그러나 많은 소비자들은 가격이 아닌 하이브리드 자동차의 환경친화적인 면에 중점을 두기 때문에 여전히 프리미엄 가격을 지불하고서라도 하이브리드 자동차를 구입하고자 한다. 전문품은 흔히 제품에 고급스러운 의미를 함축하고 있기 때문에 소비자들은 원하는 이미지를 얻기 위해 더 높은 가격을 기꺼이 지불할 용의가 있는 제품을 의미한다. 예를 들어 타이맥스(Timex)와 롤렉스(Rolex)를 비교했을 때, 두 제품 모두 아주 정확하게 시간을 알려주지만 롤렉스가 가진 신비로움은 상당한 관심을 끈다. 롤렉스는 높은 수준의 품질과 디자인의 제품을 생산하기 위해서는 시계 하나를 만드는 데 약 1년이 걸린다고 강조하면서 높은 가격을 정당화한다.[7]

소비자는 보통 전문품의 특성 및 장점에 대해 잘 알고 있고 특정 브랜드에 충성하는 경향이 있다. 일반적으로 전문품은 구매에 많은 시간과 노력을 기울이는 확장된 문제해결 의사결정 과정을 통해 선택된다. 따라서 이런 종류의 제품을 판매하는 기업은 그들의 제품이 나머지 다른 제품들과 다르다는 것을 보여주는 마케팅 전략이 필요하다.

미탐색품(unsought products)이란 제품의 필요성이 느껴질 때까지 소비자가 거의 인식하지 않거나 관심을 갖지 않는 제품을 말한다. '진짜' 첫 직장에 입사한 대학 졸업생에게 퇴직연금이나 장애보장보험은 미탐색품에 해당한다. 따라서 젊은 사람들이 이런 종류의 제품에 관심을 갖게 하려면 상당한 양의 광고나 세밀한 인적 판매가 필요하다. 보험판매사 아무에게나 물어보라. 소비자로 하여금 미탐색품에 관심을 갖게 하는 것은 실제로 매우 어려운 일이다. 하나의 해결책은 보다 매력적인 가격을 제시하는 것이다. 예를 들어 연간 또는 평생 지출액보다는 '하루에 단돈 얼마'라는 메시지를 전달할 때 구매를 주저하는 소비자들이 미탐색품을 구매할 가능성이 높아진다.

기업은 제품을 어떻게 구매하는가?

개인 소비자들은 보통 그들 자신이 사용하기 위해 제품을 구매한다. 그러나 제6장에서 설명했듯이 기업 구매자들은 다른 제품 또는 서비스를 생산하기 위해 또는 기업을 운영하기 위해 여러 품목들을 구매한다. 마케팅 담당자는 기업 고객들이 제품을 어떻게 사용하는가에 따라 B2B 제품을 분류한다. 소비재와 마찬가지로, 마케팅 담당자는 기업 고객들이 제품을 사용하는 방법을 잘 이해해야 제품 디자인을 개선할 수 있으며 적절한 마케팅 믹스 전략을 구현할 수 있다. 그림 8.2에 정리해 놓은 B2B 제품의 다섯 가지 유형을 간략하게 살펴보자.

- **장비**(equipment)란 기업이 일상 업무에 사용하는 제품을 말한다. 때로는 설비나 자본장비라고도 불리는 **중장비**에는 자동차를 조립하기 위해 포드가 사용하는 정교한 로봇공학시스템 같은 품목들이 포함된다. 설비는 구입 시 많은 돈이 들지만 수년간 유지된다. 컴퓨터, 복사기 등의 가벼운 장비 또는 부속 장비는 운반이 가능하고 비용이 적게 들지만 자본장비보다

유지 보수, 수리, 운영(MRO) 제품 상대적으로 기업 고객이 단기간에 소비하는 제품

원자재 조직 고객이 완제품에 사용하기 위해 구매하는 수산업, 임업, 농업, 광업제품

가공재 기업이 원료를 원래 상태에서 변형시켜 만든 제품

전문 서비스 기업의 운영을 위해 필수적이지만 제품 생산과는 관계가 없는 서비스

부품 조직이 자신의 제품을 완성하기 위해 필요한 제조품 또는 조립품

혁신 고객이 새롭거나 기존 제품과는 다르다고 지각하는 제품

창의성 새롭고 가치 있는 무언가가 창조되는 현상

는 제품 수명이 짧다.

- **유지 보수, 수리, 운영(MRO) 제품**[maintenance, repair, and operating(MRO) products]은 기업 고객이 비교적 짧은 시간에 소비하는 제품이다. 유지 보수 제품에는 전구, 대걸레, 청소용품 같은 것들이 있다. 수리제품은 너트, 볼트, 세척기 및 소형 공구와 같은 품목을 말한다. 운영제품은 컴퓨터 용지와 기계 작동을 원활하게 하는 윤활유 등이 있다. MRO 제품을 홍보하기 위해 어떤 기업들은 영업팀을 이용하기도 하고, 다른 기업들은 가격을 최대한 낮게 유지하기 위해 카탈로그 판매, 인터넷, 텔레 마케팅에 의존하기도 한다.
- **원자재**(raw materials)는 기업 고객들이 완제품을 생산하기 위해 구입하는 어업, 산림업, 농업 및 광산업과 관련된 특정 원료들이다. 예를 들어 식품기업은 콩을 구매하여 두부를 만들고, 철강기업은 철광석을 구매해 커다란 강철판으로 가공한 후 자동차나 세탁기 또는 잔디 깎는 기계를 만드는 데 사용한다.
- 기업은 추가 공정을 통해 원자재의 원래 상태를 변형한 **가공재**(processed materials)를 구입하기도 한다. 건축업자는 집의 내구성을 높이기 위해 방수 처리된 목재를 사용하고, 레드불(Red Bull)을 위해 알루미늄 캔을 만드는 기업은 알루미늄 주괴를 구입해서 캔으로 변형한다.
- 일부 기업 고객은 외부 공급 업체로부터 유형의 가공재와 함께 **전문 서비스**(specialized services)를 구매하기도 한다. 특수 전문 서비스에는 복사기 수리 또는 조립 라인 오작동 수리와 같은 장비 관련 서비스도 있고, 시장 조사 및 법률 서비스와 같은 비장비 관련 서비스도 있다. 이러한 서비스들은 기업의 운영을 위해 필수적이지만 제품 생산의 일부는 아니다.
- **부품**(component parts)은 최종재를 생산하거나 조립을 완성하기 위해 기업이 필요로 하는 품목들이다. 예를 들어 컴퓨터 제조업체는 컴퓨터를 조립하기 위한 실리콘 칩이 필요하고, 자동차 기업은 자동차를 완성하기 위해 배터리, 타이어, 연료분사장치가 필요하다.

8.3 '새롭고 향상된!' 혁신의 과정

목표
제품 혁신의 유형과 그 중요성을 이해한다.

'새롭고 향상된!' 신제품이라는 용어를 사용할 때 우리는 정확히 무엇을 의미하는 것인가? 연방통상위원회에 따르면 신제품이란 (1) 완전히 새로운 제품 또는 새로운 것으로 부를 만큼 현저히 변화된 것으로, (2) 오직 6개월 동안만 신제품이라 불릴 수 있다.

이러한 정의는 법적인 관점에서 보면 훌륭하다. 그러나 마케팅 관점에서 보면 신제품 또는 **혁신**(innovation)이란 소비자가 새롭고 다르다고 생각하는 모든 것을 포함한다. 혁신은 오늘날 대부분 기업의 중요 관심사인 창의성이라는 훨씬 더 기본적인 개념에 뿌리를 두고 있다. **창의성**(creativity)은 새로운 것을 만들어 내는 과정을 말한다. 창의성의 결과는 많은 형태로 나타날 수 있지만, 대부분의 경우 우리는 보고, 듣고, 냄새 맡고, 만지고 또는 맛보는 경험을 통해 그것들을 파악하게 된다.[8] 하나의 아이디어, 농담, 예술 작품 또는 문학 작품, 그림 또는 작곡, 문제에 대한 새로운 해결책, 발명, 그리고 물론 새로운 제품 등과 같이 창의성의 결과는 그 어떤 것도 될 수 있다. 창의성에 대한 과학적 연구들은 새롭고 유용한 제품을 생산하는 데 있어 창의적인 과정이 얼마나 중요한가를 강력하게 설명한다.[9]

매년 수천 가지 새로운 형태의 제품이 시장에 쏟아져 나오는 초콜릿 시리얼처럼 혁신은 상대적으로 별것 아닌 것일 수 있다. 그러나 손목에 착용하는 개인 건강과 운동량을 모니터링하는 웨어러블 기술(예를 들어, 핏비트 플렉스 그리고 조본 업) 또는 가상의 현실을 탐험하는 데 사용

되는 헤드셋(예 : 오큘러스 리프트) 같은 최첨단의 기술과 스타일로 시장의 판도를 완전히 바꾸는 제품일 수도 있다. 또한 혁신은 인터넷을 통해 무료로 제공되는 스카이프 음성통화 서비스처럼 정보를 전송하는 새로운 방법일 수 있으며 또는 혼다의 수소 연료 자동차처럼 차량에 동력을 공급하는 새로운 방법의 형태로 나타날 수도 있다. 물론, 처음으로 개인용 컴퓨터가 시장에 나왔을 때처럼 혁신은 이전에는 전혀 제공되지 않았던 편익을 제공하는 완전히 새로운 유형의 제품일 수도 있다. 이제 우리는 제품 혁신의 개념과 혁신 프로세스를 설명하는 데 집중할 것이다. 제품의 혁신이 잘 이루어진다면 기업의 성공에 크게 기여할 것이다.

혁신의 유형

혁신은 새로움의 정도에 따라 구분할 수 있는데, 이러한 구분은 목표 시장이 혁신을 얼마나 빨리 수용할지를 파악하는 데 도움이 된다. 새로움의 정도가 큰 혁신은 제품의 사용 방법을 알아내는 데 더 많은 노력을 필요로 하기 때문에, 기존 제품의 사용법과 비슷한 신제품보다는 더 느리게 시장 전체로 확산된다.

📷 그림 8.3에서 보는 바와 같이, 마케팅 담당자들은 연속적 혁신, 역동적 연속 혁신, 불연속적 혁신의 세 가지 범주로 혁신을 분류한다. 그러나 이들 혁신의 세 가지 유형을 개별적인 요소로 보기보다는, 기존 제품을 아주 조금 변형하는 것에서부터 완전히 새로운 제품을 출시하는 것까지 이어지는 연속선상의 범주로 이해하는 것이 좋다. 그러면 우리의 삶을 변화시킨 정도에 따라 세 가지 혁신 유형을 살펴볼 수 있다. 예를 들어, 최초의 자동차는 어디론가 이동하기 위해 '말'에 의존하던 우리의 삶을 완전히 변화시켰다. 그리고 비행기가 등장했을 때 우리에게는 전 세계가 열렸다. 트립링고 같은 혁신 기술을 활용한 여행 관련 애플리케이션을 통해, 사람들은 해외 여행을 하는 동안 쉽게 의사소통을 할 수 있다. 핸드폰에 대고 말하기만 하면 해당 언어로 실시간 변환해서 통역해주는 서비스를 제공하는 것이다. 심지어 비속어 사용 수준까지 설정할 수 있어 현지인과 같은 뉘앙스로 통역해주기도 한다.[10]

아이디어 측면에서, 에어비앤비는 집 내부의 그 어떤 공간도 온라인을 통해 임대할 수 있게 해줌으로써 여행자들이 목적지에서 머물 수 있는 장소를 선택하는 방식을 바꾸어 놓았다. 또한 우버 앱은 사실상 누구나 택시 운전사가 되어 사람들이 승차를 요청하면 요금을 받을 수 있게 해주는 서비스를 제공함으로써 목적지까지 도달하는 새로운 방식을 제공한다. 뿐만 아니라 다양한 앱을 통해 여행지에 대한 정보를 수집하고 예약을 하는 완전히 새로운 여행관련 경험이 만들어지면서 트립잇과 같은 앱은 사용자들이 여행 계획을 세우는 과정에서 생성되는 모든 데이터를 활용하여 매우 유용한 혁신을 만들어냈다. 사용자는 이 앱으로 여행과 관련하여 받은 모든 예약 확인 이메일을 전송함으로써 보기 쉽고 수정 및 변경이 용이한 디지털 여행 일정표로 중요 세부일정을 자동 구성할 수 있다. 아주 간단하다![11]

연속적 혁신

연속적 혁신(continuous innovation)은 기존의 제품을 수정하는 것으로, 삼성이나 다른 기업들이 고해상도 화면의 얇은 벽걸이형 TV 세트를 출시하여 TV 시장을 활성화시킨 것이 좋은 예이다.

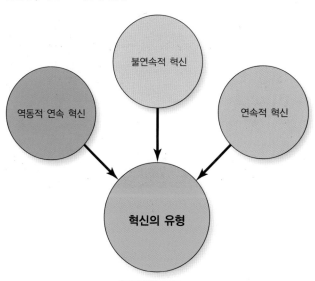

그림 8.3 📷 스냅숏 | **혁신의 유형**

혁신의 세 가지 유형은 새로움의 정도에 따라 연속적 혁신, 역동적 연속 혁신, 불연속적 혁신으로 나눌 수 있다.

연속적 혁신 하나의 브랜드가 경쟁 브랜드와 구별되도록 기존 제품을 수정

이러한 유형의 혁신은 경쟁업체와 차별화할 수 있는 경쟁적 우위를 가져다준다. 예를 들어, 사람들은 볼보 자동차를 안전과 연관 지어 생각한다. 사실, 그들이 활용하는 마케팅 핵심 문구에는 "언제나 안전이 우선"이나 "당신은 자동차를 운전하는 것이 아니라, 우리가 당신에게 약속한 것을 운전하는 것이다."와 같은 것들이 등장한다. 이것들은 소비자에게 어필하기 위한 강력한 문장들로, 볼보는 지속적으로 안전성과 연관된 혁신을 이뤄내면서 이를 증명하고 있다.

소비자는 새로운 사용법을 습득하지 않고도 연속적 혁신을 통해 등장한 신제품을 사용할 수 있다. 마케팅 관점에서, 이는 소비자들에게 신제품을 수용하도록 설득하는 것이 비교적 용이하다는 것을 의미한다. 예를 들어, 기존의 컴퓨터 사용자가 새로운 기술의 고해상도 플라즈마 평면 모니터를 사용하기 위해 무언가를 새롭게 배워야 할 필요는 없는 것이다. 우리 모두는 컴퓨터 모니터가 무엇이며 어떻게 작동하는지를 잘 알고 있다. 이러한 시스템적인 연속적 혁신은 사용자들에게 구형 모니터보다 공간을 덜 차지하지만 눈은 더 편하다는 추가적인 이점을 제공할 뿐이다.

Courtesy of Osborne Macharia/ProKraft Africa

이 아프리카 마스카라 브랜드같이 비교적 신제품에 해당하는 제품들은 다양한 제품으로 붐비는 시장에서 쉽게 눈에 띌 수 있도록 독특한 이미지를 창출할 필요가 있다.

복제품(knockoff)은 약간만 수정한 상태로 정품의 디자인을 복제한 신제품이다. 기업은 흔히 시장을 확장하거나 다른 시장에 판매하기 위한 목적으로 의류와 보석의 복제품을 만든다. 예컨대 어떤 기업은 최고 디자이너들의 프랑스 고급 의류 스타일을 모방하여 저가로 대중시장에 판매하기도 한다. 이는 제니퍼 로렌스가 아카데미 시상식에서 입은 유명 디자이너의 드레스를 모방한 저가품이 시상식 직후 며칠 지나지 않아 수많은 웹사이트에서 판매되는 것과 같다. 기술적 발명과 달리 디자인은 법적 차원에서의 보호가 어렵다. 왜냐하면 모방자가 단추를 살짝 바꾸거나 옷깃 부분을 좀 더 넓게 만든다면 매우 작은 변화임에도 불구하고 엄밀히 말해서 이것은 모방이 아니라고 주장할 수 있기 때문이다.

역동적 연속 혁신

역동적 연속 혁신(dynamically continuous innovation)은 기존 제품과는 확연히 차이 나게 제품을 수정한 혁신으로, 기존 제품의 사용자가 새로운 제품을 사용하기 위해서는 상당한 양의 학습 또는 행동 변화가 필요하다. 오디오 제품의 변천사를 살펴보면 역동적이면서도 연속적인 제품 혁신을 볼 수 있다. 수년간 소비자들은 '축음기'라고 불리는 레코드 플레이어를 통해 그들이 가장 좋아하는 프랭크 시나트라의 노래를 즐겼다. 1960년대에는 여덟 곡이 연속적으로 흘러 나오는 녹음테이프를 통해 비틀즈 노래를 들으며 10대 청소년들은 황홀경에 빠졌다(물론 8트랙 녹음테이프 재생장치를 구입해야 했다). 그리고 나서 이글스의 음악을 들을 수 있는 카세트 테이프가 나왔고(물론 이제는 카세트 플레이어가 필요하다), 1980년대 소비자들은 콤팩트 디스크(CD)에 디지털 방식으로 녹음된 메탈리카의 노래를 들을 수 있었다(물론 새로운 CD 플레이어를 구입해야만 했다).

복제품 원래 제품의 디자인을 복사하거나 아주 약간의 수정을 한 신제품

역동적 연속 혁신 상당한 정도의 학습이나 행동 변화가 요구되는 기존 제품의 변화

그러나 1990년대의 녹음 기술은 MP3 기술로 한 걸음 더 나아갔다. 마돈나 팬들은 인터넷에서 음악을 다운받거나 다른 사람들과 음악 파일을 서로 주고받을 수 있게 되었다. 1998년 모바

일 MP3 플레이어가 출시되어 큰 화제를 불러일으켰을 때, 팬들은 그들이 좋아하는 음악을 휴대용 플레이어로 직접 다운로드해서 들을 수 있었다. 그리고 2001년 11월, 애플은 그들의 첫 번째 아이팟을 출시했고, 음악 애호가들은 어디를 가든 1,000곡이 넘는 노래를 들을 수 있게 되었으며, 2010년에 아이팟은 4만 곡이 넘는 노래와 2만 5,000개의 사진, 그리고 200시간 분량의 비디오를 동시에 저장할 수 있게 되었다.[12] 물론, 오늘날 사람들은 이 모든 것을 스마트폰으로 할 수 있다. 집 밖의 거의 모든 곳에서 와이파이를 사용할 수 있게 되었을 뿐만 아니라 개선된 데이터 요금제와 사용범위의 증가로 인해, 음악을 특정 장치에 다운받아 듣는 것보다 스마트폰이나 태블릿으로 스트리밍하여 듣는 것이 훨씬 더 쉬워졌다. 애플은 여전히 아이팟을 판매하고 있지만, 판매는 2008년에 거의 5,500만 대로 절정에 달한 뒤 2014년에는 1,500만 미만으로 급감했다. 우리들 중 많은 사람들이 아이팟을 사용하는 대신 아이폰으로 옮겨갔기 때문이다. 그러나 마케팅적 측면에서 이 이야기는 아직 끝나지 않았다: 아이폰 시장은 포화되었고 소비자들은 '차세대 혁신'[13] 제품을 구매하기 위해 신제품 구매를 유보하면서 이제 막강한 애플조차 매출의 급격한 하락을 보이고 있다. 차세대 혁신은 무엇일까? 아마도 가상 현실 축음기?

불연속적 혁신

불연속적 혁신(discontinuous innovation)의 자격을 갖추기 위해서는, 사람들의 삶의 방식에 중대한 큰 변화를 일으켜야 한다. 유사한 제품이 출시된 적이 없기 때문에 불연속적으로 혁신된 제품을 효과적으로 사용하기 위해서 소비자는 많은 것들을 새롭게 배워야 한다. 비행기, 자동차, TV와 같은 주요한 불연속적 혁신의 산물들은 현대인의 생활 방식을 근본적으로 바꾸어놓았다. 또 다른 불연속적 혁신인 개인용 컴퓨터는 인터넷의 출현과 함께 보조를 맞추어 발전하며, 사람들의 쇼핑 방식을 변화시켰고 집 또는 사무실 외 어느 곳에서나 업무를 볼 수 있게 만들어 주었다. PC가 등장한 이후, 태블릿과 기타 휴대용 장치에서도 동일한 방식으로 정보를 처리하는 방향으로 역동적 연속 혁신의 후속 단계가 진행되고 있다. 불연속적 혁신의 한 가지 특별한 유형은 **융합**(convergence)이다. 이는 두 가지 이상의 기술을 결합하여 원래의 기술보다 더 큰 이익을 제공하는 새로운 시스템을 만드는 것을 의미한다.

다음 단계의 불연속적인 혁신은 무엇일까? 불연속적 혁신을 통해 차별화한 제품이 이미 존재하는가? 흔히 마케팅 담당자는 지나고 나서야 깨닫고, 소 잃고 외양간을 고칠 뿐이다. 다음에 일어날 불연속적 혁신을 계획하는 것은 매우 어려운 일이기 때문이다.

8.4

목표

기업이 신제품을 개발하는 방법을 이해한다.

신제품 개발

창의성의 개념 및 다양한 유형의 혁신에 대한 지식을 바탕으로, 이제 기업이 실제로 어떻게 신제품을 개발하는지 살펴볼 것이다. **연구 개발**(research and development, R&D)에 대한 투자에 기반하여 신제품 개발 과정이 진행되며, 대부분의 기업은 명확하고 체계적인 방식으로 혁신을 이루어 나간다. 기업의 R&D에 대한 투자는 향후 출시될 신제품이 시장에서 얼마나 강력한 힘을 발휘하게 될지를 예측하게 하는 척도가 되기 때문에 투자자나 금융 시장은 기업의 R&D 투자 액수를 면밀히 분석하는 경향이 있다. 사실, 연구 개발에 대한 투자 그 자체는 기업이 혁신을 위해 얼마나 노력하고 있는지를 파악하게 하는 중심 척도이다. 다른 산업들에 비해 본질적으로 높은 수준의 연구 개발 활동이 강조되는 일부 기업들(첨단 기술과 의약품이 좋은 예이다)은 경쟁적으로 R&D에 많은 자금을 투자한다. 그러나 사실상 어떤 기업이든 신제품 개발은 R&D 투자에 의해 촉진된다.

핵심 계량지표

마케팅 담당자는 어떻게 혁신을 측정하는가? 짧게 대답하면, 그것은 꽤 복잡하다. 왜냐하면 혁신은 마케팅뿐만 아니라 기업의 전반적인 문화, 리더십, 그리고 혁신을 촉진하는 적절한 프로세스와 연관되어 있기 때문이다. 다음은 전체적인 관점에서 기업의 혁신을 평가하기 위해 '혁신 평가 항목'으로 활용할 수 있는 간단한 측정 지표들이다.

기업 전략

- 조직 구성원들이 기업의 혁신 목표를 얼마나 잘 알고 있는가?
- 목표를 달성하기 위해 기업과 리더가 얼마나 혁신에 전념하는가?
- 조직 구성원들간의 혁신을 지원하는데 기업은 얼마나 적극적인가? 혁신을 위한 보상 및 기타 인센티브를 제공하는가? 혁신이 직원의 성과를 평가하는 프로세스 중 일부인가?
- 조직 구성원들은 어느 정도의 자원이 혁신을 위해 이용 가능하다고 인식하는가(자금 및 그 밖의 것들)?

기업 문화

- 조직 구성원들은 새로운 것을 배우고 시도하는 데 얼마나 열정적인가?
- 새로운 시도에 실패했을 때 조직 구성원들은 다른 대안을 시도해 볼 수 있는 자유와 안전성을 가지고 있는가?

혁신의 결과

- 지난 3년간 얼마나 많은 혁신이 시도되었는가?
- 지난 3년간 혁신 제품의 출시로 인한 매출 비율은 얼마인가?[14]

계량지표 적용

1. 특별히 관심 있는 그리고 상당히 혁신적이라고 생각하는 기업을 선택하라.
2. 혁신 평가 항목이 제시하는 평가 기준에 따라 기업이 어떻게 혁신을 수행하고 있는가에 대한 내용을 웹사이트 및 그 밖의 자료들을 통해 수집하라.
3. 발견한 내용을 요약하라. 혁신 평가 항목의 최종 점수는 얼마인가? 각 항목들은 1~5점까지의 척도로 평가하게 되는데, 5점이 가장 높거나 가장 우수한 평가이고 1점은 가장 낮거나 가장 우수하지 않은 평가이다.
4. 전반적으로 당신이 예상했던 것보다 해당 기업은 더 혁신적인가? 아니면 당신이 예상했던 것보다는 혁신적이지 않은가?

그림 8.4에서 볼 수 있듯이 **신제품 개발**(new product development, NPD) 과정에는 아이디어 창출, 제품 컨셉 개발 및 선별, 마케팅 전략 개발, 사업성 분석, 기술 개발, 시장성 테스트, 그리고 상업화의 일곱 단계가 있다. 각 단계에서 무엇이 진행되는지 살펴보자.

1단계 : 아이디어 창출

제품 개발의 첫 번째 단계인 **아이디어 창출**(idea generation) 단계에서, 마케팅 담당자는 고객에게 새로운 편익을 제공하면서도 기업의 사업 방향에 부합하는 위대한 신제품 아이디어들을 끌어 모으기 위해 다양한 소스를 활용한다. 때때로 아이디어는 고객으로부터 나온다. 물론 아이디어는 판매원, 서비스 제공자 및 고객과 직접 접촉하는 여러 직원들로부터도 나온다. **가치의 공동 창출**(value co-creation)이란 기업이 신제품을 개발하는 과정에 고객 및 기타 이해 관계자들을 참여시킴으로써 협력적으로 가치를 창출하는 것을 말한다.

레고는 '레고 아이디어'라고 불리는 온라인 플랫폼을 개발했는데, 사용자들이 이곳에 새로운 제품 아이디어를 제안하면 기업은 그 아이디어들을 실제 제품으로 바꾸려고 노력한다. 레고 아이디어를 통해 사용자들은 제품 아이디어를 설명하고, 시적적으로 묘사할 수도 있으며(레고를 사용하여 물리적 또는 디지털 방식으로 제품의 형태를 표현), 제안된 레고 세트의 특성을 구체적으로 명시할 수도 있다. 플랫폼상에서 2년 동안 1만 명 이상의 지지자를 끌어모은 새로운 아이디어는 그후 검토 단계로 이동하고, 그 시점에서 레고는 소비자의 아이디어가 대량 생산이 가능한 레고 세트 제품으로 구현 가능한지 아닌지를 결정한다. 제품가능성 검토 과정의 일부로, 레고는 시장 가능성을 판단하기 위한 설문조사(인지된 가격, 어필할 수 있는 세분시장, 레고 세트를 완성하기가 얼마나 복잡한지 등의 관련 질문)를 제안된 아이디어를 지지한 사람들을 대상으로 수행한다. 미래에 마인크래프트의 다양한 제품이 만들어질 수 있는 최초의 길을 연 마인크래프트 세트를 포함하여, 가치의 공동 창출 방법은 레고에게 엄청난 성공을 안겨주었

신제품 개발(NPD) 기업이 아이디어 창출, 제품 개념 개발 및 선별, 마케팅 전략 개발, 사업성 분석, 기술 개발, 시험 마케팅, 상업화를 포함하는 신제품을 개발하는 단계

아이디어 창출 마케터들이 고객에게 편의를 제공하고 기업의 사명과 양립하는 제품에 대해 여러 가지로 안을 내보는 제품 개발의 첫 단계

가치의 공동 창출 신제품 개발 프로세스에 고객 및 기타 이해관계자의 협력적 참여를 통해 편익 기반의 가치가 창출되는 프로세스

다.[15] 이러한 가치의 공동 창출 방식은 보이지 않는 곳에서 제품을 개발하고 난 후 기업이 의도한 새로운 가치 제안을 고객들이 받아들이길 바라면서 제품을 시장에 출시하는 '전통적인' 방식과는 배치된다.

기업들은 신제품 아이디어를 찾기 위해 제4장에서 논의한 포커스 그룹 인터뷰와 같은 마케팅 조사 기법을 활용하기도 한다. 예를 들어, ESPN과 같은 기업은 새로운 채널을 개발하거나 기존 채널의 타깃을 바꾸고자 할 경우, 스포츠에 관심이 많은 다양한 시청자 집단을 대상으로 포커스 그룹 인터뷰를 진행한다.

2단계 : 제품 컨셉 개발 및 선별

신제품 개발의 두 번째 단계는 **제품 컨셉 개발 및 선별**(product concept development and screening)이다. 우선 다양한 원천을 통해 신제품 개발을 위한 아이디어들을 수집하고, 고객 및 다른 협력자들과 공동으로 아이디어를 창출하고 나면, 궁극적으로 마케팅 담당자는 이러한 아이디어들을 보다 완벽한 제품 컨셉으로 구체화시켜야 한다. 제품 컨셉은 제품이 포함해야 하는 기능 및 특성, 그리고 이것들이 소비자에게 제공하게 될 편익을 말한다. 물론, 어떤 아이디어가 독특하다고 해서 그 제품이 잘 판매된다는 것은 아니다. 스마트폰으로 화장실 변기를 조종하는 앱을 개발한 일본 회사는 어떤가? 이 앱은 변기에 손을 대지 않고도 물을 내리고 변기뚜껑을 들어올릴 수 있게 해준다. 이것이 다가 아니다: 당신은 변기의 스피커를 통해 음악을 들을 수도 있고, 화장실 '사용 기록'을 '화장실 일기'에 저장해 당신의 화장실 사용 상태를 추적할 수 있다. 이 아이디어는 다양한 가능성으로 가득 차 있지만 많은 사람들이 이 제품을 구매할지는 의문이다![16]

신제품 개발에 있어서 성공보다는 실패가 더 빈번하게(또는 더 심하게) 일어난다. 따라서 기술적 가치와 상업적 가치를 **모두** 고려하여 아이디어를 선별하는 것이 중요하다. 아이디어를 선별할 때 마케팅 담당자들은 신제품 컨셉의 성공 가능성을 면밀히 검토하여, 시장에서 성공할 가능성이 거의 없다고 판단되는 컨셉은 과감히 배제해야 한다. 마케팅 담당자는 신제품이 기술적으로 가능한지, 즉 실제로 이 제품을 만들 수 있는지를 판단하여 **기술적 성공**(technical success)을 예측한다. 그리고 누구라도 그 제품을 구매할 가능성이 있는가를 판단하여 **상업적 성공**(commercial success)을 예측한다. 레고는 '레고 아이디어' 프로세스를 활용해 특정 아이디어를 지지하는 사람들의 수에 근거하여 신제품의 상업적 성공 가능성을 추정한다. 신제품 아이디어가 레고의 내부 검토를 가능하게 할 만큼 충분한 지지를 받았을 때에만 기술적 가능성을 검토한다. 그리고 만약 제품의 컨셉이 특정 기준점을 통과하면 실제 생산할 수 있는지 여부를 분석한다.

3단계 : 마케팅 전략 개발

신제품 개발의 세 번째 단계는 제품을 시장에 출시하기 위한 마케팅 전략을 개발하는 것이다. 마케팅 전략의 개발 과정은 제3장에서 다루었다. 즉 마케팅 담당자는 표적시장을 확인하고, 시장 규모를 추정한 후, 표적시장의 요구에 맞추어 제품을 어떻게 효과적으로 포지셔닝할 것인가를 결정해야 한다. 그리고 물론 마케팅 전략 개발에는 가격 및 유통, 그리고 신제품의 출시와 장기적인 홍보를 위한 판촉 계획이 포함된다.

4단계 : 사업성 분석

제품 컨셉의 선별과정을 통과하면, 다음 단계는 **사업성 분석**(business analysis)이다. 마케팅 담당

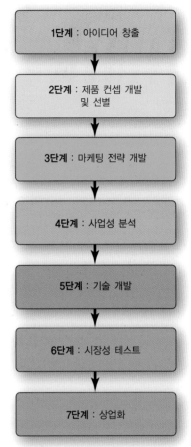

그림 8.4 과정 | **신제품 개발 단계들**
보통 신제품 개발은 7단계로 일어난다.

1단계 : 아이디어 창출

2단계 : 제품 컨셉 개발 및 선별

3단계 : 마케팅 전략 개발

4단계 : 사업성 분석

5단계 : 기술 개발

6단계 : 시장성 테스트

7단계 : 상업화

제품 컨셉 개발 및 선별 마케터가 기술적인 면과 상업적인 면에서 성공할 수 있는지 제품 컨셉을 검사하는 신제품 개발의 두 번째 단계

기술적 성공 시장에서의 상업적 생존 가능성과는 별개로 신제품의 컨셉을 물리적으로 개발할 수 있는가의 여부 관점에서의 제품 컨셉 실현 가능성

상업적 성공 제품을 개발하고 있는 기업이 신제품이 개발되어 시장에 출시되기에 충분한 소비자 수요가 있다는 신념을 갖고 있는 시장 위주의 관점에서의 제품 컨셉 실현 가능성

사업성 분석 마케터가 제품의 상업적 생존 가능성을 평가하는 제품 개발 단계

맥도날드 요리 혁신 책임자는 최근 간단한 아이디어를 생각해냈다. 빵가루를 묻혀서 튀긴 치킨에 잘게 채 썬 체다 잭 치즈와 양상추를 얹고, 랜치 소스를 약간 뿌린 뒤, 토르티야로 싼 제품이다. 맥도날드는 이 제품을 '스낵 랩'이라 명명하고 1.29달러에 판매하기 시작했다. 스낵 랩은 예상치를 20%나 초과한 매출을 달성하며 기업 역사상 가장 성공적인 신제품 중 하나가 되었다. 히트 상품이 탄생한 것이다.

기술 개발 기업의 엔지니어가 신제품을 다듬고 완성하는 제품 개발 단계

자가 제품의 시장성에 대한 확신을 갖고 있다 하더라도, 기업의 제품 포트폴리오 측면에서 신제품이 기업의 수익성에 기여할 수 있을 것인지 확인해야 한다. 제품에 대한 잠재적 수요는 어느 정도 존재하는가? 기업이 신제품을 성공적으로 개발하고 안정적으로 시장에 출시하기 위한 충분한 자원을 보유하고 있는가?

신제품에 대한 사업성 분석은 신제품이 기업의 전체 제품 포트폴리오에 적합한가를 평가하는 것에서부터 시작한다. 신제품이 기존 제품의 판매를 증가시킬 것인가? 아니면 오히려 기존 제품의 매출을 감소시킬 것인가(자기잠식이라 부르는 이 개념은 제9장에서 설명할 것이다)? 가시성과 이미지 개선 측면에서 신제품과 기존 제품은 서로 시너지 효과를 낼 수 있는가? 그리고 마케팅 비용은 얼마나 들 것인가?

5단계 : 기술 개발

신제품 컨셉이 정밀한 사업성 분석을 통과하면, 기업의 엔지니어들은 마케팅 담당자들과 함께 제품 설계와 생산과정을 개선하는 일, 즉 **기술 개발**(technical development) 과정을 수행한다. 기술 개발 단계를 설명하기 위한 가장 좋은 예는 고테나이다. 최근 이 기업은 사람들이 휴대폰 이용 가능 지역을 벗어나 있는 동안에도 스마트폰을 사용하여 서로 통화할 수 있게 해주는 제품을 출시했다. 이 제품은 여러 고테나 장치간의 네

헤드라인에서 가져온 사례

현실세계에서 윤리적/지속 가능한 의사결정

수년간 자동차 회사들은 연비가 더 높으면서 더 환경 친화적인 자동차를 생산하라는 압력을 받아 왔다. 연료 효율성은 일반적으로 가솔린 1갤런으로 주행 가능한 마일의 단위로 측정되며, 환경 친화적인가를 측정하는 지표에는 온실가스 및 기타 대기 오염 가스의 배출량 등이 포함된다.[17] 일정 부분 소비자 정서(특히 밀레니얼 세대)와 정부 규제에 의해 촉발된 사회적 압박으로 인해, 자동차 회사들은 소비자들이 지불하는 가격 대비 더 많은 가치를 제공하면서도 환경에 악영향을 미치지 않는 자동차를 생산하기 위한 혁신에 최선을 다해왔다.

폭스바겐은 소위 말하는 '배출가스 조작 소프트웨어'를 1,100만 대 가량의 자동차에 설치하여 생산했다는 사실이 밝혀짐에 따라 정부 기관 및 대중들과의 많은 갈등에 봉착했다. 조작 소프트웨어는 차량의 배기가스 배출 시험이 진행되고 있을 때를 기본적으로 감지하여 엔진의 전력 및 성능을 현저히 감소시키는 방식으로 측정된 오염 물질의 수준을 감소시킬 수 있었다. 그러나 더 이상 테스트가 수행되고 있지 않음을 차량 소프트웨어가 감지하게 되면 다시 차량이 정상적으로 작동하도록 되돌렸고, 자동차는 미국의 허용치보다 40배 더 많은 산화질소를 포함한 환경 오염물질을 방출하게 된다.[18] 이러한 배기가스 조작 소프트웨어가

많은 폭스바겐 차량에 설치되었다는 사실이 알려지자 많은 소비자들이 거세게 항의하고 반발했다. 이러한 소비자들의 반발과 브랜드에 대한 외면은 당분간 계속해서 폭스바겐에 영향을 미칠 것으로 보인다.

디젤 자동차는 하이브리드 자동차와 견주어봤을 때 강력한 연비 효율성을 제공한다. 그러나 불행하게도, 폭스바겐 스캔들은 소비자들의 신뢰를 흔들어 놓았다. 폭스바겐은 디젤 자동차를 자동차 시장의 주류로 만드는 데 중요한 역할을 했기 때문에, 배출가스 테스트를 조작한 행위는 디젤 차의 친환경성에 대한 구매자들의 회의적 시각을 불러올 가능성이 크다.[19] 모든 것을 고려해볼 때, 폭스바겐에 대한 정부기관의 과징금은 수십억 달러가 될 것이고 개별 자동차마다 물리적으로 문제를 수정하는 데 드는 비용도 그와 비슷한 수준이 될 것이다. 이 사건이 장기적으로 브랜드 자산과 소비자 신뢰에 어떤 영향을 미칠지는 매우 중대하며 주목할 만한 사항이다. 폭스바겐 브랜드의 미래는, 특히 환경에 대한 높은 의식 수준을 가진 밀레니얼 세대들을 고려했을 때, 매우 불확실하다.

윤리 체크 :

정부가 의무화하고 있는 환경 테스트를 조작하기 위해 고안된 소프트웨어를 설치한 자동차를 생산하는 데 의도성을 갖고 적극 가담한 관리자들에게 형사상 책임을 물어야 할까?

□ 예 □ 아니요

트워크를 생성하기 위한 무선 신호를 사용하는데, 기업의 스마트폰 앱과 연동하여 특정 지역 내에 있는 여러 사용자들이 상호 커뮤니케이션할 수 있는 수단을 제공한다. 고테나의 가치는 극심한 날씨 조건 때문에 휴대폰 신호를 잡기가 더 어려워지는 황무지를 여행하는 동안 그 진가를 발휘한다. 고테나의 디자인은 가볍고, 배낭의 바깥쪽이나 바지의 벨트 고리에 부착하기 쉬우며, 방수 기능을 갖추고 있다. 이런 우수한 제품의 디자인 상당 부분은 제품 개발 과정의 초기 단계에서 어느 정도 구현되었을 가능성이 높지만, 기업의 내부적 역량 및 기술을 발휘하면서도 소비자의 근원적 욕구에 부합하는 유형적 형태로 제품을 보다 완벽하게 구현하기 위해서는 기술 개발 단계에서 기업의 마케팅 담당자들이 엔지니어링 팀과 함께 협력할 필요가 있었다.[20]

신제품에 대한 고객의 반응을 기업이 잘 이해할수록 상업적 성공 가능성은 높아진다. 이런 이유로 기업의 R&D 부서는 일반적으로 한 가지 이상의 실험 모델, 즉 **프로토타입**(prototypes)을 개발한다. 가망 고객을 대상으로 하는 포커스 그룹 인터뷰나 현장 방문 테스트를 통해 이러한 실물 모형을 검증해볼 수 있다.

프로토타입은 기업 내부의 사람들에게도 유용하다. 기술 개발 과정에 관계된 사람들은 제품의 완성을 위해 어떤 부분을 사내에서 직접 만들고 어떤 부분을 다른 공급 업체로부터 구매할 것인지 결정해야 한다. 제조업의 경우, 기업은 새로운 생산설비를 구입하거나 기존 장비를 개조해야 할 수도 있다. 누군가는 직원들을 위한 작업 지침서를 개발하고 제품을 만들 수 있도록 훈련시켜야 한다. 새로운 서비스 프로세스를 개발하는 경우, 어떤 활동이 고객이 볼 수 있는 범위 내에서 이루어져야 하는지, 반면 보이지 않는 곳에서는 어떤 활동들이 이루어져야 하는지를 개발해야 한다. 그리고 서비스의 일부 활동을 자동화하여 효율적으로 제공할 수 있는지 기술 개발 차원에서 고려해야 한다.

기술 개발을 위해 기업이 특허를 출원해야 하는 경우도 있다. **특허권**(patent)은 경쟁사가 동일한 기술이 적용된 제품을 생산하거나 판매하는 것을 법적으로 막아주기 때문에, 시장에서의 경쟁을 줄이거나 방지하여 기업이 기술 개발에 투자한 비용을 회수할 시간을 확보할 수 있게 한다.

새로운 풍미를 내기 위해서는 엄격한 기술 개발이 수행되어야 한다. 그래야만 기업이 소비자들의 기대를 충족시키리라는 확신을 가질 수 있다.

6단계 : 시장성 테스트

신제품 개발의 다음 단계는 **시장성 테스트**(test marketing)이다[**시험 판매**(test market)라고도 한다]. 이는 기업이 진입하고자 하는 시장을 대표하는 일부 시장에서 완성된 마케팅 계획(유통, 광고, 판매 촉진)을 시험해본다는 것을 의미하며, 궁극적으로는 시장 진입을 위한 완전한 계획을 수립하기 위해 실행된다.

시장성 테스트에는 긍정적 측면과 부정적 측면이 모두 존재한다. 부정적인 면은 이러한 실험에 아주 많은 비용이 든다는 것이다. 한 도시에서 신제품의 시장성 테스트를 실시하기 위해 드는 비용은 10억이 훨씬 넘을 수도 있다. 또한 시장성 테스트는 결국 경쟁자에게 신제품 마케팅의 전 과정을 보여주는 것이 되어, 경쟁자가 먼저 더 경쟁력 있는 제품을 시장에 출시할 수 있는 기회가 되기도 한다. 반면 시장성 테스트의 긍정적인 측면은, 제한된 시장에 제품을 미리 선보임으로써 마케팅 프로그램을 평가하고 개선할 수 있다는 점이다. 때때로, 시장성 테스트를 통해 제품 자체에 대한 개선점을 발견해내기도 하며, 동시에 제품 실패를 미리 예견할 수도 있다.

프로토타입 개발하고자 하는 제품의 실물 모형

특허권 일정 기간 시장에서 경쟁을 줄이거나 제거할 목적으로 어떤 발명을 경쟁자가 생산하거나 판매하지 못하도록 보호하는 법적인 장치

시장성 테스트 또는 **시험 판매** 기업이 진입하고자 하는 대규모 시장과 유사한 적은 지역에서 완성된 마케팅 계획을 시험하는 것

펩시는 최신 유행을 선도하는 맨해튼 남부 지역에 콜라 하우스를 열면서 레스토랑 사업에 뛰어들었다. 레스토랑이자 바, 그리고 이벤트 공간인 콜라 하우스는 펩시를 위한 입소문을 만들어낼 뿐만 아니라 신제품의 시장성을 평가할 수 있는 장소이기도 하다.

이러한 사전 경고는 기업으로 하여금 신제품을 개선하게 하거나 아니면 완전히 포기하게 함으로써 수백만 달러의 돈을 쓸데없이 소비하지 않게 한다.

수년간, 리스테린 제조사는 P&G의 스코프 원래 리스터민트 브랜드의 경쟁 브랜드로 출시되었다)에 대항하기 위해 민트향 구강청정제를 시장에 출시하고자 했다. 그러나 불행히도 리스테린이 시장성 테스트를 할 때마다 P&G는 이를 미리 알아차리고 자사 제품인 스코프를 공격적으로 광고하면서 시장성 테스트의 대상 도시에 무료 쿠폰을 쏟아부었다. 이 때문에 시장성 테스트의 결과를 확신할 수 없게 된 리스테린은 제품의 출시 여부를 결정하지 못했다. 시장성 테스트에 대한 P&G의 공격적 대응으로 인해 조사 대상 도시에서의 P&G 스코프 시장 점유율이 비정상적으로 상승한 까닭에 일반적인 시장 상황이라면 리스테린이 얼마나 경쟁 우위를 가질 수 있는지 도무지 확신할 수 없었기 때문이다. 결국 리스터민트를 전국적으로 출시하기는 했으나 리스테린은 미미한 성공만을 거둔 후 시장에서 철수하고 말았다. 지속적인 신제품 개발 덕분에 오늘날 리스테린은 민트향은 물론 다양한 구성의 제품 포트폴리오를 구축하게 되었고, 가장 많이 판매되는 1등 구강 청정제 브랜드가 되었지만 말이다.[21]

이런 시장성 테스트의 잠재적 문제점과 비용 때문에, 마케팅 담당자들은 컴퓨터 시뮬레이션으로 시장성 테스트를 대신하기도 한다. 이러한 **모의 시장성 테스트**(simulated market test)를 통해 기업은 가격 인하와 신규 포장이 매출에 미칠 수 있는 영향을 확인할 수 있으며 심지어 제품을 매장 어디에 배치해야 할지를 결정할 수도 있다. 이 과정에는 제품 컨셉, 물리적 제품, 광고 및 기타 판촉 활동에 대한 소비자 인식을 조사하는 기본적인 연구 자료 수집 과정이 수반된다. 전통적인 시장성 테스트 방법에 비해 모의 시장성 테스트는 보다 저렴한 비용으로 제품의 성공 가능성을 예측할 수 있는 정보를 제공한다. 이러한 시뮬레이션 방법이 보다 개선되어감에 따라 전통적 시장성 테스트는 과거의 것이 될 수도 있다.

7단계 : 상업화

신제품 개발의 마지막 단계는 **상업화**(commercialization)이다. 이는 새로운 제품의 출시를 의미하는 것으로, 본격적으로 생산, 유통, 광고, 판매 촉진과 같은 작업이 이루어진다. 그렇기 때문에 신제품의 상업화는 하루 아침에 이루어질 수 없다. 신제품을 출시하기 위해서는 계획과 세심한 준비가 필요하다.

일반적으로 상업화하는 데는 많은 비용이 들지만, 인터넷을 통하면 신제품을 시장에 내놓는 데 필요한 자금을 훨씬 더 쉽게 확보할 수 있다. 오늘날, 우리는 불특정한 대중들로부터 자금을 모으는, 온라인 플랫폼 등을 통한 **크라우드 펀딩**(crowdfunding) 방식이 폭발적으로 성장하는 것을 볼 수 있다. 킥스타터(Kickstarter.com)나 인디고고(Indiegogo.com), 그리고 크라우드펀더(Crowdfunder.com) 같은 혁신적인 웹 사이트들은 창업자나 소규모 기업들을 위해 5조 원 이상의 자금을 모으고 있다(선발된 창업자에게 자금을 지원하는 TV 프로그램들도 있다). 이러한 사이트를 통해 개인은 기업에 돈을 기부(종종 제품의 샘플을 구매하는 방식)하거나 투자할 수 있다.[22] 이 모델은 창업 아이디어가 좋다고 생각되면 사람들이 자발적으로 참여해서 도움을 주고,

모의 시장성 테스트 가격 인하와 신규 포장이 매출에 미칠 수 있는 영향을 확인하거나 심지어 제품을 매장 어디에 배치해야 할지 결정하기 위해 제품이 출시되는 시장환경을 모방하는 특수 컴퓨터 소프트웨어를 적용

상업화 신제품이 시장에 출시되는 제품 개발 마지막 단계

크라우드 펀딩 신제품 개발을 위한 자금을 확보하고자 하는 창업 기업에게 수천 명의 개인들이 적은 액수의 돈을 기부 또는 투자할 수 있게 하는 온라인 플랫폼

그 어떤 방식으로든 제품의 출시에 기여하게 하는 방식으로 작동한다.

제품 출시 시간이 다가옴에 따라 준비는 긴박해진다. 우선, 소셜 미디어 캠페인이 활기를 띨 것이고, 내부자들은 트위터와 블로그를 통해 신제품에 대한 구전을 퍼트리기 시작할 것이다. 그러고 나면, 유통 경로를 통해서 신제품을 설명해야 하는 영업사원들을 교육한다. 관리자들은 영업사원들에게 제공할 특별 인센티브 프로그램에 대한 설명도 해야 한다. 곧 여러 매체를 통해 왜 신제품을 구매해야 하는지, 그리고 어디에서 구매할 수 있는지 알려줄 것이다. 이 모든 것들은 정밀한 화음으로 연주되는 교향곡처럼 조화를 이루어야 하고, 모든 연주자들은 자신의 맡은 부분을 정확하게 연주해야 한다. 그렇지 않으면 소비자가 처음 구매를 시도했을 때 실망을 안겨줄 가능성이 크다.

혁신의 천재인 애플의 CEO 스티브 잡스는 제품이 시장에 나오기도 전에 떠들썩하게 신제품을 소개하는 것으로 유명하다. 애플은 아이폰 출시 전에 홍보비만으로 5,000억이 넘는 비용을 집행한 것으로 알려졌다. 정식 광고에는 아직 동전 한 푼 쓰지 않은 상태로 말이다. 2010년 아이패드가 출시될 때에도 예외는 아니었다. 잡스는 아이패드가 넷북(당시에 노트북 컴퓨터를 지칭하던 용어)보다 뛰어난 경험을 제공할 것이라고 주장했다. 그는 당시 아이폰과 아이팟 터치를 사용하고 있던 7억 5,000여 명의 사용자들은 아이폰과 동일한 운영 체계와 터치 스크린 인터페이스를 차용한 아이패드의 사용법을 이미 알고 있다고 주장했다. 나머지는 누구나 다 아는 이야기이다. 2010년 이후로, 아이패드 그리고 이와 유사한 제품들은 우리가 업무를 처리하고 여가를 보내는 방식에 큰 영향을 미쳤다.[23] 아이패드 출시와 관련된 시장의 반응은 다음에 나오는 혁신의 수용과 확산 부분에서 설명하고자 한다.

8.5 신제품의 수용과 확산

목표
제품이 수용되는 과정과 혁신이 확산되는 과정을 설명한다.

앞에서 우리는 아이디어 창출에서부터 신제품 출시까지 마케팅 담당자가 수행하는 신제품 개발 단계에 따른 조치에 대해 이야기했다. 이제 신제품이 시장에 출시된 후 어떤 일이 일어나는지, 그리고 혁신이 사람들에게 어떻게 퍼져나가는지 살펴볼 것이다.

그림은 누군가가 보기 전까지는 예술 작품이 아니다. 노래 또한 누군가가 그 노래를 부르기 전까지는 음악이 아니다. 마찬가지로, 신제품도 실제로 고객이 사용하기 전까지는 소비자의 욕구와 필요를 충족시키지 못한다. 그래서 소비자인 것이다. **제품 수용**(product adoption)은 소비자 또는 기업 고객이 신제품, 새로운 서비스 또는 아이디어를 구입하여 사용하기 시작하는 과정이다.

확산(diffusion)이라는 용어는 신제품의 사용이 어떻게 시장 전체로 퍼져나가는가를 설명한다. 확산 과정이 어떻게 진행되는지 이해하는 한 가지 방법은 신제품을 소수의 컴퓨터에서부터 많은 기계들로 감염되어 퍼져나가는 컴퓨터 바이러스처럼 생각하는 것이다. 처음에는 소수의 사람들만이 신제품을 구매하다가, 특정 임계치에 도달하는 순간 확산은 순식간에 일어난다. 이러한 정점의 순간을 **티핑 포인트**(tipping point)라고 한다.[24] 기업이 신제품 개발을 위해 수개월, 심지어는 수년을 투자한 후에 당면하게 되는 가장 큰 과제는 소비자들로 하여금 제품을 빠르게 그리고 충분한 양을 구입하도록 하여 제품 개발 및 출시에 소비된 비용을 회수하는 것이다. 이를 달성하기 위해서 마케팅 담당자들은 제품 수용 과정을 이해해야 한다.

이어지는 다음 부분에서 우리는 확산의 단계들에 대해 논의할 것이다. 또한 소비자와 기업 고객이 신제품을 수용하는 과정이 어떻게 다르며, 제품의 특성이 제품의 수용도에 어떤 영향을

제품 수용 소비자나 산업체 고객이 새로운 제품, 서비스 또는 아이디어를 구매하고 사용하기 시작하는 과정

확산 어떤 제품 사용이 집단에 퍼져나가는 과정

티핑 포인트 제품 확산의 과정에서, 제품의 매출이 천천히 상승하다가 단기간에 유례없는 새로운 수준으로 급증하는 시점

수용 피라미드 혁신을 인지하지 못하던 개인이 어떻게 인지, 관심, 평가, 시도, 수용, 확신의 단계를 통과하는지를 설명

매체 폭격 상대적으로 단기간 동안 일어나는 대대적인 광고 캠페인

미치는지 살펴볼 것이다.

소비자의 신제품 수용 단계

스마트폰의 다음 돌파구를 위한 혁신이든 더 나은 쥐덫을 만들기 위한 혁신이든 간에, 소비자와 기업 고객은 혁신을 수용하는 6단계의 과정을 거친다. 🏃 그림 8.5는 사람들이 혁신을 인식하지 못하는 단계에서부터 인지, 관심, 평가, 시도, 수용, 확신 단계까지 어떻게 단계별로 이동하는지를 설명하는 혁신의 **수용 피라미드**(adoption pyramid)를 보여준다. 피라미드의 각 단계마다 확산 과정을 이탈하는 사람들이 생겨나게 되므로, 수용의 과정을 꾸준히 통과하여 실질적으로 제품을 사용하게 되는 소비자 비율은 제품에 노출된 사람들 중 극히 일부에 불과하다.

인지

혁신을 인지(awareness)하는 것이 수용 과정의 첫 번째 단계이다. 소비자에게 신제품을 교육시키기 위해 마케팅 담당자들은 대규모 광고 캠페인, 즉 **매체 폭격**(media blitz)을 벌일 수 있다. 삼성전자는 갤럭시 S7의 출시와 더불어 소셜 네트워크 서비스(SNS)를 통해 공유할 수 있는 콘텐츠를 개발하는 데 주력했다. 제품 출시 전, 삼성은 특별히 웹사이트와 온라인상으로 유포할 몇 개의 짧은 프로모션 영상으로 구성된 '7일간의 개봉기'라는 캠페인을 개발하는 데 상당한 자원을 투입했다. 각각의 영상은 각기 다른 사람들이 밀폐된 방에 들어가 30초간 제품의 포장을 열어보고 밖으로 나와 그들이 본 것을 설명하는 내용으로 구성되어 있다. 이 영상에는 어린이, 그림 그리기를 좋아하는 동물 라마, 그리고 제빵사가 등장하는데, 이 캠페인은 갤럭시 S7의 공식적인 공개를 앞두고 엄청난 화제를 불러일으켰다.[25, 26]

그러나 이 시점에서 일부 사람들은 "새로운 스마트폰이 출시됐군요. 그래서 그게 어쨌다는 거죠?"라고 말할지도 모른다. 이들 중 상당수는 아마도 삼성 스마트폰을 좋아하지 않는 사람들이거나 현재 삼성 스마트폰의 소비자가 아닌 사람일 수 있다. 신제품의 출시를 인지하기는 했어도 이들 중 상당수는 신제품의 수용 과정에서 이탈할 것이다. 그러나 적어도 몇몇 소비자들은 그들이 원하고 바라던 신제품이 드디어 출시됐으며 그 제품은 반드시 필요하다고 생각하게 될 것이다.

관심

신제품을 인지하게 된 일부 소비자에게 있어 수용 과정의 두 번째 단계는 관심(interest)이다. 이

그림 8.5 🏃 과정 | **채택 피라미드**

소비자들은 혁신 제품이 출시된 것을 모르던 데서 충성 고객이 되기까지 여섯 단계를 거쳐 신제품을 채택한다. 각 단계에서의 적절한 마케팅 전략은 성공적인 신제품 수용을 가능하게 만든다.

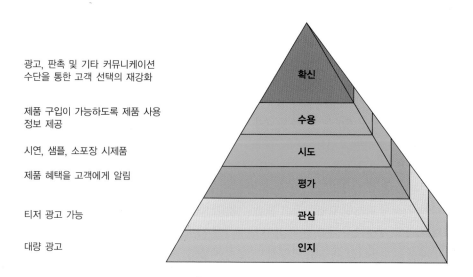

광고, 판촉 및 기타 커뮤니케이션 수단을 통한 고객 선택의 재강화 — 확신

제품 구입이 가능하도록 제품 사용 정보 제공 — 수용

시연, 샘플, 소포장 시제품 — 시도

제품 혜택을 고객에게 알림 — 평가

티저 광고 가능 — 관심

대량 광고 — 인지

단계에서, 잠재 고객은 새로운 제품이 어떻게 기존의 미충족 니즈 및 새로운 소비자 니즈를 충족시킬 수 있는지 알아보기 시작한다. 관심은 소비자들이 혁신에 관한 정보를 스스로 찾으며, 새로운 정보를 받아들이는 데 개방적이라는 것을 의미한다. 갤럭시 S7의 출시 몇 달 후, 삼성은 그래미상을 수상한 래퍼 릴 웨인이 등장하는 영상 시리즈를 공개하면서 이 제품에 대한 관심을 계속 이어나갔다. 이 중 한 영상은 릴 웨인이 값비싼 샴페인을 갤럭시 S7에 쏟아 부은 다음 다른 샴페인을 주문하기 위해 갤럭시 S7의 모바일 결제를 사용하는 우스꽝스러운 장면을 보여주며 제품의 방수 기능을 어필했다. 이 래퍼가 출연한 광고는 유튜브에서 1,000만 번 이상 조회되었으며, 광고를 편집해서 만든 영상과 사진들이 페이스북과 트위터에서 3,000만 번 이상 조회되는 기록을 세웠다.[27] 다른 광고들은 갤럭시 S7의 무선충전 기능과 가상현실 체험을 가능하게 하는 삼성 기어 VR 헤드셋의 혜택을 담고 있다. 이를 통해 아이폰의 대체 제품

Courtesy of Jean Lucchini

슬라이드 핸드보드는 특히 어려운 도전에 직면해 있다. 그것은 대부분의 사람들이 아직 잘 모르는 스포츠를 위한 시장을 어떻게 형성하며, 들어보지도 못한 제품을 어떻게 판매할 것인가 하는 것이다. 핸드보드는 보드가 더 빨리 움직여 서퍼가 물 속에서 자유자재로 통제할 수 있도록 도와주지만, 아직까지 극소수의 서퍼들만이 알고 있다.

으로 삼성 갤럭시를 고려하도록 부추기는 삼성의 노력은 대성공을 거두었다. 갤럭시 S7은 애플과의 지속되는 치열한 경쟁에도 불구하고 출시되자마자 폭발적인 반응을 몰고 왔다.

그러나 이러한 방법이 모든 제품에 적용되는 것은 아니기 때문에 마케팅 담당자는 잠재 고객의 호기심을 유발하고 관심을 자극하기에 충분한 정보만을 담은 티저 광고를 만들기도 한다. 그러나 마케팅 담당자가 최선의 노력을 기울임에도 불구하고, 많은 수의 소비자가 이 시점에서 수용의 단계를 빠져나간다.

평가

평가(evaluation) 단계에서 소비자는 신제품에 대한 이득과 비용을 따져보게 된다. 보다 복잡한 기능을 갖고 있거나 구매로 인한 위험 부담이 뒤따르거나, 값이 비싼 제품의 경우, 사람들은 구매를 시도하기 전에 많은 생각을 한다. 예를 들어 기업은 자동화 제조 로봇을 구매하기 위해 수천, 수백 달러를 지불하기 전에 매우 주의 깊은 평가과정을 거칠 것이다. 따라서 마케팅 담당자는 잠재 고객들이 신제품의 편익을 파악할 수 있도록 도와야 한다. 최근 몇 년 동안, 캘러웨이(골프 클럽 제조업체)는 보잉사와 제휴를 맺고, 보잉이 비행기 개발에 이용해온 공기역학적 노하우와 설계 요소들을 새로운 골프채 개발에 적용해왔다. 초기 일부 소비자들은 이러한 제휴를 통해 탄생한 제품에 대해 회의적인 반응을 보였지만, 캘러웨이는 이 두 회사의 기묘한 결합이 어떻게 더 우수한 성능의 골프 클럽을 탄생시킬 수 있는지 소비자들을 열심히 교육시켰다. 또한 그 점을 명확히 강조하기 위해, 캘러웨이는 마스터스 대회에서 새로운 클럽을 사용해보도록 후원하고 있는 몇 명의 프로 골프 선수들을 설득했다. 이 제품이 가장 권위 있는 골프 토너먼트에서 논란의 여지 없이 충분한 기록을 달성한다면, 골프를 즐기는 대부분의 일반 사람들도 제품에 대한 긍정적인 평가를 내리게 될 것은 당연하다.[28]

충동품의 경우에서 보았듯이, 구매하기 전에 제품이나 서비스에 대해 평가하지 않는 경우도 있다. 가상의 애완동물 타마고치(일본어로 '귀여운 작은 달걀')를 **충동구매**(impulse purchase)한 경우처럼, 소비자들은 충동구매를 하기 전에 혜택에 대한 평가를 거의 하지 않는다. 따라서 이

충동구매 어떤 계획이나 탐색 노력 없이 이루어지는 구매

마운틴듀의 킥스타트 트럭은 소비자들에게 제품의 샘플을 제공해 시음해보도록 한다.

러한 제품의 마케팅 담당자들은 제품이 소비자의 주의를 확 끌어당길 수 있도록 제품을 눈에 띄는 형태로 디자인한다. 타마고치 1세대는 분명 소비자들의 관심을 사로잡았으며, 출시 이래 79만 개 이상이 판매되었다.[29]

일부 잠재적 수용자들은 다음 단계로 넘어갈 수 있을 정도로 혁신을 긍정적으로 평가할 것이다. 그러나 신제품이 적절한 편익을 제공하지 못할 것으로 평가하는 사람들은 이 단계에서 빠져나갈 것이다.

시도

시도(trial)는 잠재적 구매자가 처음으로 제품을 실제로 경험하거나 사용해보는 단계이다. 흔히 마케팅 담당자는 소비자들에게 제품을 시험해볼 수 있는 기회를 제공하면서 시도를 유도한다. 마운틴듀의 킥스타트 제품은 주로 하루를 시작하거나 마무리하면서 마시는 에너지 드링크 탄산음료로 포지셔닝하고 있다. 이 제품은 2013년 처음 선보인 이후 젊은층을 대상으로 명백하게 타깃팅하여 성공을 거두어왔다. 2015년 마운틴듀는 두 가지 새로운 맛의 에너지 드링크를 제품라인에 추가했다. 이 신제품을 시도해보도록 소비자를 촉진하기 위해, 기업은 특수 장비를 갖춘 마운틴듀 킥스타트 트럭 다섯 대를 8개월 동안 대학 캠퍼스와 스포츠 경기장 일대를 돌아다니게 하면서 소비자들에게 샘플 음료를 제공해 시음해보도록 했다. 사람들이 제품을 좋아하기만 한다면 킥스타트의 이와 같은 시음행사는 타깃 시장에서의 높은 구매율(수용)을 이끌어낼 수 있다.[30] 그러나 신제품을 수용하지 않은 사람들은 이 단계에서 빠져나갈 것이다.

수용

수용(adoption) 단계에서 잠재 고객은 실제로 그 제품을 구매한다. 제품이 소비재이든 또는 B2B 제품이든, 수용은 고객이 제품을 구입하고, 사용법을 익히고, 계속 사용한다는 것을 의미한다. 그러나 혁신을 처음 선택한 모든 소비자와 기업 고객이 영원한 고객이 된다는 뜻은 아니다. 이것은 많은 기업들이 저지르는 실수 중 하나이다. 마케팅 담당자는 구매자가 신제품에 만족하고 시간이 지나도 제품에 대한 충성도를 유지할 수 있도록 구매자들에 대한 서비스와 커뮤니케이션을 지속해야 한다.

확신

혁신을 수용한 후, 고객은 구매 전 기대치 대비 실제 편익과 비용을 비교한다. 선호하는 혜택을 경험했다면 충성 고객이 될 가능성은 높아진다. 초기의 긍정적 의견이 확신(confirmation)으로 바뀌기 때문이다. 물론 영원한 것은 없다. 아무리 충성스러운 소비자라 해도 신제품이 더 이상 자신의 기대에 부응하지 못한다고 판단하면 거부할 수 있다. 따라서 마케팅 담당자들은 확신 단계에 있는 고객에게 재판매하는 것이 얼마나 중요한 일인지 이해해야 한다. 그들은 고객의 선택을 강화하기 위해 광고 및 제품 설명회 등과 같은 여러 커뮤니케이션 방법을 활용한다.

혁신자 분류

앞서 보았듯이, 확산은 제품의 사용이 시장 전체로 퍼져나가는 과정을 설명한다. 마케팅 담당자들은 물론 표적시장 내의 전체 소비자가 즉각적으로 신제품을 수용하기 바라지만, 그런 일은 일어나지 않는다. 소비자든 기업 고객이든 새로운 것을 시도하려는 개인의 열망과 의지는 다르기 때문에 확산 과정은 몇 개월 또는 몇 년이 걸릴 수도 있다. 확산 과정에서의 수용자 역할에 따라 수용자들을 다섯 범주로 분류할 수 있다. 📷 그림 8.6에 제시된 혁신자, 초기 수용자, 초기 다수자, 후기 다수자, 지각 수용자가 그것이다.[31]

많은 혁신적인 기술을 활용한 제품은 **베타 테스트**(beta test) 제품으로 출시된다. 매일의 일상적이고 평범한 사용 조건에서 제품을 테스트할 의사가 있는 소수의 사용자에게 제품을 사용해보도록 하고 피드백을 받기 위해서이다. 일반적으로 베타 테스트하기에 적합한 상태에 있는 혁신 기술을 **최첨단 기술**(bleeding edge technology)이라 하는데, 신뢰성 및 안정성과 관련된 문제 때문에 아직 시장에 전반적으로 출시되기에는 미흡한 상태지만, 그 성능에 대한 소비자의 인식을 평가하고 사용상의 잠재적인 문제를 식별하기 위한 베타 테스트에 적합한 상태에 있는 혁신적인 기술을 의미한다.[32] 어떤 사람들은 새로운 제품을 시도해 보는 것을 좋아하지만, 어떤 사람들은 매우 주저한다. 각 카테고리의 수용자 집단들이 어떻게 다른지 이해하기 위해서, 오늘날 우리 모두에게 큰 영향을 미친 와이파이 기술의 수용 사례를 들어 설명하고자 한다. 지금은 와이파이 없이 어떻게 살 수 있을지 생각하기 어렵다.

혁신자

혁신자(innovators)는 대개 전체 수용자의 2.5%에 해당한다. 이 부류의 사람들은 극히 모험심이 강해 신제품 구매로 인한 위험을 기꺼이 감수하려 한다. 혁신자들은 일반적으로 다른 집단의 사람들보다 교육 수준이 높고, 젊고, 재정적으로 부유한 사람들이며 세속적이다. 신기술에 관심이 많은 혁신자들은 다른 사람들이 와이파이에 대해 듣기도 전에 이미 그 기술에 관한 모든 것을 알고 있었다. 혁신자들은 신제품을 사용하는 것에 대해 스스로 자부심을 느끼기 때문에, 애플이 맥 컴퓨터의 노트북을 처음 선보인 1999년에 이미 와이파이 카드가 장착된 노트북을 구매했다.

초기 수용자

초기 수용자(early adopters)는 약 13.5% 정도로, 혁신자만큼은 아니지만 비교적 확산 과정의 초기에 신제품을 구매한다. 혁신자들과 달리, 초기 수용자들은 사회적인 수용을 매우 중요하게 생각하기 때문에, 다른 사람들로 하여금 자신을 최첨단 기술과 유행을 선도하는 사람이라고 생각하게 만드는 제품에 끌리는 경향이 있다. 일반적으로 이들은 매체 사용률이 매우 높고, 해당 제품 범주에 포함된 다양한 제품들을 많이 사용하는 사람들이다. 사람들은 일반적으로 여러 주제에 대해 초기 수용자들의 의견을 구하는 경우가 많기 때문에, 신제품 성공에 있어 초기 수용

베타 테스트 특히 혁신적인 기술을 통해 개발된 제품의 경우, 일상적이고 평범한 매일의 사용 조건에서 제품을 테스트하고자 하는 소수의 고객들에게 제품을 사용해보도록 하고 피드백을 받기 위해 제품을 제한적으로 출시

최첨단 기술 신뢰성 및 안정성과 관련된 문제 때문에 아직 시장에 전반적으로 출시할 준비가 되어 있지는 않지만, 그 성능에 대한 소비자의 인식을 평가하고 사용에의 잠재적인 문제를 식별하기 위한 베타 테스트에 적합한 상태에 있는 혁신적인 기술

혁신자 신제품을 채택하는 모집단의 약 2.5%에 해당하는 첫 번째 시장

초기 수용자 확산 과정에서 혁신자의 뒤를 이어 혁신을 조기에 채택하는 자들

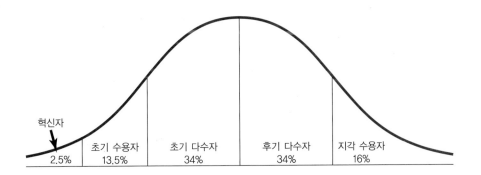

그림 8.6 📷 스냅숏 | 수용자 범주

소비자들은 신제품을 구매하고 사용하려는 의지에 차이가 있기 때문에 대부분의 소비자들이 어떤 하나의 혁신 제품을 채택하는 데는 흔히 수개월 또는 수년이 걸린다.

초기 다수자 혁신의 일반적인 채택을 나타내는 사람들

후기 다수자 구매에 관련하여 거의 위험이 없을 때, 경제적 필요에 의해서 또는 사회적 압박에 의해 신제품을 구매하려는 채택자들

지각 수용자 혁신을 가장 늦게 수용하는 사람들

자의 의견은 매우 중요하다. 이러한 이유로, 마케팅 담당자들은 그들을 집중적으로 겨냥한 광고 및 여타 커뮤니케이션 활동을 진행한다. 혁신자들은 대부분의 초기 수용자가 구매를 시작하기도 훨씬 전에 이미 신제품 구매를 끝냈기 때문에 혁신자보다는 초기 수용자를 핵심 대상으로 마케팅 커뮤니케이션을 진행한다.

개인화 기술에 대한 글을 가장 인기 있는 잡지와 기술 관련 웹 사이트에 기고하는 칼럼니스트들은 2000년 중반에 와이파이 기술을 테스트하고 있었다. 이들은 가정에서 무선 네트워크를 설정할 때 PC가 충돌하는 등의 몇 가지 문제점을 발견하기는 했으나, 여전히 무선연결의 편리함에 대해 칭찬했다. 길에서 많은 시간을 보내는 사람들은 공항, 호텔, 도시 공원 및 기타 공공장소로 와이파이 접속이 확산되면서 이 기술을 수용했다. 센트리노 모바일 플랫폼 제조업체인 인텔은 콘데 나스트 트래블러라는 여행 잡지를 통해 대대적인 캠페인을 시작하면서, 전국적으로 T 모바일이 제공하는 무료 와이파이 가능 지역을 안내하는 위치 정보를 여행자들에게 제공했다.

초기 다수자

약 34%를 차지하는 **초기 다수자**(early majority)는 혁신 제품의 최초 구매자도, 그렇다고 마지막 구매자도 되고 싶지 않은 사람들이다. 이들은 전형적인 중간 계층 소비자이며 신중하고 조심스럽다. 초기 다수자는 중간 정도를 조금 상회하는 교육과 소득 수준을 가진 사람들이다. 초기 다수자가 제품을 구매할 때쯤이면 우리는 신제품을 더 이상 이전 것과 다르다거나 새롭다고 여기지 않는다. 다시 말해 초기 다수자가 특정 제품을 구매했다면, 그 제품은 이미 상용화되어 가고 있는 것으로 보아야 한다. 2002년까지 와이파이 무선네트워크 기술은 500곳이 넘는 스타벅스 매장에서 사용 가능하게 되었으며 빠른 속도로 요금도 저렴해졌다(월 30달러였던 요금이 9.95달러로).

후기 다수자

인구의 약 34%를 차지하는 **후기 다수자**(late majority)는 나이가 많고, 보다 보수적이며, 평균 이하의 교육 수준과 수입을 가진 사람들이다. 이들은 신제품에 대한 구매 위험이 느껴지지 않을 때까지 제품의 구매를 피한다. 후기 다수자자가 구매할 때쯤이면, 그 제품은 이미 필수품이 되어 있거나, 그렇지 않으면 또래 집단으로부터 수용 압력을 받게 된다. 2004년도쯤에는 거의 모든 노트북에 와이파이 기능이 포함되어 있었고, 맥도날드 레스토랑이나 스포츠 경기장 같은 주요 장소에서는 어김없이 와이파이를 연결할 수 있었다. 전국의 도시들은 무선 통신 표준인 와이맥스 기술을 통해 도시 전체에 와이파이 서비스를 제공하는 것을 고려하기 시작했다.

지각 수용자

수용자 중 16% 정도 되는 **지각 수용자**(laggards) 집단은 신제품을 수용하는 마지막 사람들이다. 이들은 보통 다른 수용자들보다 낮은 소득 및 교육 수준을 가진, 낮은 사회계층에 속하는 사람들이며 대체로 전통을 고수한다. 이들이 제품을 사용할 때쯤이면 다른 사람들은 이미 또 다른 신제품에 감탄하고 있을 것이다. 2006년이 되면, 가장 저렴한 노트북에조차 무선네트워크 기술이 탑재될 만큼 평범한 제품 사양이 되어, 무선 네트워크에 접속할 수 없는 노트북이 있다는 것이 이상할 정도가 되었고, 사람들은 어느 곳에 가더라도 와이파이에 접속이 되지 않으면 짜증을 내기 시작했다.[33]

혁신의 확산 과정에서의 이들 수용자 집단에 대한 이해는 제품의 광범위한 사용을 가속화하는 전략을 개발할 수 있게 해준다. 예컨대 확산 과정의 초기에는 혁신자와 초기 수용자들에 집

중하여 그들이 특별한 관심을 가질 만한 잡지나 웹 사이트에 대대적인 광고를 집행하거나 소셜 미디어를 통한 입소문 전파에 많은 정성을 들인다. 그러나 시간이 지난 후에는 제품의 가격을 낮추거나 약간의 '부가 기능'을 더한 저가 제품을 출시하여 후기 다수자에게 어필할 수 있다. 다음 장에서 신제품 및 기존 제품에 대한 더 다양한 전략들을 다룰 것이다.

수용률에 영향을 주는 제품 요소들

모든 제품이 성공하는 것은 아니다. 신제품 도입기에 실패해버린 다음 제품들에 대해 알아보자.

- 클레어롤의 버터밀크 샴푸 : 소비자들은 이 제품이 정확히 어떤 것인지 또 왜 이 제품을 구매해야 하는지 알 수 없었다.
- 베타맥스 비디오 플레이어 : 소니는 그 어느 기업도 베타맥스 방식을 적용한 비디오 플레이어를 만들지 못하게 했고, 그래서 소니 외 나머지 기업들은 VHS 포맷을 사용했다.
- 스니프 티팬티 : 바나나 향, 팝콘 향, 위스키 향, 피자 향이 나는 여성용 언더웨어이다. 그들은 무슨 생각을 한 걸까![34]
- 하인즈 다양한 색상의 케첩 : 빨간색 케첩보다 더 좋은 것은 무엇일까? 파란색? 녹색? 아니면 보라색? 그러나 소비자들은 다양한 색상과 케첩의 맛을 매칭시키지 못했다.
- 와우 칩 : 프리토레이는 무지방 감자칩이 건강을 중시하는 사람들에게 엄청난 인기를 끌 거라 생각했다. 그러나 주요 성분인 올레스트라가 위장경련과 복부 통증을 일으킨 것이 문제였다.[35]
- 쿠어스 로키 마운틴 탄산수 : 쿠어스 맥주의 맛이 우수한 것은 로키 산맥의 오염되지 않은 깨끗한 물로 생산되기 때문이라는 것을 강조한 쿠어스의 노력에도 불구하고, 쿠어스라는 브랜드의 명성과 유명한 로키 산맥의 수원은 탄산수 제품을 성공으로 이끌지 못했다. 이것은 아마도 맥주 회사가 왜 탄산수를 판매하는지 소비자들이 혼란스러워했기 때문일 것이다. 그것도 쿠어스 맥주의 캔과 병에 붙어 있는 친숙한 라벨과 매우 유사한 라벨을 붙이고서 말이다.[36]

위의 제품들이 실패한 대부분의 이유는 정말 간단하다. 소비자들은 신제품이 기존의 경쟁제품보다 소비자 욕구를 더 잘 충족시켜준다고 생각하지 않았기 때문이다. 만약 누군가 어떤 제품이 성공하고 어떤 제품이 실패할지 예측할 수 있다면, 세계 모든 기업이 그 사람을 마케팅 전문가로 모시고자 노력할 것이다. 기업들은 신제품 개발에 상당한 정도의 비용을 투자하고 있지만 너무나도 자주 실패를 경험하기 때문이다. 전문가들은 신제품의 3분의 1 정도, 심지어 절반 정도가 실패한다고 말한다. 짐작하는 대로, 신제품이 히트 칠 것인지 실패할지를 예측하기 위한 조사 기법을 개발하려고 많은 사람들이 노력하고 있다.

연구자들은 신제품 수용에 영향을 미치는 혁신의 다섯 가지 특성을 발견했다. 상대적 우위, 적합성, 복잡성, 사용 가능성, 관찰 가능성이 신제품 성공에 영향을 주는 다섯 가지 요인이다.[37] 신제품이 이러한 각각의 특성을 어느 정도 갖고 있는가가 확산 속도에 영향을 미친다. 시장이 새로운 제품을 널리 수용하기까지는 몇 년이 걸릴 수 있다. 지금은 별것 아닌 제품이 된 전자레인지를 생각해보자. 초기에는 아주 혁신적인 제품이었지만 지금은 모든 주방에서(모든 대학 아파트와 기숙사에서도) 일반적으로 볼 수 있는 저렴한 제품이다. 위의 다섯 가지 요인이 왜 중요한지 전자레인지를 예로 들어 더 자세하게 살펴보자.

상대적 우위 소비자가 신제품이 월등한 편익을 제공한다고 지각하는 정도

적합성 신제품이 기존 문화적 가치와 관습과 관행에 일치하는 정도

복잡성 소비자들이 신제품 또는 그 사용법이 이해하기 어렵다고 보는 정도

사용 가능성 신제품과 그 편익을 시험하기 쉬운 정도

관찰 가능성 신제품과 그 편익이 그 신제품을 채택할 가능성이 있는 다른 사람들에게 보일 수 있는 정도

● **상대적 우위**(relative advantage)는 이전 제품과 비교했을 때 신제품이 우수한 이점을 제공한다고 느끼는 정도를 말한다. 1960년대 소비자들은 전자레인지가 우리의 삶을 향상시키는 중요한 이점을 제공한다고 생각하지 않았다. 그러나 1970년대 후반, 직장에 다니는 여성이 늘어나면서 이러한 생각은 바뀌었다. 1960년대에는 여성이 하루 종일 가족을 위해 저녁을 준비할 수 있었기 때문에 전자레인지가 필요 없었다. 그러나 아침 8시에 출근해서 저녁 6시가 되어야 집에 돌아오는 1970년대의 많은 여성들에게, 30분 만에 냉동 닭고기를 '마술같이' 해동해서 요리하는 기기는 꼭 필요한, 진정한 우위를 갖는 제품이었다.

● **적합성**(compatibility)은 신제품이 기존의 문화적 가치, 관습, 관행과 일치하는 정도를 말한다. 소비자는 이제까지의 요리법과 전자레인지의 사용법이 비슷하다고 생각했을까? 전혀 그렇지 않았을 것이다. 종이 접시에 음식을 요리하는 것은 어떤가? 종이 접시를 기존의 오븐에 넣으면 소방차가 출동할 가능성이 높다. 신제품 개발의 초기 단계에 적합성 문제를 미리 예상해서 커뮤니케이션하거나 소비자 교육 프로그램 같은 마케팅 전략을 수립함으로써 그러한 문제들을 해결할 수 있다. 또는 일부 소비자의 거부 반응을 극복하기 위해 제품 설계 및 디자인을 변경하는 것도 한 방법이다.

● **복잡성**(complexity)은 소비자가 신제품을 발견하거나 그 사용법을 이해하기 어렵다고 느끼는 정도를 말한다. 오늘날 많은 소비자들은 전자레인지가 어떻게 음식을 요리하는지 전혀 알지 못하지만, 아주 간단하게 전자레인지를 사용한다. 전자레인지를 처음 소개했을 때, 가전제품 제조업체들은 신기술이 분자를 움직이게 하고, 분자들이 이동하는 과정에서 서로 부딪히며 마찰열을 발생시켜 음식을 데워준다고 설명하였다. 그러나 이 설명은 1960년대의 일반 중산층 가정주부들에게 너무 복잡하고 혼란스러운 것이었다. "저것 봐! 고기찜이 금방 요리됐어."라는 한마디면 충분했을 것이다.

● **시용 가능성**(trialability)은 신제품을 얼마나 편하게 시험해볼 수 있고, 그 편익을 쉽게 알 수 있는가 하는 것이다. 1970년대에 마케팅 담당자들은 전자레인지의 수용 속도를 높이기 위해 아주 중요한 조치를 취했다. 전자레인지를 판매하는 모든 상점들은 쇼핑객들을 초대해서 전자레인지로 요리한 음식을 시식하게 했다. 마침내, 소비자들은 그 제품이 무엇인지 그리고 그것이 무엇을 할 수 있는지 이해하기 시작했다.

● **관찰 가능성**(observability)은 신제품을 수용할 만한 사람들에게 그 신제품과 편익이 얼마나 눈에 잘 띄는가를 의미한다. 이상적인 혁신은 쉽게 보인다. 예를 들면, 10대 초반 아이들에게 레이저와 같은 스쿠터는 지나가는 것을 보자마자 즉시 그 주위를 둘러싸게 만드는 가장 멋있는 무언가이다. 친구들이 포켓몬 카드를 거래하는 것을 본 비슷한 연령대의 친구들은 그 놀이에 함께 하기를 원한다. 전자레인지의 경우, 잠재 수용자들에게 이 제품은 쉽게 눈에 띄지 않았다. 오직 초기 수용자인 가까운 친구나 친지의 집을 방문한 이들만이 전자레인지를 사용하는 것을 볼 수 있었다. 그러나 기업의 휴게실 또는 친목 모임에서 전자레인지의 달콤한 열매(맛있는 음식들)에 대한 수많은 입소문이 만들어졌고, 전자레인지 사용은 아주 빠르게 퍼져나갔다. 그 당시에 소셜 미디어가 있었다면, 전자레인지의 수용 속도가 훨씬 더 빨랐을 거라 확신한다.

목표 요약 ➡ 핵심 용어 ➡ 적용

8.1 목표 요약

다양한 제품 계층을 통해 가치가 도출되는 방법을 설명한다.

제품은 물리적 제품, 서비스, 아이디어, 사람 또는 장소일 수 있다. 제품은 유형 제품, 곧 우리가 보고, 만지고, 냄새 맡고, 듣고, 맛보고, 소유할 수 있는 어떤 것이다. 반면에 무형 제품(서비스, 아이디어, 사람, 장소)은 우리가 항상 보고, 만지고, 맛보고, 냄새 맡고, 소유할 수 있는 제품이 아니다. 마케팅 담당자들은 제품을 포장에 담긴 것 그 이상으로 생각한다. 그들은 제품을 포장, 브랜드명, 편익, 물리적 제품에 소비자 지원 요소까지 포함된 속성들의 묶음으로 본다. 핵심 이슈는 시장에 적합한 제품을 개발하고 마케팅하기 위한 독특한 가치 제안을 창출하는 것이 마케팅 담당자의 중요 역할이라는 것이다.

핵심 제품은 제품 범주가 제공하는 기본 편익이며 그 제품이 제공하는 고객화된 편익이다. 실제 제품은 포장과 브랜드명을 포함하는 물리적인 제품 또는 제공된 서비스이다. 확장 제품은 보증, 신용, 배달, 설치 등과 같은 여러 지원 서비스를 의미한다.

핵심 용어

속성	제품	확장 제품
실제 제품	핵심 제품	

8.2 목표 요약

마케팅 담당자가 제품을 분류하는 방법을 설명한다.

마케팅 담당자는 일반적으로 제품과 서비스를 소비재 또는 산업재로 분류한다. 더 나아가 소비재는 얼마나 오래가느냐와 어떻게 구매하느냐에 따라 다시 세부적으로 분류된다. 내구재는 수개월 또는 수년 동안 편익을 제공하는 반면, 비내구재는 빠르게 소비되어 없어지거나 단기간에만 유용하다. 소비자들은 거의 노력을 기울이지 않고 쉽고 빈번하게 편의품을 구매한다. 반면 선매품은 제품에 대한 정보를 주의 깊게 수집하고, 구매하기 전에 서로 다른 브랜드들의 속성과 가격을 비교한다. 전문품은 소비자에게 중요한 독특한 특성을 제공한다. 소비자는 욕구가 생기기 전까지는 미탐색품에 대해 거의 관심을

기울이지 않는다. 산업재는 기업이 상업적으로 사용하기 위한 것이다. 마케팅 담당자들은 기업이 제품을 어떻게 사용하느냐에 따라 산업재를 분류한다. 즉 산업재는 장비, 유지/수리/운영을 위한 MRO 제품, 원자재, 가공품, 특수 서비스 그리고 부품들로 분류된다.

핵심 용어

가공재	생활 필수품	전문품
긴급품	선매품	충동품
내구재	원자재	편의품
미탐색품	일용 소비재	MRO 제품
부품	장비	
비내구재	전문 서비스	

8.3 목표 요약

제품 혁신의 유형과 그 중요성을 이해한다.

혁신은 소비자들이 새롭다고 인식하는 모든 것이다. 기술이 빠른 속도로 발전하고 있으며, 신제품을 개발하는 데 높은 비용이 들고, 신제품이 사회에 미치는 기여도가 높기 때문에 기업들이 신제품에 대해 이해하는 것은 매우 중요하다. 마케팅 담당자들은 혁신을 그 새로움의 정도에 따라 분류한다. 연속적 혁신은 기존 제품의 수정이고, 역동적 연속 혁신은 제품에 아주 큰 변화를 주는 혁신이며, 불연속적 혁신은 사람들의 삶에 매우 중요한 변화를 일으키는 신제품이다.

핵심 용어

복제품	융합	혁신
역동적 연속 혁신	창의성	불연속적 혁신
연속적 혁신		

8.4 목표 요약

기업이 신제품을 개발하는 방법을 이해한다.

신제품을 개발함에 있어, 마케팅 담당자들은 우선 초기 컨셉을 개발하기 위한 제품 아이디어를 수집하고 이를 선별한다.

컨셉 확립 후, 마케팅 전략을 개발하고, 신제품의 수익성을 추정하는 사업성 분석을 실행한다. 기술 개발은 특허 취득에 대한 계획을 포함하며, 제품을 어떻게 제조할지 계획한다. 그 후에 실제 시장에서의 시장성 테스트나 컴퓨터 시뮬레이션을 통해 시장에 미칠 신제품의 영향력을 평가한다. 마지막으로, 상용화 단계에서는 제품이 시장에 출시되어 전체 마케팅 계획이 실행된다.

핵심 용어

가치의 공동 창출	상업화	제품 컨셉 개발 및 선별
기술 개발	시장성 테스트	크라우드 펀딩
기술적 성공	신제품 개발(NPD)	특허권
모의 시장성 테스트	아이디어 창출	프로토타입
사업성 분석	연구 개발(R&D)	
상업적 성공		

8.5 목표 요약

제품이 수용되는 과정과 혁신이 확산되는 과정을 설명한다.
제품 수용은 한 개인이 신제품을 구매하여 사용하는 과정인

반면, 혁신의 확산은 신제품이 전체 시장에 퍼져나가는 과정이다. 수용 과정의 단계는 인지, 관심, 평가, 시도, 수용, 확신으로 구분된다. 마케팅 담당자들은 확산 과정을 보다 잘 이해하기 위해 신제품을 수용할 준비가 얼마나 되어 있는가에 따라 소비자를 혁신자, 초기 수용자, 초기 다수자, 후기 다수자, 지각 수용자로 분류한다. 소비자가 신제품을 수용하는 속도(또는 수용 여부)에 중요한 영향을 미치는 다섯 가지 제품 특성에는 상대적 우위, 적합성, 복잡성, 사용 가능성, 관찰 가능성이 있다. 개별 소비자와 유사하게 기업 고객들도 그 기업의 특성, 경영 방식, 그리고 혁신의 특성에 따라 신제품 수용에 차이를 보인다.

핵심 용어

관찰 가능성	사용 가능성	최첨단 기술
매체 폭격	적합성	충동 구매
베타 테스트	제품 수용	티핑 포인트
복잡성	지각 수용자	혁신자
상대적 우위	초기 다수자	확산
수용 피라미드	초기 수용자	후기 다수자

연습문제

개념 : 복습하기

8-1. 제품이란 무엇인가? 유형 제품과 무형 제품의 차이는 무엇인가?

8-2. 핵심 제품과 실제 제품, 확장 제품의 차이점은 무엇인가?

8-3. 내구재와 비내구재의 차이는 무엇인가? 편의품, 선매품, 전문품의 주요 차이점은 무엇인가?

8-4. 미탐색품은 무엇인가? 마케팅 담당자들은 어떻게 미탐색품을 소비자에게 제시할까?

8-5. B2B 시장에서는 어떤 유형의 제품들이 판매되고 구매되는가?

8-6. 신제품이란 무엇인가? 마케팅 담당자가 신제품을 이해하는 것이 왜 그렇게 중요한가? 혁신의 유형에는 어떤 것들이 있는가?

8-7. R&D는 무엇이며, 마케팅 담당자에게 중요한 것 그리고 제품 개발 과정에서 중요한 것은 무엇인가?

8-8. 신제품 개발 단계들을 열거하고 설명하라.

8-9. 시장성 테스트는 무엇인가? 시장성 테스트의 장점과 단점은 무엇인가?

8-10. 소비자가 신제품을 수용하는 단계들을 설명하라.

8-11. 수용자의 범주를 열거하고 설명하라.

8-12. 혁신의 수용에 영향을 주는 제품 요소들에는 어떤 것들이 있는가?

실행 : 배운 것 적용하기

8-13. 창의적 과제/단기 프로젝트 당신이 전동 스쿠터를 생산하는 기업의 마케팅 부서에 입사했다고 가정해보자. 신제품을 개발함에 있어 당신은 고객의 욕구를 충족시키는 핵심 제품, 실제 제품, 그리고 확장 제품을 제공하는 것이 중요하다는 사실을 알게 되었다. 전동 스쿠터에 대해 이 세 가지 제품 계층을 어떻게 개발해야 할지 그 개요를 작성해보라.

8-14. 수업시간 10~25분 팀별 과제 기업은 새로운 제품 아이디어를 개발하기 위해 많은 노력을 기울인다. 때로는

브레인스토밍 과정을 통해 새로운 아이디어를 도출하기도 하는데, 개인들을 몇 개의 그룹으로 나눠 다양하고, 참신하고, 창의적인(바라건대 수익성도 있는) 신제품 아이디어를 가능하면 많이 생각해내게 한다. 학생들과 그룹을 형성하고, 다음 중 하나(또는 당신이 택한 어떤 제품)에 대한 신제품 아이디어를 도출하는 브레인스토밍을 진행해보라.

   a. 어떤 바람직한 새로운 특성을 가진 운동기구

   b. 샴푸와 바디워시가 혼합된 올인원 제품

   c. 새로운 형태의 대학에 대해 브레인스토밍한 후, 수업시간에 진행할 만한 몇 가지 아이디어를 선별해보라.

8-15. 수업시간 10~25분 팀별 과제 기업가로서 당신은 새로운 비즈니스를 실현해 나가기 위해서는 혁신의 역할이 중요하는 것을 알고 있다. 팀을 구성해서 새로운 비즈니스 목표를 정의하기 위한 간단한 브레인스토밍을 진행해보라. 연속적 혁신, 역동적 연속 혁신, 불연속적 혁신 등 다양한 유형의 혁신을 정의하고, 각각에 대해 예를 들어 설명하는 간단한 개요를 작성하라. 어떤 혁신 유형이 착수하기 가장 쉬운가? 어떤 혁신 유형이 가장 많은 보상을 가져다주는가? 새로운 비즈니스에 가장 적합한 혁신 유형은 무엇인가?

8-16. 창의적 과제/단기 프로젝트 신제품 개발팀의 일원으로, 당신은 자동차 타이어를 더 쉽게 갈아 끼울 수 있는 전기 자동차용 잭을 개발하는 중이다. 당신은 이 신제품에 대한 시장성 테스트 시행 여부를 고민하고 있다. 이 제품의 시장성 테스트에 대한 찬성과 반대 입장을 열거해보라. 당신의 추천안은 무엇인가?

8-17. 추가 연구(개인) 매년, 새롭고도 향상된 신제품들이 많이 출시된다. 인터넷을 활용하여 이러한 신제품들에 대해 조사하라. 신제품들이 어떻게 개발되었으며, 제품 출시 이전에 어떻게 테스트 되었는지, 그리고 개발 후 어떻게 신제품에 대한 인식을 창출했는지 요약하라.

8-18. 창의적 과제/단기 프로젝트 기업을 하나 선정하여, 그 기업이 판매하는 기존 제품 중 신규 고객의 요구에 맞춰 신제품을 개발할 가능성이 있는 제품 하나를 선택하라. 선택한 제품의 신제품을 개발하기 위한 가치의 공동 창출 과정에 소비자를 참여시킬 방법을 개발하라.

8-19. 추가 연구(개인) 최근에 성공한 제품 중 혁신적이라고 생각되는 제품을 선택하여 제품이 어떻게 시장에 도입되었는지 조사하라. 이 장에서 설명한 수용자의 범주를 활용하여, 혁신자로 보이는 제품 수용자를 규명하고 이들이 수용자 범주 중 혁신자에 해당한다는 증거를 구체적인 행동 및 특성에 근거하여 설명하라.

8-20. 추가 연구(개인) 시장에 최근 출시된 혁신적인 제품을 하나 선택하여, 채택률에 영향을 미치는 다섯 가지 특성(상대적 우위, 적합성, 복잡성, 시용 가능성 관찰 가능성)을 활용하여 각각 특성에 따라 제품을 평가하라. 당신의 평가에 근거하여, 혁신 제품이 시장에 빨리 수용될 것인지, 아니면 천천히 수용될 것인지, 또는 그 중간 정도가 될 것인지 판단해보라.

8-21. 추가 연구(개인) 때때로 제품은 그 제품을 개발한 기업이 애초에 의도했던 것과는 별개로 소비자들이 제품의 새로운 사용 방법을 발견함으로써 크게 성공한다. 이에 부합하는 제품 두 가지를 온라인을 통해 찾아보고, 처음 기업이 의도한 제품의 용도는 무엇이었으며 소비자가 찾은 다른 용도는 무엇이었는지 규명하라. 그리고 마지막으로 기업이 소비자가 실제 제품을 어떻게 사용하고 있는지 알게 된 후 제품의 마케팅 방향을 조정했는가의 여부를 확인하라.

개념 : 마케팅 계량지표 적용하기

이 장에서, 우리는 창의성에 대해 정의하고 그것이 혁신과 어떻게 관련되는지 논의했다. 출시되어 성공한 신제품의 개수뿐만 아니라 신제품과 관련된 다양한 2차적 지표(예 : 연간 출시된 신제품 수, 직원당 신제품 개발 건수, 신제품 성공률 대비 실패율)를 통해 혁신을 측정할 수 있다. 이 장에서 언급한 것처럼 혁신은 R&D에 대한 지출에 의해 가속화된다.

   그러나 일부 전문가들은 계량 지표에 대한 과한 분석은 오히려 창의성을 죽일 수 있다고 주장한다.[38] 그들은 '창의성 측정 기준'이라는 문구가 모순적이라고 주장하기도 한다. 최적의 성공을 만들어내기 위해서는 창의력과 분석력 모두를 육성해야 한다는 관점에서 우뇌/좌뇌에 관한 논쟁도 계속되어 왔다. 지난 10년간의 마케팅 지표에 대한 집착이 우뇌에서 발현되는 본질적인 창의성을 억눌러왔을까?

8-22. 창의성 측정에 대한 당신의 견해는 무엇인가? 창의성을 측정하는 것이 기업의 혁신에 도움이 된다고 생각하는가 아니면 해를 끼친다고 믿는가? 당신의 의견에 대한 근거를 제시하라.

8-23. 매우 창의적이라고 생각되는 유명 기업들을 나열해보라. 그 기업들이 창의적이라는 것을 어떻게 판단했는가? 즉, 높은 수준의 창의성이 실행되고 있다는 것을 나타내는 구체적인 증거는 무엇인가?

선택 : 당신은 어떻게 생각하는가?

8-24. 비판적 사고 기술이 점점 더 빠른 속도로 발전하고 있다. 이는 그 어느 때보다도 신제품들이 시장에 빠르게 진입했다 사라져 간다는 것을 의미한다. 미래의 기술을 통해 개발할 수 있는 신제품에는 어떤 것들이 있다고 생각하는가? 이러한 제품들이 기업의 수익을 증대시킬 수 있다고 생각하는가?

8-25. 비판적 사고 이 장에서 우리는 핵심 제품, 실제 제품, 확장 제품에 대해 다루었다. 이는 실제 동일한 제품을 단지 다르게 보이도록 만들어야 한다는 것을 의미하는가? 마케팅 담당자가 이 세 가지 제품 계층을 염두에 두고 제품을 개발한다면, 소비자들에게는 어떤 이점이 있을까? 이런 방식의 생각에 따르는 위험 요소는 무엇인가?

8-26. 비판적 사고 불연속적 혁신은 시장에서 거의 볼 수 없었던 완전히 새로운 제품을 의미한다. 지난 50년 동안 나타난 불연속적 혁신의 예는 무엇인가? 불연속적 혁신은 왜 그렇게 자주 일어나지 못하는가? 최근 기업들이 출시한 제품 중 당신이 생각하기에 불연속적 혁신이라 할 만한 것은 무엇이 있는가?

8-27. 윤리 수십 년 동안, 백신에서부터 화장품에 이르기까지 많은 소비재들이 동물 실험을 거쳐 왔다. 당신은 동물을 대상으로 하는 제품 테스트가 합법이라고 생각하는가 아니면 불법이어야 한다고 생각하는가? 제품을 테스트하는 동물(예 : 쥐 또는 강아지)에 따라 입장이 달라지는가? 동물을 대상으로 하는 제품 테스트가 허용될 수 있는 경우와 그렇지 않은 경우는 무엇인가?(예 : 의료적 필요성으로 인한 제품의 동물 테스트 또는 외모를 가꾸기 위한 제품의 동물 테스트)

8-28. 윤리 만약 더 저렴한 부품을 사용해서 제품을 제조한다면 소비자의 신체적 안전이 어느 정도 위협받게 된다는 사실을 기업이 알게 되었다면, 그 기업은 더 저렴한 부품을 사용해 제품을 제조해서는 안 된다고 생각하는가? 더 값이 비싸고 안전한 부품을 사용하여 생산하게 되면 제품의 수용률이 약 50% 낮아지는 것으로 확인됐다면, 저렴하지만 소비자의 안전을 위협하는 부품으로 제품을 생산하기로 한 결정이 더 정당화되는가?

8-29. 비판적 사고 B2B 시장과 B2C 시장의 마케팅 차이를 설명하라. 제품 수용 및 확산 프로세스 중 두 시장 모두에 적용되는 공통적인 측면은 무엇인가? 어떤 측면에서 차이를 보이는가? 근거를 들어 설명하라.

8-30. 윤리 이 장에서, 우리는 모조품이란 원제품의 디자인을 약간만 수정한 복제품이라고 설명했다. 모조품은 불법이어야 하는가? 모조품으로 인해 누가 손해를 보는가? 모조품 마케팅은 단기적으로 소비자들에게 좋은 것인가 나쁜 것인가? 장기적인 관점에서는 어떠한가?

8-31. 비판적 사고 모든 신제품이 소비자나 사회에 유익한 것은 아니다. 어떤 신제품들이 우리의 삶을 더 좋게 만들었을까? 실제로 소비자나 사회에 해로운 영향을 미친 신제품은 무엇인가? 시장에 출시될 신제품을 추적하거나 '감시'할 방법이 있어야 한다고 생각하는가?

8-32. 비판적 사고 특허 괴물은 특허를 침해한 사람들을 고소하거나 특허를 라이선싱함으로써 오직 돈을 벌 목적으로 특허를 취득하는 전문기업을 말한다. 특허 괴물의 행태에 대해 어떻게 생각하는가? 특허 괴물 기업이 제품 혁신에 어떤 영향을 미치는가?

8-33. 비판적 사고 이 장에서 논의했던 가치의 공동 창출과 관련하여 신제품 개발과정에 소비자를 참여시키는 것에 잠재적인 위험성이 있다고 생각되는가? 가치의 공동 창출 방법이 신제품 개발에 더 적합하다고 또는 적합하지 않다고 생각되는 이유는 무엇인가?

8-34. 비판적 사고 예전의 비디오 게임 같은 제품들은 오직 물리적인 제품으로만 판매되었지만, 이제는 엑스박스 원이나 플레이스테이션 4와 같은 게임 콘솔로도 비디오 게임을 다운로드받을 수 있다. 물리적 제품으로만 판매되는 비디오 게임을 개발하는 과정과 비교했을 때 다운로드만을 통해 판매되는 비디오 게임의 경우, 신제품 개발 과정이 어떻게 달라질 수 있다고 생각하는가?

미니 프로젝트 : 행하면서 배우기

신제품에서 소비자가 중요하다고 생각하는 제품 특성은 무엇인가? 고객이 요구하는 서비스 구성요소는 무엇인가? 가장 중요한 문제인, 마케팅 담당자들은 성공적인 신제품을 개발하는 방법을 어떻게 알 수 있을까? 이 미니 프로젝트는 신제품 개발 프로세스의 여러 단계들을 거치면서 위의 문제들에 대한 답을 내릴 수 있게 설계되었다.

다음 단계를 요약한 신제품 개발 프리젠테이션을 완성하라.

a. 1단계─아이디어 창출 : 당신과 같은 대학생들이 관심을 가질 만한 신제품을 개발하라. 이 신제품 아이디어를 글로 묘사해보고, 가능하면 그림도 그려보라. 제품의 이점을 설명하라.

b. 2단계－제품 컨셉 개발 및 선별 : 제품이 구현해야 하는 기능과 이러한 기능이 소비자에게 제공하는 이점을 설명하라. 제품의 기술적 성공과 상업적 성공 여부를 모두 평가하라.

c. 3단계－마케팅 전략 개발 : 타깃 시장을 선정하고 해당 시장의 요구를 충족하기 위해 어떻게 제품을 포지셔닝할 것인가에 대한 간단한 마케팅 계획을 개발하라.

철저한 비즈니스 분석(4단계)을 거쳐 제품의 프로토타입을 만들었다고 가정한다(5단계).

d. 6단계－시장성 테스트 : 대학생 5명에게 실제 제품 프로토타입을 보여주고 제품에 대해 설명하라. 신제품에 대한 그들의 전반적인 의견은 무엇인가? 그들은 그 제품을 써볼까? 당신은 어떻게 그들이 그 제품을 구매하도록 할 수 있는가? 생각해보라.

e. 7단계－상용화 : 수집한 정보를 바탕으로 제품을 출시할 준비가 되었는지의 여부를 결정하라. 출시할 수 없다면 그 이유를 설명하라.

마케팅 행동 사례   페이스북의 실제 선택

가상현실(VR)이 시장의 대세가 될 수 있을까? 페이스북은 그 질문에 대한 대답이 확실한 "네!"라고 믿고 있는 듯하다. 이 기업은 사람들이 게임을 하고, 비디오를 보고, 사회적 경험을 공유하는 방법들을 변화시키기 위해 고안된 가상현실 서비스 상품인 오큘러스 리프트에 대한 큰 계획을 가지고 있다. 리프트는 시장에 처음 선보이는 세 가지 프리미엄 가상현실 헤드셋 중 하나이며, 160억 달러 이상의 가치를 가진 작지 않은 시장에 진출해 있다. 페이스북 최고경영자인 마크 주커버그는 가상현실이 단기간에 큰 진전을 이루어 왔으며, 우리는 지금 "비디오와 애니메이션의 황금기에 접어들고 있다."고 믿는다.

게임 시장에서 영감을 받은, 오큘러스사의 창시자인 파머 루키는 나중에 오큘러스 리프트가 될 가상 현실 헤드셋의 시제품을 만들었다. 2012년에 그는 제품 개발을 위한 자금을 모으기 위해 킥스타터 크라우드 펀딩 캠페인을 시작하였고, 마침내 240만 달러 이상의 기금을 조성했다. 이후 몇 년 동안 그는 개발자와 일반 대중들에게 작동 가능한 5개의 시제품을 공개했고 피드백을 받았다. 2014년, 향후 시장을 선도할 가능성이 있는 기술은 무엇인가를 고민하고 있던 주커버그는 그것은 바로 영화, 텔레비전, 그리고 그 외 콘텐츠들을 생생한 3D 환경에서 보게 만드는 기술일 것이라는 결론을 얻었다. 그 후 페이스북은 곧바로 오큘러스를 20억 달러에 매입했다.

2016년, 리프트는 다양한 게임사의 후원을 받으며 599달러에 판매됐다. 어떤 사람들은 리프트를 사용하여 기존 영화와 비디오를 보거나, 360도 3D 비디오 및 '가상현실 영화'를 시청하기도 했다. 그러나 문제는 제품 도입 초기 단계에 불거져 나왔다. 생산 공정상의 부품 부족으로 인해 첫 번째 출하가 지

연되었다. 오큘러스의 책임자인 제이슨 루빈은 당혹감을 표현하며, 지연에 대해 사과하고, 주문을 한 모든 고객에게 제품을 무료 배송했다. 그러나 이게 다가 아니었다. 어떤 사람들은 리프트를 사용할 때 멀미가 난다며 불평하기 시작했다. 오큘러스는 이후 사람들이 메스꺼움을 겪을 가능성이 낮아질 수 있게 소프트웨어를 수정하라고 개발자들에게 지시했다.

다른 기업들도 가상현실 시장에 뛰어들기 위해 서두르고 있다. 주요 기업들 중 가장 강력한 두 기업은 HTC와 소니다. 바이브사와 협력하고 있는 HTC는 사용자가 서 있거나 걸어 다니면서 볼 수 있도록 설계된 헤드셋인 바이브를 799달러에 선보였다. 반면 소니는 플레이스테이션 VR 헤드셋을 399달러에 출시하여 저렴한 시장 가격으로 경쟁한다. 소니는 VR 헤드셋 출시와 함께 가상현실 화면을 효과적으로 구현하기 위한 더 뛰어난 성능의 새로운 플레이스테이션 4를 개발했다.

페이스북은 리프트가 혁신적인 신기술을 대표하고 있기 때문에 비록 성장 잠재력이 매우 높기는 하지만 처음에는 제한된 시장에만 어필할 수 있다는 사실을 알고 있었다. 주커버그는 현재 가장 인기를 끌며 공유되고 있는 콘텐츠가 비디오 영상이긴 하지만 곧 가상현실 영상이 2위로 도약할 것으로 내다보고 있다. 전망은 밝은 편이며, 일부 전문 평론가들은 리프트를 아이폰이 출시된 이후 가장 큰 기술적 진보를 보인 제품이라고 찬양한다(스마트폰을 사용하는 것보다 오큘러스 리프트를 사용하는 것이 훨씬 더 복잡하긴 하지만). 그러나 이와 같은 가능성에도 불구하고, 현재의 전반적인 제품과 기술로는 성공을 보장하지 못한다. 새로운 제품을 개발하기 위한 단계를 밟고 있는 지금, 페이스북은 고객들에게 제품을 수용하도

록 납득시킬 수 있는 방법을 찾아야만 한다.

당신의 결정

8-36. 페이스북이 직면한 의사결정 사항은 무엇인가?

8-37. 이 의사결정 사항을 이해하는 데 있어 중요한 요소는 무엇인가?

8-38. 대안에는 어떤 것들이 있는가?

8-39. 당신이 추천하는 의사결정은 어떤 것인가?

8-40. 당신의 제안을 실행하는 방법에는 어떤 것이 있는가?

참고자료 : Based on Joshua Brustein, "Oculus Kicks Off Virtual Reality's Slow-Motion Revolution," *Bloomberg Businessweek* (March 28, 2016), http://www.bloomberg.com/news/articles/2016-03-28/oculus-kicks-off-virtual-reality-s-slow-motion-revolution (accessed April 28, 2016); Max Chafkin, "Why Facebook's $2 Billion Bet on Oculus Rift Might One Day Connect Everyone on Earth," *Vanity Fair* (September 8, 2015), http://www.vanityfair.com/news/2015/09/oculus-rift-mark-zuckerberg-cover-story-palmer-luckey (accessed April 28, 2016); Deepa Seetharaman and Sarah E. Needleman, "Some Oculus Rift Shipments Delayed by Parts Shortage," *The Wall Street Journal* (April 4, 2016), http://www.wsj.com/articles/some-oculus-rift-shipments-delayed-by-parts-shortage-1459705051 (accessed April 28, 2016).

제품 II : 제품 전략, 브랜딩, 그리고 제품 관리

Courtesy of Becky Frankiewicz, PepsiCo, Inc.

베키 프랭키에비치
▼ 퀘이커 오츠의 의사결정자

베키 프랭키에비치는 퀘이커 푸드 북미지점의 수석 부사장 겸 총괄 매니저이다. 퀘이커 푸드는 펩시의 자회사로, 글로벌 성장 전략에 있어서 가장 경쟁력 있는 브랜드 중 하나다.

베키는 사업 전략 및 프리토 레이의 인수 합병 업무를 수행하면서 펩시의 회계 부서에서 경력을 시작했다. 그 이후로 그녀는 퀘이커 푸드 북미지점과 글로벌 뉴트리션 그룹에서 일하면서 마케팅과 혁신에 관련된 다양한 업무를 담당해 왔다.

가장 최근에 베키는 영업 조직을 관리하는 업무를 2년 동안 수행하면서 9개국에 걸친 펩시의 코스트코 사업을 전 세계적으로 주도하고 발전시켰다. 이 업무의 일환으로 그녀는 장기 전략 계획을 수립하고, 연간 운영 계획을 실행했으며 고객과의 전반적인 관계를 관리하는 업무를 수행했다.

2014년 10월, 베키는 퀘이커 푸드 북미 팀의 총지배인으로 합류하여, 140년가량의 전통을 자랑하며 사랑과 신뢰를 받아온 건강식품 브랜드들을 유지 및 육성하는 업무를 맡게 되었다.

펩시에 입사하기 전, 베키는 딜로이트 안데르센 컨설팅에서 전략분야 컨설팅을 수행했었고, P&G에서는 다양한 부문에서 관리자 및 지배인 역할을 수행했다. 그녀는 텍사스대학교에서 마케팅 전공으로 학사를 졸업한 후, 텍사스대학교 샌 안토니오 캠퍼스에서 재무학 석사 학위를 받았다.

사업 분야에서의 여성 지도자들의 성장에 열정을 갖고 있는 베키는 펩시의 여성 참여 네트워크의 운영을 후원하고 있으며 좋지 않은 가정환경에 있는 십 대 소녀들의 리더십을 육성하는 데 헌신하는 비영리 단체인 '소녀들을 위한 이사회'의 일원으로 참여하고 있다.

베키는 그녀의 남편과 세 딸과 함께 시카고 교외에 살고 있다.

휴식 시간에 주로 하는 일은?

나에게는 파커(15세), 페이턴(13세), 파이퍼(11세)라는 나를 바쁘게 하는 아름다운 세 딸이 있다. 이들 모두 학교에서는 매우 활동적인 학생들이고, 학교 밖에서는 세 명 모두 경쟁적으로 춤을 춘다. 사이먼 시네크의 문구를 빌려 말하자면, 나는 그들에게 무엇이든 될 수 있는 자율성을 부여하고 싶고, 삶에서 그들이 선택한 것은 무엇이든 할 수 있게 해주고 싶으며, 행복한 가정을 유지하면서 직업적 목표를 달성할 수 있다는 것을 보여주고 싶다. 내 남편인 마렉과 나는 캠퍼스 커플이었고 결혼한 지 20년이 되었다. 그는 나의 보호자이다.

학교를 졸업하고 처음으로 가진 직업은?

P&G에서 식료품점을 지점마다 방문하는 소매 영업을 했었다. 이 일은 소매 경영자의 가치를 가르쳐 주었고 소비자들이 어떻게 구매 의사결정을 내리는지에 대한 약간의 통찰력을 갖게 해주었기 때문에 매우 중요한 경험이었다. 약간의 통찰력 말이다. 이것이 내가 이 비즈니스 분야에서 계속 일할 수 있는 이유이다. 오늘날 마케팅에는 온갖 종류의 다양한 기법들이 있지만 고객의 행동을 예측할 수 있는 믿을 만한 기법은 없다. 그것이 인문학의 가치이다. 사람들 모두는 어떤 면에서는 서로 다르고 계속해서 변하기 때문에 궁극적으로 고객 행동을 예측한다는 것은 불가능하다!

지금 읽고 있는 비즈니스 서적은?
데이비드 브룩스의 The Road to Character

영웅으로 생각하는 사람은?
나의 엄마. 그녀는 아주 소수의 여성들만이 집 밖에서 일을 할 수 있던 시절에 직업을 갖고 있었다. 나는 그녀가 오랜 시간 집을 비우고 밖에서 일했다는 것을 알고 있지만, 그녀가 집에 없다는 것을 결코 느끼지 못했다. 그녀는 내가 인생에서 원하는 것은 무엇이든 할 수 있다는 것을 아주 일찍부터 가르쳐주었고 나는 그녀를 믿었다. 그녀는 정말 놀랍다!

삶의 모토는?
듣고 싶지 않은 것을 들어라. 리더로 성장할수록 '진정한' 이야기를 듣는 것이 더 어려워지기 때문에, 당신은 매우 잘 들어야 한다. 어느 현명한 사람이 이 좌우명을 나에게 알려주었고, 나는 이것을 삶의 모토로 삼고 있다.

삶의 원동력은?
나의 가족. 그들은 좀 더 균형 잡힌 삶을 살 수 있도록 도와주고, 내가 삶의 목적을 향한 길을 가고 있다는 느낌을 갖게 한다.

나의 (문제)는…

실제 **인물**, 실제 **선택**

퀘이커는 미국에서 가장 오래된 등록 상표 중 하나다. 원래의 상표는 1877년에 등록된 것으로, 이 브랜드는 풍부한 역사를 가지고 있다. 우리는 많은 사람들이 퀘이커를 오트밀과 동의어로 여긴다는 것을 알고 있다. 퀘이커는 그들이 자라면서 먹은 식품이자, 어른이 되어서도 계속 먹고, 많은 경우에 자신의 아이들에게까지 먹이는 식품 브랜드이다.

지난 수십 년간 퀘이커는 혁신에 전념함으로써 기존의 오트밀을 넘어 다양한 종류의 제품과 하위 브랜드로 제품을 확장할 수 있었다. 그래놀라 바(예 : 퀘이커 츄위와 같은 하위 브랜드)와 바로 먹을 수 있는 시리얼(예 : 퀘이커 오트밀 스퀘어 또는 퀘이커 라이프 시리얼)과 같은 하위 브랜드 등이 그런 제품들이다. 비록 오트밀은 우리의 마음속에 영원히 기억될 것이지만, 우리는 실제로 사람들이 즐길 수 있는 여러 종류의 건강하고 맛있는 제품들을 만든다.

퀘이커는 항상 우리의 핵심 소비자를 엄마(가족을 위해 주로 식료품을 구입하는 역할을 하는 사람들)로 생각했지만, 특히 식품에 관한 한 소비자층과 그들의 선호가 지속해서 변화하고 있다는 점을 감안했을 때, 우리 브랜드는 기존의 포지셔닝 방법을 변화시킬 시점에 직면했다.

2014년 10월, 내가 퀘이커에 입사했을 때, 가장 먼저 한 일 중 하나는 우리의 마케팅 방식을 점검하는 것이었다. 지난 몇 년 동안, 퀘이커는 소위 '마스터 브랜드 전략(master brand strategy)'이라고 하는 방식으로 운영되어 왔는데, 이는 모든 퀘이커 제품들과 하위 브랜드들에 독특한 브랜드 포지션을 부여하고, 각기 다른 메시지와 디자인 그리고 감성을 적용하는 것이었다. 그러나 모든 제품에 있어 타깃은 동일했고, 사실상 보편적인 대중들을 대상으로 했다(2세 이상의 취학 연령대의 아이들이 있는 25~44세의 여성). 이 전략은 '퀘이커 업(Quaker Up)'이라고 불리는 캠페인으로 되살아났고, 통곡물의 힘을 통해 좋은 에너지를 전달함으로써 가족을 건강하게 부양하는 데 도움을 줄 수 있다는 메시지를 전달했다.

우리의 초기 의도는 이런 종류의 마스터 브랜드 전략을 계속해서 운영하는 것이었지만, 전체 제품 포트폴리오에 걸쳐서 우리가 기대했던 후광효과를 보지 못하고 있다는 점을 감안하여 잠시 중단해야 했다. 모든 제품이 보유하고 있는 단일한 공통의 혜택을 전달하는 커뮤니케이션 방식은 우리가 보유한 전체 제품들이 갖고 있는 공통분모를 보여주어야 하는 것으로, 모든 제품들이 제공하는 혜택의 일부분만을 제시할 수 있었다. 그러나 어떤 제품들은 이러한 단일한 메시지를 통해 분명 많은 이익을 누리고 있었다.

핵심 질문은 명확하다. 각 제품에 대한 개별적인 메시지 전략을 실행하는 것보다 모든 제품과 하위 브랜드에 퀘이커 업/건강한 에너지를 전달한다는 공동 메시지 전략을 사용하는 것이 투자 수익률(ROI)을 높일 수 있는 더 효과적이고 효율적인 방법인가?

베키가 고려한 두 가지 선택 1 · 2

1 선택
마스터 브랜드 방식을 통해 동일한 브랜드 포지셔닝 및 타깃에 집중하는 현재의 방식을 유지한다. 이것이 브랜드 자산을 유지하는 가장 안전한 방법이며, 이전 연도의 브랜드 성과에 기반하여 확실하게 ROI를 추정할 수 있는 방법이다. 게다가 마스터 브랜드 방법을 고수하는 것이 미디어 활용 측면에서 가장 경제적인 방법이다. 광고를 통해 공통의 단일한 메시지를 전달하기 때문에 각 제품당 지출해야 하는 광고비가 줄어들며, 우리의 모든 제품들이 동일하게 후광 효과의 이익을 볼 수 있기 때문이다.

2 선택
소비자 심층 분석을 통해 새로운 포지셔닝 및 타깃을 탐색한다. 이 방법은 모든 제품에 걸쳐 유용한 후광 효과를 제공하면서도 각 제품별로 타깃 및 포지셔닝에 맞춰서 퀘이커 브랜드가 약속한 혜택을 제공하기 위한 고객 맞춤화를 진행하는 것이다. 최소한 이 방법은 브랜드 관리 부서가 현재 시장의 소비자들이 추구하고 있는 혜택 및 가치를 더 깊이 이해할 수 있기 때문에 사업에 도움이 될 것이다. 또한 이러한 이해는 신뢰할 수 있는 근거에 기반하여 브랜드 포지셔닝을 개선하도록 도울 것이므로, 결과적으로 성장을 가속화할 것이다. 그러나 새로운 포지셔닝 전략을 개발하는 것은 포트폴리오 전반에 걸쳐 각각의 제품 카테고리 및 하위브랜드에 추가적인 마케팅 비용을 투자해야 한다는 것을 의미하기 때문에 마스터 브랜드 방법에 비해 비효율적이다. 따라서 만약 이 방법을 선택한다면 제품들 전반에 걸쳐 어떻게 자금을 지출해야 할지 우선순위를 결정해야 한다. 게다가 퀘이커처럼 확고부동한 이미지의 성숙기 시장에 있는 브랜드의 경우에는 포지셔닝 변경이 소비자들에게 동의를 얻지 못할 위험이 있다.

당신이 베키라면 무엇을 선택할 것인가? 그 이유는 무엇인가?

당신의 선택

무엇을 선택할 것인가? 그 이유는?

☐ 선택 1   ☐ 선택 2

9.1

목표

기업이 각각의 제품에 적용할만한 차별적 목표와 전략을 설명한다.

제품 관리 마케팅 믹스의 모든 요인을 포함하는 제품의 마케팅 주도권의 모든 면을 조정하는 체계적인 접근법으로, 흔히 팀 기반으로 이루어짐

제품 계획 : 제품 목표를 고려한 제품 전략 결정

어떤 제품은 성공하고, 어떤 제품은 실패하는 이유는 무엇인가? 제3장에서 학습한 "계획을 잘한 기업이 성공한다."는 점을 다시 한 번 강조하고 싶다. 제품 계획은 기업의 마케팅 계획을 수립하고 집행하는 데 있어 큰 부분을 차지한다. 마케팅 믹스 4P들은 모두 동일한 비중으로 다뤄지지 않는다. 아무리 최상의 가격, 판촉 그리고 유통 전략을 수립했다고 해도 장기적으로 봤을 때 제품의 근본적인 문제를 해결할 수 없기 때문이다. 그래서 제품 계획은 마케팅에 있어서 특별히 중요하다.

제품 계획에 대한 전략은 기업이 마케팅 목표를 달성하기 위해 어떻게 가치 제안을 개발해야 하는지를 명확하게 해준다. 제품 계획은 지속적인 **제품 관리**(product management) 과정에 의해 이루어지는데, 이는 일상적으로 제품의 전략 개발 및 실행과 관련된 모든 측면을 조정하는 체계적인 팀 조직에 기반하여 운영된다. 어떤 기업에서는 제품 관리를 브랜드 관리라고도 하는데, 이들 두 용어는 본질적으로 같은 것을 의미한다. 따라서 이러한 프로세스를 조정하는 조직 구성원을 제품 관리자 또는 브랜드 관리자라 하기도 한다. 구성원 개개인의 역할에 대해서는 이 장 뒷부분에서 자세히 설명할 것이다.

점점 더 많은 경쟁자들이 글로벌 시장에 진입하고 있고 기술이 그 어느 때보다 빠르게 발전하면서 기업은 제품의 수명주기(성장기, 성숙기, 쇠퇴기)를 빠르게 통과하는 제품들을 만들어 내고 있으며, 그 속도는 점점 더 빨라지고 있다. 이러한 가속화 추세는 현명한 제품 관리 전략이 그 어느 때보다 중요하다는 것을 의미한다. 마케팅 담당자들은 이제 어떤 하나의 전략을 시도해보다가, 그 전략이 효과가 없다는 것을 깨닫고 다른 전략을 시도하는 사치를 누리지 못한다. 그들은 제품 관리에 관한 여러 가지 작업을 동시에 수행해야 하는 것이다.

제8장에서 우리는 마케팅 담당자들이 제품에 대해 어떻게 생각하고 있는지(핵심 제품과 실제 제품, 확장 제품에 이르기까지) 그리고 기업이 어떻게 신제품을 개발하고 출시하는지에 대해 이야기했다. 이 장에서는 기업이 제품을 어떻게 관리하는지 살펴보고, 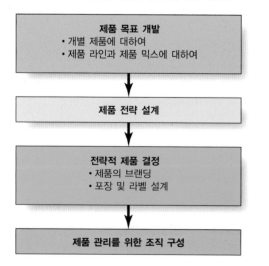 그림 9.1에서 제시한 제품 관리 단계들을 검토하면서 제품 부분과 관련된 이야기를 마무리할 것이다. 제품 관리 단계에는 제품 목표 개발뿐만 아니라 제품을 출시해서 인기 있는 제품으로 성장시키기 위해 필요한 관련 전략 개발이 포함된다. 때로는 제품을 가장 선호할 만한 새로운 시장을 발굴하는 작업이 포함되기도 한다. 이어서 우리는 제품 기획자들이 직면하게 되는 두 가지 중요한 전략적 의사결정인 브랜딩과 포장에 대해 논의할 것이다. 마지막으로, 기업이 효과적인 제품 관리를 위해 어떻게 조직을 구성하는지 검토할 것이다. 먼저 기업이 어떻게 제품 관련 목표를 개발하는지에 대해 살펴보도록 하자.

올바른 제품 목표 수립

마케팅 담당자들은 제품 전략을 개발할 때 제품의 장점, 특징, 스타일, 브랜드, 라벨 및 포장에 대해 결정한다. 그런데 그들이 성취하고자 하는 것은 무엇인가? 명확하게 설정된 제품 목표는 전략의 결정 및 집행에 대한 집중성과 방향성을 제시해준다. 제품 목표는 기업 전체의 사명 및 목표와 일관성을 유지해야 할 뿐만 아니라 사업부 단위의 개별 마케팅 목표를 지원해줄 수 있어야 한다. 예를 들어, 투자 수익률(ROI)에 초점을 맞춰 기업의 목표를 설정할 수 있다. 그러면 마

그림 9.1 과정 | **제품 관리 단계**

효과적인 제품 전략은 일련의 단계적 순서에 따라 나온다.

케팅 목표는 ROI를 달성하는 데 필요한 시장 점유율 확보하고/또는 판매량 및 판매액을 달성하는 데 집중한다. 제품 목표는 제품에 대한 의사결정이 어떻게 목표로 하는 시장 점유율이나 매출액 증가에 기여하는지를 명시해야 한다.

제품 관련 목표는 측정 가능하고, 명확하며, 분명하고, 실행 가능해야 효과적이다. 예를 들어 대중적인 인기가 있는, 건강을 고려한 유기농 냉동 식품 제조업체 에이미가 어떻게 제품 목표를 제시하는지 살펴보자.

- "소비자들의 건강에 대한 관심을 고려하여 내년에는 당사 제품의 지방 함유량과 칼로리를 15%까지 낮춘다."
- "멕시코 음식에 대한 소비자의 높아진 관심을 기회로 삼아 이번 분기에는 세 가지 새로운 제품을 제품 라인에 추가한다."
- "내년에는 소비자가 자사 치킨제품이 경쟁사 제품보다 맛있다고 평가할 수 있게 제품의 맛을 개선한다."

기업의 목표가 소비자의 요구에 정확하게 부응할 수 있도록 제품 기획자들은 고객들과의 접점을 계속 유지해야 한다. 제품 목표를 개발하는 데 있어 경쟁력 있는 제품 혁신에 대한 신선하고 새로운 지식은 매우 중요하다. 무엇보다도 제품 목표는 제품에 대한 제반사항의 결정이 가져올 장기적인 영향을 고려해야 한다. 단기적인 판매나 매출을 증가시키기 위해 장기적인 기업의 건전성을 포기하는 것은 위험성이 높은 길을 택하는 것이다. 제품 기획자들은 한 번에 1~2개 정도의 개별 제품에만 중점을 두어야 한다. 일군의 제품 전체를 하나로 보거나 특정 제품 카테고리를 전체적으로 한 제품으로 볼 수도 있다. 여기에서는 이 두 가지 방법 모두를 간단히 살펴볼 것이다. 또한 제품 품질이라는 중요한 제품 목표에 대해서도 살펴본다.

개별 제품의 목표와 전략

모든 사람들은 미니 쿠퍼를 사랑한다. 그러나 이 제품이 그냥 운이 좋았다거나 우연적으로 세계적 센세이션을 일으킨 것은 아니다. 겨우 142인치의 길이지만 사람들을 미소 짓게 만드는 차를 출시하는 방법은 무엇일까? BMW는 의도적으로 그러나 다정하게 '미니 쿠퍼의 작은 사이즈를 놀리는 것'에 성공했다. 미니 쿠퍼의 런칭 초기에 BMW는 "이번 주말에 어디로 놀라가세요?"라는 문구와 함께 미니를 포드 익스커션 SUV 위에 올려놓은 광고를 내보냈다. 또는 실제 사이즈의 미니를 마트 앞에 놓아두고 동전을 넣어 작동시키는 아기용 놀이기구처럼 "1만 6,850달러를 넣으세요. 동전만 가능."이라는 문구를 써놓기도 했다. 이 광고는 목표 시장인 20~34세까지의 사람들 사이에 입소문을 만들어냈고, 요즘 미니는 더 이상 놀림감이 아니게 됐다.

BMW에게 있어서 미니는 비중이 높지 않은 브랜드였기 때문에, 그렇게 많은 광고 예산이 배정되지 않았다. 사실, TV 광고를 하지 않은 채 출시한 첫 자동차였다. 대신에 미니는 인쇄 광고와 옥외 광고, 그리고 온라인 광고로 그 출시를 알렸으며, 활동적이고 지속적으로 소셜 미디어에 자동차를 노출시키는 방식으로 마케팅을 진행했다. 광고의 목표는 전통적인 방식처럼 대대적이고 요란하게 자동차 출시를 알리는 것이 아닌, 소비자들이 직접 브랜드를 발견하고 사랑에 빠지는 '발견해 가는 과정'을 제공하는 것이었다. 미니를 운전하는 특별함을 평범한 드라이빙과 차별화하여 '자동차 여행'이라는 모토를 광고에 내세웠고, 잡지에는 미니 모양의 방향제나 주차 게임을 할 수 있는 카드를 끼워 넣었다. 와이어드라는 잡지는 미니 자동차를 만들 수 있는 두꺼운 보드지로 구성된 부록을 제공함으로써 독자들이 자동차를 만들고, 책상에서 '붕붕~' 하면서 가지고 놀도록 유도했다. 시장에 출시된 첫해 말에, 미니는 그 해에 출시된 신제품 중 가장 기억에 남는 두 번째 제품으로 선정되었다.

미니처럼 어떤 제품 전략은 오직 하나의 신제품에만 집중한다(재미있는 이야기지만, 경련을 일으킬 만큼 좁은 뒷좌석에 대해 많은 소비자들이 불만을 계속 제기하자 결국 BMW는 '큰 미니(larger MINI)'를 출시했다. 그러나 그것은 '점보 새우'라는 단어처럼 자가당착이었다. 미니는 결국 '작은 것'이다!).[1] 개별 제품에 대한 전략은 해당 제품이 신제품인지, 특정 지역에서만 판매하는 제품인지, 성숙기에 접어든 제품인지에 따라 매우 다르게 결정된다. 신제품의 경우, 당연히 전략적 목표는 제품을 성공적으로 시장에 출시하는 것이다.

기업이 특정 지역 또는 시장에 제품을 성공적으로 출시하고 난 후에는 전국적 판매를 고려해 볼 수 있다. 트레이더 조는 1967년에 캘리포니아의 패서디나에 문을 열었다. 그러나 1993년이 되자 트레이더 조는 캘리포니아 밖으로 나와 동부 애리조나 피닉스로 사업을 확장하기 시작했다. 오늘날, 당신은 트레이더 조를 미국의 대부분 지역에서 찾아볼 수 있다.[2]

80년 된 레이즈 감자칩과 같은 성숙기 제품의 경우, 제품의 목표는 어떻게 브랜드를 활용하여 변화하는 소비자 취향에 어필하는 새로운 종류의 신제품을 개발할까에 초점을 맞춘다. 오늘날 레이즈 감자칩에는 네 가지 각기 다른 주요 제품 카테고리(전통적인 레이즈, 웨이비, 케틀 쿡, 스택스)가 있다. 이들 각각의 제품 카테고리에는 전통적인 '바비큐' 맛에서부터 실험적인 케틀쿡의 '와사비 생강' 맛에 이르기까지 각기 다른 다양한 맛의 제품들이 있다.[3] 레이즈는 "우리에게 맛을 알려주세요(Do Us A Flavor)."라는 콘테스트를 통해 새로운 맛을 개발하는 과정에 소비자들을 참여시키는데, 이 콘테스트에서는 누구나 맛에 대한 아이디어를 제출할 수 있으며, 대중들은 자신이 좋아하는 맛에 투표할 수 있다. 최종 우승자는 100만 달러의 상금 또는 정해진 기간 동안의 순매출의 1% 중 더 높은 금액을 받게 된다. 뿐만 아니라 우승한 맛은 실제로 레이즈의 정식 신제품으로 출시된다. 2015년에 최종 우승한 제품은 드럼롤 플리즈라는 그레이비를 넣은 비스킷 제품으로 80년 이상 된 브랜드에조차 생기를 불어넣을 수 있는 창의성과 즐거움을 선사했다.[4]

복수 제품의 목표와 전략

작은 기업은 한 제품에만 초점을 맞춰 집중적인 관리를 할 수 있지만, 큰 기업의 경우에는 일련의 관련 제품들을 판매한다. 이는 한 제품의 전략적 결정이 2개 또는 그 이상의 제품들에 동시 다발적으로 영향을 미친다는 것을 뜻한다. 그래서 기업은 제품들의 전체적인 포트폴리오를 고려해야 한다. 📈 그림 9.2가 보여주는 것처럼, 제품 계획은 복수의 상품을 아우르는 **제품 라인 전략**과 **제품 믹스 전략**을 개발하는 것을 의미한다.

제품 라인(product line)은 목표 고객 집단을 만족시키기 위해 기업이 제공하는 모든 제품들을 의미한다. 예를 들어, 우리가 제4장에서 보았던 캠벨 수프는 각기 다른 소비자들의 취향과 근원적 욕구를 만족시키기 위해 여러 가지 다른 브랜드를 생산한다. 그중 하나가 슬로우 케틀® 수프인데, 이 제품은 보다 안목 있는 소비자들을 위해 좀 더 호화로운 경험을 제공하는 제품으로 포지셔닝하고 있다. 슬로우 케틀에는 방부제가 없으며, 재료를 독특하게 조합한 것이 특징으로 수프의 독특한 맛을 내기 위해 천천히 끓이는 요리법을 채택했다. 반면 수프 온 더 고는 짧은 시간에 식사를 마쳐야 하는 사람들이 먹을 수 있는 간단한 스낵으로 포지셔닝하고 있다. 수프 온 더 고는 컵 모양으로 디자인된 전자레인지에 가열할 수 있는 용기로 포장되어 있는데, 한 손으로 잡기 쉽고, 음료수 캔처럼 용기를 기울여 마실 수 있는 것이 특징이다.

제품 라인 길이(product line length)는 동일한 제품 카테고리 안에 있는 개별 제품들의 수를

제품 라인 회사가 목표 고객의 어떤 필요와 욕구를 충족시키기 위해 설계하고 제공하는 모든 제품

제품 라인 길이 동일 범주 내의 여러 종류의 품목들로 결정됨

그림 9.2 과정 | **개별 및 복수 제품의 목표**

제품 목표는 제품 전략에 대한 근거와 방향을 제시한다. 제품 목표는 하나의 제품 또는 여러 제품군에 초점을 맞출 수 있다.

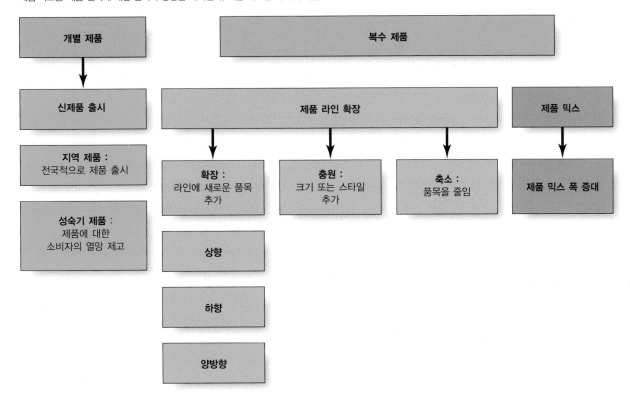

의미한다. 캠벨의 경우, 9개의 브랜드 전부가 각기 다른 여러 개의 **재고관리코드**(stock-keeping unit, SKU)를 갖고 있다. SKU는 각 개별 제품에 대한 고유 ID이며 브랜드의 고유한 특성을 대변하는 것으로, 캠벨의 수프 온 더 고의 경우에는 그 브랜드로 판매되는 각기 다른 맛의 수프가 될 것이다.[5]

풀 라인 전략(full line strategy)은 매출 잠재력을 극대화하기 위해 다수의 고객층을 목표로 한다. 반면, 제한된 라인 전략(limited-line strategy)은 제품 다양성이 적은 제품 라인을 유지하는 방식으로, 소비자들이 특정 브랜드를 독특하고 확실한 포지셔닝을 지닌 특별한 제품으로 인식한다면 해당 시장에서의 브랜드 이미지를 제고시킬 수 있는 전략이다. 좋은 예는 지금은 BMW의 소유가 된 롤스로이스 자동차이다. 롤스로이스는 개별 고객들의 정확한 요구사항에 맞춰 수작업으로 제작되는 비싼 자동차를 생산하면서 수십 년 동안 자동차 산업에서의 특별한 위치를 유지해 왔다. 공장 문을 나서는 모든 롤스 팬텀은 진실로 독특한 예술 작품이다.[6]

기업은 제품 전략을 개발할 때 더 많은 브랜드나 모델을 추가하는 제품 라인 확장을 결정할 수 있다. 향수를 판매하는 기업인 에스티 로더는 최근 몇 년간 '바이킬리안'이나 '르 라보' 같은 몇몇의 고급스러운 니치 향수 브랜드를 인수했다. 소비자들이 점차 자신의 개성을 더욱 잘 표현하는 향수를 선호하는 경향을 보이고 있기 때문에 이러한 소비자 동향에 맞추기 위함이었다.[7]

기업이 제품 라인을 확장할 때에는 확장의 방향 또한 선택해야 한다. 중저가 제품들로 이루어져 있는 현재의 제품 라인에 더 좋은 품질 및 비싼 가격의 제품을 추가하거나 더 많은 부가 제품 및 서비스를 제공하는 제품을 추가한다면 이는 **상향 확장**(upward line stretch)이다. 기아자동차는 새로운 브랜드 구축 활동과 신규 고급 승용차의 출시를 통해 저가 제품 라인을 상향으로

재고관리코드(SKU) 각 개별 제품에 대한 고유 ID

확장하기 위해 노력해 왔다. 이러한 목표를 달성하기 위해, 기아자동차는 2013년에 럭셔리 자동차 K900을 6만 6,000달러의 가격으로 런칭하면서, BMW의 5시리즈(약 5만 달러)와 BMW 7시리즈(약 7만 5,000달러) 사이에 포지셔닝했다.[8] 중저가 가격대의 제품을 생산하던 기업에서 최고급 제품을 생산하는 기업으로 브랜드를 전환하는 것은 쉽지 않은 일이다. K900은 출시 후 몇 년 동안 이런 고충을 직접 경험했다. 예상보다 저조한 판매로 기아자동차는 프리미엄 버전(초기 출시된 고급 버전보다 한 단계 낮은 등급)의 차량을 5,000달러 인하한 5만 5,400달러에 판매했다.[9]

반대로, 하향 확장(downward line stretch)은 저가 상품을 추가하는 것이다. 이때, 기업은 추가된 저가 상품으로 인해 비싼 상위 제품의 이미지가 훼손되지 않도록 주의해야 한다. 롤렉스는 타이맥스나 스와치 같은 브랜드와 경쟁하기 위해 저가의 제품 라인으로 확장함에 따라 자사의 고급스러운 이미지가 훼손될 수도 있는 위험을 감수하고 싶어 하지 않는다. 어떤 경우에, 기업은 현재의 목표 시장이 너무 작다고 판단할 수 있다. 이 경우, 제품 전략은 상단과 하단 모두에 제품을 추가하는 **양방향 확장**(two-way stretch)을 시도할 수 있다.

충원 전략(filling-out strategy)은 이전 제품 카테고리에 없던 크기나 스타일의 제품을 제품 라인에 추가하는 전략이다. 마스 캔디는 이 전략을 사용하여 이미 엄청나게 인기를 끌고 있던 일반 크기의 리즈 초콜릿 바를 모방한 작은 사이즈의 미니스를 시장에 내놓았다. 반대로, 일부 품목의 수익성이 특히 저조할 때에는 제품 라인의 크기를 줄이는 것이 최선의 전략일 수 있다. 예를 들어, P&G는 2015년에 다수의 뷰티 브랜드 및 관련 제품을 코티사에 매각하기로 합의했다. 이 계약에는 커버걸과 클레롤과 같은 유명 브랜드들이 포함되어 있었다. 이 전략적 행보는 더 높은 잠재 브랜드에 집중하기 위한 목적으로 P&G 기업의 내부 자원을 확보하고 기업의 브랜드 포트폴리오 중 다수의 저조한 브랜드를 관리하는 데 드는 비용과 복잡성을 줄이고자 고안된 조치였다.[10]

이처럼 경쟁력을 갖추거나 새로운 기회를 이용하기 위해 제품 라인을 수정하는 방법은 다양하다. 이러한 제품 전략 결정에 대해 더 자세히 알아보기 위해 P&G의 '매혹적인' 주방세제의 세계로 돌아가보자. P&G의 목표가 시장 점유율을 높이는 것이라면 어떤 전략을 선택하겠는가? 한 가지 가능성은 액체 주방세제 라인을 확장하는 것이다. 세탁 세제에서 식기 세제로 확장함으로써 게인의 유명세를 확장하는 방향으로 움직인 것처럼 말이다. 라인 확장을 통해 현재 기업이 해결하지 못하고 있는 소비자 욕구를 충족시킬 수 있다면 이는 좋은 전략적 목표가 될 것이다. 게인은 많은 세탁 세제 충성 고객들을 주방 세제라는 새로운 카테고리로 끌어들임으로써, 상당한 사업 기반을 구축할 수 있었다.

그러나 기업이 제품 라인이나 제품 카테고리를 확장하게 되면 **자기잠식**(cannibalization)이 발생할 위험이 있다. 이런 현상은 새로운 제품이 기존 브랜드의 판매를 잠식할 때 발생한다. 새로운 제품이 등장함에 따라 기존 제품을 구매하던 고객이 단순히 신제품의 구매로 이동한 것이다. 이는 P&G의 게인 주방세제가 왜 독특한 향으로만 포지셔닝했는가에 대한 이유를 설명한다. 심지어 타이드사의 포즈와 경쟁해야 하는 제품인 게인 플링스는 자기잠식을 피하기 위해 "당신이 사랑하는 게인의 향기가 50% 이상 더 진하게 남습니다."라고 광고한다.

제품 믹스 전략

기업의 **제품 믹스**(product mix)는 기업이 보유한 전체 제품의 범위를 설명한다. 기업이 제품 믹스 전략을 개발할 때, 마케팅 담당자들은 보통 **제품 믹스 폭**(product mix width), 즉 기업이 생산하는 개별 제품 라인의 수를 고려한다. 기업은 다양한 제품 라인을 다수 개발함으로써 모든 달

자기잠식 새로운 제품이 제품군 또는 제품 라인에 추가될 때 발생하는 기존 브랜드의 매출 손실

제품 믹스 하나의 기업이 판매를 위해 제공하는 모든 제품의 총집합

제품 믹스 폭 기업이 생산하는 상이한 제품 라인의 수

걀을 한 바구니에 담는 위험을 피한다. 일반적으로 기업은 공통점이 있는 제품 라인들을 묶어서 제품 믹스를 개발한다.

와인, 맥주, 그리고 증류주를 제조하고 판매하는 컨스텔레이션 브랜드는 최근 수제맥주 생산업체 밸러스트 포인트 브루잉 앤드 스피릿사를 10억 달러에 인수하여, 자사의 맥주 브랜드 포트폴리오에 수제맥주를 추가했다. 애초에 컨스텔레이션은 와인 및 증류주에 중점을 두었지만 2013년 코로나와 모델로 맥주의 판매 허가를 받은 이후 맥주 판매를 확대해 왔다. 수제맥주에 대해 증가하는 소비자 수요를 충족시키기 위해 관련 제품이나 브랜드를 추가하여 제공하는 것은 컨스텔레이션에게 있어 타당한 결정이다. 시장이 머지 않아 계속 성장할 것으로 예상되기 때문이다. 밸러스트 포인트의 제품 중 일부는 충성고객을 확보하고 있는 제품이어서 컨스텔레이션은 이들 충성고객들이 지역의 소매점에 밸러스트 포인트의 제품을 판매하도록 요구

컨스텔레이션 브랜드는 제품 믹스를 다양화하기 위해 밸러스트 포인트 수제맥주 브랜드를 인수했다.

하지 않을까 기대하고 있다. 컨스텔레이션은 또한 현재 판매하고 있는 밸러스트 포인트와의 교차 판매 기회를 통해 그들이 보유하고 있는 일부 다른 맥주 브랜드들의 판매도 증가시킬 수 있을 것이다. 전략적으로, 밸러스트 포인트의 인수는 제품 간 시너지와 추가 성장의 기회를 확대시키는 방식으로 컨스텔레이션의 제품 믹스의 폭을 증가시킬 가능성이 있다.[11]

제품 목표로서의 품질 : TQM 과학

제품 목표는 흔히 **제품 품질**(product quality), 즉 고객의 기대를 충족시키는 제품의 전반적인 능력에 초점을 맞춘다. 제품 품질은 제품의 성능에 대한 소비자의 기대와 관련된 것으로, 반드시

제품 품질 고객의 기대를 충족시키는 제품의 전반적 능력

헤드라인에서 가져온 사례

현실세계에서 윤리적/지속 가능한 의사결정

환경 친화적인 제품이나 모든 천연 제품에 대한 마케팅 메시지는 얼마나 솔직하고 정확해야 하는 걸까? 만약 어떤 제품이 99%의 천연 성분과 1%의 인공 성분으로 만들어졌다면, 이 제품을 '천연원료로만' 만든 제품이라고 말할 수 있을까? 만약 그 비율이 천연원료 90%와 인공 성분 10%라면 어떤가? 그렇다면 당신의 의견은 바뀌는가?

2015년 말, 두 명의 원고가 소비재 회사인 킴벌리 클라크에 대해 집단소송을 제기했다. 그들은 하기스 제품의 '순수하고 자연적인' 기저귀 그리고 '천연 케어' 물티슈 같은 문구들에 속아 제품을 구입했다고 주장했다. 하기스는 이 제품을 '순수하고 자연적인', '천연, 유기물 원료로 만들어졌으며 신생아의 피부를 부드럽게 보호하기 위한 성분을 함유한 슈퍼 프리미엄 기저귀' 그리고 '성능을 저하시키지 않고도 환경을 개선하는 첫걸음을 만든 기저귀'라고 홍보했다.[12] 이 다소 애매한 문구들이 제품이 실제 얼마나 천연 원료 및 유기농 재질로 만들어졌는가에 대한

잘못된 인식을 만드는 것으로 보인다. 원고들은 소송에서 이 제품들이 자연 친화적인 성분으로 만들어지지 않았으며 잠정적으로 유해할 수 있는 성분을 포함하고 있다는 것을 사전에 알았다면 두 제품 중 어느 것도 구입하지 않았을 거라 주장했다.[13]

그렇다면 기업이 제품의 포장에 '순수', '천연', '환경 친화적인', '지속가능'이라 표기하고 마케팅 커뮤니케이션에서 이러한 속성을 강조하고자 한다면 제품은 어떻게 생산되고 판매되어야 하는가? 그리고 소비자들은 이러한 라벨과 광고문구에 표기된 성분과 속성들을 기반으로 무엇을 기대해야 하는가? 비록 기업은 하기스의 라벨 표기와 마케팅 메시지 그 어떤 것도 엄밀히 말해 거짓이라 볼 수 없다고 주장할지 모르지만, 마케팅 커뮤니케이션에서 강조한 특정 정보를 통해 소비자가 제품에 대해 무엇을 기대했는지는 어렵지 않게 추측해볼 수 있다.

윤리 체크 :

제품에 대한 홍보 내용이 부분적으로만 옳다는 것을 마케팅 담당자들이 알고 있다면, 그래도 제품을 '친환경' 또는 '천연'이라 홍보하는 것이 허용되어야 하는가?

☐ 예 ☐ 아니요

완벽한 기술 수준을 의미하지는 않는다. 오히려 소비자가 가지고 있는 의도와 목적에 기반한 것으로 소비자의 인식이 사실상 제품의 품질이 된다. 따라서 제품 품질 목표는 매출과 시장 점유율을 높이기 위한 마케팅 목표와 수익 증대를 위한 기업의 목표와도 일치한다.

1980년 2차세계대전 이후, 독일과 일본 경제가 마침내 재건되어 엄청난 신제품으로 미국 시장을 위협할 때, NBC 방송은 "일본이 할 수 있는데, 왜 우리는 할 수 없는가?"라는 제목의 품질에 관한 다큐멘터리를 방송했다. 이 프로그램은 미국 제품의 품질이 다른 세계적인 기업들의 제품 품질에 미치지 못한다는 사실을 처음으로 공공연하게 지적함으로써 미국의 시민들과 CEO들을 당황하게 했다.[14] 그 후 미국 산업계에서는 **전사적 품질경영**(Total Quality Management, TQM) 혁명이 시작되었다. TQM은 기업 운영의 모든 측면을 개발하고, 유지 보수하며, 지속적으로 개선하기 위한 것으로 전사적 차원의 노력을 요구하는 경영철학이다. 실제로 노드스트롬, 3M, 보잉, 코카콜라와 같은 세계적으로 가장 존경받고 성공한 기업들은 통합품질에 초점을 맞추고 있다.

제품 품질은 고객에게 추가적 가치를 전달하기 위한 마케팅 기법이다. 그러나 기업을 운영하기 위한 방법으로서의 TQM은 단순히 불량제품 방지에 주의를 기울이는 것보다 훨씬 더 정교하고 영향력이 큰 것이다. TQM을 실시하는 기업들은 모든 직원들에게 고객 서비스를 제공하는 문화를 전파한다. 고객들을 상대하는 직원은 물론이고 고객과 접촉하지 않는 내부 직원들도 모두 포함하여 고객과 상호작용하기 위한 태도를 훈련시킨다. 이 경우, 모든 동료 직원들은 **내부 고객**(internal customers)으로, 그들과 상호작용하고 있는 다른 직원들에게 내부적으로 양질의 서비스를 제공한다. 즉 내부 고객 서비스에 대한 이들 직원들이 갖고 있는 태도 및 신념이 궁극적으로 기업 및 제품에 대한 외부 고객의 경험에 영향을 미친다는 사고방식을 바탕으로 상호작용하게 한다. 이러한 **내부 고객 의식**(internal customer mind-set)은 다음의 네 가지 신념으로 구성되어 있다. (1) 나에게 업무 지원을 요청하는 다른 직원이 내 고객이다. (2) 업무를 잘한다는 것은 다른 직원의 요구 사항을 충족시키는 것이다. (3) 나에게 업무 지원을 받은 직원들로부터 피드백을 받는 것이 중요하다. (4) 나의 업무 지원을 받는 사람의 요구 사항에 맞추어 업무를 진행한다.

이처럼 TQM은 담당하는 직무와는 상관없이 모든 직원들을 참여시켜 품질을 지속적으로 개선해 나간다. 그리고 이러한 노력을 통해 고객의 욕구를 보다 잘 그리고 완벽하게 충족시킴으로써 고객 만족을 최대화한다. 예를 들어 TQM을 행하는 기업들은 가장 낮은 임금을 받는 공장 근로자들까지 포함한 모든 직원들에게 제품을 개선하기 위한 방법을 제안하도록 독려하고 있으며, 좋은 아이디어를 제시할 경우 보상을 제공한다.

TQM을 통해 제품의 품질 관리를 시작한 이후로, 전 세계 많은 기업들은 국제 표준화 기구(International Organization for Standardization, ISO)가 제시하는 품질 지침에 대한 통일된 기준에 주목하고 있다. 스위스 제네바에 본부를 둔 이 조직은 유럽 제품의 품질을 향상시키고 표준화하기 위한 일련의 지도기준들을 개발했다. **ISO 9000**은 품질 관리를 위한 표준을 자발적으로 수립하게 하는 광범위한 지도기준이다. 이러한 지도기준은 기업의 제품이 고객의 요구 사항을 준수하도록 보장한다.

이후 ISO는 환경 관리에 중점을 두는 ISO 14000과 식품 안전 관리에 대한 ISO 22000, 정보 보안에 대한 ISO 27001 등 다양한 표준들을 개발했다. 유럽 연합과 그 외 다른 유럽 나라들이 ISO 9000과 ISO 14000 인증을 받은 공급 업체를 선호하기 때문에 기업들은 이 표준을 준수하여 경쟁력을 갖추어야 한다.[15]

기업이 품질을 개선하기 위한 한 가지 방법은 **식스 시그마**(Six Sigma) 방식을 사용하는 것이

전사적 품질경영(TQM) 종업원들이 지속적 품질 향상을 위해 적극적이 되도록 권한을 부여함으로써 고객 만족이 이루어지도록 하는 관리 이념

내부 고객 모든 활동이 궁극적으로 외부 고객들에게 영향을 미친다는 태도와 믿음을 가지고 있는 상호 작용하는 동료 직원들

내부 고객 의식 모든 조직 구성원들이 서로를 소중한 고객으로 취급하는 조직 문화

ISO 9000 유럽에서 제품 품질 규제 표준화를 위한 국제 조직에 의해 개발된 기준

식스 시그마 회사가 제품 결함을 100만 개 중 3.4개, 또는 그보다 더 적도록 제한시키는 과정

다. 식스 시그마라는 용어는 평균과의 표준편차를 의미하는 통계학 용어인 시그마에서 유래되었다. 식스 시그마는 정규분포 곡선에서 평균을 중심으로 하는 여섯 배의 표준편차를 의미한다. 실무적인 측면에서 보면, 이는 제품 100만 개 당 3.4개 이하의 불량 제품을 생산하는 것을 의미하며, 생산 시간 중 거의 99.9997% 동안 완벽한 제품을 생산해 내는 것을 뜻한다. 상상할 수 있듯이, 그 정도 수준의 품질을 달성하려면 매우 엄격한 관리가 필요하며, 그것이 바로 식스 시그마 방식이 제공하는 것이다. 이 방식은 'DMAIC[정의(define), 측정(measure), 분석(analyze), 향상(improve), 통제(control)]'라는 다섯 단계의 과정으로 이루어져 있다. 태권도에서 검은 띠를 딸 때까지 단계별 훈련이 있는 것처럼, 기업은 일정 수준에 이르기 위해 각 단계별로 직원들을 훈련시킨다. 직원들은 식스 시그마 프로세스를 사용하여 제품뿐만 아니라 서비스에서의 결함도 제거할 수 있다. 이 경우에 '결함'은 소비자의 기대를 충족시키지 못하는 모든 것을 의미한다. 예를 들어 병원은 의료적 실수를 줄이는 데, 항공사는 비행 일정을 개선하기 위한 시스템 설계에 식스 시그마 프로세스를 사용할 수 있다.

제품의 품질에 대해 이야기하는 것은 좋은 일이지만, 정확히 그것이 뜻하는 바는 무엇인가? 📷 그림 9.3은 제품 품질의 다양한 측면을 요약하여 보여준다. 경우에 따라 제품의 품질은 내구성을 의미하기도 한다. 예를 들어, 운동화는 몇 주 동안 신고 실컷 농구를 해도 구멍이 생기지 않아야 한다. 신뢰성 또한 제품 품질의 중요한 측면이다. 고객들은 맥도날드 햄버거가 어느 장소에서나 똑같은 맛이기를 기대한다. 제품의 다양한 용도와 고객들이 원하는 것을 충족시켜주는 능력 또한 제품 품질의 핵심이다.

다른 제품의 경우, 품질이란 높은 정밀도를 뜻하기도 한다. 마니아들은 HDTV를 픽셀 수와 재생률로 비교한다. B2B 제품에 있어서 품질이란 사용 편의성, 유지 보수 및 수리와 관련이 있으며, 안정성 또한 중요한 품질이다. 마지막으로, 그림, 영화, 심지어 웨딩 드레스와 같은 제품

팀버랜드는 품질을 강조하기 위해 애국 메시지를 사용한다.

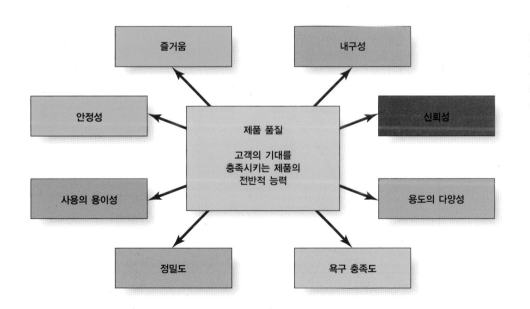

그림 9.3 📷 **스냅숏** │ **제품 품질**

일부 제품들은 품질에 집중하여 목표를 수립한다. 즉 고객의 기대가 무엇이든 간에 고객의 기대를 충족시키기 위한 제품의 능력에 초점을 맞춘다.

제품 수명주기(PLC) 제품들이 출시되어 사라지기까지 어떻게 도입, 성장기, 성숙기, 쇠퇴기의 뚜렷한 네 단계를 거치는지 설명하는 개념

도입기 신제품이 시장에 출시되어 도입기를 따라 서서히 성장하는 제품 수명주기의 첫 번째 단계

의 품질은 제품이 제공하는 미적 즐거움의 정도와 관련이 있다. 물론 미적 품질에 대한 평가는 사람마다 크게 다를 것이다. 어떤 사람은 휴대폰의 품질을 단순성, 사용 편리성, 통화 품질의 신뢰성에 기반해서 평가하겠지만, 다른 사람에게 품질은 다양한 종류의 애플리케이션과 다중 통신 모드가 사용 가능한지의 여부가 될 수 있다.

9.2 제품 수명주기에 따른 마케팅

목표

기업이 제품 수명주기에 따라 제품을 어떻게 운영하는지 설명한다.

어떤 제품들은 긴 수명을 누리기도 하고, 다른 어떤 제품들은 "오늘 나왔다가, 내일 사라진다." **제품 수명주기**(product life cycle, PLC)는 제품이 시장에 존재하는 동안 시장의 반응과 마케팅 활동이 어떻게 변화하는지를 설명하는 유용한 도구이다. 제8장에서 마케팅 담당자들이 신제품을 어떻게 시장에 소개하는가에 대해 이야기했지만, 제품 출시는 단지 시작에 불과한 것이다. 제품 마케팅 전략은 제품 주기에 따라 계속해서 진화하고 변화해야 한다.

안타깝게도, 몇몇 브랜드는 시장에서 오래 살아남지 못한다. 램블러 자동차나 이브닝 인 파리 향수를 기억하는 사람이 있는가? 이와는 대조적으로 불멸의 생명을 누리는 듯한 브랜드도 있다. 예를 들어 코카콜라는 120년 넘게 콜라 브랜드 중 1위 자리를 고수하고 있고, 제너럴 일렉트릭은 한 세기가 넘도록 전구 분야의 선두주자 자리를 유지하고 있으며, 크리넥스는 최고의 휴지 브랜드로 80년간 살아 있다.[16] 이제 📷 그림 9.4에서 설명하는 PLC의 단계를 살펴보자. 📷 그림 9.5에서는 PLC의 각 단계에 걸쳐 마케팅 믹스 전략이 어떻게 설계되어야 하는가에 대해 설명한다.

도입기

마치 사람처럼, 제품은 태어나고, 자라나고, 그리고 결국에는 죽는다. 제품의 수명주기는 네 가지 단계로 나눌 수 있는데, 그중 첫 단계는 📷 그림 9.4에서 볼 수 있듯이 **도입기**(introduction stage)이다. 이 단계에서, 고객들은 상품이나 서비스를 구매할 첫 기회를 얻는다. 이 초기 단계에서는 대부분 한 기업만이 제품을 생산한다. 만약 그 제품이 시장에서 좋은 평가를 받고 수익

그림 9.4 📷 스냅숏 │ 제품 수명주기

제품 수명주기는 마케팅 관리자가 제품이 시간이 지남에 따라 어떻게 변하는지를 이해하는 데 도움을 주어서 이에 따라 마케팅 전략을 어떻게 변화시켜가야 할지를 결정하게 한다.

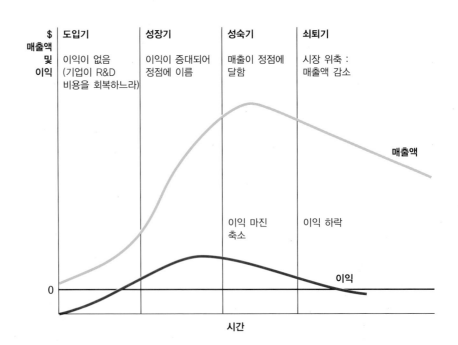

그림 9.5 📷 스냅숏 | **제품 수명주기에 따른 마케팅 믹스 전략**

마케팅 믹스(4P) 전략은 제품 수명주기에 따라 변화한다.

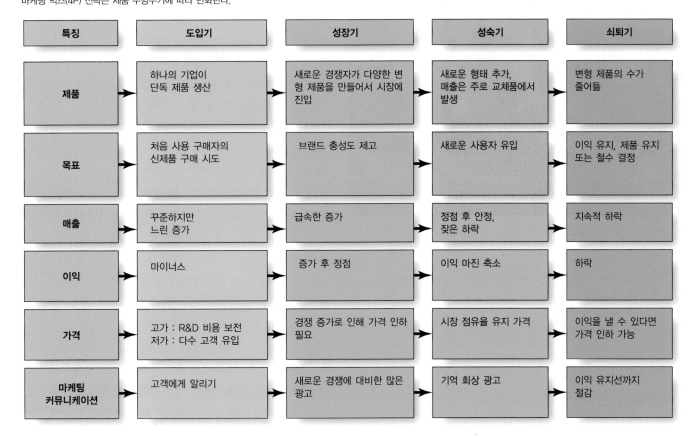

특징	도입기	성장기	성숙기	쇠퇴기
제품	하나의 기업이 단독 제품 생산	새로운 경쟁자가 다양한 변형 제품을 만들어서 시장에 진입	새로운 형태 추가, 매출은 주로 교체품에서 발생	변형 제품의 수가 줄어듦
목표	처음 사용 구매자의 신제품 구매 시도	브랜드 충성도 제고	새로운 사용자 유입	이익 유지, 제품 유지 또는 철수 결정
매출	꾸준하지만 느린 증가	급속한 증가	정점 후 안정, 잦은 하락	지속적 하락
이익	마이너스	증가 후 정점	이익 마진 축소	하락
가격	고가 : R&D 비용 보전 저가 : 다수 고객 유입	경쟁 증가로 인해 가격 인하 필요	시장 점유율 유지 가격	이익을 낼 수 있다면 가격 인하 가능
마케팅 커뮤니케이션	고객에게 알리기	새로운 경쟁에 대비한 많은 광고	기억 회상 광고	이익 유지선까지 절감

성이 괜찮다면 경쟁자들은 자신들만의 차별화된 제품을 가지고 따라오게 된다.

도입 단계에서의 목표는 구매자들로 하여금 처음 시장에 나온 제품을 시험 삼아 구매해보도록 하는 것이다. 매출은(희망 사항이지만)은 느린 속도로 꾸준히 증가한다. 그림 9.4에 명확히 나타나 있듯이, 기업은 대개 이 단계에서 이익을 내지 못한다. 연구개발비(R&D)와 광고 및 판촉 활동에 들어가는 막대한 비용이 수익을 상회하기 때문이다.

📷 그림 9.5에서 알 수 있듯이, 도입 단계에서는 가격을 높게 설정해(수요가 충분하다면) R&D 비용을 회수하거나, 반대로 낮은 가격을 제시해 많은 수의 소비자를 유인한다. 마이크로소프트의 엑스박스 원과 소니의 플레이스테이션 4(PS4)가 처음 출시되었을 때, PS4의 최초 가격은 399달러로 499달러인 엑스박스 원에 상당한 우위를 보였다. 공평하게 말하면, 이 두 차세대 시스템은 서로 다른 제품들로 구성되어 있었지만, 출시 가격의 차이는 초기 판매에 큰 영향을 미쳤다. PS4가 강력한 우위를 차지한 것이다. 이전 세대인 PS3가 499달러와 599달러라는 다소 높은 가격에 판매됐다는 것을 고려하면, 소니가 PS2를 299달러에 출시한 것은 매우 흥미로운 일이다. 엑스박스 원을 처음 출시한 이후 마이크로소프트는 가격을 공식적으로 두 번이나 인하했고, 결국 미국 시장에서의 가격은 349달러로 떨어졌다. 이 가격에 맞추기 위해, 마이크로소프트는 모션센서 기반의 게임기인 키넥트를 제품 구성에서 제거해야 했고, 그래서 상충되는 부분이 발생하게 되었다. 이러한 조치가 얼마나 엑스박스 콘솔의 운명을 바꿀 수 있을지 아니면 너무 늦었는지는 지켜봐야 하겠지만, 마이크로소프트가 만회할 방법을 찾기 위해서는 차세대 게임기가 출시될 때까지 기다려야만 할 것이다.[17]

도입 단계는 얼마나 지속되는가? 제8장의 전자레인지 사례에서 볼 수 있듯이 이 시기는 상당

'스너기' 담요는 매우 잘 수립된 제품 계획과 관리 덕분에 성공한 신제품 성공 사례이다.

히 길어질 수 있다. 시장의 수용도와 기업의 지원 수준 등과 같은 많은 요인들에 의해 달라진다. 하이브리드 자동차의 판매는 프리우스를 제외하고는 아주 더딘 편이었지만 이제 하이브리드 자동차의 가치에 대한 소비자 수용도가 높아졌고 판매 수준도 증가함에 따라 하이브리드는 도입 단계를 훨씬 넘어섰다고 볼 수 있다. 이제는 셰비 볼트와 테슬라 같은 전기자동차가 이들을 대체하고 있다.

많은 제품들이 도입 단계조차 통과하지 못한다는 것에 주목할 필요가 있다. 신제품이 성공하기 위해서는 소비자들이 먼저 그 제품에 대해 알아야 한다. 그리고 그 제품이 그들이 원하고 필요로 하는 것이라고 믿어야 한다. 이 단계에서 마케팅은 주로 소비자들에게 제품의 사양, 제품의 사용 방법, 그리고 제품이 제공하는 혜택을 알리는 데 초점을 맞춘다.

그런데 이것은 말처럼 쉬운 일이 아니다. 가장 최근 자료에 의하면 매년 신제품의 95%가 실패한다. 매우 놀랍지만, 사실이다. 볼펜 브랜드인 빅의 이름을 달고 나온 파룸 빅 향수, 패션 브랜드 피에르가르뎅의 프라이팬, 위스키 브랜드 잭 다니엘스의 겨자에 대해 들어본 적이 있는가? 지금은 이상해 보이는 제품들이지만, 분명 당시의 제품 매니저는 이 상품 기획안이 좋은 아이디어라고 판단했을 것이 분명하다. 당연히 이 제품들은 오래지 않아 매장 진열대에서 사라졌다. 마이크로소프트가 10대 그리고 20대를 위해 시장에 내놓은 '킨' 브랜드 휴대폰들에 대해 들어본 적이 있는가? 두 제품 모두 시장에 출시되었으나 판매가 최악으로 저조하자 빠르게 시장에서 철수했다(만약 이것 중 하나를 가지고 있다면, 꼭 가지고 있어라. 수집가에게는 소장 가치가 있는 제품이 될 수 있을 것이다). 주목해야 할 점은 대기업이 이들 제품을 만들었으며 이미 잘 알려진 브랜드를 달고 시장에 나왔는데도 실패했다는 사실이다. 심지어 신생 기업이나 유명하지 않은 브랜드는 어떻겠는가? 창업 기업이나 잘 알려지지 않은 브랜드라면 도입기의 위험에 대해 고민해봐야 한다.[18]

성장기

성장기(growth stage)에 이르면 매출은 급증하고, 수익 또한 증가하여 정점에 이르게 된다. 이 단계에서의 마케팅 목표는 자사 브랜드가 다른 브랜드보다 우수하다는 것을 시장에 확신시키고 브랜드 충성도를 높이는 것이다. 또한 이 단계에서는 제품을 다양하게 변화시켜 시장에 출시함으로써 다른 세분시장을 유인하고 시장 점유율을 확대하는 마케팅 전략을 수행한다. 스마트폰과 태블릿 PC는 전 세계적으로 매출이 성장하고 있는, 아직 성장기에 있는 제품들이다. 지속적인 신제품 혁신은 현재의 시장을 부채질해서 무한한 성장의 기회를 창출할 것으로 보인다. 아이폰 6s는 출시 후 3일만에 1,300만 대를 팔아, 이전 제품인 아이폰 6가 동일 기간에 판매한 수량을 300만 대나 앞질렀다. 이는 애플사의 기록적인 판매 실적을 나타낼 뿐만 아니라 스마트폰 시장에서의 지속적인 성장 기회를 보여주는 징후였다. 물론, 장기적인 관점에서의 의문은 스마트폰 시장에서 삼성과의 치열한 경쟁을 고려해볼 때 애플이 이 기세를 유지할 수 있느냐 하는 것이다.[19]

성장기 제품 수명주기에서 소비자들이 제품을 받아들여서 매출이 급격히 성장하는 두 번째 단계

경쟁자들이 시장에 등장하기 시작하면 마케팅 담당자들은 상당 부분 광고 및 다른 판매촉진 활동들에 집중한다. 이때 가격 경쟁이 심화되어 이윤이 감소할 수도 있다. 일부 기업은 특정 집

단에 어필하도록 제품을 포지셔닝해서 특정 세분시장을 장악하려 할 수도 있다. 그리고 초기 고가 전략을 진행한 기업이라면, 이제는 경쟁력 확보를 위해 가격을 내리게 될 것이다.

성숙기

제품 수명주기 중 **성숙기**(maturity stage)는 일반적으로 그 기간이 가장 길다. 매출은 최고치에 도달한 이후 조금씩 떨어지다가 확연한 감소 추세로 접어들고, 이윤 폭은 줄어든다. 그리고 시장에 남아 있는 경쟁자들이 줄어드는 시장 크기를 두고 서로 싸우면서 경쟁은 점차 치열해진다. 기업들은 가격을 인하하고 제품에 대한 주의를 환기시키는 광고를 통해 시장 점유율을 유지하려 한다.

대부분의 소비자들이 이미 제품을 구매해서 사용하고 있기 때문에 낡은 제품을 교체하거나 개선된 신제품을 구매하려는 이유로 소비가 발생한다. 예를 들어, 미국의 거의 모든 사람들은 TV를 소유하고 있으며, 이제 새 TV를 구매한다는 것은 이미 구식 모델이 된 낡은 제품을 대체할 신규 제품을 구매한다는 것을 의미한다. 특히 전국적으로 아날로그 TV 방송을 중단하고 디지털 방식으로만 방송을 송출하게 되었을 때처럼, 기술의 진보는 기존 제품을 버리고 새로운 제품으로 대체하도록 유도하기 때문에 TV 제조업체들은 최신의 그리고 최고의 기술을 채택한 교체 제품을 출시하려 한다. 삼성은 소비자가 오래 된 기본 모델을 대체하도록 스마트 티비를 마케팅하는 데 힘을 쏟는다. 성숙기 동안, 기업은 가능한 한 많은 매장을 통해 그들의 제품을 판매하려고 노력한다. 경쟁이 치열한 시장에서는 접근성이 판매의 결정적 요소이기 때문이다. 만족할 만한 대체 상품을 가까운 곳에서 쉽게 구매할 수 있다면 특정 브랜드를 찾기 위해 굳이 멀리까지 가지 않아도 되는 것이다.

지속적인 경쟁력을 갖추고 시장 점유율을 유지하기 위해, 기업들은 성숙기 단계에 있는 제품의 마케팅 믹스를 수정해서 수익성이 높은 시장으로 확장해간다. 지속적으로 소비자의 욕구를 모니터링하던 식품 제조업자들이 최근 "소비자들은 보다 더 건강한 식습관을 추구하는 경향이 있다."는 것을 발견했다면, 그들은 저탄수화물, 유기농 또는 무트랜스지방의 제품을 내놓고 이를 널리 알리려 할 것이다.

쇠퇴기

쇠퇴기(decline stage)에는 제품 카테고리 전반의 매출이 감소한다는 특징이 있다. 판매 하락의 이유는 새로운 기술의 등장으로 인한 제품 진부화 때문일 것이다. 박물관을 제외하고 요즘 어디에서 타자기를 찾아볼 수 있겠는가? 최근에 피처폰을 사용하는 사람들을 많이 볼 수 있는가? 소수의 기업이 여전히 수익을 낼 수는 있겠지만, 시장 전체는 위축되고, 수익은 감소하기 시작하며, 제품의 변형이 줄어들고, 공급 업체들은 철수한다. 이 단계에 여전히 많은 경쟁자가 남아 있을 수도 있지만 뚜렷한 강점을 가진 경쟁자는 찾을 수 없다.

쇠퇴기에는 해당 제품을 계속 존속시킬 것인지 또는 시장에서 철수할 것인지가 제품에 관한 가장 중요한 의사결정이다. 수익성이 좋지 않은 제품은 기업이 새로운 제품을 개발하는 데 사용할 수 있는 자원을 낭비하게 만든다. 만약 기업이 제품을 유지하기로 결정했다면, 광고를 비롯한 다른 모든 커뮤니케이션 수단의 예산을 줄여 비용을 아끼고, 가격을 내려서 기존의 수익성을 유지해야 할 것이다. 그러나 만약 기업이 해당 제품을 시장에서 철수하기로 결정했다면 다음 두 가지 방법 중 하나로 처리할 수 있다. (1) 단계적으로 생산량을 줄이는 방식으로 생산을 중단하고 재고가 모두 팔려나가도록 그대로 두는 방법과 (2) 그냥 생산을 즉시 중단하고 나머지 제품들을 떨이로 몽땅 팔아버리는 것이다. 기업이 기존 시장에서의 확고한 리더이며 제품에 대

성숙기 매출이 정점을 이루고 이익 마진이 좁아지는 제품 수명주기에서 가장 오래가는 세 번째 단계

쇠퇴기 고객의 요구가 변함에 따라 매출이 하락하게 되는 제품 수명주기의 마지막 단계

한 수요가 오랫동안 시장에 남아 있을 것으로 예상된다면, 시장에 제품을 남겨두는 것도 의미가 있을 것이다. 그러나 이는 판매, 영업, 광고, 유통 등에 지원을 거의 하지 않고 그저 '포도나무가 시들듯이' 한정된 수량의 제품이 팔려나가도록 내버려 두는 것을 의미한다.

9.3

목표

브랜드 전략과 포장이 제품 아이덴티티에 기여하는 바를 설명한다.

브랜드 전략과 포장 : 제품 아이덴티티 창출

성공적인 마케팅 담당자들은 제품 수명주기를 면밀히 주시하며 그에 따른 계획을 수립한다. 하지만 제품에 정체성과 개성을 부여하는 것 또한 중요하다. '디즈니'라는 단순한 단어는 재미, 즐거움, 그리고 가족 같은 긍정적인 감정을 불러일으키며 일상적인 근심을 밖으로 던져버리게 한다. 사람들은 그런 감정에 동화되기 위해 플로리다와 캘리포니아에 있는 디즈니 테마 파크에 많은 돈을 지불한다(프랑스, 중국, 그리고 일본에서도 마찬가지다). 디즈니는 수십 년에 걸친 훌륭한 브랜드 전략을 통해 강한 정체성을 갖게 되었다. 포장과 함께 브랜딩은 제품 전략에서 매우 중요한(그리고 많은 비용이 요구되는) 요소이다.

이름(또는 기호)은 무엇인가?

당신은 가장 좋아하는 브랜드는 무엇인가? 어떻게 그 브랜드를 선택하게 되었는가? 제품의 이름으로? 로고(제품 이름이 표시되는 방법)를 통해? 포장으로? 또는 나이키의 부메랑 모양처럼 어떤 그래픽 이미지나 기호를 통해서? **브랜드**(brand)란 어떤 한 기업의 제품(들)을 식별하고 다른 경쟁 제품들과 구분하게 하는 제품의 이름, 용어, 기호 또는 기타 고유한 요소들을 말한다.

소비자들은 박스 귀퉁이에 그려져 있는 코카콜라(Coca-Cola)의 로고나 졸리 그린 자이언트라는 트레이드 캐릭터, 그리고 삼각형 모양의 빨간색 내비스코 로고(브랜드 마크)를 쉽게 인식한다. 브랜딩은 제품이 지역적으로, 전국적으로, 세계적으로 성공하는 데 필요한 인식 요소를 제공한다.

브랜드명은 가장 많이 사용되고 가장 인정받는 브랜딩의 한 유형이다. 현명한 마케팅 담당자들은 브랜드 이름을 사용하여 '요람에서 무덤까지' 소비자들과 관계를 유지한다. 해피밀을 통해 아이들이 매장에 방문하도록 유도하고, 그들이 시간이 지나 커가면서 더 많은 성인용 프리미엄 버거를 구매하는 것, 맥도날드에게 이보다 더 좋은 일은 없을 것이다(더불어 샐러드를 추가 메뉴로 주문하고 맥카페 프라페 초콜릿 칩을 마신다면 더더욱 좋을 것이다). 좋은 브랜드명은 특정 이미지를 전달하거나 제품이 어떻게 작동하는지를 설명하기 때문에 제품을 포지셔닝하는 데 활용할 수 있다. 커레스와 실드 같은 브랜드는 제품이 제공하는 중요 이점을 브랜드명을 통해 전달함으로써 차별화된 바디 샴푸로 알맞게 포지셔닝할 수 있었다. 아이리쉬 스프링 비누는 분명 상쾌한 이미지를 전달한다(지금 향기가 느껴지는 것 같지 않은가?). 최근 되살아난 코카콜라의 브랜드인 서지는 소비자들에게 음료의 카페인 및 설탕 함량이 얼마나 되는지를 정확히 알려주기 위해 만들어진 탄산음료의 이름이다. 애플사의 '아이 에브리싱(i-everything)'이라는 브랜드명은 개인주의와 개성이라는 Y세대가 소중하게 생각하는 특성을 전달하는 훌륭한 브랜드이다.

기업은 어떻게 훌륭한 브랜드명을 선택할 수 있는가? 전문가들은 네 가지 '쉬운' 테스트가 있다고 말한다. 말하기 쉽고, 쓰기 쉽고, 읽기 쉽고, 기억하기 쉬운 것인지 확인해보면 된다는 것이다. P&G의 타이드, 팸퍼스, 볼드, 게인, 다우니, 바운티, 크레스트처럼 말이다. 이들 제품은 모두 세탁 세제 카테고리에서 경쟁하고 있지만, 각기 명확한 차별화 요소를 브랜드명에 담고 있다

브랜드 기업의 제품을 식별하고 경쟁자와 차별화하기 위해 사용하는 제품명, 용어, 심벌 또는 기타 고유 요소

(P&G는 아마도 언제나 논쟁의 여지가 없는 브랜딩을 하는 최고의 기업일 것이다). 그리고 그 브랜드명은 다음 네 가지 조건에 적합해야 한다.

1. 목표 시장에 적합한가
2. 제품의 이점과 부합하는가
3. 고객 문화를 반영하는가
4. 법적 요구사항을 충족하는가

브랜드 기호, 이름 또는 로고의 그래픽은 쉽게 인지되고 기억할 만한 것이어야 한다. 상자의 귀퉁이에 그려져 있는 내비스코의 삼각형 로고는 작든 크든 간에 금방 눈에 띤다. 또한 시각적인 강렬함이 있어야 한다. 이는 매장을 무심히 지나가거나 잡지의 페이지를 빠르게 넘길 때라도 브랜드가 당신의 주의를 끌 수 있어야 한다는 것을 의미한다.

상표[트레이드마크(trademark)]란 브랜드명, 브랜드 마크(brand mark), 또는 트레이드 캐릭터 (trade character)에 대한 법적 용어이다. 미국에서 법적인 등록을 의미하는 기호는 원 안에 있는 대문자 'R'의 형태로 되어 있다(®). 마케팅 담당자는 상표를 등록함으로써 경쟁자들이 불법적으로 사용하지 못하게 막는다. 상표 보호는 브랜드를 등록한 나라에만 적용되기 때문에 허가받지 않은 상표들을 가짜 상품에 무단으로 사용하는 행위는 많은 기업들에게 큰 골칫거리일 수밖에 없다.

법적으로 등록되어 있지 않는 브랜드라 하더라도 기업은 브랜드에 대한 보호를 요청할 수 있다. 미국에서는 기업이 일정 기간에 걸쳐 특정 이름을 제품에 사용했다는 것이 사실로 인정되면, 상식적인 수준에서 관습법의 보호를 받는다(common-law protection). 비록 유사한 제품에 자사 상표가 사용되지 못하도록 등록된 상표를 통해 막을 수 있지만, 완전히 다른 유형의 사업분야에서 사용되는 것은 막지 못할 수도 있다. 서로 관련성이 없는 영역에서 '퀘이커' 브랜드가 얼마나 많이 사용되는지 생각해보자. 퀘이커 오츠 시리얼, 퀘이커 뮤추얼 펀드, 퀘이커 스테이트 자동차 연료, 퀘이커 보닛 선물용 식품, 퀘이커 세이프티 프로덕트 코포레이션 등이 있다. 2006년, 비틀즈의 음반 기업인 애플사가 사과 모양의 로고를 사용한다는 이유로 애플 컴퓨터를 고소했을 때, 법원은 이 원칙을 적용했다. 애플사는 애플 컴퓨터가 사과 모양의 로고를 아이팟이나 아이튠즈 같은 제품에 사용하지 못하게 하는 금지명령을 받기를 원했다. 그들은 애플 컴퓨터의 음악 관련 제품 및 애플리케이션이 비틀즈의 음반과 아주 유사하다고 주장했다. 그러나 법원은 이에 동의하지 않았다. 판사는 애플 컴퓨터는 분명히 다운로드 서비스에만 로고를 적용하고 있으며 음악 자체에는 사용하지 않았다고 판결했다.[20]

왜 브랜드가 중요한가

브랜드는 제품 그 자체가 표현하는 것보다 더 많은 것을 의미한다. 최고의 브랜드는 정서적인 유대를 형성한다. 가장 유명한 기저귀 브랜드를 생각해보자. 그 브랜드 이름들은 '흡수의 달인'이나 '뽀송한 엉덩이' 같은 기능적인 설명을 하는 이름들이 아니라 팸퍼스와 러브스 같은 것들이다. 핵심은 팸퍼스와 러브스가 단순히 기저귀의 유용성이 아닌 육아의 즐거움을 떠오르게 한다는 것이다.

마케팅 담당자들은 강력한 브랜드를 개발하기 위해 신제품 개발, 광고, 홍보에 막대한 비용을 들인다. 성공하면, 브랜드 개발에 대한 투자는 **브랜드 자산**(brand equity)을 만들어낸다. 브랜드 자산이라는 용어는 브랜드에는 제품 자체의 가치를 상회하는 브랜드만의 가치가 있다는 것

상표[트레이드마크] 브랜드명, 브랜드 마크, 또는 거래 캐릭터의 법적 용어, 정부에 법적으로 등록된 등록상표는 그 국가에서 배타적으로 사용할 권리를 가지고 법적 보호를 받음

브랜드 자산 브랜드가 조직에 가져다주는 가치

을 의미한다. 예를 들어, 아무런 로고가 없는 셔츠와 비교하여 당신은 랄프로렌 또는 라코스테 로고가 박힌 골프셔츠에 얼마나 더 지불할 용의가 있는가? 그 차이가 당신의 마음에 존재하는 '폴로 선수' 또는 '악어' 로고의 브랜드 가치를 반영한다.

또한 브랜드 자산은 사람들이 경쟁제품보다 특정 브랜드의 제품이 우수하다고 생각하게 만들어 고객 충성도를 누릴 수 있게 한다. 기업에 있어서, 브랜드 자산은 더 큰 시장 점유율을 차지하고 유지할 수 있는 힘을 주며 높은 수익률을 확보할 수 있는 가격에 제품을 판매할 수 있게 하여 경쟁 우위를 갖게 한다. 스타인웨이라는 피아노 브랜드는 전문 연주자를 타깃으로 하는 시장에서의 점유율이 95%에 달할 정도로 아주 강력한 브랜드 자산을 가지고 있다.[21]

마케팅 담당자들은 고객이 제품에 대해 어떻게 느끼는지를 관찰함으로써 다양한 수준의 충성도(또는 충성도의 결여)를 확인한다. 브랜드에 대한 충성도가 가장 낮은 경우 고객은 그 어떤 이유로든 다른 브랜드를 선택할 용의가 있다. 이와는 정반대로 충성도가 높은 경우, 특정 브랜드는 고객에게 열정적인 헌신을 요구하기도 하며 심지어 충성 고객들은 경쟁제품으로 전환하는 대신 이 요구에 따른다.

브랜드에 대한 애착은 소비자들이 브랜드의 존재를 인식했을 때 형성되기 시작한다. 그러고 나서 소비자들은 브랜드가 자신들에게 어떤 역할을 하는지 또는 경쟁제품에 비해 어떻게 작동하는지 살펴보고 난 다음 제품에 대해 보다 더 깊이 생각하고 제품에 대한 믿음과 감정적인 반응을 형성한다. 그러나 진짜 성공한 브랜드는 고객과 진정한 '유대감'을 형성하고, 사람들이 제품과 실제 관계를 맺고 있다고 느끼게 하는 브랜드이다. 소비자와 제품 간의 관계 유형에는 다음과 같은 것들이 있다.

- 자기개념 연결 : 제품이 사용자의 정체성을 나타내는 데 도움을 준다(당신은 랄프로렌이나 포에버21 중 어느 브랜드의 옷이 자신에게 어울린다고 생각하는가?)
- 향수적 연결 : 제품이 과거의 자신을 불러오는 연결고리 역할을 한다(오레오 쿠키의 안쪽 크림 부분을 핥아 먹는 행동이 당신의 어린 시절을 생각나게 하는가?)[22]
- 상호의존성 : 제품은 사용자의 틀에 박힌 일상의 일부이다(스타벅스 커피 없이 하루를 지낼 수 있는가?)
- 사랑 : 제품이 따뜻함과 열정과 같은 강한 감정적 유대를 이끌어낸다(허쉬 키스할 사람?)[23]

궁극적으로 강력한 브랜드를 구축하는 방법은 **브랜드 의미**(brand meaning)에 기반하여 고객과의 강력한 유대 관계를 만들어내는 것이다. 이 개념은 소비자가 브랜드에 대해 가지고 있는 믿음과 연관성을 포함한다. 많은 경우에, 실제 브랜드 관리는 브랜드의 의미를 관리하는 것 중심으로 전개된다. 브랜드 관리자, 광고 대행사, 포장 디자이너, 제품명 작명자, 로고 개발자, 그리고 홍보(PR) 대행사들은 브랜드 의미를 관리하는 작업을 수행하는 협력자들이다.

오늘날, 많은 사람들이 온라인을 통해 브랜드에 대한 이야기를 퍼뜨림에 따라 브랜드 의미는 자연스럽게 형성되고 확산된다. 한때 최고의 광고 대행사들의 모토였던 "팔려면 떠벌리고 다녀라."가 요즘들 다시 회자되고 있다. 마케팅 담당자들은 30초짜리 TV 광고처럼 갑자기 끼어들었다 빠지는 방식으로 제품에 대해 이야기하기보다는 흥미로운 이야기로 소비자들을 사로잡으려 한다－어쨌든, TV 광고로는 Y세대나 젊은이들에게 어필할 수 없다. **브랜드 스토리텔링**(brand storytelling) 방법은 강력하고 좋은 이야기는 디지털 기술로 연결되어 있는 대중들을 통해 스스로 자가증식하며 전파된다는 사실을 노린다. 블로그를 통해서든, 유튜브에서 새로운 콘텐츠를 생산하든, 아니면 핀터레스트의 사진 게시판을 공유하든 상호 작용성에 기반하여 재창조된 이야기는 끊임없이 소비자들에게 전달되고 실시간으로 브랜드에 대한 대화를 만들어 내면서 브랜드에 대한 인식은 항상 새롭게 진화한다.

에어비앤비는 브랜드 스토리텔링을 활용하여 소비자와 관계를 형성하고 정체성을 더욱 확고하게 구축한 아주 좋은 사례이다. 이 기업은 소속감을 상징화한 '벨로'라고 부르는 새로운 로고로 교체하면서 브랜드 재구축 전략을 수행했다. 이 로고는 심장을 뒤집어 놓은 것처럼 보이기도 하고, 부분적으로는 알파벳 대문자 'A'를 형상화한 것처럼 보이기도 하며, 위치를 지정하는 핀 기호와 유사한 요소를 갖고 있기도 하다. 에어비앤비는 리브랜딩 전략 그리고 그에 수반한 브랜딩 캠페인을 진행하면서 에어비앤비가 제공하는 서비스를 이용하는 사람이라면 어디에서나 소속감을 느낄 수 있을 것이라는 고객 체험에 초점을 맞춘 브랜드 아이덴티티를 전달하기 위해 스토리텔링을 활용했다.[24] 만약 브랜드명이 브랜드를 성공적으로 만드는 핵심 요소라면, 브랜드명은 어떠해야 하는가? 세계적인 브랜드가 갖고 있는 열 가지 특성은 다음과 같다.[25]

1. 고객이 진정으로 원하는 이점을 제공하는 데 탁월하다.
2. 사람들의 삶에 의미 있는 것으로 실제적으로도 중요하다.
3. 가격 전략은 가치에 대한 소비자 인식에 근거한다.
4. 올바르게 포지셔닝되어 있다.
5. 일관성이 있다.
6. 브랜드 포트폴리오와 브랜드 계층이 합리적이다.
7. 브랜드 자산을 구축하는 데 필요한 모든 종류의 마케팅 활동을 활용하여 조정한다.
8. 브랜드 관리자는 자신의 브랜드가 소비자에게 어떤 의미를 갖는지 이해한다.
9. 브랜드는 기업으로부터 적절한 지원을 받고 있으며, 그 지원은 장기적으로 지속된다.
10. 기업은 브랜드 자산의 출처에 항상 예의 주시한다.

강력한 브랜드 자산을 보유한 제품은 마케팅 담당자에게 흥미로운 기회를 제공한다. 기업은 브랜드 자산을 활용해 신제품을 동일한 브랜드명으로 판매하는 **브랜드 확장**(brand extensions) 전략을 수행할 수 있다. 브랜드 자산이 존재함으로 인해, 기업은 확장된 브랜드의 제품을 다른 신규 브랜드 제품보다 높은 가격에 판매할 수 있고, 신규 고객을 빠르게 유인할 수 있다. 물론 확장된 브랜드가 품질이나 매력 면에서 그 이름값을 못한다면 긍정적이었던 브랜드 이미지가 브랜드 확장으로 인해 결과적으로 긍정적이지 못한 브랜드로 소비자 인식이 변화하는 **브랜드 희석**(brand dilution)의 위험을 초래할 수 있다. 궁극적으로 이 결과는 브랜드 충성도 및 매출에 영향을 미칠 수 있다. 아우디와 BMW 같은 많은 고급 자동차 기업들은 높은 매출과 시장 점유율 확대를 위해 상대적으로 덜 부유한 소비자들이 접근하기 쉬운 저가 모델에 그들의 브랜드 이름을 사용해 왔다. 일부 마케팅 담당자들은 이런 전략이 한때 고급스러움 및 배타성과 밀접한 연관성을 갖던 그들의 브랜드 가치에 어떤 영향을 미칠지 우려하는 목소리를 내고 있다.[26]

브랜드 자산을 활용하는 또 다른 방법은 **하위 브랜드 전략**(sub-branding)이다. 이는 핵심 브랜드 내에 보조 브랜드를 만드는 것으로, 핵심 브랜드가 확보하고자 하는 타깃 집단에 어필하기 위한 제품 라인 차별화에 도움을 준다. 버진 기업은 창립 이래 수십 개 이상의 하위 브랜드를 출시한, 하위 브랜드의 왕이라 불릴 만한 기업이다. 국외선인 버진 애틀랜틱에서부터 국내선인 버진 아메리카, 무선 통신 브랜드 버진 모바일, 음반 매장인 버진 메가 스토어, 온라인 와인 소매점 버진 와인, 그리고 버진 라디오 등등, 버진의 창립자인 리처드 브랜슨은 핵심 브랜드가 견고할 때 얼마나 시장을 위협할 수 있는 힘을 갖게 되는지 보여줬다.[27]

브랜드 확장 강력한 기존 브랜드명과 동일한 이름으로 팔리는 신제품

브랜드 희석 소비자가 인지하고 있는 브랜드의 현재 속성과 상반된 방향으로 진행된 브랜드 확장으로 인해 일반적으로 발생하는 브랜드 가치의 감소

하위 브랜드 전략 주 브랜드 내에서 바람직한 목표 시장을 대상으로 하나의 제품을 차별화하는 데 도움을 줄 수 있는 2차 브랜드를 창출하는 것

그림 9.6 📷 스냅숏 | 브랜드 전략

마케팅 관리자들은 여러 브랜드 전략을 활용할 수 있다.

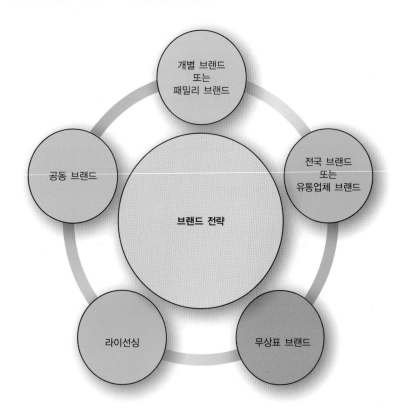

브랜드 전략

브랜드가 마케팅의 성공에 기여하는 바가 크기 때문에, 제품 계획의 주요 부분은 브랜드 전략을 개발하고 실행하는 것이다. 마케팅 담당자들은 어떤 브랜드 전략을 사용할지 결정해야 하는데, 다양한 브랜드 전략이 📷 그림 9.6에 나와 있다. 마케팅 담당자들은 개별 브랜드 또는 패밀리 브랜드, 전국적 브랜드 또는 유통업체 브랜드, 무상표 브랜드, 라이선싱 및 공동 브랜드 등과 같은 전략을 활용할 수 있다. 브랜드 전략에 대한 결정은 매우 중요하지만, 결정이 항상 쉽거나 명확한 것은 아니다.

개별 브랜드 또는 패밀리 브랜드

브랜드 전략을 개발하는 과정에서 각 제품마다 개별적이고 고유한 브랜드를 사용할지[개별 브랜드(individual brand) 전략] 아니면 동일한 브랜드 이름으로 여러 제품을 판매할지[**패밀리 브랜드**(family brand) 또는 우산 브랜드(umbrella brand) 전략]를 결정한다. 개별 브랜드는 제품이 소비자에게 제공해줄 수 있는 혜택을 분명하고 간결하게 전달하기 위한 유용한 방법이다. 반면 하얏트 호텔과 같이 유명한 기업은 자사의 높은 브랜드 가치와 호텔시장에서의 명성(예 : 럭셔리 호텔인 하얏트 리젠시)을 다른 시장에 활용할 수 있다. 하얏트 플레이스 리조트와 하얏트 하우스처럼 새로운 카테고리 시장에 자사 브랜드를 적용할 수 있는 것이다.

패밀리 브랜드의 도입 여부는 제품의 특성에 따라 결정되는데, 기업의 전반적인 전략 방안이 통일되어 있는지 독특한 제품의 출시인지 아니면 유사한 제품들의 개발인지에 따라 달라진다. 예를 들어, 마이크로소프트는 윈도우 10, 오피스 2016, 엑스박스 원, 그리고 빙과 같은 다양한 브랜드들을 위한 강력한 우산 브랜드의 역할을 하는 반면, 유니레버와 P&G는 각각의 미용 제품과 가정용품들을 개별적으로 브랜드화하는 것을 선호한다(대부분의 경우, 제품 뒷면 라벨에 적혀 있는 작은 글씨들을 들여다보지 않으면 어느 기업의 제품인지 알 수 없다).

그러나 너무 많은 브랜드는 부작용을 초래할 가능성이 있다. 특히 모브랜드와 하위 브랜드 간(original brand or parent brand) 포지셔닝이 명확하지 않아 소비자들이 제품 간의 차이점을 별로 느낄 수 없는 경우, 또는 반대로 하위 브랜드의 포지셔닝이 모브랜드로부터 너무 멀리 벗어나 브랜드 간 시너지 효과를 창출이 어려운 경우 더욱 그러하다. 예를 들어, 코카콜라는 '코카콜라'라는 이름을 공유하는 다양한 하위 브랜드들 간의 격차가 증가하자 이를 해결하기 위해 '하나의 브랜드(One Brand)' 글로벌 전략을 실행하기로 결정했다. 특히, 이 전략은 각각의 브랜드 아이덴티티를 차별화하는 것과는 반대로 코카콜라, 다이어트 콜라, 코카콜라 제로, 코카콜라 라이프들처럼 주로 제품의 속성에 근거하여 형성된 개별 제품들의 차이를 '코카콜라'라는 하나의 브랜드로 모아 더욱 견고한 하나의 브랜드 아이덴티티를 형성하는 것이었다. 통일된 방향으로 소비자 인식을 전환하기 위해 코카콜라는 '이 맛, 이 느낌(Taste the Feeling)'이라는 단일의

패밀리 브랜드 일군의 개별 제품 또는 개별 브랜드를 공유하는 브랜드

태그라인을 모든 제품들에 공유하는 등의 다양한 하위 브랜드를 포괄하는 여러 가지 마케팅 캠페인을 개발했다. 그리고 일부 브랜드에 대해서는, 제품의 포장을 변경하며 제품의 차이점을 강조하는 동시에 각 제품들이 하나의 상징적인 코카콜라 브랜드의 일부임을 분명히 보여주는 조치를 취했다. 다양한 제품들을 하나로 통일한다는 코카콜라의 전략은 모브랜드인 '코카콜라'가 단지 설탕이 많이 들어 있는 음료만을 주력으로 판매하는 것은 아니며, 소비자들의 선호도와 필요에 따라 선택할 수 있는 다양한 음료들이 코카콜라 제품군에 있다는 사실을 소비자들에게 이해시키는 데 큰 도움을 주었다.[28]

전국 브랜드 또는 유통업체 브랜드

오늘날 소매점들은 어떤 브랜드를 그냥 쌓아두고, 어떤 브랜드의 판매를 적극 추진할지 결정하는 주도적인 위치를 차지하고 있다. **전국 브랜드 또는 제조업체 브랜드**(national or manufacturer brands)라고 불리는 생산자 브랜드들 중 어느 브랜드를 판매할 것인가를 선택하는 것 외에도, 소매점들은 그들 자신의 제품을 제공할지의 여부를 결정한다. 유통업체 브랜드(store brands)라고도 불리는 **프라이빗 브랜드**(private-label brands)는 소매점 또는 체인점의 독점 상표명이다. 예를 들어, 코스트코는 300개 이상의 다양한 제품들에 자사 브랜드인 '커클랜드 시그니처'의 상표를 달고 판매한다. 대표적인 제품 카테고리로는 가정용품, 수하물, 애완동물사료 및 침구, 아기 물티슈, 기저귀, 유아용 조제 분유, 의류, 와인, 스낵 등 매우 다양하다.[29] 2000년 후반에 시작된 대불황기에, 유통업체 브랜드는 가치에 민감한 소비자들 사이에서 큰 인기를 끌었고, 유통업체 브랜드 제품에 만족한 많은 소비자들은 경제가 회복된 후에도 제조업체 브랜드로 전환하지 않고 지속적으로 유통업체 브랜드를 구매했다.

매장마다 다른 소매점에서는 찾을 수 없는 독특한 브랜드를 판매하고 있다면, 소비자들의 비교 구매는 더 어려워진다. 매장들을 돌면서 비슷해 보이는 제품들을 찾아 일일이 비교해가며 구매하기는 너무 어렵기 때문에 소비자는 결국 제일 낮은 가격에 판매하는 브랜드를 찾게 된다. 이처럼, 개별적인 소매업체 브랜드는 소비자가 구매하기 전에 인터넷을 통해 쉽게 가격을 비교하지 못하게 방해하는, 온라인상의 가격 투명성을 방해하는 대표적인 주요 장애물이다. 캐나다의 가장 큰 슈퍼마켓 체인인 로브로는 '프리미엄 품질'의 식품군에 프레지던트 초이스라는 유통업체 브랜드를 부착해서 판매한다. 제품은 쿠키에서부터 소고기, 올리브 오일, 커튼, 부엌용품 등 4,000개가 넘는다. 프레지던트 초이스 브랜드는 로브로가 취급하는 전체 제품의 30~40%를 차지하고 있다. 유통업체 브랜드를 통해 로브로는 제조업체 브랜드보다 낮은 가격에 품질은 높은 신제품을 출시할 수 있었다. 또한 가격 선택의 폭이 다양해짐에 따라 전체 카테고리의 수익성을 유지할 수 있게 되었다. 제조업체 브랜드만을 판매하는 로브로의 경쟁사 또한 가격을 인하할 수 있겠지만 이는 전체 수익성에 악영향을 미친다. 로브로는 제조업체 브랜드 제품의 가격을 할인하지 않으면서도 유통업체 브랜드 제품들을 통해 여전히 수익을 창출한다.[30]

무상표 브랜드

전국 브랜드나 유통업체 브랜드에 대한 대안 중 하나는 **무상표 브랜드 전략**(generic branding)이다. 이 방법은 기본적으로 아무런 브랜딩도 하지 않는 것이다. 무상표 브랜드의 제품은 일반적

NOW CAMPBELL'S® CHUNKY™ HAS TWENTY-THREE SOUPS WITH **100**% LEAN MEAT AND A FULL SERVING OF VEGETABLES*

GET VALUABLE COUPONS TO **SAVE $5.00** GO TO CHUNKY.COM

THIS IS NOT A COUPON

*All of the meat in this product is lean. 1/2 cup of vegetables in 1 cup of soup.

THE OFFICIAL SOUP SPONSOR OF THE NFL

캠벨은 청키 수프 라인이 그들의 제품임을 확인시키기 위해 패밀리 브랜드 전략을 사용한다.

전국 브랜드 또는 제조업체 브랜드 제품 제조업체가 소유한 브랜드

프라이빗 브랜드 소매상이나 도매상이 소유하고 판매하는 브랜드

무상표 브랜드 전략 상표를 붙이지 않고 최하의 가격으로 제품을 판매하는 전략

라이선싱 어떤 하나의 기업이 특정한 목적으로 특정한 기간 동안 브랜드명을 사용하는 권리를 다른 기업에 판매하는 계약

공동 브랜드 전략 신제품을 출시하기 위해 2개의 브랜드를 같이 사용하기로 하는 계약

소재 브랜드 전략 원재료의 브랜드가 다른 제품 브랜드의 '구성요소'가 되는 브랜드 전략 방식

으로 하얀 포장에 까만 글씨로 내용물의 이름만 쓰여 있다(예를 들어 '검정콩'). 무상표 브랜드 전략은 애견 사료나 종이 수건 같은 표준화된 제품을 가장 낮은 가격에 구매하고자 하는 소비자의 요구를 충족시키기 위한 것이다. 무상표 브랜드는 1980년대의 인플레이션 기간 동안 치솟는 가격에 민감했던 소비자들에게 처음으로 인기를 끌었다. 최근에는, 월마트가 일부 항생제 등의 몇몇 무상표 브랜드 복제약을 단돈 4달러에 판매하면서 약국 산업을 공격적으로 파괴하고 있다.[31]

라이선싱

어떤 기업들은 자사 제품을 브랜딩하기 위해 **라이선싱**(licensing) 전략을 사용한다. 라이선싱이란 특정 기업의 법적 보호를 받는 브랜드명 및 다른 관련 요소들을 명시된 기간 동안에 계약된 목적으로 다른 기업이 사용할 수 있도록 판매하는 것이다. 기업은 왜 다른 기업의 브랜드명을 구매하는가? 라이선싱은 신제품을 즉각적으로 인지하게 만들고 소비자의 관심을 불러올 수 있기 때문에, 이 전략은 특정 시장에 신제품을 신속하게 포지셔닝할 때 매우 용이하다. 예를 들어, 인기 있는 휴대폰 및 태블릿 게임인 앵그리 버드의 제작사 로비오는 스타워즈의 라이센스권을 획득하여 유명한 앵그리 버드 스타워즈 게임을 만들었다. 이 기업은 또한 '앵그리 버드'라는 유명 브랜드와 관련 캐릭터들을 해즈브로에 라이선스해서 앵그리 버드를 주제로 하는 장난감 제품 및 체감형 게임을 개발하기도 했다.[32]

우리에게 친숙한 라이선싱의 한 형태는 영화 제작사가 관련 지적재산권을 제조사에게 라이선싱해서 무제한적으로 제품을 생산하게 하는 것이다. 이것이 블록버스터인 해리포터 시리즈가 영화관에서 히트를 칠 때마다, 과다할 정도의 관련 제품들이 매장을 가득 채우는 이유이다. 장난감과 게임 외에도 해리포터 사탕, 옷, 모든 종류의 학용품과 가정용품, 심지어 지팡이와 냄비까지 있다. 2010년에는 요란한 팡파르와 함께 유니버셜 올랜도 테마파크의 주요 명소에 '해리 포터의 마법의 세계'가 새롭게 등장했다. 최근 추가된 '다이애건 앨리'는 2014년 여름에 문을 열었고, 이후 로스앤젤레스와 일본의 오사카에 '마법사의 세계'가 새로 선보였다.[33]

공동 브랜드

과자기업인 프리토레이는 타파티오 맛의 감자칩(라임맛이 약간 있는)을 판매한다. 또한 타코벨은 스파이시 치킨 쿨 랜치 도리토스 로코스 타코를, 제너럴 밀즈는 리세스의 퍼프 시리얼을 판매한다. 이상한 결합이라 생각되는가? 천만에! 사실, 이것들은 **공동 브랜드 전략**(cobranding)이라 불리는 혁신적인 전략의 예이다. 두 브랜드가 개별적으로 존재할 때보다 결합됐을 때 더 높은 브랜드 인지도를 획득할 수 있기 때문에 공동 브랜드 전략은 두 브랜드 모두에게 이득이 된다. 소니는 사이버 샷 디지털 카메라 라인에 선명도로 세계에서 가장 유명한 제이스 렌즈를 사용한다.[34] 소니는 세계적으로 유명한 가전제품 제조기업이기 때문에, 누구나 알고 있는 가전 기업과 전통적인 카메라 광학 기술에 최고 권위를 가진 기업의 결합은 두 브랜드 모두에게 도움이 된다.

빠르게 성장하고 있는 또 다른 유형의 새로운 공동 브랜드 전략은 **소재 브랜드 전략**(ingredient branding)으로, 특정 브랜드의 원재료가 다른 유명제품의 '구성부품'으로 사용된 것을 알려주는 방식으로 진행된다.[35] 이는 전형적인 '인텔 인사이드' 캠페인 뒤에 숨겨져 있던 전략으로, 물어보지 않았다면 몰랐을 뛰어난 기술의 컴퓨터 부품 이름을 강조하여 구매를 설득했다.[36] 오늘날

젤리벨리는 새로운 맛의 제품을 출시하면서 여러 청량음료 브랜드를 공동으로 사용한다.

소비자들은 스니커즈 초코바나 엠앤엠즈의 사탕, 트윅스 쿠키, 또는 스니커즈가 들어간 브레이어스의 아이스크림을 구매할 수 있다.

소재 브랜드 전략을 활용하면 두 가지 주요 이점을 얻을 수 있다. 첫째, 소재 브랜드는 친숙할 뿐만 아니라 품질면에서 강력한 평판을 가지고 있기 때문에 소비자를 제품 브랜드로 유인하기 쉽다. 둘째, 소재 브랜드를 제공하는 기업은 라이선싱 계약으로 인한 추가 수입을 거둘 수 있을 뿐만 아니라 제품이 많이 팔리면 팔릴수록 부품이나 원재료도 많이 판매할 수 있다.[37]

포장과 라벨 : 브랜딩을 위한 보조장치

당신이 마시는 탄산 음료가 '일반' 제품인지 '무카페인' 제품인지 어떻게 알 수 있을까? 저지방 치즈 가루는 사용 후 어떻게 보관해야 신선함을 유지할 수 있는가? 당신은 티파니의 작은 파란색 상자를 왜 그렇게 좋아하는가? 이 모든 질문들에 대한 대답은 효과적인 포장과 라벨링에 있다. 지금까지 우리는 마케팅 담당자들이 어떻게 브랜딩을 통해 제품의 아이덴티티를 만들어 가는지에 대해 이야기했다. 이제 제품 아이덴티티를 형성하는 데 도움을 주는 포장과 라벨링에 대해 알아보도록 하자. 또한 포장의 전략적 기능과 라벨링에 관한 법적인 이슈들에 대해서도 이야기해볼 것이다.

포장(package)이란 주로 제품의 커버나 케이스를 지칭하는 것이지만, 경쟁우위를 만들어내는 요소이기도 하다. 우선 포장의 중요한 기능적 가치는 제품을 보호한다는 것이다. 예를 들어 컴퓨터나 TV, 스피커와 같은 제품의 경우, 포장은 운송이나 보관 시 제품이 손상되지 않도록 보호해주는 역할을 한다. 시리얼이나 감자칩, 치즈가루 등과 같은 제품은 습기, 먼지, 냄새, 곤충으로부터 제품을 보호하기 위한 포장이 없다면 오래 보관할 수 없을 것이다. 📷 그림 9.7의 부

> **포장** 제품을 보호하고, 제품의 사용과 저장을 용이하게 하고, 중요한 마케팅 커뮤니케이션을 제공하는 제품을 싸거나 담는 것

그림 9.7 📷 **스냅숏 | 포장의 기능**

포장은 제품을 보호하고, 또한 그 브랜드의 경쟁우위를 창출한다.

핵심 계량지표

브랜드 자산은 브랜드명이 없는 제품과 비교했을 때 특정 브랜드명의 제품이 갖는 가치를 의미한다는 것을 상기하자(코카콜라와 무상표 수퍼 마켓 소다를 비교해 보자). 기업, 시장 조사 업체, 광고 대행사는 브랜드 가치를 측정하기 위한 지표를 산출하는데, 이는 브랜드 전략이 성공적이었는지 여부를 평가하는 중요한 방법이기 때문이다. 예를 들어, 해리스 폴리 이퀴트렌드(Harris Polly EquiTrend®)는 148개 이상의 산업군에서 1,400개 이상의 브랜드를 대상으로 매년 브랜드 가치를 측정하는 조사를 실시한다. 이 기업은 경쟁 브랜드에 대해 어떻게 생각하는지를 파악하기 위해 3만 8,000명이 넘는 소비자들을 인터뷰한다.[38] www.theharrispoll.com에 접속해서 'Solutions'를 클릭한 다음 'EQUITREND'를 선택하면 최근 결과를 확인할 수 있다.

만약 소비자들이 특정 브랜드에 대해 강하고 긍정적인 감정을 가지고 있으며, 그 브랜드를 선택하기 위해 기꺼이 추가 비용을 지불할 의사가 있다면, 마케팅 담당자들은 너무나 행복할 것이다. 브랜드 가치를 측정하기 위한 다음의 방법들에는 몇 가지 장점과 단점이 있다.

- '고객의 사고 방식 계량지표(mind-set metrics)'는 브랜드에 대한 소비자의 인식, 태도 및 충성도에 집중한다. 그러나 이 지표를 도출하기 위해서는 소비자 조사를 수행해야 하며 브랜드에 재무적 가치를 부여하기 위해 사용할 수 있는 단일한 객관적인 지표를 제공하지 않는다.

- '제품–시장 결과 계량지표(product-market outcome metrics)'는 상표가 없는 동급 제품보다 브랜드 제품이 더 높은 가격을 부과할 수 있다는 점에 초점을 맞춘다. 일반적으로, 얼마나 더 많은 비용을 특정 브랜드를 위해 기꺼이 지불할 수 있는지 소비자들에게 물어보는데, 이런 측정 방식은 소비자의 가상적인 판단에 의존한 것으로 사용하기에 복잡할 수 있다.
- '재무적 시장 계량지표(Financial market metrics)'는 브랜드를 판매 또는 인수할 때의 매매 가격을 고려한다. 이 지표는 또한 브랜드의 미래 주가에 대한 주관적인 판단을 포함한다.
- 한 마케팅 교수 팀이 시간이 지남에 따라 브랜드의 가치를 안정적으로 추적할 수 있게 해주는 간단한 계량지표를 제안했다. 그들의 '수익 프리미엄 계량지표(revenue premium metric)'는 특정 브랜드가 창출해내는 수익과 비슷한 자가 상표(어떤 특성도 없는)가 만들어내는 수익을 비교한다. 이 경우, 브랜드 가치는 특정 브랜드 제품과 자가상표 제품 간의 매출(정가×판매량)의 차이에 불과하다.[39]

계량지표 적용

1. 두 명 이상의 조를 만들고 서로 상의해서 5~7개의 좋아하는 브랜드 목록을 만들라.
2. 이 장에서 읽은 브랜딩의 다양한 측면을 고려하라. 브랜드의 어떤 특성들로 인해 그 브랜드를 '좋아하는 브랜드' 목록에 포함시켰는가?

드러운 다층 포장지는 안에 들어있는 치킨 수프가 상하는 것을 막아준다. 효과적인 포장은 제품을 보호할 뿐만 아니라 소비자가 제품을 쉽게 사용하고 저장할 수 있게 해준다. 그림 9.7은 포장이 수행하는 여러 기능들을 보여주고 있다.

그러나 이러한 실용적인 기능들 외에도 포장은 브랜드 개성(brand personality)을 전달하는 역할을 수행한다. 효과적인 제품 포장은 색상, 단어, 모양, 디자인 그리고 그림 등을 이용해 제품의 이름을 식별할 수 있게 하고 브랜드 아이덴티티를 확립해준다. 또한 포장은 제품의 맛과 향, 사용 방법, 대체 용법에 대한 제안(제품의 다양한 조리법 같은), 주의사항 및 제품의 성분 등 제품에 관한 정보를 제공해준다. 포장에는 보증기간, 고객 서비스를 위한 수신자 부담 전화번호 같은 정보가 들어 있기도 하다.

식품점이나 대형 매장에서 판매되는 거의 모든 제품의 옆면이나 아래쪽에 위치한 인쇄되어 있는 검은색 바코드, 즉 **통일 상품 코드**(universal product code, UPC)에 제품에 대한 다른 정보들이 담겨 있다. UPC는 제품을 식별하기 위한 전 국가적 시스템으로, 각 제품에 고유한 열 자리 숫자를 부여한다. 이 숫자들은 제품의 품목 유형(식료품, 육류, 생산품, 의약품 또는 할인 쿠폰), 제조업체(다섯 자리 코드) 및 특정 제품(다른 다섯 자리 코드)에 대한 고유 정보를 제공해준다. 계산대의 전자 스캐너를 통해 UPC 바코드를 읽으면, 자동으로 현금등록기에 정보를 전송해주므로 소매업자들은 쉽게 판매량을 추적하고 재고를 통제할 수 있다.

통일 상품 코드(UPC) 식품점이나 여타 상점에서 팔리는 대부분의 품목 옆이나 아래에 인쇄된 검은 막대기나 선들의 집합. 스캐너로 읽히는 UPC는 전국적인 제품 확인 시스템을 만들어냄

효과적인 포장 디자인

포장은 지퍼락 형태여야 할까, 내용물을 따르기 쉽게 만들어야 할까, 보관을 위해 크기가 작아

야 할까, 잘 넘어지지 않게 통은 넓고 길이는 짧아야 할까, 아니면 선반의 공간을 덜 차지하게 길쭉하고 얇아야 할까? 효과적인 포장 디자인을 설계하기 위해서는 많은 결정이 필요하다.

포장을 기획할 때에는 동일 제품 카테고리에 있는 다른 브랜드들의 포장을 고려해야 한다. 프링글스 감자칩이 시장에 출시됐을 때, 레이나 다른 감자칩 제품들과는 달리 의도적으로 길쭉한 원통 모양의 캔으로 디자인되었다. 이러한 형태는 상당 부분 필요에 의한 것으로, 프리토레이처럼 지방에 있는 모든 매장에 빠르게 배달할 만한 충분한 트럭을 보유하고 있지 못했던 프링글스는 캔 형태로 포장해야 감자칩을 좀 더 오래 그리고 신선하게 보관할 수 있었다. 그러나 제품이 시장에 출시된 직후, 프링글스는 포장의 급격한 변화를 모든 소비자가 환영한 것은 아니라는 사실을 발견했다. 소매점 또한 새롭게 포장된 제품을 진열하기 위해 선반 공간을 조정해야 한다는 것을 탐탁치 않아 했다. 이러한 우려에 대응하기 위해, 프링글스는 스틱형 감자 스낵인 스틱스, 다양한 맛의 프링글스를 하나의 포장으로 제공하는 스낵 스택, 프링글스의 작은 사이즈 제품인 그랩 앤 고, 그리고 건강을 우려하는 소비자를 위한 '소금을 줄인', '지방을 줄인', '무지방', 그리고 '100칼로리' 등의 제품을 출시하는 등 제품의 종류를 다양하게 조정하고 포장의 종류와 크기도 다양화했다.[40]

제품의 포장은 브랜드의 성격, 브랜드 유산, 그리고 프리미엄 이미지와 같은 무형의 특징들을 전달할 수 있다. 짐 빔은 최근 자사 제품들에 보다 고급스럽고 통합된 이미지를 반영하기 위해 포장을 다시 디자인했다. 구체적인 변경사항은 짐 빔의 시그니처인 '로제트' 로고를 눈에 띄게 배치했으며, 전반적으로 브랜드를 중심으로 제품을 통합하는 데 도움이 되도록 진행했다. 또한, 소비자들이 브랜드 유산을 마음속에 간직할 수 있도록 하기 위해 짐 빔 화이트 병의 측면에 위치한 증류주 생산자인 빔 일가(Beam family)의 7세대를 상징화한 초상화 이미지를 수정해서 더 선명하고 생기 있게 만들었다. 일부 짐 빔 제품들 또한 프리미엄의 특성을 더 잘 전달하기 위해 병의 디자인적 요소를 개선했다. 이것은 220년이 넘는 브랜드 역사상 처음으로 진행된 대대적인 포장의 리디자인이었다.[41]

사회적으로 책임감 있게 행동하고자 하는 기업들은 포장이 환경적 · 사회적 · 경제적으로 미치는 영향을 고려해야 한다고 주장한다. 반짝이는 금색과 은색의 포장이 고품질과 부유한 이미지를 전달하기는 하지만, 일부 금속 잉크는 자연 분해되지 않아 환경 친화적이지 않다. 몇몇 기업들은 다음 중 하나 이상을 포함하는 혁신적인 **지속 가능한 포장**(sustainable packaging)을 개발하고 있다. 이전에 사용한 재료를 활용하여 생산할 수 있는 포장 재료, 한 번 사용 후 용도를 변경할 수 있도록 개발 중에 있는 포장 재료, 더 적은 자원을 활용하여 생산되는 포장 재료, 그리고 일반적으로 환경에 덜 해로운 물질로 만들어졌거나 친환경 생산과정을 통해 생산되는 포장 재료가 그것이다. 물론 소비자들이 이런 포장을 더 선호할 것이라는 보장은 없다. 소비자들은 플라스틱 통으로 포장된 완제품보다 비닐 봉투로 된 리필 제품을 구매하는 게 쓰레기 양을 줄이는 방법이라는 것을 알고 있지만, 그들은 통에 담겨져 있는 완제품 대신 비닐주머니에 담긴 리필 제품을 선택하지 않는다. 낡은 통에 리필 제품을 채워 넣는 것을 좋아하지 않기 때문이다. 대신 고객들은 세탁 세제, 주방 세제, 섬유 유연제 같은 제품들의 경우에는 고농축의 작은 포장 제품을 선호한다.

모양은 어떤가? 네모난 것? 둥근 것? 삼각형 모양? 모래시계 모양? 세면용품 제조사인 멘넨은 한때 황금색 피라미드 모양의 상자로 포장한 밀리어네어라는 브랜드의 애프터 셰이브와 코

QR 코드는 더 많은 정보를 담을 수 있고 스마트폰으로 읽을 수 있기 때문에 시리얼 박스에서부터 항공사 탑승권에 이르기까지 모든 것에 일반적으로 사용되고 있다.

지속 가능한 포장 다음 중 하나 이상을 포함하는 포장: 이전에 사용한 재료를 활용하여 생산될 수 있는 포장 재료, 한 번 사용 후 용도를 변경할 수 있도록 개발 중에 있는 포장 재료, 더 적은 자원을 활용하여 생산되는 포장 재료, 그리고 일반적으로 환경에 덜 해로운 물질로 만들어졌거나 친환경 생산과정을 통해 생산되는 포장 재료

포장 크기의 범위는 기업이 그들의 제품라인을 확대하는 것을 가능케 한다.

모방 포장 유사하거나 기능적으로 동일한 국내 브랜드의 제품 외관을 모방하여 설계된 포장으로, 주로 소비자가 두 제품을 비교 가능한 동등한 제품으로 인식하도록 유도하기 위한 목적으로 행해진다.

롱 제품을 판매했다. 다른 것들을 넣어 장식품으로 재사용할 수 있는 클래식한 항아리 모양의 약통은 어떤가? 그것은 무슨 색이어야만 할까? 순수함을 전달하기 위한 흰색? 레몬의 신선함을 떠올리게 하는 노란색? 아니면 초콜릿 향이 나는 갈색? 때때로 이런 결정은 개인적인 취향에 의해 내려진다. 앤디 워홀로 유명한 친숙하게 느껴지는 캠벨 수프의 라벨은 빨간색과 흰색으로 구성되어 있는데, 오래 전 한 임원이 코넬대학교 축구팀의 유니폼 색깔을 좋아했기 때문에 그렇게 디자인되었다.

마지막으로, 브랜드 이미지를 잘 반영하고 타깃 시장에 어필할 수 있는 포장을 설계하기 위해서 브랜드 관리자들은 많은 요소들에 대한 구체적인 의사결정을 내려야 한다. 포장에는 어떤 그래픽 정보가 표시되어야 하는가? 누군가가 "애견 사료 포장에는 절대 사료를 먹는 개의 모습을 넣지 말라."고 말한 적이 있다. 포장에 제품의 사진이 있어야 할까? 캔에 담긴 녹색 콩 제품의 포장에는 꼭 녹색 콩 사진이 담겨 있어야 할까? 아름다운 헤어 스타일처럼, 제품 사용의 결과를 보여주는 사진을 붙여야만 하는가? 아니면 맛있어 보이는 토핑을 얹고 은색 쟁반에 가지런히 놓여져 있는 크래커처럼 사용 중인 제품의 모습을 담아야 하는가? 조리법이나 쿠폰이 포장 뒷면에 나타나 있어야 할까? 이 모든 결정들은 마케팅 담당자의 재량과 소비자에 대한 이해, 창의력 그리고 약간의 행운에 따라 정해진다.

유통업체 브랜드만의 독특한 포장 방법이 있다. 일부 유통업체 브랜드들은 다른 제품의 포장을 그대로 흉내내기도 하는데, 주로 제품이 모방한 전국 브랜드의 포장을 그대로 베낀다. 월그린은 이런 **모방 포장**(copycat packaging)의 달인이다. 의약품 선반 어디에서나 시장의 선두주자 바로 옆에 자랑스럽게 진열되어 있는 월그린의 제품을 볼 수 있다. 포장 디자인과 색상이 너무 비슷하기 때문에 실제로 무엇을 샀는지 구별하기 위해서는 주의 깊게 살펴 보아야 한다.[42]

라벨링 규제

1966년 제정된 미 연방의 포장과 라벨링에 대한 **법률**(The Federal Fair Packaging and Labeling Act)은 미국 내 포장과 라벨링을 엄격히 규제하고 있다. 이 법안은 라벨을 통해 유용한 정보를 전달함으로써 소비자들에게 좀 더 많은 도움을 제공하는 것을 목적으로 한다. 1990년에 제정된, 제품 성분에 대한 라벨링과 교육에 대한 법안은 식품 기업들에게 라벨을 대대적으로 변경하도록 요구하기도 했다. 1994년 8월 18일부터, 미국 식품의약청(FDA)은 미국에서 판매되는 거의 모든 식품들에 대해 1회 분량에 얼마만큼의 지방, 포화지방, 콜레스테롤, 칼로리, 탄수화물, 단백질, 비타민을 함유하고 있는지 라벨에 표시하도록 하고 있다. 이러한 규제는 마케팅 담당자들로 하여금 제품의 내용물을 더 정확하게 설명하도록 강요한다. 예를 들어, 주스 제조업자들은 그들의 제품이 설탕물이 아닌 실제 주스를 얼마나 많이 함유하고 있는지 명시해야 한다.

2006년 1월 1일, FDA는 모든 식품 라벨에 표시되어 있는 포화 지방 함유량 바로 아래에 식품에 포함된 트

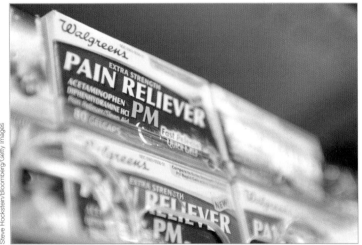

몇몇 유통업자 브랜드는 그들이 쫓아내고 싶은 전국적 브랜드 제품인 것처럼 하여 모방 포장을 택한다. 월그린이 대표적인 모방 브랜드이다. 약품 선반을 보면 월그린 브랜드가 가장 잘 팔리는 전국 브랜드 바로 옆에 디자인과 색깔도 아주 비슷하게 당당하게 전시되어 있다. 당신은 실제로 구매하는 것이 무엇인지를 잘 살펴서 분별해야 한다.

랜스 지방의 양을 명시하도록 요구했다. 새로운 라벨링은 트랜스지방과 포화지방, 콜레스테롤의 섭취가 동맥 경화증의 위험을 높인다는 과학적 근거를 반영한 것이다. 이 새로운 정보는 영양분석표(Nutrition Facts panel)가 만들어진 이후 일어난 첫 번째 중요한 변화였다.[43]

브랜드 관리자 단일 브랜드에 대한 마케팅 계획을 수립하고 실행하는 책임을 진 사람

9.4
목표
신제품과 기존 제품의 관리를 위해 마케팅 담당자들이 어떻게 조직을 구축하는지 설명한다.

효과적인 제품 관리를 위한 조직 만들기

물론 기업이 뛰어난 포장이나 브랜드 또는 제품을 만들어내는 것은 아니다. 그것들은 사람이 한다. 다른 마케팅 믹스와 마찬가지로, 담당 관리자가 제품 전략을 수립하고 실행하게 된다. 이제 기업이 기존 제품을 관리하고 새로운 제품을 개발하기 위해 어떻게 조직을 구성하는지에 대해 이야기해 보자.

기존 제품 관리

중소 기업에서는 대개 한 명의 마케팅 관리자가 마케팅 업무를 수행한다. 그는 신제품 개발과 관리, 광고, 기업 내의 몇 안 되는 영업 사원들과의 협력, 마케팅 조사 그리고 그 밖의 모든 것을 책임지고 처리해야 한다. 그러나 대기업에는 개별 브랜드, 개별 제품 카테고리 또는 개별 시장을 책임지는 관리자들이 많이 있다. 📷 그림 9.8과 같이, 제품 관리 업무는 기업의 필요와 시장 상황에 따라 브랜드 관리자, 제품 카테고리 관리자 또는 시장 관리자가 수행한다. 각각의 직책이 어떤 일을 수행하는지 살펴보자.

브랜드 관리자

어떤 기업은 하나의 제품 카테고리에 여러 개 또는 상당히 많은 수의 브랜드들을 포함시킬 수 있다. 슈퍼마켓의 세제 제품들이 진열되어 있는 선반을 살펴보자. 세탁 세제 카테고리에, P&G 는 볼드, 게인, 그리고 타이드 브랜드를 판매하고 있다. 이런 경우, 개별 **브랜드 관리자**(brand manager)가 해당 브랜드의 모든 마케팅 활동을 조정하는 업무를 수행한다. 이들은 해당 브랜드의 포지셔닝, 목표 시장 선정, 시장 조사, 유통, 판촉, 포장에 대한 모든 의사결정을 내리고 자신이 내린 결정의 성공 여부를 평가한다.

이런 직책과 직무 할당 방식이 업계 전반에 걸쳐 일반적으로 행해지고 있지만, 일부 대기업들은 책임을 할당하는 방식을 바꾸고 있다. 예를 들어, 오늘날 P&G의 브랜드 관리자들은 내부 컨설턴트 역할을 하고 있다. 이들은 자사의 모든 제품라인을 판매하는 주요 소매점을 맡아 전체 비즈니스를 관리할 책임이 있는 현지의 여러 관련 부서들을 상담하고 자문하는 역할을 한다. P&G 브랜드 관리자들은 여전히 브랜드 포지셔닝과 브랜드 자산을 개발하는 업무를 책임지고 있지만, P&G 사업의 대부분을 차지하고 있는 주요 유통업체의 요구에 부응하기 위해 영업, 금융, 물류 등의 측면에서 협력사들과 밀접한 관계를 가지고 일하고 있다.

바로 이런 특성으로 인해, 브랜드 관리 시스템은 잠재적인 문제점을 갖는다. 만약 브랜드 관리자들이 독립적으로 사업을 진행하고 때때로 서로 경쟁하게 되면, 개별 브랜드의 관리자들은 그들이 담당한 브랜드

그림 9.8 📷 **스냅숏** │ **제품 관리의 유형**

제품 관리는 여러 형태를 가질 수 있다. 기업의 필요와 시장 상황에 따라 브랜드 관리자, 제품 카테고리 관리자, 시장 관리자의 형태를 띤다.

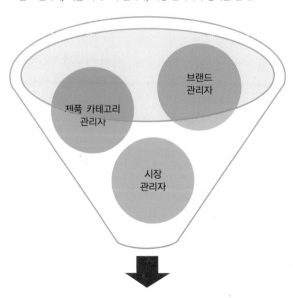

제품 관리의 세 가지 유형

제품 카테고리 관리자 하나의 제품 범주에 속한 모든 브랜드와 제품들에 대한 마케팅 계획을 수립하고 실행하는 책임을 진 사람

시장 관리자 특정 고객 집단에게 팔리는 제품들에 대한 마케팅 계획을 개발하고 실행하는 책임자

벤처 팀 오직 신제품 개발에 집중하여 같이 일하는 조직 내 집단

의 단기 매출을 향상시키기 위해 상호 간 갈등을 일으킬 수 있으며, 이는 잠재적으로 기업의 전체적인 제품 카테고리에 악영향을 미칠 수 있다. 단기적인 판매를 증가시키기 위해 쿠폰, 할인, 포인트 제공 등과 같은 가격 중심의 판촉을 과도하게 진행하면, 고객들은 그 제품이 세일을 하지 않을 때에는 구매하지 않게 된다. 따라서 이러한 행동은 장기적인 수익에 해를 미치고 브랜드 자산을 손상시킬 수 있다.

제품 카테고리 관리자

일부 대기업은 엄청나게 다양한 제품들을 판매하기 때문에 보다 광범위한 조정 과정이 필요하다. 원래 컴퓨터 제조업체로 알려진 IBM은, 현재 IT 지원 분야 전반에 걸친 고객 관련 서비스와 광범위한 컨설팅을 통해 많은 수익을 창출하고 있다(오래 전에 싱크패드 사업부를 중국 기업인 레노버로 분리시키면서 더 이상 개인용 컴퓨터는 판매하지 않고 있다). IBM의 경우, 더욱 전체적인 의미 안에서 제품 라인 믹스를 조정하고, 고객들의 요구에 맞춰 추가적인 신제품 라인을 검토하는 **제품 카테고리 관리자**(product category managers)가 제품 관리를 위한 조직에 포함되어야 한다.

시장 관리자

일부 기업들은 기업이 생산하는 제품보다 특정 고객 집단에 더 집중하는 **시장 관리자**(market manager) 조직을 육성해왔다. 이러한 조직 유형은 기업이 다양한 제품을 통해 광범위한 고객의 요구를 충족시키고자 할 때 특히 유용하다. 예를 들어 GE는 전자레인지와 전구 같은 제품을 구매하는 소비자, 제트 엔진 및 병원용 영상 장비와 같은 제품을 구매하는 기업, 그리고 해군 함정과 군용 항공기 생산에 사용되는 부품을 구매하는 정부 같은 세 가지 광범위한 시장에 제품을 판매한다. 이런 기업들은 각기 다른 개별 시장에 차별적으로 초점을 맞춤으로써 각각의 고객에게 가장 적합한 최상의 서비스를 제공한다.

신제품 개발을 위한 조직

우리는 제8장에서 신제품 개발 단계에 대해 알아보았고, 이 장 앞부분에서는 제품 수명 주기(PLC) 중 도입 단계가 얼마나 중요한지에 대해 배웠다. 신제품을 출시하는 것은 매우 중요한 일이기 때문에, 그 과정을 관리하는 일은 매우 심각한 문제이다. 어떤 경우에는 한 사람이 신제품 개발을 담당하기도 하지만, 큰 조직에서의 신제품 개발은 대부분 많은 인원을 필요로 한다. 특히 기업가적인 능력을 가진 창조적인 사람들이 이 업무를 맡는 경우가 많다.

대기업이 해볼 만한 도전 과제는 서로 다른 분야의 다양한 전문가들을 한곳에 모아 **벤처 팀**(venture teams)을 만들고 신제품 개발에만 주력할 수 있도록 하는 것이다. 때때로 벤처 팀들은 기존 사무실과 동떨어져 있는 '비밀 연구소(skunk works)'를 사용하기도 한다. 이 특색 있는 용어는 연재만화 '릴 애브너(Li'l Abner)'에 나오는 비밀 양조장인 스컹크 웍스(skunk works)에서 유래했다. 무면허 양조장이 외진 지역에 위치해서 불법적인 증류 작업에 대한 단속을 피하는 것처럼, 기업들은 사내 벤처팀을 작고 격리된 부서나 시설에 만들어 놓고 감독과 지시를 최소화하며 운영하고 있다.[44]

목표 요약 ➡ 핵심 용어 ➡ 적용

9.1 목표 요약

기업이 각각의 제품에 적용할만한 차별적 목표와 전략을 설명한다.
제품 계획은 지속적인 제품 관리 과정에 따라 이루어진다. 개별 제품의 목표는 신제품의 출시, 지역에서의 상품의 시장 확대 또는 성숙기에 있는 제품에 다시 활력을 불어넣는 것 등이다. 복수 제품들에 대해, 기업은 풀 라인 전략을 선택할지 아니면 제한된 라인 전략을 수행할지 결정한다. 뿐만 아니라 기업은 상향이나 하향 또는 양방향으로 제품 라인을 확장하거나, 제품 충원 전략을 활용하여 제품 라인을 확장하기로 결정할 수 있다. 아니면 하나의 제품 라인에 집중하기도 한다. 복수의 제품 라인을 가진 기업은 많은 수의 제품 라인을 유지하며 넓은 제품 믹스를 확보할 것인지 아니면 몇 개의 제품 라인만으로 이루어진 좁은 제품 믹스를 구성할 것인지 선택할 수 있다. 제품 품질은 내구성, 신뢰성, 정밀도, 사용 및 사후관리의 용이성, 그리고 미적인 즐거움 등을 의미한다. 기업이 품질을 개선할 수 있는 한 가지 방법은 식스 시그마 방법을 활용하는 것이다.

핵심 용어

내부 고객	전사적 품질경영	제품 믹스
내부 고객 의식	(TQM)	제품 믹스 폭
식스 시그마	제품 관리	제품 품질
자기잠식	제품 라인	ISO 9000
재고관리코드(SKU)	제품 라인 길이	

9.2 목표 요약

기업이 제품 수명주기에 따라 제품을 어떻게 운영하는지 설명한다.
제품 수명주기는 제품이 탄생해서 죽음에 이르기까지의 과정을 네 단계로 나누어 설명한다. 도입기에는 소비자들이 제품 사용을 시도해볼 수 있도록 유도하며 연구개발비를 회수하기 위한 고가 전략을 사용한다. 급속하게 판매가 증가하는 성장기에, 마케팅 담당자들은 새로운 버전의 제품을 출시한다. 성숙기에는 판매량이 최고치에 이르렀다가 점차 감소한다. 이 시기에 마케팅 담당자들은 시장에서 요구하는 새로운 기능을 제품에 추가하거나 새로운 시장을 개발하는 전략으로 대응한

다. 쇠퇴기에 이르면 기업은 제품을 단계적으로 서서히 퇴출시킬 것인지 아니면 즉시 철수할 것인지 결정해야 한다. 만약 시장에 여전히 남아 있는 수요가 있다면 제품 생산을 유지할 것인지를 결정해야 한다.

핵심 용어

도입기	성장기	제품 수명주기(PLC)
성숙기	쇠퇴기	

9.3 목표 요약

브랜드 전략과 포장이 제품 아이덴티티에 기여하는 바를 설명한다.
브랜드는 기업의 제품을 식별하기 위해 사용하는 제품명, 용어, 심벌 또는 기타 고유한 요소를 말한다. 브랜드는 긍정적인 의미를 가지며 쉽게 인지되고 기억될 만한 것으로 선택해야 한다. 브랜드명은 말하기 쉽고, 쓰기 쉽고, 읽기 쉽고, 기억하기 쉬운 것이어야 하며 목표 시장, 제품의 이점, 고객의 문화 및 법적 요구 사항에 부합하는 것이어야 한다. 브랜드를 법적으로 보호하기 위해 마케팅 담당자는 상표를 등록한다. 브랜드는 고객 충성도를 유지하는 데 도움이 되며, 브랜드 자산 또는 브랜드 가치는 기업이 새로운 소비자를 유인할 수 있음을 의미하기 때문에 중요하다. 기업은 개별 브랜드 전략을 개발할 수도 있고 패밀리 브랜드나 우산 브랜드 전략을 통해 여러 제품을 동일 브랜드명으로 판매할 수 있다. 전국 브랜드 혹은 제조업체 브랜드는 생산자가 소유하고 판매하는 제품의 브랜드를 의미하는 반면, 프라이빗 브랜드 또는 유통업체 브랜드는 소매점이나 유통 체인점의 이름을 사용한다. 라이선싱은 한 기업이 다른 기업에게 특정 브랜드를 사용할 수 있는 권리를 판매하는 것을 의미한다. 공동 브랜드 전략에서는 두 브랜드가 하나의 신제품을 판매하기 위해 파트너십을 형성한다.

포장은 제품의 커버나 용기를 말하는 것으로, 제품을 보호하고 제품의 사용과 보관을 용이하게 한다. 색상, 단어, 모양, 디자인, 그림 등 포장을 디자인하는 데 사용되는 요소들은 제품의 아이덴티티를 나타내고 제품의 편익 또는 다른 중요한 제품 정보를 전달해주는 역할을 한다. 포장을 설계하는 사람은 비용과 제품의 보호 그리고 고객과의 커뮤니케이션을 고려

해서 기능적이면서 미적으로 즐겁고, 환경에 해가 되지 않는 포장을 개발해야 한다. 미국에서 제품 라벨은 소비자들에게 좀 더 많은 도움을 제공하는 것을 목적으로 하는 다수의 연방법에 의해 통제되고 있다.

핵심 용어

공동 브랜드 전략	브랜드 확장	포장
라이선싱	브랜드 희석	지속 가능한 포장
무상표 브랜드 전략	소재 브랜드 전략	모방 포장
브랜드	전국 브랜드 또는 제조업체 브랜드	하위 브랜드 전략
브랜드 스토리텔링		상표(트레이드마크)
브랜드 의미	통일 상품 코드 (UPC)	프라이빗 브랜드
브랜드 자산	패밀리 브랜드	

9.4 목표 요약

신제품과 기존 제품의 관리를 위해 마케팅 담당자들이 어떻게 조직을 구축하는지 설명한다.

기존 제품을 성공적으로 관리하기 위해, 마케팅 조직은 브랜드 관리자, 제품 카테고리 관리자, 시장 관리자와 같은 사람들을 포함할 수 있다. 그러나 신제품 개발에 대한 책임은 신제품 관리자 또는 신제품 개발을 위해 함께 일하는 서로 다른 분야의 전문가들로 구성된 벤처 팀에 맡기기도 한다.

핵심 용어

브랜드 관리자	제품 카테고리 관리자	시장 관리자
		벤처 팀

연습문제

개념 : 지식 확인하기

9-1. 기업이 제품 라인을 확장하기로 결심해야 하는 이유에는 어떤 것들이 있는가? 제품 라인을 축소하는 이유는 어떤 것들이 있는가? 왜 많은 기업들이 제품 믹스 전략을 사용할까?

9-2. 제품 전략의 목표로 품질이 왜 그렇게 중요한가? 제품의 품질에는 어떤 것들이 있는가? 전자 상거래는 제품의 목표로서 품질에 어떤 영향을 주었는가?

9-3. 제품 수명주기 개념을 설명하라. 제품 수명주기에는 어떤 단계들이 있는가?

9-4. 제품 수명주기 단계별로 제품은 어떻게 관리되는가?

9-5. 브랜드란 무엇인가? 좋은 브랜드명의 특징은 무엇인가? 기업은 어떻게 브랜드를 보호하는가?

9-6. 브랜드 확장은 무엇인가? 하위 브랜드는 무엇인가?

9-7. 개별 브랜드, 패밀리 브랜드란 무엇인가? 전국 브랜드란 무엇인가? 유통업체 브랜드란 무엇인가?

9-8. 브랜드를 라이선싱한다는 것은 무엇을 의미하는가? 공동 브랜드란 무엇인가?

9-9. 포장의 기능은 무엇인가? 효과적으로 포장을 설계하기 위한 중요 요소들은 무엇인가?

9-10. 마케팅 담당자들이 포장 라벨에 대해 알아야 할 것은 무엇인가?

9-11. 기업이 기존 브랜드를 관리하기 위해 마케팅 조직을 구성하는 방법들을 설명하라. 신제품 개발을 위한 조직 형태에는 어떤 것들이 있는가?

실행 : 배운 것 적용하기

9-12. 수업시간 10~25분 팀별 과제 당신은 이번 여름에 기업의 인턴으로 일하는 학생들에게 제품 수명주기에 대해 설명해 달라는 요청을 받았다. 제품 수명주기의 각 단계들(도입기, 성장기, 성숙기, 쇠퇴기)을 설명하고 각 단계에 속하는 다양한 제품의 예를 제시하라. 다음 단계로 전환되는 위치에 있는 제품뿐만 아니라 각 단계에서 어려움을 겪고 있는 제품 그리고 다음 단계로 넘어가지 못하고 생산 중단된 제품의 예를 포함하여 다양한 사례를 들어 설명하라.

9-13. 추가 연구(개인) 동일한 기업 브랜드 이름으로 제품들을 판매하는 기업 중 상향 라인 확장뿐만 아니라 하향 라인 확장 브랜드들을 보유하고 있는 기업을 선택하라. 각각의 제품 카테고리 안에서 하나 이상의 제품들을 선택한 후 다른 제품들과 구분되는 특별한 속성들을 찾아보라.

9-14. 창의적 과제/단기 프로젝트 P&G에서 근무하고 있는 당신은 최근 승진을 통해 5개의 공동 브랜드를 기획하는

업무를 맡게 되었다. 공동 브랜드 대상 제품은 P&G의 제품일 수도 있고 다른 기업의 브랜드와 함께 진행할 수도 있다. 공동 브랜드를 개발할 수 있는 기회에 대해 설명하고, 공동 브랜드를 추진했을 때 얻을 수 있는 장점에 대해 설명하라.

9-15. 추가 연구(개인) 소비용으로 판매되는 와인을 포장하는 데(또는 다른 종류의 포장)에 있어 와인 산업은 수년간 많은 변화를 겪어왔다. 조사를 통해 와인을 포장하는 방법에 있어서 달라진 몇 가지 특징적인 차이를 파악해보라. 지속 가능성과 마케팅적 측면에서 포장법들의 장단점을 모두 설명하라(단, 관련 포장의 특성에 영향받을 만한 서로 다른 고객집단들의 다양한 선호와 취향을 고려하라).

9-16. 수업시간 10~25분 팀별 과제 당신이 스포츠 신발 제조업체의 마케팅 부서에서 일하고 있다고 가정해보자. 당신의 기업은 일회용 스포츠 의류라는 새로운 제품 카테고리를 출시할 예정이다. 한 번 쓰고 버리는 일회용품처럼 한 번 입고 버리는 일회용 스포츠 의류 말이다! 당신은 새로운 브랜드명을 개발하는 게 좋은지 아니면 이미 유명세를 얻은 기존 제품의 브랜드명을 사용하여 패밀리 브랜드 전략을 진행하는 게 좋은지 고민될 것이다. 각 전략의 장점과 단점을 나열하고, 당신이라면 어떤 전략을 추천할 것인지 설명하라.

9-17. 수업시간 10~25분 팀별 과제 사업을 운영하고 있는 당신은 새로운 식료품점을 열고 싶으나 어떤 제품들을 판매하면 좋은 지 확신이 들지 않는다. 제조업체 브랜드, 유통업체 브랜드, 그리고 무상표 브랜드 전략의 특성에 대해 설명하고 새로운 상점은 어떤 브랜드 전략을 수행하는 것이 좋은지 설명하라. 그리고 당신이라면 어떤 결정을 내릴지 간략하게 설명하라.

9-18. 추가 연구(개인) 브랜드에 대한 소비자의 인식에 부정적인 영향을 미친 브랜드 확장의 예를 찾아보라. 가능하다면, 브랜드에 대한 소비자 인식을 가장 훼손한 브랜드 확장 사례를 찾고, 구체적인 증거를 인용하여 왜 이것이 브랜드에 대한 소비자 인식에 악영향을 미쳤다고 생각하는지 설명하라.

9-19. 창의적 과제/단기 프로젝트 당신이 시리얼 제조업체인 켈로그에 고용되었다고 가정해보자. 당신은 켈로그 시리얼의 포장을 새롭게 디자인하기 위한 계획을 수립하는 업무를 담당하게 되었다. 당신의 상관에게 보고한다고 생각하고 아래 내용이 포함된 보고서를 작성하라.

a. 현재 포장에 대해 고객들이 가지고 있는 문제점이나

불만

b. 여러 가지의 포장 변경안

c. 포장을 변경하는 것이 좋은지 기존 포장을 유지하는 것이 좋은지에 대한 제안

9-20. 추가 연구(개인) 당신은 제품 품질과 관련하여 식스 시그마가 어떤 역할을 수행할 수 있을지 관심을 갖게 되었다. 인터넷을 활용하여 식스 시그마의 개념을 조사하고 일상적으로 식스 시그마를 적용한 기업의 사례를 최소 두 가지 이상 찾아보라. 그리고 조사 결과를 간단하게 보고서로 요약해보라.

개념 : 마케팅 계량지표 적용하기

이 장에서는 브랜드가 갖고 있는 가치를 측정하는 중요한 척도인 브랜드 자산의 개념을 소개했다. 브랜드 자산의 가치를 계산하는 방법에는 여러 가지가 있는데, 가장 잘 알려진 방법 중 하나는 인터브랜드(Interbrand)의 공식이다. 인터브랜드는 자사가 개발한 브랜드 자산 측정 공식을 활용하여 매년 세계 100대 브랜드 명단을 발표한다. 현재와 과거의 브랜드 자산 순위를 제공하는 인터브랜드 웹사이트에 들어가서(www. interbrand.com), '최고의 글로벌 브랜드'를 클릭해보라. 브랜드 목록을 살펴보고 그중에서 관심 있는 브랜드를 5개 선택하여 각각의 브랜드 자산이 지난 몇 년간 증가 추세를 보였는지 아니면 감소했는지를 살펴보라.

9-21. 인터브랜드가 이들 브랜드 자산의 변화(또는 안정)를 어떻게 설명하고 있는가?

9-22. 인터브랜드의 평가에 동의하는가 아니면 다른 의견을 가지고 있는가? 해당 브랜드의 자산평가에 대한 당신의 의견은 무엇인가?

선택 : 당신은 어떻게 생각하는가?

9-23. 비판적 사고 브랜드 자산이란 브랜드가 갖는 고객 충성도, 품질에 대한 인식, 브랜드명에 대한 인지도를 의미한다. 당신이 개인적으로 충성심을 가지고 있는 브랜드는 무엇인가? 무엇이 그 제품으로 하여금 브랜드 충성도를, 결과적으로 브랜드 자산을 창출하게 하는가?

9-24. 비판적 사고 당신이 구매했던 제품 중 브랜드가 중요하지 않았던 특정 제품이 있다면 제품의 어떤 특성 때문이었는지 설명해보라. 또는 제품을 구매하는 과정에서 브랜드가 전혀 중요하지 않았던 경우가 있다면 어떤 개인적 선호 때문에 그러했는지 설명해보라.

9-25. 비판적 사고 품질은 제품에 있어 중요한 목표이지만,

제품에 따라 내구성, 정밀도, 미적인 즐거움 등 품질이 의미하는 바가 다를 수 있다. 아래의 제품들에 있어 품질이란 무엇을 의미하는가?

a. 스마트폰

b. 팝업 텐트

c. 운동화

d. 진공 청소기

e. 애견 사료

f. 대학교육

9-26. 비판적 사고 대부분의 경우 기업은 인기 있고 유명한 브랜드를 활용하여 브랜드 확장 전략을 개발한다. 모브랜드의 브랜드 자산이 신제품으로 전이될 수 있다는 것을 알기 때문이다. 만약 신제품의 품질이 좋지 않다면 모브랜드의 평판에 해를 끼칠 수 있고, 반대로 신제품이 뛰어난 품질을 자랑한다면 모브랜드의 평판을 높일 수 있다. 모브랜드의 자산을 강화하거나, 해를 입힌 브랜드 확장의 예는 어떤 것들이 있는가?

9-27. 윤리 1,000명의 영국인을 대상으로 한 연구에 따르면 응답자의 91%가 "기업이 고객과 지역사회에 기여하는가의 여부가 구매에 영향을 미친다."고 말했다.[45] 당신도 동일한 생각을 갖고 있는가? 예를 들어, 구매하기 전에 기업의 친환경 정책을 검토해본 적이 있는가? 브랜드의 윤리적 행동이 당신에게는 얼마나 중요한가? 당신은 기업의 윤리적 이슈 때문에 특정 브랜드를 구매하지 않은 경우가 있는가?

9-28. 비판적 사고 가끔은 마케팅 담당자들이 현재 제품의 포장이 최고의 디자인인지 아닌지를 고민하지 않고, 그냥 매년 똑같은 포장을 고수하고 있는 것처럼 보이기도 한다. 아래에 있는 제품 목록을 살펴보고, 각각의 제품별로 포장에 어떤 문제가 있는지 논의하라. 그리고 포장을 개선할 수 있는 방법을 생각해보라. 마케팅 담당자들이 오래된 포장을 바꾸지 않는 이유는 무엇이라 생각하는가? 당신의 포장 개선 아이디어를 도입한다면 어떤 결과를 얻을 수 있겠는가?

a. 시리얼

b. 세탁 세제

c. 냉동 오렌지 주스

d. 1.5L짜리 우유

e. 감자칩

f. 식빵 한 덩어리

9-29. 비판적 사고 최근 FDA는 식품에 포함되어 있는 설탕의 함유량이 일일 권장량의 몇 %에 달하는지를 식품 포장에 붙어 있는 영양 표시 라벨에 추가하도록 제안했다. 이는 FDA가 포화 지방과 나트륨과 같은 성분의 소비를 제한해야 한다고 권고하면서 일일 섭취량을 영양 표시에 첨가하도록 했던 것과 마찬가지로 설탕 첨가물에 대한 추가적인 정보를 제공하게 될 것이다.[46] 당신은 첨가된 설탕에 대한 정보를 제공하는 이러한 새로운 조치가 필요하다고 생각하는가? 당신은 이러한 새로운 조치가 설탕을 함유한 제품을 구매하고 소비하는 방식을 변화시킬 것이라고 믿는가? 당신의 대답에 대한 근거를 제시하라.

9-30. 윤리 만약 기업이 자사가 판매하고 있는 스낵이나 음료가 보통 한 번에 소비된다는 사실(소다 한 병 또는 감자칩 한 봉지처럼)을 알고 있으면서도 여러 번에 걸쳐 섭취되는 것처럼 영양 성분을 표시한다면, 이것은 윤리적인 행동일까?(즉, 표시된 성분 표시 수치는 전체 제공량이 아닌 1회 권장제공량을 기준으로 하고 있으며, 제품의 전체 영양 성분을 알기 위해서는 1회 권장제공량을 제공 횟수로 곱해야 하는 경우)

9-31. 비판적 사고 만약 브랜드가 소속되어 있는 모기업이 브랜드가 자체적으로 관여하는 사회적 책임 행동에 직접적으로 모순되는(일반적으로는 그 이상의) 활동에 관여한다면, 이를 그 브랜드의 사회적 책임으로 간주해야 할까?

9-32. 윤리 이번 장에서 당신은 브랜드명이 해당 제품 카테고리를 벗어나면 법적인 보호를 받기 어렵다는 사실을 배웠다. 퀘이커와 애플 같은 브랜드뿐만 아니라 항공 산업과 수도꼭지 산업에 동시에 쓰이는 델타라는 브랜드도 마찬가지다. 그러나 관련 없는 제품이라 하더라도 기존 제품의 브랜드명을 가져다 쓰는 것이 윤리적인 일인가? 당신이 시작하고 싶은 새로운 사업이 있다고 가정해보자. 그리고 해당 사업과 관련 없는 다른 제품 카테고리의 브랜드 중 자신의 브랜드로 사용하고 싶은 것은 없는지 생각해보자. 이것이 윤리적으로 문제가 된다고 생각하는가? 그렇게 생각한다면, 또는 그렇지 않다고 생각한다면 그 이유는 무엇인가?

미니 프로젝트 : 행하면서 배우기

어느 슈퍼마켓을 가나, 당신은 분명 수천 가지 종류의 제품 포장을 찾을 수 있을 것이다. 이 미니 프로젝트는 브랜딩, 공동 브랜딩, 그리고 포장이 구매자를 유인하기 위해 모두 함께 작동한다는 것에 대한 이해를 돕기 위해 설계되었다.

a. 당신이 살고 있는 지역의 대표적인 슈퍼마켓에 가보라.

b. 관심 있는 두 가지 제품 카테고리를 선택하라(아이스크림, 시리얼, 세제, 수프, 냉동식품 같은 것들).

c. 각 제품 카테고리가 진열되어 있는 구역으로 가서 제일 처음 당신의 눈길을 끈 제품의 이름 3개를 적고, 왜 그 제품이 주의를 끌었는지 그 이유를 생각해보라(브랜드명, 공동 브랜드, 또는 포장 디자인).

d. 세 제품 중 첫인상에만 근거해서 당신이 가장 구매할 만

한 제품을 선택해보라. 그리고 왜 그 제품을 골랐는지 설명하라.

9-33. 세 가지 제품들을 각기 다른 제품 카테고리에서 선택하고 포장 디자인 및 제품에 대한 모든 정보를 검토해보라. 어떤 제품을 가장 구매할 것 같은가? 그 제품을 선택한 이유를 설명하라.

9-34. 두 가지 제품 범주의 브랜드와 포장에 대해 배운 내용을 요약하여 발표하라.

마케팅 행동 사례   블루 다이아몬드의 실제 선택

얼마나 다양한 방식으로 아몬드를 즐길 수 있는지 아십니까? 농업협동조합인 블루 다이아몬드 그로어스에 따르면, 상당히 다양한 방법으로 아몬드를 즐길 수 있다! 2010년 초 아몬드 가격이 급등한 이래로 시장이 다시 균형을 되찾으며 가격은 내려가고 수요는 증가했다. 블루 다이아몬드 그로어스의 회장 겸 CEO인 마크 얀센은 "나는 아몬드가 가격적인 측면에서 훨씬 더 가치 있는 제품이라고 생각하며, 우리가 전 세계의 아몬드에 대한 근본적인 수요를 장려하고 증가시킬 수 있는 위치에 있다고 생각한다."고 말한다. 그 성장의 대부분은 제품 개발을 통해 이루어질 것이다.

캘리포니아 아몬드 그로어스 익스체인지는 1910년에 사업을 시작했는데, 이 기업은 오늘날 3,500개 이상의 농장들이 생산하는 나무 견과류를 가공하는 세계 최대의 나무 견과 가공 회사가 되었다. 이 협동 조합은 전 세계 아몬드 공급량의 80% 이상을 처리하고 있다. 이 협동조합은 아몬드를 다양한 형태로 가공하고, 제품은 블루 다이아몬드 그로어스를 통해 시장에 판매한다. 블루 다이아몬드 그로어스는 신제품을 개발하고, 아몬드의 새로운 용도를 찾으며, 새로운 기회를 창출함으로써 신규 고객을 발굴하고 새로운 시장을 찾는 데 전념한다. 핵심 브랜드로는 블루 다이아몬드 구운 아몬드, 아몬드 브리즈 아몬드 밀크, 그리고 넛 씬스 견과류와 쌀 과자 등이 있다.

원래 제품인 스낵용 구운 아몬드에 이미 여러 가지 맛이 있지만 블루 다이아몬드는 멈추지 않고 브랜드를 성장시키기 위한 새로운 방법을 찾아 나섰다. 최근에 개발한 새로운 풍미의 제품군은 '볼드'라는 브랜드명을 사용하고 있는데, 제품의 맛을 "어느 누구에게라도 눈에 띌 만큼 대범하고 용감한 맛"이라고 설명한다. 이 브랜드 제품에는 스리라차, 할라페뇨 스모

크하우스, 와사비&간장 소스, 그리고 하바네로 BBQ와 같은 맛의 제품들이 있다.

저지방과 더 영양가 있는 대체품에 대한 소비자의 욕구가 커감에 따라, 기존에 우유를 마시던 소비자들은 유제품보다 더 나은 대안이 무엇이 있는지 모색하기 시작했다. 아몬드 브리즈 아몬드 밀크는 칼로리와 포화지방이 적고 칼슘과 비타민 E의 좋은 공급원이다. 이러한 효능들로 인해 USA 발리볼 협회는 이 제품을 2016년 하계 올림픽을 위한 공식 아몬드 우유로 채택했다. 아몬드 브리즈는 유제품 음료의 좋은 대안으로 미국 발리볼 팀의 구성원, 코치, 트레이너, 요리사, 영양사들이 이용했다.

넛 씬스는 쌀과 견과류로 만든 바삭바삭한 크래커다. 이 과자들은 튀기지 않고 구운 것으로 유전자 변형 유기체(GMOs), 글루텐, 인공 성분, 트랜스 지방이 포함되어 있지 않다. 기업은 이 제품들을 바람직하고 이상적인 간식 및 맛있는 애피타이저로 홍보하고 있다. 이 브랜드에는 스모크하우스, 페퍼 잭 치즈, 그리고 힌트 오브 시 솔트와 같은 맛의 제품들이 있다.

블루 다이아몬드의 최근 성장 전략은 꿀의 풍미가 나는 제품들로 제품라인을 확장하는 것이다. 이 새로운 전략은 스낵 아몬드, 넛 씬스, 아몬드 브리즈 브랜드에 적용되었다(예 : 허니 디종 아몬드, 허니 아몬드 우유 등). 블루 다이아몬드 그로어스의 마케팅 이사인 알 그린리는 "꿀은 설탕의 천연 대체재로 대단한 인기를 얻고 있다."고 주장한다.

분명 블루 다이아몬드는 새로운 성장 기회를 창출하기 위해 제품과 브랜드를 성공적으로 활용하고 있다. 문제는, 어떻게 그들이 이러한 추진력을 유지할 수 있는가 하는 것이다.

당신의 결정

9-35. 블루 다이아몬드가 직면한 의사결정은 무엇인가?

9-36. 이 의사결정 사항을 이해하는 데 있어 중요한 요인은 무엇인가?

9-37. 대안에는 어떤 것들이 있는가?

9-38. 당신이 추천하는 의사결정은 어떤 것인가?

9-39. 당신의 제안을 실행하는 방법에는 어떤 것이 있는가?

참고자료 : Ann-Marie Jeffries, "Almond Industry 2016 Preview," Growing Produce (January 27, 2016), http://www.growingproduce .com/nuts/almond-industry-2016-preview/ (accessed May 10, 2016); Mark Anderson. "Blue Diamond Goes Spicy with Sriracha-Flavored Almonds," Sacramento Business Journal (July 8, 2015), http://www.bizjournals.com/sacramento/news/2015/07/08/blue-diamond-goes-spicy-with-sriracha-flavored.html (accessed May 10, 2016); "Our Products," Blue Diamond Almonds, https://www.bluediamond .com/index.cfm?navid=3 (accessed May 10, 2016).

가격 : 제품은 얼마의 가치가 있는가?

베시 플레밍
▼ 컨버스대학의 의사결정자

베시 플레밍은 2005년 10월부터 사우스캐롤라이나 스파턴버그 카운티에 있는 컨버스대학의 총장으로 일하고 있다. 그녀는 하버드대학교에서 미술학 학사과정을 우등으로 졸업하고, 런던 왕립미술대학에서 디자인사 석사학위를 받았으며, 예일대학교에서 미술사 박사학위를 받았다. 그녀의 경력은 뉴욕의 프릭 컬렉션, 뉴욕의 메트로폴리탄 미술관, 로스앤젤레스의 J. 폴게티 박물관, 그리고 런던에 있는 빅토리아 알버트 박물관에서 관리자 및 큐레이터로 일하면서 시작되었다. 그리고 그녀는 예일과 파슨스 디자인 학교에서 학생들을 가르치기도 했다. 컨버스대학으로 옮기기 직전, 베시는 사우스캐롤라이나 찰스턴에 있는 기브스 미술관의 관장이었다. 아스펜 인스티튜트 리버티의 석학회원이기도 한 그녀는 여자대학연합과 독립대학협회의 이사진으로 봉사하고 있으며, 현재 리치먼드 연방 준비 은행, 샬럿 지사 및 사우스캐롤라이나의 블루크로스 블루실드 이사회에서 활동하고 있다.

개인 이야기

업무 이외의 시간에 주로 하는 일은?
몸을 위해서는 자전거 타기, 걷기, 요가를 하고, 영혼을 위해서는 예술 작품들에 대한 사랑에 탐닉하고, 마음을 위해서는 논픽션, 특히 자서전을 읽는다.

졸업 후 처음으로 선택한 직업은?
콜로라도주 배일에 있는 고서치사에서 비싼 양말과 장갑을 판매하는 일

하지 말았으면 좋았을 직업과 관련된 실수는?
팀 회의 도중 고위 경영진의 핵심 간부 한 명을 공개적으로 비난했었다.

지금 읽고 있는 비즈니스 관련 서적은?
캐럴 드웩이 쓴 *Mindset: The New Psychology of Success*와 쉐릴 샌드버그의 *Lean In*

영웅으로 생각하는 사람은?
테디 루스벨트와 글로리아 스타이넘

인생의 좌우명은?
편견과 틀에서 벗어나 생각하고 살아가기.

삶의 원동력은?
권한을 이양하고 인간의 창의성, 표현력, 그리고 성취를 축하해주기.

경영 스타일은?
책임에 우선 순위를 두고 협업한다.

특별히 싫어하는 것은?
"하지만 우리는 항상 이렇게 해왔습니다."라는 말을 듣는 것.

2013년 사우스캐롤라이나에 위치한 사립대학인 컨버스대학교의 경영진은 등록금 인상이 현재 재학 중인 학생들뿐만 아니라 입학 가능성이 있는 잠재적 학생들에게 심각한 문제를 일으키고 있음을 깨달았다. 미국 중산층의 가계 소득은 지난 10년 동안 거의 변동이 없었던 반면, 고등교육에 지출되는 비용은 폭발적으로 증가했기 때문이다. 베시와 그녀의 직원들은 등록금 가격 결정 모델을 진지하게 검토하기로 결정했다.

이들의 목표는 세 가지였다. (1) 시장에서 느끼는 사립 고등교육에 대한 비용적 우려를 해소하고, (2) 사립 대학의 등록금이 터무니없이 비싸다고 느끼는 중산층 시장의 상당 부분을 다시 흡수한다. 그리고 (3) 대학을 위한 보다 지속 가능하고 투명한 운영 모델을 개발한다.

베시는 데이터에 기반한 의사결정을 유도하기 위해 광범위한 조사를 포함한 전략적 입학 계획 프로세스 설계에 돌입했다. 이 작업의 결과로 그녀는 이사회 및 주요 이해 관계자들과 협력을 통해 새로운 가격 결정 모델에 대한 승인을 얻고 내부 매출을 확보할 수 있을 것이다. 실무 그룹은 높은 등록금의 딜레마를 해결할 만한 실행 가능한 방안을 규명해낼 것이다.

베시가 고려한 세 가지 선택 1 · 2 · 3

1선택 **기존 학부생들의 등록금을 대폭 인하한 가격으로 재설정한다.** 대학 교육의 가파른 등록금 상승은 국가적 관심사이기 때문에, 한 발 앞서 차별적인 사업 모델을 선보이는 것은 대중들에게 학교를 돋보이게 하는 좋은 기회이다. 컨버스대학은 매년 평균 3.5%씩의 등록금 인상을 고려하고 있기 때문에, 등록금 하락 액수를 복리로 계산해본다면 학생들은 몇 년에 걸쳐 꽤 많은 액수를 절약한 게 될 것이다. 이 방식을 선택하면 할인된 등록금을 홍보함으로써 더 많은 자격을 갖춘 지원자들이 컨버스 대학을 고려해 보도록 만들 수 있을 것이다. 일반적으로 컨버스대학 같은 작은 사립학교는 등록금이 매우 비쌀 것으로 생각하고 있기 때문에 많은 지원자들이 캔버스대학을 우선 순위로 고려하고 있지 않기 때문이다. 그러나 높은 등록금을 학교의 명성과 동일시하는 사람들은 훨씬 더 비싼 등록금의 사립학교를 컨버스대학보다 우수한 대학으로 생각할 수 있기 때문에 이 방식은 다소 위험한 결정일 수 있다. 등록금 인하는 또한 컨버스대학이 수업료 인하에 비례하여 장학금을 줄여야 한다는 것을 의미한다. 장학금이 부풀려진 등록금 수입에서 나오기보다는 오로지 기부된 장학기금으로 충당되기 때문에 학교를 위해서는

더 건강한 운영 모델일 수 있지만, 인하된 사립학교 등록금(공립대학보다 약간 높은 수준)조차 감당할 여유가 없는 가정의 우수한 자격을 갖춘 학생들을 모집할 수 있는 가능성은 제한될 것이다.

2선택 **입학생이 졸업할 때까지 등록금 인상을 동결한다.** 학생들은 매년 등록금 인상을 고민하지 않아도 된다는 사실에 안도감을 느낄 것이며, 4년 기간 동안의 대학 등록금 납부는 감당할 만한 일이라는 여유를 갖게 될 것이다. 이 조치는 내년이나 내후년 안에 컨버스대학에 입학하는 학생들에게 즉각적인 인센티브와 재정적 구제책을 제공하게 될 것이다. 반면 일시적 동결은 장기적인 문제를 해결하기 위한 미봉책에 그칠 가능성이 있다. 컨버스대학의 연간 운영비는 증가할 것이며, 그 비용을 상쇄하기 위해서는 추가적인 수익을 창출해야 한다. 연간 등록금을 인상하는 방식으로 현재 재학 중인 전체 학생들에게 증가된 비용을 분담시키기보다는, 다음에 들어오는 학생들에게 훨씬 더 많이 인상된 등록금을 부과하는 형태로 교육비를 부담하게 할 것이다. 이 방식은 궁극적으로 훨씬 더 빠른 속도로 등록금을 인상시킬 것이다.

3선택 **졸업 후 취업하지 않은 학생들에게 학자금 대출금 상환을 지원하는 학자금 융자 상환 지원 프로그램을 제공한다.** 이런 지원 프로그램은 취업을 하지 못한 졸업생들의 경제적 부담을 덜어주고 가족들에게 마음의 평화를 제공할 것이다. 또한 학교가 취업에 나서는 학생들이 경쟁력을 갖출 수 있도록 관심을 갖고 적극적으로 준비시키고 있다는 것을 강력하게 보여줄 수 있는 수단이 된다. 그러나 컨버스대학은 학교에 등록한 학생들을 대상으로 이러한 지원 프로그램을 제공하기 위해 보험에 가입해야 하고, 보험료 지불로 인해 지출은 증가하게 될 것이며, 궁극적으로는 등록금 인상을 초래할 것이다(그래서 등록금 상승 추세가 지속될 것이다). 그리고 역설적이게, 이 혜택은 학생들이 일자리를 찾는 데 도움을 주어야 한다는 학교의 사명과도 모순된다. 이것은 단지 취업에 실패한 졸업생들을 보상할 뿐이다.

당신이 베시라면 무엇을 선택할 것인가? 그 이유는 무엇인가?

당신의 선택

무엇을 선택할 것인가? 그 이유는?

☐ **선택 1**   ☐ **선택 2**   ☐ **선택 3**

제10장

10.1
목표
가격 결정의 중요성을 설명하고 마케팅 담당자가 어떻게 가격 전략의 목표를 설정하는지 설명한다.

가격 할당된 가치, 또는 소비자가 상품을 제공받기 위해 교환해야 하는 일정 금액

비트코인 가장 인기 있고 빠르게 성장하는 디지털 화폐

"무엇이 가격을 결정하는가?"

"그 제품이 얼마인지를 물어봐야 한다면, 당신은 그것을 구매할 여유가 없는 것이다." 우리 모두는 이런 말을 들어본 적이 있을 것이다. 그러나 얼마나 자주 가격을 물어보지 않고 물건을 구매하는가? 만약 가격이 문제가 되지 않는다면 우리 모두는 드림카를 타고, 이국적인 장소로 여행을 다니며, 왕족처럼 살고 있을 것이다. 하지만 현실 세계에서, 우리 대부분은 구매하기 전에 적어도 제품의 가격을 고려한다.

앞의 두 장에서 우리는 제품을 만들고 관리하는 것에 대해 이야기했다. 그러나 고객을 위한 가치를 창출하기 위해 마케팅 담당자들은 보다 더 많은 것들을 해야 한다. 소비자들이 원하는 모든 부가 기능을 포함하는 새로운 제품을 만드는 것(또는 새롭게 개선하는 것)과 마찬가지로 (더 중요하지 않다면) 소비자들이 그 제품을 소유하기 위해 어렵게 번 돈을 기꺼이 지불할 수 있도록 신제품의 가격을 결정하는 것 또한 중요하다. 제품에 얼마의 가격을 부과할 것인지는 마케팅 계획의 핵심 부분이다.

이 장에서의 중요 질문은 "가격이란 무엇인가?"이다. 우리는 마케팅 담당자들이 가격 목표를 수립하고, 가격 전략을 결정하는 방법에 대해 살펴보고, 가격을 결정 과정에서 수요, 비용, 수익, 환경이 어떠한 역할을 하는지 알아볼 것이다. 그런 다음 구체적인 가격 결정의 전략과 전술을 살펴보려 한다. 마지막으로, 인터넷 환경에서 벌어지고 있는 역동적인 가격 결정 방식과 가격의 심리적 · 법률적 · 윤리적 측면을 검토할 것이다.

비트코인과 같은 디지털 통화 시스템은 우리가 돈에 대해 생각하는 방식에 혼란을 줄 수 있다.

가격이란 무엇인가?

제1장에서 언급한 것처럼, **가격**(price)은 제품의 가치에 할당되는 것으로 소비자가 제품이나 제공물을 획득하기 위해 교환해야 하는 금액의 총량이다. 물론 가격에는 많은 이름들이 있다. 우리는 대학 **등록금**, 아파트 **임대료**, 신용카드 **이자**, 변호사나 의사에게 지불하는 전문가 비용, **보험료**, 택시비, 비행기나 버스 **요금**, 그리고 도로나 다리를 이용하기 위한 **통행료** 등을 지불한다.

지불 방식은 화폐, 제품, 서비스, 호의, 투표의 형태로 나타날 수 있으며, 또는 상대방에게 가치 있는 어떤 것을 지불할 수도 있다. 동전을 주조하거나 종이돈을 인쇄하기 이전의 사회에서, 사람들은 하나의 제품이나 서비스를 다른 것으로 **맞교환**했다. 이러한 물물교환이라고 불리던 관행은 오늘날에도 여전히 존재한다. 예를 들어, 주말에 산악 스키 리조트에 머물고자 하는 사람은 주말 동안 처리할 수 있는 자동차 수리나 치과 치료와 맞교환한 것이다. 금전적 거래는 없지만, 이것 또한 가치의 교환으로 볼 수 있다.

가장 최근에 가치 교환 수단으로 추가된 것이 **비트코인**(Bitcoin)과 같은 디지털 화폐다. 많은 사람들이 미래에는 디지털 화폐를 통해 자금이 조달되고 유통될 것이라고 믿는다. 비트코인이 오늘날 가장 인기 있는 디지털 화폐이기는 하지만 유일한 것은 아니다. 비트코인 다음으로 가장 많이 언급되는 디지털 화폐에는 이더리움(Ethereum), 리플(Ripple), 그리고 라이트코인(Litecoin)이 있다. 디지털 화폐는 다소 이

해하기 어렵고 논란의 여지가 많기는 하지만, 빠르게 전통적인 종이 지폐의 대안으로 자리 잡고 있다. 사람들은 이 새로운 디지털 화폐를 여러 비트코인 교환기에서 구입하거나 비트코인을 '가상 지갑'에 저장하는 모바일 앱을 사용하여 기존 소유주로부터 구매할 수도 있다. 단, 주머니에 빛나는 새 비트코인을 넣고 다닐 생각은 하지 말아야 한다. 그것들은 실제로 만지거나 볼 수 있는 것이 아닌, 즉 실제 물리적으로는 존재하지 않는 화폐이다!

왜 비트코인이 그렇게 논란거리가 되었을까? 주된 이유는 다른 실물 화폐와는 달리 비트코인은 미국 재무부와 같은 중앙 정부 부처의 규제와 관리에서 벗어나 있기 때문이다. 뿐만 아니라, 거래의 중간 단계에서 거래 수수료를 징수하는(즉, 많은 기업들이 선호하는 방식) '중간자(은행 같은)'가 포함되어 있지 않다. 그러나 이는 또한 거래가 개인 간에만 발생할 수 있다는 것을 의미하며, 때문에 거래에 대한 기록이 남지 않는다. 이것은 비트코인이 불법 거래(테러 자금이나 마약 자금 세탁 등)에 활용될 수 있는 가능성을 열어준다.

그러나 디지털 화폐에는 여러 가지 뚜렷한 이점들이 있다. 소비자 입장에서, 디지털 화폐는 고객의 개인 정보와 신용카드 번호를 훔치려고 유혹하는 범죄자들 때문에 발생하는 신용카드 사기의 위험을 제거할 수 있다. 구매한 비용을 지불하려면 스마트폰을 사용하여 현금 레지스터에 표시되는 QR 코드를 찍어 인식시킨다. 그리고서 '확인'을 클릭하면, 고객이 사용하는 앱을 통해 비트코인으로 구입 비용을 지불하게 되는 것이다. 또한 비트코인을 사용함으로써 얻는 사회적 이점도 있다. 많은 저소득층 소비자들은 은행계좌를 보유하고 있지 않다. 대신, 그들은 송금할 때마다 10% 이상의 수수료를 지불해야 하는 우편환을 판매자에게 보내서 물건을 구매한다. 비트코인의 수수료는 구매 금액의 극히 일부에 지나지 않기 때문에, 비트코인이 있다면 저소득층의 불필요한 추가 지출을 없앨 수 있다. 비트코인이나 다른 디지털 화폐의 이와 같은 장점은 세계 최빈국에 살고 있는 사람들의 삶의 질 향상에 기여할 것이라고 많은 사람들은 믿는다.

다른 비금전적인 가격 또한 마케팅 담당자들에게는 중요하다. 안전벨트를 착용하는 비용은 무엇인가? 깨끗한 국립 공원에서 야영하는 것은 사람들에게 어떤 가치가 있는가? 기회 비용, 또는 우리가 다른 무언가를 얻기 위해 포기해야만 하는 어떤 것의 가치를 고려하는 것도 중요하다. 예를 들어, 대학 학위를 취득하는 데 드는 비용은 등록금 그 이상을 포함한다. 즉, 학생들이 수업에 가는 대신 일을 했다면 벌 수 있었던 수입이 비용에 포함된다. 음주운전 관련 사고를 줄이기 위한 공익 캠페인을 설계하는 것은 어떠한가? 개인이 부담해야 하는 비용은 술을 마시지 않거나 대리기사를 부르거나, 또는 택시요금이나 우버 비용을 지불하는 것인 반면, 그로 인해 얻을 수 있는 가치는 심각하거나 어쩌면 치명적인 사고를 당할 위험을 줄이는 것이다. 그러나 불행하게도, 너무 많은 사람들이 사고를 당할 가능성이 희박하다고 생각하고 있기 때문에 음주를 포기하는 비용이 너무 높다고 느낀다.

그림 10.1에서 볼 수 있듯이 가격 계획 요소는 다음과 같은 여섯 가지 단계로 구성되어 있다: 가격 결정 목표 수립, 수요 평가, 비용 결정, 가격 결정 환경 검토, 가격 결정 전략 선택, 가격 결정 전술 개발 단계를 밟게 된다. 이 장에서는 마케팅 담당자들이 성공적인 가격 계획 수립을 위해 이들 단계를 어떻게 거쳐야 하는지에 대해 설명할 것이다.

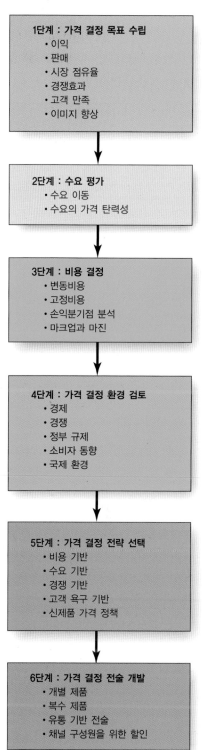

그림 10.1 과정 │ **가격 계획 수립의 단계**

성공적인 가격 계획 수립은 가격 결정 목표의 수립을 시작으로 체계적인 일련의 과정을 거친다.

1단계 : 가격 결정 목표 수립
- 이익
- 판매
- 시장 점유율
- 경쟁효과
- 고객 만족
- 이미지 향상

2단계 : 수요 평가
- 수요 이동
- 수요의 가격 탄력성

3단계 : 비용 결정
- 변동비용
- 고정비용
- 손익분기점 분석
- 마크업과 마진

4단계 : 가격 결정 환경 검토
- 경제
- 경쟁
- 정부 규제
- 소비자 동향
- 국제 환경

5단계 : 가격 결정 전략 선택
- 비용 기반
- 수요 기반
- 경쟁 기반
- 고객 욕구 기반
- 신제품 가격 정책

6단계 : 가격 결정 전술 개발
- 개별 제품
- 복수 제품
- 유통 기반 전술
- 채널 구성원을 위한 할인

그림 10.2 과정 │ **가격 결정 목표**

가격 계획 수립의 첫 단계는 기업의 보다 폭넓은 목표를 지지하는 가격 결정 목표를 개발하는 것이다.

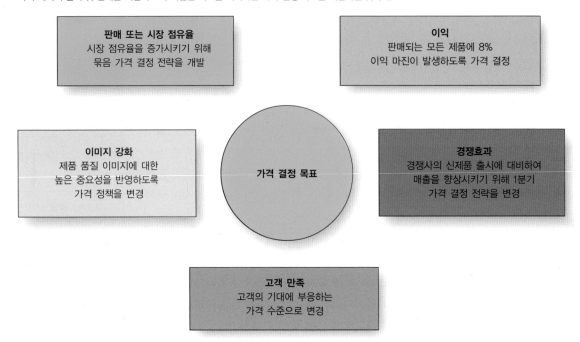

가격을 결정하기 위한 첫 번째 중요한 단계는 가격 결정의 목표를 수립하는 것이다. 주주 가치 극대화 같은 기업의 광범위한 목표뿐만 아니라 시장 점유율 증가 같은 전반적인 마케팅 목표까지 고려해야 한다. 그림 10.2에는 가격 결정 목표의 다양한 유형이 정리되어 있다. 이것들을 좀 더 자세히 살펴보자.

이윤 목표

제2장에서 살펴보았듯이, 기업의 전반적인 목표는 기업이 실현하고자 하는 수익 수준과 관련되어 있다. 가격 결정 전략이 기업이 수립한 수익 목표에 따라 이루어질 때, 가격을 결정하기 위한 의사결정은 기업이 목표로 하는 이익 증가 수준 또는 원하는 순이익률에 초점을 맞추어 이루어진다. 이윤 목표는 기업의 이윤 달성이 은행들과 주주들로 하여금 해당 기업에 투자하도록 동기를 부여한다고 믿는 기업들에게 중요하다.

기업은 일반적으로 전체 제품 라인 그리고/또는 전체 제품 믹스를 생산하기 때문에, 이익 목표는 기업의 전체 제품 포트폴리오에 중점을 두어 가격을 결정하게 한다. 이러한 경우 마케팅 담당자들은 개별 제품의 비용이나 수익성에 초점을 맞추기보다는 전체 포트폴리오의 이익을 극대화하는 가격 결정 전략을 개발한다. 예를 들어, 만일 특정 제품의 가격으로 인해 고객이 보다 높은 마진의 다른 제품을 구매하게 된다면, 그 특정 제품의 매출이 하락하더라도 현재의 가격을 유지하는 것이 더 나은 방법일 수 있다.

이윤이 모든 제품 및 서비스의 가격을 결정하는 데 있어 중요한 고려 사항이긴 하지만, 특히 제품이 일시적으로 유행할 때에는 더욱 중요한 목표가 된다. 1950년대에는 훌라후프와 푸들 스커트가, 1970년대에는 모페드 자전거와 애완용 돌이, 그리고 1990년대에는 비니 바비 인형, 퍼비 인형, 그리고 롤러블레이드가 유행했던 것처럼, 오늘날에는 모바일 게임인 앵그리 버드, 컵케이크 매장, 덕 다이너스티 TV 쇼, 푸드 트럭, 글루텐이 없는 식품, 트워킹, 그리고 필라테스 등이 유행한다. 이와 같은 일시적인 유행 제품들은 수명주기가 매우 짧기 때문에 기업이 단기간에 투자 비용을 회수할 수 있도록 하는 이윤 목표가 가격 결정 전략의 핵심이 된다. 이런 경우에, 기업은 소비자들이 제품에 흥미를 잃고 다른 제품을 찾아 옮겨 가기 전에 이익을 확보해야만 한다.

판매 또는 시장 점유율 증대 목표

가격 결정 전략의 목표가 매출의 극대화이거나 시장 점유율의 증가인 경우는 많다. 판매량(판매액)이나 시장 점유율을 높이기 위한 가격 결정이 단순히 경쟁 제품보다 낮은 가격으로 제품 가격을 설정하는 것을 의미하는가? 때로는 그렇다. 타임 워너, 컴캐스트, 다이렉트TV, AT&TU-버전 같은 케이블 및 위성 TV 서비스 제공 업체들은 더 많은 채널, 무선 인터넷 및 전화 서비스를 포함한 더 좋은 조건을 소비자들에게 제공하고자 한다. 그러나 소비자들이 단순히 가격이 저렴하다는 이유로 한 기업에서 다른 기업으로 이동하는 '가격 전쟁'은 부정적인 영향을 가져올 수 있다. 뿐만 아니라 시장 점유율을 높이기 위해 반드시

버진 오스트레일리아 항공사는 경쟁사인 콴타스 항공과 경쟁하기 위해 공격적인 가격 전략을 사용한다.

시장 점유율 특정 기업, 제품 라인 또는 브랜드가 차지하는 시장의 비율(판매 수량 또는 수익으로 정의)

핵심 계량지표

마케팅 분야에 대한 한 가지 비판은 마케팅 성과를 평가하고 전반적인 사업의 성공에 마케팅이 얼마나 기여했는가를 측정하는 데 있어 다른 분야에 비해 뒤처져 있다는 것이다. 사실, 지출한 마케팅 비용대비 판매량의 증감(판매 단위이든 판매액이든)은 마케팅 역사상 가장 자주 인용되는 계량지표였다. 그러나 물론, 많은 요인들이 판매량에 영향을 미치기 때문에 마케팅 효과와 매출 증가 사이에 직접적인 일대일 상관관계를 주장하기는 어렵다.

시장 점유율(market share)은 특정 기업, 제품 라인, 또는 브랜드가 차지하는 시장(판매 단위나 수익으로 정의되는)의 비율이다. 시장 점유율은 특정 경쟁업체들의 맥락적 조합으로 인해 다르게 표현된다.[1] 예를 들어, 단지 소수의 세계적 자동차 제조업체들이 미국 자동차 시장의 총 매출액 100%를 차지한다. 시장 점유율은 종종 기업에게 '우쭐거릴 수 있는 권리'를 제공한다 – 일종의 "우리는 최고다!"라는 환호 말이다. 그러나 일부 전략 전문가들은 실제로 시장 점유율 수치가 마케팅 성과 지표로서 유용한 것인가에 대해 의문을 제기한다. 왜냐하면 시장 점유율이 1위가 아닌 기업이 높은 시장 점유율을 보유한 경쟁자들보다 수익성이 높은 경우가 많기 때문이다. 왜 이런 일이 벌어지는가? 이번 장에서, 그 이유를 설명해주는 '공헌 이익' 같은 원가 개념에 대해 학습할 것이다.

한 가지 예를 설명하자면 다음과 같다. 모든 사람들은 미국 면도기 및 면도날 시장에서 질레트와 쉬크라는 브랜드를 들어 본 적이 있을 것

이다. 질레트가 독립 기업이었던 수년간(그 이후 P&G에 인수됨), 미국 시장에서 질레트는 60%에 육박하는 점유율을 자랑했다. 쉬크는 불과 20% 미만의 시장 점유율을 보였다. 그러나 결정적으로 쉬크 제품 라인의 재무적 기여도는 질레트를 능가했다. 매출 비율 뿐만 아니라 실제 매출에 있어서도 지속적으로 질레트보다 우수한 성적을 거두었다. 이는 두 기업이 비용 면에서 큰 차이를 보였기 때문인데, 질레트가 시장 혁신가 그리고 대광고주(슈퍼볼 광고를 생각해보리)가 되기 위해 소비하는 연구 개발비와 마케팅 비용이 그 주된 원인이었다. 그 결과 질레트는 인수 대상이 되었고 이제는 과거가 되었다. 교훈: "대량 판매로 시장점유율을 확보한다."라는 옛 문구는 단위당 가변 비용이 경쟁자보다 터무니없이 높을 때는 그 효과를 발휘하지 못한다.

계량지표 적용

1. 특정 산업을 하나 선택하고 시장의 경쟁자들을 파악하라. 쉽게 파악되는 여러 경쟁업체들이 있다면 원하는 제품 또는 서비스 라인을 선택하라. 그들의 시장 점유율이 어떻게 구성되어 있는지 간단하게 조사해보라.

2. 그리고 나서, 동일 기업들에 대해, 가장 최근에 보고된 수익을 살펴보라. 조사 결과에 따르면, 시장 점유율이 높을수록 수익성이 더 좋아지는가?

가격을 낮춰야 하는 것은 아니다. 만약 기업의 제품이 경쟁 우위에 있다면, 다른 기업들과 비슷한 수준으로 가격을 유지하는 것이 판매 목표를 달성하는 데 더 도움이 된다.

경쟁효과 목표

때때로 전략가들은 경쟁 기업의 마케팅 노력을 약화시키기 위해 가격 결정 계획을 수립한다. 이런 경우에, 기업은 경쟁 상대의 가격 변동이 시장에 미칠 수 있는 효과를 의도적으로 감소시키거나 선점하려고 노력한다. 일례로 2013년 버진 오스트레일리아 항공사가 콴타스 항공의 승객들을 유치하기 위해 국내 노선 가격을 인하한 경우를 들 수 있다. 콴타스 항공은 승객 수용력을 늘리고 가격을 낮추기 위한 계획을 수립하며 65%의 시장 점유율을 지키기 위해 노력했지만 2014년 초, 콴타스 항공은 2억 3,500만 달러의 손실과 5,000명에 달하는 직원 감원을 발표해야만 했다. 2014년 4월까지 콴타스 항공의 승객 수가 1.5% 감소한 것이다.[2]

고객 만족 목표

품질에 초점을 맞춘 많은 기업들은 최우선 목표로 고객 만족을 추구해야 이익이 창출된다고 믿는다. 이들 기업은 단기적인 이익에만 초점을 맞추면 장기적으로 고객을 확보하려는 목표를 달성할 수 없다고 생각한다. '상시 저가 판매'의 리더로 오랫동안 알려진 거대 소매업체 월마트는 고객들이 자사가 제공하는 가격에 더욱 만족하기를 바라고 있다. 저렴한 가격에 판매하는 타깃과 베스트 바이와 같은 앞서가는 경쟁업체들을 따라잡기 위해, 월마트는 모바일 애플리케이션 세이빙스 캐처를 도입했다. 이 모바일 앱을 통해 고객은 월마트에서 판매하고 있는 8만 개 이상의 식품 및 가정용 제품들의 가격을 동일 지역 안에 있는 경쟁업체의 가격과 비교할 수 있으며, 고객들은 동일 지역의 다른 판매점보다 더 저렴한 최저 가격에 제품을 구매한다는 사실을 확신하게 된다. 스마트폰으로 영수증을 스캔하거나 월마트닷컴에 영수증 번호를 입력하기만 하면, 세이빙스 캐처가 영수증에 표시된 가격을 다른 지역 매장의 가격과 자동으로 비교해준다. 만약 월마트의 가격이 더 높다면 월마트는 향후 구매에 사용할 수 있는 온라인 선물카드를 증정하는 방식으로 그 차액을 반환해주고 있다.[3]

이미지 향상 목표

소비자들은 가격을 활용하여 제품의 품질을 추론한다. 사실 마케팅 담당자들은 가격이 품질뿐만 아니라 잠재 고객에게 이미지를 전달하는 중요한 수단이라는 것을 알고 있다. 이미지를 강화하는 가격의 기능은 사회적 지위를 매우 의식하는 소비자들에게 어필하고자 하는 고가의 **명품**(prestige products, 또는 고급 제품)의 경우 특히 중요하다. 우리들 대부분은 롤렉스 시계, 루이비통 핸드백, 또는 롤스로이스 자동차의 비싼 가격에 동의한다. 비록 제품의 생산비용이 더 높기 때문이라 할지라도, 비싼 가격은 오직 부유한 사람들만 구매할 수 있는 특별한 제품이라는 이미지를 형성하기 위해 필수적인 요소이다.

10.2
목표

마케팅 담당자가 가격 결정을 내리기 위해 비용, 수요, 수익 및 기타 가격 결정 환경들을 어떻게 이용하는지 설명한다.

비용, 수요, 수익, 그리고 가격 결정 환경

일단 마케팅 담당자가 가격 목표를 결정하고 나면, 실제 가격을 결정하기 위한 프로세스를 시작한다. 적절한 가격 결정을 위해 마케팅 담당자들은 가격 결정 전략의 성패를 좌우할 수 있는 다양한 양적·질적 요인들을 이해해야 한다. 그림 10.3에 표시된 바와 같이 수요 전망, 비용과 수익에 대한 지식, 가격 결정 환경에 대한 이해 등이 수반되어야 한다.

2단계 : 수요 전망

가격 계획의 두 번째 단계는 수요를 전망하는 것이다. 수요는 제품에 대한 고객의 욕구를 의미한다. 제품의 가격을 올리거나 내릴 때 소비자들은 얼마나 많은 제품을 구매하려고 할 것인가? 마케팅 담당자는 가격을 결정하기 전에 이 질문에 대해 명백하게 대답할 수 있어야 한다. 따라서 마케팅 담당자들이 가격 계획을 수립하는 가장 초기 단계에 수행하는 업무 중 하나는 제품에 대한 수요를 추정하는 것이다.

수요 곡선

경제학자들은 제품의 수요량에 대한 가격의 영향을 설명하기 위해 수요 곡선을 활용한다. 곡선 또는 직선으로 나타나는 수요 곡선은 다른 모든 요소들이 동일한 경우 다양한 가격 조건에 따라 변화하는 소비자의 구매량을 보여준다.

📷 그림 10.4는 일반 제품과 명품의 수요 곡선을 보여준다. 수요 곡선의 수직 축은 제품에 부과할 수 있는 서로 다른 가격을 나타내고(P), 수평 축은 제품의 수요량(Q)이나 수요 단위를 나타낸다. 대부분의 제품 수요 곡선은(그림 10.4의 왼쪽 수요곡선) 우하향으로 기울어지게 그려진다. 제품 가격이 상승함에 따라(P_1에서 P_2까지), 고객이 구매하고자 하는 단위의 수는 감소한다(Q_1에서 Q_2로). 만약 가격이 하락하면, 고객은 더 많이 구매하려 할 것이다. 이것이 수요의 법칙이다. 예를 들어, 바나나 가격이 오르면, 소비자들은 바나나를 덜 사게 될 것이다. 그리고 만약 가격이 정말 비싸지면 소비자들은 바나나 없이 시리얼을 먹으려 할 것이다.

그러나 이러한 전형적인 가격-수요 관계에는 예외가 있다. 실제로, 제품의 가격이 오를수록 그 제품을 더 원하는 경우가 있다. 고급 자동차나 보석과 같은 고급 제품의 경우, 높은 가격은 수요량을 증가시키는 결과를 가져올 수 있다. 소비자들이 높은 가격의 제품을 더 가치 있는 것으로 생각하기 때문이다. 이런 경우에 수요 곡선은 상향 곡선으로 그려진다. 그림 10.4의 오른

그림 10.4 📷 스냅숏 │ **일반 제품 및 명품의 수요 곡선**

일반 제품에 있어서 가격과 수요는 반비례 관계이다. 명품의 경우, 수요가 늘어나면 - 한 시점에서 - 가격은 증가하거나 감소한다.

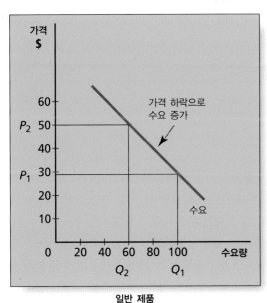

일반 제품

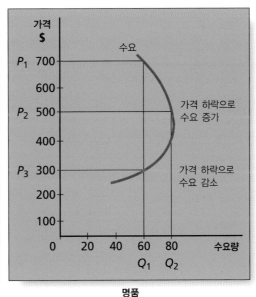

명품

쪽 그림은 명품의 '후방굴절' 수요 곡선을 보여준다. 가격이 감소하면 소비자들은 제품의 가치가 떨어지는 것으로 인식하여 수요가 감소한다. 가격이 P_2에서 P_3로 하락하면, 수요량은 Q_2에서 Q_1으로 감소한다. 반면에, 가격이 오르면 소비자들은 제품이 더 매력적인 것으로 생각한다. 따라서 가격이 P_3에서 시작해서 P_2까지 올라가면 수요량은 Q_1에서 Q_2까지 증가한다. 그럼에도 불구하고 높은 가격-높은 수요 관계에는 한계가 있다. 만약 기업이 가격을 너무 많이 올리면(P_2에서 P_1으로), 몇몇을 제외한 대부분의 사람들은 그 가격을 감당할 수 없게 되고, 결국 수요는 감소하기 시작한다.

수요 이동

수요 곡선은 가격을 제외한 다른 요인들이 동일하다는 가정하에서 설명된다. 그러나 만약 그렇지 않다면 어떻게 되는가? 만약 기업이 제품을 개선한다면 어떻게 될까? 기업이 특정 제품을 '필수품'으로 생각하게 소비자 인식을 전환하는 현란한 새로운 광고 캠페인을 진행하면 어떻게 될까? 배우 브래드 피트가 집에서 사용하는 특정 제품이 파파라치를 통해 노출된다면 무슨 일이 일어날까? 이러한 요소들은 수요 곡선을 위쪽으로 이동시킬 수 있다. 수요 곡선이 위쪽으로 이동한다는 것은 모든 가격대에서 이전보다 수요가 증가한다는 것을 의미한다. 브래드 피트의 딸 샤일로 누벨 졸리 피트가 이 사진에 등장한다면 이러한 수요의 증가는 분명 더 가파르게 상승할 것이다!

📷 그림 10.5는 D_1에서 D_2로 수요 곡선이 상승 이동하는 것을 보여준다. 상향 이동 이전의 수요 곡선 D_1을 보면, 소비자는 주어진 가격 P(그림 10.5에서는 60달러)로 수량 Q_1(그림 10.5에서는 80단위)을 구매할 의사가 있다. 예를 들어, 어떤 매장에서 바비큐 그릴을 60달러에 판매한다면, 그 매장은 80개를 판매할 수 있을 것이다. 하지만 그때 가수이자 배우인 퀸 라티파가 자신의 집 안뜰에서 바비큐 그릴을 사용하는 모습을 보여주는 거대 광고 캠페인을 벌인다면 수요 곡선은 D_1에서 D_2로 이동한다(매장은 60달러의 가격을 유지한다). 그렇게 되면 수요량은 Q_1에서 Q_2로 이동하게 되고, 매장은 60달러에 200개의 바베큐 그릴을 판매하게 된다. 마케팅 관점에서 보면, 이러한 변화는 최고의 결과이다. 기업은 가격을 낮추지 않고도 더 많은 제품을 판매할 수 있다. 결과적으로, 총매출은 증가하게 되고, 추가 수익을 상회할 만큼의 큰 비용을 판촉에 소비하지 않았다면 총수익 또한 증가할 것이다.

수요 곡선은 또한 좌하향으로 이동할 수 있다. 만약 가스 그릴에 결함이 있어 화재를 유발할 위험이 있다는 소문이 트위터를 통해 퍼지면, 비록 60달러의 가격을 유지하고 있다 하더라도 수요량은 감소한다. 수요 곡선은 좌하향으로 이동하게 될 것이고, 그릴의 판매량은 30개나 40개 정도로 떨어질 것이다.

수요 측정

마케팅 담당자들이 수요를 이해하고 정확하게 예측하는 것은 매우 중요하다. 제품의 생산 계획뿐만 아니라 마케팅 활동 및 예산 수립 모두 잠재적 매출에 대한 합리적이고 정확한 추정치에 근거해야 한다.

그렇다면 마케팅 담당자는 어떻게 합리적으로 잠재적인 매출을 추정하는가? 마케팅 담당자는 우선 구매자 또는 잠재 구매자의 수를 파악한 다음 구매 가능성이 있는 표적시장의 구매자 수에 평균 금액을 곱해서

그림 10.5 📷 **스냅숏 | 수요 곡선의 이동**

기업의 노력이나 환경의 변화는 수요 곡선의 이동을 초래할 수 있다. 예를 들어, 거대 광고 캠페인은 수요 곡선을 위쪽으로 이동시킬 수 있다.

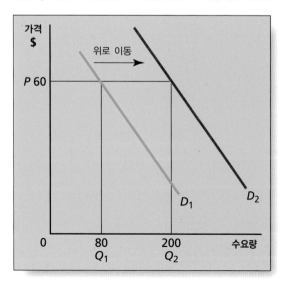

총수요를 예측한다. 표 10.1은 소규모 기업인 신규 개점한 피자 레스토랑이 어떻게 수요량을 측정할 수 있는지 보여준다. 예를 들어, 피자 레스토랑 주인은 미국 인구조사 데이터를 사용하여 해당 지역에는 다양한 소매점으로부터 피자를 구매하는 18만 호의 가구가 있으며, 각 가구는 1년에 평균 6개의 피자를 구매한다고 추정해볼 수 있다. 그렇다면 연간 총수요는 108만(18만×6)으로 파악된다.

일단 총수요를 측정하면, 그다음 단계는 확보 가능성이 있는 시장 점유율을 예측하는 것이다. 그러면 기업의 예상 수요는 전체 시장의 일부가 된다. 앞의 예에서, 피자 레스토랑은 전체 시장 중 3%의 시장 점유율을 확보 또는 월 2,700개의 피자를 판매할 수 있을 것으로 기대하면서 신규 오픈한 매장치고는 나쁘지 않다고 느낄 수 있다. 물론 이러한 예측을 위해서는 새로운 경쟁자의 시장 진입, 경제 상황, 그리고 저탄수화물 음식에 대한 갑작스러운 수요 증가 같은 소비자의 기호 변화 등의 수요에 영향을 미칠 수 있는 다른 요소들을 고려할 필요가 있다.

표 10.1	피자 수요 측정
시장의 가구 수	180,000
연간 가구당 평균 피자 소비 수	6
연간 총시장 수요	1,080,000
기업의 예상 시장 점유율	3%
측정된 연간 기업의 수요	32,400 피자
측정된 월간 기업의 수요	2,700 피자
측정된 주간 기업의 수요	675 피자

수요의 가격 탄력성

마케팅 담당자들은 또한 고객들이 가격 변동에 어떻게 반응할지 알아야 한다. 특히, 가격 변화가 수요에 큰 영향을 미칠지 또는 작은 영향을 미칠지를 이해하는 것이 중요하다. 매출에 뚜렷한 변화가 있기 전까지 회사는 가격을 얼마나 올리거나 내릴 수 있는가? 피자의 가격이 1달러 오르면 사람들은 피자 대신 샌드위치나 햄버거로 대체할 것인가? 피자 가격을 2달러 올리면 무슨 일이 생길까? 심지어 5달러를 올린다면?

수요의 가격 탄력성(price elasticity of demand)은 가격 변화에 대한 고객의 민감도를 나타내는 척도이다. 만약 가격이 10% 오른다면, 제품의 수요 변화율은 어떻게 될까? 탄력성이라는 단어는 가격의 변화가 고무밴드처럼 수요를 늘어나거나 줄어들게 만들 수 있다는 것을 의미한다. 수요의 가격 탄력성은 다음과 같이 계산한다.

$$수요의\ 가격\ 탄력성 = \frac{수요량의\ 변화율}{가격\ 변화율}$$

때때로 고객은 가격 변화에 민감하고, 가격 변화는 수요량에 상당한 변화를 초래한다. 이런 경우를, **탄력적 수요**(elastic demand)라고 한다. 반대로, 가격 변화가 소비자의 구매에 아주 적은 영향을 미치거나 또는 거의 영향을 미치지 않는 경우가 있다. 이러한 경우를 **비탄력적 수요**(inelastic demand)라 한다. 앞의 예에 가격 탄력성 공식을 적용해보자. 피자 가격을 10% 내리면(10달러에서 9달러로) 수요는 15% 증가한다고 가정하면, 수요의 가격 탄력성은 15를 10으로 나눈 값, 1.5가 된다. 수요의 가격 탄력성이 1보다 크면 수요는 탄력적이다. 즉 피자 가격이 내리면 소비자들은 더 많이 구매하고, 가격이 오르면 소비자 수요는 줄어들게 될 것이다. 📷 그림 10.6은 가격 탄력성을 계산하는 방법을 보여준다.

📷 그림 10.7의 왼쪽 그래프에서 볼 수 있듯이, 수요가 탄력적일 때, 가격과 총수익(총매출)의 변화는 반대 방향으로 움직인다. 가격이 증가하면 수익이 감소하고, 가격이 감소하면 수익은 증가한다. 그림 10.7에서 볼 수 있는 것처럼, 탄력적인 수요 곡선은 더 수평적이다. 1.5의 수요 탄력성이라면, 가격이 하락했을 때 피자 업체의 총수입은 늘어난다.

만약 수요가 비탄력적이라면, 마케팅 담당자들은 계속해서 가격을 올려서 보다 많은 수익과 이윤을 창출할 수 있지 않을까? 수요가 탄력적이라면 어떤가? 이는 마케팅 담당자들이 절대로 가격을 올릴 수 없다는 것을 뜻할까? 이 질문들에 대한 답은 놀랍게도 '아니요'이다. 제품의 수

수요의 가격 탄력성 가격의 변화 비율로 인한 판매 수량의 변화 비율

탄력적 수요 가격의 변화가 수요량에 많은 영향을 미치는 수요

비탄력적 수요 가격의 변화가 수요량에 아주 미미한 영향을 미치거나 영향을 미치지 않는 수요

그림 10.6 📷 스냅숏 | **수요의 가격 탄력성**

마케터들은 수요의 탄력성이 중요한 가격 결정의 기준임을 알고 있다.

탄력적 수요

10달러에서 9달러로 가격 변화

10달러−9달러=1달러

1/10=가격의 10% 변화

한 달에 2,700개에서 3,100개로 수요 변화

$$\begin{array}{r} 3,100 \\ -2,700 \\ \hline 400 \text{ 피자} \end{array}$$

증가 퍼센티지 400/2,700=.148~15% 수요 변화

$$수요의\ 가격\ 탄력성 = \frac{수요량의\ 변화율}{가격의\ 변화율}$$

$$수요의\ 가격\ 탄력성 = \frac{15\%}{10\%} = 1.5$$

비탄력적 수요

10달러에서 9달러로 가격 변화

10달러−9달러=1달러

1/10=가격의 10% 변화

한 달에 2,700개에서 2,835개로 수요 변화

$$\begin{array}{r} 2,835 \\ -2,700 \\ \hline 135 \text{ 피자} \end{array}$$

증가 퍼센티지 135/2,700=0.05~5% 수요 변화

$$수요의\ 가격\ 탄력성 = \frac{수요량의\ 변화율}{가격의\ 변화율}$$

$$수요의\ 가격\ 탄력성 = \frac{5\%}{10\%} = 0.5$$

수요의 교차 탄력성 한 제품의 가격 변화가 다른 제품의 수요에 영향을 미칠 때

요 탄력성은 가격 수준별로 상이하며, 가격의 변화율에 따라 달라진다.

다른 요인들 또한 가격 탄력성과 판매에 영향을 미칠 수 있다. 제품이나 서비스가 다른 것으로 대체될 가능성을 고려해 보자. 만약 어떤 제품에 대한 확실한 대체품이 존재한다면, 그 제품의 수요는 탄력적일 것이다. 즉, 제품의 가격이 오르면 소비자들은 대체품 구매로 이동함으로써 수요가 감소하게 된다. 예를 들어, 일부 코카콜라 골수팬들을 제외한 대부분의 사람들은 코카콜라와 펩시를 유사한 대체품으로 여긴다. 만약 펩시의 가격이 오르면, 많은 사람들은 펩시 대신 코카콜라를 구매할 것이다. 매우 유사한 대체품이 존재하는 제품의 마케팅 담당자들은 가격 경쟁을 꺼리는 경향이 있다. 소비자들이 가격에 따라 이 브랜드에서 저 브랜드로 쉽게 옮겨 갈 수 있어 가격 경쟁은 수익을 감소시키기 때문이다.

다른 제품들의 가격 변화 또한 수요에 영향을 미치는데, 이러한 현상을 **수요의 교차 탄력성**(cross elasticity of demand)이라고 부른다. 서로 대체관계에 있는 제품들의 경우, 한 제품의 가격 인상은 다른 제품들에 대한 수요 증가를 유발한다. 예를 들어, 바나나 가격이 오르면 소비자들은 바나나 대신 딸기, 블루베리, 사과를 구매하려 할 것이다. 그러나 제품이 보완재일 때, 즉 한 제품을 사용하기 위해 다른 제품의 사용이 필수적이라면, 한 제품의 가격 인상은 보완재의 수요 하락을 유발한다. 그래서 가솔린의 가격이 오르면 소비자들은 운전을 덜 하고 카풀이나 대중교통을 이용하게 되고 따라서 타이어(또는 가솔린)에 대한 수요는 감소한다.[4]

그림 10.7 📷 스냅숏 | **가격 탄력적 수요 곡선과 비탄력적 수요 곡선**

수요의 가격 탄력성은 가격 변화에 대한 수요의 변화를 나타낸다. 만약 수요의 변화율이 적으면 수요는 가격 비탄력적인 것이고, 반대의 경우는 수요가 탄력적인 것이다.

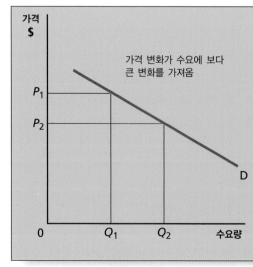

탄력적 수요

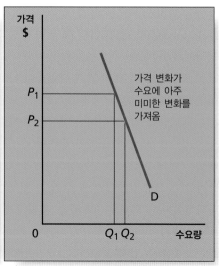

비탄력적 수요

3단계 : 비용 결정

수요에 대한 예측은 마케팅 담당자들이 제품의 가격을 정하는 데 도움을 준다. 각기 다른 가격 수준으로 얼마나 판매할 수 있는지를 알 수 있게 해주기 때문이다. 이것을 알고 나면 가격을 결정하는 세 번째 단계로 넘어간다. 가격이 비용을 상회하는지 확인하는 것이다. 마케팅 담당자는 가격을 결정하기 전에 제품의 비용, 수요, 수익 그리고 그것들 간의 관계를 이해해야 한다. 다음 단계에서는 마케팅 담당자가 가격 결정 시 고려해야 하는 다양한 유형의 비용에 대해 알아볼 것이다. 그리고 나서 가격을 결정하기 위해 비용과 관련된 정보들을 어떻게 이용하는지 살펴볼 것이다.

변동비용 생산단위에 따라 생산비용(원료와 자재, 부품, 인건비)이 바뀜

변동비와 고정비

기업이 제품 가격을 결정할 때 제품의 생산비용이 큰 역할을 하는 것은 분명하다. 만약 제품의 판매 가격이 생산비용보다 낮다면 기업은 손실을 입게 될 것이다. 비용이 가격 결정에 어떤 영향을 미치는지 살펴보기 전에, 우리는 기업에서 발생하는 다양한 유형의 비용들에 대해 이해할 필요가 있다.

우선, 제품의 생산은 **변동비용**(variable costs)을 유발한다. 단위당 생산비는 기업이 생산하는 개별 제품이나 생산량에 따라 달라진다. 예를 들어, 만약 책장 하나를 만드는 데 25센트어치의 못이 필요하다면, 2개에는 50센트, 3개에는 75센트의 변동비용이 발생한다. 책장을 생산하는 데 발생하는 변동비용에는 목재와 페인트 비용뿐만 아니라 공장에서 일하는 직원들에게 지급되는 인건비까지 포함된다.

📷 그림 10.8은 다양한 생산 수준(100개, 200개, 500개의 책장 생산)에서의 평균 변동비(단위당 변동비)와 총변동비의 예를 보여준다. 만약 기업이 책장 100개를 생산한다면, 단위당 평균 변동비는 50달러, 총변동비는 5,000달러($50×100)가 된다. 만약 생산량을 두 배로 늘려 200개를 생산하게 되면 총변동비는 1만 달러($50×200)가 될 것이다.

현실에서의 변동비 계산은 여기 나와 있는 것보다 훨씬 더 복잡하다. 공장에서 생산하는 책장의 수가 증가하거나 감소함에 따라, 평균 변동비는 변화한다. 예를 들어 기업이 책장 하나를 만들 분량의 목재를 구입한다면, 목재 판매소는 가장 높은 가격을 요구할 것이다. 그러나 100개 만들 분량의 목재를 구매하면 목재 판매소는 아마도 더 나은 가격을 제시할 것이다. 기업이 수천 개의 책장을 만들 정도로 충분한 양의 목재를 구매한다면 기업은 변동비를 훨씬 더 줄일 수 있을 것이다. 생산량이 증가하면 인건비도 감소한다. 제조업체들은 노동자들이 책장을 더 빨리 생산할 수 있도록 하기 위해 노동력을 절감해주는 장비들에 투자할 가능성이 높기 때문이다.

100개 책장을 생산하는 데 소요되는 변동비용		200개 책장을 생산하는 데 소요되는 변동비용		500개 책장을 생산하는 데 소요되는 변동비용	
목재	$13.25	목재	$13.25	목재	$9.40
못	0.25	못	0.25	못	0.20
페인트	0.50	페인트	0.50	페인트	0.40
인건비(3시간×$12.00/시간당)	$36.00	인건비(3시간×$12.00/시간당)	$36.00	인건비(2시간 30분×$12.00/시간당)	$30.00
단위당 비용	$50.00	단위당 비용	$50.00	단위당 비용	$40.00
단위 수를 곱함	100	단위 수를 곱함	200	단위 수를 곱함	500
100개의 비용	$5,000	200개의 비용	$10,000	500개의 비용	$20,000

책장 1개＝1단위

그림 10.8 📷 스냅숏 | 생산 수준에 따른 변동비용

고정비 생산단위 수에 변화가 없는 생산비용

평균 고정비 생산단위당 고정비용

총비용 생산단위의 정해진 수에 대한 고정비용과 변동비용의 총합

손익분기점 분석 기업이 모든 비용을 커버하기 위해 제시된 가격에서 생산과 판매를 해야 하는 단위의 수를 결정하는 방법

손익분기점 총수입과 총비용이 같은 지점이며 기업이 이윤을 내기 위해 손익분기점을 넘어야 하고, 그렇지 못하면 손실로 고통을 받게 됨

그림 10.8은 이러한 경우를 보여준다. 목재, 못, 페인트를 (대량 할인을 통해) 보다 저렴한 가격에 구입하고, 직원들이 책장을 보다 빨리 생산할 수 있도록 도와주는 장비를 제공함으로써 기업은 500개의 책장을 생산하기 위한 단위당 변동비를 40달러까지 줄일 수 있다.

생산량을 높인다고 해서 변동비가 항상 감소하는 것은 아니다. 앞의 책장의 예를 들어 설명하면, 어느 시점에서는 책장을 생산하는 데 필요한 노동력, 목재 또는 못에 대한 수요가 공급을 초과할 수 있다. 책장 제조업체는 생산량을 맞추기 위해 직원들에게 초과 근무 수당을 지불해야 할 수도 있다. 또한 먼 곳에 있는 공급 업체로부터 목재를 추가로 구입하게 된다면 운송비는 증가할 것이며, 책장을 생산하기 위한 변동비는 증가한다.

고정비(fixed costs)는 생산 단위의 증감에 따라 달라지지 않는 비용이다. 즉, 기업이 이번 달에 책장을 1,000개 생산하든 10개를 생산하든 상관없이 고정비는 그대로 유지된다. 고정비에는 공장 임대료 또는 공장을 소유 및 유지하기 위한 비용, 냉난방비, 그리고 제품 생산에 사용되는 해머나 톱 및 페인트 분무기 같은 장비 구입 비용이 포함된다. 책장을 생산하기 위한 공장 근로자의 임금은 변동비에 해당되지만, 기업의 임원, 회계사, 인사 전문가, 마케팅 관리자 및 제품 생산에 관여하지 않은 기타 직원에 대한 임금은 고정비에 포함된다. 광고비나 다른 마케팅 활동을 위한 비용 같은 것들도 마찬가지이다. 이 모든 비용은 공장에서 얼마만큼의 제품을 생산하는가와 관계 없이 일정하다.

평균 고정비(average fixed cost)는 단위당 고정 비용으로, 총고정비를 생산 및 판매 단위로 나눠서 구한다. 총고정비는 생산 대수와 상관 없이 동일하게 유지되지만, 평균 고정비용은 생산 단위 수가 증가함에 따라 감소한다. 예를 들어, 어떤 기업의 총고정비가 30만 달러라고 해보자. 만약 기업이 한 단위를 생산한다면, 평균 고정비는 30만 달러가 되고, 두 단위를 생산하면 고정비용은 반으로 줄어들어 15만 달러가 된다. 1만 개의 단위를 생산하는 경우, 단위당 평균 고정비는 30달러이다. 이처럼 생산단위가 늘어날수록 평균 고정비는 줄어들고, 고정비를 충당하기 위해 부과해야 했던 가격도 내려간다.

물론 변동비와 마찬가지로, 장기적으로 보면 총고정비도 변동될 수 있다. 기업의 생산 가능량보다 판매량이 많아지면, 기업은 새로운 공장을 짓고 경영진의 임금을 인상하며 제조장비에 더 많이 투자할 수도 있다.

변동비와 고정비를 합하여 특정 생산단위에서의 **총비용**(total costs)을 산출한다. 기업이 제품 생산을 늘릴수록 평균 고정비와 평균 변동비 모두 감소할 것이다. 그러나 생산량이 계속해서 증가하게 되면, 평균 변동비는 증가하기 시작할 것이다. 이러한 변동비는 평균 고정비가 감소하는 속도보다 빠르게 증가하여, 결과적으로 평균 총비용은 증가하게 된다. 총비용은 생산 수준에 따라 변동되기 때문에, 그 비용을 충당하기 위해 생산자가 부과해야 하는 가격은 시시때때로 변한다. 따라서 마케팅 담당자는 모든 비용을 커버하는 데 필요한 최소 가격인 손익분기점을 계산해야 한다.

손익분기점 분석

손익분기점 분석(break-even analysis)은 마케팅 담당자들이 비용과 가격 간의 관계를 검토하기 위해 사용하는 기법이다. 이 방법은 주어진 가격으로 총비용을 완벽하게 충당하는 판매량은 얼마만큼인지 그리고 어느 수준부터 이익이 나기 시작할 것인지 파악할 수 있게 해준다. 간단히 말해, **손익분기점**(break-even point)은 기업이 손실을 보지 않으면서도 이익을 내지 않는 지점이다. 제품을 생산하기 위한 모든 비용이 충당되지만, 그 이상의 수익은 한 푼도 없다. 손익분기점 분석을 통해 마케팅 담당자들은 손익분기점을 넘어 수익을 내기 위해 특정 가격에 제품을 얼마나

많이 판매해야 하는지 규명해낼 수 있다.

📷 그림 10.9는 책장 제조업체가 개당 100달러의 요금을 부과한다고 가정했을 때의 손익분기점 분석을 보여준다. 수직 축은 비용 및 수익을 나타내고, 가로 축은 생산 및 판매된 제품의 양을 나타낸다. 손익분기점 모델에서는, 총고정비 및 단위당 변동비가 생산량에 따라 변하지 않는다고 가정한다.

이 예에서 총고정비(공장, 장비, 마케팅 비용과 전기요금)는 20만 달러이고, 평균 변동비(원자재 및 인건비)는 일정하다고 가정한다. 그림은 다양한 생산량 및 판매량에서의 총비용(변동비용+고정비용)과 총수입을 보여준다. 총수입과 총비용 선이 교차되는 지점이 손익분기점이다. 손익분기점을 넘어서는 판매가 발생하면 기업은 이윤을 얻게 되고, 그보다 아래 지점에서 판매가 이루어진다면 기업은 손실을 입을 것이다.

손익분기점을 결정하기 위해, 기업은 먼저 **단위당 공헌 이익**(contribution per unit) 또는 기업이 제품에 부과한 가격(단위당 수입)과 변동비의 차이를 계산해야 한다. 이 수치는 기업이 목재, 못, 페인트, 인건비를 지불한 후에 남게 되는 고정비를 충당할 만한 금액을 의미한다. 각 책장당 100달러에 판매된다고 가정해보자. 앞에서와 마찬가지로 변동비가 50달러라면, 단위당 공헌 이익은 $100-$50=$50이다. 책장 제조업체의 고정비용을 20만 달러라고 하면, 이제 기업의 손익분기점을 계산할 수 있다.

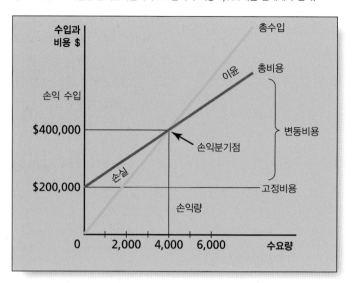

그림 10.9 📷 스냅숏 | **100달러의 가격을 가정한 손익분기점 분석**

마케터는 손익분기점 분석을 사용하여 이익이 발생하기 전 달성해야 하는 판매량을 결정할 수 있다. 이 기업은 손익분기점에서 100달러의 책장 4,000개를 판매해야 한다.

$$손익분기점(단위당) = \frac{총고정비용}{고정비용\ 단위당\ 공헌\ 이익}$$

$$손익분기점(단위당) = \frac{\$200,000}{\$50} = 4,000단위$$

고정비용을 충당하고 손익분기점에 도달하기 위해서는 책장을 100달러의 가격으로 4,000개 판매해야 한다. 또한 우리는 달러당 손익분기점을 계산할 수 있다. 다음 식에서는 손익분기점에 도달하기 위해서 40만 달러어치의 책장을 판매해야 한다는 것을 보여준다.

$$손익분기점(달러당) = \frac{총고정비용}{1 - \dfrac{단위당\ 변동비용}{가격}}$$

$$손익분기점(달러당) = \frac{\$200,000}{1 - \dfrac{\$50}{\$100}} = \frac{\$200,000}{1 - 0.5} = \frac{\$200,000}{0.5} = \$400,000$$

기업의 매출이 손익분기점을 통과하면 수익이 발생하기 시작한다. 그렇다면 수익은 얼마나 될까? 만약 4,001개의 책장을 판매하면, 기업은 50달러의 이윤을 남기게 될 것이다. 책장 5,000개를 판매했을 때의 이윤은 다음과 같이 계산할 수 있다.

단위당 공헌 이익 기업이 제품에 부과한 가격과 변동비용 간의 차이

$$\begin{aligned} 수익 &= 손익분기점을\ 넘어서는\ 판매\ 수량 \times 단위당\ 공헌이익 \\ &= 1{,}000 \times \$50 \\ &= \$50{,}000 \end{aligned}$$

기업은 종종 그들이 벌어들이고 싶은 수익, 즉 **목표** 이익을 설정한다. 마케팅 관리자는 목표로 하는 특정 금액을 염두에 두고 손익분기점을 계산할 수 있다. 이 경우, 수익은 달성하고자 하는 목표가 되기 때문에 우리가 계산하는 것은 실제 '손익분기점'이 아닌 '목표량'에 더 가깝다. 만약 책장 제조업체가 5만 달러의 수익을 실현하고자 한다면 계산식은 아래와 같다.

$$목표\ 이익을\ 포함한(단위당)\ 손익분기점 = \frac{전체\ 고정비 + 목표\ 수익}{고정비용\ 단위당\ 공헌\ 이익}$$

$$손익분기점(단위당) = \frac{\$200{,}000 + 50{,}000}{\$50} = 5{,}000단위$$

손익분기점을 이해하는 것은 중소기업이나 대기업이나 똑같이 중요하다. 이미 고정비를 충당하고도 이윤을 남기고 있는 레스토랑 주인은 만약 그가 매출을 늘릴 수 있다면, 모든 신규 매출분의 공헌 이익은 자신의 수익이 될 것이라는 것을 알고 있다. 만약 자동차 회사들이 부품을 싸게 구입해서 비용을 절감할 수 있다면 매출은 증가하지 않아도 공헌 이익과 수익은 증가할 것이다. 많은 미국 기업들이 인건비가 낮거나 정부의 법인세율이 낮은 해외로 진출하는 이유가 이 때문이다.

손익분기점 분석은 가격 결정을 위한 답을 제공하지는 않는다. 그것은 이익을 창출하기 위해, 즉 손익분기점에 도달하기 위해 기업이 얼마나 많이 판매해야 하는지를 알려준다. 그러나 그 가격에서의 수요량과 판매량이 동일한지의 여부를 알지 못한다면, 기업은 큰 실수를 저지를 수 있다.

마크업과 마진 : 유통 경로를 통한 가격 결정

지금까지 우리는 소비자에게 직접 제품을 판매하는 제조업자의 입장에서 비용을 단순화해서 이야기했다. 그러나 실제로 대부분의 제품들은 제조업체가 소비자나 기업 고객에게 직접 판매하지 않는다. 제조업체는 소비자에게 판매할 상품을 도매상, 유통업체, 또는 중개상에게 판매하고 이들이 소매상에게 판매하면, 소매상이 최종적으로 제품을 소비자에게 판매한다. B2B시장에서 제조업체는 기업 고객들을 대상으로 하는 유통업자에게 자사의 제품을 판매할 수 있다. 각각의 유통 경로 구성원들은 제품을 구매하고 나서 일정 액수를 더해(markup amount) 판매가를 설정한다. 이 **마크업**(markup) 액수가 **매출총이익**(gross margin)인데, **소매상 마진**(retailer margin) 또는 **도매상 마진**(wholesaler margin)으로 불리기도 한다. 마진은 소매상이나 도매상의 고정비용을 충당하고도 이윤을 남길 만큼 높아야 한다. 제조업체가 가격을 결정할 때에는 이들 마진을 고려해야 한다. 유통 경로를 통한 가격 결정을 더 잘 이해하기 위해서 📷 그림 10.10에서 설명하는 유통 가격 결정의 간단한 예를 살펴보기로 하자.

대개, 제조업자는 **표시가격**(list price, 정가)을 중심으로 가격 체계를 구축한다. 권장 소매 가격 또는 **권장 소비자 가격**(Manufacturer's Suggested Retail Price, MSRP)으로도 불리는 표시가격은 최종 소비자가 지불해야 하는 적정 가격으로 제조업체가 결정해놓은 것이다. 그림 10.10에

마크업 채널 구성원이 제품을 판매할 때 가격을 책정하기 위해 제품의 비용에 일정 금액 부과

매출총이익 소매상 혹은 도매상의 고정비용을 커버하고 일정의 이윤을 남기기 위해 제품의 비용에 마크업 금액이 추가됨

소매상 마진 소매상에 의해 제품의 비용에 추가된 마진

도매상 마진 도매상에 의해 제품의 비용에 추가된 금액

표시가격 또는 권장 소비자 가격(MSRP) 최종 소비자가 지불해야 하는 적정 가격으로 제조업체가 설정한 가격

제시된 것처럼, 우리는 소매업체가 소비자에게 20달러에 판매하게 될 소비재를 가지고 있다. 그러나 말했듯이, 소매업체들은 자신들의 고정비용과 이익을 커버할 정도의 수익이 필요하다. 따라서 소매업체는 총마진 또는 소매상 마진의 일정 비율을 수익으로 가져야 한다고 주장하면서, 30%를 요구할지도 모른다. 이는 소매상이 그 제품을 14달러 이하의 가격으로 구매할 수 있어야 한다는 것을 의미한다. 만일 유통 경로에 도매상도 포함되어 있다면, 도매상의 고정비와 수익을 확보할 수 있을 정도로 가격을 인상할 수 있어야만 한다.

이는 도매상이 일정 비율의 수익 또는 도매상 마진을 가져간다는 것으로, 만약 도매상이 20%의 유통 마진을 주장한다면 도매상은 고정비용과 이익을 보장하기 위해서 11.20달러 이하로 제품을 구매해야 한다는 것을 의미한다. 따라서 제조업체는 제품을 20달러가 아니라 11.20달러에 판매해야 된다. 제조업체는 도매상에 그보다 낮은 가격으로 판매할 수 있을지언정, 그보다 높은 가격, 즉 도·소매 업체가 요구하는 유통 마진을 맞춰주지 못하는 가격에는 판매할 수 없다. 만일 그 제품을 생산하기 위한 변동비가 7.85달러라면, 제조업체의 고정비에 대한 공헌이익은 3.35달러가 된다. 이 금액이 제조업체의 공헌이익이자 손익분기점을 계산하기 위해 사용되는 액수이다.

월마트, 월그린스 드러그 스토어, 그리고 크로거 슈퍼마켓과 같은 많은 소매업체나 체인점들은 **수직적 통합**(vertical integration)을 통해 그들 자신이 도매업체의 업무를 처리하는 것이 더 합리적이라는 것을 발견했다. 이는 이들 소매체인이 자체 유통 센터를 갖고 그들 자신의 트럭으로 제품을 매장으로 운송함으로써 비용을 절약하는 동시에 제품의 운영과 공급에 대한 더 큰 통제력을 유지할 수 있게 됐다는 것을 의미한다. 이로써, 이들 소매점들은 소비자에게 더 낮은 가격으로 제품을 공급할 수 있게 될 것이다. 우리는 이러한 수직적 마케팅 시스템에 대해 제11장에서 더 이야기할 것이다.

그림 10.10 📷 **스냅숏 | 유통 경로에 따른 마크업**

유통 경로를 구성하고 있는 개별 수준의 조직들은 자신의 고정비를 충당하고 수익을 달성하기 위해 제품 가격을 설정한다는 사실을 제조업체는 기억해야 한다.

소매체

제조업체의 권장 소비자 가격 또는 표시가격	$20.00
고정 비용을 충당하고 수익을 창출하기 위해	−30% = $ 6.00
소매업체가 필요로 하는 마진	$14.00

소매업체의 가격은 14달러 이하여야 한다.

도매업체

소매업체가 제품 구입에 지불하는 가격	$14.00
고정 비용을 충당하고 수익을 창출하기 위해	−20% = $ 2.80
도매업체가 필요로 하는 마진	$11.20

제조업체가 도매업자에게 청구하는 가격은 11.20달러 이하여야 한다.

제조업체

도매업체에게 제품을 판매하고서 얻는 제조업체의 수익	$11.20
제조업체의 단위당 변동비	−$7.85
제조업체의 단위당 공헌 이익	$3.35

4단계 : 가격 결정 환경 검토

가격을 결정할 때 마케팅 담당자는 수요와 비용에 더해 기업의 외부 환경 요인도 고려해야 한다. 가격 결정 전략을 수립하는 데 있어서 네 번째 단계는 가격 결정을 위해 외부 환경을 검토하고 평가하는 것이다. 이제 경제 환경, 경쟁, 소비자 동향과 같은 가격 전략에 영향을 미치는 중요한 외부 요인들에 대해 살펴볼 것이다. 본격적으로 들어가기 전에, 가격 결정은 상호의존적이라는 사실에 특히 주목해야 한다. 수요와 비용, 그리고 가격 결정 환경 등을 전체적으로 함께 고려해야 한다.

경제 환경

제2장에서 살펴보았듯이, 전반적인 경제 동향은 가격 결정 전략에 직접적인 영향을 미친다. 경기 순환, 인플레이션, 경제성장률, 경제에 대한 소비자 신뢰 모두는 기업이 가격을 안정시켜야

수직적 통합 비용을 절감하고 이익을 증대시키기 위해 제조업체와 유통 경로를 단일 소유권으로 통합

보험과 같은 서비스 기업들은 경쟁적 우위를 확보하기 위해 흔히 가격에 의존한다.

사람들은 경제 상황이 암울할 때 가격에 매우 민감해진다.

하는지, 가격을 인하해야 하는지, 아니면 가격을 인상해야 하는지의 여부를 결정하는 데 도움을 주는 요소들이다. 물론, 국가 경제의 상승과 하락이 모든 제품 카테고리나 모든 지역에 동일한 영향을 미치는 것은 아니다. 마케팅 담당자들은 경제 동향이 특정 사업에 어떤 영향을 미치는지 이해할 필요가 있다.

일반적으로, 2007년 말에 시작된 대불황과 같은 불경기 기간에 소비자들은 가격에 더욱 민감해진다. 그들은 더 나은 가격을 제공하는 브랜드로 전환하고자 할인 매장이나 창고형 아웃렛 매장의 단골이 된다. 소비자들이 사치스러운 휴가를 보낼 가능성은 낮아지는 대신, 그들은 집에서 가족들과 즐거운 시간을 보내는 '스테이케이션(staycation)'에 만족해 할 것이다. 많은 소비자들이 직장을 잃었거나 잃게 될까 두려워한다. 상대적으로 불경기의 영향을 덜 받는 부유한 가정들조차 소비를 줄이기 쉽다. 결과적으로, 불경기 동안에 공장을 운영하기 위해서 일부 기업들은 생산비는 충당하지만 수익은 내지 못하는 수준으로 가격을 낮출 필요가 있다고 생각하게 될 것이다. 대불황 기간 동안, 경기 침체에 대처하기 위한 스타벅스의 전략은 맥도날드 같은 저가 경쟁사로 이탈하겠다고 위협하는 가격에 민감한 고객들을 매장에 붙잡아 놓으면서도 프리미엄 이미지는 유지하는 것이었다. 이를 위해 스타벅스는 프라푸치노, 캐러멜 마키아토와 같은 여러 가지 재료로 만드는 제조 커피의 가격을 10%, 15%, 심지어는 30%까지 올리고, 이와 동시에, 라떼나 레귤러 커피 같은 인기 있는 음료의 가격은 5~15%까지 인하했다.

P&G는 많은 프리미엄급 브랜드를 포함한 다양한 소비재를 생산하는 세계 최대기업으로, 일부 제품은 동일 카테고리 안에 있는 제품들의 평균 가격보다 두 배나 비싸다. 그러나 경기 침체 기간 동안, 소비자들이 유통업체 브랜드나 다른 저렴한 제품으로 전환함에 따라 P&G는 매출 하락, 시장 점유율의 저하, 그리고 수익 감소에 직면했다. P&G는 다양한 가격 인하 및 제품 개선 전략으로 대응했다. P&G가 가격 인상 없이 듀라셀 배터리 대형 팩이나 더 흡수성이 높은 팸퍼스 베이비 기저귀를 판매하기 시작한 것이 대표적인 예이다.

뿐만 아니라 제품의 적정 가격에 대한 소비자 인식을 변화시켜 기업으로 하여금 가격을 변동하게 하는 경제적 추세도 있다. 인플레이션은 마케팅 담당자들이 가격을 올리거나 내리게 하는 이유를 제공한다. 우선 인플레이션은 소비자들로 하여금 가격 인상에 익숙해지도록 만든다. 심지어 인플레이션이 끝난 후에 가격을 인상하더라도 고객은 가격 인상에 둔감해진다. 따라서 마케팅 담당자는 인플레이션에 맞춰서 가격을 조정하는 것이 아닌 실질적인 가격 인상을 감행할 수 있다. 물론, 인플레이션 기간 동안 소비자들은 미래에 대해 두려움을 느끼고 기본적인 생활을 유지하기 위한 충분한 수입을 확보할 수 있을지에 대한 걱정 때문에 소비를 줄일 것이다. 그래서 불경기 때와 마찬가지로, 인플레이션은 마케팅 담당자들로 하여금 가격을 인하하도록 유도하며 판매 수준을 유지하기 위해 일시적으로 이익을 희생하게 만든다.

경쟁

마케팅 담당자는 자사의 가격 결정에 경쟁업체가 어떻게 반응할지를 예측하기 위해 노력한다. 점점 더 낮은 가격으로 경쟁하는 것이 항상 좋은 것만은 아니다. 가격 전쟁은 '공정 가격'에 대한 소비자들의 인식을 변화시켜, 그들로 하여금 이전 가격 수준으로는 제품을 구매하고 싶지 않게 만들 수 있다.

제2장에서 살펴보았듯이, 대부분의 산업은 세 가지 산업 구조, 즉 과점, 독점적 경쟁, 완전 경쟁 중 하나에 해당하는데, 기업이 어떤 산업 구조에 속하느냐가 가격 결정에 영향을 미친다. 일반적으로 소수의 판매자와 다수의 소비자가 존재하는 과점 시

P&G는 듀라셀 베터리에서부터 팸퍼스 기저귀까지 다양한 제품의 가격을 인하하면서 어려운 경제환경에 대응했다.

장에 있는 델타 항공사 같은 기업은 시장에 존재하는 모든 경쟁자들과 비슷한 가격을 유지하는 현상 유지(status quo) 가격 목표를 채택할 가능성이 크다. 가격 경쟁을 피하는 것이 산업 내 모든 구성원들이 수익을 유지할 수 있는 방법이기 때문에 이러한 가격 목표는 과점 기업들에게 매력적이다. 물론, 과점 기업들이 경쟁자의 가격 결정을 그냥 무시할 수 있다는 의미는 아니다. 한 항공사가 항공료를 올리거나 내리면, 다른 항공사들도 이에 맞춰 가격을 조정한다.

각기 다른 제품을 판매하는 다수의 판매자가 존재하는 독점적 경쟁 시장에 해당하는 레스토랑 산업의 경우 기업은 제품을 차별화하고 비가격 경쟁에 집중한다. 각 기업은 경쟁 기업의 가격에 별 관심을 두지 않으며, 자사가 제공하는 제품의 생산 비용에 기반하여 가격을 결정한다.

순수 경쟁 시장에 속하는 밀 농장과 같은 조직은 가격을 올리거나 내릴 기회가 거의 없다. 반면 공급과 수요는 밀, 콩, 옥수수, 또는 신선한 복숭아의 가격에 직접적인 영향을 미친다.

정부 규제

마케팅 담당자들이 가격 결정 전략을 개발하는 데 영향을 미치는 환경적 요인 중 또 다른 중요 요인은 정부 규제이다. 정부는 가격 결정에 영향을 미치는 두 가지 유형의 규제를 만들었다. 우선 직원들을 위한 의료 보건, 환경 보호, 직업 안전, 도로 안전을 위한 규제들이다. 이것들은 몇 가지 안 되는 것 같아 보이지만, 많은 제품의 생산 비용을 증가시킨다. 식품 의약품 안전청이 식품과 의약품 생산에 부과하는 규제와 같이 특정 산업에 대한 기타 규제들 또한 해당 제품들을 개발하고 생산하는 비용을 증가시킨다.

여기에 더해 어떤 규제들은 가격을 직접적으로 겨냥하기도 한다. 최근에 의회가 신용 카드 이자율 및 기타 수수료를 제한하는 신용 카드 책임 및 공개에 관한 법률을 제정했다.[5] 2010년 3월에는 건강보험개혁법으로 대규모 의료체제 개혁안이 제정되었다. 2013~2014년에 발효된 이 법안은 이전에는 보험 적용이 되지 않았던 기존 병력을 가진 사람들을 포함한 모든 미국인들에게 건강 보험을 제공해주고 있다.[6]

정부의 규제는 국제적 환경에서 문제를 일으키기도 한다. 이집트, 필리핀, 태국, 방글라데시, 짐바브웨를 포함한 몇몇의 나라들은 정부가 빵에서부터 의약품에 이르기까지 다양한 제품들의 가격을 지정한다. 가격 규제는 주요 식품과 상품의 가격을 적정 수준으로 유지하고, 제품의 공

금이 부족할 때 발생할 수 있는 기업 간의 가격 담합을 방지하며, 인플레이션을 늦추기 위해 제정되었다. 그러나 이런 정부의 통제로 인해 기업들이 제품을 생산할 충분한 자금을 확보할 수 없거나 이윤을 내는 것이 불가능해진다면 기업의 유일한 선택은 더 저렴한 재료를 사용하거나 가격 규제를 받는 제품은 아예 생산하지 않는 것이 될 것이다.

소비자 동향

소비자 동향 또한 가격에 강력한 영향을 미칠 수 있다. 문화와 인구통계학적 요소는 소비자가 생각하고 행동하는 방식을 결정하기 때문에, 이러한 요소들은 모든 마케팅 의사결정에 큰 영향을 미친다. 현재의 소비자 동향 중 눈에 띄는 하나는 시간을 구매함으로써 시간을 절약하는 것이다. 점점 더 많은 소비자들이 조리된 식품을 구입하고 있으며, 지역적으로 가까운 매장에서 또는 온라인으로 쇼핑을 즐기며, 호텔과 스파는 하루 동안 객실이나 수영장 같은 호텔 편의 시설을 즐길 수 있는 '당일치기 휴가(daycation)' 상품을 판매하고, 소비자들은 로봇 진공 청소기와 같은 시간을 절약할 수 있는 디지털 기기를 사용한다. 또한 소비자들은 지역에서 재배된 채소나 제철 음식을 먹으며, 음식물 쓰레기를 줄이고, 건강에 좋지 않은 음식을 피함으로써 더 신선한 녹색의 식품을 섭취한다. **통제를 위한 제품 구매**(shopping for control) 현상은 많은 소비자들로 하여금 세상을 무서운 곳으로 인식하게 만든, 연일 보도되는 테러와 정치적 불안에 대한 소비자 대응으로 인해 생겨났다. 소비자들은 스마트 홈 기술을 설치하거나 외부인을 통제하는 주거단지로 이사하는 등, 불확실한 세계에서 어느 정도의 예측 가능성과 통제력을 제공하는 제품과 서비스에 가치를 느끼게 되었다.[7]

국제 환경

제2장에서 논의했듯이, 마케팅 환경은 나라마다 크게 다르며, 이는 가격 결정 전략 개발에 중대한 영향을 미칠 수 있다. 기업이 모든 글로벌 시장에서 가격을 표준화할 수 있을까? 아니면 현지 조건에 맞춰 가격을 조정해야 할까?

제트 비행기와 같은 일부 제품의 경우 보잉과 에어 버스 같은 기업들이 국제적으로 가격을 표준화한다. 이것이 가능한 것은 첫째, 동체의 폭이 넓은 여객기와 다른 유명한 제트기를 구매하는 유일한 고객은 주요 항공사이거나 군수용 또는 국가 공무용으로 사용하기 위해 구매하는 국가들이기 때문이다. 그리고 둘째, 비행기를 생산하는 기업들이 안전의 희생 없이 비용 절감을 할 수 있는 방법은 거의 없거나 또는 전혀 없기 때문이다.

대부분의 소비재 같은 제품의 경우, 마케팅 담당자는 개별 국가의 고유한 환경 요인에 맞춰 가격 전략을 조정해야 한다. 제2장에서 지적했듯이, 개발 도상국의 경제 상황에 있는 소비자들은 샴푸나 세제를 구매하기 위해 3~4달러 또는 그 이상을 지불할 여유가 없다. 결국 마케팅 담당자들은 제품을 1회용으로 개별 포장해서 낮은 가격으로 판매한다. 아니면 소비자가 구매할 만한 저렴한 가격에 치약이나 비누를 판매하기 위해서 더 저렴한 재료를 사용함으로써 비용을 절약하기도 한다.

마지막으로, 이용 가능한 중개인의 유형과 규모 그리고 제품의 유통을 원활하게 하는 사회기반시설은 나라마다 다르다. 이런 차이는 소비자들에게 제품들을 전달하는 비용을 상승시킬 가능성이 있고, 따라서 거래 마진도 더 높아질 수 있다는 것을 의미한다.

10.3
목표

주요 가격 결정 전략과 전술을 이해한다.

제품 가격 결정을 위한 전략과 전술 수립

러시아 속담에 "시장에는 두 가지 유형의 바보들이 있다. 하나는 가격을 충분히 받지 못하는 바보이고, 다른 하나는 가격을 너무 많이 받는 바보다."[8]라는 말이 있다. 단 한번에, 영원히 변하지 않는, 최상의 가격 결정을 내리는 기업은 거의 없다. 체스 게임을 하는 것처럼, 가격 결정을 집행하고 시장의 가격 결정에 대응하기 위해서는 두세 걸음 앞서 움직임을 생각할 필요가 있다. 📷 그림 10.11에는 다양한 가격 결정 전략과 전술이 요약되어 있다. 가격 계획은 심리적인 문제 및 전략 그리고 법적·윤리적인 문제에 의해 영향을 받는다.

그림 10.11 📷 스냅숏 | 가격 결정 전략과 전술

마케터들은 다양한 가격 결정 전략과 전술을 선택함으로써 성공적인 가격 결정 전략을 개발하고 있다.

가격 결정 전략	가격 결정 전술
• 원가 기반 　원가가산 • 수요 기반 　목표 원가 계산 　수익 관리 • 경쟁 기반 　가격 주도 전략 • 소비자 니즈 기반 　가치 가격 전략 혹은 EDLP • 신제품 가격 전략 　스키밍 가격 전략 　침투 가격 전략 　시험 가격 전략	• 개별 제품 가격 결정 　이분 가격 결정 　지불 가격 결정 • 복수 제품 가격 결정 　묶음 가격 결정 　종속 가격 결정 • 유통 기반 가격 결정 • 채널 구성원 할인

5단계 : 가격 결정 전략 선택

가격 계획의 다음 단계는 가격 결정 전략을 선택하는 것이다. 어떤 가격 전략은 특정 제품, 특정 소비자 집단, 그리고 특정 경쟁 시장에서 잘 작동하지만 그렇지 않은 경우도 있다. 경쟁자보다 저가로 판매할 최상의 시기는 언제이며, 어떤 경우에 경쟁업체의 가격에 맞춰야 하는가? 원가만을 고려하는 최상의 가격 결정 전략은 언제 사용 가능하며, 수요에 근거한 가격 전략을 취하는 최적의 시기는 언제인가?

원가 기반 가격 결정 전략

마케팅 담당자들은 자주 원가 기반 가격 전략(cost-based pricing) 방법을 선택한다. 간단하게 계산할 수 있으며 상대적으로 위험이 적기 때문이다. 이 방법은 적어도 제품을 생산하고 마케팅하기 위해 발생한 비용을 상회하는 가격을 보장한다.

그러나 원가 기반 가격 결정 방법에는 단점이 있다. 이 방법은 생산 요소들의 가격 변동, 표적시장의 특성, 수요, 경쟁, 제품 수명주기, 그리고 제품 이미지와 같은 요소들을 고려하지 않는다. 게다가 가격 계산이 단순하고 간단하기는 하지만 정확한 비용을 산출하기는 어렵다.

3M, 제너럴 일렉트릭, 또는 나비스코같이 다양성이 높은 제품들을 생산하는 기업들을 생각해보자. 공장 운영, 연구 개발, 장비, 설계 엔지니어, 유지 보수 및 마케팅에 사용된 비용을 어떻게 각기 다른 제품에 할당하여 특정 제품을 생산하기 위해 투입한 비용을 정확하게 계산할 수 있는가? 예를 들어, 다양한 제품을 총괄하는 마케팅 임원의 급여는 어떻게 할당해야 하는가? 급여 비용을 그가 관리하는 모든 제품에 균등하게 나누어 분배해야 하는가? 아니면 각각의 제품에 관여한 실제 근무 시간을 기준으로 배분해야 하는가? 그것도 아니면 각각의 제품이 창출한 수익에 근거해서 비용을 할당해야 하는가? 하나의 정답은 없다. 그러나 이러한 한계에도 불구하고, 원가 기반 가격 결정 전략이 최선인 경우가 있다.

가장 일반적인 원가 기반 가격 결정 방법은 **원가 가산 가격 결정**(cost-plus pricing)이다. 이 방법은 제품의 원가 총액에 일정 금액을 더하여 판매 가격을 결정하는 방식이다. 많은 마케팅 담당자들, 특히 수만여 개 제품의 가격을 결정해야 하는 소매상과 도매상들은 계산이 간단하다는 이유로 원가 가산 가격 결정 방법을 사용한다. 그들은 단가를 추정해서 마크업을 더하기만 하면 된다.

소매업체나 도매업체가 어떻게 마크업 비율을 결정하는지 의아해할 수 있다. 많은 경우에,

원가 가산 가격 결정 판매자가 제품의 모든 원가를 합산해서 판매 가격에 일정 금액을 부가하는 가격 결정의 한 방법

키스토닝 제품의 가격을 구입 가격의 두 배로(100% 마크업) 결정하는 소매업체의 가격결정 방법

수요 기반 가격 결정 서로 다른 가격대에서 수요에 대한 평가를 근거로 가격을 결정하는 방법

목표 원가 계산 기업들이 고객들을 만족시키는 데 필요한 품질과 기능성 및 제품이 디자인되기 전 그들이 기꺼이 지불할 수 있는 가격을 확인하는 프로세스이며, 기업이 요구된 가격을 충족시키기 위해 비용을 통제할 수 있어야만 제품이 생산됨

수익 관리 가격 결정 수입을 최대화하면서 생산능력을 관리하기 위해 서로 다른 고객들에게 서로 다른 가격들을 책정하는 관행

마크업 비율은 시장의 관행이나 과거의 경험을 통해 정해진다. 많은 소매업체들은 의류, 선물 및 기타 품목에 대해서는 키스톤 과금(keystone pricing) 또는 '**키스토닝**(keystoning)'이라고 하는 마크업 방식을 사용하는데, 이는 단순히 제품의 가격을 구입 가격의 두 배로 올려서(100% 마크업) 가격을 결정하는 방식이다.[9] 식당들은 일반적으로 음식을 만드는 데 들어가는 재료 비용의 세 배(200% 마크업)에 음식 가격을 정하며, 알코올 음료의 경우에는 네 배(300% 마크업)에 가격이 정해진다.[10]

원가 가산 가격을 계산하기 위해, 도·소매상들은 대개 원가에 대한 마크업 또는 판매 가격에 대한 마크업을 계산해서 원가에 더한다. 두 가지 방법 모두 원가에 미리 정해진 비율의 금액을 추가하여 가격을 계산하는 것으로, 명칭이 암시하는 것처럼 원가에 대한 마크업은 원가에 특정 비율의 원가 기반 마크업을 더하는 것이고(예 : 원가+원가의 20%), 판매 가격에 대한 마크업은 원가에 제조업체의 판매가에 기반한 특정 비율의 마크업을 더하는 것이다(예 : 원가+제조업체 판매가의 20%). 이 두 가지 방법 중 어느 방법을 사용할 것인가는 그저 '우리 기업이 항상 해온 방식'을 따르면 된다. 원가 가산 가격 결정 방법에 대한 추가적 정보 및 원가 계산에 대한 자세한 내용은 이 장의 끝에 있는 부록에서 확인할 수 있다.

수요 기반 가격 결정 전략

수요 기반 가격 결정(demand-based pricing)이란 특정 시장에서 특정 가격으로 판매할 수 있는 제품 판매량에 대한 추정치에 근거해서 판매 가격을 결정한다는 것을 의미한다. 수요 기반 가격 전략을 사용하기 위해서 기업은 각각의 시장에서 어떤 가격으로 얼마나 많은 제품을 판매할 수 있는지를 측정해야 한다. 앞에서 언급했듯이, 마케팅 담당자들은 이를 측정하기 위해 종종 설문 조사를 이용하는데, 이 설문 조사에서 소비자들은 특정 제품을 구입할 의향이 있는지의 여부와 다양한 가격 수준에서 얼마나 많이 구매할 것인지에 대해 응답한다. 제4장에서 설명한 것과 같은 현장 실험을 통해 보다 정확한 측정을 할 수도 있다. 수요 기반 가격 결정 전략에는 목표 원가 가격 결정 방식(target costing pricing)과 수익 관리 가격 결정 방식(yield management pricing)이 있다. 이 두 방식에 대해 잠깐 살펴보자.

오늘날 기업들은 **목표 원가 계산**(target costing) 과정을 통해 가격과 수요를 일치시킨다면 신제품이 성공할 가능성이 높아진다는 것을 알게 되었다.[11] 기업은 실제 제품을 설계하기 전에 우선 목표 원가를 고려하면서, 매력적인 세분 시장을 만족시키기 위해 필요한 품질 및 성능은 무엇인지 그리고 소비자가 제품에 얼마의 가격을 지불할 의사가 있는지를 규명하기 위한 마케팅 조사를 실시한다. 그리고 나서 기업이 필요로 하는 수익뿐만 아니라 소매업체 및 중간 유통상들이 요구하는 마진을 확인한다(📷 그림 10.12). 이 정보를 토대로 해서 관리자는 제품 생산을 위해 필요한 비용의 최대치, 즉 목표 원가를 계산한다. 만약 기업이 고객이 요구하는 품질과 기능을 충족시킬 수 있고 시장에서 요구하는 가격 수준을 맞출 수 있다면, 기업은 제품을 생산할 것이다. 만약 그렇지 않다면 제품 생산을 포기한다.

수익 관리 가격 결정(yield management pricing)은 또 다른 유형의 수요 기반 가격 결정 전략으로, 항공사, 호텔, 크루즈 선박 회사와 같은 기업들이 사용하는 방식이다. 이들 기업은 수익을 극대화하면서 가동률을 관리하기 위해 서로 다른 가격을 고객에게 부과한다. 많은 서비스 기업들은 고객들마다 가격 민감도가 다르다는 것을 잘 알고 있기 때문에 수익 관리 가격 결정 방식을 실행한다. 어떤 고객들은 최고가에 항공권을 구매하기도 하지만, 어떤 사람들은 할인 요금이 적용됐을 때만 여행을 계획한다. 수익 관리 가격 결정 방식의 목표는 각기 다른 가격 민감도 범주에 속하는 고객의 비율을 정확하게 예측하고, 그들에게 개별적인 가격을 적용하여 팔리지

1단계 : 고객이 청바지를 기꺼이 살 수 있을 만한 가격을 결정한다.
   $79.99
2단계 : 도매상들이 요구하는 이익(가산액)을 결정한다.
   40%(.40)
3단계 : 도매상들이 지불할 최대 가격과 소비자가 기꺼이 지불할 가격에서 가산액을 뺀 가격을 계산한다.
   공식 : 도매가 = 판매가격 × (1.00 − 가산액 퍼센티지)
      도매가 = $79.99 × (1.00 − .40)
      = $79.99 × 0.60 = **$47.99**
4단계 : 회사가 요구한 이익을 결정한다.
   15%(.15)
5단계 : 청바지를 만드는 데 드는 최대 원가와 목표 원가를 계산한다.
   공식 : 목표 원가 = 도매가 × (1.00 − 이윤율)
      목표 원가 = $47.99 × 0.85 = **$40.79**

그림 10.12 📷 스냅숏 | **청바지 사례를 이용한 목표 원가 계산**

목표 원가 가격 결정 방식을 통해, 기업은 먼저 소비자가 제품을 기꺼이 구매하고자 하는 가격을 결정한 다음, 되돌아가 이윤이 남게 생산하고 판매될 수 있도록 제품을 설계한다.

않고 남아 있는 공간이 없도록 비행기 좌석 또는 호텔의 수용 공간을 할당하는 것이다.

예를 들어, 항공사는 같은 좌석에 대해 두 가지 서로 다른 가격을 부과할 수 있다. 전액 요금(899달러)과 할인 요금(299달러)처럼 말이다. 항공사는 전액 요금으로 얼마나 많은 좌석을 채울 수 있는지, 그리고 할인된 가격으로만 팔 수 있는 좌석은 얼마나 되는지를 예측하기 위해 과거 비행에 대한 정보를 이용한다. 항공사는 비행 날짜에 훨씬 앞서 기본 좌석 할당을 시작하는데, 아마도 25%가 전액 요금 '족'이고, 나머지 75%는 할인 요금 '족'일 것이다. 비행일이 가까워질수록, 항공사는 가능한 높은 가격으로 비행기의 모든 좌석을 판매하고자 좌석 배분을 조정한다. 만약 뉴욕 메츠 같은 프로 야구팀이 항공편 예약을 희망한다면, 항공사는 일부 할인 좌석을 전액요금에 판매할 것이고, 할인된 가격으로 이용할 수 있는 좌석의 수는 줄어들게 된다. 그러나 비행 날짜가 가까이 왔는데도 전액 요금 티켓이 예상보다 팔리지 않으면, 항공사는 가격 할인을 실행할 것이다. 항공사는 비행기가 이륙할 때까지 모든 좌석을 채우려고 할 것이기 때문에 가격 결정 게임은 비행 당일까지 계속된다. 이것이 트래블로나 익스피디아 같은 티켓 예매 사이트에서 비행 한달 전에는 모두 동일한 가격으로 판매되던 티켓이 두 주 후에는 더 높은 가격으로, 그리고 비행 며칠을 남겨 두고는 매우 낮은 가격으로 판매되는 이유이다. 이것은 또한 비행기 티켓 판매 대행사들이 왜 기꺼이 좌석을 포기해줄 '자발적인 사람들'을 열심히 찾는지 그 이유를 말해준다. 그들은 예매 취소를 염두에 두고 실제 좌석보다 더 많은 티켓을 판매했기 때문이다.

경쟁 기반 가격 결정 전략

경쟁 기반 가격 결정 전략은 경쟁업체의 가격과 유사하게, 동일하게, 높게, 또는 낮게 제품 가격을 결정하는 것이다. 미국의 자동차 제조업체들이 미국 시장을 좌지우지하던 '좋은 시절'에는 가격 결정이 쉬웠다. 업계 최고 기업인 제너럴 모터스가 신차의 가격을 발표하면 포드, 크라이슬러, 패커드, 스튜드베이커, 그리고 허드슨과 그 밖의 기타 제조업체들이 가격에 동조하거나 무시하면 됐었다. 대개 소수 기업들이 지배하는 과점 시장에서 일반적으로 실행되는 **가격 주도 전략**(price leadership strategy)은 가격 경쟁을 최소화하기 때문에 모든 참여자들에게 가장 큰 이익을 가져다준다. 가격 주도 전략은 '담합'이라는 불법적인 조정 없이도 기업들이 가격에 대해 상호 동의하는 수용 가능하면서도 합법적인 방식을 제공한다.

가격 주도 전략 한 기업이 제품에 대한 가격을 결정하면 그 산업 내의 다른 기업들이 동일한 또는 매우 유사한 가격으로 뒤따르는 가격 결정 전략

프라이스라인은 호텔의 과잉시설을 사업의 이점으로 삼아, 고객들에게 비어 있는 방을 할인된 가격에 제공한다.

소비자 니즈 기반 가격 결정 전략

1960년 당시 포드 자동차의 총지배인이었던 리 아이아코카는 베이비 붐 세대의 시대가 도래할 것이라는 전망을 내놓았는데, 이것은 자동차를 구매하는 젊은이들이 점점 더 많이 증가하게 될 것이라는 것을 의미했다. 또한 이러한 젊은 자동차 구매자들은 멋진 스포츠카를 원하지만 포드 썬더버드나 GM 콜벳처럼 4,000~7,000달러의 가격을 지불할 여유는 없을 것으로 예측됐다. 따라서 포드는 아이아코카의 지시에 따라, 젊은 운전자들이 원하는 스타일과 특징을 갖춘, 그러나 그들이 구매할 만한 비용의 자동차를 개발하기 시작했다. 이 차가 포드의 상징인 포드 머스탱이다. 2,500달러라는 놀랍도록 낮은 가격에 판매된 머스탱은 첫 해에 40만 대 이상이 판매되었고, 포드는 이 자동차로 2년 만에 10억 달러 이상의 수익을 올렸다.[12]

소매업체는 일반적으로 고객의 요구에 따라 다음 두 가지 가격 결정 전략 중 하나를 실행하는데, 그것은 바로 항시 저가 전략 또는 고/저 가격 전략이다. **가치 가격 전략**(value pricing) 또는 **항시 저가 전략**(everyday low pricing, EDLP)을 실행하고자 하는 기업들은 우수한 품질과 내구성을 보장하는 제품을 항상 합리적인 가격으로 판매하기 위한 가격 결정 전략을 개발한다. 월마트, K마트, 홈디포, 오피스 디포, 토이저러스, 타깃, 테스코를 포함한 많은 세계의 성공적인 소매 체인점들은 모두 의도적으로 EDLP 정책을 채택하고 있다. 이 기업들은 대규모의 주문을 기반으로 납품업체로부터 수십억 달러의 비용 효율성을 요구할 수 있으며, 그 절감액으로 고객에게 할인된 가격에 제품을 판매할 수 있다.

고/저 가격 전략(high/low pricing) 또는 **판촉 가격 전략**(promo pricing)은 일반적으로 소매업체가 EDLP 체인보다는 높은 가격(일반적으로 MSRP 또는 정가)에 제품을 판매하지만, 일부 제품에 대해서 빈번하게, 대개는 매주 대폭 할인하여 판매하는 판촉을 진행한다는 것을 의미한다. 그렇다면, 소매업체들이 서로 다른 가격 전략으로 변경하고자 한다면 어떤 일이 일어날까? 예를 들어, 시어스는 고/저 가격에서 EDLP로 전환했다가 다시 고/저 가격으로 전략을 수정했다. JC 페니 또한 고/저 가격 전략에서 EDLP로의 전환을 시도했지만 실패했다.

신제품 가격 전략

신제품은 기업의 성장과 수익에 필수적이지만 고유한 가격 결정 문제도 안겨준다. 제품이 시장에 처음 출시되었거나 제품에 대한 확립된 가격 기준이 없을 때 마케팅 담당자들은 스키밍 가격 전략, 침투 가격 전략 또는 시험 가격 전략을 사용한다.

스키밍 가격 전략(skimming price)은 앞으로 있을 시장의 압력에 대응하여 가격을 낮출 의도로 신제품에 높은 고가의 프리미엄 가격을 부과하는 것을 의미한다. 만약 신제품이 굉장히 매력적이고, 독특한 혜택을 제공하며, 제품 수명주기 도입기 동안의 수요가 가격 비탄력적이라면 기업은 제품 연구개발 비용과 제품 출시를 위해 사용한 프로모션 비용을 회수할 수 있을 것이다. 경쟁사 제품이 시장에 진입하면 경쟁력을 유지하기 위해 가격을 낮춘다. 가격 결정 전략을 개발할 때 이윤 목표에 초점을 맞추는 기업들은 신제품을 출시할 때 스키밍 가격 전략을 활용하

가치 가격 전략 또는 항시 저가 전략 (EDLP) 고객들에게 최고의 가치를 제공하는 가격을 책정하는 가격 결정 전략

고/저 가격 전략(판촉 가격 전략) 정가에 제품 가격을 책정했지만 빈번하게, 대개는 매주 대폭 할인하여 판매하는 소매업체의 가격 전략

스키밍 가격 전략 기업이 새롭고 매우 호감이 가는 제품에 부과하는 매우 높은 프리미엄 가격

곤 한다. 소니 플레이 스테이션 3는 처음 출시됐을 때 599달러에 판매됐지만 점차적으로 200달러 이하로 떨어졌다.[13] 스키밍 가격이 성공하기 위해서는 경쟁자들이 시장에 빨리 진입할 가능성이 거의 없어야 한다. 고도의 복잡성과 높은 기술력을 요구하는 제품인 경우, 경쟁사들이 대응 제품을 출시하는 데 상당한 시간이 걸릴 것이다.

침투 가격 전략(penetration pricing)은 스키밍 가격 전략과 반대다. 침투 가격 전략은 기업이 단기간에 많이 판매해서 시장 점유율을 높이기 위한 목적으로 신상품의 가격을 아주 낮게 책정하는 것이다. 마케팅 담당자들이 침투 가격 전략을 사용하는 한 가지 이유는 경쟁사들이 시장에 진입하는 것을 막기 위해서이다. 신제품을 처음 출시하는 기업은 확실한 우위를 갖는다. 경험상 시장을 선도하는 브랜드는 오랫동안 지배적인 시장 점유율을 유지하곤 했다. 빨간색 라벨이 상징인 캠벨 수프는 1895년에 처음 출시된 브랜드지만 오늘날에도 여전히 시장을 지배하고 있다.[14]

시험 가격 전략(trial pricing)이란 신제품에 대한 높은 관심을 유도하기 위해 제한된 기간 동안에만 낮은 가격으로 판매하는 것이다. 낮은 가격을 계속 유지하는 침투 가격과는 달리 시험 가격 전략은 도입기 이후에 가격을 인상한다. 새로 오픈한 헬스 클럽이 사람들을 끌어모으기 위해 저렴한 멤버십 제도를 운영하거나 케이블 TV 회사가 신규 고객에게는 6개월 동안 아주 낮은 가격에 서비스를 제공하는 것처럼, 이 가격 전략은 우선 고객을 확보한 다음 이익을 창출하고자 하는 전략이다. 케이블 TV에 가입한 고객은 TV, 인터넷 그리고 전화를 묶은 결합상품에 가입하게 될 것이고 훨씬 더 많은 돈을 지불하게 될 것이다.

가격 세분화

대부분의 시장은 다양한 특성을 가진 소비자들로 이루어져 있다. 제7장에서 설명한 바와 같이, 우리는 이것들을 세분 시장이라 부른다. 특정 제품이 모든 세분 시장에 대해 최상의 제품일 수 없는 것처럼, 세분 시장에 따라 제품의 적합한 가격도 달라진다. **가격 세분화**(price segmentation)는 세분 시장에 따라 동일한 제품에 다른 가격을 부과하는 전략이다. 예를 들어, 연령별로 시장을 세분화한 어떤 레스토랑 체인은 노인들에게는 세트메뉴 주문 시 10% 또는 그 이상의 할인을 제공한다. 양으로 세분화된 시장에서는 한 판에 9달러인 대형 피자를 두 판에는 15달러에 구매할 수 있다. 가격 차별에 대한 기준으로 고객 특성을 사용할 때 마케팅 담당자들은 일부 고객들이 차별받는다고 느끼지 않게 조심해야 한다. 일반적으로 성별, 인종, 종교 또는 민족 집단과 같은 특성을 사용하는 것은 피해야 한다.

일정 기간 동안 제품에 대한 수요가 달라지는 경우, 판매자들은 수요가 많은 기간 동안에 더 높은 가격을 설정하는 가격 결정 전략을 수립한다. 동일한 방식으로, 판매자는 구매하는 시간에 따라 가격을 다르게 할 수 있다. **최대 부하 가격 결정**(peak load pricing)이라 부르는 이 방법은 원래 전력회사들의 가격 결정에 사용되던 방식이었기 때문에 이 용어로 불린다. 영화관에서는 낮 시간 동안에 할인된 가격으로 티켓을 판매하고, 레스토랑은 '얼리 버드(early bird)' 할인을 제공하며, 여름 동안 해변 휴양지의 리조트 호텔 객실은 훨씬 더 비싸고, 겨울철에는 스키장의 리조트 호텔 가격이 훨씬 더 높다.

우버는 세계적인 온라인 운송 회사다. 소비자들은 스마트폰의 우버 앱을 통해 운행을 요청할 수 있으며, 이 요청은 앱을 통해 자신의 자동차를 사용하는 우버 운전자들에게로 전송된다. 우버는 **탄력 요금제**(surge pricing) 전략을 사용한다. 이는 수요가 증가함에 따라(비 오는 토요일 밤처럼) 제품의 가격을 올리고 수요가 감소하면 제품의 가격이 낮아지는 방식이다.

침투 가격 전략 고객들이 신제품을 더 많이 구매하도록 유도하기 위해 낮은 가격으로 출시하는 가격 결정 전략

시험 가격 전략 고객의 리스크를 더 낮추기 위해 한정된 기간 동안 신제품의 가격을 낮게 책정하는 전략

가격 세분화 동일한 제품에 대해 서로 다른 시장에 다른 가격을 부과하는 전략

최대 부하 가격 결정 수요가 많은 기간 동안 가격을 더 높게 설정하는 가격 결정 방법

탄력 요금제 수요가 증가함에 따라 제품의 가격을 올리고 수요가 감소하면 가격을 낮추는 가격 방법

중고 제품은 종종 검소한 소비자의 욕구를 충족시킨다. 이는 터키의 중고 가구 매장의 광고이다.

피라미드의 하단 가격 전략

마케팅 담당자들은 피라미드의 최하위를 구성하는 나라들, 즉 낮은 소득 수준의 엄청난 인구를 가진 나라에서 발판을 마련하고자 할 때 다른 도전에 직면한다. 이러한 마케팅 담당자들은 **피라미드의 하단 가격 결정**(bottom of the pyramid pricing)을 개발해야 하는데, 이 가격 전략은 낮은 소득을 가진 많은 소비자들에게 어필할 수 있을 만큼 충분히 낮은 가격을 제공하는 것이다. 한 가지 방법은(제2장에서 논의한 것처럼) 내구성이 없는 제품을 작은 묶음으로 저렴한 가격에 판매하는 것이다. 또 다른 방법은, 사람들끼리 또는 아마도 마을 전체가 휴대폰, 컴퓨터, 냉장고와 같은 제품을 공유하게 하는 것이다.

6단계 : 가격 결정 전술 개발

일단 마케팅 담당자들이 가격 결정 전략을 개발하고 나면, 가격 계획의 최종 단계는 그 전략을 실행하는 것이다. 기업이 가격 전략을 실행하기 위한 방법이 가격 전술이다.

개별 제품 가격 결정

가격 결정 전술, 즉 마케팅 담당자들이 제품 가격을 제시하는 방식은 제품의 성공에 큰 변화를 가져올 수 있다.

- **이분 가격 결정**(two-part pricing)은 제품을 구입하려면 두 가지 방식의 상이한 결제를 하도록 하는 방법이다. 예를 들어, 골프와 테니스는 연회비가 있고 매 라운드마다 추가로 이용료를 지불해야 한다.
- **지불 가격 결정**(payment pricing)은 총구입비용을 소비자가 한 번에 지불할 수 있는 소액으로 쪼개서 소비자가 '살 수 있는 가격'이라 생각하게 만든다. 예를 들어, 온라인 쇼핑 채널인 QV는 낮은 금액의 할부 결제 가격을 통해 아이패드의 비싼 가격에 대한 부정적인 소비자 반응을 피해간다. 5개월 할부로 159.99달러라는 배송비가 포함된 부담 없는 가격을 지불함으로써 소비자는 16기가 애플 아이패드 2, 블루투스 키보드, 케이스, 그리고 사은품까지 얻을 수 있다. 그러나 조심해야 한다. 아이패드와 액세서리들을 모두 구입하는 총비용은 799.98달러이다. 베스트 바이에서 구입할 수 있는 가격인 399달러보다 두 배나 비싸다![15]
- **유인 가격 결정**(decoy pricing)은 판매자가 적어도 세 가지 정도의 유사한 제품을 제공할 때 활용할 수 있는 전략이다. 제품들 중 2개는 나머지 제품과 비슷한 품질이지만 가격이 더 비싸며, 가격이 비싼 두 제품 중 한 제품은 다른 제품보다 구매자들에게 덜 매력적이다. 그렇게 되면 사람들은 일반적으로 고가의 두 제품 중 더 매력적인 것을 선택하게 된다. 예를 들어, 높은 마진으로 더 많은 이윤을 남길 수 있는 고가의 노트북을 고객들에게 판매하고자 하는 전자제품 소매점을 생각해보자. 그 소매점은 유인 가격 전술을 활용하여 세 가지 종류의 노트북을 제공할 것이다. 그 제품들을 모델 A, B, C라 하기로 하자. 모델 A는 가장

피라미드의 하단 가격 결정 피라미드의 하단에 있는 특정 국가에서 시장의 발판을 마련하고자 소득이 가장 낮은 소비자에게 어필할 수 있을 만큼의 충분히 낮은 가격을 제공하는 혁신적인 가격 결정 방법

이분 가격 결정 제품의 구입을 위해 두 가지 상이한 방식의 결제를 하도록 하는 가격 결정 방법

지불 가격 결정 총가격을 소액의 할부 가격으로 나누어 지불하게 하는 가격 결정 전술

유인 가격 결정 판매자가 적어도 세 가지 유사한 제품을 판매할 때 활용하는 전략. 두 가지 제품 중 하나는 나머지와 비슷하지만 가격이 더 비싸고, 다른 하나는 구매자에게 덜 매력적이라면 더 많은 구매자들은 비싸지만 매력적인 제품을 구매하게 된다.

기본적인 제품으로 브랜드가 없는 노트북이며, 모델 B 또는 모델 C보다 훨씬 낮은 가격에 판매되지만 많이 판매될 것 같지는 않은 제품이다. 나머지 두 고가의 제품 중 하나인 모델 B는 모델 C보다 대용량의 하드 드라이브와 뛰어난 화면 해상도, 그리고 RAM을 가진 제품이다. 이 경우 모델 C는 유인을 위한 제품이 된다. 소비자들이 모델 B와 모델 C를 비교했을 때, 그들은 자연스럽게 소매업자가 원하는 대로 모델 B를 구매한다.

복수 제품 가격 결정

기업은 일반적으로 소비자가 동시에 구매하는 제품들을 한꺼번에 판매할 수 있다. 버거킹과 같은 패스트푸드점에서 점심으로 햄버거를 주문하는 고객들은 보통 탄산음료와 감자튀김을 같이 주문한다. 캡슐 커피 기계를 구입했다는 사실은 곧 고객이 다수의 캡슐 커피를 구입해야 한다는 것을 의미한다. 복수 제품 가격 결정에 있어 가장 일반적인 두 가지 전술은 묶음 가격과 종속 가격 결정이다.

묶음 가격 결정(price bundling)은 두 가지 이상의 상품이나 서비스를 하나의 가격에 묶음으로 판매한다는 것을 의미한다. 미국의 전통적인 케이블 TV사업자인 AT&T 유-버스, 컴캐스트, 타임 워너는 케이블 TV, 초고속 인터넷, 집전화, 그리고 무선전화 서비스를 결합하여 묶음 가격에 판매한다.

마케팅 관점에서 보면 묶음 가격은 매우 합리적인 방식이다. 제품들에 개별적으로 가격을 책정해 두면 소비자는 모든 제품이 아니라 일부만 구매할 것이다. 그들은 몇몇 제품의 구매를 뒤로 미루거나 아니면 경쟁업체의 제품을 구매할 수도 있다. 할인한 가격으로 인해 다소 손해를 보더라도 여러 제품들을 하나로 묶어 전체 구매량을 증가시킴으로써 보상되는 경우가 많다.

종속 가격 결정(captive pricing)은 두 가지 제품을 함께 사용할 때만 제구실을 하는 제품을 판매하는 기업이 취하는 가격 전술이다. 기업은 하나의 제품을 아주 낮은 가격에 판매한 다음, 이윤 폭이 큰 두 번째 제품을 판매하면서 이익을 낸다. 이 전술은 면도용품에 통상적으로 적용되는데 대부분의 면도기는 저렴하지만 면도날은 비싸게 판매된다. 이와 유사하게 HP와 캐논은 잉크 카트리지를 계속 판매하기 위해 팩스, 복사기, 스캐너 기능을 하는 데스크톱 프린터를 100달러 이하의 가격으로 판매한다.

유통 기반 가격 결정

유통 기반 가격 결정은 가깝고, 멀고, 광범위하게 분포되어 있는 고객들에게 제품을 배송하기 위한 비용을 어떻게 처리할지 결정하는 가격 결정 방법이다. 모든 고객에게 동일한 가격을 부여할 것인지 아니면 운송비에 따라 다르게 부과할 것인지는 제품 및 고객 그리고 경쟁자의 특성에 따라 결정된다.

F.O.B. 가격 결정은 B2B 마케팅에서 주로 사용되는 전술이다. 'free on board'의 약자인 F.O.B.는 누가 배송비를 지불하는지를 가리킨다. **F.O.B. 공장도 가격 결정**(F.O.B. factory) 또는 **F.O.B. 출발지 가격 결정**(F.O.B. origin pricing)은 공장에서 고객의 위치까지의 제품 수송비용을 고객이 책임진다는 것을 의미한다. 반면 **F.O.B 인도 가격 결정**

묶음 가격 결정 2개 이상의 제품 및 서비스를 단일 패키지로 하나의 가격에 판매하는 전술

종속 가격 결정 함께 사용되어야 하는 두 가지 아이템에 대한 가격 결정 전술. 한 제품은 가격을 매우 저렴하게 설정하고, 첫 번째 제품의 사용에 필수적인 또 다른 제품에 높은 수익의 가격을 설정함으로써 기업은 이익을 얻는다.

F.O.B. 출발지 가격 결정(F.O.B. 공장도 가격 결정) 공장에서 고객의 위치까지 제품을 운송하는 비용이 고객의 책임이라는 가격 결정의 전술

F.O.B. 인도 가격 결정 제품을 선적하고 고객에게 수송하는 비용이 판매 가격에 포함되며 제조업자가 지불하는 가격 결정의 전술

P&G의 한 부서인 '면도의 기술(The Art of Shaving)'은 온라인, 백화점, 그리고 자사의 독립된 매장에서 남성 면도 제품을 판매한다. 고객들은 자주 기업이 판매하는 몇몇 제품들로 구성된 '면도 키트'를 구입한다.

균일 배송 가격 결정 기업이 위치와 관계없이 모든 고객들에게 표준 수송 비용을 부과하는 가격 결정의 전술

흡수 운임 가격 결정 판매자가 수송의 모든 비용을 부담하는 가격 결정의 전술

거래 할인 다양한 마케팅 기능을 수행하고 있는 유통 경로 구성원에게 제품의 정찰가격에 대한 할인을 제공

수량 할인 대규모 양의 구매에 대해 할인가격을 부과하는 가격 결정의 전술

(F.O.B. delivered pricing)은 판매자가 선적 비용과 고객의 위치까지의 수송 비용을 지불하는 것을 의미하는데, 이 비용은 사실상 판매가격에 포함되어 있다.

국제 시장에서 판매되는 제품의 가격 결정을 위한 배송 조건은 다음과 같다.[16]

- CIF(cost, insurance, freight)는 해상 운송에 사용되는 용어로, 선박에서부터 지정된 부두까지 물품을 위한 비용(보험 포함), 모든 운송비, 그리고 기타 이런 저런 제반 비용을 판매자가 부담하는 것을 말한다.
- CFR(cost and freight)은 명시된 가격으로 지정 부두까지의 재화 및 수송 비용을 커버하지만 보험 비용은 구매자가 지불해야 한다. CFR 조건도 해상운송에 사용되고 있다.
- CIP(carriage and insurance paid to)와 CPT(carriage paid to)는 CIF와 CFR과 동일한 조건이지만, 해상수송 이외의 다른 방법으로 배송하는 데 사용된다.

기업이 **균일 배송 가격 결정**(uniform delivered pricing)을 사용하는 경우 배송 거리와는 상관없이 사전에 결정된 배송 비용이 가격에 추가된다. 균일 배송 가격은 배송료가 매우 낮을 때 주로 사용되는 방식이다. 예를 들어 해리포터 최신작을 주문하면 당신은 실제 배달 장소까지의 운송비가 얼마인가와는 상관없이 3.99달러의 배송비를 책 가격에 더해서 지불해야 한다. 인터넷 판매, 카탈로그 판매, TV 홈쇼핑, 그리고 기타 무점포 소매상들은 보통 균일한 배송 가격을 사용한다.

흡수 운임 가격 결정(freight absorption pricing)은 판매자가 운송 비용의 일부 또는 전부를 부담하는 것을 말한다. 이 정책은 운송 비용이 판매 가격과 판매 마진에 아주 미미한 부분을 차지하는 고부가 가치 상품에 적합하다. 마케팅 담당자들은 경쟁이 과열된 시장이나 새로운 시장에 진입할 때 흡수운임 가격 결정을 사용한다. 최근에 아마존과 같은 온라인 기업의 마케팅 담당자들은 무료 배송 제공이 소비자들의 구매 및 판매량에 많은 영향을 미친다는 것을 알게 되었다.

채널 구성원 할인

지금까지 최종 고객을 대상으로 하는 판매에 사용되는 가격 결정 전술들에 대해 설명했다. 이제 기업들이 유통 경로 구성원들을 대상으로 사용하는 가격 결정 전술을 살펴보자.

- 거래 할인 또는 기능 할인 : 우리는 앞에서 제조업체가 자사 제품에 대해 정가나 권장 소매가격을 정한 다음 그 제품을 유통 경로 구성원들에게 더 적은 비용으로 판매함으로써 채널 구성원들이 비용을 커버하고 이윤을 달성할 수 있게 한다는 것에 대해 설명했다. 그러므로, 제조업체의 가격 결정 체계에는 일반적으로 채널 중간상에 대한 **거래 할인**(trade discounts)이 포함된다. 이러한 할인은 보통 각 채널 수준에 따라 제안된 정가나 권장 소매가의 몇 퍼센트를 할인해주는 방식으로 정해진다. 월마트, 코스트코, 타깃과 같은 대형 소매점들이 지배하는 오늘날의 마케팅 환경에서는, 그들이 갖고 있는 유통 규모와 유통 파워로 인해 이들 소매점이 거래 할인 비율을 결정한다. 유통 경로 파워에 대해서는 제11장에서 자세히 설명하겠다.
- 수량 할인 : 유통 경로 구성원들이나 대형 기업 고객들의 대규모 구매를 장려하기 위해, 마케팅 담당자들은 대량 구매에 대한 **수량 할인**(quantity discounts) 또는 가격 할인을 제공한다. 누적 수량 할인은 지정된 기간(대부분 1년) 내에 구입한 전체 수량을 기준으로 하며, 구매자가 공급 업체를 이리저리 바꾸는 대신 한 공급 업체를 고수하도록 유도한다. 누적 수

량 할인은 리베이트의 형식을 취하기도 하는데, 이 경우 기업은 할인 기간이 끝났을 때 구매자에게 리베이트를 지급하거나 미래 주문에 대한 신용을 대신 제공하기도 한다. 비누적 수량 할인은 개별 주문에 대한 구매 수량에만 근거하여 할인을 제공하는 방식으로, 한번에 많은 양을 구매하도록 장려하기는 하지만 구매자와 판매자를 연결하는 데는 거의 아무런 도움이 되지 않는다.

현금 할인 현금으로 빠르게 지불하도록 고객들을 유인하기 위해 제공된 할인

계절 할인 1년의 어느 기간 동안에만 제공되는 가격 할인

역동적 가격 결정 시장에서의 변화에 빠르게 대응하기 위해 쉽게 가격을 조정하는 가격 결정 전략

- 현금 할인 : 많은 기업들은 **현금 할인**(cash discounts)을 해줌으로써 소비자가 구입 대금을 빨리 지불하도록 유도한다. 예를 들어 기업이 거래하는 소매상이나 기업 고객들에게 "10일 이내 2% 할인, 최종적으로 30일 이내"라는 거래 조건을 제시하는 것은 지불 기한을 10일 이내로 단축하고 싶다는 의미이다. 총금액은 30일 이내에 지불해야 하며 30일이 지나면 연체가 된다.

- 계절 할인 : **계절 할인**(seasonal discounts)은 1년 중 특정 기간에만 할인을 하는 것이다. 제설기, 잔디 깎기, 수상 스키 장비와 같은 계절 상품의 경우, 마케팅 담당자들은 계절 할인을 사용하여 소매상과 도매상들이 비수기에 제품을 구입하도록 유도한다. 도·소매상 역시 비수기 세일 프로그램을 통해 소비자에게 할인을 제공하거나 아니면 성수기가 올 때까지 제품을 보관한다. 제품이 한창 잘 팔리는 계절이라 하더라도 경쟁 우위를 확보하기 위해 수요가 많은 기간 동안 할인을 제공해주기도 한다.

10.4

목표

인터넷 가격 결정 전략의 기회를 이해한다.

가격 결정과 전자상거래

앞에서 보았듯이, 가격 계획은 어떤 기업에게나 골치 아픈 일이다. 하지만 당신이 '온라인 세상'에 있다면 더 다양한 종류의 가격 정책을 준비해야 한다.

판매자들은 과거와는 다르게 인터넷, 기업 네트워크, 무선 통신망을 통해 전 세계의 구매자들과 연결되어 있기 때문에, 마케팅 담당자들은 순식간에 개인 고객과 맞춤 거래를 할 수 있다. 그러나 한편으로는 마우스 클릭 한 번으로 경쟁 제품의 가격을 쉽게 확인할 수 있는 똑똑한 소비자들 때문에 이전보다 경쟁에 훨씬 더 취약해졌다.

많은 전문가들은 기술이 기업의 가격 전략을 영원히 바꿔놓을, 아마도 역대 가장 효율적인 시장을 창조해 낼 소비자 혁명을 만들었다고 주장한다. 음반 산업이 가장 분명한 예이다. 전 세계의 음악 애호가들은 아이튠즈 스토어, 구글 플레이, 그리고 아마존 MP3 같은 인터넷 사이트에서 수백억 곡의 노래를 구입하고 다운로드 받는다.[17] 미국에서만 7,000만 명 이상의 사람들이 휴대폰을 통해 음악을 듣는다.[18] 그리고 당신도 알고 있다시피, 그들은 음악에 거의 비용을 지불하지 않는다.

인터넷은 또한 다른 기업을 대상으로 사업을 운영하는 기업(B2B기업)들이 비용의 변화를 반영해 가격을 빠르게 변경할 수 있도록 만들었다. 자신의 다락방에 있는 많은 물건들을 필요로 하는 사람들에게 처분하고 싶어 하는 소비자들에게 인터넷이란 이베이나 엣시 같은 C2C 사이트를 통해 준비된 구매자들을 찾을 수 있는 기회를 제공한다. 그리고 소비자들에게 제품을 판매하는 B2C 기업들에게 인터넷은 소비자들에게 접근할 수 있는 새로운 기회를 제공한다. 이 장에서는 가장 일반적인 인터넷 가격 결정 전략에 대해 설명할 것이다.

역동적 가격 결정 전략

인터넷이 제공하는 가장 중요한 기회 중 하나는 **역동적 가격 결정**(dynamic pricing)으로, 판매자

는 시장의 변화에 맞춰 가격을 빠르고 쉽게 조정할 수 있다. 만약 오프라인 소매점이 제품의 가격을 변경하고자 한다면 제품에 붙어 있는 가격표를 전부 떼어내서 새로 부착해야 하고, 매장 내 가격 표지판과 광고를 새롭게 만들어야 하며, 매장의 컴퓨터 시스템에 새 가격을 입력해야 한다. B2B 마케팅 담당자의 경우, 직원들은 카탈로그와 가격 리스트를 새로 인쇄하여 영업 사원과 고객들에게 배포해야 한다. 이러한 활동들은 비용이 많이 들기 때문에 기업은 가격을 자주 바꾸기를 꺼린다.[19]

인터넷 가격 차별화

물론, 인터넷은 비용 변화나 경쟁적 활동과 같은 외부 요인들로 인한 가격 조정 이외에도 많은 것들을 할 수 있게 해준다. 인터넷은 소비자들이 집에서 잠옷을 입고 앉아서 낮은 가격으로 판매하는 매장을 빠르게 찾을 수 있게 해준다. 많은 기업들은 **인터넷 가격 차별화**(internet price discrimination)를 실행하기 위해 동일한 기술을 사용하는 듯하다.

인터넷 가격 차별화는 동일한 제품을 다른 고객들에게 다른 가격으로 제시하는 인터넷 가격 결정 전략이다.[20] 월스트리트 저널의 조사에 따르면 스테이플스(Staples.com)에서 판매되는 스윙라인 스테이플러의 가격이 한 소비자에게는 15.79달러였고, 다른 사람에게는 14.29달러였다고 한다. 그 둘은 지리적으로 겨우 몇 마일 정도 떨어져 있는 거리에 살고 있었으며 오피스맥스나 오피스디포 같은 매장도 멀지 않은 거리였다.[21]

마케팅 담당자들은 각 고객들에게 그들이 지불하고자 하는 가장 많은 금액을 청구한다면 이익을 극대화할 수 있을 거라는 사실을 잘 안다. 실용적이지 않기는 하지만, 고객들이 살고 있는 지역, 매장 또는 경쟁업체와의 근접성, 지역에서의 사업비, 또는 인터넷 검색 내역에 근거해서 소비자들을 몇 개의 집단으로 나누면 수익을 크게 증가시킬 수 있다. 어떤 사이트들은 고객들이 모바일 기기를 사용하면 할인을 해주기도 한다. 스마트 폰을 통해 오비츠(Orbitz.com)나 칩티켓(CheapTickets.com)과 같은 사이트에서 호텔방을 찾는 사람들은 다른 방법을 사용하는 것보다 50% 정도 저렴한 방을 찾을 수 있을 것이다.

인터넷 가격 차별은 불법인가? 가격 세분화에 대한 설명에서 말한 것처럼, 성별이나 인종과 같은 인구통계학적 특성에 따라 다른 가격을 부과하지 않는 한, 그렇지 않다. 그러나 때때로 기업이 어떤 기준으로 인터넷 가격 차별에 대한 결정을 내렸는지는 단정하기 어렵다. 예를 들어, 최근 보고서에서 밝혀진 바에 따르면 다른 지역(우편번호 기준)에 거주하는 소비자들에게 서로 다른 가격을 부과하는 프린스턴 리뷰는 SAT 시험 준비 서비스에 대한 온라인 견적을 요구하는 아시아인들에게 더 높은 가격을 요구했는데, 그 비율이 아시아인이 아닌 사람들에 비해 두 배나 높았다고 한다. 이러한 사실을 통해 기업이 의도적으로 아시아인들을 차별하고 있다고 단정지어 말할 수는 없다. 오히려 문의를 해 온 많은 소비자들이 더 높은 요금이 할당된 지역(우편번호)에 거주하고 있다는 것을 의미할 수도 있는 것이다. 기업 측은 "높은 가격이 할당된 지역에는 금융 서비스 산업 종사자, 민주당 유권자, 언론인, 그리고 뉴욕 같은 지역에 과하게 집중되어 있을 것만 같은 기타 다른 소비자 집단들 또한 비정상적으로 많이 분포되어 있었으며, 특별히 아시아인을 타깃으로 높은 가격을 부과한 것은 아니다."라고 해명한 바 있다.[22]

온라인 경매

대부분의 사람들은 이베이에 친숙하다. 그러나 이크레이터(eCrater), 보낸즐(Bonanzle), 이비드(eBid), 씨큐아웃(CQout)은 어떤가? 이들 역시 버블헤드 인형에서부터 헬스/피트니스용품, 그리고 새미 소사의 홈런볼에 이르기까지 모든 것에 입찰할 수 있게 해주는 **온라인 경매**(online auctions) 사이트들이다. 경매는 강력한 인터넷 가격 결정 전략이다. 아마도 가장 인기 있는 경매는 이베이와 같은 C2C 경매일 것이다. 이베이 경매는 공개 경매로, 모든 구매자들은 언제든지 가장 높은 가격을 제시할 수 있다. 많은 인터넷 경매 사이트들이 판매자로 하여금 최저 경매가를 정할 수 있게 하는데, 해당 상품은 최저 경매가 이하로는 판매되지 않는다.

역경매는 기업들이 B2B 구매 비용을 관리하기 위해 사용한다. 전형적인 경매에서는 구매자들이 제품을 구입하기 위해 경쟁하는데, 역경매에서는 판매자들이 낮은 가격에 제품을 판매할 권리를 두고 경쟁한다.

'프리미엄' 가격 결정 전략

아마도 가장 흥미로운 새로운 가격 결정 전략은 **프리미엄**[freemium : '무료(free)'와 '프리미엄(premium)'의 합성어] **가격 결정** 전략일 것이다. 프리미엄은 가장 기본적인 제품은 무료로 제공하지만, 더 다양한 속성, 우수한 기능, 또는 고용량의 업그레이드된 제품에 대해서는 (프리미엄) 비용을 청구하는 가격 전략이다.[23] 프리미엄 가격 결정 전략은 소프트웨어 미디어, 게임 또는 웹 서비스와 같이 제품을 추가로 하나 복사하는 데 들어가는 비용은 무시할 수 있는 디지털 제품에 가장 인기 있는 전략이다. 드롭박스, 서베이몽키, 스포티파이, 그리고 스카이프 등이 이 새로운 가격 정책을 사용하는 기업들이다. 이 가격 전략은 만약 소비자들이 제품을 사용해 보기만 한다면 추가적인 제품 혜택을 위해 기꺼이 비용을 지불할 것이며 그들을 통해 고객 기반을 구축할 수 있을 것이라는 신념에 근거한다. 스카이프 같은 일부 제품들은 큰 성공을 거두었지만, 고객들이 결코 프리미엄 버전으로 업그레이드하지 않는 다른 많은 제품들도 있다. 음악 스트리밍 서비스 기업인 판도라는 많은 소비자들이 그들의 서비스에 비용을 지불하지 않으려 한다는 것을 발견하고, 그들의 사업 모델을 유료 광고로부터 후원을 받는 무료 서비스와 광고 없이 음악을 듣기 원한다면 소비자가 비용을 지불하는 '판도라 원(Pandora One)' 서비스로 변경했다.

온라인 소비자들을 위한 가격 경쟁력

인터넷을 통해 소비자들과 기업 고객들이 구매 과정에 대한 통제권을 더 많이 확보함에 따라 마케팅 담당자들은 독특한 가격 문제에 직면하게 되었다. 소비자들이 정교한 '쇼핑 로봇(shopbot)'과 검색 엔진을 사용한다는 것은 소비자들이 더 이상 기업이 정한 가격을 받아들이지 않게 되었다는 것을 의미한다. 그 결과 고객들은 가격에 민감해졌다. 컴퓨터 사용에 능통한 소비자들은 쇼핑 로봇을 통해 모든 종류의 제품들에 대해 가장 최상의 가격 조건을 제공하는 사이트를 찾아낸다. 실례로 아이폰 케이스인 오터 박스의 디펜더 시리즈의 경우, 가장 비싸게는 오터 박스의 판매가격인 59.90달러에서부터 가장 저렴하게는 아마존 가격인 44.20달러까지 다양한 가격으로 판매된다. 비슷하게, 마이클 코어스의 시그니처 토트백의 가격은 아마존에서는 165.50달러이지만 노드스트롬 온라인 사이트에서는 198.00달러에 판매된다.

컨슈머리포트(Consumerreports.org)와 같은 사이트에서 얻을 수 있는 제품의 실제 생산 원가에 대한 자세한 정보는 새로운 자동차와 그 밖의 고가품을 구매하려는 고객들에게 더 많은 협상능력을 제공한다. 결과적으로 전자상거래로 인해 오프라인 쇼핑몰 방문을 꺼리게 되면서 소비자들은 자동차 기름값과 시간을 절약할 수 있게 되었을 뿐만 아니라 쇼핑으로 인한 스트레스를 피할 수 있다. 결국 인터넷은 잠재적으로 소비자 비용을 낮출 가능성이 높다.

프리미엄 가격 결정 가장 기본적인 제품은 무료로 제공하지만 더 다양한 속성, 우수한 기능, 또는 고용량의 업그레이드된 제품에 대해서는(프리미엄) 비용을 청구하는 사업 전략

10.5

목표

가격 결정의 심리적·법률적·윤리적 측면을 설명한다.

가격 결정의 심리적·법률적·윤리적 측면

지금까지 우리는 효과적인 가격 결정 전략 및 전술을 계획하기 위해 마케팅 담당자들이 수요, 비용, 그리고 가격 결정 환경을 어떻게 이해하고 활용할 수 있는지 논의했다. 그러나 가격 결정 계획의 효과를 극대화하기 위해서 마케팅 담당자들이 이해하고 다루어야 하는 가격 결정의 또 다른 측면들이 있다. 이번 절에서 우리는 가격 결정과 관련된 중요한 심리적·법률적·윤리적 요인들에 대해 설명한다. 📷 그림 10.13은 가격의 이러한 측면을 간략하게 보여준다.

가격 결정의 심리적 요소들

우리가 지금까지 이야기한 가격 결정과 관련된 대부분의 내용들은 소비자들이 논리적이고 합리적인 방식으로 가격을 평가한다는 경제학자들의 가정을 전제로 하고 있다. 예를 들어 기업이 제품 가격을 10달러에서 9.50달러로, 그리고 9.50달러에서 9달러로 점차적으로 낮추면 소비자들은 단순히 제품을 점점 더 많이 구매하게 될 것이라는 완만한 형태의 수요 곡선 개념을 적용한다. 그러나 실제 시장이 항상 그런 식으로 작동하는 것은 아니다. 현실 세계에서 소비자들은 그렇게 이성적으로만 행동하지는 않는 것이다. 경제학자들의 밤잠을 설치게 만드는 심리적 요인들에 대해 살펴보도록 하자.

소비자의 가격에 대한 기대

종종 소비자들은 공정 가격(fair price) 또는 관습 가격(customary price)에 기반하여 가격에 대한 인식을 형성한다. 예를 들어 미국 시장에서 사탕이나 껌은 오랫동안 5센트에 판매되었다. 소비자들은 5센트가 아닌 다른 가격은 너무 비싸거나 저렴한 것으로 생각한다. 그래서 인플레이션이나 비용 상승 요인이 발생했을 때, 일부 사탕 제조업자들은 가격을 바꾸는 대신에 사탕의 크기를 줄이려고 노력했다. 오늘날 결국에는 인플레이션이 확산되고 소비자들의 월급도 오르면서 사탕 가격이 30배나 오르기는 했지만, 이는 소비자들이 수십 년 전에는 받아들일 수 없었던 가격이다.

제품의 가격이 소비자들이 기대하는 것보다 높을 때, 심지어 가끔은 소비자 기대보다 낮을 때에도, 소비자들은 제품을 구입하려고 하지 않는다. 만약 가격이 소비자의 예상보다 높으면 그들은 그것을 바가지라 생각한다. 반면 가격이 그들의 기대치보다 낮으면 품질이 나쁠 것이라 생각한다. 마케팅 담당자들은 소비자들의 가격에 대한 기대를 이해해야만 실행 가능한 가격 결정 전략을 성공적으로 개발할 수 있다. 가격에 대한 기대 수준은 각 문화와 나라들에 따라 다를

그림 10.13 📷 **스냅숏 │ 가격 결정의 심리적·법률적·윤리적 측면**

가격 계획 수립은 심리적 이슈와 전략, 법률적·윤리적 이슈에 의해 영향을 받는다.

가격 결정의 심리적 이슈	심리적 가격 결정 전략
• 소비자의 가격에 대한 기대 • 내부 준거 가격 • 가격–품질 추론	• 홀수–짝수 가격 결정 • 가격 단계화 • 위신 가격 결정
B2C 가격 결정의 법률적·윤리적 이슈	**B2B 가격 결정의 법률적·윤리적 이슈**
• 유인 판매 • 손실 유도 가격 결정	• 가격 차별 • 가격 담합 • 약탈적 가격 결정

수 있다. 캘리포니아 남부에서 실시한 한 연구에 따르면, 중국 슈퍼 마켓들은 동일 지역의 다른 미국계 슈퍼마켓보다 훨씬 더 저렴한 가격(절반 가격)에 육류와 해산물을 판매한다.[24]

내부 준거 가격 소비자들이 제품의 가격을 평가할 때 언급하는 마음속으로 설정한 정 가 또는 가격대

내부 준거 가격

제품의 가격에 대한 소비자 인식은 그들의 **내부 준거 가격**(internal reference price)에 의해 결정된다. 즉, 소비자들은 과거 경험에 기반해서 제품의 가격이나 가격 범위를 마음속으로 설정하고 가격을 평가할 때 참고한다. 준거 가격은 특정 제품 구매를 위해 가장 마지막으로 지불했던 가격이거나 그들이 알고 있는 모든 유사한 제품의 평균 가격일 수 있다. 브랜드와 상관없이 미국 내에서 판매되는 샌드위치 한 조각의 정상 가격은 대략 2달러 정도다. 어떤 매장은 1.89달러에 판매하기도 하고, 다른 매장은 2.89달러이기도 하지만, 평균은 보통 2달러 정도다. 만약 소비자가 매장에서 이보다 훨씬 더 비싼 3.99달러에 판매하는 샌드위치를 발견한다면, 그들은 가격이 너무 비싸다고 느낄 것이고 경쟁 브랜드를 구매할 것이다. 반면 소비자가 가격이 상당히 저렴한 .89 또는 .99달러의 샌드위치를 발견한다면 그들은 그 샌드위치를 '무언가 잘못된 것'으로 생각하고 구매를 회피할 수 있다.

마케팅 담당자들이 준거 가격 전략을 사용할 때, 그들은 해당 제품에 얼마를 지불해야 할지 소비자들이 예상할 수 있도록 하기 위해 노력한다. 예를 들어, 제조사들은 자사 제품을 광고할 때 경쟁사의 가격과 자사 제품의 가격을 비교한다. 이와 유사하게 소매업체들은 특정 제품을 진열할 때 좀 더 높은 가격의 제품을 나란히 배치한다. 소비자는 가격이 다른 두 제품 중에서 선택해야 한다.

두 가지 결과가 가능하다. 만약 두 가지 제품의 가격이(그리고 다른 특징들이) 거의 유사하다면 소비자는 이 두 제품의 품질이 거의 비슷할 것이라 느낄 것이다. 이것이 **동화효과**(assimilation effect)이다. 소비자는 분명 '가격이 비슷하니 거의 유사한 제품일 거야. 현명하게 약간의 돈을 절약해야지.'라고 생각할 것이다. 그래서 소비자들은 높은 가격의 제품 옆에 놓인 낮은 가격의 제품에 매력을 느끼게 되고, 저가의 제품을 선택하게 된다. 이것이 바로 데오드란트, 비타민, 진통제, 샴푸 등과 같은 유통업체 상품이 전국 브랜드 옆에 진열되는 이유이다. 종종 이들 제품에는 소비자들이 매장의 프라이빗 브랜드 제품을 구입하면 얼마나 절약할 수 있는지를 알리는 스티커가 부착되어 있기도 한다. 반면, 두 제품의 가격이 너무 큰 차이를 보이면, 소비자들은 가격의 차이만큼 품질도 많은 차이를 보일 것이라 생각한다. **대조효과**(contrast effect)가 발생하는 것이다. "이 저가 제품은 고가 제품만큼 품질이 좋지는 않을 거야. 기왕 구매하는 거, 좀 더 비싼 것에 돈을 써야지."라고 소비자는 생각한다. 이 전략을 사용하여 가전 제품 매장은 699달러의 냉장고 옆에 소비자를 매장으로 유인하기 위해 광고 제품인 300달러짜리 냉장고를 전시한다. 소비자들은 저가 모델은 잘 작동하지 않을 것이라 생각하고 300달러짜리 냉장고는 쳐다보지도 않는다.

가격–품질 추론

신발 가게에서 운동화를 고른다고 상상해보자. 마음에 드는 운동화의 가격이 89.99달러인 것을 확인했다. 또 다른 진열대에서 처음 본 것과 거의 비슷한 운동화를 발견했는데 가격은 겨우 24.95달러이다. 어떤 것을 선택하겠는가? 어떤 것이 품질이 더 좋다고 생각되는가? 많은 이들은 비싼 것을 선택할 것이다. 우리는 너무 저렴한 제품에는 어떤 비용도 지불할 만한 가치가 없다고 믿기 때문이다.

소비자들이 가격을 품질의 지표나 단서로 사용할 때 그들은 제품에 대해 **가격–품질 추론**(price

-quality inferences)을 한다(추론이란 어떤 직접적인 증거도 없이 우리가 어떤 것이 진실이라고 믿는 것을 의미한다). 소비자가 어떤 검사나 이전 경험을 통해 제품의 품질을 판단할 수 없는 경우, 대개 더 비싼 제품이 더 좋은 품질의 제품일 거라 가정한다.

사실, 뇌 작용에 관한 최근 연구 결과는 우리가 지불하는 가격이 우리가 제품으로부터 얻는 즐거움에 영향을 미칠 수 있다는 것을 시사한다. 상식과는 반대로, 두뇌 단층 촬영 결과는 특정 제품을 할인된 가격으로 구입한 소비자보다 동일한 제품을 전액에 구매한 사람들이 제품에 더 만족한다는 것을 보여준다. 최근 한 연구에서는 거의 비슷한 와인을 10달러에 산 사람보다 90달러에 산 사람의 쾌락 중추가 더 활성화되었다. 연구자들은 이것을 가격 플라시보 효과(price-placebo effect)라고 부른다. 이것은 설탕으로 만든 알약을 진짜 약인 줄 알고 먹은 사람들이 진짜 약을 먹은 것과 같은 효과를 경험한다는 의학 실험의 플라시보 효과와 유사한 측면이 있다.[25]

심리적 가격 결정 전략

가격을 결정하는 것은 과학이자 예술이다. 마케팅 담당자들은 제품과 서비스의 가격을 결정할 때, 반드시 가격에 대한 소비자의 심리적인 반응을 이해해야 한다.

홀수-짝수 가격 결정

미국 시장에서 소비자들은 1.99달러, 5.98달러, 23.67달러, 또는 599.95달러와 같이 센트 단위로 끝나는 가격표를 흔히 접하게 된다. 2달러, 10달러, 600달러 같은 짝수로 떨어지는 가격표는 거의 볼 수 없다. 왜 그럴까? 마케팅 담당자들은 소비자들이 짝수 가격에 대한 반응과는 다르게 홀수 가격에 대해 긍정적인 심리적 반응을 보인다고 믿는다. 여기에 습관 또한 일정 부분 작용했을 것이다. 이유가 어떻든 간에 홀수와 짝수 가격의 인식 차이에 대한 연구는 00으로 끝나는 가격보다 99로 끝나는 가격이 매출 증대로 이어진다는 주장을 뒷받침하는 근거를 제시한다.[26]

그러나 짝수 가격이 일반적이거나 심지어 필수인 경우가 있다. 극장 표와 콘서트 표, 스포츠 행사 입장권, 복권 가격은 짝수 금액으로 책정되는 경향이 있다. 전문가들 또한 보통 그들의 서비스에 대한 수수료를 짝수 가격으로 견적 낸다. 심리상담사나 재활 의사가 1회 진료 비용으로 39.99달러를 청구한다면 사람들은 의료 서비스의 질을 의심할 것이다. 보석, 골프비, 리조트 숙박비와 같은 많은 사치품들은, 다른 제품들과 차별화하기 위해 짝수 가격을 사용한다.

레스토랑들은(그리고 그들과 함께 일하는 메뉴 개발자들)은 메뉴 가격의 제시 방법이 고객의 주문과 지불 금액에 큰 영향을 미친다는 것을 발견했다. 가격이 달러 기호($) 또는 '달러(dollar)'라는 단어로 표시될 때 고객들은 더 적은 비용을 소비한다. 그래서 '$9'라는 표시보다 단순히 '9'라는 숫자를 메뉴 옆에 표시해 놓는 것이 더 좋은 방법이다. 고급 레스토랑의 경우 9.99달러처럼 9로 끝나는 가격 표시 방식은 음식의 맛은 다소 떨어지지만 가성비는 있다는 의미를 전달한다.[27]

가격 단계화

마케팅 담당자들은 가격의 심리적 측면을 적용하여, 제품 라인에 포함된 개별 품목들을 다른 가격 또는 다른 가격대로 판매하는 **가격 단계화**(price lining) 방식을 사용한다. 새로 나올 디지털 카메라를 구입하고자 검색해본 사람이라면 대부분의 주요 기업들이 100달러나 그 이하의 가격으로 '기본 제품'을 판매한다는 것을 알 수 있을 것이다. 더 좋은 품질의 적당한 가격대의 모델은 200달러 정도 하지만, 다중 렌즈를 포함한 전문가용 카메라는 1,000달러나 그 이상의 가격으로 판매된다. 가격 단계화는 각 세분시장을 만족시키기 위해 필요한 다양한 범위의 가격대를

가격 단계화 제품 라인에 있는 품목들에 대해 가격 포인트라고 하는, 한정된 수의 차별화된 가격을 설정하는 관행

제공한다.

가격 단계화는 왜 현명한 방법인가? 마케팅 담당자의 관점에서 이 가격 방식은 이익을 극대화할 수 있는 방법이기 때문이다. 이론상 기업은 각 개별 고객들에게 그들이 기꺼이 지불하고자 하는 최고의 가격을 부과한다. 만약 어떤 사람이 디지털 카메라 구매에 150달러까지 지불할 의사가 있다면, 150달러가 카메라의 가격이 될 것이다. 만약 다른 사람이 300달러에 구매할 의사가 있다면, 300달러가 가격이 된다. 그러나 각각의 개별 소비자에게 다른 가격을 청구하는 것은 정말 불가능하다. 따라서 개별 세분 시장의 소비자들이 받아들일 수 있을 것으로 생각되는 다양한 가격대를 설정하고 그 상한가를 가격으로 정하는 것이 더 실행 가능한 대안이다.

위신 또는 프리미엄 가격 결정

'합리적인' 소비자는 가격이 하락함에 따라 제품이나 서비스를 구입할 가능성이 더 높아지지만, 현실에서는 때때로 정반대의 경우가 나타나기도 한다. 이 장의 앞부분에서 우리는 사회적 지위를 매우 의식하는 소비자들에게 어필하기 위한 목적으로 고급스러운 이미지를 제시하는 상황에 대해 이야기했다. 이러한 이유로, 명품 마케팅 담당자들은 **프리미엄 가격 방식**(premium pricing)이라고도 하는 **위신 가격 방식**(prestige pricing)을 사용한다. 그들은 오직 가격에만 기반하여 제품에 대한 좋은 이미지를 확보하고자 하기 때문에 제품의 가격을 인위적으로 높게 유지한다. 위신 가격 결정은 우리가 이전에 말했던 가격 품질의 추론에 의존한다. 가격이 내려감에 따라 제품이나 서비스를 구입할 가능성이 높아지는 '합리적 소비'와는 반대로 이 경우에는 사람들이 가격이 오를수록 더 많이 구매하는 경향이 있다!

B2C 가격 결정의 법률적 · 윤리적 이슈

자유 시장 체제는 시장이 스스로를 조절할 것이라는 개념에 기반한다. 가격은 수요에 따라 오르거나 내려갈 것이며, 기업과 개인은 적정한 이윤을 남기고 공정한 가격으로 재화와 서비스를 공급할 것이다. 그러나 불행히도, 비즈니스 세계는 탐욕스럽고 부도덕한 부분을 포함하고 있다.

기만적 가격 결정 : 유인 판매

부도덕한 기업들은 기만적인 방법으로 광고나 가격 촉진을 감행한다. 그래서 미국의 연방통상위원회(Federal Trade Commission, FTC), 지방 의회, 그리고 거래개선협회(Better Business Bureau, BBB)와 같은 민간 단체들은 이 문제를 해결하기 위한 가격 결정의 규칙과 지침서들을 개발해왔다. 그들은 소매상들(또는 다른 공급자들)이, 그 주장이 사실이 아니라면, 자신들의 가격이 경쟁사들의 가격보다 낮다고 주장해서는 안 된다고 말한다. 또한 폐업 할인은 사업을 정리하기 전 마지막 세일이어야 하며, 불타다 남은 물건의 급매처분(fire sale)은 재고 처분을 위한 폭탄 세일이 아닌 실제로 화재가 발생했을 때에만 해야 한다.

또 다른 기만적인 가격 결정 관행은 **유인 판매**(bait-and-switch, 미끼상술) 전술로, 소매업체는 고객을 매장으로 유인하기 위한 미끼로 아주 낮은 가격의 상품을 광고한다. 가장 기본적인 기능 이외의 모든 것을 제거한 저가 모델의 TV를 광고하는 것이 그 예가 될 수 있다. 하지만 광고에 나오는 그 제품을 구매하는 것은 거의 불가능하다. 판매원은 재고가 없다고 말하면서, 의도를 의심하지 않는 소비자들에게 다른 더 비싼 제품을 판매하기 위해 가능한 모든 것을 하려 들 것이다. 그들은 고객에게 광고에 나온 제품은 정말로 품질이 매우 나쁘고, 중요한 기능이 부족하며, 문제점이 많다고 '은밀하게' 말할 것이다. 이러한 유인판매 전술은 그 실행 방식이 합법적인 판매 기술인 '상향 판매(trading up)'와 유사하기 때문에 규제를 위한 법을 제정하기가 어렵다.

위신 가격 방식 또는 **프리미엄 가격 방식** 제품에 대한 좋은 이미지를 확보하기 위해 제품의 가격을 인위적으로 높게 유지하는 명품의 가격 전략

유인 판매 아주 낮은 가격의 제품을 광고함으로써 고객들은 점포 안으로 유인하고 그들에게 고가의 아이템을 구매하도록 유도하기 위한 목적으로 사용되는 불법적인 마케팅 관행

단순히 소비자들에게 더 높은 가격의 상품을 구매하도록 제안하는 것은 허용되지만, 구매하기에 적합하지 않으며 고객이 해당 제품을 요구할 때 제공할 수 없는 제품을 낮은 가격으로 광고하는 것은 불법이다. FTC는 기업이 광고하고 있는 제품을 실제 보여주고 시연하고 판매하는가를 조사함으로써 광고가 유인 판매 전술인지 또는 합법적인 판매 방식인지를 결정하고, 만약 불법적인 유인 판매를 하고 있다면 그 기업을 비판하는 성명을 내거나 그것을 판매한 판매원을 처벌할 수도 있다.

손실 유도 가격 결정과 불공정거래법

모든 할인 광고가 유인 판매인 것은 아니다. 일부 소매상들은 아주 낮은 가격이나 심지어는 원가보다 낮은 가격에 제품을 광고하고, 실제로 기꺼이 그 가격에 판매한다. 왜냐하면 소비자가 일단 매장에 들어서면, 광고한 제품은 낮은 가격으로 구매할지라도 다른 제품들은 제값에 구매할 거라는 사실을 알기 때문이다. 마케팅 담당자들은 이것을 **손실 유도 가격 결정**(loss-leader pricing)이라고 부른다. 그들은 매장에의 고객 방문을 유도하고 판매량을 향상시키기 위해 이 전략을 시행한다. 예를 들어, 일부 사무용품점과 대형마트들은 '새학기' 쇼핑이 연필과 지우개, 그리고 각도기 같은 것을 구매하는 것 이상을 의미한다는 사실을 알고 있다.[28] 이들 소매점들은 엄마들에게 60달러짜리 새로운 스파이더맨 배낭을 구매하도록 유혹하기 위해 연필 8개를 1페니에, 24개의 크레욜라 크레용을 25센트에, 물감 세트를 50센트에 판매하는 손실 유도 가격 결정을 사용한다. 마찬가지로, 추수감사절 일주일 전쯤부터 소비자들은 보통 때의 절반도 안 되는 가격에 냉동 칠면조를 구매할 수 있다.

미국의 일부 주에서는 손실 유도 가격 결정의 관행을 비판하며 **불공정한 판매 행위를 제한하는 법안**(unfair sales acts)을 통과시켰다. 이 법은 도매상과 소매상들이 원가 이하의 가격으로 제품을 판매하는 것을 금지한다. 이 법은 손실을 유도하는 가격 정책과 원가 이하 판매를 가능하게 하는 재무적 수단을 가지고 있는 거대 경쟁사로부터 소규모 도매상과 소매상을 보호하기 위해 제정되었다. 소규모 기업은 이런 할인 가격에 맞서 경쟁할 수 없다는 것을 알고 있기 때문이다.

오해의 소지가 있는 판매활동

때때로, 소매점에서의 판매 활동은 기만적이거나 적어도 의심을 받을 만하게 진행된다. 소비자들은 통로 끝에 진열된 상품들은 할인된 가격으로 판매되는 상품이라고 생각한다. 소매업체들이 이 진열 공간에 정상가의 제품을 진열하여 판매한다면, 그들은 소비자들을 이용한다는 비난을 받을 것이다.

소비자들은 또한 소매점이 어떤 제품을 더 큰 용량이나 묶음으로 판매한다면, 그것이 더 저렴한 제품일 거라 추측한다. 그러나 항상 그렇지만은 않다! 비록 정부의 규제로 인해 식료품 가게 및 다른 소매상들이 이제는 용량당 가격을 게시하고는 있지만, 상점 진열대에서 이러한 라벨을 보는 소비자는 거의 없는 것 같다.

B2B 가격 결정의 법률적 이슈

물론 불법적인 가격 결정의 관행이 B2C 가격 결정 상황에만 국한되어 있는 것은 아니다. 가격 차별, 가격 담합, 그리고 약탈적 가격 결정 같은 더 심각한 불법적 B2B 가격 결정 관행들이 존재한다.

불법적인 B2B 가격 차별

미국 연방의회가 제정한 로빈슨−패트맨법(Robinson-Patman Act)은 주들 간의 상거래에서 가격 차별을 금지하는 규정을 포함한다. 가격 차별 규제는 기업들이 동일한 제품을 다른 가격으로 소매상과 도매상에 판매하는 행위를 통해 도매상 간 또는 소매상 간 경쟁이 약화되지 않도록 규제하는 법률이다. 기업이 부과하는 가격을 규제하는 것 외에도 로빈슨−패트맨법은 할인, 리베이트, 프리미엄, 쿠폰, 보증, 그리고 모든 구매 고객이 아닌 특정 고객에게만 제공되는 무료 배송과 같은 '부가적인'인 제공물도 구체적으로 규제한다. 그러나 예외도 있다.

- 로빈슨−패트맨법은 소비자에게 적용되는 법이 아닌, 오직 재판매업자에게 판매하는 기업에만 적용되는 법이다.
- 대량 주문과 그 결과로 인한 효율성 확대(운송비 절감과 같은)에 근거한 대규모 유통업체에 대한 할인은 합법이다.
- 이 법은 제품에 다른 기능 등의 물리적인 차이가 있는 경우에는 가격 차이를 허용한다. 유명 브랜드 가전 제품의 경우, 고가의 소매상이 판매하는 거의 동일한 제품을 더 낮은 가격으로 대형 전국 소매점 체인을 통해 판매할 수 있다. 오직 그 소매점 체인만 판매하는 개별 모델일 경우에 그렇다.

가격 담합

가격 담합(price-fixing)은 둘 또는 그 이상의 회사들이 가격을 특정 수준으로 유지하기 위해 공모할 때 발생한다. 수평적 가격 담합은 동일한 제품을 생산하는 경쟁자들이 모여 제품에 얼마의 가격을 부과할지를 함께 결정하는 것이다. 물론, 공급자가 몇 안 되는 산업 분야에서 기업들이 '경쟁업체에 맞춰' 가격을 결정하는 방식인 평행 가격 결정(parallel pricing) 그 자체가 가격 담합인 것은 아니다. 불법적 가격 담합이 되려면 공급자들 간의 가격 정보 교환이 반드시 있어야 한다. 1890년 셔먼의 반독점법(Sherman Antitrust Act)은 공모라 불리는 이 관습을 명확하게 불법으로 규정했다. 2013년 미국 지방 법원은 애플이 맥밀란, 펭귄, 아셰트, 하퍼콜린스, 그리고 사이먼앤드슈스터 등의 출판사들과 비밀 협정을 맺었다는 이유로 가격 담합 혐의에 유죄를 선고했다. 이들은 전자책 단말기 킨들을 판매하기 위해 전자책을 할인가에 판매하려는 아마존의 전략에 대항하기 위해 전자책의 가격을 올렸다. 출판사들이 모두 모여 전자책 가격의 인상을 위해 힘을 합쳤을 때, 아마존은 이에 따르는 것 외에 다른 방법이 없었다. 그 결과 소비자들은 어디에서 구입하든 상관없이 전자책 구매에 수백만 달러를 더 지불해야 했다.[29]

수직적 가격 담합은 제조업체나 도매상들이 그들의 제품을 특정 가격에 판매하도록 소매상들에게 압박을 가할 때 발생한다. 수직적 가격 담합이 만연했을 때 해당 제품을 취급하고자 하는 소매상은 제조업체가 제시하는 '권장' 소매 가격에 제품을 판매해야만 했다. 1976년에 제정된 소비재가격법(Consumer Goods Pricing Act)은 이러한 행태에 제동을 걸어 소매상들이 공급자와 도매상의 간섭 없이 소매가를 마음대로 책정할 수 있게 했다. 지금은 소매상들이 제품에 '권장가'를 붙일 필요가 없다.

약탈적 가격 결정

약탈적 가격 결정(predatory pricing)이란 특정 기업이 경쟁업체들을 폐업시킬 목적으로 매우 낮은 가격을 책정하는 것을 의미한다. 그리고 이후에 그들이 시장을 독점하게 되면 다시 가격을

가격 담합 일반적으로 높은 가격을 유지하기 위해 가격을 결정할 때 2개 이상의 기업들이 협력하는 것

약탈적 가격 결정 경쟁업체를 몰아내기 위해 아주 낮은 가격으로 제품가를 결정하는 불법적인 가격 결정 전략

현실세계에서 윤리적/지속 가능한 의사결정

당신은 스너기를 구매한 자랑스러운 수백만 사람들 중 한 명인가? 소매가 달린 양털 담요인 스너기는 다른 많은 제품들과 마찬가지로 TV를 통해 대대적인 광고를 했다. 2008년에 처음 판매되기 시작한 스너기는 2015년 3월까지 3,000만 장 이상이 팔렸다. 그와 동시에 스너기를 판매한 올스타 마케팅 그룹 LLC는 광고에 불충분한 정보를 제공했다는 이유로 연방 거래 위원회(FTC)와 뉴욕주에 800만 달러의 벌금을 납부하기로 합의했다. 구매자들은 텔레비전 광고에 나오는 가격에 제품을 구입한 것으로 믿었지만, 사실상 그들은 지불할 의사가 없었던 숨겨진 비용을 지불했고 구매하려고 의도하지도 않았던 추가 구성품을 함께 구입했다.

FTC는 올스타('완벽한' 브라우니 팬도 함께 판매)가 '하나를 구매하면 다른 하나는 무료'라고 광고하며 고객을 유혹했다고 밝혔다. 그러나 그 광고는 무료로 같이 주는 스너기에 추가 요금과 배송 비용이 동일하게 부과되어 있다는 사실을 소비자들에게 알리지 않았다. FTC의 지침에 따르면, 마케팅 담당자들은 처리 및 배송 비용을 포함한 모든 비용을 명확하게 공개해야 했다.

물론 올스타의 스너기가 소비자들에게 부적절한 정보를 제공한 유일한 제품인 것은 아니다. 고객들을 유인하기 위해, 판매자들은 소비자들이 너무 저렴하다고는 생각하지 않지만 제품의 품질에 합당하게 저렴하지는 않은, 더 나쁘게 말하면 명백히 부정직한 가격을 제시한다. 이들 광고들은 '50%까지 저렴하게' 또는 '19.99달러만큼 저렴한'과 같은 문구들을 사용한다. '각각 0.01달러에 세 권의 책'을 판매하기 위한 광고의 경우, 구매자가 세 권의 책을 구매하기로 합의했는지의 여부도 사실 불분명하다. 이와 유사하게, 신용카드 회사는 결제를 한 달 유예시켜주는 서비스를 제공하곤 하지만 유예된 결제액이 미지급 잔액에 추가되는 것인지 아니면 연체된 금액으로 두 배의 이자율을 납부해야 하는지는 명확하게 이야기하지 않는다.

비록 이러한 판매 광고가 FTC가 정의한 속임수 광고에 정확하게 부합하는 것은 아니지만, 이는 결과적으로 기업이 완전한 정보를 공개했다면 구매하지 않았을 제품을 잘못 구매하게 만든다. 올스타 같은 기업들은 아주 작은 글씨로 인쇄한 정보라 할지라도 그들은 모든 정보를 제공했으며, 제공한 정보에 주의 깊게 주목하지 않은 것은 소비자의 잘못이라고 주장할 것이다. 아마도 이 이야기의 교훈은 "진실이라고 보기에는 너무 좋은 이야기라면, 진실은 아닐 것이다."일 것이다.

> **윤리 체크 :** ↖
>
> 당신은 FTC가 광고에 정보를 완전히 공개하도록 강력하게 요구하는, 광고에 대한 추가 규정을 만들어야 한다고 생각하는가?
>
> ☐ 예 ☐ 아니요

올린다. 셔먼법과 로빈슨-패트맨법은 약탈적 가격 결정을 금지하고 있다. 1999년 미국 법무부는 댈러스 공항에서의 약탈적 가격 결정 혐의로 아메리칸 항공사를 기소했다.[30] 1990년대 중반, 3개의 저가 항공사들이 댈러스 공항에서 영업을 시작하자, 아메리칸 항공사는 댈러스를 출발하는 4개 노선의 항공료를 대폭 낮췄다. 법무부는 아메리칸 항공사가 이들 세 경쟁자를 위협해 쫓아내고 항로를 독점하려 한다고 주장했다. 법정에서 아메리칸 항공사의 무죄가 입증되었지만, 이 사건은 항공사들에게 가격을 신중하게 결정해야 한다는 교훈을 남겼다.

10.1 목표 요약

가격 결정의 중요성을 설명하고 마케팅 담당자가 어떻게 가격 전략의 목표를 설정하는지 설명한다.

가격은 이윤을 창출하고 고객들의 구매 여부에 영향을 미치기 때문에 중요하다. 보통 가격은 금전적으로 책정되지만, 거래는 가치 있는 것들의 상호교환이기 때문에 비금전적인 형태일 수도 있다. 가장 최근에 교환 과정에 추가된 것은 비트코인이다. 효과적인 가격 결정 목표는 기업의 목표와 마케팅 목표를 뒷받침하기 위해 유연하게 설계된다. 가격 목표는 이윤 또는 마진의 증가, 매출(매출 극대화 또는 시장 점유율 증가), 효과적인 경쟁, 고객 만족 향상, 또는 특정 이미지 전달 등에 중점을 두어 결정된다.

핵심 용어

가격	명품	비트코인	시장 점유율

10.2 목표 요약

마케팅 담당자가 가격 결정을 내리기 위해 비용, 수요, 수익 및 기타 가격 결정 환경들을 어떻게 이용하는지 설명한다.

가격을 개발할 때, 마케팅 담당자들은 수요를 추정하고 비용을 결정해야 한다. 그래서 마케팅 담당자들은 제품의 가격을 결정하는 데 도움이 되는 손익분기점 분석을 사용한다. 손익분기점 분석은 고정비와 변동비를 활용하여 이윤을 창출하기 위해서는 특정 가격에 얼마나 많이 판매해야 하는지를 규명한다. 또한 마케팅 담당자들은 도매상과 소매상, 그리고 다른 유통 경로의 구성원들이 요구하는 적절한 수준의 유통마진을 고려해야 한다. 마케팅 믹스의 다른 요소 등과 마찬가지로, 가격 또한 다양한 외부 환경 요소에 의해 영향을 받는다. 인플레이션과 경기 침체 등과 같은 경제 동향과 기업의 경쟁 환경, 즉 기업이 과점, 독점적 경쟁, 완전 경쟁 중 어떤 산업 구조에 속하느냐가 가격 결정에 영향을 미친다. 정부 규제 또한 생산 비용을 증가시킴으로써 내지는 기업의 가격 전략에 대한 실질적인 규제를 통해 가격에 영향력을 행사한다. 소비자가 생각하고 행동하는 방식에 영향을 미치는 소비자 동향 또한 가격 결정에 영향을 미칠 수 있다. 어떤 제품은 글로벌 시장에서 판매하기 위한 표준화된 가격 전략을 개발해야 하는 반면, 개별 국가의 고유한 환경적 요인에 맞게 현지화된 가격 전략을 개발해야 하는 경우도 있다.

핵심 용어

고정비	소매상 마진	탄력적 수요
단위당 공헌 이익	손익분기점	통제를 위한 제품 구매
도매상 마진	손익분기점 분석	
마크업	수요의 가격 탄력성	평균 고정비
매출총이익	수요의 교차 탄력성	표시가격 또는 권장 소비자 가격 (MSRP)
변동비용	수직적 통합	
비탄력적 수요	총비용	

10.3 목표 요약

주요 가격 결정 전략과 전술을 이해한다.

계산하기 쉽고 안전하다는 이유로 빈번하게 사용하고 있는 비용 기반 가격 결정 전략은 수요, 경쟁, 제품 수명주기, 공장의 생산능력, 또는 제품 이미지를 고려하지 않는다. 가장 일반적인 비용 기반 전략은 원가가산 가격 결정이다.

목표 원가 가격 전략 및 수익 관리 가격 전략 같은 수요 기반 가격 결정 전략을 활용하기 위해서는 서로 다른 가격에서의 수요를 추정하여 생산된 제품이 확실히 판매되도록 보증할 수 있어야 한다. 경쟁 기반 가격 결정 전략은 결정에 대한 타당한 근거를 제공해주기는 하지만 적용하기에는 어려움이 있을 수 있다. 가격 주도 전략은 과점 시장에서 종종 사용된다.

소비자 니즈에 중점을 두는 기업들은 가치 가격 전략 또는 항시 저가 전략을 고려해볼 수 있다. 소비자 만족을 위해 선택 가능한 전략은 고/저 가격 전략이다. 신제품의 경우 연구비, 개발비, 촉진비 등을 회수하기 위해 높은 스키밍 가격을 사용하거나 더 많은 고객들의 구매를 유도하고 경쟁자들의 시장 진입을 차단하기 위해 다소 낮은 가격의 침투 가격 전략을 사용할 수 있다. 시험 가격은 제한된 기간 동안만 낮은 가격으로 판매하는 것을 의미한다.

다른 가격 결정 전략에는 가격 세분화, 최대 부하 가격, 탄력 요금제, 피라미드의 하단 가격 결정 및 유인 가격이 있다.

개별 제품들에 대한 가격 전략을 실행하기 위해 마케팅 담당자들은 이분 가격 또는 지불 가격 결정 전술을 사용할 수 있다. 복수 제품에 대해 마케팅 담당자들은 2개 이상의 상품이나 서비스를 하나로 묶어 단일 가격에 판매하는 묶음 가격을 사용할 수 있다. 종속 가격은 2개의 제품이 동시에 사용되어야 하는 제품에 이용되는데, 한 제품은 아주 낮은 가격에 판매하고 다른 아이템은 수익성 있는 가격인 높은 가격으로 판매한다.

F.O.B., 균일 배송 가격 결정과 흡수운임 가격 결정 같은 유통 기반 가격 결정 전술은 제품이 얼마나 멀리 운송되느냐에 따라 차이를 보인다. 비슷한 가격 전술들이 국제적으로 판매되는 제품에 일반적으로 사용된다.

유통 경로의 구성원을 위한 가격 결정에는 거래 또는 기능 할인, 대규모 구매를 장려하는 누적 또는 비누적 수량 할인, 빠른 지불을 유도하는 현금 할인, 비수기 또는 성수기의 매출을 증가시키거나 연중 구매를 분산시키는 시즌 할인 등이 있다.

핵심 용어

F.O.B. 출발지 가격 결정(F.O.B. 공장 가격 결정)	균일 배송 가격 결정	지불 가격 결정
F.O.B 인도 가격 결정	목표 원가 가격 계산	최대 부하 가격 결정
가치 가격 결정 또는 항시 저가 전략 (EDLP)	묶음 가격 결정	침투 가격 전략
	수량 할인	키스토닝
	수요 기반 가격 결정	탄력 요금제
	수익 관리 가격 결정	피라미드의 하단 가격 결정
가격 세분화	스키밍 가격 전략	
가격 주도 전략	시험 가격 전략	현금 할인
거래 할인	원가 가산 가격 결정	흡수 운임 가격 결정
계절 할인	유인 가격 결정	
고/저 가격 전략 또는 판촉 가격 전략	이분 가격 결정	
	종속 가격 결정	

10.4 목표 요약

인터넷 가격 결정 전략의 기회를 이해한다.

전자상거래는 기업들에게 역동적인 가격 결정에 착수할 수 있는 기회를 제공한다. 즉 가격 변동을 위한 비용이 거의 발생하지 않기 때문에 기업은 빈번하게 가격을 바꿀 수 있다. 경매는 C2C, B2C, 그리고 B2B 전자상거래에서 고객들이 제품에 입

찰할 수 있는 기회를 제공한다. 또한 기업들은 인터넷을 통한 디지털 제품의 기본 서비스는 무료로 제공하지만 부가 서비스나 고급 서비스는 유료화하는 프리미엄(freemium) 가격 전략을 실행할 수 있다. 인터넷은 구매자들이 제품과 가격을 비교할 수 있게 해주고, 소비자들이 상품에 지불하는 가격을 더 잘 통제할 수 있게 해주어, 고객들을 가격에 더 민감하게 만들었다.

핵심 용어

역동적 가격 결정	온라인 경매	인터넷 가격 차별화	프리미엄

10.5 목표 요약

가격 결정의 심리적·법률적·윤리적 측면을 설명한다.

소비자들은 가격에 대해 감정적 또는 심리적인 반응을 보인다. 소비자들은 제품을 평가함에 있어 내부 준거 가격으로 관습 가격 또는 적정 가격의 개념을 사용한다. 때때로 마케팅 담당자들은 서로 다른 가격의 제품들을 나란히 진열함으로써 준거 가격 전략을 사용한다. 가격–품질 추론 심리는 소비자들이 품질에 대한 단서로서 가격을 사용한다는 것을 의미한다. 소비자들은 짝수 가격과 홀수 가격에 상이한 반응을 보인다. 마케팅 담당자들은 제품 라인에 맞춰서 다른 가격대를 선정하는 가격 단계화 전략을 실행할 수 있다. 명품 마케팅 담당자들은 사람들이 가격이 높을수록 더 많이 구매한다고 가정하고, 위신 가격 결정 전략을 사용할 수 있다.

대부분의 마케팅 담당자들은 비윤리적이거나 불법적인 가격 결정 관행을 피하려고 노력한다. 기만적인 가격 결정 관행 중 하나는 불법적인 유인 판매 전술이다. 미국의 많은 주들은 불공정거래법을 제정하여 제품들을 원가 이하로 판매하는 손실유도 가격 결정을 불법화하고 있다. 연방 정부는 약탈적 가격 결정, 가격 차별, 그리고 수평적 또는 수직적 가격 담합을 금지하고 있다.

핵심 용어

가격 단계화	불공정 판매 행위를 제한하는 법안	위신 가격 또는 프리미엄 가격
가격 담합		
내부 준거 가격	손실 유도 가격 결정	유인 판매
	약탈적 가격 결정	

연습문제

개념 : 지식 확인하기

10-1. 가격은 무엇이며, 기업에게 있어 가격은 왜 중요한가? 비트코인 같은 디지털 통화는 무엇인가?

10-2. 이윤, 시장 점유율, 경쟁효과, 고객 만족, 이미지 향상 등과 같은 가격 결정 목표의 유형들을 설명하고 그 사례를 제시하라.

10-3. 일반 제품과 고급 명품의 수요 곡선이 어떻게 다른지 설명하라. 수요 변화란 무엇이며, 이것이 왜 마케팅 담당자에게 중요한가? 기업은 수요를 어떻게 예측하는가? 마케팅 담당자들은 어떻게 수요의 탄력성을 평가할 수 있는가?

10-4. 변동 비용, 고정 비용, 평균 변동 비용, 평균 고정 비용 및 평균 총비용을 설명하라.

10-5. 손익분기점 분석이란 무엇인가?

10-6. 영업 마진은 무엇인가? 제조업체의 가격 결정과는 어떻게 관련되어 있는가?

10-7. 경쟁 환경이 가격에 어떻게 영향을 미치는지 예를 들어 설명하라. 정부 규제와 소비자 동향은 어떤 영향을 미치는가? 글로벌 환경은 기업의 가격 결정 전략에 어떤 방식으로 영향을 미치는가?

10-8. 원가 가산 가격 결정, 목표 원가 가격 결정, 수익 관리 가격 결정을 설명하고 그 예를 제시하라.

10-9. 신제품의 경우, 스키밍 가격 전략이 적절한 때는 언제이며, 침투 가격 전략이 최선인 경우는 언제인가? 시험 가격은 언제 효과적인 가격 전략인가?

10-10. 마케팅 담당자들은 가격 세분화, 최대 부하 가격, 그리고 탄력 요금제를 통해 어떻게 대상, 시간 및 장소에 맞게 가격을 결정하는가? 마케팅 담당자들은 어떻게 피라미드의 하단에 있는 소비자들의 근원적 욕구를 충족시키기 위한 가격을 설정하는가?

10-11. 유인 가격에 대해 설명하라. 유인 가격 전략은 윤리적인 방법인가?

10-12. 이분 가격, 지불 가격, 묶음 가격, 종속 가격, 유통 기반 가격 결정 전술을 설명하라.

10-13. 마케팅 담당자들이 유통 경로 구성원에게 가격을 제시할 때 영업 할인 또는 기능적 할인, 물량 할인, 현금 할인, 그리고 계절적 할인을 제공하는 이유는 무엇인가?

10-14. 역동적 가격 결정은 무엇인가? 차별적 가격 결정이란 무엇인가? 이 둘의 차이점은 무엇인가?

10-15. 가격-품질 추론, 홀수-짝수 가격 결정, 내부 준거 가격, 가격 단계화, 위신 가격 결정 등 가격의 심리적 측면을 설명하라.

10-16. 비윤리적인 마케팅 담당자들이 유인 판매, 가격 담합, 약탈적 가격 결정을 어떻게 사용하는지 설명하라. 가격 인상 전략이란 무엇인가?

실행 : 배운 것 적용하기

10-17. 창의적 과제/단기 프로젝트 당신이 글루텐이 들어 있지 않은 빵과 케이크를 파는 제과점을 운영하는 기업가라고 가정해보자. 당신은 현재의 경제 상황이 빵 가격을 인상할 만한 적기라고 생각한다. 그러나 제품 수요의 가격 탄력성에 대한 확신이 없기 때문에 가격 인상이 수익성 하락으로 연결되지 않을까 우려하고 있다. 당신이 판매하는 제품에 대한 수요의 가격 탄력성을 측정하기 위한 계획을 수립하라. 어떤 결과가 나와야 당신이 가격을 인상할 수 있는가? 어떤 결과가 가격을 인상하기로 한 당신의 결정을 재고하게 만드는가? 아래의 내용들이 포함된 보고서를 작성하라. (1) 수요 탄력성의 개념, (2) 탄력성을 고려하지 않고 가격을 인상하는 것이 왜 잘못된 결정인가, (3) 측정에 대한 권고 사항, (4) 탄력적 또는 비탄력적 수요가 수익에 미치는 잠재적 영향

10-18. 수업시간 10~25분 팀별 과제 다음 각 제품에 대해 부과할 수 있는 최소 3개의 다른 가격을 선정하라. 그런 다음 소비자들이 각 가격대별로 얼마나 많은 제품을 구매할지 조사해보라. 각각의 제품에 대한 수요의 가격 탄력성을 계산하여 수요가 탄력적인지, 비탄력적인지를 결정하라.

   a. 치즈 피자(월별)

   b. 영화 표(월별)

   c. 콘서트 티켓(연간)

10-19. 창의적 과제/단기 프로젝트 당신이 신선한 과일과 야채를 판매하는 지역 소매점의 부지배인으로 고용되었다고 가정해보자. 매장을 살펴본, 당신은 두 가지 종류의 다른 토마토가 진열되어 있다는 것을 알게 되었다. 한 토마토의 가격은 파운드당 2.39달러이고, 다른 토마

토의 가격은 파운드당 1.69달러인데, 이들 두 토마토는 매우 비슷해 보인다. 당신은 사람들이 2.39달러짜리 토마토를 더 많이 구매하고 있다는 사실을 발견했다. 왜 이런 일이 발생하는지 설명하는 보고서를 작성하고 매장의 가격 결정 전략을 위한 제안서를 작성하라.

10-20. 추가 연구(개인) 당신이 지역 멕시코 식당의 주인이라고 가정해보자. 당신은 사업을 확장할 수 있는 방법을 찾고 있는데, 메뉴에 있는 품목들을 묶음 판매하면 고객당 평균 구매액이 증가할 것이라는 믿음을 갖고 있다. 묶음으로 만들 수 있는 메뉴 품목에는 아래와 같은 것들이 있다.

품목	메뉴 가격
칩, 살사, 과카몰리	$4.00
쌀과 콩을 넣은 닭고기 부리토	$10.50
플랑	$3.00
비알코올 음료	$2.50

당신은 묶음 가격으로 세 가지 가격, 즉 14달러, 16달러, 18.50달러 중 어떤 것을 선택할지 고민하고 있다. 어떤 가격이 이윤을 극대화할 수 있는지 결정하기 위한 조사를 설계하여 수행하라.

10-21. 추가 연구(개인) 이 장에서, 우리는 항공사들이 모든 항공편 좌석을 가득 채우기 위해 어떻게 수익 관리 가격을 활용하는지, 그래서 어떻게 수익을 극대화하는지에 대해 이야기했다. 최소 2개 이상의 항공사 웹 사이트를 방문해서 '지금'으로부터 대략 3주 후까지 각 항공사의 항공편 가격을 확인해보라. 그리고 나서, 동일 항공편의 이번 주, 다음 주, 다다음 주의 가격을 확인하라. 당신이 발견한 것과 항공사의 가격 결정이 시사하는 것에 대한 보고서를 작성하라.

10-22. 추가 연구(그룹) 아래의 제품 카테고리 중 하나를 선택하라. 선택한 제품 카테고리에서 한 제품 계열 내에 다양한 제품들을 판매하는 2개의 기업을 선정하라. 예를 들어, 다양한 모델의 노트북을 판매하는 델, HP, 애플 내지는 다양한 모델의 진공청소기를 판매하는 후버, 다이슨 및 비셀과 같은 회사들을 찾아보고 이 중 두 기업을 선정하라. 인터넷을 사용하거나 선택한 제품을 판매하는 소매점을 방문하여 두 기업의 제품 라인과 가격을 조사해보라. 그리고 당신의 조사를 토대로 두 기업의 가격 단계화 전략에 대한 리포트를 작성하라. 리포트에서 (1) 각각의 기업이 판매하는 제품의 구체적인 가격대와 어떻게 가격 단계화 전략이 기업의 수익을 극대화하고 있는지, (2) 특정 가격대를 선정한 이유에 대한 당

신의 생각, (3) 두 기업의 가격 단계화 전략이 어떻게 유사하고 어떻게 다른지, (4) 전략이 차이를 보이는 이유 등에 대해 논의하라.

a. 노트북 컴퓨터
b. 진공 청소기
c. 스마트 TV
d. 스마트 폰

개념 : 마케팅 계량지표 적용하기

공헌 이익 분석과 손익분기점 분석은 일반적으로 매우 빈번하게 사용되는 마케팅 지표이다. 이들 분석은 기업의 마케팅 기회가 재무적 손실을 의미하는지 또는 이익을 의미하는지를 결정하는 데 필수적이다. 이 장에서 설명한 것처럼, 공헌 이익은 단위당 판매 가격과 단위당 변동비용 간의 차이이다. 공헌 이익 분석을 포함한 손익분기점 분석은 마케팅 담당자들에게 손익분기점에 도달하기 위해서 또는 원하는 수익을 창출하기 위해서 얼마나 많이 판매해야 하는지를 알려준다.

터치오브베이루트 브랜드는 로스앤젤레스에 본사를 둔 레바논의 특산 식품과 음식 재료를 제조하는 기업이다. 과거에 이 회사는 주로 레스토랑 유통업체를 통해 미국 전역의 소규모 레바논 요리 전문점에 음식과 식재료를 납품해왔다. 그러나 현재 그들은 유명한 박스 형태의 즉석식품인 오스카 마이어사의 런치테이블과 비슷한, 홈무스와 피타 슬라이드를 같이 포장하여 즉시 개봉해서 먹을 수 있는 신제품을 개발하고 마케팅 계획을 수립했다. 그들은 신제품에 '행복한 홈무스'라는 상표를 붙이고, 홀푸드와 다른 신규 슈퍼 마켓 체인을 통해 직접 판매하려고 하고 있다.

이 기업은 소셜 미디어를 활용하여 신제품에 대한 입소문을 만들어낼 계획이지만, 광고 진행과 소비자 쿠폰 제공 및 유통 경로 가격 할인을 통한 판매 촉진에도 마케팅 비용을 지불할 예정이다. 홀푸드는 박스당 5달러의 소매자 판매가에 제품을 판매할 수 있기를 원한다. 소매업체들은 일반적으로 30%의 마크업을 요구하기 때문에, 슈퍼마켓에 납품하는 터치오브베이루트의 가격은 박스당 3.50달러가 될 것이다. 포장을 포함한 제품의 박스당 변동비는 1.25달러이다. 기업은 첫해에 광고 및 홍보 비용으로 250만 달러를 예상하고 있다.

10-23. 해피 홈무스의 박스당 공헌이익은 얼마인가?

10-24. 계획된 광고와 촉진비용을 커버하는 첫해의 (1) 손익분기점의 단위 수량은 몇 개인가? (2) 금액으로 손익분기점의 액수는 얼마인가?

10-25. 터치오브베이루트는 100만 달러의 수익을 얻기 위해

'행복한 홈무스'를 얼마나 많이 판매해야 하는가?

10-26. 좋은 사업 계획이라고 생각되는가? 왜 그렇게 생각하는가? 또는 왜 그렇지 않다고 생각하는가?

선택 : 당신은 어떻게 생각하는가?

10-27. 비판적 사고 정부는 때때로 특정 산업이 국제 시장에서 더 낮은 가격으로 제품을 판매할 수 있도록 국내 기업의 생산 비용을 절감시키기 위한 가격 보조금정책을 실시한다. 정부와 정치인들이 이런 정부 보조금을 지급하는 이유는 무엇인가? 장기적으로 볼 때 국내 산업에 미치는 장단점과 국제 고객들에게 미치는 장단점은 무엇인가? 만약 모든 가격 보조금이 삭감된다면 누가 이득을 보고 누가 손해를 보게 되는가? 당신은 정부가 특정 산업에 대한 가격 보조금을 제공해야 한다고 생각하는가? 왜 그렇게 생각하는가?

10-28. 윤리 여러 온라인 매장은 현재 오프라인 경쟁자가 소비자와 인접한 위치에 있는지 그리고 해당 지역의 평균 소득은 얼마인지를 나타내는 지리적인 위치 기반 사용자 정보에 근거하여 소비자별로 다른 가격에 제품을 판매한다. 인터넷 가격 차별로 알려진 이 관행이 불법은 아니지만, 일부 사람들은 비윤리적인 행동이라고 말한다. 당신은 이 관행이 비윤리적이라고 생각하는가? 이 관행은 불법으로 규정되어야 하는가? 만약 그 관행이 합법적이라 생각한다면, 소매업체들은 사이트에 가격 차별에 대한 면책 조항을 게시해야만 하는가? 당신의 논리를 설명하라.

10-29. 비판적 사고 많은 과점 산업에서 기업들은 일반적으로 업계의 선두 주자가 가격의 인상 또는 인하를 결정하는 가격 주도 전략을 수용하고 다른 기업들도 이에 따른다. 이 전략은 산업에 어떤 방식으로 좋고 나쁜 결과를 초래하는가? 이 제도는 소비자에게는 무엇이 좋고 무엇이 나쁜가? 가격 주도 전략과 가격 담합 간의 차이는 무엇인가? 정부는 기업들이 가격 주도 전략을 사용하도록 허용해야 하는가? 그렇지 않다면, 어떻게 규제할 수 있을까?

10-30. 윤리 대다수의 매우 성공적인 소매업체들은 고객들을 매장으로 유인하기 위해 원가 이하의 가격으로 제품을 판매하는 손실 유도 가격 결정 전략을 사용한다. 그들은 고객들이 자신의 소매점에서 계속해서 쇼핑을 할 것이며, 장기적으로는 이익을 창출하게 될 것이라 생각한다. 당신은 이것이 비윤리적인 행위라고 생각하는가?

이런 관행으로 인해 이익을 보는 측과 손해를 입는 측은 누구인가? 당신은 이 관행을 불법으로 규제해야 한다고 생각하는가? 이것은 유인 판매 가격 결정과는 어떻게 다른가?

10-31. 비판적 사고 일부 소매업체들은 더 높은 마진을 남길 수 있는 제품의 판매를 증가시키기 위해 유인 가격 전략을 사용해 왔다. 유인 가격 전략에 대해 설명하라. 유인 가격 전략을 활용하기에 적합한 제품에는 어떤 것들이 있는가? 이 방식은 윤리적인가? 왜 그런가? 또는 왜 그렇지 않은가?

10-32. 비판적 사고 당신은 천연 유래 성분으로만 만들어진 뷰티 제품들을 판매하는 고급 피부 관리 부티크의 마케터로 일하고 있다. 제품의 원재료 가격이 2년 넘게 꾸준히 오르면서 수익이 점차 줄어들고 있기 때문에 제품을 계속 생산하려면 가격을 인상하거나 더 저렴한 재료로 교체 해야 한다. 시장 조사 결과 소비자는 가격 상승을 수용하지 않는 것으로 판단되어, 당신은 새로운 공급자들로부터 덜 비싼 재료를 공급받아 사용하기로 결정했다. 당신은 이 사실을 고객들에게 알리겠는가? 당신의 결정이 비즈니스, 고객 및 공급업체에 어떤 영향을 미칠 수 있을까?

10-33. 비판적 사고 많은 기업들은 피라미드의 하단에 있는 소비자들에게 그들의 제품을 판매하기를 원한다. 현재 이 계획이 성공한다면 브랜드에 대한 친화력을 형성할 수 있어, 미래에 그 나라의 경제가 개선되었을 때를 대비한 확실한 발판을 마련할 수 있다. 이 장에서 논의한 방법 외에, 아래의 제품 중 하나를 판매하고자 하는 기업들이 성공하기 위한 혁신적인 가격 전략에는 어떤 것이 있는가?

1. 일회용 기저귀
2. 바디 워시
3. 치약

미니 프로젝트 : 행하면서 배우기

이 미니 프로젝트의 목적은 여러 가격 실험을 수행해봄으로써 소비자들이 서로 다른 가격에 어떻게 반응하는가를 학습할 수 있도록 하는 것이다. 이 프로젝트를 위해 당신은 먼저 학생들이 일반적으로 구매하는 제품 범주를 선정해야 한다. 운동화, 스마트폰, 여행 가방들처럼 적당히 비싼 제품이어야 한다. 다음으로 선택한 제품 범주에서 2개의 제품의 사진, 가능하면 실제 존재하는 사진을 구하라. 두 제품은 품질이나 가격 면에서 큰 차이가 없어 보여야 한다.

주 : 아래에 나열된 각 활동에 대해 서로 다른 조사 참여자들을 모집하라.

10-34. 실험 1 : 준거 가격 결정

    a. 2개의 제품 사진을 함께 놓아둔다. 한 제품에는 저렴한 가격표를 붙여놓고, 다른 제품에는 비싼 가격표를 붙여놓는다(약 50% 차이 나는 가격). 조사 참여자들에게 두 제품의 품질을 평가하게 하고, 어떤 제품을 구매하고 싶은가를 물어보라.

    b. 두 제품의 가격표를 바꿔 붙이고, 다른 조사 참가자들에게 두 제품의 품질을 평가하게 하고 어느 것을 구매할 것인지 물어보라.

    c. 2개의 제품을 함께 놓아둔다. 이번에는 한 제품에 적당한 가격의 가격표를 붙여놓고, 다른 제품에는 약간 높은 가격의 가격표를 붙여놓는다(약 10% 이하로 차이 나는 가격). 다시 조사 참여자들에게 두 제품의 품질을 평가하게 하고, 어떤 제품을 구매하고 싶은가를 물어보라.

    d. 두 제품의 가격표를 바꿔 붙이고, 다른 조사 참가자들에게 두 제품의 품질을 평가하게 하고 어느 것을 구매할 것인지 물어보라.

10-35. 실험 2 : 홀수-짝수 가격 결정 이 실험을 위해, 실험 1에서 사용한 제품 사진 중 하나를 선택하라.

    a. 제품 가격의 끝자리를 .99로 표시하라(예 : 62.99달러). 조사 참가자들에게 그 제품의 가격이 어떠한지 5점 척도(매우 낮음, 약간 낮음, 적당함, 약간 높음, 매우 높음)를 활용해 물어보라. 또한 참가자들에게 제품의 품질을 평가하게 하고, 그 제품을 구매할 가능성이 어느 정도인지 1~10까지의 등급으로 평가하게 하라.

    b. 이번에는 이전 실험보다 약간 저렴하지만 끝자리가 .00으로 끝나는 가격을 표시하라(예 : 60달러). 다른 조사 참가자들에게 그 제품의 가격이 어떠한지 5점 척도(매우 낮음, 약간 낮음, 적당함, 약간 높음, 매우 높음)를 활용해 물어보라. 또한 그들에게 제품의 품질을 평가하게 하고, 그 제품을 구매할 가능성이 어느 정도인지 1~10까지의 등급으로 평가하게 하라.

실험의 결과를 토의하고, 홀수-짝수 가격 결정 및 가격 인식에 있어서의 동화 효과와 대조 효과에 대해 논의해보라.

마케팅 행동 사례   디즈니의 실제 선택

'지구에서 가장 행복한 곳'이 더 이상 존재하지 않는다면 무슨 일이 일어날까? 월트디즈니사는 이런 일이 일어나는 것을 방지하기 위해 가격 전략을 '재구상'하기 시작했다. 놀이공원 입장권에 대한 수요가 계속 증가하는 것, 특히 피크 시간대 입장객의 급격한 증가에 대응하기 위해 디즈니는 플로리다에 있는 월트 디즈니 월드 그리고 캘리포니아의 디즈니랜드 두 곳에 '수요 기반 가격 정책'을 시행했다.

항공사와 호텔들은 비행과 호텔 숙박에 대한 수요가 가장 높은 휴일이나 여름 휴가철에 더 높은 가격을 부과하는 수요 기반 가격 정책을 수년간 활용해 왔다. 마찬가지로, 디즈니의 경쟁사인 유니버설 스튜디오 및 미국에 있는 기타 테마 파크 사업자들도 수요 기반 가격 정책을 사용하고 있다. 이 정책은 수요가 낮을 때는 더 많은 방문을 장려하기 위해 낮은 가격을 제시하고, 반대로 수요가 높을 때는 가격을 인상하여, 성수기 때의 수요 일부를 비수기로 유도함으로써 고객의 수요를 재분배한다.

이전에 디즈니랜드 방문객들은 당일 입장권에 99달러를 일괄적으로 지불했었다. 그러나 수요 기반 가격 정책에 따라 가격은 세 가지로 세분화되었다. 아이들이 학교에 있는 월요일에서 목요일까지의 주중 입장권인 '밸류(Value)' 티켓은 4달러가 할인된 95달러에 판매되는 반면, 대부분의 주말과 여름 기간 동안에 입장 가능한 '레귤러(Regular)' 티켓은 105달러에 판매된다. 반면, 12월, 봄 방학 기간, 그리고 7월의 주말에 입장하는 방문객들을 위한 '피크(Peak)' 티켓은 가장 높은 가격인 119달러에 판매된다. 올랜도에 있는 디즈니 월드는 4개의 개별 공원들로 구성되어 있기 때문에 가격대는 비슷하지만 더 복잡한 가격으로 세분화되어 있다. 이 새로운 수요 기반 가격 정책은 당일권에만 적용되며, 대부분의 가족들이 디즈니를 여행할 때 구입하는 연간 입장권이나 복수 입장권 가격에는 적용되지 않는다.

장기적으로 소비자들이 이 새로운 가격 전략에 어떻게 반응할 것인가는 아직 알려지지 않았다. 여행하기 '가장 좋은' 기간에 디즈니를 방문하고 싶다면 더 많은 돈을 지불해야만 하지만, 반대로 '비수기'에 휴가를 내서 디즈니에 갈 수 있는 여유가 있다면 더 적은 돈을 지불할 수도 있다는 것을 소비자들은 공평한 시스템으로 생각할까? 물론, 소비자들은 이 새로운 전략을 디즈니가 자사의 수익을 늘리기 위해 성수기에 여행 온 소비자들을 대상으로 한 착취를 행하는 가격 기만 정책으로 인식할 수도 있다.

분명, 소비자들은 항공사들이 사용하는 수요 기반 가격 전략에 대해 호의적으로 생각하고 있지 않으며, 결과적으로 항공사에 대한 부정적인 태도를 유발한다. 비록 디즈니는 고객 경험을 더 효율적으로 관리하기 위한 새로운 수요 기반 가격 정책을 시행하고 있는 거라 강조하지만, 이 정책으로 인해 디즈니가 큰 이익을 거두게 될 거라는 것 또한 명백하다. 더욱 중요한 것은, 소비자들이 디즈니와 테마파크를 장기적으로 어떻게 인식할까 하는 것이다. 디즈니는 여전히 세계에서 가장 행복한 곳이 될 것인가?

당신의 결정

10-36. 디즈니가 직면한 의사결정 사항은 무엇인가?

10-37. 이 의사결정 사항을 이해하는 데 있어 중요한 요소는 무엇인가?

10-38. 대안에는 어떤 것들이 있는가?

10-39. 당신이 추천하는 의사결정은 어떤 것인가?

10-40. 당신의 제안을 실행하는 방법에는 어떤 것이 있는가?

참고자료 : Brooks Barnes, "Disney Introduces Demand-Based Pricing at Theme Parks," The New York Times (February 27, 2016), http://www.nytimes.com/2016/02/28/business/disney-introduces-demand-based-pricing-at-theme-parks.html?_r=0 (accessed April 26, 2016); Hugo Martin, "Disneyland 'Demand Pricing' Will Cost You $5 Less on Slow Days and $20 More When It's Busy," The Los Angeles Times (February 27, 2016), http://www.latimes.com/business/la-fi-disney-adopts-demand-pricing-20160226-story.html (accessed April 26, 2016); Ben Fritz, "Disney Parks Consider Off-Peak Prices," Wall Street Journal (October 4, 2015), http://www.wsj.com/articles/disney-parks-consider-higher-prices-during-busy-times-1443960001 (accessed April 26, 2016).

마케팅 수학

효과적으로 그리고 효율적으로 조직의 목표를 충족시키는 마케팅 전략을 개발하기 위해서 마케팅 담당자는 필수적으로 다양한 재무 분석 기법을 이해하고 사용할 수 있어야 한다. 이 부록은 손익계산서와 대차대조표 같은 기본적인 재무 분석뿐만 아니라 기초적인 성과 분석 틀을 제공한다. 또한 이 부록에는 마케팅 담당자가 제품과 서비스의 가격을 설정하기 위해 일반적으로 사용하는 계산식에 대한 구체적인 설명이 포함되어 있다.

손익계산서와 대차대조표

기업의 재무상태 분석에 사용되는 가장 중요한 두 가지 자료는 손익계산서와 대차대조표이다. 손익계산서(income statement, profit and loss statement, P&L)는 기업의 수입과 비용을 간단히 요약한 자료로, 기업이 매출 또는 기타 소득원을 통해 얻은 수익, 소비한 금액, 그리고 그에 따른 소득 또는 손실을 나타내는 자료이다.

손익계산서의 주요 요소는 다음과 같다.

- **총매출액**(gross sales)은 상품 및 서비스의 판매로부터 얻은 기업의 전체 소득의 합계이다.
- **순 매출액**(net sales revenue)은 총매출액에서 환불, 판촉, 또는 고객에게 주어지는 기타 가격 할인액을 차감한 금액이다.
- **매출원가**(cost of goods sold or cost of sales)는 기업에서 판매한 상품 또는 재고품의 원가이다.
- **매출 총이익**(gross margin or gross profit)은 상품의 매출원가를 초과하는 판매 수익이다.
- **운영비**(operating expenses)는 상품의 매출원가 이외에 사업 운영을 위해 필요한 비용을 의미한다. 운영비에는 임금, 임대료, 건물과 장비에 대한 감가상각, 보험, 전기세, 각종 물품, 그리고 재산세가 포함된다.
- **영업 이익**(operating income or income from operations)은 총이익에서 영업 비용을 차감한 것이다. 때때로 회계사는 최종적으로 영업 이익을 산출한다는 점을 제외하고는 손익계산서와 유사한 영업활동계산서(operating statement)를 작성하기도 하는데, 여기에는 수익이나 비용 그리고 세금이 포함되어 있지 않다.
- **기타 수익 및 비용**(other revenue and expenses)은 사업을 영위하기 위해서 필수적으로 발생되는 것을 제외한 수익 그리고/또는 비용이다. 여기에는 이자 수익과 수수료 및 부동산 또는 공장 자산의 매각으로 인한 이익 그리고/또는 손실과 같은 항목이 포함된다.
- **세금**(taxes)은 회사가 얻은 수익에 대해 일정 비율로 부과되는 법인세를 의미한다.
- **당기 순이익**(net income or net earnings or net profit)은 총비용 대비 총매출액의 초과분이다.

표 10S.1은 가상 회사 DLL Inc.의 손익계산서를 보여준다. DLL은 전형적인 유통기업이다. 손익계산서는 특정 연도에 대한 것이며, 1월 1일부터 12월 31일까지의 포괄적인 수익과 비용을

표 10S.1 │ DLL의 2016년 연말 손익계산서(12월 31일)

총매출액			$253,950
차감 : 판매 반품과 공제	$ 3,000		
판매 할인	2,100	5,100	
순 판매액			$248,850
판매된 제품의 비용			
2016.1.1. 재고		60,750	
구매	135,550		
차감 : 구매 반품과 공제	1,500		
구매 할인	750		
순 구매	133,300		
플러스 : 인수 운임	2,450	135,750	
세일용 제품		196,500	
마이너스 : 2016.12.31. 재고		60,300	
판매된 제품의 비용			136,200
총마진			112,650
운영비			
임금과 커미션		15,300	
임대료		12,600	
보험		1,500	
감가상각		900	
지출 경비		825	
총운영비			31,125
운영 수입			81,525
기타 수입 및 (비용)			
이자 수입		1,500	
이자 지급		(2,250)	(750)
세금 이전 수입			80,775
세금(40%)			32,310
순수입			$ 48,465

포함하고 있다. 다음은 손익계산서에 포함된 일부 중요한 항목의 의미를 설명한 것이다.

- DLL의 연간 총매출액은 253,950달러이다. 그러나 이 금액은 반품 및 특별 수당으로 고객에게 지급한 비용 3,000달러와 특별 할인 비용 2,100달러를 차감함으로써 조정된다. 따라서 실제 매출 또는 순 매출액은 248,850달러가 된다.
- 매출원가는 연간 구매한 제품의 비용에 1월 1일에 남아 있던 재고를 합한 후, 12월 31일에 남은 재고량을 빼서 계산한다. DLL의 경우, 1월 1일 60,750달러의 재고를 보유하고 있었고, 한 해 동안 135,550달러의 상품을 구입했다. 그러나 반품 및 수당 비용 1,500달러와 구입 할인으로 제공한 750달러를 차감하면, 순 구매비용은 133,300달러가 된다.

손익계산서에는 '인수 운임(Freight-In)'이라는 항목이 있다. 이 금액은 납품 업체로부터 자사의 판매 시설로 제품을 인수하는 데 드는 운송 비용으로 회사가 지출한 금액이다. DLL로부터 소비자에게 운송하는 데 드는 모든 비용[판매 운임(Freight-Out)]은 영업비에 해당한다. 이 경우, 순 구매비용에 인수 운임 비용 2,450달러를 더한다. 그런 다음, 현 구매 비용에 초기 재고 금액을 더하면 DLL은 해당 연도에 총 196,500달러의 상품을 판매할 수 있음을 보여준다. 마지막으로, 12월 31일에 보유하고 있는 재고액을 차감하면 총매출원가는 136,200달러가 된다.

우리는 DLL이 일종의 소매업 형태의 유통기업이라고 명시했었다. 만약 DLL이 제조업체라면 매출원가에 대한 계산은 보다 복잡했을 것이고 완성품 재고, 가공 중인 제품의 재고, 원자재 재고, 고객에게 배달되는 운송비와 같은 항목의 개별 수치를 포함해야 했을 것이다. 손익계산서 항목을 계속 살펴보면 다음과 같은 사실을 알 수 있다.

- 순 매출액에서 매출 원가를 차감하면 매출 총이익 112,650달러가 산출된다. DLL의 운영비에는 직원에게 지급되는 임금과 수당, 시설 및/또는 장비 임대료, 보험, 자산 품목에 대한 감가상각 그리고 유지관리비가 포함된다. DLL의 총운영비는 31,125달러이며, 매출 총이익에서 총운영비를 차감하게 되면 DLL의 영업 이익은 81,525달러가 된다.
- DLL의 기타 수익 및 비용은 이자 수익 1,500달러와 이자 비용 2,250달러로, 결과적으로 총 기타 비용 750달러가 발생한 것이다. 영업 이익에서 이를 차감하면 세전 수익은 80,775달러가 된다.
- 마지막으로 세전 수익에서 세금으로 40%(32,310달러)가 차감되어, 48,465달러가 순이익으로 남는다. 40%는 대부분의 기업들이 부담하는 연방 및 주 법인 소득세의 평균 세액이다.

대차 대조표에는 회사의 자산, 부채, 주주 지분이 나열되어 있다. 손익계산서는 한해 동안 발생한 소득과 지출을 보여주는 반면, 대차대조표는 스냅사진처럼 한 시점에서의 기업의 재무 상황을 보여준다. 이러한 이유로 대차대조표는 **재무 상태표**(statement of financial position)라 불리기도 한다.

표 10S.2는 12월 31일의 DLL의 대차대조표를 보여준다. 자산은 단기 또는 장기적으로 기업에 이익을 줄 것으로 기대되는 모든 경제적 자산을 의미한다. 유동 자산(current assets)은 향후 12개월 또는 일반적인 영업 주기 동안 현금으로 전환되거나 사용될 것으로 예상되는 항목이다. DLL의 유동자산은 현금, 증권, 매출 채권(거래를 하고서 아직 받지 못한 대금), 재고, 선납 보험금 및 기타 용품으로 총 84,525달러이다. 장기자산(long-term assets)은 유동자산이 아닌 모든 자산을 포함한다. DLL의 경우 장기자산은 가구 및 설비(감가상각으로 줄어든), 그리고 토지로 금액으로 환산하면 45,300달러가 된다. 따라서 DLL의 **총자산**은 129,825달러이다.

기업의 부채는 그 기업의 경제적인 채무 또는 기업 외 조직이나 개인에게 지불해야 하는 빚을 의미한다. 유동 부채는 다음 연도 또는 기업의 일반적인 영업 주기 동안 지불되어야 하는 부채이다. DLL의 경우 유동부채는 외상매입금(accounts payable), 선수금(unearned sales revenue), 미지급급여(wages payable), 미지급이자(interest payable)로 총 72,450달러이다. 장기부채(DLL의 경우에는 18,900달러의 채권)는 다음 영업 주기 동안 지불될 필요가 없는 모든 부채를 의미한다. 자기자본(stockholders' equity)은 주식과 회사의 자본 또는 이익잉여금(retained earnings)의 액수이다. DLL은 보통주 1만 5,000달러와 이익잉여금 23,475달러를 보유하고 있어, 총자기자본은 38,475달러이다. 총부채는 항상 총자산과 동일하므로 이 경우에는 129,825달러가 된다.

표 10S.2 | DLL의 2016년 연말 대차대조표(12월 31일)

자산			
유동자산			
현금		$ 4,275	
유가증권		12,000	
외상매출금		6,900	
재고		60,300	
선납 보험		300	
지출 경비		150	
총유동자산			84,525
장기자산–재산, 공장과 설비			
가구와 비품	$42,300		
차감 : 감가상각누계액	4,500	37,800	
토지		7,500	
총장기자산			45,300
총자산			$129,825
부채			
유동부채			
외상매입금	$70,500		
불로판매수입	1,050		
임금 지급	600		
이자 지급	300		
총유동부채		72,450	
장기부채			
어음 지급		18,900	
총부채			91,350
자본 총계			
보통주		15,000	
유보이익		23,475	
총자본 총계			38,475
총부채와 자본 총계			$129,825

중요 재무 성과 비율

경영자들과 재무분석가는 한 해 한 해의 재무 성과를 어떻게 비교하는가? 투자자들은 한 회사의 실적을 다른 회사의 실적과 어떻게 비교하는가? 본문에서 언급한 바와 같이 관리자들은 성과를 측정하기 위해 다양한 지표를 사용한다.

종종 많은 재무비율 지표들이 성과 비교를 위한 중요한 정보를 제공하는데, 이 비율들은 다양한 손익계산서 항목을 순 매출액과 비교한 백분율 수치로 구해진다. 이들 재무비율 지표들은 두 가지 이유로 단순한 판매액 또는 비용 수치보다 성과를 더 잘 비교할 수 있는 방법을 제공한다. 이들은 대기업과 중소기업의 실적을 비교할 수 있게 해주며, 인플레이션과 다른 변동요인을 고려하지 않고도 시간 경과에 따른 성과를 비교하기 위한 공정한 방식을 제공한다. 기본

표 10S.3 | DLL의 영업 비율

총마진 비율	=	$\dfrac{총마진}{순\ 매출}$	=	$\dfrac{\$112,650}{248,850}$ = 45.3%
순이익 비율	=	$\dfrac{순이익}{순\ 매출}$	=	$\dfrac{\$48,465}{248,850}$ = 19.5%
영업비 비율	=	$\dfrac{총영업비\ 지출}{순\ 매출}$	=	$\dfrac{\$31,125}{248,850}$ = 12.5%
환불 및 공제 비율	=	$\dfrac{환불\ 및\ 공제}{순\ 매출}$	=	$\dfrac{\$3,000}{248,850}$ = 1.2%

적인 영업 비율에 대해 우선 설명할 것이다. 그리고 마케팅 담당자가 자주 사용하는 또 다른 성과 척도인 재고회전율과 투자수익률(ROI)을 설명한다.

영업 비율

기업의 손익계산서에 기재되어 있는 정보를 통해 직접적으로 계산되는 성과 측정치를 기업의 영업 비율(operating ratios)이라 부른다. 손익계산서상의 몇몇 항목들을 순매출액과 비교한 비율을 의미하는데, 이들 중 가장 유용한 것은 매출총이익률, 순이익율, 영업비 비율, 그리고 환불 및 공제 비율이다. 이들 비율들은 산업에 따라 크게 다르지만 기업이 해당 산업 내에서 어떻게 운영되고 있는지에 대한 중요한 지표가 된다. DLL의 영업 비율은 표 10S.3에 나와 있다.

- **매출총이익률**(gross margin ratio)은 운영비 및 기타 비용에 그리고 수익을 위해 사용할 수 있는 판매 수익의 비율을 나타낸다. DLL에 적용해보면, 매출의 45%, 즉 거의 매출액의 절반이 기업의 운영과 수익을 위한 활동에 사용될 수 있음을 의미한다.
- **순이익율**(net income ratio or net profit ratio)은 매출액의 몇 퍼센트가 소득 또는 수익인지를 보여준다. DLL의 순이익율은 19.5%이다. 이는 기업의 세전 이익율로, 1달러당 약 20센트의 이익을 남겼다는 것을 의미한다.
- **영업비 비율**(operating expense ratio)은 판매액 중 영업비용으로 지출되는 비용이다. DLL의 운영비 비율은 12.5%이다. 특정 연도의 운영비 비율을 다음해까지 추적하거나, 업계 평균과 비교함으로써 해당 기업의 영업 효율성에 대한 중요한 정보를 얻을 수 있다.
- **환불 및 공제 비율**(returns and allowances ratio)은 매출액 중 어느 정도가 반환되는지를 보여준다. DLL의 환불 및 공제 비율은 매출액의 1%를 조금 넘는 것으로 나타난다.

재고회전율

재고회전율(inventory turnover rate or stockturn rate)은 물품이나 재고가 회전하는(판매되고 다시 채워지는) 횟수를 나타낸다. 재고 회전율은 대개 재고 비용, 때로는 재고 판매 가격, 그리고 가끔은 물품의 개수에 기반하여 산정된다.

DLL의 경우, 1년 동안 판매된 상품의 원가는 136,200달러이다. 대차대조표상의 정보를 통해 평균 재고를 파악할 수 있다. 초기 재고가액에 기말 재고가액을 더해서 2로 나누면 평균재고비용을 얻을 수 있다. DLL의 평균재고비용은 다음과 같다.

$$\frac{\$60,750 + \$60,300}{2} = \$60,525$$

그래서

$$재고회전율 = \frac{매출원가}{평균재고비용} = \frac{\$136,200}{\$60,525} = 2.25회$$

투자수익

기업은 **투자수익**(return on investment, ROI) 면에서의 경영 목표를 개발하는 경우가 많은데, ROI는 기업이 얼마나 효율적이고 효과적으로 운영되었는지를 판단하는 데 사용된다. 하지만 우선, 우리는 무엇을 투자로 볼 것인지 정확히 정의할 필요가 있다. 대부분의 경우 기업은 기업의 총자산을 투자로 정의한다. ROI를 계산하기 위해서는 손익계산서상의 순이익과 대차대조표상의 총자산(또는 투자) 금액이 필요하다.

ROI는 다음과 같이 계산된다.

$$ROI = \frac{순이익}{총자산}$$

DLL의 경우, 총자산이 129,825달러이므로 ROI는 다음과 같다.

$$\frac{\$48,465}{\$129,825} = 37.3\%$$

때때로 ROI는 확장된 공식을 사용하여 계산되기도 한다.

$$ROI = \frac{순이익}{매출} \times \frac{매출}{투자}$$

$$= \frac{\$48,465}{\$248,850} \times \frac{\$248,850}{\$129,825} = 37.3\%$$

이 공식을 사용하면 ROI가 어떻게 증가할 수 있고 무엇이 ROI를 감소시킬 수 있는지 쉽게 알 수 있다. ROI를 높이는 방법은 여러 가지가 있다. 첫째, 경영진이 비용을 절감하고 효율성을 높이는 데 초점을 맞출 경우 매출은 그대로 유지되면서 이익은 증가할 수 있다.

$$ROI = \frac{순이익}{매출} \times \frac{매출}{투자}$$

$$= \frac{\$53,277}{\$248,850} \times \frac{\$248,850}{\$129,825} = 41.0\%$$

그러나 ROI는 단순히 재고를 줄임으로써 아무런 성과 개선 없이도 증가될 수 있다.

$$ROI = \frac{순이익}{매출} \times \frac{매출}{투자}$$

$$= \frac{\$48,465}{\$248,850} \times \frac{\$248,850}{\$114,825} = 42.2\%$$

그러나 때로는 기업 연령이나 업종 간 특성으로 인해 총자산의 차이가 발생하기도 하는데, 이럴 경우 ROI는 좋은 성과지표가 될 수 없다. 이 때문에 일부 기업들은 기존의 ROI 분석을 **총자산수익률**(ROAM), **순자산수익률**(RONA), **주주 지분 수익률**(ROE) 등으로 대체한다.

가격 탄력성

제10장에서 논의한 것처럼, 가격 탄력성은 가격 변화에 따른 고객의 민감도를 나타내는 척도이

다. 가격 탄력성은 수량의 변화율과 가격의 변화율을 비교하여 계산된다.

$$\text{수요의 가격 탄력성} = \frac{\text{수량의 변화율}}{\text{가격의 변화율}}$$

$$E = \frac{(Q_2 - Q_1)Q_1}{(R_2 - R_1)R_1}$$

여기서 Q=수요량, P=가격

예를 들어 청바지 제조사가 청바지의 가격을 30달러에서 35달러로 올렸을 때, 수요량이 4만 개에서 3만 8,000벌로 감소되었다면, 가격 탄력성은 다음과 같이 계산된다.

$$E = \frac{(38,000 - 40,000)/40,000}{(\$35.00 - 30.00)/\$30.00} = \frac{-0.05}{0.167} = 0.30$$

주 : 계산된 값이 음수를 보이지만 탄력성은 양의 값으로 표현한다.

이 경우, 상당히 큰 가격 변화(16.7%)로 인해 상대적으로 적은 수요 변화(5%)가 발생하므로 수요는 비탄력적이라 할 수 있다. 탄력성은 1보다 작은 0.3 수준이다. 반면에, 만약 동일한 가격 변화로 청바지에 대한 수요가 3만 벌로 감소한다면 어떨까? 그럴 경우의 탄력성은 아래와 같다.

$$E = \frac{(30,000 - 40,000)/40,000}{(\$35.00 - 30.00)/\$30.00} = \frac{-0.25}{0.167} = 1.50$$

이 경우에, 16.7%의 가격 변동은 더 큰 수요의 변화(25%)를 초래했기 때문에, 수요는 탄력적이다. 1.50의 탄력성은 1보다 큰 수치이다.

주 : 변화한 Q_1과 Q_2의 수요량 평균을 변화된 두 가격의 평균값으로 나누어 탄력성을 계산할 수도 있다. 그러나 여기에서는 초기의 수요량과 가격을 대입하는 공식을 사용했다.

원가가산 가격 결정

제10장에서 밝힌 바와 같이, 비용에 근거하여 제품의 가격을 결정하는 가장 일반적인 방법은 원가가산 가격 결정이다. 마케팅 담당자는 제품의 모든 비용을 산정한 다음 수익을 위해 금액을 추가한다. 경우에 따라 특정 제품에 할당되지 않는 경영 비용이 가산되기도 한다. 원가가산 가격 결정에 가장 자주 사용되는 방법은 직접적인 **마크업 할증**(straight markup pricing) 방법이다. 원가에 미리 정해진 일정 비율의 금액을 더함으로써 가격이 산출된다. 대부분의 소매업체와 도매업체들은 계산이 단순하다는 이유로 마크업 할증 방법만을 사용하고 있다. 원가를 추정해서 마크업을 더하기만 하면 되는 것이다.

우선 단순 마크업 방법을 사용하기 위해서는 단위당 원가를 추정하기 쉽고 생산률이 상당히 일관적으로 유지되어야 한다. 표 10S.4에 보이는 것과 같이 청바지 제조업체는 200만 달러의 고정 비용(공장, 광고, 관리자 급여 등)을 가지고 있다고 가정한다. 청바지 한 벌당 변동 비용(섬유, 지퍼, 실, 노동 임금)은 20달러이다. 현재 공장에서 총 40만 벌의 청바지를 생산할 수 있기 때문에 한 벌당 고정 비용은 5달러이다. 고정비용과 변동비용을 합하면 청바지 한 벌을 생산하기 위한 비용은 25달러가 되고 40만 벌을 생산하기 위한 총비용은 1,000만 달러이다.

원가 계산이 끝나면 이제 마크업을 계산한다. 마크업을 계산하는 방법에는 원가에 대한 마크업과 판매가격에 대한 마크업 두 가지가 있다. 원가에 대한 **마크업**은, 명칭에서 내포하는 바와 같

표 10S.4	청바지를 제조하여 판매할 경우의 마크업 가격 결정		
1단계 : 비용 결정			
1.a : 총고정비 결정			
경영층과 다른 비생산직 관련 임금		$ 750,000	
공장 임대료		600,000	
보험		50,000	
설비 감가상각		100,000	
광고		500,000	
총고정비		**$2,000,000**	
1.b : 단위당 고정비 결정			
생산단위의 수=400,000			
단위당 고정비($2,000,000/400,000)			$5.00
1.c : 단위당 변동비 결정			
원료 원가(직물, 지퍼, 실 등)		$ 7.00	
생산 노동력 원가		10.00	
생산 프로세스에 사용된 공공요금(전기, 가스, 전력)과 물품 원가		3.00	
단위당 변동비			$20.00
1.d : 단위당 총비용 결정			
$20.00+$5.00=$25.00			
단위당 총비용			$25.00
400,000단위 생산 총비용=$10,000,000			
2단계 : 가격 인상과 가격 결정			
비용에 대한 제조업자의 가격 인상(20% 가격 인상 가정)			
공식 : 가격=총비용+(총비용×가격 인상 퍼센티지)			
소매상에 대한 제조업자의 가격			$30.00
=$25.00+($25.00×0.20)=$25.00+5.00=			
판매가격에 대한 소매상의 가격 인상(40% 가격 인상 가정)			
공식 : 가격=$\dfrac{\text{총비용}}{(1.00-\text{가격 인상 퍼센티지})}$			
소비자에 대한 소매상의 가격=$\dfrac{\$30.00}{(1.00\times40)}=\dfrac{\$30.00}{0.60}=$			$50.00
비용에 대한 소매상의 대안적 가격 인상(40% 가격 인상 가정)			
공식 : 가격=총비용+(총비용×가격 인상 퍼센티지)			
소비자에 대한 소매상의 가격			
=$30.00+($30.00×0.40)=$30.00+$12.00=			$42.00

이, 원가에 원가의 일정 비율을 더해서 기업의 판매 가격이 결정된다. 표 10S.4에 두 가지 방법 모두가 설명되어 있다.

원가에 대한 마크업

원가에 대한 마크업은 다음과 같이 계산된다.

$$\text{가격}=\text{총원가}+(\text{총원가}\times\text{마크업 비율})$$

하지만 얼만큼의 마크업 비율을 사용해야 하는지 제조업체나 소매업자는 어떻게 알 수 있을까? 한 가지 방법은 이윤, 주주 배당, 기업 투자를 위해 필요한 총소득에 근거하여 가격을 올리는 것이다. 청바지의 경우 40만 벌의 청바지를 생산하는 데 드는 총원가는 1,000만 달러이다. 제조사가 200만 달러의 이익을 원한다면, 몇 퍼센트의 마크업 비율을 사용해야 하는가? 200만 달러는 총원가 1,000만 달러의 20%에 해당한다. 가격을 구하기 위한 계산식은 다음과 같다.

$$가격 = \$25.00 + (\$25.00 \times 0.20) = \$25.0 + \$5.00 = \$30.00$$

주 : 계산에서 마크업 비율은 십진수로 표시되었다. 즉 20%는 0.20으로, 25%는 0.25로, 30%는 0.30 등등으로 표현된다.

판매가격에 대한 마크업

소매업체와 도매업체 같은 일부 유통업자들은 판매 가격에 대한 마크업(markup on selling price)을 사용하여 가격을 설정한다. 여기에서 마크업은 판매자의 총수익, 즉 도매상 또는 소매상이 판매를 위한 제품 구입에 지출한 비용과 급여, 임대료, 전기/수도요금, 광고, 그리고 수익을 충당하는 데 필요한 금액이다. 예를 들어, 도매상이나 소매상이 간접비용을 충당하고 목표 이익에 도달하기 위해 40%의 마진이 필요하다는 것을 안다면, 그 마진 금액이 제조업체의 판매 가격에 대한 마크업이 된다. 판매가에 대한 마크업은 기업들이 그들이 필요로 하는 마진을 염두에 두고 가격을 정할 수 있게 하기 때문에 다른 구매자들과 가격을 협상할 때 특히 유용하다.

이제 소매업체가 공급업체(도매업체 또는 제조업자)로부터 청바지를 한 벌당 30달러에 구입한다고 가정해보자. 소매업체가 판매가의 40% 마진을 요구한다면, 청바지의 가격은 판매 가격에 대한 마크업이 40%가 되도록 설정된다. 계산은 다음과 같다.

$$가격 = \frac{총원가}{1.00 - 마크업\ 비율}$$

$$가격 = \frac{\$30.00}{(1.00 - 0.40)} = \frac{\$30.00}{0.60} = \$50.00$$

그래서 청바지의 판매 가격은 50달러가 된다.

두 마크업 방식의 최종 가격 차이를 비교하기 위해 표 10S.4는 소매업체가 원가에 대한 마크업 방식을 사용하면 어떻게 되는지 보여준다. 동일 제품에 대해 원가의 40%를 할증하면 가격은 42.00달러로 훨씬 낮은 가격이 된다. 판매 가격에 대한 마크업은 마크업이 판매가격의 일정비율이 된다. 반면 원가에 대한 마크업은 원가의 일정 비율이 마크업이 된다. 따라서 판매가격에 대한 마크업은 20달러로 판매 가격인 50달러의 40%에 해당한다. 원가에 대한 마크업의 경우 마크업은 12달러로 원가인 30달러의 40%이다.

보충 문제 마케팅 수학 테스트

10S-1. 당신이 피클을 생산하는 회사의 가격 결정 담당자라고 가정하자. 제품 생산에 200만 달러의 고정비가 필요하며, 피클 한 병당 변동비는 0.75달러이다. 당신은 소매점에 제품을 병당 0.89달러에 판매하고 있는데, 24개의 병이 들어 있는 상자 단위로 판매되고 있다.

  a. 손익분기점에 도달하기 위해 몇 병의 피클을 판매해야 하는가?

  b. 손익분기점에 도달하기 위해 얼마의 금액으로 피클을 판매해야 하는가?

  c. 30만 달러의 수익을 얻기 위해 피클 몇 병을 판매해야 하는가?

  d. 소매상이 0.89달러에 제품을 구입한다고 가정하자. 소매상은 원가에 대한 마크업으로 35%를 요구하고 있다. 이 소매상의 판매 가격을 계산하라.

  e. 피클의 소매가가 1.39달러라고 가정하자. 소매상이 판매하고 있는 모든 제품에 대해 35%의 소매 마진을 요구하고 있다면, 소매상이 피클을 위해 지불할 의사가 있는 가장 큰 금액은 얼마인가?

  f. 한 의류 소매상은 손익분기점에 도달하고 수익을 남기기 위해서 최소 60%의 소매점 마진(공헌 마진 또는 총마진)이 필요하다는 것을 알고 있다. 그가 반바지 한 벌을 제조사가 제시한 49.99달러의 가격에 판매한다면, 바지 제조업체에 지불할 수 있는 최대 금액은 얼마인가?

  g. 한 판매원이 다량의 일회용 병원 가운에 대한 견적서를 작성하고 있다. 가운 한 벌당 원가는 85달러이다. 회사는 그에게 20%의 마진을 요구하고 있어서 그는 판매 가격에 대한 마크업 방식을 사용하고 있다. 이 경우 그의 견적서에 표시되어 있는 가운 한 벌당 가격은 얼마인가?

10S-2. 스튜디오 레코딩사는 '햇빛/달빛'이라는 제목으로 스타샤인 시스터즈 밴드의 CD 앨범을 출시했다. 아래의 내용은 CD 앨범의 비용 정보이다.

  a. CD 포장비 $1.25/ CD

  b. 작곡가 로열티 $0.35/CD

  c. 뮤지션 로열티 $1.00/CD

  d. 광고 및 홍보 비용 $275,000

  e. 스튜디오 레코딩사의 간접비 $250,000

  f. CD 유통업체에 대한 판매가 $9.00

다음을 계산하라.

1. CD 1개당 공헌이익

2. CD 판매 개수 및 판매액 손익분기점

3. CD 100만 장 판매 시 순이익

4. 20만 달러의 수익을 얻기 위해 판매해야 하는 CD 개수

상품 배달 : 유통 전략 결정

Courtesy of Michael J. Ford, BDP International

마이클 포드
▼ BDP 인터내셔널 의사결정자

마이클 포드는 수입/수출 문서화 및 규정 준수를 전문으로 하는 국제 운송 분야의 직업 전문가이다. 그는 BDP 인터내셔널의 규정 준수 부서를 책임진다. 마이클의 활동에는 규정 준수, 공급망 보안, 의무 회피 (Duty Drawback), 고객 교육 및 물류 프로세스 분석, 수출 및 수입 화물의 취급 및 관리와 관련된 모든 주제의 정부 문제 등과 같은 부가 가치 제품 제공의 컨설팅 부문 개발 및 관리가 포함된다. 결정적으로 고객에게 미치는 영향을 최소화하면서 복잡한 규제 문제를 신속하게 이해하고 해결할 수 있는 BDP의 능력의 핵심은 정부의 규칙과 규정에 대한 의사소통과 시스템 논리에 있어서의 마이클의 리더십이다.

마이클은 36년 이상 BDP 인터내셔널과 연관되어 있었다. 그가 현재 맡고 있는 역할 이전에 그는 부사장으로서 회사의 지역 해양 수출 서비스 부서를 이끌었다. 지난 20년 동안 그는 세계 유수의 기업들과 협력하여 옹호자로 일했으며, 수입 및 수출 프로그램의 개발, 조종 및 자동화에 있어 미국 관세청 및 미국 상무부의 국세 조사국과 상호 작용하였다. 그의 다른 소속 중에서 포드는 새로운 관세 ACE 제도의 개발에 있어서 수출 위원회에 관한 무역 공동 의장이다. 또한 그는 상업 운영 자문 위원회(COAC)의 회원으로 세관에서 근무했으며, 대서양 중부 수출 위원회 위원장와 책임감 있는 진료 위원회인 미국 화학 위원회의 파트너 부문 위원장을 맡았다. 그는 또한 필라델피아 세인트조셉대학에서 MBA 국제 물류 과정을 가르치고 있으며, 1979년 템플대학교에서 경영학 학사학위를 받았다.

마이클의 관점

근무하지 않을 때 수행하는 일은?
가족들과 시간을 보내고 농구를 한다.

내가 지금 읽고 있는 비즈니스 서적은?
존 코터의 *Leading Change*이다.

나의 좌우명은?
열심히 일하고 일을 단순하게 유지하는 것이다.

무엇이 나를 움직이게 하는가?
나의 새로운 지식을 배우고 공유할 기회

나의 경영 스타일은?
여러분을 위해 일하는 사람들을 믿고 그들이 결정을 내리도록 하라.

인터뷰 도중 원하지 않는 질문은?
나에 대해 질문해 주십시오.

나의 (문제)는…

실제 **인물**, 실제 **선택**

BDP 인터내셔널(BDP International, Inc.)는 세계 최초의 국제 물류 회사이며, 뛰어난 인력과 업계 최고의 실행 프로세스, 그리고 독점 기술을 기반으로 하는 맞춤형 물류 솔루션을 전문으로 한다. BDP는 비자산 기반이다. 이것은 그것이 전 세계로 고객의 상품을 옮기는 데 사용하는 비행기, 선박, 트럭을 소유하고 있지 않다는 것을 의미한다. 이 구조는 BDP 인터내셔널에 많은 유연성을 제공한다. 왜냐하면 그것으로 인해 BDP 인터내셔널은 특정 고객의 요구에 맞는 적절한 운송 회사를 선정하고 선택할 수 있기 때문이다.

BDP는 화물 운송업을 재정의할 목적으로 1966년 필라델피아 세관의 방 1개짜리 사무실에 설립되었다. 회사의 설립자인 리처드 볼테경은 국제 판매의 복잡한 문서화 과정을 다시 작성하고 고객에게 의미 있는 장기 절감 효과를 제공하기 위해 주문을 구입할 수 있는 기회를 확인했다.

처음부터, BDP는 복잡한 물류 문제에 대한 해결책을 찾고 단순히 화물을 운반하는 것보다는 고객에게 상당한 가치를 창출하는 데 초점을 맞추어 왔다. BDP는 여전히 가족 소유이다. BDP가 창업에서 글로벌 기업으로 전환하는 동안, 가족 소유의 연속성은 BDP의 비할 수 없는 산업적 평판의 특징으로 남아 있는 독특한 서비스 문화를 육성하고 제도화했다. BDP는 유일하게 미국에서 본부를 두고 있는 세계적 규모의 민간 소유 화물 운송 회사이다.

펩시코는 BDP의 많은 대기업 고객 중 하나이며, 그들의 회사와 협력하여 그들의 제품을 전 세계로 옮긴다. 펩시 콜라는 펩시 음료에서부터 퀘이커오츠와 프리토레이에 이르는 22개 브랜드의 모회사이다. 2015년 1월, 세계 경제 포럼(WEF)은 스위스 다보스에서 중요한 회의를 열었다. 전 세계의 경제 의사결정자들이 참석할 것이고, 그들 중 많은 사람들이 소비자와 환경뿐만 아니라 펩시와 같은 대기업들에게 영향을 미치는 많은 현재 세계 문제들에 대한 주도적인 토론에 참여했다. 이 저명한 세계적인 무대는 그 회사의 퀘이커 푸드 브랜드가 회의에서 '카페'를 개최하고 참석자들에게 새로운 '아침 식사 바'의 샘플을 제공할 수 있는 기회를 제공하는 완벽한 환경이었다. 퀘이커의 홍보/마케팅 팀은 이 새로운 제품군을 공개 행사에 소개하고 싶어 했다. 왜냐하면 그 회사는 소비자 시장에 '아침 식사 바'를 소개하고 싶었기 때문이다. 그리고 이 행사는 그들의 데뷔 무대를 제공할 것이다. 회의가 시작되기 2주 전에, 퀘이커 팀은 우리에게 퀘이커 팀은 다보스에 있는 행사장까지 '바'들로 가득 찬 총 102개의 상자를 가져다 줄 것을 우리에게 부탁했다.

이 요청은 생각보다 쉽지 않았다. 문제는 미국에서 '아침 식사용 바'를 만든다는 것이었다. 게다가, 제조 현장은 유럽연합(EU)의 승인을 받지 못했다. EU는 수입을 허용하는 성분에 대해 매우 엄격한 규제를 부과한다. 스위스는 EU 회원국이기 때문에 EU 규정을 따른다. BDP는 미국에서 제품을 이동할 수 있는 짧은 창구가 있어서 스위스 세관을 설득하여 회의에 맞춰 선적물을 정리하도록 하였다. 만약 퀘이커 제품이 제 시간에 나타나지 않는다면, 카페의 텅 빈 선반은 고객들에게 안 좋게 보일 것이다. 그리고 이러한 실패는 BDP에 큰 타격을 줄 것이다.

우리는 일을 망칠지도 모르는 모든 가능한 규제 문제들을 이해하기 위해 서둘러야 했다. 가장 큰 문제점은 EU가 모든 식품에 모든 성분이 적힌 라벨을 부착하도록 요구하고 있다는 것이었고, 이탈리아어, 독일어, 프랑스어로 표기되어 있어서 스위스 세관은 영어 회의에 특별 면제를 허용하지 않았다. 만약 BDP가 각각의 상자를 풀고 허용된 언어 중 하나로 4,000개 이상의 퀘이커 바에 레이블을 붙여야 한다면, 추가적으로 필요한 자원으로 주문 물건을 옮기는 것을 비현실적이다.

마이클이 고려한 세 가지 선택 1 · 2 · 3

1 선택 스위스 세관에 연락해서 선적물에 있는 4,020개의 각각의 바가 아니라 102개 상자의 바깥쪽에 새로운 라벨을 붙이도록 한다. 이러한 타협은 제품들이 국내로 들어올 수 있도록 해줄 것이다. 하지만, 각 상자에 라벨을 붙이는 비용과 그렇게 하는 데 필요한 시간은 우리가 회의를 시작하는 데 제때에 물건을 옮길 수 없다는 가능성을 제기했다. 다른 언어로 된 라벨을 추가해야 할 경우 이 솔루션은 일반 패키지를 가리고 다른 제품 정보를 숨긴다.

2 선택 유럽에서 제조되는 다른 퀘이커 푸드 제품을 확인하고 고객에게 아침 식사용 바를 대체하도록 설득한다. 고객은 회의 참석자들에게 현지 제품을 제공할 수 있을 것이다. 반면에, 퀘이커 팀은 혁신적인 제품으로 전 세계에서 온 참가자들에게 깊은 인상을 주고 싶어 했고, 새로운 아침 식사 바가 혁신적 제품이었을 것이다.

3 선택 스위스 세관에서 제안한 연락처로 요청된 언어로 필요한 성분 목록을 제공한다. 이 옵션을 사용하면 모든 바 또는 박스에 라벨을 붙이는 비용뿐만 아니라 상자를 일정에 따라 옮기는 데 필요한 추가 인건비와 시간을 없앨 수 있다. 하지만 제안된 해결책은 구두로만 이루어졌다. 관련된 관료주의적 절차의 결과로 인해, 실제 제품이 실제로 도착했을 때 세관에 접근해야 할 것이다. 그리고 그 시간에 일하는 사람에게 이 제안에 대해 상기시켜주어야 한다. 아마도 승산이 있는 사람은 그 제안을 한 사람과 같은 사람이 아닐 것이기 때문에 우리는 우리의 기회를 잡아야 할 것이다. 100개 이상의 상자를 치울 수 있는 상황에 처한 검사자들은 때때로 어떻게 화물을 처리할 것인가에 대해 그들 자신의 판단에 의존한다. 그리고 우리는 여전히 박스들을 미국 중서부의 제조 현장에서 스위스로 일주일 이내에 옮겨야 할 것이다. 고객은 관련된 모든 비용을 지불해야 할 것이고 그들은 그것에 대해 그다지 만족하지 않을 수도 있다.

이제 마이클의 입장에서 당신은 무엇을 선택할 것이며, 그 이유는 무엇인가?

당신의 선택

무엇을 선택할 것인가? 그 이유는?

☐ 선택 1   ☐ 선택 2   ☐ 선택 3

11.1

목표

유통 경로가 무엇인지 설명하고, 도매 중개인의 유형을 확인하고, 다른 종류의 유통 경로를 설명한다.

유통 경로 및 도매 중개인의 유형

당신은 당신의 목표 시장을 이해하기 위해 모든 일을 다했다. 당신은 당신의 제품을 만들었고, 그것에 가격을 매기기도 했다. 당신의 페이스북 페이지는 수많은 브랜드 팬들을 끌어들이고 있다. 하지만 아직 마케팅 믹스를 완성하기는 어렵다. 이제 당신이 만든 것을 유통시켜야 한다. 고객에게 상품을 배달하는 일은 **물리적인 유통**(physical distribution)과 관련이 있는데, 이것은 완제품을 제조업체에서 최종 고객으로 이동시키는 활동을 말한다. 유통 경로(channel of distribution)는 생산자에서 최종 고객으로의 제품 이동을 용이하게 하는 일련의 회사 또는 개인들이다. 대부분의 경우, 이러한 경로에는 관계를 발전시키고 열렬한 구매자가 제품을 편리하게 이용할 수 있도록 함께 일하는 생산자(또는 제조업체), 도매업체 및 소매업체의 조직 네트워크가 포함된다. 그리고 또한, BDP 인터내셔널에서 마이클 포드가 내린 결정이 보여주듯이, 국경을 넘어 물품을 인도하기 위해서는 특정 국가나 국제 관리 기구에 관한 법률과 규정을 깊이 있게 이해해야 한다.

유통 경로는 그 형태와 크기에서 상이함을 보인다. 당신이 시나몬 롤케이크를 사는 장소로 코너의 베이커리와 같은 채널의 구성원에게 구매할 수도 있고, 지역 슈퍼마켓 안에 있는 빵 코너에서 구매할 수도 있고, 지역 슈퍼마켓 안에 있는 빵 코너에서 구매할 수도 있고, 스타벅스에서 비스킷과 함께 더블 모카치노를 구매할 수도 있고, 하루 지난 빵을 할인 판매하는 빵 상설할인매장에서 구매할 수도 있다.

최소한으로 구성된 유통 경로는 상품이나 서비스를 제조 또는 생산하는 개인 또는 기업과 고객으로 구성된다. 이것은 **직접 경로**(direct channel)에 해당된다. 예를 들어, 작은 규모의 제과점에서 빵을 살 때는, 직접 경로를 통해 구입하게 된다. 웹 사이트, 카탈로그, 수신자 부담 번호 또는 공장 매장을 통해 자체 제품을 판매하는 회사들은 직접적인 유통경로를 사용한다.

하지만 삶(그리고 마케팅)은 일반적으로 그렇게 단순 명료하지 않다. 유통 경로는 종종 하나 이상의 **경로 중간상**(channel intermediaries)─도매업자, 대리인, 중개인 및 소매업자와 같은 회사 또는 개인(소비자에게 제품을 어떤 식으로든 옮기는 데 도움이 되는 개인)을 포함하기 때문에 간접적인 경우가 많다. 예를 들어, 제빵사는 그들의 시나몬 번을 판매하기 위해 도매상을 선택할 수도 있다. 도매상은 박스 포장된 빵들을 슈퍼마켓이나 레스토랑에 전달하여 이들이 궁극적으로 소비자들에게 판매할 수 있도록 할 것이다. 중간 상인(intermediaries)의 또 하나의 더 오래된 용어는 중개업자(middle man)이다.

유통 경로의 기능

물리적인 유통 주문 처리, 입고, 자재 취급, 운송, 재고 관리 등 완성품을 제조사에서 최종 고객으로 이동하는 활동

직접 경로 제품 제조업자 또는 서비스 제공자가 최종 고객에게 직접 배포하는 유통 경로

경로 중간상 생산자에서 소비자 또는 기업 사용자로 제품을 이전하는 것을 돕는 도매업자, 대리점, 중개업자, 또는 소매업자와 같은 기업 또는 개인. 중간상의 오래된 용어는 중개업자임

하나 이상의 조직 혹은 중간상이 포함되는 채널이 종종 어떤 유통기능을 단일 조직보다 더 효과적이고 효율적으로 특정 분배 기능을 달성할 수 있다. 제2장에서 살펴본 것처럼, 국제 유통 경로에서 국가 관습, 믿음 및 기반 시설 간의 차이가 국제 마케팅을 악몽으로 만들 수 있다. 중소 기업들도 현지 관습 또는 법규를 알고 있는 유통업체에 의존하면 복잡한 세계 시장에서 성공할 수 있다.

전반적으로, 경로는 제1장에서 언급했듯이 시간 효용·장소 효용·소유 효용을 창출한다. 그들은 고객이 원하는 제품을 필요한 시기, 장소, 그리고 원하는 크기와 양을 제공한다. 예를 들어, 당신이 특별한 누군가를 위해 그 완벽한 부케를 사고 싶어 한다고 가정해보자. 만약 당신이 정말 멋진 것을 간절히 원한다면, 당신은 그것을 직접 기를 수도 있고 심지어 묘지에서 얻을

수 있다. 다행히도, 당신은 단순한 전화나 마우스 클릭 몇 번으로 문 앞에서 지역 플로리스트의 부케 배달서비스를 받는 것이 '마술처럼' 가능할 수 있다.

유통 경로는 생산자에서 고객에게로 상품 흐름의 효율성을 증가시키는 많은 물류 또는 물리적 유통 기능을 제공한다. 현대적인 시스템의 슈퍼마켓이 없다면 어떻게 식료품을 구매할 수 있을까? 우리는 매일매일 우유를 짜야 하고, 빵 가게에서 빵을 구매하며, 밀로 밀가루를 만들고, 지역의 농부로부터 토마토와 옥수수를 구매해야 한다. 그리고 리틀 데비 과자 케이크나 코카콜라와 같은 전문 품목들은 잊어야 한다. 이런 제품을 생산하는 기업들은 회사들은 정크 푸드들을 원하는 모든 개별 소비자들에게 이것을 팔기 위해 수백만 번의 거래를 해야만 한다.

유통 경로는 수많은 상품이 수많은 제조업체로부터 수많은 고객으로 이동하는 데 필요한 거래 횟수를 줄이기 때문에 효율성을 높인다. 이것은 두 가지 방법으로 나타난다. 첫 번째는 **소단위 분할**(breaking bulk)이다. 도매상과 소매상은 제조업체로부터 대량의 상품을 구입하지만(일반적으로), 한 번에 1개 또는 소단위 상품만 많은 다른 개별 고객들에게 판매한다. 둘째, 경로 중간상들이 **구색 창출**(create assortments)로 거래의 수를 감소시킨다. 그들은 특정 장소에서 다양한 제품을 제공하여 고객이 한 번에 여러 가지 다른 상품을 편리하게 구매할 수 있도록 한다.

![process icon] 그림 11.1은 유통 경로가 어떻게 수행되는지에 대한 간단한 예를 보여준다. 이 단순화된 모형은 5명의 생산자와 5명의 고객으로 구성되어 있다. 만약 각 생산자가 그들의 제품을 각각의 개별 고객들에게 판매한다면, 25회의 다른 거래가 이루어져야 할 것이다. 엄밀히 말해 이 방식은 제품을 배분하는 효과적인 방법이 아니다. 하지만 5개의 제조업체 모두에게 구매하여 다섯 명의 고객 모두에게 판매하는 단 한 명의 중간상이 존재한다면, 우리는 빠르게 거래 횟수를 10회로 줄일 수 있다. 만약 10개의 제조사와 10개의 고객이 있다면, 중간상은 거래 횟수를 100회에서 단 20회로 줄일 것이다. 계산해보면, 유통 경로가 효율적인 것을 알 수 있다.

상품의 **운송 및 보관**(transportation and storage)은 물리적인 분배 기능의 또 다른 유형이다. 소매상들과 다른 경로 구성원들은 상품을 생산지에서 소비자가 원할 때까지 보관할 수 있는 다른

소단위 분할 구매자의 욕구를 충족시키기 위해 대량의 재화를 소단위로 나눔

구색 창출 구매자의 요구를 충족시키기 위해 한 공간에서 다양한 유형의 제품을 제공

운송 및 보관 소매점과 기타 채널 구성원이 제품을 생산지에서 고객이 원할 때까지 보관해주는 장소로의 이동

그림 11.1 ![process icon] 과정 | **프로세스 중간 관리를 통한 거래 축소**

유통 경로의 기능 중 하나는 제품군을 제공하는 것이다. 고객들은 같은 장소에서 서로 다른 많은 제품을 살 수 있기 때문에, 이것은 제품을 얻는 총비용을 줄인다.

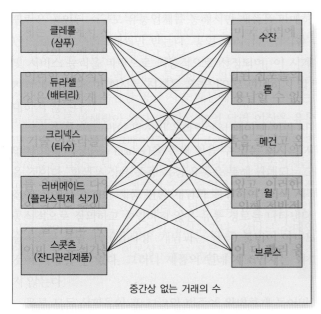

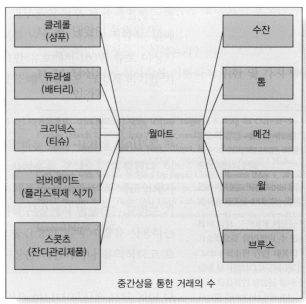

기능 촉진 고객 및 제조사가 구매 프로세스를 좀 더 쉽게 수행할 수 있게 하는 채널 중개자의 기능

위험 감수 기능 어떠한 제품을 원하는 고객이 아무도 없어 판매대에 계속 전시되어 있을 수 있기 때문에 제조업체로부터 제품을 구입할 때 재고 손실의 위험 부담을 소매업체가 떠안는 것

의사소통 및 거래 기능 경로의 회원들 간 의사소통의 홍보 및 다른 유형들을 채널 회원이 개발하고 실행하는 기능

탈중개화 인적 제공자의 간섭 없이 고객이 결과를 획득하는 데 필요한 서비스

장소로 이동시킨다. 경로 중간상들은 많은 조성 기능들을 수행하는데, 이 **기능 촉진**(facilitating functions)은 고객들과 제조 업자를 위해 구매 과정을 더 쉽게 해주는 여러 가지 편의 기능을 수행한다. 예를 들어, 중간상들은 종종 구매자들에게 신용 지원과 같은 서비스를 제공한다.

우리 중 많은 사람이 백화점에서 쇼핑하는 것을 좋아한다. 왜냐하면 만약 우리가 제품에 만족하지 않는다면, 우리는 그것을 백화점으로 가지고 갈 수 있다. 백화점의 친절하게 서비스를 제공하는 종업원들이 우리에게 기꺼이 환불해줌으로써 우리를 기쁘게 해줄 수 있기 때문이다(적어도 이론상으로). 하지만 자포스, 랜즈엔드, 그리고 다수의 다른 고객 친화적인 소매업체에서도 같은 편리한 기능이 온라인상에서 발생한다. 이와 같은 고객 서비스는 대량 구매와 고가격 제품들을 판매하는 기업 간 거래(B2B) 시장에서 훨씬 더 중요하다. 그리고 경로 구성원들은 **위험 감수 기능**(risk-taking functions)을 수행한다. 예를 들어, 소매업체가 제조업체로부터 제품을 구입해, 고객이 원하지 않아 자신의 진열대에 재고로 갖고 있다면, 그 제품을 어쩔 수 없이 갖고 있으면서 손실을 감수해야 한다. 하지만 그게 아울렛 쇼핑몰이라면, 어떨까? 부패하기 쉬운 품목들은 부패와 손실의 위험이 훨씬 더 크고, 따라서 잠재적으로 높은 위험이 있다. 미국의 블루베리는 아주 짧은 기간의 시즌에만 구할 수 있다. 소매상들은 연간 높은 수요를 충족시키기 위해 재고를 확보하기를 원한다. 반면에, 반쯤 익은 블루베리라도 진열대 위에 놓여 있으면 몇 주 지나서는 더 이상 신선하지 않고 맛이 없다.

마지막으로, 중간상들은 다양한 **의사소통 및 거래 기능**(communication and transaction functions)들을 수행한다. 경로 구성원들은 경로 구성원들 사이에서 홍보와 다양한 의사소통을 개발하고 실행하는 통신과 거래 기능을 수행한다. 도매상들은 소매상들에게 유용한 상품을 구매하고, 다른 경로 구성원들에게 상품을 판매한다. 소매상들은 최종 소비자들과 거래를 한다. 경로 구성원은 제조업체들을 위해 쌍방향 의사소통을 제공할 수 있다. 그들은 소비자들에게 정보를 제공하고 제품이 그들의 필요를 충족시킬 것이라고 그들을 설득하기 위해 필요한 판매 인력, 광고 및 다른 마케팅 커뮤니케이션을 제공한다. 그리고 경로 구성원들이 고객 불만, 기호의 변화, 시장의 새로운 경쟁자에 관한 귀중한 정보원이 될 수 있다.

유통 기능의 진화

미래에는 제품을 물리적으로 다루는 경로 중간상이 쓸모없게 될 수도 있다. 이미 많은 기업들이 전통적인 중간상들의 수를 줄이고 있는데, 그 이유는 더 이상 그들이 유통 경로상에서 충분한 부가가치를 창출하지 않는다는 것을 알기 때문이다. 이러한 과정을 **(유통 경로의) 탈중개화**[disintermediation (of the channel of distribution)]라 한다. 말 그대로, 탈중개화는 중개자를 제거하는 것을 의미한다. 마케팅 담당자의 경우 탈중개화를 통해 비용을 절감할 수 있다. 예를 들어 종업원 수를 줄이고 교통 밀집 지역에 위치한 값비싼 소매 부동산을 구입하거나 임대할 필요가 없다. 또한, 매장에 화려한 비품 및 장식품을 제공할 필요가 없다. 여러분은 또한 직접 기름을 넣거나 현금 인출기에서 현금을 인출하거나, 왕복 항공권과 같은 호텔 숙박을 카약과 같은 웹사이트에서 예약할 때 이 과정을 볼 수 있다.

일부 도매업체와 소매업체는 그들이 취급하는 제품에 대해 설치, 수리, 유지 보수 서비스를 제공할 때 제조업체를 보조한다. 베스트 바이의 긱 스쿼드가 완벽한 예다.

마케팅의 많은 다른 측면들과 마찬가지로, 인터넷은 최종 소비자들이 전혀 보지 못하는 방식으로 그것을 더 효과적인 방법으로 만들기 위해 기업들이 공급망의 구성원들 사이에서 어떻게 조정하는가를 근본적으로 변화시키고 있다. 이러한 기업들은 **지식경영**(knowledge management)을 적용함으로써 개선 방법들을 개발한다. 지식경영이란 기업의 정보 자산들을 수집, 정리, 저장 및 검색하는 포괄적인 접근 방식을 의미한다. 이러한 자산들은 데이터베이스 및 기업 문서뿐만 아니라 종업원들의 새로운 문제해결과 관련한 과거 경험에서 축적된 실용적 지식을 포함한다. B2B의 세계에서는 이 프로세스가 **인트라넷**(intranet)을 통해 발생할 수 있으며, 인트라넷은 제6장에서 언급했듯이 이는 인터넷 기술을 사용하여 회사 부서, 직원 및 데이터베이스를 연결하는 내부 기업 커뮤니케이션 네트워크이다. 하지만 이 플랫폼은 안전하고 암호로 보호된 플랫폼이기 때문에 채널 파트너 간의 지식 공유를 촉진하는 데 유용하다. 이처럼 보다 전략적인 정보 관리를 통해 모든 파트너는 윈-윈 결과를 갖는다.

그러나 유통 경로로서 인터넷이 즐거움과 고통을 가져오듯이 사이버에서 대부분의 일이 그러할 것이다. 인터넷 유통과 관련하여 가장 성가신 문제 중 하나는 **온라인 유통의 저작권 침해**(online distribution piracy)의 가능성이다. 이것은 인터넷을 경유하여 지적자산을 유출하고 불법으로 복제 및 무단으로 용도를 변경하는 것에 관해 규정하고 있다. 가까이에서 살펴보면, 대학 교과서 산업은 온라인 불법 복제 가능성을 저지를 가능성이 높다. 예를 들어 미국에서 제작된 교과서가, 주요 내용을 자국어로 번역해 부도덕한 행동을 하는 사람들에게 온라인으로 배포되는 것은 드문 일이 아니다. 이러한 행위는 교과서 안에 포함된 지식을 완전히 평가 절하하고 지식 창작자(즉, 겸손한 교과서 저자!)가 어떠한 이익도 가질 수 없게 한다. 많은 학생은, 중고 책이나 해적판으로 이익을 얻는 유일한 사람들이, 그런 책을 구입한 중간 상인들이라는 점을 인식하지 못하고 있다. 헌책들은 더 싸게 팔리지만, 출판사는 이 책들로부터 어떤 이익도 얻지 못하기 때문에, 이익을 내기 위해 가격을 올릴 수밖에 없다. 이것은 새 책이 점점 더 비싸짐에 따라 악순환을 초래하고, 더 많은 학생이 책을 불법으로 사도록 동기를 부여하므로 악순환은 계속된다.

친숙한 제품 범주에 있는 유사한 유통 문제를 살펴보고자 한다. 승인되지 않은 음악에 대한 불법다운로드는 '음반' 산업에서 주요 쟁점이 되는 이슈이다. 이것은 음반 산업의 모든 특성을 뒤죽박죽으로 만들어, 효과가 있는 새로운 비즈니스 모델을 만들 수밖에 없는 도전을 초래하였다. 음반 산업에 있어서 많은 부분이 재해석(어디까지 왔고, 무엇인지 즉, 그들이 하는 일에 대한 부가 가치)되고 있다. 음악의 현대 소비자들 대부분에게 물리적인 CD의 가치는 떨어져 많은 사람이 그 예술가의 작품에 대해 어떤 것도 지불하고 싶어 하지 않는 지경에 이르렀다. 그리고 점점 더 많은 음악 예술가들이 전통적인 음반 회사에서 탈퇴하여 그들의 음악을 온라인에 소개하고 있는데, 그들은 최소한 음악 채널의 일부를 통제할 수 있다. 알다시피, 몇 년 전에, 밴드 라디오 헤드는 스튜디오 앨범 'In Rainbows'를 웹 사이트에 발매했을 때, 소비자가 직접 가격을 매길 수 있는 전략을 시도했다.

음악 외에도 TV쇼와 영화도 온라인상에서 저작권 침해의 명백한 대상이 되는 경향이 있다. 넷플릭스와 같은 기업의 경우 합법적으로 콘텐츠 제공 업체와 제휴하여 인터넷상에서 유료로 콘텐츠를 제공한다면 온라인 유통의 저작권 침해는 양측 모두에게 심각한 문제를 초래할 수 있다. 흥미롭게도, 넷플릭스는 저작권 침해율이 높은 해외 시장에서 실제로 가격을 낮추어 자사 웹 사이트를 통해 합법적인 상품에 더 많은 소비자를 끌어들이고 있다. 또한 넷플릭스는 콘텐츠에 대한 법적 접근을 더 쉽고 편리하게 만들면 저작권 침해가 줄어들 수 있다고 보고 있다. 그 회사는 캐나다의 넷플릭스 도입 이후 비트토렌트 트래픽(온라인 콘텐츠의 합법적 다운로드와

지식경영 기업의 정보 자산을 수집, 정리, 저장, 검색하는 포괄적인 접근 방식

인트라넷 사내 부서, 직원, 데이터베이스를 연결한 인터넷 기술을 이용한 기업 내부 커뮤니케이션 네트워크

온라인 유통의 저작권 침해 인터넷을 통한 지적 재산의 도난 또는 승인되지 않은 용도의 변경 행위

그림 11.2 📷 **스냅숏 | 중간상의 주요 유형**

중간상들은 독립적이거나 제조업체가 소유할 수 있다.

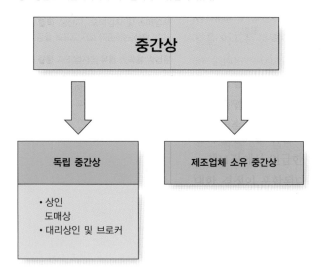

불법 다운로드에 모두 사용되는 웹 기반 통신 프로토콜)이 50% 감소했다는 증거를 인용하고 있다.[1]

지금까지, 우리는 유통 경로가 무엇인지와 그것이 수행하는 몇 가지 기능들의 일부에 대해 학습했다. 이제는 채널 중간상의 서로 다른 유형과 채널 구조에 대해 살펴보기로 하자.

도매 중간상

어떻게 하면 새로운 드레이크의 티셔츠나 후드티를 살 수 있을까? 당신은 당신의 지역 음악 상점이나 최신 유행의 주목받는 옷 가게, 또는 아마도 온라인 상점에서 그것을 살 수 있을 것이다. 당신은 이벤트가 이루어지는 동안에 판매 회사로부터 '공식적인 드레이크 콘서트 티셔츠'를 구매할 수도 있을 것이다. 그렇지 않으면 대안으로 판매가 허가된 장소가 아닌 곳에서 낡은 가방에 드레이크의 티셔츠와 똑같은 것을 판매하는 노점상으로부터 불법으로 유통되는 티셔츠를 구매할 수도 있다. 아마도 당신은 www.drakeofficial.com에서 온라인 쇼핑을 할 수 있다. 이들 유통 대안은 각각 생산자에서 소비자로 상이한 경로를 이용하는 것을 알 수 있다. 이제 도매 중간상들의 서로 다른 유형들과 채널 구조들을 살펴보자. 공급 사슬의 마지막 채널 구성원 소매상들에 대해서는 제12장에서 중점적으로 다룰 예정이다. 소매상들은 큰 부분이므로 한 장을 할애하여 소매상에 대해 다룰 것이다. 📷 그림 11.2는 주요 중간 유형을 묘사하며, 표 11.1은 각각의 중요한 특성을 요약하였다.

도매 중간상(wholesaling intermediaries)은 제조업체로부터 소매상이나 기관 구매자로의 제품 흐름을 다루는 기업이다. 다양한 소비자와 B2B 도매상들의 서로 다른 많은 유형들이 있다. 이들 중 일부는 독립적이지만, 하지만 제조업체와 소매업체 역시 그것들을 소유할 수 있다.

독립 중간상

독립 중간상(independent intermediaries)은 많은 다른 제조업체들과 많은 다른 고객들과 거래를 한다. 어떤 제조업체도 독립 중간상을 소유하거나 관리하는 제조업자는 없기 때문에 가격을 낮게 유지하면서도 전 세계의 많은 제조업체가 고객에게 서비스를 제공할 수 있도록 해준다.

상인 도매상(merchant wholesalers)은 독립 중간상이며 이들은 제조업자들로부터 상품을 독립적으로 구매하여 소매상이나 기타 B2B 고객에게 판매한다. 상인 도매상들은 상품에 대한 **소유권 취득**(take title)이 가능하기 때문에(법적으로 인정됨) 만약 상품이 손상되거나, 시일이 지나거나, 도난 당하면 상품을 판매할 수 없게 되어 특정 위험을 부담하게 되고 손실을 볼 수 있다. 반면, 그들은 상품을 소유하고 있기 때문에 자유롭게 그들이 고객에게 부과하는 가격 책정을 포함하여 그들만의 마케팅 전략을 개발할 수 있다. 다음에는 몇 가지 유형의 상인 도매상을 소개하였다.

도매 중간상 제조자부터 소매상 혹은 사용자까지 이어지는 제품의 흐름을 관리하는 기업

독립 중간상 제조사가 제어하지 않는 대신 다양한 제조업체와 소비자들과 사업을 수행하는 경로 중개자

상인 도매상 제조업체로부터 제품을 구매하고(상품명을 넘겨받고) 소매상 또는 B2B 고객에게 판매하는 중개자

소유권 취득 제품의 법적 소유권을 수락하고 소유권의 권리 및 의무의 수반

완전 서비스 상인 도매상 배달, 신용, 제품 사용 지원, 수리, 광고, 기타 홍보 지원을 포함하여 고객에게 다양한 범위의 서비스를 제공하는 도매업체

• **완전 서비스 상인 도매상**(full-service merchant wholesalers)은 시장 조사를 포함하여 그들의 고객에게 배달, 신용, 제품 사용 지원, 수리, 광고 및 기타 홍보 지원을 포함한 광범위한 서비스를 제공한다. 완전 서비스 상인 도매상은 그들 소유의 영업 인력을 가지고 기업과 조직 고객들과 거래한다. 몇몇 상품 도매상들은 다양한 종류의 많은 상품들을 취급하는 반면에, 전문 도매상들은 단일 상품 계열의 광범위한 구색을 취급한다. 예를 들어, 사탕 도매상

표 11.1 | 중간상의 유형

중간상 유형	주요 특징	장점
독립 중간상	다양한 제조업체 및 다양한 고객과 거래	중소규모 기업들에 의해 이용됨
• **상인 도매상**	생산자로부터 상품 구매 후 기관 고객에게 판매함, 전체 또는 제한된 기능	소규모 제조업체가 전 세계의 고객에게 경쟁력 있는 비용으로 서비스 제공이 가능하게 함
• 현금무배달 도매상	도매상 역할을 하는 중소기업 고객을 위한 상품 제공	소규모 소매상 및 기타 기업 고객을 위한 저렴한 제품 배포
• 트럭배달 도매상	판매점에 부패하기 쉬운 식품 및 담배 제품 제공	부패하기 쉬운 품목이 효율적으로 배달 및 판매되는지 확인
• 직송 도매상	주문 취급, 제조업자 제품 직송에 대한 거래서 발송	대용량 제품 위주의 거래 용이
• 우편주문 도매상	카탈로그, 전화, 우편주문 등을 통한 판매	소규모 기관 고객에게 가격 할인 정책 제공
• 진열 도매상	소매상에게 점포 디스플레이, 재고 관리, 상품 계획 등을 제공	소매상에게 판촉 서비스 제공
• **대리상인 및 브로커**	수수료 수입을 위해 교환(거래) 활성화 서비스 제공	제품 법적 소유권은 판매자에게 귀속
• 제조업자 대리상인	독립 판매원 사용, 비경쟁적 몇몇 제품 계열들 취급	소규모 혹은 신규 기업들의 판매 기능 대행
• 판매 대리상인	하나 혹은 그 이상 제품들의 총판매 수량을 취급	소규모 제조기업의 모든 마케팅 기능을 수행
• 수수료 상인	제품 판매에 따른 수수료 수입	주로 농산물 시장 등에서 효율성 제고
• 수출/수입 브로커를 포함한 중개업자	구매자 혹은 구매자와 판매자 모두에게 수수료 받음	많은 구매자와 판매자 간의 시장 효율성 강화
제조업자 소유 중간상	한 제조업자에 의해 제한된 관리	대규모 기업의 효율성 창출
• **판매 지점**	상이한 지역적 위치에서 특정 재고 유지	상이한 지역의 고객들에게 서비스 제공
• **판매 사무소**	상이한 지역에서 효율성 창출, 재고 취급하지 않음	판매비용 감소, 더 나은 고객 서비스 제공
• **제조업자 전시관**	방문 고객을 유인할 수 있도록 제품 전시	중심가에서 고객을 통한 판촉 시도 및 점검

들은 단지 사탕과 껌 제품만을 취급하지만, 당신이 1년 내내 치과 치료 악몽에 시달릴 수 있을 만큼 충분한 양의 다양한 재고를 보유하고 있다.

● **한정 서비스 상인 도매상**(limited-service merchant wholesalers)은 그들의 고객들에게 제한된 서비스만을 제공한다. 완전 서비스 도매상과 한정 서비스 상인 도매상은 상품에 대한 소유권을 갖는 점은 비슷하지만 소매업체에 대한 배달, 신용 거래 또는 소매상에 대한 마케팅 지원 등과 같은 서비스를 제공할 가능성이 더 낮다. 한계 서비스 도매업체의 특정 유형은 다음과 같다.

- **현금무배달 도매상**(cash-and-carry wholesalers)은 다른 도매상 판매 대리점을 이용하기에는 너무 규모가 작은 소매상들과 산업재 고객들에게 주로 저비용 위주의 상품들을 제공한다. 고객들은 상품에 대해 현금을 지불하고 직접 배달을 수행한다. 인기 있는 현금 운송 제품 범주에는 식료품, 사무용품, 건축자재 등이 있다.

- **트럭배달 도매상**(truck jobbers)은 소규모 사업 고객들에게 그들의 제품을 제공하기 위해 검사와 분배를 수행한다. 트럭 도매상은 과일과 야채와 같은 부패하기 쉬운 물건들을 작은 식료품 가게에 자주 공급한다. 예를 들어, 빵집 트럭 기사는 슈퍼마켓에 전화를 하여 선반 위에 있는 빵 재고를 확인하고, 오래된 제품들을 제거하고, 점포가 얼마나 많은 빵을 재주문해야 하는지를 제안한다.

- **직송 도매상**(drop shippers)은 제한된 기능을 가진 도매상이며 상품의 소유권을 갖고 있지만 실제로는 소유권을 갖고 있지 않다. 직송 도매상은 소매업체 또는 산업 구매자

한정 서비스 상인 도매상 고객에게 더 적은 서비스를 제공하는 도매업체

Gear that withstands the test of time now ships free all the time.

When Leon Leonwood Bean designed and tested his first pair of boots in 1912, he set out to create a product that would last. Nearly 100 years later we're still constantly improving everything we do – including how we ship. Announcing free shipping with no minimum order or end date. Visit llbean.com

L.L.Bean

SHIPPED for FREE GUARANTEED TO LAST™ No minimum order. No end date. L.L.Bean

Courtesy of L.L.Bean, Inc.

무료 배송은 대형 소매업체에게 경쟁력 있는 이점을 제공한다.

로부터 직접 주문을 받아 대금을 청구하지만, 상품은 직송 도매상을 거치지 않고 제조업체에 의해 직접 선적된다. 그들은 상품에 대한 소유권을 갖기 때문에, 다른 상인 도매상들과 같은 위험을 감수한다. 직송 도매상들은 석탄, 석유, 목재와 같은 대용량 제품(bulky products)의 생산자와 고객 모두에게 중요하다.

- 우편주문 도매상(mail-order wholesalers)은 카탈로그를 통해 멀리 떨어진 지역에 위치한 소규모 소매상들이나 다른 산업재 고객들에게 상품을 판매한다. 그들은 주로 상품을 선적하기 전에 현금이나 신용카드로 지불하기를 요구한다. 우편주문 도매상들은 화장품, 하드웨어, 스포츠 용품들과 같은 제품을 공급한다.

- 진열 도매상(rack jobbers)은 소매상들에게 건강, 미용, 잡지 등과 같은 전문 품목들을 공급한다. 진열 도매상은 식료품점, 약국, 잡화점 등을 소유하고 유지하기 때문에 자신의 이름을 갖는다. 이러한 도매상들은 정기적으로 소매 고객들을 방문해 재고 수준을 유지하고 진열대에 상품을 다시 채운다. 잡지의 선반 회전율을 빠르게 할 방법을 생각해보자 – 오래된 것을 빼고, 새로운 잡지를 꽂아 둘 전문가가 없다면, 소매상은 피플지의 최신호를 구매하는 데 상당한 어려움을 겪을 수도 있을 것이다.

대리상인 및 브로커(merchandise agents or brokers)는 독립 중간상의 두 번째 주요 유형이다. 대리상인과 브로커는 수수료를 받고 서비스를 제공한다. 그들은 제품을 소유할 수도 있고 소유하지 않을 수도 있지만 **결코 소유권을 갖지 않는다.** 즉, 그들은 제품에 대한 법적 소유권을 갖지 않는다. 대리상인은 일반적으로 지속적으로 구매자 또는 판매자를 대변하는 반면에, 고객들은 단기간만 대리상인을 고용한다.

- 제조업자 대리상인(manufacturers' agents, or manufacturers' reps)은 비경쟁적 제품 계열의 일부 제품만을 취급하는 독립적 판매원들이다. 그들은 판매 지역을 정하고, 판매 가격을 결정하고, 계약 관계의 다른 측면들을 제조업자들과 계약하지만, 그 이상의 어떤 관계 형성이나 관리·감독 등의 통제를 하지 않는다. 제조업자들은 일반적으로 대리상인에게 그들의 판매액에 비례한 수수료를 지급한다. 제조업자 대리상인들은 종종 강력한 고객 관계를 발전시키고 중소기업과 신생 기업들에게 중요한 판매 기능을 제공한다.

- 판매 대리상인(selling agents, 수출 혹은 수입 대리상인을 포함한)은 전체 제품 계열 또는 한 제조업자의 모든 생산량을 판매한다. 이들은 완전한 서비스를 제공하는 소매업체와 같은 기능을 수행하지만 제품의 소유권을 갖지 않기 때문에 독립 마케팅 부서의 일과 유사한 일을 수행한다. 왜냐하면 그들은 완전 서비스 도매상과 동일한 기능을 수행하기 때문이다. 하지만 그들은 제품의 소유권은 없다. 제조업자 대리상인과는 달리 판매 대리상인은 지역적으로 무제한 영역을 가지고 있으며, 그들의 제품에 대한 가격, 홍보, 유통을 통제하는 권한을 갖는다. 가구, 의류, 직물 등의 산업에서 판매 대리상인의 유형을 볼 수 있다.

- 수수료 상인(commission merchants)은 주로 곡물이나 축산물 등과 같은 1차적 농축산물 제품들을 위탁받아 판매 대리하는 상인이다. 위탁판매는 소유권 없이 제품을 보유한다. 비록 판매자들이 그들의 제품에 대해 기꺼이 받아들일 최소의 가격을 명시할지라도, 수수료

대리상인 및 브로커 수수료를 대가로 서비스를 제공하지만 제품에 대한 소유권을 절대 갖지 않는 경로 중개자

상인들은 그들이 얻을 수 있는 가장 높은 가격에 그 제품을 자유롭게 판매한다. 수수료 상인은 제품 판매가에 대해 수수료를 받는다.

- 브로커(merchandise brokers, 수출 혹은 수입 브로커를 포함한)는 소규모 구매자와 판매자가 많은 부동산, 식품, 중고 장비 등의 시장에서 거래를 용이하게 하는 중개업자이다. 브로커들은 예상 구매자와 판매자를 파악하여 거래가 끝났을 때 구매자와 판매자 모두에게 수수료를 받는다.

제조업자 소유 중간상

종종 제조업자들은 그들 소유의 채널 중간상을 만들기도 한다. 이러한 방식으로, 그들은 분리된 사업 단위를 운영할 수 있고 독립 중간상들의 모든 기능을 수행하는 별도 사업부를 운영할 수 있다. 더불어 동시에 그들은 채널에 대한 완전한 통제를 유지할 수 있다.

- 판매 지점(sales branches)은 제조업체 소유의 시설로 독립 도매상과 유사하게 재고를 취급하고 특정 지역의 고객에게 재고를 제공하고 판매 및 서비스를 제공한다. 우리는 석유화학제품, 산업 기계 및 장비와 자동차와 같은 산업에서 판매 지점의 유형을 볼 수 있다.
- 판매 사무소(sales offices)는 대리상인과 유사하게 제조업자 소유의 시설로서, 재고를 취급하지는 않고 특정한 지리적 영역에서 제조업자를 위한 판매 기능을 제공한다. 이 방법을 사용하면 영업팀 구성원이 고객과 가까운 곳에서 서비스를 제공할 수 있기 때문에 판매 비용을 절감하고 더 나은 고객 서비스를 제공할 수 있다.
- 제조업자 전시관(manufacturers' showrooms)은 고객이 방문할 수 있도록 제품들이 영구적으로 전시되는 제조업자의 소유 또는 임대 시설이다. 종합도매센터는 하나 이상의 산업체들이 무역 박람회를 열고 많은 제조업자가 영구 전시장을 갖는 다수의 건물이다. 소매상들은 박람회 기간 제조업자의 상품을 보고 기업 간의 구매를 하기 위해 1년 내내 방문할 수 있다.

유통 경로의 유형

기업들은 유통 경로를 구성할 때 많은 선택에 직면한다. 소비자와 기업 사용자에게 직접 판매해야 하는가? 도매상, 소매상, 또는 두 가지 모두를 채널에 포함시키는 것이 이로울 것인가? 일부 고객에게는 직접 판매를 하고 다른 고객에게는 판매를 위해 소매상을 이용하는 것이 타당할까? 물론, 모든 제품에 대해 가장 적합한 경로는 없다. 마케팅 관리자는 목표 시장의 규모와 필요성에 근거하여 회사와 제품에 경쟁 우위를 창출해내는 경로 구조를 선택해야 한다. 이들 관리자가 생각해야 할 몇 가지 요인들을 고려해보자.

마케터들이 유통(장소)전략을 개발할 때, 마케팅 담당자들은 먼저 다른 **경로 수준**(channel levels)을 고려한다. 이것은 유통 경로를 구성하는 특정 범주의 중간상의 수를 나타낸다. 많은 요인들이 이러한 결정에 영향을 미친다. 어떤 채널 구성원들이 적합할까? 시장 규모는 얼마나 큰가? 소비자들은 얼마나 자주 이 제품을 구입하는가? 소비자는 어떤 서비스를 필요로 하는가? 📷 그림 11.3은 유통 경로가 취할 수 있는 다양한 구조를 요약한 것이다. 생산자와 고객은 항상 채널 구성원이며 가능한 한 최단 경로는 2개의 수준이 있다. 소매상을 추가하는 세 번째 수준과 도매상을 추가하는 네 번째 수준 기타 등등의 경로 구조를 이용하기도 한다. 소비자 시장과 B2B 시장 모두에 대해 서로 다른 경로 구조가 존재한다.

그렇다면 서비스는 어떨까? 제12장에서 서비스는 무형이므로 저장, 운송 및 기타 물리적 유

경로 수준 유통 경로를 구성하는 중개자의 범주 수

그림 11.3 📷 스냅숏 │ **유통 경로의 유형**

경로는 유통 경로 구성원과 참여자들의 수에 의해 차이가 난다.

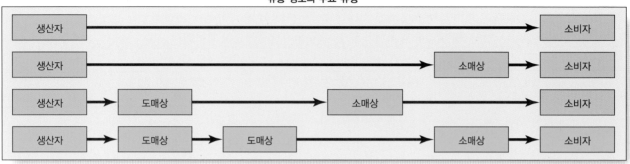

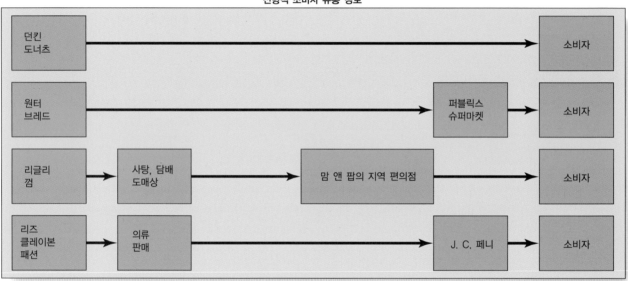

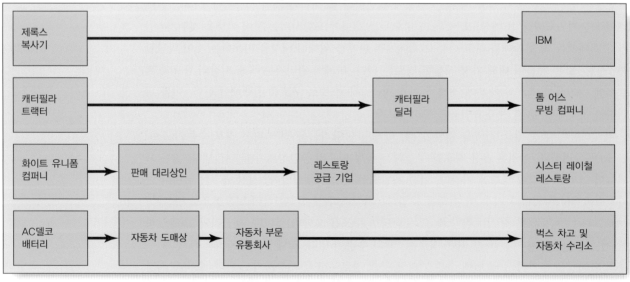

통 기능에 대해 걱정할 필요가 없다는 점을 배우게 된다. 대부분의 경우 서비스는 생산자에서 고객에게 직접 이동한다. 그러나 우리가 대리인이라고 부르는 중간상은 당사자들이 거래를 완료하도록 돕는 특정 서비스 제공을 함으로써 일부 서비스의 유통을 강화할 수 있다. 이러한 대리인의 예로는 보험 대리점, 주식 중개인 및 여행사가 있다(모든 사람이 온라인 여행을 예약하지는 않는다).

소비자 경로

앞서 언급했듯이 가장 간단한 경로는 직접 경로이다. 왜 어떤 생산자들은 고객들에게 직접 판매를 하는 것일까? 한 가지 이유는 직접 경로를 사용하면 제조업자가 소매업자를 포함할 경우 가능한 한 낮은 가격으로 더 나은 서비스를 제공할 수 있기 때문이다. 직접 경로를 이용하는 제빵사는 고객들이 지역 슈퍼마켓에서 빵 꾸러미를 구매하는 것보다 더 신선한 빵을 즐길 수 있도록 해준다. 게다가 제빵사가 슈퍼마켓을 통해 빵을 팔면, 슈퍼마켓의 사업 비용과 이윤 추구로 인해 빵의 가격이 더 비싸질 것이다. 사실, 때때로 직접 경로가 그 제품을 팔 수 있는 유일한 방법이다. 왜냐하면 경로 중개인을 이용하는 것은 소비자들이 기꺼이 지불하는 것 이상으로 가격을 올릴 수 있기 때문이다.

레코딩 아티스트 에이미 만은 자신의 제품에 대한 창의적인 통제를 유지하기 위해 주요 음반산와 일하는 것보다 오히려 자신의 음악을 라이선스한다.

　　직접 경로를 사용하는 또 다른 이유는 **통제**이다. 생산자가 유통을 다룰 때, 거래의 모든 요소인 가격 결정, 서비스, 배송 등에 대한 모든 요소 통제를 유지한다. 유통업자들과 중개인들이 많은 제품을 취급하기 때문에, 그들의 영업팀이 한 제품 판매에만 주력하게 하는 것은 어려울 수 있다. 직접적인 경로에서, 생산자는 고객들과 직접 거래하기 때문에, 트렌드, 고객 요구와 불만 그리고 그것의 마케팅 전략의 효과에 대한 통찰력을 얻는다.

　　가장 큰 물리적 및 디지털 소매업체의 매장 내에서 강력한 입지를 유지할 수 있는 업체인 P&G와 같은 대형 소비재 제품에 대해서도 P&G 회사가 'P&G숍'을 출시한 것에서 알 수 있듯이 직접 경로의 매력은 매력적이다. 이러한 움직임은 소비자들이 쇼핑을 하는 곳이 되고자 하는 열망과 다른 방식으로 온라인에서 소비자들의 의견을 듣고 소통할 수 있는 기회를 얻으려는 욕구에 의해 구조되었다. P&G는 분명히 소매점과의 관계를 끊을 계획은 없지만, 직접 소비자 경로를 개설함으로써 이 회사가 소비자들과 더 많이 교류하고 매출을 늘릴 수 있는 흥미로운 기회를 갖는다.[2]

　　왜 생산자들은 소비자들에게 다가가기 위해 간접적인 경로를 선택하는가? 많은 경우에 고객들은 항상 필요한 것을 찾기 위해 찾아가는 특정 판매점이나 기타 중간상에 익숙하기 때문이다. 예를 들어, 소비자들로 하여금 모퉁이 슈퍼마켓 대신 카탈로그나 인터넷을 통해 세탁 세제나 냉동 피자를 구입하도록 설득하는 것은 쉽지 않은데, 이는 그들의 정상적인 구매 행태를 바꾸는 것이 어렵기 때문이다.

　　게다가, 중간상들은 우리가 이전에 설명한 모든 방식으로 생산자들을 돕는다. 경로 구성원들은 효용과 거래의 효율성을 창출함으로써 생산자들의 생활을 보다 편하게 하고 고객들에게 다가갈 수 있는 능력을 향상시킨다. 그림 11.3의 **생산자-소매상-소비자** 채널은 가장 짧은 간접 경로이다. 삼성은 베스트 바이와 같은 대형 소매업체를 통해 TV를 판매할 때 이 경로를 사용한다. 소매업체들은 대량으로 구입하기 때문에 낮은 가격에 재고를 확보한 다음 이러한 절감액을 소비자들에게 전가할 수 있다(이는 그렇게 많은 아이템을 주문하지 못하는 보다 작고 더 많은 전문점보다 대형 소매상들에게 경쟁우위를 제공한다). 이들 대형 소매상들의 크기는 또한 그들이 더 작은 소매점을 위해 취급하는 운송과 저장과 같은 물리적인 유통 기능을 제공할 수 있다.

생산자–도매상–소매상– 소비자 채널은 소비자 마케팅에 있어서 공통적인 유통 경로이다. 예를 들어 아이스크림을 취급할 때, 하나의 아이스크림 공장은 넷 혹은 다섯의 지역 도매상들에게 아이스크림을 공급한다. 이러한 도매상들은 식료품점과 같은 400개 이상의 소매상들에게 판매한다. 차례로, 소매상들은 각각 아이스크림을 수천 명의 고객들에게 판매한다. 이러한 경로에서는, 지역 도매상들은 많은 제조업체의 제품들을 결합하여 식료품점에 물건을 공급한다. 식료품점은 많은 도매상과 거래를 하므로, 이러한 배분은 다양한 종류의 상품들을 제공한다.

B2B 유통 경로

이름에서 알 수 있듯이 B2B 유통 경로는 생산자에서 조직 또는 기업 고객으로 상품의 흐름을 촉진한다. 일반적으로 B2B 경로는 직접 또는 간접적으로 소비자 경로와 수평을 이룰 수 있다. 예를 들어, 산업 시장에서 가장 단순한 간접적 경로는 단일 중간상[소매상보다는 우리가 산업재 분배업자(industrial distributor)로 지칭한 상인 도매상]만 존재할 때이다. 즉 하나의 소매업자라고 부르는 도매업자가 제조업체의 제품을 구매하여 고객들에게 판매하는 것이다.

직접 경로는 소비자 시장에 비해 B2B 시장에서 더 보편적이다. 우리가 제6장에서 본 것처럼 B2B 마케팅은 종종 높은 가격에 판매하여 높은 수익을 가져오는 품목들(산업장비 하나에 수천억 달러를 할 수도 있는 품목)을 취급하기 때문에 시장에 단지 몇몇 고객들만 존재한다. 이러한 시장에서는 회사가 자체 영업 인력을 개발하여 고객에게 직접 판매하는 것이 재정적으로 타당하다. 이 경우, 사내 영업 팀에 대한 투자는 성과를 거둘 수 있다.

이중 또는 다중 유통 시스템

그림 11.3은 유통 경로가 얼마나 간단하게 작동하는지 보여준다. 그러나 다시 생각해보면, 실제 삶이나 마케팅에서는 이런 단순한 형태를 보기는 거의 드물다. 생산자, 딜러, 도매상, 소매업체 및 고객 모두 실제로 한 가지 이상의 경로에 참여하는 경우가 실제로 더 많다. 이와 유사하게, 온라인 거대 기업인 아마존은 미국에 300개 이상의 오프라인 소매점을 열었다. 비록 이로 인해, 많은 독립 서점들이 문을 닫았지만, 회사는 책 카테고리를 장악하기 위한 전략의 일환으로 아마존 사용자들이 높게 평가한 책들을 그들의 매장에 비축할 계획이다.[3] 우리는 이를 **이중 혹은 다중 유통 시스템**(dual or multiple distribution systems)이라고 한다.

제약 산업은 다중 경로 사용의 좋은 예를 보여준다. 제약 회사는 자사 제품을 최소 세 가지 유형의 경로에 유통시킨다.

1. 먼저 그들은 병원, 클리닉, 그리고 다른 기관 고객들에게 직접 판다. 이러한 고객들은 대량으로 매우 다양한 제품을 구매한다. 병원과 클리닉에서는 50병이 아닌 한 번에 한 알씩 약을 조제하기 때문에, 이러한 아울렛들은 제조업체가 다른 유형의 고객들에게 약을 판매할 때와는 다른 제품 포장이 필요하다.

2. 제약 산업의 두 번째 경로 유형은 제조업자가 월그린과 같은 대형 약국 체인에 판매하여 전 세계의 그들 체인 소매점에 의약품들을 전국의 가게에 유통시키는 간접 소비자 경로이다. 아니면, 우리 중 일부는 우리가 기다리는 동안 아이스크림 소다를 살 수 있는 지역의 독립 약국에서 좀 더 개인적인 방식으로 처방전을 구입하기도 한다. 이 간접 소비 경로에서, 제조업자는 독립적인 소비자들에게 의약품을 공급하는 의약품 도매상들에게 판매한다.

3. 마지막으로, 기업들은 HMOs, PPOs, 그리고 보험 회사와 같은 제3자 지급인들에게 직접

이중 혹은 다중 유통 시스템 생산자, 상인, 도매상, 소매상, 그리고 소비자가 하나 이상의 유통 경로에 참여하는 시스템

판매한다. 미국에서 의료 개혁이 본격적으로 시작된 후, 경로 구성이 어떻게 될지 누가 알겠는가!

단일 유통 경로로 표적시장에 상품과 서비스를 제공하는 대신에, 몇몇 기업들은 경로들(직접적인 영업, 총판, 소매 영업 및 다이렉트 메일)을 복합적으로 이용하여 **하이브리드 마케팅 시스템**(hybrid marketing system)을 구축한다.[4] 믿기 힘들겠지만, 전체 기업 환경은 점점 더 종이를 사용하지 않는 쪽으로 진행되고 있지는 않다(받아들이기는 쉽지 않다). 따라서 기업들은 여전히 복사기를 대량으로 구입하고 있다. 당신이 제록스 복사

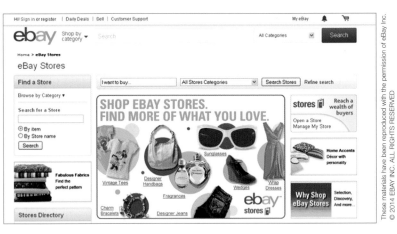

이베이와 같은 인터넷 중개업자들은 소비자들이 생산자들 외에 다른 소비자들로부터 새로운 것이나 사용된 것을 살 수 있기 때문에 새로운 유통 경로를 제공한다.

기를 한 번에 제록스 판매원을 통해 직접 구매할 수 있다. 오늘날, 당신이 아주 큰 기업 고객이 아니라면, 당신은 지역의 제록스 딜러나 제록스의 '온라인 스토어'를 통해 제록스 복사기를 구매할 수 있을 것이다. 제록스는 그러한 하이브리드 마케팅 시스템이 기업들에게 시장의 확대된 적용 범위, 낮은 마케팅 비용 그리고 지역 시장을 위한 맞춤형 서비스에 대한 더 높은 잠재력 등 특정 경쟁적 이점들을 제공하기 때문에 유통이 강화된 딜러 네트워크 구축으로 전환했다.

유통 경로와 마케팅 믹스

장소에 관한 결정이 다른 세 Ps와 어떻게 관련되는가? 첫째, 장소 결정은 가격에 영향을 미친다. 월마트, T. J. 맥스, 마셜 등과 같은 저가 유통업체를 통해 제품을 판매하는 마케팅 업체들은 티파니, 최고급 노스트롬 등과 같은 고급 백화점과 같은 전문 매장에서 판매하는 업체들과는 가격 목표와 전략이 다를 것이다. 물론, 제품 자체의 특성이 유통에 사용되는 소매상과 중간상에 영향을 미친다. 제조업체들은 고가의 보석류와 같은 최고급 보석을 백화점과 전문점을 통해 유통시키는 한편, 중간 가격의 제품들을 판매하기 위해 할인 소매상들을 선택한다.

유통 의사결정은 때때로 그들 시장에서 특정한 곳에 제품을 제공할 수 있게 한다. 예를 들어, 울트라던트 제품 회사는 치아 미백 제품 오팔레센스®를 공인된 치과 전문가를 통해서만 판매한다. 많은 다른 회사들의 치아 미백 제품들은 일반적으로 전통적인 소매 채널을 통해 판매되기 때문에 훨씬 더 쉽게 구할 수 있다. 그러나 울트라던트 제품 회사의 접근 방식은 이 회사가 오팔레센스®를 전문가들이 보증한 최고급 제품으로 포지셔닝 할 수 있게 해 준다. 그들은 판매점이나 제조사의 광고보다 환자에게 훨씬 더 많은 신뢰를 주는 방법으로 그 제품의 이점을 제공하기 위해 치과 의사와 직원들에게 의존한다.[5]

또한 유통 경로 자체(제품을 얻을 수 있는 멋진 새로운 방법)가 경쟁에서 볼 수 있는 독특한 방식으로 제품을 배치하는 데 도움이 될 수 있다. 즉, 제품을 얻는 방법은 제품을 매력적으로 만드는 속성 중 하나가 될 수 있다. 한 가지 좋은 예가 연간 50억 달러 이상의 수익을 창출하는 새로운 비즈니스 모델인 **구독 상자**(subscription boxes)의 최신 동향이다. 많은 사람들이 우편물 속에서 깜짝 놀라는 것(청구서나 배심원의 소환이 아니라면)을 좋아한다. 오늘날 수많은 신흥 회사들이 매달 당신이 결코 원하지 않았지만 당신이 가지고 있어야 할 물건들로 가득 찬 박스를 보냄으로써 이러한 놀라운 것들을 제공한다. 버치박스는 이 분야의 선구자 중 하나로 유행하는 새로운 화장품, 개인 용품, 심지어 양말과 속옷의 샘플 등의 박스들을 매달 여성과 남성들

하이브리드 마케팅 시스템 표적시장에 제공하기 위해 다양한 경로와 커뮤니케이션 방법을 사용하는 마케팅 시스템

구독 상자 당신이 원하는지 몰랐지만 단지 가지고 있어야 하는 물건들로 가득 찬 상자를 매달 보냄으로써 놀라운 결과를 제공하는 새로운 유통 비즈니스 모델

입점 공제 제조업체 제품을 배치하는 데 동의하는 대가로 지불되는 수수료

제품 전환 제품 제조업체가 사용하도록 승인하지 않은 하나 이상의 경로를 통한 제품 배포

전환자 제품 제조업체가 사용하도록 허가하지 않은 하나 이상의 경로를 통해 제품의 배포를 촉진하는 기업

에게 보낸다. 많은 경쟁자들이 입시, 박시참, 비건컷과 같은 미용 박스들(어떤 종류의 화장품이 들어 있는지 맞춰 보세요)을 제공하기 위해 시장에 진출했다. 이 구독 모델에는 미식가용 음식(테이스트 클럽, 그레이즈, 보캔디), 건강과 체중 감량 제품(블루박스, 제이키드 팩), 면도기와 칼날(달러 셰이빙 클럽), 몸집이 큰 여성을 위한 임대 의류(그와이니 비), 전화 케이스(폰 케이스 오브 먼스)를 포함한 다른 유통 경로도 포함된다. 이 새로운 비즈니스 모델을 전담하는 많은 웹사이트 중 하나인 구독 추가 기능은 900개가 넘는 구독 계획을 나열하고 있다.[6]

유통 경로의 윤리

유통망을 통해 그들의 제품을 소비자들에게 유용하게 이용할 수 있게 하는 방법에 대한 유통 경로에 관한 기업들의 결정에 있어서 윤리적 딜레마에 봉착할 수도 있다. 예를 들어, 그들의 기업 규모는 제조업자들과 협상할 때 막강한 교섭력을 행사하기 때문에, 많은 대형 소매 체인 기업들은 제조업체가 **입점 공제**(slotting allowance), 즉 제조업자의 제품들을 소매상의 값비싼 진열대에 배치하는 합의에 대해 지불되는 비용을 지불하도록 강요한다. 비록 소매상들은 그러한 수수료가 그들의 재고에 제품을 추가로 지불해야 하는 비용이라고 주장할지라도, 많은 제조업체들은 입점 공제에 대해 약탈당하는 것처럼 느낀다. 특히 실제로 입점비를 지불할 수 없는 영세 소규모 제조업자들이 생산한 제품들은 소비자에게까지 전달되지 못하게 방해를 받는다.

어떤 경우에는 제품이 제조업체가 허가하지 않은 하나 이상의 경로를 통해 판매된다는 것이 이상해 보일 수도 있다. 이러한 관행은 **제품 전환**(product diversion)으로 알려져 있으며, 일단 제품이 허가받지 않은 유통업체와 소매업체의 손에 들어가면 통제력이 상실되기 때문에 제조업체에 큰 문제가 될 수 있다. 많은 제조업체들에 있어 추가적인 우려는 일단 전환되면 그들의 제품은 결국 가격이나 회사와 공인 유통업체와의 관계를 손상시키는 형태로 팔리게 될 것이라는 점이다. 미용실과 다른 헤어 케어 전문가들을 통해서만 독점적으로 판매되는 미용 제품들에게 이러한 관행은 흔한 일이다. 레드켄은 제품이 전환되면 제품이 손상될 위험이 있음을 알려주는 회사이다.[7]

그러면 누가 제품 전환을 영속시킬까? 대부분의 경우, **전환자**(diverter)는 특별한 판촉 가격에 제공될 때 의도적으로 제품을 초과 판매하는 제조업체의 단골 중 한 명 또는 그 이상으로 나타나며, 이들은 홍보가 끝날 때까지 재고에 보관한 다음 경로 내에서 제품을 판매한다. 또한 소매업체나 유통업체는 합법적인 수단을 통해 판매할 수 없을 것으로 예상되는 제품의 과도한 재고를 단순히 우회시키려는 유혹을 받을 수 있다.

또 다른 윤리적인 문제는 특정 경로 중간상(제조업자, 도매상, 소매상, 기타 경로 중간상이 존재하는 경로에서)의 규모이다. 대형 소매업체 기업인 월마트는 수십 년 동안 다수의 독립적인 경쟁업체들(즉, 소규모 자영 업체들)이 소멸하는 원인이 되었다고 비난받아 왔다. 하지만 최근에 이 회사는 소규모 경쟁업체들을 돕기 위해 가시적인 프로그램을 시작했다. 이 프로그램은 도시의 새로운 가게 근처에 있는 철물점·의류점·빵집에 재정적인 지원을 제공하고, 월마트와 함께 생존할 수 있는 방법에 대한 교육훈련을 제공하고, 월마트 매장 내에서 무상으로 그들 점포에 대한 무료 광고도 제공한다. 물론 월마트는 새로운 점포를 구축하는 그들의 계획을 실현할 수 있는 로스엔젤레스와 뉴욕 등과 같이 높은 거주 비율의 대도시들에서 소규모 경쟁 점포들이 이 프로그램을 통해 여러 혜택을 받기를 희망한다.[8]

모든 경로 중간자들은 돈을 벌고 싶어 하지만, 다른 이들의 성공을 짓밟고 한 구성원의 재무적 성공을 극대화하는 행위는 종국에는 비참한 결과를 초래하는 것이며, 결국 유통 경로상의 협력이 실패로 돌아간다. 대신 유통 경로에서 중간상이 제품을 소비자에게 효율적 방식으로 유

통시키기 위해 협력하여 일한다면(소비자들을 포함한) 모든 경로 참가자들의 성공적 경로 구축이 되는 것이다. 서로에게 윈-윈이 된다!

11.2
목표

유통 경로 전략 수립을 위한 단계를 나열하고 설명한다.

유통 경로 전략 개발

고객이 대량 또는 소량의 제품을 원하는가? 그들이 제품을 지역에서 구입하기를 원하는가? 아니면 멀리 떨어진 공급업체로부터 구입하기를 원하는가? 그들이 제품을 받으려면 얼마나 기다려야 할까? 마케터들은 이것을 알아내기 위한 노력해야 한다.

유통 계획 수립은 마케팅 담당자가 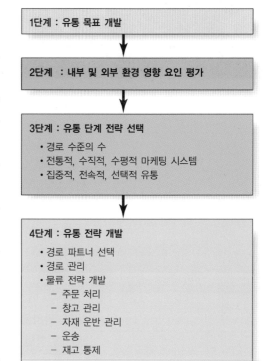 그림 11.4의 단계를 따라 계획을 수립하는 것이 최선이다. 이 단계에서는 먼저 제조업자가 어떻게 유통 목표를 결정하는지를 살펴본 다음, 유통 의사결정에 영향을 미치는 것이 무엇인지 조사한다. 마지막으로, 우리는 기업들이 어떻게 다른 유통 전략과 전술을 실행하는지에 대해 논의할 것이다.

제조업체, 도매업체 및 소매업체 등 유통망 내에서 운영되는 기업들은 유통 목표를 개발하고 내부 및 외부 환경 영향을 평가하는 과정인 **유통 계획**(distribution planning)을 수립한다. 이 절에서는, 우리의 관점은 주로 생산자 혹은 제조 기업의 관점에서 유통 계획 수립에 초점을 맞춘다. 왜냐하면 제조업자들은 중간상보다는 자주 주도적인 역할을 하여 성공적인 유통 경로를 만들기 때문이다(예를 들어 월마트와 같은 소매업체와 같이 주목할 만한 예외가 있다. 월마트는 운영하는 어떤 채널에서도 가장 큰 규모를 지니고 있다).

그림 11.4 과정 | 유통 계획 단계

유통 계획 수립은 경로 목표를 설정하고 환경을 평가하는 것으로 시작하여 경로 전략과 전술의 개발을 포함한다.

> **1단계 : 유통 목표 개발**
>
> **2단계 : 내부 및 외부 환경 영향 요인 평가**
>
> **3단계 : 유통 단계 전략 선택**
> - 경로 수준의 수
> - 전통적, 수직적, 수평적 마케팅 시스템
> - 집중적, 전속적, 선택적 유통
>
> **4단계 : 유통 전략 개발**
> - 경로 파트너 선택
> - 경로 관리
> - 물류 전략 개발
>   - 주문 처리
>   - 창고 관리
>   - 자재 운반 관리
>   - 운송
>   - 재고 통제

1단계 : 유통 목표 개발

유통 계획 의사결정의 첫 번째 단계는 조직의 전체 마케팅 목표를 뒷받침하는 목표를 개발하는 것이다. 어떻게 유통이 이익을 증가시키기 위해 마케팅 믹스의 다른 요소들과 조화를 이룰 수 있을까? 시장 점유율을 높일 수 있을까? 판매량을 증가시킬 수 있을까? 일반적으로, 모든 유통 계획의 전체적인 목표는 최소 비용으로 고객이 원하는 양만큼 적절한 시기, 장소에서 기업 제품을 이용할 수 있게 만드는 것이다. 그러나 더 구체적인 유통 목표는 제품 및 시장의 특성에 따라 달라진다.

예를 들어, 제품의 부피가 큰 경우, 주요 유통 목표는 선적 비용을 최소화하는 것일 수 있다. 제품이 파손되기 쉽다면 제품의 출하를 최소화하는 경로를 개발하는 것이 목표일 수 있다. 새로운 제품을 대량 판매 시장에 도입함에 있어, 경로 목표는 최대의 제품 노출을 제공하거나 고객 주거지 혹은 직장과 근접한 곳에서 고객이 구입할 수 있게 하는 것이다. 때때로 마케팅 담당자들은 소비자들이 가격을 비교할 수 있도록 유사한 상품이 판매되는 곳에서 그들의 제품을 구입하도록 유도함으로써 제품의 유용성을 높인다.

2단계 : 내부 및 외부 환경 요인 평가

유통 목표를 설정한 후, 마케팅 담당자는 내부 및 외부 환경을 고려하여 최상의 채널 구조를 개발해야 한다. 채널은 길어야 하는가 혹은 짧아야 하는가? 집중적, 선택적 또는 전속적 유통이 최선책인가? 마케팅 담당자는 고객들이 지리적으로 밀집되어 있고, 높은 수준의 기술적 노하우

유통 계획 유통 목표를 선정하고, 유통에 대한 내, 외부 환경 평가, 유통 전략의 선정을 포함하는 과정

Afiv/Alamy Stock Photo

할리 데이비슨은 독점 부티크에서 제품을 판매함으로써 고객들이 오토바이 브랜드에만 집중하도록 노력하고 있다. 이곳에는 야마하나 인디언은 없다.

와 서비스를 요구하는 기업 간 시장에서는 직접 경로를 짧게 하는 것이 더 적합할 수 있다. 비싼 제품이나 복잡한 제품 또한 최종 고객에게 직접 판매하는 것이 유리하다. 부패하기 쉬운 제품을 선택적으로 유통하는 짧은 경로는 최종 사용자에게 신속하게 제품을 제공하는 것이 우선 순위이기 때문에 더 합리적이다. 그러나 집중적인 유통이 많이 사용되는 긴 유통 경로들은 일반적으로 널리 유통되어야 하고 기술적 전문지식이 거의 필요하지 않은 저렴하고 표준화된 소비재들의 유통에 가장 적합하다.

또한 유통 조직은 유통 기능, 이용 가능한 채널 매개체, 고객 접근 능력, 경쟁업체의 제품 유통 방법과 같은 문제를 검토해야 한다. 기업이 경쟁업체와 같은 소매업체를 사용해야 하는가? 사정에 따라 다르겠지만, 고객들의 집중적인 관심을 환기시키기 위해서, 기업은 경쟁 상대의 제품들이 유통되지 않는 아울렛 또는 직판점에서 제품을 판매한다. 또 다른 경우에, 어떤 기업은 고객들이 그곳에서 그 제품을 찾기를 원하기 때문에 그들의 경쟁기업들과 같은 중간상들을 이용한다. 예를 들어, (월마트 등에서는 결코 볼 수 없는) 할리 데이비슨 바이크는 엄선된 '부티크'를 통해서, 피아지오의 베스파 스쿠터는 '베스파 딜러'들을 통해서만 판매된다. 그러나 코카콜라, 콜게이트 치약, 그리고 스니커즈 바 등(편의품의 성격에 대해서는 제8장에서 찾아볼 수 있다)은 이러한 품목들의 유형을 취급하는 모든 점포에서 판매될 수 있다.

결국 그들이 경쟁자의 유통 전략을 학습할 때, 마케터들은 그들의 성공과 실패로부터 배우게 된다. 만약 경쟁업체의 고객 중 가장 큰 불만이 배달 시간이라면, 당일 배달을 허용하는 시스템을 개발하면 경쟁자와의 경쟁에서 우위를 획득할 수 있다.

3단계 : 유통 전략 선택

유통 전략의 계획 과정은 적어도 세 가지 이상의 의사결정이 이루어져야 한다. 첫 번째, 유통 전략 계획은 유통 경로의 수준 수에 관한 결정이 포함되어야 한다. 우리는 이미 소비재 경로와 B2B 경로의 세 가지 대안에 대해 이전 장에서 논의했고, 그림 11.3에서 요약되어 제시되어 있다. 유통 경로 수준의 결정 이외에 유통 전략은 채널 관계에 관한 두 가지의 추가적인 결정, 즉 (1) 기존의 시스템 또는 고도로 통합된 시스템이 가장 잘 작용하는지 여부와 (2) 각각의 경로 수준에서 **유통 집약도**(distribution intensity) 혹은 중간상의 수를 결정해야 한다. 다음 부분에서는 이러한 두 가지 분배 전략 결정을 내리는 방법에 관해 설명한다.

의사결정 1 : 전통적, 수직적, 수평적 마케팅 시스템

어떤 유통 경로 형태일지라도 경로 구성원들은 상호 연관된 시스템을 형성한다. 일반적으로, 이러한 마케팅 시스템은 세 가지 형태 중 하나를 취한다. 전통적 마케팅 시스템, 수직적 마케팅, 수평적 시스템이 그것이다.

유통 집약도 경로의 각 수준에 존재하는 중개자의 수

전통적 마케팅 시스템 경로 회원이 서로 독립적으로 작용하는 다중 수준의 유통 경로

1. **전통적 마케팅 시스템**(conventional marketing system)은 경로 구성원들이 서로 독립적으로 경로 기능을 수행하는 복수 수준(multilevel) 유통 경로이다. 그들의 관계는 단순히 서로의

물건을 사고 파는 것으로 한정되어 있다. 각 경로 구성원은 다른 경로 구성원에 대한 관심은 거의 없으면서 기업에 이점이 되는 것을 찾는다. 경로 구성원끼리 서로 독립적으로 기능을 수행할지라도 대부분의 전통적인 마케팅 시스템은 매우 성공적인 유통 경로 시스템이다. 우선, 경로의 모든 구성원은 수요를 창출하고, 비용을 절감하고, 고객 만족도를 높이고 같은 목적 달성을 위해 노력한다. 그리고 각 경로 구성원은 다른 경로 구성원들과 공정하게 거래하는 것이 모두에게 최선의 이익이라는 것을 안다.

2. **수직적 마케팅 시스템**(vertical marketing system, VMS)은 둘 혹은 그 이상의 상이한 수준에서 경로 멤버 간에 제조, 도매 및 소매에서 공식 협력이 이루어지는 유통 경로이다. 수직적 마케팅 시스템을 개발하는 기업들은 경로 수행 활동에 발생하는 비용을 줄임으로써 고객 요구를 더 잘 충족하는 방법으로 수직적 마케팅 시스템을 개발한다. 종종, 수직적 마케팅 시스템은 효율성을 최대화하고 비용을 낮게 유지하면서 경로의 효과성과 효율성을 최대화하고 저비용 구조를 유지함으로써 전통적 시스템에서는 불가능한 협력과 효율을 제공한다. 경로 구성원들은 정보를 공유하고 다른 구성원들에게 서비스를 제공한다. 그들은 이러한 협력이 그들이 원하는 표적시장에 도달하기를 원할 때 보다 성공적으로 작용할 수 있다는 것을 안다. 수직적 마케팅 시스템에는 관리형, 기업형, 계약형의 세 가지 수직 마케팅 시스템이 있다.

   a. **관리형 VMS**(administered VMS)는 경로 구성원들이 독립적이지만 단일 채널 구성원의 힘에 의해 자발적으로 협력하는 시스템이다. 강력한 상표는 제조업자와 함께 협력하기를 원하는 재판매업자들에게 제조업자의 제품을 취급하기 위해 관리적 VMS를 형성할 수 있게 한다.

   b. **기업형 VMS**(corporate VMS)는 한 기업이 제조, 도매 및 소매 기능 부문을 직접 소유하고 있으므로, 그 기업은 모든 경로 사업체에 대한 완전한 통제권을 갖고 있다. 예를 들어 대형 소매업체인 메이시스는 전국적 물류창고 네트워크와 소매 점포들을 직접 소유하고 있다.

   c. **계약형 VMS**(contractual VMS)는 각각 경로 구성원들끼리의 권리 및 책임과 협력 방법을 명시한 계약(법적 계약)에 의해 시행되는 시스템이다. 이러한 관계 형성은 경로 구성원이 혼자 독립적으로 할 수 있는 것보다 집단으로 수행하는 것이 더 큰 영향을 미칠 수 있다는 것을 의미한다. 도매상 후원(wholesaler-sponsored) VMS는 도매상들이 그들의 영향력을 발휘하는 임의연쇄점하에 여러 도매상들과 함께 일하는 형태이다. 도매상 후원 임의연쇄점에서 소매상들은 그들의 일반적 기업명을 사용하고 광고와 기타 다른 판촉 활동은 공동으로 수행한다. 게다가 그들은 자사 상표(private-label) 제품들을 개발하기도 한다. 도매상 후원 연쇄점으로는 IGA((Independent Grocers' Alliance : 독립 식료품 가게)와 같은 식료품 체인이나 에이스 하드웨어(Ace Hardware) 같은 유형들이 있다.

   또 다른 유형은 소매상들 스스로 공동 마케팅 채널 시스템을 구성하는 경우이다. **소매상 협동조합**(retailer cooperative)은 대규모 체인 구축을 통해 보다 효과적으로 경쟁하는 것을 돕기 위해 도매 작업을 수행하는 소매상 집단이다. 각 소매상은 도매상 경영에 대한 지분을 소유하고 있으며, 공동 관리를 통해 협력 업체로부터 일정 비율의 재고를 구입할 의무가 있다. 식료품 가게인 어소시에이티드 그로서와 트루 밸류 하드웨어 스토어는 소매협동조합의 예이다.

   프랜차이즈 조직(franchise organizations)은 계약적 VMS의 세 번째 유형이다. 프랜차이즈 조직은 프랜차이저(franchiser : 제조기업 혹은 서비스 제공업자)가 프랜차이지

수직적 마케팅 시스템(VMS) 제조, 도매, 소매 수준에서 구성원들 사이에 공식적인 협력이 이루어지는 유통 경로

관리형 VMS 단일 채널이 가지는 세력의 효과를 위하여 독립적인 채널 회원이지만 자발적으로 연합하는 채널 회원 간의 수직적 마케팅 프로그램

기업형 VMS 단일 기업이 제조, 도매, 소매업을 소유한 형태의 수직적 마케팅 시스템

계약형 VMS 각 구성원의 권리, 의무, 협력 방법에 대한 계약(법률계약)을 통해 협력이 강제되는 수직적 마케팅 시스템

소매상 협동조합 대형체인과 함께 보다 효과적으로 경쟁하는 데 지원하기 위해 도매업체를 설립한 소매업체의 조직

프랜차이즈 조직 기업가(프랜차이즈)가 프랜차이즈의 이름 및 마케팅 계획을 유료로 사용할 수 있도록 허용하는 프랜차이저(제조업체 혹은 서비스 제공업체)를 포함하는 계약 수직 마케팅 시스템

웻즐스의 프레즐은 성공적인 프랜차이즈 운영점이다.

(franchisee)에게 프랜차이저명과 마케팅 계획을 수수료로 사용하도록 허용하는 형태이다. 이러한 조직은 엄격하게 시행될 수 있도록 계약서에는 분명하게 관계를 정의하고 경로 협력사항들을 명시적으로 제시한다. 대부분의 프랜차이즈 계약에서 프랜차이즈 가맹점은 직원 교육훈련, 저원가의 원재료 제공, 유리한 입점 위치의 선정 등과 같은 다양한 서비스를 제공한다. 그 대가로, 프랜차이저들(본부)은 프랜차이지들(가맹점)로부터 수익의 일부를 제공받게 된다. 보통 프랜차이지들(가맹점들)은 프랜차이즈 시스템을 유지하기 위해 프랜차이즈 업체의 사업 방식을 매우 면밀하게 따라야 하는 의무를 지닌다. 제조업체 입장에서 볼 때, 프랜차이즈 사업은 제품 품질에 대한 통제력을 유지하는 동시에 재정적 위험을 최소화하면서 광범위한 제품 유통을 발전시킬 수 있는 방법이다. 기업가의 관점에서는 프랜차이즈 시스템은 사업 착수를 하기에 유용한 방식이다.

3. **수평적 마케팅 시스템**(horizontal marketing system)은 같은 경로 수준에 있는 2개 이상의 기업들이 그들의 제품을 고객들에게 전달하기 위해 협력하는 방식의 시스템이다. 때때로, 관련이 없는 사업끼리 이러한 계약들이 맺어진다. 오늘날 대부분의 항공사들은 승객용 항공 서비스를 제공할 때 항공사들 간의 수평적 제휴를 맺는다. 예를 들어, 아메리칸 항공은 에어 베를린, 브리티시 에어웨이, 캐세이퍼시픽 항공, 핀 에어 에어라인, 이베리아 항공, 일본 항공, LAN, 말레이시아 항공, 콴타스 항공, 카타르 항공, 로얄 요르단 항공, S7 에어라인, 스리랑카 항공, TAM 에어라인 및 최근에 US 항공 등 전 세계 항공 기업들과 제휴하고 있다. 이러한 제휴는 여행 에이전시가 승객들의 특정 항공사 항공권을 예약하면 그와 제휴된 항공사의 항공권을 구매할 가능성도 높기 때문에 제휴 항공사들 모두의 승객의 수를 증가시킨다. 고객 혜택을 높이기 위해, 그들은 자주 항공기를 이용하는 상용 고객 프로그램과 항공 멤버십 클럽을 공유한다.[9]

의사결정 2 : 집중적, 전속적, 선택적 유통

주어진 시장 내에서 얼마나 많은 도매상들과 소매상들이 제품을 유통시킬 것인가? 이것은 쉬운 결정처럼 보일지 모른다. 가능한 한 많은 중간상들을 통해 제품을 유통시키는 것이다. 그러나 다시 한 번 더 생각해보라. 만약 제품이 너무 많은 점포로 이전된다면 비효율적이고 노력이 중복될 수 있다. 예를 들어, 만약 마을에 혼다 대리점이 너무 많다면, 판매 업체 주차장에 판매되지 않은 혼다가 많이 있을 것이고, 단일 판매 업체는 성공하지 못할 것이다. 그러나 어떤 제품을 유통시킬 도매상이나 소매상이 충분하지 않으면, 이것은 제조업체의 제품들(그리고 수익)의 총매출액 극대화는 실패할 것이다. 만약 고객들이 혼다 대리점을 찾기 위해 수백 마일을 운전해야만 한다면, 그들은 편의상 토요타, 마쓰다, 닛산 등을 대신 선택할 수 있다. 또한 시장에서 유통 목표는 경로 수준을 증가시키거나 감소시키는 것이 될 수 있다.

세 가지 기본적인 선택 대안들은 집중적, 전속적, 선택적 유통이다. 표 11.2에서 보듯이 기업, 고객, 경로, 제약 및 경쟁과 같은 다섯 가지 의사결정 요인이 있다. 이들이 마케팅 담당자가 유통 시스템과 마케팅 목표를 최적으로 일치시킬 것인지 방법을 찾는 데 도움을 준다. 다음 부

수평적 마케팅 시스템 같은 경로 수준에 있는 2개 이상의 회사가 공통된 목적으로 함께 작동하는 유통 경로 내의 구성

표 11.2 | 집중적 유통과 전속적 유통의 특징

의사결정 요인	집중적 유통	전속적 유통
기업 요인	대중시장 지향	전문화시장 지향
고객 요인	높은 고객 밀집도 가격, 편의성 면에서 유리	낮은 고객 밀집도 서비스, 협력 면에서 유리
채널 요인	시장 커버리지와 중복	시장 커버리지와 비중복
제약 요인	개별 고객 서비스 비용이 낮음	개별 고객 서비스 비용이 높음
경쟁 요인	종종 광고나 판촉을 통한 강력한 시장 존재	관계 마케팅을 통한 고객에게 개인화된 배려

분을 읽어보면, 이 범주들이 당신이 제8장에서 배운 편리한 제품, 쇼핑 제품, 그리고 전문품의 개념과 관련이 있다는 것을 알게 될 것이다.

집중적 유통(intensive distribution)의 목적은 제품의 재고와 판매와 관련 있는 모든 도매상 또는 소매상을 통해 제품을 판매함으로써 시장 커버리지를 극대화하는 것이다. 판매원들은 껌, 청량 음료, 우유, 빵과 같이 소비자들이 빨리 소비하고 자주 교체해야 제품들에 대해서는 집중적 유통을 사용한다. 이러한 제품의 경우 고객의 구매 결정에 있어 유용성이 다른 고려 사항보다 더 중요하기 때문에 집중적인 유통이 필요하다.

집중적인 유통과 달리, **전속적 유통**(exclusive distribution)은 특정 지역에서 한 점포에 제한된 유통을 의미한다. 마케팅 담당자들은 전속적 유통 방식을 통해 피아노, 자동차, 경영 훈련 프로그램, TV프로그램 및 기타 많은 **특수 제품**들을 고가에 판매한다. 그들은 일반적으로 높은 가격과 상당한 서비스 요구 사항이 있고 어떤 지리적 영역에 제한된 수의 구매자가 존재하는 제품에 이러한 전략을 사용한다. 전속적 유통은 도매상들과 소매상들이 몇몇의 경우 발생하는 각 고객에 대한 장기가 판매 과정, 즉 광범위한 사후 서비스로 인해 발생하는 비용 손실을 회복할 수 있게 해준다.

고급 제품의 경우, 독점적 유통 전략을 사용하면 마케팅 담당자는 소비자가 제품(예 : 독점, 품질 또는 신비로움)과 가지기를 원하는 협회를 지원할 수 있으며, 제품이 업무에 적합하고 적합한 판매자에 의해 제공되는지를 확인할 수 있다. 예를 들어 초대형 시계 제조업체인 페이텍 필립은 공인된 소규모 유통업체를 통해서만 제품을 판매하며, 대부분의 경우 각 소매업체는 매년 새로운 모델을 1개씩만 받는다. 공인 딜러점은 엄격한 검사를 받으며, 시계의 적합성, 판매 및 서비스 능력을 바탕으로 최종적으로 선정되며, 이 시계는 1만 유로에서 100만 유로 이상의 가격에 이른다. 이 회사는 시계를 온라인으로 판매하지 않으며 소매업체들도 그렇게 하기를 기대하지 않는다.[10]

그렇긴 하지만, 만약 당신이 온라인에서 페이텍 필립 시계를 검색한다면 당신은 의심할 여지 없이 **회색 시장**(gray market)을 통해 얻을 수 있는 회사의 제품을 파는 전자 상거래 사이트를 찾을 것이다. 회색 시장은 종종 독점 유통을 통해 판매되는 고급 사치품을 중심으로 형성된다. 이전에 장에서 소개한 제품 전환 개념과 관련하여, 회색 시장은 제품의 판매를 위해 제조업체가 공식적으로 정의하고 승인하지 않은 유통 경로를 나타낸다. 회색 시장에서 발생하는 교환은 기술적으로 불법적인('암시장' 개념과는 달리) 불법이 아니므로 중간상인 회색 시장을 사용하는 것이 타당할 수 있다. 그러나 제품의 원래 제조업체는 회색 시장을 적절하거나 유익하다고 보지 않는다.

물론 모든 상황들이 표 11.2의 범주에 완벽하게 들어맞는 것은 아니다(당신은 모든 것이 단

집중적 유통 제품의 재고를 확보하고 판매하는 데 적극적인 모든 적절한 도소매상을 통한 제품의 판매

전속적 유통 특정 지역 내 단일 상점을 통해서만 제품을 판매하는 유통 형태

회색 시장 고객에게 제품을 판매하는 것이 기술적으로 합법적일 수 있는 유통 경로. 그러나 최소한 관련 제품의 제조업체들에 의해 부적절하다고 간주된다. 회색 시장은 종종 독점적인 유통을 통해 판매되는 고급 사치품 주변에서 나타난다.

시카고 야구 시장은 2개의 메이저 리그 야구 팀인 컵스와 화이트 삭스가 증명하듯이 선택적인 유통 모델을 지원하기에 충분히 크다.

순하고 범주 내에 딱 들어맞는다고 생각하진 않을 것이다. 그렇지 않은가?) 예를 들어, 전문 스포츠게임을 생각해 보자. 고객들은 그들이 피아노를 사는 것과 같은 방식으로 게임을 쇼핑하지 않을 수도 있다. 그들은 충동적으로 게임을 보러 갈 수 있을 것이고 개인별 서비스를 많이 필요로 하지 않을 것이다. 그럼에도 불구하고, 전문 스포츠 게임은 전속적 유통을 사용한다. 그 팀의 고객 서비스 비용은 수백만 달러 연봉의 선수들과 수천 억 원의 경기장을 운영해야 하기 때문에 높은 편이다.

기민한 독자(혹은 스포츠 팬)는 스포츠 팀의 전속적인 유통 전략에는 몇 가지 예외사항이 있다는 점을 알아차렸을 것이다. 뉴욕에는 2개의 풋볼팀과 2개의 야구 팀이 있다. 시카고에도 2개의 야구 팀이 있다. 우리는 집중적 유통보다는 시장 집중도가 덜하고 전속적 유통보다는 더 집중된 경우의 시장 커버리지를 **선택적 유통**(selective distribution)이라 한다. 이 모델은 수요가 너무 커서 전속적 유통이 부적절하지만 판매 비용, 서비스 요구 사항 또는 기타 요소로 인해 집중적 유통이 부족할 경우에 적합하다. 비록 화이트 삭스 야구 팬이 컵스 구단이 필요하다고 믿지 않을 수도 있지만, 메이저 리그 야구와 심지어 일부 야구 팬들은 시카고 시장이 두 팀을 모두 유지할 만큼 충분히 크다고 생각한다.

선택적 유통 전략은 소비자가 대안을 비교하기 위해 다른 소매점을 방문하는 데 기꺼이 시간을 들이는 가전 제품 및 전자 장비와 같은 **선매품**(shopping products)의 경우에 적합하다. 생산자들에게 있어, 선택적 유통은 상품의 신용 관리, 상품의 공급, 고객 서비스 관리, 효과적 협력 등을 위해 도매상과 소매상들을 선택함으로써 이러한 것들에서 자유로움을 의미한다. 도매상과 소매상들은 종종 판매자들의 가격 경쟁이 있는 집중적 유통보다는 수익성이 더 높은 선택적 유통을 선호한다.

4단계 : 유통 전략 개발

유통 경로를 제외한 나머지 마케팅 믹스들의 계획 수립과 관련한 유통 계획의 마지막 단계는 유통 전략을 실행하는 데 필요한 유통 전략을 개발하는 것이다. 이러한 의사결정은 대개 직접 유통 경로를 사용할 것인지 간접 경로를 사용할 것인지 혹은 전통적 경로를 사용할 것인지 통합된 경로를 사용할 것인지와 같은 일반적으로 경로 시스템 유형 결정에 관한 것이다. 유통 전략은 (1) 개별 경로 구성원을 선택하는 방법과 (2) 경로를 관리하는 방법이라는 두 가지 전략의 구현 측면과 관련이 있다. 우리는 아래의 두 가지 의사결정에 대한 통찰력을 제공한다.

첫째, 이 두 가지 의사결정이 고객 만족도에 직접적인 영향을 미치는 경우가 많기 때문에 이 두 가지 결정이 중요하다는 점을 이해하는 것이 중요하다. 아무도 그들이 산 무언가를 기다리

선택적 유통 집중적 유통보다 적지만 전속적 유통보다 많은 수의 아울렛을 사용하는 유통

고 싶어 하지 않는다! 많은 작은 기업들에게 아마존의 뛰어난 유통 능력을 이용하기 위해 아마존과 제휴하는 것은 매우 매력적이다. 경쟁력 있는 수수료를 위해 아마존에 의한 이행은 제삼자에게 제품의 저장 및 배송을 아웃소싱할 수 있는 기능을 제공한다. 휴대폰과 태블릿 액세서리의 출시에서 수백만 대의 제품 판매로 빠르게 성장한 테크 아머와 같은 기업은 효과적이고 경쟁력 있는 가격으로 제품을 유통시키기 위해 채널 회원으로서 아마존에 의존한다. 아마존 프라임에 가입하여 이틀간의 무료 배송을 받는 소비자들은 아마존을 통해 그들의 제품을 판매하는 회사들에게 추가적인 보너스를 제공한다. 아마존의 규모 때문에 테크 아머와 같은 기업들은 그들의 사업을 확장하면서 아마존이 증가된 유통에 대한 그들의 욕구를 앞서 갈 수 있을 것이라고 확신한다. 그리고 수요가 가장 많은 시기에, 내부 접근 방식대비 아웃 소싱 분배의 진정한 장점은 아마존이 수요 급증에 대처하기 위해 쉽게 유연하게 대처할 수 있다는 점이다. 이러한 유연성 덕분에 테크 아머와 같은 기업은 많은 스트레스를 줄일 수 있다.[11]

의사결정 1 : 경로 파트너 선택

기업이 경로 관계에 있어서 협력하기로 동의하면, 일반적으로 장기적 관점의 몰입 관계인 파트너가 된다. 결혼과 마찬가지로, 제조업자들과 중간상들 모두에게 경로 파트너를 현명하게 선택하는 것이 중요하며, 그렇지 않으면 그들은 뒤늦게 후회하게 될 것이다(그리고 결별은 매우 값비싼 대가를 치를 수 있다!) 중간상을 평가할 때 제조업자들은 다음과 같은 질문에 답하려고 노력한다. "경로 구성원이 지속적으로 이익을 가져다 줄 수 있을 것인가? 경로 구성원은 고객이 원하는 서비스를 제공할 능력이 있는가? 잠재적 중간상이 지닌 경로 통제 영향력은 무엇인가?" 등과 같은 질문들에 대한 답을 찾기 위해 노력한다.

예를 들어 중소 기업이 대형 소매업체인 월마트에 자신의 제품을 유통시키는 방법은 무엇일까? 월마트는 경로 파트너로서 소규모 기업의 사업 규모를 두 배, 세 배, 네 배로 늘릴 수 있다. 실제로 기업 규모가 유통 경로에서 교섭력(power)을 의미한다는 것을 인식한 몇몇 기업들은 자신들의 마케팅 의사결정을 통제할 수 없기 때문에 월마트에 판매하지 않기로 의사결정을 내렸다. 또한 하나의 소매업체를 선택하고 그 하나의 소매업체를 통해서만 판매하는 것에는 부정적인 면도 수반된다. 예를 들어, 해당 소매업체가 제품의 운반을 중단할 경우, 회사는 1명의 유일한 고객(아마 다른 작은 고객들을 사직시킨 후)을 잃게 될 것이며, 다시 원점으로 돌아오게 될 것이다.

경로 구성원 선택에 있어서 고려할 또 다른 사항은 경쟁자의 경로 파트너들이다. 소비자들은 제품을 구매할 때 다른 브랜드들을 비교하는 데 시간을 소비하기 때문에, 기업들은 자신들의 제품을 비슷한 경쟁업체의 제품 근처에 전시해야 할 필요가 있다. 만일 대부분의 경쟁자들이 거대 소매상을 통해 전기드릴을 유통시킨다면, 제조업자는 자신의 브랜드가 그곳에 있는지 확인해야만 한다.

기업의 사회적 책임에 대한 공헌은 경로 파트너 선택에 있어 중요한 결정적 요인이 될 수 있다. 많은 기업들이 경로 구성원 선발을 위해 광범위한 프로그램을 운영하고 있다. 스타벅스의 좋은 시민 친화적 이미지를 위한 조직 전반에 걸친 몰입은 일종의 '공급업체 다양성 프로그램'으로 인식시키는 방식의 하나이며 이것은 몇몇 사업들의 성공을 도와줄 수 있을 것이다.[12]

의사결정 2 : 경로 관리

제조업자에서 경로 전략을 개발하여 경로 구성원들과 제휴하여 함께 일하게 되면, 경로 관리를 위한 매일의 직무과업이 시작된다. **경로 리더** 또는 **경로 캡틴**(channel leader or channel captain)은

경로 리더 또는 **경로 캡틴** 채널을 제어하는 채널 선도적 기업

경로 교섭력 하나 이상의 권력 소스를 기반으로 전체 경로에 영향을 주고, 이를 제어 및 유도하는 경로 구성원의 능력

경로 협력 생산자, 도매업자 및 소매업체가 성공을 목표로 서로 의존하는 상황

경로 갈등 제조업자의 유통 전략을 위협할 수 있는 같은 유통 경로 내 다른 수준에 있는 회사들 사이에서의 부적합한 목표, 열악한 의사소통, 그리고 역할, 책임, 기능의 불일치

채널을 통제하는 지배적 기업이다. 하나의 기업이 경로 캡틴이 되는 이유는 다른 경로 구성원들에 비해 상대적으로 더 많은 경로 파워를 갖게 되기 때문이다. **경로 교섭력**(channel power)은 한 채널 구성원이 하나 이상의 근원에 근거하여 전체 채널에 영향을 미치고, 통제하고, 전체 채널을 이끄는 능력이다. 이러한 교섭력은 상이한 원천에서 나온다.

- 기업은 자원들을 통제할 수 있는 능력을 가질 때 **경제적 교섭력**을 가진다.
- 기업은 프랜차이저와 같이 법적인 권한으로 불리는 **합법적 교섭력**을 갖는다.
- 전속적 유통을 하거나 경로 중간상들에게 제품을 유통시킬 수 있는 능력을 가진 제조기업의 경우는 **보상적 혹은 강압적 교섭력**을 가진다.

과거에는 생산기업들이 전통적으로 채널 리더의 역할을 해왔다. 생산 업체는 전속적인 유통에 관여하고, 이익이 되는 제품을 제공하고, 채널 중간상으로부터 그것들을 빼앗을 수 있는 능력이 있는 경우에 보상이나 강압적인 힘을 갖았다. 예를 들어, P&G는 고객 지향적인 마케팅 프로그램을 개발하고, 시장 동향을 분석하고, 매출을 올릴 가능성이 가장 높은 제품의 판매액 증대를 위해 소매기업들을 위한 제품 믹스를 고안해냈다. 대형 유통업체들이 발전함에 따라 베스트 바이, 홈디포, 타깃, 월마트, 월그레인스와 같은 대형 소매업체들은 그들의 규모와 운영 면에서의 거대함으로 인해 주도적인 역할을 수행하기 시작했다.

한 예로, 아마존은 채널 파워를 사용하여 출판사 아셰트가 책에 인위적인 구매 지연을 부과하여 e-북 가격에 관한 아마존의 조건에 부응하도록 '설득'하려고 하고 일부 제목은 더 이상 검색에 나타나지 않도록 하였다. 또한, 다른 인기 있는 타이틀들은 더 이상 사전 예약이 불가능하도록 조치를 취하였다. 분쟁이 진행되는 동안, 인기 있는 일부 아셰트 타이틀은 더 이상 예약 판매가 불가능했다. 결국 아마존과 아셰트는 출판사가 자체 가격을 정할 수 있는 합의에 도달했다. 그러나 증거에 따르면 아셰트 출판사는 문을 닫은 뒤에도 양보했다고 한다.[13]

생산자, 도매상, 소매상 모두는 서로가 성공을 위한 상호의존적 관계에 있기 때문에 모두 **경로 협력**(channel cooperation)을 위해 함께 돕는다. 경로 협력은 경로 리더가 그들의 파트너들을 더욱더 성공적으로 만드는 행동을 취할 때 더 고무되게 된다. 높은 중간상의 수익 마진, 훈련 프로그램, 협동 광고 및 전문적 마케팅 조언 제공 등은 최종 소비자에게는 보이지 않지만 도매상과 소매상들의 관점에서는 동기 유발 요인들이다.

물론, 한 경로에 있는 구성원들 사이의 관계는 항상 달콤하고 밝은 빛만으로 가득 차는 것은 아니다. 각 기업들은 각자의 목표가 있기 때문에, **경로 갈등**(channel conflict)은 제조업체의 유통 전략을 위협할 수 있다. 이러한 갈등은 대개 동일한 유통 경로의 다른 수준에 있는 기업들 사이에서 발생한다. 목표의 불일치, 잘못된 의사 소통 및 역할, 책임 및 기능에 대한 미조정 등은 갈등을 일으킬 수 있다. 예를 들어, 하나의 생산기업은 중간상들이 자사의 상표만을 취급할 때 회사가 더 큰 성공과 수익을 거둘 것이라고 믿기 쉽지만, 많은 중간상들은 그들이 다양한 상표를 취급할 때 보다 더 수익적이라고 믿는다.

이 장에서 우리는 기업들이 고객들에게 그들의 제품을 유통시키는 데 이용하는 유통 경로와 관련된 것들을 알아보았다. 다음 장에서는 물류(공급사슬을 통한 물적인 제품의 이동)에 관한 것을 살펴볼 것이다.

11.3
목표
물류와 공급사슬의 개념을 토론한다.

물류 : 공급사슬의 실행

일부 마케팅 교과서들을 보면, 마케팅을 90%의 계획과 10%의 실행으로 묘사하는 경향이 있다. 그러나 절대 그렇지 않다! 현실 세계에서는 (그리고 우리 책에서는) 많은 관리자들은 이 비율은 바뀌어야 된다고 주장한다. 마케팅 성공은 올바른 타이밍과 약속 이행을 위한 매우 중요한 기술이며 이는 **실행**을 뜻한다.

물류 공급망을 통한 제품의 이동을 설계, 관리 및 개선하는 프로세스. 물류는 구매, 제조, 보관 및 운송을 포함

역물류 제품의 반품, 재활용 및 자재 재사용, 폐기물 처리를 포함

그것은 바로 마케팅 담당자들이 효율적인 **물류**(logistics)에 많은 중점을 두는 이유이다. 물류는 공급 사슬을 통해 제품의 이동을 설계, 관리 및 개선하는 과정이다. 물류는 구매, 제조, 보관 및 운송을 포함한다. 회사의 관점에서 물류는 (원자재, 부문품, 구성요소, 공급요소, 및 소모품) 내부(inbound) 물류와 (재공품이나 완제품 등의) 외부(outbound) 물류, 즉 두 부분이 존재한다.

물류는 또한 제품의 회수, 순환, 재활용 및 자재 재사용과 폐기물 재활용, 즉 **역물류**(reverse logistics)의 측면에서 중요한 고려 사항이다.[14] 우리가 앞 장에서 본 것처럼 기업이 경쟁우위로서 환경 보호의 지속성을 보다 더 중요하게 생각하기 시작함에 따라 이것은 더욱더 중요한 요소가 되고 있다. 그리고 비용 절감 및 환경보호를 위한 효율적 재활용 최대화를 위해 많은 노력을 기울인다. 따라서 당신은 물류가 공급사슬의 모든 요소들을 통틀어 중요한 이슈임을 알 수 있다. 이 과정을 좀 더 자세히 살펴보자.

물류에 관한 실정

당신은 "군인은 배가 든든해야 항군한다."라는 속담을 들어 본 적이 있는가? 물류라는 용어는 원래 군대가 군대와 장비를 알맞은 장소, 적시, 그리고 적절한 조건으로 제대로 운반하기 위해 필요한 모든 것을 설명하기 위해 사용하는 군사 용어였다. 비즈니스에서 물류의 목적은 고객이 원하는 것을 정확하게 적시에, 적절한 장소에, 그리고 적절한 가격에 전달하려는 것과 유사하다. 물류의 적용은 효율적 공급사슬관리를 위해 필수적이다. 그림 11.5에 표시된 바와 같이, 물류 활동은 주문 처리(order processing), 입고, 자재 취급, 운송 및 재고 관리를 포함한다. 이 과정은 마케팅 담당자들이 그들이 있어야 할 곳에서, 필요한 때에, 가능한 한 저렴한 비용으로 제품을 물리적으로 얻는 방법에 영향을 미친다.

그러나 기업이 물류 계획을 수립할 때는 고객에게도 초점을 맞추어야 한다. 예전에는 물류 관리자들이 물류만을 물리적인 유통으로 생각했을 때, 목표는 제품을 가장 낮은 비용으로 공급하는 것이었다. 오늘날 진보적인 생각을 하는 회사들은 고객의 요구를 우선적으로 고려한다. 즉, 고객의 목표는 물류 제공 업체의 우선 순위가 된다. 그리고 이것은 기업들 대부분이 낮은 비용과 높은 고객 서비스를 최적으로 상쇄시킬 수 있는 물류 의사결정을 해야만 한다는 것을 의미한다. 적절한 목표는 시장이 필요로 하는 것을 최저의 비용으로 제공하는 것이 아니라 기업이 배달 요구 사항을 충족하는 한 가능한 한 최저의 비용으로 제품을

그림 11.5 과정 | **물류의 다섯 가지 기능**

물류 전략을 개발할 때 마케팅 담당자는 주문 처리, 창고 관리, 자재 관리, 운송, 재고 관리 등과 관련된 의사결정을 내려야 한다.

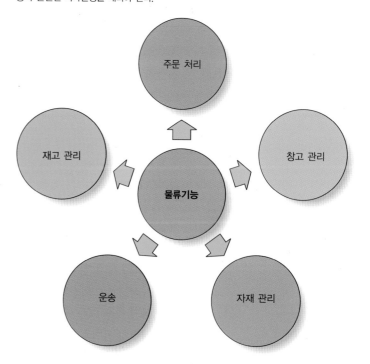

제공하는 것이다. (드론으로, 아마존이 원하는 것처럼) 항공편으로 모든 상품을 빨리 수송하는 것은 좋지만, 확실히 실용적이지는 않다. 그러나 때로는 아무리 비용이 들어도 고객의 욕구를 충족시키기 위해서 항공편이 필요할 때도 있다.

물류 전략을 개발할 때, 마케팅 담당자는 반드시 그림 11.5에 묘사한 물류의 다섯 가지 기능 각각에 관련된 결정을 내려야 한다. 각 결정에 대해 관리자는 고객이 원하는 서비스를 유지하면서 비용을 최소화하는 방법을 고려해야 한다. 다섯 가지 물류 기능을 자세히 살펴보자.

주문 처리

주문 처리(order processing)는 주문이 조직 내부로 들어오는 시기와 제품이 외부로 나가는 시기 사이에 발생하는 일련의 과정들을 포함한다. 주문을 받은 회사는 일반적으로 기록 보관을 위해 전자 우편으로 주문서를 사무실로 보낸 다음, 주문을 맞추기 위해 주문 내용을 창고로 보낸다. 주문품이 창고에 도착하면, 그곳 창고 직원들은 해당 품목의 재고가 있는지 확인한다. 만약 재고가 없다면 그들은 주문이 재고 부족 상태임을 알린다. 그러한 정보는 사무실로 전해지고, 고객에게 전달된다. 만약 해당 상품이 구비되어 있을 경우, 기업은 재고를 창고 안에 배치하고, 선적을 위해 포장을 하고 내부 물류로 배송할 것인지 혹은 외부 선적업체를 통해 배송할 것인지 스케줄을 짠다.

다행히도, 많은 기업들이 **전사적 자원 관리 시스템**[enterprise resource planning(ERP) systems]을 사용하여 이 프로세스를 자동화하고 있다. ERP 시스템은 재무, 주문 처리, 제조, 운송을 포함하여 회사 전체의 정보를 통합한 소프트웨어 솔루션이다. 데이터를 한 번만 시스템에 입력하면 조직이 이 정보를 자동으로 공유하고 다른 관련 자료와 연결한다. 예를 들어, ERP 시스템은 제품 재고에 대한 정보를 판매 정보에 연결시켜서 판매 담당자가 제품이 재고에 있는지 여부를 고객에게 즉시 알려줄 수 있도록 제품 재고량 정보에서 판매 정보에 관한 것까지를 다룬다.

창고 관리

우리가 화훼상품을 취급하든 통조림 혹은 컴퓨터 칩을 취급하든 간에 서비스와 달리 유형 제품들은 저장 및 보관되어야 한다. 상품을 저장하는 것은 마케팅 담당자들로 하여금 수요와 공급을 일치시키도록 한다. 예를 들어, 원예 용품은 특히 봄과 여름에 잘 팔리지만, 그것을 생산하는 공장들은 1년에 12개월 동안 운영된다. **창고 관리**(warehousing), 즉 유통 경로의 다른 구성원에게 판매 또는 이전을 예상하여 판매 전의 상품을 보관 또는 저장하는 행위는 마케팅 담당자가 소비자가 필요로 할 때까지 제품을 유지하여 소비자에게 시간 효용을 제공할 수 있도록 해준다.

효과적인 물류 체계를 개발하는 것은 얼마나 많은 창고가 필요하고, 어디에, 어떤 종류의 창고가 있어야 하는지에 대한 결정을 내리는 것을 의미한다. 기업은 고객의 위치, 주요 고속도로, 공항 또는 철도 교통에 대한 접근성에 근거하여 창고의 위치를 결정한다. 창고의 수는 고객이 요구하는 서비스 수준에 따라 달라지는 경우가 많다. 일반적으로 고객이 신속한 배송을 요구하는 경우(오늘이나 내일), 기업은 상이한 여러 장소에 제품을 보관함으로써 고객에게 신속하게 제품을 배송할 수 있게 하는 것이 필요하다.

예를 들어, 수년간 아마존은 소비자의 요구에 부응하고 제품이 가능한 한 빨리 소비자에게 전달되도록 하기 위해 미국 전역과 해외의 첨단 기술 이행 센터에 수십억 달러를 투자했다. 아마존은 심지어 소비자의 위치에 따라 당일, 1시간, 일요일 배송 옵션까지 출시했다(만약 여러분이 미국의 주요 대도시 지역에 살고 있다면, 여러분이 아직 그것들을 가지고 있지 않다면, 이러한 프리미엄 서비스들이 여러분에게 곧 제공될 가능성이 높다).[15]

기업들은 상품을 저장하기 위해 개인 창고와 공공 창고를 사용한다. 개인 창고를 사용하는 경우는 초기에 많은 투자를 하지만, 손상으로 인한 피해 때문에 그들의 재고를 덜 잃는다. 공공 창고는 기업들이 전체 창고 시설을 소유할 필요 없이 창고 공간의 일부에 대해 지불할 수 있도록 해주는 대안이다. 대부분의 나라들은 국내와 국제 무역을 지원하기 위해 모든 대도시와 많은 작은 도시에 공공 창고를 제공한다. **물류창고**(distribution center)는 상품을 단기간 동안 보관하여 부피 감소와 같은 다른 기능을 제공하는 창고이다. 대부분의 대형 유통업체들은 자체 유통 센터를 보유하고 있어, 그들의 매장 안에 많은 재고를 유지할 필요가 없다.

물류창고 짧은 기간 동안 제품을 보관하고 하중 개시와 같은 기능을 수행하는 창고

자재 관리 창고 내외로의 제품 이동

운송 경로 구성원 간 제품을 이동하는 상태

자재 관리

자재 관리(materials handling)는 창고 내부와 외부로 제품을 이동시키는 것이다. 제품이 창고에 들어오면 그들은 물리적으로 제품을 확인하고, 손상이 있는지 확인하고, 분류하고, 라벨링을 한다. 그런 다음 저장 위치로 이동된다. 마지막으로, 포장 및 배송을 위해 보관 영역에서 복구된다. 대체로 상품은 12회 이상 별도로 처리된다. 제품을 취급해야 하는 횟수를 제한하는 절차는 손상의 가능성을 줄이고 자재 운반 비용을 줄인다.

운송

물류 의사결정은 채널 구성원 간에 어떤 운송수단으로 제품을 이동시킬 것인지의 **운송**(transportation) 옵션을 고려해야 한다. 다시 말해, 운송 의사결정은 비용을 최소화하는 것과 고객이 원하는 서비스를 제공하는 것 사이의 절충된 합의를 수반한다. 표 11.3에 나타난 바와 같이, 운송수단은 철도, 해상, 트럭, 항공, 파이프 라인 및 인터넷 등을 포함하며 아래의 서비스 방식에서 차이가 난다.

- **신뢰성**(dependability) : 안전하고 제시간에 물건을 배달하는 능력
- **비용**(cost) : 적재, 하역 및 운반 비용을 포함하여, 한 장소에서 다른 장소로 제품을 옮기는 데 드는 총운반 비용
- **배송 속도**(speed of delivery) : 적재와 하역을 포함해 한 장소에서 다른 장소로 제품을 이동하기 위해 소요되는 총시간
- **접근성**(accessibility) : 운반자가 서비스 제공을 할 수 있는 다양한 장소 수
- **성능**(capability) : 대량, 소량, 깨지기 쉬운, 박스 단위 판매 대용량 제품 등의 다양한 제품들을 취급할 수 있는 운반자로서의 능력
- **추적성**(traceability) : 제품을 선적할 수 있는 위치에 배치하는 운반자의 능력

각각의 운송수단들은 강점과 약점들을 가지며 상이한 운송욕구를 고려해 적절한 선택을 해야 한다. 표 11.3에는 각 운송수단의 장점과 단점이 요약되어 있다.

- **철도**(railroads) : 철도는 석탄이나 기타 광산 제품과 같이 장거리에 무거운 또는 부피가 큰 물건을 운반하는 데 가장 좋다. 철도는 다른 운송수단과

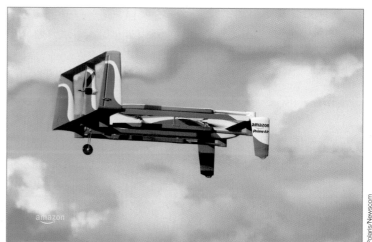

아마존은 언젠가 물류 회사들의 운송 옵션에 완전히 새로운 차원을 추가할지도 모르는 아마존 프라임 에어 드론 서비스를 실험하고 있다.

Polaris/Newscom

표 11.3 | 운송형태 비교

운송형태	신뢰성	비용	배달속도	접근성	역량	추적성	운송 가능 제품
철도	보통	보통	보통	높음	높음	낮음	자동차, 곡물, 강철과 같은 무겁거나 부피가 큰 제품
해상	낮음	낮음	느림	느림	보통	낮음	대용량, 비부패성 제품(자동차)
트럭	높음	원거리 : 비경제적 단거리 : 경제적	빠름	높음	높음	높음	냉장이 필요한 제품을 포함하여 다양한 제품
항공	높음	높음	매우 빠름	낮음	보통	높음	전자 제품 및 신선한 꽃과 같은 고부가 가치 제품
파이프라인	높음	낮음	느림	낮음	낮음	보통	석유 제품 및 기타 화학 물질
인터넷	높음	낮음	매우 빠름	잠재적으로 매우 높음	낮음	높음	은행, 정보, 엔터네인먼트 등의 서비스

비교할 때 비용이 보통이며 배달 속도도 적당하다. 철도운송이 많은 지역에 저비용 서비스 제공으로 신뢰할 만하지만 철도는 모든 지역에 상품을 운송할 수 없다는 단점이 있다.

- 해상(water) : 선박과 바지선은 크고 부피가 큰 물품을 운반하며, 국제 무역에서 매우 중요하다. 해상 운송은 비교적 저렴하지만 느릴 수 있다.

- 트럭(trucks) : 트럭 또는 자동차는 소비재를 운반하는 데 이용되는데, 특히 짧은 운송에 있어 가장 중요한 운송 수단이다. 선적, 기차, 항공 등의 운송수단이 운송서비스를 제공할 수 없는 경우 트럭을 이용할 수 있기 때문에 운송수단 이용의 유연성이 존재한다. 또한 트럭은 부패하기 쉬운 물건들을 포함해 다양한 물건들을 운반한다. 장거리 배송의 경우 비용이 상당히 많이 들지만, 트럭은 단거리 배송에 경제적이다. 트럭은 택배 서비스를 제공하기 때문에 제품 취급은 최소한으로 하며, 이는 제품 손상의 가능성을 줄인다.

- 항공(air) : 가장 빠르고 가장 비싼 운송수단이다. 중요 우편물, 화훼제품, 살아 있는 가재와 같은 고가의 품목들을 옮기는 데 이상적이다. 승객항공사, 항공화물운송업자, 그리고 페덱스와 같은 배달서비스 기업들은 항공 운송을 제공한다. 선박들은 국제 화물을 운반하는 주요 운송수단이기도 하지만, 국제 시장이 계속해서 발전함에 따라 항공운송네트워크는 더욱 더 중요해지고 있다. 드론은 단거리를 통해 항공편으로 물건을 수송하는 재미 있는 옵션이다. 아마존이나 월마트 등 일부 기업은 향후 물류 운영을 강화하기 위해 드론 기술에 대한 관심을 공개적으로 표명했다. 아마존 프라임 항공 서비스(현재 테스트 중)의 목표는 이러한 소형 무인 항공기를 이용하여 30분 이내에 고객들에게 패키지를 안전하게 배달하는 것이다.[16] 이에 앞서 2011년부터 기술 업체 매터넷(Matternet)은 규정에 따라 현장 테스트가 가능한 국가(예 : 아이티와 스위스)에서 자체 유도 드론을 시범 활용하여 의약품, 견본, 우편물 등을 전달하고 있다. 의약품, 견본, 우편물을 인도하기 위한 시험에 근거하여 자체 유도 드론을 활용하고 있다.[17]

- 파이프 라인(pipeline) : 파이프 라인은 석유 및 천연 가스와 같은 석유 제품과 몇 가지 다른 화학 물질을 운반한다. 파이프 라인은 주로 오일 또는 가스를 정유장치로 운송한다. 그것들은 가격이 매우 낮고, 에너지를 거의 필요로 하지 않으며, 날씨에 의한 운송위험이 거의 없다.

- 인터넷 : 이 장의 앞에서 논의했듯이, 은행, 뉴스 및 엔터테인먼트와 같은 서비스의 마케팅 담당자는 인터넷이 제공하는 유통기회의 이점을 활용한다.

재고 관리

물류의 또 다른 구성요소는 **재고 관리**(inventory control)이며, 이는 기업이 고객의 요구를 만족하기 위해 항상 이용 가능한 충분한 양의 상품을 확보하도록 프로세스를 개발하고 시행하는 것을 의미한다. 이는 적은 재고 수준이 필수적인 요건이기 때문에 기업들이 그들의 제품이 있는 곳과 필요로 하는 곳에 대한 상품화 계획에 집중하는 이유를 설명한다.

일부 회사들은 심지어 **주파 파동 인식장치**(radio frequency identification, RFID)와 같은 정교한 기술(톨게이트를 통과할 때 운전자들을 인식하는 EZ 시스템과 유사한 기술)을 도입하고 있다. 제2장에서 보았듯이, RFID는 기업들이 품목의 내용, 출처, 목적지에 관한 정보를 포함하는 작은 칩들로 옷, 제약 회사 또는 사실상 어떤 종류의 제품에도 태그에 부착되는 방식이다. 이 기술은 재고 관리에 혁명을 일으킬 수 있는 잠재력을 가지고 있고 사람들이 재고를 사고 싶어 할 때 마케팅 담당자들이 그들의 제품을 판매대에 올려 놓도록 돕는다. 이 기술은 제조업체와 소매업체에게 모두 유용한가? 일부 소비자 단체는 이들이 자신의 '스파이 칩'이라고 부르며 RFID 사용에 대항하고 있으며 블로그와 불매 운동, 그리고 다른 반 기업 활동 등을 통해 회사들을 통해 RFID가 조지 오웰이 1984에서 예견했던 사생활 침해의 상징이라고 비난했다.[18] 예를 들어, 한 블로거는 질레트가 면도기 포장에 '스파이 칩'을 사용하여 고객들을 몰래 조사하고 사진을 찍고 있다고 확신하고, 자신의 '보이콧 질레트' 웹 사이트를 시작하기로 결정했다. 이 사이트는 질레트 제품이 구매하지 못하도록 소비자들에게 경고하고, RFID 태그의 사용에 맞서 싸우기 위해 질레트와 그들의 의원들뿐만 아니라 질레트와 연락하는 방법을 알려준다.[19]

기업들은 여러가지 이유로 상품을 저장한다(즉, 재고를 창출함). 제조업체의 경우 생산 속도가 계절적 수요와 일치하지 않을 수 있으며, 그 결과 기업은 **수평 적재**(level loading)라는 관행에 관여할 수 있다. 이것은 제조업체의 재고 보유 능력과 특정 제품에 대해 일관된 생산 일정을 이행을 통한 특별한 제품을 위한 제조업체의 생산 용량 제약의 균형을 맞추기 위해 고안된 제조 방식이며, 최대 수요 기간 동안 및 그 이후에 사용된다. 예를 들면, 기업들은 스키를 겨울에만 생산하는 것보다 1년 내내 생산하여 더 추운 기간 동안 보관하기 위해 돈을 지불하는 것이 더 경제적일 수 있다. 이는 제조업체가 기존 생산 라인과 해당 작업 라인에서 주어진 시간 동안 생산할 수 있는 스노우 스키의 수와 관련된 수용력 문제의 결과이다.

유사하게, 제조기업들이나 다른 중간상들로부터 상품을 구매하는 경로 구성원이 정확하게 수요와 일치하게 하는 것보다 충분한 수량을 주문하는 것이 더 경제적일 수 있다. 예를 들어, 배달 비용은 주유소에서 사람들이 사용할 하루 필요량을 매일 주문하는 것을 제한한다. 대신 주유소에서는 일반적으로 가솔린 트럭에서 필요량을 주문하고, 저장탱크에 그들의 재고를 보관한다. 재고 부족 상황으로 인해 매출이 감소하고 고객 불만이 발생할 경우 재고 부족 상황은 매우 부정적인 결과를 가져올 수 있다. 때문에, 소매 주유소는 그날 사람들이 사용할 가스의 양만을 매일 주문하는 것이 금지되어 있다. 재고 부족 상황으로 인해 매출이 감소하고 고객 불만을 일으키는 **품절**(stock-outs)은 매우 부정적인 결과를 가져올 수 있다. 제품이 나온 신문 광고를 보고 가게에 갔는데, 가게에서 제품이 없다면 어떨까?

재고 관리는 기업의 물류계획의 전체 비용에 큰 영향을 미친다. 만일 상품 공급이 고객 수요의 변동을 충족시키기에 너무 낮으면, 기업은 값비싼 긴급 배달을 하거나 아니면 경쟁기업들에게 고객을 잃게 될 수도 있다. 재고가 수요를 초과할 경우 불필요한 보관 비용이 발생하고 손상 또는 품질 저하의 가능성이 발생한다. 이러한 두 가지 상충되는 필요요건의 균형을 맞추기 위해 제조업체들은 그들의 공급업체들과 함께 재고관리 기술인 **적기 공급 생산**(just in time, JIT)을 고안했다. JIT는 생산 현장에서 필요한 만큼 제품을 배달하는 것이다. 이렇게 하면 고객이 필요

재고 관리 상품이 고객의 요구를 항상 충족시킬 수 있도록 하는 활동

주파 파동 인식장치 제품의 내용, 출발 및 도착지에 대한 정보를 포함한 작은 칩이 포함된 제품 꼬리표

수평 적재 피크 수요 기간 동안 또는 그 이후에 모두 채택된 일관된 생산 일정의 실행을 통해 특정 제품에 대한 제조업체의 재고 보유 능력과 생산 용량 제약의 균형을 맞추기 위한 제조 방식

품절 매출 감소와 고객 불만족을 초래하는 재고가 없는 상황

적기 공급 생산(JIT) 제조업체와 판매자가 재고를 매우 낮은 수준으로 줄이고 수요가 있을 때만 공급업체로부터의 재고 인도를 보장하기 위해 사용하는 재고 관리 및 구매 과정

공급 사슬 원료를 재화 혹은 서비스로 전환시키고 그것을 소비자 혹은 기업 고객에게 전달하는 데 필요한 모든 활동

로 할 때 재고를 확보하는 동시에 재고를 확보하는 비용이 최소화된다.

이러한 종류의 시스템을 채택하는 기업에 대해서는 공급 업체의 적기공급할 수 있는 공급 능력이 선택 과정에서 결정적인 요인이 된다. JIT시스템은 올바른 양의 재고를 유지하기 위해 재고를 매우 낮은 수준(또는 0)으로 줄이고 배송 시간을 신중하게 줄인다. JIT시스템의 이점은 창고 비용을 절감한다는 것이다. 제조기업과 재판매기업 모두 JIT시스템을 사용하면 가장 가까운 곳의 공급업자를 선택함으로써 비용을 줄일 수 있다. 대규모 고객을 확보하기 위해 생산시설을 설립해야만 하는 공급업자는 JIT배달 시스템으로 고객에게 가깝게 접근할 수 있다.[20]

장소 : 공급 사슬을 통한 채널 통합 전략

공급 사슬(supply chain)은 원료를 재화 또는 용역으로 변환시켜 그것을 소비자 또는 기업 고객의 수중에 투입하는 데 필요한 모든 활동을 포함한다. 샘스클럽과 자매 회사인 월마트는 세계적인 공급 사슬 효율성에 있어 상징적인 회사이다. 두 기업은 제3의 구매업체나 공급업체를 통하지 않고 직접 제조업체를 통해 제품을 구입하는 비율을 늘리기 위해 노력해 왔다. 전반적인 과잉 재고를 줄이고 회사의 물리적 위치와 웹 사이트에서 점점 더 많은 쇼핑을 하는 소비자의 요구를 보다 효과적으로 충족시키기 위해 월마트는 공급망 내에서 민첩성을 높일 수 있는 전략을 수립했다. 특히, 거대 소매업체는 그것의 총재고를 줄이고, 판매되는 제품의 다양성을 증가시키며, 재고를 물리적 상점에서 유통 센터로 이전했다. 온라인 쇼핑을 하는 소비자들의 수가 증가하면서, 이 중요한 운영상의 변화는 월마트가 고객들에게 더욱 신속하게 서비스를 제공할 수 있게 해준다. 기업은 온라인과 매장 내 구매자를 위해 재고 관리에 대한 별도의 접근 방식을 유지해야 하는 경우, 발생할 전체 재고 비용의 큰 증가를 피할 수 있다.

게다가, 유통 센터는 매장 간 재고 이동을 구현하는 것과 비교하여 한 장소에서 예상되는 수요 증가가 관찰되는 경우 점포로 상품을 가져오는데 훨씬 더 효율적이다. 그러나 이러한 변화의 또 다른 추가적인 이점은 매장 내 직원들이 다른 부가 가치 활동(예:고객 지원)에 더 집중할 수 있도록 한다는 점인데, 왜냐하면 창고에서 재고를 관리하는 데 더 적은 시간이 필요하기 때문이다. 각 가게의 재고가 감소한다는 것은 일부 고객들이 재고 증가로 인해 원할 때 특정 상품을 정확하게 구입할 수 없다는 것을 의미한다.[21]

월마트는 공급망 관행이 조직의 성과와 이익을 향상시킬 수 있는 가능성을 잘 알고 있으며 모범 사례에 대해 물리적 제품 벤치마킹을 통해 대부분의 모든 산업 분야의 기업들에게도 도움이 된다고 생각한다. 진실은 유통이 마케팅 성공의 '최전선'이 될 수 있다는 것이다. 이유를 이해하려면 마케팅의 다른 세 가지 P에 대해 이러한 사실을 고려하면 된다. 수년간 과대 광고를 한 끝에 많은 소비자들은 더 이상 '새롭고 개선된' 제품이 정말로 새롭고 개선되었다고 믿지 않는다. 거의 모든 사람들, 심지어 고급 제조업체와 소매업체까지도 공격적인 가격 책정 전략을 통해 시장 점유율을 높이려고 노력한다. 오늘날 광고와 다른 많은 형태의 홍보는 너무 흔해서 그들은 그들의 영향력의 일부를 잃었다. 최신 소셜 미디어 전략조차도, 적어도 오랫동안 값이 비싸거나 조잡하게 만들어진 제품을 팔 수 없다. 마케팅 담당자들은 네 가지 P 영역 중에서 유일하게 유통이 많은 소비자들이 원하는 것을 순식간에 장기적인 경쟁 우위를 확보할 수 있는 기회를 제공할 수 있다고 이해하였다.

그것이 노련한 마케팅 담당자들이 항상 그들의 상품을 유통할 새로운 방법을 찾는 이유이다. 가치 제안을 전달하는 마케터의 능력 중 큰 부분은 효과적인 공급 사슬 전략을 이해하고 개발하는 능력에 달려 있다. 물론 기업이 이러한 활동을 수행하기 위해 외부 기업을 참여시키기로 결정하는 경우가 많다. 이는 제6장에서 알게 되었듯이 아웃소싱이라고 할 수 있는데, 이는 외

핵심 계량지표

재고 관리에 가장 많이 사용되는 척도 중 하나는 **재고 회전율** 또는 **재고 회전**(inventory turnover or inventory turns)으로, 이는 기업의 재고가 정의된 기간 (일반적으로 1년) 동안 완전히 순환하는 횟수이다. 마케터는 원가 또는 소매로 재고 값을 사용하여 재고 회전율을 측정하거나, 이 계량지표를 단위로도 표시할 수 있다. 분모와 분자에서 동일한 측정 단위를 사용하고 있는지만 확인하면 된다.[22] 가장 일반적인 공식 중 하나는 다음과 같다.

재고 회전율 = 매출액 연간 원가/기간 평균 재고 수준

하지만 위의 공식에 따르면 연말까지(또는 기업 회계 연도의 마지막 날까지) 기다려야 한다. 대안은 직전 12개월 동안의 판매 비용과 그 기간 말의 현재 재고량을 살펴서 언제라도 회전율을 계산할 수 있도록 단계적 접근방식을 취하는 다음과 같은 '스냅숏' 숫자를 사용하는 것이다.

재고 회전율×12개월 매출 원가/현재 재고

재고 회전을 위한 벤치 마크는 업종과 생산 라인에 따라 크게 다르

다. 슈퍼 마켓과 같은 고용량/저질량 설정은 전체적으로 연간 12회 이상의 재고 회전을 가질 수 있다. 그러나 모든 여행에서 구매되는 일부 주요 상품(예 : 우유와 빵)은 회전율이 상당히 높을 수 있다. 다른 모든 조건이 같다면, 기업은 재고 회전의 증가를 목표로 하여 그것의 수익성을 실질적으로 높일 수 있는데, 12번이 아닌, 1년에 15번 제품을 통해 판매하는 것은 자연스럽게 이익을 개선한다. 하지만, 만약 가격 인하나 홍보 비용 증가가 필요하다면, 경영진은 증가된 양이 정말 이익에 더해지는지 주의 깊게 계산해야 할 것이다(이것이 바로 마케팅 담당자들이 옛 속담 '우리는 돈을 잃고 있지만 우리는 대량으로 그것을 보충할 거야!'와 같은 문제에 봉착할 수 있는 상황이다).

계량지표 적용

1. 스파이더맨사 자동차 부품 가게는 지난 달 매출액 360만 달러와 평균 재고 45만 달러를 기록하며 회계 연도를 마감했다. 그 회계 연도의 스파이더사의 재고 회전율은 얼마인가?
2. 스파이더사는 다음 회계 연도에 그들의 순번을 10으로 올리고 싶어한다. 이 목표를 달성하는 데 도움이 될 만한 제안 사항이 있는가?

부 업체가 사내에서 공급할 수 있는 제품이나 서비스를 제공할 때 발생한다. 공급 사슬 기능의 경우, 아웃소싱 기업들은 회사와 어떤 형태로든 협력이나 협력 사업을 개발한 조직일 가능성이 높다.

공급 사슬 관리(supply chain management)는 총이익성을 극대화하기 위해 공급 사슬에 있는 기업들 간의 흐름을 조정하는 것이다. 이러한 '흐름'에는 상품의 물리적 이동뿐만 아니라 상품에 대한 정보 공유도 포함된다. 즉, 공급 사슬 파트너는 각자의 활동을 서로 동기화해야 한다. 예를 들어, 그들은 그들이 구매하고자 하는 상품(조달 기능)에 대한 정보를 전달해야 하며, 공급 사슬 파트너가 마케팅 계획에 대해 어떤 계획을 세울 것인지(즉, 공급 사슬 파트너가 증가된 수요에 대해 그들의 사전 통보를 제공하도록 하는 방법), 그들이 시행하려고 계획하는 마케팅 캠페인(공급 체인 파트너가 증가된 수요에 대해 그들의 사전 통보를 제공하도록 하는 방법), 물류(사전 배송 통지서를 발송하여 파트너에게 제품이 나왔음을 알리는 등)에 대해 설명한다. 이러한 정보 흐름을 통해 회사는 소싱에서 소매에 이르는 공급 사슬의 모든 링크를 효과적으로 관리할 수 있다.

토머스 프리드먼은 제2장에서 논의한 21세기의 역사에 대한 그의 저서인 세계는 평평하다(*The World Is Flat: A Brief History of the Twenty-First Century*)를 통해 글로벌 공급 사슬 관리에서 많은 영향을 줄 수 있는 많은 트렌드를 설명하였다.[23] 우리는 전통적으로 고객의 공급 사슬 조정을 담당하는 전문가로서 다른 것을 재구성한다는 것을 알고 있다. UPS는 이러한 경향의 좋은 예다. 예전에는 소포 배달 서비스에 불과했던 UPS는 **인소싱**(insourcing) 전문업체이다. 인소싱은 고객 회사가 중요한 회사 운영을 위해 외부 회사를 도입한다는 의미로 오늘날 재고 정리를 전문으로 하기 때문에 훨씬 더 편리하다. 이 프로세스는 회사가 공급 사슬에 서비스를 제공하는 전문가와 계약할 때 발생한다. 회사가 불필요한 업무를 하도급 업체에 위임하는 **아웃소싱** 과정과 달리

재고 회전율 또는 **재고 회전** 정해진 기간 동안 회사의 재고가 완전히 순환되는 횟수

공급 사슬 관리 전체 수익성을 최대화하기 위해 공급사슬에서 기업들 간의 흐름 관리

인소싱 한 회사가 공급망 운영의 일부분 혹은 모든 부분을 처리하기 위해 전문 회사와 계약하는 관행

현실세계에서 윤리적/지속 가능한 의사결정

공급사슬은 일반적으로 여러 대륙에 걸쳐 존재하며 다양한 단계에서 가치를 더하는 수많은 조직을 포함한다. 레스토랑(및 기타 소매점)의 경우 이는 상류(업스트림) 공급 업체의 매우 복잡한 구성을 관리하는 것을 의미할 수 있으며, 각 구성은 중요한 역할을 한다. 레스토랑은 최종 소비자 이전 사슬에 최종적으로 연결되기 때문에, 종종 고객들이 레스토랑에 공급하는 회사들을 신뢰하는 것을 확실히 하는 사업에 해당된다.

치폴레 체인점은 수년간 책임 있는 식품 소싱과 취급의 선두에 있었다. 그리고 그러한 이유로 그 회사는 그것의 철학을 중시하는 많은 소비자들이 가장 좋아하는 회사가 되었다. 이에 따라 체인점은 2015년부터 시작된 구제역(대장균)이 잇달아 발생한 것을 널리 알렸다. 그 문제는 높이 평가되고 있는 식당 체인에 대한 소비자와 주주의 신뢰를 뒤흔들어 놓았다. 회사는 향후 발생을 방지하기 위해 그것의 상류(업스트림) 공급자들을 겨냥한 새로운 핵심 안전 조치를 포함하여 여러가지 변경 사항을 적용했다. 치폴레 체인점은 특히, 모든 공급 업체에 대해 실제 출하되는 모든 원료마다 소량일지라도 대장균 문제가 없음을 확인하기 위해 'DNA기반 검사'를 실시하도록 요구하기 시작했다.

실제로 문제가 하나 이상의 공급 업체로 추적될 수 있는지 여부에 관

계없이 치폴레 체인점의 소비자들과 투자자들이 그 회사가 오염된 성분이 점포 및 공급사슬 내에서 소비자에게 전달되기 전에 검출되었는지 확인하기 위해 무엇을 다르게 할 수 있었는지를 궁금해 하는 것은 당연하다. 일부 전문가들은 또한 치폴레의 공급사슬 문제의 일부는 이 회사가 보유하고 있는 원료의 상당 부분을 주로 대형 생산자와 유통업체로부터 재료를 조달하는 것과는 반대로 소규모 농장에서 조달하는 관행에 있어서 독특하다고 제안했는데, 이로 인해 치폴레는 공급사슬을 훨씬 더 쉽게 감시하고 통제할 수 있다. 즉, 공급 업체의 수가 증가하면 자연스럽게 공급망 내의 복잡성이 증가하기 때문에 개별적인 선적 문제를 탐지하기가 더 어렵다.[24] 아이러니하게도, 치폴레가 작은 지역 기업들을 지원함으로써 훌륭한 기업 시민이 되려는 시도는 자신도 모르게 오염 문제에 기여했을 수도 있다.

2016년 2월 미국 질병 관리 본부는 치폴레에서 일어난 대장균 발생이 끝난 것 같다고 선언했다.[25] 앞으로 치폴레가 이 실패의 반복을 피하기 위한 노력에 있어서 모든 전선에 대해 점점 더 경계할 것이라는 것에는 의심의 여지가 없다.

> **윤리 체크 :**
>
> 상류(업스트림) 공급 업체가 과거에 부적절한 구성요소 생산 또는 취급과 관련하여 문제가 있었다는 것을 레스토랑이 알고 있는 경우(이 특정 레스토랑 체인에 반드시 영향을 미치지는 않더라도), 해당 공급 업체와 계속 협력해야 하는가?
>
> ☐ 예 ☐ 아니요

인소싱이란 고객 회사가 중요한 회사 운영을 위해 외부 회사를 도입한다는 의미이다. 상자를 운반하는 도시를 돌아 다니는 작은 갈색 트럭에 UPS를 연결하는 경향이 있지만, 회사는 실제로 광범위한 기반의 공급 체인 컨설팅으로 B2B 공간에 자리 잡고 있다.

마지막으로, 공급 사슬과 유통 경로의 차이점에 대해 궁금한 점이 있다면 주요 특징은 회원 수와 그 기능이다. 공급 사슬은 광범위하며, 기업이 재화나 용역을 생산하는 데 필요한 원자재, 부품, 소모품을 공급하는 회사로 구성되며, 추가로 제품의 궁극적인 사용자에게 해당 제품의 이동을 용이하게 하는 회사로 구성된다. 이 마지막 부분, 즉 제품을 최종 사용자에게 제공하는 회사는 유통 경로이다.

목표 요약 ➡ 핵심 용어 ➡ 적용

11.1 목표 요약

유통 경로가 무엇인지 설명하고, 도매 중개인의 유형을 확인하고, 다른 종류의 유통 경로를 설명하라.

유통 경로는 생산자로부터 최종 소비자에게 제품의 이동을 촉진시키는 일련의 기업들 혹은 개인들을 말한다. 경로는 고객을 위한 장소, 시간 및 소유 효용을 제공하고, 대량을 소량으로 나누고 구색을 생성하여 상품이 많은 제조업체로부터 많은 고객으로 이동하는 데 필요한 거래 횟수를 줄여준다. 경로 구성원들은 중요한 고객 서비스를 제공하여 구매 프로세스를 더욱 쉽게 만들어준다.

도매 중간상은 제조 업자로부터 소매상 혹은 기업 사용자에게 제품 흐름을 관리하는 회사이다. 상인 도매상은 제품에 소유권을 가지며 완전 기능 도매상과 한정 기능 도매상을 포함하는 독립 중간상이다. 대리상인 및 브로커는 상품에 대한 소유권을 갖지 않는 독립적인 중간상이다. 제조업자 소유 중간상은 판매 지점, 판매 사무소 및 제조업자 전시관 등을 포함한다.

유통 경로는 가장 단순한 두 가지 수준의 경로에서 3개 이상의 경로 수준을 가진 보다 긴 경로까지 깊이에서 서로 다양하다. 유통 경로는 생산자가 직접 소비자에게 판매하는 직접 유통과 소매상, 도매상 또는 기타 중간 상인을 포함할 수 있는 간접 유통 경로를 포함한다. B2B 유통 경로는 생산자에서 조직 또는 기업 고객으로 상품의 흐름을 촉진한다. 제조업자, 딜러, 도매상, 소매상 및 고객은 이중 또는 다중 유통 시스템이라고 하는 둘 이상의 채널에 참여할 수 있다. 마지막으로, 일부 기업은 직접 판매, 유통, 소매 판매 및 직접 우편물을 결합하여 하이브리드 마케팅 시스템을 구축한다.

핵심 용어

경로 수준	도매 중간상	온라인 유통의 저작권 침해
경로 중간상	독립 중간상	
구독 상자	물리적인 유통	완전 서비스 상인 도매상
구색 창출	상인 도매상	
기능 촉진	소단위 분할	운송 및 보관
대리상인 및 브로커	소유권 취득	위험 감수 기능

의사소통 및 거래 기능	전환자	하이브리드 마케팅 시스템
이중 혹은 다중 유통 시스템	제품 전환	한정 서비스 상인 도매상
	지식경영	
인트라넷	직접 경로	
입점 공제	탈중개화	

11.2 목표 요약

유통 경로 전략 수립을 위한 단계를 나열하고 설명한다.

유통망(제조업자, 도매상 및 소매상) 내에서 운영되는 기업들은 유통 목표를 개발하고, 유통에 미치는 내부 및 외부 환경 영향을 평가하고, 유통 전략을 선택하는 과정인 유통 계획을 수립한다. 마케터는 유통 경로 목표를 개발하고 중요한 내부 및 외부 환경 요인을 고려함으로써 경로 계획을 시작한다. 다음 단계는 가장 좋은 유통 경로의 종류를 결정하는 것과 관련된 유통 전략을 결정하는 것이다. 마지막으로, 유통 전술에는 개별 유통 구성원의 선택과 경로의 관리가 포함된다.

핵심 용어

계약형 VMS	수평적 마케팅 시스템	경로 갈등
관리형 VMS	유통 계획	경로 교섭력
기업형 VMS	유통 집약도	경로 리더 또는 경로 캡틴
선택적 유통	전속적 유통	
소매상 협동조합	전통적 마케팅 시스템	경로 협력
수직적 마케팅 시스템(VMS)	집중적 유통	프랜차이즈 조직
		회색 시장

11.3 목표 요약

물류 및 공급사슬의 개념을 토론한다.

물류는 공급 사슬을 통하여 제품을 이동시키는 데 필요한 모든 활동을 포함하는 공급 사슬을 설계, 관리 그리고 개선하는 과정이다. 물류는 주문 처리, 입고, 자재 취급, 운송, 재고 관리 등을 포함한 활동을 통해 전체 공급 사슬에 기여한다.

공급 사슬은 원자재를 재화 또는 용역으로 전환하고 소비자 또는 사업 고객의 손에 넘기는 데 필요한 모든 활동을 포함한다. 공급 사슬 관리는 공급 체인에 있는 회사들 간의 흐름을 조정하여 총수익성을 극대화하는 것이다.

핵심 용어

공급 사슬	공급 사슬 관리	물류

물류창고	자재 관리	전사적 자원 관리 시스템(ERP)
수평 적재	재고 관리	주문 처리
역물류	재고 회전율 또는 재고 회전	주파 파동 인식장치
운송	적기 공급 생산(JIT)	창고 관리
인소싱		품절

연습문제

개념 : 지식 확인하기

11-1. 유통 경로란 무엇인가? 채널 중개인이란 무엇인가?

11-2. 분배 채널의 기능을 설명하라.

11-3. 독립 중간상과 제조업자 소유 중간상의 유형의 리스트를 작성하고 설명하라.

11-4. 제조업자가 직접 또는 간접 채널을 선택해야 하는지 여부를 결정할 때 중요한 요소는 무엇인가? 왜 일부 기업들은 하이브리드 마케팅 시스템을 사용하는가?

11-5. 전통적, 수직적, 수평적 마케팅 시스템은 무엇인가?

11-6. 유통의 집중적, 전속적, 선택적 형태들은 무엇인가?

11-7. 유통을 수립할 때 유통 계획 단계를 설명하라.

11-8. 물류란? 물류 기능을 설명하라. 역 방향 물류란?

11-9. 철도 운송, 항공, 선박, 트럭의 장점과 단점은 무엇인가?

11-10. 재고 관리란 무엇이며, 그것이 왜 중요한가?

11-11. 공급 사슬이란 무엇이며, 유통 경로와 어떻게 다른가?

실행 : 배운 것 적용하기

11-12. 창의적 과제/단기 프로젝트 당신이 산업체에서 사용되는 세척 화학 물질을 제조하는 회사의 마케팅 책임자라고 가정하자. 이러한 제품은 전통적으로 제조업체의 영업 사원을 통해 판매되었다. 당신은 당신의 유통 전략에 직접적인 인터넷 채널을 추가하는 것을 고려하고 있지만, 당신은 이것이 채널 갈등을 일으킬지 여부를 확신하지 못한다. 이러한 움직임에 대한 찬성과 반대 리스트를 작성하라. 당신이 생각하는 가장 좋은 결정은 무엇인가?

11-13. 추가 연구(개인) 특정 회사에서 사용된 탈중개화의 예제를 찾으라. 탈중개화가 조직 운영 및 고객의 회사 경험에 미치는 구체적인 영향을 조사하라. 관련된 탈중개화

사례의 장점과 단점을 모두 평가하라.

11-14. 창의적 과제/단기 프로젝트 당신의 친구가 손으로 만든 종이를 만들어 직접 고객들에게 온라인으로 파는 사업을 한다고 가정하자. 다행히도, 그녀의 사업은 빠르게 성장하고 있고, 그녀는 그녀의 독특한 제품을 다른 사업체에 파는 것을 고려 중이다. 당신은 마케팅 수업을 통해 소비자 시장과 B2B시장 모두에 대해 서로 다른 채널 구조가 존재함을 알고 있다. 이 두 채널 구조 사이의 차이를 요약하라. 친구에게 어떤 충고를 해줄 수 있을까?

11-15. 수업시간 10~25분 팀별 과제 캔디 제조업체(천연 성분만 사용하여 고품질, 주걱으로 퍼서 만든 초콜릿)의 마케팅 부서 책임자로서 당신은 유통 전략에 변화를 고려하고 있다. 당신의 제품들은 예전에 특선 식품점과 선물 스토어에 의존하는 푸드 브로커의 네트워크를 통해 판매되어 왔다. 그러나 당신은 아마도 회사가 기업의 수직적 마케팅 시스템(즉, 수직적 통합)을 개발한다면 좋을 것이라고 생각한다. 그런 계획에서 많은 기업 소유의 소매 아울렛들을 전국에 걸쳐 오픈하게 될 것이다. 회사의 사장은 당신이 기업의 임원들에게 당신의 아이디어를 제안할 것을 요청해 왔다. 수업시간의 역할 연기 상황에서 기존 유통방법과 비교해서 새로운 계획의 장점과 단점을 포함하는 당신의 아이디어를 당신의 사장에게 제안하라.

11-16. 추가 연구(개인) 조사를 조금 해보고 제품이나 제품 세트를 온라인으로 판매하려고 시도했지만 실패한 회사의 예를 찾아보라.

a. 실패로 이끈 주요 요인은 무엇이라고 생각하는가?

b. 성공할 가능성을 높이기 위해 회사는 무엇을 달리 할 수 있었을까?

11-17. 추가 연구(개인) UPS 웹 사이트(www.ups.com)를 방문해보라. UPS는 자체적으로 물류 솔루션의 풀 서비스 제공업체로 자리 잡았다. 웹 사이트를 검토한 후 다음 질문에 답하라.

a. UPS는 자신의 고객에게 어떤 물류 서비스를 제공하는가?

b. UPS는 서비스가 경쟁사보다 우수하다는 점을 잠재 고객에게 확신시키기 위해 무엇을 이야기하고 있는가?

11-18. 추가 연구(그룹) 최근에 가구를 제조하는 회사에 고용되었다고 가정한다. 당신은 마케팅이 그 회사의 제품에 대한 공급업체 선정에 관여해야 한다고 생각하지만, 구매 부서는 마케팅이 관여할 사안이 아니라고 말한다. 당신은 가치 사슬 관점의 중요성을 부서장에게 설명해야 한다. 역할 연기 연습을 통해 구매 담당자에게 가치 사슬 개념, 그것이 마케팅에 왜 중요한지, 그리고 왜 두 부서가 협력해야 하는지 설명하라.

11-19. 추가 연구(개인) 기업들이 공급 사슬을 더 지속 가능하게 만드는 방법을 찾는 것이 점점 더 중요해지고 있다. 다음 공급 사슬의 각 구성요소 내에서 기업이 지속 가능한 작업 방식을 구현한 사례를 찾아보라. 원자재 소싱, 유통, 창고 관리 및 소매업. 각 구성요소에 대해 예로 사용할 개별 회사를 선택할 수 있다.

11-20. 창의적 과제/단기 프로젝트 당신의 친구가 다가오는 마케팅 시험을 위해 공부하고 있지만, 물류에 대해 잘 이해하지 못한다. 다양한 물류 기능에 대해 요약하고 그가 그 주제에 대한 그의 이해를 시험해 볼 수 있도록 도와줄 간단한 다중 선택 퀴즈를 고안해보라.

개념 : 마케팅 계량지표 적용

기업들은 공급 사슬 영역 내에서 광범위한 지표를 확인한다. 가장 일반적인 것 중 일부는 다음과 같다.

- 실시간 배송
- 예상 재고 수요의 정확도
- 매출의 백분율로 표시되는 반품 처리 비용
- 고객 주문의 실질적 사이클 타임
- 완벽한 주문 측정

마지막 측정에 대해 자세히 알아보자. 완벽한 주문 측정을 통해 구매 주문서를 이행하는 각 단계의 오류 없는 비율을 계산할 수 있다.[26] 이 방법은 관리자가 제조업체에서 고객에게 제품을 인도하는 데 필요한 여러 단계를 추적하여 프로세스 개선 기회를 파악할 수 있다. 예를 들어, 기업은 각 단계에서 그것의 오류 비율을 계산하고 나서 이 비율들을 결합하여 전체적인 주문 품질 지표를 만들 수 있다. 회사가 다음과 같은 오류 비율을 확인했다고 가정한다.

- 주문 입력의 정확성 : 99.95% 정확함(1,000개 주문 시 0.5개 오류)
- 창고에서 제품 선별의 정확성 : 99.2%(창고 직원이 선택한 1,000개 품목당 8개의 오류)
- 정시 배달 : 96%(1,000개 품목당 40개의 오류)
- 손상 없는 배송 : 99%(1,000개 배송 시 손상된 품목 10개)
- 송장의 정확성 : 99.8%(1,000개의 송장에 대해 2개의 오류 발생)

완벽한 주문 측정 값을 계산하기 위해서는 회사가 이러한 개별 요금을 곱함으로써 전체적인 계량지표로 결합하기만 하면 된다.

11-21. 상기 구매 주문서 공정에 대한 완벽한 주문 측정 값을 산출하고, 결과를 해석하라.

11-22. 당신은 회사가 이 정도 수준의 성과에 만족해야 한다고 생각하는가? 왜 그런가? 혹은 왜 그렇지 않은가? 주의가 필요한 특정 영역은 무엇인가?

11-23. 오류 없음(제로 오류율)이 현실적인가? 어떤 기업이 제로 오류에 도달할 것으로 예상하는가? 직원들에게 이런 오류를 줄이도록 동기를 부여하려면 어떻게 하는 것이 좋을까?

11-24. 이 특별한 예를 볼 때 전체적인 완벽한 주문 측정 값을 높이기 위해 제조업체가 수행할 수 있는 작업은 무엇인가? 이미 이 양호한 숫자를 고객들에게 훨씬 더 좋게 만드는 데 투자하는 회사에 어떤 이점이 있을까?

선택 : 당신은 어떻게 생각하는가?

11-25. 비판적 사고 많은 기업가들이 '혼자서 하는 것'보다는 프랜차이즈 사업을 시작하는 것을 선택한다. 프랜차이즈가 전형적인 사업가에게 좋은 기회를 제공한다고 생각하는가? 프랜차이즈를 구매하는 것에 대한 긍정적이고 부정적인 측면에는 어떤 것들이 있는가?

11-26. 비판적 사고 내구성이 강한 제품(예 : 시계)을 MSRP(제조업체 권장 소매 가격)보다 상당히 낮은 가격에 온라인으로 구입하겠는가? 만약 당신이 소매업체가 제품 제조업체에 의해 그것을 판매하도록 공식적으로 승인

되지 않았다는 것을 알았다면 어떻게 할 것인가? 윤리적 우려는 잠시 제쳐두고, 그러한 구매에 대해 가장 우려할 위험은 무엇이며, 관련 소매업체는 이러한 위험을 줄이기 위해 어떤 조치를 취할 수 있는가?

11-27. 비판적 사고 대학이 자신들의 고객들을 만족시키는 보다 나은 방법들을 찾고 있을 때 증가하는 관심 분야는 자신들의 제품(교육)의 유통이다. 당신 학교의 유통 경로의 특성을 설명하라. 어떤 유형의 혁신적인 유통을 시도하는 것이 타당할까?

11-28. 비판적 사고 한 기업의 역 물류 시스템이 소비자가 조직과 그 브랜드를 바라보는 시각에 상당한 영향을 미칠 수 있는가? 고객의 조직에 대한 관점에 기여하는 데 회사의 역 물류 시스템이 더 중요한 역할을 할 수 있는 특정 유형의 제품이 있는가? 이러한 기업의 경우, 고객에게 높은 부가 가치를 제공하기 위해 고객의 역 물류 시스템에 어떤 특성이 있다고 생각하는가?

11-29. 윤리 RFID 태그는 소매업체에 매우 유용하지만, 많은 소비자들은 심지어 '스파이 칩'이라고 부르며 그들에게 부정적인 것으로 인식했다. 소매업체들이 이 칩을 사용할 때 알아야 할 윤리적 문제는 무엇인가? 소매업체는 소비자에게 이러한 칩에 포함된 정보를 어떻게 사용할 것인지에 대해 어떤 책임을 지고 교육해야 하는가?

11-30. 비판적 사고 비디오, 혹은 텍스트북의 다운로딩(심지어 비밀리에 이루어질 때)은 중간상(곡, 비디오, 책을 판매하는)을 배제하기 때문에 더욱더 효율적인 공급사슬을 창출하는 한 방법이다." 이에 당신은 동의하는가? 왜 동의하는가 혹은 왜 동의하지 않는가?

11-31. 비판적 사고 "공급사슬 개념은 기업의 투입과 제조업자에서 고객으로 제품의 이동을 촉진하는 기업과 기업의 투입을 살펴보는 것이다. 당신은 마케팅 담당자들이 전체 공급사슬 개념에 대해 우려해야 한다고 생각하는가? 왜 관심을 가져야 한다고 생각하는가? 혹은 왜 가지지 말아야 하는가?

11-32. 윤리 비용 효과적인 제품을 직접 가져오기 위해, 월마트와 같은 소매업체들이 공급업체를 이용하는데, 그중 일부는 다른 공급 업체들과 협력할 수도 있다. 월마트와 계약한 초기 공급 업체는 사회적 책임이 있겠지만, 모든 공급 업체가 그러한 것은 아니다. 소매업체들이 비윤리적인 회사와 협력하거나 그러한 회사에서 만든 제품들을 판매하는 것을 막기 위해 무엇을 해야 하는가? 공급 체인에 대해 소매업체는 공급 업체의 업무 관행에 어느 정도 책임을 져야 하는가?

미니 프로젝트 : 행하면서 배우기

미국에서는 대부분의 제품이 꽤 쉽게 유통된다. 최종 고객에게 제품을 전달하기 위해 기꺼이 협력할 독립적인 중개인(도매상, 딜러, 유통업자, 소매상)이 있다. 정교한 주간 고속 도로 시스템은 철도, 항공 및 수상운송 등과 결합하여 국토의 한 부분에서 다른 부분으로 화물을 이동시키는 데 탁월한 수단을 제공한다. 다른 많은 나라에서는 제품의 유통 수단이 훨씬 덜 효율적이고 효과적이다.

미니 프로젝트를 하기 위해 먼저 일상적으로 구매하는 소비재 제품을 선택해야 한다. 그런 후 다음을 실행하는 정보를 수집하기 위해 도서관 자료 혹은 다른 사람들 혹은 두 가지 모두(소매업체, 제조업체, 딜러, 학급 친구 등)를 사용하라.

a. 제품이 생산자로부터 여러분에게로 도달되는 경로를 설명하고, 제품이 이동하는 각각의 단계를 보여줄 모델을 그리라. 운송, 창고 관리, 자재 관리, 주문 처리, 재고 관리 등에 대해 가능한 한 많이 포함시키라.

b. 동일하거나 유사한 제품이 판매되는 다른 국가를 선택하고, 해당 국가에서 생산자로부터 고객으로 전달되는 경로를 설명하라.

c. 두 국가 사이의 차이가 제품의 가격, 가용성 또는 품질에 차이를 가져오는지 여부를 결정하라.

11-33. 발견한 내용의 요약을 준비하여 제공하라.

마케팅 행동 사례　타깃의 실제 선택

언제 너무 많은 선택을 제공하는 것이 감당하기 힘든 일이 될 수 있을까? 타깃은 고객을 화나게 하고 매출을 감소시키는 허용할 수 없는 수준의 품절로 인해 언론으로부터 비난의 시기를 겪어왔다. 이 할인점은 매장에 진열되어 있는 브랜드와 다양한 제품 옵션의 수를 줄임으로써 이 문제를 해결할 수 있다고 믿는다. 브라이언 코넬 CEO는 효율성이 향상됨에 따라 '웰빙, 세련된 가정 용품, 의류, 유아 용품'과 같은 우선 순위 카테고리에 좀 더 초점을 맞출 수 있을 것이라고 믿고 있다.

타깃의 유통 과정은 육류, 신선한 농산물, 유제품과 같은 부패하기 쉬운 식품을 포함하는 그것의 식품 사업의 확장과 함께 더 복잡해졌다. 그 후, 온라인 고객들이 그것의 창고로부터 직접 주문을 받거나 상점에서 그들의 온라인 주문을 받는 것을 허용하기 시작하면서 상황은 더욱 복잡해졌다. 이러한 혼란으로 인해 타깃은 공급망을 더욱 간소화하기 위해 재설계하기로 했다.

타깃은 성공한 풍부한 역사를 가지고 있다. 1902년 조지 데이턴은 미네소타주 미니애폴리스에 데이턴 드라이 굿즈라는 회사를 설립했다. 여러 해에 걸쳐 그 회사는 다양한 소매 형태의 변화를 겪었고 1962년에 미네소타주 로제빌에서 최초의 타깃 상점이 문을 열었다. 그것은 스스로를 '할인점의 새로운 아이디어'라고 불렀는데, 주요 백화점 기능과 할인점의 낮은 가격을 통합함으로써 차별화하였다. 타깃은 "당신이 쇼핑하는 것을 자랑스러워할 수 있는 상점, 신뢰할 수 있는 상점, 쇼핑하기 재미 있고 방문하기 재미 있는 상점"이 되었다. 이 유통업체는 미국에서 세 번째로 큰 체인점으로 미국 전역에 1,800개 이상의 소매점을 운영하고 있다.

이러한 인상적인 역사에도 불구하고, 설립된 점포들의 최근 성장은 과도하게 복잡한 공급 사슬 때문에 용납할 수 없는 재고 수준으로 방해받아 왔다. 타깃은 50억 달러 이상을 유통망과 기술 인프라를 업그레이드하여 재고 부족을 줄이고 온라인 성장을 촉진하는 데 사용하고 있다. 게다가 이 유통업체는 재고를 유지하는 다양한 제품의 수를 줄이고 있고, 이러한 제품들의 크기도 줄이고 있다. 이러한 변경으로 인해 전반적인 재고가 줄어들고 처리 효율성이 향상되었다. 칸타르 소매업의 에이미 구 분석가는 "이론상으로는 모든 것이 더 빨리 움직일 수 있고 시스템 내에 물건이 적게 들어 있을 것이다."라고 말한다.

타깃의 공급 사슬 변화에는 다른 변경 사항도 포함된다. 상점 진열대는 더 많은 제품을 보유하기 위해 물리적으로 재구성되고 있으며, 재고는 뒤로 밀려나 판매대에서 멀어져 있다. 공급 업체들은 재고 회전율을 높이고 상점 직원들이 상품을 취급하는 횟수를 줄이기 위해 케이스 크기(배송 상자 안에 있는 개별 품목 수)를 조정해야 한다. 또한, 타깃은 공급 업체가 타깃의 창고로 발송할 수 있는 1일 도착 날짜를 주기를 원하는데, 이는 약속한 날짜로부터 며칠 후에 벌금 없이 도착할 수 있도록 하는 '유예 기간'의 이전 관행을 제거한다. 이러한 변경 사항과 기타 변경 사항은 타깃이 더 나은 재고 관리 목표를 달성하는 데 도움이 된다.

운영 담당 최고 책임자인 존 물리건은 전환을 계획하고 실행하는 공급 업체를 포함하는 것이 성공의 열쇠라고 생각한다. 품절로 인해 타깃이 타격을 입었을 뿐만 아니라 판매 손실로 인해 공급망 내의 모든 사람들이 어려움을 겪고 있다. 회사가 고객에게 가치 제안을 전달하기 위해 이와 같은 공급 사슬을 얼마나 잘 활용하느냐가 앞으로의 경쟁력 있는 성공에 매우 중요할 것이다.

당신의 결정

11-34. 타깃이 직면한 결정은 무엇인가?

11-35. 이 결정 상황을 이해하는 데 중요한 요소는 무엇인가?

11-36. 대안이 무엇인가?

11-37. 어떤 결정을 추천하는가?

11-38. 당신의 추천사항을 이행하기 위한 몇 가지 방법은 무엇인가?

참고자료 : Phil Wahba, "This Is How Target Is Solving Its Out-of-Stock Problems," Fortune (March 2, 2016), http://fortune.com/2016/03/02/target-inventory/ (accessed May 6, 2016); "Target through the Years," Target, https://corporate.target.com/about/history/Target-through-theyears(accessed May 6, 2016); Nandita Bose and Nathan Layne, "Target Gets Tough with Vendors to Speed Up Supply Chain," Reuters (May 4, 2016), http://www.reuters.com/article/us-target-suppliers-exclusive-idUSKCN0XV096 (accessed May 6, 2016); Nandita Bose, "Target Gets Tough with Vendors to Speed Up Supply Chain," Reuters (March 2, 2016), http://www.reuters.com/article/us-target-outlook-idUSKCN0W42Q3 (accessed May 6, 2016).

고객 경험 전달 :
오프라인과 온라인

Courtesy of Stan Clark, Eskimo Joe's

스탠 클라크
▼ 에스키모 조스의 의사결정자

스탠 클라크는 오클라호마의 털사 출신이다. 그는 1975년 5월에 오클라호마주립대학교(OSU) 경영대학 석사학위를 받았다. 10년 이상, 스탠의 기업가적 성공 이야기는 오클라호마 전체와 전국의 관객들을 사로잡았다. 그 외에 INC. 잡지의 올해의 기업가인 Regional Finalist로 선정되었다.

스탠의 정보

졸업 후 첫 직장은?

에스키모 조스다. 1975년 5월에 OSU를 졸업하고 약 2주 후에 조스의 상점을 열었다. 그러기 위해서, OSU MBA 프로그램에 진학하기 위한 도움을 거절했다.

하지 말았어야 했던 직업 관련 실수는?

1993년 연례 행사로 조스의 기념일 파티를 없앤 것이다. 그것은 수만 명의 사람들을 끌어모았지만 점점 다루기 힘들어졌다.

영웅으로 생각하는 사람은?

아버지는 기업가 정신을 가질 수 있도록 격려해주셨고, 어머니는 삶에 대한 긍정적인 인생관을 주셨다.

지금 읽고 있는 비즈니스 관련 책은?

잭 미첼의 *Hug Your Customers*와 레오나르드 L. 베리의 *Discovering the Soul of Service*이다.

최고의 경력은?

1990년 OSU의 루이스 필드에서 졸업식 연설 동안 조지 H. W. 부시 대통령이 에스키모 조스에 대해 언급한 것이다. 2006년 조지 H. W. 부시 대통령은 OSU의 루이스 필드의 학위 수여 연설 동안에도 에스키모 조스에 대해 언급했다.

나의 좌우명은?

열정적으로 살고 변화를 만들자.

나의 (문제)는…

이를 드러내고 크게 웃고 있는 에스키모 조스의 캐리커처와 그의 개 버피 뒤편의 파란만장한 기업가 스탠 클라크는 큰 문제에 직면했다. 1975년 스탠은 오클라호마주립대학교의 본거지인 스틸워터의 오클라호마에 에스키모 조 술집을 열었다. 1980년대 중반까지 그 술집은 오클라호마주립대학교 학생들 사이에서 큰 인기를 끌게 되었다. 오클라호마주립대학교 캠퍼스 바로 맞은 편에 위치하고 있는 에스키모 조스는 이 대학가에서 맥주, 음악, 당구, 테이블 축구를 위한 장소로 틈새 시장을 개척해 나가고 있었다. 바의 인기에 힘입어 스탠은 특이한 로고가 있는 의류를 카운터에서 팔기 시작했다. 학생, 친구, 부모님, 졸업생들, 그리고 다른 방문객들에게 이 소년과 그의 충실한 강아지들의 활짝 웃는 모습이 그려진 티셔츠는 인기를 끌었다. 이 시절은 스탠에게 삶은 좋고 또한 아주 재미있던 시절이었다.

그래서 무엇이 잘못될 수 있겠다는 생각이 들었다. 그런데 오클라호마주가 '알코올 음료'에 관한 법을 통과시켰다. 이에 앞서 오클라호마에서는 '클럽 카드' 제출과 '개인 병 가져오기'가 포함된 주류법 조항을 일괄적으로 적용했다. 기존 주류법에 의하면 어느 시설에서나 적당히 술, 와인, 독한 술이 보통 수준으로 제공되지만, 새로운 법의 일부는 법적 음주 연령하한이 18세에서 21세로 올라갔다. 대학가에서 맥주를 마시기 위해서는 21세가 되어야만 하는 것이다. 사업하기에는 전혀 좋을 것이 없는 처지에 놓이게 된 것이다. 술집 에스키모 조스를 운영하는 8년 동안, 스탠은 그의 바가 더운 여름 밤에 차가운 버드와이저 맥주를 마실 수 있는 장소 이상의 의미를 주는 곳으로 생각해왔다. 단지 술만 마시는 술집이 아닌 그 술집에 모이는 사람들의 강력한 유대감과 그들만의 비밀스러운 동질감이 존재했었다. 매장에 진열된 티셔츠와 기타 의류의 지속적인 판매를 통해 에스키모 조스는 사람들이 이 제품들을 계속해서 입고 싶어 하게 만든 무언가를 갖고 있다는 것을 알 수 있었다. 그러한 애정과 관심은 스틸워터뿐만 아니라 오클라호마 전체에서 거의 문화의 수준에 이를 정도였다. 스탠은 아주 큰 성공을 거두었지만, 그가 어떻게 할 수 있었을까? 오클라호마주의 행정 당국은 그의 핵심 사업을 바로 규제하려고 했다.

스탠은 몇 걸음 물러나 그의 사업을 새로운 관점으로 되돌아보고, 새로운 법 아래에서 그의 새로운 소매 사업이 살아남는 방법에 대해 생각해야 했다. 에스키모 조에겐 상황이 생사의 갈림길이 될 수 있었다.

스탠이 고려한 세 가지 선택 1 · 2 · 3

1 선택
맥주 바를 훌륭한 음식을 판매하는 데 초점을 맞춘 종합 서비스 식당으로 전환한다. 이 선택은 에스키모 조스 브랜드의 자산이 새로운 시장과 제품 공간으로 이전될 것이라고 가정한다. 이러한 변화를 이루기 위해 스탠은 시설을 대대적으로 개조해야 할 것이다. 그는 누가 새로운 목표 시장이며 어떤 종류의 메뉴와 요금이 고객들에게 가장 매력적인지를 알아내야 할 것이다. 식당은 항상 열고 닫기 때문에, 이것은 위험한 제안이었다. 반면, 만약 스탠이 술을 제공하기도 하는 식당으로 장소를 개조할 수 있다면, 그는 새로운 식장의 테마와 관련 있는 신생 로고의 의류 비즈니스를 희망적으로 계속해서 할 수 있을 것이다.

2 선택
핵심 사업으로서 맥주 바 경영을 계속 운영하고 맥주 판매 감소를 상쇄하기 위한 의류 판매를 증가시키기 위한 일을 한다. 1975~1984년까지 조스는 인근 지역에서 가장 규모가 큰 맥주 바 중 하나였고 이러한 이미지가 전체 평판을 구축했다. 바, 그리고 이 이미지에 모든 명성을 쌓았다. 이 시장에서 가장 큰 경쟁자로서, 스탠은 약한 경쟁자들이 법적 변화로 인해 사업을 중단하고, 그로 인해 조스의 점유율은 유지될 것이라고 믿었다. 스탠은 그 술집이 운영된 방식대로 계속 운영할 수 있을 것이고, 만약 그가 원한다면, 스탠은 술집을 수입을 창출하고 성장을 위한 다른 곳에 투자하기 위해 현금 창출하는 장소로 이용할 수 있다. 그러나 에스키모 조스를 그간과는 다른 브랜드 이미지로 쇄신하려는 시도는 위험할 수 있다. 대학생들이 넘쳐나는 마을에서 18~20세 사이의 기본적인 고객 기반을 상실하는 것이 장기적으로 소매업체에 어떤 의미가 있을지에 대한 불확실성이 존재하였다.

3 선택
에스키모 조스 술집을 닫고 성장하는 의류 사업에 자원을 집중시킨다. 에스키모 조스 브랜드와 이미지의 문화적인 상태는 스틸워터에 있는 물리적인 위치에서 시작되었다. 그러나 전국 혹은 국제적 규모로 에스키모 조스를 복제하는 방법은 요즘 유행하고 있는 로고를 마케팅 할 필요가 있었다. 스탠은 스틸워터에 있는 소규모 소매 옷 부티크를 구축하고 주요 목표 연령과 인구 통계학적 그룹에 초점을 맞춘 카탈로그를 통해 직접 마케팅에 주력할 수 있었다. 이 접근법의 주요 이점은 주류 법 개정에서 발생할 수 있는 예기치 않은 문제들을 피하는 것이다(특히 에스키모 조스가 미성년자들에게 맥주를 판매하는 것이 발각될 경우 발생할 매우 부정적인 홍보를 피하는 것이다). 에스키모 조스의 정신은 직접적인 마케팅과 입소문을 통하여 유지될 것이다. 부정적인 면으로는, 술집인 조스의 팬들에게 술집을 닫는 것은 토요타가 자동차를 만드는 것을 중지하는 것과 같을 것이다. 누가 더 이상 그것이 이끌어내는 상품이나 장소가 없는 로고 의류를 원한단 말인가? 그러나 이 옵션은 스탠의 자원을 고도로 성장하는 의류 소매업 분야로 이전시킬 것이라는 점에서 유혹적이었다. 이제 당신이 스탠의 입장이 되어 보면, 어떤 옵션을 선택할 것인가? 그 이유는?

이제, 스탠의 입장에서 당신은 무엇을 선택할 것이며, 그 이유는 무엇인가?

당신의 선택

무엇을 선택할 것인가? 그 이유는?

☐ 선택 1   ☐ 선택 2   ☐ 선택 3

12.1

목표

소매업을 정의한다. 소매업이 어떻게 발전하는지 이해하고 소매업 분야에서 몇 가지 윤리적 문제를 이해한다.

소매업, 21세기 스타일

빈털터리가 될 때까지 쇼핑을 해라! 많은 사람들에게는, 상품을 얻는 것이 절반의 즐거움일 뿐이다. 물론, 다른 사람들은 상점에서 시간을 보내는 것보다 뜨거운 석탄 위를 걷는 것이 더 좋다고 할 것이다. 스탠 클라크와 같은 마케터들이 양쪽의 소비자들을 기쁘게 하는 상품들 그리고 서비스들을 제공할 방법들을 발견할 필요가 있다. **소매업** (retailing)은 유통 경로의 마지막 단계이다. 즉, 조직이 소비자에게 개인적인 용도를 위한 재화와 서비스를 판매하는 과정이다.

제11장에서 언급한 바와 같이, 제품의 유통 계획에는 제품을 어디에서 사용할 수 있는지에 대한 결정이 포함된다. 그러므로, 소비재와 서비스의 마케팅 담당자들이 그들의 유통 전략을 계획할 때, 그들은 그 제품을 이용할 수 있는 장소에 관한 의사결정을 포함한다. 또한, 그들의 유통 경로에 포함시킬 소매업체에 대해 이야기한다. 이것은 물론 그들이 소매업과 소매업의 풍경을 이해할 필요가 있다는 것을 의미한다.

물론 소매업체들도 자체 마케팅 계획을 개발한다. 부록 A에서 제공한 마케팅 계획 샘플은 생산 업체와 관련이 있지만, 우리는 근본적으로 소매업체의 마케팅 계획에서 같은 요소를 발견할 수 있다. 생산자와 마찬가지로, 그들은 어떤 소비자 그룹에 가장 서비스를 잘 제공할 것인지, 어떤 제품군과 서비스를 그들의 고객에게 제공할 것인지, 그들이 어떤 가격 정책을 채택할 것인지, 그리고 그들의 상점을 어디에 위치시켜야 할 것인지 결정해야 한다. 이 장에서 한 가지 질문을 명심하면서 소매상의 다양한 유형을 연구할 것이다. 소매상[상점이든 또는 무점포(예 : TV, 전화, 자동 판매기 또는 인터넷을 통해 판매하는 것)이든]은 어떻게 소비자가 상품이나 서비스를 성공적으로 이용할 수 있도록 할까?

그래서, 이 장에는 많은 것들을 다루어볼 것이다. 먼저 소매업이 어디서 시작되었고 어디로 가고 있는지에 대한 개관부터 시작한다.

소매업 : 혼합된 (쇼핑) 백

소매업은 큰 사업이다. 2015년에 미국의 소매업 매출은 4조 8,700억 달러에 달했다. 그중 전자 상거래는 7%의 비중을 차지했다.[1]

100만 달러 이상의 소매업이 1,600만 명의 종업원을 고용하였고, 이는 모든 종업원의 10명 중 1명 이상이 소매업에 종사한다는 것을 의미한다.[2] 일반적으로 월마트와 시어스 같은 대형 매장을 상상하는 경우도 있지만, 현실에서는 에스키모 조와 같은 대부분의 소매상은 소규모로 운영되고 있다. 홈디포와 코스트코와 같은 일부 소매상 역시 최종 소비자는 물론 기업에 상품과 서비스를 제공하기 때문에 도매상의 역할을 한다.

제11장에서 언급한 바와 같이, 소매상은 유통 경로에 속하며, 이에 따라 고객에게 시간, 장소 및 소유권 효용을 제공한다. 어떤 소매상들은 여러 종류의 상품을 한 지붕 아래서 제공할 때, 사람들의 시간과 돈을 절약한다. 다른 소매상들은 방문하지 않으면 결코 볼 수 없는 상품을 쇼핑객들에게 제공하기 위해 가장 이국적이고 우아한 세계를 추구한다. 스타벅스나 애플, REI와 같은 다른 소매상들은 우리가 금전을 소비하도록 여가 시간을 보낼 수 있는 흥미로운 환경을 제공해준다. 은행, 병원, 헤어스타일리스트와 같은 서비스 소매업자들은 우리의 근원적 욕구 또는 구체적 욕구를 충족시킨다.

전 세계적으로 소매업은 매우 다른 양상을 띨 수 있다. 일부 유럽 국가들에서는 토마토가 너

소매업 조직들이 개인적 사용을 목적으로 하는 소비자들에게 재화와 서비스를 판매하는 유통 경로의 마지막 단계

제12장 | 고객 경험 전달 : 오프라인과 온라인

무 무른지를 가리기 위해 토마토를 짜거나 익은 냄새가 나는지 보기 위해 칸탈로프(껍질은 녹색에 과육은 오렌지색인 메론)를 집어 드는 것을 상상하기 어렵다. 이런 실수로 인해 당신은 오렌지와 바나나를 진열하는 가게 점원으로부터 재빨리 질책을 받을 것이다. 아시아, 아프리카, 남아메리카와 같은 개발도상국에서는, 소매업체는 종종 스테이크와 양갈비 포장지가 위생적으로 밀봉되어 있지 않은 많은 작은 정육점들이 포함한다. 대신에 소고기와 양고기가 가게 창문에 당당하게 걸려 있는데, 이는 모든 사람들이 고기가 싱싱하다는 것을 확신할 수 있게 하기 위함이다. 다른 노점상들은 보도 위에 다리를 꼬고 앉아 상추, 토마토, 오이를 판다. 반면에 남자와 소년들은 행인 등에게 당나귀 카트에 깔끔하게 쌓여 있는 수박을 제공한다. 그리고 여성들은 아침에 길을 지나가는 일꾼과 학교 어린이를 위해 집에서 만들어 온 간단한 아침식사 거리들을 판다. 제10장에서 언급한 바와 같이 샴푸 병이 쌓여 있는 깔끔한 상점 진열대는 특별한 행사에만 구매할 수 있는 일회용 샴푸 또는 섬유 유연제로 대체될 수도 있다. 노점상들은 담배를 한 번에 하나씩 팔 수 있다. 이 지역의 약사는 또한 손님들에게 주사를 놓고, 약을 처방하고, 의사의 진찰을 받을 여유가 없는 환자들을 위해 항생제와 다른 약을 추천한다. 오늘밤에는 요리하고 싶지 않은가? 자동차 내에서 음식을 구매할 수 있는 드라이브–스루가 없지만 위험한 교통 체증 시간에 운전을 할 필요 없이 지역의 다수의 식당들(맥도날드, 하디스, KFC, 피자헛, 프드러커, 칠리스 등)은 오토바이를 통해 음식 배달을 한다. 당신은 심지어 이집트의 www.otlob.com 또는 뭄바이의 www.foodkamood.com와 같은 온라인 사이트를 통해 빅맥이나 매운 야채롤을 주문하고 배송받을 수 있다.

맥도날드는 비엔나와 다른 도시에서 배달 서비스를 실험하고 있다.

소매업의 수레바퀴가설 소매기업들이 자신들의 인생 주기를 겪는 것처럼 어떻게 변화하고 더욱 더 고급화되는지를 설명하는 이론

소매업의 진화

소매업은 오랜 세월 동안 말이 끄는 수레로 돌아다니며 상품을 판매하는 행상인, 장엄한 도시의 백화점, 아늑한 부티크, 감자 칩에서 스노타이어 등 모든 것을 판매하는 거대한 하이퍼스토어 등을 포함하는 많은 형태로 진화하였다. 하지만 지금 새로운 시대의 보석이나 이름 이니셜이 새겨진 골프공을 판매하는 동네 쇼핑몰에서 당신이 본 카트는 말이 끄는 카트를 대체했다. 경제적·사회적·문화적 시간이 변한 것처럼 다양한 유형의 소매상들이 나타났다. 그리고 그들은 오래된, 유행에 뒤쳐진 유형을 종종 구상하기도 한다. 마케팅 담당자들은 내일이나 10년 후에 어떤 종류의 소매상들이 가장 많이 생길지 어떻게 알 수 있을까?

이러한 변화에 대한 가장 오래되고 가장 단순한 설명 중 하나는 **소매업의 수레바퀴가설**(wheel- of-retailing hypothesis)이다. 📷 그림 12.1은 새로운 유형의 소매업체들이 진입 단계에 들어서는 단계에서 제품을 그들의 경쟁업체보다 더

그림 12.1 📷 **스냅숏 | 소매업의 바퀴**

소매업의 수레바퀴는 소매상들이 시간이 경과함에 따라 어떻게 변화하는지를 설명한다.

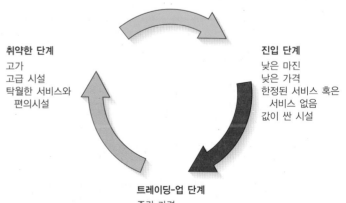

취약한 단계
고가
고급 시설
탁월한 서비스와
　편의시설

진입 단계
낮은 마진
낮은 가격
한정된 서비스 혹은
　서비스 없음
값이 싼 시설

트레이딩-업 단계
중간 가격
보다 나은 시설
약간의 서비스
향상된 양질의 제품

낮은 가격에 공급하고 제품의 품질을 개선함으로써 시장에 진입하기 쉽다는 것을 보여준다.[3] 소매상이 진입한 시장에서 발판을 얻은 후, 소매상들은 훨씬 더 높은 가격과 더 나은 시설 그리고 주차와 선물 포장과 같은 편의를 갖춘 최고급 전략으로 옮겨간다. 고급화는 더 큰 투자와 운영 비용을 초래하기 때문에, 소매상은 수익성을 확보하기 위해 가격을 인상해야만 한다. 가격 인상 후 훨씬 낮은 가격을 제공할 수 있는 새로운 진입자의 경쟁에서 그 소매상은 낙오자가 될 수도 있다. 이와 같은 현상은 수레바퀴처럼 반복된다.

이것은 피어 1 임포트에 관한 이야기다. 피어 1은 캘리포니아주의 샌마테오에서 2차 세계대전 후 베이비 붐 시대에게 저렴한 가격의 주머니백, 구슬, 향을 팔았던 가게로 출발했다. 오늘날, 그 점포는 질 좋은 가정용 가구와 장식용 액세서리를, 지금 미국 인구의 가장 부유한 집단인 고객들에게 판매한다.[4]

소매업 바퀴는 우리가 모든 형태의 소매업이 아닌 일부 형태의 발전에 대해 설명할 수 있도록 도와준다. 예를 들어, 일부 소매업체는 절대로 거래를 하지 않는다. 그들은 단순히 할인점으로 틈새 시장을 지속적으로 공략한다. 고급 전문점과 같은 다른 곳들은 고급 전문점에서 시작해서 갭 스토어가 올드 네이비를 열었을 때처럼 '규모가 작은 곳'으로 이동한다.

계속되는 진화 : 미래의 점포는 어떤 것인가?

세계가 계속 빨리 변화하는 것처럼 소매상은 계속 성장하고 변화하고 있다. 혁신적인 상인들이 비즈니스 환경을 재창조하도록 동기를 부여하는 네 가지 요인은 경제적 환경, 인구통계학적 변화, 기술 및 세계화이다.

변화하는 경제

제2장에서 거론한 것처럼, 소매상을 포함한 모든 마케팅 담당자들은 마케팅 환경의 변화에 대해 이해하고 대응해야 한다. 최근에는 경제 환경의 변화가 특히 중요하다. 2007년에 시작된 경기 침체는 전 세계의 소비자들이 자유재량의 소득을 덜 지출함을 의미한다. 대신에 그들은 부채 수준을 낮추고 저축하는 것을 선택했다. 가장 중요한 크리스마스 판매를 포함해 소매 판매는 거의 모든 소매점에서 감소했다.[5] 대부분의 고급 소매상들의 매출은 특히 취약한 반면에 소비자들에게 낮은 가격 혹은 할인 제품을 제공하는 티제이맥스, 마샬, 달러 제너럴, 그리고 온라인 소매업체인 아마존 닷컴 등의 소매상들의 매출은 성공적이었다. 샤퍼 이미지, 서킷시티, 컴프USA, 월덴북스 등과 같이 수많은 소매상들이 파산 신청을 했다.[6]

경기 침체 동안, 일부 상점들은 저가 혹은 가격 대비 가치가 높은 상품에 대한 소비자들의 욕구를 충족시키기 위해 상품 구색을 변경했다. 자사 상표 브랜드(유통업체 브랜드)의 판매는 계속해서 증가하여 2013년에는 사상 최대 규모인 1천 80억 달러에 이르렀으며, 이 중 19%는 슈퍼마켓 판매용 제품이었다.[7] 월마트와 대형 판매업자들은 자신들의 자사 상표 브랜드에 더 많은 선반의 공간을 할당하고, 타사 상표 브랜드(제조업체 브랜드)에는 적은 공간을 배치하였다(월마트는 나중에 이 전략이 많은 소비자들을 화나게 하고 전체 판매에 피해를 준다는

소매업체들은 저렴한 가격의 와인을 제공함으로써 침체된 경제에 적응했다.

것을 발견했으며, 체인점의 선반에서 신속하게 많은 품목을 회수
했다[8]). 비록 경기 침체가 공식적으로 끝났지만, 소비자 지출은 예
상대로 증가하지 않았고 크리스마스 기간까지 소매업 판매는 상당
히 저조했다.

그럼에도 불구하고, 자사 상표 와인조차도 인기를 끌고 있다. 트
레이더 조는 Charles Shaw를, 홀 푸드는 Three Wishes를, 토털 와인
앤 모어는 Pacific Peak를 한 병에 약 3달러의 저렴한 가격으로 독점
적으로 판매한다. 매년 10억 달러 이상의 와인을 판매하는 미국에
서 가장 큰 고급 와인 소매업체인 코스트코는 전 세계로부터 와인
을 구입해 자사의 상표인 커크랜드 상표로 와인을 판매한다. 만약
상표가 없다면 당신은 자사 상표 제품과 값비싼 상품 제품과의 차
이를 미각으로 구별할 수 있을까?

인구통계적 특성과 소비자 선호의 변화

제7장에서 거론한 것처럼, 인구 특성의 변화에 대응하는 것이 많은
마케팅 노력의 핵심이다. 아래에서 소비자의 인구통계와 선호도를
변화시키는 몇 가지 방법을 소개한다.

다른 마케팅 담당자들과 마찬가지로, 소매상들도 무지방, 채식주의자 또는 지속
가능한 제품과 같이, 그들이 판매하는 제품에 대한 수요에 영향을 미치는 문화
적 경향을 따를 필요가 있다.

- 소매업체들은 더 이상 고객 기반이 이전과 동일하다고 가정할
  여유가 없다. 예를 들어, 코스트코는 자신의 집을 소유한 부유
  한 베이비 붐 세대에게 제품을 판매하는 데 성공했다. 그러나 주요 소비자 층이 아마존닷
  컴에서 온라인 쇼핑을 선호하는 X, Y세대 소비자들로 대체됨에 따라, 코스트코와 같은 상
  점들은 표적 고객층 분석을 재고려해야 할 것이다.[10]
- 시간이 쫓기는 소비자(특히 여성)가 노동에 참여함에 따라, 그들은 더 많은 편리함을 요구
  한다. 이에 대응하여 소매업체들은 쇼핑할 시간이 적은 직장 소비자들의 욕구를 충족시키
  기 위해 영업 시간과 서비스를 조정한다. 은행, 세탁소와 약국을 포함한 다른 소매상들은
  일하는 소비자와 나이 든 소비자 모두의 욕구를 충족시키기 위해 차를 탄 채 서비스를 받
  는 창구를 추가하였다. 소비자들은 당신의 전화기에 당신의 방을 재현해 놓고 당신이 땀을
  흘리지 않고도 가구를 '사실상' 다시 배치할 수 있도록 해주는 '쇼인룸(Show In Room)'과
  같은 앱을 사용할 수 있다. 그리고 소매점, 약국, 식료품점에 있는 즉석(walk-in) 진료소는
  편리함을 제공할 뿐만 아니라, 환자와 보험자 모두에게 일상적인 진료에 드는 돈을 절약해
  준다.[11]
- 소비자 선호도의 변화로 인해 소매업체들은 창조적인 **체험적 판촉**(experiential
  merchandising)을 개발하게 되었다. 판매 사원이 무엇을 구매해야 하는지 제안하는 수동적
  인 활동인 쇼핑 대신에, 소비자들은 쇼핑을 좀 더 상호 작용적인 활동으로 바꾸고 싶어 한
  다. 빌드어베어(Build-A-Bear)는 독특한 상품, 매장 디자인 및 고객 활동을 경험할 수 있는
  기회를 제공한다. 결국, 그것은 상점이 아니라 '워크숍'이다. 빌드어베어에서 당신은 미리
  정해진 액세서리가 달린 장난감을 사는 것이 아니다. 여러분은 그곳에서 자신만의 곰을 만
  들고 싶은 흥분을 느낄 것이다. 고객(어린이 또는 어린이의 친구)이 완벽한 색상의 곰을 선
  택하면, 다양하게 잘 만든 옷(속옷과 신발 포함) 중에서 한 벌 이상의 의상을 선택할 수 있
  다. 당신의 애완동물이 대학이나 프로 스포츠 유니폼 중 어떤 옷을 입으면 가장 잘 어울릴

체험적 판촉 고객을 보다 효과적으로 참여
시킴으로써 수동적 활동에서 보다 상호작
용적인 활동으로 쇼핑을 전환한다는 의도
를 가진 판촉

목적 소매상 소비자들이 그곳에 충성할 수 있을 만큼 충분히 특별하다고 여겨지는 기업. 소비자들은 그곳에서 쇼핑하기 위해 전력을 다한다.

옴니채널 마케팅 고객이 데스크톱, 모바일 기기, 전화 오프라인 상점 중 어느 곳에서 쇼핑을 하든지 고객에게 원활한 쇼핑 경험을 제공하는 소매 전략

전자 판매시점 관리 시스템 판매 데이터를 수집하고 점포의 재고통제시스템에 직접 연결된 소매 컴퓨터 시스템

영구적 재고 단위 통제 시스템 매출, 반품, 다른 점포들에게 이전, 기타 등등의 누계를 유지하는 소매 컴퓨터 시스템

자동 재주문 시스템 재고량이 일정 수준에 도달하면 자동으로 작동되는 소매 재주문 시스템

까? 직업 의상은? 원더 우먼이나 잠자는 미녀는 어떨까? 여러 번 입어보는 게 좋을 것이다! 아마도 하나 이상을 사야 하거나 다음 날 다시 돌아와야 할 것이다. 빌드어베어는 또한 파티의 리더, 게임과 활동, 생일을 맞은 어린이를 위한 마음 의식, 그리고 손님과 그들의 애완동물들을 위한 파티 모자와 함께 완성된 생일 파티를 계획한다.[12]

- 또 다른 추세는 **목적 소매상**(destination retailer)의 등장으로, 이는 소비자들이 그곳에서 쇼핑하기에 충분히 특별하다고 생각하는 가게를 의미한다. 목적 소매상에는 다양한 면이 존재한다. 지위를 의식하는 소비자들을 위한 고급 전략, 편리한 쇼핑을 원하는 고객을 위한 편의 위주의 전략, 지루한 소비자들을 위한 독특한 사업 방법 등이 있다. 버라이즌은 미네소타주 블루밍턴에 10,000평방 피트의 소매 공간을 가진 목적 소매상이 되었다. 전형적인 가게가 아니라 미국 몰에 있는 상호 작용적인 놀이터로, 온라인 경험과 전통적인 오프라인 상점 간의 경계를 흐리는 경향이 있다. 점점 더 많은 소비자들이 그들의 스마트 폰과 태블릿으로 더 많은 시간을 보내면서, 소매업체의 물리적 환경은 온라인 가상 환경과 경쟁해야 한다. 버라이즌의 목적 소매상은 디지털 사이니지(digital signage)와 비디오월을 이용하여 모바일 기술이 어떻게 일상생활을 개선할 수 있는지를 보여준다. 이 상점의 라이프스타일 구역에는 몸에 맞게 옷을 입어보기, 증폭하기(음악 혼합기와 299개의 스피커를 가진 사운드 장벽으로 증폭하기), 즐거운 시간 보내기(가상 골프장), 집과 이동 시에(스마트 홈 액세서리를 착용하고 손님들이 직접 체험할 수 있음), 어디서나 가능한 서비스(친기업적 스마트 액세서리 포함), 맞춤 제작(디지털 포토 부스 포함) 사항이 포함된다.[13]

- 모든 인종집단의 구성원들이 그들의 특정한 요구에 맞는 지역 소매상들을 찾을 수 있지만, 더 큰 기업들은 특정 지역의 문화적 구성에 그들의 전략을 맞추어야 한다. 예를 들어, 스페인어만 사용하는 고객이 많은 텍사스, 캘리포니아 및 플로리다에서는 많은 소매업체들이 스페인어를 사용하는 영업사원들이 있는 것을 확인해야 한다.

기술

- 우리에게 태블릿과 스마트 폰을 가져다준 기술은 이제 웨어러블(착용할 수 있는) 기술에 대한 소비자들의 열망을 부채질하고 있다. 소매 업자들은 이러한 장치들에 의해 향상될 쇼핑 경험을 창조해야 할 것이다.

- **옴니채널**(omnichannel or omni-channel) **마케팅**은 고객이 데스크톱 또는 모바일 장치, 전화 또는 오프라인 소매점에서, 혹은 온라인으로 쇼핑하는지 여부에 상관없이 원활한 쇼핑 경험을 제공하는 전략이다. 예를 들어, 새로운 기술은 매장의 판매 사원이 고객의 선호, 이전 구매, 반품, 쇼핑 빈도, 그리고 현재 구매자가 고객 서비스 담당자와 웹 채팅을 할 때만 사용 가능한 다른 데이터에 접근할 수 있게 해준다. 구매자가 데스크톱 PC에서 태블릿으로 이동할 때, 그나 그녀의 검색 기록과 온라인 쇼핑 '바구니'는 그대로 유지될 것이다. 그리고 만약 그들이 그것을 선택한다면, 그들은 온라인으로 주문하는 것과 같은 날 그들이 선택한 가게에서 구매를 할 수 있다.[14]

- 차세대 **전자 판매시점 관리 시스템**[point-of-sale(POS) systems]과 같이 쇼핑객이 감지할 수 없는 방식으로 기술은 소매업이 혁신을 일으키고 있다. 이러한 장치에는 판매 데이터를 수집하여 점포의 재고 관리 시스템에 직접 연결하는 컴퓨터 브레인이 포함되어 있다. POS 시스템을 사용하여 매출, 반품, 다른 점포들에게 이전, 기타 등에 대해 총매출을 유지하는 **영구적 재고 단위 통제 시스템**(perpetual inventory unit control systems)을 창조할 수 있다. 이 기술은 점포들이 재고가 일정 수준에 도달할 때 활성화되는 컴퓨터 **자동 재주문 시스템**

(automatic recording systems)을 개발할 수 있게 한다.[15]

- 현재 가장 인기 있는 소매 기술 혁신은 **비콘 마케팅**(beacon marketing)이라고 불린다. 제8장에서 언급한 바와 같이, 이러한 장치는 매장 전체에 전략적으로 배치되어 있으며, 쇼핑객들이 매장 통로를 돌아다닐 때 쇼핑객들의 스마트폰과 의사 소통을 하기 위해 블루투스 신호를 사용한다. 비콘은 당신이 유연하게 그 물건 옆에 서 있는 것처럼, 당신의 전화기와 쿠폰을 공유할 수도 있고 당신에게 특정 상품에 대한 포인트나 할인으로 보상할 수도 있다. 메이시스, 타깃, 그리고 아메리칸 어패럴은 실시간으로 쇼핑객들이 무엇을 하는지 연락하기 위해 비콘

소매업이 대만 공항에서 활기를 띠고 있다.

을 배치하기 시작한 대형 소매업체에 해당된다. 하지만 이는 무서운 일일 수도 있다: 유니클로, 로드 앤 테일러, 그리고 삭스를 포함한 일부 소매점들은 가게 마네킹에 들어가는 비콘 버전을 시도하고 있다. 이 무생명체들은 당신이 상점 창문을 지날 때 당신의 전화로 당신에게 말할 수 있다. 심지어 그들이 입고 있는 옷의 사진도 보내줄 수 있다.[16]

- 미래의 점포는 RFID 태그(및 기타 기술)를 사용하여 심지어 구매자가 생각하지 못한 방법으로 쇼핑객을 지원할 것이다. 예를 들어, 포도주 한 병의 와인에 부착 된 RFID 태그는 플리스마 스크린에 가까이 대면 스크린은 바릴라 파스타 광고를 계획할 팁을 제공하고, 파프리카와 새우를 사용한 페투치네의 깔끔한 요리법을 제공할 수 있다. 일부 식당에서는 이미 이 기술을 사용하여 식사하는 손님들이 테이블 옆에 있는 스크린에서 제공되는 요리 사진들을 보면서 그들의 음식을 직접 주문할 수 있도록 하고 있다. 전자 메뉴는 메뉴에 있는 모든 품목이 어떻게 보이는지를 확인할 수 있기 때문에 그리고 웨이터가 음식을 가지고 왔을 때 괜히 놀라는 경험(자기가 예상했던 것과는 다른 음식의 모양새 때문에)을 피할 수 있게 고객을 돕는다.[17] 이 혁신은 또한 식당의 매출을 증가시킨다. 누가 침을 고이게 하는 페퍼민트 스틱 아이스크림을 얹은 8층짜리 초콜릿 케이크 사진을 거부할 수 있겠는가?

- 제8장에서 논한 소위 말하는 **전자 지갑**(digital wallets)은 현금 없이 물건을 살 수 있게 해준다. 또는 심지어 신용 카드를 긁는 것은 당신의 월급을 다 써 버리는 것을 훨씬 더 쉽게 만들고 있다. 이미 많은 사람들이 구글 월렛, 페이팔, 스퀘어, 레벨업, 벤모와 같은 앱으로 작은 품목에 대해서도 정기적으로 돈을 지불하고 있다. 현재 구글은 맥도날드와 파파존스의 실리콘 밸리 지점에서 음성 활성화 소프트웨어를 사용하는, 손을 쓰지 않고 이용할 수 있는 핸즈 프리 지불 시스템을 시험하고 있다. 단지 계산원에게 "구글로 지불하겠습니다."라고 말하면, 블루투스 센서가 전화기의 앱을 활성화하고 청구서를 보내준다.[18]

- 물론, 기술은 서비스 산업들에게도 중요하다. 예를 들어, 은행 업무는 전자 뱅킹으로 인해 소비자와 기업 고객 모두에게 훨씬 더 쉬워졌다. 여러 해 동안, 전자 은행은 소비자들이 은행 잔고를 확인하고 자금을 이체할 수 있는 ATM과 웹 사이트를 제공했다. 오늘날, 대부분의 은행들은 소비자들이 그들의 청구서를 온라인으로 지불하도록 하는 자동 청구서 서비스를 제공하고, 은행은 수표를 발행하여 우편으로 발송한다. 또한 많은 은행에서는 스마트 폰을 사용하여 예금을 만들 수 있도록 해준다.

비콘 마케팅 매장 곳곳에 비콘 기기를 전략적으로 배치하고, 고객들이 매장 통로를 둘러볼 때 블루투스 신호를 보내서 고객 스마트폰과 통신하는 유통 마케팅 전략

전자 지갑 고객 스마트폰과 연결되고 고객이 현금이나 신용카드 결제 없이도 제품을 구매할 수 있는 블루투스 기술을 사용함

플래닛 할리우드는 런던과 파리에 전초 기지가 있는 소매 체인업이다.

세계화

제1장에서 배웠듯이, 많은 소비자들과 마케팅 담당자들이 지속가능경영(기업 이익, 환경 지속성, 사회적 책임이라는 세 가지 기준으로 기업 실적을 측정하는 비즈니스 원칙) 지향을 채택했다. 이것은 소매상을 포함한 마케팅 조직들이 그들의 **사회적인 이익**(social bottom line), 즉 회사가 운영하는 지역 사회에 대한 그들의 기여도에 대해 염려하고 있다는 것을 의미한다. 개발도상국에서의 사업 운영에 있어서는 특히 사회적인 이익이 중요하다. 제품 라벨에 '공정 거래 법', '공정 거래 증명 법' 등의 문구가 표시되는 경우도 있다. 제품 라벨에 있는 이러한 문구들은 공정한 가격이 높은 사회적 · 환경적 · 사회적 기준을 준수하면서 수출 업체에 지불되었음을 보장한다.

경험적 소비자 만족을 위한 소매업

많은 고객들에게 쇼핑은 단지 구매를 하는 것만이 아니다. 대신에, 그들은 경험적 욕구, 즉 즐거움에 대한 욕구를 충족시켜주기 때문에 쇼핑을 한다. 이러한 **체험적 쇼핑객들**(experiential shoppers)은 쇼핑을 엔터테인먼트로 간주한다. 소매 경험이 놀라움, 즐거움 그리고 독특한 경험을 포함할 때, 경험 많은 쇼핑객들은 충동적인 구매 결정을 할 가능성이 더 많다.[19]

온라인 소매업체의 엄청난 성장으로, 오프라인 소매업체는 물건을 판매하는 것 이상의 일을 해야 한다.[20] **리테일테인먼트**(retailtainment)는 쇼핑 경험을 향상시키는 마케팅 전략에 관한 것이다. 디즈니에서 배스 프로 숍에 이르는 소매상들은 소매업을 통해 흥분, 충동 구매 및 브랜드와의 감정적인 연결을 만든다. 예를 들어 런던 술집인 서스터 베어는 테이블에 아이패드를 설치하여 고객이 전자 바탭을 설정하고 페이스북 페이지를 확인할 수 있도록 했다. 런던의 의류 소매업체인 라크 라거 펠트는 고객들이 구매에 대한 의견을 얻기 위해 친구들에게 '셀카'를 보내줄 수 있도록 드레싱룸에 아이패드를 설치했다. 뉴욕시의 새로운 H&M은 아이패드가 달린 스마트 드레싱룸을 사용하여 고객들이 드레싱룸 안에서 물건을 사고 나서 옷을 입고 나갈 수 있도록 한다. 그들은 또한 행인들이 볼 수 있도록 외부 LED 화면에 투사되는 DJ 부스와 무대 위 공연도 제공한다.[21] 카벨라는 스스로를 '사냥, 낚시, 캠핑, 야외 장비를 가장 먼저 찾는 점포'라고 부른다. 그리고 그것의 점포 공간의 최대 45%를 지상파 디스플레이와 촬영 갤러리를 특징으로 하는 리테일테인먼트 소매점에 할애한다.[23]

소매업의 윤리적 문제

소매상들은 그들의 고객들과 직원들이 모두 관련된 윤리적인 문제들을 다뤄야 한다. **재고 손실**(shrinkage)이 증가하는 것이 점차 문제가 되고 있는데, 재고 손실은 소매상들이 물품 도난, 종업원 절도, 제품 손상과 다양한 오류 등에 따른 재고품의 손실을 설명하는 용어이다. 재고 손실 비용은 소매점 전체 매출액의 1.38%에 해당하는 440억 달러이다.[24] 누가 이러한 불가사리한 할인액을 결국 지불하는가?

체험적 쇼핑객들 쇼핑이 쇼핑객들의 즐거움에 대한 욕망인 경험적 욕구를 충족시키기 때문에 쇼핑을 하는 쇼핑객들

리테일테인먼트 쇼핑 경험을 개선하고 흥분, 충동 구매 및 브랜드와의 감정적 연결을 만드는 소매전략을 사용함

재고 손실 물품 도난, 종업원 절도, 제품 손상 등에 따른 소매상들이 경험하는 손실

헤드라인에서 가져온 사례

현실세계에서 윤리적/지속 가능한 의사결정

미국과 다른 선진국들의 소비자들이 구매하는 대부분의 의류는 근로자들이 시간당 1페니만을 받는 개발도상국에서 만들어진다. 종종 근로자들은 추가 임금 없이 초과 근무를 해야 하고, 그들은 심지어 사소한 위반으로 고용주에게 물리적인 처벌을 받는다. 그들은 매일 회사에 도착해서 그들이 해고될지 궁금해 한다. 이 나라들 중 많은 나라에서 최저 임금은 가족이 필요로 하는 기본적인 음식과 거처를 충족시키기에 충분한 돈인 생활 임금보다 적다.

이것을 바꾸려는 한 가지 시도는 국제 무역 파트너십의 더 큰 지분을 촉진하는 공정 무역 운동이다. 이는 지속 가능한 발전을 장려하고 개발도상국에서 소외 생산자와 노동자의 권리를 보장한다. 그 운동의 회원들은 사회 및 환경 기준도 개선뿐만 아니라 이러한 국가들로부터의 수출 업자들에게 더 높은 가격을 지불하는 것을 지지했다. 공정한 무역 지지자들은 개발도상국의 생산자와 노동자들로부터 상품을 구입하는 것이 전통적인 자선과 원조보다 지속 가능한 발전을 촉진하는 더 좋은 방법이라고 믿는다.

미국의 공정 거래는 성공을 거두고 있는 것 같다. 지난 몇 년 동안, 그룹 공정 무역 USA에 의해 상품의 라벨을 붙이는 인증을 받은 회사들의 수가 증가해 왔다. 파타고니아, 윌리엄 스 소노마의 웨스트 엘름 부서, 베드 배스 앤 비욘드는 현재 공정 거래 인증 의류 또는 가정용 가구를 판매하는 유통업체 중 일부이다. 카노피 사의 공정 거래 공인을 인증받은 베드 배스 앤 비욘드의 침구류는 학교 개학 시즌에 맞춰 즉시 품절되었다.

알타 그라시아는 공정 무역 생산자의 한 예다. 그 회사는 도미니카 공화국에서 만들어진 대학 브랜드 의류를 미국의 캠퍼스 서점을 통해 판매한다. 도미니카 공화국에 있는 그 조직의 직원들은 생활 임금을 받는다. 이는 그들이 국가의 최저 임금인 월 150달러의 세 배를 버는 것을 의미하며, 이러한 액수는 그들 자신의 집을 사서 그들의 가족을 부양하기에 충분한 금액이다. 게다가 알타 그라시아 근로자들은 건강 보험, 연금, 휴가, 출산 휴가를 받는다.

윤리 체크 :

모든 소매업체들이 공정 거래 상품을 찾아 구입해야 하는가?

☐ 예   ☐ 아니요

물품 도난

물품 도난(shoplifting)은 최근 몇 년 동안 거대한 비율로 증가했다. 미국에서 물품 도난은 전체 손실액 총 440억 달러의 38%를 차지한다. 이들 절도가 결국 소비자 가격의 상승으로 몰아가고 국가 경제에 부정적 영향을 미치며 때때로 심지어 소형 소매상들이 사업을 그만두게 되는 원인이 된다. 최악의 경우, 도둑질은 조직적인 범죄 활동이 될 수 있다. **조직적 소매범죄**(organized retail crime, ORC)는 조직화된 도둑 조직이 있는 다른 조직 범죄와 다르지 않다. 그것은 보안 센서를 피하기 위해 절도단은 점포의 평면도, 안을 호일(foil)로 감싼 가방을 이용하는 절도단이 하루에 수천 달러의 제품들을 훔친다.[25] 사람들은 인터넷이 조직적 소매 범죄(ORC)를 증가시켰다고 믿는다. 길 모퉁이에서 파는 대신에 도난당한 시계나 티셔츠를 범죄자들은 이제 이베이나 엣시와 같은 온라인 경매 사이트에서 합법적인 물건을 파는 사람들과 합류할 수 있다.

물론, 어떤 가게에서 물건을 훔치는 것은 아마추어 수준을 넘어섰고, 어떤 좀도둑들은 그렇게 똑똑하지 않다. 캘리포니아의 한 여성이 직원들이 등을 돌릴 때마다 지갑 속에 비싼 물건들을 숨겨 둔 채 발견되었다. 하지만 세 번이나 물건을 훔치려고 가게에 들어간 후에, 가게가 주최하는 복권 경연 대회에 등록하면서 실명과 주소를 썼을 때 그녀의 죄가 발각되었다.[26] 그녀의 수법은 결코 안전하지 못했다.

종업원 절도

소매점의 두 번째 주요한 재고 손실 원인은 직원에 의한 제품과 현금의 절도이다. 미국에서 종업원 절도는 2014년 기준으로 모든 절도의 34.5%를 차지하는데, 이는 처음으로 물품도난 비율보다 낮게 나타났다.[27] 사례별로 보면 정직하지 못한 직원들은 좀도둑들의 약 다섯 배를 훔친다.[28] 직원들은 제품에 접근할 수 있을 뿐만 아니라 상점의 보안 조치에 대해서도 잘 알고 있다. '달콤한 도벽'은 출납원(cashier)이 의식적으로 적게 계산하거나, 현금을 반환해주거나, 친구가

조직적 소매 범죄(ORC) 하루에 수천 달러의 물건을 가지고 달아나는 조직적인 도둑들의 소매업 절도

소매 차용 상품이 구매되어 그 목적이 이행된 후 결함이 없음에도 반품하려는 의도를 가지고 구매하는 소비자의 관행

고객 프로파일링 고객이 인지하는 지불 능력에 따라 고객 서비스 수준을 조정하는 행위

서비스 판매점 상품보다는 소비자 서비스를 제공하는 조직. 예를 들면 은행, 병원, 건강 스파, 의사, 법률 클리닉, 엔터테인먼트 회사, 대학 등이 있다.

물건을 사지 않고 가버리게 하는 하나의 종업원 관행이다.[29] 때로는 부정직한 직원이 뒷문에서 물건을 가지고 친구의 대기 차에 물건을 운반하기도 한다.

소매 차용

재고 손실의 세 번째 원인은 **소매 차용**(retail borrowing)이라고 불리는 비윤리적인 소비자의 관행이다. 최근 수십 년간 상인들은 상품이 만족스럽지 못하거나, 고객이 마음을 바꾸어도 상품이 만족스럽지 않다는 이유로 고객의 환불을 받아들이는 자유로운 정책을 개발해왔다. 소매 차용은 그것이 구입되어 그 목적이 이행된 후 결함이 없음에도 환불을 위한 물품의 반환을 말한다.[30] 소매 차용률이 높은 물건으로는 고등학교 졸업 파티 드레스, 구직 면접을 위한 새 옷, 대형 미식 축구 경기를 위한 대형 스크린 TV 등이 있다. 소비자에게 있어 그 관행은 비용 지불 없이 특정 행사 동안 제품의 단기적 사용을 무료로 제공한다. 소매업체의 경우, 이러한 관행으로 인해 총매출이 감소되고, 재판매에 적합하지 않은 손상된 제품이 종종 발생할 수 있다.

고객의 윤리적 대우

반면에, 소매 윤리 문제의 이면에는 소매상과 그들의 직원이 고객을 대하는 방식이 있다. 점포가 다른 민족 집단의 소비자들에게 동등한 접근을 제공하지 않는다면 불법일 수도 있지만, 경제적으로 불리하거나 사회적으로 받아들일 수 없어 보이는 소비자들의 행동을 막는 행동은 불법이 아니다. 예를 들어, 한 연구에 따르면, 식당 서비스 종업원들은 그들의 서비스 수준이 고객의 지불 능력과 충분한 팁을 남길 수 있는지에 따라 달라진다는 것을 보여주었다.[31]

고객의 인지된 지불 능력에 따라 고객 서비스 수준이 조정되는 다른 **고객 프로파일링**(customer profiling) 상황에서 일부 고객은 동료들을 따라 가게에 들어갔다가 종업원 서비스에 불편함과 무시당하는 기분을 느껴 구매하기 전에 기분이 나빠 화를 내며 상점을 나선다.[32] 줄리아 로버츠가 출연한 영화 '귀여운 여인'에서 묘사된 고전적 장면처럼, 엘리트층의 교양 이미지를 유지하고자 하는 점포들이 그런 이미지에 대한 요구사항을 충족하지 않은 채 자신의 매장에 들어오는 고객들을 지원하지 않거나 혹은 고객에게 자신들의 점포에서 떠날 것을 실제적으로 요청할지도 모른다.

마찬가지로, 많은 비판가들은 소매상들은 제품이 유해할 수 있는 경우에는 고객에게 제품을 판매하지 말아야 할 의무가 있다고 제안한다. 예를 들어, 몇 년 동안, 일부 청소년들과 젊은 성인들은 처방전이 필요 없는 해로운 약들을 남용해 왔다. 정부의 규제로 최근에 이러한 많은 의약품들이 가게 진열대에서 제거되었지만, 소매상들은 여전히 그들의 판매를 주의 깊게 감시해야 한다. 주류와 담배와 같은 상품들에 대해서도 마찬가지로 적용되는데, 이것들은 법적으로 성인 고객들에게 판매하도록 제한되어 있다.

12.2

목표
전통적 소매상을 어떻게 분류하는지 이해한다.

오프라인 소매상의 유형

소매업 분야는 거대한 대형 백화점에서 마사지숍과 같은 **서비스 판매점**(service retailers), 아마존닷컴과 같은 웹사이트, 에스키모 조 술집과 같은 레스토랑에 이르기까지 많은 부분을 다루고 있다. 소매 마케터들은 그들이 시장에서 그들의 상품을 제공할 수 있는 가능한 방법을 이해할 필요가 있고, 다른 유사한 소매업자들과 비교하여 그들의 성능을 벤치마킹하는 방법을 필요로 한다.

판매 품목에 따른 소매상 분류

소매업체들이 혼란스러워하는 것을 막기 위해 우리는 서비스에 대해 이야기하는 두 가지 다른 방법을 토론할 필요가 있다. 첫째, 주요 제품이 서비스인 소매업체가 있다. 당신의 옷을 세탁하는 세탁소, 머리를 자르는 화장실, 차를 수리하는 차고가 이에 해당된다. 우리는 또한 물건을 살 때 추가로 받는 것을 언급하기 위해 **서비스**라는 단어를 사용한다(예를 들면, 새 세탁기의 배달 및 설치, 새 가정용 보안 시스템을 설정하는 방법에 대한 지침, 슈퍼마켓에서 식료품을 포장하는 것, 차에 물건을 넣는 것을 도와주는 것이다).

소매업체를 판매 품목별로 분류함에 있어, 우리는 우선 주로 상품을 판매하는 소매업체와 서비스를 주로 판매하는 소매업체를 구분한다. 상품 중심의 소매업체들의 가장 중요한 전략적인 결정 중 하나는 **상품 믹스**(merchandise mix)인데 즉, 무엇을 판매해야 하는 것이다. 서비스 소매업체도 마찬가지로 어떤 서비스를 제공할 것인지를 결정한다. 예를 들어, 마사지 엔비는 그들의 이름이 말하는 것처럼 마사지 전문 서비스 소매업체이다. 애리조나주의 캐니언 랜치 헬스 리조트에서는 운동, 영양 지도, 수중 트레드밀, 매니큐어, 페디큐어, 미용 치료, 심지어 마사지까지 완벽하게 갖춘 실내와 실외 수영장까지 제공한다. 이 장의 뒷부분에서, 우리는 주요 사업이 소비자들에게 양질의 서비스와 그들의 욕구를 충족시킬 수 있는 다른 무형의 것들을 제공하는 것인 소매 업자들에 대해 좀 더 이야기할 것이다.

만약 상점의 상품 믹스가 너무 제한되어 있으면, 소매상은 충분한 잠재 고객을 가질 수 없다. 반면에 그것이 너무 광범위하다면, 소매상은 "무엇이든지 다할 수 있는 사람은 뛰어난 재주가 없다."라는 위험을 무릅쓰는 것이다. 소매상이 판매하는 것이 곧 정체성의 핵심이기 때문에, 우리가 소매점을 설명하는 한 가지 방법은 그들의 상품 혼합 믹스이다.

우리는 제9장에서 제조업체의 제품 라인이 단일한 요구를 만족하는 제품으로 구성되어 있다는 것을 알았지만, 소매업에서의 제품 라인은 주방 용품이나 가죽 제품 등과 같이 소매상이 제공하는 관련 제품들의 세트이다. 미국 인구조사국이 수행하는 소매업 인구조사에서는 모든 소매업자를 북미산업분류체계(NAICS) 코드(제6장에서 설명했던 산업재 기업들을 분류하는 것과 동일한 시스템)로 분류한다. 직접 경쟁을 확인하려는 소매업체는 동일한 NAICS 분류 코드를 가진 다른 기업을 찾는다.

하지만 한 가지 주의 사항이 있다. 소매상들이 다른 상품들을 가지고 실험을 하기 때문에, 이런 직접적인 비교를 하기가 더 어려워지고 있다. 예를 들어, 마케팅 담당자들은 식품 소매상들과 비식품 소매상들을 구별하는 것을 좋아하지만, 실제로 이러한 경계가 흐려지고 있다. **콤비네이션 스토어**(combination store) 등은 소비자들에게 같은 점포에서 식품과 일반 상품을 제공한다. 월마트 슈퍼센터와 슈퍼타깃과 같은 **슈퍼센터**(supercenters)는 저가 상품들을 가진 이코노미 슈퍼마켓들을 결합한 대형 점포이다. CVS, 라이트에이드, 월그린 약국과 같은 소매상들은 제한된 양의 식품을 취급한다.

우리는 또한 그들의 **상품 구색**(merchandise assortment) 또는 그들이 판매하는 상품의 선택에 따라 소매상들을 분류할 수 있다. 상품 구색은 상품 폭과 깊이의 두 가지 차원이 있다. **상품 폭**(merchandise breadth) 또는 다양성은 사용할 수 있는 다양한 제품 라인의 수이다. 편의점은 사탕, 담배, 청량 음료와 같은 제한된 종류로, 좁은 **상품 구색**을 갖추고 있다. 코스트코나 샘스클럽과 같은 창고 점포는 안경에서 바비큐 그릴에 이르는 다양한 종류의 물건들을 갖고 있는데, 이 점포들은 폭이 넓은 **상품 구색**을 갖추고 있다.

상품 깊이(merchandise depth)는 각 특정 제품군 내에서 제공되는 다양한 선택 항목이다. 얕은 구색은 제품 범주 안의 선택이 제한된다는 것을 의미하므로, 공장 아울렛 스토어는 표준 크기

상품 믹스 모든 소비자 집단에게 판매되는 모든 제품 라인들을 포함하고 소매상이 판매를 위해 제공하는 모든 제품들의 종합 세트

콤비네이션 스토어 같은 상점 내에서 소비자들에게 식품과 일반 상품을 제공하는 소매상들

슈퍼센터 다른 저가 제품을 가진 이코노미 슈퍼마켓들을 결합하는 대형 콤비네이션 스토어

상품 구색 점포가 판매하는 제품의 범위

상품 폭 이용할 수 있는 서로 다른 제품 라인들의 수

상품 깊이 각각의 특정 제품 라인에 대해 이용할 수 있는 선택의 다양성

그림 12.2 📷 **스냅숏 │ 제품 구색에 따른 도서 소매상의 분류**

마케터들이 종종 자신들의 제품 구색의 폭과 깊이를 토대로 소매상들을 분류한다. 이 그림에서 공상과학 소설을 취급하는 서점들의 유형을 분류하기 위해 두 가지 차원을 이용한다.

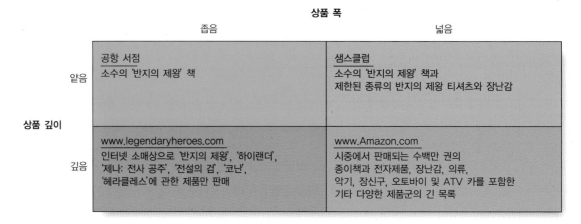

상품 폭

	좁음	넓음
얕음	**공항 서점** 소수의 '반지의 제왕' 책	**샘스클럽** 소수의 '반지의 제왕' 책과 제한된 종류의 반지의 제왕 티셔츠와 장난감
깊음	**www.legendaryheroes.com** 인터넷 소매상으로 '반지의 제왕', '하이랜더', '제나: 전사 공주', '전설의 검', '코난', '헤라클레스'에 관한 제품만 판매	**www.Amazon.com** 시중에서 판매되는 수백만 권의 종이책과 전자제품, 장난감, 의류, 악기, 장신구, 오토바이 및 ATV 카를 포함한 기타 다양한 제품군의 긴 목록

상품 깊이

로 흰색과 파란색 남성용 드레스 셔츠만을 판매할 수 있다(물론 모두 같은 제조업체에서 만든 것임). 반면, 남성 전문 매장에서는 다양한 색조와 착용하기 어려운 크기의 다양한 종류의 셔츠의 깊은 구색(그러나 다른 상품에 대해서는 아니다)을 보여준다. 📷 그림 12.2는 공상 과학 소설책에 대한 구색의 차이를 보여주고 있다.

서비스 수준에 따른 소매상 분류

그들이 판매하는 상품에 따라 상품 소매상을 분류하는 것 외에도, 우리는 또한 그들이 상품을 구매하는 고객들에게 제공하는 서비스인 추가적인 도움과 조언의 양으로 그것들의 특징을 구분한다. 기업들은 서비스와 낮은 가격 사이에 균형이 있다는 것을 인식하고, 그래서 그들은 제공하는 서비스 수준에 맞춰 전략을 조정한다. 더 높은 수준의 서비스를 원하는 고객은 해당 서비스에 대해 기꺼이 지불할 용의가 있어야 하고, 더 낮은 가격을 원하는 고객은 서비스를 포기할 의사가 있어야 한다.

샘스클럽과 같은 소매업체들은 할인율을 약속하는 경우가 많은데, 이게 가능한 이유는 셀프 서비스를 제공하기 때문이다. 고객이 셀프 서비스 소매상에서 쇼핑을 할 때, 그들은 그들의 제품을 아무 도움 없이 선택하기 때문에, 구매하기 위해서는 그들 자신의 가방이나 용기를 가져가야 하고, 셀프 서비스 스캐너로 체크 아웃(계산하는) 프로세스를 처리하기도 한다. 네라페르 비켄이라는 스웨덴의 새로운 슈퍼마켓은 한계를 초월하였다. 그곳에는 직원이 전혀 없다. 쇼핑객들은 스마트 폰 앱을 이용해 문을 열고 바코드를 스캔하며 물건 값을 지불한다. 참고 : 매장은 무감독 시스템(honor system)으로 운영된다. 만약을 대비해서 CCTV를 통해서도 감시를 받는다.[33]

이 경험을 풀 서비스 소매상을 방문하는 경험과는 대비된다. 대다수의 사람들은 블루밍 데일스와 같은 백화점과 빅토리아 시크릿과 같은 전문 점포에서 쇼핑하는 것을 선호한다. 왜냐하면 전문 매장들은 선물 포장과 같은 후원 서비스를 제공하고, 완벽한 선물을 고르는 데 도움을 줄 수 있는 숙련된 판매 사원들을 제공하기 때문이다. 매장에서 제공하는 상품에 기반하여 기타 특화된 서비스를 이용할 수 있다. 고급 백화점인 노드스트롬은 특별한 서비스로 유명하다. '노디스'라고 알려진 영업 사원들은 심지어 노드스트롬 재고에서 좋은 가격에 구할 수 없을 경우 구매자를 위해 다른 소매점에서 원하는 아이템을 조달하는 것으로 알려져 있다.

다른 전문화된 서비스는 상점에서 제공하는 상품에 기초하여 이용할 수 있다. 예를 들어, 많은 풀 서비스 의류 소매상들은 수선 서비스를 제공할 것이다. 접시, 은수저, 식기용품들 그리고 신부라면 원할 만한 그런 아이템들을 취급하는 메이시스, 베드 베스 앤 비욘드, 베스트 바이 등과 같은 소매상들은 특별한 결혼식 컨설턴트나 혼례 선물 상품을 제공한다.

한정 서비스 소매상들은 셀프 서비스 소매상과 전체 서비스를 제공하는 풀 서비스 소매상 사이에 위치한다. 월마트, 타깃, 올드 네이비, 콜스 등과 같은 점포들은 다른 서비스는 거의 없으며, 신용 거래와 제품 반품 서비스를 제공한다. 고객들은 도움을 많이 받지 않고 상품을 선택하기 때문에 그러한 종류의 도움을 더 많이 받기보다는, 가격을 조금 덜 지불하는 것을 선호한다.

소매상의 주요 유형

지금까지 소매상들의 상품 구색의 폭과 깊이가 어떻게 다른지 살펴보았다. 이제 이들 소매상들이 갖고 있는 일부 주요 형태들을 검토하자. 표 12.1은 이러한 유형 및 특성의 목록을 제공한다.

표 12.1 | 다양한 제품 구색, 서비스 수준, 매장 크기 및 가격 등을 제공하는 소매상들의 주요 유형

유형	제품	서비스 수준	크기	가격	사례
편의점	좁은 수의 제품 라인들에서 한정된 수의 선택, 빈번한 구매와 긴급 아이템들	셀프 서비스	소형	평균 가격보다 높은 가격으로 판매되는 저가 아이템	세븐일레븐
슈퍼마켓	식료품의 많은 구색과 일반 상품의 한정된 구색	한정된 서비스	중형	보통	퍼블릭스, 크로거
박스 스토어	식료품의 한정된 구색과 일반 상품의 한정된 구색	셀프 서비스, 구매한 제품을 직접 봉투에 넣음	중형	낮음	ALDI
전문점	하나 또는 소수의 제품 라인에서 많은 구색의 아이템들	풀 서비스	중소형	보통보다 높음	양키캔들, 씽즈 리멤버드
카테고리 킬러	하나 또는 소수의 제품 라인에서 많은 구색의 아이템들	풀 서비스	대형	보통	토이저러스, 홈디포, 베스트 바이
임대 매장	단일 제품 라인에서 한정된 구색	보통의 풀 서비스	소형	보통보다 높음	월마트 내의 픽처 미 인물사진 스튜디오
잡화점	한정된 제품 라인에서 적은 구색의 아이템, 저가 아이템, 단일 가격 포인트	셀프 서비스	소형	낮음	달러 제너럴, 달러 트리
일반 상품 할인점	폭넓은 구색의 제품 라인에서 많은 선택의 아이템	한정된 서비스	대형	보통보다 낮음	월마트, 케이마트
할인 소매상	한정된 제품 라인에서 보통의 구색, 잉여 제품 구매	한정된 서비스	보통	보통보다 낮음	티제이맥스, 마셜
창고형 클럽	한정된 제품 라인에서 보통의 구색, 보통 사이즈보다 훨씬 큰 많은 아이템들	셀프 서비스	대형	보통보다 낮음	코스트코, 샘스클럽, 비제이스
공장 아울렛 매장	단일 제조업자로부터 한정된 구색	한정된 서비스	소형	보통보다 낮음	갭 아울렛, 리즈 클레이번 아울렛, 코치 아울렛
백화점	많은 구색 혹은 많은 제품 라인	풀 서비스	대형	보통보다 높음	메이시스, 블루밍데일스, 노드스트롬
하이퍼마켓	식료품에서 많은 구색의 아이템과 일반 상품 제품 라인의 폭넓은 구색	셀프 서비스	매우 큰 대형	보통보다 낮음	까르푸
팝업 스토어	종종 단일 라인 또는 브랜드, 계절 제품에 자주 사용됨	셀프 서비스	매우 작은	낮음에서 중간	핼러윈 의상 팝업

편의점 한정된 수의 자주 구매되는 물품을 취급하고 집 근처에서 구매의 용이성에 대해 프리미엄 가격을 지불할 의향이 있는 소비자들의 요구를 충족시키는 동네 점포

슈퍼마켓 다양한 종류의 식품과 관련 제품을 취급하는 식품점

박스 스토어 선택의 폭이 제한된 품목, 식품당 브랜드가 거의 없는 품목, 그리고 냉장이 불필요한 품목 등을 취급하는 식품점

편의점

편의점(convenience stores)은 기본 식품, 신문, 잡화를 포함하여, 자주 구입이 이루어지는 제한된 수의 물품을 판매한다. 편의점은 주거지 근처에서 주요 상품을 쉽게 살 수 있도록 기꺼이 프리미엄을 지불하는 소비자들을 대상으로 하고 있다. 즉, 편의점은 시간에 쫓기거나, 물건을 적게 구입하거나, 불규칙한 시간에 물건을 사는 사람들의 필요를 충족시켜준다. 하지만 이러한 상점들은 변화하기 시작했고, 특히 시간이 촉박한 많은 쇼핑객들은 심지어 전문적인 물품을 사려고 이러한 상점을 방문한다. 이는 도시 지역에서 더욱 그러하다. 세븐일레븐과 와와와 같은 체인점들은 현재 고객들에게 커피 바, 신선한 샌드위치, 페이스트리를 제공하고 있다. 이는 '소매업의 수레바퀴 가설'의 좋은 예이다!

편의점이 단지 편리함과 늦은 밤 우유를 사기 위한 장소라고 생각하는가? 매버릭 컨트리사는 그렇게 생각하지 않는다. 250개의 층으로 이루어진 이 체인점은 '모험의 첫걸음'이라는 슬로건에 걸맞게 옛 서부 시골 상점에서 변신했다. 사커맘(자녀를 스포츠, 음악 교습 등의 활동에 데리고 다니느라 여념이 없는 전형적인 중산층 엄마를 가리킴)들부터 산악 자전거 타는 사람들까지 이곳이 재미있는 곳이라고 생각한다. 어드벤처 퍼스트 스톱 상점에는 분수대 음료수 폭포, 구불구불한 커피 강, 얼린 요구르트로 만든 눈 덮인 산이 있다. 독특한 이름들도 또한 재미의 한 부분이다. 매장의 목적지는 훌륭한 커피콩 정류장, 분수가 흐르는 음료 자판기, 보름달 화장실, 큰 곰 베이커리, 양조장과 맥주 쿨러가 있는 객실 등이다. 이 점포들은 자신들의 연료 펌프와 탱크 배달 트럭들을 제트 스키와 스노모바일 같은 스포츠 이미지의 벽화로 둘러싸고 있다.[34]

슈퍼마켓

슈퍼마켓(supermarkets)은 식용 또는 비식용 제품의 폭넓은 선택을 할 수 있는 다양한 제품을 취급하는 식품 매장이다. 비록 이 대형 슈퍼마켓이 미국에 정착해 있지만, 세계의 다른 지역에서는 똑같은 정도로 주목받지 못했다. 예를 들어, 많은 유럽 국가에서 소비자들은 그들의 집 근처의 작은 가게로 갈 때 걷거나 자전거를 타고 간다. 그들은 집에 많은 제품들을 저장할 냉동 공간이 부족하기 때문에 한번 구매할 때보다 적은 양의 식품을 주문하고 더욱더 빈번하게 쇼핑하는 경향이 있다. 유럽인들에게는 상품의 폭넓은 다양성이 품질과 지역 분위기보다 덜 중요하지만, 거대한 대형 할인 마트들이 전 세계적으로 인기를 끌면서 그들의 쇼핑 습관이 바뀌기 시작하였다.

박스 스토어

박스 스토어(box stores)는 한정된 아이템 구색, 품목마다 극소수의 브랜드, 극소수의 냉장 품목을 판매하는 푸드 스토어이다. 일반적으로, 박스 스토어는 슈퍼마켓보다 영업 시간이 짧고, 더 작으며, 창고형 클럽보다 규모가 작고 더 적은 품목을 취급한다. 오픈 박스에 상품이 진열되어 있어 상품의 이름을 알 수 있으며, 고객이 직접 구매한 상품을 가방에 담아 갈 수 있다. 예를 들어, ALDI 스토어는 정기적으로 약 1,400개의 아이템을 취급하는 반면에 전형적인 슈퍼마켓은 최대 5만 개의 품목을 취급할 수 있다[35](ALDI 제

카테고리 킬러는 자신의 카테고리 안에서 방대한 구색의 제품들을 취급하는 매우 큰 전문점이다. 카테고리 킬러의 몇몇 예로는 홈디포, 토이저러스, 베스트바이, 스테이플스 등이 있다.

품의 약 95%는 일부 국가 브랜드의 특수한 구매로 제한된 기간 동안 사용할 수 있고 특별한 행사로 구매할 수 있는 매장 브랜드이다).

전문점

전문점(specialty stores)는 좁고 깊은 물품 목록을 가진다. 그들은 많은 제품 라인을 판매하지는 않지만, 그들이 판매하는 라인 내에서 다양한 브랜드를 제공한다. 완벽하지 못한 몸매를 가진 많은 여성들에게, 수영복만 파는 전문점은 실제로 맞는 수영복을 찾을 수 있도록 해준다. 마찬가지로 일반 백화점에서 꼭 맞는 신사복 정장을 구매할 수는 없지만, 전문점은 키가 크고 작은 남성들을 겨냥해 다양한 선택을 할 수 있는 많은 구색을 갖고 있다. 전문점들은 그들의 제품군을 목표한 소비자들의 특수한 요구에 맞춰 조정할 수 있으며, 그들은 종종 높은 수준의 식견 있는 서비스를 제공한다.

카테고리 킬러

카테고리 킬러(category killer)는 오늘날 소매업에서 특히 중요해진 종류의 전문점이다. 카테고리 킬러는 그 분야에서 다양한 종류의 상품을 취급하는 매우 큰 전문점이다. 카테고리 킬러의 몇몇 예로는 홈디포, 토이저러스, 베스트바이, 스테이플스가 있다.

임대 매장

임대 매장(leased departments)은 외부 기업이 임대하는 대형 소매점 내에 있는 매장이다. 이와 같은 배치로 대규모 소매점이 취급할 수 없는 더 다양한 종류의 상품을 제공할 수 있다. 임대 부서의 예로는 점포 내 은행, 사진관, 애완 동물 매장, 보석 매장, 시계 및 신발 수선 매장 등이 있다.

잡화점

잡화점(variety stores)은 1800년대 후반에 시작된 싸구려 잡화점이 기원이다 그 당시 아이콘 울워스와 같은 잡화점은 모든 상품들이 5센트나 10센트에 팔렸다. 오늘날의 잡화점은 부엌 용품에서부터 장난감, 사탕과 양초에 이르기까지 값싼 물건들을 다양하게 취급한다. 오늘날, 10센트짜리 물건을 사기는 힘들지만, 많은 다양한 상점들은 여전히 단일 소매 가격을 고수하고, 일부 잡화점들은 1달러 이하의 제품을 제공한다. 오늘날 다양한 매장의 몇 가지 예로는, 달러 제너럴, 패밀리 달러, 달러 트리가 있다.

할인점

타깃, 케이마트, 월마트와 같은 **일반 상품 할인점**(general merchandise discount stores)들은 저렴하고 최소한의 서비스로 폭넓은 구색의 품목들을 제공하고, 많은 제품들을 판매하는 점이 특징인 아울렛이다. 할인점들은 가격에 민감하고, 많은 상품에 쉽게 접근하기를 원하는 구매자들에게 어필하기 때문에 일반적인 소매점과는 다르다. 예를 들어, 리즈 클레이번과 같은 기업들이 할인 매장만을 위해 새로운 제품라인을 만들어 내면서 이 상점들은 점점 더 디자이너 이름의 옷을 싼 가격에 팔

콜스와 같은 할인 백화점들은 오늘날 패션계를 이끄는 원천이다.

전문점 소수 제품 라인들을 취급하지만 자신들이 판매하는 제품 라인들 내에서 좋은 구색을 제공하는 소매상

카테고리 킬러 자신의 카테고리에서 방대한 구색의 제품을 취급하는 매우 큰 전문점

임대 매장 외부 기업이 임대한 대형 소매상 내의 매장

잡화점 여러 가지 저렴한 물건을 취급하는 상점

일반 상품 할인점 최소한의 서비스와 낮은 가격으로 폭넓은 구색의 아이템들을 제공하는 소매상

할인 소매상 유명 제조업체로부터 초과 상품을 구매하여 고객들에게 비용 절감의 혜택을 주는 소매상

창고용 매장 창고 환경에서 폭넓은 구색의 식용과 비식용 물품들을 구매하는 소비자들에게 비싸지 않은 회비를 부과하는 할인 소매상

공장 아울렛 매장 제조업체 소유의 할인 소매점으로 결함이 있는 상품과 초과 재고품을 판매함

백화점 다양한 품목을 판매하고 각 제품군 내에서 좋은 선택을 제공하는 소매업체

분리 소매 중간 시장 소매업의 감소로 대량 판매와 틈새 소매 모두 소매 시장을 지배함

고 있다.[36] 일부 잡화점에서는 불빛이 희미해졌을지도 모른다. 2016년 초에 월마트는 아마존과 같은 온라인 소매업체와의 경쟁 심화로 미국 내 269개 점포 중 154개 점포가 문을 닫는다고 밝혔다.[37]

티제스 맥스, 마셜, 홈 굿 그리고 A. J. 라이트 등과 같은 일부 할인 매장들은 가격이 저렴한 **할인 소매상**(off-price retailers)이다. 이 상점들은 제조업체로부터 여분의 제품들을 얻고, 명품과 패션 지향적인 상품을 저렴한 가격에 제공한다.

코스트코와 비제이와 같은 **창고용 매장**(warehouse clubs)은 더 새로운 버전의 할인점이다. 이 점포들은 풀 서비스 점포의 편의 시설을 제공하지 않는다. 소비자들은 일반 포장과 수량보다 더 큰 제품을 많이 구입한다. 이는 당신이 이 모든 물건들을 보관하기 위해 당신의 집에 여분의 방을 만들어야 할지라도, 종이 수건의 3년 동안 공급 물량 혹은 5파운드 박스의 프레첼(짭짤한 비스킷)을 사재기하는 것과는 전혀 다르다. 이들 클럽들은 종종 소비자와 중소 기업들에게 회비를 부과한다. 최근 조사에 따르면, 전형적인 창고 쇼핑객들은 한 달에 한 번 정도 대량 구매에 흥미를 느끼고, 긴 줄을 싫어하며, 신선한 식료품과 같은 특정한 제품 영역 때문에 클럽 소매상을 이용한다고 한다.[38] 그리고 소매의 수레바퀴와 일치하는 이들 매장들조차 "거래를 한다." 쇼핑객들은 많은 창고 클럽에서 질 좋은 보석과 다른 명품 품목들을 구매할 수 있다.

공장 아울렛 매장(factory outlet store)도 역시 할인 소매상의 또 하나의 유형으로, 제조 업자가 직접 이러한 상점을 소유하고 있다. 일부 공장 아울렛 매장은 제조업자가 결함이 있는 제품이나 초과 재고를 헐값에 판매하고, 정가 소매점에서 구할 수 없는 품목을 취급하거나, 제조업자에게 추가적 유통 경로를 제공하도록 설계되었다. 상품 구색이 넓지 않을지라도 한 제조업자가 제품을 만들고 취급하기 때문에, 대부분의 공장 아울렛 매장들은 수많은 공장 아울렛들과 함께 무리를 지어 같은 지역 내 아울렛 몰에 위치한다.

백화점

백화점(department stores)은 다양한 종류의 물건을 판매하고 매장의 다양한 구역으로 조직화된 전문적인 구색을 제공한다. 대형 백화점은 20세기 초에 도심지를 지배했다. 백화점 전성기에 이 점포들은 비행기를 팔고 미술 작품을 경매에 붙였다. 로드 앤 테일러는 심지어 고객들에게 승마 습관의 완벽한 적합성을 보장하는 기계식 말을 제공하기도 했다.

많은 나라에서, 백화점은 계속해서 번창하고 있고, 쇼핑하기 위한 소비자들의 주요 장소로 남아 있다. 일본에서는 백화점들이 테이크 아웃 스시 요리에서부터 멋진 진주 보석 세트까지 모든 것을 사고 지출하려는 쇼핑객들로 항상 붐빈다. 스페인에서는 백화점 체인인 엘 코르테 잉글레스가 소매업을 장악하고 있다. 백화점의 지점들은 전자제품, 책, 음악과 고급 식료품을 판매하는 백화점을 포함하고 한두 층의 상점을 포함하는 거대한 슈퍼마켓을 가지고 있다.

하지만 최근 몇 년간 미국의 백화점들은 고전을 면치 못했다. 한편으로, 전문점들은 더 깊고, 더 첨단의 패션 선택과 더 나은 서비스로 백화점 쇼핑객들을 유인한다. 반면에, 임대료, 정교한 상점 진열 및 비품, 판매원들의 급여에 높은 비용을 들이지 않기 때문에 같은 품목을 더 낮은 가격에 제공하는 할인점과 카테고리 킬러, 온라인 상점들에 의해 백화점들은 압박을 받고 있다. 저가 할인점과 고급 전문 소매점의 인기로 인한 중간 시장 소매업체(middle-of-the-market retailing)의 감소를 **분리 소매**(bifurcated retailing)[39]라고 불린다. 주요 기업들과 소비자들의 마음속에 남아 있기 위해, 백화점들은 메이시스 백스테이지 부서와 니만 마커스 라스트 콜과 같은 저가 점포 형태를 만들어내고 있다.[40]

하이퍼마켓

하이퍼마켓(hypermarkets)은 창고 상점과 슈퍼마켓의 특성을 결합한 것이다. 원래 유럽에서 도입된 이들 매장은 다른 점포들보다 몇 배 더 큰 거대한 시설들을 갖고 있다. 슈퍼마켓은 4만에서 5만 평방피트인 반면에, 하이퍼마켓은 20만에서 30만 평방피트 또는 축구장 4개만 한 크기이다. 이들은 원스톱 쇼핑을 제공하며 레스토랑, 뷰티 살롱, 어린이 놀이 시설을 갖추고 있다. 프랑스 회사 까르푸는 약 1,500개의 하이퍼마켓을 포함하여 전 세계 33개국에 만 개 이상의 가게를 가지고 있다. 각각은 2만에서 8만 개의 음식과 비식품을 운반한다.[41] 보다 최근에 까르푸는 개발도상국으로 확장하고 있으며, 현재 중국에는 236개의 하이퍼마켓이 있으며, 인구 증가와 대형 소매점의 부족이 엄청난 기회를 제공한다.

팝업 스토어

팝업 스토어(pop-up stores)는 하루 동안 불쑥 나타났다가(pop up) 하루에서 몇 달 후에 사라지는 소매 경험이다. 팝업 스토어는, 사업을 시작하기 위한 저렴한 방법일 뿐만 아니라, 소비자 관심을 형성하고, 입소문을 일으키고, 마케팅 제품과 위치를 시험하는 것을 포함하여, 여러 가지 이점을 제공한다. 핼러윈 의상, 크리스마스 선물과 장식, 불꽃 놀이를 판매하기 위해 계절별 팝업 스토어들이 자주 열리고, 타깃, 케이트 스페이드, 구찌, 루이비통 같은 전통 소매상들도 팝업을 실험했다.

12.3

목표

B2C 전자상거래를 포함하는 무점포 소매업의 일반적 형태들을 설명한다.

전자상거래와 무점포 소매업

더 리미티드와 같은 점포들은, 다른 곳에서 구할 수 없는 멋진 물건들을 젊은 쇼핑객에게 제공하기 때문에 성공적이다. 하지만 쇼핑객들은 카탈로그나 웹사이트와 같은 전통적인 점포들이 아닌 곳에서 상품을 구한다. 더뷰크에 있는 데비는 새벽 3시에 Forever 21.com에 접속해서 집을 나서지 않고도 최신 유행 패션 상품을 주문할 수 있다.

니먼마커스 백화점의 설립자는 일찍이 이렇게 말했다. "만약 고객들이 일어나서 당신의 상점에 가고 싶어 하지 않는다면, 당신은 그들에게 찾아 가야 한다."[42] 사실, 많은 제품들이 점포 이외의 장소에서 쉽게 구할 수 있다. 전 세계 수백만 명의 여성들에게 뷰티 상품을 파는 에이번을 생각해보자. 에이번 레이디, 풀러 브러시, 타파웨어 파티는 모두 풍부한 역사의 일부이며 소매업의 현실이다. 이들은 빠르게 성장하는 전자 상거래 세계와 함께 **무점포 소매업**(nonstore retailing)의 일부이다.

물론, 전자상거래를 전통적인 소매상들과 분리하는 것은 정말 어렵다. 사실 티파니와 같은 고급 전문 매장에서 할인점 월마트와 창고형 매장인 코스트코까지 많은 전통적인 소매상들은 그들의 상품을 구입하고자 하는 고객들을 위해 카탈로그, 웹 사이트와 같은 무점포 대안들을 제시하였다. 인터넷 소매상인 아마존닷컴과 같은 기업들의 경우, 무점포 소매업이 자신들의 전체 비즈니스이다. 제14장에서 우리는 직접 마케팅(direct marketing, DM)이 우편, 전화, TV를 통해 무엇을 하는지에 대해 논의한다. 이번 절에서는 📷 그림 12.3에서 제시된 무점포 소매업의 다른 유형들, 즉 직접 판매, 자동 판매기 및 B2C 전자상거래 등을 살펴본다.

그림 12.3 📷 **스냅숏 | 무점포 소매업의 유형**

전통적인 소매상들은 자동판매기부터 역동적인 웹사이트까지 다양한 무점포 소매상들과 경쟁해야 한다.

직접 판매
- 방문 판매
- 파티와 네트워크
- 다단계 네트워크와 활동

자동 판매기

전자상거래

하이퍼마켓 창고형 매장과 슈퍼마켓의 특성을 결합한 소매상인 하이퍼마켓은 다른 소매상들보다 두서너 배 더 크고 식료품에서 전자제품까지 거의 모든 것을 제공함

팝업 스토어 핼러윈 의상점과 같이 어느 날 불쑥 나타났다가 하루에서 몇 달 후에 사라지는 소매점

무점포 소매업 고객에게 매장을 방문하도록 요구하지 않은 상태에서 제품 교환을 하는 데 사용되는 방법

B2C 전자상거래 기업들과 개인 소비자들 간의 온라인 교환

M-커머스 휴대전화와 스마트폰, 개인 디지털 단말기 등 기타 모바일 기기를 통해 전송되는 홍보 및 기타 전자상거래 활동

B2C 전자상거래

기업과 개인 소비자 사이의 온라인 교환을 **B2C 전자상거래**(B2C e-commerce)라고 한다. 포레스터 리서치에 따르면 전자상거래 매출은 2016년에 3,730억 달러에 이를 것으로 예상되며 2020년에는 5,230억 달러에 이를 것으로 예상된다.[43] 소비자들은 **M-커머스**(M-commerce) 구매를 위해 스마트 폰을 사용하는 경우가 증가하고 있다. 2020년까지 휴대 전화는 15%, 태블릿은 33%의 전자 상거래 매출을 올릴 예정이다.[44]

포레스터 리서치는 2017년까지 전체 미국 소매 판매의 60%가 온라인으로 직접 제품을 구입하거나, 아니면 온라인으로 직접 구입하는 방식으로 추정된다고 밝혔다.[45] 포레스터는 또한 2017년까지 오프라인 웹 영향을 받는 매출이 1.8조 달러로 증가할 것으로 예상한다.[46]

많은 요인들이 온라인 판매가 더 많이 증가하는 것을 막는다. 대부분의 소비자들은 물건을 만지고 느낄 수 있으며, 반품과 배송비에 문제가 생기지 않는 가게를 선호한다. 또한 많은 소비자들은 제품을 즉시 구입하고 싶어 하기 때문에 온라인 구매를 싫어한다. 이러한 문제를 해결하기 위해 베스트바이와 같은 많은 소매업체는 온라인과 매장 내 판매 기능을 통합했다. 소비자는 상품을 선택하여 온라인으로 결제한 다음, 상점을 돌아다니며 상품을 찾거나 줄을 서서 기다리지 않아도 되고, 재고 부족에 대한 걱정 없이 몇 시간 내에 해당 상점에서 고르면 된다.

B2C 전자상거래의 이점

소비자와 마케팅 담당자 모두에게, B2C 전자상거래는 많은 이점과 몇 가지 한계점을 제공한다. 표 12.2는 이들 중 일부를 보여준다.

소비자의 관점에서 보면, 전자 마케팅은 많은 시간과 장소에 대한 장벽을 허물어버리기 때문에 편리성을 증가시킨다. 집을 나서지 않고도 물건을 살 수 있다. 당신은 집을 떠나지 않고도 연중 무휴 쇼핑을 할 수 있다. 아주 작은 마을에 사는 소비자들도, 대도시 거주자들과 같이 Bloomingdales.com에서 펑키 신발이나 유행하는 수영복을 구입할 수 있다. 웹 사이트 Ideeli.com은 고객들에게 '블루 라이트 스페셜'과 같은 일종의 온라인 행사를 통해 매우 많이 할인된 가격으로 고가의 상품을 살 수 있는 기회를 제공한다. WarbyParker.com에서는 사진을 업로드하고 구입하기 전에 다른 선글라스를 착용해 볼 수 있다. 여러분이 결정하지 못했다면 회사는 여러분에게 몇 쌍의 선글라스를 보낼 것이다. 원하지 않는 선글라스는 되돌려주면 된다. 덜 발달된 국가에서는, 인터넷이 소비자들로 하여금 국내 시장에서 전혀 구할 수 없는 상품을 구매하게 한다. 그러므로 인터넷은 멀리 떨어진 지역에 소매점을 개설하는 것과 같은 값비싼 기반 시설을 개발할 필요 없이 삶의 질을 개선할 수 있다.

반면에 대부분의 온라인 소비자들의 20~30%는 목표를 최대한 빨리 달성하고 싶어 하며, 실제 구매한 물건만큼 또는 더 많은 '사냥의 스릴'을 즐기기 위해 온라인 쇼핑을 한다. 경험적 쇼핑객들은 사이트에 오랜 시간 남아 있고, 즐거움을 위한 욕구가 그들을 자극한다. 결과적으로, 이러한 고객들을 끌어들이기를 원하는 마케팅 담당자들은 놀라움, 독특함 그리고 흥미를 제공하는 웹 사이트를 설계해야만 한다. 오늘날 마케팅 담당자들은 온라인 향상 기능을 추가할 때 색상, 그래픽, 배치 및 디자인, 상호작용 비디오, 콘테스트, 게임 및 증정품을 포함

리투아니아의 이 체인점처럼, 오프라인 서점들은 온라인 쇼핑을 하고 싶어 하는 구매자들에게 독특한 경험을 제공하기 위해 애쓰고 있다.

표 12.2	**전자상거래의 이점과 한계**	
이점		**한계점**
소비자 입장		**소비자 입장**
하루 24시간 쇼핑 가능		보안상의 문제
움직임이 적음		사기
어디서나 관련 정보를 짧은 시간 안에 받을 수 있음		제품을 만져볼 수 없음
제품 선택 폭이 넓음		모니터로 정확한 색상을 확인할 수 없음
개발도상국에서도 더 많은 제품 사용 가능		배송, 반송비가 비쌈
더 많은 가격 정보		인간관계의 잠재적 붕괴
가격을 낮추어 더 적은 영향력으로 구매할 수 있도록 가상 경매에 참여 가능		
빠른 배송		
컴퓨터상의 커뮤니티		
마케팅 담당자 입장		**마케팅 담당자 입장**
시장이 넓음		안전상의 문제
사업 운영비 절감		이익을 내기 위해 사이트를 유지 관리해야 함
고도로 전문화된 사업의 성공 가능		치열한 가격 경쟁
실시간 가격 책정 성공 가능		전통적 소매업자들과의 충돌
		법적 문제 해결이 어려움

한 **가상체험 마케팅**(virtual experiential marketing)을 제공한다.[47] 전체 소매 고객의 절반 이상이 친구들이 그들의 구매에 영향을 미친다고 말하기 때문에, 일부 온라인 소매업체들은 소매업체로부터 이 소식을 공유할 '브랜드 친구' 그룹을 만든다.[48]

마케터들은 전자 상거래의 중요한 이점을 알고 있다. 조직이 전자 상거래를 통해 이렇게 많은 소비자들에게 도달할 수 있기 때문에, 지리적 제약으로 인해 이익을 얻을 수 없었던 매우 전문화된 사업을 개발하는 것이 가능하다. 인터넷은 상인들이 여분의 상품을 가져와 염가품 쇼핑(bargain-hunting)을 원하는 소비자들에게 팔 수 있는 특별한 기회를 제공한다.[49] 소매상들은 경기 침체 또는 기타 요인으로 인해 소비자가 충분한 구매를 하지 못할 수 있다고 우려하게 될 경우 소매상들이 '고통스러운 재고(distressed inventory)'라고 말하는 의류, 액세서리 등의 상품들을 매우 싸게 제공하는 Overstock.com이나 Bluefly.com과 같은 온라인 중개상을 이용할 수 있다. 동시에 인터넷은 소비자들에게 가격 투명성을 제공하여 온라인 소매업체들이 경쟁업체들보다 더 높은 가격으로 경쟁하기 어렵게 한다.

우리가 로데오 거리, 뉴욕 5번가, 시카고의 메그니피션트 마일 등에서 심지어 고급 패션 디자이너들의 소매 아울렛들조차도 인터넷에 3,000달러 스커트와 5,000달러 치마를 판매하기 위해 인터넷 점포를 차리고 있다. 2014년에 소비자들은 온라인으로 300억 달러의 명품 및 신발을 구입했다.[50] 포레스트 리서치에 따르면 10명의 부유한 고객 중 8명이 인터넷을 통해 명품을 조사하고 구입하기 때문에 고급 제품을 온라인으로 판매하는 것이 타당하다고 한다.[51] 명품 고급 패션 사이트 Net-a-Porter.com은 지방시, 지미 추, 빅토리아 베컴 그리고 다른 최고 디자이너들의 디자이너 옷과 액세서리를 판매한다.[52] 보테가 베네타 볼레로 재킷이 5,600달러에 판매되는 반면, 오스카 드 라 렌타 레이스와 툴레 가운은 9,290달러에 판매된다.

제11장에서 논했듯이, 전자상거래의 가장 큰 장점 중 하나는 가격 정보를 얻는 것이 쉽다는 것이다. 신상품 헬보이 피규어, 산악 자전거, MP3 플레이어, 또는 여러분이 생각할 수 있는 모든 것들을 사기 원하는가? 가격을 비교하기 위해 상점에서 상점으로 이동하는 대신에, 많은 웹 검색자들은 '숍봇'(제6장에서 설명됨)이나 검색 엔진이나 다수의 상인들이 제시하는 가격을 비

가상체험 마케팅 색상, 그래픽, 레이아웃 및 디자인, 상호작용 비디오, 콘테스트, 게임 및 증정품을 사용하여 경험 있는 쇼핑객을 온라인으로 연결하는 온라인 마케팅 전략

교하고 파일을 수집하는 Ask.com과 같은 '가격 비교 사이트'를 이용한다. 쉽게 구할 수 있는 가격 정보를 가지고, 쇼핑객들은 브랜드, 특징, 리뷰, 그리고 어디서 그 특정 제품을 사는지에 대한 정보를 찾아볼 수 있다.

전자 상거래는 또한 기업들이 비용을 절감할 수 있도록 해준다. 기존의 오프라인 소매상들과 비교해볼 때, 인터넷 소매업체의 비용은 최소화로 거래된다. 유지 관리하기에 비싼 쇼핑몰 사이트도 없고 지불해야 할 판매 관계자도 없다. 그리고 컴퓨터 소프트웨어와 디지털 음악과 같은 일부 제품에 대해 전자상거래는 빠르고 거의 즉각적으로 배달된다. 최신 엔터테인먼트 다운로드는 아마존, 넷플릭스, 아이튠즈와 같은 온라인 쇼핑객들에게 영화를 사거나 빌릴 수 있는 기회를 제공하는 사이트에서 한 걸음 더 나아갔다. 고화질 LED 스마트 TV에 영화 한 편을 다운받아서 팝콘을 튀기기만 하면 된다.

B2C 전자상거래의 한계

하지만 가상 세계가 모두 완벽한 것은 아니다. 전자상거래에도 한계가 있다. 상점에서 쇼핑하는 것과 비교하여 한 가지 결점은, 고객들이 종종 개별적으로 배송 서비스가 진행되기 때문에 대부분의 제품을 받기 위해서는 며칠을 기다려야 한다는 것이다. 따라서 쇼핑객들은 그들이 최근에 '발견'한 제품을 꽉 잡고 가게 밖으로 걸어 나감으로써 즉각적인 만족감을 얻을 수 없다. 전자제품 체인점인 베스트바이는 새로운 형태의 하이브리드 소매업을 통해 이 문제를 해결할 수 있다고 생각한다. 고객은 회사 웹 사이트에서 대형 스크린 TV를 주문한 다음 당일에 물건을 찾으러 오프라인 매장으로 차를 몰고 갈 수 있다.

물론 일부 전자상거래 사이트들은 여전히 사람들은 짜증 나게 하는 서투른 설계로 인해 피해를 입는다. 이는 고객들이 구매하지 않은 물건들이 쌓인 카트를 남긴 채 사이트를 떠나는 **장바구니 이탈**(shopping cart abandonment)을 일으킨다. 모든 온라인 쇼핑 고객들의 평균 68%가 e-마케터 비용이 많이 드는 그들의 장바구니에 물건을 둔다.[53] 고객들은 검색이 어려운 사이트 또는 더 나은 사이트에서 제공하는 온라인 채팅과 같은 고객 서비스 담당자에게 쉽게 접근할 수 있는 장점을 제공하지 못하는 사이트로 돌아갈 가능성은 더 낮다. 고객들은 종종 그들이 사이트를 떠나는 즉시 그들의 쇼핑 바구니가 사라지는 사이트에 좌절한다. 소매상들은 이러한 검색 관련 문제들을 심각하게 받아들일 필요가 있다. 소비자들은 사이트에서 쇼핑하는 데 문제를 겪으면 언젠가는 그들이 그곳에서 쇼핑할 가능성은 거의 없다.

보안은 소비자와 마케팅 담당자 모두의 관심사이다. 우리는 또 다른 소매 체인의 데이터 시스템이 해킹당하고 수백만 명의 소비자 신용 카드의 정보가 도난당한다는 소식을 정기적으로 듣는다. 비록 미국에서는 도난 시에 신용카드 회사에서 보통 손실의 대부분을 부담하기 때문에 개인의 재무적 책임은 제한되지만 신용평가에 대한 손해는 지속될 수 있다.

소비자는 또한 인터넷 사기에 대해 우려하고 있다. 대부분의 사람들은 지역 소매기업에 대해서는 물리적 존재, 둘러보는 데 걸리는 시간, 거기서 쇼핑하는 친구 및 이웃의 언급을 통해 판단할 수 있지만 제품을 판매하는 무수히 많은 인터넷 사이트에 대한 정보는 없다. 심지어 이베이나 거래개선협회(Better Business Bureau)와 같은 사이트도 개별 공급 업체의 신뢰성에 대한 광범위한 정보를 게시하여 이러한 문제를 해결하려고 시도한다.

카탈로그와 마찬가지로, 대부분의 온라인 회사들이 관대한 반품 정책을 가지고 있지만, 소비자들은 여전히 잘 맞지 않거나 간단하게 색상이 맞지 않는 품목에 대해 많은 배송 및 반환 비용에 집착할 수 있다.

주로 현금 경제를 보유한 개발도상국이 B2C 전자상거래의 세계적 성공에 또 하나의 장애물이 되고 있다. 이런 나라들에서는, 신용 카드를 사용하는 사람들이 거의 없기 때문에, 그들은 인터넷을 통해 구입한 물건들에 대해 쉽게 돈을 지불하지 못한다. 게다가, 은행들은 그들의 카드의 사기 사용에 대한 소비자 보호를 제공할 가능성이 훨씬 더 낮아서, 해킹당한 카드 번호가 실제로 이용되어 당신에게 많은 손실을 줄 수 있다. 이러한 국가들의 소비자들에게는 온라인 구매에 대해 안전하게 지불하는 것에 대한 대안이 점점 더 많아지고 있다. 페이팔은 온라인 결제에 있어 세계적인 리더이다. 1998년에 설립되어 2002년에 이베이에 인수된 페이팔은 202개 국가 시장에서 1억 8,400만 개의 활성 계좌들 및 서비스 고객과 100개 이상의 통화(currencies)를 보유하고 있다. 또한 2015년에 페이팔은 전 세계적으로 49억 달러를 처리하였다.[54] 트윗페이는 소비자들이 소셜 네트워크 사이트인 트위터를 통해 결제를 보낼 수 있도록 해주는 서비스이다. 트윗페이의 RT2Giv 서비스는 소비자들에게 비영리 단체에 쉽게 지불할 수 있는 기회를 제공한다. 예를 들어 비영리 단체인 말라리아노모어(Malaria No More)는 트위터에 참여해 아프리카 어린이와 그 가족을 위해 모기장 구매를 위한 기부 캠페인인 'Help Us End Malaria 캠페인'을 위해 모금을 했다.[55]

주요 마케팅 담당자들은 웹상에서의 그들의 입지를 강화함으로써, 그들은 온라인에서 그들이 판매하는 재고가 그들의 점포를 자기잠식(cannibalize)할 것(우리는 제9장에서 자기잠식의 전략적 문제를 논의했다)을 우려한다. 이것은 서점 반스앤노블과 같은 회사들에게는 큰 문제가 되는데, 서점이 고객들을 자신의 웹 사이트로 안내하고 재고로 가득 찬 체인점들로부터 웹사이트로 고객을 이끌어내는 것에 유의해야 한다. 반스앤노블은 책과 음악을 13개의 세계적인 웹 사이트에서 독점적으로만 판매하기 때문에 이 문제에 대해서는 걱정하지 않아도 되는 아마존 닷컴(전 세계 3억 명의 고객을 확보하고 2015년에는 책뿐만 아니라 의류에서 휴대폰에 이르기까지 수많은 제품의 연간 판매량이 107억 달러를 넘었다)과 같은 경쟁자들과 거래해야 한다.[56] 물론, 오늘날 여러분이 읽고 있는 멋진 교과서와 같은 책들이 디지털로 변환되어 온라인에서 구입하고 다운로드받을 수 있다. 아마존 킨들이나 애플의 아이패드와 같은 전자책 리더들은 전자책을 훨씬 더 매력적으로 만들었다.

B2C가 소매업의 미래에 미치는 영향

B2C 전자상거래의 성장이 우리가 알고 있는 것처럼 오프라인 소매상의 몰락을 의미할까? 당신의 지역 상점들의 몰락을 미리 생각하지 말자. 일부에서는 비용상의 이점 때문에 가상 유통 경로가 기존의 전통적인 유통 경로를 완벽하게 대체할 것이라고 주장하지만, 이것은 그럴 것 같지 않다. 예를 들어, 어떤 은행은 고객들이 가정용 컴퓨터에서 온라인으로 사업을 할 때 80%의 비용을 절감하지만, 웰스 파고는 고객들이 PC 기반 은행 서비스를 사용하도록 강요할 수 없다는 것을 발견했다. 그리고 많은 제품의 경우, 구입하기 전에 '만지고 느끼는(touch and feel)' 정보가 필요하다. 지금으로서는 온라인과 오프라인이 공존해야 할 것이다.

하지만 이것이 실제 소매업체들이 안심할 수 있다는 것을 의미하지는 않는다. 우리가 알고 있는 대

온라인 쇼핑 사이트인 모틸로는 사용자들이 제안한 제안, 상품, 그리고 다른 매력적인 활동들을 제공하기 때문에 옷을 사는 것을 더 재미있게 하려고 노력한다.

직접 판매 판매원이 한 개인이나 소그룹에게 제품을 제공하고 주문을 받고 상품을 전달하는 상호작용형 판매 과정

물품 방문 판매 금지령 가게에서 사전 허가를 받지 않은 경우 물품 방문 판매를 금지하는 지역사회 규정

단체 계획 시스템 '집단 정신'에 사로잡힌 사람들이 혼자일 경우 보통은 구매하지 않을 제품들을 구매하는 사람들에게 상당히 의존하는 판매 기법

다단계 또는 네트워크 마케팅 마스터 유통업자는 유통업자가 되기를 원하는 다른 사람들을 모집하고, 그들에게 기업의 제품을 판매하고, 모집된 사람들에 의해 판매된 모든 제품에 커미션을 받는 시스템

로 점포들은 쇼핑객들을 컴퓨터 화면에서 멀어지게 하기 위해 계속해서 발전할 것이다. 미래에는 (유명세로 인한) 특정 소매상(destination retail)이 트렌드가 될 것이다. 즉, 소비자들은 제품을 사기 위해서뿐만 아니라 그들이 전체 경험에서 얻는 즐거움을 위해서도 소매상들을 방문할 것이다. 소매업의 재건에 대한 논의에서 보았듯이, 많은 소매업자들은 이미 오프라인 소매상들에서 쇼핑을 단지 물건을 고르는 장소보다 오히려 경험을 쌓는 방법들을 제공한다. 배스 프로 숍메가 아웃도어 매장은 모두 하나로 지어진 점포이자 박물관이자 미술관이다. 손으로 그린 벽화, 1만 5,000갤런짜리 소금물 수족관, 야생 동물 전시관, 풀 서비스 식당, 선물과 자연 센터로 인해 고객들은 점포 내에서 오래 머물 수 있다. 사실, 배스 프로 숍의 평균 고객들은 가게에 도착하기 위해 평균 50마일 이상을 운전해서 가게 안에서 두 시간 반을 보낸다.[57]

직접 판매

직접 판매(direct selling)는 판매원이 한 명의 개인이나 소규모 그룹에게 제품을 제공하고, 주문을 받고, 상품을 배달할 때 이루어진다. 직접판매협회는 2014년에 1,820만 명이 미국에서 직접 판매에 참여했으며, 이러한 활동으로 인해 340억 달러의 매출을 올렸다고 보고했다.[58] 이 중 71.5%는 직접 대면 판매 방식으로, 22.4%는 파티 상법 혹은 단체 판매 방식으로 발생했다. 직접 판매를 위한 주요 제품 범주에는 홈/가정용 케어 제품(예 : 클리닝 제품), 웰빙 제품(예 : 체중 감량 제품), 개인용 관리 제품(화장품, 보석류 및 피부 관리 제품), 의류, 액세서리, 서비스 등이 있다. 이 거대한 산업의 주요 기업으로는 암웨이, 메리케이, 에이번, 로데일 앤 필드, 애드보케어, 센트시, 타파웨어 등이 있다.

방문 판매

중국과 같은 일부 국가에서는 방문 판매가 여전히 인기가 있다. 하지만 2인 가정이 일반적인 미국에서는 감소하고 있다. 왜냐하면 낮에 집에 있는 사람들이 더 적고 이들은 낯선 사람들에게 문을 열기를 꺼려 하기 때문이다. 그 가정이 사전에 허락하지 않으면 방문 판매가 금지되는 **물품 방문 판매 금지령**(Green River Ordinances)을 갖고 있는 커뮤니티에서 방문 판매는 불법이다.

파티와 네트워크

가정 내 판매(in-home selling)라고도 불리는 홈쇼핑 파티(home shopping parties)에서는 컨설턴트, 디스트리뷰터 또는 고문으로 알려진 기업 대표가 친구의 집에 모인 한 그룹의 사람들에게 판매 설명회를 개최한다.[59] 이러한 파티가 효과가 있는 한 가지 이유는 참석하는 사람들이 '집단 정신'에 사로잡혀 있고, 만일 그들이 혼자 있다면, 보통은 사지 않을 제품, 즉 보기 싫은 주름들을 제거하는 보톡스 주입기 같은 제품들을 구매할지도 모르기 때문이다. 우리는 이 판매 기술을 **단체 계획 시스템**(party plan system)이라고 부른다. 아마도 가장 유명한 홈쇼핑 파티는 1950년대에 인기 있었던 타파웨어 파티였다. 그럼에도, 오늘 당신은 서티원 파티 또는 향기 파티에 가고 싶을지도 모른다.

다단계 마케팅

암웨이가 시행하는 또 다른 형태의 직접 판매는 **다단계 또는 네트워크 마케팅**(multilevel marketing or network marketing)이다. 이 시스템에서는, 마스터 배급 업자가 다른 사람들을 고용하여 배급 업자가 되게 한다. 마스터 배급자는 가입을 권유하는 사람들에게 회사의 제품을 판매한 다음 다시 구입한 사람들에 의해 판매된 모든 제품에 대한 수수료를 받는다.[60] 오늘날 암

웨이는 100개 이상의 나라와 지역에 개인 관리, 가정 관리, 영양 및 상업용 제품을 제공하는 300만 명 이상의 독립 개인 사업체 소유자를 보유하고 있다. 암웨이와 다른 유사한 네트워크 마케팅 담당자들은 제품을 판매하고 새로운 모집을 찾는 배급 업자들을 동기부여하기 위해 쇄신 (revival-like) 기법을 사용한다.[61]

이와 같은 기법의 증가하는 인기에도 불구하고, 일부 네트워크 시스템들은 불법이다. 그것들은 실제적으로 **피라미드 조직**(pyramid schemes)이며, 소비자들이나 투자가들에게 상품의 실질적인 투자나 혹은 제품의 판매보다는 피라미드 프로그램에 가입하는 다른 사람들의 모집으로부터 많은 이익을 소비자들 혹은 투자가들에게 약속하는 불법 사기이다. 종종, 피라미드의 맨 아래에 있는 많은 사람들은 승진하고 가입하는 다른 사람들로부터 이익을 얻기 위해 피라미드의 맨 위에 있는 사람에게 돈을 지불한다. 모집 미팅에서, 피라미드 홍보자들은 쉽게 돈을 벌 수 있다는 약속으로 열광적이고 열정적인 완전한 분위기를 만든다. 홍보 담당자들은 또한 사람들로 하여금 계약을 하게 하기 위해 고압적인 전술을 사용하여, 그들이 지금 계약을 하지 않으면, 기회는 다시 찾아오지 않을 것이라고 말한다. 일부 피라미드 구조는 다단계 마케팅으로 위장하고 있는데, 즉 그 피라미드에 들어간 사람들이 진급을 위해 비용을 지불하지 않지만 그들은 많은 비용이 드는 수량의 제품을 구매하도록 강요를 받는다.[62] 그것이 피라미드 조직과 합법적인 네트워크 마케팅 담당자들 사이의 중요한 차이점 중 하나이다.

자동 판매기

동전을 넣어 작동하는 자동 판매기는 편의품, 특히 담배와 음료수를 판매하는 유효성이 증명된 방법이다. 이들 기계들은 유지 보수 및 조작을 위해 최소의 공간과 인원을 필요로 하기 때문에 매력적이다. 가장 흥미로운 혁신 중 일부는 칩에서부터 소프트웨어까지 모든 것을 내놓는 최신 자동 판매기이다.[63] 중국 고객들은 자동 판매기에서 살아 있는 게를 구입할 수 있고, 일본 고객들은 생맥주를 살 수 있다. 미국에서는 터치 스크린을 이용하여 신용 카드나 모바일 결제를 받는 자동 판매기가 닥터 드레 헤드폰과 레이밴 선글라스로 값비싼 제품들을 판매한다.[64]

그러나 일반적으로 자동 판매기는 저렴한 상품, 식품 및 음료수의 판매에 가장 적합하다. 대부분의 소비자들은 기계로부터 값비싼 물건들을 사기를 꺼린다. 하지만 새로운 자동 판매기들은 기술 발전이 계속됨에 따라 더 많은 관심을 불러일으킬 수 있다. 자동 판매기 기술은 사람들이 사용 중인 제품을 볼 수 있게 해 주는 비디오 키오스크 기계를 포함하여 신용 카드나 모바일 결제가 가능한 시스템과 오작동이나 재고 부족이 발생할 때 운영자에게 신호를 보내는 재고 시스템을 가지고 있다.

12.4

목표

서비스 및 기타 무형 자산의 마케팅을 이해한다.

무형성의 소매 : 서비스와 기타 무형 자산

우리가 이 장의 처음에 거론했듯이, 소매상은 소비자들에게 그들의 개인적인 용도를 위해 상품과 서비스를 판매하는 것이다. 그러므로 소매상을 이해하기 위해 우리는 서비스와 마케팅 담당자들이 어떻게 그들의 질 높은 서비스와 다른 무형 자산을 제공하는지 이해해야 한다.

무형성의 마케팅

리하나 콘서트, 대학교육, 컵스 야구 경기, 그리고 월트 디즈니 월드 등은 어떤 공통점을 갖고 있을까? 쉬운 답 – 각각은 구매자들이 소비하는 이벤트를 만들기 위해 경험과 유형적 재화를 결

피라미드 조직 대중에게 어떤 실질적인 투자 혹은 제품의 판매보다 오히려 그 프로그램에 가입하는 다른 사람들의 모집으로부터 많은 이익을 소비자들 혹은 투자가들에게 약속하는 불법적인 판매 기법

무형 자산 경험 기반 제품

서비스 생산자와 고객 간에 직접적으로 교환이 일어나는 무형 제품

무형성 고객들이 보고, 만지고, 냄새를 맡을 수 없는 서비스의 특성

합하는 제품이다. 당신은 악기가 없으면 콘서트를 할 수 없고, 교재가 없다면 대학교육을 받을 수 없으며, 미키마우스의 귀 모양 액세서리 없이는 디즈니 체험을 할 수 없을 것이다. 그러나 이들 유형적 요소들은 즐거움, 지식, 혹은 흥분을 만들어 이끌어내는 어떤 행동이라는 주요 제품의 보조 역할을 한다.

이 장에서는 주요 제공물이 서비스와 만질 수 없는 제품에 토대를 둔 경험과 같은 **무형 자산**(intangibles)을 판매하는 마케터들이 직면한 기회와 도전에 대해 설명한다. 보다 나은 축구공, 자동차 또는 스마트폰 등 유형적인 제품을 생산하고 판매하는 마케팅 담당자는 농구게임 티켓, 공항 리무진 서비스, 매력 있는 새로운 록 스타에 대한 충성 등을 판매하는 마케터의 직무와는 다르다. 서비스는 국가 경제에서 가장 빠르게 성장하고 있는 영역이다. 서비스는 무형이지만, 무형적인 것 모두가 서비스는 아니다.

서비스(services)는 소유권 없이 생산자에서 사용자로 교환되는 행위, 노력 또는 성과이다. 2014년에 서비스 산업 일자리는 미국 5개 일자리 중 4개와[65] 국내 총생산(GDP)의 거의 78%를 차지했다.[66] 만일 당신이 마케팅 경력을 추구한다면, 당신은 서비스 경제 영역의 한 분야에서 근무하게 될 가능성이 높다. 관심 있는가?

물론 서비스 산업은 드라이 클리닝부터 바디 피어싱에 이르기까지 많은 소비자 중심 서비스를 포함한다. 서비스 산업은 조직을 대상으로 하는 수많은 서비스를 포괄한다. 보다 일반적인 비즈니스 서비스에는 차량 임대, 정보 기술 서비스, 보험, 보안, 법률 자문, 식품 서비스, 청소 및 유지 관리가 포함된다. 또한 기업들은 전기, 휴대 전화, 천연 가스와 같은 일부 동일한 서비스를 구매한다.

서비스의 특성

서비스는 마사지나 구강 클리닝과 같이 소비자에게 행해지는 것부터 컴퓨터를 수리하거나 1965년 전통적인 포드 머스탱에 페인트 도색과 같이 소비자가 소유한 제품에 행해지는 것까지 다양한 형태로 존재한다. 서비스가 소비자의 신체에 영향을 미치든 우리의 소유에 영향을 미치든 상관 없이, 모든 서비스는 네 가지 특성인 무형성, 소멸성, 비분리성, 가변성을 공유한다. 📷 그림 12.4에 요약되어 있다. 이어지는 논의는 마케팅 담당자들이 그들이 어떻게 유형의 상품을 다룰 때 나타나지 않는 서비스의 특성과 관련된 독특한 문제들을 해결할 수 있는지를 보여준다.

그림 12.4 📷 스냅숏 │ **서비스의 특성**

서비스는 제품에 비해 네 가지 독특한 특성을 갖고 있다.

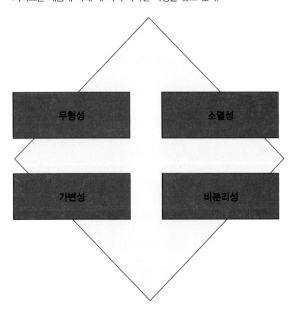

무형성

서비스 마케팅은 '보이지 않는 제품 마케팅'이라고 불린다. 그것의 본질은, 물리적이고 유형적인 특성을 지닌 이쯔 탄산음료의 병 혹은 스마트 3D TV와는 달리, 서비스는 유형적인 형태를 가정하는 것이다. **무형성**(intangibility)은 고객이 서비스를 볼 수 없고, 만질 수 없고, 혹은 냄새를 맡을 수 없다는 것을 의미한다. 유형적 제품의 구매와 달리, 소비자들은 서비스를 구매하기 전에 면밀히 검사하거나 처리할 수 없다. 이 부분이 소비자들이 서비스를 평가하는 것을 훨씬 더 어렵게 만든다. 새로운 헤어 스타일을 평가하는 것이 쉽다고 할지라도, 치위생사가 스케일링을 잘 하는지 여부를 판단하는 것은 쉽지 않다.

서비스를 구매할 때 고객들은 구매하기 전에 안심할 수 있는 징표를 찾기 때문에, 마케터들은 이들 징표를 쉽게 확인할 수 있다는 것을 보증

해야 한다. 따라서 마케팅 담당자는 구매자에게 확인을 주는 유형적 단서(physical cue)를 제공함으로써 무형성의 문제를 극복하려고 시도하는 것이다. 서비스 제공 업체(예 : 은행)에 대한 이러한 단서는 시설의 '모습', 가구, 로고, 문구류, 명함 또는 직원의 용모, 잘 설계된 광고 및 웹사이트 등이 될 수 있다.

소멸성

소멸성(perishability)은 추후 판매 또는 소비를 위해 저장될 수 없는 서비스의 특성을 말하며, 이는 사용 또는 소멸의 경우에 해당한다. 스키 리조트에 빈방이 생기면, 주말에 대여할 수 있는 잃어버린 기회를 보충할 수 있는 방법은 없다. 마케팅 담당자들은 불경기 중에 서비스에 대한 수요를 장려하기 위해 마케팅 믹스를 사용할 때 이러한 문제점들을 피하려고 노력한다. 인기 있는 한 가지 옵션은 다른 판매되지 않은 서비스에 대한 수요를 증가시키기 위해 가격을 낮추는 것이다. 제10장에서는 항공사가 항공기 운항 전 마지막 날이라도, 정보 서비스에 동의한 고객들에게 이메일을 보내거나 Priceline.com과 같은 아울렛을 통해 온라인으로 알려줌으로써 보다 낮은 가격의 좌석을 제공할 때 이 방법을 사용한다. 카니발 크루즈 라인은 '팝 크루즈'(오도가도 못한 고객들이 5일 동안 화장실에 갈 수 없는 곳)라고 불리는 서비스 제공 후, 고객들을 빈 배로 다시 끌어 들이기 위한 노력의 일환으로, 대폭 할인된 티켓을 제공하기 시작했다. 캐빈은 하루에 50달러 정도밖에 안 드는 가격에 구입할 수 있었다. 물론, 당신이 기꺼이 그것을 기회로 삼았다고 가정해볼 때이다.[67]

수용능력관리(capacity management)는 조직이 공급을 수요에 맞추기 위해 서비스를 조정하는 프로세스이다. 이 전략은 제품을 조정하는 것을 의미할 수도 있고 가격을 조정하는 것을 의미할 수도 있다. 예를 들어, 여름에 미국 콜로라도에 있는 동계 파크 스키 리조트는 양지바른 경사면을 파손하는 산악 바이커에게 리프트를 개방함으로써 서비스의 소멸성 문제에 직면하게 된다. 수용능력관리가 제10장의 끝에 있는 실행 사례의 마케팅에서 설명한 디즈니의 새로운 가격 체계 뒤에 있는 이유이다.

가변성

내셔널 풋볼 리그의 골키퍼에게 화끈한 게임이 될 수도 있고 그렇지 못할 수도 있는데, 대부분의 서비스에서도 똑같이 적용될 수 있다. **가변성**(variability)이란 시간이 지남에 따라 같은 서비스와 같은 종업원이 같은 고객에 대해 아주 사소한 방법일지라도 다르게 서비스가 제공된다는 것을 의미한다. 소비자가 미장원을 방문할 때마다 미용사가 그 손님의 머리카락을 정확하게 커트하는 경우는 거의 드물다. 심지어 당신의 주치의도 환자들이 평소 잠을 자는 데 방해가 될 정도로 행동할 수도 있다.

서비스 공급 업체와 고객이 서로 다르기 때문에 서비스를 표준화하기는 어렵다. 당신의 대학 수업에서의 경험을 생각해보자. 대학교 수업에서 학생들의 경험을 생각해보면 학교는 통제할 수 있는 교과과정, 교과내용, 강의실 등의 제공물에 대해서는 어느 정도 표준화를 할 수 있다. 그러나 교수들은 자신들의 교육훈련, 인생 경험, 개성 등이 다르기 때문에, 강의를 획일적으로 할 수 없다. 그리고 각기 다른 배경과 관심사를 가진 학생들은 그들의 욕구가 다르기 때문에, 당신이 흥미를 느끼는 그 강의는 당신의 친구를 잠들게 만들 수도 있다. 이와 같은 현상은 고객에 대한 조직 서비스의 고객들에게도 마찬가지다. 개인 보안 경비원이나 청소 직원의 품질 차이는 조직이 이러한 서비스를 제공하는 방식에 있어 가변성을 의미한다.

진실은, 만일 당신이 정말로 그것에 대해 생각해본다면, 우리가 서비스를 구입할 때 반드시

소멸성 추후 판매 혹은 소비를 위해 저장할 수 없는 서비스의 특성

수용능력관리 조직이 수요에 대응하기 위한 시도에서 자신들의 제공을 조정하는 프로세스

가변성 같은 고객에 대해 같은 직원이 수행하는 같은 서비스일지라도 달라질 수 있는 서비스의 특성

비분리성 서비스의 생산과 소비의 분리가 불가능하다는 서비스의 특성

서비스 접점 고객과 서비스 제공 간의 실제 상호작용

탈중개화 비용을 절감하고 경로의 효율을 개선하기 위해 유통 경로의 일부 계층을 제거함

표준화를 원하지는 않는다는 것이다. 우리들 대부분은 우리의 얼굴과 성격에 맞는 헤어 스타일과 우리의 독특한 신체 훈련에 대한 필요성을 해결해줄 개인 트레이너를 원한다. 맥도날드, 웬디, 버거킹과 같은 기업들은 그들의 광고 대행사들이 그들을 서로 구별하기 위해 독특한 광고 캠페인을 만들기를 원한다.

비분리성

서비스에서 **비분리성**(inseparability)이란 서비스의 생산물을 해당 서비스의 소비량과 분리할 수 없다는 것을 의미한다. 이런 식으로 비분리성의 개념에 대해 생각해보자. 기업은 유형적인 제품을 생산하고, 유통시키고, 판매하는 것이 시간의 순차로 가능하다. 대조적으로, 서비스는 그것의 특성상, 실제 서비스 제공자가 고객이나 고객의 소유권에 대하여 행위를 수행할 때만 발생할 수 있다.

그럼에도 불구하고 서비스 제공물 그 자체로부터 종업원·시설·설비 등의 품질, 혹은 제공자의 전문성·능력·개성 등을 불리하는 것이 가능할지라도 서비스 자체에서 분리하는 것은 불가능하다. 직원이 서비스를 만들거나 중단할 때 수행되는 **서비스 접점**(service encounter)의 중심적인 역할은 서비스 만남의 중요성이나 고객과 서비스 제공 업체 간의 상호 작용에 대한 중요성을 강조한다.[68] 가장 능숙하게 요리된 식사는 만약 미숙하거나 무능한 웨이터가 그것을 식탁에 가져온다면 단지 평범한 음식이 된다.

일부 서비스 업체들은 열악한 서비스 충돌의 잠재적인 부정적 영향을 최소화하고 인건비 절감을 위해 중개자를 제거함으로써 모든 사람들과 상호작용의 필요성을 제거하는 **탈중개화**(disintermediation)로 전환하고 있다. 그 예로는, 슈퍼 마켓이나 가정 환경 개선 가게의 자가 점검, 셀프 서비스 기름 주유와 은행 ATM이 있다. 심지어 샐러드 바나 디저트 바는 웨이터에 대한 의존을 줄이고 있다. 비록 일부 소비자들이 ATM 기계를 다루고, 그들 자신의 기름을 주유하고, 그들 자신의 샐러드를 선택하는 데 반대하지만, 대부분의 소비자들은 탈중개화가 제공하는 속도와 효율성을 선호한다.

인터넷은 특히 금융 서비스 분야에서 탈중개화를 위한 많은 기회들을 제공한다. 은행 고객들은 마우스 클릭으로 그들의 계좌에 접속하여, 한 계좌에서 다른 계좌로 현금을 이체하고, 청구서를 지불할 수 있다. 많은 바쁜 소비자들은 그들의 편리한 온라인에서 대출을 신청할 수 있다.

서비스 접점

서비스 접점은 고객이 조직과 접촉할 때 발생한다. 즉, 고객이 해당 조직을 대표하는 한 명 이상의 종업원들과 상호 작용한다는 의미한다. **서비스 접점**(service encounter)은 마케팅 담당자에게 중요한 몇 가지 측면이 있다.[69] 첫째, 한 사람이 다른 사람과 상호 작용하는 **사회적 접촉 차원**이 존재한다. 둘째, 고객들이 서비스를 제공받는 환경에 세심한 주의를 기울이는 **물리적 차원**도 중요하다.

서비스 기업들이 매력적인 시설을 만들고 고품질의 제품을 제공하기 위해 모든 관심을 두고 투자함에도 불구하고, 서비스 접점은 고객이 서비스에 대해 긍정적인 혹은 부정적인 인상을 갖고 갈 것인지를 종업원이 종종 결정하는 '진실의 순간(the moment of truth)'이다. 서비스 제공 업체와 고객 간의 상호 작용은 영화 티켓을 살 때와 같이 가장 피상적인 것에서부터 정신과 의사 또는 바텐더에게 우리의 가장 가까운 비밀을 말하는 것에 이르기까지 다양하다. 각각의 사례에서 서비스 접점의 품질은 고객들이 제공받는 서비스에 대해 우리가 느끼는 감정에 큰 영향을 미친다. 다시 말해, 서비스의 질은 가장 최악의 직원들의 수준에 불과하다.

하지만 고객 역시 서비스 접점에서 발생하는 경험의 유형에 참여한다. 당신이 의사를 방문할 때, 당신이 받는 건강 관리의 질은 의사의 능력에 달려 있는 것이 아니다. 그것은 또한 당신이 경험한 증상을 정확하고 명확하게 전달하는 능력과 당신이 당신을 치료하기 위해 처방한 식이요법을 얼마나 잘 따르는지에 의해서도 영향을 받는다. 마찬가지로, 기업 고객은 자신의 회계 회사에 정확한 정보를 제공해야 한다.

서비스스케이프 서비스가 수행, 제공 및 소비되는 실제 물리적 시설

서비스 접점의 물리적 요소

앞서 언급했듯이, 서비스는 무형의 것이기 때문에, 마케팅 담당자들은 그들과 함께 제공되는 물리적 증거에 유의해야 한다. 이러한 물리적 증거의 중요한 부분은 서비스가 제공되고 기업과 고객이 상호 작용하는 환경인 **서비스스케이프**(servicescape)이다. 서비스스케이프는 건물 구조, 표지판, 주차장, 심지어 풍경 등의 시설 외부요소, 사무실 혹은 점포의 디자인, 설비, 색상, 공기의 질, 온도, 냄새 등의 내부요소도 포함된다. 호텔, 식당, 은행, 항공사, 심지어 학교 등을 위해 서비스스케이프는 매우 정교하게 만들어져야 한다. 속달 우편배달, 드라이클리닝, 현금 인출기 등과 같은 다른 서비스들의 경우, 서비스는 매우 간단할 수 있다.

마케팅 담당자들은 세심하게 설계된 서비스스케이프가 고객들의 구매 결정, 서비스 품질 평가 및 서비스에 대한 궁극적인 만족도에 긍정적인 영향을 미칠 수 있다는 것을 알고 있다. 따라서 프로 농구게임과 같은 서비스의 경우, 실제 코트뿐만 아니라 스타디움의 외부 스타일링과 입구, 조경, 좌석, 화장실, 구내 매점 및 티켓팅 지역의 외부 디자인에도 많은 계획이 들어간다. 비슷하게, 마케팅 담당자들은 서비스의 성능을 촉진하거나 통신을 제공하는 다른 접점들의 설계에 면밀한 주의를 기울인다. 농구 팬들을 위해 게임 티켓, 프로그램, 팀 유니폼, 그리고 이 서비스를 제공하는 것을 돕는 수백 명의 직원들을 안내해주어야 한다.

양질의 서비스 제공 방법

만약 서비스 경험이 긍정적이지 않다면, 그것은 나쁜 결과를 가져올 수 있는 폐해가 될 수도 있다. 품질 관리 서비스는 고객이 자신이 지불한 비용에 대해 만족하도록 해준다. 그러나 만족도는 현재의 경험을 이전의 몇 가지 기대 수준과 비교하기 때문에 상대적이다. 그것이 질 좋은 서비스를 어렵게 만든다. 어느 한 고객에게는 훌륭한 서비스처럼 보이는 것이, 이전에 뛰어난 서비스 제공 업체와 마주친 적이 있는 다른 사람에게는 평범한 것일 수 있다. 따라서 마케팅 담당자들은 고객의 기대를 파악하여 이를 초과 달성하기 위해 노력해야 한다.

항공기 여행에서, 그 서비스의 일반적인 부분으로 간주되었던 많은 '사소한 것들'이 이제는 대부분의 항공사들에 의해 추가 서비스로 취급되고 있다. 많은 비행사들은 항공사들이 여분의 가방 무게, 담요와 베개, 작은 스낵과 음료, 서비스를 제공하는 최상의 좌석 위치 등에 대해 자신들에게 비용을 부과한다고 생각한다. 곧 그들은 머지않아 비행 중에 화장실에 가는 것에도 요금을 부과할 수 있다. 하지만 사우스 웨스트 항공사에서는 계속해서 이러한 모든 특전을 기본 서비스의 일환으로 제공해 왔다. 따라서 사우스 웨스트 항공사는 기본적으로 그들이 항상 해온 것과 다름이 없이 기본적으로 서비스를 제공함으로써 지금은 다른 항공사들보다 두각을 나타내고 고객의 기대를 뛰어넘는다. 사우스 웨스트는 JD 파워 앤드 커뮤니케이션스에 의해 선발된 저가 항공사들 중에서 5년 연속 고객 만족도 상위 3위 안에 선정되었다.[70]

양질의 서비스를 제공할 때의 전략적 문제

우리는 양질의 서비스를 제공하는 것이 모든 성공적인 서비스 조직의 목표라는 것을 보아 왔

표 12.3 | 서비스 조직을 위한 마케팅 전략

	세탁소	시립 오페라단	주립 대학교
마케팅 목표	기존 고객에 대한 사업 확대와 신규 고객 유치를 통한 1년 매출 20% 증가	2년 내에 오페라 공연의 시즌 멤버십 수를 1,000명으로 확대	다가오는 학년에 대학생과 대학원생 프로그램에 애플리케이션을 10% 확대
표적시장	기업으로부터 5마일 내에 거주하는 젊은 중년 전문직 고객	1회 공연을 관람하지만 시즌 멤버십을 구매하지 않는 고객	주요 시장 : 그 주에 살고 있는 잠재 대학생과 대학원생
		오페라를 즐기지만 지역 오페라 공연을 정기적으로 관람하지 않는 지역 고객	제2위 시장 : 다른 주와 외국에 거주하는 잠재 대학생과 대학원생
제공된 편익	24시간 이내에 탁월하고 안전한 클리닝	전문가 수준의 양질 공연 경험과 지역 오페라단의 미래의 성공을 보증하는 데 공헌	학생 중심의 캠퍼스 환경에서 고품질 교육
전략	기존 고객에게 일반 가격으로 10벌의 양복을 클리닝한 후 1벌은 무료 클리닝과 같은 인센티브 제공	예전의 멤버십 회원과 1회 공연 관람객에게 새로운 시즌 멤버십을 구매하도록 편지	지역 고등학교에 방문 모집의 횟수 확대, 고등학교 카운셀러가 캠퍼스를 방문하도록 이벤트의 특별한 날 조정
	모든 고객에게 제한된 시간에 할인을 알리는 신문광고 이용	오페라단 직원과 연주자가 지역방송과 라디오 토크쇼의 게스트로 참가하기 위한 조정	동문들이 알고 있는 잠재 학생들에게 그 대학을 추천하도록 격려하는 편지 발송

서브퀄(SERVQUAL) 유형성, 신뢰성, 반응성, 보장성, 공감성 등의 차원들로 구성된 서비스 품질을 측정하기 위해 사용된 다항목척도

갭 분석 서비스 품질에 대한 고객의 기대와 실제 발생한 사항 간의 차이를 측정하는 마케팅 조사 방법

다. 고객이 서비스를 선택하여 충성 고객이 될 가능성을 극대화하기 위해 회사는 무엇을 할 수 있는가? 서비스는 여러 가지 면에서 제품과 다르기 때문에 의사결정자들은 존재하지 않는 것을 시장에 내놓기 위해 노력한다. 그러나 상품 마케팅과 마찬가지로 효과적인 마케팅 전략을 개발하는 것이 첫 번째 단계이다. 표 12.3은 세 가지 유형의 서비스 조직이 효과적인 마케팅 전략을 고안해낼 수 있는 방법을 보여준다.

물론, 어느 누구도 완벽하지 않으며, 실수가 일어날 수도 있다. 예를 들어 세탁소가 당신의 새 흰색 스웨터에 눈에 띄는 붉은 반점을 방치하는 것과 같은 일부 서비스 실패는 기업이 서비

핵심 계량지표

우리는 쉽게 서비스 품질을 측정할 수 있다. **서브퀄**(SERVQUAL) 척도는 서비스 품질에 대한 고객의 인식을 측정하는 인기 있는 도구 중 하나이다. 서브퀄은 서비스 품질에 대한 다섯 가지 차원 또는 구성요소이다.

- 유형성 : 물리적인 시설과 장비와 같은 서비스 품질의 물리적인 증거, 직원의 전문적인 모습, 웹 사이트의 모양과 기능
- 신뢰성 : 고객에게 약속된 내용을 독립적이고 정확하게 제공하는 노력
- 반응성 : 고객을 돕고 제공하려는 의지, 신속한 처리능력
- 보장성 : 종업원들의 업무 지식과 친절, 신뢰와 신용을 전달할 수 있는 능력
- 공감도 : 서비스 제공 업체가 서비스 제공 시 고객에게 진정한 관심을 보이고 고객의 입장을 고려하는 능력[71]

서브퀄 척도는 신뢰할 수 있고 유효하다(제4장에서 개념에 대해 설명함). 서비스 업체는 일반적으로 고객에게 서면, 온라인 또는 전화 설문지를 통해 설문 조사 형식으로 그 척도를 관리한다. 기업들은 대개 서

비스 품질이 어떻게 개선되는지를 파악하기 위해 시간이 지남에 따라 자체적인 서브퀄 서비스 품질을 추적한다. 그들은 또한 주요 경쟁업체에 대한 고객의 서비스 품질 인식에 대한 데이터를 수집하고 개선해야 할 부분을 파악하기 위해 이 점수를 자신의 점수와 비교할 수 있다.

갭 분석(Gap analysis, 갭 옷 가게와 무관)은 서비스 품질에 대한 고객의 기대와 실제 발생하는 성과 간의 차이를 측정하는 관련 측정 접근 방식이다. 서비스 시스템에서 고객이 기대하는 것과 고객이 제공받는 것 사이에 큰 갭이 존재하는 서비스 시스템에서 특정 위치를 파악하여, 서비스 마케팅 담당자는 개선이 필요한 부분을 파악할 수 있다.

계량지표 적용

1. 지난 며칠 동안 있었던 고객 접점에 대해 생각해보자. 이것은 대면 또는 전화로 이루어질 수 있다.
2. 위의 서브퀄 다섯 가지 서비스 수준 각각에 대해 서비스 품질을 평가하고(각 측면이 낮은지, 중간인지, 높은지 고려하여) 서비스 접점에 대해 전체적인 등급을 부여한다. 왜 그랬는지 설명한다.

스를 수행할 때 쉽게 발견할 수 있다. 세탁소가 스웨터를 줄어들게 했을 때와 같은 다른 서비스 실패는 덜 명확하게 지각되고, 후에 소비자가 그 옷을 입은 후 문제점을 인식하고 '깜짝 놀라게' 된다. 하지만 언제, 어떻게 실패를 발견하든, 중요한 것은 그 문제를 해결하기 위해 회사가 신속한 조치를 취하는 것이다. 적시에 그리고 적절하게 응답하면 곧 서비스 실패가 다시 발생하지 않으며(희망되는 바에 따라) 고객의 불만 사항이 만족스럽게 해결될 것이다. 핵심은 속도다. 조사에 따르면, 불만이 빠르게 해결되는 고객들은 불만을 해결하는 데 더 오랜 시간이 걸리게 되는 고객들보다 기업으로부터 재구매할 가능성이 매우 높다.[72]

서비스 실패를 최소화하고 문제가 발생할 경우 신속하게 복구할 수 있도록 관리자는 먼저 해당 서비스와 장애가 발생할 가능성이 가장 많은 잠재적 요소를 파악하여 미리 계획해야 한다. 그것이 중요한 사건들을 파악하는 것이 매우 중요한 이유이다. 또한 종업원들은 불만 사항을 경청하고 적절한 조치를 취할 수 있는 권한을 부여 받아야 한다. 많은 호텔 경영자들은 프론트 데스크 직원들이 어떤 불편함에 대해 고객들에게 보상하기 위해 서비스 실패당 어느 정도의 금액을 마음껏 쓸 수 있는 재량을 안내 데스크 종업원들에게 주고 있다.

사람, 장소, 아이디어 마케팅

지금까지 서비스는 마케터들이 열심히 판매해야 할 무형 자산이라는 것을 설명하였다. 그러나 서비스는 조직이 시장화하는 데 필요한 유형성만 있는 것은 아니다. 사람, 장소, 그리고 아이디어와 같은 무형 자산들은 종종 누군가에 의해 판매되고 구매된다. 마케팅이 이러한 각각의 것들과 어떻게 관련이 있는지 생각해보자.

사람 마케팅

제1장에서 설명한 것처럼, 사람도 상품이다. 만약 그렇게 생각하지 않는다면, 여러분은 취업 면접에 가본 적이 없거나 싱글 바에서 토요일 밤을 보내 본 적이 없을 것이다. 우리들 중 많은 사람들이 사람들을 제품과 동일시하는 것이 불쾌하다고 생각한다. 하지만 현실적으로 많은 사람들이 그들을 위한 마케팅 전략을 고안하기 위해 개인 이미지 컨설턴트를 고용하고 그들은 그들의 '시장 지위'를 개선하거나 그들 자체를 잠재적인 고용주, 친구 또는 연인에게 '판매'하기 위해 성형 수술, 신체 상태 조절 또는 미용 성형술을 받는다.[73] 사람 마케팅의 몇 가지 눈에 띄는 카테고리를 살펴보면 다음과 같다.

세련된 컨설턴트는 자신들이 '투표 획득률'을 위해 경쟁하는 후보(고객)를 포장함으로써 정치인들을 창조하고 유권자에게 판매한다. 1952년과 1956년 미국 드와이트 아이젠하워의 대통령 캠페인을 이 관점에서 추적해보면, 광고회사 중역인 로서 리브스는 후보의 시장 위치를 개선하기 위해 "나는 아이크(Ike, 아이젠하워의 애칭)를 좋아한다."라는 슬로건과 짧은 노래를 발명하고 거리의 인터뷰를 고안하여 아이젠하워를 부드럽고 붙임성 있는 장군으로 재포장하였다.[74] 좋든 나쁘든 리브스의 전략은 사람들이 공무원 후보자를 파는 데 비누를 팔기 위해 사용하는 전술을 활용할 수 있다는 것을 깨닫고 정치계에 혁명을 불러일으켰다. 오늘날, 그 기법이 더 정교함에도 불구하고 기본적인 아이디어는 그대로 남아 있다.

배우와 음악가에서 운동 선수와 슈퍼 모델에 이르기까지 유명하고 가까운 스타가 대중 문화에서 시장 위치를 차지하기 위해 나선다. 에이전트들은 자신들의 의뢰인들이 TV에 출연하고, 영화에서 주연을 맡고, 음반 계약을 하고, 제품 추천(광고)을 하는 것 등을 묵인함으로써 유명인들을 조심스럽게 포장한다.[75] 다른 제품들과 같이 유명인들은 '브랜드 아이덴티티'를 정교하게 만들기 위해 자신의 이름들을 개명하기도 한다. 그들은 마케팅 담당자들이 그들의 제품이

표 12.4 | 유명인 판매 전략

마케팅 접근법	실행
순수 판매 접근법	에이전트가 의뢰인을 소개시킨다.
	레코드 회사
	영화 스튜디오
	TV 제작사
	토크 쇼 진행자
	광고 대행사
	신인 발굴 담당자
상품 개선 접근법	의뢰인은 변신한다.
	새로운 이름
	새로운 이미지
	성악 레슨
	춤 강습
	성형 수술
	새로운 백업 밴드
	새로운 음악 장르
시장 이행 접근법	에이전트가 시장 개방을 찾는다.
	충족되지 못한 욕구를 확인
	소비자가 원하는 사양에 맞춰 새로운 제품
	(밴드 또는 가수)을 개발한다.

소비자들에게 기억력(플로 라이다), 적합성(패션 디자이너 오스카 렌타는 그의 예전 성 라 렌타로 되돌아갔다. 왜냐하면 그것은 더 우아하게 들렸기 때문이다), 차별성(앨리 시아 베스 무어는 핑크로 이름을 바꾸었다)을 포함하여 깊은 인상을 주기 위해 사용하는 것과 같은 전략을 사용한다.

이러한 브랜딩 노력 외에도, 표 12.4에서 보여준 바와 같이 마케팅 담당자가 유명 인사를 '판매'하기 위해 사용하는 다른 전략이 있다. 여기에는 다음이 포함된다.

1. 순수 판매 접근법 : 에이전트는 매니저로서 중개인 역할을 할 용의가 있는 사람을 발견할 때까지 의뢰인의 자격 증명서를 잠재적인 '구매자'에게 제공한다.
2. 상품 개선 접근법 : 에이전트는 자신의 시장 가치를 높일 수 있는 어떤 특성을 수정하기 위해 의뢰인과 함께 작업한다.
3. 시장 이행 접근법 : 에이전트는 충족되지 않는 욕구를 확인하기 위해 시장을 자세히 조사한다. 욕구를 확인 후, 에이전트는 최소의 자격을 충족하는 개인 혹은 그룹을 찾아내고 신상품을 개발한다.

장소 마케팅

장소 마케팅(place marketing) 전략은 도시, 주, 국가 혹은 다른 지역 등을 브랜드로 간주한다. 마케팅 담당자는 소비자들이 여행 계획을 세울 때 경쟁하는 목적지들 중 이 브랜드를 선택할 수 있도록 마케팅 믹스를 사용하여 적합한 아이덴티티를 생성한다. 관광 산업이 창출하는 막대한 돈으로 인해, 관광객을 유치하기 위한 경쟁이 치열하다. 미국에만 약 1,600개의 관광청이 그들의 위치를 브랜드화하려고 노력한다. 게다가, 거의 모든 마을이나 도시에는 새로운 기업들이나 거주자들을 끌어들이는 데 책임을 지고 있는 경제 개발 사무소가 있다. 시장은 '순수한 미시간'을 방문하기 위해 관광객을 유치한다. 배우 팀 알렌의 차분하고 편안한 목소리를 특징으로 하는 광고에서, 미시간주는 그들의 거대한 도시 모험뿐만 아니라 어두운 길 밖의 아름다움도 보여준다. 그리고 이러한 인기 있는 광고는 성과를 거두고 있다. 2013년에 12억 달러의 매출을 올렸기 때문이다. 현재 미국의 캠페인 외에도, '순수한 미시간' 광고는 캐나다, 독일, 중국에서 곧 방송될 예정이어서, 훨씬 더 많은 소비자들에게 다가가 훨씬 더 많은 수입을 거둘 가능성이 높다.[76] 그리고 2016년에는 로드아일랜드주의 브랜드화를 위한 더 불행한 캠페인이 있었다. 소셜 미디어의 강력한 비판으로 인해 주 마케팅 담당 최고 책임자는 50만 달러 이상을 들여 다음과 같은 슬로건("더 시원하고 따뜻하게.")을 개발한 후 사임해야 했다. 로드 아일랜드 주민들이 그 생각에 대해 좀 더 따뜻하기보다는 더 냉정했다고 해두자. 물론, 동반된 관광 광고 캠페인에 사용하기 위해 계획된 일부 장면들이 실제로 얼음나라(Iceland)에서 온 것은 도움이 되지 않는다.[77]

아이디어 마케팅

여러분은 사람들을 볼 수 있다. 당신은 도시에 서 있을 수 있다. 그러면 당신은 볼 수 없고, 냄새를 맡을 수 없고, 느낄 수 없는 어떤 것을 시장화할 수 있는가? **아이디어 마케팅**(idea marketing)은 개념, 철학, 믿음 또는 이슈 등에 대해 시장 점유율을 높이기 위해 노력하는 전략을 의미한

장소 마케팅 도시, 주, 국가 혹은 어딘가 다른 장소에 새로운 기업체, 주민 혹은 방문객들을 끌어들이기 위한 마케팅 활동

아이디어 마케팅 표적시장의 태도 혹은 행동을 창출하거나 변화를 주기 위해 마케팅 믹스의 요소들을 활용함으로써 개념, 철학, 신념 또는 이슈 등에 대한 시장 점유율을 획득하려는 마케팅 활동

다. 심지어 종교 단체들조차도 젊은 사람들을 끌어들이기 위해 세속적인 마케팅 기법을 채택할 때 신앙과 바람직한 행동에 관한 아이디어를 판다. 일부 복음전도사들은 자신들의 메시지를 전달하기 위해 많은 관객을 끌어 모으는 라이브 밴드와 전문 무용가들로 구성된 완벽하게 제작된 서비스를 제공한다.[78]

하지만 실수하지 말라. 아이디어 마케팅은 상품과 서비스 마케팅보다 더 어려울 수 있다. 소비자들은 종종 쓰레기를 재활용할 때, 또는 운전자를 지정할 때, 또는 심지어 지구 온난화를 줄이기 위해 절약할 때도, 그들이 받는 가치(이러한 목표를 실현하는 데 필요한 추가 비용이 들기 때문이다)를 가끔 깨닫지 못한다. 정부와 다른 조직들은 마케팅 전략을 이용하여, 종종 제한된 성공만을 거두어 들이지만, 수백만의 소비자들의 생명을 구하거나 우리 지구를 구할 아이디어를 판매한다.

서비스 산업의 미래

미래의 관점에서 볼 때, 서비스 산업이 미국과 세계 경제 성장에 계속해서 주요한 역할을 할 것으로 기대된다. 📷 그림 12.5에서 볼 수 있는 것과 같이 향후 서비스 마케팅 담당자들에게 기회와 과제를 모두 제공할 수 있도록 몇 가지 동향을 파악할 수 있다. 미래에 우리는 우리가 아직 상상조차 할 수 없는 서비스의 출현을 기대할 수 있다. 물론, 새로운 서비스는 미래의 마케팅 담당자들에게 새롭고 흥미로운 직무 기회를 많이 제공할 것이다. 이러한 추세는 다음과 같다.

- 변화하는 인구 통계적 특성 : 인구가 노령화됨에 따라, 나이 든 소비자들의 필요를 충족시켜주는 서비스 산업들이 급격한 성장을 보일 것이다. 노인들을 위해 여가 기회, 건강 관리, 생활 보조를 제공하는 기업들에 대한 수요가 있을 것이다.
- 세계화 : 비즈니스의 세계화는 물류 및 유통 서비스가 전 세계로 상품을 이동시켜야 하는 필요성을 증가시키고(제11장에서 논의됨), 이러한 글로벌 교환을 촉진하는 회계 및 법률 서비스에 대한 필요성을 증가시킬 것이다. 게다가 세계화는 더 큰 경쟁을 의미하기 때문에 세계적인 규제 철폐는 은행, 증권사, 보험, 다른 금융 서비스 산업들의 서비스 제공에 영향을 미칠 것이다. 예를 들어, 많은 '의료 관광객'들은 현재 미국에서 드는 비용의 절반 이하로 태국과 인도로 여행하여 의료와 관광 서비스를 제공받는다. 한편 국내 병원들은 가족 회원들을 위한 인접한 숙소, 다양한 외국 음식 선택, 객실 내 인터넷 접속 등과 같은 편의

그림 12.5 📷 스냅숏 | **서비스의 미래를 설계하는 방법**
변화하는 인구통계 특성, 세계화, 기술 발전 및 정보의 확산 등 모두가 서비스 산업에 영향을 미친다.

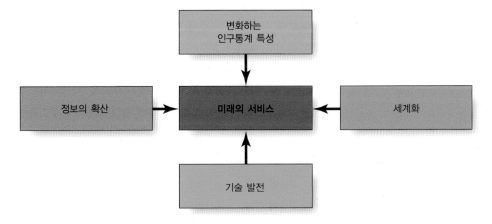

시설을 제공하기 때문에 종종 고급 휴양지에 더 가까운 모습을 보인다. 호텔 업계에서는 전 세계적으로 최고급 리조트에 대한 수요가 증가하고 있다. 하얏트 인터내셔널은 중국에서 월도프 아스토리아 및 콘래드 브랜드를 적극적으로 확장하고 있으며, 2020년까지 개장하거나 개장할 예정인 16개 이상의 최고급 리조트를 보유하고 있다.[79]

- 기술 발전 : 변화하는 기술은 전기 통신, 의료, 은행 및 인터넷 서비스와 같은 글로벌 서비스 산업에서 성장과 혁신을 위한 기회를 제공한다. 그리고 우리는 아직 생각지도 못했던 서비스에 기회를 제공해주는 기술 발전을 기대할 수 있다. 하지만 그것은 소비자들의 삶을 극적으로 변화시키고 향상시켜줄 것이다.

- 정보의 확산 : 여러 면에서, 우리는 정보 사회가 되었다. 정보의 가용성, 흐름 및 접근성은 조직의 성공에 매우 중요하다. 이러한 변화는 데이터베이스 서비스, 인공 지능 시스템, 통신 시스템 및 기타 지식의 저장 및 전송을 촉진하는 서비스에 더 큰 기회를 제공할 것이다.

목표 요약 ➡ 핵심 용어 ➡ 적용

제12장
스터디 맵

12.1 목표 요약

소매업을 정의한다. 소매업이 어떻게 발전하는지 이해하고 소매업 분야에서 몇 가지 윤리적 문제를 이해한다.

소매업은 재화와 서비스가 그들의 개인적인 사용을 위해 소비자들에게 팔리는 과정이다. 소매업의 수레바퀴 가설은 새로운 소매상들이 가격 경쟁을 하고 시간이 지나면서 더욱 고급화되고, 다른 새로운 낮은 가격의 소매상 진입의 여지를 둔다고 하였다. 소매업체들이 발전하도록 동기를 부여하는 네 가지 요인은 경제 상황, 인구통계, 기술 및 세계화이다. 인구통계학의 변화는 M-커머스, 체험적 판촉, 목적 소매상의 성장으로 이어졌고 기술은 비콘 마케팅, 전자 지갑, 옴니채널 마케팅을 소매업으로 가져왔다. 소매상들이 직면하고 있는 윤리적인 문제 중 하나는 물품 도난, 종업원 절도, 소매 차용 등의 재고 손실을 포함한다. 또한 소매상들과 그들의 종업원들은 고객들의 윤리적 대우를 인식해야만 한다.

핵심 용어

고객 프로파일링	비콘 마케팅	소매 차용
리테일테인먼트	소매업의 수레바퀴 가설	영구적 재고 단위 통제 시스템
목적 소매상	소매업	옴니채널 마케팅

자동 재주문 시스템	전자 지갑	체험적 쇼핑객들
재고 손실	조직적 소매범죄 (ORC)	체험적 판촉
전자 판매시점 관리 시스템		

12.2 목표 요약

전통적 소매상을 어떻게 분류하는지 이해한다.

소매상들은 판매되는 제품 라인에 기반을 둔 NAICS 코드에 의해 분류되지만, 복합 매장과 같은 새로운 소매 모델은 소비자들에게 2개 이상의 제품 라인을 제공한다. 상품 구색은 폭과 깊이의 관점에서 설명되며, 이는 판매되는 제품 라인의 수와 각각에 대해 사용 가능한 다양한 종류를 나타낸다. 또한 소매상들은 제공되는 서비스 수준(셀프 서비스, 전체 서비스 및 제한된 서비스 소매업체)과 제공되는 상품 구색에 의해 분류될 수도 있다. 그러므로, 소매점은 편의점, 슈퍼마켓, 박스 스토어, 전문점, 카테고리 킬러, 임대 매장, 잡화점, 일반 상품 할인점 창고형 클럽, 공장 아울렛 스토어, 팝업 스토어로 분류된다.

핵심 용어

공장 아울렛 매장	박스 스토어	분리 소매
공장 아울렛 매장	백화점	상품 구색

상품 깊이	일반 상품 할인점	팝업 스토어
상품 믹스	임대 매장	편의점
상품 폭	잡화점	하이퍼마켓
서비스 판매점	전문점	할인 소매상
슈퍼마켓	카테고리 킬러	
슈퍼센터	콤비네이션 스토어	

12.3 목표 요약

B2C 전자상거래를 포함하는 무점포 소매업의 일반적 형태들을 설명한다.

무점포 소매업의 세 가지 일반적인 유형은 B2C 전자상거래, 직접 판매, 자동 판매기이다. B2C 전자상거래 즉, 기업과 소비자 사이의 온라인 교환은 빠르게 증가하고 있다. 소비자를 위해, B2C 혜택은 더 큰 편의성, 더 많은 제품 다양성, 그리고 더 높은 가격 정보를 포함한다. 마케팅 담당자들을 위해, B2C는 세계 시장을 제공하고, 사업을 하는 데 드는 비용을 줄이며, 전문 기업들을 위한 사업의 기회와 실시간 가격을 제공한다. 소비자들을 위한 B2C 전자상거래의 단점에는 제품을 받기 위해 기다려야 하는 것, 보안 문제, 제품을 만지고 느낄 수 없는 점 등이 있다. 인터넷만 이용하는 마케팅 담당자들에게는, 인터넷에서의 성공이 달성하기 어려울 수 있는 반면에, 자기잠식은 전통적인 소매업체의 온라인 운영에서 문제가 될 수 있다.

직접 판매하는 경우, 판매원은 한 명의 개인이나 소규모 그룹에게 상품을 제공하고, 주문을 받고, 상품을 배달한다. 직접 판매는 방문 판매, 파티 판매 또는 네트워크 판매, 그리고 다단계 마케팅을 포함한다. 최첨단 셀프 서비스 자동 판매기는 살아 있는 게 요리에서 맥주에 이르기까지 제품을 조제할 수 있다.

핵심 용어

가상체험 마케팅	물품 방문 판매 금지령	B2C 전자상거래
다단계 또는 네트워크 마케팅	장바구니 이탈	M-커머스
단체 계획 시스템	직접 판매	
무점포 소매업	피라미드 조직	

12.4 목표 요약

서비스 및 기타 무형 자산의 마케팅을 이해한다.

서비스는 무형이며 소유권 없이 생산자에서 고객으로 직접 교환되는 제품이다. 일반적으로 서비스는 목표를 달성하고 사람들이나 목적을 향할 수 있는 행위이다. 중요한 서비스 특성에는 (1) 무형성, (2) 소멸성, (3) 가변성, (4) 생산자와의 비분리성이 있다.

판매자는 서비스 만남(즉, 직원과 고객)의 사회적 요소와 서비스 사례를 포함하여 물리적 증거가 긍정적인 서비스 경험에 중요하다는 것을 알고 있다. 서비스 품질을 측정하기 위해 마케팅 담당자는 유형, 신뢰성, 응답성, 보증 및 공감 등 다섯 가지 차원의 서비스 품질을 측정하는 SERVQUAL 등급을 사용한다. 관련 측정인 갭 분석은 고객이 기대하는 서비스 품질과 실제로 발생하는 차이를 측정한다.

관리자는 다른 무형 자산을 마케팅할 때도 마케팅 계획을 위한 단계를 따른다. 사람들, 특히 정치가와 연예인들은, 포장되어 홍보되는 경우가 많다. 장소 마케팅은 도시, 주, 국가, 리조트, 기관 등 특정 장소의 시장 위치를 만들거나 변경하는 것을 목표로 한다. 아이디어 마케팅(개념, 철학, 믿음 또는 이슈에 대한 시장 점유율을 얻는 것)은 목표 시장의 태도나 행동을 만들거나 변경하는 것을 추구한다. 서비스의 미래는 인구, 세계화, 기술 발전 및 정보의 확산에 의해 결정될 것이다.

핵심 용어

가변성	갭 분석	수용능력관리
무형성	서비스	아이디어 마케팅
무형 자산	서비스스케이프	장소 마케팅
비분리성	서비스 접점	탈중개화
서브퀄(SERVQUAL)	소멸성	

연습문제

개념 : 지식 확인하기

12-1. 소매를 정의하라. 오늘날의 세계에서 소매업의 역할은 무엇인가?

12-2. 소매업의 수레바퀴 이론은 소매업의 진화를 어떻게 설명할 수 있을까? 경제 환경, 인구 통계, 기술, 그리고 세계화는 소매업의 미래에 어떻게 영향을 미치는가?

12-3. 체험적 판매, 목적 소매상, 그리고 옴니채널 마케팅에 대해 설명하라.

12-4. 비콘 마케팅이란 무엇인가? 전자 지갑이란 무엇인가?

12-5. 소매점의 재고 손실과 재고 손실이 일반적으로 발생하는 방식에 대해 설명하라. 스위트하팅(sweethearting; 종업원이 허가받지 않은 채 친구, 가족, 동료 등에게 무료로 상품을 주는 행위)은 무엇인가? 소매 대출이란 무엇인가? 소매상들이 소비자들을 대하는 데 있어 윤리적인 문제들 중 몇 가지는 무엇인가?

12-6. 마케팅 담당자들은 소매점을 어떻게 분류하는가? 제품의 폭과 깊이를 설명하라.

12-7. 편의점, 슈퍼마켓, 박스 스토어, 전문점, 카테고리 킬러, 임대 매장, 잡화점, 일반 상품 할인점, 할인 소매상, 창고형 클럽, 공장 아울렛 매장, 백화점, 하이퍼마켓, 팝업 스토어의 상품 구색의 차이를 설명하라.

12-8. 직접 판매의 다른 유형에 대해 설명하라. 다단계 판매 방식과 피라미드형 판매 방식의 차이점은 무엇인가?

12-9. B2C 전자상거래는 무엇인가? B2C 전자상거래는 소비자와 마케팅 담당자들에게 어떤 이점이 있는가? B2C 전자상거래의 한계점은 무엇인가?

12-10. B2C 전자상거래가 전통 소매업에 미칠 수 있는 영향에는 어떤 것이 있는가?

12-11. 무형 자산은 무엇인가? 기본적인 마케팅 개념은 무형 자산의 마케팅에 어떻게 적용되는가?

12-12. 서비스란 무엇인가? 그들을 상품과 다르게 만드는 서비스의 중요한 특성은 무엇인가?

12-13. 소비자들과 비즈니스 고객들은 서비스 품질을 평가하기 위해 어떤 차원들을 사용하는가? 마케팅 담당자들은 서비스 품질의 실패에 어떻게 대응해야 하는가?

12-14. 사람 마케팅이란 무엇을 의미하는가? 장소 마케팅은? 아이디어 마케팅은?

실행 : 배운 것 적용하기

12-15. **창의적 과제/단기 프로젝트** 당신이 개발 도상국과 개발 도상 국가들에서 온 수공예 제품을 전문으로 하는 새로운 소매 사업을 시작하는데 자금을 조달하는 기업가라고 가정해보자. 고객은 고유한 제품을 획득할 수 있을 것이며, 동시에 해당 제품에 대해 지불된 가격의 일부가 제품을 생산한 개인에게 돌아간다는 느낌을 받을 수 있을 것이다. 고객에게 경험을 제공하기 위해 제품을 어떻게 상품화하겠는가?

12-16. **창의적 과제/단기 프로젝트** 당신이 편의점의 전국 체인의 마케팅 책임자라고 가정하라. 당신의 회사에는 43개 주에 약 200개의 매장이 있다. 이들 체인점들은 취급하는 디자인이나 제품 면에서 모두 상당히 전통적이다. 당신은 마케팅 계획 수립에 있어서 사전준비를 원하기 때문에 현재 시장의 경제, 인구통계학, 기술 및 글로벌 추세로 인해 상당한 변화를 고려해야 할 수도 있다. 당신은 이러한 것들을 당신의 회사의 다른 임원들과 논의하는 것이 중요하다고 생각한다. 다음을 포함하는 프레젠테이션을 개발하라.

  a. 당신의 상점에 영향을 미칠 수 있는 경제적 변화에 대한 논의
  b. 점포에 영향을 미칠 인구통계학적 변화에 대한 논의
  c. 매장에 영향을 미칠 기술적 변화에 대한 논의
  d. 글로벌 변화가 조직에 문제와 기회를 제공할 수 있는 방법에 대한 논의
  e. 귀사가 이러한 각 영역에서 직면한 과제를 해결할 수 있는 방법에 대한 추천 사항

12-17. **수업시간 10~25분 팀별 과제** 소매 업자들은 재고 손실의 문제와 그것에 대해 무엇을 해야 할지에 직면해 있다. 물론, 절도와 종업원 절도로 인해 재고 손실이 일어난다. 하지만 '스위트하팅'이나 '소매 차용'과 같은 고객들이 겪는 재고 손실은 더욱 민감하다. 많은 소비자들은 그러한 관행이 괜찮다고 생각한다. 학생 그룹의 학생들을 대상으로 짧은 설문 조사를 실시하여 이러한 두 가지 재고 손실 요인을 연구하라. 다음과 같은 질문을 포함할 수 있다.

  a. 학생들이 그러한 관행에 참여하는 경우는? 얼마나 자주 참여하는가?

b. 그러한 관행이 비윤리적인지 여부와 왜 또는 왜 그렇지 않은지에 대한 학생들의 태도는?

c. 그러한 관행으로 인해 어떤 해가 발생하는가?

d. 응답자들은 소매업체들이 이러한 재고 손실을 막기 위해 무엇을 해야 한다고 생각하는가?

결과에 대한 짧은 보고서를 작성하여 강의실에 제출한다.

12-18. 창의적 과제/단기 프로젝트 당신은 야구 모자를 파는 회사에서 일하기 시작했다. 현재 이 회사는 뚜껑과 같은 특수 용품만을 전문 매장에서만 판매하고 있다. 당신은 당신이 다른 종류의 소매상들로 분기함으로써 판매를 개선할 수 있다고 생각한다. 귀사가 판매할 수 있는 추가적인 유형의 소매업체와 이러한 유형의 소매업체에 판매할 경우의 이점을 나타내는 프레젠테이션을 준비하라. 또한 이러한 다른 소매업체들에 대한 소매 전략을 어떻게 바꿀 것인가?

12-19. 추가 연구(개인) 전통적인 소매업체가 온라인 상점을 오픈할 때 직면하는 한 가지 문제는 자기잠식이다. 당신과 당신의 동료 학생들이 일반적으로 쇼핑할 수 있는 그리고 온라인상으로 제품을 판매하는 전통 소매상을 선정하라. 예를 들어 베스트바이, 바나나 리퍼블릭, 갭 또는 타깃 등을 선택할 수 있다. 그 소매상의 온라인 상점을 방문하여 사이트의 제품 제공물, 가격 책정, 고객 서비스 정책 등에 대한 메모를 작성하라(만일 당신이 선택한 점포에서 다양한 제품 라인을 제공하는 경우 연구를 한두 가지 제품 라인들로 제한 할 수 있다). 그런 다음 해당 매장을 방문하여 제공되는 제품과 온라인 제품을 비교하라. 조사 결과를 요약한 보고서를 작성하고 자기잠식 가능성 및 그것의 소매업자를 위한 시사점을 논의하라. 또한 권장하는 온라인 또는 상점 전략의 변경 사항에 대해서도 설명하라.

12-20. 창의적 과제/단기 프로젝트 지역 사회의 경쟁이 치열해짐에 따라 현지 주간 스파에서 마케팅 컨설턴트로 채용되었다. 스파의 품질은 서비스 제공과 상품(음식) 모두에서 평가된다는 것을 알고 있다. 서비스의 특성(무형성, 소멸성, 가변성, 비분리성)에 따라 고유한 마케팅 과제가 발생하지만, 이러한 과제는 창의적인 마케팅 전략을 통해 해결할 수 있다. 서비스의 네 가지 특성 각각에 의해 창출된 스파 마케팅 과제를 개략적으로 설명하라. 이러한 각각의 과제를 해결하기 위해 수행할 수 있는 작업에 대한 아이디어를 나열하라.

12-21. 수업시간 10~25분 팀별 과제 당신은 현재 대학 교육

을 받고 있는 매우 비싼 서비스 제품의 고객이다. 당신은 서비스직이 효과적이고 편안하게 서비스를 고객에게 전달할 수 있도록 한다면, 즉 서비스를 구입한 후 서비스가 제공되는 방식에 초점을 맞춘다면 서비스 조직이 경쟁 우위를 확보할 수 있다는 사실을 알게 되었다. 학교의 서비스 제공을 개선하기 위한 권장 사항 목록을 작성하라. 교육 제품의 교실과 비교실 측면을 모두 고려하라.

12-22. 창의적 과제/단기 프로젝트 조만간 대학을 졸업할 사람으로서, 당신은 당신의 분야에서 풀 타임 직업을 찾고 있을 것이다. 이 과정의 일환으로 당신은 성공적으로 자신을 시장에 내세우는 것에 대해 배울 필요가 있다. 마케팅 계획의 개요를 준비하라. 첫째, 실제 물리적인 제품이 아닌 사람을 마케팅하는 것과 관련된 특수한 문제와 도전 과제를 나열하라. 그런 다음 홍보 전략에 대한 아이디어를 간략히 설명하라.

12-23. 수업시간 10~25분 팀별 과제 당신의 대학이 위치한 마을이나 도시에 대한 마케팅 계획을 위해 12-22번 항목에 있는 것과 같은 주제를 다루어라. 전체적인 대학 경험의 일환으로 이 마을이나 도시 및 주변 지역을 잠재적인 학생들에게 어떻게 마케팅하겠는가?

선택 : 당신은 어떻게 생각하는가?

12-24. 비판적 사고 대부분의 소매점의 재고 손실은 물품 도난, 종업원 절도, 소매 차용 등에 기인할 수 있다. 소매점 관리자들이 재고 손실을 제한하거나 방지할 수 있는 방법들은 무엇인가? 보안 관행에 내재해 있는 약간의 문제들은 무엇인가? 소매상들은 보다 엄격한 상품의 반품 정책을 수립해야 하는가?

12-25. 윤리 연구 결과에 따르면, 의도적이든 아니든 간에 '고객 프로파일링(customer profiling)'은 미국 소매점에서 실시되는 것으로 밝혀졌으며, 법원의 판결에 따르면 이러한 사실이 확인되었다. 프로파일링의 희생자가 된 적이 있는가? 상황이 어땠는가? 불만이 있었는가? 왜 그런가? 혹은 왜 그렇지 않은가? 프로파일링을 한 직원의 매장 점장으로서, 고객과 직원 모두에게 어떤 조치를 취하겠는가?

12-26. 비판적 사고 전문가들은 B2C 전자상거래의 미래가 앞으로 몇 년 안에 일부 제품 범주의 인터넷 판매량이 기하 급수적으로 증가함에 따라 실제로 매우 장밋빛이 될 것이라고 예측한다. 당신은 전자상거래의 성장이 전

통적인 소매업에 어떤 영향을 미칠 것이라고 생각하는 가? 어떤 면에서 이것이 소비자들에게 좋을까? 그리고 어떤 면에서 이것이 소비자들에게 좋지 않을까?

12-27. 비판적 사고 대부분의 미국 소비자들은 한 번 이상 온라인에서 제품을 구입했다. 온라인으로 어떤 제품을 구매했는가? 이 제품들에 대해 어떻게 지불했나? 구입 시 사이트의 보안 방법을 고려하는가? 왜 그런가? 혹은 왜 그렇지 않은가? 소매업체가 사용자 정보를 안전하게 보호하는 방법에 대한 정보를 게시해야 하는가? 만약 소매상들이 당신에 대한 개인 정보를 해킹당한다면 어떻게 책임을 져야 하는가?

12-28. 비판적 사고 탈중개화는 서비스 산업에서 점점 더 보편화되고 있으며, 이로 인해 은행 창구 직원이나 슈퍼마켓 직원과 고객이 상호 작용을 하지 않게 되는 일이 많아졌다. 이러한 상호 작용 부족은 고객 경험에 어떤 영향을 미치는가? 이러한 상호 작용 부족이 우수한 고객 서비스를 제공하는 기업의 능력에 어떤 영향을 미치는가?

12-29. 비판적 사고 때로는 서비스 품질이 고객의 기대에 미치지 못할 수 있다. 당신은 다음 서비스를 제공하는 과정에서 어떤 문제들을 경험하였는가?

  a. 이발

  b. 치과 방문

  c. 컴퓨터 수리

  d. 대학 교육

  당신은 품질이 떨어지는 이유가 무엇이라 생각하는가? 서비스의 질을 어떻게 개선하겠는가?

12-30. 비판적 사고 최근 몇 년간 정치인들이 시장에 나온 방식에 대해 많은 비판이 있어 왔다. 마케팅이 정치적 과정에 도움이 되는 방법에는 어떤 것이 있는가? 정치인들의 마케팅이 정부에 부정적인 영향을 미칠 수 있는 방법에는 어떤 것들이 있을까?

12-31. 윤리 비영리 및 종교 단체들이 자신들의 아이디어를 마케팅함으로써 더 많은 성공을 거둘 수 있다는 사실을 발견했다. 이러한 조직들이 영리를 목적으로 하는 기업들의 마케팅과 유사하게 그리고 다르게 자신들을 시장화하는 방법들은 무엇이 있을까? 교회와 종교 단체가 마케팅에 돈을 쓰는 것이 윤리적인 것인가? 왜 그런가 혹은 왜 그렇지 않은가?

12-32. 비판적 사고 미국을 포함한 많은 선진국이 최근 수 십 년간 근본적으로 서비스 경제가 되었다. 즉, 상품의 제조업이 상대적으로 줄고, 경제의 대부분의 사람들이 서비스 산업에 고용되었다. 왜 이런 일이 일어났다고 생각하는가? 어떤 면에서 이 경향이 나라에 좋고 나쁜 것일까? 이런 경향이 계속될 것이라고 생각하는가?

개념 : 마케팅 계량지표 적용하기

재고 관리는 소매 전략의 중요한 부분이다. 예를 들어, 재주문할 시기와 한번에 얼마나 주문을 해야 하는지를 아는 것이 중요하다. 이것이 재주문 시점이다.

소비자들이 매일 제품을 구입할 때 재고 수준이 떨어진다. 소매업체의 문제는 주문을 하기 전에 재고 수준을 얼마 정도까지 유지해야 하는지, 즉 언제 주문을 하는 것이 가장 좋은 시기인가 하는 것이다. 만약 너무 늦게 주문하면, 당신은 재고가 없기 때문에 판매 기회를 잃게 된다. 만약 당신이 너무 빨리 주문한다면, 소비자의 취향이 변할 수 있고, 당신은 초과된 판매될 수 없는 상품으로 어려움을 겪을 수 있을 것이다. 일반적으로, 소매업체는 재고가 현금과 연결되는 것을 방지하기 위해 필요한 것보다 더 많은 재고를 확보하기를 원하지 않는다.

따라서 언제 주문할지 그리고 얼마나 주문할지에 대한 결정은 소매업체의 이익에 매우 중요하다. 재주문 시점을 결정하는 가장 단순한 공식은 다음과 같다.

재주문 시점＝사용률×리드 타임

사용률은 기본적으로 재고가 얼마나 빨리 팔리는지를 나타내며, 리드 타임은 재주문에서 납품까지의 시간을 말한다. 소매업체는 사용률 및 리드 타임에 대한 과거 데이터가 특정한 번의 주문 경험에 따라 달라질 수 있는 경우에 대비해 '안전 재고'라는 약간의 여유 재고를 좀 더 보유하려는 경향이 있다. 안전 재고를 추가한 공식은 다음과 같다.

재주문 시점＝사용률×리드 타임＋안전 재고

샘의 24시 가스 앤 십은 하루에 97개의 큰 사이즈의 음료수를 판다. 그것은 주문하고 새로 받는 데 5일이 소요된다. 하지만 추가 판매의 가능성 혹은 늦은 배송에 대비하여, 그들은 3일 판매에 해당하는 안전 재고를 보유할 필요가 있다.

12-33. 샘의 가스 '앤' 십의 큰 사이즈의 음료수에 대한 재주문 시점은 언제인가?

미니 프로젝트 : 행하면서 배우기

미니 프로젝트 1

소비자로서 다음 주 정도에 구매하고자 하는 상품을 선택하라. 이 제품을 온라인과 실제 매장 모두에서 구매하라.

12-34. 쇼핑을 하면서, 다음을 포함하여 두 쇼핑 경험의 세부 사항을 기록하라.

    a. 소매업체 유형

    b. 작업을 도와줄 수 있는 작업대

    c. 웹 사이트 또는 물리적 시설

    d. 제품 종류

    e. 제품 가용성

    f. 제품 가격

    g. 영업 시간

    h. 처리 용이성

    i. 반환 용이성

12-35. 이 제품을 온라인 또는 향후 실제 소매업체를 통해 구입할 가능성이 더 높은 이유를 설명하라.

미니 프로젝트 2

유니버설 스튜디오와 같은 테마 파크와 엔터테인먼트 파크는 제품/서비스 연속성의 중간에 해당되며 반은 제품, 반은 서비스로 이루어져 있다. 치열한 경쟁 시장에서 성공하기 위해 이들 공원들은 포지셔닝 전략을 개발해야 한다. 상위 3개 테마파크 조직인 월트 디즈니 월드(https://disneyworld.disney.go.com), 식스 플래그스 파크(www.sixflags.com), 유니버설 올랜도 테마 파크(www.universalorlando.com) 등의 웹 사이트를 방문하라.

12-36. 이 포지셔닝은 웹 사이트를 통해 어떻게 커뮤니케이션 되었는가?

12-37. 각 웹 사이트에 대해 변경 또는 개선할 사항은 무엇인가?

마케팅 행동 사례   알리바바의 실제 선택

당신이 이미 커질 때 더 커질 수 있다. 이는 알리바바가 전자 소매업(e-tailing) 제국을 계속 확장하기 위해 노력하고 있는 이유이다.

1999년 처음 인터넷을 접한 미국 여행에서 영감을 받은 잭 마(Jack Ma)는 17명의 친구들을 불러 모아 알리바바닷컴(Alibaba.com)을 만들었다. 처음에 이 웹 사이트는 중국의 수출업자, 제조업자, 기업가들과 해외 바이어들을 결합하는 기업 간 포털이었다. 오늘날 중국 아마존이라고도 불리는 알리바바 그룹은 소매 및 도매 거래, 클라우드 컴퓨팅, 기타 서비스 분야에서 선도적인 온라인 및 모바일 시장이다. 2016년 현재, 그룹의 소매 사업은 4억 2,300만 명 이상의 활동적인 사용자를 보유하고 있으며, 연간 1,270만 건의 주문을 받고 있는데 이는 중국 모바일 쇼핑 시장의 86.2%를 차지한다.

맥킨지 디지털의 연구에 따르면, 중국 시골 지역의 19%만이 온라인 구매 서비스를 이용하고 있다. 낮은 소득, 분산된 인구, 열악한 물류로 인해, 시골 지역의 전통적인 소매 옵션은 제한적이고 가격이 비싸며 제품 품질이 떨어진다. 이러한 제한은 온라인 판매 확대에 대한 엄청난 전망을 제시한다. 알리바바의 전자상거래 업체인 타오바오는 이 기회를 이용해 여러 시골 마을에 서비스 센터를 열었다. 그곳에서 주민들은 휴대폰, 치약, 의류 등과 같은 제품들에 대한 거래를 회사에서 제공하는 컴퓨터를 사용하여 검색할 수 있다. 이를 위해 알리바바는 10만 개가 넘는 마을에 물류, 하드웨어, 교육에 160억달러 이상을 투자하기로 했다.

알리바바의 마이클 에반스 사장은 "세계화는 알리바바 그룹의 오늘날과 미래의 성장을 위한 중요한 전략"이라고 말했다. 컨설팅 회사인 AT 커니의 자료에 따르면 전자 상거래는 동남 아시아 소매 판매의 1%를 차지하는 데 비해 유럽은 6%, 중국과 미국은 8%를 차지한다. 다국적 금융 서비스 회사인 크레디트 스위스는 총소매 매출액의 일부로서 전자상거래가 머지 않아 선진국에서보다 신흥 시장에서 더 커질 수 있다는 사실을 발견했다. 그들은 앞으로 몇 년 안에 약 10억 명의 온라인 쇼핑객들이 이 시장에서 모습을 드러낼 것이라고 주장한다.

이 회사는 최근 싱가포르 전자상거래 회사인 라자다 그룹의 지배 지분을 인수했는데, 라자다 그룹은 인도네시아, 말레이시아, 필리핀, 싱가포르, 태국, 베트남을 포함한 다른 아시아 국가에서 전자상거래 포털을 운영한다. 포털은 모바일과 웹 접근, 다중 지불 방법, 고객 관리 및 무료 반품을 제공하는 온라인 쇼핑 및 판매 목적지이다. 알리바바는 라자다에 폭넓은 인프라와 첨단 물류 역량을 기여할 수 있게 됐다. 동남아시아의 일부 지역에는 필요한 유통망과 정보 기술 관리가 없기 때문에 공유된 도구와 지식은 중요하다.

알리바바 그룹에도 여전히 도전이 있다. 중국의 국내 시장은 전반적인 경제가 몇몇 도전에 직면함에 따라 개발의 둔화로 어려움을 겪고 있다. 확장은 동남 아시아의 취약한 인프라와 느린 인터넷 속도를 다루는 것을 의미한다. 알리바바는 또한 증가하는 경쟁에 직면해 있다. 아마존닷컴 및 이베이닷컴과 같은 서구 경쟁사는 자국의 경쟁사들에 비해 위협이 적다. 여기에는 전자상거래에 진출하는 텐센트, 주로 엔터테인먼트 및 소셜 미디어 회사가 포함된다. JD닷컴은 직접 판매, 재고 보유, 물류 및 운송 관리를 포함하는 점에서 더 유사하다. 그리고 중국의 지배적인 인터넷 검색 엔진인 바이두닷컴(Baidu.com)은 서비스와 제품 모든 면에서 구글과 매우 비슷하다.

당신의 결정

12-38. 알리바바가 직면한 의사결정은 무엇인가?

12-39. 이러한 의사결정 상황을 이해하는 데 중요한 요인은 무엇인가?

12-40. 대안은 무엇인가?

12-41. 당신이 추천하는 의사결정은 어떤 것인가?

12-42. 당신의 제안을 실행하는 방법은 어떤 것이 있는가?

참고자료 : Dexter Roberts and Lulu Yilun Chen, "China's Hunt for Growth in the Countryside," Bloomberg Businessweek (August 27, 2015), http://www.bloomberg.com/news/articles/2015-08-27/china-s-hunt-for-growth-in-the-countryside (accessed May 1, 2016); "History and Milestones," Alibaba Group, http://www.alibabagroup.com/en/about/history (accessed May 1, 2016); Alyssa Abkowitz and Newley Purnell, "Alibaba to Invest $1 Billion in E-Commerce Startup Lazada," Wall Street Journal (April 13, 2016), http://www.wsj.com/articles/alibabato-invest-1-billion-in-e-commerce-startup-lazada-1460445117 (accessed May 1, 2016); Prableen Bajpai, CFA (ICDAI), "Alibaba's Top Competitors," Investopedia http://www.investopedia.com/articles/investing/110714/alibabas-top-competitors.asp (accessed May 17, 2016).

촉진 I : 광고와 촉진 전략

사라 바모시
▼ 피치 에이전시의 의사결정자

사라 바모시는 LA의 풀서비스 광고 서비스를 대행하는 피치의 최고 전략 관리자이다. 그녀는 토요타, P&G, 버거킹, 넷플릭스, 월도프 아스토리아, 그리고 네슬레 등과 함께 브랜드 및 유통소매 컨설팅 경력을 갖고 있다. 사라는 다양한 분야의 소비자 집단에 대한 이해와 경험을 갖고 있으며, 이러한 경험을 바탕으로 '애드버타이징 에이지(*Advertising Age*)'와 '포브스(*Forbes*)'에 밀레니얼 세대에 대한 그의 컨설팅 경험을 기고하기도 했다. 그녀의 전략적 사고에 의해 수행된 다양한 캠페인들은 에피 어워드나 칸 국제광고제 수상을 통해 증명되기도 했다. 그녀는 UCLA에서 우수한 성적으로 마케팅 커뮤니케이션 학사학위를 받았으며, 스탠퍼드 비즈니스 스쿨에서 EPWL 프로그램을 이수하기도 했다. 사라의 열정적인 삶은 그녀의 여권에 잘 드러나 있다. 그녀는 여행을 즐기며, 여행 후 집에 돌아와 새로운 안목으로 아이디어를 도출하기 위한 노력을 다시 시작한다.

마케터의 삶

휴식 시간에 주로 하는 일은?
요가, 넷플릭스, 그리고 해변가에서 독서

졸업 후 첫 직무는?
내 직업을 선망하는 누군가에게는 굉장히 어려울 수 있다. 일본으로 출장 가서 자동차 시제품을 테스트했던 경험을 잊을 수 없다. 그때는 이 일이 제 경력이 될 것이라고 생각하지 못했다.

저지르지 말았어야 할 실수는?
너무 오랫동안 혼자 지껄이다가 3개월이 지난 후에 그것이 옳지 않다는 것을 깨달았다.

현재 읽고 있는 비즈니스 관련 서적은?
에이미 포엘러의 *Yes Please*

나의 영웅은?
조앤 롤링, 그웬 스테파니, 그리고 티나 페이가 조합되어 환생한다면 정말 멋질 것 같다.

내 삶의 모토는?
삶의 명확한 목표를 가지고 있지 않다면, 일을 하는 사람을 위해 일을 하게 된다.

무엇이 나에게 동기부여를 하는가?
복잡한 문제를 해결하기 위한 스릴

나의 매니지먼트 스타일은?
카멜레온 코치 스타일이다. 각 개인들의 욕구를 충족시켜주는 매니지먼트의 강점을 잘 알고 있다.

내가 가장 싫어하는 것
시간 낭비

나의 (문제)는…

촉진, 운영, 그리고 메뉴 혁신을 거듭하면서 버거킹은 다른 경쟁업체들의 매출 하락이 이어지고 있는 가운데 미국에서 유일하게 매출 상승을 기록했다. 2015년 중반까지 매출면에서 버거킹은 맥도날드와 웬디스를 압도했다. 하지만 버거킹은 경쟁자들에게 이미지 측면에서 뒤처져 있었다. 3분기에 도달했을 때, 우리는 광고 전략을 수정하고 커뮤니케이션을 최적화해야 할 필요성을 인식했다.

대중 커뮤니케이션을 활용해 빠른 서비스를 제공하는 레스토랑(quick-serve restaurants, QSRs)에 최적화된 특별 메뉴를 촉진시켜야 했고 가시적인 매출 성과를 달성해야 했다. 우리는 패스트 무빙(fast-moving) 산업에서 장기적인 관점의 브랜드 관리 계획을 개발하고 실행할 필요성을 인식했다. 나는 버거킹을 위해 새롭고 다양한 핵심 메뉴들을 지원할 수 있는 유연한 브랜드 스토리에 기반한 전략을 개발해야 했다. 버거킹은 그릴과 와퍼를 중심에 둔 "Have It Your Way" 캠페인을 오랫동안 지속해 왔으며, 소비자들에게 상당한 관심을 받아 왔다. 그 후 브랜드 변화를 겪으면서 버거킹은 보다 젊은 소비자들을 유인하기 위해 "Taste is King" 캠페인을 진행했다. 여기서 다음과 같은 질문에 놓이게 되었다. 그다음 버거킹 마케팅은 무엇인가?

피치의 최고전략관리자로서 나는 북미에서 데이터 마이닝, 소비자 조사, 그리고 경쟁사 분석을 통해 버거킹을 위한 전략을 구상해야만 했다. 결국 우리는 버거킹 브랜드를 위한 핵심 의사결정에 놓이게 되었다. 과거처럼 'The King'으로 돌아갈 것인가 아니면 새로운 방식을 채택할 것인가? 버거킹의 새로운 전략은 지난 과거 동안 구축한 자산에 어떤 이점을 안겨줄 것인가?

사라가 고려한 두 가지 선택 1 · 2

1 **선택**

'The King'을 교체한다. QSR 산업, 경제, 그리고 패스트 푸드에 대한 소비자들의 태도를 살펴보면, 2011년 버거킹이 'The King' 사용을 중지한 이후 많은 변화가 있었다. 간편 저녁 레스토랑(치폴레), 건강 트렌드(친환경 음식 섭취), 그리고 패스트 푸드에 대한 섭취 변화(스타벅스와 대체식품) 등이 패스트푸드 산업에 영향을 미쳤다. 'The King'의 인기가 절정에 올랐지만 버거킹의 대표 캐릭터로 몇 가지 모호한 부분이 있었다. 캐릭터의 날카로운 인상 때문에 밀레니얼 세대들에게 다소 오싹하게 느껴진 것이다. 기존의 많은 기업들이 사용했던 전형적인 브랜드 아이콘으로 사용된 '마스코트'와는 다른 모습이기에 그랬던 것이다. 'The King'을 오랫동안 광고 캐릭터로 사용했지만, 많은 사람들은 버거킹에 식사하러 가는 것과 어떤 관련이 있는지 생각하지 못했던 것이다.

하지만 새로운 브랜드 아이콘을 개발하는 것도 쉽지 않다. 패스트푸드 산업에서 눈에 띄는 브랜드 캐릭터(맥도날드의 로널드 혹은 웬디)가 없다면 고객들은 다른 유사 제품과 헷갈릴 수 있다. 따라서 마케팅 경쟁을 위해 광고가 필요하다. 'The King'은 무료 매체 커버리지(광고비를 지불하지 않고 언론에 자연스럽게 노출되는 범위)로 강력한 힘을 발휘했으며, 대중문화 속에서 많은 관심을 받아왔다. 이러한 노출 효과를 재현하기란 쉽지 않다.

2 **선택**

브랜드 아이콘의 인지도를 높이기 위해 다시 'The King'으로 돌아간다. 과거에 비해 많은 관심을 받고 있지는 않지만 'The King'은 여전히 강력한 인지도를 보여주고 있다. 'The King'을 사용한다면 제품 촉진에 있어서 분명 이점으로 작용한다. 아이콘으로서 'The King'은 대중문화 속에서 PR과 입소문으로 충분히 경쟁력이 있다. 브랜드 아이콘 사용은 매체를 활용한 촉진전략 측면에서 브랜드 영향력을 높이기 위한 가장 빠른 방법 중에 하나임에 틀림없다.

하지만 이러한 브랜드 대변인은 조심스럽게 다루지 않고 엄격한 가이드라인을 따르지 않으면 단순히 속임수에 불과해 부작용을 초래할 수 있다. 2011년 'The King'을 중지할 때쯤, 'The King'과 메시지는 직접적으로 산업 및 브랜드와 연결되지 않았다. 하지만 'The King'은 오랜 기간 노출되었기에 금방 인식될 수 있었다. 'The King'이 지금까지 매체를 통해 자연스럽게 노출되었던 장점을 활용하기 위해서 버거킹은 인터넷 뉴스를 통해 최대한 빠르게 의사결정을 내려야만 한다. 이는 기존의 TV 매체가 아닌 전혀 예상치 못했던 소셜미디어를 통해 새롭게 개선된 'The King'을 선보여야 함을 의미한다.

당신이 사라라면 무엇을 선택할 것이며, 그 이유는 무엇인가?

당신의 선택

무엇을 선택할 것인가? 그 이유는?
☐ 선택 1   ☐ 선택 2

제13장

13.1 '세상과 항상 연결되어 있는' 디지털 세계에서의 커뮤니케이션 모델

목표

커뮤니케이션 과정과 전통 촉진 믹스를 이해한다.

당신의 광고 기억력을 테스트 해보자.*

1. "더 나은 삶을 살자." 슬로건을 갖고 있는 패스트푸드 체인은 무엇인가?
2. 당신에게 "Go Commando(속옷을 입지 말고 그대로 바지만 입으세요.)"를 설득하는 광고는 무엇인가?
3. "당신은 소중하니까요."라고 말하는 헤어 제품 브랜드는 무엇인가?
4. "정말 맛있어요. 당신의 고양이는 계속 그 제품을 찾을 거예요."는 어떤 사료 광고인가?
5. "다른 것을 고려해봤을 때, 돈으로 살 수 없는 것도 분명 있습니다."는 어떤 신용카드 광고인가?

당신은 모두 기억할 수 있는가? 아마 당신은 생활에 별 도움이 되지 않지만 마케팅 커뮤니케이션 전문가들의 노력으로 위 문제들에 대한 답을 어느 정도 알고 있을 것이다. 물론 마케터들은 페이스북이나 트위터를 통해 고객과 실시간으로 소통하기 시작하면서 위의 광고 슬로건들은 '구식이'되어 버렸는지도 모르겠다.

지금까지 우리는 제품을 개발하고, 관리하며, 가격을 책정하고, 유통 경로를 관리하는 것에 대해 학습했다. 하지만 이것만으로는 최고의 제품을 창출하는 데 분명 한계가 있다. 성공적인 마케팅 계획을 위해서는 효과적인 마케팅 커뮤니케이션 전략이 요구된다. 제1장에서 이야기했지만 **촉진**(promotion)은 태도 혹은 행동에 영향을 미치는 마케팅 커뮤니케이션을 조정하기 위한 노력으로 정의된다. 이러한 기능은 4P 중 마지막에 해당되는 것으로 그 목적이 햄버거, 보험, 휴대폰 벨소리, 그리고 다이어트 제품의 판매 여부와 상관없이 반드시 필요한 기능이다. 조직이 주장하고 행동하는 모든 형태의 마케팅 커뮤니케이션 활동이 바로 촉진이다. 즉 광고를 제작하고, 패키지를 디자인하며, 종업원에게 유니폼을 제공하고, 기업과 제품(혹은 브랜드)에 대한 고객경험을 바탕으로 그들이 나누는 생각과 느낌들이 모두 촉진 활동에 포함된다. 오늘날 기업과 기타 이해관계자들은 디지털 세계에 접어들면서 마케팅 커뮤니케이션 과정이 무엇보다 중요하다고 강조한다. 그렇다면 커뮤니케이션은 무엇인가? 오늘날 메시지는 다양한 형태로 구성된다. TV 광고, 혁신적인 웹사이트, 입소문(비디오), 블로그, 인터넷 광고, 모바일 앱, 소셜미디어 사이트, 세련된 잡지 광고, 멋진 티셔츠, 미식축구 위의 비행선 광고, 그리고 슈퍼볼 생중계에서 노출되는 고객들이 직접 제작한 광고에 이르기까지 다양하다. 어떤 마케팅 커뮤니케이션은 특정 제품(애플의 아이패드)이나 행동(헌혈)을 촉구하기도 하며, 또 어떤 마케팅 커뮤니케이션은 조직(GE나 성당)의 전반적인 이미지를 만들거나 강조하기도 한다.

마케팅 커뮤니케이션은 다음 네 가지 중 한 가지 이상의 역할을 수행한다.

1. 신제품 혹은 서비스를 고객에게 알려준다.
2. 특정 브랜드를 지속적으로 구매하도록 상기시켜준다.
3. 다양한 브랜드 중 하나의 브랜드를 선택하도록 설득한다.
4. 고객과의 관계를 구축한다.

---

* (1) 타코벨, (2) 코토넬 화장실 휴지, (3) 로레알, (4) 미유믹스 고양이 사료, (5) 마스터 카드

오늘날 마케팅 전문가들은 성공적인 촉진 전략을 구축하기 위해서는 일관된 메시지를 전달하기 위해 다양한 형태의 마케팅 커뮤니케이션을 조정해야 한다고 보고 있다. **통합적 마케팅 커뮤니케이션**(integrated marketing communication, IMC)은 '장기적 관점에서 표적 고객을 설득하기 위해 브랜드 커뮤니케이션 프로그램을 계획, 개발, 관리, 평가, 측정하는 일련의 활동'으로 정의된다.[1] IMC는 구매 전, 구매 후, 그리고 구매 과정상에서 소비자와 기업(혹은 브랜드) 간에 접촉이 이루어질 때 발견된다. 소비자들은 TV 광고, 기업 웹사이트, 쿠폰, 이벤트 당첨, 매장 내에서 디스플레이 등을 통해 이러한 접촉이 이루어지는데, 이렇듯 하나의 기업은 서로 다른 장소와 방법을 통해 메시지를 전달한다.

마케팅 커뮤니케이션 목적을 달성하기 위해 마케터는 고객에게 일관된 메시지를 전달할 수 있도록 **다중채널 촉진 전략**(multichannel promotion strategy)을 채택한다. 다중채널 촉진 전략이란 전통적인 커뮤니케이션 전략(광고, 판매 촉진, PR, 직접 마케팅 등)과 소셜 미디어 혹은 기타 온라인 입소문을 적절하게 통합하는 전략을 의미한다. 과거 전통적인 마케팅 커뮤니케이션 프로그램들은 메시지 수신자인 소비자를 고려하지 않은 채 다양한 형태로 집행되어 왔다. 예를 들어, TV 광고 캠페인은 NASCAR(세계 3대 자동차 경주 대회 중 하나) 후원과는 별개로 독립적으로 집행되었던 것이다. 이에 따라 소비자들은 메시지 혼란을 경험할 수밖에 없었고 결국 브랜드 정체성을 모호하게 인식하는 결과로 이어지게 되었다. 우리는 이 장 마지막에 다중채널 촉진 전략에 대해 구체적으로 학습할 것이다.

마케팅 커뮤니케이션을 보다 잘 이해하기 위해 📷 그림 13.1에 제시되어 있는 서로 다른 마케팅 커뮤니케이션 모델을 살펴보자. 첫 번째는 전통적인 커뮤니케이션 모델로 '일 대 다수' 모델이다. 이는 단일 마케터가 동시에 수백만 명에 이르는 고객들에게 메시지를 전달하는 형태로 구성되어 있다. 일 대 다수 모델은 전통 대중 매체(TV, 라디오, 잡지, 신문)와 야외(옥외 광고), 그리고 인터넷 광고(배너 및 팝업)와 같은 광고 형태로 집행되며 전통적인 마케팅 커뮤니케이션 형태를 따른다. 또한 쿠폰, 샘플, 보조금 지급, 콘테스트와 같은 **고객 판매 촉진**(consumer sales promotion)과 언론 홍보 활동과 **공중 관계**(public relations)도 일 대 다수 모델에 포함된다.

기존의 전통적인 커뮤니케이션 모델에서 더 나아가 마케터가 개별 고객(혹은 사업 고객)에게 직접 다가가는 일 대 일 커뮤니케이션 모델이 있다. 이러한 일 대 일 커뮤니케이션 모델은 **인적 판매**(personal selling)와 이를 지원하는 트레이드 세일즈 프로모션(trade sales promotion)이 있으며, 직접 마케팅을 실행하는 다양한 형태의 데이터베이스 마케팅도 있다.

제1장에서 논의했듯이 우리는 '세상과 언제나 연

그림 13.1 📷 **스냅숏 | 마케팅 커뮤니케이션의 세 가지 모델**

오늘날 마케터들은 전통적인 일 대 다수 커뮤니케이션 모델과 다수 대 다수 모델을 함께 사용한다.

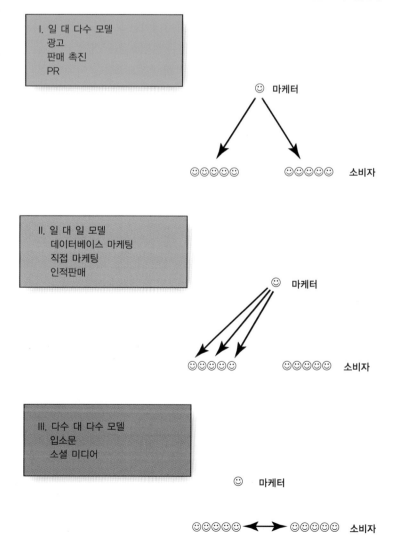

구전 커뮤니케이션 소비자가 제품에 관한 정보를 다른 소비자에게 제공하는 것

커뮤니케이션 모델 의미가 송신자로부터 수신자에게 이전되는 과정

발신자 메시지를 보내는 조직이나 개인

부호화 송신자가 자신의 아이디어를 원하는 의미로 전달하는 커뮤니케이션 형태로 바꾸는 과정

메시지 물리적 형태로 송신자로부터 수신자에 이르는 커뮤니케이션

매체 메시지가 목표 수신자에게 전달되는 데 사용되는 커뮤니케이션 수단

수신자 메시지를 듣고 해석하는 조직이나 개인

해독 수신자가 메시지에 의미를 부여하는 과정

결'되어 있다. 이에 따라 '다수 대 다수' 마케팅 커뮤니케이션 모델에 대한 관심이 높아지고 있다. 이러한 새로운 모델은 소셜 미디어의 영향력이 커지고 이에 따라 소비자들끼리 정보를 교환하고 추천하는 **구전 커뮤니케이션**(word-of-mouth communication)이 증가하면서 주목받기 시작했다. 우리들 대부분은 TV 광고에 별 감흥이 없어졌기 때문에 옐프와 같은 사용자 리뷰 서비스를 통해 새로운 식당을 검색하고 찾아간다.

이러한 모델의 발전으로 마케터들은 기존의 커뮤니케이션 도구에 새로운 형태의 도구를 추가해야만 한다. 예를 들어, 입소문(viral)과 전도자 마케팅 기법(evangelical marketing techniques)을 활용한 버즈 구축(buzz-building)이 있으며, 고객들끼리 많은 이야기가 오고가는 브랜드 커뮤니티(brand community), 제품 리뷰 사이트, 그리고 소셜 네트워킹 사이트 활용이 그것이다. 아마 당신은 이러한 도구들이 그리 낯설지만은 않을 것이다. 이 장에서 우리는 각각의 커뮤니케이션이 고객과 어떻게 상호작용하는지 확인할 것이다.

커뮤니케이션 모델

만약 고객이 우리가 말하고자 하는 바를 정확하게 이해할 경우 촉진 전략은 성공이라 할 수 있다. 그림 13.2에는 메시지가 어떤 형태로 작동하는지 쉽게 소개된 **커뮤니케이션 모델**(communication model)이 제시되어 있다. 이러한 모델은 당신이 친구에게 키웨스트에서 보낸 봄 휴가 이야기에서부터 가이코 보험 가입 권유에 이르기까지 동일하게 적용될 수 있다. 이러한 커뮤니케이션 모델은 발신자(source)가 매체(medium)를 통해 메시지(message)를 듣고 이해하길 원하는 수신자(receiver)에게 전달되는 일련의 과정이다. 마케터는 커뮤니케이션 모델을 구성하는 각각의 구성요소들을 이해해야만 한다.

발신자의 부호화

그럼 이제부터 커뮤니케이션 모델의 그 시작을 알아보자. 그것은 수신자(잠재 고객)와 소통하

그림 13.2 과정 │ **커뮤니케이션 모델**

커뮤니케이션 모델은 조직이 메시지를 만들고 전달하며, 고객에게 이해시키기 위해 전달하는 과정을 포함한다.

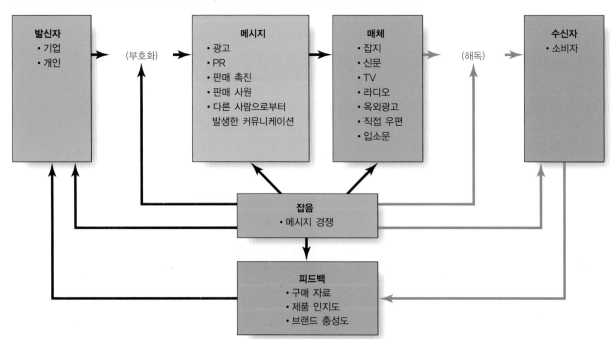

기 위한 아이디어를 갖고 있는 개인 혹은 조직으로 간주되는 **발신자**(source)가 그것이다. 발신자는 그들이 원하는 의미를 전달하기 위해 그들이 갖고 있는 아이디어를 유형의 형태(TV 광고와 같은)로 전환시킬 수 있어야 한다. **부호화**(encoding)는 발신자가 원하는 의미를 전달하기 위해 아이디어를 다양한 형태로 전환시키는 과정을 의미한다. 이러한 부호화는 단어, 음악, 유명인(니콘 카메라를 사용하는 애쉬튼 커쳐나 커버걸 코스메틱의 소피아 베르가나[2]), 인지도가 낮은 배우, 실제 고객, 그리고 도마뱀 애니매이션 등을 통해 가능하다.

메시지

메시지(message)는 수신자에서 발신자로 전달되는 실제 내용으로 물리적 형태를 갖추고 있다. 이러한 메시지는 광고, PR, 판매 촉진, 판매사원의 음색, 직접 마케팅 광고, 페이스북 포스트, 유튜브 영상, 그리고 블로그에 게재된 소비자의 리뷰 등이 있다. 이러한 메시지는(물론 희망적이지만) 설득, 정보 제공, 상기, 그리고 관계 구축으로 이어지게 된다. 마케터는 표적시장에 존재하는 최종 소비자 혹은 산업 구매자에게 메시지가 적절하게 전달될 수 있도록 광고 요소를 선택해야만 한다.

매체

발신자가 메시지를 어떤 식으로 부호화하든지 상관없이 해당 메시지는 표적 고객에게 **매체**(medium)를 통해 전달된다. 마케터에게 있어 이러한 매체는 TV, 라디오, 페이스북이나 트위터 같은 소셜 미디어, 잡지, 기업 웹사이트, 블로그, 빌보드, 그리고 기업 로고가 인쇄된 머그컵 등이 있다. 마케터는 매체를 선택할 때 두 가지 도전에 직면한다. 첫째, 매체가 표적시장에 적절하게 노출되는지의 여부, 둘째, 제품 특성이 매체와 잘 맞는지의 여부가 그것이다.

수신자의 해독

만약 숲속에서 나무가 쓰러졌는데 아무도 이를 듣지 못했다면, 이를 소리라고 할 수 있을까? **수신자**(receiver)가 메시지를 접하지 못한다면 커뮤니케이션은 적절하게 작동했다고 보기 어렵다. 수신자는 노출된 메시지를 해석하는 개인 혹은 조직을 일컫는다. **해독**(decoding)은 수신자가 메시지에 의미를 부여하는 과정으로 정의된다. 즉 수신자가 보고 들은 메시지를 해석하는 과정을 해독으로 본다.

마케터는 표적 고객이 그들이 의도한 방향대로 해독하길 희망한다. 효과적인 커뮤니케이션이 이루어지기 위해서는 수신자와 발신자가 유사한 경험을 갖고 있어야 하며, 상호 준거체계가 공유되어야만 가능하다. 일반적으로 수신자와 발신자는 그 입장이 다른데 특히 문화, 경험, 가치, 그리고 언어 차이로 인해 그 둘 간의 불일치가 나타나는 경우가 발생하기도 한다.

캠벨의 황금 별은 이상적인 의미를 부호화한다.

간결하지만 직설적인 메시지

잡음 효과적인 커뮤니케이션을 방해하는 모든 것들

피드백 메시지에 대한 수신자의 반응

촉진 믹스 광고, 판매 촉진, 홍보, 인적 판매, 직접 마케팅을 포함하는 마케터가 통제하는 커뮤니케이션의 주된 요소들

잡음

커뮤니케이션 모델상에서 효과적인 커뮤니케이션을 방해하는 **잡음**(noise)도 이해해야 한다. 그림 13.2에 나와 있듯이, 커뮤니케이션이 이루어지는 과정에서 잡음은 언제든지 발생할 수 있으며, 이로 인해 적절하게 메시지가 전달되지 않을 수 있다.

피드백

커뮤니케이션을 완성하기 위해서 발신자는 수신자로부터 **피드백**(feedback)을 받아야 한다. 물론 최고의 피드백은 소비자가 제품을 구매한 경우로 볼 수 있다. 다른 피드백 유형으로는 전화 혹은 이메일을 통해 제조업자에게 구매자가 연락하는 경우다. 마케터는 마케팅 조사를 통해 고객의 피드백을 지속적으로 파악해야 한다.

전통적인 촉진 믹스

앞서 보았듯이, 촉진 혹은 마케팅 커뮤니케이션은 4P 중에서 가장 잘 알려져 있다. 마케터는 마케터가 어느 정도 통제할 수 있는 선에서 **촉진 믹스**(promotion mix)를 구축해야만 한다. 전통적인 촉진 믹스는 다음과 같다.

- 광고
- 판매 촉진
- 홍보
- 인적 판매
- 직접 마케팅

Surrender, tough messes. Conquer them with our thick wipes.

효과적인 해독이 가능하려면, 수신자와 발신자는 상호 준거 프레임을 공유해야만 한다. 이 광고에서 수신자는 '흰색 깃발'의 의미를 이해해야만 해독이 가능하다.

프로모션은 브랜드와 연관된 일관된 메시지를 전달하도록 개별 촉진 요소들을 적절하게 조화시킬 때 가능하다. 표 13.1에는 개별 촉진 믹스들의 장단점이 제시되어 있다.

또한 촉진 믹스는 기업이 고객들의 마음속에 전달하기 위해 구축된 마케팅 믹스(제품, 가격, 유통)와도 적절하게 조화를 이루어야 한다. 예를 들어, 마케터가 롤렉스 시계나 재규어 자동차와 같은 럭셔리 제품을 커뮤니케이션하고 싶다면, 이와 속성이 유사한 고급 잡지를 선택해야 한다. 이러한 세련된 광고가 스왐프 피플(*Swamp People*) 혹은 덕 다이너스티(*Duck Dynasty*)를 통해 집행되는 것은 생각해봐야 한다.

마케터는 그들이 집행하고자 하는 마케팅 커뮤니케이션을 모두 동일하게 통제할 수 없다. 📷 그림 13.3에도 나와 있듯이, 대중매체 광고(mass-media advertising)나 판매 촉진(sales promotion)은 마케터가 어느 정도 통제할 수 있는 영역에 있다. 반면에 구전 커뮤니케이션(word-of-mouth, WOM)은 마케터가 통제하기 힘든 영역에 있다. WOM은 소셜 미디어상에서 친구 혹은 잠재 고객들과 나눈 이야기들을 포함한다. 인적 판매(personal selling)와 직접 마케팅(direct marketing)은 메시지를 일부 통제할 수 있으며, PR(public relations, 홍보)은 상대적으로 통제가 어렵다.

표 13.1 | 전통적인 촉진 믹스 비교

촉진요소	장점	단점
광고	• 마케터는 무슨 메시지를 말할지, 언제 나타낼지, 누가 볼지 통제가 가능	• 비용이 많이 들기 때문에 특정 표적 고객에게는 효율성이 낮음 • 어떤 광고는 신뢰도가 낮아 수신자에게 무시당할 수 있음
판매 촉진	• 제품 지원을 위한 소매상 인센티브 지급 • 소매상과 소비자에게 자극 • 신제품 구매 시도 장려 • 가격 지향 촉진은 가격에 민감한 소비자에게 소구 가능	• 브랜드 충성도가 아닌 단기 매출에 초점 • 경쟁 심화로 인한 과도한 촉진 • 잦은 가격 촉진으로 인한 적정 가격 지각이 낮아짐
PR	• 낮은 비용 • 높은 신뢰도	• 전달되는 메시지를 통제하기 어려우며, 표적 고객에게 전달된다는 보장도 없음 • 효과 측정의 어려움
인적 판매	• 고객의 요구에 부합하는 유연한 대응과 메시지 수정을 판매사원을 통해 실현 • 고객으로부터의 즉각적인 피드백 확인	• 고객 접촉 비용이 높음 • 일관성 확보의 어려움 • 판매사원의 신뢰성이 기업 이미지에 영향
직접 마케팅	• 특정 잠재 고객 집단을 표적화 • 성과 측정의 용이성 • 한 번의 집행으로 풍부한 제품 정보와 제안 제공 가능 • 내부 데이터베이스에 메시지 효과에 관한 피드백 수집 가능	• 몇몇 직접 마케팅에 대한 부정적인 견해 가능성 • 접촉당 비용이 높음

그림 13.3 📷 스냅숏 | 통제 정도

기업과 제품에 대한 소비자들이 전달받는 메시지는 마케터의 통제 정도에 따라 달라진다.

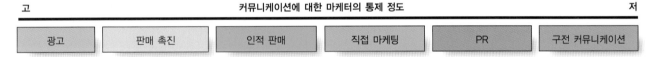

고		커뮤니케이션에 대한 마케터의 통제 정도			저
광고	판매 촉진	인적 판매	직접 마케팅	PR	구전 커뮤니케이션

대중 커뮤니케이션 : 일 대 다수 모델

동시에 많은 고객들에게 메시지가 전달되도록 구성된 촉진믹스도 있다. 50센트 할인 쿠폰을 발행한다던지 TV를 통해 집행되는 광고는 대중들을 대상으로 집행된다. 즉 TV, 라디오, 잡지, 그리고 신문을 통한 전통적인 **대중 커뮤니케이션**(mass communication)이 이에 해당된다.

- 광고 : 광고는 촉진 믹스 중 가장 널리 알려져 있다. 광고는 한 번에 많은 수의 고객들에게 도달하는데, 독특한 브랜드 아이덴티티를 구축, 강화하기 위한 이미지를 창출하는 데 유용하다. 또한 광고는 제품 정보를 전달하고 소비자들이 호의적으로 평가하는 제품을 상기시키는 데 유용하다. 최근 들어 인터넷 광고에 대한 관심이 높아지고 있는 가운데 일 대 다수 모델에서 차지하는 역할이 커지고 있다. 제14장에서는 인터넷 광고에 대해 자세히 알아볼 것이다.
- 판매 촉진 : 고객 판매 촉진(consumer sales promotion)은 마케터가 특정 시간 동안 고객들의 흥미를 유도하고 제품 구매를 독려하는 프로그램으로 콘테스트, 쿠폰, 그리고 기타 인센티브 프로그램 등이 이에 해당된다. 판매 촉진은 장기간에 걸친 충성도 확보가 아닌 즉각적인 행동(제품 구매)으로 유도하는 데 활용된다.
- PR : PR(public relations)은 조직 혹은 제품에 대한 긍정적인 이미지를 구축 및 유지하기 위한 다양한 커뮤니케이션 활동으로 고객, 정부관료, 그리고 주주들을 포함한 공중(publics)을 대상으로 진행된다. 또한 홍보 프로그램은 자사의 부정적인 뉴스를 긍정적인 방향으로

대중 커뮤니케이션 텔레비전, 라디오, 잡지, 신문과 관련된 것들

수정해 그 피해를 최소화하기 위한 노력도 포함된다.

인적 커뮤니케이션 : 일 대 일 모델

때로는 마케터들이 고객과 일 대 일로 커뮤니케이션하길 원하는 경우도 있다. 고객과의 접촉점에 있는 마케터들은 자사 제품이 얼마나 멋진지 직접 이야기하면서 이를 실행하기도 하는데, 이는 인적판매(personal selling) 중에 하나로 간주된다. 대면 만남, 전화, 그리고 컴퓨터를 통해 기업 대표(혹은 판매자)와 고객과의 상호작용이 이루어질 경우 일 대 일 모델이 가능하다.

또한 마케터는 개인적으로 소구하기 위해 메일이나 텔레마케팅을 통한 다이렉트 마케팅(direct marketing)을 하기도 한다. 인적판매와 마찬가지로 다이렉트 마케팅은 기업과 고객이 직접 소통한다.

13.2

목표
전통 촉진 계획과 다중채널 촉진 계획의 각 과정을 이해한다.

촉진 계획 구축

지금까지 커뮤니케이션에 대해서 알아보았으며, 이제는 고객에게 메시지를 어떻게 전달할 것인지 학습할 것이다. 이를 위해서는 촉진 계획을 구축하는 복잡한 과정을 이해해야 한다. 가장 효과적이고 효율적인 커뮤니케이션을 위해 언제 어디서 제대로 된 메시지를 다수의 고객들에게 전달할 것인지에 대한 고민이 함께 수반된다.

전략적 의사결정에 근거해서 촉진 계획은 몇 가지 단계를 거치게 되며, 🏃 그림 13.4에 제시되어 있다. 구체적으로 살펴보면 다음과 같다.

1단계 : 목표 수신자 규정하기

촉진 계획 중 가장 중요한 부분은 당신이 어떤 수신자를 표적화할 것인지에 대한 결정이다. IMC 마케터들은 표적시장에 있는 고객들과 표적시장에 영향을 미칠 수 있는 다양한 주주들을 함께 고려해야 한다. 결국 우리는 제조 현장에서 생산된 제품뿐만 아니라 뉴스 매체, 친구와 가족, 그리고 경쟁사까지 동시에 이해해야 한다. 물론 표적화된 고객이야말로 가장 중요하고 우선되어야 하는 메시지 수신자라 할 수 있다.

그림 13.4 🏃 과정 | **촉진 계획 구축 과정**
성공적인 촉진 계획 개발은 복잡한 과정을 일련의 과정으로 조정하는 것이다.

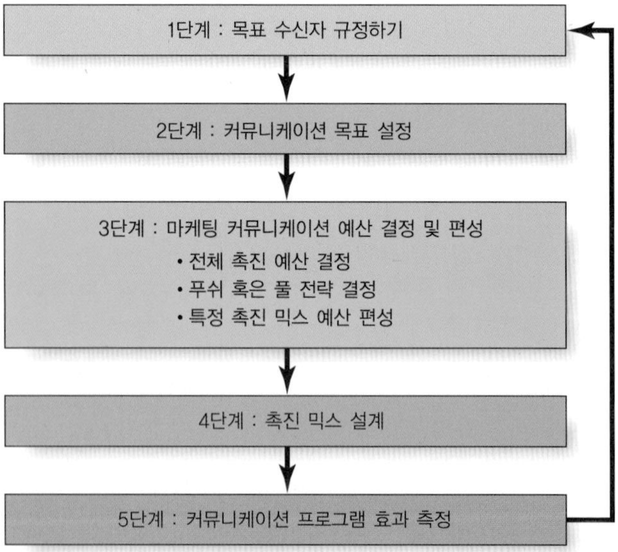

```
┌─────────────────────────────────────┐
│      1단계 : 목표 수신자 규정하기      │◄──┐
└─────────────────┬───────────────────┘   │
                  ▼                        │
┌─────────────────────────────────────┐   │
│      2단계 : 커뮤니케이션 목표 설정     │   │
└─────────────────┬───────────────────┘   │
                  ▼                        │
┌─────────────────────────────────────┐   │
│  3단계 : 마케팅 커뮤니케이션 예산 결정 및 편성 │   │
│        • 전체 촉진 예산 결정           │   │
│        • 푸쉬 혹은 풀 전략 결정        │   │
│        • 특정 촉진 믹스 예산 편성       │   │
└─────────────────┬───────────────────┘   │
                  ▼                        │
┌─────────────────────────────────────┐   │
│        4단계 : 촉진 믹스 설계          │   │
└─────────────────┬───────────────────┘   │
                  ▼                        │
┌─────────────────────────────────────┐   │
│  5단계 : 커뮤니케이션 프로그램 효과 측정  │───┘
└─────────────────────────────────────┘
```

2단계 : 커뮤니케이션 목표 설정

앞서 보았듯이, 마케터는 서로 다른 표적 수신자들을 위한 커뮤니케이션 프로그램을 구축해야 한다. 전체 고객을 대상으로 하든 혹은 개별 고객을 대상으로 하든 결국 가장 중요한 것은 표적 수신자이며, 그들의 욕구를 충족시켜줄 수 있는 제품을 적절한 시간에 제공해야 한다. 만약 사람들이 해당 제품을 원하지 않거나 혹은 필요로 하지 않는다면 실패할 것이다. 더 불행한 것은 사람들이 그 제품을 원함에도 불구하고 이를 제대로 알리지 못할 경우다. 드물게는 하나의 메시지로 충성고객을 확보하는 경우도 있다. 하지만 대부분은 소비자들이 여러 단계를 거쳐 메시지 효과성이 나타난다.

우리는 이러한 과정을 📷 그림 13.5에 소개하고 있다. 마케터

그림 13.5 📷 스냅숏 | **효과 계층**

커뮤니케이션 목표는 소비자의 효과 계층에 따라 이동한다.

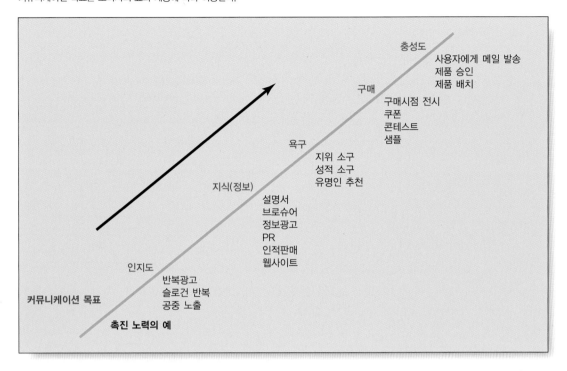

는 **효과 계층**(hierarchy of effects)상에서 인지도 구축에서 충성도 확보에 이르기까지 고객들을 지속적으로 '밀어'올린다. 동일한 표적시장이라 하더라도 일부 고객만 상위 수준까지 올라간다. 마케터들은 각 단계별로 고객들을 지속적으로 밀어 올리기 위해 서로 다른 커뮤니케이션 목적을 개발해야 한다.

이 과정을 이해하기 위해 새로운 남성용 향수인 헝크를 예로 들어보자. 헝크는 외모에 관심이 많으며, 운동과 건강 관리에 많은 시간을 할애하는 18~24세의 미혼 남성을 목표 고객층으로 두고 있다. 그 기업은 인적 판매가 아닌 광고에 초점을 맞추고 있다. 다음에서는 헝크가 촉진상에서 어떤 커뮤니케이션을 할 수 있을지 알아보자.

인지도 구축

첫 번째 단계는 새롭게 출시된 헝크 향수를 표적시장 고객들에게 알려 인지도를 구축하는 것이다. 촉진 목적은 브랜드 런칭 후 첫 2개월 이내에 18~24세 남성들에게 80%의 인지도를 구축하는 것이다.

이러한 목적이 어떻게 단어로 구성되었는지 살펴보자. 목적은 구체적인 정량화된 수치(80%), 표적 고객 선정(18~24세 남성), 목적을 달성하기 위한 계획된 시간(브랜드 런칭 후 2개월 이내)이 적절하게 제시될 경우 성공적이다. 이를 구체적으로 실행하기 위해 마케터는 TV 혹은 라디오상에서 브랜드 네임이 지속적으로 노출될 수 있는 광고를 구상해야 한다.

표적시장에 정보 제공

'헝크'라는 브랜드 네임은 들어봤지만 구체적으로 어떤 제품인지 모르는 소비자들을 위해 그 제품이 어떤 편익을 제공하는지(position, 포지션)에 대한 정보를 제공해야 한다(제7장에서 이에 대해 이미 학습했다). 이 시점에서 커뮤니케이션의 목적은 브랜드 런칭 후 6개월 이내에 표적

효과 계층 가망 고객이 제품의 최초 인지부터 브랜드 충성에 이르기까지 거치는 일련의 단계들

고객들의 약 60%가 헝크에 관심을 갖도록 하는 것이다. 이를 성취하기 위해서는 촉진은 보다 탄탄한 관계를 강조하는 광고 혹은 기타 커뮤니케이션에 집중해야 한다.

욕구 창출

다음 단계는 욕구(desire) 창출이다. 마케팅 커뮤니케이션의 과업은 제품에 대한 호의적인 느낌을 갖도록 하고 다른 향수와 비교했을 때 헝크 제품에 대한 선호도를 확신시키는 것이다. 따라서 이번 단계에서 커뮤니케이션 목적은 표적시장 고객 중 50% 고객들에게 헝크 향수에 대한 긍정적인 태도를 형성시키고, 30% 고객들에게 브랜드 선호도를 구축시키는 것이다. 이를 위해 잡지에 눈에 띄는 광고를 지속적으로 집행하고 유명인이 보증하도록 프로그램을 계획할 수 있다.

구매와 사용 독려

말 그대로 "사용하기 전까지는 모른다." 기업은 향수에 관심이 많은 표적 고객들이 헝크를 직접 사용하도록 유도해야 한다. 이러한 단계에서 커뮤니케이션 목적은 18~24세 남성 중 약 25%가 헝크 사용 경험이 있도록 하는 것이다. 이에 따른 촉진 계획으로 표적 고객들에게 샘플을 보낸다던지, 보디빌딩 잡지에 긁으면 향이 나는 샘플을 삽입하던지, 매장에서 할인 쿠폰을 나눠주던지, 혹은 우승자에게 WWE 레슬링 선수인 로먼 레인즈를 일일 트레이너로 삼는 콘테스트 후원 등을 고려할 수 있다.

충성도 구축

효과 계층의 마지막 단계로 충성도(loyalty) 구축이 있다. 이는 말 그래도 헝크를 처음 구매한 고객들이 지속적으로 헝크 제품을 구매하는 것을 의미한다. 이러한 단계에서 목적은 18~24세 남성 중 약 10%는 헝크를 지속적으로 구매하도록 하는 것이다. 이러한 촉진 노력은 현재 고객을 유지하는 것에서부터 해당 제품에 대한 정서적 유대관계로 강력한 충성도를 형성시키는 것까지 다양하다.

3단계 : 마케팅 커뮤니케이션 예산 결정 및 편성

겉으로 보기에 마케팅 커뮤니케이션 예산을 결정하는 것은 쉬워보이지만 실제로는 그리 간단하지 않다. 🎢 그림 13.6을 통해 우리는 예산 결정과 관련된 세 가지 편성 방법을 학습할 것이다.

예산 의사결정 1 : 전체 마케팅 커뮤니케이션 예산 결정

마케팅 커뮤니케이션을 집행하기 위해 요구되는 전체 예산을 파악하기 위해서, 기업들은 두 가지 편성 방법 중 하나를 선택한다. 하향식 예산편성과 상향식 예산편성이 그것이다. 먼저 **하향식 예산편성법**(top-down budgeting techniques)은 경영진이 전체 예산 중 촉진 활동에 예산을 편성하는 방법이다.

하향식 예산편성법 중 가장 잘 알려진 방법은 **매출액 비율 예산편성법**(percentage-of-sales method)이다. 이는 마케팅 커뮤니케이션 예산을 작년 매출 혹은 올해 예상되는 매출에 근거하여 산정하는 방식이다. 이러한 방법의 장점 중에 하나는 매출 혹은 이윤에 근거하여 산정한다는 것이다. 하지만 마케팅 커뮤니케이션 노력의 결과물로 매출을 보는 것이 아니라 매출에 근거하여 촉진 예산이 정해진다는 단점도 있다.

경쟁사 대비 예산편성법(competitive-parity method)은 '남에게 뒤떨어지지 않기 위한' 방법이다. 즉 경쟁사가 예산을 집행한 만큼 집행하는 것이다. 반면에 **상향식 예산편성법**(bottom-up budgeting technique)은 촉진 목적을 먼저 정한 후 이에 맞춰 충분한 예산을 확보하여 편성하

하향식 예산편성법 마케팅 커뮤니케이션에 들어갈 총액에 대한 경영자의 결정에 근거한 촉진 예산의 할당

매출액 비율 예산편성법 지난해 매출액 또는 올해 추정 매출액 중 일정 비율에 근거하여 촉진 예산을 정하는 방법

경쟁사 대비 예산편성법 경쟁사가 쓰는 만큼 상응하여 촉진 예산을 정하는 방법

상향식 예산편성법 촉진 목표를 정하고 이를 달성하기에 충분한 돈을 할당한다는 전제로 촉진 예산을 편성하는 방법

는 방법이다. 상향식 예산편성법은 **목표과업 방법**(objective-task method) 중 하나다. 이를 위해, 기업들은 먼저 브랜드 인지도를 구축한 고객을 20% 증가와 같이 구체적인 커뮤니케이션 목표를 정해야 한다. 그리고 광고, 판매촉진, 버즈 마케팅, 그리고 기타 커뮤니케이션 등에 예산은 어느 정도 요구되는지 추정해야 한다. 합리적인 접근방식으로 보일 수 있지만 관리자들은 그들의 목적을 구체화해야 하며, 이를 비용으로 산정해야 하기 때문에 상당한 어려움이 따른다. 따라서 신중한 분석이 요구되며 때에 따라서 '어림짐작'으로 추정해야 하기도 한다.

예산 의사결정 2 : 푸쉬 혹은 풀 전략 선택

두 번째 의사결정 방법은 기업이 푸쉬(push) 전략을 선택하는지 혹은 풀(pull) 전략을 선택하는지에 따른 예산 집행법이다. **푸쉬 전략**(push strategy)은 기업들이 유통업자들이 자사 제품에 대한 확신으로 제품을 유통시키고 소비자들이 제품을 선택하도록 유도하는 전략이다. 즉 기업들이 유통 경로망에 자사 제품을 밀어넣는 것이다. 이러한 방법의 가정은 고객들이 매장 내 진열대에 올려진 제품을 보면, 그 제품을 구매하려는 동기가 유발된다는 것이다. 따라서 마케터는 생산자에서 유통 경로를 거쳐 소비자에게 전달되는 과정에서 제품을 '밀어넣는' 활동을 고려하고 이에 따른 인적판매, 광고, 판매 촉진 예산을 정하게 된다.

반면에 **풀 전략**(pull strategy)은 소비자들이 자사 제품에 대한 수요(구매)를 높이는 데 주력하는 전략이다. 이는 소비자들의 수요가 있기 때문에 유통업체들의 재고 확보에 대한 확신을 지켜주어야 함을 의미한다. 따라서 소비자가 매장에 직접 찾아와 해당 제품을 쇼핑 카트에 넣도록 소비자를 '당기는' 전략을 구축해야 하며, 이를 위한 매체 광고와 소비자 판매 촉진을 위한 예산이 집행되어야 한다.

예산 의사결정 3 : 개별 촉진 믹스의 예산 편성

마지막 단계는 전체 예산을 개별 촉진 믹스로 편성하는 것이다. 오늘날 역동적인 매체 환경 속에서 개별 촉진들의 역할을 분명히 나눌 수 있는 가이드라인은 없다. 전통적인 광고 매체에서부터 페이스북이나 구글과 같은 '새로운 매체'에 이르기까지 그 분야는 다양하며 그 비중은 지속적으로 바뀌고 있다. 어떤 경우에는 다른 촉진 믹스와는 다르게 광고만을 선호하는 관리자도 있다. 하지만 소비자들은 다양한 커뮤니케이션 요소에 반응을 하고 있다. 실제로 최근 대학생들은 인터넷으로 시간을 보내는 경우가 점점 많아지고 있다.

여전히 전통 매체 광고(TV, 신문, 라디오, 잡지, 그리고 옥외 광고)가 촉진 예산에서 많은 비율을 차지하고 있지만 인터넷 광고 비율 역시 매우 높아지고 있는 상황이다. 2015년 미국 광고 총집행 비용을 살펴보면, 전년 대비 3.6% 증가한 1,820억 달러인 것으로 확인되고 있다. 이중 인터넷 광고는 590억 달러로, 전체 TV(케이블 포함) 광고 집행비용인 660억 달러에 이르는 수치다. 또한 기타 마케팅 서비스(판매 촉진, 텔레마케팅, 다이렉트 메일, 스폰서십, PR 등) 집행 비용은 2,240억 달러에 이르는 것으로 확인되며, 이 중 30%는 판매 촉진에 사용된 것으로 확인된다.[3]

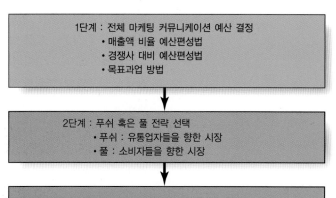

그림 13.6 **과정** | **마케팅 커뮤니케이션 예산 결정 과정**
마케터들의 예산 결정은 IMC에 근거해 체계적이어야 한다.

1단계 : 전체 마케팅 커뮤니케이션 예산 결정
- 매출액 비율 예산편성법
- 경쟁사 대비 예산편성법
- 목표과업 방법

2단계 : 푸쉬 혹은 풀 전략 선택
- 푸쉬 : 유통업자들을 향한 시장
- 풀 : 소비자들을 향한 시장

3단계 : 개별 촉진 믹스의 예산 편성
- 전통 매체 광고
- 디지털 미디어 광고
- 미디어 광고 자원
- 판매 촉진
- 소셜 미디어 마케팅
- 직접 마케팅
- 인적 판매
- 공중 관계

목표과업 방법 먼저 달성하기 원하는 분명한 커뮤니케이션 목표를 정한 다음 이 목표를 달성하기 위해 해야 하는 촉진 노력에 들어갈 액수를 계산하는 촉진 예산 책정 방법

푸쉬 전략 기업이 유통업자들에게 자사의 제품들을 권하도록 확산시킴으로써 제품들이 유통경로를 따라 옮겨가도록 하는 시도

풀 전략 기업이 소비자들 사이에서 그 제품에 대한 욕구를 가지도록 해서 소매점이 이 소비자의 수요에 대응하기 위해 이 품목을 재고로 두게 하여 유통경로를 통해 제품이 팔리도록 하는 시도

4단계 : 촉진 믹스 설계

촉진믹스 설계는 마케팅 커뮤니케이션 계획상 심사숙고해야 하는 과정으로 볼 수 있다. 어떤 도구를 활용할 것인지, 어떤 메시지로 구성할 것인지, 그리고 메시지를 전달하기 위해 어떤 채널을 이용할 것인지 등을 이 과정에서 정해야 한다.

인터넷이 도입되기 이전에는 광고 혹은 판매 촉진 프로그램 중에 하나를 선택하는 것이 촉진믹스 설계였다. 하지만 오늘날에는 촉진믹스 설계 과정이 매우 복잡해졌다. 기존의 활용했던 대중매체 광고를 계속해서 사용할 것인가? 디지털 커뮤니케이션을 어떻게 활용할 것인가? 버즈 마케팅은 어떤가? 아니면 판매 촉진? 이것보다 더욱 중요한 질문은 각각의 촉진믹스를 어떻게 통합해서 표적 고객에게 일관된 경험과 메시지를 전달할 것인가이다. 촉진믹스는 개별 제품과 표적 고객에 따라 서로 다르게 설계되어야 한다.

5단계 : 커뮤니케이션 프로그램 효과 측정

마케터는 마케팅 활동의 책임을 이어나가기 위해 마케팅 커뮤니케이션과 기타 마케팅 활동과 관련된 ROMI(마케팅 투자수익, 제3장 참조)를 측정할 필요성을 갖게 된다. 따라서 커뮤니케이션 프로그램 효과를 측정하는 것은 무엇보다 중요하다. 단순히 보고서만 작성해야 한다면 가장 이상적이지만 "300만 달러를 투입한 서핑보드 마케팅 캠페인으로 인해 1,500만 달러의 매출로 이어졌다."고 결론을 내리는 것은 결코 쉽지 않다. 마케팅 환경에는 마케터가 통제할 수 없는 다양한 외부 요인들이 있으며, 이러한 요인들이 매출에 의미 있는 영향을 미치는 경우도 있다. 가령 경쟁사 생산 공장의 결함이 발생했을 수도 있으며, 서핑보드를 들고 있던 유명 배우가 우연히 사진에 찍혔을 수도 있으며, 또는 영화 '블루 크러쉬(Blue Crush)'와 같은 컬트무비에 영향을 받아 서핑에 대한 관심이 높아졌을 수도 있는 것이다.

제4장에서 논의했듯이, 기업의 커뮤니케이션 노력을 지속적으로 관찰하고 평가할 수 있는 방법은 다양하다. 기업이 채택한 커뮤니케이션 형태에 따라 그 효과성을 측정하는 방법 역시 달라질 수 있다. 판매 촉진의 경우 상대적으로 평가가 쉬운데, 이는 판매 촉진 이후 빠른 시간 내에 매출 상승으로 이어지는 것을 확인할 수 있기 때문이다. 반면에 전통적인 광고의 경우 광고 효과가 다소 늦게 나타나는데, 이는 광고에 노출된 사람들이 실제 구매로 이어지는 경우는 상당한 시간이 소요될 수 있기 때문이다(이번 달에 자동차 광고에 노출된 사람이 실제로 자동차를 구매하려면 한 달 혹은 그 이상이 걸릴 수 있다). 일반적으로 마케팅 조사자들은 브랜드 인지도, 광고에 노출된 제품 편익 회상도, 그리고 광고 캠페인 전후에 따른 브랜드 이미지 차이 등을 조사한다. 판매원 및 홍보활동 평가도 유사하게 측정된다.

다중채널 촉진 전략

이 장 서두에서 논의했듯이, 오늘날 마케터들은 전통적인 일 대 다수 모델(수백만 달러를 투자한 광고방송)의 효과성에 대해 의문을 갖고 있다. 동시에 다수 대 다수 모델이 얼마나 효과가 있는지에 대해서도 의문을 갖고 있으며, 이를 어떻게 측정 및 평가할 것인지에 대해서도 의문을 갖고 있다.

따라서 많은 마케터들은 기존에 집행했던 전통 광고, 판매촉진, 홍보, 그리고 직접 마케팅 활동과 소셜 미디어를 접목시킨 다중채널 촉진 전략을 도입하기 시작했다. 다중채널 촉진 전략을 도입하는 것은 여러 장점이 있다. 첫째, 온라인과 오프라인 전략을 함께 병행하기 때문에 그 효과성이 높아진다는 점, 둘째, 다양한 채널을 통해 메시지를 반복 노출시킴으로써 브랜드 인지도를 강화하고 고객과 접촉할 기회가 더욱 많아진다는 점이 그것이다.

마케터들이 다중채널 전략을 어떻게 개발하는지 이해하기 위해 실제 사례를 통해 확인해보자. 재규어가 올 뉴 F-타입 스포츠카를 런칭했을 때, 다중채널 전략을 채택하면서 전략적으로 접근하고자 했다. 이를 위해 "Your Turn(당신 차례입니다)" 캠페인을 TV, 극장, 인쇄, 디지털, 모바일, 체험 및 소셜 미디어를 통해 진행하고자 했다. USA 네트워크 드라마 '커버트 어페어 (Covert Affair)'와 파트너를 맺고 TV, 인쇄, 디지털 광고를 통해 자동차를 노출시켰으며, 플레이보이(Playboy)와 손잡고 올해의 플레이 메이트를 알렸으며, ESPN 스포츠센터를 후원했다. 또한 뉴욕, LA, 마이애미, 시카고에서 참여자에게 시승 기회를 주는 #MyTurnToJag 소셜 미디어 콘테스트를 개최하기도 했다.[4]

이제는 우리가 마케터들이 다중채널 촉진 전략에 적용시킬 수 있는 다양한 마케팅 커뮤니케이션 활동에 대해 알아볼 것이다. 특히 이 장에서는 일 대 다수 모델에 대해 다룰 것이다. 먼저 소비자들이 전통 매체를 통해 접하게 되는 광고를 학습할 것이며, 후반부에는 소비자 혹은 산업재 판매촉진에서 발견되는 일 대 다수 매체 활동에 대해 학습할 것이다. 제14장에서는 다수 대 대수 커뮤니케이션 기법 중에 하나인 소셜 미디어 마케팅과 직접 마케팅 그리고 인적 판매와 홍보를 학습할 것이다.

당신은 매일매일 다양한 방법을 통해 브랜드와 상호작용하고 있음을 알고 있을 것이다. TV 광고를 보면서 브랜드 로고가 새겨진 티셔츠를 입을 것이며, 고속도로 위에 설치된 옥외광고를 볼 것이다. 또한 제품에 대한 후기를 남긴 페이스북 포스트도 읽을 것이다. 이 모든 것들은 반나절도 걸리지 않는다! 오늘날 성공적인 마케터들은 정보를 제공하고 고객 경험을 극대화할 수 있는 다중채널 마케팅 커뮤니케이션 캠페인을 적용해야 한다는 것을 알고 있다. 이러한 다중채널 캠페인은 전통매체, 소셜 미디어, 모바일 애플리케이션, 이메일, 웹사이트, 메일, 콜센터, 판매부 등을 통해 진행되며 각각의 강점들을 극대화해야 한다. 단순히 정보를 제공하는 것을 넘어 다중채널 캠페인은 고객 경험을 제공함으로써 고객들의 삶에 보다 나은 가치를 제공할 수 있도록 구성해야 한다.

13.3

목표

광고의 정의, 광고의 주요 유형을 기술하고, 광고에 대한 몇 가지 비판에 대해 토론한다. 그리고 광고 캠페인의 개발 과정과 마케터의 광고 평가 방법을 이해한다.

광고

버지니아 슬림은 "You've come a long way, baby!(정말 큰일을 해내셨군요.)"라는 광고 캠페인을 오랫동안 집행했다. 우리는 광고에 대해서 동일하게 말할 수 있다. 고대 그리스와 로마 시대에는 벽과 석재 테이블에 광고 메시지가 있었다. 또한 전쟁에서의 승리, 정부 공표 그리고 잃어버린 노예를 찾기 위해 광고를 하기도 했다. 기업과 고객과의 접촉이 가능한 기술이 발전하면서 광고 역시 진화하고 있다. 광고 대행사가 그들이 적용할 수 있는 다양한 커뮤니케이션 기법들을 도입하면서 광고와 다른 마케팅 커뮤니케이션 간의 경계가 모호해졌다.

전통적으로 **광고**(advertising)는 대중매체를 통해 지정된 후원자(광고주)로 진행되는 비인적 커뮤니케이션으로 정의된다. 많은 사람들이 "광고는 마케팅이다."라고 알고 있을 정도로 마케팅에서 차지하는 비중은 상당하다(하지만 기억해야 할 것은 제품, 가격, 그리고 유통 전략도 매우 중요하다는 것이다). 표적 고객에게 메시지를 전달하는 방법은 광고뿐만 아니라 다른 방법들도 분명 존재한다. 하지만 여전히 전통 광고는 중요하다고 볼 수 있다. 특히 동시에 많은 수의 고객들에게 메시지를 전달하고자 한다면 인터넷을 통한 광고는 매우 효과적일 수 있다. 애드버타이징 에이지(*Advertising Age's*)의 상위 200개 광고주 조사에 따르면 2015년에 미국 내에서 집

광고 확인된 후원자가 대중매체를 사용하는 비인적인 커뮤니케이션

TV 에브리웨어 또는 **인증된 스트리밍** 태블릿이나 스마트폰과 같은 인터넷을 사용해 케이블이나 인공위성 업자들이 제공하는 콘텐츠를 스트림하는 행위

제품 광고 특정한 상품이나 서비스에 초점을 둔 광고 메시지

기관 광고 어떤 하나의 조직이나 기업의 활동, 개성, 관점을 촉진하는 광고 메시지

기업 광고 기업의 개별 제품 대신에 기업 전체를 촉진하는 광고

행된 광고 비용만 총 1,425억 달러에 이른다고 밝혀졌다. 이중 자동차 광고는 138억 달러로 가장 많은 광고 비용이 지출된 것으로 확인되었다.[5]

매체 환경이 계속해서 변하고 있는 가운데 광고 역시 변화를 맞이하고 있다. 인터넷이 가능한 스마트 TV의 보급과 디지털 비디오 레코드(DVRs)도 보급되면서 광고를 그냥 넘기는 시청자들이 증가하기 시작했다. 기존 케이블과 위성 방송국에서 TV 프로그램을 앱으로 재방송하기 시작하면서 모바일 기기로 TV를 보는 시청자들의 수도 증가하고 있다. 이러한 현상을 **TV 에브리웨어**(TV Everywhere)라고 부르는데, 태블릿 PC나 스마트폰과 같은 인터넷 디바이스로 케이블이나 위성 방송 TV를 통해 송출된 콘텐츠를 시청하는 현상으로 정의되며, **인증된 스트리밍**(authenticated streaming)이라고 불리기도 한다.[6] 이러한 새로운 매체 소비는 빠르게 증가하고 있는데, 2013년 3분기까지만 하더라도 디지털 비디오 시청률은 7%에 불과했지만 2015년 3분기에는 39%를 기록했다.[7]

이와 같이 대부분의 많은 사람들이 TV, 게시판, 그리고 뉴스 대신 작은 화면(스마트폰이나 태블릿 PC)을 보고 있는 상황에서 전통적인 광고는 이제 죽었다고 보는 것이 맞을까? 꼭 그렇지만은 않다. 대중 매체는 여전히 다수의 소비자들에게 접근하는 데 있어 유용하다. P&G나 유니레버와 같은 FMCG(fast-moving consumer goods, 일용 소비재, 제8장에서 이미 학습함) 제조업체들은 자사 고객들에게 메시지를 전달하기 위해 기존에 구축한 커뮤니케이션을 이용하고 있으며, 새로운 디지털 커뮤니케이션을 보강하는 수준에서 활용하고 있다.

광고 유형

광고를 집행하기 위해서는 비용이 요구되기 때문에 기업 혹은 조직의 목적을 달성할 수 있도록 최적의 광고를 선택해야만 한다. 📷 그림 13.7에는 다양한 유형의 광고들이 소개되어 있다.

제품 광고

사람들이 광고하면 떠오르는 것으로 홀마크의 마음이 따뜻해지는 스토리 광고나 나이키의 "Just do it" 슬로건, AFLAC의 재밌는 오리를 떠올린다. 이 모든 것들은 특정 제품이나 서비스를 부각시킨 **제품 광고**(product advertising)에 속한다.

기관 광고

특정 브랜드가 아닌 기업 혹은 조직의 활동, 성격, 그리고 관점을 강조하는 **기관 광고**(institutional advertising)가 있다. 기관 광고는 다음과 같이 세 가지로 구분된다.

그림 13.7 📷 스냅숏 | 광고 유형
어떤 하나의 조직이 수행하는 광고들은 많은 형태를 취하고 있다.

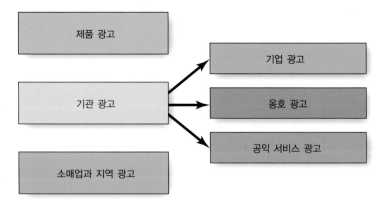

- **기업 광고**(corporate advertising)는 개별 제품이 아닌 기업 자체에 초점을 맞추고 있다. 윈덱스, 지퍼락, 프레지와 같은 가정용 생활용품을 생산하는 SC 존슨사는 디지털 미디어, 소셜 미디어, 매장 디스플레이, 그리고 TV 광고를 통해 기업 브랜드 캠페인을 실행한 바 있다. 또한 추수감사절에 가족 간의 재회를 도와주기 위하여 무료 항공 티켓 3,000부를 발권하기도 했다. 이러한 캠페인의 목적은 SC 존슨의 제품을 알리고 더 나아가 SC 존슨은 신뢰할 만한 기업이라는 것을 소비자들에게 인식시키기 위

함이다. 그리고 다음과 같은 문장을 강조했다. "다음 세대를 위해 더 나은 삶을 제공하는 것은 오직 가족 기업만이 가능합니다."[8]

- **옹호 광고**(advocacy advertising)는 공공기관 혹은 조직이 관심을 갖는 특별한 이슈에 대한 여론을 형성시키기 위해 사용된다. AT&T의 "Close to Home(집 근처)" 캠페인은 "It Can Wait(나중에 해도 돼)" 캠페인의 일부로서 운전자들이 운전하는 동안 핸드폰으로 메일 확인이나 소셜 미디어를 사용할 경우 사망을 불러일으킬 수 있음을 알리기 위해 만들어졌다. "Close to Home" 캠페인을 보면 뒷좌석에 어린 아이를 태우고 운전하고 있던 엄마가 잠시 스마트폰으로 소셜 미디어에 게재된 글을 읽다가 끔찍한 사고를 내는 장면으로 끝난다. "It Can Wait" 캠페인과 함께 해당 캠페인을 집행한 결과 텍사스, 켄터키, 그리고 기타 지역에서 교통사고가 줄었다는 결과가 보고되기도 했다.[9]

- **공익 서비스 광고**(public service advertisement, PSAs)는 어떤 비용도 지불하지 않은 채 사회적 이슈에 대한 태도나 행동을 변화시키기 위한 목적으로 집행되는 광고다. 많은 광고대행사들은 무료(pro bono, U2가 아니다!)로 공익 서비스 광고를 제작하기도 한다. 이러한 공익 서비스 광고의 주요 주제는 건강과 안전이다.

비영리단체들은 심각한 결말을 보여주기 위해 생생한 이미지를 활용하기도 한다.

소매업과 지역 광고

크고 작은 소매업자들은 지역 주민들이 자사 상점이나 매장으로의 쇼핑을 유도하기 위해 광고를 집행하기도 한다. 지역 광고는 매장 운영 시간, 위치, 그리고 판매 중인 제품을 알려준다. 전통적으로 **소매업과 지역 광고**(retail and local advertising)는 신문을 통해 집행되어 왔다. 하지만 최근에는 팝업(온라인)이나 문자메시지로 전송되기도 한다.

누가 광고를 제작하는가?

광고 캠페인(advertising campaign)은 목표를 달성하기 위해 일정 기간 동안 다양한 매체에 광고를 집행하는 통합적 계획이다. GEICO는 지난 몇 년간 다양한 광고 캠페인을 진행해 왔다. 특히 5개의 캠페인에 집중해 왔는데, (1) GEICO 도마뱀 캠페인, (2) TV 시트콤으로도 방영된 원시인 캠페인, (3) 지폐 위에 부릅뜬 눈이 새겨진 "당신이 아낄 수 있는 돈" 캠페인, (4) 찰리 다니엘, 엘머 퍼드, 월튼이 함께한 "수사적 질문" 캠페인, (5) 맥스웰 피그 캠페인이 그것이다. 이 모든 캠페인들은 똑같은 기업, 제품을 알리고 있으며 "15분이면 당신은 자동차 보험에서 15% 혹은 그 이상을 아낄 수 있습니다."라는 문장을 동일하게 제시하고 있다. 하지만 개별 캠페인들은 서로 창의적으로 구분된다. 다양한 광고 형태로 구성되어 있지만 개별 광고 캠페인은 독특하고 광고 캠페인의 일부로 그 역할을 하고 있는 것이다.

많은 기업들은 자체적으로 광고를 제작하지만 대부분의 경우 외부 **광고대행사**(outside advertising agencies)를 통해 광고 캠페인을 제작하고 집행한다.

옹호 광고 어떤 이슈의 결과가 그 조직에 영향을 주기 때문에 조직이 그 이슈에 대한 여론에 영향을 줄 목적으로 하는 일종의 공익 서비스 광고

공익 서비스 광고 비영리단체나 어떤 특별한 문제들을 앞서서 이슈화하기 위해 무료로 매체를 사용해 행해지는 광고

소매업과 지역 광고 매장 운영 시간, 지역, 그리고 판매되는 제품을 소비자들에게 알려주는 광고

광고 캠페인 촉진 목표를 수행하기 위해 일정 기간에 걸쳐 매체에 일련의 광고를 싣는 통합된 포괄적인 계획

게이코의 젝코는 기업 광고 캠페인에서 가장 유명한 스타 중에 하나다.

제한된 서비스 대행사 매체 구입 또는 크리에이티브 개발 같은 한두 가지 특별한 서비스를 제공하는 대행사

풀 서비스 대행사 조사, 광고 카피 창출, 매체 선택, 최종 메시지 생산을 포함하는 캠페인에 필요한 대부분 또는 모든 서비스를 제공하는 대행사

광고 기획자 거래처와의 일일 활동을 감독하고 주로 대행사와 의뢰인 간의 연결을 책임지는 거래처 관리 부서의 임원

광고 계획자 소비자의 목소리로 효과적인 광고를 만들기 위해 조사와 거래처 전략을 결합하는 거래처 관리 부서의 구성원

크리에이티브 서비스 광고를 생산하는 대행사 구성원들(크리에이티브 감독, 카피라이터, 미술 감독)

조사 및 마케팅 서비스 거래처 담당 임원이 합리적인 전략을 개발하는 것을 돕고 크리에이티브가 광고의 다른 판에 소비자 반응을 끌어내는 것을 지원할 정보를 수집하고 분석하는 대행사의 부서

매체 플래너 어떤 커뮤니케이션 도구가 광고를 전달하는 데 가장 효과적이고 효율적인지 결정하는 대행사 사람

- **제한된 서비스 대행사**(limited-service agency)는 매체 선정 혹은 광고 제작과 같은 일부의 제한된 서비스를 제공한다.
- **풀 서비스 대행사**(full-service agency)는 마케팅 조사, 광고 카피 및 스토리 제작, 매체 선정, 그리고 최종 메시지 제작에 이르기까지 모든 광고 캠페인 서비스를 제공한다.

광고 캠페인은 다양한 요소로 구성되어 있으며, 광고 대행사 역시 다양한 인력으로 광고 서비스를 제공한다.

- **광고 관리**(account management) : **광고 기획자**(account executive)는 광고 집행에 있어 '영혼(soul)'과 같다. 광고 기획자는 대행사와 클라이언트 간의 업무를 매일 조율하고 관리한다. 이들은 대행사가 집행하고자 하는 광고 캠페인 전략에 클라이언트가 확신을 갖고 만족할 수 있도록 해야 한다. **광고 계획자**(account planner)는 창의적이고 효과적인 광고를 위해 소비자의 목소리가 반영되도록 마케팅 조사와 광고 기획을 접목시키는 역할을 담당한다. 광고 계획자는 시장 자료, 정성조사, 그리고 소비자가 갖고 있는 제품 지식을 분석해서 광고를 제작하는 크리에이티브 팀에게 전달한다.
- **크리에이티브 서비스**(creative services) : **크리에이티브**(creative)는 광고 커뮤니케이션에서 '심장(heart)'과 같다. **크리에이티브 서비스**(creative services)는 실제로 광고를 창작하고 제작하는 데 있어 중요한 역할을 담당한다. 크리에이티브 서비스에는 크리에이티브 디렉터, 아트 디렉터, 카피라이터, 그리고 포토그래퍼가 관여한다. 크리에이티브는 고객들의 관심을 유도하기 위한 마케팅 실행과 메시지에 숨을 불어 넣어주는 예술가다.
- **조사 및 마케팅 서비스** : **조사 및 마케팅 서비스**(research and marketing services)에서 조사는 광고 캠페인의 '두뇌'다. 그들은 광고를 기획자들이 세련된 전략을 구축하는 데 도움을 주는 정보를 수집하고 분석한다. 또한 개별 광고들의 고객 반응을 조사해서 크리에이티브에게 결과를 보고하며, 표적 집단에 대한 자세한 정보를 카피라이터에게 전달한다.
- **매체 계획** : **매체 플래너**(media planner)는 광고 캠페인의 '다리'다. 그들은 어떤 매체를 통해 캠페인이 진행되어야 가장 효과적인지 결정한다. 또한 언제, 어디서, 어떻게 메시지를 노출시켜야 효율적인 캠페인이 진행되는지 파악한다.

오늘날 많은 광고 대행사들은 전체 커뮤니케이션 계획을 하나의 구성요소로 간주하는 IMC를 도입하고 있다. 클라이언트팀은 광고 관리, 크리에이티브 서비스, 매체 계획, 디지털 및 소셜 미디어 마케팅, 마케팅 조사, PR, 판매촉진, 직접 마케팅에 경력을 가진 인적자원들로 구성되며 개별 클라이언트들의 욕구를 충족시키기 위한 캠페인 계획을 구상하기 위해 협력한다.

사용자 제작 광고 콘텐츠

최근 들어 가장 혁신적인 커뮤니케이션은 당신의 고객이 당신을 위해 광고를 제작한다는 것이다. 제1장에서 이미 다룬 사용자 제작 콘텐츠(user-

랜드로버는 자동차의 도전 정신을 보여주기 위해 주의를 끄는 이미지를 활용한다.

generated content, UGC) 혹은 소비자 제작 매체(consumer-generated media)는 디지털 기술을 활용해 고객들이 직접 생산한 수백만에 이르는 고객 코멘트, 의견, 제안, 소비자 간 의견 교환, 리뷰, 사진, 이미지, 영상, 팟캐스트(혹은 웹캐스트), 그리고 사진 속 스토리 등으로 구성된다.

손수 제작 광고 소비자들이 만든 제품 광고

　다수의 마케터들은 고객들에게 직접 **손수 제작 광고**(do-it-yourself, DIY)를 만들도록 유도한다. 광고주 입장에서 봤을 때, DIY 광고는 매력적이다. 제작 비용을 비교하면 기존 전문 TV 혹은 인터넷 광고와 비교했을 때 DIY 광고 제작비는 1/4에서 1/3 수준에 불과하다. 기존 30초 광고의 경우 약 35만 달러 혹은 그 이상의 제작비가 요구되는 반면 DIY 광고는 6만 달러 수준이다. 이는 중소기업 혹은 인지도가 낮은 브랜드에게 있어 유용하다. 물론 자금 여력이 있는 대기업도 브랜드에 대한 소비자의 반응을 탐색하고 브랜드 스토리를 만들기 위한 다양한 아이디어를 수집할 수 있다는 점에서 유용하다.[10]

　마케터는 두 가지 이유로 UGC를 지속적으로 확인해야 한다. 첫째, 소비자들은 기업이 아닌 같은 소비자들끼리 오고간 메시지를 보다 신뢰한다. 둘째, 소셜 미디어는 어디서에서든지 확인이 가능하다. 기업 정보를 온라인으로 통해 찾고자 하는 사람들에게 유용하며, 제조업체가 생산하지 않은 다양한 제품 정보를 블로그, 포럼, 자체 광고, 온라인 불만 사이트를 통해 쉽게 접근할 수 있는 것이다.

　제1장에서 소개했듯이, 소비자들은 크라우드소싱(crowdsourcing)이라 불리는 콘텐츠를 제작하기도 한다. 말 그대로 '군중(crowd)'을 통해 '원천(source)'을 수집해서 당면한 문제를 해결하는 것이다. 마케터는 이를 이용해 신제품 아이디어, 브랜드 네임, 제품 디자인에 활용할 뿐만 아니라 광고 메시지를 제작하기도 한다. 가장 성공적인 크라우드소싱 사례는 도리토스의 "크래시 더 슈퍼볼(Crash the Super Bowl)" 캠페인으로 지난 수십 년간 진행되어 왔다. 이 캠페인의 시작은 소비자가 제작한 광고에 200만 달러는 투자하자는 마케팅 관리자의 제안에서 시작됐다. 10년이 지난 후 도리토스 광고는 매년 USA 투데이의 애드 미터에서 5위 안에 포함된다(5위 안에는 코크, 펩시, 그리고 버드와이저가 있다). 한 광고 관리자는 이렇게 말했다. "최고의 크리에이티브는 세상 어디서든지 나올 수 있다는 것을 보여주죠."[11]

광고에서 윤리적 이슈

다른 마케팅 활동과 마찬가지로 광고는 수십 년간 윤리적 측면에서 상당한 비판을 받아 왔다. 대다수의 비판들은 비윤리적인 광고, 지나친 광고 노출, 그리고 사람들의 생활을 방해하는 광고로 인한 부정적인 태도에서 비롯된다. 제2장에서 논의했듯이 광고에 대한 이러한 태도는 일반적인 마케팅 태도와 유사하다. 다음을 살펴보자.

- 광고는 조작이다. 광고는 로봇처럼 행동하게끔 하며, 그들의 실제 의도와 상관없는 구매를 자극한다고 알려져 있다. 하지만 소비자들은 로봇이 아니다. 소비자는 광고를 의식적으로 판단하고 반응하기 때문에 광고를 통해서 제품을 선택하는 것 역시 자기 의지로 판단할 수 있다. 물론 소비자들은 광고로 인해 잘못된 의사결정을 하는 경우도 있다. 하지만 이것을 단순히 조작이라고만 할 수 없다.
- 광고는 기만이며 진실되지 않다. 연방공정거래위원회(Federal Trade Commission, FTC)에 따르면 기만 광고는 제품에 대한 거짓 정보를 전달하며 소비자들이 이러한 거짓 정보를 믿고 구매하는 경우라고 규정하고 있다. 실제로 이러한 기만 광고(혹은 거짓 광고)가 발견된다. 하지만 대부분의 광고주들은 자사의 브랜드를 가능한 진실되게 전달하고자 노력한다.

정정 광고 이전의 잘못된 광고 주장을 명확히 하거나 수정하는 광고

과장 진실인지 아닌지를 증명할 수 없는 광고에서의 제품 우월성 주장들

그린워싱 환경적인 효과가 거의 없는 것이 사실인 브랜드인데도 그 제품이 환경 친화적이라고 촉진하는 기업의 관행

잘못된 정보에 소비자들이 속지 않도록 FTC는 기만 광고에 대한 특별한 규제를 두고 있다. FTC가 기만 광고를 발견하면 해당 광고주와 광고 대행사에게 벌금을 부여한다. 또한 FTC는 해당 광고주에게 **정정 광고**(corrective advertising, 이전의 잘못된 정보를 수정한 광고)를 집행하도록 명령할 수 있다.[12] 2016년 FTC는 '두뇌 개발'임을 강조한 루모시티를 제작한 루모랩에 200만 달러 제재를 가했다. FTC는 루모시티가 "루모시티를 사용하면 낮은 인지 연령에 따라 유발될 수 있는 기억 상실, 치매, 그리고 알츠하이머를 줄일 수 있다고 강조하면서 이용자들에게 공포심을 자극시켰다."라고 밝혔다.[13]

법적으로 문제는 없지만 어떤 광고는 제품 속성을 **과장**(puffery)하는 경우도 있다. 이러한 과장 광고는 실제 속성과는 다르게 속성을 우수하다고 과장해서 집행된다. 트로피카나는 "전 세계에서 가장 우수한 과일야채 주스입니다!"라고 주장하며, 피자헛은 "미국 최고의 피자"라고 주장한다. 또한 심플리 레모네이드는 "전에 없던 최고의 레모네이드"라고 주장한다.

최근에 많은 소비자들은 **그린워싱**(greenwashing)에 대해 우려를 표하고 있다. 그린워싱은 기업들이 실제로는 친환경적이지 않음에도 불구하고 해당 제품(브랜드)이 친환경 제품이라고 주장하는 광고다. 마쯔다는 CX-5 SUV가 스카이액티브 기술을 도입해 친환경 연비를 실현하고 있다고 광고했다가 큰 반발에 부딪힌 바 있다. 무엇이 문제였을까? SUV는 다른 자동차에 비해 다소 친환경 자동차이기는 하지만, 해당 광고에서는 닥터 수스의 로렉스가 친환경의 필요성을 이야기하며 SUV는 친환경 자동차라고 무턱대고 강조하고 있었던 것이다.[14]

- 광고는 공격적이고 저질이다 : 이러한 비판을 수용하기 위해서는, 우리는 누군가에게 공격적이거나 저질이라는 그 속성이 다른 사람들에게도 동일하게 적용될 수 있는가를 생각해봐야 한다. 일부 광고주들은 소비자의 관심을 끌기 위해 유머, 섹스, 공포를 소구하며 다소 공격적인 광고를 집행하지만 많은 광고들은 그렇게 지나친 광고를 하지는 않는다는 것을 확인할 수 있다.

- 광고는 사람들에게 실제로 필요하지 않은 제품을 구매하도록 유도한다 : 이러한 비판의 본질은 사람들이 '필요(혹은 욕구)'를 어떻게 정의하느냐에 따라 달라진다. 만약 모든 소비자들이 제품의 기능적 편익에 대한 욕구(이동을 위해 자동차를 구매하고, 영양분을 섭취하기 위해 음식을 먹고, 청결한 머리를 위해 샴푸를 사용하는 소비)만 있다고 가정한다면, 광고는 말대로 죄를 저지르고 있다고 해도 과언이 아니다. 하지만 우리는 자신의 멋진 이미지를 보여주기 위해 자동차를 구매하고, 일부러 맛있는 음식을 찾아 먹으며, 찰랑거리고 좋은 향을 내기 위해 샴푸를 사용하는 것을 확인할 수 있다. 이러한 측면에서 봤을 때, 광고는 무형의 편익 그 이상을 전달해주는 커뮤니케이션 도구로 볼 수 있다.

광고 캠페인 개발

광고 캠페인은 보통 사람들이 생각하는 멋지고 매력적인 광고를 만드는 것 그 이상의 노력이 요구된다. 광고 캠페인은 조직의 목적에 부합하도록 기획되어야 한다. 즉 기업이(외부 광고대행사가 광고 캠페인을 진행한다 하더라도) 누구를 대상으로 해당 시장에서 어떻게 소구하며, 언제, 어디서 메시지를 전달할지 고민해야 하는 것이다. ✍ 그림 13.8에 근거하여 각 단계를 살펴보자.

1단계 : 목표 고객에 대한 이해

목표 고객과 커뮤니케이션할 수 있는 최선의 방법은 그들을 이해하고 반응시킬 수 있는 방법을

찾아내는 것이다. 어떤 광고는 부모는 모르는 10대 청소년들만 이해할 수 있는 줄임말로 메시지를 만든다. 이러한 전략은 40대 어른이 마치 20대처럼 보이려고 애쓰는 것처럼 보여 오히려 역효과를 낳을 수도 있다.

2단계 : 메시지 구성과 예산 결정

광고 목적은 전반적인 커뮤니케이션 계획에 근거해야 한다. 즉 메시지 구성과 메시지를 전달하기 위한 매체 선택에 있어 제품과 연관되어야 하며 마케팅 커뮤니케이션 예산에 맞춰져야 함을 의미한다. 따라서 광고 목적은 메시지 구성과 예산이 함께 포함되어야 한다.

1. 메시지 구성 준비 : 광고는 마케팅에서 상당한 부분을 차지하고 있기 때문에 많은 사람들은 마케팅이 곧 광고라고 생각하는 경향이 있다. 하지만 광고가 마케팅에서 차지하는 비중은 그리 크지 않다. 광고의 역할은 정보 제공, 설득, 그리고 상기(remind) 기능으로 설명된다. 따라서 상당수의 광고는 고객에게 제품 지식과 그 사용법을 전달하는 데 초점을 맞춘다. 때로는 제품 호감도를 높이고 경쟁사와 비교했을 때 그 선호도를 높이기 위해 광고가 집행되기도 한다. 하지만 많은 광고들은 그저 소비자 앞에 브랜드 네임을 노출시키는 선에서만 집행된다. 즉 소비자들이 탄산음료나 세제를 찾을 때 이 브랜드를 선택하라는 선에서 집행되고 있는 것이다.

2. 광고 예산 결정 : 광고는 상당한 비용이 요구된다. 2015년 미국 전체 광고 집행 비용을 봤을 때, P&G는 43억 달러로 가장 많은 비용을 지출했으며, AT&T(2위), 제너럴 모터스(3위), 컴캐스트(4위) 역시 30억 달러 이상 비용을 지출한 것으로 확인되었다.[15]

많은 기업들은 기업이 지출할 수 있는 선에서 광고 유형과 노출 빈도에 따라 전체 커뮤니케이션 예산에서 광고 예산을 편성한다. 전반적인 촉진 예산에 대한 접근과 편성법은 앞서 논의했다.

3단계 : 광고 제작

커뮤니케이션 모델의 개념을 빌리자면, 광고 제작은 메시지 발신자가 아이디어를 어디서 부호화할 것인지를 결정하는 것이다. 광고 제작은 대행사가 **크리에이티브 전략**(creative strategy)을 구축하면서 시작된다. 크리에이티브 전략은 광고를 제작하는 데 있어 방향을 설정하고 영감을 얻는 과정이다. 이러한 전략은 **크리에이티브 지침서**(creative brief)로 문서화되는데, 광고 제작을 위한 대략적인 내용들이 제시되어 있다. 마케팅 상황, 광고 목적, 경쟁사, 표적 고객, 그리고 광고를 통해 전달하고자 하는 메시지 등이 크리에이티브 지침서에 포함되어 있다.

기업이 제품(혹은 기업)에 대해 무엇을 전달할 것인지와 이를 어떻게 전달할 것인지는 서로 다른 개념이다. 크리에이티브 지침서의 중요한 역할 중에 하나는 광고 대행사가 표적 고객의 주의를 유도하고 기억에 오랫동안 남을 수 있는 시각 혹은 구두(verbal) 컨셉을 개발할 수 있는 '기발한 아이디어'를 끄집어낼 수 있도록 해주는 것이다. 이러한 관점에서 봤을 때, 광고 제작(크리에이티브)은 기존에 알려진 사실, 단어, 그림, 그리고 아이디어 등을 다시 새롭게 재조합하는 과정이라 할 수 있다. 광고를 최종적으로 제작하기 위해서는 네 가지의 구성요소(소구, 양식,

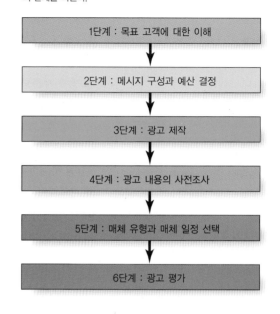

그림 13.8 과정 | **광고 캠페인 개발**

광고 캠페인 개발은 광고가 커뮤니케이션 목적을 달성하도록 일련의 단계를 따른다.

> 1단계 : 목표 고객에 대한 이해
>
> 2단계 : 메시지 구성과 예산 결정
>
> 3단계 : 광고 제작
>
> 4단계 : 광고 내용의 사전조사
>
> 5단계 : 매체 유형과 매체 일정 선택
>
> 6단계 : 광고 평가

크리에이티브 전략 개념을 광고로 바꾸는 과정

크리에이티브 지침서 크리에이티브 과정을 안내하는 마케팅 커뮤니케이션 프로그램에 대한 안내서 또는 청사진

광고 소구 광고 메시지의 중심 아이디어 또는 주제

고유 판매 제안 어떤 특정 제품이 왜 우월한지 하나의 명백한 이유에 초점을 맞추는 광고 소구

상기 광고 필요하면 소비자들이 그 제품을 구매하도록 사람들의 마음에 어떤 하나의 브랜드명을 유지시킬 목적으로 하는 광고

티저 또는 신비 광고 제품을 언급하지 않고 곧 있을 광고 캠페인에 주의를 끌기 위해 곧 출시될 제품에 대해 호기심과 관심을 유발하는 광고

실행 양식 비교, 시연, 증언, 삶의 단편, 라이프스타일 등과 같은 메시지의 기본 구조

비교 광고 1등 브랜드와 2등 브랜드를 비교하는 광고

삶의 단편 광고 일상생활에서 삶의 단편을 보여주는 광고

라이프스타일 광고 특별한 상황에서 표적 고객을 유인할 수 있는 매력적인 인물을 보여주는 광고

조성, 크리에이티브 전술)를 반드시 고려해야 하는데, 📷 그림 13.9에 소개되어 있다.[16]

광고 소구

광고 소구(advertising appeal)는 광고의 핵심 아이디어이자 광고 메시지의 기본이라 할 수 있다. 광고 소구는 고객에게 영향을 미칠 수 있는 접근법으로 간주된다. 일반적으로 광고 소구하면 정보 소구 혹은 정서 소구로 구분해서 생각한다. 일반적으로 정보 소구는 광고주의 제품이 경쟁사 제품보다 기능적으로 보다 우수하다는 것을 명료하게 전달하는 **고유 판매 제안**(unique selling proposition, USP)에 근거한다. 또한 소비자들은 사회적 혹은 심리적 욕구에 의해 제품을 구매하기도 하는데, 광고주들은 이런 소비자들을 소구하기 위해 정서적 혹은 사회적 편익(제품을 통한 안전, 사랑, 열정, 기쁨, 존경, 사회적 승인 등)을 강조한 정서 소구 광고를 활용하기도 한다. 하지만 모든 광고가 반드시 두 가지 소구 중에 하나로 귀결되는 것은 아니다. 코카콜라나 펩시와 같은 브랜드는 **상기 광고**(reminder advertising)를 통해 소비자의 기억 속에 해당 브랜드를 다시 상기하도록 유도하기도 한다. 또한 신제품이 출시되기 전에 소비자들의 호기심과 흥미를 유도하기 위한 **티저 또는 신비 광고**(teaser ads or mystery ads)를 집행하는 경우도 있다.

실행 양식

실행 양식(execution format)은 메시지의 기존 구조를 의미한다. 일반적으로 다음과 같은 양식을 따른다.

- 비교 : **비교 광고**(comparative advertisement)는 경쟁사를 명시적으로 제시하는 광고다. 비교 광고는 매우 효과적이지만 부정적인 어조를 싫어하는 고객들에게는 오히려 역효과로 작용할 수 있다. 이러한 비교 광고는 시장 점유율이 상대적으로 낮거나 경쟁 브랜드와 비교했을 때 매우 우수한 속성이 있을 경우 유용하다.
- 시연 : **시연 광고**(demonstration ad)는 제품의 실제 성과(얇게 썰기, 깍둑썰기)를 보여주는 광고다. 시연 광고는 제품의 중요한 기능적 속성(혜택)을 눈으로 직접 확인하기 어려운 경우에 유용하다.
- 브랜드 스토리텔링 : 제9장에서 **브랜드 스토리텔링**(brand storytelling)에 대한 개념을 소개했다. 일반적으로 브랜드 스토리텔링 광고는 플롯이 있는 30초짜리 영화로 제품에 대한 관여 수준을 자연스럽게 높이는 데 초점을 맞추고 있다. 예를 들면, 스바루 광고에서 아버지가 자동차 키를 한 손에 쥐고 또 한 손으로는 6살 딸아이의 손을 잡으며 사랑스럽게 대화를 나누는 장면이 나온다. 사실 그 딸아이는 10대 청소년이지만 아버지의 눈에는 여전히 어린 아이로 비춰지고 있다. 광고 마지막에 스바루 로고과 슬로건이 노출되기 전까지는 우리는 해당 광고가 스바루 광고라는 것을 알 수 없다.
- 증언 : 유명인, 전문가, 혹은 '지나가는 보통 사람'이 제품의 효과성을 언급하는 광고다. 이러한 유명인 보증(celebrity endorser)은 일반적으로 많이 사용되지만 높은 비용이 요구되는 전략이기도 하다.
- 삶의 단편 : 삶의 단편은 극화된 일상생활의 일부를 제시한다. **삶의 단편 광고**(slice of life advertising)는 소비자들이 직접 '실제' 사람들이 해당 제품을 구매하고 사용하는 땅콩버터나 두통약과 같은 일상생활 제품에서 유용하다.
- 라이프스타일 : **라이프스타일 광고**(lifestyle advertising)는 특별한 상황에서 표적 고객을 유인할 수 있는 매력적인 인물을 보여준다. 광고 속 제품을 구매할 경우 해당 소비자는 그러한

그림 13.9 📷 스냅숏 │ **광고의 크리에이티브 요소**

좋은 광고를 만드는 것은 네 가지 상이한 광고 요소에 관한 결정을 하는 것이다.

크리에이티브 요소	구성 선택	설명	사례
소구 : 광고의 핵심	정보/이성	고객들의 실용적 욕구를 충족시키기 위한 정보를 제공하고, 제품의 특징이나 혜택을 강조한다[예 : 고유 판매 제안(uniquie selling proposition, USP)]	웨더테크 플루어 라인 광고는 공장, 근로자, 그리고 광고주들이 미국에서 제품을 생산하고 있음을 보여준다.
	정서	우리의 정서에 영향을 미친다(예 : "심장을 떨리게 하는")	비영리단체들이 동물학대, 굶주린 어린이, 부상입은 군인 등을 보여주며 슬픔 감정을 자극한다. 연하장을 통해 우리의 심장을 따뜻하게 만들어주기도 한다.
	상기광고	재구매로 이어지도록 소비자의 머릿속에 브랜드 네임을 다시 상기시킨다.	코크와 펩시는 TV 프로그램, 영화, 대학 및 대형 체육관, 그리고 소매점 등에 이름을 지속적으로 노출시킨다.
	티저/미스터리 광고	최근에 소개된 신제품에 대한 호기심과 관심 유도한다.	대부분 최신 영화나 TV 쇼에 소비자들의 관심을 유도하기 위해 집행된다.
실행 양식 : 메시지의 기본 구조	비교	하나 혹은 두 개의 경쟁사를 언급한다.	피넛버터 광고는 종종 하나 이상의 브랜드가 비교되기도 한다. "지프는 진짜 땅콩 같아요."
	시연	제품 사용 혹은 제품 사용 후 그 성과 등을 보여준다.	바닥 청소를 위한 도구, 차량 세척기, 운동기구 그리고 식이요법.
	스토리텔링	제품 이야기가 반영된 30초짜리 영화	슈퍼볼 50에서 토요타 프리우스 하이브리드는 90초짜리 영상을 통해 경찰에게 쫓기는 두 명의 은행강도가 프리우스를 타고 있는 장면을 연출한다.
	증언	유명인 혹은 전문가 등이 제품의 편익을 증언한다.	최근 TV 광고에서 케빈 닐론, 브라이언 비커스, 그리고 아놀드 파머 등이 나와 혈병을 줄여주는 자이렐토 약에 대해 이야기를 나누는 장면이 나왔다.
	삶의 단편	'실제 인물'이 제품을 구매하고 사용하는 일상생활에서 극적인 상황이 연출된다.	코카콜라는 한 아버지가 딸의 결혼을 위해 함께 춤을 추는 장면을 연출한다.
	라이프스타일	특별한 상황에서 표적 고객을 유인할 수 있는 매력적인 인물을 보여주는 광고	자동차는 성능 외에는 큰 차이를 보이지 않았다. 스바루는 특별한 라이프스타일을 찾기 원하는 사람을 표적화해 성공을 거뒀다.
조성 : 무드 혹은 태도	솔직	표적 고객에게 직설적으로 솔직한 메시지를 전달한다.	
	유머	혼잡하고 어수선한 분위기를 깨기 위해 유머가 필요한 경우가 있다. 하지만 유머는 다양하고 사람에 따라 다르게 반응한다. 누군가에게는 굉장히 바보스러운 장면이 연출될 수 있다. 또한 유머가 과하게 강조될 경우 소비자들은 광고를 기억할 뿐 실제 어떤 브랜드가 노출되었는지 기억하지 못하는 경우도 있다.	50번째 슈퍼볼에 나온 마운틴듀는 퍼피몽키베이비를 보여주었지만 많은 논란이 있었다.
	극적	특정 문제에 직면했을 때, 극적인 방법으로 이를 해결해 흥분을 일으킨다.	태국의 팬틴 광고는 바이올린을 배운 청각장애인 소녀가 경진대회에서 수상하는 장면을 연출한다.
	낭만	낭만적 상황을 연출한다. 데이트 상황에서 제품의 관심을 유도하고 판매하는 상황을 연출한다.	럭셔리 리조트, 크루즈, 그리고 인터넷 데이팅 사이트 광고들은 제품을 구매하면 낭만적인 상황이 연출된다고 강조한다.

조성 : 무드 혹은 태도	성적 소구	성적 상황을 연출. 성과 제품을 연관시켜 주의를 유도한다.	빅토리아시크릿은 관능적인 모델이 란제리를 입은 모습을 연출한다.
	불안/공포	제품을 사용하지 않을 경우 사회적 배재 혹은 신체적 손상과 같은 부정적인 결말을 강조한다.	데오드란트, 비듬샴푸, 자동차 보험, 그리고 보안 시스템 업체들이 주로 사용한다.
크리에이티브 전술과 기술	애니메이션과 아트	아트, 일러스트레이션, 그리고 애니메이션을 활용해 독특한 광고를 제작한다.	게이코의 젝코는 애니메이션 캐릭터다.
	유명인	유명인들이 광고에 나오면, 많은 사람들은 해당 제품에 대해 호의적으로 반응한다.	영화배우이자 보디빌더 챔피언인 캘리포니아 주지사 아놀드 슈왈제네거는 모바일 스타라이크의 주요 인물이다.
	음악, 징글, 그리고 슬로건	단어나 음악은 쉽게 기억될 수 있다. 슬로건은 브랜드의 구두적 반응 및 기억과 연관이 있다.	"자동차 보험을 위한 15분이면 당신은 15% 혹은 그 이상 더 살 수 있습니다."

라이프스타일을 삶의 일부로 영위할 수 있음을 소구한다. 예를 들어, MTV 광고를 보면 '멋진' 캘리포니아 스케이트 보더들이 휴식 시간에 우유 한 모금을 마시며, "몸에 정말 좋아요."라고 말한다.

- 리치 미디어 : 제6장에서 소개한 리치 미디어 광고는 영상, 오디오, 게임, 그리고 소비자들이 콘텐츠와의 상호작용으로 보다 적극적인 반응을 유도할 수 있는 도구들로 구성된 디지털 광고로 정의된다. 예를 들어, 해외 호텔 체인들과 다양한 상호작용이 가능한 웹사이트 버튼만 있는 광고가 있다. 다양한 언어("웹사이트 버튼에 마우스를 올리기만 해도 다양한 정보를 얻을 수 있습니다.")로 구성되어 있는 해당 광고에는 10개의 주요 도시(혹은 주)가 함께 소개되어 있으며, 해당 도시에 있는 개별 호텔들의 가격 할인, 온라인 예약, 그리고 이메일 문의 정보 등이 연결되어 있다. 또한 각 호텔들의 내부와 외관 등이 사진으로 게시되어 있다. 당신은 리치 미디어 광고를 접하면 시간이 금방 지나가는 것을 경험할 것이다.

조성

조성(tonality)은 전달된 메시지의 무드 혹은 태도를 의미한다.

- 솔직 : 솔직한 광고는 표적 고객에게 제품에 대한 정보를 간단명료하게 전달한다.
- 유머 : 일반적으로 유머러스하고 위트가 있으며 다소 과장된 광고는 광고 주목도를 높이는 데 있어 효과적일 수 있다. 하지만 유머는 누군가에게는 다소 공격적이거나 한심하게 보일 수 있기 때문에 심사숙고해야 한다. 또한 이러한 유머는 너무 우스운 나머지 표적 고객들이 제품을 기억하지 못하고 메시지만 기억하는 경우도 발생한다.
- 극적 : 연극과 같은 극적인 표현은 문제 해결을 통한 자극과 긴장감을 유발시킨다. 하지만 30초 혹은 60초 이내에서 이를 유발시키기란 상당히 어렵다.
- 낭만 : 남녀 데이트가 이루어지는 낭만적인 상황에서 소비자 주의를 유발시킨다. 향수 광고가 로맨틱 형식을 따르는 이유이기도 하다.
- 성적 소구 : 어떤 광고는 제품보다는 성을 파는 것으로 보인다. 피아트 500 광고를 보면, 이탈리아어를 사용하는 여성이 어떤 남성을 거세게 때린 후 테이블에서 그 남성을 유혹하는 장면이 나온다. 남성이 여성에게 키스하기 위해 다가오는 동안 피아트 위에 놓여 있던 카메라는 실제 상황으로 돌아간다. 이 같은 광고는 성적 소구를 통해 소비자의 관심을 끌지만 어떤 경우에는 그 효과가 미비할 수 있다. 성적 소구 광고는 제품과 성(또는 적어도 낭만)

조성 메시지가 전하는 무드나 태도(솔직, 유머, 극적, 낭만, 성적 소구, 불안/공포)

간에 관계가 있을 때 더 효과적일 수 있다. 예를 들면 성적 소구는 향수에는 잘 작동할 수 있겠지만 잔디 깎는 기계를 팔려 한다면 그 효과가 나타나지 않을 것이다.

- **불안/공포** : **공포 소구 광고**(fear appeal ads)는 해당 제품을 사용하지 않았을 때 유발되는 부정적인 결과를 강조한다. 공포 소구 광고는 신체적인 손상을 강조하거나 사회적 피해 혹은 반감에 대한 걱정을 제시하는 데 초점을 맞춘다. 구강청정제, 데오드란트, 비듬 샴푸 제조업체들과 생명보험 회사들이 공포 소구를 적극적으로 사용하고 있다. 약물억제 및 금연 등의 메시지와 같이 행동 변화를 목표로 할 경우에도 공포 소구를 택한다. 일반적으로, 이러한 유형의 광고에서 제시되는 공포 요소는 표적층이 납득할 수 있는 선에서 제작되어야 효과적이다. 예를 들어, 차량 사고 직후 고속도로에 누워 있는 10대 청소년의 끔찍한 모습은 10대들에게 음주운전의 위험을 알리는 공공 서비스 광고(PSAs)로는 효과적이지만, 보험회사가 생명보험에 가입할 목적으로 집행된다면 오히려 역효과로 이어질 수 있다.

크리에이티브 전술과 기법

크리에이티브 과정에는 수많은 다양한 크리에이티브 전술과 기법이 있다. 그중 몇 가지를 살펴보자.

유머, 위트 그리고 우스꽝스러운 광고는 광고 혼잡도를 돌파하는 데 있어 효과적인 방법이다.

- **만화와 그림** : 모든 광고가 영화나 사진으로 만들어질 필요는 없다. 때로는 그림, 삽화, 만화 등이 인쇄 혹은 TV 광고를 통해 표적 고객의 주의를 유도키시는 경우에 보다 효과적일 수 있다.
- **유명인** : 제시카 심슨이 식이요법을 하는 것과 같이 유명인의 증언, 혹은 시연을 활용할 수 있다.
- **징글** : **징글**(jingles)은 광고를 위해 특별히 제작된 노래(혹은 음악)다. 우리는 이미 "I wish I were an Oscar Mayer Wiener"과 "I am stuck on Bandaid and Bandaid's stuck on me" 등을 잘 알고 있다. 하지만 최근에는 이러한 징글의 사용 빈도수가 줄어들고 있는 추세다.
- **슬로건** : **슬로건**(slogans)은 음악이 아닌 브랜드와 연관된 단순하고 기억에 남을 만한 언어(문장)다. 성공적인 슬로건은 그 광고가 끝난 지 수년이 지나도 쉽게 기억된다. 우리에게 잘 알려진 슬로건으로는 "Finger lickin' good"(KFC), "Got Milk?"(캘리포니아 유가공협회), "Just do it"(나이키), "Even a caveman can do it"(게이코 보험) 등이 있다.

4단계 : 광고 내용의 사전조사

성공적인 광고 캠페인을 위해 광고 대행사는 광고가 얼마나 효과가 있을지 어떻게 확인할까? 광고인들은 광고를 실행하기 전에 광고 메시지에 대한 반응을 조사해 실수를 최소화하기 위해 노력한다. 캠페인 초기 단계에서 진행되는 **사전조사**(pretesting)는 표적시장, 소비자, 경쟁사를 정확히 정의하는 데 도움이 될 수 있는 기본적인 정보를 모으는 데 집중한다. 제4장에서 살펴보았듯이, 이러한 사전조사는 서베이와 같은 양적 조사와 포커스 그룹과 같은 질적 조사가 함께 수행된다.

공포 소구 광고 제품을 사용하지 않을 경우 유발될 수 있는 신체적 손상이나 사회적 배재와 같은 부정적인 결말을 강조하는 광고

징글 광고를 위해서 특별히 작사와 작곡이 이루어진 노래

슬로건 브랜드와 연결되는 단순하고 기억에 남을 만한 언어 장치

사전조사 매체에 광고를 집행하기 전에 광고 메시지에 대한 소비자 반응을 조사해 실수를 최소화하는 조사 방법

매체 계획 광고 캠페인을 진행하기 위한 매체 목표, 전략, 그리고 전술 등을 구축하는 과정

사후조사 소비자들이 보고 들은 실제 광고 메시지에 대한 소비자의 반응을 조사

비보조 회상 브랜드명을 주지 않고 특정 기간 동안 본 광고를 기억하는지 전화 또는 개인 면접으로 행해지는 조사 기법

보조 회상 사람들이 보았을 광고에 관해 실마리를 주어 답을 하도록 하는 조사 기법

태도 측정 메시지가 노출되기 전후에 소비자의 제품에 관한 신념이나 느낌을 묻는 조사 기법

5단계 : 매체 유형과 매체 일정 선택

매체 계획(media planning)은 표적 고객에게 효율적으로 메시지를 전달하기 위한 문제해결 과정이다. 매체 계획 결정은 표적 고객 선택과 메시지(광고) 노출 장소, 시간, 빈도 등을 결정한다. 그러므로 매체 계획 담당자의 첫 번째 과업은 표적 고객층이 해당 광고에 가장 잘 노출될 수 있는 시간과 장소를 탐색하는 것이다. 많은 대학생들은 아침에 학내신문을 읽는다(믿거나 말거나 수업 중에 읽기도 한다!). 따라서 대학생이 표적 고객일 경우 광고 메시지는 학내신문에 게재하는 것을 고려할 수 있다.

효과적인 광고 캠페인을 위해 매체 계획 담당자는 특정 매체와 표적 고객을 반드시 일치시켜야 한다. 영어를 사용하는 많은 히스패닉 미국 소비자들은 스페인어 매체를 굉장히 원한다. 따라서 이러한 고객들을 표적 고객으로 정했다면, 광고 예산을 스페인어를 사용하는 신문, 잡지, 그리고 인터넷 방송에 상당수 할애해야 한다.

적절한 매체 믹스 선택은 간단한 문제가 아니다. 비디오와 DVD, 비디오게임, 개인 컴퓨터, 인터넷, MP3 플레이어, 소셜 미디어, 수백 개의 새로운 TV 채널, 여기에 위성 라디오까지 다양한 매체들이 우리 주의를 끌기 위해 경쟁하고 있다. 1965년 대부분의 가정에는 '토끼 귀'라고 불린 긴 안테나가 달린 TV를 통해 접근이 용이했다. 즉 광고주들은 60초 TV 광고(ABC, NBC와 같은 네트워크를 통해)만으로도 18~49세에 이르는 미국인들의 80%에 도달할 수 있었다. 하지만 지금과 같이 너무나 많이 분열된 매체 시장에서는 꿈도 꾸기 어려운 과거에 불과하다. 이 장 마지막에는 우리가 어떤 매체를 선택해야 할지 논의할 것이다.

6단계 : 광고 평가

필라델피아의 유명한 유통업자인 존 워너메이커는 "광고에 집행하는 돈의 절반은 완전히 낭비되고 있다. 그런데 문제는 그 절반이 무엇인지 모른다."라고 불평한 적이 있다.[17] 지금까지 광고를 제작하고 집행하는 과정에서 대해 학습했다. 다음으로는 광고의 효과성을 판단하는 방법을 학습할 것이다.

별 효과가 없는 광고가 많은 것은 사실이다. 너무 많은 광고들이 과도하게 경쟁하는 바람에 소비자들이 외면하는 상황에서 기업들이 집행한 광고를 평가해 메시지의 영향력을 향상시키는 것은 매우 중요하다. 그렇다면 이를 어떻게 평가할 수 있을까?

사후조사(posttesting)란 소비자들이 보거나 들은 광고 메시지에 대한 반응을 조사하는 것을 의미한다. 사후조사는 사전조사(광고 집행 전 메시지에 대한 고객반응 조사)와는 다른 개념이다. 흥미롭게도, 기발하고 다소 과장된 창의적인 광고는 해당 광고대행사를 산업 내에서 유능해 보이게 해주지만, 제품 자체에 대한 구체적인 정보를 적절하게 전달하지 못해 실패하는 경우가 있다. 광고의 효과를 측정하는 세 가지 방법으로 비보조 회상, 보조 회상, 태도 측정이 있다.

1. **비보조 회상**(unaided recall)은 전화 또는 대면 면접을 통해 일반 소비자들에게 브랜드를 보여주지 않고 특정 기간 동안 본 광고를 기억하는지 여부를 조사하는 방법이다.
2. **보조 회상**(aided recall)은 브랜드를 일부 노출시키거나 혹은 다른 단서를 보여주면서 조사하는 방법이다. 조사자는 조사 대상 소비자들에게 브랜드 리스트를 보여주고 그들에게 지난 주에 어떤 광고를 보았는지를 선택하게 유도하는 것이 그것이다.
3. **태도 측정**(attitudinal measures)은 소비자들에게 광고를 보기 전후의 제품에 대한 신념 혹은 느낌을 조사하는 것으로 보다 심도 있게 소비자를 조사하는 방법이다. 예를 들어, 펩시의 "신선한 데이트(freshness-dating)"라는 광고 메시지가 소비자들로 하여금 탄산음료의 신선

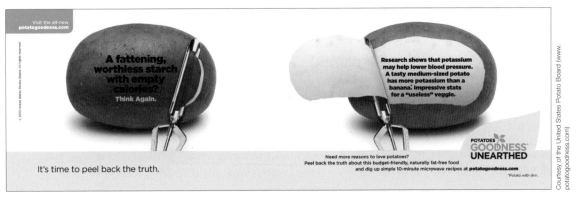

커뮤니케이션 목적이 감자와 같은 제품에 대한 소비자 교육일 수도 있다. 후원자들은 광고 노출 전에 소비자 지식을 추정하고 광고 노출 후 어떤 영향을 미쳤는지를 추정해 효과성을 측정할 수 있다.

함이 중요하다고 믿게 했다면, 그 광고는 성공한 광고 캠페인으로 평가된다.

어디서 말할 것인가 : 전통적인 매체

돌비 서라운드 사운드를 갖춘 50인치 플라즈마 TV와 잉크펜의 공통점은 무엇일까? 이는 광고주들이 잠재 고객과 소통할 수 있는 매체가 될 수 있다는 점이다. 다음은 전통 매체의 유형을 살펴보고, 인터넷 광고 및 다소 비전통적인 간접 광고 매체를 살펴보겠다. 표 13.2는 각 유형의 장단점을 요약하고 있다.

텔레비전

한번에 많은 시청자들에게 도달할 수 있기 때문에, 텔레비전은 지역 및 전국 단위의 기업들이 주로 선호하는 매체다. 그러나 텔레비전 네트워크 광고는 매우 비싸다. 황금 시간대 네트워크 TV 프로그램은 30초짜리 광고 1회 방영 비용이 7만 5,000달러에서 20만 달러에 이르는데, 주요 프로그램에는 '빅뱅이론'(34만 8,300달러), '모던 패밀리'(23만 9,994달러), 그리고 '선데이 나이트 풋볼'(60만 3,000달러) 등이 있다.[18] 2016년 슈퍼볼에는 30초당 460~500만 달러에 이르기도 했다.[19]

라디오

광고 매체로서 라디오 역사는 1922년 뉴욕의 한 아파트 관리인이 아파트 임대를 알리는 방송에서 비롯된 것으로 알려지고 있다. 라디오 광고의 장점 중에 하나는 상당히 유연하다는 것이다. 마케팅 담당자들은 광고를 신속하게 바꿀 수 있으며 즉석에서 아나운서와 녹음 기술자를 통해 광고를 수정할 수 있다.[20] 하지만 전통적인 라디오는 광고가 없는 위성 방송의 성장으로 하락세에 접어들고 있다.

신문

신문은 가장 오래된 커뮤니케이션 플랫폼들 중에 하나다. 특히 20세기 이전부터 많은 소매상들은 독자들에게 새로운 제품 출시와 배송을 알리기 위해서 신문 광고를 활용했다. 대부분의 신문들이 지역 신

잡지와 같은 인쇄광고는 생생한 메시지와 이미지를 독자에게 전달할 수 있다.

표 13.2	매체 수단의 장단점	
수단	**장점**	**단점**
텔레비전	• TV는 아주 창의적이고 유연함 • 네트워크 TV는 대중수신자에게 도달하는 가장 비용 효과적인 수단임 • 케이블과 위성 TV는 상대적으로 적은 비용으로 선택된 집단에 도달할 수 있음 • 품위 있는 광고 • 제품 사용 시연 가능 • 재미와 자극 가능 • 보기와 듣기 사용으로 인해 메시지가 강력한 영향력을 가짐	• 메시지를 자주 반복하지 않으면 금방 잊어버림 • 수신자가 급속도로 분화되고 있음 • 수신자 도달 비용이 상대적으로 낮지만, 가격이 절대 기준으로는 여전히 높음, 특히 중소기업에는 너무 높음. 황금시간대 TV 시트콤 30초 광고비가 25만 달러 넘음 • 네트워크 텔레비전은 거의 안 봄 • 사람들이 채널을 이리저리 돌리고 특히 광고 때 채널을 돌림 • 높은 비용으로 광고 길이는 짧아져 오히려 더 어수선해짐
라디오	• 수신을 선택적으로 택할 수 있음 • 집 밖에서도 들림 • 고객들에게 인격적으로 친밀하게 다가갈 수 있음 • 지역 인물들을 활용할 수 있음 • 상대적으로 제작 비용과 반복 운영 비용이 낮음 • 완성까지 걸리는 시간이 짧아, 시장 변화에 따라 신속한 수정 가능 • 음성 효과와 음악 사용으로 청취자들이 생생한 장면 상상 가능	• 청취자들이 집중하지 않음 • 특히 전국 단위 광고주에게는 라디오 시간 할당에 어려움이 있음 • 보이고 시연되어야 하는 제품에는 부적절 • 개인 방송국의 적은 청취자들은 광고의 수많은 반복이 이루어져야 함을 의미
신문	• 넓은 노출은 시장 범위를 확장시킴 • 유연한 양식은 색 사용, 다양한 규모, 목표 편집이 가능함 • 자세한 복사 사용이 가능 • 지역 소매상과 전국 광고주와 연결 가능 • 구독자들이 올바른 정신 상태에서 신제품과 매출 등에 관한 광고를 처리함 • 적시성, 즉 광고 적재와 광고 운영 사이의 시간이 짧음	• 대부분의 사람들이 신문 읽기에 많은 시간을 들이지 않음 • 특히 10대와 젊은이들의 구독률이 낮음 • 지속기간이 짧음(사람들은 거의 한 번 이상 신문을 보지 않음) • 아주 어수선한 광고 환경 제공 • 이미지 재생산의 품질이 상대적으로 취약함 • 특정 수신자에게 도달하기에는 효과성이 떨어짐
잡지	• 특화된 잡지에 수신자들을 좁게 선별할 수 있음 • 높은 신뢰와 관심 수준은 광고에 좋은 환경 제공 • 광고 생명이 길고 다른 독자에게 전달이 됨 • 시각 품질이 월등함 • 권위 있는 자세한 제품 정보 제공 가능	• 직접 우편을 제외하고 가장 값비싼 광고 형태. 일반 잡지 전면 컬러 인쇄 광고는 보통 10만 달러 이상임 • 긴 기간은 유연성을 떨어뜨림 • 다수의 목표 시장에 도달하기 위해서는 일반적으로 여러 잡지를 사용해야 함 • 어수선
전화번호부	• 고객들이 적극적으로 광고를 찾음 • 큰 광고가 선호되는 위치를 잡기 때문에 광고주가 광고 위치 품질 결정	• 크리에이티브 옵션의 제한 • 컬러 결여 • 1년 단위 구입으로 변경 불가
옥외 매체	• 대부분 주민에게 저비용으로 도달 • 다른 매체 지원에 좋음 • 대량 교통 지역에 설치되면 높은 빈도 달성 • 모든 세분시장에 실제로 도달하기에 효과적 • 지역적 유연성	• 짧은 노출 시간으로 인해 완전한 메시지 전달이 어려움 • 광고 수신자 측정이 어려움 • 많은 지역에서 논란과 반감 일으킴 • 특정 세분시장에 집중할 수 없음
인터넷 웹사이트	• 특정 수신자에게 집중하여 메시지를 개별화시킬 수 있음 • 웹 사용자 등록과 쿠키로 인해 마케터가 사용자 선호와 웹사이트 활동 추적 가능 • 상호작용 – 소비자는 캠페인에 참여 가능, 손수 제작 광고 만들기 가능 • 예능 매체는 소비자들에게 게임, 음악 다운로드 등 허용 • 소비자들의 정보 내용과 양 그리고 정보의 가치 통제를 통해 커뮤니케이션 과정에 적극적으로 참여 • 웹사이트는 마케팅 커뮤니케이션과 거래를 용이하게 함 • 소비자들은 정보 취득 목적으로 웹사이트 방문 • 클릭하지 않아도 배너는 최우선 인지(TOMA) 달성 가능	• 인터넷 사용자에 한정 • 배너, 팝업, 청하지 않은 이메일 등은 원치 않는 것이고 성가신 것일 수 있음 • 배너 클릭률 하락(최근에는 0.03% 이하) • 웹페이지가 너무 길면 소비자들은 그 사이트를 포기 • 피싱은 소비자들을 가짜 웹사이트로 가게 해서 신용카드 번호 같은 개인정보를 얻으려는 범죄자들이 보내는 이메일 • 광고주의 비용이 보통 클릭 수에 따라 계산되기 때문에, 경쟁자들이 가짜 클릭을 할 수 있음 • 효과 측정이 어려움
거점 매체	• 목표 수신자에게 도달하기 위한 제약업체 같은 특정 시장에서 효과적 • 소매점에서 소비자들에게 구매 전 즉시 도달 가능, 구매 결정 전에 영향을 끼치는 마지막 기회 제공 • 공항 같은 장소에서는 보는 사람의 옵션이 제한되기 때문에 높은 수준의 주의를 끌 수 있음	• 제한된 수신자 • 효과 측정이 어려움

표 13.2	매체 수단의 장단점(계속)		
수단	장점		단점
브랜디드 엔터테인먼트	• 브랜드가 긍정적 맥락에서 표현됨 • 브랜드 메시지가 은밀하게 표현 • 덜 거슬려서 회피가 덜 일어남 • 인기 영화나 TV 프로그램과 재밌는 캐릭터에 연결되어 브랜드 이미지에 도움을 줌 • 수신자와 정서적 연결 구축 가능 • 브랜드 상기 진작을 돕는 기억 가능한 연결 창출 가능		• 브랜드가 어떻게 포지션되는지 통제 불가능(감독의 손에 달렸음) • 효과 측정이 어려움 • 비용이 아주 높음
광고 게임	• 회사가 자사의 게임을 고객화하거나 기존 인기 게임에 브랜드를 포함시킬 수 있음 • 어떤 게임 생산자는 이제 적극적으로 브랜드의 파생 상품을 추구 • 수백만 명의 게이머들이 싫증나기 전 게임당 평균 40시간 게임 • 수백만 명의 소비자들 '손에' 휴대폰 지님		• 수신자가 게이머에 제한됨
모바일 폰	• 다양한 휴대폰 앱에 여러 다양한 양식이 사용됨		• 소비자들은 그들의 폰으로 메시지를 받으려 하지 않음

출처 : Adapted from J. Thomas Russell and Ron Lane, *Kleppner's Advertising Procedure*, 15th ed. (Upper Saddle River, NJ: Prentice Hall, 2002); Terence A. Shimp, *Advertising, Promotion and Supplemental Aspects of Integrated Marketing Communications*, 8th ed. (Sydney: Thomson Southwestern, 2010); and William Wells, John Burnett, and Sandra Moriarty, *Advertising: Principles and Practice*, 6th ed. (Upper Saddle River, NJ: Prentice Hall, 2003).

문으로 출판되지만, USA 투데이, 월스트리트저널, 뉴욕타임스와 같은 신문들은 전국적으로 보급되고 있으며 수백만 명의 독자들로부터 구독되고 있다. 신문은 빠른 반응이 요구되는 지역 소식을 전달하고 상점 할인과 같은 내용을 전달하는 데 있어 훌륭한 매체다. 오늘날 대부분의 신문들은 노출 빈도수를 높이기 위해 온라인 버전도 제공한다. 뉴욕타임스와 같은 몇몇 신문사는 온라인 구독자들에게 종이 신문보다 저렴한 구독료로 다운로드 서비스를 제공한다. 그러나 신문업계는 더 많은 사람들이 온라인 뉴스를 선호함에 따라 심각한 어려움에 직면했다.

잡지

오늘날에는 리더스다이제스트와 같은 일반 잡지에서부터 디캔터나 가든 레일웨이와 같은 전문 잡지에 이르기까지 그 분야는 다양하다. 선택적 제본(selective binding)과 같은 새로운 기술의 도입으로 출판사들은 그들의 판본을 맞춤화하여 특정 지역 비즈니스 광고를 게재할 수 있게 되었다. 또한 여러 페이지에 걸쳐 확장된 광고가 가능해졌으며, 향수 샘플을 삽입하거나 '문질러서 향이 나는' 샘플을 삽입할 수 있게 되었다.

어디서 말할 것인가 : 브랜디드 엔터테인먼트

오늘날 점점 많은 마케터들은 전통적인 광고를 외면하는 소비자들의 관심을 끌기 위해 **제품 배치**(product placement) 혹은 **임베디드 마케팅**(embedded marketing)으로 불리는 **브랜디드 엔터테인먼트**(branded entertainment)를 적극적으로 도입하고 있다. 이는 마케터가 영화, TV 쇼, 비디오 게임, 소설, 나아가 소매점 진열과 같은 엔터테인먼트 요소에 제품을 배치하는 방법이다.

브랜디드 엔터테인먼트는 확실한 전략일까? 이 아이디어는 소비자들이 좋아하는 영화나 TV 프로그램 속에서 대중적으로 알려진 유명인이 특정 브랜드를 사용하는 것을 보면, 소비자들은 그 브랜드에 대한 긍정적인 태도가 형성될 것이라는 인식에서 비롯된다. 성공적인 브랜디드 엔터테인먼트로는 '선스 오브 아나키 쇼'에서 출연자가 탄 할리데이비슨 오토바이와 NBC의 '커뮤니티'에 나온 서브웨이가 대표적이다. 그리고 2001~2013년까지 방영된 아메리칸 아이돌에서 시청자 투표를 통해 매시간 노출된 AT&T가 있다.[21]

브랜디드 엔터테인먼트(제품 배치 또는 **임베디드 마케팅)** 마케터가 여흥을 즐길 수 있는 장소에 제품을 통합시키는 광고의 한 형태

광고 게임 비디오게임에 브랜드를 배치하는 것

네이티브 광고 일반적인 매체 콘텐츠와 유사하게 광고 메시지를 전달하는 기술로 프로그램의 일부처럼 보이는 광고

지원 매체 대중매체 광고가 이르지 못하는 사람들에게 도달하도록 사용되는 전화번호부 또는 옥외 매체와 같은 매체

영화나 TV 쇼를 넘어, 비디오 세대들의 주목률을 높이기 위해 비디오게임에 브랜드를 노출시키는 것보다 더 나은 수단이 있을까? 업계에서는 이를 **광고 게임**(advergaming)이라고 부른다. 만일 당신이 게이머라면 포르자 모터스포츠 5의 아우디 R7S를 봤을 것이며, 그란 투리스모에서 닛산 리프 전기차를 봤을 것이다. 자동차 제조업체만 비디오 게임에 제품을 배치하는데 노력을 기울이고 있는 것은 아니다. 이렇듯 게임 속 광고는 매년 20억 달러의 가치를 보여주고 있다. 닛산은 2013년에만 약 50만 달러를 광고 게임에 투자했는데, 이는 전체 광고 예산 중 약 25%를 차지하는 비율이다.[22]

우리는 앞서 전통 광고와 기타 촉진 전략들의 경계가 모호해지고 있다고 소개했다. 이러한 추세는 **네이티브 광고**(native advertising)의 성장으로 더욱 강화되고 있다. 네이티브 광고는 일반적인 매체 콘텐츠와 유사하게 광고 메시지를 전달하는 기술이다. 즉 프로그램의 일부처럼 보이는 광고로 테슬라 전기차가 친환경 제품에 대한 이점이 소개된 잡지 중간에 삽입된 것이 그 사례다.

네이티브 광고는 인터넷에서 주로 실행되는데, 때로는 인쇄잡지나 TV와 같은 기존 매체에 팝업으로 실행되기도 한다. 또는 당신이 실제로 봤다고 확신이 서지 않겠지만 시트콤 속 배우가 광고에 등장하면서 집행되는 경우도 있다.

어떤 메시지는 '후원된 콘텐츠'로 나타나기도 하지만 많은 소비자들은 이를 인지하지 못한다. 예를 들어 AMC의 '매드맨' 시리즈의 후원을 맡고 있는 네이션와이드는 네이션와이드의 최고마케팅책임자(chief marketing officer, CMO)가 기업의 광고 역사를 논의하는 형식을 빌려 프로그램으로 제작했다. 해당 광고에서 CMO는 1964년 메모를 통해 네이션와이드의 슬로건이 "사람과 함께하는 서비스"에서 "네이션와이드에서 온 사람은 당신 곁에 있습니다."로 바뀔 것이며, 그다음에는 "네이션와이드는 당신 곁에 있습니다."로 수정될 것이라고 언급하는 장면이 있다.[23]

제7장에서 학습했듯이, 콘텐츠화된 브랜드인 **콘텐츠 마케팅**(content marketing)은 마케터가 블로그, 웹사이트, 그리고 영상을 통해 유용한 정보를 제공하는 또 다른 형태의 브랜디드 엔터테인먼트다. 이러한 촉진은 소비자에게 제품 사용에 대한 유용한 정보나 가치 있는 정보를 제공해준다. 예를 들어, 아보카도나 석류를 판매하는 기업들은 과카몰리나 디저트 등을 만들 수 있는 방법을 영상을 통해 제작하고 소개하기도 한다.

어디서 말할 것인가 : 지원 매체

마케터들(그리고 소비자들)은 보통 광고가 TV, 잡지, 라디오와 같은 대중매체에 의해서 메시지가 전달된다고 생각하지만 실제로는 화장실, 식당과 바에 앉는 자리, 심지어 비행기 꼬리에도 전달된다. **지원 매체**(support media)는 대중매체로는 도달하기 어려운 소비자들에게 도달한다. 따라서 이러한 플랫폼은 전통적 매체를 지원한다. 광고주들이 중요하게 인식하는 몇 가지 지원 매체 광고를 살펴보자.

전화번호부

전화번호부 광고(directory advertising)는 '가장 현실적인' 정보에 초점을 두고 있다. 1883년에 와이오밍의 어느 출판업자가 전화번호부 책을 인쇄하던 중 흰색 종이를 다 써버려서 노란색 종이로 대체했다. 오늘날 옐로우 페이지(Yellow Pages)의 유래인데, 온라인 업종별 전화번호부를 포함한 오늘날의 업종별 전화번호부는 미국에서 160억 달러 이상, 세계적으로 45억 달러 이상의 수익을 올리고 있다.[24] 소비자들은 일반적으로 제품 구매 전에 전화번호부 항목들을 훑어본다.

옥외 매체

옥외 매체(out-of-home media)는 야외 광고(간판과 네온사인 등), 트랜싯 광고(버스, 택시, 기차, 기차역, 공항 등의 내외부에 장착된 사인들), 그리고 공공장소에서 사람들에게 다가가는 유형의 메시지들을 포함한다. 최근에 야외 광고는 기술의 한계를 넘어서서 **디지털 신호체계**(digital signage)로 발신자가 메시지를 임의로 바꿀 수 있게 되었다. 볼보는 새롭게 출시한 V40 광고를 영국의 기차와 버스 정류장에서 집행했다. 해당 광고에는 "당신 자신에 대해 더욱 알고 싶지 않나요?"라는 글이 쓰여 있다. 터치스크린을 통해 승객들은 자신만의 V40을 만들어볼 수 있다.[25] 물론 많은 소비자들은 옥외 매체가 그다지 매력적이지 않다고 느끼기 때문에 특별히 좋아하지는 않는 경향이 있다.

거점 매체

거점 매체(place-based media)는 CNN의 공항 채널과 같은 것으로 공항 대기실과 같은 공공장소에서 '발이 묶인 사람들'에게 메시지를 전달한다. 미국의 주요 50개 공항에는 2,000개의 게이트를 통해 다양한 뉴스들이 전파된다.[26] 또한 매장, 사무실, 헬스클럽 등에서는 베스트 바이, 풋락커, 그리고 타깃 등이 거점 매체를 통해 메시지를 전달한다. 월마트 스마트 네트워크는 복도나 전자매장과 같은 마케팅 존에서 매주 약 800만 명의 소비자들에게 다가간다.[27]

어디서 말할 것인가 : 디지털 매체

지금까지 다양한 매체를 이야기하면서 다소 혼란스러운 부분이 발견된다. 지금까지 전통 광고와 전통 매체에 대해 학습했다. 하지만 앞서 논의했듯이, 마케터들은 전통적인 형태의 마케팅 커뮤니케이션에서 디지털 매체로 전환하기 시작했다. 디지털 매체는 전통 매체와는 그 성격이 다르다.

디지털 매체(digital media)라는 개념은 기존 유선 전화나 바늘 시계 등에 적용된 아날로그가 아닌 디지털 매체를 의미한다. 오늘날 대중적인 디지털 매체의 형태는 이메일, 웹사이트나 블로그 속 광고, 페이스북과 같은 소셜 미디어, 구글과 같은 검색 엔진, 유튜브와 같은 디지털 비디오 등이 있다. 또한 마케터는 모바일 폰을 통해 문자를 전송할 수 있다.

디지털 매체는 소유, 유료, 무료 매체로 구분된다.[28]

- 기업은 홈페이지, 블로그, 페이스북 페이지, 유튜브 채널, 그리고 트위터 계정과 같은 **소유 매체**(owned media)를 운영할 수 있다. 이들 소유 매체의 장점은 기업이 고객과 관계를 구축하는 데 효과적인 수단이라는 것이다.
- **유료 매체**(paid media)는 전통 매체와 가장 유사한데, 전시 광고, 후원, 핵심 키워드 검색이 그것이다. 소비자들은 일반적으로 그 효과성 때문에 유료 광고를 좋아하지 않는다.
- **무료 매체**(earned media)는 소셜 미디어를 사용하는 구전(WOM) 혹은 입소문을 의미한다. 무료 매체의 장점은 소비자들의 신뢰도가 높다는 점이다. 하지만 마케터는 무료 매체를 통제하기 힘들기 때문에 그저 듣고 반응하는 수밖에 없다.

웹사이트 광고

온라인 광고는 더 이상 새로운 것이 아니다. 기업들은 이제 매년 1,210억 달러 이상을 디지털 매체를 통해 커뮤니케이션한다.[29] 이는 18세 이상 성인들이 TV를 시청하는 시간(하루에 약 4시간 30분)보다 디지털 디바이스를 사용하는 시간(하루 5시간 이상)이 더욱 길기 때문이다.[30]

옥외 매체 공공장소에서 사람들에게 도달하는 커뮤니케이션 매체

디지털 신호체계 디지털 기술을 사용해 메시지를 임의로 바꿀 수 있는 옥외 매체

거점 매체 어떤 형태로 사람들이 모여 있는 진료 대기실, 공항 대기실과 같은 공공장소에서 메시지를 전달하는 광고 매체

디지털 매체 웹사이트, 모바일이나 휴대폰, 유튜브 같은 디지털 영상을 포함하는 아날로그가 아닌 디지털 매체

소유 매체 웹사이트, 블로그, 페이스북, 트위터 계정 같은 광고주가 소유하는 인터넷 사이트들

유료 매체 어떤 한 광고주가 대가를 지급하는 전시 광고, 후원 핵심 키워드 검색

무료 매체 광고주가 통제권을 가지지 않는 소셜 미디어를 사용하는 구전이나 입소문

온라인 광고는 다른 플랫폼과 비교했을 때 몇 가지 이점이 있다. 첫째, 인터넷은 표적 고객에게 접근하는 새로운 방법을 제시한다. 웹 사용자의 레지스트레이션과 쿠키는 사용자들의 인터넷 행동을 추적할 수 있게 실현시켜주었으며, 특정 광고의 '클릭' 수를 추적할 수 있게 해주었다. 따라서 광고주들은 실시간으로 온라인 메시지 반응을 추정하고 측정할 수 있게 되었다.

인터넷 광고의 구체적인 형태는 배너, 버튼, 팝업, 검색엔진, 그리고 디렉터리와 이메일 등이 있다.

배너(banners)는 사각형 그래픽으로 웹페이지의 맨 위나 아래에 위치하고 있으며, 인터넷 광고의 최초 형태이다.

버튼(buttons)은 웹페이지 어느 곳에도 위치할 수 있는 작은 배너 광고 형식이다.

팝업 광고(pop-up ad)는 웹페이지가 로드될 때 혹은 그 후 웹페이지에 나타나는 광고다. 많은 사용자들은 팝업 광고를 귀찮게 여기기 때문에 인터넷 접속 소프트웨어를 통해 이를 사전에 차단하기도 한다.

이메일 광고

이메일 광고는 아주 많은 수의 사람을 대상으로 동시에 메시지를 보낼 수 있기 때문에 소비자들과 커뮤니케이션 할 수 있는 가장 용이한 방법 중 하나이다. 또한 10개에서 1만 개에 이르는 메시지 모두 가격은 동일하다. 이 플랫폼의 한 가지 단점은 **스팸**(spam)의 증가에 있다. 산업에서는 스팸을 발신자와 개인적인 관계가 없는 5명 이상의 사람들에게 허용되지 않은 이메일을 보내는 행위라고 정의하고 있다. 따라서 많은 웹사이트들은 스팸 메일 차단 장치를 통해 원하지 않는 메일을 거절할 수 있도록 해주고 있다. 이러한 **허용 마케팅**(permission marketing)은 소비자에게 선택할 권한을 준다. 미국의 마케터들은 매년 대략 2,580억 통의 이메일을 소비자들에게 발송하며, 이들 중에서 많은 부분이 휴지통으로 직행하기보다는 개봉되어 읽히기를 희망한다.[31]

검색엔진

검색엔진(search engines)은 특정 키워드를 통해 문서를 찾는 인터넷 프로그램이다. 소비자들이 인터넷을 통해 제품 정보를 검색하는 횟수가 증가하고 있다. 구글(www.google.com)이나 빙(www.bing.com)과 같은 검색엔진들은 키워드를 통해 수백만 페이지의 유용한 정보를 제공해줄뿐만 아니라 키워드가 반영된 사이트 목록도 제공한다.

물론 이러한 검색엔진은 너무나 많은 정보를 제공하기 때문에 오히려 문제로 작용하기도 한다. 즉 너무나 많은 정보 홍수로 인해 그 문제가 발생하는 것이다. 따라서 마케터들은 보다 정교한 **검색 마케팅**(search marketing) 개발을 요구받게 되었다. 제5장에서 논의했던 검색엔진 최적화(search engine optimization, SEO)로 마케터들은 소비자들이 검색하는 과정에서 가장 많이 사용한 키워드를 먼저 찾아야만 한다. 그리고 키워드와 연관된 사이트 콘텐츠나 HTML을 편집해 검색엔진에서 상위에 사이트가 노출될 수 있도록 해야만 한다. **검색엔진 마케팅**(search engine marketing, SEM)은 검색엔진 업체들이 기업들에게 일정의 비용을 지불토록 요구한 후 검색 결과 상위에 광고가 노출되는 **후원 검색 광고**(sponsored search ads)로 진행된다. 미국 웹사이트 이용자의 67%가[32] 사용하는 구글은 전 세계적으로 500억 달러의 수입을 기록했다.[33] 오늘 누가 당신을 구글로 검색할까?

모바일 광고

모바일 마케팅 학회는 **모바일 광고**(mobile advertising)를 '핸드셋(handset)을 통해 소비자와 커뮤니케이션하는 광고의 한 형태'라고 정의한다.[34] 모바일 마케팅은 광고주가 모바일 웹사이트, 모바일 앱, **텍스트 메시지 광고**(text message ads), 모바일 영상과 TV를 통해 소비자들에게 메시지를 다양하게 전달하도록 해준다.

GPS가 탑재된 최신 폰들은 당신의 위치를 알려줌으로써 새로운 광고 기회를 제공한다. 제7장에서 논의한 지리표적화(Geo-targeting) 기술로 소비자들이 위치한 지역을 추적해 해당 지역과 연관된 광고를 전달할 수 있게 되어, 메시지 연관성은 더욱 높아졌다. 이러한 지리표적화는 소셜 미디어 앱을 통해 더욱 확산되었다. 예를 들어, 포스퀘어, 고왈라, 그리고 페이스북 플레이스 등은 제품 촉진이 적재적소에 가능하게끔 소비자들이 현재 위치한 장소를 기점으로 지역 매장에서 쓸 수 있는 쿠폰을 발행하고 있다. 레스토랑과 소매상들은 지리표적화를 통해 소비자들에게 쇼핑 가능 시간을 알려주고 있으며, 매장 내에서는 제품 앞에 서 있는 고객에게 해당 제품 광고가 전송될 수 있게 하고 있다.[35] 구매자나 인사팀 관리자가 이러한 서비스를 이용할 때, AFLAC가 상위 목록에 노출된다. 물 밖으로 나오는 오리는 없는 것이다![36]

대부분의 스마트폰 앱은 무료다. 따라서 대부분의 개발자들은 이러한 앱을 **수익화**(monetize)할 수 있는 방법을 고민해야 한다. **앱 내 광고**(in-app advertising)는 이를 해결할 수 있는 좋은 방법이다. 앱 내 광고의 최고 전략은 수익을 창출하는 데만 초점을 맞추는 것이 아니라 사용자가 가능한 이를 사용할 수 있도록 유도하는 것이다.[37]

QR 코드 광고(QR code advertising)는 소비자들에게 모바일 폰을 통해 메시지를 전달하는 유용한 또 다른 광고 중에 하나다. 마케터들은 잡지나 매장 내에 QR 코드를 삽입하는데, 스마트

모바일 광고 핸드셋을 통해 소비자에게 커뮤니케이션 하고자 하는 광고의 한 형태

텍스트 메시지 광고 모바일 폰에 문자메시지로 전송되는 광고

수익화 웹사이트나 모바일앱을 통해 콘텐츠가 수익화되는 활동

앱 내 광고 무료 모바일 앱으로 소비자 관여를 높여 수익 창출

QR 코드 광고 스마트폰의 GPS를 이용해 소비자에게 다양한 정보를 전달하는 광고

광고 조작 광고주가 시청 혹은 클릭 수만큼 지불해야 하는 조작된 자동 브라우저 광고 노출

광고 블로킹 네트워크상 웹사이트로부터 광고를 차단하는 소프트웨어

모바일 납치 광고주가 지불해야 하는 클릭 횟수 또는 조회수를 위조하는 자동 브라우저의 사용

헤드라인에서 가져온 사례

현실세계에서 윤리적/지속 가능한 의사결정

인터넷은 많은 사람들이 엔터테인먼트, 뉴스, 정보, 광고 등을 만들고 공유하는 세계를 만들었다. 인터넷은 실제로 상당히 긍정적인 효과를 보여주고 있지만 웹 사용에 따른 부작용도 발견되기 시작했다. 이러한 부작용 중에 하나 **광고 조작**(ad fraud)이며, **광고 블로킹**(ad blocking)은 이에 대응하는 개념이다.

광고주들은 뉴욕타임스와 같은 인쇄물이 아닌 신발 구입을 위해 웹사이트를 방문하고 페이스북 페이지를 방문하며, 검색엔진을 활용하는 온라인 구매자들을 위한 광고를 만들기 시작했다. 여기서 광고 조작이 발생하는 것이다. 광고 온라인 네트워크상, 광고주와 당신의 폰(혹은 태블릿 PC) 사이에서 상당한 거래가 이루어진다. 페이지 노출이나 클릭에 따라 점점 더 많은 돈들이 모이는 것이다. 사이버 범죄자들은 '조작 봇(fraud bots)'을 이용하는데, 이는 브라우저상 자동으로 광고가 생성되어 실제 소비자들의 의사와 상관없이 클릭이 계산되도록 하는 프로그램이다. 한 연구에 따르면 이러한 **모바일 납치**(mobile hijacking)는 '좀비 앱'에 의해 10일간 1,200만 디바이스에 사용자가 전혀 알지 못하는 상황에서 1만 6,000개의 광고가 다운로드됐다고 밝히기도 했다. 이러한 광고 조작은 연간 80억 달러의 비용을 초래하고 있으며, 이보다 더 많은 180억 달러로 추정되기도 한다.

이러한 문제를 해결하기 위한 방법으로 네트워크 수준에서 웹사이트로부터 광고를 어느 정도 차단할 수 있는 광고 블로킹 소프트웨어가 대안으로 떠오르고 있다. 하지만 이는 정말 효과적일까? TV 광고의 경우 TV 프로그램에 반드시 비용을 지불해야 한다. 온라인 광고 역시 소비자들이 무료로 콘텐츠를 즐기기 위해 상당한 비용이 지불되기도 한다. 확실한 것은 개인 소비자들은 자신의 디바이스에 광고 차단을 위한 프로그램을 다운로드할 수 있다. 네트워크 광고 블로킹은 인터넷 세상에서 소비자들이 실제로 무엇을 보고 무엇을 보지 못하는지를 통제할 수 있다. 광고 블로킹에 대한 논란은 언론에 대한 자유와 검열을 의미하는데, 이에 따라 소비자들은 정보를 확보하기 위해 더욱 많은 비용을 지불해야 함을 의미하기도 한다. 즉, 웹상에서의 개방과 무료가 없어짐을 의미한다는 것이다.

많은 전문가들은 광고와 콘텐츠에 대한 차단은 불가피하다고 주장한다. 웹 콘텐츠가 점진적으로 성장하는 가운데 소비자들은 결국 이러한 광고 차단을 원할 수밖에 없다.

결국 광고주들이 선의의 비즈니스를 수행한다면 광고 조작은 어느 정도 줄일 수 있을 것이다. 일부 기본 사항에는 주소 정보, 세금 ID 및 배경 확인을 통해 새로운 채널 파트너에 대한 조사가 포함될 수 있다.

윤리 체크 : ☚

소비자 디바이스에 광고 차단을 위한 네트워크의 사용은 비윤리적인가?

☐ 예 ☐ 아니요

영상 공유 유튜브 같은 인터넷 사이트에 영상 기록물을 업로드하여 수천 또는 수백만 명의 다른 인터넷 사용자들이 이를 볼 수 있게 하는 것

비디오 블로그 인터넷에서 공유되는 영상 기록물

매체 일정 사용할 정확한 매체와 이를 언제 사용할 것인지 정하는 계획

폰으로 QR 코드를 스캔하면 URL로 전환되어 해당 웹사이트로 접속이 된다. 브랜드 웹사이트에 쉽게 접근할 수 있으며, 판매로 이어지는 전환율이 매우 높다.

영상 공유 : 유튜브를 확인해보자

영상 공유(video sharing)는 유튜브 같은 인터넷 사이트에 영상 기록물 또는 **비디오 블로그**(vee-logs로 발음되는 vlogs)를 업로드하여 수백만 명의 인터넷 사용자들이 이를 볼 수 있게 하는 전략을 의미한다. 이러한 영상 공유는 유튜브만 있는 것이 아니다. 비메오, 비보, 데일리모션, 베오, 메타카페, 플리커, 그리고 브레이크 등도 있다.[38]

마케터에게 있어 유튜브를 비롯한 다양한 비디오 플랫폼은 소비자와 관계를 맺기 위한 수많은 기회를 제공한다. 예를 들면 쿠진아트를 비롯한 다양한 주방가전 업체들은 제품 사용 영상을 제공하여 해당 제품들을 촉진한다. 월드컵 개최를 알리는 나이키는 세계 최고의 축구 선수들이 참여한 5분짜리 영상을 만들었다. "Risk Everything"이라는 타이틀로 제작된 해당 영상은 석 달 동안 1,800만 명이 시청했다.[39] 대학교와 학생들 역시 영상 공유를 한다. 당신 대학교의 학생들이 "Happy" 영상을 만들고 유튜브나 페이스북에 포스팅한 적이 있는가?

언제, 얼마나 자주 말할 것인가 : 매체 일정

광고 매체를 선택한 이후 광고 기획자는 광고 캠페인을 통해 메시지를 언제, 얼마나 자주 노출시킬지 결정하는 **매체 일정**(media schedule)을 정해야 한다. 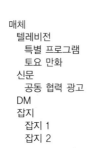 그림 13.10에는 새로운 비디오 게임을 위한 가상의 매체 일정이 소개되어 있다. 상당수의 광고들은 크리스마스나 공휴일 이전에 표적 고객에게 도달하기 위한 광고 예산을 책정하고 있다.

매체 일정은 어떤 매체(TV 혹은 잡지)가 어떤 매체 도구('왕좌의 게임'이나 '빅뱅이론'과 같은 TV 프로그램)를 통해 전달되어야 광고 목적을 달성할 수 있는지 그 추정이 반영되어 있다. 매체 계획자는 표적 고객의 인구통계 및 심리적 요인과 매체 유형 간의 관계, 경쟁사의 광고 패턴, 전달하고자 하는 정보를 담을 수 있는 매체 특징과 같은 정성적인 요인들을 모두 고려해야 한다. 또한 매체 계획자는 콘텐츠와 제품 간의 호환성도 고려해야 한다. 예를 들어, '카다시안 가족 따라잡기(Keeping Up with the Kardashians)'와 같은 재밌는 프로그램을 보는 동안 동물학대를 예방하는 광고를 보여준다면 별다른 반응을 이끌어내기 힘들 것이다.

광고를 언제 어디서 노출시킬 것인지 정했다면, 계획자는 그 또는 그녀가 전달하고자 하는 메시지를 얼마나 자주 노출시킬 것인지 정해야 한다. 전반적인 노출 일정은 다음과 같다.

지속적 일정(continuous schedule)은 연중 내내 광고를 꾸준히 집행하는 것이다. 이런 방법은 샴푸나 빵과 같이 규칙적으로 우리가 구입하는 제품에 적절하다. **주기적 일정**(pulsing schedule)은

그림 13.10 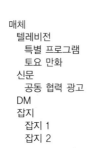 **스냅숏 | 비디오 게임의 매체 일정**

매체 계획은 언제, 어디서, 얼마나 많이 광고를 행할 것인지 대한 결정이 있어야 한다. 이것은 비디오게임에 대한 매체 일정을 보여주는 계획표이다.

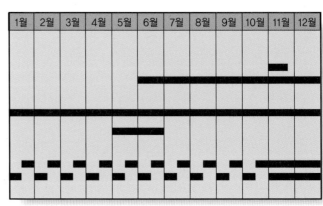

핵심 계량지표

매체 계획자들은 매체 스케줄을 잡기 위해 정량적인 요인들을 적극적으로 활용한다. **도달률**(reach)은 일정 기간 동안(일반적으로 4주) 매체를 통해 노출된 표적시장의 비율을 의미한다. 가령, 18세 이상 성인 1억 명이 표적시장일 경우 특정 TV프로그램의 주요 시청자는 500만 명이라고 가정한다면 해당 프로그램의 도달률은 5다. 높은 도달률을 달성하기 위한 매체 계획을 하려면 가능한 한 많은 소비자들을 대상으로 메시지를 전달하기 위해 일상적으로 사용되는 제품을 고려해야 한다. **빈도**(frequency)는 개인 혹은 특정 가구가 메시지에 노출된 평균 횟수다. 기술적으로 복잡하거나 상대적으로 작은 시장이지만 메시지의 반복 노출로 인한 영향력이 클 경우 빈도는 중요하다.

총시청률(gross rating points, GRPs)은 매체 계획상 특정 매체에 대한 시청 총량을 의미한다. 일상적으로 우리는 15갤런의 가스와 1파운드의 커피를 구매한다고 이야기하는 것처럼 매체 계획자들은 라디오 250 GRPs 혹은 TV 700 GRPs를 구매한다고 이야기한다.

마케터들은 특정 매체에 계획된 광고 삽입 횟수를 곱하여 GRP를 계산한다. 표적 고객층의 30%가 '빅뱅이론'을 보고 4주 동안 12개의 광고를 게재한다고 가정하면, 360 GRP(30 × 12)를 구매하게 되는 것이다.

다수의 매체들이 표적 수신자들에게 도달할 수 있음에도 불구하고 비용면에서 비효율적이다. 점점 많은 사람들은 오후 3시에 재방영하는 영화 타잔보다는 슈퍼볼을 시청하는 추세다. 하지만 광고주들은 슈퍼볼 30초에 들이는 비용보다 더 저렴한 매일 저녁 늦은 밤에 집행되는 광고를 더욱 선호한다. 서로 다른 매체에서 비용-효과성을 비교하고 동일한 매체지만 서로 다른 효과성을 봤을 때, 매체 계획자들은 **광고경비효율지표**(cost per thousand, CPM)로 이를 측정한다. 즉 1,000명에게 메시지가 전달될 때 요구되는 비용을 의미한다.

'빅뱅이론'에서 30초당 광고 집행비가 40만 달러라고 가정해보자. 하지만 표적 고객들의 도달률은 2,000만 혹은 1,000 단위당 2만(CPM 측면에서는 1,000단위로 구분)이라고 하자. 그렇다면 '빅뱅이론'의 CPM은 $400,000/20,000인 $20 CPM으로 계산된다.

'포춘'지의 광고비용을 비교해보자. 페이지당 4색 컬러 광고 비용은 약 11만 5,000달러에 이르고 독자들 중 표적 고객은 약 200만 명이라고 가정해 보자. 그렇다면 포춘지의 CPM은 $115,000/2,000인 $57.50 CPM으로 계산된다. 1,000단위당 계산되는 표준으로 봤을 때 '그 무엇이든' 간에 '빅뱅이론'이 보다 높은 비용이 지출될 것이다.

계량지표 적용

당신은 'NCSI'나 '월스트리트저널(WSJ)' 중에 하나를 선택해 광고를 집행해야 한다. NCSI는 표적 고객 중 3,000만 명에게 도달이 가능하며 WSJ는 1,500만 명이 구독한다. CBS는 NCSI에 30초당 광고 비용으로 5만 달러를 제시했으며, WSJ는 페이지당 2만 달러를 제시했다.

1. 각각의 CPM을 계산해보자.
2. 어떤 매체가 비용면에서 더 나은가?

제품의 수요에 따라 광고량을 분산시키는 것이다. 선탠로션은 1년 내내 광고를 할 수도 있지만, 여름철에 더욱 많은 광고를 한다. **플라이팅**(flighting)은 주기적 일정의 극단적인 형태로 별다른 활동이 없는 간격을 두고 짧고 강렬하게 보인다.

13.4
목표
판매 촉진이 무엇인지 설명하고 소비재와 B2B 판매 촉진 활동을 비교해보자.

판매 촉진

때때로 캠퍼스에서 학생회를 지나 걸어갈 때 당신은 콘테스트에 참가하기를 원하는 사람들, 새로 나온 캔디 바를 먹어보기를 원하는 사람들, 또는 지역 은행 이름이 적혀 있는 공짜 티셔츠를 가져가길 바라는 사람들을 마주하게 된다. 이 모든 것들이 **판매 촉진**(sales promotion)이다. 이것은 마케터들이 특정 기간 동안 제품이나 서비스를 구입하기를 권하거나 관심을 유도하기 위해 설계된 프로그램이다.[40]

판매 촉진과 광고의 차이점은 무엇일까? 이것은 아주 좋은 질문이다. 둘 다 소비자 행동이나 태도를 바꾸기 위해 특정 후원자가 비용을 지불한 촉진활동이다. 애플비 레스토랑이 TV 광고를 통해 군인들과 베테랑들을 대상으로 베테랑 데이를 개최해 무료로 이용할 수 있게 개발하는 것도 판매 촉진이다.[41]

마케터들이 브랜드, 기업, 매장 등에 대한 장기적이고 긍정적인 느낌을 구축시키기 위해 광고 캠페인을 세심하게 집행하는 반면, 판매 촉진은 즉각적인 판매량 상승 또는 신제품 소개와 같은 단기적인 목표를 실현하기 위해 집행된다.

도달률 일정 기간 매체를 통해 노출된 표적 시장 비율

빈도 목표 집단 내의 개인이 메시지에 노출되는 평균 횟수

총시청률(GRPs) 다른 매체 수단의 효율성을 비교하는 데 사용되는 특정 값으로 평균 도달 범위 X 빈도로 계산

광고경비효율지표(CPM) 서로 다른 노출률을 가지는 상이한 매체 수단들의 상대적 비용-효과 비교를 위해 쓰이는 측정. 1,000명의 사람 또는 가정에 메시지를 전달하는 데 발생하는 비용

판매 촉진 특정 기간 동안 제품에 관심을 갖게 하거나 구매를 권하기 위해 설계된 프로그램

오늘날 마케터들은 더 많은 양의 마케팅 예산을 판매 촉진에 할당하고 있다. 여기에는 몇 가지 이유가 있다. 첫째, 대규모 식품 체인점과 월마트 같은 거대 판매자가 성장함에 따라 유통 경로의 권력 이동이 일어나고 있다. 이런 현상으로 인해 제조업자들에게 합의와 할인에 대한 압력이 가해지고 있다. 둘째, 소비자의 브랜드 충성도 하락이다. 이는 소비자들이 이전보다 비용, 가치, 편의에 근거해 제품을 구매함을 의미한다. 따라서 특별 판매 촉진 제공이 가격에 민감한 소비자들의 브랜드 전환을 유도하고 있다.

마케터들은 판매 촉진 활동을 최종 소비자 또는 그들의 제품을 판매하는 유통 구성원들을 목표로 한다. 따라서 판매 촉진을 소비자 지향 판매 촉진(consumer-oriented sales promotion)과 거래처 지향 판매 촉진(trade-oriented sales promotion) 두 가지 주요 범주로 나눌 수 있다. 먼저 소비자 지향 판매 촉진에 관해 이야기하고 후에 거래처 지향 판매 촉진에 대해 이야기할 것이다. 표 13.3에서 일반적인 소비자 지향 판매 촉진의 몇 가지 예들을 볼 수 있을 것이다.

소비자 지향 판매 촉진

판매 촉진이 증가하는 이유 중 하나는 그것이 효과가 있기 때문이다. 즉, 대부분의 판매 촉진이 일시적으로 가격과 가치 관계 변화가 있기 때문이다. 케첩 한 병에 50센트 할인 쿠폰은 판매 가격을 할인시킨다. 반면에 '25% 더' 땅콩 병은 그 가치가 오른다. 당신이 샴푸 한 병을 사면서 무료로 헤어브러시 하나를 얻는다면 전반적인 가치가 오르게 된다. 📷 그림 13.11에서 보는 바와 같이 소비자 판매 촉진은 가격 기반 또는 관심 유도 촉진으로 구분된다.

가격 기반 소비자 판매 촉진

수많은 판매 촉진은 소비자들의 지갑을 여는 것을 목표로 한다. 소비자들로 하여금 짧은 기간만이라도 특정 브랜드를 선택하도록 유도하는 단기적인 가격 인하(short-term price reduction) 혹은 리베이트(rebates)를 강조한다. 그러나 가격 기반의 소비자 판매 촉진은 가격 파괴와 같은 업계 판매 촉진의 단점과 유사한 단점을 가지고 있다. 기업이 이러한 판매촉진 전략을 과도하게

표 13.3	**소비자 판매 촉진 기법 : 샘플 모음**	
기법	설명	예
쿠폰(신문, 잡지 우편물 포장, 상점 내, 인터넷)	선택된 제품에 대한 할인 증서, 흔히 유효 기간이 있고, 제품 시도 권장을 위해 쓰임	크레스트 화이트스트립스 5달러 할인
가격 할인 포장	특별 표시 포장 제품 할인 가격에 제공	타이드 세제 특별 표시 포장 50센트 할인
리베이트/환불	구매자가 구매 증명을 하면 현금 상환	유니로열은 네 가지 새로운 타이거 포 타이어 구매자에게 40달러 우편 할인을 제안
연속성/충성 프로그램	소비자는 할인가 또는 무료 구입으로 이어지는 포인트로 반복 구매 보상을 받음	항공사들은 상용 고객들에게 누적 포인트로 무료 비행 제공, 어떤 세차장은 10회 세차 후 1회 반값 제공
특별/보너스 포장	구매에 따라 제품 추가분 증정, 사용자에게 보상	맥셀은 한 팩 50장 CD 구매 시 10장 무료 제공
콘테스트/내기 게임	소비자에게 당첨 시 현금 또는 구매 기회 제공. 당첨자는 우연에 의해 결정. 콘테스트는 약간의 기술이 요구되는 경쟁적 요소 요구	퍼블리셔의 클리어링 하우스는 엄청난 수의 내기 게임 공고
프리미엄 : 구매 직전·구매 중·구매 후·무료 우편 프리미엄, 소비자 지불 자체 변제 프리미엄	한 소비자가 하나 구매 시 하나의 무료 선물 또는 저가 품목을 가짐. 제품 이미지 제고 및 사용자 보상	20달러어치 크리니크 제품 구매 시 무료 메이크업 키트 제공
샘플(직접 우편, 신문, 잡지, 제품 포장, 점포 내)	신제품을 사용하도록 소비자에게 실제 또는 사용 규모의 제품 제공	우편으로 클레롤 허벌 에센스 샴푸 무료 샘플병 도착

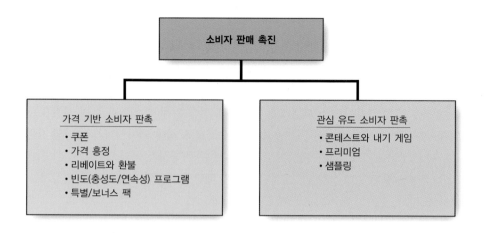

그림 13.11 📷 **스냅숏** │ 소비자 판매 촉진의 유형

소비자 판매 촉진은 일반적으로 가격 기반 또는 관심 유도 촉진으로 분류된다.

사용하면 소비자가 더욱 낮은 가격으로만 제품을 구매하게 '훈련'시키는 꼴이 될 수 있다. 가격 기반의 소비자 판매 촉진은 다음과 같은 형태가 있다.

- **쿠폰** : 일요 신문에서 쿠폰이 빠져 있는 경우가 있었는가? 이러한 상품권, 현금 할인 쿠폰 등은 가장 일반적인 가격 기반 판매 촉진이다. 실제로 쿠폰은 판매 촉진의 가장 흔한 형태다. 다수의 기업들은 매년 수십억 건의 이러한 판매 촉진을 신문, 잡지, 우편, 상점, 이메일, 인터넷을 통하여 배포하고 있다. 심지어 제약업체들도 이 방법을 포기할 수 없다. 이런 업계는 소비자들이 약품 샘플을 무료로 교환할 수 있는 쿠폰의 형식을 제공한다. 제약업체들은 쿠폰을 이용하여 환자들로 하여금 경쟁사 브랜드가 아닌 특정 브랜드를 약사에게 요구하도록 촉진한다.[42]
- **가격 흥정, 환불, 리베이트** : 쿠폰 외에도 제조업체들은 판매를 위해 일시적인 가격 할인을 한다. 이러한 가격 흥정은 패키지 자체에 표기되어 있거나, 할인 표시나 매장 진열의 배너를 통해서 이루어지기도 한다. 또는 기업들은 **리베이트**(rebates)하기도 하는데, 이는 소비자 구입 가격의 일부를 제조업체에게 메일링을 통해서 보상해주는 것이다.
- **빈도(충성도/연속성) 프로그램** : **빈도 프로그램**(frequency programs)은 충성도 또는 연속성 프로그램이라고 불리기도 하는데, 여러 번에 걸쳐 특정 제품을 구입한 소비자에게 할인이나 무료 제품을 제공하는 것을 의미한다. 전직 아메리칸 항공사의 마케팅 담당 부사장이었던 마이크 건은 1980년대에 '상용 고객'이라는 용어를 만들어 알려졌다. 물론 다른 항공사들, 소매상들, 임대업체들, 호텔, 식당 등 많은 업체들이 이 프로그램을 도입했으며 이제 거의 모두가 고객 충성도 프로그램을 가지고 있다.
- **특별/보너스 팩** : 또 다른 형태의 가격 기반 판촉은 가격 할인이 아닌 소비자들에게 더욱 많은 양의 제품을 제공해주는 것이다.[43] 월그린에 가서 16온스의 플랜터스 땅콩 병을 발견했는데, 또 다른 무료 4온스들이 병이 같이 묶여 있는 것을 발견하면 얼마나 좋은가! 특별 팩은 재활용이 가능한 장식용 비눗갑과 같은 독특한 포장의 형태로 구성될 수 있다.

관심 유도 소비자 판촉

소비자의 관심을 끄는 판매 촉진은 제품 관심을 유도한다. 이와 같은 판매 촉진의 몇 가지 종류는 다음과 같다.

- **콘테스트와 내기 게임** : 법적 정의에 따르면 콘테스트는 기술 경연이며, 내기 게임은 운

리베이트 소비자에게 제품 원가의 일부를 제조업체로부터 되돌려 받도록 하는 판매 촉진

빈도 프로그램 여러 번에 걸친 복수의 구매에 대하여 할인 또는 무료 제품을 제공하는 소비자 판매 촉진 프로그램. 충성도 또는 연속성 프로그램으로도 불림

프리미엄 제품을 구매한 사람에게 무료로 제공되는 품목들

제품 샘플링 소비자들에게 작은 크기의 제품을 무료로 유통시키는 것

거래처 판매 촉진 기업이 제품을 판매하기 위해 같이 협조해야만 하는 소매 판매원, 도매 유통업자와 같은 유통 경로 구성원들을 포함하는 '거래처' 구성원들에게 초점을 두는 판촉

(chance)에 따른다.

- "더 젊고, 더 뜨거운" 표적 고객 관심을 갖기 위해 세계적인 탄산수인 페리에는 시크릿 플레이스 내기 게임을 펼친 바 있다. 해당 콘테스트에서는 내기에 참여하기 전 개봉되기 전의 페리에 병을 찾아야 한다. 경품은? 전 세계 가장 큰 축제에 초대를 받는 것이다.[44]

- 남성용 그루밍 제품인 액스 아폴로는 신제품 도입을 위해 액스 아폴로 빅 게임을 구상했다. 해당 게임은 최대 6분 동안 중력이 없는 곳으로 최대 64마일까지 22명의 사람들을 보내는 것이다. 모든 참가자들은 그들이 왜 우주 비행사가 되어야 하는지 설명해야 한다. 투표를 통해 최종 100인이 선정되었으며, 해당 브랜드와 업체는 최종 입상자를 정해야 했다.[45]

- 프리미엄 : **프리미엄**(premiums)이란 물건을 살 때 공짜로 얻는 물건이다. 시리얼 박스의 바닥에 있는 상품이 프리미엄이다. 제너럴 밀스의 치리어스 시리얼은 12세에 먹는 치리어스 박스에 이중 언어를 사용하는 어린이 책을 담아 제공한 바 있다. 2015년에는 치리어스 박스 안에 있는 코드를 사용해 무료 전자책을 제공하도록 수정했다.[46]

- 샘플링 : 얼마나 많은 굶주린 대학생들이 지역 식품점에서 제공하는 무료 시식을 먹으며 끼니를 때우려고 시도했는가? 퍼블릭스나 샘스 클럽 같은 몇몇 소매점들은 실제로 토요일을 시식하는 날로 촉진한다. **제품 샘플링**(product sampling)은 상점 혹은 학생회와 같은 공공장소 혹은 우편을 통해 시용 사이즈 또는 일반 사이즈의 샘플을 배포해 제품을 한번 사용하도록 권장한다. P&G, 유니레버, SC 존슨, 글락소 스미스클라인과 같은 기업들은 Freesamples.com과 Startsampling.com과 같은 웹사이트를 이용하여 샘플들을 배포하고 소비자 만족도를 조사한다.

그림 13.12 📷 **스냅숏** │ **거래처 판매 촉진**

거래처 판매 촉진은 다양한 형태로 시행된다. 어떤 것들은 할인과 거래처와의 거래 목적으로 만들어지고 또 어떤 것들은 업계 가시성을 높이기 위해 만들어진다.

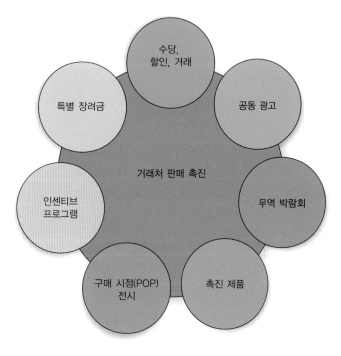

거래처 지향 판매 촉진 : B2B 고객을 목표로

앞서 보았듯이 판매 촉진은 공급사슬 내 어딘가에 위치한 B2B 고객도 될 수 있다. 이러한 이해관계 집단을 전통적으로 '거래처'라고 부른다. **거래처 판매 촉진**(trade sales promotions)은 제11장에서 논의했던 공급사슬 구성원들에 초점을 둔다.

거래처 판매 촉진은 다음 두 가지 중 하나로 귀결된다. (1) 할인과 거래 목적으로의 설계, (2) 산업 가시성 향상을 목적으로 한 설계가 그것이다. 이해를 돕기 위해 📷 그림 13.12에는 중요한 거래처 판매 촉진법의 형태를 보여주고 있고, 표 13.4에는 이에 대한 보다 자세한 내용을 제공한다. 이 중 몇 가지 기법들은 주로 거래처를 목표로 하지만, 또한 소비자들을 대상으로 한다.

할인 촉진

할인 촉진(거래)은 유통업자 또는 소매업자에게 제품의 원가를 줄이거나, 광고비 보전을 돕는 것으로 진행된다. 기업은 점포에 자사 제품을 재고로 유지하도록 권장하고 많은 주의를 유도할 수 있도록 설계한다. 마케터들은 제한된 기간 동안 할인을 제공해야 하며, 가격 전략과 혼동되지 않도록 구상해야 한다.

거래처 판매 촉진의 한 형태로 단기적인 가격 파괴(price-

표 13.4 | 거래처 판매 촉진 기법

기법	주 대상	설명	예
수당, 할인, 거래	거래처	소매상과 여타 조직 고객들은 대량 구매 또는 특별 구매 지원 제공에 대해 할인을 받는다.	소매상은 페퍼리지팜 스터핑 믹스에 대해 추수감사절 특별 전시품을 사용함으로써 할인을 받는다.
공동 광고	거래처와 소비자	제조업자 제품을 포함한 소매상의 광고비 중 일부를 제조업자가 지불한다.	토로는 자사의 잔디 깎는 기계를 포함시킨 브랜드 철물점 신문 광고 비용의 절반을 지불한다.
무역 박람회	거래처	많은 제조업자들은 참석자들에게 그들의 제품을 공개해서 알린다.	주방욕실협회 무역 박람회는 제조업자들이 그들의 최신 제품들을 주방욕실 리모델링 점주들에게 전시하도록 한다.
촉진 제품	거래처와 소비자	기업은 그들의 이름이 담긴 '프리미엄'을 나누어줌으로써 인지를 구축하고 그 이미지를 강화한다.	쿠어스 유통업자는 바 소유주들에게 매우 인기 있는 '쿠어스 라이트' 네온사인을 제공한다. 캐터필러는 고객들에게 캐터필러 로고가 새겨진 모자를 준다.
구매 시점(POP) 전시	거래처와 소비자	매장 내 전시는 소비자의 주의를 끈다. 많은 POP 전시는 또한 판촉 기능을 수행한다.	홈디포 매장에 전시된 베어 페인트는 고객들이 160개의 디즈니 컬러를 포함해 1,600개가 넘는 컬러를 선택하도록 한다.
인센티브 프로그램	거래처	주어진 기간 내에 정해진 매출 목표를 달성하거나 또는 최고의 성과를 낸 종업원에게 상이 주어진다.	메리케이 화장품은 최고 판매원에게 독특한 핑크 승용차를 상으로 준다.
특별 장려금	거래처	특정 제조업자 제품 판매에 대해 영업 사원에게 보너스로 주어지는 인센티브 프로그램의 특별한 형태	화장품 코너의 소매 판매원은 글로우 향수 한 병을 팔 때마다 JLO로부터 5달러를 받는다.

break)가 있다. 제조업체는 자사 제품을 할인해주는 판매 촉진을 통해서 유통 협력업체의 비용을 절감시켜준다. 예를 들어, 어떤 브랜드에 대해 특정 소매점에서 특별히 진열을 할 경우 제조업자가 이를 소매상에게 보상해주는 **판매 수당**(merchandising allowance)이 있다. 제조업자가 유통 파트너의 비용을 줄여줄 수 있는 또 하나의 방법으로 정해진 기간에 제조업체로부터 주문한 제품의 물량에 따라 소매상이나 도매상에게 할인을 제공하는 **물량 비례 수당**(case allowance)도 있다.

그러나 수당과 거래는 단점을 가지고 있다. 다른 판매 촉진 활동과 마찬가지로 제한된 기간 동안만 판매 촉진이 진행되고, 특정 기간 이후에는 유통 파트너들에게 본래 가격으로 제공해야만 한다. 불행히도 유통업체들은 할인 기간 동안 대량의 제품을 주문하여 재고로 쌓아두고 다시 할인을 할 때까지 구매를 하지 않는 **선매**(forward buying)라는 관행을 가지고 있다. 일부 대형 소매업체들과 도매업체들은 이 점을 극단적으로 악용해 **전용**(diverting)이라는 행위를 하기도 한다. 이는 윤리적 문제가 제기될 수 있는 상황으로 소매상이 제품을 할인된 가격으로 구매해 재고로 확보하고 있다가 판매 촉진 기간이 만료되면 확보된 재고를 다른 소매상에게 이익을 내기 충분한 가격으로 판매는 것이다. 선매이든 전용이든 판매 촉진을 제공하는 제조업체의 의도와는 다른 것이다.

공동 광고

또 하나의 거래처 수당은 **공동 광고**(co-op advertising)이다. 이 프로그램은 소매상이 제조업체 제품을 광고하는 데 일정 비용(대략 50%)을 지불하는 것을 제안한다. 공동 광고는 지역 매체가 지역 기업에게 상대적으로 낮은 광고비를 책정하기 때문에 제조업체에게는 상생이 가능한 전략으로 볼 수 있다. 소매상과 제조업체는 광고 비용의 일부를 지불해 전체 광고비를 낮추는 것이다. 공동 광고상에서 소매상에게 할당되는 광고비는 일반적으로 제조업체로부터 제품을 1년간 구매하는 비율로 제한된다.

판매 수당 제품의 매장 내 지원에 대하여 소매상에게 하는 보상들

물량 비례 수당 제품 주문 물량에 따라 소매상 또는 도매상에게 주어지는 할인

공동 광고 제조업자와 소매상이 비용을 분담하는 판매 촉진

무역 박람회 다수의 기업들이 그들의 제품을 보이고, 샘플을 주고, 제품 인쇄물을 유포하고, 새로운 사업 계약을 찾기 위한 정교한 전시를 하는 행사

촉진 제품 후원자의 인지 구축을 위해 주어지는 머그잔, 티셔츠, 장식용 자석 같은 재미있는 것들. 어떤 사은품들은 소비자 또는 산업체 고객들에게 직접 유포되고, 어떤 것들은 소매상과 노점상 같은 유통경로 당사자에게 주어짐

구매 시점 매장 내 전시와 표지판

특별 장려금 제조업자가 그 제품을 판매한 것에 대하여 판매원, 고객, 유통업자에게 지급하는 보너스

산업 가시성 향상을 목적으로 설계된 판매 촉진

또 다른 종류의 거래처 판매 촉진은 제조업체 제품의 가시성을 동일 산업 내 유통 파트너에게 부각시키는 것이다. 거래처 전시회에서의 멋진 전시이든, 업체 로고가 새겨진 머그잔을 유통 파트너들에게 나누어주는 것이든 모두 소매상들이 제품을 선택할 때 자사 제품이 우선순위로 올라가도록 하는 데 그 목적을 둔다. 이러한 판매 촉진은 다음의 형태를 취한다.

- 무역 박람회 : 미국 및 전 세계에서 매년 수천 번씩 펼쳐지는 **무역 박람회**(trade shows)는 제조업체들이 도·소매상들에게 자사의 제품을 보여줄 수 있는 기회다. 대규모 무역 박람회는 커다란 컨벤션 센터에서 개최되며 수많은 기업들이 정교하게 기획해 제품을 알리고, 샘플을 나눠주며, 제품 책자를 배부하고, 사업 계약을 체결한다. 오늘날에는 잠재적인 고객들이 제조업체의 제품들을 온라인으로 미리 볼 수 있는 온라인 무역 박람회도 점점 늘고 있다.

- 촉진 제품 : 우리는 업체의 로고가 새겨진 머그잔, 챙만 있는 모자, 티셔츠, 야구모자, 열쇠고리와 골프백, 비치체어, 그리고 기업 로고가 새겨진 여행용 가방 등을 접한 적이 있다. 이러한 것들이 **촉진 제품**(promotional products)의 예들이다. 우리가 상점에서 구입하는 인증 제품과는 달리 후원자들은 이러한 물건들을 통해 기업이나 특정 브랜드에 대한 인지도를 형성시키는 데 목적을 둔다.

- 구매 시점 전시 : **구매 시점**(point-of-purchase, POP) 구성에는 간판, 모빌, 배너, 선반 광고, 바닥 광고, 전등, 플라스틱 모형, 상시적 전시, 일시적 전시, 매장 내 TV, 쇼핑 카트 등이 있다. 마케터들은 고객들에게 브랜드 네임을 인식시키고 대중매체 광고 효과를 극대화시키며, 판매 촉진을 알리고, 충동 구매를 유발시키기 위해 POP 광고를 채택한다. 일반적으로 제조업체들은 소매상들에게 POP 진열을 위한 촉진 수당을 지불해야 한다. 소매상으로서는 POP 진열이 판매를 촉진해 해당 브랜드에 대한 수입을 증대시켜야 할 때 유용하다. 그리고 쇼핑객들에게도 상당히 유용하다. 다양한 색채 카드가 있는 멋진 페인트 진열이 없는 상황에서 당신은 침실을 위한 페인트를 어떻게 선택하고 구매할 것인가?

- 인센티브 프로그램 : 유통업자와 고객에게 제품 구매 동기를 부여하는 것을 넘어 어떤 판매 촉진은 기업내 판매 사원을 자극하기도 한다. 이러한 인센티브 또는 **특별 장려금**(push money)은 현금 보너스, 여행권, 또는 기타 보상의 형태로 주어진다. 홈파티 화장품을 판매하는 메리케이는 보다 생산적인 소매업자에게 노력에 대한 보상으로 분홍색 차량을 지급하는 것으로 유명하다. 또 다른 화장품 업체인 크리니크는 백화점 화장품 판매 점원들에게 특별 장려금을 지급해 전 제품을 판매하도록 한다. 이런 유형의 인센티브를 SPIF(sales promotion incentive funds, 판매 촉진 인센티브 기금)라고 부르기도 한다.

목표 요약 ➡ 핵심 용어 ➡ 적용

13.1 목표 요약

커뮤니케이션 과정과 전통적 촉진 믹스를 이해한다.

기업은 촉진과 다른 형태의 마케팅 커뮤니케이션을 통해 소비자에게 신제품 정보를 제공하고, 친숙한 제품들을 상기시키며, 대체품을 선택하도록 설득하고, 고객과 강한 유대관계를 맺는다. 소비자가 다양한 방식으로 브랜드와 접촉한다는 것을 아는 오늘날의 기업들은 다중채널 촉진 전략으로 통합적 마케팅 커뮤니케이션을 흔히 실행한다. 마케터는 구전 커뮤니케이션의 영향을 알기 때문에 전통적 일 대 다수 커뮤니케이션 모델에서 더 나아가 다수 대 다수 모델을 지원하고, 또한 일대일로 소비자들과 소통한다.

전통적 커뮤니케이션 모델은 아이디어를 만들고, 메시지로 부호화하고, 이 메시지를 매체를 통해 전달하는 메시지 송신까지 포함한다. 메시지가 수신자에게 전달되면, 수신자는 메시지를 해독하고 메시지 송신자에게 피드백을 제공할 수 있다. 커뮤니케이션을 방행하는 것을 '잡음'이라고 부른다.

촉진 믹스는 마케터가 통제하는 마케팅 커뮤니케이션 요소들을 말한다. 광고, 판촉, 홍보는 대중매체를 사용하여 한번에 다수의 소비자에게 도달하는 반면에 인적 판매와 직접 마케팅은 마케터들이 소비자들과 일 대 일로 커뮤니케이션한다.

핵심 용어

구전 커뮤니케이션	발신자	커뮤니케이션 모델
다중채널 촉진 전략	부호화	통합적 마케팅 커뮤니케이션(IMC)
대중 커뮤니케이션	수신자	
매체	잡음	피드백
메시지	촉진 믹스	해독

13.2 목표 요약

전통 촉진 계획과 다중채널 촉진 계획의 각 과정을 이해한다.

목표 시장에 영향을 미치는 다양한 이해관계자들과의 커뮤니케이션의 중요성을 인식하면서, 마케터들은 목표 수신자를 표적화함으로써 촉진 계획을 시작한다. 그 후 커뮤니케이션 목적을 수립하는데, 그 목적은 인지도 구축, 시장에 정보 제공, 욕구 창출, 구매와 시도 유도, 그리고 충성도 구축 등이 있다.

마케터들은 매출액 비율법, 경쟁사 대비법, 목표 과업 같이 다양한 방법으로 촉진 예산을 편성한다. 그리고 선택하는 푸시 또는 풀 전략에 따라 총예산에서 촉진 믹스의 각 요소별로 예산을 할당하게 된다.

그다음 단계로 마케터들은 다양한 목표 수신자들과 효과적으로 커뮤니케이션하기 위해 광고, 판촉, 인적 판매, 그리고 홍보를 어떻게 집행할 것인지 결정하는 촉진 믹스 설계 과정을 거치게 된다. 마지막 단계는 계획이 제대로 집행되고 있는지를 알아보기 위해 광고 캠페인에 대한 효과성을 측정한다. 마케터들은 사후조사를 통해 캠페인 효과성을 측정하는데, 이는 메시지를 목표 시장에 전달한 후 보조 회상 혹은 비보 회상 등을 통해 측정하는 것이 가장 대표적인 사후조사 중에 하나다.

오늘날의 마케터들은 흔히 전통적 광고, 판촉, 홍보 활동을 온라인 입소문 활동과 결합시키는 다중채널 촉진 전략을 택한다. 다중채널 전략은 홀로 쓰이는 온라인이나 오프라인 전략의 효과를 끌어올려서 마케터가 다양한 채널로 메시지를 반복하도록 하여, 브랜드 인지를 강화시키고 고객들을 전환시키는 기회를 더 많이 제공한다.

핵심 용어

경쟁사 대비 예산편성법	푸쉬 전략
매출액 비율 예산편성법	풀 전략
목표과업 방법	하향식 예산편성법
상향식 예산편성법	효과 계층

13.3 목표 요약

광고의 정의, 광고의 주요 유형을 기술하고, 광고에 대한 몇 가지 비판에 대해 토론한다. 그리고 광고 캠페인의 개발 과정과 마케터의 광고 평가 방법을 이해한다.

광고는 확인된 후원자가 대중매체를 사용해 수신자를 설득하고 영향을 주기 위해 집행되는 비인적 커뮤니케이션이다. 광고는 소비자에게 알리고 상기시키며 소비자의 욕구를 자극시키는 것이 목적이다. 제품 광고는 소비자를 설득해 특정 제품 또는 브랜드를 선택하도록 하는 데 활용된다. 기관 광고는 조직 또는 기업 이미지를 제고하고(기업 광고), 의견을 표출하고(옹호 광고), 조직을 지원(공익 서비스 광고)하는 데 활용된다. 소매업과 지역 광고는 고객들에게 쇼핑 장소를 알려주기도 한다. 대부분의 회사들은 광고 대행사의 서비스와 협업하여 성공적인 광고 캠페인을 제작한다. 풀 서비스 대행사는 거래처 관리, 크리에이티브 서비스, 조사 및 마케팅 서비스와 매체 계획을 제공한다. 반면에 제한된 서비스 대행사는 단지 한두 가지 서비스를 제공한다.

사용자 제작 콘텐츠(UGC)는 소비자 제작 매체(CGM)로도 알려져 있는데, 디지털 기술로 다른 소비자들이 이용 가능한 온라인 코멘트, 의견, 조언 소비자 대 소비자 토론, 평가, 사진, 영상, 팟캐스트, 웹캐스트, 그리고 제품 관련 스토리들로 구성되어 있다. 이런 현상을 활용하기 위해 몇몇 마케터들은 소비자들이 손수 제작(DIY) 형식으로 광고를 만들도록 권장하기도 한다. 크라우드소싱은 기업들이 마케팅 활동(광고를 택하는 것 같은)을 사용자 커뮤니티, 즉 크라우드에 아웃소싱하는 관행을 말한다.

광고는 조작적이고, 기만적이며 거짓이고, 불쾌하고 멋이 없으며, 고정관념을 만들고 공고화시키며, 실제로는 필요치 않은 것들을 구매하게 만든다는 비판을 받아왔다. 어떤 광고는 이러한 비판 중 몇 가지를 정당화시킬 수도 있지만, 대부분의 광고주들은 그들이 끌어들이고자 하는 시장을 공격하지 않는 정직한 광고를 제공하려고 노력한다.

광고 캠페인 개발은 목표 수신자를 이해하고 메시지와 광고 예산의 목표를 개발하는 데서 출발한다. 광고를 제작하기 위해서 대행사는 크리에이티브 지침서로 요약되는 크리에이티브 전략을 개발한다. 완성된 광고를 내기 위해서는 소구, 양식, 조성, 크리에이티브 전술 및 기법을 결정해야 한다. 매체에 광고를 집행하기 전에 진행되는 사전조사는 비용 낭비를 예방하는 역할을 하기도 한다.

매체 계획은 메시지를 목표 수신자에 효과적인 방법으로 도달시킨다. 매체 기획자는 광고를 전통적 대중매체 혹은 디지털 매체 중 하나를 선택해야 한다. 디지털 매체는 소유 매체, 무료 매체, 그리고 유료 매체로 구분이 된다. 웹사이트 광고는 배너, 버튼 그리고 팝업 광고 등이 있으며, 모바일 광고는 문자 메시지 광고, 앱 광고, 그리고 지리표적화와 QR코드 광고 등이 있다. 영상 공유는 유튜브와 같은 웹사이트를 통해 영상을 업로드하는 것이며, 제품 배치는 브랜디드 엔터테인먼트, TV쇼, 비디오 게임, 소설, 소매 환경에서 이루어진다. 애드버 게임, 네이티브 광고, 그리고 콘텐츠 마케팅 등은 브랜디드 콘텐츠에 포함된다. 또한 지원 매체는 전화번호부, 옥외 매체,

거점 매체를 포함한다. 매체 일정은 캠페인이 사용할 정확한 매체, 그리고 메시지를 언제, 어떻게 나타낼지를 정한다.

어떤 광고 캠페인이든지 그 최종 단계는 효과를 평가하는 것이다. 마케터들은 사후시험을 통해 광고를 평가한다. 사후시험 조사는 메시지가 목표 시장에 영향을 주었는지를 알아보는 보조 또는 비보조 회상 테스트를 포함한다.

핵심 용어

거점 매체	매체 일정	옹호 광고
검색엔진 마케팅 (SEM)	매체 플래너	유료 매체
검색 마케팅	모바일 광고	정정 광고
검색엔진	모바일 납치	제품 광고
고유 판매 제안(VSP)	무료 매체	제한된 서비스 대행사
공익 서비스 광고	배너	조사 및 마케팅 서비스
공포 소구 광고	버튼	조성
과장	보조 회상	지원 매체
광고	브랜디드 엔터테인먼트	징글
광고 게임	비교 광고	총시청률(RP)
광고경비효율지표 (CPM)	비디오 블로그	크리에이티브 지침서
광고 계획자	비보조 회상	크리에이티브 서비스
광고 기획자	빈도	크리에이티브 전략
광고 블로킹	사전조사	태도 측정
광고 소구	사후조사	텍스트 메시지 광고
광고 조작	삶의 단편 광고	티저 또는 신비 광고
광고 캠페인	상기 광고	팝업 광고
그린워싱	소매업과 지역 광고	풀서비스 대행사
기관 광고	소유 매체	허용 마케팅
기업 광고	손수 제작 광고	후원 검색 광고
네이티브 광고	수익화	CPM
도달률	스팸	QR 코드 광고
디지털 매체	슬로건	TV 에브리웨어 또는 인증된 스트리밍
디지털 신호체계	실행 양식	USP.
라이프 스타일 광고	앱 내 광고	
매체 계획	영상 공유	
	옥외 매체	

13.4 목표 요약

판매 촉진이 무엇인지 설명하고, 소비재와 B2B 판매 촉진 활동을 비교해보자.

판매 촉진은 마케터가 일정 기간 동안 제품이나 서비스에 대한 관심을 유도하거나 구매를 권장하기 위해 설계하는 프로그

램이다. 마케터는 최종 소비자뿐만 아니라 그들의 제품을 파는 소매상 같은 유통업자들에게도 판매 촉진의 목표로 보기도 한다. 가격 기반 판매 촉진은 쿠폰, 가격 흥정, 환불, 리베이트, 빈도(충성도/연속성) 프로그램, 그리고 특별/보너스 팩 등이 있다. 관심 유도를 위한 판매 촉진은 콘테스트, 내기 게임, 프리미엄, 샘플링 등이 있다.

거래처 촉진은 여러 다양한 형태로 나타난다. 유통 경로 구성원들을 위해 공동 광고를 포함하여 할인과 거래 형태로 설계되기도 하며, 산업 내 가시성 향상을 목적으로 설계되기도 하다. 가시성 향상을 위한 접근법은 무역 박람회, 촉진 제품, 구매 시점(POP) 전시, 인센티브 프로그램, 특별 장려금을 포함한다.

핵심 용어

거래처 판매 촉진	물량 비례 수당	판매 수당
공동 광고	빈도 프로그램	판매 촉진
구매시점	제품 샘플링	프리미엄
리베이트	촉진 제품	
무역 박람회	특별 장려금	

연습문제

개념 : 복습하기

13-1. 촉진이란 무엇인가? 통합적 마케팅 커뮤니케이션이란 무엇인가? 다중채널 촉진 전략이란 무엇인가?

13-2. 전통적 커뮤니케이션 모델을 설명하라.

13-3. 촉진 믹스의 요소들을 열거하고 이들이 개인과 대중들을 소구하는 데 어떻게 활용되는지 설명하라.

13-4. 촉진 계획의 각 단계를 설명하라.

13-5. 효과 계층을 설명하고 커뮤니케이션 목적에 어떻게 쓰이는지를 설명하라.

13-6. 기업이 마케팅 커뮤니케이션 예산을 집행하는 과정을 설명하라.

13-7. 푸시 전략과 풀 전략을 대조하여 기술하라. 광고는 무엇이며 마케터가 흔히 사용하는 광고를 설명해보자. 광고 캠페인에 대해서도 설명해보자.

13-8. 기업은 그들의 광고를 위해 풀 서비스 대행사 또는 제한된 서비스 대행사의 도움을 구할 수 있다. 이들 각각을 설명하라.

13-9. 소비자 생성 광고란 무엇이며 어떤 장점이 있는가? 크라우드소싱은 무엇이며 이것이 광고에 어떻게 쓰이는가?

13-10. 광고에 대한 주요 비판에는 어떤 것들이 있는가? 정정 광고는 무엇인가? 과대 광고는 무엇인가?

13-11. 광고 캠페인 개발 과정을 설명하라. 크리에이티브 지침서는 무엇인가? 광고 캠페인에 쓰이는 소구, 실행 양식, 조성, 크리에이티브 전술이 의미하는 바는 무엇인가?

13-12. 매체 계획은 무엇인가? 전통적 매체 즉 텔레비전, 라디오, 신문, 잡지의 강점과 약점은 무엇인가?

13-13. 디지털 매체는 무엇인가? 소유, 유료, 무료 매체는 무엇인가? 웹사이트 광고, 모바일 광고, 영상 공유는 어떤 차이점이 있는가?

13-14. 브랜디드 콘텐츠는 무엇이며 마케터는 이를 어떻게 활용하는가? 디렉터리, 옥외 매체, 거점 매체와 같은 지원 매체는 무엇이며 이를 소비자와 어떻게 커뮤니케이션하는가?

13-15. 마케터는 광고 사전조사를 어떻게 하는가? 그리고 사후조사는 어떻게 진행하는가?

13-16. 매체 계획이란 무엇인가? 효과적인 매체 계획을 위한 도달, 빈도, GRP, CPT를 어떻게 활용하는가?

13-17. 촉진 전략이란 무엇인가? 마케터가 자주 사용하는 소비자 촉진 전략에 대해 설명해보라.

13-18. 거래처 촉진 전략을 설명해보자.

실행 : 배운 것 적용하기

13-19. 창의적 과제/단기 프로젝트　당신은 지역 적십자센터의 마케팅 부서에서 근무하고 있다. 헌혈 지원자 수가 감소함에 따라 당신은 그들을 위한 커뮤니케이션 필요성을 인식하고 있다. 커뮤니케이션 모형을 활용해서 메시지를 만들고 소비자에게 도달할 수 있는 방법을 제안해보자. 그리고 소비자들에게 이러한 메시지가 적절하게 수신될 수 있는 방법을 제안해보자.

13-20. 창의적 과제/단기 프로젝트　당신은 스낵을 판매하는 기

업의 마케팅 담당자라고 가정해보자. 촉진 계획을 설계하고 아래 내용에 부합하는 과정을 제안해보자.

a. 마케팅 커뮤니케이션 목적

b. 커뮤니케이션 예산 집행을 위한 방법

c. 푸쉬 혹은 풀 전략

d. 적용할 전통 촉진 믹스 도구

13-21. 창의적 과제/단기 프로젝트　당신 기업은 손을 부드럽게 해주고 안티에이징을 표방하는 데일리 최고급 핸드크림을 개발해오고 있다. 효과 계층을 활용해서 계층별 각 단계에 있는 소비자들을 위한 제품의 커뮤니케이션 목적을 제안해보자.

13-22. 추가 연구(개인)　많은 기업들이 다양한 다중채널 촉진 프로그램을 사용하고 있다. 당신은 도서관이나 인터넷에서 이에 관한 많은 것을 검색할 수 있다. 다음 몇 개의 소스가 유용할 것이다.

Brandchannel.com

Adweek.com

NYTimes.com

Adage.com

한두 가지 다중채널 촉진 프로그램에 대한 정보를 모아라. 이 프로그램을 기술하고 이들이 어떻게 개선될 수 있는지 제안하는 보고서를 작성하라.

13-23. 창의적 과제/단기 프로젝트　우리는 이 장에서 많은 사람들이 광고에 대해 비판하고 있음을 학습했다. 이를 이해하기 위해 (1) 당신 대학 친구, (2) 부모 혹은 다른 친구와 같은 서로 다른 소비자들을 대상으로 서베이를 진행해보자. 서베이에는 응답자들은 이 장에서 논의되었던 광고 비판에 대한 내용이 담겨 있어야 한다. (1) 조작, (2) 기만 및 거짓, (3) 저급함, (4) 스테레오 타입 형성, (5) 필요하지 않은 제품 구매 유도 등이 그것이다. 응답자들에게 몇 가지 광고를 보여준 후 이상의 내용에 대해 어떻게 생각하는지 응답하도록 요청하자. 결과를 보고서로 작성한 후 두 소비자 집단을 서로 비교해보자.

13-24. 수업시간 10~25분 팀별 과제　당신은 몇 개의 스낵 브랜드를 제조하는 업체의 마케팅 부서에 근무하고 있다. 당신은 저지방, 저칼로리, 고단백질 스낵을 촉진하기 위해 소비자 촉진과 거래처 촉진을 계획해야 한다. 각각의 판매촉진에 대해 제안해보고 당신의 상사에게 이를 보고하는 상황을 역할극으로 진행해보자.

13-25. 수업시간 10~25분 팀별 과제　판매 촉진 계획에서 시간은 매우 중요한 요소다. 거래 촉진을 진행하는 과정에서 당신의 제품을 판매하기 위해 유통 경로에 있는 업체들을 설득하기 위한 시간은 매우 촉박하다. 13-24에서 제안한 스낵 브랜드의 소개는 4월 1일에 계획되어 있다. 이번 문제는 한 달 동안 진행할 촉진 전략에 대한 일정을 계획하는 것이다(힌트 : 일정은 제품 소개 이전에 계획되어야 한다). 상황극을 통해 당신 상사에게 이러한 계획을 보고해보도록 하자.

개념 : 마케팅 계량지표 적용하기

13-26. 당신은 매체 계획상에서 TV 쇼나 잡지를 통한 의사결정에 도움이 되는 다양한 계량지표에 대해 학습했다. 이 중 GRP(gross rating points)와 CPM(cost per thousand)이 있다.

당신은 새로운 냉동식품 브랜드를 위한 매체 계획을 하고 있다고 가정해보자. 당신의 표적 고객은 25~64세의 여성이다. 당신은 매체를 계획하는 과정에서 6개의 매체 계약이 가능하다. 약 4주간 그 계획이 진행되어야 한다.

a. 주어진 정보에서 각 매체별 GRP를 계산해보라.

b. 매체별 CPM을 계산해보라.

c. 당신이 중요하다고 생각하는 비용, 도달률, 그리고 기타 요소에 대해 제안해보자. 그리고 당신이 선택할 수 있는 상위 3개의 매체를 제안해보라.

d. 당신이 해당 매체를 선택한 이유를 설명해보라.

선택 : 당신은 어떻게 생각하는가?

13-27. 비판적 사고　최근 들어 마케터는 예전보다 대중매체 광고에 비중을 줄이고 있지만 여전히 TV, 라디오, 잡지, 신문 광고는 소비자들과 커뮤니케이션하는 중요한 수단으로 남아 있다. 하지만 디지털 및 모바일 광고에 비해 그 비중은 더욱 줄어들고 있다. 당신은 디지털 혹은 모바일 광고의 혜택이 무엇이라 생각하는가? 그 이유는? 전통적 광고는 마케팅 커뮤니케이션의 수단으로 계속해서 중요성이 줄어든다고 생각하는가, 아니면 앞으로 중요성이 높아질 것이라고 생각하는가?

13-28. 윤리　디지털 마케팅 분야에서 브랜디드 콘텐츠에 대한 관심이 높아지고 있다. 콘텐츠 마케팅, 네이티브 광고, 제품 배치, 브랜디드 엔터테인먼트 그리고 광고 게임이 그것이다. 당신은 소비자들이 이러한 전술에 대해 어떻게 반응한다고 생각하는가? 당신은 이러한 전술들이 광고라고 보는가? 이것은 기만이 아닌가? 향후 논의될 수 있는 윤리적 이슈에 대해 당신은 어떻게 제안해

매체	도달률	광고 비용	삽입 수	CPM	삽입을 위한 GRP
댄싱 위드 더 스타	30	$500,000	4(일주일에 한 번 방영)		
빅뱅이론	20	$400,000	4(일주일에 한 번 방영)		
CBS 이브닝 뉴스	12	$150,000	20(평일 저녁에 한 번 방영)		
타임 매거진	5	$40,000	4(매주 발간)		
베터홈스 앤 가든 매거진	12	$30,000	1(매달 발간)		
USA 투데이	4	$10,000	12(일주일에 세 번)		

볼 수 있겠는가?

13-29. 비판적 사고 디지털 기술의 변화로 지난 10여 년간 광고 및 기타 마케팅 커뮤니케이션에는 상당한 변화가 있어 왔다. 당신은 이러한 변화들이 소비자에게 어떤 영향을 미칠 것으로 생각하는가? 소비자에게 돌아가는 피해는? 미케터에게 미칠 영향과 그 피해는 무엇이라 생각하는가?

13-30. 비판적 사고 그린워싱은 실제로 친환경 제품이 아님에도 불구하고 친환경을 강조하는 촉진 실행을 의미한다. 그린워싱에 대해 당신은 어떻게 생각하는가? 이러한 제품들이 실제 친환경 제품에 어떤 영향을 미칠 수 있을까? 그린워싱은 어떻게 규제해야 한다고 생각하는가?

13-31. 윤리 기업들은 구글이나 빙과 같은 검색엔진 속에서 상위에 링크되도록 노력하고 있다. 트위터와 같은 소셜 미디어들은 기업들에게 '검색어'를 판매해 기업들이 상위에 노출되도록 하고 있다. 이러한 행위들을 윤리적이라고 할 수 있을까? 기업들이 상위에 노출되도록 하는 실행은 소비자 기만이라 할 수 있을까?

13-32. 비판적 사고 기업들은 소비자들에게 판매 촉진의 남용으로 인한 '나쁜 교훈'을 가르치고 있다. 결과적으로 소비자들은 항상 제품과의 흥정 혹은 리베이트를 요구하게 되었다. 이러한 사례로 무엇이 있는가? 당신은 기업 입장에서 어떻게 이를 막아야 한다고 생각하는가?

미니 프로젝트 : 행하면서 배우기

13-33. 이 미니 프로젝트의 목적은 마케팅 커뮤니케이션 계획에 대한 학습이다. 당신 친구들과 함께 다음 지시 사항에 따르도록 하자.

당신은 일회용 기저귀를 비롯한 유아용 제품을 판매하는 기업의 마케팅 커뮤니케이션 프로그램을 담당하고 있다.

1. 당신의 커뮤니케이션 계획 목적은 무엇인가?
2. 당신이 채택할 전통 마케팅 커뮤니케이션은 무엇이 있는가? 자세하게 설명해보고 이를 선택한 이유를 설명해보자.
3. 웹사이트 광고, 모바일 광고, 영상 공유, 그리고 브랜디드 엔터테인먼트를 활용하고자 한다면, 각각의 내용들을 설명해보자.
4. 아래 몇 가지 사항들을 보고 당신이 적절하다고 생각하는 프로그램을 선택해보자.
   a. 하나의 통합된 커뮤니케이션 프로그램 활용
   b. 고객과의 상호작용을 위한 프로그램 개발
   c. 소비자 삶을 개선시켜주는 혜택 제공
5. 만약 위의 프로그램이 적절하지 않다고 생각하면 이를 수정해보자.
6. 당신의 계획을 발표해보자.

마케팅 행동 사례 | 도미노의 실제 선택

피자는 매우 큰 사업이다. 미국에서는 매년 600억 달러 이상이 피자에 지출되고 있으며, 5만 9,000개 이상의 매장에서 피자가 배달 및 판매되고 있다. 도미노는 배달 전문 매장 그 이상을 원하고 있다.

1960년에 미시간에 거주하는 톰과 제임스 모나한 형제는 도미노스라 불리는 작은 피자 가게를 500달러 계약금에 900달러를 빌리고 인수했다. 1965년 제임스는 톰에게 지분의 반을 넘기고 도미노 피자라는 이름으로 바꿨다. 그 후 20여 년간 지속적으로 성장했으며 캐나다의 위니펙에 1,000호점을 열었다. 2010년 도미노는 50주년을 맞이했고, 전 세계에 9,000개의 매장을 갖게 되었다. 2014년에는 전 80여 국가에 1만 2,000개 매장을 운영하고 있으며, 890억 달러의 매출을 기록하고 있다. 이러한 성장으로 안트러프러너(*Entrepreneur*) 매거진에서 선정하는 프랜차이즈 세계 탑 10에 지속적으로 랭크되었다.

하지만 다른 외식 레스토랑의 성장과 건강한 음식에 대한 소비자들의 욕구 변화로 피자 산업 성장이 더뎌지고 있다. 도미노는 소비자들의 충성도를 유지시키고 잠재 고객을 유인하기 위한 고민에 빠졌다.

도미노는 전통 TV 광고에만 1억 달러 이상의 광고 예산을 투입하고 있다. 최근에는 "AnyWare(어디서든지)" 캠페인을 집행하고 있는데 이는 문자, 트윗, TV 그리고 스마트워치를 통해서 어디서든지 도미노 피자를 주문할 수 있음을 강조하는 것이다. 유명인들은 다양한 디바이스를 통해 피자를 쉽게 배달할 수 있음을 보여주었다. 에바 롱고리아는 TV 리모컨을 통해 피자를 주문했으며, 모던 패밀리에 출연한 사라 힐랜드는 이모티콘을 통해 피자를 주문했고, 어벤저스의 클락 그레그는 스마트워치를 통해 주문하는 모습을 광고를 통해 보여주었다.

이 캠페인을 통해 도미도는 피자에만 초점을 맞추지 않았다. '배달 전용 자동차'인 DXP를 소개했는데, DXP는 쉐보레 스파크에 기반한 차량으로 '워밍 오븐'이 탑재되어 있다. 그 차량은 80여 개의 피자뿐만 아니라 상당한 양의 음료 적재가 가능하다. 도미노에 따르면 "DXP는 땅에서도 도미노 로고가 보이는 퍼들 라이트가 장착되어 있고, 차량 앞면, 측면 그리고 기타 외관에 도미노 로고가 보이도록 제작되었다."고 밝혔다.

유머러스한 DXP 차량 광고를 모방하는 경우는 거의 없다. 도미노는 소비자들이 이모티콘을 비롯해 다양한 방법을 통해 도미노 피자를 주문할 수 있다고 인식하길 원한다. 실제로 DXP 광고 효과가 얼마나 있는지 상관없이 도미노는 소비자들에게 가장 먼저 선택될 수 있는 피자로 인식되길 원하는 것이다.

당신의 결정

13-34. 도미노가 직면한 의사결정은 무엇인가?

13-35. 이러한 상황에서는 무엇을 이해하는 것이 가장 중요한가?

13-36. 어떤 대안이 있는가?

13-37. 당신은 어떤 결정을 제안할 수 있는가?

13-38. 당신의 제안을 실행하기 위해서는 무엇을 해야 하는가?

참고자료 : Evan Schuman, "Domino's Again Uses Technology Illusion Brilliantly," Computerworld (February 29, 2016), http://www.computerworld.com/article/3038872/retail-it/dominos-again-uses-technology-illusion-brilliantly.html (accessed May 5, 2016); "About Us—Our History," Domino's Pizza, http://dominospizza.com.ng/index.php/about/our-history/ (accessed May 5, 2016); Jessica Wohl, "Celebs Click, Text, Tweet, and Tap to Order Domino's," Advertising Age (August 14, 2015), http://adage.com/article/cmo-strategy/celebs-click-text-tweet-tap-order-domino-s/299965/ (accessed May 5, 2016); Jessica Wohl, "This New Car Ad Isn't for a Car—It's for Pizza," Advertising Age, (February 22, 2016), http://adage.com/article/cmo-strategy/car-advertising-a-car-company-pizza/302752/ (accessed June 2, 2016).

촉진 II : 소셜 미디어 마케팅, 직접/데이터베이스 마케팅, 인적 판매 그리고 공중관계

목표 개요

14.1 마케터가 새로운 소셜 미디어와 버즈 마케팅을 결합한 최신 커뮤니케이션 모형을 사용하여 커뮤니케이션하는 법을 이해한다.
소셜 미디어 마케팅

14.2 직접 마케팅 구성요소를 이해한다.

직접 마케팅

14.3 인적 판매의 중요성, 인적 판매 직무 유형 그리고 창의적인 판매 과정을 이해한다.

인적 판매 : 촉진 믹스에 개인적 접촉 더하기

14.4 공중관계의 역할과 홍보 캠페인 개발 단계를 설명한다.
공중관계

제14장 스터디 맵(p. 515) 참조

Courtesy of Rohan Deuskar, Stylitics

로한 듀스카
▼ **스타일리틱스의 의사결정자**

로한 듀스카는 인도에서 태어났고 18세에 미국으로 건너와 노스웨스턴대학교에 입학했다. 졸업 후 인터랙티브 마케팅 캠페인의 텍스트 메시지 모바일 마케팅의 선두자인 바이브 미디어에 합류했다.

바이브에서 로한은 다양한 판매 경력을 쌓았으며, 기업 혁신팀을 이끌며 6명의 사원이 80명까지 늘어날 정도로 성장시켰다. 다양한 분야에서 공로를 인정받은 그는 시카고 이노베이션 어워즈, 모바일 마케팅 어워즈, 그리고 기타 다양한 어워즈를 수상하기도 했다.

5년 뒤 바이브를 떠나 와튼스쿨 기업가정신 MBA에 입학했고 교내에서 학생회장과 함께 요트클럽에서 활동했다. 와튼스쿨 재학 동안 그는 스타일리틱스를 창업했다. 스타일리틱스는 개인화된 공개 자료를 통해 설계된 '디지털 옷장' 플랫폼이다. 2011년 이후 로한의 리더십에 따라 스타일리틱스는 16명으로 구성된 팀으로 성장했고 400만 달러 이상의 펀딩을 기록했으며, 세계 최고의 패션 브랜드들을 클라이언트로 맞이하게 되었다. 그 기업은 뉴욕타임스, 월스트리트저널, 보그, 우먼스 웨어 데일리와 같은 곳에 소개되었다. 로한은 패션, 기술, 뉴욕 패션 위크와 데이터비트와 같은 자료와의 융합을 강조한다.

현실의 만남

휴식 시간에 주로 하는 일은?
기타 연주, 상당한 양의 독서, 뉴욕 구경

졸업 후 첫 직무는?
바이브 미디어라는 스타트업 업체에서 모바일 마케팅을 담당했다. 커피숍에서 창업자가 다양한 아이디어를 이야기 나누는 것을 엿들은 후 그가 떠나면서 그 일을 하게 되었다.

최고 경력은?
뉴욕으로 이사온 후 10개월만에 '월스트리트저널'에 세 페이지로 된 짧은 역사의 기업 프로파일을 읽었다. 약간 비현실적이지만 말이다.

저지르지 말았어야 할 실수는?
지나치게 낙관적이라 약간의 경고가 있어도 적절하지 않은 사람을 고용한 일이다.

현재 읽고 있는 비즈니스 관련 서적은?
벤 프랭클린의 자서전을 읽고 있다. 비즈니서 서적은 아니지만 그만의 세상에서 열정과 독특함을 배울 수 있다.

나의 영웅은?
벤 프랭클린을 꼽는다. 그는 창의적인 천재는 아니지만 많은 사람들을 선의로 이끌 수 있는 능력을 갖고 있다.

내 삶의 모토는?
당신이 할 수 있는 그 이상을 쏟아 부어라. 그것은 직업이나 인간관계 모두에 적용할 수 있다.

무엇이 나에게 동기부여를 하는가?
세상에서 좋고 유용한 그 무엇을 만들 수 있는 기회

나의 매니지먼트 스타일은?
경청, 친절

내가 가장 싫어하는 것
무관심. "뭐든지 상관없어."라는 말

스타일리틱스는 소비자로서의 내 욕구와 패션 산업에서의 욕구에서 비롯되었다. 나처럼 옷을 구매하는 데 상당한 비용과 시간을 투자하지만 옷장은 여전히 비효율적이라 보는 많은 사람들의 생각이 그 시작이라 할 수 있다. 내가 가지고 있는 전체 옷 중에서 약 20% 정도만 입고 있었는데, 내가 어떤 옷을 갖고 있는지 잊는 경우도 있고, 이미 산 옷을 또 구매한 경우도 있다. 나와 마찬가지로 대부분의 보통 사람들은 옷장을 아날로그 방식으로 대하고 있었던 것이다. 그래서 나는 디지털 버전의 옷장을 만들어 온라인상에서 의류 데이터를 취급한다면 전혀 새로운 세상이 열릴 것으로 기대했다. 다양한 아이템들을 한꺼번에 넣어 개별 아이템들의 비용들을 통계로 분석하고 친구나 디지털 스타일리스트로부터 조언을 구할 수 있다고 상상해보자. 소비자에게만 혜택이 있을 뿐만 아니라 사용자의 허락 여부에 따라 의류 브랜드 혹은 소매상들은 실시간으로 사람들이 어떤 옷을 입고 구매하는지 확인할 수 있다. 보다 많은 사람들이 추천할 것이고, 보다 표적화될 뿐만 아니라 깊은 통찰력도 찾을 수 있을 것이다.

이것이 우리가 스타일리틱스를 설립한 명확한 이유다. 현재 우리는 세계에서 가장 큰 디지털 옷장 플랫폼을 구축했으며, 앱스토어에서 무료 패션앱 중에서는 1위다. 우리의 앱은 iOS와 안드로이드에서 제공되고 있으며, 웹을 통해 전 세계 소비자들을 만날 수 있다. 우리의 트렌드 리포트는 세계 탑 브랜드들이 보고 있으며, 유통업자들도 보다 나은 고객 서비스를 제공하기 위해 유용하게 활용하고 있다. 우리는 이제 막 시작했다! Stylitics.com을 방문하면 더욱 흥미로운 내용들을 볼 수 있을 것이다.

2012년 가을 스타일리틱스 팀은 우리의 소셜 미디어를 어떻게 더 잘 활용할 수 있을지 논의했다. 우리는 디지털 옷장 플랫폼 분야에서 높은 성장을 기록하고 있었고 입소문을 통해 언론에 소개되기도 했다. 공동 창업자인 자크 데이비스와 나는 트위터, 페이스북, 인스타그램, 그리고 핀터레스트와 같은 소셜 미디어를 통해 우리 브랜드의 성장을 더욱 도모해야겠다고 생각했다. 우리는 모든 플랫폼에 계정을 만들었지만 신규 고객을 모집하고 브랜드 참여를 높이는 데 어떻게 노력해야 할지 몰랐다. 우리는 많은 기업이 세련된 캠페인으로 성공을 거둔 것을 확인했다. 우리가 지속적인 성장을 거듭하기 위해서는 소셜 미디어를 활용해야만 했다.

우리의 선택을 논의하면서 몇 가지 문제점을 발견했다. 첫째, 우리는 개별적으로 소셜 미디어를 사용하고 있었지만, 실제로 브랜드를 위해 어떻게 활용해야 할지 몰랐다. 둘째, 페이스북과 트위터에 계정을 만들었지만 어떤 명확한 목적과 전략을 갖고 포스팅해야 할지 몰랐다. 셋째, 가장 중요한 요인으로 우리는 우리만의 목소리를 놓치고 있었다. 우리 포스트의 대부분은 패션과 연관된 기사를 리포스트 혹은 리트윗하는 정도에 불과했다. 자크와 나는 제품 혹은 비전과 관련된 독특한 그 무엇인가를 활용하지 않는다면 소셜 미디어에서의 활동은 그저 잡음에 불과할 것이라고 생각했다.

다른 이슈로는 도달률이 있었다. 작은 기업으로서 우리는 소셜 미디어 캠페인을 위한 충분한 예산이 없다. 우리는 여전히 강력한 영향력을 미칠 수 있는 그 무엇인가를 해야 한다. 대기업들은 소셜 미디어 대행사와 계약하고 검색엔진에도 상당한 투자를 한다. 하지만 우리의 전체 예산은 5,000달러에 불과한데 이 예산은 대기업들이 일주일 동안 집행하는 비용이기도 하다. 물론 '입소문'이 진행되면 가장 좋지만 실제로 이는 매우 드물고 매우 많은 사람들에게 알려지기 위해서는 사전에 상당한 비용이 지불되어야 가능하다.

조직 리더로서 나와 자크는 소셜 미디어를 위한 전략을 구축해야 한다. 우리의 마케팅팀은 디렉터가 필요하다. 우리는 잠재 사용자, 고객, 리포터, 투자자들을 생각하고 보다 젊은 기업으로서 세련된 소셜 미디어를 구상해야만 한다. 더 이상 미룰 수 없다.

로한이 고려한 세 가지 선택 1 · 2 · 3

1 선택 — **더욱 많은 예산을 지출한다.** 우리는 캠페인을 진행할 소셜 미디어 대행사와의 계약 혹은 소셜 플랫폼 광고 집행을 위해 예산을 증액하고, 콘텐츠를 제작할 수 있는 작가를 고용할 수 있다. 이는 안전한 선택으로 시간과 노력은 상대적으로 덜 있다. 우리는 우리 일에 집중할 수 있으며, 소셜 미디어 활동은 전문가에게 맡기면 된다. 물론 이를 위한 예산은 반드시 필요하다. 하지만 좋은 결과를 보장하기 힘들고 예산을 소진한 후 고객들이 언제 사라질지 모른다.

2 선택 — **고유의 캠페인을 만든다.** 우리만의 독특하고 강력한 소셜 미디어 캠페인 컨셉을 계획할 수 있다. 이는 편익의 교환을 기대할 수 있는 외부 파트너와의 협업도 가능하다. 이러한 '홈그로운(homegrown, 캠페인을 직접 제의 및 실행)' 전략은 저렴할 뿐만 아니라 자사 통제가 가능하다. 파트너와의 협업은 예산 지출 없이 도달이 가능함을 의미하기도 한다. 하지만 이러한 접근법은 새로운 창작을 위한 상당한 노력을 기울여야 할 뿐만 아니라 파트너를 참석시킬 지속적인 노력이 동반되어야 한다. 상당한 시간이 소모될 수 있고 예산을 집행하는 과정에서 결과는 나쁠 수 있다.

3 선택 — **기존대로 한다.** 기존 그대로 진행하는 것이다. 자발적으로 할 수 없다면, 소셜 미디어에 대한 노력을 업그레이드할 수 있을 때까지 기다린다. 우리는 열성적인 스타일리틱스 사용자들을 위한 커뮤니티를 개설하고 그들이 소셜 네트워크상에서 입소문을 내도록 할 수 있다. 이러한 접근 방식은 우리가 보다 통제할 수 있는 영역에 집중할 수 있다는 특징이 있다. 스타트업은 상당한 시간이 요구된다. 하지만 스타일리틱스는 다른 기업들과 마찬가지로 소셜 미디어에 대한 활동을 해야만 한다.

당신이 로한이라면 무엇을 선택할 것이며, 그 이유는 무엇인가?

당신의 선택

무엇을 선택할 것인가? 그 이유는?

☐ **선택 1**   ☐ **선택 2**   ☐ **선택 3**

14.1
목표

마케터가 새로운 소셜 미디어와 버즈 마케팅을 결합한 최신 커뮤니케이션 모형을 사용하여 커뮤니케이션하는 법을 이해한다.

소셜 미디어 마케팅

제13장에서 우리는 일 대 다수 마케팅 커뮤니케이션 모델을 따르는 광고와 판매 촉진에 대해 학습했다. 이 장에서는 다수 대 다수 마케팅 커뮤니케이션을 제공하는 소셜 미디어에 대해 학습할 것이며, 일 대 일 커뮤니케이션을 제공하는 직접 마케팅과 인적 판매에 대해 학습할 것이다. 마지막으로 촉진 믹스의 마지막 구성개념인 공중관계에 대해 학습할 것이다.

잘 알고 있듯이, 우리들 대부분은 매일같이 휴가 중에도 이메일을 확인하고, 포켓몬고를 하면서 캠퍼스를 거닐며, 유명한 레스토랑을 트위팅하고, 수업 중에도 아이패드로 페이스북을 확인한다. 찰린 리와 조시 버노프는 커뮤니케이션의 변화를 **그라운즈웰**(groundswell)로 설명하기도 했다. 그라운즈웰이란 "사람들이 필요한 것들을 과거 기업과 같은 조직을 통해 얻는 것이 아니라 새로운 기술을 이용해 사람들끼리 서로 주고 받는 사회 트렌드"로 설명된다.[1] 즉, 오늘날 소비자들은 친구나 가족으로부터 정보, 뉴스, 그리고 오락거리들을 얻는 최근의 현상을 의미한다.

그라운즈웰 고객들이 믿을 만하다고 보는 구전 마케팅

전 세계 수백만 명의 사람들은 전통 마케팅 매체, 인터넷, 그리고 컴퓨터, 스마트폰, 태블릿 PC와 같은 디바이스를 통해 친구와 이야기를 나누고, TV를 보며, 제품을 구매한다. 최근 한 보고에 따르면 페이스북은 매달 15억 명의 적극적인 유저들이 페이스북을 사용하고 있으며, 페이스북 창업자인 마크 저커버그는 팔로워 수만 730만 명에 이른다고 밝히고 있다.[2] 이 모든 사용자들은 잠재적으로 서로 연결되어 있고 정보를 공유할 수 있다. 오늘 아침 통계 시험이 얼마나 어려웠는지, 이번 여름을 위해 수영복을 어디서 사는 게 가장 좋은지, 그리고 얼마에 살 수 있는지와 같은 다양한 정보들이 매일같이 공유되는 것이다.

이러한 새로운 다수 대 다수 커뮤니케이션 모델로 마케팅은 새로운 도전에 직면하게 되었다. 마케터들은 더 이상 그들의 제품에 대해 일방적으로 말할 수 없게 된 것이다. 이미 수백만 명의 소비자들은 그들이 구매한 제품이나 서비스에 대해 좋은 뉴스 혹은 나쁜 뉴스를 퍼뜨리고 공유하기 시작했다.

동시에 소비자에게 이야기할 수 있는 방법인 전통 광고도 새로운 변화에 직면하게 되었다. 젊은 사람들은 신문을 읽지도 않고 TV도 보지 않는 대신 온라인에 보내는 시간이 더욱 많다.[3] 2015년 잡지 구독은 전년 대비 7.1% 증가한 17조에 이른 반면,[4] 모바일 구독은 53% 증가한 4억 2,900만에 이르는 것으로 알려졌다.[5] 미국의 디지털 광고 집행비는 이미 TV 광고 집행비를 넘어 섰다. 포레스터 리서치 프로젝트에 따르면 2019년까지 TV 광고는 전체 광고 집행비의 30%인 약 855억 달러에 이르는 반면, 디지털 광고는 36%인 1,030억 달러에 이를 것으로 밝혀졌다.[6] 디지털 광고에 집행되는 비용은 기존의 TV 광고 집행 비용에서 흘러온 것이 아니라 새로운 투자를 통해 가능하다고 보고 있다. 또한 스마트폰이나 다른 스트리밍 디바이스가 아닌 여전히 TV를 보는 사람들을 위해 가구당 약 189개의 TV

Witte Molen: Turn birdie into man's best friend

창의적인 광고는 지속적으로 우리의 관심을 끈다. 하지만 오늘날에는 전통 광고와 온라인 메시지 그리고 비디오 콘텐츠 간의 경쟁이 심화되면서 관심을 끌기 위한 노력은 더욱 치열해지고 있다.

채널이 공급되고 있다.[7] 이는 대중 시장에서 다양한 광고 매체의 가능성이 열려 있으며, 그만큼 복잡하고 높은 비용이 요구될 수 있음을 의미한다.

유통업자들 역시 온라인 비즈니스 성장에 주목하고 있지만 인터넷 소비자들의 충성도는 예전과 다름을 확인하고 있다. 이제 사람들은 가격을 비교하고 제품과 온라인 판매자 후기를 쉽게 접할 수 있기 때문에 이러한 현상은 그리 놀라운 일이 아니다. 이베이, 엣시, 크레이그리스트와 같은 소비자 대 소비자 간의 쇼핑이 가능한 사이트가 등장하면서 기존 소매상들로부터 제품을 구매하는 것이 아닌 소비자 간의 거래가 증가하기 시작했다. 새로운 커뮤니케이션 모델을 이해하고 그 결

캔디스탠드와 같은 게임 사이트들은 주의를 잘 유도한다. 많은 광고주들은 매력적인 장소에 광고할 수 있는 적절한 매체를 찾기 위해 노력한다.

과를 예측하기 위해 우리는 마케터들이 그들의 제품을 '입소문'으로 어떻게 소비자들에게 접근할 것인지 파악해야 한다. 그리고 새로운 마케팅 커뮤니케이션 환경에 따른 새로운 미디어 트렌드도 확인해봐야 한다.

소셜 미디어

소셜 미디어(social media)는 새로운 커뮤니케이션 모델 중 중요한 부분을 차지한다. 소셜 미디어는 사용자들이 직접 만든 콘텐츠를 동일 사이트를 이용하는 다른 사용자들과 공유할 수 있는 인터넷 기반 플랫폼을 의미한다. 이러한 새로운 미디어가 마케터와 어떻게 상호작용할 수 있을지 파악하는 것은 상당히 어렵다. 기업이 브랜드 의미를 규정하고 브랜드를 촉진시키는 과정에서 개별 소비자들이 직접 참여할 기회를 마련해주기 때문에 메시지가 "마음껏 퍼뜨려진다." 이는 브랜드 전도자들이 전 세계에 브랜드를 알리는 데 큰 도움을 주기 때문에 기업 입장에서는 유용할 수 있음을 의미하기도 한다. 하지만 브랜드의 부정적인 뉴스는 많은 사람들에게 더욱 빠르게 전파될 수도 있다. 어떤 조사에 따르면 응답자의 20%가 특정 브랜드나 서비스에 대한 나쁜 경험을 소셜 미디어를 통해 알린 적이 있다고 밝힌 바 있다.[8]

소셜 미디어가 새로운 마케팅 커뮤니케이션의 주요 부분을 차지하게 되었음을 의심할 바가 없다. 2016년 소셜 미디어 광고 집행비는 전년 대비 70억이 증가한 100억을 넘어섰다.[9] 아메리칸 익스프레스는 소셜 미디어를 통해 카드 회원을 적극적으로 만나고 있다. 아메리칸 익스프레스는 트위터 해시태그를 통해 회원들이 원하는 제품을 조사하고 해당 해시태그를 통해 소니나 아마존과 같은 기업들의 제품을 아메리칸 익스프레스를 통해 구매할 수 있도록 서비스를 제공하고 있다.[10] 또한 아메리칸 익스프레스는 페이스북, 트위터, 구글에게 자사의 브랜드 이미지 역사를 알리고 있다. 그 결과 놀랍게도 페이스북의 '좋아요'에만 127%의 증가를 기록했으며, 페이스북 포스트 공유도 100% 증가했다.[11]

소셜미디어는 페이스북, 블로그와 같은 소셜 네트워킹 사이트, 트위터와 같은 마이크로블로그, 핀터레스트나 유튜브와 같은 영상 공유 사이트, 옐프, 위키스와 같은 제품 리뷰 사이트, 위키피디아와 같은 공유사이트, 세컨드 라이프와 같은 가상현실과 같은 것들이 있다. 우리는 마케터에게 중요한 몇 가지 플랫폼에 대해 살펴볼 것이다.

소셜 네트워크

소셜 네트워크(social networks)란 사람과 사람을 연결시켜주는 사이트를 의미한다. 성공적인 네

소셜 미디어 사용자들에게 자신들이 만든 콘텐츠를 이 사이트에 접근하는 다른 이들과 공유하도록 허락하는 인터넷 기반 플랫폼

소셜 네트워크 사람을 비슷한 사람과 이어주는 데 사용되는 사이트들

브랜드 커뮤니티 제품이나 브랜드에 애착하는 소비자들의 소셜 미디어 커뮤니티로 브랜드에 대한 다양한 정보를 공유

트워크 사이트들은 사용자들에게 그들의 프로필을 공개해 유사한 배경, 관심, 취미, 종교, 인종, 정치관을 가진 사람들과 온라인에서 '만날' 수 있도록 서비스를 제공한다. 페이스북이나 링크드인은 전 세계적으로 수백만의 사용자를 가진 가장 대표적인 소셜 네트워크 사이트들이다. 사용자가 한 번만 프로필을 작성하면 기존 친구들과 새로운 친구들을 쉽게 만날 수 있다.

이러한 소셜 네트워크는 마케터들에게 어떤 의미를 가지는가? 첫째, 소셜 네트워킹을 모니터링하면서, 마케터들은 소비자들이 그들의 제품과 경쟁사에 대해 어떤 생각을 갖고 있고 어떤 이야기를 나누는지 확인할 수 있다. 이와 같은 정보는 광고 메시지를 개선하고 제품 결함을 수정하는 데 매우 유용하다.

또한 이러한 대화에 참여하면서 언론인과 의견 선도자와 같은 사회적으로 영향력 있는 사람들에게 쉽게 접근할 수 있다. 하지만 더욱 중요한 것은 소셜 네트워크를 통해 **브랜드 커뮤니티**(brand community)를 형성할 수 있는 기회를 가질 수 있다는 것이다. 브랜드 커뮤니티란 소셜 네트워크상에서 제품 혹은 브랜드에 애착하는 사람들의 모임을 의미한다. 브랜드 커뮤니티 회원들은 상호 인간관계를 형성할 뿐만 아니라 브랜드 정보를 공유하고, 브랜드에 대한 애정을 표현한다. 이로 인해 브랜드와 소비자의 관계는 더욱 강해진다.

때로는 이러한 브랜드 커뮤니티는 마케터가 아닌 소비자들이 자발적으로 만들기도 한다. 예를 들어, 할리데이비슨의 경우 라이더들끼리 '의형제'를 맺고, 그들만의 용어를 사용하며, 정기적으로 만난다. 따라서 할리데이비슨 기업은 라이더들을 위한 이벤트를 개최하고 그들과 보다 가까이 상호작용하려고 노력한다. 이를 통해 할리데이비슨 라이더들이 바이크와 어떤 관계를 맺고 어떻게 생각하는지 등을 보다 깊게 이해할 수 있다. 실제로 할리데이비슨 직원들은 이러한 과정을 통해 바이크를 타고 라이더 회원이 되어 자사를 위해 더욱 열심히 근무하는 경우도 발견된다.[12] 할리오너그룹(Harley Owners Group, HOGs)라 불리는 이러한 열정적인 커뮤니티 회원들은 할리데이비슨에 애착을 가질 뿐만 아니라 할리데이비슨이 아닌 다른 바이크는 생각하지 않을 정도의 충성도를 보여준다.

이제는 대중적으로 잘 알려진 소셜 미디어 사이트에 대해 알아보자.

페이스북

앞서 밝혔듯이, 당신도 물론 사용하고 있겠지만 페이스북은 현재 매달 15억 명이 넘는 사용자가 적극적으로 활동하는 가장 대표적인 소셜 미디어 사이트다. 당신이 이 책을 읽는 중에 그 수가 훨씬 더 많아질 것은 의심할 바 없다.[13] 페이스북 사용자들은 먼저 프로필을 작성하는데, 한 명의 '친구'와 연결되기 전까지는 비공개로 되어 있다. 원래 페이스북은 대학생들이 친구들을 만날 수 있도록 서비스를 제공하기 위해 만들어졌는데(그 당시에 여기에 가입하려면 이메일 주소에 '.edu'가 있어야 했다), 이제는 더 이상 학생들에게 한정된 서비스는 제공되지 않는다. 최근에는 베이비 부머 여성들과 오래도록 만나지 못했던 친구들을 찾으려는(또한 손자들을 보고 싶어하는) 노인들까지 다양한 세대에서 페이스북을 사용하고 있음을 볼 수 있다.[14]

대학생들에게 여전히 페이스북의 인기는 높지만 18~24세 이르는 세대 층에서는 페이스북 이탈이 발견되기 시작했다(아마 부모님의 사용이 늘어났기 때문일 것이다). 대신에 그들은 인스타그램, 트위터, 텀블러, 스냅챗, 그리고 바인과 같은 사이트를 이용하기 시작했다.[15] 이러한 변화는 대학생들이 소셜 미디어 사이트를 어떻게 활용하고 있는지를 보여준다. 즉 많은 대학생들은 모바일 폰을 통해 소셜 미디어에 접속하고 이메일을 주고받으며, 대인관계를 형성하고 있음을 의미하는 것이다.

트위터

트위터(Twitter)는 사용자들이 최대 140자의 짧은 메시지를 올릴 수 있는 무료 마이크로블로그 서비스다. 트위터에 등록한 사람은 '팔로워'라 불리는데, 페이스북이 '친구'가 되어야 하는 것과는 달리 트위터 사용자는 누구든지 팔로잉할 수 있다. 현재 트위터는 현재 3억 2,000만 명의 사용자가 등록되어 하루에 5억 번의 '트윗'이 진행되고 있다.[16] 최근에 트위터는 메시지뿐만 아니라 사진, 영상, 해시태그 등을 첨부할 수 있게 추가해서 새로운 기회를 맞이하게 되었다. 2016년 트위터는 메시지 등록 글자 수에 변화를 줄 것이라고 발표했다.[17]

이러한 과정이 진행되면서 트위터를 모니터링함으로 인해 마케터들은 소비자들이 제품에 대해 어떤 이야기를 나누는지 확인할 수 있게 되었다. 다른 소셜 미디어는 네트워크라는 개념에 가깝지만 트위터는 **방송매체**(broadcast medium) 역할을 한다. 즉 마케터들이 한 번에 수천만 개의 메시지를 보낼 수 있게 되었으며, 해시태그(#)를 통해 더욱 빠른 전파가 가능해졌음을 의미한다. 오늘날 정치인들부터 유명 연예인에 이르기까지 다양한 사람들이 트위터를 사용한다. 실제로 트위터는 TV 시청자들로부터 모아진 의견 혹은 그들이 선택한 선거 대상자에 이르기까지 다양한 내용들을 뉴스로 재생산한다. CNN 프로그램 중에 하나인 '모닝 익스프레스 위드 로빈 미드'는 시청자들이 영상을 보낼 수 있는 @ireport.com를 통해 다양한 의견들을 표현한다.

가상 세계

가상 세계(virtual worlds)는 온라인에서 **아바타**(avatars)가 살고 있는 디지털 환경으로 실시간으로 아바타끼리 상호교류가 이루어지는 세계로 정의된다. 블록버스터 영화 아바타에서 판도라 세계에 새로운(10피트 크기의 푸른) 정체성을 가진 부상병의 이야기를 통해 가상 세계의 개념을 이해할 수 있다.

가상 세계에서는 거주자가 가상 클럽에 방문하고, 아바타를 위해 옷과 액세서리를 쇼핑하고, 집을 꾸밀 가구를 구입하고, 심지어 가상 대학교에 입학할 수 있다. 믿기 힘들겠지만 사람들이 실제 세계에는 존재하지 않는 디지털 제품을 구매하기 위해 많은 돈을 지불하기도 한다. 이에 따라 **가상 제품**(virtual goods) 시장은 폭발적으로 성장하고 있다. 전 세계 소비자들이 가상 제품에 지불하는 비용만 110억 달러가 넘는 것으로 추정된다![18]

전 세계 수많은 가상 세계가 있지만 더 **심즈**(The Sims)는 그중 가장 널리 알려진 가상 세계 중 하나다. 이 플랫폼에는 제품을 사고파는 의류 디자이너, 뮤지션, 그리고 기업가들을 위한 마켓플레이스가 있다. 몇몇 사용자들은 실제로 가상의 아바타를 통해 제품을 판매하면서 백만장자가 되기도 했다. 가상 세계의 또 다른 예는 다음과 같다.

- 디즈니의 클럽 펭귄(Club Penguin)은 젊은 방문자들이 스무 가지 이상의 게임을 즐기고 게임을 통해 획득한 코인으로 그들의 펭귄을 꾸밀 수 있는 서비스를 제공한다. 플레이어들은 가상 세계에서 펫 퍼플스를 꾸미고 관리할 수 있다.
- 어른들을 위한 가상 세계인 스밋(Smeet)은 3차원 인터페이스를 통해 가상 세계를 즐길 수 있다. 사용자들은 3D 집을 건축할 수 있으며, 새로운 사람들과 함께 거주할 수 있고 다양한 이벤트를 즐길 수 있다.
- 하보 호텔(Habbo Hotel)은 어린이들이 하보 방에 거주하면서 하보 금융으로 가구를 구입해 꾸밀 수 있다.
- 12~14세 사이의 소녀들에게 인기가 많은 푸펫(Foopets)은 사용자들이 디지털 애완동물들을 입양해 돌보고 사료도 제공할 수 있는 가상 세계다. 애완동물들이 적절히 돌봄을 받지

못하면 가상 쉼터로 보내질 수도 있다.[19]

대부분의 가상 제품들은 다양한 소셜 미디어 사이트를 통해 거래가 이루어지는데, 1~3달러에 이르는 소액에 대부분 거래된다. 그렇다면 실제 세계에서 마케터는 무엇을 할 수 있을까? 어떤 기업은 소비자들을 실제로 접촉하고, 브랜드 이미지를 개선시키고, 충성 고객들을 확보하기 위해 가상 제품 시장에 뛰어든다. 소액이지만 아바타 옷을 판매할 수 있는 시대가 실제로 다가왔다.

제품 리뷰 사이트

제품 리뷰 사이트(product review sites)는 소비자들이 제품과 서비스에 대한 경험을 올릴 수 있는 소셜 미디어 사이트이다. 마케터는 제품 리뷰 사이트를 통해 소비자와 브랜드가 상호 연결될 수 있기를 원한다. 제품 평가 사이트는 기업의 긍정적인 정보와 부정적인 정보 모두를 소비자에게 제공한다.

- 트립어드바이저(TripAdvisor)는 사진과 의견 게시를 통해 편견 없는 호텔 리뷰를 제공한다. 이 사이트에서는 소비자들이 최근에 머문 호텔에 등급을 매기고 코멘트를 남길 수 있는데, 다른 소비자들이 여행을 위해 최적의 호텔 선택이 이루어지도록 도와준다.
- 옐프(Yelp)는 외식, 쇼핑, 그리고 기타 놀거리와 같은 지역 정보를 제공하는 리뷰 사이트다. 소비자들은 인터넷이나 휴대폰으로 옐프에 접속할 수 있다. 기업 관계자들은 소비자들이 리뷰를 확인할 수 있는 페이지를 개설할 수 있다.
- 앤지스 리스트(Angie's List)와 홈어드바이저(Home Advisor)는 '형편없는 서비스에 신물이 난' 소비자들을 위한 리뷰 사이트다. 실명으로 등록된 앤지스 리스트 회원들은 700개가 넘는 카테고리의 서비스 기업들을 평가할 수 있으며, 기업 혹은 경쟁사가 관여하지 않은 자료만 수집한다.[20]

모바일 앱과 지역기반 소셜 네트워크

제13장에서 보았던, **지역기반 소셜 네트워크**(location-based social networks)는 최신 GPS(차에 내장된 네비게이션과 유사한)를 통해 사용자들이 모바일폰을 통해 사용자들에게 가까이 있는 친구를 알려준다.

2016년 6월 **증강현실**(augmented reality, AR) 모바일 앱 게임인 '포켓몬고'는 일주일 만에 하루 1,000만 명이 이용할 정도로 세계적인 인기를 끌었다.[21] 증강현실은 컴퓨터로 생성된 음향, 영상, 그래픽, 그리고 GPS 데이터로 구현된 물리적인 실제 세계다. 포켓몬고 사례를 보면, 플레이어는 포켓몬 캐릭터인 '포케스톱'을 잡아야 하는데, 구글 맵을 통해 구현된 '짐(gyms)'에서 플레이가 가능하다. 포켓몬고 플레이어는 포켓몬 캐릭터가 나타나면 GPS를 통해 자신의 폰으로 알림을 받는다. 플레이어는 포켓몬을 잡아야 '레벨-업'이 된다. 포켓몬고의 인기로 인해 광고인들은 고객을 유인할 수 있는 새로운 기회로 생각했다.[22] 조직, 기업, 그리고 상점

Courtesy of Allaray Roo

마케터 입장에서 가상세계는 전 세계 수백만 명의 사용자들과 커뮤니케이션할 수 있는 기회이자 도전이다.

에서는 포케스톱과 짐을 둘 수 있게 되었다.

포스퀘어는 GPS에 기반한 가장 널리 알려진 지역 기반 소셜 네트워크로 5,000만 명 이상이 사용한다. 2014년 5월 포스퀘어는 둘로 나눈다고 발표했다. 새로운 장소를 발견하는 포스퀘어와 방문했던 지역을 확인하는 스웜(Swarm)이 그것이다. 스웜 앱은 '시장(Mayor)'으로 유명한데, 단순히 모든 사람들과 공유하는 것이 아닌 당신의 친구들하고만 공유된다. 이 새로운 앱은 당신이 방문한 지역에 대한 다양한 느낌들을 다른 사람들과 함께 나눌 수 있다.

포켓몬고는 오랫동안 많은 사랑을 받아온 게임이다. 하지만 더욱 중요한 것은 가상현실의 적용으로 인해 실제 세계에서 다양한 캐릭터를 찾게 됨으로써 그 경계가 허물어졌다는 것이다.

이러한 지역기반 소셜 네트워크는 특정 지역을 방문한 사람들에게 가격 할인이나 무료 서비스를 제공해주기도 한다. 보스턴의 부리토 체인인 볼로코는 레벨업 앱을 통해 10달러짜리 식음료를 5달러 할인해준다. '레벨업'을 향해 고객들은 25달러 구매에 10달러 할인하고 4달러 구매에 14달러를 할인하기 위해 레스토랑으로 찾아온다. 볼로코는 레벨 3에 이르는 고객들에게 26% 할인을 해준다.[23]

마케팅 커뮤니케이션의 미래는 당신이 항상 휴대하고 갖고 다니는 스마트폰과 같은 디바이스에 달려 있다고 해도 과언이 아니다. 내장 카메라와 웹브라우징이 결합된 기술은 당신의 벨트나 지갑에도 적용된다. 애플은 아이폰에 이를 적용하면서 본격적으로 시작됐다. 벨소리, 영상, 온라인 쿠폰 그리고 다양한 '앱'들을 통해 모바일 시장에서 이러한 경쟁이 발견된다. 몇 가지 사례를 살펴보자.

- 숍새비(ShopSavvy)는 온라인에서 최저가격을 검색해주고 근처에 있는 전통 소매업자들을 찾아준다. 사용자는 제품의 가격 정보를 알 수 있을 뿐만 아니라 해당 제품의 가격 할인 정보도 확인할 수 있다.
- 핫5 피트니스(Hot5 Fitness)는 5분짜리 영상 수백 개가 제공되는 것으로 사용자가 직접 최근 피트니스 상황과 운동 진행 상황 등을 추가할 수 있다. 운동 효과를 높이기 위해 음악과 함께 고품질의 영상이 제공된다.
- 패스트몰(Fastmall)은 가장 빠르게 몰로 찾아갈 수 있도록 지도상에서 정보를 알려준다. 또한 당신이 주차한 주차장까지 기록해준다. 당신 폰을 흔들면, 가장 가까운 화장실까지 알려준다.
- 플립보드(Flipboard)는 페이스북, 트위터와 같은 소셜 네트워크나 뉴욕 타임스나 피플지와 같은 뉴스 등에서 다양한 콘텐츠를 제공하는데, 잡지 형태로 구성되어 있다.

사물 인터넷

제5장에서 소개한 바 있는 사물 인터넷 언급 없이 소셜 미디어를 마칠 수 없다. 사물 인터넷은 감각, 전지, 그리고 네트워크 간의 연결로 구현된 물리적, 디바이스 네트워크다. '사물'이라는 기술을 통해 많은 정보를 수집하고 결합할 수 있게 되었다.

많은 전문가들은 점점 '스마트'해지는 디바이스 발전에 따라 사물 인터넷이 마케팅의 미래를 결정할 것이라고 예측하고 있다. 이미 당신의 폰과 집이 '연결'되어 TV를 끌 수 있고, 현관문을 잠글 수 있으며, 난방을 조절할 수 있게 되었다. 만약 휴가 기간 동안 당신이 머물렀던 리조

직접 마케팅 소비자나 비즈니스 대상자들에 대해 주문이나 추가 정보의 요청, 혹은 제품 구매를 위한 매장이나 사업장 방문 등의 반응을 이끌어내기 위한 모든 종류의 직접적인 소통 방식

카탈로그 책의 형태로 된 판매를 위해 제공되는 제품들의 집합. 흔히 품목 사진이 동반되는 제품 설명으로 구성됨

트 호텔에서 당신의 테슬라 자동차 키를 두고 왔다면? 문제없다! 테슬라는 당신에게 원격으로 자동차를 출발시킬 것인지 문자를 전송할 것이다.[25] 인터넷은 마케팅 커뮤니케이션의 혁명이고 사물 인터넷은 우리의 삶을 다시 한 번 바꿀 것이다.

14.2

목표
직접 마케팅 구성요소를 이해한다.

직접 마케팅

당신은 우편으로 온 수많은 카탈로그를 몇 시간 동안 꼼꼼히 살피거나 집에서 카탈로그를 통해 제품을 구매하는 소비자인가? 아마 당신은 29.98달러를 지불하고 홈쇼핑 네트워크를 통해 도나텔라 피자 오븐을 구매한 경험이 있거나 혹은 TV 정보 광고를 통해 대쉬캠 프로나 페디포 제품을 구매한 적이 있을 것이다. 이 모든 것들은 빠르게 성장하고 있는 직접 마케팅의 사례다.

직접 마케팅(direct marketing)이란 '소비자나 비즈니스 대상자들이 주문, 정보 요청 혹은 제품 구매를 위해 매장이나 사업장 방문과 같은 고객 반응을 이끌어내기 위한 모든 종류의 직접적인 커뮤니케이션'을 뜻한다.[26] 직접 마케팅은 지속적으로 성장하고 있는데, 직접 마케팅과 디지털 광고 집행비는 2015년에만 전년 대비 8% 증가한 1,530만 달러에 이르는 것으로 밝혀졌다. 특히 직접 마케팅만 유일하게 성장세를 기록했는데, 2.9% 증가한 460억 달러를 기록했다.[27]

그렇다면, 마케터들은 직접 마케팅을 왜 선호할까? 한 가지 이유는 분명 그 힘이 있기 때문이다. 전통 광고와 다르게 모든 메시지는 직접적인 반응으로 이어진다. 이러한 이유로 촉진 ROI(쇼미더머니!)를 확인하고자 하는 기업들이 상당히 선호한다.

📷 그림 14.1에 소개되어 있듯이, 직접 마케팅의 일반적인 유형으로 네 가지가 있다. 우편주문(카탈로그와 직접 우편), 텔레마케팅, 직접 반응 광고, 무선 전자상거래가 그것이다. 이 중 가장 오래된 직접 마케팅은 우편 판매인데, 여전히 엄청난 인기를 보여주고 있다!

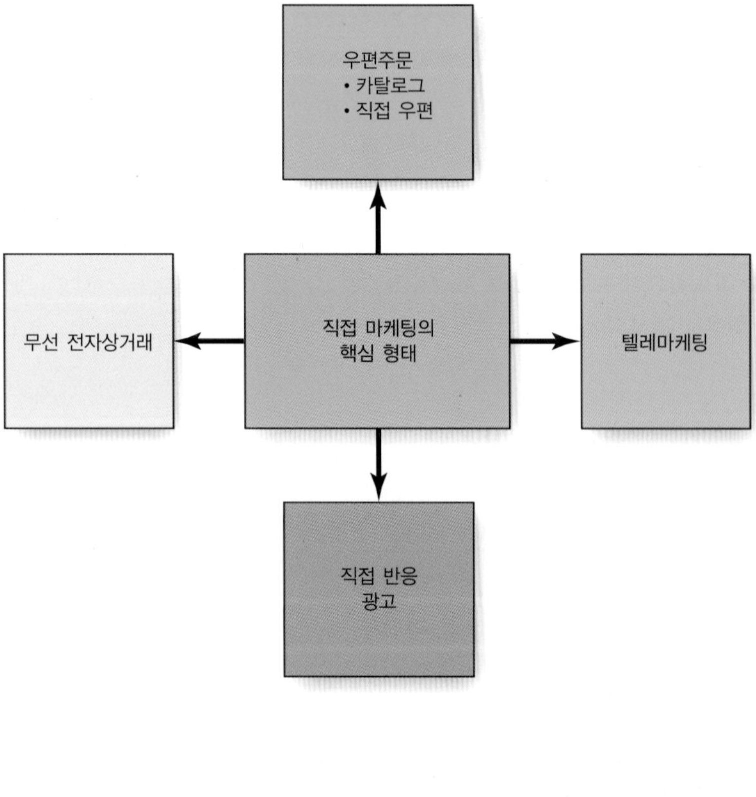

우편주문

1872년, 아론 몽고메리 워드와 2명의 동업자는 1,600달러를 투자해 소매상 매출 증가를 위해, 제품 목록과 가격이 표시된 한 페이지짜리 전단지를 우편물로 발송하면서, 우편주문 산업이 탄생했다.[28] 오늘날 소비자들은 우편을 통해 무엇이든지 구매할 수 있게 되었다. 우편주문은 두 가지로 구분되는데, 하나는 카탈로그이며 다른 하나는 직접 우편이다.

카탈로그(catalog)란 판매되는 제품 목록을 책 형태로 묶어놓은 것으로 제품 설명과 사진이 함께 포함되어 있다. 몽고메리 워드 그리고 시어스와 JC 페니와 같은 혁신자들이 개척한 초기 카탈로그는 지리적으로 멀리 떨어져 있는 고객을 목표로 했다.

최근 들어 온라인 쇼핑이 성장하고 있음에도 불구하고 카탈로그는 여전히 활발하다. 2013년

그림 14.1 📷 스냅숏 | **직접 마케팅의 핵심 형태**

직접 마케팅의 핵심 형태는 우편주문(카탈로그와 직접 우편 포함), 텔레마케팅, 직접 반응 광고, 무선 전자상거래이다.

미국 유통업자들은 110억 개의 카탈로그를 발송했는데, 이는 매년 1%씩 증가한 수치다. 카탈로그는 온라인과 오프라인 매장 매출에 중요한 역할을 담당한다. 다이렉트 마케팅 협회(Direct Marketing Association)에 따르면, 9,000만 명의 미국인들이 카탈로그를 사용하며 이 중 60%가 여성이라고 밝혔다. 카탈로그를 받은 고객들은 평균 850달러 가까이 구매를 한다. 물론 많은 카탈로그는 온라인과 모바일 디바이스를 통해 전달되기도 한다.

그렇다면 유통업자들은 카탈로그를 왜 중요하다고 생각할까? 이는 바로 매출로 이어지기 때문이다. 2000년 랜즈 엔드는 카탈로그를 줄인 바 있는데, 그 결과 1억 달러의 매출 손실로 이어진 바 있다.

니만 마커스는 크리스마스 북으로 유명한데, '판타지 기프트'가 포함되어 있다. 2015년 카탈로그에는 ZZ 톱의 기타리스트 빌리 기본스가 디자인한 기타를 3만 달러에 판매했으며, 니만 마커스 무스탕을 9만 5,000달러에 판매하기도 했다. 2015년 최고의 기프트는 두 명이 참석할 수 있는 12일간의 인도여행으로 개인 전용기와 자동차, 그리고 실제 궁전에서의 저녁 식사와 발리우드 무비 세트장에서 춤을 배울 수 있는 레슨까지 포함되어 있으며, 이는 40만 달러에 판매됐다.[29]

직접 우편

우편을 통해 다양한 제품을 제공하는 카탈로그와는 달리, **직접 우편**(direct mail)은 한 번에 한 가지의 제품이나 서비스를 소개하는 브로슈어나 팸플릿이다. 직접 우편 제공은 발신자가 보다 구체적으로 개인화할 수 있기 때문에 장점을 가진다. 자선단체, 정치 집단, 많은 비영리단체가 직접 우편을 많이 사용한다.

스팸 메일과 같이, 많은 미국인들은 대부분 쓰레기통으로 들어가는 직접 우편의 홍수(정크 메일)에 빠져 있다. 물론 많은 소비자들은 직접 우편에 일부 반응하기도 한다. 직접 마케팅 협회 조사에 따르면, 45%의 소비자들이 이메일을 바로 처리하는 것에 비해 약 79%의 소비자들은 직접 우편에 반응한다고 밝힌 바 있다.[30] 직접 마케팅 산업은 지속적으로 어떤 기업이 우편으로 발송할 것이며, 소비자들에게 최종적으로 선택될 것인지를 확인해야 할 것이다.

텔레마케팅

텔레마케팅(telemarketing)은 기업이 전화로 직접 수행하는 마케팅 활동이다(그런데 왜 항상 저녁 때 전화가 오는 것일까?). 텔레마케팅은 소비재 시장보다 산업재 시장에서 더 효율적이라는 사실을 알면 당신은 깜짝 놀랄지도 모르겠다. B2B 마케터들은 적은 수의 고객들과 관계를 유지하기 위해 전화를 사용하는 것이 직접 대면하는 것보다 비용이 적다는 것을 알고 있을 뿐만 아니라 이 적은 수의 고객들이 자사의 중요한 고객이라는 것 역시 잘 알고 있다.

미국 연방거래위원회(FTC)는 소비자들이 텔레마케팅 전화 수신을 제한할 수 있도록 수신거부등록제를 제정했다. 이러한 규정에 따라 텔레마케팅 업체들은 적어도 31일에 한 번씩 전화번호를 확인하고 정리하게 되었다. 소비자들은 이 규제에 매우 긍정적으로 반응했으며, 2억 2,000만 명이 넘는 사람들이 등록했다.[31] 몇몇 직접 마케터들은 처음에는 이러한 행동에 이의를 품었다. 그들은 결국에는 이 규제를 무시한 채 계속 소비자들에게 전화를 거는 업체들이 있을 것이라고 주장했다. 그러나 수신거부등록제는 현재 직접 마케팅을 통한 비즈니스의 한 부분으로 받아들여지고 있다. 연방거래위원회는 위반자들의 목록을 계속해서 웹사이트에 게시하고 있다.[32]

직접 우편 한 번에 한 가지의 구체적인 상품이나 서비스의 내용을 전달하는 브로슈어나 팸플릿

텔레마케팅 전화를 사용해 소비자와 비즈니스 고객들에게 직접 판매하는 것

직접 반응 광고 소비자가 제공자와 즉시 접촉하여 질문을 하거나 제품을 주문하여 소비자가 메시지에 반응하도록 하는 직접 마케팅 방법

직접 반응 TV 2분 이하의 짧은 광고, 30분 정도의 정보 제공 광고, 홈쇼핑 네트워크를 포함하는 직접 반응을 목적으로 하는 TV 광고

인포머티브 광고 토크쇼와 같지만 실제로는 판매 권유인 30분 또는 1시간에 걸친 광고

무선 전자상거래 스마트폰과 휴대정보단말기(PDA)와 같이 휴대폰과 기타 모바일 도구로 전송되는 촉진 행위 및 기타 전자상거래 행위

직접 반응 광고

직접 반응 광고(direct-response advertising)는 소비자가 기업에 즉시 접촉하여 메시지에 응답함으로써 질문을 요청하거나 제품을 주문할 수 있는 광고다. 많은 기업에 있어 인터넷은 직접 마케팅을 위한 선택이 되었지만 잡지, 신문, 그리고 텔레비전을 통해서도 직접 마케팅이 가능하다.

1950년대 초 텔레비전 백화점 채널은 텔레비전 시청자들의 거실에서 구매가 가능하도록 했다. 이 채널은 제한된 수의 제품을 제공하지만 시청자들은 해당 제품을 전화로 구매할 수 있었다. 1970년대 론코와 케이텔 인터내셔널 두 회사가 키친 매지션, 포켓 피셔맨, 민스 오 매틱, 미라클 브룸과 같은 제품을 텔레비전을 통해 전 세계에 광고하면서 제품 판매량은 증가했다.[33] 빌리 메이가 옥시크린, 주피터 잭, 그리고 거의 20개에 이르는 다른 제품들을 열정적으로 외치며 팔던 모습을 어떻게 잊을 수 있겠는가? 전화 한 통이면 그 멋진 제품을 소유할 수 있는 것이다.

직접 반응 TV(direct-response TV, DRTV)는 2분 내의 짧은 광고와 30분 혹은 그 이상의 정보 제공 광고, QVC나 HSN 등이 방영하는 홈쇼핑 방송 등이 있다. 직접 반응 TV 광고를 통해 가장 잘 팔리는 제품은 운동기구, 자기향상 제품, 다이어트 및 건강제품, 주방기기, 음악 관련 제품 등이다. 만약 당신이 해당 프로그램을 못 봐도 언제든지 구매할 수 있다.

초기 판매 방식들은 오늘날 우리 모두가 알고 사랑(?)하는 **인포머티브 광고**(infomercials)로 많이 대체되었다. 이 30분 또는 1시간 길이의 광고는 토크쇼와 비슷한데, 제품 시연을 주로 하고 이에 따라 시청자들이 열렬히 참여하지만 물론 이는 어디까지나 판매 권유다. 어떤 인포머티브 광고는 여전히 저급하고 지저분하지만 실제로는 수년 동안 애플에서 폭스바겐에 이르기까지 수많은 대기업들이 이를 사용해오고 있다.

무선 전자상거래

직접 마케팅의 최종 형태는 **무선 전자상거래**(m-commerce)이다. 'm'은 'mobile(무선)'을 뜻하기도 하지만, 'massive(거대한)'이라는 뜻도 포함되어 있다. 그 이유는 플랫폼 시장이 매우 크기 때문이다. 무선 전자상거래는 모바일폰과 스마트폰이나 태블릿 PC 같은 모바일 디바이스와 같은 무선 도구로 전송되는 촉진 상거래를 말한다. 전 세계적으로 70억 개의 모바일폰이 사용 중이고, 점차 인터넷이 확산됨에 따라 마케터들이 전 세계 85%의 소비자에게 접근할 수 있는 상거래다. 이는 전 세계에 걸쳐 있는 화장실보다 더 많은 모바일 폰이 있음을 의미한다.[34]

무선 전자상거래는 단문 문자 서비스 시스템(short-messaging system, SMS) 마케팅으로 간주된다. 원하지 않은 '정크 메일'과 같이 무선 전자상거래 역시 그 단점이 있다. 제5장에서 논의했듯이 하루 종일 소셜 네트워크에 접속하는 사용자들이 스마트폰을 사용함에 따라 소셜 네트워크를 추적하고 분석하는 구글 애널리스틱의 등장은 다양한 프로그램을 구현하게 되었다.

인포머티브 광고는 직접 반응 TV 형태로 집행된다.

14.3

목표

인적 판매의 중요성, 인적 판매 직무 유형 그리고 창의적인 판매 과정을 이해한다.

인적 판매 : 촉진 믹스에 개인적 접촉 더하기

이제 우리는 가장 가시적이고 많은 비용이 요구되는 마케팅 커뮤니케이션 형태 중 하나인 인적 판매에 대해 학습할 것이다. 인적 판매는 일대 일 마케팅 커뮤니케이션의 대표적인 사례다.

인적 판매(personal selling)는 기업 판매원이 고객 혹은 잠재 고객에게 재화나 서비스에 대해 직접적으로 커뮤니케이션하는 상호작용으로 정의된다. 이 형태의 촉진 활동은 고객에게 보다 친밀하게 접근할 수 있는 방법이다. 인적 판매의 장점은 판매 사원들이 시장에서 기업의 눈과 귀가 될 수 있다는 것이다. 그들은 어떤 경쟁자들이 고객에게 접근하고 있는지, 그들이 어떤 제품을 판매하고 있는지, 경쟁자가 누구인지 파악한다. 모두 경쟁력이 되는 가치 있는 정보들이다.

많은 조직들은 때로 '개인적인 접촉'이 대중매체보다 더 의미 있게 전달하기 때문에 인적 판매에 많이 의존한다. B2B 시장에서는 인적 접촉이 고객과의 관계를 발전시키는 데 중요한 역할을 한다. 또한 많은 산업재와 서비스들은 너무 복잡하거나 많은 비용 때문에 비인적 접촉(대중광고)으로는 효과적인 마케팅이 불가능하다. 마케팅 격언 중에는 제품이 더욱 복잡하고, 기술 지향적이며, 무형일수록 이를 촉진시키기 위해 인적 판매에 더욱 의존해야 한다는 말도 있다.

인적 판매는 학생들(즉 당신)에게 특히 중요한데, 왜냐하면 마케팅 전공으로 졸업한 학생이라면 전문 판매직에 채용될 확률이 높기 때문이다. 미국 노동통계청은 2014~2024년 사이 제조업과 도매업에서 판매직의 성장을 7%로 예측하고 있다. 특히 기술 및 전문 과학 산업에서 성장 역시 7%로 증가를 예상하고 있다. 전반적으로 판매직의 성장은 전체 직업군에 대한 조사에서 높은 순위를 차지하고 있다.[35] 기업은 고객을 잘 이해하고 커뮤니케이션을 잘할 수 있는 직원들에게 높은 가치를 두기 때문에 당신이 판매직무를 성공적으로 수행한다면 빠른 승진을 제공할 수 있다. 오래된 사업 속담 중에는 "무엇인가 팔리기 전에는 아무 일도 일어나지 않는다."가 있는데, 이는 기업의 판매 촉진 믹스 중 인적 판매가 중요함을 강조하는 것이다. 또한 기업들이 새로운 사업을 시작하고 기존 사업을 유지하기 어려운 경제 시기에서 판매직의 역할은 더 중요하다.

판매에 마음이 가는가? 그렇다면 인적 판매가 어떻게 작동되는지, 전문 판매 사원들이 장기적인 고객 관계를 어떻게 맺어 가는지 자세히 살펴보도록 하자.

마케팅 믹스에서 인적 판매의 역할

어떤 여성이 휴가를 위해 쇼 티켓, 호텔 스파의 마사지, 그리고 에머릴에서의 저녁식사를 예약하기 위해 800번으로 전화를 걸어 라스베이거스 MGM 그랜드 호텔의 판매직원(상담직원)과 상담을 해야 한다. 또한 그녀는 회사의 웹사이트 내 새로운 콘텐츠 관리 시스템을 제안하는 한 웹사이트 리뉴얼 컨설턴트의 프레젠테이션을 듣는 동안에도 판매원과 거래를 한다. 그리고 매장에서 구두를 구매하기 위해 구두는 신는 동안에도 판매원을 만난다. 마지막으로 그녀가 호화 레스토랑에서의 점심 식사를 하면서 재무 관리자가 추천하는 뮤추얼 펀드에 투자하기로 결정하는 동안에도 판매원을 만나 이야기를 나눈다.

많은 기업들에게 있어 인적 판매는 구매나 계약을 체결하는 데 중요한 역할을 담당하기 때문에 인적 판매를 통한 마케팅 커뮤니케이션은 마케팅 계획의 핵심이다. 인적 판매의 역할을 살펴보기 위해, 📷 그림 14.2에는 기업의 촉진 유형에 따른 인적 판매의 역할을 소개하고 있다.

일반적으로 인적 판매는 기업이 제품을 유통 경로를 밀어내 소비자들이 제품 구입을 할 수

인적 판매 기업의 판매원이 상품이나 서비스에 관하여 커뮤니케이션하기 위해 고객 또는 가망 고객과 직접적으로 상호작용하는 마케팅 커뮤니케이션

그림 14.2 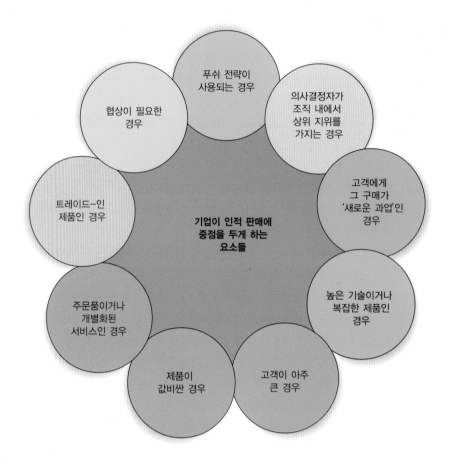 스냅숏 │ 기업이 인적
판매에 중점을 두게 하는 요소들

여러 다양한 요소에 있어 인적 판매가 조직의
전반적 촉진 믹스에 상당히 중요하게 작용한다.

있게 하는 푸시 전략(push strategy)을 사용할 때 더욱 중요하다. 홀마크 카드 부사장은 이렇게 말
하기도 했다. "우리는 소매점에 제품을 판매하는 것이 아니라, 소매점을 통해서 판매한다. 우리
는 소매점을 소비자들에게 접근하기 위한 파이프라인으로 본다."[36]

인적 판매는 기업이 고객 관리자를 직접 만나 거래를 성사시켜야 하는 B2B 환경에서도 중요
한 역할을 한다. 또한 고객이 거래를 위한 최종 서명을 앞두기 전에 가격 및 다른 요소들에 대해
치열한 협상이 이루어질 때도 인적 판매는 중요하다. 소비자의 입장에서는 특정 제품에 대한
경험이 없는 고객의 경우 전문 판매 사원의 도움을 요구할 수도 있다. 집, 차, 컴퓨터, 잔디 깎
기, 대학교육과 같이 소비자들의 구매 빈도가 그리 높지 않은 제품이나 서비스를 판매하는 기
업은 인적 판매에 상당히 의존한다(힌트 : 당신의 학교는 미래 재학생들을 위한 캠퍼스 투어의
멤버로 아무 학생이나 무작위로 뽑지 않을 것이다). 이처럼 그 제품이나 서비스의 복잡성이 높
거나 가격이 고가일 경우 제품을 설명하고, 설득하고, 판매할 수 있는 판매 사원은 반드시 필요
하다. 산업재와 소비재 시장 모두 마찬가지다.

인적 판매가 유용하다면 왜 기업들은 광고나 다른 판촉에 들어가는 비용을 줄이고 판매 사원
들을 더욱 많이 고용하지 않는 것일까? 마케팅 커뮤니케이션 믹스 측면에서 봤을 때, 인적 판매
가 확산되는 데 있어 몇 가지 한계점이 있다. 첫째, 개별 구매당 매출이 적다면 인적 판매를 하
는 것은 큰 의미가 없다. 개별 소비자와 만나 대면하는 것은 다른 판촉 활동보다 많은 비용이 요
구된다. 개별 소비자를 만나 판매 활동을 하는 총평균은 350달러가 넘는 것으로 추정된다. 텔레
비전 광고와 비교했을 때 이 비용은 상당한 부담으로 작용할 수 있다. 30초짜리 황금 시간대 광
고는 30~50만 달러 정도 들어간다(제13장에서 이미 언급했지만, 슈퍼볼 광고는 30초에 400만
달러가 넘어가기도 한다). 하지만 수백만 명의 시청자들을 대상으로 커뮤니케이션하는 비용이

1,000명의 시청자당 20~35달러의 비용밖에 들지 않는 것이다. 도리토스나 맥주 같은 저가 제품의 경우, 인적 판매는 재무 성과상 큰 기여를 하지 못한다.

파트너 관계 관리(PRM) 판매자와 구매자 간의 정보를 공유하는 시스템으로 CRM과 유사

인터넷 전화(VoIP) 네트워크를 통해 목소리를 전달하는 커뮤니케이션 시스템

기술과 인적 판매

인적 판매는 '개인화된' 촉진 유형으로 여겨진다. 용어 그대로, 인적 판매는 한 사람(판매 사원)이 다른 사람(고객 혹은 잠재 고객)에게 직접 접촉해 제품이나 서비스를 커뮤니케이션하는 활동이다. 최신 기술은 인적 판매를 강화하는 데 유용한데, 특히 스마트폰의 확산으로 판매원과 클라이언트 간의 관계는 더욱 공고해졌다. 하지만 판매에 관여된 어떤 사람이라도 기술이 인적 판매를 완전히 대체할 수 없다는 것을 알고 있다. 오늘날 인적 판매의 핵심 역할은 컴퓨터(페이스북이나 스윔을 확인하는 것이 아니라)가 아닌 사람과 사람 간의 관계로 설명되는 고객 관계를 관리하는 것이다.

그러나 의심할 여지없이 기술의 발전은 판매 사원들의 업무를 보다 효율적으로 수행할 수 있게 해준다. 이러한 기술의 발전 중 하나는 **고객관계관리**(customer relationship management, CRM) 소프트웨어. 지난 수년간 ACT나 골드마인과 같은 **회계 관리 소프트웨어**(account management software)가 판매 사원들의 업무 효율성을 높여주었다. 이러한 프로그램들은 저렴하고, 관리가 쉬우며, 판매 사원들로 하여금 고객과의 상호작용을 추적할 수 있게 해준다. 제3장에서 오라클에 대해 논의를 했지만, 현재 많은 기업들은 **클라우드 컴퓨팅**(cloud computing) CRM 응용 소프트웨어로 전환하고 있다. ACT나 온콘택트(OnContact)보다 개별화되고 통합적이면서, 주요 기업 전체 CRM 설비보다 저렴하다는 특징이 있다. 이러한 제품들 가운데 시장 선도자는 세일즈포스닷컴인데, 특히 판매 사원들이 사용하기 편리하게 구성되어 있다. CRM 시스템을 위한 클라우드 컴퓨팅의 핵심 장점은 매달 저렴한 비용을 지불하는 '렌트'가 가능한데(세일즈포스닷컴은 사용자당 매달 20달러로 가격이 낮다), 이는 기업 입장에서 큰 비용을 부담하지 않아도 됨을 의미한다.[37]

최근 들어 몇몇 판매 조직은 구매 업체와 판매 업체의 정보를 연결해주는 새로운 시스템인 **파트너 관계 관리**(partner relationship management, PRM)를 도입하고 있다. PRM은 CRM과 달리 판매자와 구매자가 그들의 데이터베이스와 시스템을 공유하고 이를 의사결정에 반영하는 데 그 목적을 두고 있다. 정보를 공유하는 업체들은 윈-윈하기 위해 파트너 관계에 참여한다.

CRM과 PRM 외에도 화상회의, 비디오회의, 그리고 웹사이트를 통해 고객질문에 즉각 답변하는 FAQ(frequently asked questions)를 운영하면서 인적 판매를 강화하고 있다. 또한 많은 기업들은 인트라넷과 블로그를 활용해 사내외 커뮤니케이션의 유용성을 높이고 있다.

데이터 네트워크를 통해 전화 목소리를 전달해주는 시스템인 **인터넷 전화**(voice-over Internet protocol, VoIP)는 매일매일 이루어지는 판매원과 고객과의 접촉에 유용하게 활용되고 있다. 판매원들은 인터넷 전화를 이용해 길거리에서도 초고속 인터넷에 접속해 그가 마치 사무실에 있는 것처럼 전화를 받거나 걸 수 있다. 휴대폰과 달리 접속 불량 지역도 없고, 호텔 전화기처럼 추가 요금도 없다.

전화판매라고도 불리는 텔레마케팅은 전화상으로 이루어지는 대면 판매 방식이다.

Pressmaster/Shutterstock

유명한 VoIP으로는 스카이프가 있다. 스카이프 덕분에 랩톱과 태블릿 웹캠. 메시지 전송을 통해 많은 고객들은 같은 공간에 있지 않아도 마치 같은 공간에 있는 것처럼 판매원과 거래할 수 있게 되었다. 이처럼 컴퓨터 화면을 통해 이루어지는 면대면 판매는 더욱 활성화될 것이다. 2011년 마이크로소프트가 인수하면서, 스카이프는 한 달에 250명까지 연결이 가능한 스카이프 포 비즈니스를 개발했다.

VoIP와 같은 신기술은 판매직무에 상당한 변화를 일으켰다. 과거 판매사원은 고객과의 거래를 위해 일주일에 4일 이상을 고객 집에 직접 찾아가는 수고를 감수해야 했다. 이로 인해 판매사원들은 본인 가족들과 보내는 시간은 상당히 적었다. 하지만 신기술이 도입됨에 따라 **가상 사무실**(virtual office)에서의 **재택근무**(telecommute)가 가능해졌고, 이에 따라 판매사원들의 일과 삶에 대한 균형이 가능해진 문화적 가치의 변화가 실현되기 시작했다. 재택근무는 기업과 판매사원 모두에게 유용한데, 기업 입장에서는 사무실 공간에 대한 비용과 기타 판매비용을 줄일 수 있게 되었고, 판매사원은 일과 삶의 균형을 맞출 수 있게 된 것이다.[38]

태양열 패널 거래가 이루어지는 다음과 같은 상황을 생각해보자. 먼저 판매원이 정해진 시간에 전화를 할 것이다. 당신은 해당 이메일을 열어, 프레젠테이션을 시작하는 링크를 클릭하면, 위성 이미지로 지붕 모습이 사진으로 나타난다. 다양한 색상의 차트가 이전의 청구된 전기요금과 태양열 패널 시스템으로 인한 예상되는 비용 절감을 설명한다. 일련의 스프레드시트를 통해 선택 가능한 옵션들을 보여준다. 이 모든 것들은 역동적인 문서 형태이기 때문에 판매원이 당신의 눈앞에서 바로 수치를 수정할 수 있다. 더 많은 패널이 필요한가? 몇 가지 키를 누르면, 새로운 차트를 통해 비용과 절감을 확인할 수 있다. 다른 지붕으로 옮겨갈 수 있는가? 마우스로 판매원은 몇 개의 검은 패널을 동쪽에서 서쪽 편으로 옮긴다. 현금을 더 많이 선불로 하면? 판매원이 스프레드시트를 스크롤하여 세 가지 옵션을 소개하고 향후 15년간 지불해야 할 비용까지 계산해준다. 1시간도 안 돼 모든 거래는 끝난다.

아마도 며칠 또는 일주일 동안 당신은 이 선택들을 심사숙고하고 계약서를 꼼꼼하게 살펴볼 것이다. 그러나 거래는 당신이 전화를 끊은 그 시점에서 종결되었다. 당신은 실제로 누구도 만나지 않았고, 어떤 제품도 직접 확인하지 않았지만 수천 달러의 중요하고 복잡한 구매를 결정하게 된 것이다. 많은 구매와 달리 온라인으로 거래가 이루어졌고 또 그렇기 때문에 구매 후회는 없다.[39]

수년 동안 우리는 기술 자체가 아닌 인간이 개입되지 않은 재화와 서비스의 온라인 쇼핑에 주목했다. 가상 판매로 인한 새로운 세계는 인터넷으로 인한 사업 전환과 판매직의 변화로 설명된다. 물론 최신 가상 판매 기술이 면대면 판매사원 혹은 전통적인 소매방식을 완전히 대체하지는 못한다. 하지만 앞서 나가는 판매 조직은 기술과 인적 접촉, 특정 고객이 요구하는 제품 제안 등을 잘 결합하여 향후 강력한 고객 관계를 구축할 것이다.

판매직 유형

아마 당신은 판매직을 동경하거나 혹은 그와 유사한 직무를 담당해본 경험이 있을 수 있다. 만약 판매직에 관여하게 된다면, 당신이 선택할 수 있는 몇 가지 판매직을 확인할 수 있을 것이다. 개별 판매직 유형에 대해 자세히 살펴보도록 하자. 📷 그림 14.3은 이를 설명한다.

당신이 상상할 수 있듯이, 판매직은 아주 다양하다. 새로운 어그 부츠를 구매하기 위해 자포스로 전화를 걸어 주문하게 되면, **주문 수주자**(order taker)가 이를 담당할 것이다. 다수의 소매상 판매 사원들은 주문 수주자들이며, 도매업자, 딜러, 유통업자들은 기업 고객을 지원하기 위해 판매원들을 고용하기도 한다. 주문 수주는 창의적인 판매가 요구되지 않기 때문에 보통 판매직

중에서 가장 낮은 급여를 받는다.

반대로 **기술 전문가**(technical specialist)는 제품 시연, 복잡한 장비 설명, 그리고 설비 설치를 담당하면서 핵심 전문가 역할을 담당한다. 기술 전문가들은 실제 판매보다는 판매 지원에 초점을 맞춘다. 기술 전문가들은 다른 동료직원들의 판매를 높일 수 있도록 제품 지원활동을 통해 전체 판매를 증진시킨다.

고객의 구매를 자극시키는 **순회 판매원**(missionary salesperson) 유형이 있다. 기술 전문가처럼 제품과 서비스 수요를 독려해 판매를 촉진하지만 주문을 직접 받지는 않는다.[40] 화이자(전 세계에서 가장 큰 제약회사)의 판매원은 약사들에게 접촉해 경쟁사 제품이 아닌 화이자의 최신 의약품을 약사들이 직접 처방할 수 있도록 순회 판매를 한다. 그러나 의사가 약국에 처방을 요청하고 도매상에 대량 주문을 요청하지 않는 이상 어떤 판매도 이루어지지 않는다.

신사업 판매원(new-business salesperson)은 새로운 고객을 찾아 기업 제품들을 소개해주는 일을 담당한다. 당신이 예상할 수 있듯이 새로운 고객을 찾아 거래한다는 것은 그 고객이 다른 경쟁사와의 거래를 중단해야 함을 의미한다(아무런 다툼 없이 포기하지는 않을 것이지만). 신사업 판매는 높은 수준의 창의성과 전문성을 요구하기 때문에 이 유형의 판매원들은 높은 연봉을 받는다.

신사업 판매로 새로운 고객과 관계를 맺고 해당 고객에게 지속적인 서비스를 제공해 장기적인 관계 구축을 해야 하는 경우도 있다. 이렇듯 장기적인 관계를 구축하는 판매직은 **주문 창출자**(order getter)가 담당한다. 주문 창출자는 특정 클라이언트 사업을 집중적으로 담당한다. 그들은 '거래 관계 관리자'라는 직함도 가지고 있다.[41]

점점 많은 기업들은 **팀 판매**(team selling)가 최고의 판매 기능임을 확인하고 있다. 판매 팀은 판매원, 기술 전문가, 엔지니어링과 디자인 담당 직원 그리고 고객 욕구를 반영한 제품 개발과 프로그램을 개발한 직원들로 구성된다. 다양한 직원들이 모이기 때문에 팀 판매는 상당한 비용이 요구된다. 따라서 팀 판매는 큰 수익을 창출할 수 있는 상당 수의 고객 혹은 **핵심 관리대상**(key account)에게만 한시적으로 적용된다.

다양한 부서에서 온 직원들로 구성된 기업은 **다기능 팀**(cross-functional team)으로 운영되기도 한다. **다수준 판매**(multilevel selling)는 팀 판매의 한 유형으로 다양한 관리직 출신들의 직원들로 구성된 판매를 담당한다.[42]

또 다른 판매 모델로 최근 많은 관심을 받고 있는 것은 **직접 판매**(direct selling)가 있다. 유통 경로망을 거치지 않고 제조업자가 일대일로 직접 소비자에게 제품을 판매하는 방식이다. 일반적으로 독립적인 판매 대리인이 고객의 집 혹은 사업장에서 판매를 한다. 타파웨어, 서티원, 센트시, 에이번, 메리 케이, 그리고 팸퍼드 셰프 등이 직접 판매 방식으로 잘 알려진 기업들이다. 다수의 직접 판매 기업들은 **파티 플랜**을 통해 판매를 하는데, 판매원이 일반 가정집에서 제품을 시연하는 것이 그것이다. 직접 판매는 계속해서 증가하고 있다. 2015년 2,000만 명의 고객들이 직접 판매로 제품을 구매하고 있으며, 이 중 3분의 2는 35세 이상의 고객들로 구성되어 있다. 2015년 직접 판매 매출은 전년 대비 4.8% 증가한 350억 달러를 기록했다.[43]

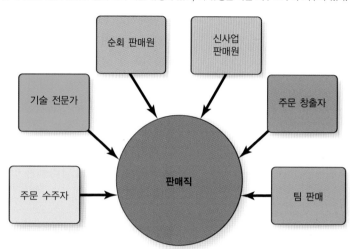

그림 14.3 📷 스냅숏 | 판매직의 유형

판매직에는 넓은 범위에 걸쳐 여러 다른 유형이 있고, 각 유형은 다른 직무 요구와 의무가 있다.

기술 전문가 제품 시연을 지원하는 높은 수준의 기술과 전문 능력을 가진 판매 지원 인력

순회 판매원 기업을 촉진하고 제품 수요를 자극하지만 실제로 판매를 완성하지는 않는 판매원

신사업 판매원 새로운 고객을 발견해 그들에게 전화해 회사의 제품을 발표하는 책임을 가지는 사람

주문 창출자 특별한 고객과 장기간의 관계성을 개발하거나 새로운 판매를 창출하기 위해 일하는 판매원

팀 판매 판매원, 기술 전문가, 기타 다른 사람들로 구성될 수 있는 팀에 의해 운영되는 판매 기능

핵심 관리대상 매출에 기여하는 가장 큰 고객

다기능 팀 기업의 다양한 부서에서 모인 판매팀

다수준 판매 팀 판매의 한 유형으로 다양한 관리직 출신들의 직원들로 구성된 판매를 담당

인적 판매에 대한 두 가지 접근법

인적 판매는 마케팅 커뮤니케이션 중 가장 오래된 방법 중의 하나이다. 하지만 불행히도 제품을 판매하기 위해 거짓말도 서슴지 않는 판매원으로 인해 그 이미지가 상당히 흐려져 왔다. 퓰리처 수상 극작가 아서 밀러가 쓴 중·고등학교 필독서 세일즈맨의 **죽음** 속 주인공 윌리 로먼도 마찬가지다. 로먼(계급사회의 'low man'을 의미)은 불쌍하지만 상당히 열정적인 판매원으로 월요일 아침부터 금요일 저녁까지 '웃음과 반짝이는 구두'를 판매한 후 집에 돌아온다. 정작 그의 삶은 문제가 많은 두 아들과 불만 투성이 아내를 둔 처량한 삶이었다. 판매직에 대한 대단한 공중관계이다. 그렇지 않은가?

다행스럽게도, 오늘날 인적 판매는 밀러가 그린 가혹한 모습과 동일하지는 않다. 판매는 거래를 위해 끈질기게 달라붙는 방식에서 고객과의 관계를 구축하는 접근법으로 옮겨가고 있다. 이에 대해 살펴보자.

업무적 판매 : 적극적 판매 방식

로먼은 고객에게 끈질기게 달라붙으면서 적극적으로 판매하는 방식을 썼다. 우리는 다른 곳에서 구매하면, 6년도 채우기 전에 홈시어터 시스템이 고장난다며 경쟁사를 폄하하는 끈질기게 달라붙는 가전제품 판매원을 만난 경험이 있다. 아니면 채찍과 당근을 번갈아 쓰는 교활한 중고차 판매원들도 있다. 굉장히 싼 가격을 제시하고 난 후 곧바로 상사가 그 가격에는 판매하지 못하겠다고 언급하며 가격을 올리기도 한다. 이러한 판매 방식은 장기적인 고객과의 관계 발전이 아닌 즉각적인 매출에만 초점을 맞추는데 이를 **업무적 판매**(transactional selling)라고 한다.

고객의 입장에서는 적극적 판매 방식은 조종당하는 느낌 때문에 충성도를 갖기 어렵고 만족도 역시 낮을 수밖에 없다. 이것은 매출을 위한 아주 근시안적인 접근법이다. 이미 언급했듯이, 새로운 고객을 찾는 것은 당신이 이미 확보한 고객을 대상으로 판매하는 것보다 더욱 많은 비용이 든다. 그리고 적극적 판매 방식의 판촉 행위는 (주문을 받기 위해 무슨 일이든지 하는) 판매원에 대한 신뢰 하락으로 인해 부정적인 이미지를 만들기도 한다. 이런 행동을 자주 하는 판매원들은 당신에게 재판매할 생각을 아예 갖지 않는다. 이건 정말 좋지 않은 비즈니스다!

관계성 판매 : 장기적 고객 구축하기

관계성 판매(relationship selling)란 판매원이 수익성 있는 고객들과 장기적인 관계를 구축하고 발전시키며 이러한 관계를 유지하는 과정으로 설명된다.[44] 오늘날의 전문 판매원들은 업무적인 판매보다 관계성 판매를 보다 선호한다. 이는 판매원이 고객과의 상호적인 만족을 유도하고 윈-윈 관계를 형성시키려는 의지다. 고객과 관계를 구축한다는 것은 제품이나 서비스에 대한 단순한 호기심에서 가치가 있음을 확신하는 것으로 전환시킨다는 것을 의미한다. 고객과의 관계를 발전시킨다는 것은 당신과 고객이 거래를 통해 가치를 창출하는 길을 찾도록 상호 노력한다는 것을 보증함을 의미한다. 고객과의 관계를 유지한다는 것은 고객의 만족감을 충족시키고 충성심을 구축해 고객이 향후 거래 유지를 위한 지속적인 연락을 기대할 수 있게 됨을 의미한다. 그리고 만약 고객과의 사업 수익성이 좋지 않다면 자선단체가 아닌 이상, 고객이 다른 거래처로 옮겨가도록 해야 한다.

창의적 판매 과정

많은 사람들은 항상 많은 것들이 진행되고 있기 때문에 판매를 전문적인 업무로 알고 있다. 모든 고객, 모든 판매 전화, 모든 판매원은 상당히 독특하다. 어떤 판매원은 그들이 무엇을 판매하는지 잘 알고 있기 때문에 성공한다. 또 어떤 판매원은 고객과 강력한 관계를 구축해 고객과 기업 모두에게 가치를 부가하기 때문에 성공한다. 이는 판매의 윈-윈 접근법이다. 성공한 판매원은 매출이 상호간에 이득으로 이어지기 위한 일련의 활동을 이해하고 따른다.

판매원은 **창의적 판매 과정**(creative selling process)이라 불리는 일련의 체계적 단계를 밟을 때 성공 가능성은 더욱 증가한다. 이 단계는 판매원이 잠재고객을 찾아서, 그들의 욕구를 분석한 후, 제품 속성으로 어떻게 편익을 제공할지 결정하고, 이를 잠재고객에게 어떻게 커뮤니케이션 할지를 결정한다. 그림 14.4에 나타난 바와 같이, 이 과정은 총 7개의 단계가 있다. 이제 각 단계별로 살펴보자.

1단계 : 잠재 고객 예측 및 발굴

잠재 고객 **예측**(prospecting)은 잠재 혹은 가망 고객을 찾기 위해 세일즈 리드(잠재 고객) 명단을 확인하고 개발하는 과정이다. 이는 기존 고객 명단, 전화번호부, 상업적으로 이용 가능한 데이터베이스, 혹은 구글과 같은 웹 검색엔진을 사용해 확보할 수 있다. 지역 도서관은 보통 기업체 리스트(그 주와 연방 기관에서 발간한)와 협회 회원 명단을 보유하고 있다. 때로는 기업들이 그들의 광고와 판촉을 통해 고객들에게 더 많은 정보를 요구하도록 하여 잠재 고객을 발굴하기도 한다. 제13장에서 우리는 무역 박람회가 왜 중요한지 이미 학습했다.

잠재 고객을 발굴하는 또 다른 방법으로 **콜드콜링**(cold calling)이 있다. 판매원이 단순히 사전소개나 약속 없이 '차가운' 잠재 고객에 접근하는 것이다. 이는 잠재 고객을 아는 데 도움을 준다. 그래서 판매원들은 소개(referrals) 대신에 이를 활용할 수 있다. 제품 구매에 만족한 기존 고객은 판매원을 다른 사람들에게 추천한다. 이는 좋은 고객 관계를 유지해야 하는 또 다른 이유이다.

그러나 어떤 사람이 판매원과 이야기하고 싶다는 사실만으로 판매가 보증되는 것은 아니다. 잠재 고객을 확인했으면 판매원은 이들 잠재 고객이 실제 고객이 될 가능성이 얼마나 되는지 결정하고 선택해야 한다. 이를 위해 다음과 같은 질문을 할 수 있다.

- 잠재 고객이 내가 팔고 있는 제품에 관심을 가질 가능성이 있는가?
- 다른 공급자 또는 제품으로부터 형성된 충성도를 전환할 가능성이 있는가?
- 잠재 매출 규모가 수익성 있는 관계를 맺을 만큼 충분한가?
- 그들은 제품 구매를 위해 어느 정도 여유가 있는가?
- 그들이 제품을 구매하기 위해 돈을 빌려야 한다면, 그들의 신용은 어떤가?

2단계 : 사전접근

사전접근(preapproach) 단계에서는 잠재 고객의 배경 정보를 활용해서 판매 인터뷰를 계획한다. 회사는 중요한 구매를 가볍게 여기지 않는다. 그래서 잠재 고객을 만나기 위한 약속을 잡는 것은 상당히 어렵다. 판매원이 선택된 잠재 고객에게 무조건 전화하는 것은 굉장히 어리석은 일이다. 사전준비 부족으로 인해 판매를 놓칠 위험성이 분명 있다. 판매원은 선택된 잠재 고객에 관해 되도록 많은 부분을 이해해야 한다. 그들은 잠재 고객의 구매 이력과 기존 욕구를 조사해야 하며, 개인적 관심사도 알기 위해 노력해야 한다. 고객들은 골프나 축구와 관련된 정보를 나누면서 시간을 함께 보낼 수 있는 판매원을 좋아하는지, 아니면 핵심만 간단히 이야기 나눌 수 있는 판매원을 좋아하는지 알아야 한다. 물론 가장 최상은 고객이 어떤 축구팀을 가장 좋아하는지 알아내는 것이다.

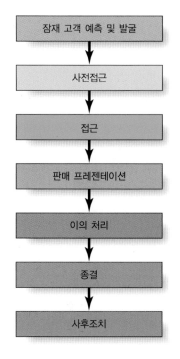

그림 14.4 과정 │ **창의적 판매 과정의 단계**

창의적 판매 과정에서 판매원은 고객과 관계성을 구축하기 위해 일련의 단계를 따른다.

- 잠재 고객 예측 및 발굴
- 사전접근
- 접근
- 판매 프레젠테이션
- 이의 처리
- 종결
- 사후조치

창의적 판매 과정 욕구를 분석하고, 제품 속성이 어떻게 고객을 위한 편익을 제공할 수 있는지 결정해, 이 정보를 커뮤니케이팅하여 잠재 고객을 찾는 과정

예측 잠재적 또는 가망 고객 명단을 확인하고 개발하는 판매 과정의 한 부분

사전접근 가망 고객에 관한 정보를 개발하고 판매 인터뷰를 계획하는 판매 과정의 한 부분

접근 판매원이 고객의 욕구에 관해 더 많이 알고, 좋은 인상을 심고, 친밀한 관계를 구축하려는 실제 판매 프리젠테이션의 첫 단계

판매 프레젠테이션 판매원이 직접 고객에게 가치 제안을 커뮤니케이션하고 쌍방향 커뮤니케이션을 하는 판매 과정의 한 부분

판매원들은 잠재 고객에 관한 여러 정보를 다양한 원천으로부터 확보할 수 있다. 대기업의 경우 스탠다드 앤 푸어의 500 디렉터리 또는 던 앤 브래드스트리트의 밀리언 달러 디렉터리와 같은 것들로부터 금융 자료, 임원 명단, 그리고 기타 기업에 관한 정보를 확보할 수 있다. 또한 고객들의 웹사이트에 사전 접근해 많은 정보를 얻을 수 있다. 그리고 잠재 고객에 관해 최신 정보는 잠재 고객과 이전에 거래했던 경쟁 관계에 있지 않은 판매원 같은 비공식적 원천으로부터 나오기도 한다.

물론 판매원의 기업이 CRM 시스템을 가지고 있다면, 판매원은 잠재 고객에 관한 정보가 포함된 데이터베이스가 있는지 살펴볼 수 있다. 예를 들어 말하자면 마이크스 바이크의 어떤 판매원이 그레그 휴양지에서 사용할 새로운 자전거를 찾는 고객 정보를 파악하기 위해 그레그스 베케이션 렌탈에 있는 구매자에게 전화할 계획을 갖고 있다고 가정하자. 만일 마이크스가 CRM 시스템을 가지고 있다면, 기존 고객들과 잠재 고객들 정보가 데이터베이스로 기록되어 있을 것이다. 판매원은 그레그스 베케이션 렌탈에 관한 조사를 할 수 있고 운이 좋으면 CRM 데이터베이스를 통해 거래 기업, 마이크스 이전 구매, 거래를 중단한 이유, 그리고 특정 구매자의 선호도와 같은 다양한 정보를 확보할 수 있다.

3단계 : 접근

판매원이 사전접근의 터를 닦았으면, 잠재 고객에게 **접근**(approach) 또는 접촉해야 한다. 접근이 이루어지는 첫 몇 분 동안 많은 중요한 일들이 발생한다. 판매원은 고객의 욕구를 파악하고, 좋은 인상을 전달하고, 친밀한 관계를 구축하기 위한 시도를 한다. 판매원이 추천으로 잠재 고객인 에밀리를 알게 되었다면, 아마도 에밀리의 앞에서 "프렌티스 인더스트리의 스테판 월이 당신을 소개해 주었습니다."라고 말할 수 있을 것이다.

접근이 이루어지는 동안 고객은 판매원이 어떤 잠재적 가치를 가지고 있는지 결정한다. "좋은 첫인상을 만드는 두 번의 기회는 없다."는 옛말은 분명 맞다. 전문적 모습은 잠재 고객에게 해당 판매원은 판매를 잘할 것이라는 것을 말해준다. 물론 이는 산업에 따라 다소 다르다. 오늘날 수트와 타이 차림이 아닌 '캐주얼 데이'가 선호되는 분야도 있는 것이다.

4단계 : 판매 프레젠테이션

많은 판매에는 공식적인 **판매 프레젠테이션**(sales presentation)이 따른다. 여기에는 경쟁사보다 우수한 제품 편익이 소개된다. 가능하다면, 판매원은 랩톱 혹은 태블릿 PC를 통해 즐거운 분위기를 조성하기 위해 음향과 매체로 통합된 파워포인트 프레젠테이션을 해야 한다. 적절한 그림은 수천 개의 단어 혹은 영상만큼 그 가치가 있다.

판매 프레젠테이션의 초점은 판매원, 제품과 서비스, 기업이 고객(그리고 B2B 상황에서는 고객의 기업)에게 가치를 부가할 수 있음을 강조하는 것이다. 판매원이 가치 제안을 명백하게 전달해 고객의 관심을 유도하는 것은 상당히 중요하다. 고객이 질문을 하고, 피드백을 주고, 그의 욕구를 끊임없이 이야기해야 한다. 판매 프레젠테이션상에서 소통의 부

능력 있는 판매사원은 적절한 비즈니스 드레스를 입을 줄 안다. 그녀는 껌을 씹지 않으며, 적절한 언어를 구사할 뿐만 아니라 고객의 이름을 잘못 부르지 않는다. 전문 판매가 이루어지는 과정에서 논란이 될 수 있는 눈에 띄는 문신이나 피어싱도 하지 않는다.

족은 장기적인 관계 구축을 원하는 판매원에게는 좋지 않은 선택이다. 실제로 판매 관리자는 말하기 기술이 아니라 듣기 기술(listening skill)을 더욱 중시한다. 관계성 판매원을 채용할 때 매우 중요한 것 중에 하나가 바로 듣기 기술이다.[45] 판매상에서 80/20 법칙을 사용하는 것은 좋은 생각이다. 즉 당신의 시간 중 고객으로부터 듣는 데 80%를 쓰고 그의 욕구를 알아낸 다음 단지 20%만 이야기하는 데 시간을 할애해야 한다(주의 : 뻔한 80/20 법칙은 제7장에서 논의했던 시장 세분화에도 적용된다).

종결 판매원이 고객에게 제품을 실제로 구매하도록 요청하는 판매 과정 단계

5단계 : 이의 처리

어떤 잠재 고객이든 판매원이 제안한 모든 것을 질문 없이 받아들이는 경우는 매우 드물다. 효과적인 판매원은 반대(혹은 이의)를 예상한다. 반대하는 이유는 잠재 고객은 약속하는 것을 꺼리기 때문이다. 그래서 부가적인 정보 또는 설득력 있는 주장으로 반응해야 한다. 실제로 판매원은 반대를 환영해야 한다. 왜냐하면 잠재 고객이 적어도 관심을 가지고 제안을 고려하고 그 장단점을 진지하게 생각하고 있음을 뜻하기 때문이다. 반대를 성공적으로 다루면 잠재 고객을 결정 및 선택 단계로 옮길 수 있게 된다. 예를 들면 판매원은 다음과 같이 말할 수 있다. "윌 여사님. 아주 적은 수의 모델을 가진 하나의 브랜드로 인해 매출이 떨어질 수 있다고 말씀하셨음에도 불구하고, 우리의 새로운 트레일 자전거 라인을 실어 나를 여유가 없다고 했습니다. 만약 당신이 놓친 사업이 얼마나 되는지 우리가 추정할 수 있다면, 당신이 틀림없이 우리의 라인를 위한 어느 정도의 여유를 가질 수 있을 거라고 생각하는 데 어떻습니까?"

6단계 : 종결

관계성 판매에 있어 판매원은 '두려운 종결'을 하도록 약간의 압력을 받게 된다. 그러나 여전히 판매 중 한쪽 또는 다른 당사자가 구매로 이어지도록 움직여야 하는 시점이 온다. 이것이 결정 단계 또는 **종결**(close)이다. 사업을 위해 고객에게 직접적으로 요청하는 것에 대해 고통스러워하거나 두려워할 필요는 없다. 만약 판매원이 창의적인 판매 과정의 이전 다섯 단계를 성공적으로 수행했다면, 판매 종결은 구매자와 판매자 간의 대화에서 자연스러운 진전이 될 것이다.

판매원이 판매 종결을 위해 사용하는 다양한 방법들이 있다.

- 최종 이의 종결(last objection close)은 고객이 그 제품에 관해 가지는 어떤 관심이든 판매원이 다룰 수 있는 것을 제공하면서 고객에게 구매 여부를 묻는 것이다. "만약 우리가 배달 시간을 당신이 원하는 시간에 맞춘다고 보장할 수 있다면 주문하시겠습니까?"
- 가정적(assumptive) 또는 가벼운 요점 종결(minor points close)은 판매원이 단지 작은 한두 가지 세부 사항이 해결되면 구매가 될 수 있음을 의미한다. "어느 정도의 수량으로 주문하고 싶으십니까?"
- 입석 외 만원(standing-room-only) 또는 현재 구매 종결(buy-now close)은 판매원이 고객이 주저하면 기회를 잃어버릴 수 있다고 제안하면서 긴박감을 조성한다. "이 가격은 토요일에만 나옵니다. 20%를 절약하시려면 지금 주문 예약해야 합니다." 이런 종결을 할 때 판매원은 지금 구매해야 하는 근거가 진실이며, 그렇지 않으면 한 번의 세일 가격에 대한 가치를 잃어버릴 수 있다는 확신을 줘야 한다.

7단계 : 사후조치

판매원이 고객 사업을 확보했다 해서 그 과정이 끝나지 않았음을 이해하는 것은 장기적인 만족

핵심 계량지표

현재도 당신은 열심히 판매를 하고 있겠지만 기업은 판매사원이 얼마나 효과적인지 어떻게 측정할까? 분명한 것은 판매사원이 높은 매출 성과를 보이고 목표를 초과하면 될 것이다. 하지만 언제나 매출수익 혹은 판매량이 판매사원의 성과를 추정하는 지표가 되는 것은 아니다. 모든 것이 동일하다 하더라도 판매사원이 판매가 상대적으로 쉬운 제품을 취급한다면 이야기는 달라진다. 상대적으로 판매가 용이한 제품이 높은 '수익'을 보장하는 것은 아니다. 또한 기업 입장에서는 시장에서 중요한 역할을 담당하는 제품이 아닐 수도 있는 것이다.

이러한 이유로 기업들은 판매사원의 효과성을 측정하기 위한 기준으로 판매노력과 판매결과가 있다. **판매노력**(input measure)은 '노력'의 정도로 영업을 위한 빈도와 유형, 영업관리 비용, 그리고 고객사후관리 및 클라이언트 서비스와 같은 비판매 활동들이 포함된다. **판매결과**(output measure)는 판매사원 노력의 결과로 전체 판매량 및 주문 수, 주문 규모, 신규 계약, 반복 구매 정도, 고객만족, 그리고 핵심 제품 판

매량 등이 포함된다. 기업의 판매수익률 역시 이에 포함된다. 하지만 판매사원들은 기업수익에 영향을 미치는 비용을 모두 통제할 수 없기 때문에 수익 기여도에 따른 측정을 반대하기도 한다.

결국 판매사원의 성과를 측정하기 위한 최적의 방법은 기업 목적과 얼마나 부합하는지 여부로 판단할 수 있다. 판매사원이 기업의 목적을 이해하고 계량지표를 잘 알고 있다면, 판매사원의 보상과 기업 목적은 상호 연결될 것이다.

계량지표 적용

1. 당신은 전문 판매사원이라 가정하고, 논의된 판매노력과 판매결과에 대한 기타 고려사항은 무엇이 있을지 기술해보자.
2. 당신은 어떤 계량지표가 더 우수하다고 보는가? 그 이유는 무엇인가?
3. 당신은 어떤 계량지표가 부족하다고 보는가? 그 이유는 무엇인가?

판매노력 영업을 위한 빈도와 유형, 영업관리 비용, 그리고 고객사후관리 및 클라이언트 서비스와 같은 비판매 활동들이 포함

판매결과 판매사원 노력의 결과

사후조치 고객에게 중요한 서비스를 제공하는 판매 후 활동

공중관계 소비자, 주주, 의원을 포함하는 조직의 공중들과 좋은 관계성을 구축하고자 하는 커뮤니케이션 기능

도를 중시하는 관계성 판매 관점의 기본이다. 판매 후 **사후조치**(follow-up)는 배달, 지불, 구매 조건 조정을 포함한다. 이는 판매원이 고객이 제품을 받은 후 만족할 수 있도록 해야 하는 조치이기도 하다. 사후조치는 판매원이 다음 구매로 연결시키는 다리(bridge) 역할을 한다. 한 번의 구매 회전이 종결에까지 이르게 되면, 좋은 판매원은 이미 다음 판매를 위한 기틀을 마련한다.

14.4
목표
공중관계의 역할과 홍보 캠페인 개발 단계를 설명한다.

공중관계

공중관계(public relations, PR)는 조직이 공중과 호의적인 관계를 구축하기 위한 커뮤니케이션 기능이다. 공중에는 소비자, 주주, 의원, 그리고 기타 이해관계자들을 포함한다. 오늘날 마케터들은 PR 활동을 기업뿐만 아니라 정치인, 유명인, 비영리단체 등 다양한 조직들의 인식과 태도에 대해서도 영향을 미치기 위해 활용한다.

좋은 PR의 기본적인 법칙은 무언가 좋은 일을 하고, 그리고 그것을 이야기하는 것(Do something good, and then talk about it)이다. 기업이 긍정적인 관심을 받고 유지하기 위해서 인류애적인 활동부터 밴드 순회 공연을 후원하는 등, 다양한 활동을 할 수 있다. 베일러대학교 출신의 이사야 오스틴은 NBA 드래프트에서 1라운드 지명됐다. 마르판 증후군을 앓고 있던 그는 농구선수로서 더 이상 활약할 수 없는 상태였다. 하지만 NBA의 커미셔너 실버는 오스틴을 드래프트에 초대했고, NBA가 '팀 NBA' 자격으로 그를 지명하면서 모두를 놀라게 했다.[46] 다음날 오스틴과 가족들은 CNN과 인터뷰를 했고 그의 스토리는 인터넷과 신문을 통해 전 세계에 알려졌다.

이사야 오스틴 스토리는 성공적인 NBA PR 사례다.

이러한 커뮤니케이션의 큰 장점은 PR 메시지가 성공적으로 전달된다면 유료 광고보다 더 신뢰성을 갖게 된다는 점이다. 어느 마케팅 임원이 이렇게 언급하기도 했다. "동일한 제품에 대해 판매사원으로부터 듣는 것과 신뢰하는 지역 뉴스 앵커로부터 듣는 것은 큰 차이가 있다."[47]

공중관계 전략은 조직의 호의적인 이미지를 구축하고 유지하는 데 있어 필수다. 적극적인 PR(proactive PR) 활동은 기업의 마케팅 목적으로부터 비롯된다. 예를 들어, 마케터들은 조직의 매체 노출을 위해 비용을 지불하지 않는 커뮤니케이션인 **홍보**(publicity)를 실행하고 관리한다. 소셜 미디어가 지속적으로 성장함에 따라 PR 활동과 다른 촉진 전략이 어떻게 조화를 이루는지 주의 깊게 살펴보는 것은 흥미롭다. 근본적으로 입소문 마케팅(buzz marketing) 또한 소비자들이 브랜드나 서비스에 대해 다른 사람들과(이상적으로는 무료로) 서로 이야기하도록 한다는 점에서 공중관계의 일종으로 볼 수 있다.

공중관계의 다른 많은 기능이 입소문 마케팅 활동에 잘 조화되는 것처럼, 공중관계가 여전히 '갖고 있는' 가장 중요한 기능은 **위기관리**(crisis management)이다. 이는 어떤 부정적이고 때로는 계획에 없던 사건으로 인해 기업 이미지가 위협받을 때, 기업의 명성을 관리하는 과정을 말한다. 예를 들면 GM에 새롭게 고용된 CEO를 생각해보자. GM의 점화장치 결함으로 인해 31개의 자동차 사고가 발생하고 13명이 사망하면서 해당 CEO는 공중들을 향해 사과 성명을 발표했다.[48] 200명 이상 승객이 탑승한 말레이시아 항공사의 MH370이 갑자기 사라진 사고에 대한 책임은 어떠한가?

이러한 경우에 PR의 목적은 문제를 해결할 수 있는 정보 흐름을 관리하여 소비자들이 공황에 빠지지 않도록 하고, 유통업체들이 해당 제품을 포기하지 않도록 하는 것이다. 어떤 조직들은 이런 교훈을 직접 배울 기회가 없는 것처럼 보이기긴 하지만, 일반적으로 가장 최선의 전략은 그 문제에 대해 정직하고 이를 빨리 수정하는 데 책임을 다하는 것이다. 예를 들어, 카니발 크루즈 라인은 트라이엄프의 엔진룸에서 발생한 화재로 이러한 교훈을 얻은 바 있다. 3,100명의 승객들과 직원들은 5일 동안 바닷가에서 에어컨과 화장실을 사용하지 못한 채 오도가도 못 가는 상황이었다. 소셜 미디어 덕분에 '엉망이 되어버린 크루즈' 소식이 빠르게 전해졌다. 카니발 사의 위기관리 팀은 바로 행동에 옮겼다. 페이스북 페이지를 개설하고 트위터를 이용해 실시간으로 소식을 전했고, 마침내 200명의 카니발 직원들은 정박 후 승객들을 하선시켰다. 카니발은 모든 승객들에게 환불 조치했으며, 배상도 함께 했다. 또한 승객들 모두에게 집으로 가는 비용과 함께 500달러를 현금으로 지불했으며, 이러한 사고가 발생하지 않는다는 약속과 함께 했다.[49]

PR 전문가들은 기업이 위기에 잘 대처하면 피해를 최소화할 수 있고, 기업이 사건을 바로 잡는 데 도움이 된다는 것을 알고 있다. 따라서 PR의 매우 중요한 역할은 위기관리 계획(crisis management plan)이다. 이것은 만일 위기가 발생했을 때 조직은 무엇을 해야 하는지, 조직 대변인은 누가 할 것인지, 언론에 대한 대처는 어떻게 할 것인지, 그리고 어떤 종류의 메시지를 언론과 대중에게 전달할 것인지에 대한 일련의 활동 계획이 포함되어 있다.

공중관계 캠페인 계획

공중관계 캠페인(public relations campaign)은 하나 이상의 공중들과 커뮤니케이션하는 통합된 노력으로 볼 수 있다. 이는 PR 목적을 개발하고, 실행하고, 평가하는 세 단계 과정을 거친다. 📷 그림 14.5에는 공중관계 캠페인 계획과 연관된 몇 가지 목적과 전술이 소개되어 있다.

광고 캠페인과 마찬가지로 기업은 먼저 사람들이 듣기 원하는 메시지를 규정한 PR 프로그램을 위해 명확한 목적을 개발해야 한다. 예를 들면 사과 소비 증대에 기여하는 무역 조직인 국제사과연구소는 캠페인을 통해 소비자들로 하여금 사과를 더 많이 요리하게 할 것인지, 사과 주

홍보 대중 매체에 나타나는 조직에 관한 대가를 지불하지 않는 커뮤니케이션

위기관리 어떤 부정적 사안이 조직의 이미지를 위협할 때 기업의 명성을 관리하는 과정

공중관계 캠페인 하나 이상의 기업의 공중과 커뮤니케이션하는 통합된 노력

그림 14.5 📷 **스냅숏 | 공중관계의 목적과 행동**

성공적 PR 캠페인은 명백히 정의된 목적과 올바른 PR 활동이 포함된다.

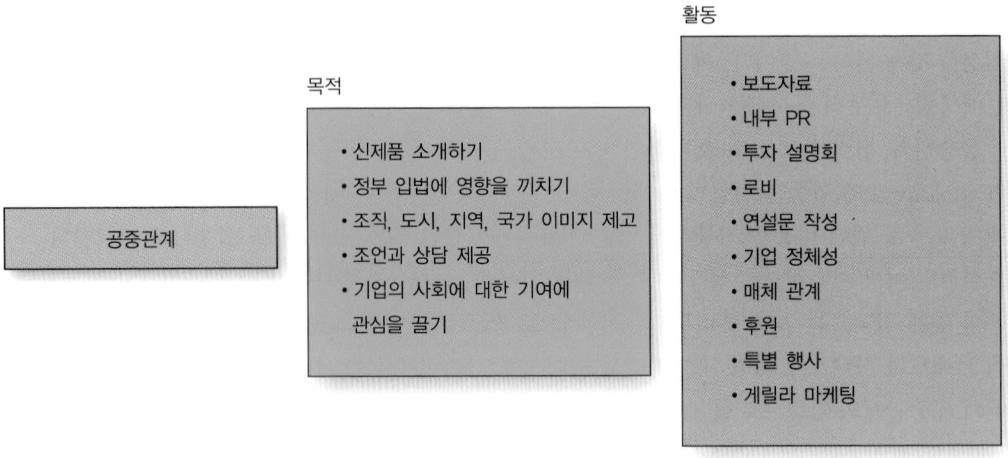

공중관계

목적

- 신제품 소개하기
- 정부 입법에 영향을 끼치기
- 조직, 도시, 지역, 국가 이미지 제고
- 조언과 상담 제공
- 기업의 사회에 대한 기여에 관심을 끌기

활동

- 보도자료
- 내부 PR
- 투자 설명회
- 로비
- 연설문 작성
- 기업 정체성
- 매체 관계
- 후원
- 특별 행사
- 게릴라 마케팅

스를 더 많이 마시게 할 것인지, 아니면 단순히 신선한 과일을 더 많이 구매하게 할 것인지를 결정해야만 했다. 신선한 사과는 파운드당 더욱 높은 가격을 재배업자들에게 가져다주기 때문에, 이 집단은 신선한 과일의 장점을 강조하기로 결정했다. 그들은 '하루에 사과 하나…'(친숙하게 들리는가?)라는 테마를 사용했다. 과일의 건강 편익을 강조하는 기사를 소비자 매체에 실어 사람들이 사과를 더욱 많이 먹도록 권장하는 캠페인에 초점을 둔 것이다.

마케팅 커뮤니케이션 전문가들은 PR 전략이 광고, 판매 촉진, 인적 판매와 조화를 이루어서 소비자와 이해 당사자들에게 일관적인 메시지를 전달해야 한다는 것을 잘 알고 있다. 통합적 마케팅 커뮤니케이션의 일환으로서, 다음의 목적들을 달성하기 위해 PR 활동을 한다.

- **소매상과 소비자에게 신제품 소개** 제2장에서 보았듯이, 아마존 CEO 제프 베조스는 드론을 이용해 30분 안에 배송을 완료하는 새로운 배송 시스템을 소개하면서 굉장한 환호를 받았다. 하지만 미국 연방항공청으로부터 드론을 이용한 배송이 제한되어[50] 그 환호는 다소 줄어들었지만 운이 좋게도 아마존은 운항 허가를 받게 되었다.

- **정부 입법에 영향을 끼치기.** 비행기 제조업체인 보잉은 10여 년에 걸친 공중관계 활동을 통해서 규제 기관들에게 16시간까지 걸리기도 하는 국제직항 편에서도 2개의 엔진이 달린 제트기가 3~4개의 엔진이 달린 제트기만큼 안전하다는 것을 설득했다.[51]

- **조직 이미지 제고.** 여자프로골프협회(LPGA)는 다양한 공중관계와 여타 촉진 활동(선수 블로그에서의 제품 추천에서부터 섹시한 달력에 이르기까지)으로 '이 보석 같은 여자들' 캠페인을 집행했다. 숙녀들의 스포츠라는 이미지를 멋있는 스포츠로 변화시키려는 프로그램으로 인해 대회 참가자와 TV 시청자가 동시에 늘었다.[52]

- **조언과 상담 제공.** 공중의 의견에 대한 커뮤니케이션의 효과와 이해 때문에 PR 전문가들은 조언과 상담을 최고경영자에게 조언과 상담을 제공한다. 공장 폐쇄, 새로운 공장 증축, 제품 생산 중단, 제품 라인 추가, 또는 부사장을 해고, 장기근무한 종업원을 위한 포상 등 다양한 부분에서 PR 스태프의 조언이 필요하다. 이 상황을 가장 잘 해결하는 방법은 무엇인가? 공고는 어떻게 해야 하는가? 누구에게 먼저 이야기해야 하는가? 무엇을 말하고 어떻게 해야 하는가? 등이 그것이다.

- **도시, 지역, 국가 이미지 제고.** 미네소타주의 브루클린 파크는 이미지를 개선하기 위해 PR 업체와 계약했다. 그 도시는 높은 범죄율로 인해 '교외 우범지대'로 어려움을 겪었다. 브루클린 파크는 새로운 PR 투자를 통해 도시 이미지를 제고하고 사람들이 살고 싶어하는 도시

로 인식하길 희망하고 있다.[53]

- **위기관리.** BP의 대량 기름 유출, 점화 스위치 결함으로 인한 GM 리콜, 폭스바겐의 배출가스 조작과 같이 기업이 어떤 위기를 맞이했을 때, PR 전문가들은 이해관계자와 중요하지만 매우 어려운 커뮤니케이션 과업을 다루어야 한다.

  조직은(불운으로) 완전 부인이나 침묵에서부터 완전 공개에 이르기까지 다양한 방법으로 반응한다. 예를 들면 토요타가 영국에서 안전하지 못한 자동차에 대한 보고들을 받기 시작했을 때, 자동차 제작 운영 담당이사는 소비자들에게 사과하는 5분 영상을 올린 바 있다.[54]
- **기업의 사회에 대한 기여에 대해 관심 유도.** 미국 마케터들은 1년에 거의 200억 달러를 스포츠 행사, 록 콘서트, 박물관 전시, 발레에 지출한다.[55] PR 전문가들은 후원받는 행사들이 방대한 언론 보도와 노출이 되도록 그 현장 뒤에서 상당한 노력을 기울인다. 우리는 후반부에서 후원에 대해서 논의하도록 하겠다.

보도자료 조직이 홍보할 목적으로 매체에 유포하는 정보

공중관계 전술

캠페인 집행(execution)은 메시지를 목표 공중과 어떻게 커뮤니케이션할 것인지를 선택해야 함을 의미한다. 긍정적인 메시지를 전달하기 위해서는 다양한 활동들이 있다. 새로운 컨퍼런스 개최, 자선활동 후원, 그리고 기타 촉진들이 그것이다.

목적을 실행하기 위해 PR 전문가들은 그림 14.5와 같이 다양한 전술을 활용한다. 보도자료, 특정한 내·외부 이해관계자 집단을 목적으로 하는 활동, 연설문 작성, 기업 커뮤니케이션, 후원, 특별 행사, 게릴라 마케팅 활동이 그것이다.

보도자료

PR 전문가들이 커뮤니케이션하는 가장 일반적 방식은 **보도자료**(press release)에 의한 것이다. 이

현실세계에서 윤리적/지속 가능한 의사결정

1993년 힘들게 창업한 치폴레는 브리또를 판매하면서 성공 스토리를 계속 이어나가고 있다. 치폴레는 2,000개 이상의 지역에서 판매되고 있으며, 시장 가치는 230억 달러에 이른다. 치폴레는 신선한 지역 특산물을 사용하며, 가공하지 않는 것으로 유명하다. 즉 착한 음식으로 치폴레는 유명해졌다.

2015년 11월 워싱턴에 거주하는 19명과 오리건에 거주하는 3명의 고객이 치폴레 레스토랑을 다녀온 후 고통을 호소했고 이 중 8명은 병원에 입원했다. 사망한 사람은 없었지만 시애틀과 포틀랜드에 있는 서로 다른 6곳의 매장을 방문한 고객들로 고통을 호소했다. 치폴레는 심사숙고 끝에 해당 지역의 43개 매장을 폐점했다.

원인은 사람의 장 속에 서식하는 대장균으로 구토, 설사, 사망에 이르게 하는 박테리아로 알려져 있다. 일반적으로 강에서 수영하거나 동물에게 먹이를 주거나 혹은 손을 제대로 씻지 않은 상황에서 음식을 그냥 먹었을 경우 발생한다.

12월 8개의 학교 농구부 소속 80명의 학생들은 보스턴대학교 인근에 있는 치폴레에서 음식을 먹고 고통을 호소하면서 상황은 더욱 악화

되었다. 이때까지 캘리포니아의 시미밸리를 포함한 9개 주에서 234명이 대장균 감염에 걸렸으며, 미네소타에 있는 치폴레를 방문한 64명이 살모넬라균에 감염되었다. 결국 치폴레의 주식은 50% 가까이 하락했다.

많은 레스토랑들이 이 같은 위험에 처하기는 하지만 치폴레는 6개월 동안 매우 심각한 상황에 직면했다. 대부분은 종업원들의 위생과 같은 식품 안전으로부터 비롯된다. 치폴레는 위험을 관리하는 과정에서 시애틀 지점을 폐점했지만 직접적인 사과와 그 책임은 늦었다.

치폴레는 새로운 마케팅을 위해 상당한 투자를 했고 촉진 캠페인에만 5,000억 달러를 지출했다. 또한 식품관리를 위한 서로 다른 분야의 전문가 세 명을 고용했다. 또한 치폴레는 쿠폰과 모바일 교환권으로 2,000개의 브리또를 교환할 수 있는 프로모션을 진행했다. 고객들을 다시 찾아오게 해 식품 안전을 설득하고자 했다.

하지만 떠난 고객을 다시 붙잡기란 상당히 어렵다. 치폴레는 고객신뢰를 회복하고 상당한 광고를 집행하고 있지만 고객 신뢰를 회복하기란 어려운 상황이다.

윤리 체크 :

치폴레는 고객 신뢰를 회복하고 시장 회복을 위해 충분한 노력을 하고 있다고 생각하는가?

☐ 예 ☐ 아니요

영상 뉴스 보도자료(VNR) 영상 형태로 제공하는 보도자료

내부 PR 조직의 종업원들을 대상으로 하는 PR 활동

투자 설명회 기업 투자자를 대상으로 하는 연차 및 분기별 보고서 같은 PR 활동

로비 조직과 관련 있는 사람들의 행동에 영향을 주기 위해 정부 공무원들과 이야기하고 정보를 제공하는 것

연설문 작성 회사 임원이 전하는 주제에 관한 연설문 쓰기

기업 아이덴티티 조직의 이미지를 커뮤니케이션하는 로고, 브로슈어, 건물 디자인, 문구 같은 자료들

매체 관계 매체와 밀접한 관계 발전을 목적으로 하는 PR 활동

후원 기업의 기여를 알리는 보답으로 행사 자금을 돕는 재무적 자원을 기업이 제공하는 PR 활동

는 기업의 어떤 이벤트나 활동에 대한 보고로 기업이 직접 작성해서 보내며 무료로 보도된다. 하지만 신문이나 잡지를 읽는 소비자들이 줄어들면서 보도자료도 줄어들고 있다. 이런 생각의 더 새로워진 버전은 동영상 형식으로 메시지를 전달하는 **영상 뉴스 보도자료**(video news release, VNR)가 있다. 가장 흔한 형태의 보도자료는 다음과 같은 것을 포함한다.

- 시기적절한 주제는 뉴스의 주제로 다루어진다. 예를 들어 리바이스는 많은 기업들이 완화된 복장 규정을 채택하고 있는지를 강조하며, 자사의 다커스와 슬레이츠 바지의 판매를 촉진시키기 위한 '캐주얼 금요일'을 홍보했다.
- 연구 프로젝트 보고는 교수 연구자들에 의한 발견을 강조하여 대학교가 출판한다.
- 고객 정보 공개는 소비자들의 제품 구매 결정을 도와주는 정보를 제공한다. 버터볼이 추수감사절 만찬을 준비하는 요령을 제공하는 것과 같은 것이다.

내부 PR 및 외부 이해관계자

내부 PR(internal PR) 활동은 종업원을 목표로 한다. 이러한 활동들은 흔히 회사 소식지나 폐쇄회로 텔레비전으로 회사의 목표, 성과, 심지어는 구조조정 계획에 관해서도 종업원들이 정보를 공유하도록 도와준다. 종종 기업 소식지는 기업 외부의 공급업체 또는 중요한 고객에게 배부되기도 한다.

 투자 설명회(investor relations) 활동은 재무적 지원이 중요한 사람과 커뮤니케이션하는 것에 초점을 둔다. 이는 상장사들에게 특히 중요하다. 연도별·분기별 보고서를 작성하고, 기타 중요한 내용을 커뮤니케이션하는 것은 개인 및 기관 주주, 투자회사, 자본시장 조직과 공유하는 것은 PR 부서의 책임이다.

 로비(lobbying)는 정부 관리들에게 정보를 제공함으로써 그들로 하여금 특정 입법을 연기시키거나 심지어는 입법이나 규정을 개시하여 해당 조직에게 유리하도록 만드는 것이다.

연설문 작성 및 기업 커뮤니케이션

기업의 PR 부서의 중요한 과업 중에 하나는 **연설문 작성**(speech writing)이다. 전문가들은 기업 임원들에게 연설문을 제공한다. 어떤 임원들은 본인 스스로 연설문을 작성하지만, PR 전문 작가가 연설문 초안을 작성하고 임원이 자신의 글을 추가하는 것이 더욱 일반적이다. PR 전문가들은 또한 조직의 긍정적 이미지를 커뮤니케이션하는 로고, 브로슈어, 건물 디자인, 문구 같은 **기업 아이덴티티**(corporate identity) 자료들에 대해 조언하기도 한다.

 또한 PR 전문가의 또 다른 과업 중 하나는 기업이 긍정적인 뉴스(눈에 띄는 자선행사를 한 직원 홍보, 누군가의 생명을 구한 제품 홍보)에 대한 매체 노출을 유도하는 **매체 관계**(media relations)를 구축 및 발전이다. 앞서 보았듯이 긍정적인 매체 관계는 기업이 위기에 당면했을 때 더욱 중요하다. 뉴스 편집자들이 해당 기업의 PR 담당자와 좋은 관계를 맺고 있을 때 그 조직의 위기 상황에 대한 보도를 자제하기도 한다.

후원과 특별 행사

후원(sponsorships)은 특정 행사를 위해 기업이 직접 재정 지원을 하면서 사회적 기여활동을 공중에게 인식시키는 것을 목적으로 하는 활동을 의미한다. 오늘날 많은 기업들은 골프 대회, 나스카 경주, 교향곡 콘서트, 또는 올림픽이나 월드컵과 같은 세계적 행사에 많은 돈을 투자하며 후원한다. 이러한 후원 활동은 소비자들의 일상생활에 자연스럽게 녹아들어가기 때문에 특히

효과적이다. 소비자들은 종종 그들이 즐기는 행사와 그 후원자를 연관지으며 인식하기도 한다.

AT&T는 텍사스 오스틴에서 매년 개최되는 음악, 영화 축제인 사우스 바이 사우스웨스트 (South by Southwest, SXSW)의 '슈퍼 스폰서'로 후원을 하고 있다. AT&T는 팬들이 어디서든 쉽게 축제를 즐길 수 있도록 네트워크를 정비한다. 오스틴 어느 지역이든지 연결될 수 있는 와아파이 핫존과 유료 스테이션이 포함된 215 와이파이를 개설했다. 또한 AT&T는 팬들을 위한 모필름 커뮤니티와 모바일 앱 개발자들을 위한 해커톤을 개최하고, AT&T 텔레포터를 통해 오스틴에서 가장 통신망이 좋은 곳을 선보이기도 한다.[56]

후원과 관련된 과업은 **특별 행사**(special events)를 기획하고 실행하는 것이다. 기업들은 특별 행사를 다양한 목적으로 기획한다. 예를 들면, 신제품이나 기타 기업 활동에 대한 관심을 증폭시키기 위해 기자회견을 열 수도 있다. 도시나 주(state)는 플로리다와 캘리포니아의 딸기 축제, 또는 워싱턴 D.C.의 벚꽃 축제 같은 연례행사를 기획하면서 관광객을 유치할 수 있다. 앞서 보았듯이, 할리 오너 그룹의 랠리 행사를 지원하는 할리데이비슨은 이미 후원활동을 통해 강력한 충성도를 확보했다. 어떤 특별 행사는 단순히 입소문을 내고 홍보할 목적으로 진행되기도 한다. 유니레버는 뉴욕의 쇼핑객들에게 초고농축 세제 한 병의 효과를 보여주기 위해 셔츠, 바지, 양말들로 뒤덮인 40피트 길이의 '모든 작고 강한 옷 버스'를 제작했다. 12일간의 캠페인 기간 동안 그 버스를 본 소비자들은 행사에 참여하여 5,000달러의 쇼핑이나 200달러 상품권이라는 행운도 누릴 수 있었다.[57]

브랜드 대사 및 전도자

많은 마케터들은 스스로 입소문을 만들어내는 데 한계가 있음을 깨닫고 충성고객으로 구성된 **브랜드 대사**(brand ambassadors) 또는 **브랜드 전도자**(brand evangelists)를 활용한다. 이러한 열성적인 소비자들은 가장 훌륭한 판매원이 될 수 있기 때문에 때로는 수당을 받는 경우도 있다. 이들은 대량 사용자이자며, 제품을 조심스럽게 다루고, 제품에 많은 관심을 기울이고, 또한 실제로 제품이 성공하기를 바란다.[58] 이들은 자신이 표적 고객이기 때문에 그 누구보다 표적 고객의 특성을 잘 알고 있다.

그러면 마케터는 어떻게 이들 충성 고객들을 브랜드 대사로 규정하고 동기부여를 할까? 때로는 마케터가 제품에 대한 블로그 활동을 하고 있는 고객들을 직접 찾아 그들이 애착하는 브랜드를 함께 나누자고 제안한다. 브랜드 대사들에게 동기부여하는 하나의 방법은 그들에게 회사와 회사의 마케팅 전략에 접근하는 특별한 권한을 부여하는 것이다. 또한 브랜드 콘테스트를 통해 이러한 고객들을 찾기도 한다.

게릴라 마케팅

집행될 수 있는 광고 예산이 적은 기업은 소비자들의 주의를 끌 수 있는 저렴하지만 혁신적인 전술을 개발할 필요가 있다. **게릴라 마케팅**(guerrilla marketing) 활동은 이러한 목적을 달성하기 위해 많은 관심을 받고 있는 전술 유형이다. 그렇다고 이 용어가 마케터로 하여금 원숭이(그것은 '고릴라 마케팅')가 되라는 것은 아니다. 게릴라 마케팅 전략은 소비자들이 메시지에 노출될 것으로 예상하지 못한 장소에서 기업이 '잠복'해 있다가 소비자에게 다가가는 활동이다.

앰비언트 광고(ambient advertising)는 게릴라 마케팅 유형 중에 하나로 관심받고 있다. 앰비언트 광고는 기존 전통매체가 아닌 곳에 메시지를 노출시키는 것으로 주차장 뒤편, 영화표 영수증, 슈퍼마켓 카트 뒤 스크린, 엘리베이터 문, 바(bar)나 레스토랑의 소변기 등에 메시지가 부착된다.

입소문(버즈) 고객들이 진짜로 여기는 구전 커뮤니케이션

버즈 마케팅 소비자들이 메시지를 다른 소비자들에게 옮김으로써 브랜드들의 이미지 또는 매출을 증대시키고자 하는 목적으로 행하는 마케팅 행동들

또 다른 유형의 게릴라 마케팅으로 플래쉬몹(flash mob)이 있다. 기차역이나 공항과 같이 전혀 예상치 못한 장소에서 수십 명의 사람들이 갑자기 나타나 함께 춤을 추는 이벤트다. T-모바일은 영국의 리버풀 역에서 350명의 행인들이 역 중앙에 갑자기 모여 'Shout!'를 부르며, 멋진 춤을 선보이기도 했다. 이는 유튜브에서 확인이 가능하다(www.youtube.com/watch?v=uVFNM8f9WnI).

최근 들어 대기업들은 게릴라 마케팅을 큰 기회로 인식하고 있다. 싱가포르에서 진행된 "Wallet Drop(지갑 떨어뜨리기)" 캠페인은 BK가 개최했다. BK가 당신 지갑에 돈을 넣어주는 이벤트로 고객을 유인하기 위해 BK는 공원 벤치, 의류 수납장과 같이 다양한 곳에 BK 쿠폰이 들어있는 지갑을 떨어뜨렸다.[59] 어쩌면 당신이 찾지 못한 지갑이 여전히 있을지도 모른다.

게릴라 마케팅을 활용하는 기업들은 새로 출시된 음료, 자동차, 의상 스타일, 그리고 기타 컴퓨터 시스템에 대한 촉진을 기대한다. 샌프란시스코와 시카고의 사무실이 밀집된 지역에 IBM은 리눅스 시스템을 적용한 기업 길가에 수백 개에 이르는 "Peace Love Linux" 로고를 그렸다. '기업 그래피티'를 지우기 위해 상당한 돈을 지불해야 했지만 한 마케팅 저널리스트는 "IBM은 그들이 찾고자 했던 공중을 얻었다."고 평가했다.[60] 이러한 캠페인들은 아주 적은 예산으로 집행되지만 상당한 효과를 기대할 수 있다는 점에서 유용하다.

버즈 마케팅

왜 우리는 고객들이 우리를 위해 일하게 할 수 있을 때 이를 힘들게 바꾸어야 하는가? 다수 대다수 커뮤니케이션 모델은 당신과 같은 소비자들이 제품, 서비스, 조직에 관해 서로 이야기를 나누는 상황에 근거한다. 마케터는 **입소문(버즈, buzz)**을 사람들이 자신의 의견을 친구 혹은 이웃과 나누면서 마케팅 노력을 돕는 활동으로 인식한다.[61] 이러한 생각은 새로운 것이 아니다. 월요일 아침에 출근해 동료들끼리 주말에 시청한 TV 시트콤에 관해 이야기를 나누는 '사무실 냉수기 효과'이다.

실제로 당신이 매일 소셜 미디어 포스트상에서 노출되는 상당수의 온라인 마케팅은 입소문에 근거한다. 제니퍼 애니스톤이 골든 글로브 시상식에 입었던 옷을 보고한 '액세스 할리우드' TV 프로그램, 혹은 로렌 콘래드가 크리스 파인과 함께 나이트클럽에서 도발적인 춤을 췄다는 내용을 실은 페리스 힐튼과 같은 가십 웹사이트 등은 광고가 아닌 PR 범주에 속한다고 볼 수 있다. 멋지고 새로운 브랜드에 대한 뉴스는 기업이 직접 비용을 지불해서 당신에게 전달한 것이 아닌 당신의 지인들(적어도 온라인에서 만난)로부터 얻은 정보이기 때문에 당신은 이러한 뉴스를 보다 신뢰한다(하지만 뒤에서 입소문 마케팅의 윤리적 문제를 다룰 것이다). 이러한 것들에 근거하여 버즈 마케팅은 PR에서 공중관계를 형성하는 데 있어 다른 촉진 요소보다 더욱 중요한 이유라 할 수 있다.

트릭으로 입소문을 만드는 하나의 방법으로 당신에 의견에 동조하는 입소문을 만드는 것이다. **버즈 마케팅**(buzz marketing)은 브랜드에 대한 대화이자, 흥분과 열정을 입소문으로 설계한 마케팅 활동으로 간주된다. 어떻게 이런 일이 일어나는가? 좀 더 확실하게 말하면 마케터는 어떻게 그런 일이 일어난다고 확신하는가? 삼성을 살펴보도록 하자. 레인지 로버는 공중의 입소문을 만들기 위해 영국의 유명 백화점인 헤롯 근처에 새로 출시된 9만 파운드에 이르는 럭셔리 SUV를 주차했다. 해당 자동차 밖에는 빨간색으로 크게 "사기꾼," "그녀가 가치 있다고 희망해라."와 같은 문구가 쓰여 있었다. 이와 같은 모습은 수천 개의 온라인 멘션뿐만 아니라 BBC 뉴스에도 '사건'란에 소개되었다.[62]

오늘날 기업들은 소비자들의 긍정적인 입소문을 만들기 위해 수백만 달러를 쓴다. 애플 같

은 기업은 구전(WOM) 마케팅 관리자를 두고 있고, WOMMA(Word-of-Mouth Marketing Association) 회원 명단에는 상위에 랭크된 소비재 브랜드 기업들이 등록되어 있다.[63] 소비자들이 기업 혹은 제품들에 관한 정보를 퍼뜨리도록 하는 기술은 구전 마케팅(word of mouth marketing), 바이럴 마케팅(viral marketing), 입소문 마케팅(buzz marketing), 전도자 마케팅(evangelist marketing) 같은 방식으로 활용되고 있다.

하인즈는 일시적인 **트라이버타이징**(tryvertising, 제품에 대한 입소문을 만들기 위해 제공된 샘플로 광고되는 방식)을 활용하기 위해 **f 커머스**(f-commerce, 페이스북 전자상거래)를 통해 새로운 케첩을 출시한 바 있다.[64] 발사믹 식초맛의 한정판으로 출시된 새로운 케첩은 기존 매장에서 직접 진열을 하기도 전에 온라인에서만 약 3,000명의 팬이 생겼다. 그 결과는? 팬들은 입소문을 만들었고, 긍정적인 제품 평가가 페이스북을 통해 전달됐다.

이미 말했듯이 입소문은 완전히 새로운 것은 아니다. 실제로 모나리자 초상화는 입소문 마케팅의 최초의 사례 중 하나라 볼 수 있다. 1911년에 이 초상화는 파리의 루브르 박물관에서 도난을 당했다. 이 사건으로 인해 다빈치의 걸작품은 세상의 주목을 받게 되었고, 전 세계에 그대로 소문이 났다(주의 : 우리는 입소문을 내기 위해 당신의 제품이 도둑질당해야 한다는 것을 의미하는 것은 아니다).

여기서 새로운 것은 기술로 인해 입소문에 대한 파급력이 더욱 강해졌다는 것이다. 한 세기 전에 일대일로 모나리자가 이야기가 전달됐다는 점을 생각해보면 페이스북, 블로그, 기타 소셜 미디어를 사용해 적극적으로 이야기를 전달하는 '연결자(connector)' 또는 'e-영향자(e-fluentials)'들로 인해 개별 소비자들의 영향력이 기하급수적으로 증가한 것이다. 당신은 얼마나 많은 온라인 '친구들'을 가지고 있는가? 전통적 광고와 홍보 활동에 비하여, 이들이 추천하는 말은 더욱 신뢰할 만하고 그렇기 때문에 브랜드에 더욱 큰 가치를 부여할 수 있다.

사람은 좋든 싫든 다른 사람들과 자신의 경험을 함께 나누는 것을 좋아한다. 정말 행복한 고객은 특정 브랜드에 대한 기쁨을 나눌 것이다. 안타깝게도 불행한 고객은 자신의 불쾌했던 경험을 친구들에게 더욱 간절히 말하고 싶을 것이다. 몇몇 브랜드는 '긍정적인' 입소문과 '부정적인' 입소문의 차이가 상당히 크다. 또 어떤 브랜드는 그 차이가 크지 않을 수도 있다. 예를 들면, 아마존 브랜드에 대한 느낌을 물어보면, 56%의 소비자들은 '브랜드 애호가'인 반면, 3%는 '브랜드 혐오자'다. 반대로 33%의 고객은 맥도날드의 '브랜드 애호가'인 반면, 29%는 '브랜드 혐오자'다. **브랜드 양극화**(brand polarization)는 긍정적인 입소문과 부정적인 입소문 차이로, 언제나 나쁜 것만은 아니다. 하지만 부정적인 입소문은 긍정적인 입소문보다 그 파급력이 빠르다. 또 한편으로는 제품 애호가들이 그들이 애착하는 브랜드를 격렬하게 보호한다는 측면에서 논란이 되고 있다.[66] 물론 마케터들은 어떤 식으로든 해당 제품에 대한 입소문을 만들어야 한다.

바이럴 마케팅

입소문 마케팅의 한 형태로 **바이럴 마케팅**(viral marketing)이 있다. 바이럴 마케팅은 소비자들이 자신의 네트워크를 통해 특정 메시지를 빠르고 독특하게 전달하고 이를 전달받은 사람은 또 다른 사람에게 전달하는 과정을 거쳐 결국 수천 명(혹은 수백만 명에 이를 정도)에게 해당 콘텐츠에 노출되는 마케팅 활동으로 브랜드 인지도와 매출을 높이기 위한 목적으로 수행된다. 결국 이러한 전술은 감기에 걸린 당신 룸메이트가 당신 친구들에게 감기를 처음 옮기고 그 친구가 다른 친구에게 감기를 다시 옮기는 것처럼 '바이러스처럼 입소문이 퍼지는' 것으로 설명된다.

바이럴 마케팅의 초기 사례로는 야후와 핫메일의 무료 이메일 메시지를 광고했던 것을 들수 있다. 애플은 "Sent from iPad/iPhone(아이패드/아이폰으로부터 발송됨)"을 문자 메시지로 전송

하인즈는 새로운 맛에 대한 입소문을 일으키기 위해 트라이버타이징 전략을 채택했다.

트라이버타이징 제품에 대한 입소문을 위해 제공되는 광고

f 커머스 페이스북에서 이루어지는 전자상거래

브랜드 양극화 긍정적인 입소문과 부정적인 입소문의 차이

바이럴 마케팅 소비자들이 메시지를 다른 소비자들에게 옮김으로써 브랜드의 이미지 또는 매출을 증대시키고자 하는 목적으로 행하는 마케팅 행동들

삭퍼핏팅 기업 임원 혹은 주요 관련 인물이 의도적으로 자사 제품을 소셜 미디어에 언급되도록 계획한 것을 의미

유급 영향력자 프로그램 대가를 지불받은 블로거가 온라인상에서 자사 브랜드에 대한 다양한 이야기를 나누도록 독려하는 프로그램

한 바이럴 마케팅을 실행하기도 했다. 오늘날 대부분의 바이럴 마케팅 전술은 소비자들이 독특하고 흥미로운 것들을 디지털 기술로 공유하고자 하며, 이는 비디오 영상, 인터랙티브 게임, 그리고 기타 디지털 활동들을 통해 구현된다. 가장 잘 알려진 영상으로 추바카 맘이 있다. 이 영상은 어떤 주부가 자신의 생일 선물로 구매한 추바카 마스크를 쓰며 스스로 웃는 장면으로 하루 동안 5,000만 명 이상이 해당 영상을 봤다.[67]

입소문 마케팅의 윤리적 문제들

입소문 마케팅의 기회는 많지만 윤리적 문제 혹은 기타 의문이 제기될 수 있는 여지도 그만큼 크다. 다음은 문제가 되는 몇 가지 사례다.

- 소비자를 속이기 위해 의도된 행동들. 입소문은 대가를 지불받지 않은 소비자들이 스스로 메시지를 만들었을 때 그 효과가 가장 크다. WOMMA 표준 규정에 따르면, 회원들에게 입소문을 만든 소비자들은 마케터와 어떤 관계인지 그리고 입소문을 만든 것에 대한 금전적 혹은 기타 다른 보상을 받았는지의 여부를 공개하도록 권고하고 있다.
- 어린이와 10대를 대상으로 한 입소문 마케팅. 몇몇 전문가들은 어린 세대들은 어른보다 충동적이고 속이기 쉬우므로 입소문 마케팅을 절대 해서는 안 된다고 주장한다.[68]
- 재산에 손해를 입히는 입소문 마케팅. 푸마는 소비자들에게 그들의 로고를 파리 전역에 새기도록 장려했다. 이런 활동은 직접 피해로 이어질 뿐만 아니라 파괴적 문화를 조장하고, 결국 해당 기업이 이러한 대가를 치러야 할 수 있다. 또한 개별 소비자는 법과 관련된 문제에 엮일 수도 있기 때문에 회사 이미지가 훼손될 수 있다.
- 삭퍼핏팅. 최근 몇 년간, 우리는 삭퍼핏팅이라 불리는 조작된 마케팅 활동을 목격한 바 있다. **삭퍼핏팅**(sock puppeting)이란 기업 임원 혹은 주요 관련 인물이 누군가를 의도적으로 자사 제품을 소셜 미디어에 언급되도록 계획한 것을 의미한다. 예를 들어, 홀푸드의 CEO는 자신의 신분을 노출시키지 않은 채, 경쟁사인 와일드 오츠를 폄하하는 코멘트를 남겼다.[69] 또 다른 삭퍼핏팅의 예로 **유급 영향력자 프로그램**(paid influencer programs)이 있는데, 이는 대가를 지불받은 블로거가 온라인상에서 자사 브랜드에 대한 다양한 이야기를 나누도록 독려하는 프로그램이다. 메르세데스는 메르세데스 SUV에 대해 언급하도록 블로거에게 비용을 지불했다. 이러한 '후원된 대화'는 효과적이다. 하지만 블로거가 해당 제품을 촉진시킨 대가로 보상(금전 혹은 무료 제품)을 받았음을 밝히지 않는다면 이는 비윤리적인 행동으로 볼 수 있다.

PR 캠페인 평가

PR 캠페인이 신뢰를 받는 데 있어 중요한 장벽 중 하나는 평가(evaluation)다. 다른 마케팅 활동과 마찬가지로 그 효과성을 측정하기란 상당히 어렵다. 세스 로건이 '투나잇쇼'에 출현해서 그가 출연한 영화 티켓이 얼마나 판매되었는지 누가 정확히 파악할 수 있을 것이며, 버진 후원이 런던 마라톤을 후원해 얼마나 많은 비행기 티켓이 판매되었는지 누가 정확히 측정할 수 있을까? 광고와 비교했을 때, PR 캠페인이 매체에 노출되는 것으로 측정하기는 그 한계가 있다. 표 14.1에는 일반적인 PR 측정 기법이 소개되어 있다.

표 14.1 | 공중관계(PR) 전술의 효과 측정

방법	설명	예	장점	단점
PR 활동에 대한 개인적(주관적) 평가	상급자에 의한 조직의 모든 수준에서 일어날 수 있는 PR 활동 평가	PR 역할의 성공적 완성과 관련된 종업원 연간 평가 항목들	단순하고 비싸지 않게 완성, 연간 평가 완성이 가능	평가의 주관성이 편차를 가져올 수 있음. 종업원들이 몇 가지 중요 PR 목표에만 집중할 수 있음
PR 활동 성과와 활동 목적의 상응성	기간 내 목표에 비교하여 성취된 실제 PR 활동을 단순 계산	목표 : 1/4분기 주요 신문에 세 가지 기사 게재 / 결과 : 네 가지 기사 게재	PR 활동과 성과에 대해 양적 목표에 필요한 주의집중 측정 용이, 단순	이미지나 커뮤니케이션 목표보다 행동 목표에 집중 / 기업 공중의 이미지 지각이나 태도 무시
기업의 공중 대상 의견 조사를 통한 커뮤니케이션 목적 평가	이미지/커뮤니케이션 목표가 핵심 집단 내에서 적합한지 결정하는 조사 진행	목표 : 재무적 이해관계 집단의 최소 30% 중에서 조직 이미지 향상 달성	PR 전문가들이 실제 커뮤니케이션 결과에 초점을 두게 함	회사 공중의 지각 변화 측정이 어려울 수 있음 / PR 실행자의 통제하에 있지 않은 요인들이 공중의 지각에 영향을 줄 수 있음 / 상대적으로 비쌈 / 결과가 몇 달이 걸려 PR 행동 수정을 방해
인쇄 및 방송 매체 보도 범위 측정, 특히 PR 활동이 생성한 범위를 중심으로	인쇄 매체(칼럼의 길이/페이지)에서 이루어진 범위의 체계적 측정	PR 발표 결과 신문 기사 길이와 칼럼 총수 / PR 발표 외의 기사 수 / 긍정적 인쇄 및 방송 범위 총량 / 부정적 인쇄 및 방송 범위 총량 / 긍정적 대비 부정적 인쇄 및 방송 범위	편차의 기회가 거의 없는 매우 객관적 측정 / 상대적으로 저렴	조직의 지각, 태도, 이미지 이슈를 다루지 못함
감명 측정	모든 인쇄 및 방송 범위의 수신자 규모 측정. 흔히 평가는 동일한 감명 수에 대한 광고 비용을 비교	1,500만 총감명 수와 동등한 기간 동안의 네트워크 뉴스 범위. 이 광고를 통한 감명 수는 450만 달러의 비용이 들었음	측정에 어떤 잠재적 편차 없이 객관적, PR 사무실이나 컨설턴트 비용 금액으로 측정 / 상대적으로 저렴	부정적인 것과 긍정적인 뉴스 범위의 차이가 없음 / 공중의 범위에 대한 반응이 고려되지 않음 / 광고와 PR 커뮤니케이션 활동이 동일하다고 추정

목표 요약 ➡ 핵심 용어 ➡ 적용

제14장
스터디 맵

14.1 목표 요약

마케터가 새로운 소셜 미디어와 버즈 마케팅을 결합한 최신 커뮤니케이션 모형을 사용하여 커뮤니케이션하는 법을 이해한다.

소비자들은 온라인에서 더 많은 시간을 보내고 TV 시청이나 잡지를 읽는 시간을 줄이고 있기 때문에, 전통적 광고는 소비자들과 커뮤니케이션하는 과정에서 그 역할이 줄어들고 있다. 오늘날 기술의 발달로 소비자의 입소문이 더욱 빠르게 전파됨에 따라 소비자들은 기업이 아닌 다른 소비자들로부터 제품

정보를 훨씬 더 많이 얻고 있는 상황에 이르렀다.

소셜 미디어는 사용자들이 직접 만든 콘텐츠를 만들어 이를 다른 사람들과 공유할 수 있도록 도와주는 인터넷 기반 플랫폼이다. 페이스북, 트위터, 가상 세계, 제품 리뷰 사이트, 모바일 앱, 지리 공간 플랫폼과 같은 소셜 네트워크는 사람을 다른 비슷한 사람들과 연결시킨다. 소셜 네트워크는 제품이나 브랜드에 애착하는 사용자들을 위한 브랜드 커뮤니티를 형성하는 데 중요한 역할을 담당한다.

핵심 용어

가상 세계	소셜 네트워크	증강 현실
가상 제품	소셜 미디어	지역기반 소셜 네트워크
그라운즈웰	아바타	
브랜드 커뮤니티	제품 리뷰 사이트	트위터

14.2 목표 요약

직접 마케팅 구성요소를 이해한다

직접 마케팅이랑 소비자 혹은 기업 고객의 반응을 유도하기 위해 계획된 직접적 마케팅 활동으로 간주된다. 직접 마케팅은 우편(카탈로그, 우편 발송), 텔레마케팅, 인포머티브 및 무선 전자상거래 반응 광고 등이 있다.

핵심 용어

무선 전자상거래	직접 반응 TV (DRTV)	카탈로그
인포머티브 광고		텔레마케팅
직접 마케팅	직접 우편	
직접 반응 광고		

14.3 목표 요약

인적 판매의 중요성, 인적 판매 직무 유형 그리고 창의적 판매 과정을 이해한다.

인적판매는 제품 혹은 서비스를 구매하려는 고객 혹은 예상 고객을 대상으로 기업이 직접 상호작용할 때 활용하는 판매 방식이다. 실제로 많은 기업들은 대중 매체보다는 '인적 접촉'이 보다 효과적이라 판단해서 인적판매에 보다 의존하기도 한다. 일반적으로 B2B상에서 푸시 전략을 채택하거나 혹은 복잡한 기술의 고가 제품을 취급할 경우 기업들은 인적 판매를 활용한다. 인적판매는 고객관계관리(CRM), 파트너 관계 관리(PRM), 소프트웨어 시스템, 스카이프와 같은 인터넷 전화(VoIP)와 같은 기술의 발달과 함께 하고 있다.

판매직무는 주문 수주자, 전문 기술자, 순회 판매원, 신사업 판매원으로 구성되어 있으며, 팀 판매를 한다. 업무적 판매는 장기적 관점에서 고객관계 구축이 아닌 단기 판매에 초점을 맞추고 있으며, 관계적 판매는 이윤을 기대할 수 있는 고객과의 관계를 유지·발전시키는 것에 초점을 맞추고 있다.

인적판매는 예측, 사전접근, 접근, 판매 프리젠테이션, 이의 처리, 종결, 그리고 사후처리 과정을 거친다.

핵심 용어

가상 사무실	업무적 판매	창의적 판매 과정
관계성 판매	예측	팀 판매
기술 전문가	인적판매	파트너 관계 관리 (PRM)
다기능 팀	인터넷 전화(VoIP)	
다수준 판매	재택근무	판매결과
사전접근	접근	판매노력
사후조치	종결	판매 프레젠테이션
순회 판매원	주문 수주자	핵심 관리대상
신사업 판매원	주문 창출자	

14.4 목표 요약

공중관계의 역할과 홍보 캠페인 개발 단계를 설명한다.

PR의 목적은 조직과 조직의 여러 다양한 공중과의 호의적인 관계를 구축해 긍정적 이미지를 만들고 유지하는 것이다. 위기관리는 부정적이고 때로는 급작스러운 사안으로 인해 조직의 이미지가 위협받을 때 기업의 명성을 관리하는 과정이다.

PR 캠페인의 단계는 목표를 설정하고, 캠페인 전략을 개발 및 집행하고, PR 프로그램이 어떻게 평가될지를 계획하는 과정을 거친다. 공중관계는 신제품을 소개하고, 입법에 영향을 미치고, 도시·지역·국가 이미지를 제고하고, 조직의 이미지를 빛내고, 조언과 상담을 제공하고, 기업의 사회적 기여에 대한 대중의 관심을 유도하는 데 유용하다.

PR 전문가들은 시기에 맞는 주제, 연구결과, 소비자 정보를 커뮤니케이션하는 데 출판물 또는 뉴스를 자주 사용한다. 종업원들과의 내부 커뮤니케이션으로는 회사 소식지와 내부 TV 프로그램이 있다. 기타 PR 활동으로는 투자 설명회, 로비, 연설문 작성, 기업 정체성 자료 개발, 매체 관계, 후원과 특별 행사 조정, 게릴라 마케팅 등이 있다.

마케터들은 소비자들이 그들의 친구들과 제품에 대한 다양한 의견을 나누도록 유도하기 위해 입소문을 활용한다. 버즈마케팅은 마케터들이 고객을 기만하거나, 어린이 혹은 청소년들을 대상으로 진행할 때, 재산에 손해를 입힐 경우 비윤리적이라는 비판을 받기도 한다.

바이럴 마케팅은 소비자들이 다른 소비자들에게 메시지를 전달하면서 브랜드 인지도 및 매출을 높이는 데 활용된다. 마케터들은 제품에 대한 관여도가 높은 충성고객을 통해 브랜드 대사 혹은 브랜드 전도사 역할을 부여해 브랜드를 알리고자 한다.

핵심 용어

게릴라 마케팅	내부 PR	버즈 마케팅
공중관계(PR)	로비	보도자료
공중관계 캠페인	매체 관계	브랜드 대사 혹은
기업 아이덴티티	바이럴 마케팅	브랜드 전도사

브랜드 양극화	위기관리	트라이버타이징
삭퍼핏팅	유급 영향력자 프로	특별 행사
앰비언트 광고	그램	홍보
연설문 작성	입소문(버즈)	후원
영상 뉴스 보도	투자 설명회	f 커머스

연습문제

개념 : 지식 확인하기

14-1. 입소문이란 무엇인가? 마케터들이 입소문을 어떻게 낼 수 있는가?

14-2. 입소문 마케팅의 윤리적 문제는 무엇인가?

14-3. 바이럴 마케팅은 무엇인가? 마케터들은 브랜드 대사 또는 브랜드 전도자를 어떻게 활용하는가?

14-4. 소셜 미디어는 무엇인가? 소셜 네트워크는 무엇인가? 페이스북, 트위터, 가상 세계, 제품 평가 사이트, 모바일 앱, 지리 공간 플랫폼을 설명하라.

14-5. 직접 마케팅이란 무엇인가? 잘 알려진 직접 마케팅을 설명해보자.

14-6. 무선 전자상거래란 무엇인가?

14-7. 마케팅 기능에서 인적판매의 역할은 무엇인가?

14-8. 판매직무의 유형을 구분하라.

14-9. 관계 판매란 무엇인가? 그것은 거래적 판매와 어떤 차이가 있는가?

14-10. 예측이란 무엇인가? 사전접근은 무엇인가? 창의적 판매 과정에서 고객을 만나기 전에 위의 과정을 거치는 이유는 무엇인가?

14-11. 당신은 고객에게 어떻게 접근할 것인가? 당신이 선택한 접근방식의 장점을 설명하라.

14-12. 판매 프레젠테이션의 목적은 무엇인가? 당신은 구매자를 어떻게 설득할 것인가?

14-13. 관계적 판매에서 판매 후 사후관리는 왜 중요한가?

14-14. 공중관계의 목적은 무엇인가? 위기관리 계획은 무엇인가? PR의 목적에는 어떤 것들이 있는가? PR 활동의 몇 가지를 설명하라.

14-15. 게릴라 마케팅이란 무엇인가? 엠비언트 광고란 무엇인가?

실행 : 배운 것 적용하기

14-16. 창의적 과제/단기 프로젝트 오늘날 많은 기업들은 자사 제품을 위한 구전 커뮤니케이션을 부추기기 위해 다양한 입소문 활동을 사용하고 있다. 당신 혹은 학교 친구가 구입할 만한 제품(서비스)을 선택하라. 예를 들면 (1) 커피전문점, (2) 당신과 친구들이 주말에 갈 수 있는 클럽, (3) 지역 테마 또는 놀이공원 등을 들 수 있다. 당신이 선택한 제품(서비스)에 대한 세 가지 이상의 입소문 활동 아이디어를 개발하라. 이러한 아이디어가 기존의 전통 마케팅 커뮤니케이션과 어떻게 통합될 수 있을지 생각하라. 그리고 당신이 느끼기에 최상위 세 가지 활동을 순서대로 순위를 매기고 왜 그렇게 느꼈는지를 말하라. 당신의 아이디어에 대한 보고서를 작성하라.

14-17. 창의적 과제/단기 프로젝트 당신은 위의 문제 14-16에서 선택한 제품을 취급하는 클라이언트를 둔 마케팅 컨설턴트라 하자. 당신 클라이언트는 비전통적 마케팅에 유익이 있다고 믿는다. 그 클라이언트에게 성공적이라 믿을 수 있는 소셜 미디어 전략에 대한 몇 가지 아이디어를 개발해보라.

14-18. 수업시간 10~25분 팀별 과제 이 장에서 마케터들은 마케팅 커뮤니케이션 전략을 위해 소셜 미디어 사용 횟수가 늘어나고 있음을 학습했다. 이러한 배경은 무엇인가? 대학들은 마케팅 커뮤니케이션 프로그램상 소셜 미디어를 어떻게 활용하고 있는가? 당신이 재학 중인 대학교는 소셜 미디어를 활용하고 있는가? 당신 대학교가 소셜 미디어를 보다 잘 활용하기 위해 당신이 제안할 수 있는 활동은 무엇이 있는가?

14-19. 창의적 과제/단기 프로젝트 당신은 직접 마케팅 업체에 근무 중이다. 당신의 클라이언트는 조경 업체로 잠재

고객들에게 적절하게 접근할 수 있는 방안에 대해 고민 중이다. 당신의 클라이언트를 위해 가장 효과적인 직접 마케팅을 제안해보고 그 이유를 설명해보자. 발표를 통해 당신이 제안한 직접 마케팅 전략을 설득해보자.

14-20. 창의적 과제/단기 프로젝트 당신이 가장 최근에 만났던 판매사원을 생각해보자. 새로운 태블릿 컴퓨터든 청바지든 상관없다. 당신이 만났던 판매사원을 떠올려 보고 그 사원이 당신의 어떤 부분을 충족시켰는지 기술해보자. 또한 해당 판매사원은 거래적 판매와 관계적 판매 중 어떤 판매를 채택했는지 생각해보고 이러한 판매 방식이 당신의 구매의사 결정에 어떤 영향을 미쳤는지 기술해보자.

14-21. 창의적 과제/단기 프로젝트 당신은 다양한 대학교재(마케팅 교재도 포함)를 출판하고 출판사에 판매사원으로 고용되었다고 가정하자. 당신의 직무는 대학교 교수들에게 당신을 고용한 출판사의 대학교재를 선택하도록 설득하는 것이다. 직무 훈련과정에서 출판사의 영업 관리자는 당신에게 판매 프레젠테이션에서 무엇을 말할 것인지 작성해보라고 요청했다. 당신은 "하지만 이 교재는 오랫동안 사용되었고 분명 효과가 있다."라는 목적에 맞게 판매 프레젠테이션을 구상해야 한다.

14-22. 창의적 과제/단기 프로젝트 당신이 재학 중인 대학교의 마케팅 커뮤니케이션 프로그램에 대한 당신의 제안을 전달하는 것을 목적으로 한다. 먼저 당신이 다니는 대학교의 마케팅 커뮤니케이션 또는 대학교 홍보 부서와 그들의 커뮤니케이션 프로그램을 토의할 약속을 잡아라. 그리고 다음에 대해 질문하라.
a. 커뮤니케이션 프로그램의 목표 수신자
b. 커뮤니케이션 프로그램의 목적
c. 그들이 사용하는 여러 유형의 전통적, 비전통적 커뮤니케이션 방법
d. 커뮤니케이션 프로그램 효과 평가 방법
토론에 기초하여 (1) 현재 대학교의 커뮤니케이션 프로그램에 대한 비판과 (2) 개선안을 만들어 보고서를 작성하라.

14-23. 창의적 과제/단기 프로젝트 당신은 튀긴 닭과 생선을 전문으로 취급하는 지역 패스트푸드 체인의 PR 담당 책임자라 하자. 어떤 고객이 해당 체인 중 한 곳에서 저녁으로 튀긴 생선을 먹고 병에 걸렸다고 불평했다. PR 담당으로서 기업이 이 위기를 어떻게 다루어야 하고 당신이 제안할 수 있는 것은 무엇이 있겠는가?

개념 : 마케팅 계량지표 적용하기

페이스북이나 트위터 같은 소셜 미디어의 장점 중에 하나로 마케터들이 브랜드 혹은 경쟁사에 대한 소비자 목소리를 보다 쉽게 경청할 수 있다는 점이다. 이를 보다 쉽게 이해하기 위해 트위터에 방문해서 소비자들이 특정 브랜드에 대해 어떤 이야기를 나누는지 살펴보자.

14-24. 제품군과 그 제품군에서 특정 브랜드를 하나 선정하자. 어떤 제품이든지 상관없다. 만약 마케팅 수업에서 진행될 마케팅 계획 프로젝트를 해야 한다면 해당 제품을 선택해도 된다. 그렇지 않다면 당신이 평소에 선호하는 제품이나 브랜드를 선택하면 된다.

14-25. Twitter.com에 방문해 당신이 선택한 브랜드를 검색하고 어떤 글들이 올라와 있는지 확인해보자. 그 후 아래와 같은 정보들을 정리해보자.
a. 긍정적인 트윗 수
b. 해당 브랜드에 대해 소비자들이 일반적으로 장점이라 생각하는 부분
c. 부정적인 트윗 수
d. 해당 브랜드에 대해 소비자들이 일반적으로 단점이라 생각하는 부분
e. 질문을 요청하는 트윗 수

선택 : 당신은 어떻게 생각하는가?

14-26. 비판적 사고 타코벨에서 제품을 구입한 한 여성이 타코가 광고에 나왔던 내용보다 소고기의 양이 적다고 해당 광고는 기만광고라고 고소했다. 타코벨은 브랜드에 악영향을 미치는 것을 방지하기 위해 이를 반박하고자 했다. 타코벨의 CEO는 비디오 영상을 통해 타코벨의 조리법을 알렸다. 미국 농무부가 조사한 바에 따르면 88%의 소고기가 포함되었다는 내용이 영상에 포함되어 있다.[68]
타코벨은 이러한 PR을 통해 어느 정도 위기를 관리할 수 있다고 보는가? 그 밖에 어떤 활동을 할 수 있었을까?

14-27. 비판적 사고 페이스북 같은 소셜네트워크 사이트에서 취급하는 소비자 개인정보 보호에 대한 관심이 증대되고 있다. 당신은 소셜네트워크의 프라이버시에 대해 어떻게 느끼는가? 다른 사람에게 사용자의 개별 허가 없이 개인정보를 허용하는 것은 비윤리적인가? 네트워크 소유주가 더욱 적극적으로 사용자의 프라이버시를 보호해야 한다고 생각하는가? 더 강력한 정부의 규제가

필요한가, 아니면 사용자의 요구에 맞추기 원하는 대로 이 사이트들이 자유롭게 개발하도록 해야 하는가? 사용자의 개인정보를 보호하려면 얼마나 많은 책임을 사용자가 수용해야 한다고 생각하는가?

14-28. 비판적 사고 당신은 페이스북에 기업 혹은 제품 페이지상에서 "좋아요"를 누른적이 있는가? 왜 그랬는가? 당신은 이러한 기업이나 제품을 얼마나 자주 방문하는가? 당신은 글을 남긴 적이 있는가? 만약 그렇다면 해당 글의 목적은 무엇이었는가? 당신은 이러한 과정을 통해 브랜드 커뮤니티상에서의 브랜드 관리가 효과적이라고 생각하는가? 보다 나은 브랜드 관리는 무엇이 있겠는가?

14-29. 윤리 생명보험이나 연금과 같은 금융상품을 전문적으로 판매하는 판매사원들은 금융상품 판매에 근거해 급여를 받는다. 하지만 구매자들은 판매자들이 자사 상품을 통해 어떻게 수익을 버는지 알 수 없다. 판매자들이 구매자들을 위해 행해야 할 윤리적 의무는 무엇이 있을까? 판매사원들은 그들의 급여 방식을 공개해야 한다고 생각하는가? 판매사원이 구매자에게 보다 높은 커미션을 통해 판매하는 것은 윤리적이라 할 수 있는가? 구매자는 과연 이러한 상황에서 어떤 책임을 져야 하는가?

14-30. 비판적 사고 최근 들어 트위터가 수익을 위해 그 사이트에서 우월한 지위를 팔면서 다른 인터넷 사이트들의 참여를 유도하고 있다. 그 같은 수익 창출 행동이 트위터와 같은 사이트를 덜 매력적이게 한다고 느끼는가? 만약 당신이 어떤 사이트의 상위 코멘트들이 기업이 그들에게 돈을 지불하기 때문에 그런 자리를 가지게 되었다는 것을 알면, 그 사이트 다시는 방문하지 않을 것인가? 트위터 같은 인터넷 사이트가 수익을 창출할 수 있는 다른 방법은 무엇이 있을까?

14-31. 비판적 사고 무선 전자상거래는 마케터들에게 소비자들이 현재 있는 곳에 가장 가까운 소매점으로부터 메시지를 주고받을 수 있는 지역기반 상거래를 도입시켰다. 당신은 소비자들이 이에 대해 긍정적으로 반응할 것으로 생각하는가? 이러한 지역기반 상거래는 소비자들에게 어떤 혜택을 줄 것으로 예상하는가? 또한 단점은 무엇이 있겠는가?

14-32. 비판적 사고 일반적으로 전문 판매는 강압 판매에서 관계성 판매로 진화하고 있다. 하지만 여전히 많은 기업들은 강압 판매 형태를 하고 있다고 생각하는가? 그렇다면 어떤 유형인가? 이런 조직은 앞으로 어떻게 될 것

으로 예측하는가? 강압 판매가 계속 성공할 것인가? 즉 거래적 판매가 여전히 적절하다고 보는가? 그렇다면 언제 그런가?

14-33. 비판적 사고 어떤 비평가들은 PR 전문가들을 맹렬히 비난하면서 그들을 기업의 문제에 대해 진실을 감추는 '선전가' 또는 '공보 비서관'이라 부른다. 기업 내에서 PR의 적절한 역할은 무엇인가? PR 전문가가 나쁜 소식을 좋게 들리도록 노력해야 한다고 생각하는가?

미니 프로젝트 : 행하면서 배우기

미니 프로젝트 1

이 미니 프로젝트의 목적은 당신에게 창의적 판매과정의 장점을 학습할 기회를 주고자 하는 것이다.

14-34. 당신 친구와 함께 대학생들이 일반적으로 구매하는 제품(세제, 치약, 펜, 연필, 청량음료 등등)의 새로운 제품을 만들어야 한다. 새로운 브랜드 네임과 함께 해당 제품의 속성과 편익을 개발해야 한다.

14-35. 당신은 월그림과 같은 조직 구매자들을 대상으로 제품을 판매하는 판매사원이라고 가정한다. 창의적 판매를 위한 단계별 과정을 구상해보자. 당신은 당신의 제품을 구매자가 기꺼이 구매할 수 있도록 해야 한다.

14-36. 월그린에게 접근할 수 있도록 당신이 구상한 계획을 발표하고 피드백을 받는다. 당신 친구들과 함께 역할극을 해보자.

미니 프로젝트 2

마케팅 커뮤니케이션 계획을 개발하는 과정에서 가장 어려운 것 중에 하나는 전통 매체와 새로운 매체를 적절하게 조화시키는 것이다. 이 프로젝트는 당신에게 이를 경험하도록 하는 것이 목적이다.

당신은 다운홈소시지 기업의 최고 마케팅 관리자다. 당신은 새롭게 출시한 '그릴링 소시지'를 위한 마케팅 커뮤니케이션 계획을 구상해야 한다. 당신은 아래 중 가장 최적의 프로그램을 결정해야 한다.

1. 전통 TV 광고
2. 옥외 광고
3. 입소문
4. 게임으로 경험하는 브랜드 웹사이트, 혹은 당신의 제품을 상호작용할 수 있는 기타 매체
5. 다양한 플랫폼에서 구현 가능한 디지털 광고
6. 소비자 판매 촉진

7. 브랜드 전도사

14-37. 시간과 예산에 근거해 각각의 커뮤니케이션 프로그램을 상세하게 기술하라.

14-38. 이상의 프로그램들을 다른 프로그램과 연결시키라.

14-39. 오늘날 기업들은 소비자에게 보다 상세한 정보를 전달하고 고객 참여를 유도하며, 고객에게 보다 나은 가치를 전달해 삶의 질을 개선시키고자 한다. 당신이 제안하는 커뮤니케이션이 이를 어떻게 실행하는지 논의해 보자.

마케팅 행동 사례 　버거킹의 실제 선택

모든 싸움에서 항상 이기는 도전자는 아니지만 맥도날드와 비교해 상대적으로 '작은 남자'로서 버거킹은 소셜 미디어 마케팅을 통해 입지를 가져 왔다.

1954년 제임스 맥라모르와 데이비드 에드거턴이 플로리다의 마이애미에서 버거킹을 설립했다. 창업 초기부터 "합리적인 가격, 빨리 구워진 버거"라는 기본 컨셉으로 시작했다. 창업 후 초기 5개 체인에서 250여 개 지역으로 확장하며 미국에서 세 번째로 큰 패스트푸드 업체로 성장했다. 1967년 필스버리가 버거킹을 인수한 후 다섯 번의 소유권 교체가 있었다. 2014년에는 캐나다의 도넛커피체인인 팀홀튼과 125억 달러에 합병했다.

버거킹은 맥도날드의 약 4분의 1 비용으로 광고를 집행한다. 결과적으로 BK는 랜도 어소시에이츠의 알렌 아담소의 조언을 따랐다. 그는 소셜미디어의 이점을 믿고 있었다. 실제로 아담소는 "우수한 콘텐츠는 매우 강력하기 때문에 매년 그 영역은 넓어진다."고 했다.

제13장에서 소개한 사라 바모시의 사례를 읽었을 것이다. 2015년 플로이드 메이웨더와 매이 파쿠아오의 대전은 440만 명이 시청했다.[70] 메이웨더와 함께 입장한 수행원은 버거킹의 마스코트인 '킹'이었다. 전 세계 많은 사람들이 이 대전을 본 후 트위터와 페이스북 같은 소셜미디어상에서 상당한 화제가 되었다. 버거킹을 이를 위해 100만 달러를 지출했지만 30초짜리 슈퍼볼 광고에 비하면 상당한 작은 액수였다. 킹은 여기서 끝내지 않았다. 유명한 레이싱 트레이너인 밥 바퍼트와 함께 벨몬트 스테이크에 눈을 돌렸다. 밥의 말인 아메리칸 파로아는 거의 40여 년만에 트리플 크라운을 달성했다. 이에 버거킹은 20만 달러를 지출했지만 대중문화 속에서 많은 관심을 받을 수 있었다.

최근에 버거킹은 세계 평화의 날에 맥도날드에게 맥와퍼를 함께 만들자고 제시하며 또 다시 관심을 받았다. 이 새로운 햄버거는 맥도날드와 버거킹의 성분 각각을 추출해 만든 것으로 애틀랜타에서 단 하루만 판매하는 조건이었다. 물론 수익은 기부로 이어지도록 제시했으며 "평화는 어떤 맛일까?"라는 테마를 내걸었다. TV는 이에 주목했고 소셜 미디어를 통해 입소문을 타기 시작했다. 하지만 맥도날드는 이를 받아들이지 않았고 이러한 이벤트는 그렇게 끝났다. 하지만 맥와퍼 입소문은 89억 번의 매체 노출이 됐고, 1억 8,200만 달러의 수익을 기록했다.

브랜드 성공을 위해서는 소비자들의 관심은 매우 중요하다. 버거킹은 제한된 예산 속에서 판매촉진을 하고 있다. 소셜미디어상에서 고객의 마음을 사로잡기 위한 경쟁은 날로 심해지고 있다. 하지만 이러한 입소문이 반드시 수익으로 이어진다는 보장도 없다.

당신의 결정

14-40. 버거킹이 직면한 의사결정은 무엇인가?

14-41. 이러한 상황에서는 무엇을 이해하는 것이 가장 중요한가?

14-42 어떤 대안이 있는가?

14-43. 당신은 어떤 결정을 제안할 수 있는가?

14-44. 당신의 제안을 실행하기 위해서는 무엇을 해야 하는가?

참고자료 : Alex Hayes, "How to Make a McWhopper and Put Your Competition on Notice," Mumbrella (April 16, 2016), http://mumbrella. com .au/commscon-yandr-how-to-make-a-mcwhopper-355047?utm_source=feedburner&utm_medium=feed&utm_camp aign=Feed%3A+mumbrella+%28mUmBRELLA%29 (accessed May 13, 2016); "Burger King Corporation," Encyclopedia.com, http://www.encyclopedia .com/topic/Burger_King_Corp.aspx#1 (accessed May 13, 2016); Craig Giammona and SitkaWriter, "In Social Media Marketing, the Burger King Has It His Way," Bloomberg Businessweek (October 1, 2015) http://www.bloomberg.com/news/articles/2015-10-01/burger-king-s -social-mediamarketing-is-a-cost-effective-champ (accessed May 13, 2016).

마케팅 계획 : S&S 스무디

이 샘플 마케팅 계획에는 사용자가 포함해야 하는 일반적인 내용이 포함되어 있다. 개요가 먼저 나오고(회색으로 강조 표시된 부분), 상황 분석을 시작으로 계획의 다양한 부분이 이어진다. 여백에는 여러분이 여러분만의 마케팅 계획을 개발하면서 지침을 제공할 수 있는 많은 메모들이 있다. 또한 각 부분에 대해 관련 책 장을 참조한다.

개요

상황 분석

S&S 스무디 회사는 우수한 향미와 영양 성분 그리고 독특한 포장을 가진 과일과 요구르트 중심의 음료를 생산하는 기업가적인 조직이다. 미국 내에서 S&S는 건강을 생각하는 젊은 부유층 소비자 시장을 겨냥해 왔으며, 이들은 체육관과 헬스 클럽, 2개의 폭넓은 재판매 시장을 자주 이용한다. 즉 (1) 체육관 및 헬스 클럽과 (2) 소규모의 고급 식품 시장을 표적화하여 왔다. S&S는 미국, 캐나다, 영국의 제조사 대리점과 인터넷을 통해 그것의 제품을 판매한다. 내·외부 환경을 분석해보면 회사의 제품, 직원 및 평판에 있어 중요한 강점을 누리고 있다는 것을 알 수 있으며, 반면에 제한된 규모, 재무 자원 및 제품 역량에서는 취약하다. S&S는 주로 건강한 삶에 대해 증가하는 관심에 의해 주목받고 있는 외부환경, 잠재적 경쟁 증가로부터 주로 오는 제한된 위협에 직면해 있다.

마케팅 목표

S&S의 마케팅 목표는 인지도, 총매출(50%) 및 유통을 높이고 향후 3년 동안 두 가지 신제품 라인을 도입하는 것이다.

- 고급 향미 스무디 제품군
- 저탄화수물 스무디 제품군

마케팅 전략

성장 목표를 달성하기 위한 S&S의 마케팅 활동은 다음과 같은 전략을 지향한다.

1. 표적시장 전략 : S&S는 기존의 소비자 시장을 공략하는 동시에 조직 시장을 호텔과 리조트, 골프와 테니스 클럽, 대학 캠퍼스 등으로 확대하여 표적화할 예정이다.

2. **포지셔닝 전략** : S&S는 탄수화물 섭취를 줄이고자 하는 사람들을 포함하여, 건강을 심각하게 의식하는 소비자들을 위해 첫 번째 선택의 스무디 음료를 계속 포지셔닝할 것이다.

3. **제품 전략** : S&S는 각각 독특한 포장과 라벨링을 통해 확인할 수 있는 두 가지 새로운 제품 라인을 소개할 것이다.

    (1) S&S 스무디 골드 : 원래 S&S 스무디와 비슷하지만 여섯 가지 독특한 맛이 나는 제품

    (2) 저탄수화물 S&S 스무디 : 탄수화물이 50% 더 적은 제품

4. **가격 전략** : S&S는 기존 제품과 신제품에 대한 현재 가격 책정 전략을 유지할 것이다.

5. **판촉 전략** : S&S는 디지털, 소셜 미디어 및 모바일 광고 전략을 강하게 강조하여 현재의 개인 판매 노력을 강화할 것이다. 목표로 하는 텔레비전과 잡지 광고는 최대의 효과를 위해 세심하게 계획될 것이다. 또한 S&S는 샘플링 프로그램을 동반한 주요 도시에서의 마라톤을 후원할 것이다.

6. **공급사슬 전략** : S&S는 대상 조직 시장을 포함하도록 유통망을 확대할 예정이다. 추가로, 대규모 헬스 클럽에서 높은 수준의 재고를 장려하기 위해, S&S 스무디는 냉동 처리된 무료 디스플레이 판매대를 제공할 것이다.

실행과 통제

실행 계획에는 담당자, 각 활동의 시기, 필요한 예산 등을 포함해 마케팅 전략을 구현하는 방법이 자세히 설명되어 있다. 측정 및 통제 전략은 계획의 성공 여부를 측정하는 수단을 제공한다.

S&S 스무디 마케팅 계획

상황 분석

S&S 스무디 회사[1]는 건강을 중요시하는 소비자들을 위해 건강에 좋은 '스무디' 음료를 만들고 판매하는 목적으로 2012년 9월 뉴욕에서 설립되었다. S&S 스무디는 미국과 국제 사회 모두에서 건강 식품에 욕구가 증가할 것으로 기대하고, 저렴한 가격대의 저탄수화물 대체 식품에 대한 소비자의 관심을 끌기를 기대하고 있다. 이 시장에서 경쟁하는 크고 작은 다른 회사들이 있지만, S&S 스무디는 목표 시장에 어필할 수 있는 우수한 제품을 만들고 판매하는 데 전문성을 지니고 있다.

내부 환경
사명 선언문

S&S 스무디 회사의 사명은 전략적 방향과 행동을 유도한다.

S&S 스무디는 차별화되고 건강에 민감한 소비자가 고품질의 우수한 맛의 스무디 음료 및 기타 유사 제품에 대한 욕구를 충족하고자 한다.

만약 당신이 당신의 학급 프로젝트를 위한 마케팅 계획을 개발하고 있다면, 실제 회사, S&S 스무디와 같은 일정 기간 동안 사업을 하고 있는 가상의 회사, 혹은 시장에 나오지 않았던 상상의 새로운 사업들 중에서 선택을 할 수 있다. 선택한 사업 또는 회사에 따라 마케팅 계획에 있어 몇 가지 차이가 있을 수 있다. 예를 들어 기존 회사를 사용하는 경우 상황 분석을 위해 회사에 대한 정확한 정보를 찾아야 한다. 만약 당신이 가상의 회사를 소유하고 있다면, 당신은 논리적인 사고를 바탕으로 그 정보를 만들어내야 할 것이다. 이 경우, 우리는 상상의 사업을 만들기로 선택했다.

제1부

조직 구조

기업가적인 S&S 스무디는 매우 복잡한 조직 구조를 지니고 있지 않다. 주요 담당자는 다음과 같다.

- 패트릭 헤인즈는 설립자 및 공동 대표이다. 헤인즈는 모든 S&S 스무디 제품의 제작, 설계, 포장 및 생산 관리를 담당한다.
- 윌리엄 '빌' 사르텐은 창립자 및 공동 대표이다. 사르텐은 국내외 유통과 마케팅을 담당한다.
- 앨리슨 험프리는 최고 재무관리자(CFO)이다. 험프리는 재무 전략을 개발하고 기업의 회계장부를 기재한다.
- 알렉스 존슨은 전국 영업 관리자이다. 존슨은 독립된 판매 대리점의 판매 사원을 유지하는 것에 대한 책임이 있다. 그는 또한 제품 개발에 관해 조언한다.
- 밥 르메이, 팸 사르텐, 폴 사르텐 등은 주주이다. 패트릭 헤인스와 윌리엄 사르텐 다음으로, 밥, 팸 그리고 폴 등이 가장 많은 지분을 소유하고 있다. 그들은 회사의 중역 회의에 참석하고 상의한다. 밥은 변호사이며 법률 서비스도 제공하고 있다.

기업 문화

S&S 스무디는 기업가적인 조직이다. 그러므로 내부 환경의 핵심 요소는 기술 혁신, 위험 감수 및 개인의 창의성을 장려하는 문화이다. 이 회사의 출발은 독특하고 우수한 제품을 제공하고자 하는 열망에 근거한 것이며, 회사의 의사결정은 이 임무를 지속적으로 강조해 왔다.

과거 및 현재의 마케팅

2012년 중반에 출시된 오리지널 S&S 스무디 제품은 천연 성분(첨가물 없음)만 함유하고 있는 과일과 요구르트를 기반으로 하는 음료이며, 필수 영양소가 풍부하다. 기업의 특허받은 생산 과정 때문에 S&S 스무디 음료는 냉장 보관될 필요가 없고 유통 기한이 1년 이상이다. 따라서 제품은 비냉장 운반선을 통해 선적되고 배송될 수 있다. 유제품 기반 음료의 생산자로서, S&S 스무디의 북미 산업 분류 시스템(NAICS) 분류는 311511인 음용유 제조업체이다.

현재 제품

현재 단일 생산 제품 라인은 S&S 스무디 과일과 요구르트 음료이다. 이 몸에 좋은 음료 제품은 맛과 영양 면에서 경쟁 제품보다 우수하다. 이 제품은 딸기, 블루베리, 바나나, 복숭아, 체리의 다섯 가지 맛이 있다. S&S는 각각 12온스와 20온스 사이즈 제품을 제공한다. S&S는 독특한 모래시계 모양의 유리병에 나사를 풀어 뚜껑을 닫아 반투명 제품을 포장한다. 병의 설계는 운동 후에 땀에 젖은 손으로도 제품을 잡기 쉽게 해준다. 반투명 유리병은 음료의 색깔을 보이게 하지만 고급스러운 이미지도 전달한다. 라벨과 뚜껑은 적절한 색으로 향미를 시각적으로 나타낸다. 라벨링에는 완벽한 영양 정보가 포함되어 있다. 미래에는 S&S 스무디가 건강 음료 시장에서의 시장 점유율을 높이기 위해 자사 제품군을 확대할 계획이다.

현재 시장

S&S 스무디 시장은 건강 식품과 건강한 생활에 관심이 있는 모든 사람들로 이루어져 있다. 비록 발표된 연구에 따르면, 미국 소비자의 70%가 건강한 생활 방식에 관심이 있다고 하지만, 그런 목표를 달성하기 위해 실제로 일하는 사람들의 수는 훨씬 적다. 약 8,000만 명의 미국인이 실제로 운동에 참여하거나 건강식으로 영양 식단 계획을 실천하는 것으로 추정된다. 전문가들

우리가 상상하는 젊은 기업의 경우, 우리는 그 회사가 이미 단일 제품을 생산하고 있다고 결정했다. 만약 당신이 새로운 회사를 운영하면, 새로운 제품이 없을 것이다. 그래서 이 경우에는 현재 제품, 가격, 판매 및 유용에 대한 논의가 불필요한 것이다. 아마도 당신은 이 취지의 진술이 포함되기를 원할 것이다. 만약 당신이 '실제' 회사를 사용한다면, 당신은 그 회사에 대한 정확한 정보를 찾을 필요가 있을 것이다. (해당 정보에 대해서는 출처를 반드시 인용하라).

프로젝트에서 기존 회사를 사용하더라도 판매 수치를 구할 수 없을 수 있다. 강사에게 문의하여 몇 가지 논리적인 가정을 바탕으로 판매 기록을 작성하기를 원하는지 물어보라.

은 건강한 삶을 지향하는 추세가 세계적으로 확대될 것으로 예상하고 있기 때문에, 국내 시장과 S&S 스무디 시장의 국제 시장이 당분간 확대될 것으로 예상한다.

가격 책정

S&S 스무디 음료의 권장 소매 가격은 12온스 사이즈에 대해서는 4달러이며, 20온스 사이즈에 대해서는 6달러이다. 유통업체에게 지불하는 S&S 가격은 각각 1.20달러와 1.80달러이다. 현재 S&S 스무디는 제품의 실제 생산을 아웃소싱하고 있다. 그럼에도 불구하고 이 회사는 자사의 고유 제품의 일관된 품질을 보장하기 위해 전체 생산 프로세스를 감독하는 데 주의를 기울이고 있다. 생산의 체계성을 통해 12온스 S&S 스무디의 가변 비용은 0.63달러이며, 20온스의 가변 비용은 0.71달러이다.

고객/매출

2014년까지 S&S 스무디 판매는 열악한 경제 상황 때문에 느리지만 꾸준한 성장세를 보였다. 2012년부터 2016년까지의 실제 판매 수치는 표 A.1에 나와 있다. 이러한 판매 수치와 S&S 고객 조사에 따르면 강력하고 증가하는 충성 고객 기반을 보여준다. 고객 자산은 S&S의 미래에 중요하다. 그럼에도 불구하고, 연구는 대상 시장의 전체 소비자의 절반 정도가 S&S 브랜드를 알고 있다는 것을 보여준다. 미국 소비자 시장에서 S&S 스무디는 체육관과 헬스 클럽을 자주 찾는 상류층 고객들을 공략하고 있다. S&S 스무디에 의해 시행된 연구에 기초하면, 이러한 소비자들은 주로 더 젊은 편이다. 하지만 신체적으로 건강하기를 원하고 또한 헬스 클럽을 단골로 삼는 중년층의 세분시장이 존재한다.

표 A.1	회사 매출 실적
연도	총매출
2012	$387,850
2013	$572,146
2014	$911,445
2015	$1,686,228
2016	$2,795,120

유통

자신의 목표 시장에 도달하기 위해 S&S 스무디는 헬스 클럽, 기타 신체 단련 시설과 소규모, 고급 전문 식품 시장 등에 중점을 두고 주요 유통을 강조하고 있다. 이 회사는 직원들의 개별 연락처를 통해 이들 아울렛들과 채널 관계를 발전시키기 시작했다. 매출이 증가하자 제조업체의 대리점과 전문 식품 유통업체에 서비스를 요청했다. 제조자의 대리인은 다수의 비경쟁 제조가에게 제품을 판매하는 개인이다. 다양한 지역들의 대리점들과 여러 지역에 걸쳐 계약을 체결함으로써, S&S 스무디는 제품 유통을 미국과 캐나다의 상당 부분까지 확대할 수 있게 되었다. 영국에 있는 에이전트들과 유사한 합의로 제품 유통을 시작하도록 했다.

S&S 스무디는 골드짐과 월드짐 등과 같은 대규모 고객들과 직접적으로 거래한다. 이들 체인들에 대한 총매출액이 상당히 많지만, 각 체인에 포함된 많은 수의 시설을 고려할 때 그 매출액은 매우 적으며 성장할 여지가 많다.

인터넷은 S&S 스무디를 위한 2차적 채널이다. 현재 온라인 소매 아울렛은 S&S 스무디 매출의 5%만을 차지하고 있다. 이 채널은 S&S 스무디 제품을 대량으로 구매하려는 개인들에게 유용하지만, S&S는 온라인 판매가 가까운 미래에 이 사업의 중요한 일부가 될 것이라고 기대하지 않는다.

외부 환경

경쟁 환경

S&S 스무디는 몇 가지 서로 다른 경쟁 수준에 직면하고 있다. 직접적인 경쟁자들은 스무디 유형의 음료를 판매하는 업체이며 다음과 같은 업체들도 포함하고 있다.

1. 프랜차이즈 스무디 소매상
2. 온라인 스무디 판매점
3. 기타 작은 규모의 제조업체
4. 비슷한 제품들을 생산하는 네슬레와 같은 대규모 기업

간접적인 경쟁은 다음과 같다.

1. 소매점과 인터넷상에서 판매되는 가루로 만들어진 가정용 스무디 음료는.
2. 다양한 조리법을 이용하여 만들어진 가정용 스무디 음료
3. 주스와 같은 다른 건강에 좋은 음료
4. 특히 젊은 소비자들에게 인기 있는 에너지 드링크의 증가

경제 환경

S&S 스무디는 2007년 말에 시작된 세계적 불황에 뒤이은 경기 회복이 시작되는 동안에 처음으로 제품을 시장에 출시하였다. 이 기간 동안에, 제품 판매는 탄력을 얻었고 꾸준히 증가했다. 경제가 계속 개선됨에 따라, 많은 분석가들은 경제의 다양한 분야에 성장 기회를 제안하고 있다.

기술적 환경

S&S 스무디가 단순한 식품 제품을 생산하고 있기 때문에, 기술 발전은 회사의 운영에 미치는 영향은 미미하다. 그럼에도 불구하고, 현재의 기술을 사용하여 회사의 많은 활동을 가능하게 하고 강화시킬 수 있다. 예를 들어 S&S 스무디는 인터넷을 사용하여 두 가지 방식으로 사업을 강화한다. 앞서 언급했듯이, 인터넷은 추가적인 판매 장소를 제공한다. 또한 제조업체의 에이전트 및 채널 구성원이 회사와 계속 연락을 취할 수 있으므로 배송, 주문 등의 문제가 발생하지 않는다. 마지막으로, 최근 몇 년간, 페이스북과 트위터와 같은 소셜 미디어 사이트에 소비자들의 피드백 커뮤니케이션을 모니터링하면서 좀 더 개인적인 방법으로 소비자와 소통할 수 있도록 하는 자리를 마련하였다. 디지털 및 소셜 미디어 광고는 회사의 마케팅 커뮤니케이션 프로그램의 일환으로 증가하고 있다.

정치 및 법률 환경

모든 S&S 스무디 제품들은 영양 제품들로 광고되기 때문에, 미국 식품의약국(FDA)에 의해 승인을 받아야 한다. 라벨은 성분과 영양 정보를 포함해야 하며 FDA의 규제를 받는다. 또한 S&S

외부 환경에 대한 대부분의 토론에서, 당신은 일반적으로 웹에서 찾을 수 있는 정확한 데이터를 사용해야 한다(그 정보에 대해 출처를 밝히는 것을 잊지 말라). 이 토론의 다른 부분에서는 실제 데이터를 찾지 못할 수 있기 때문에 일부 논리적 가정에 기초하여 이 부분을 만들어야 한다.

스무디 제품은 미국 농림부의 규제를 받는다.

비록 저탄수화물 제품들의 라벨 혹은 광고에 대한 특별한 규정은 없지만, 이러한 규정이 미래에 적용될 가능성이 있다. 또한 현재와 미래의 글로벌 시장에서는 국가별로 다른 수많은 규정을 지속적으로 준수해야 한다. S&S 스무디에 의해 개발된 미래 광고 캠페인은 미국과 국제적인 규제 지침을 따라야 할 것이다.

사회 문화적 환경

S&S 스무디는 소비자 환경을 모니터링하기 위해 마케팅 연구를 활용한다. 이 연구는 문화적 가치와 규범의 변화가 S&S 스무디에게 계속해서 중요한 기회를 제공하고 있다는 것을 보여준다. 건강한 음식과 더 건강한 생활 방식을 향한 추세는 지난 10년 이상 극적으로 증가해 왔다. 이에 대응하여, 전국에 걸쳐 헬스 클럽 수와 고객들에게 건강한 휴가 경험을 제공하는 독립 리조트와 스파의 수가 늘었다. 게다가, 많은 여행자들은 호텔이 헬스 클럽 시설을 제공해줄 것을 요구한다.

지난 10년 동안, 전 세계의 소비자들은 낮은 저탄수화물 다이어트의 이점에 대해 알게 되었다. 맥도날드와 같은 패스트푸드 체인점을 포함해, 음식점들에는 탄수화물이 적은 메뉴들이 많다. 저탄수화물 캔디를 포함해 많은 수의 저탄수화물 식품들이 슈퍼 마켓 진열대를 가득 채우고 있다.

15~44세 사이의 미국 성인은 약 1억 2,500만 명이다. 인구통계 학자들은 이 연령층이 2025년까지 8%의 증가가 예상되는 등 가까운 장래에 안정을 유지할 것으로 전망하고 있다. 마찬가지로, 소득은 가까운 미래에 이 부분의 인구에서 감소하거나 크게 증가하지는 않을 것이다.

SWOT 분석

SWOT 분석은 S&S 스무디가 내부 및 외부 환경 분석을 통해 강점, 약점, 기회 및 위협에 대한 요약을 제공한다.

그러나 대부분의 전문가는 SWOT 분석이 다양한 내부 및 외부 환경의 논의에서 다루는 자료의 요약이 되어야 한다고 권고하지 않는다. 장점과 단점은 내부 환경에 대한 논의에서 제시된 사실에서 나오는 반면, 기회와 위협은 외부 환경에 대한 논의에 기초한 것이다. SWOT 분석에 대한 관점에 관해서는 강사에게 확인해야 한다.

강점

다음은 S&S 스무디의 강점이다.

- 창의적이고 숙련된 직원 팀
- 높은 수준의 영양과 함께 뛰어난 맛을 제공하는 고품질 제품 조리법
- 기업가 정신으로 인해 유연성을 유지하고 환경 변화에 신속하게 적응할 수 있는 능력
- 제조업체들의 에이전트 및 유통업체의 강력한 네트워크
- 헬스 클럽, 기타 소매점, 표적 소비자 그룹 사이에서 고품질 상품에 대한 평판의 성장

약점

S&S 스무디의 약점은 다음과 같다.

- 성장과 광고 및 기타 마케팅 커뮤니케이션을 위한 제한된 재무 자원
- 기업 규모에 따른 직원의 유연성 부족
- 품질 기준을 유지하고 제품에 대한 예상치 못한 수요 급증을 충족하기 위한 외부 생산에 대한 의존성

기회

다음은 S&S 스무디가 확인한 기회이다.

- 젊고 부유한 소비자와 노년층 모두에서 건강한 삶에 대한 강하고 증가하는 관심
- 추가 제품군에 대한 기회를 제공하는 저탄수화물 대안들에 대한 지속적인 소비자 관심

위협

다음은 S&S 스무디가 확인한 위협이다.

- 경쟁업체, 특히 소비자가 S&S 스무디 제품과 동등하거나 더 우수한 제품을 발견할 수 있는 경우, 판촉에 더 많은 자금을 투자할 수 있는 경쟁자들의 잠재력
- 다른 유형의 다이어트 방법이 인기를 얻게 되면 저탄수화물 열풍은 사라지게 될 것임
- 락스타와 같은 에너지 드링크의 인기의 증가

마케팅 목표

다음은 S&S 스무디에 의해 설정된 마케팅 목표들이다.

> 목표와 대비하여 마케팅 전략의 성공 여부를 평가해야 한다는 점을 명심하라. 그러므로 여러분의 목표는 양적이고 현실적이며 측정 가능해야 한다.

- 내년도 목표 시장에서 S&S 스무디 제품의 인지도를 최소 10% 이상 높이기
- 향후 2년 동안 총매출을 50%까지 증가
- 저탄수화물 스무디 라인과 고급 스무디 라인, 즉 두 가지 신제품 라인을 출시함
- 향후 2년 동안 미국과 전 세계의 호텔과 리조트, 골프 및 테니스 클럽, 대학 캠퍼스를 포함하여 S&S 스무디 제품의 유통 확대

마케팅 전략

제2부

표적시장

S&S 스무디는 자사 제품에 대한 많은 소비자 및 조직 시장을 구분했다. S&S 스무디는 기존 소비자 시장을 계속해서 표적화할 것이다. 회사 조사에 따르면 S&S 스무디의 주요 소비자 표적시장은 다음과 같이 설명될 수 있다.

> S&S 스무디 회사가 내부 환경 부분에서 논의된 기존의 제품을 보유하고 있기 때문에, 마케팅 전략 부분에서도 이와 같은 전략을 계속하고 있다고 할 수 있다. 만약 당신의 마케팅 계획이 마케팅 역사가 없는 새로운 사업을 위한 것이라고 결정되었다면, 당신은 목표 시장, 제품, 가격, 홍보 그리고 유통에 대한 완전한 세부 사항을 제공해야 할 것이다.

인구통계 자료
- 남성과 여성 10대 및 젊은 성인
- 연령 : 15~39
- 가계 소득 : 5만 달러 이상
- 가구 교육 수준 : 대학 졸업 또는 그 이상
- 주로 큰 도시 지역 또는 대학가에 위치

심리분석학
- 건강을 의식하고 건강한 생활 방식에 관심이 있는 집단
- 신체 관리에 많은 시간과 비용 지출한다.

- 신체 활동이 포함된 휴일을 즐긴다.
- 매우 바쁜 삶을 살면서 원하는 모든 것을 즐기기 위해 현명하게 시간을 사용할 필요가 있다.
- 친구들과 즐겁게 시간을 보내는 것을 즐거워한다.

미디어 습관

- 대상 시장의 개인은 인터넷을 그들의 주요 뉴스와 엔터테인먼트 공급원으로 사용한다. 그들이 텔레비전을 볼 때, 그것은 보통 컴퓨터나 태블릿이나 스마트 폰을 통해 시청할 가능성이 높다. 많은 사람들은 단순히 뉴스를 한꺼번에 보는 것을 피하고 페이스북이나 다른 소셜 미디어를 통해서만 간접적인 뉴스만을 얻는다.
- 그들이 텔레비전 프로그램을 시청할 때, 이 소비자들은 워킹데드, 브레이킹 배드, 빅뱅이론, 왕좌의 게임 등과 같은 자극적인 쇼를 더 좋아한다.
- 차량에 위성 라디오를 설치할 가능성이 높다.
- 페이스북, 트위터, 링크드인, 포스퀘어를 포함한 소셜 미디어를 하루 2~3시간 정도로 많이 사용하는 편이다.
- 그들은 맨즈 헬스, 비즈니스 위크, 스포츠 일러스트레이티드, 뉴요커 등과 같은 잡지를 자주 읽는다.

조직 시장

과거에 S&S 스무디는 (1) 헬스 클럽 및 체육관, 그리고 (2) 소규모의 고급 전문 식품 시장이라는 두 가지 재판매업자 시장의 범주를 목표로 삼았다. S&S 스무디는 제품의 유통과 판매를 늘리기 위해 향후 다음과 같은 목표를 정할 것이다.

1. 미국 및 선택된 국제 시장의 호텔 및 리조트
2. 골프 및 테니스 클럽
3. 대학 캠퍼스

부유한 젊은 전문직 종사자들이 호텔과 리조트를 자주 찾는다. 그리고 그들은 출장에도 양질의 숙박 시설과 최고급 헬스 클럽 시설을 포함시켜야 한다고 주장한다. 또한 많은 중년층을 포함하는 골프와 테니스 클럽의 회원들은 표적화된 집단으로 제품을 편리하게 제공하는 훌륭한 수단이다. 아마도 대학생들은 다른 어떤 소비자 그룹보다 대학생들과 그들의 몸과 건강에 관심이 많다. 사실, 많은 대학들이 학생들을 끌어들이기 위한 수단으로 크고, 상당히 정교한 건강 및 여가 시설을 건설하였다. 따라서 S&S 스무디를 대학 캠퍼스에 공급하는 것이 이 집단의 건강 음료 수요를 충족시키는 훌륭한 수단이 된다.

제품 포지셔닝

S&S 스무디는 자사의 제품을 탄수화물 섭취를 줄이려는 사람들을 포함하여 건강에 민감한 소비자를 위한 첫 번째 선택인 스무디 음료로 자리 매김하고자 한다. 이 포지셔닝에 대한 정당성은 다음과 같다. 많은 스무디 음료는 시중에 나와 있다. S&S 스무디 제조법은 상온 형태로 뛰어난 향미와 영양을 제공한다. S&S 스무디는 우수한 품질의 이미지를 전달하기 위해 제품, 포장, 가격, 그리고 홍보물 등을 개발해 왔다. 따라서 이 포지셔닝은 모든 마케팅 전략들에 의해 지원받는다.

제품 전략

S&S 스무디는 시장에서의 영향력을 높이고 판매 목표를 달성하기 위해 추가 상품이 필요하다. 두 가지 새로운 제품 라인이 계획되어 있다.

1. S&S 스무디 골드 : 이 제품은 원래 S&S 스무디와 비슷하지만, 다음과 같은 여섯 가지 독특한 맛을 지닌다.
   a. 피나 콜라다
   b. 초콜릿 바나나
   c. 살구 복숭아 매드니스
   d. 파인애플 딸기 크러시
   e. 열대 지방의 두부 체리
   f. 복숭아와 꿈

이 새로운 제품의 성공에 중요한 영양 성분은 원래 S&S 스무디 상품과 비슷하다. 영양 정보는 표 A.2에 나와 있다.

새로운 S&S 스무디 제품의 포장은, 독특하고, 잡기 쉬운 모래시계 형태의 반투명 병을 활용하고, 같은 고급 이미지를 가진 새로운 음료를 제공하는 오리지널 제품과 유사하다. 냉장고 케이스에 들어 있는 원래의 스무디와 신제품을 구분하기 위해서, 음료의 이름과 황금색 문자로 된 로고를 포함한 라벨을 붙인다. 병 뚜껑 또한 금색이다.

2. 저탄수화물 S&S 스무디 : 표 A.2에 나온 바와 같이, 저탄수화물 S&S 스무디 음료는 오리지널 스무디 음료 또는 S&S 스무디 골드보다 약 50% 정도 탄수화물이 더 적다. 저탄수화물 S&S 스무디는 다음과 같은 네 가지 맛이 난다.
   a. 딸기
   b. 블루베리
   c. 바나나
   d. 복숭아

저탄수화물 S&S 스무디의 포장은 다른 S&S 스무디 음료와 비슷하지만, 일반적인 형태의 '저탄수화물' 용어를 포함한다. 라벨에는 이 음료의 탄수화물 함량이 일반 스무디에 비해 50% 정도 낮다고 쓰여 있다. 병 뚜껑은 검은색이다.

가격 책정 전략

기존 제품과 신제품에 대해 현재의 가격 정책이 유지될 것이다. 이 가격은 모든 S&S 스무디 제품에 대한 고품질 제품 이미지를 전달하는 데 적합하다. 이 회사는 이 새 음료에 대해 서로 다른 가격을 책정하는 것이 혼란스러우며, 소비자들 사이에 부정적인 태도를 지니게 할 것이라고 생각한다. 따라서 신제품의 가격을 올릴 근거가 없다. 마진을 포함하여 채널을 통한 가격은 표 A.3에 나와 있다.

S&S 스무디는 기존 제품과 마찬가지로 새로운 상품의 실제 생산을 계속해서 아웃 소싱할 것이다. 앞에서 설명한 바와 같이, 이 생산 방법에서 12온스 크기의 S&S 스무디 음료의 변동 비용은 0.63달러이며, 20온스 크기의 변동 비용은 0.71달러이다. S&S 스무디의 사무실 공간, 관리

프로젝트에서 기존 회사를 사용하더라도 고정 및 변동 비용을 사용할 수 없을 수 있다. 강사에게 문의하여 이 수치를 추정하기를 원하는지 물어보라.

표 A.2 │ 고객을 위한 가치

	S&S 스무디 골드		저탄수화물 S&S 스무디	
	1인분당 양	일별 필요가치비율(%)	1인분당 양	일별 필요가치비율(%)
칼로리	140		130	
지방의 칼로리	6		7	
총지방	<0.5	1%	<0.5	1%
포화지방	<0.5	2%	<0.5	2%
콜레스테롤	6mg	2%	6mg	2%
나트륨	70mg	3%	70mg	3%
칼륨	100mg	3%	100mg	3%
총탄수화물	20g	8%	10g	4%
식이섬유	5g	20%	5g	20%
단백질	25g	50%	25g	50%
비타민 A		50%		50%
비타민 C		50%		50%
칼슘		20%		20%
철분		30%		30%
비타민 D		40%		40%
비타민 E		50%		50%
티아민		50%		50%
리보플라빈		50%		50%
니아신		50%		50%
비타민 B^6		50%		50%
비타민 B^{12}		50%		50%
비오틴		50%		50%
판토텐산		50%		50%
인		10%		10%
요오드		50%		50%
크롬		50%		50%
아연		50%		50%
엽산		50%		50%

제공량 : 12 온스

20온스의 경우, 1.67을 곱한다.

급여 및 매출, 광고 및 기타 마케팅 커뮤니케이션 관련 비용에 예상되는 연간 고정 비용은 다음과 같다.

급여 및 직원 복리비	$525,000
사무실 임대료, 설비, 사무용품과 관련한 비용	$124,600
판매 관련 비용(출장 등)	$132,000
광고 및 기타 마케팅 커뮤니케이션	$450,000
총고정 비용	$1,231,600

모든 S&S 제품의 두 가지 크기의 판매는 대략적으로 같을 것으로 예상된다. 즉, 매출의 절반은 12온스 사이즈 제품, 절반은 20온스 사이즈 제품에서 차지한다. 따라서, 병당 평균 0.83달러의 공헌마진이 발생할 것이다. 이를 기반으로, 손익분기점을 달성하려면 S&S 스무디는 1,483,856병(=1,231,600달러/0.83)의 매출을 달성해야 한다. 다시 두 가지 사이즈의 상품의 동일한 판매를 가정하면, 손익 분기점은 2,225,784달러이다.

촉진 전략

과거에 S&S 스무디는 주로 판매 촉진을 위해 개인적인 판매 방식을 사용해 왔다. 이러한 노력을 뒷받침하기 위해 재판매업자들이 구매 시점에 제품을 홍보할 수 있도록 안내문이 제공되었다. 포스터와 독립 테이블 카드는 다양한 맛으로 제품의 매력적인 사진을 보여주고 제품의 브랜드 이름과 건강한 이점을 전달한다. 이와 유사한 신호체계는 S&S 스무디 골드 및 저탄수화물의 스무디를 재고로 비축하는 재판매업자들의 이용을 위해 개발될 것이다.

판매는 이전에 75개 이상의 제조업체 에이전트로 구성된 팀이 재판매업자들에게 판매한 적이 있었다. 또한 일부 지역에서는 독립 유통업체가 판매를 수행하기도 한다. 이러한 인적 판매 방식을 지원하기 위해 S&S 스무디는 신상품을 출시하고 다른 마케팅 목표를 달성하기 위한 추가 홍보 활동을 계획하고 있다. 여기에는 다음이 포함된다.

1. 텔레비전 광고 : 텔레비전 광고의 주요 목적은 S&S 스무디의 우수한 품질에 대한 인식과 지식을 높이고 두 가지 새로운 제품 라인인 스무디를 소개하는 것이다. 텔레비전 광고는 올림픽, 주요 테니스 경기, 골프 토너먼트와 같은 건강한 운동 선수와 관련된 프로그램에 제

표 A.3 | S&S 스무디 음료의 가격 결정

	12온스	20온스
제시된 소매가격	$4.00	$6.00
소매상 마진	50%/$2.00	50%/$3.00
소매 아울렛(헬스클럽 등) 공급 가격	$2.00	$3.00
유통업자/판매 대리인 마진	40%/$0.80	40%/$1.20
유통업자 공급가격/판매 대리인 할인 가격	$1.20	$1.80
변동비용	$0.63	$0.71
S&S 공헌 마진	$0.57	$1.09

한될 것이다. 광고는 건강한 삶을 사는 젊은 사람들 사이에 건강과 행복을 투영할 것이다.

2. **잡지 및 신문 광고** : 표적시장의 소비자는 잡지 구독자가 많지 않기 때문에, 잡지 광고는 제한될 것이고 다른 홍보 활동을 보완할 것이다. 내년에 S&S 스무디는 맨즈 헬스와 같은 잡지에서 제한된 잡지 광고를 실험한다. 회사는 또한 대학 신문 광고의 잠재력을 조사할 것이다.

3. **재정적 후원** : S&S 스무디는 대도시에서 몇 번의 마라톤을 후원하려고 시도할 것이다. 스폰서의 장점은 그들이 제품에 대한 가시성을 제공하는 동시에 회사가 목표 시장에 관심 있는 활동을 지원한다는 것을 보여준다는 점이다.

4. **디지털, 소셜 미디어 및 모바일 마케팅** : S&S 스무디는 목표 시장 구성원들 사이에서의 인기를 활용하기 위해 디지털 및 소셜 미디어 마케팅 활용을 늘릴 것이다. 이러한 활동의 목적은 다음과 같다. (1) 회사 및 제품과 함께 소비자를 끌어들이는 것이다. (2) 유익성(즉, 통신을 통해 전달되는 소비자에게 가치 있는 것)을 제공한다. (3) 소셜 미디어 사이트상의 소비자 게시물을 모니터링하여 S&S 제품에 대한 긍정적·부정적 의견을 더 잘 이해하고 이에 대응한다. (4) 회사 웹사이트, 유튜브 동영상 및 관련 블로그에 게재된 글을 통해 S&S 제품에 대한 인지도와 지식을 제고한다.

성공적인 디지털 및 소셜 미디어 마케팅의 핵심은 정보 이상의 것을 제공하는 것이다. 언급한 바와 같이, 도전 과제는 소비자를 끌어들이고 이익을 제공하는 콘텐츠를 제공하는 것이다. 예를 들어 S&S는 웹사이트와 유튜브 동영상 콘텐츠(예 : 건강한 음식이나 음식을 만드는 방법, 새로운 운동 기술, 다양한 운동 장비에 대한 평가, 아마추어 선수들에 대한 이야기, 그들의 승리, 그들의 기술 등)를 제공할 수 있다. 소비자가 자신의 동영상을 사용해 이 정보에 추가하도록 유도하는 것은 소비자 참여를 장려하는 여러 방법 중 하나가 될 수 있다. 이러한 활동의 세부 사항은 가능한 한 빨리 개발되어야 한다. S&S 스무디의 가장 큰 자산 중 하나는 충실한 고객 기반이며, 따라서 우선 순위는 열정적인 사용자들을 소셜 미디어 플랫폼에서 긍정적인 입소문을 타도록 돕는 브랜드 홍보 대사로 만드는 것이다.

5. **샘플링** : 선별된 장소에서 S&S 스무디 음료의 샘플링은 잠재 고객들에게 제품에 대해 인지하고 훌륭한 맛을 느끼게 하는 기회를 제공할 것이다. 샘플링에는 두 가지 신제품만 포함될 예정이다. 샘플링을 위한 장소는 다음과 같다.

   a. 마라톤

   b. 역도 경기

   c. 체조 경기

   d. 일부 대학 캠퍼스에 위치한 학생회관

| 제4부 |

공급사슬 전략

앞서 언급한 바와 같이 S&S 스무디는 주로 헬스 클럽과 체육관, 그리고 소규모의 고급 전문 식품점을 통해서 음료를 판매한다. S&S 스무디는 다음을 포함하여 목표 재판매업자 시장을 확대할 계획이다.

1. 미국과 표적 국제시장의 호텔 및 리조트
2. 골프 및 테니스 클럽
3. 대학 캠퍼스

대형 헬스 클럽에 대한 영향력을 높이기 위해, S&S 스무디는 눈에 띄는 상품 로고를 특징으로 하는 냉동 전시실을 무료로 제공할 것이다. 이 시설이 S&S 스무디 음료의 높은 재고를 유지하도록 장려하게 될 것이다.

실행

제1부

실행 계획은 모든 마케팅 전략을 실행하기 위해 필요한 활동을 자세히 설명한다. 또한 실행 계획에는 각 항목에 대한 시기, 책임 있는 개인 및 예산 요건이 포함된다. 표 A.4는 (유통장소의 확대를 위한) 하나의 목표와 S&S 스무디가 이를 달성하기 위해 사용되는 조치 항목의 예를 보여준다.[2]

측정 및 통제 전략

제1부

다양한 활동을 통해 마케팅 계획의 성공 여부를 효과적으로 측정하고 필요에 따라 회사가 조정할 수 있도록 할 것이다. 여기에는 표적시장 조사와 경향 분석이 포함된다. 디지털 미디어와 소셜 미디어 마케팅에 대한 소비자 접근에 대한 통계를 유지하는 것 또한 중요하다.

조사

기업들은 목표 시장들 사이에서 브랜드 인지도와 브랜드 태도에 대해 이해하기 위해 정기적으로 마케팅 연구 활동에 참여할 필요가 있다. 따라서 S&S 스무디는 그것의 목표 소비자 및 재판매업자 시장에 대한 포커스 그룹 조사 및 설명 연구 프로그램을 계속할 것이다.

표 A.4 | 공급사슬과 관련된 마케팅 목표를 달성하기 위한 조치 항목

목표 : 유통장소 확대

행동 항목	시작 일자	종료 일자	책임 당사자	비용	논평
1. S&S 스무디 제품이 판매될 수 있는 주요 호텔과 리조트, 골프클럽, 테니스 클럽 확인	7월 1일	9월 1일	빌 사르텐(컨설팅 회사가 이와 같은 노력에 도움을 주기 위해 참여할 것이다)	25,000달러	이 전략의 핵심은 판매 활동들로부터 최대한의 결과를 얻기 위해서 재판매업자들을 엄선하여 선정하는 것이다. 헬스클럽 이용이 1~5월 동안보다 많기 때문에, 늦어도 1월 15일까지 제품 재고를 확보하는 노력이 필요할 것이다.
2. S&S 스무디 제품이 판매될 수 있는 25개의 주요 대학들 확인	7월 1일	8월 1일	빌 사르텐	0	대학들과 그들의 헬스클럽 시설에 관한 정보는 대학 웹페이지에서 구할 수 있다.
3. 대형 호텔과 리조트 체인점과의 최초 접촉 시도	9월 1일	11월 1일	빌 사르텐	출장 : 10,000달러	
4. 대형 개별 시설들과의 최초 접촉 시도	9월 1일	11월 1일	빌 사르텐	출장 : 5,000달러	
5. 대학들과의 최초 접촉 시도	8월 15일	9월 15일	제조업자들의 에이전트들	0	에이전트들은 25개의 대학들을 할당받고 최초 접촉을 시도하며 빌 사르텐에게 유망한 가능성들에 대해 보고하라는 요구를 받을 것이다.
6. 모든 잠재적 재판매업자들과의 최초 접촉 이후 후속조치와 다가올 6개월 동안 계약 체결	9월 15일	계속 진행	빌 사르텐과 제조업자들의 에이전트들	10,000달러	비록 실제 지출은 필요에 따라 집행되어야 하지만 출장 후속조치는 미리 계획할 수 없기 때문에 10,000달러는 이 항목을 위해 배정된다.

경향 분석

S&S 스무디는 재판매업자 유형, 지리적 지역, 체인, 에이전트 및 총판에 의한 매출을 조사하기 위해 월별 추세 분석을 실시한다. 이러한 분석을 통해 S&S 스무디는 필요한 경우에 시정 조치를 취할 수 있다.

마케팅 경력에서의 당신의 미래

누군가 "졸업하고 뭐 할 거야?"라고 묻는 것이 싫은가? 아마도 당신은 "나도 일자리 갖고 싶어."라고 말함으로써 그 질문을 피할 수 있을 것이다.

당신과 같은 많은 대학생들은 그들이 좋아하는 직업의 종류에 대한 아이디어는 있지만 거기에 어떻게 가는지에 대해서는 전혀 모른다. 여전히 다른 사람들은 자신들이 어떤 직업을 원하는지에 대해 전혀 알지 못한다. 이 부록에서는 여러분이 직업을 선택하는 데 마케팅 전략을 사용할 수 있을 뿐만 아니라 여러분이 원하는 직업을 실제로 정착시키는 데 어떻게 도움이 될 수 있는지에 대해 이야기할 것이다.

이 모든 것은 여러분 자신을 제품(독특한 브랜드)으로 생각하고 그 브랜드를 가장 잘 홍보하는 방법에 대한 것이다. 사실, 당신은 제품이다. 이상하게 들리겠지만 그러나 회사들은 당신이 가치 있는 제품이 아니라면 링크드인과 같은 기업은 존재할 수 없다. 앞서 언급한 바와 같이, 가치란 고객이 상품 또는 서비스를 구매함으로써 얻게 되는 이익을 말한다.

여러분은 개인적으로 다른 사람들과 차별화되는 자질과 다른 사람들이 원하고 필요로 하는 능력을 지니고 있다. 이 과정을 마치고 나면 마케팅 분야와 이 분야가 미래의 사업가이자 소비자로서 여러분과 어떻게 연관되어 있는지를 알게 될 것이기 때문에 훨씬 더 가치가 있을 것이다. 마케팅이 우리에게 어떻게 영향을 미치는지에 대해 배우는 것 외에도, 여러분은 "당신을 브랜딩하라."가 무엇을 의미하는지에 대해 더 잘 이해하게 될 것이고, 여러분의 사회적 가치를 높이기 위해 여러분이 무엇을 희망하는지도 알게 될 것이다.

사람을 마케팅 한다는 것이 의아하게 생각될 수 있지만, 실제로 우리는 종종 우리 자신과 다른 사람들에 대해 마케팅 용어를 종종 사용한다. 우리가 면접을 위해 우리 자신을 '포지셔닝'해야 한다고 말하기도 하고 우리의 친구들에게 "너무 급하게 널 팔아 넘기지는 마."라고 하기도 한다. 이 밖에 많은 사람들이 이미지 컨설턴트를 고용해 그들 개인을 위한 마케팅 전략을 수립하고, 그들의 '제품 이미지' 향상을 위해 성형수술을 단행하기도 한다. 자신을 상품화하고 홍보하려는 노력들이 바로 화장품과 운동 기구에서부터 이력서 전문가와 커플 매니저 등에 이르는 다양한 맞춤형 제품이나 맞춤형 서비스 시장들이 존재하는 이유가 된다.[1]

따라서 마케팅의 원리는 커피, 컨버터블, 그리고 컴퓨터 프로세서에 적용되는 것과 마찬가지로 사람에게도 적용된다. 물론, 이러한 각 제품에 대해 마케팅을 수행하는 방법에는 차이가 있지만 일반적인 개념은 동일하다. 마케팅은 우리가 고객일 때도 비즈니스 맨일 때도 우리 생활의 기저를 이루는 한 부분인 것이다. 직업에 대한 토론을 시작하기에 좋은 장소는 아마도 마케팅의 대상자와 장소를 살펴보는 것이 좋을 것이다.

마케팅 주체와 활용 분야

시장을 만드는 사람들은 다양한 배경을 가지고 있다. 비록 많은 마케터들이 마케팅 학위를 취득했지만, 다른 사람들은 공학이나 농업과 같은 분야에서 경력을 쌓아 왔다. 소매상들과 패션 마케팅 담당자들은 상품화 또는 디자인에 대한 훈련을 받을지도 모른다. 광고 문안 작성자들은 종종 영어나 심리학 학위가 있다. 인터넷으로 사업을 하는 전자 상거래 업체의 직원들은 컴퓨터 과학을 공부했을지도 모른다.

마케터들은 다양한 장소에서 일한다. 그들은 퀘이커 식품과 같은 소비재 회사와 에스키모 조같은 소매업체에서 일한다. 이들은 웨이트 와처, 인터내셔널 등과 같은 소비자들에게 서비스를 제공하는 회사와 컨설팅 서비스를 통해 퀘이커 푸드와 같은 회사에 규정 준수 및 물류 솔루션을 제공하는 BDP와 같은 다른 회사에 서비스를 판매하는 회사에서 볼 수 있다. 적십자나 프로덕트(RED)와 같은 자선 단체와 더피치 에이전시와 트위터와 같은 첨단 광고 및 소셜 미디어 기관들에서 이들을 보게 될 것이다.

그리고 당신은 전형적인 마케팅 직업이 디즈니와 같은 크고, 소비자 중심적인 회사에 있다고 추정할 수도 있지만, 마케팅 담당자들은 다른 종류의 조직에서도 일한다. 다른 기업체에 제품을 판매하는 회사에는 흥미로운 마케팅 경력자들이 많다. 소규모 조직에서는 한 사람(아마도 소유주)이 모든 마케팅 책임을 처리할 수 있다. 큰 조직에서는 마케팅 담당자들이 마케팅 전략의 다른 측면들을 연구한다. 그들이 어디에서 일하든지 간에, 모든 마케팅 담당자들은 그들 자신과 그들의 회사에 영향을 미칠 수 있는 선택을 하는 실제 사람들이다.

기업에서 마케팅의 역할 : 기업 내 다른 부서와의 협업

마케팅 담당자는 어떤 역할을 하는사? 조직이 인지하는 마케팅의 중요성은 조직의 성격에 따라 매우 다르다. 일부 기업의 최고 경영진은 매우 마케팅 지향적이다(특히 최고 경영자가 마케팅 부문 출신일 경우). 반면에 다른 회사에서는 마케팅은 단지 경영에 있어서 부차적인 것일 뿐일 수도 있다. 하지만 분석가들은 CEO 중 적어도 3분의 1이 마케팅 분야의 출신이라고 추정하고 있다.

때때로 회사는 그것이 정말로 판매나 광고를 의미할 때 마케팅이라는 용어를 사용한다. 특히 소규모 비영리 단체와 같은 일부 조직에서는 '마케팅 담당자'로 특별히 지정된 사람이 회사에 없을 수 있다. 대조적으로, 어떤 기업들은 마케팅이 기업 활동의 모든 측면에 적용된다는 것을 깨닫는다. 결과적으로, 마케팅을 별도의 기능으로 하는 대신에 다른 사업 기능들(예 : 관리 및 회계)과 통합하는 경향이 있다.

기업의 규모와 상관 없이 마케팅 담당자의 의사결정이 회사의 다른 운영 방식에 영향을 받는다. 마케팅 관리자들은 금융 및 회계 담당자들과 협력하여 제품이 이익이 되는지 여부를 파악하고, 마케팅 예산을 설정하고, 가격을 결정해야 한다. 그들은 제품이 적시에 그리고 적절한 수량으로 생산되도록 하기 위해 제조업에 종사하는 사람들과 협력해야 한다. 또한 시장 조사 담당자는 연구 및 확장 전문가와 협력하여 고객의 필요에 맞는 제품을 만들어야 한다.

개인 마케팅 계획 수립

일을 시작하는 가장 좋은 방법이 마케팅으로부터 우리가 알게 된 많은 것을 포함한다고 생각하기 때문에, 당신의 개인 브랜드를 만들고 마케팅하는 과정으로 당신의 경력을 발전시키는 것에 대해 이야기할 것이다. 이것은 여러분이 졸업 후에 어떤 직업을 원하는지에 관한 것이 아니라, 여러분이 어떤 직업을 원하는지, 그리고 지금으로부터 5년, 10년 또는 15년 후에 무엇을 하고 있는지에 관한 것이다.

이 책의 제3장에서, 우리는 마케팅 계획을 개발하는 단계에 대해 이야기했다. 부록 A에 샘플 마케팅 계획을 찾을 수 있다. 우리는 다음의 단계를 사용하여 당신이 훌륭한 경력을 쌓기 위해 당신의 계획을 수립하기를 바란다.

1단계 : 사명 정의

제3장에서 논의한 바와 같이, 조직 또는 조직을 위한 첫 번째 단계는 전반적인 목적과 달성하고 자 하는 바에 대한 설명을 정의하는 것이다. 기업의 사명 선언문이 인적 자원에서 마케팅에 이 르기까지 기업의 모든 기능 영역에 대한 계획을 안내하는 것과 마찬가지로, 여러분의 사명 선 언문도 진로 탐색에 여러분을 안내할 것이다. 그것은 현재와 미래에 목표 지향적인 행동의 기 초를 제공할 것이다.

개인적인 사명감을 개발하기 위한 시작으로, 여러분은 아마 인생에서 무엇을 가장 즐겁게 하 는지에 대해 생각하고 싶을 것이다. 만일 당신이 당신의 간병인을 즐겁게 한다면, 가장 성공적 일 것이기 때문에 이것은 중요하다. 당신이 매일 일하고 싶다면, 이 목록에 포함할 수 있는 항 목의 몇 가지 예는 다음과 같다.

- 사람들을 돕는다.
- 창의적 아이디어를 개발 및 실행한다.
- 다른 사람들과 함께 또는 일한다.
- 정량적 개념 또는 단어를 사용해 일한다.

이것을 바탕으로, 여러분은 여러분의 직업에서 무엇을 원하는지에 대한 간단한 설명을 할 수 있다.

예는 다음과 같다. "삶을 더 나아지게 만드는 독특하고 유용한 제품을 제공한다는 목표를 가 지고 창의적이고 가치에 초점을 맞춘 환경에서 일하는 것."

2단계 : 상황 분석 수행

모든 계획 수립 프로세스에 있어서 다음으로 중요한 단계는 현재 위치에 대해 명확하고 정직하 며 정확하게 이해하는 것이며 이는 상황 분석에 사용된다. 상황 분석에는 내부 환경에 대한 이 해, 직업 및 일을 찾을 외부 환경에 대한 검사, SWOT 분석이 포함된다.

내부 환경

당신의 기술, 재능, 가치, 강점, 약점은 무엇인가? 당신은 글을 잘 쓰는가 아니면 다른 사람들에 게 당신의 아이디어를 받아들이도록 설득하는가? 당신은 다른 사람들에게 동기를 부여하는가? 목표를 달성하거나, 혁신적인 아이디어를 생성하거나, 변화를 일으키는 전략을 잘 개발하는 가? 당신은 섬세한 사람인가? 당신은 문제의 해결책을 찾을 때까지 끊임없이 노력하는가? 당 신은 믿을 만한가? 당신은 비판을 받아들일 수 있나? 여러분은 책임을 맡는 것을 좋아하는가? 아니면 싫어하는가? 혼자 일하는 것을 좋아하는가? 아니면 한 팀에 들어가 다른 사람들과 함께 일하는 것을 좋아하는가? 당신은 정장을 입는 것을 싫어하고 청바지, 티셔츠 그리고 슬리퍼 샌들을 신고 다닐 수 있는 직장을 꿈꾸는가? 새로운 것을 배우는 것과 같이 여러분이 정말 싫어하는 몇 가지 것들이 있나? 당신은 당신의 대학을 위해 지불할 많은 대출금을 만들었기 때문에 직장에서의 봉급이 당신에게 결정적으로 중요하게 되었는가? 당신은 가족에 의해 특정한 장소에 묶여 있거나 이사를 하고 싶지 않은가? 신체적인 제한이 있나? 당신의 가족을 위한 계획과 꿈은 무엇인가? 진로 탐색을 시작하기 전에 신중히 그리고 비판적으로 자신을 검토하는 것은 중요하다.

외부 환경

외부 환경에는 제어할 수 없고 인식하고 이해해야 하는 여러 요소가 있다. 여기에는 현재 존재하고, 향후에 변경될 것으로 예상되며, 직원으로 채용되는 당신과 다른 사람들에게 영향을 미칠 수 있는 요인들이 포함되어 있다. 그중 일부는 다음과 같다.

- 변화하는 기술
- 변화하는 경쟁 환경
- 국가 및 세계 경제의 현황
- 문화적 가치, 취향 및 경향의 변화
- 내부와 외부 모두에서 다른 장소로 작업 이동
- 작업자를 대체하는 컴퓨터 및 스마트 머신
- 인구통계 변화
- 환경 및 기타 정부 규정 변경
- 소비자와 기업을 위한 디지털 통신 및 소셜 미디어의 중요성 증가

개인 SWOT 분석

SWOT 분석은 일종의 내부 및 외부 환경에 대한 검사의 요약이다. 그것은 자신에 대해 배운 것에 초점을 맞추고 고용주에게 제공할 수 있는 강점으로 확인된다. 당신의 약점이 당신의 경력에 있어 재앙으로 가는 길을 만들지 않을 것이라고 확신하거나 해결해야 할 필요가 있다.

강점

- 당신은 아마 당신을 다른 사람들과 구별 짓는 개인적인 특성을 가지고 있을 것이다. 당신은 꼼꼼하고, 기술에 정통하고, 지속적이고, 창의적이며, 양적 분석에 능하거나, 다른 사람들과 잘 지낼 수 있다.
- '더 나은 직원'이 될 수 있는 지식과 기술도 습득했다. 인턴십 또는 기타 경험을 통해 당신은 계획 개발 및 시행, 행사 조직, 대중 연설, 갈등 처리, 연구 수행 또는 보고서 작성과 같은 귀중한 기술을 습득할 수 있다.

약점

- 우리 모두는 약점을 갖고 있다. 당신의 약점은 무엇인가? 일이 잘 안 풀리면 당신은 쉽게 실패할 것이다. 어떤 사람들은 다른 사람들과 다른 생각을 받아들이는 것을 매우 힘들어한다. 여러분의 약점은 여러분의 생각을 다른 사람들에게 표현하는 것을 어려워하는 것일지도 모른다. 만일 당신이 처음에 당신의 약점을 인정하고 그것들을 극복할 방법을 개발한

다면 당신의 마케팅 전략에 있어서 더 나아질 것이다.

기회

당신의 장점이 필요하고 단점이 '거래 단절'이 아닌 좋은 기회를 제공하는 외부 환경에서는 무슨 일이 일어나고 있는가?

- 인구가 노령화됨에 따라, 더 많은 일자리가 창출될 것이다.
- 인터넷 커뮤니케이션, 고령화 인구를 위한 서비스, 새로운 제공 방법을 포함한 향상된 교육에 대한 요구와 같은 성장하는 산업에서의 새로운 기회

위협

여러분이 통제할 수 없는 어떤 요소들이 여러분의 직업적 성공에 부정적인 영향을 미칠 수 있는가?

- 단기 및 장기적으로 경제 환경에 대한 예측이 진로 성공에 위협을 제공할 수 있다. 물론, 그들은 기회를 제공할 수도 있다.
- 디지털 및 소셜 미디어 마케팅의 중요성이 증가함에 따라, 고용주들은 기존의 마케팅 기술만 있는 직원에 관심을 덜 가질 수 있다.
- 마케팅 커뮤니케이션이 변화함에 따라 보유하지 못한 새로운 기술이 필요하게 될 것이다.
- 대학 졸업자 수의 증가는 최고의 졸업생만이 성공할 수 있는 매우 경쟁이 치열한 고용 환경을 의미한다.

3단계 : 마케팅 및 직업 목표 개발

조직을 위해 또는 직업을 추구하는 개인으로서 당신의 목표는 구체적이고, 양적이며, 측정 가능하고, 달성 가능하고, 현실적이어야 한다. 이에 대한 자세한 내용은 제3장을 참조하라. 교육 및 진로 탐색에서 당신이 어디에 있는지에 따라 다음과 같은 몇 가지 예가 있을 수 있다.

- 졸업 전에 조직의 마케팅 분야에서 인턴십 2개를 획득하는 것
- 졸업 후 첫 3년 이내에 최소 5,000만 달러 이상의 매출을 올린 기업에서 엔트리 레벨 마케팅 직책을 갖는 것
- 졸업 후 첫해에 최소 3만 달러의 급여를 받는 것

4단계 : 마케팅 전략 개발

일단 당신의 직업 목표를 파악했으면, 그 목표들에 도달하기 위한 당신의 계획을 개발한다. 마케팅 담당자들이 새로운 브랜드의 치약 판매의 성공이 목표 마케팅, 제품, 가격, 홍보, 유통 전략 개발에 달려 있다는 것을 알고 있는 것처럼, 여러분은 성공을 위한 훌륭한 전략을 개발해야 한다.

4A 단계 : 타깃 마케팅 전략 개발

크고 작은 기업들은 그들의 새로운 세탁용 세제나 청바지에 대한 가장 좋은 목표 시장을 결정하기 위해 연구를 수행해야 한다. 이상적인 직업을 파악하기 위해서는 조사를 통해 다음의 사

항을 발견할 것이다. (1) 잠재 고용주가 당신이 일하기를 원하는 곳 어딘가에 있는지, (2) 고용 주가 당신이 성공할 수 있는 직업을 가지고 있는지이다.

조직 문화

직업과 커리어의 중요한 측면 중 하나는 조직 문화를 고려해야 한다는 것이다. 오늘날 많은 젊은 사람들은 그들의 개인적인 행복이 그들이 버는 돈보다 더 중요하지 않다고 느낀다. 자포스와 같은 회사들은 작업 환경의 측면에서 패러다임의 변화를 만들어내고 있다. 자포스에서, 그 회사의 목표는 단지 그들을 만족시키는 것이 아니라, 고객들을 '놀라게' 하는 것이다. 최고의 직원들을 포함하여 모든 직원들이 같은 크기의 책상과 공간을 가지고 있으며, 그들은 그들이 원하는 방식으로 장식하도록 장려된다. 개인 사무실은 없지만 회의에 참석하는 모든 사람들이 작은 회의실을 사용할 수 있다. 건강한 스낵은 모든 사람들에게 무료로 제공되고, 건강에 덜 좋은 스낵은 가격이 싼 자동 판매기에서 판매된다. 그리고 건물에서 코트를 입고 넥타이를 맨 사람들은 손님일 것이다. 직원들은 일반적으로 청바지를 입고 슬리퍼 샌들을 신는다. 이런 종류의 작업 환경이 당신에게 매력적인가?

물론, 조직 문화의 다른 중요한 측면들도 있다. 조직 문화에는 다음과 같은 사항들이 포함되어야 한다.

- 경영 철학
- 회사의 역사
- 조직 규모
- 기업의 윤리적 가치
- 기업 내에서 이동성을 높일 수 있는 기회
- 기업이 위험 부담을 믿고 있는가 아니면 더 보수적인가?

기업에 대해 알아내는 가장 좋은 방법 중 하나는 웹이다. 회사 웹 사이트, 소셜 미디어, 블로그 및 기타 사이트에서 조직에 대한 유용한 정보를 제공한다.

잠재적인 직업을 찾기

앞서 언급했듯이, 당신의 연구는 당신의 지식과 기술을 갖춘 누군가를 찾고 있는 고용주를 파악하는 데도 도움이 될 것이다. 다시 말하자면, 올바른 직업을 찾기 위한 세 가지 가장 중요한 활동은 연구, 연구 그리고 연구이다. 오늘 이용할 수 있는 것을 검색하는 것 이상으로 나아가라. 어떤 트렌드가 작업 현장을 변화시키고 있는지 조사하라. 미래에 어떤 직업이 중요할 것으로 예상되는가? 어떤 산업이 성장하고 있는가? 기술이 고용 시장에 어떤 영향을 미칠 것으로 예상되는가? 물론 특정 작업을 구분할 필요가 있다.

포지셔닝

기억하겠지만, 표적 마케팅의 세 번째 단계는 여러분 자신을 포지셔닝하는 것이다. 포지셔닝은 경쟁과 관련하여 고객(고용 회사)의 마음에 들도록 하는 것이다. 여러 가지 다른 종류의 일에 지원할 경우, 특정 기술이나 경험에 초점을 맞춤으로써 다른 일에 대해 조금 다른 자세를 개발할 필요가 있을 수 있다. 일반적으로 작업에 대해 자신의 위치를 지정할 때 사용해야 하는 몇 가지 중요한 특성이 있다. 여기에는 다음이 포함된다.

- 서면 및 구두 커뮤니케이션 기술
- 의존성
- 정직과 청렴
- 팀워크
- 강력한 직업 윤리
- 이니셔티브
- 유연성
- 문제 해결
- 컴퓨터 기술

4B 단계 : 제품 전략 개발

제8장에서 논의한 바와 같이, 제품 개념을 개발하는 것은 제품 계층, 즉 핵심 제품, 실제 제품, 확장 제품 측면에서 생각하는 것을 의미한다.

- **핵심 제품** : 핵심 제품에는 직원을 채용할 경우 회사가 얻게 될 혜택이 포함되어 있다. 구직 과정에서, 당신은 당신의 교육과 경험을 통해 그들이 원하는 혜택을 제공해줄 기술과 지식을 얻었다는 주장과 증거를 제공할 준비가 되어 있어야 한다. 기억하라. 그 회사는 그들이 목표를 달성하도록 도와줄 자산이 될 누군가를 원한다. 이는 매출 증가, 고객 만족도 증가, 비용 절감 등과 관련이 있을 수 있다. 만일 그들이 당신이 그런 혜택을 제공한다고 생각하지 않는다면, 그들은 다른 누군가를 찾을 것이다. 그것이 강점의 목록이 필요한 이유이다.
- **실제 제품** : 실제 제품은 당신이 인식할 수 있는 '특징'에 관한 것이다. 여기에는 연구 방법에 대한 지식이나 브랜딩 전략을 개발하는 경험과 같은 특정 위치에 관련된 기술뿐만 아니라, 이전에 나열된 개인적 특성도 포함된다.
- **확장 제품** : 당신은 여행할 의향이 있는가? 초과 근무를 하겠는가? 그 일에 필요하지 않지만 회사에 유용할 것 같은 추가적인 기술이 있는가? 작업을 위한 확장 제품에는 해당 작업의 요구 사항이 아닌 고용주를 위해 제공되는 이러한 혜택이 포함된다.

4C 단계 : 가격 책정 전략 개발−어떤 급여를 요청해야 하는가?

당신이 당신의 일에 대해 기대하는 가격에 대해 생각할 때, 당신은 월급뿐만 아니라 고용주가 제공하는 혜택과 특전도 고려해야 한다. 많은 직업에서, 수수료, 보너스, 또는 주식 선택에 관해 기본급 외에 다른 금전적 보상이 있다. 직원 복리 후생에는 일반적으로 다양한 보험 플랜(의료, 치과 등), 병가, 휴가, 탁아, 교육비 상환 및 퇴직금 제도가 포함된다. 고용주에 의해 제공되는 공작물은 저렴한 가격에 식사를 제공하는 현장 식당, 건강/운동 시설, 무료 커피와 건강 스낵, 유연한 근무 시간, 현장 탁아 시설 또는 현장 기본 요양 시설이 될 수 있다.

조만간, 여러분은 어떤 봉급이 필요한지에 대한 질문에 대답해야 할 것이다. 이 문제에 답하기 위해, 약간의 사전 준비가 필요하다. 당신은 기본 비용을 지불하는 데 필요한 최소한의 것에 대해서 생각하고 싶을지도 모른다. 이것보다 더 많은 돈을 벌어서 재량적 수입을 얻고 싶은가? 그것을 바탕으로, 당신은 당신 자신에게 약간의 협상의 여지를 주기 위해 그것보다 조금 더 높은 급여를 요구할 수 있다. 예를 들어, 지출 최저 한도액이 3만 달러인데 최소 3만 3,000달러를 원하는 경우, 급여 협상 후에 원하는 것을 얻으려면 3만 5,000~4만 달러 사이의 비용을 요구할 수 있다. 그리고 교통비, 세금, 보험, 사회 보장 제도, 퇴직금 공제, 기타 고용 비용 등에 필요한 것들을 고려해야 한다.

대부분의 전문가들은 보상에 대한 주제를 꺼내야 하는 것이 아니라 고용주가 그것을 제기할 때까지 기다려야 한다고 말한다. 만약 필요한 것이 무엇인지 묻는다면, 여러분은 그것이 요구되지 않는 한 구체적인 액수를 주지 않는 것이 현명할지도 모른다. 좋은 대답은 "당신이 경쟁력 있는 보상 계획을 갖고 있다고 확신합니다."가 될 수 있다.

4D 단계 : 홍보 전략 개발-개인 마케팅 커뮤니케이션 계획

당신의 개인 마케팅 커뮤니케이션 계획은 물론, 당신은 잠재적인 고용주들이 당신에 대해 알게 하기 위해 훌륭한 통합 마케팅 커뮤니케이션 계획을 개발하기를 원한다. 의사 소통을 위한 두 가지 매우 중요한 기회는 온라인과 개인 간 네트워킹과 광고를 포함한다.

네트워킹

입소문은 아마도 고용주들에게 가장 영향력 있는 정보원일 것이다. 많은 고용주들은 심지어 일자리를 공고하지 않으려 할 것이다. 당신은 네트워킹을 일종의 개인적 판매라고 생각할 수도 있다. 영업 사원이 정기적으로 잠재 고객에게 연락하여 고객 관계 관리를 연습하는 것과 마찬가지로, 여러분은 연락처와 연락을 유지하고 그들에게 도움이 되도록 노력해야 한다.

- **가족 및 친구** : 네트워킹은 가족 및 친구와 함께 시작해야 한다. 또한 여러분의 대학 친구들과 교수님들과의 관계를 유지하기 위해서는 연락처를 반드시 얻어야 한다. 만약 여러분의 학급이나 학교 클럽에 초청 연사로 일하는 사업가가 있다면, 사업가가 떠나기 전에 반드시 그나 그녀를 만나서 명함을 받아라. 연사가 기억하고 있는지 확인하기 위해 감사 편지를 보내주라.
- **링크드인** : 링크드인을 사용하고 업데이트하는 것만으로는 링크드인이 작업 검색에 사용되지 않는다. 링크드인 네트워크의 크기를 지속적으로 늘리는 것이 가장 좋다.[2] 네트워크에 100여 명의 직원이 있고 네트워크의 모든 멤버가 각각 100여 명의 멤버로 구성되어 있다면, 완벽한 직업을 가진 회사에서 일하는 수천 명의 사람들과 연결된 것이다. 만약 그렇지 않다면, 이 수천 명 중 한 명은 확실히 그곳에서 일하는 누군가를 알고 있거나 그곳에서 일하는 친척이나 친구가 있다. 링크드인에서 누군가를 만나 보면 항상 당신에 대한 소개를 하게 된다.

  또한 링크드인 계정에서 '당신을 브랜딩하는 것'에 대해서도 가장 잘 전달되는지 확인해야 한다. 링크드인 프로필이 나오면 이름, 헤드라인, 사진 등이 모두 표시된다. 이는 당신의 헤드라인이 당신의 브랜드와의 의사 소통에 매우 중요하다는 것을 의미한다. 당신이 기업의 고용 문제에 대한 완벽한 해결책이라는 헤드라인을 작성하거나, 최소한 여러분을 가능한 한 현실적이고, 고용 관리자로서 훌륭한 전망을 제공하는 이야기를 말하는 방법을 고려해보라. 프레젠테이션을 만드는 동영상이나 최고의 파워포인트 프레젠테이션 슬라이드를 포함하여 링크드인 계정을 늘릴 수 있다.
- **취업 박람회** : 취업 박람회는 여러 잠재적 고용주들을 만날 수 있는 좋은 장소가 될 수 있다. 성공을 위해 정장을 입는 것을 잊지 말고 표지와 이력서 사본을 가져온다. 항상 명함을 요청해서 경력상 공정한 연락을 취할 수 있도록 한다.
- **회사 웹 사이트** : 전에 논의한 바와 같이 당신이 찾은 회사 목록에 기반을 둔 회사 웹 사이트이다.

광고 : 이력서 및 커버레터

이력서와 자기 소개서는 취업 지원자들에게 있어 가장 중요한 마케팅 커뮤니케이션 요소들이다. 그것들은 당신의 광고이다. 두 가지 모두 당신이 고용주가 찾고 있는 지식과 기술을 가지고 있음을 알리는 것이 중요하다. 보도 자료를 작성하거나 마케팅 계획을 세우는 방법을 안다는 것만으로는 충분하지 않다. 당신은 수업이나 인턴십을 위해 실제로 쓰거나 계획을 작성했음을 나타낼 필요가 있다. 이런 식으로 당신은 당신의 경쟁자, 즉 다른 직업을 가진 지원자들과 자신을 차별화할 수 있다. 가장 중요한 것은, 만약 당신이 당신 자신을 고용주에게 '팔고' 싶다면, 당신의 이력서와 자기 소개서를 잘 써야 한다는 것이다. 커버레터는 소셜 미디어 게시물이 아니다! ! 약어, 속어 또는 이모티콘은 적합하지 않다. 철자가 잘못된 단어 한 개나 부정확한 문법 한 개로 훌륭한 직업을 가질 기회를 놓칠 수 있다.

이력서

처음으로 이력서를 작성하는 것은 매우 어렵다. 다행히도 대부분의 대학에는 직업 봉사 인력이 있어 업무에 도움을 준다. 물론, 그들은 아마도 당신이 첫 번째 초안을 작성하도록 요청할 것이며, 그러면 당신이 그것을 세심하게 조정하도록 도울 것이다. 첫 번째 초안에 대한 몇 가지 제안은 다음과 같다.

1. 글을 쓰기 시작하기 전에 정리하라. 인턴십, 명예, 과외 활동, 지도력 경험, 지역 사회 봉사, 수업 프로젝트 및 수업 과정에 대해 메모하라. 하지만 단순히 목록을 만들지 말고, 여러분이 무엇을 했는지, 무엇을 배웠는지, 어떤 기술을 배웠는지 등을 각 경험과 함께 정확하게 설명할 필요가 있다. 그리고 여러분이 이런 활동들을 하면서 접촉했던 사람들의 이름과 주소를 기록해 두는 것을 잊지 마라. 정확성은 글을 쓸 때 중요한 요소이다. 당신이 절대 하지 말아야 할 한 가지는 이력서에 거짓말을 하거나 과장을 하는 것이다.
2. 업무에 맞게 조정하기. 당신의 개인적인 경험, 기술 등은 다른 일에 있어서 다소 중요할 수 있다. 당신은 자신의 이력서를 다른 직업에 맞추어야 할 때, 당면한 일에 더 중요한 것이 무엇인지 생각해야 한다.
3. 섹션 머리 글. 제목은 모든 문서에서 중요하다. 첫 번째 직업을 찾는 대학생들을 위한 이력서의 일반적인 제목은 '교육', '명예 및 장학금' 및 '직장 경험'이다. 다른 제목으로는 '리더십 경험', '스포츠 성취', '직업적 협력', '국제 언어 능력', '소프트웨어 기술', '커뮤니티' 등이 있을 것이다. 중요한 인턴십 경험이나 취업 경험이 있다면, 각각에 대해 3~5가지 업적을 나열하고 싶을 것이다.
4. 이력서의 외양. 겉모습은 이력서에 있어서 중요하다. 일반적으로 이력서는 한 페이지를 넘지 않아야 하고, 한 글자체로 되어 있어야 하며, 읽기 쉽도록 많은 공백이 있어야 한다. 오타, 철자 오류 또는 문법 오류가 없는지 확인하고 흰색 또는 중성색 용지에 인쇄하라.

커버레터

좋은 커버레터는 좋은 이력서보다 더 중요하다. 만약 표지에 오자나 기타 오류가 있다면, 고용주는 이력서를 읽지도 않을 것이다. 그 논리는 만약 여러분이 좋은 편지를 쓸 수 없다면, 그들은 당신을 원하지 않는 것이다. 커버레터를 일련의 문단으로 형식을 결정할 수도 있고, 소개 문장을 한두 개 이상 사용하고 그다음에 글머리 기호를 사용하도록 선택할 수도 있다. 결정은 당신이 무엇을 말하고 싶은지와 얼마나 많이 말하고 싶은지에 달려 있다. 커버레터는 다음의 사항을 따라야 한다.

- 이름, 주소, 날짜를 포함한다.
- 내부 주소 포함
- 개인의 이름으로 주소를 알린다.
- 개인적인 인사말 포함 : "친애하는…."
- 당신이 찾고 있는 직책, 그것에 대해 어떻게 배웠는지, 그리고 왜 그 직책에 관심이 있는지에 대해 이야기하는 도입 단락을 만든다.
- 당신의 경험과 능력을 논의하여 커버레터의 본문에서 그 직책에 적합한 훌륭한 후보자가되게 하십시오.
- 각 문단 또는 글머리 기호로 단일 주제를 다루어야 한다. 새 주제를 시작하면 각 문단 또는 글머리 기호를 시작해야 한다.
- 면접에 대한 전략을 제공하는 마지막 단락을 포함한다. 즉, 당신은 고용주에게 전화를 하거나 면접을 준비하도록 요청할 수 있다.

직접 우편으로 광고 전달 : 당신에 대해 고용주들에게 알리기 위해, 그들에게 진짜 종이와 봉투(이메일이 아닌) 그리고 당신의 이력서를 보내라. 커버레터와 이력서를 회사에 있는 적격한 사람이나 회사 사람들에게 보내는 것을 잊지 말라. 봉투에 들어 있는 잘 쓴 커버레터는 여러분을 다른 사람들로부터 돋보이게 할 수 있다. 당신의 커버레터나 이력서에 철자, 문법, 구두점 오류가 없는지 확인하라.

4E 단계 : 공급사슬 전략 개발−성공적인 면접을 통한 가치 전달

성공적인 면접으로 가치를 창출하기 커버레터와 이력서가 아무리 훌륭하더라도, 면접 과정에서의 당신의 전달은 그 자리를 잡는 데 매우 중요하다. 계획은 전화 면접과 개인 면접 모두에서 큰 성공을 보장하기 위해 중요하다. 면접을 성공적으로 수행하려면 다음을 수행하라.

- 직장 및 회사에 대해 최대한 많은 것을 알고 있어야 한다. 고용주가 이 사실을 인정하지 않을까 걱정하지 말라. 고용주들은 열심히 후보가 스스로에 대해 연구를 한다는 것을 알아본다.
- 면접 질문을 준비한다. 이것은 면접관이 당신과 당신의 대답에 대해 질문할 것으로 예상하는 목록을 작성하라는 것을 의미한다. 예를 들어, 많은 면접에서는 "당신에 대해 이야기해 주십시오."라는 질문을 받을 것이다. 면접관에게 요청받았을 때 질문할 수 있는 질문 목록을 작성해야 한다.
- 주요 영업 포인트를 준비한다. 이러한 것들이 여러분이 하나 이상의 질문에 대해 꼭 말하도록 하고 싶은 것들이다. 당신은 당신이 고용주에게 제공할 수 있는 혜택에 초점을 맞추기를 원하지만, 당신은 질문에 대한 대답을 해야 한다.
- 성공을 위한 복장을 한다. 비록 조직의 직원들이 캐주얼하게 옷을 입는다는 것을 발견했을지라도, 전문적으로 옷을 입는 것은 아마도 어떤 면접에도 가장 좋은 제안일 것이다. 일반적으로, 이것은 여성들을 위한 격식을 갖춘 옷 또는 정장 그리고 남성들을 위한 수수한 색상의 정장을 의미한다. 어떤 문신이나 피어싱도 눈에 띄지 않게 하고, 보수적 신발을 신는

것이 가장 좋다. 여러분은 아마도 학교의 직업 상담사나 온라인상의 면접을 위해 옷을 어떻게 입어야 하는지에 대한 더 많은 정보를 찾을 수 있을 것이다.

- 24시간 이내에 감사 편지를 통해 면접 내용에 대해 더 알아보라. 손으로 쓴 편지가 종종 가장 좋지만, 오늘날 많은 기업인들은 이메일의 편리성을 더 선호한다. 또한 이메일은 즉시 도착할 것이며, 손으로 쓰는 편지는 며칠 정도 걸릴 것이다. 채용 결정이 신속히 내려지기 위해서는 시간이 중요할지도 모른다.

면접에 가져올 것

면접에 가져올 수 있는 가장 좋은 것들 중 하나는 당신의 업무 포트폴리오이다. 여기에는 인턴십이나 직장 또는 자원 봉사자 프로젝트에서 자신의 일을 보여주는 학업 프로젝트와 항목이 포함될 수 있다. 당신은 아마 이것들을 플라스틱 슬리브로 둘러싸인 포트폴리오에 이들을 포함하고 싶을 것이다.

커버레터와 이력서도 추가로 가져와야 한다. 이미 면접관에게 복사본을 보냈지만, 책상 위의 한 무더기 아래에 있는 것들은 잃어버릴 수 있다. 여분의 사본을 준비하는 것은 면담자가 당황하지 않도록 하고 면접 과정을 크게 개선할 수 있다.

제안 수락

전문가들은 결코 즉시 제안을 받아들이지 말 것을 제안한다. 받아들이기 전에 그 제안에 대해 생각해보는 데 하루 정도가 걸릴 것으로 예상된다. 이렇게 하면 제공되는 급여 및 복리 후생을 고려할 시간이 주어지고, 질문이 있으면 할 수 있으며, 협상할 내용이 있는지 여부를 결정할 수 있다.

그 제안을 구두로 수락한 후에는 그 제안서의 조건이 포함된 제안서를 요청해야 한다. 만약 그것이 당신의 구두 제안과 협상의 모든 요소를 포함하고 있다면, 당신은 제안서에 서명하고, 사본을 만들고, 원본을 돌려줄 수 있다. 그런 후 당신의 커리어를 즐겨라!

▶ 미주

제1장

1. American Marketing Association, "About AMA," www.ama.org/AboutAMA/Pages/Definition-of-Marketing.aspx (accessed April 4, 2014).

2. American Marketing Association, "About AMA," www.ama.org/AboutAMA/Pages/Definition-of-Marketing.aspx (accessed April 4, 2014).

3. Thomas Hobbs, "Over 20% of FTSE 100 CEOs Now Come from a Marketing Background," *Marketing Week,* October 23, 2015, https://www.marketingweek.com/2015/10/23/over-20-of-ftse-100-ceos-now-come-from-a-marketing-background/" (accessed March 19, 2016).

4. "USA, GDP Services," World Bank Cross Country Data, https://www.quandl.com/data/WORLDBANK/USA_NV_SRV_TETC_ZS-United-States-Services-etc-value-added-of-GDP (accessed March 23, 2016).

5. Lee D. Dahringer, "Marketing Services Internationally: Barriers and Management Strategies," *Journal of Service Marketing* 5 (1991): 5–17.

6. Stuart Elliott, "Introducing Kentucky, the Brand," *The New York Times,* June 9, 2004, www.nyt.com.

7. Julie Jargon, "McDonald's All-Day Breakfast Is Luring In Consumers, Study Finds," *The Wall Street Journal,* December 8, 2015, http://www.wsj.com/articles/mcdonalds-all-day-breakfast-is-luring-in-customers-study-finds-1449609778?cb=logged0.9060535116359343 (accessed March 3, 2016).

8. Julie Weeddec, "For Uber, Airbnb and Other Companies, Customer Ratings Go Both Ways," *The New York Times,* December 1, 2014, http://www.nytimes.com/2014/12/02/business/for-uber-airbnb-and-other-companies-customer-ratings-go-both-ways.html (accessed March 23, 2016). Uber.com

9. Target Corporation, "2012 Corporate Responsibility Report," https://corporate.target.com/_media/TargetCorp/csr/pdf/2012-corporate-responsibility-report.pdf (accessed April 5, 2014).

10. Mark Strassman, "A Dying Breed: The American Shopping Mall," March 23, 2014, www.cbsnews.com/news/a-dying-breed-the-american-shopping-mall (accessed April 6, 2014).

11. Paula D. Englis, Basil G. Englis, Michael R. Solomon, and Aard Groen, "Strategic Sustainability and Triple Bottom Line Performance in Textiles: Implications of the Eco-Label for the EU and Beyond," Business as an Agent of World Benefit Conference, United Nations and the Academy of Management, Cleveland, OH, 2006.

12. Compare M. K. Khoo, S. G. Lee, and S. W. Lye, "A Design Methodology for the Strategic Assessment of a Product's Eco-Efficiency," *International Journal of Production Research* 39 (2001): 245–74; C. Chen, "Design for the Environment: A Quality-Based Model for Green Product Development," *Management Science* 47, no. 2 (2001): 250–64; McDonough Braungart Design, *Chemistry's Design Paradigm,* www.mbdc.com/c2c_home.htm (accessed April 15, 2006); Elizabeth Corcoran, "Thinking Green," *Scientific American* 267, no. 6 (1992): 44–46; Amitai Etzioni, "The Good Society: Goals beyond Money," *The Futurist* (2001): 68–69; and M. H. Olson, "Charting a Course for Sustainability," *Environment* 38, no. 4 (1996): 10–23. See also U.S. Environmental Protection Agency, "What Is Sustainability," www.epa.gov (accessed April 7, 2014).

13. Lew Blaustein, "How Adidas Is Pioneering Open-Source Sustainbility for Sports," *Green Biz* July 24, 2015, https://www.greenbiz.com/article/how-adidas-pioneering-open-source-sustainability-sports (accessed March 25, 2016).

14. Jeff Lowe, *The Marketing Dashboard: Measuring Marketing Effectiveness,* February 2003, www.brandchannel.com/images/papers/dashboard.pdf; G. A. Wyner, "Scorecards and More: The Value Is in How You Use Them," *Marketing Research,* Summer, 6–7; C. F. Lunbdy and C. Rasinowich, "The Missing Link: Cause and Effect Linkages Make Marketing Scorecards More Valuable," *Marketing Research,* Winter 2003, 14–19.

15. Marketing Accountability Standards Board, "Finance and Marketing Bond at MillerCoors," March 10, 2016, https://themasb.org/finance-and-marketing-bond-at-millercoors/ (accessed March 27, 2016).

16. Jeff Beer, "25 Predictions for What Marketing Will Look Like in 2020," *Fastcocreate,* March 4, 2015, http://www.fastcocreate.com/3043109/sector-forecasting/25-predictions-for-what-marketing-will-look-like-in-2020; Daniel Newman, "10 Top Trends Driving the Future of Marketing," *Forbes,* CMO Network, April 14, 2015, http://www.forbes.com/sites/danielnewman/2015/04/14/10-top-trends-driving-the-future-of-marketing/#1f71d350662c (accessed March 25, 2016).

17. Jessica Oaks, "4 Big Companies Using Big Data Successfully" *Smart Data Collective,* July 14, 2015, http://www.smartdatacollective.com/jessoaks11/330428/4-big-companies-using-big-data-successfully (Accessed March 21, 2016).

18. Claire Groden, "Here's How Many Americans Sleep with Their Smartphones," *Fortune* (June 29, 2015), http://fortune.com/2015/06/29/sleep-banks-smartphones/ (accessed March 28, 2016).

19. Liat Hughes Joshi, "Perils of Screen Addiction," *The Vancouver Sun,* January 25, 2016, http://www.vancouversun.com/life/perils+screen+addiction/11675328/story.html (accessed March 21, 2016).

20. Jess Oaks, "Big-Companies-Using-Big-Data-Successfully," http://www.smartdatacollective.com.

21. Jeep, "Frequently Asked Questions," http://jeepjamboreeusa.com/faq (accessed April 6, 2014).

22. Roberto A. Ferdman, "How Coca-Cola Has Tricked Everyone into Drinking So Much of It," *The Washington Post,* October 5, 2015, https://www.washingtonpost.com/news/wonk/wp/2015/10/05/how-coca-cola-gets-its-way/ (accessed March 20, 2016).

23. Michael E. Porter, *Competitive Advantage: Creating and Sustaining Superior Performance* (New York: Free Press, 1985).

24. Siddharth Cavale, "Coke Revenue Misses Estimates as Soda Sales Slow," February 18, 2014, www.reuters.com/article/2014/02/18/us-cocacola-results-idUSBREA1H0WH20140218 (accessed April 7, 2014). Neil Hughes. "Apple's Domestic Mac Sales Surge 28.5% as Overall PC Market Shrinks 7.5%," January 9, 2014, http://appleinsider.com/articles/14/01/09/apples-domestic-mac-sales-surge-285-as-overall-pc-market-shrinks-75 (accessed April 7, 2014). Southwest Airlines, "2014 Media Kit," www.southwest.com/assets/pdfs/customer_service/swcom_media_kit.pdf (accessed April 7, 2014). Andrew Rhomberg, "Is Amazon Invincible?" July 23, 2013, www.digitalbookworld/2013/is-amazon-invincible (accessed April 7, 2014). Annalyn Censky, "Dunkin' Donuts to Double U.S. Locations," January 4, 2012, http://money.cnn.com/2012/01/04/news/companies/dunkin_donuts_locations (accessed April 7, 2014).

25. Karlene Lukovitz, "Ghirardelli Streams User Content in Times Square," March 9, 2010, www.mediapost.com/publications/index.cfm?fa=Articles.showArticle&art_aid=123852 (accessed June 8, 2010).

26. CNN, "About CNN iReport," http://ireport.cnn.com/about.jspa (accessed April 6, 2014).

27. James Yang, "Here's an Idea: Let Everyone Have Ideas," *New York Times,* March 30, 2006.

28. Frito-Lay North America, "PepsiCo's Doritos Brand Reveals the Five Consumer-Created Commercials Competing for $1 Million Grand Prize," January 2, 2014, www.fritolay.com/about-us/press-release-20140102.html (accessed April 6, 2014).

29. Kenneth E. Clow and Donald E. Baack, *Integrated Advertising, Promotion, and Marketing Communications,* 7th ed. (Upper Saddle River, NJ: Pearson, 2016).

30. Jess Fee, "The Beginners Guide to the Cloud," *Mashable,* August 26, 2013, http://mashable.com/2013/08/26/what-is-the-cloud/#djXLUOtpvkq7 (accessed March 22, 2016).

31. Some material adapted from a presentation by Matt Leavey, Prentice Hall Business Publishing, July 18, 2007.

32. This section adapted from Michael R. Solomon, Consumer Behavior: Buying, Having, and Being, 8th ed. (Upper Saddle River, NJ: Prentice Hall, 2008).

33. Jeff Surowiecki, The Wisdom of Crowds (New York: Anchor, 2005); Jeff Howe, "The Rise of Crowdsourcing," June 2006, www.wired.com/wired/archive/14.06/crowds.html (accessed October 3, 2007).

34. Jolie Lee, "Lego to Release 'Ghostbusters' Set Tied to Anniversary," February 27, 2014, www.usatoday.com/story/news/nation-now/2014/02/17/lego-ghostbusters-ecto-1/5551069 (accessed April 6, 2014).

35. Jack Ewing, "VW Says Emissions Cheating Was Not a One-Time Error," New York Times, December 10, 2015, http://www.nytimes.com/2015/12/11/business/international/vw-emissions-scandal.html (accessed March 20, 2016).

36. Larry Edwards, "The Decision Was Easy," Advertising Age, August 26, 1987, 106. For research and discussion related to public policy issues, see Paul N. Bloom and Stephen A. Greyser, "The Maturing of Consumerism," Harvard Business Review, November/December 1981, 130–39; George S. Day, "Assessing the Effect of Information Disclosure Requirements," Journal of Marketing, April 1976, 42–52; Dennis E. Garrett, "The Effectiveness of Marketing Policy Boycotts: Environmental Opposition to Marketing," Journal of Marketing 51 (January 1987): 44–53; Michael Houston and Michael Rothschild, "Policy-Related Experiments on Information Provision: A Normative Model and Explication," Journal of Marketing Research 17 (November 1980): 432–49; Jacob Jacoby, Wayne D. Hoyer, and David A. Sheluga, Misperception of Televised Communications (New York: American Association of Advertising Agencies, 1980); Gene R. Laczniak and Patrick E. Murphy, Marketing Ethics: Guidelines for Managers (Lexington, MA: Lexington Books, 1985): 117–23; Lynn Phillips and Bobby Calder, "Evaluating Consumer Protection Laws: Promising Methods," Journal of Consumer Affairs 14 (Summer 1980): 9–36; Donald P. Robin and Eric Reidenbach, "Social Responsibility, Ethics, and Marketing Strategy: Closing the Gap between Concept and Application," Journal of Marketing 51 (January 1987): 44–58; Howard Schutz and Marianne Casey, "Consumer Perceptions of Advertising as Misleading," Journal of Consumer Affairs 15 (Winter 1981): 340–57; and Darlene Brannigan Smith and Paul N. Bloom, "Is Consumerism Dead or Alive? Some New Evidence," in Advances in Consumer Research, ed. Thomas C. Kinnear (Provo, UT: Association for Consumer Research, 1984): 569–73.

37. Parts of this section are adapted from Michael R. Solomon, Consumer Behavior: Buying, Having, and Being, 7th ed. (Upper Saddle River, NJ: Prentice Hall, 2007).

38. Thomas C. O'Guinn and Ronald J. Faber, "Compulsive Buying: A Phenomenological Explanation," Journal of Consumer Research 16 (September 1989): 154.

39. Associated Press, "Center Tries to Treat Web Addicts," September 5, 2009, www.nytimes.com/2009/09/06/us/06internet.html (accessed June 8, 2010); Samantha Manas, "Addicted to Chapstick: The World of Chapstick Addicts Revealed," July 5, 2006, www.associatedcontent.com/article/41148/addicted_to_chapstick.html (accessed May 13, 2008).

40. "Advertisers Face Up to the New Morality: Making the Pitch," July 8, 1997.

41. http://green.yahoo.com/pledge (accessed August 30, 2010).

42. www.carbonfootprint.com/carbonfootprint.html (accessed August 30, 2010).

제2장

1. Marcella Kelly and Jim McGowen, BUSN 5 (Mason, OH: South-Western Cengage Learning, 2013).

2. Myron Levin and Stuart Silverstein, "Asbestos Found in Imported Crayons and Toy Fingerprint Kits," Fairwarning, July 8, 2015, http://www.fairwarning.org/2015/07/asbestos-in-toys/ (accessed April 3, 2016); Emily Stewart, "China Has a History of Selling Dangerous Products to U.S. Consumers," The Street, March 3, 2015, http://www.thestreet.com/story/13063992/1/china-has-a-history-of-selling-dangerous-products-to-us-consumers.html (accessed April 4, 2016).

3. European Commission, "Clothing and Toys Top List of Dangerous Consumer Items in EU," March 26, 2014, http://ec.europa.eu/news/environment/140326_en.htm (accessed April 15, 2014).

4. http://www.starbucks.com/business/international-stores.

5. http://www.starbucks.com/business/international-stores.

6. World Trade Organization, "Annual Report 2014," https://www.wto.org/english/res_e/booksp_e/anrep_e/anrep15_e.pdf (accessed April 1, 2016).

7. Katie Thomas, "Facing Black Market, Pfizer Is Looking Online to Sell Viagra," The New York Times, May 6, 2013, http://nytimes.com/2013/05/07/business/pfizer-begins-selling-viagra-online.htm (accessed April 14, 2014).

8. The World Bank Group, "Glossary," http://www.worldbank.org/depweb/english/beyond/global/glossary.html (accessed April 4, 2016).

9. Todaro and Smith, "Economic Development Glossary," Economic Development, 8th ed. (New York: Addison Wesley, 2003), http://www.compilerpress.ca/ElementalEconomics/270%20Developmental/Todano%20&%20Smith%20Glossary%208th%20Ed.htm (accessed April 4, 2016; Food and Agricultural Organization of the United Nations, "Document 10: Glossary of Economic and Institutional Terminology," http://www.fao.org/docrep/006/y5137e/y5137e0f.htm, accessed April 4, 2016.

10. Amy Qin, "U.S.-China Adventure Film Already Creating Buzz," The New York Times, July 2, 2015, http://sinosphere.blogs.nytimes.com/2015/07/02/sino-zhang/ (accessed April 3, 2016.

11. Investopedia, "What are examples of products and companies that rely on protective tariffs to survive?" http://www.investopedia.com/ask/answers/051315/what-are-examples-products-and-companies-rely-protective-tariffs-survive.asp (accessed April 5, 2016).

12. Mike McPhate, "Zica Car Will Be Renamed, Tata Motors of India Says," The New York Times (February 2, 2016), http://www.nytimes.com/2016/02/03/business/tata-renaming-zica-car.html?_r=0, accessed April 6, 2016.

13. United Nations, "World Economic Situation and Prospects 2015: Global Economic Outlook (Chapter 1)," December 18, 2013, https://www.wto.org/english/res_e/booksp_e/anrep_e/anrep15_e.pdf (accessed April 1, 2016).

14. C. K. Prahalad, The Fortune at the Bottom of the Pyramid (Upper Saddle River, NJ: Wharton School Publishing, 2010), xiv.

15. Mark Koba, "BRICS: CNBC Explains," CNBC, August 11, 2011, http://www.cnbc.com/id/44006382 (accessed April 4, 2016); Ian Talley, "'BRICS' New World Order Is Now on Hold, The Wall Street Journal, January 19, 2016, http://www.wsj.com/articles/brics-new-world-order-is-now-on-hold-1453240108 (accessed April 4, 2916).

16. Alison Smale and Michael D. Shear, "Russia Is Ousted from Group of 8 by U.S. and Allies," The New York Times, March 24, 2014, www.nytimes.com/2014/03/25/world/europe/obama-russia-crimea.html (accessed April 15, 2014).

17. G8 Information Center, "What Is the G8?" http://www.g7.utoronto.ca/what_is_g8.html (accessed February 12, 2010).

18. Donald Armbrecht, "What Do Different Nationalities Spend Their Money On?" World Economic Forum (January 2016), https://www.weforum.org/agenda/2016/01/what-do-different-nationalities-spend-their-money-on/?utm_content=buffer9f3f3&utm_medium=social&utm_source=twitter.com&utm_campaign=buffer, (accessed April 6, 2016).

19. CBS News, "Amazon Unveils Futuristic Plan: Delivery by drone," December 01, 2013, http://www.cbsnews.com/news/amazon-unveils-futuristic-plan-delivery-by-drone/ (accessed April 4, 2016.

20. Federal Aviation Administration, Press Release, "DOT and FAA Finalize Rules for Small Unmanned Aircraft Systems," June 21, 2016, https://www.faa.gov/news/press_releases/news_story.cfm?newsId=20515 (accessed August 5, 2016).

21. www.hhs.gov/healthcare/rights/index.html (accessed April 22, 2014).

22. Masha Gessen, "What the Russians Crave: Cheese," *The New York Times,* July 5, 2015, http://www.nytimes.com/2015/07/05 /opinion/sunday/what-the-russians-crave-cheese.html (accessed April 4, 2016).

23. Stephan Nielsen, "Brazil Local Content Rules Hurting Major Wind Suppliers," www.renewableenergy.com, October 7, 2013, www. renewableenergy.com/rea/news/article/2013/10/brazil-local-con-tent-rules-hurting-major-wind-manufacturers (accessed April 16, 2014).

24. Max Nielsen, "How Nike Solved Its Sweatshop Problem," May 9, 2013, www.businessinsider.com/hwo-nike-solved-its-sweatshop-problem (accessed April 16, 2014).

25. Choe Sang-Hun, "In South Korea, Spam Is The Stuff Gifts Are Made of," *The New York Times* (January 26, 2014), http://www.nytimes. com/2014/01/27/world/asia/in-south-korea-spam-is-the-stuff-gifts-are-made-of.html (accessed April 6, 2016).

26. Joe Cochran, "Tupperware's Sweet Spot Shifts to Indonesia," *The New York Times* (February 28, 2015), http://www.nytimes.com/2015/03/01/ world/asia/tupperwares-sweet-spot-shifts-to-indonesia.html?hp&ac-tion=click&pgtype=Homepage&module=second-column-region&re-gion=top-news&WT.nav=top-news, (accessed April 6, 2016).

27. Richard W. Pollay, "Measuring the Cultural Values Manifest in Advertising," *Current Issues and Research in Advertising* 6 (1983): 71–92.

28. Laurie Burkitt, "Mattel Gives Barbie a Makeover for China," *The Wall Street Journal*, November 7, 2013, http://www.wsj.com/articles/SB10 001424052702304672404579183324082672770 (accessed April 5, 2016); Helen H. Wang, "Can Mattel Make A Comeback In China?" *Forbes*, November 17, 2013, http://www.forbes.com/sites/helen-wang/2013/11/17/can-mattel-make-a -comeback-in-china/#3bee4a585b84 (accessed April5, 2016); Helen H. Wang, "Why Barbie Stumbled in China and How She Could Re-invent Herself," *Forbes*, October 24, 2012, http://www.forbes.com/ sites/helenwang/2012/10/24/why-barbie-stumbled-in-china-and-how-she-could-re-invent-herself/#14203be300b1 (accessed April 5, 2016).

29. Daniel Goleman, "The Group and the Self: New Focus on a Cultural Rift," *The New York Times*, December 25, 1990, http://www.nytimes. com/1990/12/25/science/the-group-and-the-self-new-focus-on-a-cul-tural-rift.html, (accessed December 4, 2014). 37; Harry C. Triandis, "The Self and Social Behavior in Differing Cultural Contexts," *Psychological Review* 96 (July 1989): 506; Harry C. Triandis et al., "Individualism and Collectivism: Cross-Cultural Perspectives on Self-Ingroup Relationships," *Journal of Personality and Social Psychology* 54 (February 1988): 323.

30. Getta Anand, "A Yoga Master, the King of 'Baba Cool,' Stretches Out an Empire," *The New York Times*, April 1, 2016, http://www.nytimes. com/2016/04/02/world/asia/a-yoga-master-the-king-of-baba-cool-stretches-out-an-empire.html?smprod=nytcore-iphone&smid=nytcore-ip-hone-share&_r=0 (accessed April 6, 2016).

31. "Oh, Crap: Audi Mucks Up E-Tron Name in French," *AutoBlog* (September 13, 2010), http://www.autoblog.com/2010/09/13 /oh-crap-audi-mucks-up-e-tron-name-in-french/ (accessed April 6, 2016).

32. Shaun Rein, "Shanghai Disney Must Deliver 'Big' Experience," CNBC, April 11, 2011, www.cnbc.com/id/42528017 (accessed April 21, 2014).

33. https://www.shanghaidisneyresort.com/en/destinations /theme-park/.

34. Matt Viser, "Dunkin' Donuts Jumps on Asia's Coffee Craze," *Boston Globe*, March 30, 2014, www.bostonglobe.com/news /world/2014/03/29/from-massachusetts-seoul-dunkin-donuts-finds-new-markets-coffee-craze-sweeps-asia/ aykwWhGnFNjG85ahVxJIFL/story.html (accessed April 14, 2014).

35. Brooks Barnes, "Thomas the Tank Engine's Expanding World," The New York Times (March 25, 2016), http://www.nytimes .com/2016/03/26/business/media/thomas-the-tank-engines-expand-ing-world.html?_r=0, accessed April 6, 2016.

36. International Energy Agency, "Access to Electricity," World Energy Outlook, 2009, www.iea.org/weo/electricity.asp (accessed February 16, 2010).

37. Deciwatt, "The Challenge," http://deciwatt.org/the-challenge (accessed April 10, 2014).

38. Ben Schiller, "A $5 Light for the Developing World with an Ingenious Fuel: Gravity," December 14, 2012, www .fastcoexist.com/1681067/a-5-light-for-the-developing-world -with-an-ingenious-fuel-gravity#1 (accessed April 10, 2014).

39. Jack Neff, "Lipton Uses Oscars (and Muppets) to Launch Global Campaign for Unified Brand," February 26, 2014, http:// adage.com/article/media/lipton-launcing-global-campaign -oscars/291873 (accessed April 17, 2014).

40. Amy Harder and Mike Spector, "EPA Accuses Volkswagen of Dodging Emissions Rules," *The Wall Street Journal*, September 22, 2015, http:// www.wsj.com/articles/epa-accuses-volkswagen-of -dodging-emissions-rules-1442595129 (accessed March 25, 2016); Re-uters, "Volkswagen admits rigging of 8 mln cars in EU—Handelsblatt," October 5, 2015, http://www.reuters.com/article/volkswagen-emis-sions-eu-idUSL8N12548G20151005 (accessed March 25, 2016); Jeannie Naujeck, "Dodging a Disaster With Volkswagen?" *Memphis Daily News,* March 26, 2016, https://www.memphisdailynews.com/news/2016/ mar/26/dodging-a-disaster-with-volkswagen/ (accessed April 7, 2016).

41. AT&T, "AT&T's Code of Business Conduct," www.att.com /Common/about_us/downloads/att_code_of_business _conduct.pdf (accessed April 16, 2014).

42. Duff Wilson, "Cigarette Giants in Global Fight on Tighter Rules," *The New Work Times*, November 13, 2010, www.nytimes.com/2010/11/14/ business/global/14smoke.html?_r=1 (accessed April 16, 2014).

43. "Foreign Corrupt Practices Act of 1977 (as Amended)," www.usdoj .gov/usao/eousa/foia_reading_room/usam/title9/47mcrm.htm (accessed May 15, 2008).

44. Joan Voight, "Green Is the New Black: Nike among Marketers Pushing Sustainability," *Adweek*, October 23, 2013, www.adweek.com/news/ad-vertising-branding/green-new-black-levi-s-nike-among-marketers-push-ing-sustainability-153318 (accessed March 10, 2014).

45. www.commondreams.org/headline/2012/05/08 (accessed April 23, 2014).

46. Center for Sustainability at Aquinas College, www .centerforsustainability.org/resources.php?root=176&category=89 (ac-cessed April 4, 2016); Jeanelle Schwartz, Beth Beloff, and Susan Beaver, "Use Sustainability Metrics to Guide Decision-Making," July 2002, http://people.clarkson.edu/~wwilcox/Design/sustain .pdf (accessed April 4, 2016).

제3장

1. Twitter, "About," https://about.twitter.com/company (accessed March 18, 2016).

2. Samsung Electronics, "Vision 2020," http://www.samsung.com /us/aboutsamsung/corporateprofile/visionmission.html (accessed March 18, 2016).

3. Anthony D'Allesandro, "Star Wars: The Force Awakens' Reaches Un-precedented Height At Domestic B.O. With $900M, $2B Worldwide," February 5, 2016, http://deadline.com/2016/02/star-wars-the-force-awakens-box-office-900m-1201696190/ (accessed March 18, 2016).

4. Sandra Pedicini, "Disney parks to break ground on Star Wars lands next month" *Orlando Sentinel*, March 3, 2016, http://www.orlandosentinel. com/travel/attractions/the-daily-disney/os-disney-star-wars-lands-break-ground-april-20160303-story.html (accessed March, 18,2016).

5. Michael Cieply and Brooks Barnes, "Disney Sells Miramax for $660 Million," *The New York Times*, July 30, 2010, www.nytimes .com/2010/07/31/business/media/31miramax.html?_r=0 (accessed April 22, 2014).

6. Thomas Heath, "Disney Backs Out of National Harbor, in Blow to Prince George's," *Washington Post*, November 25, 2011, www.washing-tonpost.com/business/economy/in-a-blow-to-prince-georges-disney-

backs-out-of-national-harbor/2011/11/25 /gIQAM2OKxN_story.html (accessed April 22, 2014).

7. Mohid Ahmed, "Amazon's Alexa Set to Take Over US Households and the World," February 8, 2016, http://www.bidnessetc.com/62980-amazons-alexa-set-to-take-over-us-households-and-the-world/ (accessed March, 18, 2016).

8. Mary Wisniewski, "Why Banks Have an Ear to Amazon Echo," March 11, 2016, http://www.americanbanker.com/news/bank-technology/why-banks-have-an-ear-to-amazons-echo-1079871-1.html (accessed March 18, 2016).

9. Nancy Trejos, "Starwood: 1st Company to Run Cuban Hotels in Decades," *USA Today*, March 21, 2016, http://www.usatoday.com/story/travel/roadwarriorvoices/2016/03/19 /starwood-become-first-us-hotel-company-run-cuba-hotels -decades/82040434/ (accessed March 22, 2016).

10. Brian Sozzi, "The 6 Most Interesting New Menu Items McDonald's is Testing in 2016," February 27, 2016, http://www.thestreet.com/ story/13473716/1/the-6-most-interesting-new-menu-items-mcdonald-s-is-testing-in-2016.html (accessed March 22, 2016).

11. Prudence Ho, "Coke Acquires Chines Maker of Multigrain Drinks," *The Wall Street Journal*, April 17, 2015, http://www.wsj.com/articles/coke-acquires-chinese-maker-of-multigrain-drinks-1429273291 (accessed March 18, 2016).

12. Megan Clark, "Struggling Soda Companies Diversify, Following Tobacco's Lead," October 23, 2014, http://www.ibtimes.com/struggling-soda-companies-diversify-following-tobaccos -lead-1709264 (accessed March 18, 2016).

13. Rick Mullin, "Tufts Study Finds Big Rise in Cost of Drug Development," November, 20, 2014, http://cen.acs.org/articles/92 /web/2014/11/Tufts-Study-Finds-Big-Rise.html (accessed March 18, 2016).

14. Paul R. La Monica, "Martin Shkreli Quits as Turing CEO," CNN.com, (December 18, 2015, http://money.cnn.com/2015/12/18 /investing/martin-shkreli-arrest-turing-kalobios/ (accessed March 31, 2016).

15. Andrew Pollack, "Drug Goes from $13.50 a Tablet to $750, Overnight" *The New York Times*, September 20, 2015, http://www.nytimes.com/2015/09/21/business/a-huge-overnight-increase-in-a-drugs-price-raises-protests.html?_r=0 (accessed March 18, 2016).

16. Alaska Airlines Increases Overhead Storage Nearly 50 Percent with First 737 Featuring New Boeing Space Bins," *PR Newswire*, October 09, 2015, http://www.prnewswire.com/news-releases/alaska-airlines-increases-overhead-storage-nearly-50-percent-with-first-737-featuring-new-boeing-space-bins-300157186.html (accessed March 22, 2016).

17. Ibid.

18. Delta, "Delta Comfort+™," http://www.delta.com/content /www/en_US/traveling-with-us/onboard-experience/delta-comfort-plus.html#board (accessed March 23,2016)/

19. Ben Mutzabaugh, "Is Emirates Targeting U.S. Airlines with Jennifer Aniston Ad," *USA Today*, October 5, 2015, http://www.usatoday.com/story/todayinthesky/2015/10/05/is-emirates-targeting-us-airlines-with-new-jennifer-aniston-ad/73381332/ (accessed March 23, 2016).

20. "#TimeForVacay: Expedia Rolls Out Big Midwinter Sale and Leap Day Savings," *PR Newswire*, February 18, 2016, http://www.prnewswire.com/news-releases/timeforvacay-expedia-rolls-out-big-midwinter-sale-and-leap-day-savings-300221974.html (accessed March 23, 2016).

21. Gordon A. Wyner, "Beyond ROI: Make Sure the Analytics Address Strategic Issues," *Marketing Management* 15 (May/June 2006): 8–9.

22. Guy R. Powell, *Return on Marketing Investment* (Albuquerque, NM: RPI Press, 2002), 4–6.

23. Ibid.

24. Tim Ambler, "Don't Cave in to Cave Dwellers," *Marketing Management*, September/October 2006, 25–29.

25. International Data Corporation, "PC Market Finishes 2015 As Expected, Hopefully Setting the Stage for a More Stable Future, According to IDC," January 12, 2016, http://www.idc.com/getdoc.jsp?containerId=prUS40909316 (accessed March 19, 2016).

제4장

1. Reuters, "U.S. TV Networks Embrace 'Binge-Watching,' Taking Cue from Netflix," March 11, 2016, http://www.newsmax.com/Finance/Companies/television-tv-binge-view-networks/2016/03/11/id/718640/ (accessed March 25, 2016).

2. Marketing Evaluations Inc., "The Q Scores Company," http:// www .qscores.com (accessed April 4, 2016).

3. Emmet McDermott, "Who Is America's Most Disliked Celebrity? An Explainer," *Hollywood Reporter*, August 13, 2015, http:// www.hollywoodreporter.com/news/disliked-celebrity-bill -cosby-ariana-814857 (accessed March 25, 2016).

4. Heather Clancy, "MasterCard Uses a Command Center to Track Its Marketing Spend," *Fortune*, January 29, 2016, http://fortune .com/2016/01/29/mastercard-data-analytics/?iid=sr-link10 (accessed March 25, 2016).

5. Quoted in Dale Buss, "Unapologetically, Volvo Aims Its New Campaign at True Believers," April 15, 2013, *Forbes*,www.forbes.com/sites/dalebuss/2013/04/15/unapologetically-volvo-aims-its-new-ads-at-true-believers (accessed April 4, 2015).

6. Experian, "Simmons National Consumer Study," www.experian.com/simmons-research/consumer-study.html (accessed April 6, 2016).

7. Michael R. Solomon, *Conquering Consumerspace: Marketing Strategies for a Branded World* (New York: AMACOM Books, 2003).

8. ResearchLive, "'Incredible Things Happen When You Have the Right Insight,' Says Reckitt Benckiser," March 16, 2016, https://www.research-live.com/article/news/incredible-things-happen-when-you-have-the-right-insight-says-reckitt-benckiser/id/5004402 (accessed March 25, 2015).

9. Greg Trotter, "MillerCoors Works to Keep Leninkeugel, Blue Moon Rising," *Chicago Tribune*, March 22, 2016, http://www.chicagotribune.com/business/ct-blue-moon-leinenkugel-craft-beer-0323-biz-20160322-story.html (accessed March 25, 2016).

10. Tom De Ruyck, "Inspirational Online Dialogues," October 14, 2013, rwcommect.esomar.org/inspirational-online-dialogues (accessed August 12, 2016).

11. http://www.decisionanalyst.com/services/onlinecommunities.dai (accessed April 9, 2016).

12. Karl Greenberg, "Volvo Uses Twitter Chat for Digital Focus Group," May 29, 2013, www.mediapost.com/publications/article/201309/volvo-uses-twitter-chat-for-digital-focus-group.html?edition=60600 (accessed August 12, 2016).

13. John Kell, "Coke Spent More on Health Research Than Previously Reported," *Fortune*, March 25, 2016, http://fortune.com/2016/03/25/coke-health-research-spending/ (accessed March 25. 2016).

14. Mike Estrel, "Coca-Cola Has Spent Millions on Health Research, Fitness Programs," September 22, 2015, *The Wall Street Journal*, http://www.wsj.com/articles/coca-cola-spent-nearly-120-million-on-research-health-programs-since-2010-1442919600 (accessed March 25, 2016).

15. Paul Marsden, "Consumer Advisory Panels," http:// digitalintelligencetoday.com/downloads/Marsden_CAB.pdf (accessed April 2, 2016).

16. Matt Richtel, "The Parable of the Beer and Diapers," August 15, 2006, www.theregister.co.uk/2006/08/15/beer_diapers (accessed April 8, 2016).

17. John Carney, "Hemlines Are Plunging, Is Economy Next?" *CNBC*, February 16, 2012, www.cnbc.com/id/46414411 (accessed April 4, 2016).

18. Kristen Schweizer, "Marketer's Next Trick: Reading Byers' Minds," *Bloomberg*, July 2, 2015, http://www.bloomberg.com/news/articles/2015-07-02/advertisers-use-neuroscience-to-craft-consumer-messages (accessed March 26, 2016).

19. Direct Marketing Association, "Where Marketers Can Obtain State Do-Not-Call Lists," http://www.the-dma.org/government /donotcalllists.shtml (accessed April 2, 2016).

20. John D. Stoll and Anne Steele, "The Evolution of Auto Show 'Booth Babes,'" *Wall Street Journal* (January 14, 2015), http://www.wsj.com/articles/the-evolution-of-auto-show-booth-babes-1421257095?KEY-

WORDS=auto+show+model&cb=logged0.45785790963341455 (accessed April 5, 2016).

21. The Praxi Group, Inc., "Research Overview: Telephone versus Online Research—Advantages and Pitfalls," Fall 2007, http://www.praxigroup.net/TPG%20Phone%20Versus%20Online%20WP.pdf (accessed April 1, 2016).

22. Basil G. Englis and Michael R. Solomon, "Life/Style OnLine ©: A Web-Based Methodology for Visually-Oriented Consumer Research," *Journal of Interactive Marketing* 14, no. 1 (2000): 2–14; Basil G. Englis, Michael R. Solomon, and Paula D. Harveston, "Web-Based, Visually Oriented Consumer Research Tools," in *Online Consumer Psychology: Understanding and Influencing Consumer Behavior in the Virtual World*, ed. Curt Haugtvedt, Karen Machleit, and Richard Yalch (Hillsdale, NJ: Lawrence Erlbaum Associates, 2005): 511–527.

23. Nielsen, "Online Measurement," http://www.nielsen.com/us/en/nielsen-solutions/nielsen-measurement/nielsen-online-measurement.html (accessed March 26, 2016).

24. ____Nielsen Social, http://www.nielsensocial.com/product/nielsen-twitter-tv-ratings/ (accessed March 26, 2016).

25. Nielsen, http://www.nielsen.com/us/en/solutions/capabilities/audio.html (accessed March 26, 2016).

26. Corey Deitz, "What Is the Portable People Meter and How Does It Work?" http://radio.about.com/od/forprofessionals/a/What-Is-Arbitrons-Portable-People-Meter-And-How-Does-It-Work.htm (accessed March 26, 2016).

27. Tobii Pro, http://www.tobiipro.com/fields-of-use/marketing-consumer-research/advertising/ (accessed March 26, 2016).

28. Ray Nelson, "How to Use Social Media for Marketing Research," March 19, 2013, http://socialmediatoday.com/raywilliamnelson/1313496/marketing-research-how-use-social-media-market-research (accessed April 5, 2016).

29. Amazon Mechanical Turk, https://www.mturk.com/mturk/help?helpPage=overview, (accessed March 26, 2016).

30. Douglas Macmillan and Elizabeth Dwoskin, "Smile! Marketing Firms Are Mining Your Selfies," *The Wall Street Journal* (October 9, 2014), http://www.wsj.com/articles/smile-marketing-firms-are-mining-your-selfies-1412882222?KEYWORDS=selfies (accessed April 5, 2016).

31. Alexis Madrigal, "How Netflix Reverse Engineered Hollywood," *The Atlantic*, January 2, 2014, http://www.theatlantic.com/technology/archive/2014/01/how-netflix-reverse-engineered-hollywood/282679 (accessed April 5, 2016).

32. Matt Quinn, "How to Reduce Your Website's Bounce Rate," *Inc.*, January 31, 2011, http://www.inc.com/guides/2011/01/how-to-reduce-your-website-bounce-rate.html (accessed April 8, 2016); Paul W. Farris, Neil T. Bendle, Phillip E. Pfeifer, and David J. Reibstein, *Marketing Metrics: The Definitive Guide to Measuring Marketing Performance* (Upper Saddle River, NJ: Pearson Education, 2010).

33. Jack Neff, "Chasing the Cheaters That Undermine Online Research," *Advertising Age*, March 31, 2008, 12.

34. Bruce L. Stern and Ray Ashmun, "Methodological Disclosure: The Foundation for Effective Use of Survey Research," *Journal of Applied Business Research* 7 (1991): 77–82.

35. Malcom Gladwell, *Blink* (New York: Hachette Book Group, 2007), 159.

36. Michael E. Ross, "It Seemed Like a Good Idea at the Time," MSNBC, April 22, 2005, www.msnbc.msn.com/id/7209828 (accessed April 7, 2016).

37. Gary Levin, "New Adventures in Children's Research," *Advertising Age*, August 9, 1993, 17.

38. Diane Bowers and Michael Brereton, "The 2015 AMA Gold Top 50 Report," https://www.ama.org/publications/MarketingNews/Pages/the-2015-ama-gold-top-50-report.aspx (accessed March 26, 2015).

39. Paul W. Farris, Neil T. Bendle, Phillip E. Pheifer, and David J. Reibstein, *Marketing Metrics: 50+ Metrics Every Executive Should Master* (Upper Saddle River, NJ: Wharton School Publishing, 2006), 292.

제5장

1. Sarah K. White, "As CMOs Start to Outspend CIOs, Collaboration Remains Key," *CIO,* August 25, 2015, http://www.cio.com/article/2975828/cio-role/as-cmos-start-to-outspend-cios-collaboration-remains-key.html (accessed May 30, 2016).

2. "A Crash Course in Customer Relationship Management," *Harvard Management Update*, March 2000 (Harvard Business School reprint U003B); Nahshon Wingard, "CRM Definition—Customer-Centered Philosophy," October 26, 2009, http://ezinearticles.com/?CRM-Definition—Customer-Centered-Philosophy&id=933109 (accessed May 7, 2016).

3. Don Peppers and Martha Rogers, *The One-to-One Future* (New York: Doubleday, 1996).

4. Don Peppers, Martha Rogers, and Bob Dorf, "Is Your Company Ready for One-to-One Marketing?" *Harvard Business Review*, January–February 1999, 151–60.

5. Quoted in Cara B. DiPasquale, "Navigate the Maze," Special Report on 1:1 Marketing, *Advertising Age*, October 29, 2001, S1: 2.

6. Oracle Marketing Cloud, "JD Williams Increases Customer Email Conversion 92% with Personalisation," https://www.oracle.com/marketingcloud/customers/success-stories/jd-williams.html (accessed May 7, 2016); https://www.oracle.com/marketingcloud/content/documents/casestudies/jd-williams-customer-success-oracle.pdf (accessed May 7, 2016).

7. Leonard L. Berry, *On Great Service: A Framework for Action* (New York: Free Press, 1995); Paul T. Ringenbach, *USAA: A Tradition of Service* (San Antonio, TX: Donning, 1997).

8. Gartner, "Gartner Says Customer Relationship Management Software Market Grew 13.3 percent," May 19, 2015, http://www.gartner.com/newsroom/id/3056118 (accessed May 7, 2016).

9. Gartner, "Gartner Says Modernization and Digital Transformation Projects are Behind Growth in Enterprise Application Software Market," August 27, 2015, http://www.gartner.com/newsroom/id/3119717 (accessed May 7, 2016).

10. JP Mangalindan, "Amazon's Recommendation Secret," July 30, 2012, http://fortune.com/2012/07/30/amazons-recommendation-secret/ (accessed May 8, 2016).

11. Jeff Oxford, "6 Things Online Retailers Can Learn from Amazon," September 24, 2013, http://www.forbes.com/sites/groupthink/2013/09/24/6-things-online-retailers-can-learn-from-amazon/#7159afcc53b8 (accessed May 8, 2016).

12. Salesforce, "Tommy Bahama," http://www.salesforce.com/customers/stories/tommy-bahama.jsp (accessed May 8, 2016); Alicia Fioletta, "Tommy Bahama Collects Real-Time Feedback with Medallia," July 11, 2014, http://www.retailtouchpoints.com/features/retail-success-stories/tommy-bahama-collects-real-time-feedback-with-medallia (accessed May 8, 2016).

13. "My Magic Plus," http://mousehints.com/my-magic-plus (accessed May 8, 2016).

14. Elie Ofek, "Customer Lifetime Value (CLV) vs. Customer Lifetime Return on Investment (CLROI)," October 2014, *Harvard Business School Technical Note*: 515–49.

15. SAS, "Big Data, Bigger Marketing," www.sas.com/en_us/insights/big-data/big-data-marketing.html (accessed April 9, 2016).

16. David Carr, "Giving Viewers What They Want," February 24, 2013, http://www.nytimes.com/2013/02/25/business/media/for-house-of-cards-using-big-data-to-guarantee-its-popularity.html?_r=0 (accessed May 9, 2016).

17. Friedemann Mattern and Christian Floerkemeier, "From the Internet of Computers to the Internet of Things," *Informatik-Spektrum* 33 (2010): 107–21.

18. Teradata Customer Success and Engagement Team, "Volvo Cars: Fueling Innovation with Data, Analytics and the Internet of Things So that Every Volvo is 'Designed around You,' " December 18, 2015, http://blogs.teradata.com/customers/volvo-cars-fueling-innovation-with-data-analytics-and-the

-internet-of-things-so-that-every-volvo-is-designed-around-you/ (accessed May 9, 2016.

19. Luke Fretwell, "'Open Data Now' Author Joel Gurin on How Businesses and Government Are Building the Data Economy," April 17, 2014, http://govfresh.com/2014/04/open-government-data-open-business-interview (accessed May 14, 2016).

20. Jim Edwards, "Yes, Your Credit Card Company Is Selling Your Purchase Data to Online Advertisers," April 16, 2013, www.businessinsider.com/credit-cards-sell-purchase-data-to-advertisers-2013-4 (accessed May 9, 2016).

21. Todd Traub, "Wal-Mart Used Technology to Become Supply Chain Leader," July 2, 2012, www.arkansasbusiness.com/article/85508/wal-mart-used-technology-to-become-supply-chain-leader?page=all (accessed May 9, 2016).

22. IBM, "IBM Closes Deal to Acquire the Weather Company's Product and Technology Businesses," January 29, 2016, http://www-03.ibm.com/press/us/en/pressrelease/48884.wss (accessed May 9, 2016); Leonard Kile, "IBM Merges Weather and Business Forecasts," January 2016, http://www.destinationcrm.com/Articles/Columns-Departments/Insight/IBM-Merges-Weather-and-Business-Forecasts-108306.aspx (accessed May 9, 2016).

23. Constance L. Hays, "What Wal-Mart Knows About Customers' Habits," *New York Times* (November 4, 2004), http://www.nytimes.com/2004/11/14/business/yourmoney/what-walmart-knows-about-customers-habits.html?_r=0 (accessed May 30, 2016).

24. Christophe Giraud-Carrier, "Success Stories in Data/Text Mining," http://dml.cs.byu.edu/~cgc/docs/mldm_tools/Reading/DMSuccessStories.html#_ftn1 (accessed May 10, 2016).

25. Dana Mattioli, "On Orbitz, Mac Users Steered to Pricier Hotels," August 23, 2016, http://www.wsj.com/articles/SB10001424052702304458604577488822667325882 (accessed May 10, 2016).

26. Pan-Ning Tan, Michael Steinbach, and Vipin Kumar, *Introduction to Data Mining* (New York: Addison-Wesley, 2005).

27. Emil Protalinski, "Facebook Passes 1.55B Monthly Active Users and 1.01B Daily Active Users," November 4, 2015, http://venturebeat.com/2015/11/04/facebook-passes-1-55b-monthly-active-users-and-1-01-billion-daily-active-users/ (accessed May 9, 2016).

28. Chris Baraniuk, "The Bad Things that Happen when Algorithms Run Online Shops," August 20, 2015, http://www.bbc.com/future/story/20150820-the-bad-things-that-happen-when-algorithms-run-online-shops (accessed May 12, 2016).

29. Michael Nunez, "Former Facebook Workers: We Routinely Suppressed Conservative News," May 9, 2016, http://gizmodo.com/former-facebook-workers-we-routinely-suppressed-conser-1775461006 (accessed May 12, 2016).

30. Farhad Manjoo, "Facebook's Bias Is Built-in, and Bears Watching," *The New York Times*, May 11, 2016, http://www.nytimes.com/2016/05/12/technology/facebooks-bias-is-built-in-and-bears-watching.html?_r=0&module=ArrowsNav&contentCollection=Technology&action=keypress&region=FixedLeft&pgtype=article (accessed May 12, 2016).

31. Joe F. Hair Jr., "Knowledge Creation in Marketing: The Role of Predictive Analytics," *European Business Review* 19 (2007): 303–15.

32. Goutam Chakraborty and Murali Krishna Pagolu, "Analysis of Unstructured Data: Applications of Text Analytics and Sentiment Mining," *SAS Paper* 1288 (2014): 1–14.

33. Todd Spangler, "Viacom to Track Emotional Responses to Social Ads, Content," January 25, 2016, http://variety.com/2016/digital/news/viacom-canvs-emotional-social-media-ads-1201687790/ (accessed May 13, 2016).

34. Josh Leibowitz, Kelly Ungermena, and Maher Masri, "Know Your Customers Wherever They Are," October 16, 2012, http://blogs.hbr.org/2012/10/know-your-customers-wherever-t (accessed May 13, 2016).

35. Tan et al., *Introduction to Data Mining.*

36. Werner Reinartz, and V. Kumar, "The Mismanagement of Customer Loyalty," *Harvard Business Review* 80 (7): 86–97.

37. Robert Nelson, "Sprint May Cancel Your Service If You Call Customer Service Too Often," July 6, 2007, www.gadgetell.com/tech/comment/

sprint-may-cancel-your-service-if-you-call-customer-service-to-often (accessed May 13, 2016); Samar Srivasta, "Sprint Drops Clients over Excessive Inquiries," July 7, 2007, http://online.wsj.com/public/article_print/SB118376389957059668-IpRTFYVQbLGbXKvlb-PELi83M_8A_20080710.html (accessed February 7, 2010).

38. IBM, "What Is a Data Scientist?" www-01.ibm.com/software/data/infosphere/data-scientist (accessed May 13, 2016).

39. Glassdoor, https://www.glassdoor.com/Salaries/data-scientist-salary-SRCH_KO0,14.htm (accessed May 13, 2016).

40. Thomas H. Davenport and D. J. Patil, "Data Scientist: The Sexiest Job of the 21st Century," October 2012, http://hbr.org/2012/10/data-scientist-the-sexiest-job-of-the-21st-century/ar/1 (accessed May 13, 2016).

41. Wikipedia, "Analytics," https://en.wikipedia.org/wiki/Analytics (accessed May 13, 2016).

42. SAS, "Marketing Analytics: What It Is and Why It Matters," www.sas.com/en_us/insights/marketing/marketing-analytics.html (accessed May 13, 2016).

43. Pew Internet Research Project, "Internet Use over Time," www.pew-internet.org/data-trend/internet-use/internet-use-over-time (accessed May 14, 2016); Pew Internet Research Project, "Social Media Use over Time," www.pewinternet.org/data-trend/social-media/social-media-use-all-users (accessed June 1, 2014).

44. Gartner, "Gartner Survey Reveals that Digital Marketing Is Now Mainstream," November 19, 2015, http://www.gartner.com/newsroom/id/3170017 (accessed May 14, 2016).

45. Nathan Ingrahan, "Imgur's New Analytics Tools Let Users and Advertisers See How Their Images Go Viral," January 28, 2014, http://www.theverge.com/2014/1/28/5351618/imgurs-new-analytics-tool-lets-users-and-advertisers-see-how-images-go-viral (accessed May 14, 2016).

46. Jeff Standridge, "Can You Really Measure Direct Mail Success?" March 12, 2015, http://www.acxiom.com/can-really-measure-direct-mail-success/ (accessed May 15, 2016).

47. Greg Bensinger, "Amazon Wants to Ship Your Package before You Buy It," January 14, 2014, http://blogs.wsj.com/digits/2014/01/17/amazon-wants-to-ship-your-package-before-you-buy-it (accessed May 13, 2016).

48. Hair, "Knowledge Creation in Marketing."

49. Samuel Greengard, "Predictive Analytics Helps Vodafone Ring Up Sales," June 3, 2014, www.baselinemag.com/analytics-big-data/predictive-analytics-helps-vodafone-ring-up-sales.html (accessed June 5, 2014).

50. IBM, "XO Communications: Insights into Customer Behavior Help Prevent Customer Churn," https://www.ibm.com/smarterplanet/global/files/us__en_us__leadership__xo_communications.pdf (accessed May 14, 2016).

51. Paul W. Farris, Neil T. Bendle, Phillip E. Pfeifer, and David J. Reibstein, *Marketing Metrics: 50+ Metrics Every Executive Should Master* (Philadelphia: Wharton School Publishing, 2006), 291.

52. Google, "Conversion Overview," https://support.google.com/analytics/answer/1006230?hl=en (accessed June 7, 2014).

53. Farris et al., *Marketing Metrics*, 294–95.

54. Farris et al., *Marketing Metrics*, 49–50.

55. Brad Reed, "Sprint Just Made a Huge Move to Steal You Away from AT&T and Verizon," http://bgr.com/2014/12/02/sprint-vs-att-vs-verizon/ (accessed May 15, 2015).

56. RJ Metrics, "What Is Churn Rate," http://churn-rate.com/ (accessed May 15, 2016).

57. Wes Nichols, "Secrets of Successful Analytics Adoption," *Forbes*, July 22, 2013, www.forbes.com/sites/forbesinsights/2013/07/22/secrets-of-successful-marketing-analytics-adoption (accessed May 16, 2016).

제6장

1. Geoff Williams, "The Heavy Price of Losing Weight," *U.S. News & World Report* January 2, 2013, http://money.usnews.com/money/personal-finance/articles/2013/01/02/the-heavy-price-of-losing-weight (accessed December 24, 2015).

2. James R. Bettman, "The Decision Maker Who Came In from the Cold," Presidential Address, in *Advances in Consumer Research*, vol. 20, ed. Leigh McAllister and Michael Rothschild (Provo, UT: Association for Consumer Research, 1990); John W. Payne, James R. Bettman, and Eric J. Johnson, "Behavioral Decision Research: A Constructive Processing Perspective," *Annual Review of Psychology* 4 (1992): 87–131; for an overview of recent developments in individual choice models, see Robert J. Meyer and Barbara E. Kahn, "Probabilistic Models of Consumer Choice Behavior," in *Handbook of Consumer Behavior*, ed. Thomas S. Robertson and Harold H. Kassarjian (Englewood Cliffs, NJ: Prentice Hall, 1991), 85–123.

3. Gary L. Clark, Peter F. Kaminski, and David R. Rink, "Consumer Complaints: Advice on How Companies Should Respond Based on an Empirical Study," *Journal of Services Marketing* 6 (Winter 1992): 41–50.

4. Catherine Valenti, "No Oscar? How About a Gift Bag?" March 24, http://abcnews.go.com/Business/story?id=86683&page=1 (accessed April 26, 2014).

5. Michael Lev, "No Hidden Meaning Here: Survey Sees Subliminal Ads," *New York Times*, May 3, 1991, D7.

6. "ABC Rejects KFC Commercial, Citing Subliminal Advertising," *Wall Street Journal Interactive Edition*, March 2, 2006.

7. Quoted in Natasha Singer, "YOU FOR SALE: Your Online Attention, Bought in an Instant," New York Times (November 17, 2012), http://www.nytimes.com/2012/11/18/technology/your-online-attention-bought-in-an-instant-by-advertisers.html?pagewanted=1 (accessed April 7, 2016).

8. http://www.chevrolet.com/spark-fuel-efficient-car.html

9. Nicholas Bakalar, "If It Says McDonald's, Then It Must Be Good," *New York Times* (August 14, 2007), www.NewYorkTimes.com (accessed August 14, 2007).

10. Abraham H. Maslow, *Motivation and Personality*, 2nd ed. (New York: Harper & Row, 1970).

11. Robert A. Baron and Donn Byrne, *Social Psychology: Understanding Human Interaction*, 5th ed. (Boston: Allyn & Bacon, 1987).

12. Rae Ann Fera, "The Rise of Sadvertising: Why Brands are Determined to Make You Cry," *Fast Company* (May 4, 2014), http://www.fastcocreate.com/3029767/the-rise-of-sadvertising-why-brands-are-determined-to-make-you-cry?partner=newsletter, (accessed April 13, 2016).

13. Ryan Nakashima, "Disney to Create Lab to Test Ads for ABC, ESPN," *USA Today*, May 12, 2008, www.usatoday.com/tech/products/2008-05-12-1465558386_x.htm (accessed February 24, 2010).

14. David Moye, "Millennials Are Surprisingly Chill with Funeral Selfies," *The Huffington Post*, September 28, 2015, http://www.huffingtonpost.com/entry/selfie-survey-20-percent-funerals_us_5605bddee4b0af-3706dc592c (accessed April 13, 2016).

15. Sheila Shayon, "Target Launches First Plus-Size Collection Following Blogger Boycott," *Brandchannel* (January 21, 2015), http://brandchannel.com/2015/01/21/target-launches-first-plus-size-collection-following-blogger-boycott/?utm_campaign=150121-Target-Plus-Size&utm_source=newsletter&utm_medium=email (accessed April 13, 2016).

16. Alex Williams, "High Times Wants to Be the Playboy of Pot," *The New York Times*, April 2, 2016, http://www.nytimes.com/2016/04/03/style/high-times-wants-to-be-the-playboy-of-pot.html?ref=media (accessed April 13, 2016).

17. Alfred S. Boote, "Psychographics: Mind over Matter," *American Demographics*, April 1980, 26–29; William D. Wells, "Psychographics: A Critical Review," *Journal of Marketing Research* 12 (May 1975): 196–213.

18. Shiv, "Sensory Marketing: Using the Senses for Brand Building," March 3, 2014, http://marketingfaq.net/branding/sensory-marketing-and-branding (accessed April 29, 2014).

19. Aroma Marketing, "Research/Case Studies," www.sensorymax.com/aroma-marketing/research-case-studies-aroma.html (accessed April 29, 2014).

20. Roxie Hammill and Mike Hendricks, "Scent Received, With a Tap of a Smartphone," *The New York Times* (July 8, 2015), http://www.nytimes.com/2015/07/09/technology/personaltech/scent-received-with-a-tap-of-a-smartphone.html?ref=business&_r=1 (accessed April 13, 2016).

21. Ibid.

22. Jack Grant, "Shoppers Make More Purchase Decisions In-Store," June 2012, http://www.cpgmatters.com/In-StoreMarketing0612.html (accessed April 27, 2014).

23. Sally Delta, "Farmville Funeral Home Offering Drive-Thru Viewing," June 24, 2013, www.wset.com/story/22673593/farmville-funeral-home-offering-drive-thru-viewings (accessed July 14, 2014).

24. Betsy Morris, "More Consumers Prefer Online Shopping," June 3, 2013 http://online.wsj.com/news/articles/SB10001424127887324063304578523112193480212 (accessed April 27, 2014).

25. Glenn Llopis, "Don't Sell to Me! Hispanics Buy Brands That Empower Their Cultural Relevancy," May 14, 2012, www.forbes.com/sites/glennllopis/2012/05/14/dont-sell-to-me-hispanics-buy-brands-that-empower-their-cultural-relevancy (accessed April 29, 2014).

26. Richard W. Pollay, "Measuring the Cultural Values Manifest in Advertising," Current Issues and Research in Advertising 6, no. 1 (1983): 71–92.

27. Michelle Saettler, "General Mills, Clorox Target Hispanic Mobile Shoppers via Bilingual Promotions App," 14, 201, www.mobilemarketer.com/cms/news/strategy/17575.html (accessed April 29, 2014).

28. Bruce Horovitz, "Axe Showerpool Promo Raises Eyebrows," *USA Today* (September 17, 2012), http://usatoday30.usatoday.com/money/business/story/2012/09/17/axe-showerpool-promo-raises-eyebrows/57797640/1 (accessed March 1, 2013).

29. Emily Burg, "Whole Foods Is Consumers' Favorite Green Brand," *Marketing Daily*, www.mediapost.com (accessed May 10, 2007).

30. Stuart U. Rich and Subhash C. Jain, "Social Class and Life Cycle as Predictors of Behavior," Journal of Marketing Research 5 (February 1968): 41–49.

31. Nathan Kogan and Michael A. Wallach, "Risky Shift Phenomenon in Small Decision-Making Groups: A Test of the Information Exchange Hypothesis," Journal of Experimental Social Psychology 3 (January 1967): 75–84; Arch G. Woodside and M. Wayne DeLozier, "Effects of Word-of-Mouth Advertising on Consumer Risk Taking," Journal of Advertising (Fall 1976): 12–19.

32. Brooks Barnes, "For Lucasfilm, the Way of Its Force Lies in Its 'Star Wars' Fans," *The New York Times* (April 17, 2015), http://www.nytimes.com/2015/04/18/business/media/for-lucasfilm-the-way-of-its-force-lies-in-its-star-wars-fans.html?smid=nytcore-iphone-share&smprod=nytcore-iphone&assetType=nyt_now&_r=0&mtrref=www.nytimes.com (accessed April 13, 2016).

33. Everett M. Rogers, Diffusion of Innovations, 3rd ed. (New York: Free Press, 1983).

34. Kathleen Debevec and Easwar Iyer, "Sex Roles and Consumer Perceptions of Promotions, Products, and Self: What Do We Know and Where Should We Be Headed," in Advances in Consumer Research, vol. 13, ed. Richard J. Lutz (Provo, UT: Association for Consumer Research, 1986), 210–14; Lynn J. Jaffe and Paul D. Berger, "Impact on Purchase Intent of Sex-Role Identity and Product Positioning," Psychology and Marketing, Fall 1988, 259–71.

35. Mike Pomranz, "Italian Woman Facing Up to 6 Years in Jail for Not Cooking Enough," Foodandwine.com February 8, 2016, http://www.foodandwine.com/fwx/food/italian-woman-facing-6-years-jail-not-cooking-enough (accessed April 13, 2016).

36. Reuters, "Mattel's Quarterly Sales Grow as Barbie Doll Choices Expand," February 1, 2016, *The New York Times,* http://www.nytimes.com/2016/02/02/business/mattels-quarterly-sales-grow-as-barbie-doll-choices-expand.html?rref=collection%2Ftimestopic%2FBarbie%20%28Doll%29&action=click&contentCollection=timestopics&region=stream&module=stream_unit&version=latest&contentPlacement=4&pgtype=collection (accessed April 11, 2016).

37. Melissa Dahl, "Six-Pack Stress: Men Worry More about Their Appearance Than Their Jobs," February 28, 2014, www.today.com/health/six-pack-stress-men-worry-more-about-their-appearance-their-2D12117283 (accessed April 27, 2014).

38. Matthew Boyle, "Yes, Real Men Drink Beer and Use Skin Moisturizer," October 23, 2013, www.businessweek.com /articles/2013-10-03/men-now-spend-more-on-toiletries-than-on-shaving-products (accessed April 27, 2014).

39. Catharine Skipp and Arian Campo-Flores, "Looks: A Manly Comeback," August 20, 2007, http://services.newsweek.com /search.aspx?offset50&pageSize510&sortField5pubdatetime&sortDirection5descending&mode5summary&q5Looks%2C1a1manly1comeback (accessed August 17, 2007).

40. www.boeing.com/commercial/prices (accessed March 10, 2010).

41. Walmart, "Where in the World Is Walmart?" http://corporate.walmart.com/our-story/our-business/locations (accessed April 26, 2014).

42. U.S. Census Bureau, *The 2012 Statistical Abstract of the United States* (Washington, DC: U.S. Census Bureau, 2012); U.S. Census Bureau, "The 2012 Statistical Abstract," www.census.gov/compendia /statab (accessed April 29, 2014).

43. U.S. Census Bureau, "North America Industry Classification System (NAICS)," www.census.gov/eos/www/naics (accessed February 23, 2010).

44. F. Robert Dwyer and John F. Tanner, *Business Marketing: Connecting Strategy, Relationships, and Learning* (Boston: McGraw-Hill, 2008); Edward F. Fern and James R. Brown, "The Industrial/Consumer Marketing Dichotomy: A Case of Insufficient Justification," *Journal of Marketing*, Spring 1984, 68–77.

45. Porsche, "All Boxter Models," www.porsche.com/usa/models /boxster (accessed February 22, 2010).

46. Aflac, "Aflac for Business," www.aflac.com/business/default.aspx (accessed February 23, 2010).

47. Michael Riley, Ben Elgin, Dune Lawrence, and Carol Matlack, "Missed Alarms and 40 Million Stolen Credit Card Numbers: How Target Blew It," *Bloomberg Businessweek*, March 13, 2014, www.businessweek.com/ articles/2014-03-13/target-missed-alarms-in-epic-hack-of-credit-card-data (accessed April 26, 2014).

48. Tom Pick, "83 Exceptional Social Media and Marketing Statistics for 2014," April 20, 2014, www.business2community.com /social-media/83-exceptional-social-media-marketing-statistics-2014-0846364#!FfTg2 (accessed March 19, 2014).

49. Ryan Nakashima, "Disney to Create Lab to Test Ads for ABC, ESPN," *USA Today*, May 12, 2008, www.usatoday.com/tech /products/2008-05-12-1465558386_x.htm (accessed February 24, 2010); Sylvia Jensen, "How Do B2B Companies Use Social Media?" www.scu.edu/ethics/practicing/decision (accessed March 21, 2014); J. J. McCorvey, "How to Use Social Media for B2B Marketing," *Inc.*, July 29, 2010, www.inc.com/guides/2010/07/how-to-use-social-media-for-b2b-marketing.html (accessed March 15, 2014); Allen Narcisse, "Planning Your B2B Marketing Approach to Social Media: 3 Key Angles," http://contentmarketinginstitute.com/2014/01/planning-b2b-marketing-approach-social-media (accessed March 21, 2014).

제7장

1. www.foxnews.com/leisure/2014/05/20/burger-king-ditches-have-it-your-way-slogan (accessed April 1, 2016).

2. Brooks Barnes, "But It Doesn't Look Like a Marriott: Marriott International Aims to Draw a Younger Crowd," *The New York Times* (January 4, 2014), http://www.nytimes.com/2014/01/05 /business/marriott-international-aims-to-draw-a-younger-crowd.html?ref=business (accessed April 18, 2016).

3. http://www.sneakerwatch.com/article/020496/the-65-most -expensive-sneakers-at-flight-club-right-now (April 10, 2016).

4. Anne Gammon and Kristen Harmeling, "Children Have Refined Pester Power and Make Savvy Shoppers," June 11, 2015, https://today.yougov.com/news/2015/06/11/children-make-savvy-shoppers-have-refined-pester-p/ (accessed April 1, 2016).

5. Drew Harwell, "Netflix is Coming for Your Kids," *Washington Post*, March 28, 2016, https://www.washingtonpost.com/news/the-switch/wp/2016/03/28/netflix-is-coming-for-your-kids/ (accessed April 1, 2016).

6. Ruth Bernstein, "Move Over Millennials—Here Comes Gen Z," *Advertising Age,* January 21, 2015, http://adage.com/article /cmo-strategy/move-millennials-gen-z/296577/ (accessed April 20, 2015); Laurence Benhamou, "Everything You Need to Know About Generation Z," *Business Insider,* February 12, 2015, http://www.businessinsider.com/afp-generation-z-born-in-the-digital-age-2015-2#ixzz3X-sRYBXX6 (accessed April 20, 2015); https://www.youtube.com/user/evantherock (accessed April 20, 2015).

7. Adapted from Michael R. Solomon, *Consumer Behavior; Buying, Having, and Being*, 12th ed. (Hoboken, NJ: Pearson Education, 2016).

8. Kit Barmann, "Purchasing Power of Teens," May 12, 2014, http://www.fona.com/resource-center/blog/purchasing-power-teens (accessed April 1, 2016).

9. Amy Barrett, "To Reach the Unreachable Teen," *Business Week*, September 18, 2000, 78–80.

10. Max Chafkin and Sarah Frier, "How Snapchat Build a Business Confusing Olds," March 3, 2016, http://www.bloomberg.com /features/2016-how-snapchat-built-a-business/ (accessed April 1, 2016).

11. Jacqueline Doherty, "On the Rise," April 29, 2013, http://online.barrons.com/news/articles/SB50001424052748703889404578440972842 742076 (accessed April 10, 2016).

12. Eileen Patten and Richard Fry, "How Millennials Today Compare with Their Grandparents 50 Years Ago," March 19, 2015, http:// www.pewresearch.org/fact-tank/2015/03/19/how-millennials-compare-with-their-grandparents/#!1 (accessed April 1, 2016).

13. Douglas Coupland, *Generation X: Tales for an Accelerated Culture* (New York: St. Martin's Press, 1991).

14. Marshall Lager, "The Slackers' X-cellent Adventure," November 2008, www.destinationcrm.com/Articles/Editorial/Magazine-Features/ The-Slackerse28099-X-cellent-Adventure-51406.aspx (accessed April 10, 2016).

15. John H. Fleming, "Baby Boomers Are Opening Their Wallets," January 30, 2015, http://www.gallup.com/businessjournal/181367/baby-boomers-opening-wallets.aspx (accessed April 1, 2016).

16. U.S. Census Bureau, "Millennials Outnumber Baby Boomers and Are Far More Diverse, Census Bureau Reports," June 25, 2015, https:// www.census.gov/newsroom/press-releases/2015/cb15-113.html (accessed April 1, 2016).

17. Ibid.

18. Jeffrey Zaslow, "Get Back to Where You Once Belonged," *The Wall Street Journal*, January 20, 2010, http://online.wsj.com/article /SB10001424052748704561004575012964067490650.html (accessed April 10, 2016).

19. "Dirty Dancing Remake Ordered Starring Abigail Breslin," *Entertainment Weekly* (December 8, 2015), http://www.ew.com /article/2015/12/08/dirty-dancing-abc (accessed April 18, 2016).

20. Associated Press, "California Brewer Uses Slogan 'Queen Of Beers' But Budweiser 'King of Beers' Isn't Having It," http://sanfrancisco.cbslocal.com/2015/08/22/california-she-beverage-brewery-uses-slogan-queen-of-beer-but-king-of-beer-budweiser-isnt-having-it/ (accessed April 1, 2016).

21. Ray A. Smith, "Men are Shopping Like Women," *The Wall Street Journal*, February 16, 2016, http://www.wsj.com/articles/men-are-shopping-like-women-1455657516 (accessed April 1, 2016).

22. Wendy Wang, "Record Share of Wives Are More Educated Than Their Husbands," February 12, 2014, www.pewresearch.org/fact -tank/2014/02/12/record-share-of-wives-are-more-educated-than-their-husbands (accessed April 10, 2016).

23. Sonya Rhodes, "The Upside of 'Marrying Down,'" *The Wall Street Journal*, April 18, 2014, http://online.wsj.com/news/articles/SB100014 24052702303663604579503800504978432 (accessed April 10, 2016).

24. Daniel Bachman and Akrur Barua, "Single-Person Households: Another Look at the Changing American Family," November 12, 2015, http:// dupress.com/articles/single-person-households-and-changing-american-family/ (accessed April 1, 2016).

25. NPD Group, "Growing Single-Person Households Have Increasing Influence on Snacking Behavior," August, 11, 2015, https://www.npd.com/

wps/portal/npd/us/news/press-releases/2015 /growing-single-person-households-have-increasing-influence-on-snacking-behavior/ (accessed April 1, 2015).

26. John Stanton, "A Closer Look at the Single Household," July 18, 2013, www.foodprocessing.com/articles/2013/market-view -single-household (accessed April 10, 2016).

27. "Glass Baby Bottles in Demand," June 1, 2008, www.brandpackaging .com/CDA/Articles/Trends_Next_Now/BNP_GUID_9-5-2006_A _1000000000000352222 (accessed April 10, 2016).

28. Anne Fleming, "2013—The Year of the Woman Car Buyer: Capture This Powerful & Ever-Growing Segment," January 22, 2013, www.autoremarketing.com/trends/2013-%E2%80%93-year-woman -car-buyer-capture-powerful-ever-growing-segment (accessed April 10, 2016).

29. Jack Neff, "Survey Finds the Rich Returning to Familiar Spending Habits," September 15, 2009, http://adage.com/article/news /marketing-rich-returning-familiar-spending-habits/139009/ (accessed April 10, 2016).

30. Christopher Rauwald and Mark Clothier, "Luxury Car Makers Bet on Lower-Priced Rides," January 16, 2014, http://www.bloomberg.com/ news/articles/2014-01-16/luxury-car-makers-bet-on-lower-priced-rides (accessed April 10, 2016); Tom Randall, "How Tesla's Model 3 Could Conquer Low-End Luxury," March 22, 2016, http://www.bloomberg. com/news/features/2016-03-22/how-tesla-model-3-can-complete- its-take-over-of-the-u-s-luxury-market (accessed April 18, 2016); Ben Thompson, "Can Elon Musk Meet Demand for the Tesla Model 3?" *The Christian Science Monitor*, April 4, 2016, http://www.csmonitor.com /Business/2016/0404/Can-Elon-Musk-meet-demand-for-the-Tes- la-Model-3-video (accessed April 18, 2016).

31. U.S. Census Bureau, http://quickfacts.census.gov/qfd /states/00000.html (accessed March 16, 2013).

32. Elizabeth A. Harris and Tanzina Vega," Race in Toyland: A Nonwhite Doll Crosses Over," *New York Times,* July 26, 2014, http://www. nytimes.com/2014/07/27/business/a-disney-doctor-speaks-of-identity- to-little-girls.html?_r=0, accessed February 23, 2015.

33. Nielsen, "Meet the Fastest-Growing Multicultural Segment in the U.S.: Asian-Americans," June 11, 2015, http://www.nielsen.com /us/en/insights/news/2015/meet-the-fastest-growing -multicultural-segment-in-the-us-asian-americans.html (accessed April 1, 2016).

34. Yuriy Boykiv, "How BuzzFeed Is Winning with Asian-Americans," August 5, 2015, http://adage.com/article/digitalnext/buzzfeed-win- ning-asian-americans/299823/ (accessed April 1, 2015).

35. U.S. Census Bureau, "United States Census 2000," www.census .gov/main/www/cen2000.html (accessed March 22, 2006); "Latinas Are a Driving Force behind Hispanic Purchasing Power in the U.S.," August 1, 2013, www.nielsen.com/us/en/newswire/2013 /latinas-are-a-driving-force-behind-hispanic-purchasing-power-in-.html (accessed May 28, 2014); Elinor Kinnier, "Five Trends Emerging among U.S. Hispanics: The New General Market," April, 2008, www.amg-inc. com/AMG/news/4-08-5trends-hispanicmkt.html (accessed February 25, 2010).

36. Nielsen, "A Fresh View of Hispanic Consumers," April 15, 2014, http:// www.nielsen.com/us/en/insights/news/2014/a-fresh-view-of-hispan- ic-consumers.html (accessed April 1, 2016).

37. Lucette B. Comer and J. A. F. Nicholls, "Communication between Hispanic Salespeople and Their Customers: A First Look," *Journal of Personal Selling and Sales Management* 20 (Summer 2000): 121–27; Elena del Valle, "Relationship Building and Brand Loyalty," January 21, 2009, www.hispanicmpr.com/2009/01/21/relationship-build- ing-and-brand-loyalty (accessed April 10, 2016).

38. Nielsen, "Measuring the Bicultural Hispanic Consumer beyond Just Language and Demographic Data," September 03, 2015, http://sites. nielsen.com/newscenter/measuring-the-bicultural-hispanic-consum- er-beyond-just-language-and-demographic-data/ (accessed April 2, 2016).

39. Michael Freedman, Mythili Vutukuru, Nick Feamster, and Hari Bal- akrishnan, "Geographic Locality of IP Prefixes," Internet Measurement Conference, 2005.

40. Alex Samuely, "Campari Unscrews Real-Time Data for Lyft Offer Targeting Bar-Goers," June 29, 2015, http://www.mobilemarketer.com/ cms/news/strategy/20764.html (accessed April 2, 2016).

41. Robert D. Hof, "Marketing in the Moments, to Reach Custom- ers Online," *The New York Times*, January 17, 2016, http://www .nytimes.com/2016/01/18/business/media/marketing-in-the-mo- ments-to-reach-customers-online.html?_r=0 (accessed April 2, 2016).

42. See Lewis Alpert and Ronald Gatty, "Product Positioning by Behavioral Life Styles," *Journal of Marketing* 33 (April 1969): 65–69; Emanuel H. Demby, "Psychographics Revisited: The Birth of a Technique," *Mar- keting News*, January 2, 1989, 21; and William D. Wells, "Backward Segmentation," in *Insights into Consumer Behavior*, ed. Johan Arndt (Boston: Allyn & Bacon, 1968), 85–100.

43. Lisa Jennings, "Starbucks Takes a Hit for My Starbucks Rewards Changes," March 4, 2016, http://nrn.com/starbucks-coffee /starbucks-takes-hit-my-starbucks-rewards-changes (accessed April 2, 2016).

44. "Choose Where and When Ads Appear," https://support.google.com/ adwords/topic/3119119?hl=en&ref_topic=3119071 (accessed April 10, 2016).

45. Polly Mosendz, "Why Hamburger Helper's Rap-Mixtape Marketing Stunt Worked," April 2016, http://www.bloomberg.com /news/articles/2016-04-01/why-hamburger-helper-s-rap -mixtape-marketing-stunt-worked (accessed April 2, 2016).

46. GreatCall, https://www.greatcall.com/phones-devices (accessed April 2, 2016); Dyna, http://dynallc.com/dynas-work/great-call-jitterbug/ (accessed April 2, 2016).

47. Aaron M. Kessler, "A 3-D Printed Car, Ready for the Road," *The New York Times* (January 15, 2015), http://www.nytimes .com/2015/01/16/business/a-3-d-printed-car-ready-for-the-road.htm- l?smid=nytcore-iphone-share&smprod=nytcore-iphone&_r=0 (accessed April 19, 2016).

48. Chip Bayers, "The Promise of One to One (a Love Story)," *Wired*, May 1998, 130.

49. http://www.levis.com.au/curve-id (accessed April 18, 2016).

50. Better Business Bureau, "Children's Food and Beverage Advertising Initia- tive," https://www.bbb.org/council/the-national -partner-program/national-advertising-review-services/childrens -food-and-beverage-advertising-initiative/ (accessed April 2, 2016).

51. Alexandra Sifferlin, "Kids See More Candy Ads on TV Now Than in the Past," *Time*, September 10, 2015, http://time.com/4029230/ kids-candy-advertisements/ (accessed April 2, 2016).

52. Ben Popken, "Major Candy Companies Will Stop Advertising to Kids," March 17, 2016, http://www.nbcnews.com/business /consumer/major-candy-companies-will-stop-advertising-kids-n540736 (accessed April 2, 2016).

53. Andrea K. Walker, "Under Armour in Public Eye," July 24, 2008, www. commercialalert.org/issues/culture/product-placement /under-armour-in-public-eye (accessed March 1, 2010).

54. Jonathan Chew, "This is How Much Stephen Curry Is Worth to Under Armour," March 4, 2016, http://fortune.com/2016/03/04/stephen-cur- ry-under-armour/ (accessed April 3, 2016).

55. Arundhati Parmar, "Where Are They Now? Revived, Repositioned Products Gain New Life," *Marketing News*, April 14, 2003, 1(3).

56. Jay Moye, "Meet the Three Guys behind the Movement to Bring Back Surge," September 18, 2014, http://www.coca-colacompany .com/stories/meet-the-three-guys-behind-the-movement-to-bring-back- surge/%23TCCC (accessed April 3, 2016).

57. Kevin Hunt, "The Doughboy Is 50!" November 5, 2015, http://www. blog.generalmills.com/2015/11/the-doughboy-is-50/ (accessed April 4, 2016).

58. For an example of how consumers associate food brands with a range of female body shapes, see Martin R. Lautman, "End-Benefit Segmenta-

tion and Prototypical Bonding," *Journal of Advertising Research*, June/July 1991, 9–18.

제8장

1. Woodstream Corp., www.victorpest.com (accessed April 11, 2016).
2. Leah Yamson, "Apple Music FAQ: The Ins and Outs of Apple's New Streaming Music Service," *Macworld*, September 27, 2015, http://www.macworld.com/article/2934744/software-music/apple-music-faq-the-ins-and-outs-of-apples-new-streaming-music-service.html (accessed April 8, 2016).
3. Gerrick D. Kennedy, "Drake Issues Two New Singles as Apple Exclusives, Reunites Jay Z and Kanye West," *Los Angeles Times*, April 5, 2016, http://www.latimes.com/entertainment/music/posts/la-et-ms-drake-apple-singles-20160405-story.html (accessed April 8, 2016).
4. Apple, "Apple Support Communities," https://discussions.apple.com/community/ipad (accessed April 8, 2016).
5. Olga Kharif, "Shoppers' 'Mobile Blinders' Force Checkout-Aisle Changes," March 21, 2013, www.bloomberg.com/news/2013-03-21/shoppers-mobile-blinders-force-checkout-aisle-changes.html (accessed April 11, 2016).
6. Jack Loechner, "Digital Coupons Becoming Core Promotional Element," February 17, 2016, http://www.mediapost.com/publications/article/269005/digital-coupons-becoming-core-promotional-element.html (accessed April 8, 2016).
7. Ariel Adams, "10 Things Every Rolex Owner Should Know," *Business Insider*, January 30, 2015, http://www.businessinsider.com/10-things-every-rolex-owner-should-know-2015-1 (accessed April 8,2016).
8. www.wikipedia.com.
9. Michael D. Mumford, "Where Have We Been, Where Are We Going? Taking Stock in Creativity Research." *Creativity Research Journal* 15 (2003): 107–20.
10. Darren Dahl, "Meet the Travel App That Helps You Talk Like a Local," *Forbes*, February 5, 2014, www.forbes.com/sites/united/2014/02/05/meet-the-travel-app-that-helps-you-talk-like-a-local (accessed April 11, 2016).
11. Jon Chase, "The 12 Best Apps for International Travelers," August 12, 2014, http://www.cntraveler.com/galleries/2014-08-12/the-12-best-apps-for-international-travelers (accessed April 8, 2016).
12. Apple Inc., "iPod + iTunes Timeline," https://www.apple.com/pr/products/ipodhistory (accessed April 11, 2016); http://www.every-mac.com/systems/apple/ipod/ipod-faq/how-many-songs-does-ipod-hold-capacity.html (accessed April 11, 2016).
13. http://www.statista.com/statistics/276307/global-apple-ipod-sales-since-fiscal-year-2006/ (accessed April 28, 2016); Jason Cipriani, "The Real Reason Apple Decided to Release a New iPod Touch," *Fortune*, July 15, 2015, http://fortune.com/2015/07/15/apple-ipod-touch/ (accessed April 8, 2016); Vindu Goel, "IPhone Sales Drop, and Apple's 13-Year Surge Ebbs," *The New York Times,* April 26, 2016, http://www.nytimes.com/2016/04/27/technology/apple-q2-earnings-iphone.html?_r=0, accessed April 28, 2016.
14. Tim Ambler, *Marketing and the Bottom Line*, 2nd ed. (Edinburgh Gate: FT Press, 2004), 172.
15. Jens Hansegard, "Lego's Plan to Find the Next Big Hit: Crowdsource It," *The Wall Street Journal*, February 25, 2015, http://blogs.wsj.com/digits/2015/02/25/legos-plan-to-find-the-next-big-hit-crowdsource-it/ (accessed April 8, 2016); Lego Ideas, "How it Works," https://ideas.lego.com/howitworks (accessed April 8, 2016).
16. Anita Li, "Smartphone-Controlled Toilet Features Remote Lid, Speakers, App," *Mashable,* December 15, 2012, http://mashable.com/2012/12/15/smartphone-controlled-toilet/?utm_source=feedburner&utm_medium=email&utm_campaign=Feed%3A+Mashable+%28Mashable%29#hhvMklnHAZqp (accessed April 29, 2016).
17. Green Vehicle Guide, "Vehicle Emissions," http://www.greenvehicleguide.gov.au/pages/Information/VehicleEmissions (accessed April 8, 2016)

18. Russell Hotten, "Volkswagen: The Scandal Explained," BBC, December 10, 2015, http://www.bbc.com/news/business-34324772 (accessed April 8, 2016).
19. Alex Davies, "The Real Winner in the VW Diesel Car Scandal? Hybrid Cars," *Wired*, September 24, 2015, http://www.wired.com/2015/09/volkswagen-diesel-cheating-scandal-is-good-for-hybrid-cars/ (accessed April 8, 2016).
20. goTenna, "How It Works," http://www.gotenna.com/pages/how-it-works (accessed April 9, 2016).
21. Simon Pitman, "Pfizer Sues P&G over Mouthwash Ad Claims," March 6, 2006, http://www.cosmeticsdesign.com/Market-Trends/Pfizer-sues-P-G-over-mouthwash-ad-claims (accessed April 11, 2016).
22. Chance Barnett, "Top 10 Crowdfunding Sites for Fundraising," *Forbes*, May 8, 2013, www.forbes.com/sites/chancebarnett/2013/05/08/top-10-crowdfunding-sites-for-fundraising (accessed April 11, 2016).
23. Brad Stone, "Analysts Ask If the iPad Can Live Up to Its Hype," *The New York Times*, March 28, 2010, www.nytimes.com/2010/03/29/technology/29apple.html (accessed April 11. 2016).
24. Malcolm Gladwell, *The Tipping Point* (Newport Beach, CA: Back Bay Books, 2002).
25. Ewan Spence, "Samsung's Sneaky Viral Strategy to Sell the Galaxy S7," *Forbes*, http://www.forbes.com/sites/ewanspence/2016/02/18/samsung-galaxy-s7-unboxing-video-review/#3460a03f3dd8 (accessed April 8, 2016).
26. Samsung, "Seven Days of Unboxing," http://www.samsung.com/se/sevendaysofunboxing/?CID=AFL-hq-mul-0813-11000170 (accessed April 8, 2016).
27. Michelle Castillo, "Lil Wayne Help Samsung Reach Viral Success," CNBC, March 23, 2016, http://www.cnbc.com/2016/03/23/lil-wayne-helps-samsung-reach-viral-success.html (accessed April 8, 2016).
28. Taylor Bloom, "Multiple Players at the Masters Are Using Clubs Designed by Boeing," April 9, 2016, http://www.sporttechie.com/2016/04/09/multiple-players-at-the-masters-are-using-clubs-designed-by-boeing/ (accessed April 9, 2016).
29. Tamagotchi Friends, "Tamagotchi Friends™ Debuts!" February 18, 2014, http://us.tamagotchifriends.com/2014/02/18/tamagotchi-friends-debuts/ (accessed April 11, 2016).
30. "Mtn Dew® Kickstart™ Launches Two New Flavors With Coconut Water And Introduces 'It All Starts With A Kick' Campaign," *PRNewswire*, January 21, 2015, http://www.prnewswire.com/news-releases/mtn-dew-kickstart-launches-two-new-flavors-with-coconut-water-and-introduces-it-all-starts-with-a-kick-campaign-300023487.html (accessed April 9, 2016).
31. Everett Rogers, *Diffusion of Innovations* (New York: Free Press, 1983), 247–51.
32. Techopedia, "Bleeding Edge," https://www.techopedia.com/definition/23222/bleeding-edge (accessed April 11, 2016).
33. Sources used in this section: "Wi-Fi's Big Brother," *Economist*, March 13, 2004, 65; William J. Gurley, "Why Wi-Fi Is the Next Big Thing," *Fortune*, March 5, 2001, 184; Joshua Quittner, "Cordless Capers," *Time*, May 1, 2000, 85; Scott Van Camp, "Intel Switches Centrino's Gears," *Brandweek*, April 26, 2004, 16; Benny Evangelista, "SBC Park a Hot Spot for Fans Lugging Laptops," *San Francisco Chronicle*, April 26, 2004, A1; Todd Wallack, "Santa Clara Ready for Wireless," *San Francisco Chronicle*, April 19, 2004, D1; Glenn Fleishman, "Three Essays on Muni-Fi You Should Read," http://wifinetnews.com.
34. Christine Chen and Tim Carvell, "Hall of Shame," *Fortune*, November 22, 1999, 140.
35. "Top 10 Failed Products," www.smashinglists.com/top-10-failed-products/2 (accessed April 11, 2016).
36. Market Watch, "12 Worst American Product Flops," April 10, 2015, http://www.marketwatch.com/story/12-worst-american-product-flops-2015-04-10 (accessed April 9, 2016).
37. Rogers, *Diffusion of Innovations*, chap. 6.
38. Patrick Sarkissian, "Why Metrics Are Killing Creativity in Advertising," March 10, 2010, http://adage.com/article/guest-columnists/view-

point-metrics-killing-creativity-advertising/142600 (accessed April 11, 2016).

제9장

1. David Kiley, "The MINI Bulks Up," NBC News, January 27, 2006, http://www.nbcnews.com/id/10992248/ns/business-us_business/t/mini-bulks/ (accessed April 15, 2016).

2. Trader Joe's, "Timeline," http://www.traderjoes.com/our-story/timeline (accessed April 15, 2016).

3. Frito-Lay, "Lay's Classic Potato Chips," http://www.fritolay.com/snacks/product-page/lays (accessed April 15, 2016).

4. Tiffany Burlingame, "Lay's Southern Biscuits And Gravy Flavored Chips Is 2015 'Do Us A Flavor' Contest Winner," October 22, 2015, http://www.fritolay.com/blog/blog-post/snack-chat/2015/10/22/lays-southern-biscuits-and-gravy-flavored-chips-is-2015-do-us-a-flavor-contest-winner.htm (accessed April 15, 2016).

5. Campbell's Soups, https://www.campbells.com/campbell-soup/ (accessed July 15, 2016).

6. Rolls-Royce Motor Cars, www.rolls-roycemotorcars.com (accessed April 15, 2016).

7. Trefis Team, "Estee Lauder Increasing Focus on Its Fragrance Business with Another High End Brand Acquisition," *Forbes*, February 29, 2016, http://www.forbes.com/sites/greatspeculations/2016/02/29/estee-lauder-increasing-focus-on-its-fragrance-business-with-another-high-end-brand-acquisition/#54f68e4d5cad (accessed April 15, 2016).

8. Bernie Woodall, "Kia Tries to Burnish Image with $66,000 Luxury K900 Car," *Chicago Tribune*, May 16, 2014, http://articles.chicagotribune.com/2014-05-16/marketplace/sns-rt-us-kia-motors-k900-20140515_1_luxury-brand-bernie-woodall-k900 (accessed April 15, 2016).

9. Jay Ramey, "2015 Kia K900 Luxury Sedan Gets $5,000 Price Cut," January 28, 2015, http://autoweek.com/article/car-news/2015-kia-k900-luxury-sedan-gets-5000-price-cut (accessed April 15, 2016).

10. Jack Neff, "P&G Makes It Official with Beauty Divestiture to Coty," July 9, 2015, http://adage.com/article/adroll/p-g-makes-official-beauty-divestiture-coty/299408/ (accessed April 15, 2015).

11. Jennifer Kaplan, "Constellation to Buy Ballast Point Brewing for $1 Billion," *Bloomberg*, November 16, 2015, http://www.bloomberg.com/news/articles/2015-11-16/constellation-to-acquire-ballast-point-brewery-for-1-billion (accessed April 15, 2016).

12. David Gelles, "Social Responsibility That Rubs Right Off," October 17, 2015, *The New York Times*, http://www.nytimes.com/2015/10/18/business/energy-environment/social-responsibility-that-rubs-right-off.html (accessed April 16, 2016).

13. Karina Basso, "Huggies Maker Sued in Natural Label Class Action Lawsuit," August 11, 2015, http://topclassactions.com/lawsuit-settlements/lawsuit-news/94041-huggies-maker-sued-in-natural-label-class-action-lawsuit/ (accessed April 15, 2016).

14. Geoffrey Colvin, "The Ultimate Manager," *Fortune*, November 22, 1999, 185–87.

15. www.iso.org/iso/home/standards.htm (accessed April 15, 2016).

16. Al Ries and Laura Ries, *The Origin of Brands* (New York: Collins, 2005).

17. Matt Swider, "PS$ Vs Xbox One: Which Console Is Better," *TechRadar*, December 4, 2015, http://www.techradar.com/news/gaming/consoles/ps4-vs-xbox-720-which-is-better-1127315/4 (accessed April 16, 2016); Charles Poladian, "PS4 Launch Cost Vs. PS4: Oh How the Prices Have Dropped," *International Business Times*, November 12, 2013, http://www.ibtimes.com/ps4-launch-cost-vs-ps3-oh-how-prices-have-dropped-1466806 (accessed April 16, 2016); Jacob Siegal, "All the Reasons Why the PS4 Is Consistently Crushing the Xbox One," *BGR*, July 10, 2014, http://bgr.com/2014/07/10/why-is-the-ps4-outselling-the-xbox-one/ (accessed April 16, 2016).

18. Laurie Burkitt and Ken Bruno, "New, Improved … and Failed," NBC News, March 24, 2010, http://www.nbcnews.com/id/36005036/ns/business-forbescom#.VxIWo6QrKM8 (accessed April 16, 2016).

19. Steve Dent, "iPhone 6s Breaks Apple Sales Record with 13 Million Sold," September 28, 2015, http://www.engadget.com/2015/09/28/apple-iphone-6s-sales-record/ (accessed April 16, 2016).

20. "'Apple' Wins Logo Lawsuit against Beatles," May 8, 2006, www.macnn.com/articles/06/05/08/apple.wins.logo.lawsuit (accessed April 16, 2016).

21. "The Most Famous Name in Music," *Music Trades* 118, no. 12 (September 2003).

22. Suzanne Vranica, "McDonald's Vintage T-Shirts Sizzle," *Post-Gazette*, April 27, 2006, www.post-gazette.com/pg/06117/685629-28.stm (accessed April 16, 2016).

23. Susan Fournier, "Consumers and Their Brands: Developing Relationship Theory in Consumer Research," *Journal of Consumer Research* 24 (March 1998): 343–73.

24. Austin Carr, "Airbnb Unveils a Major Rebranding Effort that Paves the Way for Sharing More than Homes," *Fast Company*, July 16, 2014, http://www.fastcompany.com/3033130/most-innovative-companies/airbnb-unveils-a-major-rebranding-effort-that-paves-the-way-for-sh (accessed April 16, 2016).

25. Kevin Lane Keller, "The Brand Report Card," *Harvard Business Review*, January–February 2000 (Harvard Business School reprint R00104).

26. Jeremy Sinek, "As Luxury Makers Offer Cheaper Cars, Does It Help or Devalue the Brand?" *The Globe and Mail*, April 12, 2016, http://www.theglobeandmail.com/globe-drive/news/industry-news/as-luxury-makers-offer-cheaper-cars-does-it-help-or-devalue-the-brand/article29539479/ (accessed April 16, 2016).

27. www.brandingstrategyinsider.com/2010/08/exploring-the-value-of-sub-brands.html#.U5Ul5H7D9Mw (accessed April 16, 2016).

28. Duane D. Stanford "Coca-Cola Makes over Look of Cans to Shake Calorie Stigma," *Bloomberg*, March 5, 2015, http://www.bloomberg.com/news/articles/2015-03-05/coca-cola-ripping-up-old-can-look-in-europe-to-shake-calorie-hex (accessed July 16, 2016); Thomas Hobbs, "Coca-Cola Takes 'One Brand' Marketing Strategy Global with 'Taste the Feeling' Campaign," *Marketing Week*, January 19, 2016, https://www.marketingweek.com/2016/01/19/coca-cola-takes-one-brand-marketing-strategy-global-as-it-unveils-new-tagline/ (accessed April 16, 2016); Jay Moye, "'One Brand' Strategy, New Global Campaign Unite Coca-Cola Trademark," January 19, 2016, http://www.coca-colacompany.com/tastethefeeling/ (accessed April 16, 2016).

29. www.costco.com/insider-guide-ks-products.html (accessed April 16, 2016).

30. "Psst! Wanna See Loblaws' New Products?" *Private Label Buyer* 10, no. 1 (January 2003); Len Lewis, "Turf War!," *Grocery Headquarters* 13, no. 6 (November 2002).

31. www.walmart.com/cp/1078664?povid=cat5431-env198764-moduleB120712-lLinkFC44DollarPrescriptions (accessed April 16, 2016).

32. "Hasbro and Rovio Enter into Expanded Angry Birds Licensing Agreement," June 17, 2013, http://www.rovio.com/hasbro-and-rovio-enter-expanded-angry-birds-licensing-agreement (accessed April 16, 2016).

33. Tony Lisanti, "Warner Bros. and the Magic World of Harry Potter," June 1, 2009, http://www.licensemag.com/license-global/warner-bros-and-magic-world-harry-potter (accessed April 16, 2016); Morgan Korn, "Universal Makes Big Bet on Harry Potter Again," June 23, 2014, http://finance.yahoo.com/blogs/daily-ticker/universal-s-diagon-alley-opens-july-8-131552766.html (accessed April 16, 2016); Leo Sun, "Theme Park Sales Again," April 1, 2016, http://www.fool.com/investing/general/2016/04/01/harry-potter-may-boost-comcast-corps-theme-park-sa.aspx (accessed April 16, 2016).

34. Zeiss, "Sony and Zeiss: What Photographers Should Know about the Partnership," July 29, 2015, http://lenspire.zeiss.com/en/sony-and-zeiss-what-photographers-should-know-about-the-partnership/ (accessed April 16, 2016).

35. D. C. Denison, "The Boston Globe Business Intelligence Column," *Boston Globe*, May 26, 2002.

36. "Putting Zoom into Your Life," *Time International*, March 8, 2004, 54.

37. Stephanie Thompson, "Brand Buddies," *Brandweek*, February 23, 1998, 26–30; Jean Halliday, "L.L. Bean, Subaru Pair for Co-Branding," *Advertising Age*, February 21, 2000, 21.

38. The Harris Poll, "Enduring Brands Top 2015 Harris Poll EquiTrend® List," March 24, 2015, http://www.theharrispoll.com/business /Enduring-Brands-Top-2015-Harris-Poll-EquiTrend-List.html (accessed April 15, 2016).

39. Kusum L. Ailawadi, Donald R. Lehmann, and Scott A. Neslin, "Revenue Premium as an Outcome Measure of Brand Equity," *Journal of Marketing* 67 (October 2003): 1–17.

40. www.pringles.com/en_US/home.html (accessed April 16, 2016).

41. Packaging World, "Jim Beam Family DNA Informs Bourbon Bottle Redesign," April 16, 2016, http://www.packworld.com/package-design/re-design/jim-beam-family-dna-informs-bourbon-bottle-redesign (accessed April 16, 2016).

42. Aaron Baar, "Accidental Purchases: Blame Package Design, *Marketing Daily/MediaPost News*, October 29, 2010 http://www.mediapost. com/publications/article/116283 /accidental-purchases-blame-package-design.html (accessed April 16, 2016).

43. "Labels to Include Trans Fat," *San Fernando Valley Business Journal*, January 19, 2004, 15.

44. Professor Jakki Mohr, University of Montana, personal communication (April 2004).

45. Russell Parsons, "Consumers Rate a Brand's Ethics before Buying, Study Finds," July 29, 2011, http://www.marketingweek.com/2011/07/29/con-sumers-rate-a-brands-ethics-before-buying-study-finds/ (accessed April 16, 2016).

46. FDA, "FDA Revises Propose Nutrition Facts Label Rule to Include a Daily Value for Added Sugars," July 24, 2015, http://www.fda.gov/ NewsEvents/Newsroom/PressAnnouncements/ucm455837.htm (accessed April 17, 2016).

제10장

1. Paul W. Farris, Neil T. Bendle, Phillip E. Pfeifer, and David J. Reibstein, Marketing Metrics: The Definitive Guide to Measuring Marketing Performance (Upper Saddle River, NJ: Pearson Education, 2010).

2. Max Mason, "Virgin Battle Testing Qantas' Domestic Strategy," May 21, 2014, www.smh.com.au/business/aviation/virgin-battle-testing-qantas-do-mestic-strategy-20140521-38nh9.html#ixzz32Urapa3N (accessed May 22, 2014).

3. Associated Press, "Walmart's New Tool Gives You Competitors' Prices," March 21, 2014, www.dailyfinance.com/2014/03/21 /walmart-new-tool-provides-competitors-prices (accessed May 22, 2014).

4. "This Day in History," www.history.com/this-day-in-history /seventeen-states-put-gasoline-rationing-into-effect (accessed May 23, 2014).

5. Jennifer Waters, "It's a New Day for Credit Cards," *The Wall Street Journal*, February 21, 2010, http://online.wsj.com/article /SB126670472534749217.html?KEYWORDS5credit1card1rate1regu-lations (accessed March 3, 2010).

6. "Key Features of the Affordable Care Act by Year," www.hhs.gov/health-care/facts/timeline/timeline-text.html (accessed May 10, 2014); Rick Ungar, "The Real Numbers on 'The Obamacare Effect' Are In—Now Let the Crow Eating Begin," *Forbes*, March 10, 2014, www.forbes.com/ sites/rickungar/2014/03/10/the-real-numbers-on-the-obamacare-effect-are-in-now-let-the-crow-eating-begin (accessed May 20, 2014).

7. Daphne Kasriel-Alexander, *Top 10 Global Consumer Trends for 2016, White paper*, 2016, Euromonitor International.

8. Steward Washburn, "Pricing Basics: Establishing Strategy and Determining Costs in the Pricing Decision," *Business Marketing*, July 1985, reprinted in Valerie Kijewski, Bob Donath, and David T. Wilson, eds.,

The Best Readings from Business Marketing Magazine (Boston: PWS-Kent, 1993), 257–69.

9. Robert L. Steiner, "The Inverse Association Between the Margins of Manufacturers and Retailers," *Review of Industrial Organization* 8 (1993): 717–40, As cited in Robert M. Schindler, *Pricing Strategies: A Marketing Approach* (Thousand Oaks, CA: SAGE Publications, Inc., 2012), 23.

10. Charles L. Ilvento, *Profit Planning and Decision Making in the Hospitality Industry* (Dubuque, IA: Kendall/Hunt Publishing Company, 1996), 154. As cited in Robert M. Schindler, *Pricing Strategies: A Marketing Approach* (Thousand Oaks, CA: SAGE Publications, Inc., 2012), 23.

11. Robin Cooper and W. Bruce Chew, "Control Tomorrow's Costs through Today's Design," *Harvard Business Review*, January–February 1996, 88–97.

12. David Adodaher, Iacocca (New York: Macmillan Publishing Co., 1982), 126, as cited in Robert M. Schindler, *Pricing Strategies: A Marketing Approach* (Thousand Oaks, CA: SAGE Publications, Inc., 2012), 37.

13. http://www.tutor2u.net/blog/index.php/business-studies /comments/qa-explain-price-skimming (accessed May 12, 2014).

14. Campbell's, "About Us," www.campbellsoupcompany.com /about-campbell (accessed May 8, 2014).

15. Laura Northrup, "QVC Bundles Some Accessories with iPad 2, Doubles the Price," March 22, 2012, http://consumerist.com/2012/03/22/ qvc-bundles-some-accessories-with-ipad-2-doubles-the-price (accessed May 8, 2014).

16. Export 911, "International Commercial Terms," www.export911.com/ e911/export/comTerm.htm (accessed May 27, 2008).

17. Megan Gibson, "Happy 10th Birthday, iTunes!" April 28, 2013, http://en-tertainment.time.com/2013/04/28/happy-10th-birthday-itunes (accessed May 8, 2014).

18. "Music Goes Mobile as More Smartphone Users Stream Songs," August 13, 2013, www.emarketer.com/Article/Music-Goes-Mobile-More-Smart-phone-Users-Stream-Songs/1010126 (accessed May 10, 2014).

19. Adam Tanner, "Different Customers, Different Prices, Thanks to Big Data," *Forbes*, March 26, 2014, www.forbes.com/sites/adamtanner /2014/03/26/different-customers-different-prices-thanks-to-big-data (accessed May 23, 2014).

20. "Definition of 'Price Discrimination,'" www.investopedia.com /terms/p/price_discrimination.asp (accessed May 23, 2014).

21. Jennifer Valentino-DeVries, Jeremy Singer-Vine, and Ashkan Soltani, "Websites Vary Prices, Deals Based on Users' Information," *The Wall Street Journal*, December 24, 2012, http://online.wsj.com/news/articles/ SB10001424127887323777204578189391813881534 (accessed May 1, 2014).

22. Quoted in Julia Angwin, Surya Mattu, and Jeff Larson, "The Tiger Mom Tax: Asians Are Nearly Twice as Likely to Get a Higher Price from Princeton Review," *Pro Publica*, September 1, 2015, https://www. propublica.org/article/asians-nearly-twice-as-likely-to-get-higher-price-from-princeton-review (accessed April 20, 2016).

23. "What Is Freemium?" www.freemium.org/what-is-freemium-2 (accessed May 22, 2014).

24. David Ackerman and Gerald Tellis, "Can Culture Affect Prices? A Cross-Cultural Study of Shopping and Retail Prices," *Journal of Retailing* 77 (2001): 57–82.

25. Shankar Vedantam, "Eliot Spitzer and the Price-Placebo Effect," *Washington Post*, March 17, 2008, www.washingtonpost.com /wp-dyn/content/article/2008/03/16/AR2008031602168.html (accessed May 27, 2008).

26. William J. Boyes, Allen K. Lynch, and William Stewart, "Why Odd Pricing?" *Journal of Applied Social Psychology* 37, no. 5 (May 2007): 1130–40; Robert M. Schindler and Thomas M. Kibarian, "Increased Consumer Sales Response through Use of 99-Ending Prices," *Journal of Retailing* 72 (1996): 187–99.

27. Sarah Kershaw, "Using Menu Psychology to Entice Diners," *The New York Times*, December 22, 2009, www.nytimes.com/2009/12/23

/dining/23menus.html?scp51&sq5Using%20Menu%20Psychology%20 to%20Entice%20Diners&st5cse (accessed March 3, 2010).

28. Stephanie Rosenbloom, "Back-to-School Discounts Are Deeper, More Creative," *The New York Times*, August 14, 2008, www.nytimes.com/2008/08/15/business/15retail.html ?scp51&sq5Back-to-School%20Discounts%20Are%20Deeper,%20 More%20Creative&st5cse (accessed March 4, 2010).

29. Sam Gustin, "Apple Found Guilty in E-Book Price Fixing Conspiracy Trial," *Time*, July 10, 2013, http://business.time.com/2013/07/10/ apple-found-guilty-in-e-book-price-fixing-conspiracy-trial (accessed May 8, 2014).

30. Adam Bryant, "Aisle Seat Bully?" *Newsweek*, May 24, 1999, 56.

제11장

1. Rob Price, "Netflix Has an Ingenious, Piracy-Combating Way to Set Its International Pricing," *Business Insider*, April 17, 2015, http://www.businessinsider.com/netflix-piracy-international-pricing-streaming-earnings-2015-4?r=UK&IR=T (accessed April 24, 2016); Tori Floyd, "Netflix Says Service's Presence in Canada has Helped Drop Piracy by 50 Percent," September 19, 2013, https://ca.news.yahoo.com/blogs/right-click/netflix-says -presence-canada-helped-drop-piracy-50-133215784.html (accessed April 24, 2016).

2. Procter & Gamble, "The eStore Featuring P&G Brands Launches Today to U.S. Consumers," May 20, 2010, http://news.pg.com /press-release/pg-corporate-announcements/estore-featuring -pg-brands-launches-today-us-consumers (accessed April 24, 2016); The CMO Survey, "The Lure of Disintermediation," December 6, 2011, https://cmosurvey.org/blog/the-lure-of -disintermediation/#more-2506 (accessed April 24, 2016).

3. Pavithra Mohan, "Report: Amazon to Open Hundreds of Brick-And-Mortar Bookstores," *Fast Company*, February 2, 2016, http://www. fastcompany.com/3056266/fast-feed/amazon -to-open-hundreds-of-brick-and-mortar-bookstores?utm _source=mailchimp&utm_medium=email&utm_campaign=fast -company-daily-newsletter&position=1&partner=newsletter&cam paign_date=02032016 (accessed May 2, 2016).

4. Rowland T. Moriarty and Ursula Moran, "Managing Hybrid Marketing Systems," *Harvard Business Review*, November– December 1990, 2–11.

5. Ultradent Products Inc., "The Opalescence® Story," https://www.ultra-dent.com/en-us/Dental-Products-Supplies/Tooth -Whitening/Pages/Opalescence-Story.aspx?s_cid=1396 (accessed April 24, 2016).

6. http://www.mysubscriptionaddiction.com/2016/01/subscription-boxes-you-can-try-for-10.html (accessed May 2, 2016); Elizabeth Segran, "From Socks to Sex Toys: Inside America's Subscription-Box Obsession," *Fast Company*, April 6, 2015, http://www.fastcompany.com/3044527/ most-creative-people/from-socks-to-sex-toys-inside-americas-subscrip-tion-box-obsession (accessed May 2, 2016).

7. Redken, "Anti-Diversion Policy," http://www.redken.com/anti-diversion (accessed April 25, 2016).

8. www.washingtonpost.com/blogs/capital-business/post /wal-mart-invites-local-business-to-join-it-on-georgia-avenue /2013/04/30/bc9a60fe-b1ae-11e2-9a98-4be1688d7d84_blog.html (accessed April 25, 2016).

9. Oneworld, "Member Airlines," www.oneworld.com/member-airlines/ overview (accessed April 25, 2016).

10. Sophie Doran, "In Conversation with Thierry Stern, President, Patek Philippe," April 22, 2014, http://luxurysociety.com/articles/2014/04/ in-conversation-with-thierry-stern-president-patek-philippe (accessed April 25, 2016); PatekPhilippe, "Authorized Retailers," http://www. patek.com/en/retail-network/authorized-retailers (accessed April 25, 2016).

11. Jordan England-Nelson, "Small Businesses Tap Amazon's Shipping Prowess to Sell More, Earn More," *Daily Breeze*, http://www.daily-breeze.com/business/20140815/small-businesses-tap-amazons-shipping-prowess-to-sell-more-earn-more (accessed April 25, 2016).

12. Starbucks, "Supplier Diversity Program," http://www.starbucks.com/ responsibility/sourcing/suppliers (accessed April 25, 2016).

13. David Streitfield, "Amazon and Hachette Resolve Dispute," *The New York Times*, November 13, 2014, http://www.nytimes.com/2014/11/14/ technology/amazon-hachette-ebook-dispute.html (accessed April 25, 2016).

14. Toby B. Gooley, "The Who, What, and Where of Reverse Logistics," *Logistics Management* 42 (February 2003): 38–44; James R. Stock, *Development and Implementation of Reverse Logistics Programs* (Oak Brook, IL: Council of Logistics Management, 1998), 20.

15. Danielle Kucera, "Amazon Ramps Up $13.9 Billion Warehouse Building Spree," *Bloomberg*, August 21, 2013, http://www.bloomberg.com/news/ articles/2013-08-20/amazon-ramps-up-13-9-billion-warehouse-build-ing-spree; http://www.bloomberg.com/news/articles/2013-08-20/ama-zon-ramps-up-13-9-billion-warehouse-building-spree (accessed April 25, 2016); Lisa Easdiccio, "How Amazon Delivers Packages in Less than an Hour," *Time*, December 22, 2015, http://time.com/4159144/amazon-prime -warehouse-new-york-city-deliveries-christmas/ (accessed April 25, 2016).

16. Amazon Prime Air, http://www.amazon.com/b?node=8037720011 (accessed May 2, 2016).

17. John Biggs, "Matternet to Test the First Real Drone Delivery System in Switzerland," *Tech Crunch*, April 23, 2015, http://techcrunch. com/2015/04/23/matternet-to-test-the-first-real-drone-delivery-sys-tem-in-switzerland/ (accessed April 25, 2016).

18. "Spychipped Levi's Brand Jeans Hit the U.S.," April 27, 2006, www. spychips.com/press-releases/levis-secret-testing.html (accessed April 25, 2016); Katherine Albrecht and Liz McIntyre, *Spychips: How Major Corporations and Government Plan to Track Your Every Purchase and Watch Your Every Move* (New York: Plume, 2006).

19. "Boycott Gillette," www.boycottgillette.com/index.html (accessed April 25, 2016).

20. Faye W. Gilbert, Joyce A. Young, and Charles R. O'Neal, "Buyer-Seller Relationships in Just-in-Time Purchasing Environments," *Journal of Organizational Research* 29 (February 1994): 111–20.

21. Loretta Chao, "Wal-Mart Reins Back Inventory in a Revamped Supply Chain," *The Wall Street Journal*, August 18, 2015, http://www.wsj. com/articles/wal-mart-reins-back-inventory-in-a-revamped-sup-ply-chain-1439933834 (accessed April 26, 2016).

22. www.supplychainmetric.com/inventoryturns.htm (accessed April 25, 2016).

23. Thomas L. Friedman, *The World Is Flat 3.0: A Brief History of the Twenty-First Century* (New York: Picador, 2007).

24. Emma Court, "What Chipotle's Farm-to-Fork Approach Looks Like Post-Food Safety Scandals," *Market Watch*, February 8, 2016, http:// www.marketwatch.com/story/can-chipotles-farm -to-fork-approach-be-sustained-2016-01-07 (accessed April 26, 2016).

25. Sarah Whitten, "CDC Declares Chipotle-Linked E. coli outbreak Over," CNBC, February 1, 2016, http://www.cnbc.com/2016/02/01/ cdc-declares-chipotle-linked-e-coli-outbreak-over.html (accessed April 27, 2016).

26. "Perfect Order Measure," www.supplychainmetric.com/perfect.htm (accessed April 25, 2016).

제12장

1. Dan Berthiaume, "Retail Sales to Reach $4.9 Trillion in 2015," *Chain Store Age*, February 19, 2015, http://www.chainstoreage.com/article/re-tail-sales-reach-49-trillion-2015 (accessed July 15, 2016).

2. Bureau of Labor Statistics, U.S. Department of Labor, "The Employment Situation—June 2016," http://www.bls.gov/news.release/ pdf/empsit.pdf (accessed July 15, 2016).

3. Stanley C. Hollander, "The Wheel of Retailing," *Journal of Retailing*, July 1960, 41.

4. "Pier 1 Imports History," http://www.pier1.com/public-relations/pr_his-tory,default,pg.html (accessed May 5, 2016).

5. Stephanie Rosenbloom and Jack Healy, "Retailers Post Weak Earnings and July Sales," *The New York Times*, August 13, 2009, www.nytimes.com/2009/08/14/business/14shop.html?scp52&sq5christmas%20sales%20percentage%20of%20annual&st5cse (accessed March 15, 2010).

6. Bruce Lambert, "Once Robust, Retail Scene on the Island Is Smarting," *The New York Times*, May 7, 2009, www.nytimes.com/2009/05/10/nyregion/long-island/10rooseveltli.html?scp55&sq5retail%20bankruptcies&st5cse (accessed March 15, 2010).

7. Christopher Durham, "Private Brand Sales Outpace National Brands—PLMA's 2013 Private Label Yearbook," June 28, 2013, http://mypbrand.com/2013/06/28/private-brands-sales-outpace-national-brands-plmas-2013-private-label-yearbook (accessed May 10, 2014).

8. Jack Neff, "Walmart Reversal Marks Victory for Brands," *Ad Age*, March 22, 2010, http://adage.com/article?article_id5142904 (accessed September 30, 2010).

9. John Ewoldt, "Total Wine & More Superstore May Steer You to Its Private Labels," *Star Tribune*, November 4, 2013, www.startribune.com/blogs/230540151.html (accessed May 15, 2014); Kim Peterson, "12 Things About Costco You Ought to Know," CBS News Money Watch, July 16, 2014, http://www.cbsnews.com/media/12-things-about-costco-that-may-surprise-you/13/ (accessed April 23, 2016).

10. Peterson, "12 Things About Costco you Ought to Know."

11. www.trendhunter.com/trends/augmented-pixels-showinroom (accessed May 18, 2014); Thomas M. Anderson, "Checkups on the Run," *Kiplinger Personal Finance*, May 2006, 96.

12. "Build-a-Bear Workshop, Build a Party" http://www.buildabear.com/party/ (accessed April 29, 2016).

13. Robin Nicol, "Verizon Destination Store Opens at Mall of America', New Retail Experience Helps Customers Discover the Latest in Wireless Technology," Verizon.com, November 19, 2013, (accessed April 24, 2016).

14. "Omnichannel Retailing: The New Normal," National Retailing Federation, https://nrf.com/resources/retail-library/omnichannel-retailing-the-new-normal (accessed April 25, 2016); http://www.slideshare.net/SonataSoftware/omni-channel-retail-the-new-normal.

15. Barry Berman and Joel R. Evans, *Retail Management: A Strategic Approach*, 11th ed. (Upper Saddle River, NJ: Pearson Education, 2010).

16. Rachel Abrams, "Psst! It's Me, the Mannequin. This Would Look Great on You." *The New York Times*, December 18, 2014, http://www.nytimes.com/2014/12/19/business/psst-its-me-the-mannequin-this-would-look-great-on-you.html?smid=nytcore-iphone-share&sm-prod=nytcore-iphone&_r=1 (accessed April 26, 2016).

17. Rebecca Harrison, "Restaurants Try E-Menus," Reuters, February 25, 2008, http://uk.reuters.com/article/internetNews/idUKL204599320080226.

18. "Google Is Testing Hands-Free Payments," Canvas8, March 4, 2016, http://www.canvas8.com/signals/2016/03/04/google-hands-free.html (accessed April 26, 2016).

19. Nancy D. Albers-Miller, "Utilitarian and Experiential Buyers, http://facultyweb.berry.edu/nmiller/classinfo/601/Module%203/util_and_exp.htmn (accessed May 22, 2014).

20. "Retailtainment: The Future of Shopping?" May 25, 2014, www.independent.co.uk/news/business/analysis-and-features/retailtainment-the-future-of-shopping-2303942.html (accessed May 25, 2014).

21. "Thirsty for Innovation," March 28, 2014, http://saatchixlondon.wordpress.com/2014/04/10/on-the-move-with-ikea (accessed May 25, 2014); "Karl Lagerfeld Puts Social Shopping at the Heart of Its New Store," March 20, 2014, http://saatchixlondon.wordpress.com/2014/04/10/on-the-move-with-ikea (accessed May 25, 2014); "H&M's Innovative Store," January 15, 2014, http://saatchixlondon.wordpress.com/2014/04/10/on-the-move-with-ikea (accessed May 25, 2014).

22. http://www.altagraciaapparel.com/news_entry.php?blog_id=11363; "Company Background," Company Background http://www.altagraciaapparel.com/about.html (accessed April 24, 2016).

23. Sean Deale, "Retailtainment: 10 Great Ideas to Increase Store-Based Retail Traffic," *In Store Trends*, December 21, 2011, www.instoretrends.com/index.php/2011/12/21/retailtainment-10-great-ideas-to-increase-store-based-retail-traffic/#sthash.8u7fjeF9.dpuf (accessed May 25, 2014).

24. Kathy Grannis Allen, "Retailers Estimate Shoplifting, Incidents of Fraud Cost $44 Billion in 2014," National Retail Federation, June 23, 2015, https://nrf.com/media/press-releases/retailers-estimate-shoplifting-incidents-of-fraud-cost-44-billion-2014 (accessed May 11, 2016).

25. Joel Griffin, "Study: Retailers' Shrink Reduction Efforts Pay Off," *Security Infowatch*, June 30, 2015, http://www.securityinfowatch.com/article/12088376/retailers-shrink-reduction-efforts-pay-off-2015-national-retail-security-survey-finds (accessed May 11, 2016).

26. Allen, "Retailers Estimate Shoplifting, Incidents of Fraud Cost $44 Billion in 2014."

27. Ibid.

28. Ibid.

29. Kelly Gates and Dan Alaimo, "Solving Shrink," *Supermarket News*, October 22, 2007, 43.

30. Francis Piron and Murray Young, "Retail Borrowing: Insights and Implications on Returning Used Merchandise," *International Journal of Retail & Distribution Management* 28, no. 1 (2000): 27–36.

31. Barbara Farfan, "Customer Service Research Reveals Profiling and Discrimination as Common Employee Practices—How Nordstrom, Costco, Trader Joe's Replace Customer Profiling with Service," March 31, 2013, http://retailindustry.about.com/b/2013/03/31/customer-service-research-reveals-profiling-and-discrimination-as-common-employee-practices-how-nordstrom-costco-trader-joes-replace-customer-profiling-with-service.htm (accessed May 17, 2014).

32. Brandon A. Perry, "Civil Rights Commission Probes Complaints about Retail Discrimination," *Indianapolis Recorder*, May 16, 2013, www.indianapolisrecorder.com/news/article_87bcda4e-be36-11e2-909e-0019bb2963f4.html (accessed May 17, 2014).

33. "Näraffär Viken Is a Staffless Supermarket," Canvas8, March 2016, http://www.canvas8.com/signals/2016/03/16/automated-supermarket.html (accessed April 26, 2016).

34. Linda Lisanti, "Adventure's Next Stop," *Convenience Store News*, March 3, 2008, 28–34; Michael Browne, "Maverik's Big Adventure," *Convenience Store News*, November 15, 2005, 50–54.

35. "About ALDI," www.aldifoods.com/us/html/company/about_aldi_ENU_HTML.htm?WT.z_src5main (accessed March 28, 2010).

36. Mark Albright, "Kohl's Debut with Fresh New Look," *St. Petersburg Times*, September 28, 2006, 1D.

37. Tribune Wire Reports, "Wal-Mart to Close 269 Stores, 154 of Them in the U.S.," *Chicago Tribune*, January 16, 2016, http://www.chicagotribune.com/business/ct-walmart-closing-stores-20160115-story.html (accessed April 24, 2016).

38. "Proof of Club Popularity in the 64-Ounce Pudding," *DSN Retailing Today*, December 19, 2005, 64.

39. Barry Berman and Joel R. Evans, *Retail Management: A Strategic Approach*, 12th ed. (Upper Saddle River, NJ: Pearson Education 2013).

40. Ashley Lutz, "Macy's Just Announced the End of Department Stores as We Know Them," *Business Insider*, January 19, 2016, http://www.businessinsider.com/macys-testing-discount-outlets-in-stores-2016-1 (accessed April 26, 2016).

41. http://www.carrefour.com/sites/default/files/2015_Overview.pdf.

42. Quoted in Stratford Sherman, "Will the Information Superhighway Be the Death of Retailing?" *Fortune*, April 18, 1994, 110.

43. Forrester Research, "Forrester Forecasts US Online Retail To Top $500B By 2020," April 28, 2016, https://www.forrester.com/Forrester+Forecasts+US+Online+Retail+To+Top+500B+By+2020/-/E-PRE9146 (accessed July 15, 2016).

44. Chantal Tode, "Mcommerce Sales to Reach $142B in 2016: Forrester," *Luxury Daily*, October 9, 2015, https://www.luxurydaily.com /mcommerce-sales-to-reach-142b-in-2016-forrester/ (accessed July 15, 2016).

45. Amy Dusto, "60% of U.S. Retail Sales Will Involve the Web by 2017," *Internet Retailer*, October 30, 2013, www.internetretailer .com/2013/10/30/60-us-retail-sales-will-involve-web-2017 (accessed May 15, 2014).

46. Ibid.

47. Jashen Chen and Russell K. H. Ching, "Virtual Experiential Marketing on Online Customer Intentions and Loyalty," *Proceedings of the 41st Hawaii International Conference on System Sciences*, 2008, http://citese-erx.ist.psu.edu/viewdoc/download?doi=10.1.1.133.4967&rep=rep1&-type=pdf (accessed May 23, 2014); Randall Stone, "Retailtainment to the Rescue," January 14, 2008, www.lippincott.com/en/insights/ retailtainment-to-the-rescue (accessed May 22, 2014).

48. The Network Experiential, "Creating a Storm: Two Retail Trends That Demonstrate the Real Value of Experiential Marketing," February 2, 2014, www.thenetwork-experiential.com/blogview.as-p?ID={27BA6D5C-85F0-428C-833C-37D7067AB651} (accessed May 22, 2014).

49. Bob Tedeschi, "A Quicker Resort This Year to Deep Discounting," *The New York Times*, December 17, 2007, www.nytimes.com/2007/12/17/ technology/17ecom.html?scp541&sq5forrester1research&st5nyt (accessed May 1, 2008).

50. Tode, "Mcommerce Sales to Reach $142B in 2016: Forrester."

51. Lauren Indvik, "Luxury Brands Still Tread Lightly with Social Media," *Forbes*, October 19, 2010, www.forbes.com/2010/10/19/burberry-christian-louboutin-technology-social-media.html (accessed May 20, 2014).

52. http://www.net-a-porter.com (accessed May 19, 2014).

53. ECP Team, "Reducing Shopping Cart Abandonment by Giving the Customer What They Want," *Ecommizer,* June 24, 2016, http://www. ecommercepartners.net/blog/reducing-shopping-cart-abandonment. html (accessed July 7, 2016).

54. "About PayPal," https://www.paypal.com/us/webapps/mpp /about (accessed July 7, 2016).

55. Amy Sample Ward, "Social Philanthropy: Raising Money on YouTube and Twitter," March 12, 2012, www.thenonprofittimes.com/news-ar-ticles/social-philanthropy-raising-money-on-youtube-and-twitter (accessed May 15, 2014).

56. Amazon.com, "Amazon.com Announces Fourth Quarter Sales up 22% to $35.7 Billion," Press Release, January 28, 2016, http://phx.corpo-rate-ir.net/phoenix.zhtml?c=176060&p=irol-newsArticle&ID=2133284 (accessed July 15, 2016).

57. Bass Pro Shops, "Bass Pro Shops Announces New Features of Mega Outdoor Store in Tampa/Hillsborough County, Fla." April 4, 2014, www.basspro.com/webapp/wcs/stores/servlet/CFPage?storeId=10151&-catalogId=10051&langId=-1&appID=34&template=news_display. cfm&newsID=559 (accessed May 17, 2014).

58. Direct Selling Association, "Direct Selling in 2014: An Overview," http://www.dsa.org/docs/default-source/research /research2014factsheet.pdf?sfvrsn=0 (accessed April 24 2016).

59. Direct Selling Association, "Ready, Set, Shop!" www.dsa.org /about/dsaoprahinsert.pdf (accessed May 16, 2014).

60. Amway, "Business Opportunity," www.amway.com/about-amway/busi-ness-opportunity (accessed May 15, 2014).

61. "Amway Corporation Company Profile," http://biz.yahoo.com/ ic/103/103441.html (accessed May 15, 2014).

62. Direct Selling Association, "The Difference between Legitimate Direct Selling Companies and Illegal Pyramid Schemes," www.dsa.org/ethics/ legitimatecompanies.pdf (accessed May 19, 2014).

63. Kathleen Davis, "9 Things You Never Thought You Would Buy from a Vending Machine," *Entrepreneur*, July 30, 2013, www.entrepreneur. com/slideshow/227452 (accessed May 15, 2014); Ariel Knutson, "24 Vending Machines You Won't Believe Exist," *Buzz Feed*, www. buzzfeed.com/arielknutson/vending-machines-you-wont-believe-exist (accessed May 15, 2014).

64. Jill Becker, "Vending Machines for All Your Needs," CNN, August 16, 2012, www.cnn.com/2012/08/16/travel/odd-vending-machines (accessed May 15, 2014).

65. Bureau of Labor Statistics, "Employment Projections: Employment by Major Industry Sector," December 8, 2015, http://www.bls.gov/emp/ ep_table_201.htm (accessed May 11, 2016).

66. Central Intelligence Agency, "The World Factbook," https://www .cia.gov/library/publications/the-world-factbook/geos/us.html (accessed May 11, 2016).

67. Brad Tuttle, "Travelers Still Avoiding Carnival After 'Poop Cruise,'" May 28, 2013, *Time*, http://business.time.com/2013/05/28 /travelers-still-avoiding-carnival-after-poop-cruise (accessed May 26, 2014).

68. John A. Czepiel, Michael R. Solomon, and Carol F. Surprenant, eds., *The Service Encounter: Managing Employee/Customer Interaction in Service Businesses* (Lexington, MA: D. C. Heath, 1985).

69. Cengiz Haksever, Barry Render, Roberta S. Russell, and Robert G. Murdick, *Service Management and Operations* (Englewood Cliffs, NJ: Prentice Hall, 2000), 25–26.

70. http://businesscenter.jdpower.com/news/pressrelease.aspx?ID52010092 (accessed June 20, 2010).

71. A. Parasuraman, Leonard L. Barry, and Valarie A. Zeithaml, "SERVQUAL: A Multiple-Item Scale for Measuring Consumer Percep-tions of Service Quality," *Journal of Retailing* 64, no. 1 (1988): 12–40; A. Parasuraman, Leonard L. Barry, and Valarie A. Zeithaml, "Refine-ment and Reassessment of the SERVQUAL Scale," *Journal of Retailing* 67, no. 4 (1991): 420–50.

72. Cynthia Webster, "Influences upon Consumer Expectations of Ser-vices," *Journal of Services Marketing* 5 (Winter 1991): 5–17.

73. Michael R. Solomon, "The Wardrobe Consultant: Exploring the Role of a New Retailing Partner," *Journal of Retailing* 63 (Summer 1987): 110–28.

74. Irving J. Rein, Philip Kotler, and Martin R. Stoller, *High Visibility* (New York: Dodd, Mead, 1987).

75. Michael R. Solomon, "Celebritization and Commodification in the In-terpersonal Marketplace," unpublished manuscript, Rutgers University, 1991.

76. Matt Rousch, "State Says Pure Michigan Campaign Drove $1.2 Billion Visitor Spending," March 11, 2014, http://detroit.cbslocal .com/2014/03/11/state-says-pure-michigan-campaign-drove -1-2-billion-visitor-spending (accessed May 16, 2014).

77. Ted Nesi and Perry Russom, "RI Chief Marketing Officer Resigns After 'Cooler & Warmer' Debacle," WPRI.com (April 1, 2016), http://wpri. com/2016/04/01/ri-chief-marketing-officer-resigns-after-cooler-warm-er-debacle/ (accessed April 26, 2016).

78. Gustav Niebuhr, "Where Religion Gets a Big Dose of Shopping-Mall Culture," *New York Times*, April 16, 1995, 1(2).

79. George Chen, "Hilton to Open More Waldorf, Conrad Hotels in China, Add 40,000 Jobs," June 12, 2013, www.scmp.com/business/ companies/article/1258695/hilton-open-more-waldorf-conrad-hotels-china-add-40000-jobs (accessed May 16, 2014).

제13장

1. Don E. Schultz and Heidi Schultz, *IMC. The Next Generation. Five Steps for Delivering Value and Measuring Returns Using Marketing Communica-tion* (New York: McGraw-Hill, 2003), 20–21.

2. Barbara Lippert, "Windows Debut: Almost 7th Heaven," October 26, 2009, www.adweek.com/aw/content_display/creative/critique/e3i7a4f-853fe57e4c0b5bf8e3a501635ead (accessed May 12, 2009).

3. *Advertising Age Marketing Fact Book,* 2016 ed., Crain Publications, De-cember 21, 2015.

4. Tricia Carr, "Jaguar Sharpens F-Type Push to Reach Men Ages 25–54," May 15, 2013, www.luxurydaily.com/jaguar-sharpens-f-type-push-to-25-54-year-old-males (accessed June 12, 2014).

5. *Advertising Age Marketing Fact Book,* 2016 ed., Crain Publications, December 21, 2015.

6. Molly Wood, "TV Apps Are Soaring in Popularity, Report Says," June 4, 2014, http://bits.blogs.nytimes.com/2014/06/04/report-tv-apps-are-soaring-in-popularity/?_php=true&_type=blogs&_r=0 (accessed June 10, 2014).

7. "Tablet Video Viewing Slightly Decreases as a Share of the Total," *eMarketer,* December 28, 2015, http://www.emarketer.com/Article/Smartphones-Continue-Drive-Mobile-Video-Consumption/1013389?ecid=NL1001#sthash.BX13V4ag.dpuf (accessed May 12, 2016).

8. Jack Neff, "SCJohnson Brand Effort Aims to Edge Out Public Rivals," *Advertising Age,* October 19, 2015, http://adage.com/article/contact-us/scjohnson-launches-brand-effort-edge-rivals-trust/300958/ (accessed May 11, 2016).

9. Ann-Christine Diaz, "Best of 2015 #8 TV/Film: A Mom's Social Media Post Shatters Lives in AT&T's Gut-Wrenching Ad," Creativity online, Advertising Age, July 20, 2015, http://creativity-online.com/work/att-it-can-wait--close-to-home/42768 (accessed May 11, 2016); Ann-Christine Diaz, "The Story Behind AT&T's Disturbing Phone-Safety Ad," July 27, 2015, *Advertising Age,* http://adage.com/article/behind-the-work/story-disturbing-mobile-phone-safety-ad/299678/ (accessed May 11, 2016).

10. Karen E. Klein, "Should Your Customers Make Your Ads?" January 3, 2008, www.businessweek.com/stories/2008-01-02/should-your-customers-make-your-ads-businessweek-business-news-stock-market-and-financial-advice (accessed August 24, 2014).

11. E. J. Schultz, "How 'Crash the Super Bowl' Changed Advertising," *Advertising Age,* January 4, 2016, http://adage.com/article/special-report-super-bowl/crash-super-bowl-changed-advertising/301966/ (accessed April 28, 2016).

12. Natasha Singer, "A Birth Control Pill That Promised Too Much," *The New York Times,* February 11, 2009, B1.

13. "FTC Calls B.S. on Lumosity's Deceptive 'Brain Training' Advertising," *Advertising Age,* January 5, 2016, www.adage.com/article/news/ftc-calls-b-s-lumosity-brain-training-company-pay-2m/302006/ (accessed April 28, 2016).

14. Ed Gillespie, "Greenwash and Hamming It Up—Mazda Makes a Mess of CX-5 Advert," February 27, 2012, www.theguardian.com/environment/blog/2012/feb/27/mazda-advert-dr-seuss-lorax (accessed June 16, 2014).

15. Bradley Johnson, "100 Leading National Advertisers," *Advertising Age,* June 27, 2016, 10–26.

16. Peter Cornish, personal communication, March 2010.

17. This remark has also been credited to a British businessman named Lord Leverhulme; see Charles Goodrum and Helen Dalrymple, *Advertising in America: The First 200 Years* (New York: Harry N. Abrams, 1990).

18. *Advertising Age Marketing Fact Book,* 2016 ed., Crain Publications, December 21, 2015.

19. Ad Age Staff, "Super Bowl 50 Complete Ad Chart: Who Bought Commercials in the Big Game," *Advertising Age,* February 7, 2016, http://adage.com/article/special-report-super-bowl/super-bowl-50-ad-chart-buying-big-game-commercials/301183/ (accessed May 11, 2016).

20. Phil Hall, "Make Listeners Your Customers," *Nation's Business,* June 1994, 53R.

21. Michael Sebastian and Nat Ives, "Top 10 Product Placements of the Last 10 Years," *Ad Age,* May 13, 2014, http://adage.com/article/media/top-10-product-placements-10-years/293140 (accessed June 27, 2014).

22. Christiaan Hetzner and Harro Ten Wolde, "Putting Cars in Video Games Is Now a $2.8 Billion Industry," *Huffington Post,* August 22, 2013, www.huffingtonpost.com/2013/08/22/car-in-video-games_n_3793607.html (accessed June 10, 2014).

23. Stuart Elliott, "Nationwide Insurance Teams with 'Mad Men,'" *The New York Times,* April 4, 2013, www.nytimes.com/2013/04/05/business/media/nationwide-insurance-teams-up-with-mad-men.html?_r=0 (accessed June 27, 2014).

24. "Interactive Advertising Revenues to Reach $147B Globally, $62.4B in US," www.marketingchartscom/direct/interactive-advertising-revenues-to-reach-147b-globally-624b-in-us-3567 (accessed April 21, 2008).

25. "Volvo Uses a Campaign of Interactive Digital Signage for the Launch of Its New Model V40," *Digital AV Magazine,* www.digital-avmagazine.com/en/2012/09/07/volvo-recurre-a-una-campana-de-digital-signage-interactivo-para-el-lanzamiento-de-su-nuevo-modelo-v40 (accessed June 30, 2014).

26. "CNN Airport Network Adds New Entertainment and Sports Programming to Lineup," CNN, June 18, 2013, http://cnnpressroom.blogs.cnn.com/2013/06/18/cnn-airport-network-adds-new-entertainment-and-sports-programming-to-lineup (accessed June 16, 2014).

27. Walmart, "Building a Relationship with Shoppers," www.walmartsmartnetwork.info/howWePartner.htm (accessed June 16, 2014).

28. Sean Corcoran, "Defining Earned, Owned and Paid Media," December 16, 2009, http://blogs.forrrester.com/interactive_marketing/2009/12/defining-earned-owned-and-paid-media.html (accessed April 27, 2010).

29. Ingrid Lunden, "Internet Ad Spent to Reach $121 in 2014, 23% of $547B Total Ad Spend, Ad Tech Boosts Display," *Tech Crunch,* April 7, 2014, http://techcrunch.com/2014/04/07/internet-ad-spend-to-reach-121b-in-2014-23-of-537b-total-ad-spend-ad-tech-gives-display-a-boost-over-search (accessed June 9, 2014).

30. "Digital Set to Surpass TV in Time Spent with US Media," *eMarketer,* August 1, 2013, www.emarketer.com/Article/Digital-Set-Surpass-TV-Time-Spent-with-US-Media/1010096 (accessed June 11, 2014).

31. Mobile Marketing Association, "Mobile Marketing Industry Glossary," http://mmaglobal.com/uploads/glossary.pdf (accessed April 27, 2010).

32. Ashley Zeckman, "Google Search Engine Market Share Nears 68%," May 20, 2014, http://searchenginewatch.com/article/2345837/Google-Search-Engine-Market-Share-Nears-68 (accessed June 9, 2014).

33. Tim Peterson, "Google Finally Crosses $50 Billion Annual Revenue Mark," *Ad Week,* January 22, 2013, www.adweek.com/news/technology/google-finally-crosses-50-billion-annual-revenue-mark-146710 (accessed June 9, 2014);

34. Kyle Christensen, "Still Running Marketing Campaigns? Chances Are, You're Running Out of Time," www.responsys.com/blogs/nsm/cross-channel-marketing/marketing-orchestration-still-running-marketing-campaigns-chances-youre-running-time (accessed June 10, 2014).

35. Joshua Brustein, "If Your Phone Knows What Aisle You're in, Will It Have Deals on Groceries?" *Bloomberg Businessweek,* January 26, 2014, www.businessweek.com/articles/2014-01-06/apples-ibeacon-helps-marketer-beam-ads-to-grocery-shoppers-phones (accessed June 16, 2014).

36. Aflac, "Aflac for Business," www.aflac.com/business/default.aspx (accessed February 23, 2010).

37. Priya Viswanathan, "Methods to Achieve Success with In-App Advertising, About.com, updated December 2, 2015, http://mobiledevices.about.com/od/additionalresources/tp/Methods-To-Achieve-Success-With-In-App-Advertising.htm (accessed May 11, 2016).

38. Selin, "Top 7 Free Video Sharing Sites," March 7, 2013, www.freemake.com/blog/top-7-free-video-sharing-sites (accessed June 27, 2014).

39. Mark J. Miller, "Nike Risks Everything on Soccer Promotions as World Cup Kickoff Nears," June 9, 2014, www.brandchannel.com/home/post/2014/06/09/140609-Nike-World-Cup-Risk-Everything.aspx?utm_campaign=140609nikeriskeverything&utm_source=newsletter&utm_medium=email (accessed June 30, 2014).

40. "Virgin Atlantic Rolls Out Space Miles," http://promomagazine.com/incentives/virgin_atlantic_miles_011106/index.html (accessed June 12, 2006).

41. Alex Palmer, "Applebee's, Chilie's, Outback Conduct Veterans Day Promotions," November 11, 2010, www.dmnews.com/applebees-chilis-outback-conduct-veterans-day-promotions/article/190659 (accessed June 12, 2014).

42. Michael Fielding, "C'est Délicieux," Marketing News, September 15, 2010, 10.

43. "Lengthy Research Leads Disney to Global 'Dreams' Theme," http://promomagazine.com/research/disney_research_061206/index.html (accessed June 12, 2006).

44. Sheila Shayon, "Perrier, at 150, Lures Younger, Hotter Audience to Its 'Secret Place,'" April 5, 2013, www.brandchannel.com/home/post/2013/04/05/Perrier-Secret-Place-040513.aspx (accessed June 27, 2014).

45. Dale Buss, "Super Bowl Ad Watch: With Space Trips, Axe Strives for 'Something That's Epic,'" January 23, 2013, www.brandchannel.com/home/post/2013/01/23/SuperBowl-ApolloUpdate.aspx (accessed June 27, 2014).

46. General Mills, "Cheerios Serves Spoonfuls of Stores for the 11th Year to Get Books into Children's Hands," April 25, 2013, www.generalmills.com/ChannelG/NewsReleases/Library/2013/April/spoonfuls.aspx (accessed June 9, 2014).

제14장

1. Charlene Li and Josh Bernoff, *Groundswell: Winning in a World Transformed by Social Technologies* (Boston: Harvard Business School Publishing, 2008), 9.

2. "Facebook Posted Quarterly Results That Topped Analysts' Expectations," CNBC, November 4, 2015, https://www.facebook.com/search/top/?q=number%20of%20facebook%20users (accessed July 22 2016).

3. Brian Stelter, "Nielsen Reports a Decline in Television Viewing," http://mediadecoder.blogs.nytimes.com/2012/05/03/nielsen-reports-a-decline-in-television-viewing/?_php=true&_type=blogs&_r=0 (accessed June 18, 2014).

4. "Magazine Media Increased Total Audience by More than 110 Million Across Platforms in 2015," *MPA—The Association of Magazine Media*, http://www.magazine.org/magazine-media-360%C2%B0/mm360-press-releases/magazine-media-increased-total-audience-more-110-million (accessed May 11, 2016).

5. "Magazine Media 360 Brand Audience Report," *MPA—The Association of Magazine Media*, December 2015, http://www.magazine.org/sites/default/files/December%20360%C2%B0%20BAR%20Month%20%26%20YTD_0.pdf (accessed May 11, 2016).

6. Tim Peterson, "Digital to Overtake TV Ad Spending in Two Years, Says Forrester," *Advertising Age,* November 4, 2014, http://adage.com/article/media/digital-overtake-tv-ad-spending-years-forrester/295694/ (accessed May 15, 2016).

7. Andrew Burger, "Nielsen: Despite Hundreds of Choices, Average Number of TV Channels Watched Is 17," May 9, 2014, www.telecompetitor.com/nielsen-average-number-of-tv-channels-watched-is-17 (accessed June 18, 2014).

8. Erik Sass, "20% of Social Network Users Have Shared Negative Brand Experiences," April 29, 2010, www.mediapost.com/publications/?fa5Articles.showArticle&art_aid5127224 (accessed April 30, 2010).

9. George Slefo, "Digital Ad Spending Surges to Record High as Mobile and Social Grow More Than 50%," *Advertising Age*, April 21, 2016, http://adage.com/article/digital/iab-digital-advertising-generated-60-billion-2016/303650/ (accessed May 20 2016).

10. Chanelle Bessette, "Social Media Superstars 2014," *Fortune*, January 16, 2014, http://fortune.com/2014/01/16/social-media-superstars-2014-fortunes-best-companies-to-work-for (accessed June 18,2014).

11. Christopher Heine, "AmEx's Social Data Shows That Nostalgia Is Just Swell," *Adweek*, October 11, 2013, www.adweek.com/news/technology/amexs-social-data-shows-nostalgia-just-swell-153053 (accessed June 18, 2014).

12. Susan Fournier and Lara Lee, "Getting Brand Communities Right," April 2009, http://hbr.org/2009/04/getting-brandcommunities-right/ar/1 (accessed June 18, 2014).

13. "Leading Social Networks Worldwide as of April 2016, Ranked by Number of Active Users (in Millions)," Statistica, http://www.statista.com/statistics/272014/global-social-networks-ranked-by-number-of-users/ (accessed May 20, 2016).

14. Myra Frazier, "The Networked Boomer Woman: Hear Us Roar," December 18, 2009, www.brandchannel.com/features_effect.asp?pf_id5496 (accessed April 4, 2010).

15. John McDermott, "Facebook Losing Its Edge among College-Aged Adults," January 21, 2014, http://digiday.com/platforms/social-platforms-college-kids-now-prefer (accessed June 18, 2014).

16. "Leading Social Networks Worldwide as of April 2016, Ranked by Number of Active Users (in Millions)," Statistica, http://www.statista.com/statistics/272014/global-social-networks-ranked-by-number-of-users/ (accessed May 20, 2016); Twitter, "About," https://about.twitter.com/company (accessed June 18, 2014).

17. Todd Sherman, "Coming Soon: Express Even More in 140 Characters," *Tweet*, May 24, 2016, https://blog.twitter.com/express-even-more-in-140-characters (accessed July 22, 2016).

18. Lim Yung-Hui, "1.6% of Facebook Users Spent Over $1 Billion on Virtual Goods," *Forbes*, August 2, 2012, www.forbes.com/sites/limyunghui/2012/08/02/1-6-of-facebook-users-spent-over-1-billion-on-virtual-goods (accessed June 18, 2014).

19. Sheila Shayon, "Kwedit Promise: You Can Keep That Virtual Puppy, for a Price," February 8, 2010, www.brandchannel.com/home/post/2010/02/08/Kwedit-Promise-You-Can-Keep-That-Virtual-Puppy-For-A-Price.aspx (accessed March 5, 2010).

20. Angie's List, "How It Works," www.angieslist.com/how-itworks.htm (accessed June 19, 2014).

21. Robert Hof, "You Knew This Was Coming: Ads Are Headed to Pokémon Go," *Forbes,* http://www.forbes.com/sites/roberthof/2016/07/13/you-knew-this-was-coming-ads-are-headed-to-pokemon-go/#50d306104d6f (accessed July 23, 2016).

22. Maureen Morison, "Sponsored Locations Are Coming to Pokémon Go on a Cost-Per-Visit Basis, Retailers Will Have the Biggest Opportunity to Advertise," *Advertising Age,* July 14, 2016, http://adage.com/article/digital/pokemon-s-ad-model-a-cost-visit-basis/304952/ (accessed July 23 2016); Christopher Heine, "Pokémon Go Is Inspiring Small Retailers. So Has Augmented Reality Gone Mainstream?" *Adweek,* July 12, 2016, http://www.adweek.com/news/technology/pok-mon-go-inspiring-small-retailers-so-has-augmented-reality-gone-mainstream-172478 (accessed July 23, 2016).

23. Todd Wasserman, "5 Creative Location-Based Campaigns for Small Businesses to Learn From," Mashable, http://mashable.com/2011/06/21/small-business-foursquare-scvngr (accessed June 19, 2014).

24. Natalie Zmuda, "An App for That, Too: How Mobile Is Changing Shopping," *Ad Age*, March 1, 2010, http://adage.com/print?article_id5142318 (accessed March 14, 2010); Jenna Wortham, "Telling Friends Where You Are (or Not)," *The New York Times*, March 14, 2010, www.nytimes.com/2010/03/15/technology/15locate.html (accessed April 30, 2010).

25. Malcolm Maiden, "The Internet of Things: It's Arrived and It's Eyeing Your Job," May 21, 2016, Business Day, *The Sydney Morning Herald*, http://www.smh.com.au/business/innovation/the-internet-of-things-its-finally-arrived-and-its-eyeing-your-job-20160520-gozz1f.html (accessed May 21, 2016).

26. Direct Marketing Association, www.the-dma.org/index.php (accessed May 2, 2010).

27. Ginger Conlon, "2016 Will Be a Growth Year in Marketing Spending," *Direct Marketing News,* February 1, 2016, http://www.dmnews.com/marketing-strategy/2016-will-be-a-growth-year-in-marketing-spending/article/469545/ (accessed July 23. 2016).

28. Leslie Kaufman with Claudia H. Deutsch, "Montgomery Ward to Close Its Doors," *The New York Times*, December 29, 2000, www.nytimes.com/2000/12/29/business/montgomery-ward-to-close-itsdoors.html (accessed August 29, 2014).

29. Phil Wahba, "Neiman Marcus' Outlandish Christmas Gifts: Keanu Motorbikes, $400,000 Trip to India," *Fortune*, October 7, 2015, http://fortune.com/2015/10/07/neiman-marcus-christmas/ (accessed May 25, 2016).

30. Ishbel Macleod, "Infographic: Consumers More Likely to Deal with Direct Mail Immediately Compared to Email," *The Drum*, October

23, 2013, www.thedrum.com/news/2013/10/23 /infographicconsumers-more-likely-deal-direct-mail-immediately-comparedemail (accessed June 18, 2014).

31. Alan Farnham, "Fighting Telemarketers: When Do-Not-Call List Fails, These Strategies Work," ABC News, January 21, 2014, http:// abcnews.go.com/Business/best-ways-turn-tables-telemarketers/story?id=21534413 (accessed June 19, 2014).

32. Federal Trade Commission, "National Do Not Call Registry," www.ftc. gov/donotcall (accessed May 8, 2010).

33. Alison J. Clarke, "'As Seen on TV': Socialization of the Tele-VisualConsumer," paper presented at the Fifth Interdisciplinary Conferenceon Research in Consumption, University of Lund, Sweden, August 1995.

34. Yue Wang, "More People Have Cell Phones Than Toilets, U.N. Study Shows," March 25, 2013, http://newsfeed.time.com/2013/03/25/morepeople-have-cell-phones-than-toilets-un-study-shows (accessed June 19, 2014).

35. Bureau of Labor Statistics, *Occupational Outlook Handbook*, December 17, 2015, http://www.bls.gov/ooh/home.htm (accessed May19, 2016).

36. Quoted in Jaclyn Fierman, "The Death and Rebirth of the Salesman," *Fortune*, July 25, 1994, 88.

37. Salesforce.com, www.salesforce.com (accessed May 1, 2010).

38. Mark W. Johnston and Greg W. Marshall, *Sales Force Management, Leadership, Innovation, Technology,* 12th ed. (New York: Routledge, Taylor & Francis, 2016).

39. Adapted from Mitchell Schnurman, "The Game-Changing Reality of Virtual Sales Pitches," *Star-Telegram*, April 9, 2010, www.star-telegram. com/2010/04/09/2103717_p2/the-game-changing-reality-ofvirtual.html (accessed May 1, 2010).

40. Dan C. Weilbaker, "The Identification of Selling Abilities Needed for Missionary Type Sales," *Journal of Personal Selling & Sales Management* 10 (Summer 1990): 45–58.

41. Derek A. Newton, *Sales Force Performance and Turnover* (Cambridge, MA: Marketing Science Institute, 1973), 3.

42. Johnston and Marshall, *Sales Force Management, Leadership, Innovation, Technology.*

43. Direct Selling Association, "Industry Fact Sheets," http://www.dsa.org/ benefits/research/factsheets (accessed July 23, 2016).

44. Mark W. Johnston and Greg W. Marshall, *Relationship Selling*, 3rd ed. (Boston: McGraw-Hill, 2010).

45. Greg W. Marshall, Daniel J. Goebel, and William C. Moncrief, "Hiring for Success at the Buyer-Seller Interface," *Journal of Business Research* 56 (April 2003): 247–255.

46. Darren Heitner, "How Isiah Austin Became NBA's Most Valuable Draft Pick," *Forbes*, June 27, 2014, www.forbes.com/sites/ darrenheitner/2014/06/27/how-isaiah-austin-became-nbas-most-valuabledraft-pick (accessed June 30, 2014).

47. Kate Fitzgerald, "Homemade Bikini Contest Hits Bars, Beach for10th Year," *Advertising Age*, April 13, 1998, 18.

48. Jim Jelter, "General Motors CEO Mary Barra's BP Moment," March12, 2014, http://blogs.marketwatch.com/thetell/2014/03/12/general-motorsceo-mary-barras-bp-moment (accessed June 19, 2014).

49. Rich Thomaselli, "PR Response Has Been Swift and Active, But Test Will Come When Ship Finally Docks," *Ad Age*, February 14, 2013, http://adage.com/article/news/carnival-cruises -pr-responsetriumph-crisis/239819 (accessed June 20, 2014).

50. Mark Prigg, "Amazon's Drone Dreams Come Crashing Down, U.S. Regulators Ban Package Delivery Services Using 'Model Aircraft,'" *Daily Mail*, June 24, 2014, www.dailymail.co.uk/sciencetech/article-2668411/ Amazons-drone-dreams-come-crashing-USregulators-ban-package-delivery-services-using-model-aircraft.html#ixzz35rMKW4VF (accessed June 30, 2014).

51. Andy Pasztor, "FAA Ruling on Long-Haul Routes Would Boost Boeing's Designs," *The Wall Street Journal*, June 5, 2006, A3.

52. Amy Chozick, "Star Power: The LPGA Is Counting on a New Marketing Push to Take Women's Golf to the Next Level," *The Wall Street Journal*, June 12, 2006, R6.

53. Shannon Prather, "Identity Crisis: Brooklyn Park Hires PR Firm to Improve Its Reputation," *Star Tribune*, April 8, 2014, www.startribune .com/local/north/254292091.html#FLeReIJRQyImAWVq.97 (accessed June 24, 2014).

54. Carol Driver, "Five-Minute YouTube Apology from Toyota Boss as First Lawsuit Filed over Faulty Pedal Recall," *Daily Mail*, February 5, 2010, http://www.dailymail.co.uk/news/article-1248588/Fiveminute-You-Tube-apology-Toyota-boss-lawsuit-filed-faulty-pedalrecall.html (accessed March 15, 2010).

55. IEG Sponsorship Report, "Sponsorship Spending Growth Slows in North America as Marketers Eye New Media and Marketing Options," January 7, 2014, www.sponsorship.com/iegsr/2014/01/07/Sponsorship-Spending-Growth-Slows-In-North-America.aspx (accessed June 24, 2014).

56. AT&T, "AT&T Is An Exclusive 'Super Sponsor' of SXSW," March 2013, www.att.com/gen/press-room?pid=22489 (accessed June 24, 2014).

57. Quoted in Michelle Kessler, "IBM Graffiti Ads Gain Notoriety," *USA Today*, April 26, 2001, 3B.

58. Tamar Weinbert, *The New Community Rules: Marketing on the Social Web* (Sebastopol, CA: O'Reilly Media, 2009).

59. Campaign Asisa, "Case Study: Burger King's Wallet Drop Stunt Creates Online Buzz in Singapore, July 22, 2010, www.campaignasia.com/agencyportfolio/CaseStudyCampaign/220642,case -studyburger-kings-wallet-drop-guerilla-stunt-creates-online-buzz-insingapore.aspx#.U6jGlKhKvDk (accessed June 23, 2014).

60. Michelle Kessler, "IBM Graffiti Ads Gain Notoriety," February 6, 2002, http://usatoday30.usatoday.com/tech/news/2001-04-25-ibm-linux-graffiti.htm (accessed August 29, 2014).

61. Lois Geller, "Wow—What a Buzz," *Target Marketing*, June 2005, 21.

62. Natasha Salmon, "Revealed: Watch the TRUTH behind Viral 'Cheater' Spray Painted Range Rover Left Outside Harrods," Mirror.com (*Daily Mirror*), May 15, 2016 http://www.mirror.co.uk /news/uk-news/revealed-watch-truth-behind-viral-7972090 (accessed May 16, 2016.)

63. Matthew Creamer, "In Era of Consumer Control, Marketers Crave the Potency of Word-of-mouth," *Advertising Age*, November 28, 2005, 32.

64. Paul Marsden, "F-Commerce: Heinz Innovates with New 'Tryvertising' F-Store," March 8, 2011, http://digitalintelligencetoday.com/f-commerce-heinz-innovate-with-new-tryvertising-f-storescreenshots (accessed June 23, 2014).

65. Todd Wasserman, "Blogs Cause Word-of-Mouth Business to Spread Quickly," *Brandweek*, October 3, 2005, 9.

66. Pano Mourdoukoutas, "Good Buzz, Bad Buzz Brand Management: A Social Media Strategy That Pays Off," *Forbes*, November 7, 2013, www.forbes.com/sites/panosmourdoukoutas/2013/11/07/goodbuzz-bad-buzz-brand-management-a-social-media-strategythat-pays-off (accessed June 18, 2014).

67. Ryan Parker, "Chewbacca Mask-Wearing Mom Hits 50 Million Facebook Views in 24 Hours, *The Hollywood Reporter,* May 20, 2016, http://www.hollywoodreporter.com/heat-vision/chewbacca-mask-wearing-mom-hits-896120 (accessed July 22, 2016).

68. Todd Wasserman, "Word Games," *Brandweek*, April 24, 2006, 24.

69. Stephanie Strom, "Nonprofit Punishes a 2nd Founder for Ruse," *The New York Times*, January 15, 2008, www.nyt.com/2008/01/15/ us/15givewell.html?ex=1201064400&en=97effb249 (accessed January 15, 2008); Ross D. Petty and J. Craig Andrews, "Covert Marketing Unmasked: A Legal and Regulatory Guide for Practices That Mask Marketing Messages," *Journal of Public Policy & Marketing* (Spring 2008): 7–18; James B. Stewart, "Whole Foods CEO Threatens Merger, Fuels Arbitrage," *Smart Money* (July 18, 2007), www. smartmoney.com/investing/stocks/whole -foods-ceo-threatens-merger-fuels-arbitrage-21550/?hpadref=1 (accessed June 4, 2009); Brian Morrissey, "'Influencer Programs' Likely to Spread," *Adweek* (March 2, 2009), http://www.adweek.com/news/ advertising-branding/influencer-programs-likely-spread-98542 (accessed

March 2, 2009); Katie Hafner, "Seeing Corporate Fingerprints in Wikipedia Edits," *The New York Times*, August 19, 2007, www.nyt.com/2007/08/19/technology/19wikipedia.html?_r=1&oref=slogin (accessed August 19, 2007); Brian Bergstein, "New Tool Mines: Wikipedia Trustworthiness Software Analyzes Reputations of the Contributors Responsible for Entries," MSNBC, September 5, 2007, www.msnbc.msn.com/id/20604175 (accessed September 5, 2007); http://wikiscanner.virgil.gr (accessed June 4, 2009).

70. You can read more about the Burger King campaign in the "Real People, Real Choices" vignette at the beginning of Chapter 13.

부록 A

1. S&S Smoothie Company is a fictitious company created to illustrate a sample marketing plan.

2. Note that the action plan for the final marketing plan should include objectives, action items, timing information, and budget information necessary to accomplish all marketing objectives. We have included only one objective in this sample marketing plan.

부록 B

1. John W. Schouten, "Selves in Transition: Symbolic Consumption in Personal Rites of Passage and Identity Reconstruction," *Journal of Consumer Research*, March 17, 1991, 412–25; Michael R. Solomon, "The Wardrobe Consultant: Exploring the Role of a New Retailing Partner," *Journal of Retailing* 63 (1987): 110–28; Michael R. Solomon and Susan P. Douglas, "Diversity in Product Symbolism: The Case of Female Executive Clothing," *Psychology & Marketing* 4 (1987): 189–212; Joseph Z. Wisenblit, "Person Positioning: Empirical Evidence and a New Paradigm," *Journal of Professional Services Marketing* 4, no. 2 (1989): 51–82.

2. Liz Ryan, "Ten Ways To Use LinkedIn In Your Job Search," *Forbes,* May 19, 2014, http://www.forbes.com/sites/lizryan/2014/05/19/ten-ways-to-use-linkedin-in-your-job-search/3/#7e505b19b4dc (accessed June 5, 2016).

▶ 용어해설

가격 할당된 가치, 또는 소비자가 상품을 제공받기 위해 교환해야 하는 일정 금액

가격 단계화 제품 라인에 있는 품목들에 대해 가격 포인트라고 하는, 한정된 수의 차별화된 가격을 설정하는 관행

가격 담합 일반적으로 높은 가격을 유지하기 위해 가격을 결정할 때 2개 이상의 기업들이 협력하는 것

가격 세분화 동일한 제품에 대해 서로 다른 시장에 다른 가격을 부과하는 전략

가격 주도 전략 한 기업이 제품에 대한 가격을 결정하면 산업 내의 다른 기업들이 동일한 또는 매우 유사한 가격으로 뒤따르는 가격 결정 전략

가공재 기업이 원료를 원래 상태에서 변형시켜 만든 제품

가변성 같은 고객에 대해 같은 직원이 수행하는 같은 서비스일지라도 달라질 수 있는 서비스의 특성

가상 사무실 물리적으로 떨어진 공간에서 근무하는 사무실

가상 세계 아바타가 살고 다른 아바타들과 실시간으로 상호작용하는 온라인 상의 아주 매력적인 디지털 환경

가상 제품 실제 세계에는 존재하지 않는 가상 세계에서 사고파는 디지털 제품

가상체험 마케팅 색상, 그래픽, 레이아웃 및 디자인, 상호작용 비디오, 콘테스트, 게임 및 증정품을 사용하여 경험 있는 쇼핑객을 온라인으로 연결하는 온라인 마케팅 전략

가족생활주기 사람들이 나이 들어감에 따라 통과하게 되는 상이한 단계를 기초로 가족 구조 내의 소비자들을 특징 짓는 수단

가치 가격 전략 또는 항시 저가 전략(EDLP) 고객들에게 최고의 가치를 제공하는 가격을 책정하는 가격 결정 전략

가치사슬 제품을 디자인, 생산, 마케팅, 배달 및 지원하는 데 포함되는 일련의 활동. 사슬 내의 각 연결은 고객이 궁극적으로 구매하는 제품으로부터 가치를 추가하거나 제거하는 잠재력을 가짐

가치의 공동 창출 신제품 개발 프로세스에 고객 및 기타 이해관계자의 협력적 참여를 통해 편익 기반의 가치가 창출되는 프로세스

가치 제안 기업이 고객에게 제시한, 어떤 제품의 구매를 통해 실현할 수 있는 가치들을 합산한 것

갈취 권력자가 강압적으로 을의 입장에 있는 사람에게서 돈/금전적 이익을 요구하는 것

감각 마케팅 독특한 향수 등과 같은 차별적 감성적 경험을 제품이나 서비스와 연계시키는 마케팅 기법

감각 브랜딩 감각경험을 제공해 브랜드와 연계시키는 마케팅

감성 분석 코멘트의 맥락이나 감정을 평가함으로써 제품이나 브랜드에 대한 팔로워의 태도(예 : 긍정, 부정, 중립)를 파악하는 과정

감정 분석 커뮤니케이션의 콘텐츠를 평가하면서 제품과 브랜드에 관련한 추종자의 감정을 식별 및 분류하는 정교한 프로세스

감정 태도의 정의적 요소로 사람들이 어떤 제품에 대해 가지는 전반적인 감정적 반응

개발도상국 농업에서 산업 중심으로 경제의 중심을 이동시키고 있는 국가

개 시장 성장률과 점유율이 모두 낮은 제품. 빠르게 성장할 가능성이 낮은 제한된 시장에서 특정 제품을 제안하는 사업에 해당됨

개성 사람들이 환경 내의 상황들에 반응하는 방법에 끊임없이 영향을 주는 독특한 심리적 특성

개인주의 문화 구성원들이 공동체의 목표보다 개인의 목표에 더 중요성을 부여하는 문화

갭 분석 서비스 품질에 대한 고객의 기대와 실제 발생한 사항 간의 차이를 측정하는 마케팅 조사 방법

거래 구매자와 판매자 간의 가치 이동 과정

거래처 판매 촉진 기업이 제품을 판매하기 위해 같이 협조해야만 하는 소매 판매원, 도매 유통업자와 같은 유통 경로 구성원들을 포함하는 '거래처' 구성원들에게 초점을 두는 판촉

거래 할인 다양한 마케팅 기능을 수행하고 있는 유통 경로 구성원에게 제품의 정찰가격에 대한 할인을 제공

거점 매체 어떤 형태로 사람들이 모여 있는 진료 대기실, 공항 대기실과 같은 공공장소에서 메시지를 전달하는 광고 매체

검색 마케팅 인터넷 검색 엔진을 유도하는 마케팅 전략

검색엔진 특정한 핵심 단어로 문서를 탐색하는 인터넷 프로그램

검색엔진 마케팅 마케터들이 보다 나은 포지셔닝을 위해 검색엔진에 투자하는 마케팅 전략

검색엔진 최적화 한 기업의 사업과 관련된 단어가 검색될 때, 전형적인 검색 결과 목록에 기업 이름이 상단에 게시되도록 하는 체계적 과정

게릴라 마케팅 소비자들이 이런 식의 활동을 만날 것으로 기대하지 않은 장소에서 기업이 소비자들을 '매복 공격'하는 마케팅 활동

게이머 세분시장 심리/라이프스타일의 구성요소에 세대 간 마케팅을 깊이 결합한 소비자 세분 시장(게임에 대해 배우거나 즐기는 여가 시간을 보내는 사람)

게이미피케이션 포인트 적립, 배지, 레벨 등을 부여하는 게임 설계를 도입한 마케팅 전략으로 소비자 개입을 높임

결과 계량지표 마케팅 과정으로 인한 핵심 사업의 결과로 확인된 특정 이벤트를 측정하고 추적한 계량지표

결정속성 제품 선택을 위해 비교되는 가장 중요한 특이 속성

경기 순환 소비자와 기업의 구매력에 영향을 주는 경제의 변화를 반영하는 전반적인 패턴. 호황기와 경기 침체, 불경기, 회복을 포함

경로 갈등 제조업자의 유통 전략을 위협할 수 있는 같은 유통 경로 내 다른 수준에 있는 회사들 사이에서의 부적합한 목표, 열악한 의사소통, 그리고 역

할, 책임, 기능의 불일치

경로 교섭력 하나 이상의 권력 소스를 기반으로 전체 경로에 영향을 주고, 이를 제어 및 유도하는 경로 구성원의 능력

경로 리더 또는 경로 캡틴 채널을 제어하는 채널 선도적 기업

경로 수준 유통 경로를 구성하는 중개자의 범주 수

경로 중간상 생산자에서 소비자 또는 기업 사용자로 제품을 이전하는 것을 돕는 도매업자, 대리점, 중개업자, 또는 소매업자와 같은 기업 또는 개인. 중간상의 오래된 용어는 중개업자임

경로 협력 생산자, 도매업자 및 소매업체가 성공을 목표로 서로 의존하는 상황

경쟁사 대비 예산편성법 경쟁사가 쓰는 만큼 상응하여 촉진 예산을 정하는 방법

경쟁우위 매년 더욱 높은 매출, 높은 수익성, 그리고 더욱 많은 고객을 확보하여 성공을 이끌도록 유도하는 기업만의 고유 경쟁력

경쟁 지능(CI) 공개되어 있는 경쟁자의 정보를 수집하고 분석하는 것

경제발전 정도 한 국가의 전반적인 경제 상황

경제적 공동체 회원국 사이의 무역을 촉진하고 다른 국가에서 경쟁하기 쉽게 하기 위해 함께 연합한 국가 단체

경제적 하부구조 한 국가의 유통, 금융 및 통신 시스템의 품질

계량지표 마케팅 관리자가 상이한 전략들이나 전술들의 효과성을 확인하기 위해 사용하는 척도 또는 '스코어카드'

계약형 VMS 각 구성원의 권리, 의무, 협력 방법에 대한 계약(법률계약)을 통해 협력이 강제되는 수직적 마케팅 시스템

계절 할인 1년의 어느 기간 동안에만 제공되는 가격 할인

고/저 가격 전략(판촉 가격 전략) 정가에 제품 가격을 책정했지만 빈번하게, 대개는 매주 대폭 할인하여 판매하는 소매업체의 가격 전략

고객관계관리 가치 제안을 소비자 개개인의 독특한 욕구와 요구에 가능한 한 근접하게 맞추기 위하여 지속적으로 소비자의 선호와 행동을 체계적으로 추적하는 활동

고객생애가치 한 사람의 고객이 기업의 제품을 구매함으로써 그 고객이 일생 동안 창출해주는 잠재적 이익

고객 점유율 한 상표의 제품에 대한 고객 개인의 구매 비율

고객 지향 고객의 필요와 욕구를 충족시키는 것을 최우선으로 여기는 경영 철학

고객 추천 프로그램 고객들이 성공 스토리를 공식적으로 공유하고, 다른 잠재 고객들에게 제품을 적극적으로 추천하며, 일반적으로 온라인 커뮤니티를 통해 가능하게 하는 공식적인 프로세스

고객 통찰 고객을 확보, 개발 및 유지할 수 있도록 하는 정보의 수집, 배포, 해석

고객 프로파일링 고객이 인지하는 지불 능력에 따라 고객 서비스 수준을 조정하는 행위

고려상표군 최종 의사결정을 위해 소비자들이 구체적으로 선택하려는 대안 브랜드

고유 판매 제안 어떤 특정 제품이 왜 우월한지 하나의 명백한 이유에 초점을 맞추는 광고 소구

고전적 조건화 반응을 유발하는 자극이 처음에는 고유의 반응을 유발하지 않았으나 처음의 자극과 관련하여 시간이 흐름에 따라 유사한 반응을 일으키는 다른 자극과 짝이 되었을 때 나타나는 학습

고정비 생산단위 수에 변화가 없는 생산비용

공급 사슬 원료를 재화 혹은 서비스로 전환시키고 그것을 소비자 혹은 기업 고객에게 전달하는 데 필요한 모든 활동

공급 사슬 관리 전체 수익성을 최대화하기 위해 공급사슬에서 기업들 간의 흐름 관리

공동 광고 제조업자와 소매상이 비용을 분담하는 판매 촉진

공동 브랜드 전략 신제품을 출시하기 위해 2개의 브랜드를 같이 사용하기로 하는 계약

공동선 접근법 공동체 내의 모두에게 좋은 결정을 지지하는 윤리 철학

공동 수요 하나의 제품을 생산하는 데 함께 사용되는 2개 혹은 그 이상의 재화에 대한 수요

공익 서비스 광고 비영리단체나 어떤 특별한 문제들을 앞서서 이슈화하기 위해 무료로 매체를 사용해 행해지는 광고

공장 아울렛 매장 제조업체 소유의 할인 소매점으로 결함이 있는 상품과 초과 재고품을 판매함

공정무역공급자 재화를 생산하는 노동자들이 공정한 임금을 받고 제조사들이 환경 친화적이며 지속 가능한 생산 방식을 택할 수 있도록 개발도상국의 생산자들에게 공정한 가격을 지불할 것을 약속하는 기업

공정성 접근법 모든 인간을 동등하게 대하는 결정을 지지하는 윤리 철학

공중관계 소비자, 주주, 의원을 포함하는 조직의 공중들과 좋은 관계성을 구축하고자 하는 커뮤니케이션 기능

공중관계 캠페인 하나 이상의 기업의 공중과 커뮤니케이션하는 통합된 노력

공포 소구 광고 제품을 사용하지 않을 경우 유발될 수 있는 신체적 손상이나 사회적 배재와 같은 부정적인 결말을 강조하는 광고

과장 진실인지 아닌지를 증명할 수 없는 광고에서의 제품 우월성 주장들

과점 시장의 큰 부분을 장악하는 비교적 적은 수의 판매자들이 구매자가 많은 시장에서 경쟁하는 시장 구조

관계성 판매 수익성 있는 고객과의 장기 관계를 확보하고, 발전시키고, 유지하는 인적 판매 형태

관리형 VMS 단일 채널이 가지는 세력의 효과를 위하여 독립적인 채널 회원이지만 자발적으로 연합하는 채널 회원 간의 수직적 마케팅 프로그램

관세무역협정(GATT) 수입세와 무역 규제를 줄이기 위한 국제 조약

관세 수입한 제품에 대한 세금

관여도 소비자에게 구매의 지각된 결과가 갖는 상대적 중요성

관찰 가능성 신제품과 그 편익이 그 신제품을 채택할 가능성이 있는 다른 사람들에게 보일 수 있는 정도

관찰학습 다른 사람의 행동을 관찰하고 그 결과 어떤 일이 발생했는지를 주목할 때 발생하는 학습

광고 확인된 후원자가 대중매체를 사용하는 비인적인 커뮤니케이션

광고 게임 비디오게임에 브랜드를 배치하는 것

광고경비효율지표(CPM) 서로 다른 노출률을 가지는 상이한 매체 수단들의 상대적 비용–효과 비교를 위해 쓰이는 측정. 1,000명의 사람 또는 가정에 메시지를 전달하는 데 발생하는 비용

광고 계획자 소비자의 목소리로 효과적인 광고를 만들기 위해 조사와 거래처 전략을 결합하는 거래처 관리 부서의 구성원

광고 기획자 거래처와의 일일 활동을 감독하고 주로 대행사와 의뢰인 간의 연결을 책임지는 거래처 관리 부서의 임원

광고 블로킹 네트워크상 웹사이트로부터 광고를 차단하는 소프트웨어

광고 소구 광고 메시지의 중심 아이디어 또는 주제

광고 조작 광고주가 시청 혹은 클릭 수만큼 지불해야 하는 조작된 자동 브라우저 광고 노출

광고 캠페인 촉진 목표를 수행하기 위해 일정 기간에 걸쳐 매체에 일련의 광고를 싣는 통합된 포괄적인 계획

구독 상자 당신이 원하는지 몰랐지만 단지 가지고 있어야 하는 물건들로 가득 찬 상자를 매달 보냄으로써 놀라운 결과를 제공하는 새로운 유통 비즈니스 모델

구매등급 의사결정에 필요한 시간과 노력의 정도를 특징짓는 기업 구매 상황의 세 가지 범주 중 하나

구매력 소비자들이 가진 재량 및 비재량적 자금의 할당에 대한 이해를 기반으로 마케터들이 각기 다른 소비자 그룹에 서로 다른 제품 혹은 다른 버전의 제품을 잘 매치할 수 있는 방법을 결정할 수 있게끔 도와주는 세분 시장의 개념

구매 센터 구매 결정에 참여하는 조직 내 사람들의 집단

구매 시점 매장 내 전시와 표지판

구색 창출 구매자의 요구를 충족시키기 위해 한 공간에서 다양한 유형의 제품을 제공

구전 커뮤니케이션 소비자가 제품에 관한 정보를 다른 소비자에게 제공하는 것

구체적 욕구 개인의 사회 · 문화적 배경에 영향을 받는, 근원적 욕구를 충족시키기 위한 어떤 특정 상품에 대한 구체적인 갈망

국내 총생산(GDP) 국가 내에서 생산한 재화와 서비스의 총합

국유화 정부가 한 외국인 소유 기업의 재산을 인수한 뒤 이에 대한 배상(대체로 총가치에 좀 못 미치는 가격)을 하는 것

국제 수지 한 국가가 얼마나 수출하는지를 그 국가가 얼마나 수입하는지와 비교하는 지표. 만일 한 나라가 수출보다 수입을 많이 한다면, 그 국가는 음수의 국제 수지를 가짐

국제통화기금(IMF) 환율 변동을 통제해 국제 환율 안정을 목표로 하는 국제 금융 기관

권리 접근법 모두의 도덕적 권리를 가장 잘 보호하는 결정을 지지하는 윤리 철학

균일 배송 가격 결정 기업이 위치와 관계없이 모든 고객들에게 표준 수송 비용을 부과하는 가격 결정의 전술

그라운즈웰 고객들이 믿을 만하다고 보는 구전 마케팅

그로스 해커 소비자들의 관심을 강하게 이끌고 오랫동안 그들을 머물게 하려는 앱 혹은 사이트를 관리하는 전문가

그린 마케팅 환경적 관리를 지지해서 소비자의 마음에 차별적 편익을 창출하는 마케팅 전략

그린워싱 환경적인 효과가 거의 없는 것이 사실인 브랜드인데도 그 제품이 환경 친화적이라고 촉진하는 기업의 관행

근원적 욕구 소비자의 실제 상태와 희망하는 상태 사이에 존재하는 차이에 대한 인지

금수 조치 한 국가 내에서 판매하거나 수출하는 것을 완전히 금지

기계적 관찰 미래 분석 및 해석을 가능하게 하는 형태의 인간 행동을 포착하기 위해 기계에 의존하는 1차 자료 수집 방법

기관 광고 어떤 하나의 조직이나 기업의 활동, 개성, 관점을 촉진하는 광고 메시지

기능 계획 조직의 장기적 전략 계획을 지원하면서 단기 전략 및 전술에 대한 세부 계획을 개발하는 데 집중하는 의사결정 과정

기능 촉진 고객 및 제조사가 구매 프로세스를 좀 더 쉽게 수행할 수 있게 하는 채널 중개자의 기능

기술 개발 기업의 엔지니어가 신제품을 다듬고 완성하는 제품 개발 단계

기술적 성공 시장에서의 상업적 생존 가능성과는 별개로 신제품의 컨셉을 물리적으로 개발할 수 있는가의 여부 관점에서의 제품 컨셉 실현 가능성

기술 전문가 제품 시연을 지원하는 높은 수준의 기술과 전문 능력을 가진 판매 지원 인력

기술 조사 문제에 대해 체계적으로 조사하고 많은 수의 관찰을 바탕으로 결론을 내리는 연구 방법

기업 강령 조직의 존재 목적과 기업이 달성하고자 하는 고객, 제품, 자원에 대해 서술한 공식적인 내용

기업 광고 기업의 개별 제품 대신에 기업 전체를 촉진하는 광고

기업 시민의식 기업이 위치한 지역 혹은 그 사회에 대한 사회적 책임 활동

기업 아이덴티티 조직의 이미지를 커뮤니케이션하는 로고, 브로슈어, 건물 디자인, 문구 같은 자료들

기업 윤리 기업의 행동을 이끄는 기본 가치들

기업 책임 조직의 마케팅 활동으로 인해 창출된 가치를 측정하는 과정

기업형 VMS 단일 기업이 제조, 도매, 소매업을 소유한 형태의 수직적 마케팅 시스템

긴급품 급박한 때에 구매하는 제품

내구재 승용차, 가구, 가전제품처럼 오랜 기간에 걸쳐 편익을 제공하는 소비재

내부 PR 조직의 종업원들을 대상으로 하는 PR 활동

내부 고객 모든 활동이 궁극적으로 외부 고객들에게 영향을 미친다는 태도와 믿음을 가지고 있는 상호 작용하는 동료 직원들

내부 고객 의식 모든 조직 구성원들이 서로를 소중한 고객으로 취급하는 조직 문화

내부 준거 가격 소비자들이 제품의 가격을 평가할 때 언급하는 마음속으로 설정한 정가 또는 가격대

내부 환경 직원, 시설, 조직 운영에 영향을 미치는 작업 방식을 포함한 조직 내부의 통제 가능한 요인

내적 타당성 연구 수행 중 잠재적으로 교란 요인이 포함되거나 도입되지 않도록 하기 위한 노력을 포함하여, 적절한 연구 설계를 보장함으로써 연구 결과가 연구의 측정 의도를 정확히 측정하는 정도

네이티브 광고 일반적인 매체 콘텐츠와 유사하게 광고 메시지를 전달하는 기술로 프로그램의 일부처럼 보여 지는 광고

노출당 비용 사용자가 보는 페이지에 광고가 나타날 때마다 비용이 청구되는 온라인 광고 구매

노출 자극이 사람들의 감각기관에 의해 감지될 수 있는 크기의 정도

뇌물 불법적인 이익을 위해 누군가가 스스로 돈/금전적 이익을 제공하는 것

뉴로마케팅 소비자가 왜 특정 의사결정을 하는지에 대한 이해를 높이기 위해 뇌 활동을 측정하도록 기능적 자기 공명 영상(fMRI)과 같은 기술을 사용하는 뇌 연구의 유형

다각화 전략 새로운 제품과 새로운 시장에 집중하는 성장 전략

다기능 팀 기업의 다양한 부서에서 모인 판매팀

다단계 또는 네트워크 마케팅 마스터 유통업자는 유통업자가 되기를 원하는 다른 사람들을 모집하고, 그들에게 기업의 제품을 판매하고, 모집된 사람에 의해 판매된 모든 제품에 커미션을 받는 시스템

다수준 판매 팀 판매의 한 유형으로 다양한 관리직 출신들의 직원들로 구성된 판매를 담당

다중채널 촉진 전략 전통적인 광고, 판매 촉진, 홍보 활동을 온라인 입소문 내기 활동과 결합하는 마케팅 커뮤니케이션 전략

단위당 공헌 이익 기업이 제품에 부과한 가격과 변동비용 간의 차이

단일 공급 유일한 한 공급업체로부터 특정 제품을 구매하는 기업의 관행

단체 계획 시스템 '집단 정신'에 사로잡힌 사람들이 혼자일 경우 보통은 구매하지 않을 제품들을 구매하는 사람들에게 상당히 의존하는 판매 기법

대량 계층 대학 교육, 주거 또는 사치스러운 자동차 등과 같은 돈이 많이 드는 품목을 제외한 고품질 제품을 살 수 있는 충분한 여력의 구매력 수준을 즐기고 있는 수백만의 전 세계 소비자들

대량 맞춤화 개인의 욕구를 충족시키기 위한 기본적인 재화 또는 서비스의 수정을 기하는 접근법

대리상인 및 브로커 수수료를 대가로 서비스를 제공하지만 제품에 대한 소유권을 절대 갖지 않는 경로 중개자

대여 기업가 더 이상 사용하지 않는 제품을 타인에게 대여해주어 수익을 창출하는 기업가형 소비자

대중 시장 고객의 독특한 요구와 욕구의 차이가 없는 대부분의 소비자

대중의 지혜 정확한 환경하에서 어떤 집단은 그 속에 있는 가장 똑똑한 개인보다 더 똑똑하다는 것이며, 이는 다수의 소비자들이 제품의 성공 여부를 예측할 수 있다는 뜻임

대중 커뮤니케이션 텔레비전, 라디오, 잡지, 신문과 관련된 것들

대표성 모집단과 연구 대상 소비자의 유사 정도

덤핑 기업이 해외 시장에서의 발판을 마련하기 위해 자국 시장에서 제공하는 것 보다 매우 저렴한 가격에 제품을 제공하는 것

데이터 처리해야 할 원시적, 비체계적인 사실

데이터 과학자 경쟁우위를 제공하는 숨겨진 통찰력을 발견하기 위해 서로 다른 여러 데이터 원본을 조사하는 개인

데이터 마이닝 수많은 데이터 가운데서 유용한 정보를 얻어내는 정교한 분석 방법

데이터베이스 연락처, 제품, 고객, 재고품 등에 대한 정보를 제공하기 위해 검색 및 문의를 처리하는 데이터의 체계적 수집 형태(주로 전자 형태)

데이터 브로커 소비자 정보를 수집해 자세한 프로파일을 제작하고, 그러한 정보를 판매하는 기업

데이터 웨어하우스 데이터 마이닝으로 인해 생성된 정보를 저장하고 처리하는 시스템

도달률 일정 기간 매체를 통해 노출된 표적 시장 비율

도매상 마진 도매상에 의해 제품의 비용에 추가된 금액

도매 중간상 제조자부터 소매상 혹은 사용자까지 이어지는 제품의 흐름을 관리하는 기업

도입기 신제품이 시장에 출시되어 도입기를 따라 서서히 성장하는 제품 수명 주기의 첫 번째 단계

독립 중간상 제조사가 제어하지 않는 대신 다양한 제조업체와 소비자들과 사업을 수행하는 경로 중개자

독점적 경쟁 조금씩 차이가 있는 제품을 제공하는 많은 기업들이 독특한 소비자 가치를 제공하는 시장 구조

독점 특정 제품을 공급하는 단 하나의 기업이 그 제품의 가격, 품질, 공급을 통제할 수 있는 시장 상황

동기 목적 지향적 행동을 활성화함으로써 사람들의 욕구를 충족시키도록 하는 내적 상태

드론 GPS 기술을 이용하여 무선으로 조종하는 무인 항공기나 비행 로봇

디지털 마케팅 채널 회사의 디지털 마케팅 커뮤니케이션을 통해 잠재 고객에게 도달할 수 있는 유통 경로

디지털 매체 웹사이트, 모바일이나 휴대폰, 유튜브 같은 디지털 영상을 포함하는 아날로그가 아닌 디지털 매체

디지털 신호체계 디지털 기술을 사용해 메시지를 임의로 바꿀 수 있는 옥외 매체

디지털 원주민 온라인에서 상당한 시간을 소비하여 브랜드로 하여금 쌍방 커뮤니케이션에 초대되기를 기대하는 사람들

라이프스타일 광고 특별한 상황에서 표적 고객을 유인할 수 있는 매력적인 인물을 보여주는 광고

라이선스 계약 한 기업이 다른 기업에게 특정 국가나 지역에서 자사의 제품을 생산하고 홍보할 권리를 주고 로열티를 받는 계약

라이선싱 어떤 하나의 기업이 특정한 목적으로 특정한 기간 동안 브랜드명을 사용하는 권리를 다른 기업에 판매하는 계약

라이프스타일 사람들이 그들의 시간, 돈, 에너지를 어떻게 소비하는지를 결정하며 그들의 가치와 기호, 선호를 반영하는 생활양식

랜딩 페이지 특정 다이렉트 마케팅 기회를 위해 만들어진 웹사이트 내 단일 페이지

로비 조직과 관련 있는 사람들의 행동에 영향을 주기 위해 정부 공무원들과 이야기하고 정보를 제공하는 것

롱 테일 소수의 사람들이 원하는 다양한 품목에 대해 적은 양을 판매하여 충분한 수익 창출이 가능하다는 개념의 새로운 세분화 접근법

리베이트 소비자에게 제품 원가의 일부를 제조업체로부터 되돌려 받도록 하는 판매 촉진

리치 미디어 시청자와 상호작용 속에 콘텐츠에 몰입시키려는, 시청각 요소로 구성된 디지털 광고 용어

리테일테인먼트 쇼핑 경험을 개선하고 흥분, 충동 구매 및 브랜드와의 감정적 연결을 만드는 소매전략을 사용함

마이크로마케팅 개인 단위로 구성된 매우 작은 지리적 세분화를 식별하고 표적하는 능력

마케팅 고객을 위한 가치를 창조, 소통, 전달하고 조직과 이해 당사자들에게 이득이 되도록 고객과의 관계를 관리하는 조직의 기능 및 일체의 과정

마케팅 계량지표 마케팅 담당자들이 그들의 마케팅 캠페인, 전략 계획, 채널의 성과를 확인할 수 있도록 하고, 적절한 경우에 제어 매커니즘 역할을 하는 데 도움이 되는 특정 측정치

마케팅 계획 마케팅 환경을 묘사하고, 마케팅 목표와 전략의 개요를 기술하며, 마케팅 전략의 각 부분을 수행해 나갈 책임자에 대하여 명시한 문서

마케팅 믹스 제품 자체와 제품의 가격, 제품을 획득 가능하게 하는 장소, 그리고 사전에 정의된 소비자로부터 원하는 반응을 창출하도록 제품을 소비자에게 소개하는 활동들의 조합

마케팅 분석 툴 마케터가 마케팅 활동의 효과성을 수집, 측정, 분석, 평가할 수 있도록 하는 기술의 집합과 과정

마케팅 스코어카드 기업이나 상표가 다양한 목적을 달성하는 데 있어 실제로 어떻게 수행하고 있는지를 보고(종종 계량적 용어로 되어 있음)하는 피드백 수단

마케팅 의사결정 지원 시스템(MDSS) 매니저들이 목적에 따라 필요한 정보를 찾고 분석할 수 있도록 지원하는 데이터, 분석 소프트웨어 및 상호작용 소프트웨어

마케팅 자동화 다양한 마케팅 관련 프로세스를 자동화된 방식으로 처리하기 위한 일련의 규칙을 설정하는 데 사용할 수 있는 시스템 및 기술 그룹

마케팅 정보 시스템(MIS) 먼저 마케팅 매니저가 원하는 정보가 무엇인지 파악하고 시스템 사용자에게 관련된 적절한 마케팅 정보를 수집, 분류, 분석, 저장, 배포하는 과정

마케팅 컨셉 소비자의 욕구를 파악한 뒤, 그러한 욕구를 채워줄 수 있는 제품을 제공하여 기업의 장기적 이윤 창출을 확고히 하는 것에 중점을 둔 경영 방침

마케팅 투자수익(ROMI) 마케팅에 대한 투자가 재정적, 다른 형태로 회사의 성공에 영향을 미치는지에 대해 정량화하는 방법

마켓플레이스 교환이 이루어질 수 있도록 하는 어떤 장소나 매개체

마크업 채널 구성원이 제품을 판매할 때 가격을 책정하기 위해 제품의 비용에 일정 금액 부과

마테크 '마케팅 기술'의 약자로 주로 마케팅 기능과 기술의 융합을 의미하며 특히 디지털 기술을 통한 마케팅 활동에 중점을 둠

맞춤 마케팅 전략 특정 제품과 메시지를 개별 고객에게 맞추어 제공하는 접근 방식

맞춤 조사 기업 경영자가 필요로 하는 특정 정보를 제공하기 위해 조사된 연구

매체 메시지가 목표 수신자에게 전달되는 데 사용되는 커뮤니케이션 수단

매체 계획 광고 캠페인을 진행하기 위한 매체 목표, 전략, 그리고 전술 등을 구축하는 과정

매체 관계 매체와 밀접한 관계 발전을 목적으로 하는 PR 활동

매체 일정 사용할 정확한 매체와 이를 언제 사용할 것인지 정하는 계획

매체 폭격 상대적으로 단기간 동안 일어나는 대대적인 광고 캠페인

매체 플래너 어떤 커뮤니케이션 도구가 광고를 전달하는 데 가장 효과적이고 효율적인지 결정하는 대행사 사람

매출액 비율 예산편성법 지난해 매출액 또는 올해 추정 매출액 중 일정 비율에 근거하여 촉진 예산을 정하는 방법

매출총이익 소매상 혹은 도매상의 고정비용을 커버하고 일정의 이윤을 남기기 위해 제품의 비용에 마크업 금액이 추가됨

멀웨어 컴퓨터 시스템에 해를 끼치기 위해 설계된 소프트웨어

멀티태스킹 이메일, TV, 인스턴트 메시지와 같이 다양한 활동을 동시에 병행하는 것

메시지 물리적 형태로 송신자로부터 수신자에 이르는 커뮤니케이션

메트로섹슈얼 패션, 주거 디자인, 고급요리, 개인 건강 관리에 관심이 많은 도시 남성

명품 사회적 지위를 의식하는 소비자들에게 어필하기 위해 높은 가격으로 제시되는 제품

모바일 광고 핸드셋을 통해 소비자에게 커뮤니케이션 하고자 하는 광고의 한 형태

모바일 납치 광고주가 지불해야 하는 클릭 횟수 또는 조회수를 위조하는 자동 브라우저의 사용

모바일 마케팅 모바일 디바이스(폰, 태블릿, 스마트워치와 같은 웨어러블 스크린등)를 매개로 이루어지는 소비자와의 상호작용

모방 포장 유사하거나 기능적으로 동일한 국내 브랜드의 제품 외관을 모방하여 설계된 포장으로, 주로 소비자가 두 제품을 비교 가능한 동등한 제품으로 인식하도록 유도하기 위한 목적으로 행해진다.

모의 시장성 테스트 가격 인하와 신규 포장이 매출에 미칠 수 있는 영향을 확인하거나 심지어 제품을 매장 어디에 배치해야 할지 결정하기 위해 제품이 출시되는 시장환경을 모방한 특수 컴퓨터 소프트웨어를 적용

목적 소매상 소비자들이 그곳에 충성할 수 있을 만큼 충분히 특별하다고 여겨지는 기업. 소비자들은 그곳에서 쇼핑하기 위해 전력을 다한다.

목표과업 방법 먼저 달성하기 원하는 분명한 커뮤니케이션 목표를 정한 다음 이 목표를 달성하기 위해 해야 하는 촉진 노력에 들어갈 액수를 계산하는 촉진 예산 책정 방법

목표 원가 계산 기업들이 고객들을 만족시키는 데 필요한 품질과 기능성 및 제품이 디자인되기 전 그들이 기꺼이 지불할 수 있는 가격을 확인하는 프로세스이며, 기업이 요구된 가격을 충족시키기 위해 비용을 통제할 수 있어야만 제품이 생산됨

몰수 정부가 아무런 보상 없이 외국 기업의 자산을 압류하는 것

무료 매체 광고주가 통제권을 가지지 않는 소셜 미디어를 사용하는 구전이나 입소문

무상표 브랜드 전략 상표를 붙이지 않고 최하의 가격으로 제품을 판매하는 전략

무선 전자상거래 스마트폰과 휴대정보단말기(PDA)와 같이 휴대폰과 기타 모바일 도구로 전송되는 촉진 행위 및 기타 전자상거래 행위

무역 박람회 다수의 기업들이 그들의 제품을 보이고, 샘플을 주고, 제품 인쇄물을 유포하고, 새로운 사업 계약을 찾기 위한 정교한 전시를 하는 행사

무인 항공기(UAV) 드론을 일컫는 다른 이름

무점포 소매업 고객에게 매장을 방문하도록 요구하지 않은 상태에서 제품 교환을 하는데 사용되는 방법

무형성 고객들이 보고, 만지고, 냄새를 맡을 수 없는 서비스의 특성

무형 자산 경험 기반 제품

묶음 가격 결정 2개 이상의 제품 및 서비스를 단일 팩키지로 하나의 가격에 판매하는 전술

문제 인식 소비자 문제의 현재 상태와 바라거나 이상적인 상태 간 의미 있는 차이를 인식할 때 일어나는 과정

문화 한 집단의 사람들이 중요시하는 가치, 신념, 관습 및 취향

문화적 가치 한 사회가 가지고 있는 옳고 그른 삶의 방식에 대한 깊은 믿음

문화적 다양성 조직의 직원, 고객, 공급자, 유통 경로 구성원에 있어서 성별, 인종, 민족, 종교가 서로 다른 사람들을 포괄하는 관리 관행

물량 비례 수당 제품 주문 물량에 따라 소매상 또는 도매상에게 주어지는 할인

물류 공급망을 통한 제품의 이동을 설계, 관리 및 개선하는 프로세스. 물류는 구매, 제조, 보관 및 운송을 포함

물류창고 짧은 기간 동안 제품을 보관하고 하중 개시와 같은 기능을 수행하는 창고

물리적인 유통 주문 처리, 입고, 자재 취급, 운송, 재고 관리 등 완성품을 제조사에서 최종 고객으로 이동하는 활동

물음표 시장 성장률은 높지만 점유율은 낮은 제품

물품 방문 판매 금지령 가계에서 사전 허가를 받지 않은 경우 물품 방문 판매를 금지하는 지역사회 규정

미국 일반특혜관세제도(GSP) 개발도상국이 미국 내 상품 수출 시 관세 없이 상품을 판매할 수 있는 특혜를 부여하여 경제적 성장을 장려하는 제도

미덕주의 특정 이상이나 미덕과 일치하는 결정을 지지하는 윤리철학

미탐색품 제품이 소비자의 주의를 가지게 하기 전에는 소비자가 거의 모르거나 관심이 없는 제품이나 서비스

민속지학 자신의 집이나 공동체 안에서의 사람을 관찰하는 데 기반한 연구 기법

바이럴 마케팅 소비자들이 메시지를 다른 소비자들에게 옮김으로써 브랜드의 이미지 또는 매출을 증대시키고자 하는 목적으로 행하는 마케팅 행동들

박스 스토어 선택의 폭이 제한된 품목, 식품당 브랜드가 거의 없는 품목, 그리고 냉장이 불필요한 품목 등을 취급하는 식품점

반송률 특정 사이트를 방문하고(일반적으로 홈페이지) 나서, 추가적으로 페이지를 확인하지 않고 '반송'(사이트를 나가는)하는 방문자들의 비율을 바탕으로 웹사이트의 트래픽을 분석하는 마케팅 계량지표

발신자 메시지를 보내는 조직이나 개인

방화벽 인증된 개인만이 컴퓨터 시스템에 접근하도록 설계된 하드웨어와 소프트웨어의 결합

배너 웹페이지의 위 또는 아래에 뜨는 사각형 그래픽 양식 안의 인터넷 광고

배지 비디오 게임을 통해 얻는 이정표 또는 보상

백화점 다양한 품목을 판매하고 각 제품군 내에서 좋은 선택을 제공하는 소매업체

버즈 마케팅 소비자들이 메시지를 다른 소비자들에게 옮김으로써 브랜드들의 이미지 또는 매출을 증대시키고자 하는 목적으로 행하는 마케팅 행동들

버튼 웹페이지 어느 곳에도 위치할 수 있는 작은 배너 형식 광고

베이비 부머 1946~1964년 사이에 태어난 사람들의 세분시장

베타 테스트 특히 혁신적인 기술을 통해 개발된 제품의 경우, 일상적이고 평범한 매일의 사용 조건에서 제품을 테스트하고자 하는 소수의 고객들에게 제품을 사용해보도록 하고 피드백을 받기 위해 제품을 제한적으로 출시

벤처 팀 오직 신제품 개발에 집중하여 같이 일하는 조직 내 집단

변동비용 생산단위에 따라 생산비용(원료와 자재, 부품, 인건비)이 바뀜

별 시장 성장률과 점유율이 모두 높은 제품

보도자료 조직이 홍보할 목적으로 매체에 유포하는 정보

보완적 결정규칙 경쟁 제품들의 속성 정보를 평균화해서 의사결정에 반영하는 방법

보조 회상 사람들이 보았을 광고에 관해 실마리를 주어 답을 하도록 하는 조사 기법

보호무역주의 국내 기업에 이점을 주기 위해 한 나라의 정부가 채택한 정책

복고 상표 과거에 한 번 유행했으며, 종종 향수의 영향으로 되살아나는 상표

복수 공급 몇 개의 다른 공급업체들로부터 특정 제품을 구매하는 기업의 관행

복잡성 소비자들이 신제품 또는 그 사용법이 이해하기 어렵다고 보는 정도

복제품 원래 제품의 디자인을 복사하거나 아주 약간의 수정을 한 신제품

부품 조직이 자신의 제품을 완성하기 위해 필요한 제조품 또는 조립품

부호화 송신자가 자신의 아이디어를 원하는 의미로 전달하는 커뮤니케이션 형태로 바꾸는 과정

북미산업분류체계(NAICS) 미국, 캐나다, 멕시코가 비즈니스 활동에 따라 기업을 분류하기 위해 사용하는 숫자 코딩 시스템

분리 소매 중간 시장 소매업의 감소로 대량 판매와 틈새 소매 모두 소매 시장을 지배함

불공정한 판매 행위를 제한하는 법안 거대 경쟁사로부터 소규모 도매상과 소매상을 보호하기 위해 원가 이하의 가격으로 제품을 판매하는 것을 금지하는 법률

불연속적 혁신 우리가 살아가는 방식을 아주 크게 변화시키는 완전히 새로운 제품

브랜드 기업의 제품을 식별하고 경쟁자와 차별화하기 위해 사용하는 제품명, 용어, 심벌 또는 기타 고유 요소

브랜드 개성 제품 혹은 서비스 특성 및 강점을 나타내는 특유의 이미지

브랜드 경쟁 비슷한 재화나 서비스를 제공하는 기업이 브랜드의 명성이나 기대되는 이익을 이용하여 경쟁하는 것

브랜드 관리자 단일 브랜드에 대한 마케팅 계획을 수립하고 실행하는 책임을 진 사람

브랜드 대사 또는 브랜드 전도자 대단한 관심을 가지는 브랜드에 대해 다른 소비자들과 커뮤니케이션하고 판매원이 되기 위해 채용된 브랜드 충성 고객

브랜드 스토리텔링 마케터들은 소비자들이 브랜드에 스토리를 연결시킬 길을 찾음

브랜드 양극화 긍정적인 입소문과 부정적인 입소문의 차이

브랜드 의미 소비자가 그 브랜드에 관해 가지는 신념이나 연상

브랜드 의인화 브랜드에 인간의 특성 및 자질을 부여하는 현상

브랜드 자산 브랜드가 조직에 가져다주는 가치

브랜드 축제 고객들의 충성도에 감사의 마음을 전하기 위해 기업이 개최하는 이벤트 행사

브랜드 충성도 어떤 상표가 경쟁이 되는 상표보다 뛰어난 제품을 만든다는 신념에 근거하여 그 상표에 대하여 긍정적인 태도에 수반되는 지속적인 제품 구매 패턴

브랜드 커뮤니티 제품이나 브랜드에 애착하는 소비자들의 소셜 미디어 커뮤니티로 브랜드에 대한 다양한 정보를 공유

브랜드 확장 강력한 기존 브랜드명과 동일한 이름으로 팔리는 신제품

브랜드 희석 소비자가 인지하고 있는 브랜드의 현재 속성과 상반된 방향으로 진행된 브랜드 확장으로 인해 일반적으로 발생하는 브랜드 가치의 감소

브랜디드 엔터테인먼트(제품 배치 또는 임베디드 마케팅) 마케터가 여흥을 즐길 수 있는 장소에 제품을 통합시키는 광고의 한 형태

브랜디드 콘텐츠 고객관계를 구축하기 위해 브랜드를 판매하는 대신 교육과 엔터테인먼트를 브랜드를 통해 제공하는 마케팅 커뮤니케이션. 브랜드는 단지 후원자의 역할을 함

비간섭적 측정 어떠한 행위가 이루어진 후 남아 있는 물리적 증거들의 상태를 측정하는 방법

비교 광고 1등 브랜드와 2등 브랜드를 비교하는 광고

비교쇼핑 대리점 혹은 숍봇 온라인 쇼핑객들이 가장 낮은 가격에 물색하는 것을 발견하고 그 제품과 판매상에 대한 고객 비평과 평가를 제공하도록 도와주는 웹 응용프로그램

비내구재 음식물처럼 소비되거나, 신문처럼 오랫동안 유용하지 못하기 때문에 단기간에 편익을 제공하는 소비재

비디오 블로그 인터넷에서 공유되는 영상 기록물

비보조 회상 브랜드명을 주지 않고 특정 기간 동안 본 광고를 기억하는지 전화 또는 개인 면접으로 행해지는 조사 기법

비분리성 서비스의 생산과 소비의 분리가 불가능하다는 서비스의 특성

비영리기관(NGOs) 자선 목적, 교육 목적, 지역 공동체, 그리고 구성원을 끌어모으고 그들에게 서비스를 제공하는 기능을 지원하기 위해 재화와 서비스를 구매하는 여타 공공 서비스 목적을 가진 조직들

비정형 데이터 컴퓨터에서 쉽게 이해될 수 없으며 일반적으로 사람의 눈으로 인지할 수 있는 비수치 정보

비차별적 표적화 전략 모든 사람들에게 광범위하게 소구하는 전략

비콘 마케팅 매장 곳곳에 비콘 기기를 전략적으로 배치하고, 고객들이 매장 통로를 둘러볼 때 블루투스 신호를 보내서 고객 스마트폰과 통신하는 유통 마케팅 전략

비탄력적 수요 가격의 변화가 수요량에 아주 미미한 영향을 미치거나 영향을 미치지 않는 수요

비트코인 가장 인기 있고 빠르게 성장하는 디지털 화폐

비확률 표본 응답자를 선정하는 데 조사자의 개인적 판단을 활용하는 표본

빅데이터 기존의 데이터베이스 기술의 처리 방법으로는 불가능에 가까운 많은 양의 구조화, 혹은 비구조화된 데이터의 기하급수적 성장을 의미하는 신용어

빈도 목표 집단 내의 개인이 메시지에 노출되는 평균 횟수

빈도 프로그램 여러 번에 걸친 복수의 구매에 대하여 할인 또는 무료 제품을 제공하는 소비자 판매 촉진 프로그램. 충성도 또는 연속성 프로그램으로도 불림

사례 연구 특정 기업 또는 조직에 대한 종합적 연구

사물 인터넷 일상에서 찾아볼 수 있는 물체가 인터넷에 연결되고 상호 연결된 시스템을 통해 정보를 주고 받을 수 있는 시스템

사업 계획 조직 전체를 안내하는 결정들을 포함하는 계획

사업 계획 수립 회사를 안내하는 장단기적 의사결정 과정

사업성 분석 마케터가 제품의 상업적 생존 가능성을 평가하는 제품 개발 단계

사업 포트폴리오 조직이 소유하고 소득 창출 및 성장 능력이 구별되는 서로 다른 제품 또는 브랜드

사용 가능성 신제품과 그 편익을 시험하기 쉬운 정도

사용률 특정 제품 및 서비스를 소비자들이 구매한 양이나 사용 빈도를 반영한 측정 도구

사용 상황 소비자가 제품을 가장 많이 사용하는 시기를 근거로 행동적 시장 세분화의 지표로 활용

사용자 제작 콘텐츠 소비자들이 제작한 마케팅 콘텐츠이자 활동으로 광고, 온라인 리뷰, 블로그, 소셜 미디어를 통해 신제품 개발, 도소매 선정 등에 투입

사전접근 가망 고객에 관한 정보를 개발하고 판매 인터뷰를 계획하는 판매 과정의 한 부분

사전조사 매체에 광고를 집행하기 전에 광고 메시지에 대한 소비자 반응을 조사해 실수를 최소화하는 조사 방법

사회계층 가족 배경, 교육, 직업, 그리고 수입과 같은 요인들에 의해 부여된 가치에 따라 어떤 사회 내 집단의 지위나 신분

사회적 규범 무엇이 옳고 그른지 혹은 수용할 수 있는지 아닌지 결정하는 구체적인 규칙

사회 지향적 마케팅 개념 마케터들은 고객의 욕구를 충족시켜야 하는데, 이

와 관련한 모든 행위가 사회 발전과 기업의 이윤 창출에도 도움이 되는 방향으로 이루어져야 한다는 경영철학

사후조사 소비자들이 보고 들은 실제 광고 메시지에 대한 소비자의 반응을 조사

사후조치 고객에게 중요한 서비스를 제공하는 판매 후 활동

삭퍼핏팅 기업 임원 혹은 주요 관련 인물이 의도적으로 자사 제품을 소셜 미디어에 언급되도록 계획한 것을 의미

산업재 개인이나 조직이 제조과정을 위해 구매하거나 또는 그들 고유의 사업 영위를 위해 사용하려는 재화

삶의 단편 광고 일상생활에서 삶의 단편을 보여주는 광고

상기 광고 필요하면 소비자들이 그 제품을 구매하도록 사람들의 마음에 어떤 하나의 브랜드명을 유지시킬 목적으로 하는 광고

상대적 우위 소비자가 신제품이 월등한 편익을 제공한다고 지각하는 정도

상업적 성공 제품을 개발하고 있는 기업이 신제품이 개발되어 시장에 출시되기에 충분한 소비자 수요가 있다는 신념을 갖고 있는 시장 위주의 관점에서의 제품 컨셉 실현 가능성

상업화 신제품이 시장에 출시되는 제품 개발 마지막 단계

상인 도매상 제조업체로부터 제품을 구매하고(상품명을 넘겨받고) 소매상 또는 B2B 고객에게 판매하는 중개자

상표[트레이드마크] 브랜드명, 브랜드 마크, 또는 거래 캐릭터의 법적 용어, 정부에 법적으로 등록된 등록상표는 그 국가에서 배타적으로 사용할 권리를 가지고 법적 보호를 받음

상품 구색 점포가 판매하는 제품의 범위

상품 깊이 각각의 특정 제품 라인에 대해 이용할 수 있는 선택의 다양성

상품 믹스 모든 소비자 집단에게 판매되는 모든 제품 라인들을 포함하고 소매상이 판매를 위해 제공하는 모든 제품들의 종합 세트

상품 폭 이용할 수 있는 서로 다른 제품 라인들의 수

상향식 예산편성법 촉진 목표를 정하고 이를 달성하기에 충분한 돈을 할당한다는 전제로 촉진 예산을 편성하는 방법

상황 분석 기업의 내·외부 환경 분석

새드버타이징 제품에 대한 주의를 높이고 제품 관여를 높이기 위해 부정적인 정서를 유발시키는 광고

생산업자 다른 제품 혹은 서비스를 생산하는 데 사용되는 제품을 구매하는 개인 또는 조직

생산 지향 제품 생산과 유통의 효율성 극대화에 초점을 맞춘 경영 철학

생활 수준 한 국가 안에서 소비되는 재화와 서비스의 평균적인 품질과 양에 대한 지표

생활 필수품 거의 어디서나 구입이 가능한 기본적이거나 필요한 품목들

서브퀄(SERVQUAL) 유형성, 신뢰성, 반응성, 보장성, 공감성 등의 차원들로 구성된 서비스 품질을 측정하기 위해 사용된 다항목척도

서비스 생산자와 고객 간에 직접적으로 교환이 일어나는 무형 제품

서비스스케이프 서비스가 수행, 제공 및 소비되는 실제 물리적 시설

서비스 접점 고객과 서비스 제공 간의 실제 상호작용

서비스 중간 판매자 없이 생산자와 소비자 간에 직접 교환되는 무형의 제품

서비스 판매점 상품보다는 소비자 서비스를 제공하는 조직. 예를 들면 은행, 병원, 건강 스파, 의사, 법률 클리닉, 엔터테인먼트 회사, 대학 등이 있다.

선매품 소비자들이 구매를 하기 전에 상당한 시간과 노력을 들여 정보를 수집하고 대안들을 비교하는 제품이나 서비스

선진국 정교한 마케팅 시스템, 강한 사기업, 많은 재화와 서비스에 대하여 풍부한 시장 잠재성을 가진 국가

선택적 유통 집중적 유통보다 적지만 전속적 유통보다 많은 수의 아울렛을 사용하는 유통

선행 지표 마케팅 담당자에게 현재 활동 계획에 대해 마케팅 활동을 조율하여 성과를 향상시킬 수 있는 방식으로서, 현재 노력의 성과에 대한 통찰력을 제공하는 성과 지표

성숙기 매출이 정점을 이루고 이익 마진이 좁아지는 제품 수명주기에서 가장 오래가는 세 번째 단계

성역할 남성과 여성들에 대한 적절한 태도, 행동, 용모에 관한 사회적 기대

성장기 제품 수명주기에서 소비자들이 제품을 받아들여서 매출이 급격히 성장하는 두 번째 단계

세계무역기구(WTO) GATT를 대체한 조직으로, 회원국 사이의 무역 규정을 세우고 국가 간 분쟁을 중재

세계 무역 여러 나라간의 상품과 서비스의 흐름-세계 모든 국가들의 모든 수출입이 갖는 가치

세계 은행 경제를 개선하고 지속 가능한 발전을 도모하여 빈곤을 줄이고 사람들의 삶을 개선하는 것을 목표로 하는 국제 대출 기관

세대별 마케팅 동일한 관점, 가치, 우선순위들을 공유하는 세대의 구성원들을 대상으로 한 마케팅

세분시장 프로필 어떤 시장에서 '전형적'인 고객에 대한 묘사

세분화 하나 또는 그 이상의 의미 있는 특성들을 바탕으로 대규모 시장을 작은 여러 개의 시장으로 나누는 과정

세분화 변수 전체 시장에서 서로 상이한 요구나 선호를 가지고 있는 상당히 동질적인 집단으로 나눈 차원

소단위 분할 구매자의 욕구를 충족시키기 위해 대량의 재화를 소단위로 나눔

소매상 마진 소매상에 의해 제품의 비용에 추가된 마진

소매상 협동조합 대형체인과 함께 보다 효과적으로 경쟁하는 데 지원하기 위해 도매업체를 설립한 소매업체의 조직

소매업 조직들이 개인적 사용을 목적으로 하는 소비자들에게 재화와 서비스를 판매하는 유통 경로의 마지막 단계

소매업과 지역 광고 매장 운영 시간, 지역, 그리고 판매되는 제품을 소비자들에게 알려주는 광고

소매업의 수레바퀴가설 소매기업들이 자신들의 인생 주기를 겪는 것처럼 어떻게 변화하고 더욱 더 고급화되는지를 설명하는 이론

소매 차용 상품이 구매되어 그 목적이 이행된 후 결함이 없에도 반품하려는 의도를 가지고 구매하는 소비자의 관행

소멸성 추후 판매 혹은 소비를 위해 저장할 수 없는 서비스의 특성

소비자 제품이나 서비스의 궁극적 소비자

소비자 만족/불만족 소비자가 제품 구매 후에 그 제품에 대해 가지는 전반적인 느낌이나 태도

소비자 운동 유해한 사업 관행으로부터 소비자를 보호하고자 하는 사회적 운동

소비자 자기민족중심주의 소비자들이 자신의 나라에서 만든 제품이 우수하다고 생각하거나 수입된 제품을 구입하는 것이 잘못되었다고 생각하는 것

소비자 중독 알코올, 약물, 담배, 쇼핑, 그리고 인터넷과 같이 재화나 서비스에 의존하는 소비자의 생리적 · 심리적 의존증

소비자 행동 개인이나 집단이 그들의 요구와 욕구를 충족시키기 위하여 재화, 용역, 아이디어 또는 경험을 선택하고 구매하며 사용하고 폐기하는 과정

소비재 개인적인 용도로 개인 소비자들이 구입하는 상품

소비재 제품 또는 일용 소비재 빠르게 소비되며 자주 다른 브랜드로 대체되는 저가의 제품들

소비 저항 제품을 고의적으로 파손하는 행위

소셜 네트워크 사람을 비슷한 사람과 이어주는 데 사용되는 사이트들

소셜 네트워킹 플랫폼 사용자에게 웹사이트상에서 프로필을 통해 자신을 나타내도록 해주고 공통된 관심에 대한 내용을 공유하기 위해 네트워크의 여타 구성원들과의 연결을 제공하고 수용하는 온라인 플랫폼

소셜 미디어 사용자들에게 자신들이 만든 콘텐츠를 이 사이트에 접근하는 다른 이들과 공유하도록 허락하는 인터넷 기반 플랫폼

소유권 취득 제품의 법적 소유권을 수락하고 소유권의 권리 및 의무의 수반

소유 매체 웹사이트, 블로그, 페이스북, 트위터 계정 같은 광고주가 소유하는 인터넷 사이트들

소재 브랜드 전략 원재료의 브랜드가 다른 제품 브랜드의 '구성요소'가 되는 브랜드 전략 방식

소집단문화 특별한 활동이나 예술 형식으로 구별되는 소비자 집단

속성 어떤 제품의 형상, 기능, 편익과 용도를 말함. 마케터는 제품을 어떤 물리적인 상품에 더하여 거기에 담긴 포장, 브랜드 이름, 편익, 지원 기능 등을 다 포함하는 하나의 묶음으로 봄

손수 제작 광고 소비자들이 만든 제품 광고

손실 소매업자가 물품 도난, 종업원 절도, 그리고 상품화 과정에서의 손상 등으로부터 경험하는 손실

손실 유도 가격 결정 고객들을 점포 안으로 유인하기 위해 가격을 아주 낮게 혹은 원가 이하로 책정하는 가격 결정 정책

손익분기점 총수입과 총비용이 같은 지점이며 기업이 이윤을 내기 위해 손익분기점을 넘어야 하고, 그렇지 못하면 손실로 고통을 받게 됨

손익분기점 분석 기업이 모든 비용을 커버하기 위해 제시된 가격에서 생산과 판매를 해야 하는 단위의 수를 결정하는 방법

쇠퇴기 고객의 요구가 변함에 따라 매출이 하락하게 되는 제품 수명주기의 마지막 단계

쇼핑몰 조사 조사자가 쇼핑몰 혹은 다른 공공장소에서 쇼핑객들을 모집 및 면담하는 연구

수량 할인 대규모 양의 구매에 대해 할인가격을 부과하는 가격 결정의 전술

수신자 메시지를 듣고 해석하는 조직이나 개인

수요 기반 가격 결정 서로 다른 가격대에서 수요에 대한 평가를 근거로 가격을 결정하는 방법

수요 욕구를 충족시킬 수 있는 구매력과 자원을 동반한 소비자의 소비 욕구

수요의 가격 탄력성 가격의 변화 비율로 인한 판매 수량의 변화 퍼센티지

수요의 교차 탄력성 한 제품의 가격 변화가 다른 제품의 수요에 영향을 미칠 때

수용능력관리 조직이 수요에 대응하기 위한 시도에서 자신들의 제공을 조정하는 프로세스

수용 피라미드 혁신을 인지하지 못하던 개인이 어떻게 인지, 관심, 평가, 시도, 수용, 확신의 단계를 통과하는지를 설명

수익 관리 가격 결정 수입을 최대화하면서 생산능력을 관리하기 위해 서로 다른 고객들에게 서로 다른 가격들을 책정하는 관행

수익화 웹사이트나 모바일앱을 통해 콘텐츠가 수악화되는 활동

수입할당제 한 국가에 판매할 수 있는 제품의 양을 해당 국가 정부가 제한

수정 재구매 기업 구매자들이 예전에 구매했던 것에 일부 변화를 고려한 제한적 의사결정을 하는 구매 상황의 범주

수직적 마케팅 시스템(VMS) 제조, 도매, 소매 수준에서 구성원들 사이에 공식적인 협력이 이루어지는 유통 경로

수직적 통합 비용을 절감하고 이익을 증대시키기 위해 제조업체와 유통 경로를 단일 소유권으로 통합

수출상 타국에서 기업을 내세우기 위해 기업이 사용하는 중간자

수평적 마케팅 시스템 같은 경로 수준에 있는 2개 이상의 회사가 공통된 목적으로 함께 작동하는 유통 경로 내의 구성

수평 적재 피크 수요 기간 동안 또는 그 이후에 모두 채택된 일관된 생산 일정의 실행을 통해 특정 제품에 대한 제조업체의 재고 보유 능력과 생산 용량 제약의 균형을 맞추기 위한 제조 방식

순회 판매원 기업을 촉진하고 제품 수요를 자극하지만 실제로 판매를 완성하지는 않는 판매원

슈퍼마켓 다양한 종류의 식품과 관련 제품을 취급하는 식품점

슈퍼센터 다른 저가 제품을 가진 이코노미 슈퍼마켓들을 결합하는 대형 콤비네이션 스토어

스캐너 데이터 고객 카드로 체크아웃 할 때 계산대에서 스캔된 항목에서 파생된 데이터

스크린 중독 스마트폰, 태블릿, 컴퓨터에 상당한 시간을 소비해 일상생활에서 상당한 어려움을 겪는 소비자

스키밍 가격 전략 기업이 새롭고 매우 호감이 가는 제품에 부과하는 매우 높은 프리미엄 가격

스팸 대량으로 원치 않은 메시지를 보내는 전자 매체의 사용

슬로건 브랜드와 연결되는 단순하고 기억에 남을 만한 언어 장치

시간 부족 소비자들이 이전보다 시간에 대해 부족하다고 느끼는 신념

시선 추적 기술 사람이 서로 다른 시각적 요소와 자극에 반응하고 상호작용하는지에 대한 상황별 통찰력을 얻기 위하여 개인 시선의 위치와 움직임을 추적하는 센서와 정교한 소프트웨어를 이용하는 기계식 관찰 기법

시장 특정 상품에 의해 충족될 수 있는 어떤 근원적 욕구를 공유하는 소비자들과 실제로 그 상품을 구매할 수 있는 자원, 의지, 또는 권력을 갖춘 소비자들을 모두 포함

시장 개발 전략 기존 제품을 새로운 시장에 도입하는 성장 전략

시장 계획 기능 계획 마케팅 담당자가 하는 일로서, 광범위하게 3~5년 동안 지원하는 기업 전략 계획과 연차별 상세한 연간 계획

시장 관리자 특정 고객 집단에게 팔리는 제품들에 대한 마케팅 계획을 개발하고 실행하는 책임자

시장 분할 현대 사회에서 소비자의 다양한 근원적 욕구(needs)와 구체적 욕구(wants)에 따라 생긴 집단

시장성 테스트 또는 시험 판매 기업이 진입하고자 하는 대규모 시장과 유사한 적은 지역에서 완성된 마케팅 계획을 시험하는 것

시장 세분화 전체 시장 내에서 어떤 방법으로든 그들의 욕구가 일군의 소비자들과는 서로 유사하며 다른 소비자들과는 다르게 구별되는 집단

시장 점유율 특정 기업, 제품 라인 또는 브랜드가 차지하는 시장의 비율(판매 수량 또는 수익으로 정의)

시장 조사 마케팅 효과성을 개선하기 위해 고객, 경쟁자, 경영 환경 등에 관한 자료를 수집, 분석, 해석하는 활동

시장 조사 온라인 커뮤니티(MROC) 일반적으로 시장 조사 기관이나 부서에서 고객의 감정과 성향에 대한 통찰을 얻기 위하여 활용하는 사적으로 구성한 집단

시장 조사 윤리 시장 조사 과정에서 연구 참가자들에게 해가 되지 않도록 마케팅 조사를 실행하는 윤리적이고 공정한 접근법을 활용하는 행동

시장 첩보 시스템 마케터가 사업과 관련하여 전 세계에서 일어나는 정보들을 수집하는 데 사용하는 방법

시장 침투 전략 현재 고객, 비사용자, 경쟁 브랜드 사용자를 대상으로 기존 제품의 판매를 늘리기 위해 고안된 성장 전략

시험 가격 전략 고객의 리스크를 더 낮추기 위해 한정된 기간 동안 신제품의 가격을 낮게 책정하는 전략

식스 시그마 회사가 제품 결함을 100만 개 중 3.4개, 또는 그보다 더 적도록 제한시키는 과정

식역하 광고 마케팅 관리자의 의사소통에 있어서 추정상 숨겨진 메시지

신규 구매 광범위한 의사결정이 필요한 복잡하거나 위험한 새로운 B2B 구매

신디케이트 조사 정기적으로 정보를 수집해서 다양한 회사에 보고서를 판매하는 리서치 회사에 의해 수행된 조사

신뢰성 조사 측정 기법들이 오류가 없는 정도

신사업 판매원 새로운 고객을 발견해 그들에게 전화해 회사의 제품을 발표하는 책임을 가지는 사람

신제품 개발(NPD) 기업이 아이디어 창출, 제품 개념 개발 및 선별, 마케팅 전략 개발, 사업성 분석, 기술 개발, 시험 마케팅, 상업화를 포함하는 신제품을 개발하는 단계들

실리주의 가장 많은 실리나 가장 적은 해악을 가져오는 결정을 지지하는 윤리 철학

실제 제품 바라는 편익을 제공하는 물리적 상품 또는 제공되는 서비스

실행 계획 계획 내에서 다양한 마케팅 전략을 실현하고 조절하기 위해 마케팅 계획에 포함된 개별 지원 계획. 실행 계획은 때때로 '마케팅 프로그램'으로 불리기도 함

실행 양식 비교, 시연, 증언, 삶의 단편, 라이프스타일 등과 같은 메시지의 기본 구조

실험 조작된 환경에서의 변수들의 관계를 예측하는 방법

심리분석학 세분시장을 구성하기 위한 심리학적·사회학적·인류학적 요소의 사용

아랍의 봄 아랍 국가 내에서 사용할 수 있게 된 새로운 소셜 미디어의 등장으로 인해 가능해진 반정부 시위와 반란

아바타 가상 세계에서 사용자의 그래픽 대리인

아웃소싱 내부에서 공급될 수 있는 제품 또는 서비스를 공급하는 외부의 공급업체를 구하는 기업의 구매 프로세스

아이디어 마케팅 표적시장의 태도 혹은 행동을 창출하거나 변화를 주기 위해 마케팅 믹스의 요소들을 활용함으써 개념, 철학, 신념 또는 이슈 등에 대한 시장 점유율을 획득하려는 마케팅 활동

아이디어 창출 마케터들이 고객에게 편의를 제공하고 기업의 사명과 양립하는 제품에 대해 여러 가지로 안을 내보는 제품 개발의 첫 단계

암호화 메시지를 섞어서 올바른 열쇠를 가진 다른 사람 또는 컴퓨터만이 해독할 수 있게 하는 것

앰비언트 광고 일반적으로 생각하기 어려운 장소에 집행되는 광고

앱 내 광고 무료 모바일 앱으로 소비자 관여를 높여 수익 창출

약탈적 가격 결정 경쟁업체를 몰아내기 위해 아주 낮은 가격으로 제품가를 결정하는 불법적인 가격 결정 전략

양심적 소비자 운동 일상적인 구매상황에서 환경에 대한 지속적인 관심을 보이는 소비자 운동으로 마케터들은 광고를 통해 이를 지지하기도 함

업무적 판매 고객과의 관계 발전을 거의 또는 전혀 시도하지 않고, 즉각적인 매출에만 초점을 맞추는 인적 판매 형태

엑스트라넷 공급업체, 고객들, 다른 조직과 기업 부서, 종업원, 데이터베이스를 연계하는 사설 및 기업 컴퓨터 네트워크

역개발 전략 전기나 다른 진보된 기반시설이 없는 국가의 사람들의 수요를 충족시키기 위해 덜 진보된 제품을 개발하는 기업의 제품 전략

역동적 가격 결정 시장에서의 변화에 빠르게 대응하기 위해 쉽게 가격을 조정하는 가격 결정 전략

역동적 연속 혁신 상당한 정도의 학습이나 행동 변화가 요구되는 기존 제품의 변화

역마케팅 구매 기업들이 자신들의 명세서에 맞는 제품들을 생산할 수 있는 공급업체들을 확인하려는 기업의 관행

역물류 제품의 반품, 재활용 및 자재 재사용, 폐기물 처리를 포함

역번역 자료를 외국어로 번역한 후 원래의 언어로 되돌리는 과정

역설계 경쟁 상대의 제품을 물리적으로 분해하여 제품 구성 방법을 확인하는 과정

연계무역 현금으로 상품의 값을 지불하는 대신 다른 상품과 교환하는 것

연구 개발 기업 내부에서 혁신을 수행하기 위한 명확하고 체계적인 방법

연설문 작성 회사 임원이 전하는 주제에 관한 연설문 쓰기

연속적 혁신 하나의 브랜드가 경쟁 브랜드와 구별되도록 기존 제품을 수정

연속적 확장 전략 국내 시장과 해외 시장 모두에 동일한 제품을 제공하는 기업의 제품 전략

영구적 재고 단위 통제 시스템 매출, 반품, 다른 점포들에게 이전, 기타 등등의 누계를 유지하는 소매 컴퓨터 시스템

영상 공유 유튜브 같은 인터넷 사이트에 영상 기록물을 업로드하여 수천 또는 수백만 명의 다른 인터넷 사용자들이 이를 볼 수 있게 하는 것

영상 뉴스 보도자료(VNR) 영상 형태로 제공하는 보도자료

예측 잠재적 또는 가망 고객 명단을 확인하고 개발하는 판매 과정의 한 부분

예측 기술 추가 구매할 가능성이 높은 제품을 결정하기 위해 많은 수의 사람들의 쇼핑 패턴을 활용하는 분석 기법

예측 분석 툴 툴은 특정한 미래 결과를 더 정확하게 예측하기 위해 관계를 식별한 변수들 내에서 대량의 데이터를 사용한다.

오프쇼어링 기업들이 내부에서 해오던 일들을 수행하기 위해 중국이나 인도와 같은 지리적으로 떨어져 있는 기업들과 계약하는 활동

옥외 매체 공공장소에서 사람들에게 도달하는 커뮤니케이션 매체

온라인 경매 쇼핑객들이 온라인 입찰을 통해 제품을 구매하는 전자상거래

온라인 유통의 저작권 침해 인터넷을 통한 지적 재산의 도난 또는 승인되지 않은 용도의 변경 행위

온실효과 이산화탄소와 다른 온실가스의 배출에 의해 **지구의 대기가 온실**처럼 변하는 현상

옴니채널 마케팅 고객이 데스크톱, 모바일 기기, 전화 오프라인 상점 중 어느 곳에서 쇼핑을 하든지 고객에게 원활한 쇼핑 경험을 제공하는 소매 전략

옹호 광고 어떤 이슈의 결과가 그 조직에 영향을 주기 때문에 조직이 그 이슈에 대한 여론에 영향을 줄 목적으로 하는 일종의 공익 서비스 광고

완전 경쟁 수많은 소규모 판매자가 비슷한 제품을 제공하고, 제품의 품질, 가격, 혹은 공급에 큰 영향을 미치지 못하는 시장 구조

완전 서비스 상인 도매상 배달, 신용, 제품사용 지원, 수리, 광고, 기타 홍보 지원을 포함하여 고객에게 다양한 범위의 서비스를 제공하는 도매업체

외부 환경 기업 성과에 긍정적 혹은 부정적으로 영향을 미치는 것으로서 조직 외부의 통제할 수 없는 요인

외적 타당성 연구 결과가 대상 환경의 외부에서 적용이 가능하다는 높은 수준의 확신을 제공하면서 표본이 대표성을 가지고 일반화될 수 있는 정도

욕구 위계 보다 기본적인 욕구는 계층의 바닥에 놓이게 하고 보다 높은 욕구는 꼭대기에 두어서 욕구 중요성의 다섯 가지 수준에 따라 동기를 범주화하는 접근 방법

운송 경로 구성원 간 제품을 이동하는 상태

운송 및 보관 소매점과 기타 채널 구성원이 제품을 생산지에서 고객이 원할 때까지 보관해주는 장소로의 이동

운영 계획(operational plans) 마케팅 계획의 일상적인 실행에 초점을 둔 계획. 운영 계획에는 수행 할 구체적인 활동에 대한 세부 지침과 책임자, 작업 수행을 위한 시간표가 포함됨

운영 계획(operational planning) 조직의 기능적 계획을 수행하는 일상

업무에 대한 세부 사항을 설정하는 데 집중하는 의사결정 과정

원가 가산 가격 결정 판매자가 제품의 모든 원가를 합산해서 판매 가격에 일정 금액을 부가하는 가격 결정의 한 방법

원자재 조직 고객이 완제품에 사용하기 위해 구매하는 수산업, 임업, 농업, 광업제품

웹 1.0 사이트 소유주가 콘텐츠를 제공하는 인터넷의 시작을 알렸던 시기

웹 2.0 사회적 연결망과 사용자 상호작용성을 통합하는 새로운 세대의 월드 와이드 웹(범세계적 통신망)

웹 3.0 라이브챗이나 인스턴트 메시지 등을 이용해 실시간으로 소비자들이 커뮤니케이션하는 세대로 마케터들은 온라인상의 소비자 활동을 추적할 수 있음

웹 4.0 수천 개의 앱에 접근 가능한 소비자들은 스마트폰이나 태블릿을 통해 언제 어디서든지 브랜드에 접근할 수 있게 되었음

웹 스크래핑 웹 사이트에서 많은 양의 데이터를 추출하기 위한 컴퓨터 소프트웨어의 사용 프로세스

위기관리 어떤 부정적 사안이 조직의 이미지를 위협할 때 기업의 명성을 관리하는 과정

위신 가격 방식 또는 프리미엄 가격 방식 제품에 대한 좋은 이미지를 확보하기 위해 제품의 가격을 인위적으로 높게 유지하는 명품의 가격 전략

위험 감수 기능 어떠한 제품을 원하는 고객이 아무도 없어 판매대에 계속 전시되어 있을 수 있기 때문에 제조업체로부터 제품을 구입할 때 재고 손실의 위험 부담을 소매업체가 떠안는 것

유급 영향력자 프로그램 대가를 지불받은 블로거가 온라인상에서 자사 브랜드에 대한 다양한 이야기를 나누도록 독려하는 프로그램

유료 매체 어떤 한 광고주가 대가를 지급하는 전시 광고, 후원 핵심 키워드 검색

유인 가격 결정 판매자가 적어도 세 가지 유사한 제품을 판매할 때 활용하는 전략. 두 가지 제품 중 하나는 나머지와 비슷하지만 가격이 더 비싸고, 다른 하나는 구매자에게 덜 매력적이라면 더 많은 구매자들은 비싸지만 매력적인 제품을 구매하게 된다.

유인 판매 아주 낮은 가격의 제품을 광고함으로써 고객들은 점포 안으로 유인하고 그들에게 고가의 아이템을 구매하도록 유도하기 위한 목적으로 사용되는 불법적인 마케팅 관행

유지 보수, 수리, 운영(MRO) 제품 상대적으로 기업 고객이 단기간에 소비하는 제품

유통 소비자들이 원하는 시간과 장소에서의 제품 획득 가능성

유통경로관리 생산자로부터 최종 소비자에게 제품을 이전시키는 것과 관련된 개인 또는 기업

유통 계획 유통 목표를 선정하고, 유통에 대한 내, 외부 환경 평가, 유통 전략의 선정을 포함하는 과정

유통 집약도 경로의 각 수준에 존재하는 중개자의 수

윤리 강령 조직 내 모두가 따라야 하는 기술된 행동 기준

윤리적 상대주의 한 문화에서 윤리적인 것이 다른 국가에서는 그렇지 않을 수 있음

융합 둘 또는 그 이상의 기술이 합쳐져서 각각의 부분보다 더 큰 편익을 가지

는 새로운 시스템을 창출하는 것

의견 선도자 하나 또는 그 이상의 제품 범주에 있어 활발한 관심이나 전문성 때문에 다른 사람들의 태도나 행동에 자주 영향을 미칠 수 있는 사람

의사소통 및 거래 기능 경로의 회원들 간 의사소통의 홍보 및 다른 유형들을 채널 회원이 개발하고 실행하는 기능

이분 가격 결정 제품의 구입을 위해 두 가지 상이한 방식의 결제를 하도록 하는 가격 결정 방법

이중 혹은 다중 유통 시스템 생산자, 상인, 도매상, 소매상, 그리고 소비자가 하나 이상의 유통 경로에 참여하는 시스템

이탈률 계약 기간이 만료되어 더 이상 회사의 고객으로 간주되지 않는 고객의 비율. 예를 들어, 서비스 계약을 해지하거나, 관련 소매점에서 쇼핑을 중단하는 경우

이해관계자 회사의 구매자, 판매자, 혹은 투자자, 공동체 거주자, 그리고 심지어 제품과 서비스가 만들어지고 팔리는 국가의 국민들, 즉 달리 말해 그 거래의 결과와 관련해 이해관계가 있는 모든 사람 또는 조직

인과 조사 원인과 결과의 관계를 규명 및 이해하는 기법

인구통계 인구 크기, 연령, 성별, 인종, 소득, 교육, 직업 및 가족 구조와 같은 인구의 관측 가능한 측면을 측정한 통계

인소싱 한 회사가 공급망 운영의 일부분 혹은 모든 부분을 처리하기 위해 전문 회사와 계약하는 관행

인적 판매 기업의 판매원이 상품이나 서비스에 관하여 커뮤니케이션하기 위해 고객 또는 가망 고객과 직접적으로 상호작용하는 마케팅 커뮤니케이션

인지 부조화 소비자가 여러 유사한 선택 대안들 중에서 선택한 뒤에 느낄 수 있는 불안이나 후회

인지 태도의 인지적 요소. 사람들이 어떤 제품과 그 중요한 특성에 대해 가지는 신념이나 지식

인지학습이론 내부 정신적 과정의 중요성과 환경을 지배하기 위해 주변으로부터의 정보를 활발하게 이용하여 문제를 해결해가는 사람이라는 관점을 강조하는 학습이론

인터넷 가격 차별화 동일한 제품에 대해 서로 다른 고객에게 서로 다른 가격을 부과하는 인터넷 가격 결정 전략

인터넷 전화(VoIP) 네트워크를 통해 목소리를 전달하는 커뮤니케이션 시스템

인트라넷 사내 부서, 직원, 데이터베이스를 연결하기 위해 인터넷 기술을 이용한 기업 내부 커뮤니케이션 네트워크

인포머티브 광고 토크쇼와 같지만 실제로는 판매 권유인 30분 또는 1시간에 걸친 광고

일대일 마케팅 CRM에 의해 촉진되며, 각 고객에게 제공되는 재화나 서비스에 대한 일부 관점을 고객화하는 마케팅

일반 상품 할인점 최소한의 서비스와 낮은 가격으로 폭넓은 구색의 아이템들을 제공하는 소매상

일회용 포장 최빈개도국이나 개발도상국에서 청소용 제품, 섬유 유연제, 샴푸 등을 저렴한 일회용 포장으로 판매

임대 매장 외부 기업이 임대한 대형 소매상 내의 매장

입소문(버즈) 고객들이 진짜로 여기는 구전 커뮤니케이션

입점 공제 제조업체 제품을 배치하는 데 동의하는 대가로 지불되는 수수료

자기잠식 새로운 제품이 제품군 또는 제품라인에 추가될 때 발생하는 기존 브랜드의 매출 손실

자동 재주문 시스템 재고량이 일정 수준에 도달하면 자동으로 작동되는 소매 재주문 시스템

자아개념 개인적 속성에 관한 신념, 관측, 느낌의 합성물로 구성되는 개인의 자아 이미지

자유무역지대 해외 기업이 시장에 재화를 출시하기 전까지 세금이나 관세를 내지 않고 보관할 수 있도록 지정된 구역

자재 관리 창고 내외로의 제품 이동

잡음 효과적인 커뮤니케이션을 방해하는 모든 것들

잡화점 여러 가지 저렴한 물건을 취급하는 상덤

장바구니 이탈 전자상거래 고객들이 장바구니 안에 비구매품들이 들어 있는 전자상거래 사이트를 떠날 때 일어남

장비 조직이 장기간 매일의 운영에 사용하는 고가의 제품

장소 마케팅 도시, 주, 국가 혹은 어딘가 다른 장소에 새로운 기업체, 주민 혹은 방문객들을 끌어들이기 위한 마케팅 활동

재고 관리 상품이 고객의 요구를 항상 충족시킬 수 있도록 하는 활동

재고관리코드(SKU) 각 개별 제품에 대한 고유 ID

재고 손실 물품 도난, 종업원 절도, 제품 손상 등에 따른 소매상들이 경험하는 손실

재고 회전율 또는 재고 회전 정해진 기간 동안 회사의 재고가 완전히 순환되는 횟수

재량 소득 집세, 공과금, 음식, 옷과 같은 필수품에 대한 지불 이후 수입에서 남은 부분

재택근무 인터넷 전화와 같은 원거리 통신을 통해 자택에서 근무하는 형태

재판매업자 이윤을 추구하고 사업 운영을 유지하기 위해 다른 개인 혹은 조직에게 재판매, 임대, 리스 등의 목적으로 완제품을 구매

재포지셔닝 시장의 변화에 대응하기 위해 제품의 지위를 다시 정하는 것

저소득층(BOP) 전 세계에서 하루에 2달러 이하의 생활비만 사용하는 소비자 그룹

적기 공급 생산(JIT) 제조업체와 판매자가 재고를 매우 낮은 수준으로 줄이고 수요가 있을 때만 공급업체로부터의 재고 인도를 보장하기 위해 사용하는 재고 관리 및 구매 과정

적합성 신제품이 기존 문화적 가치와 관습과 관행에 일치하는 정도

전국 브랜드 또는 제조업체 브랜드 제품 제조업체가 소유한 브랜드

전략 계획 기업의 장기적 성장을 위한 조직의 자원과 역량이 시장 기회에 적합한지에 대한 의사결정 과정

전략적 사업 단위(SBUs) 별도의 사업처럼 운영되는 기업 내의 개별 단위로서, 사업 단위별 사명, 경영 목표, 자원, 관리자, 경쟁자가 존재

전략적 제휴 외국 시장에 더 깊은 투자를 원하는 기업과 해당 국가의 기업 사이에 맺는 관계

전문 서비스 기업의 운영을 위해 필수적이지만 제품 생산과는 관계가 없는

서비스

전문점 소수 제품 라인들을 취급하지만 자신들이 판매하는 제품 라인들 내에서 좋은 구색을 제공하는 소매상

전문품 독특한 특성을 가지고 구매자에게 중요하여 구매자가 취득에 의미 있는 노력을 기울이는 제품이나 서비스

전사적 자원 관리 시스템(ERP) 금융, 주문 절차, 제조, 운송을 포함한 기업 전사의 정보를 통합하여 이러한 정보의 공유를 용이하게 하는 소프트웨어 시스템

전사적 품질경영(TQM) 종업원들이 지속적 품질 향상을 위해 적극적이 되도록 권한을 부여함으로써 고객 만족이 이루어지도록 하는 관리 이념

전속적 유통 특정 지역 내 단일 상점을 통해서만 제품을 판매하는 유통 형태

전자상거래 재화와 서비스를 전자적으로, 통상 인터넷을 통해 구매 또는 판매하는 활동

전자 지갑 고객 스마트폰과 연결되고 고객이 현금이나 신용카드 결제 없이도 제품을 구매할 수 있는 블루투스 기술을 사용함

전자 판매시점 관리 시스템 판매 데이터를 수집하고 점포의 재고통제시스템에 직접 연결된 소매 컴퓨터 시스템

전통적 마케팅 시스템 경로 회원이 서로 독립적으로 작용하는 다중 수준의 유통 경로

전환율 해당 페이지와 소비자 간의 상호 작용과 관련된 사전 정의된 목표의 달성을 나타내는 웹 페이지에서 발생하는 이벤트

전환자 제품 제조업체가 사용하도록 허가하지 않은 하나 이상의 경로를 통해 제품의 배포를 촉진하는 기업

접근 판매원이 고객의 욕구에 관해 더 많이 알고, 좋은 인상을 심고, 친밀한 관계를 구축하려는 실제 판매 프리젠테이션의 첫 단계

접점 고객과 기업 간의 직접적인 인터페이스(온라인, 전화, 대면)

정보 해석된 자료

정보 과부하 마케팅 담당자가 너무 많은 정보에 묻혀 유용한 정보를 가려내는 결정을 하는 데 마비가 되어버리는 상태

정보 탐색 소비자가 합리적인 의사결정을 하기 위해 적절한 정보를 탐색하는 과정

정부 시장 공공의 목표를 수행하고 그것의 운영을 지원하기 위해 재화와 서비스를 구매하는 연방, 주, 지방자치단체

정정 광고 이전의 잘못된 광고 주장을 명확히 하거나 수정하는 광고

정형 데이터 (1) 일반적으로 숫자 또는 범주형 데이터, (2) 컴퓨터가 읽고, 구성하고, 이해하기 쉬운 방식으로 구성하고 형식화된 데이터, (3) 완벽한 방식으로 데이터베이스에 삽입될 수 있는 데이터

제품(goods) 우리가 보고, 만지고, 냄새 맡고, 듣고, 맛볼 수 있는 어떤 형태를 가진 제품

제품(product) 유형의 제품, 서비스, 아이디어, 또는 이 모든 것들의 결합체로 교환과정을 통해 소비자의 욕구를 충족시키는 것. 특징, 기능, 혜택, 쓰임새 등의 결합체

제품 개발 전략(product development strategy) 기존 시장에서 신제품 판매를 중점으로 둔 성장 전략

제품 개발 전략(product invention strategy) 해외 시장을 위해 새로운 제품을 개발하는 기업의 제품 전략

제품 경쟁 서로 다른 제품을 제공하는 기업이 동일 소비자 집단을 대상으로 근원적 욕구와 구체적 욕구를 충족시키고자 경쟁하는 것

제품 관리 마케팅 믹스의 모든 요인을 포함하는 제품의 마케팅 주도권의 모든 면을 조정하는 체계적인 접근법으로, 흔히 팀 기반으로 이루어짐

제품 광고 특정한 상품이나 서비스에 초점을 둔 광고 메시지

제품 라인 길이 동일 범주 내의 여러 종류의 항목들로 결정됨

제품 라인 회사가 목표 고객의 어떤 필요와 욕구를 충족시키기 위해 설계하고 제공하는 모든 제품

제품 리뷰 사이트 사람들이 제품과 서비스에 대한 그들의 경험을 올리도록 하는 소셜미디어 사이트

제품 명세서 제품 구매에 요구되는 품질, 크기, 무게, 기타 세부 사항 등에 대한 설명서

제품 믹스 폭 기업이 생산하는 상이한 제품 라인의 수

제품 믹스 하나의 기업이 판매를 위해 제공하는 모든 제품의 총집합

제품 샘플링 소비자들에게 작은 크기의 제품을 무료로 유통시키는 것

제품 수명주기(PLC) 제품들이 출시되어 사라지기까지 어떻게 도입기, 성장기, 성숙기, 쇠퇴기의 뚜렷한 네 단계를 거치는지 설명하는 개념

제품 수용 소비자나 산업체 고객이 새로운 제품, 서비스 또는 아이디어를 구매하고 사용하기 시작하는 과정

제품 적응화 전략 해외 시장에 유사하지만 개선된 제품을 제공하는 기업의 제품 전략

제품 전환 제품 제조업체가 사용하도록 승인하지 않은 하나 이상의 경로를 통한 제품 배포

제품 카테고리 관리자 하나의 제품 범주에 속한 모든 브랜드와 제품들에 대한 마케팅 계획을 수립하고 실행하는 책임을 진 사람

제품 컨셉 개발 및 선별 마케터가 기술적인 면과 상업적인 면에서 성공할 수 있는지 제품 컨셉을 검사하는 신제품 개발의 두 번째 단계

제품 품질 고객의 기대를 충족시키는 제품의 전반적 능력

제한된 서비스 대행사 매체 구입 또는 크리에이티브 개발 같은 한두 가지 특별한 서비스를 제공하는 대행사

조사 및 마케팅 서비스 거래처 담당 임원이 합리적인 전략을 개발하는 것을 돕고 크리에이티브가 광고의 다른 판에 소비자 반응을 끌어내는 것을 지원할 정보를 수집하고 분석하는 대행사의 부서

조사 설계 마케터들이 어떤 정보를 수집하고 어떤 유형의 연구를 수행할 것인지를 구체적으로 명시한 계획

조성 메시지가 전하는 무드나 태도(솔직, 유머, 극적, 낭만, 성적 소구, 불안/공포)

조작적 조건화 포상이나 처벌의 결과로서 발생하는 학습

조직 시장 B2B 시장의 다른 이름

조직인구통계 세분화된 기업 간 시장을 구분하기 위해 여러 조직들을 기술하고, 분류하고, 조직하는 데 사용할 수 있는 조직별 차원

조직적 소매 범죄(ORC) 하루에 수천 달러의 물건을 가지고 달아나는 조직

적인 도둑들의 소매업 절도

종결 판매원이 고객에게 제품을 실제로 구매하도록 요청하는 판매 과정 단계

종단연구 설계 시간을 두고 동일한 표본 응답자의 응답을 추적하는 방식

종속 가격 결정 함께 사용되어야 하는 두 가지 아이템에 대한 가격 결정 전술. 한 제품은 가격을 매우 저렴하게 설정하고, 첫 번째 제품의 사용에 필수적인 또 다른 제품에 높은 수익의 가격을 설정함으로써 기업은 이익을 얻는다.

주문당 비용 웹사이트 방문자를 구매자로 전환시키기 위한 마케팅 투자의 의미에서 주문에서 얻어지는 비용

주문 수주자 고객이 개시하는 거래를 가능하게 하는 것이 주된 업무인 판매원

주문 창출자 특별한 고객과 장기간의 관계성을 개발하거나 새로운 판매를 창출하기 위해 일하는 판매원

주문 처리 주문이 발주되는 시간부터 제품을 납품하기까지 일어나는 일련의 활동

주의 사람이 어떤 특정 자극에 대해 정신적 처리 과정에 몰두하는 정도

주파 파동 인식장치 제품의 내용, 출발 및 도착지에 대한 정보를 포함한 작은 칩이 포함된 제품 꼬리표

준거집단 개인의 평가, 염원, 또는 행동에 의미 있는 영향을 미치는 실제적, 가상적 개인 또는 집단

증강현실 사용자가 눈으로 보는 현실 세계에 컴퓨터가 만들어낸 가상 이미지를 겹쳐서 합성 현실을 보여주는 기술의 한 형태

지각 사람들이 외부 세계로부터의 정보를 선택하고, 조직화하고, 해석하는 과정

지각도 경쟁 브랜드와 비교하여 소비자의 마음에 자리 잡은 위치를 시각적으로 묘사하는 기법

지각된 위험 어떤 제품의 선택이 재무적이든 물리적이든 그리고/혹은 사회적이든 장래에 부정적 결과를 초래하리라는 믿음

지각 수용자 혁신을 가장 늦게 수용하는 사람들

지구온난화 지구에 파괴적 효과를 가져올 수 있는 기온 상승

지리인구학 인구통계학과 지리학을 통합한 세분화 기술

지리적 세분화 살고 있는 지역에 따라 사람들의 선호가 달라지기 때문에 마케터들이 특정 지리적 영역에 맞게 제품을 조정하는 접근법

지리 정보 시스템(GIS) 특정 지리적 영역의 소비자에 대한 정보가 디지털 방식으로 저장된 지리학적 지도를 결합하는 시스템

지리표적화 웹사이트 방문자 또는 어떤 사람의 위치를 기반으로 배송에 대한 지리적 위치 확인

지불 가격 결정 총가격을 소액의 할부 가격으로 나누어 지불하게 하는 가격 결정 전술

지속가능경영 경제적인 이윤 창출, 사회공동체를 위한 공헌, 지속가능경영 창조 등의 세 가지 핵심 축의 조화에 초점을 둔 경영방침

지속 가능성 계량지표 지속 가능한 방법을 적용했을 때 한 조직이 얻게 되는 이익을 측정하는 도구

지속 가능성 차세대의 욕구 충족에 필요한 사회자원을 희생하지 않고 현세대

의 욕구를 충족시키는 것에 초점을 맞춘 제품 설계

지속 가능한 포장 다음 중 하나 이상을 포함하는 포장: 이전에 사용된 재료를 활용하여 생산될 수 있는 포장 재료, 한 번 사용 후 용도를 변경할 수 있도록 개발 중에 있는 포장 재료, 더 적은 자원을 활용하여 생산되는 포장 재료, 그리고 일반적으로 환경에 덜 해로운 물질로 만들어졌거나 친환경 생산과정을 통해 생산되는 포장 재료

지식경영 기업의 정보 자산을 수집, 정리, 저장, 검색하는 포괄적인 접근 방식

지역기반 소셜 네트워크 모바일 폰으로 가까이 있는 친구나 이웃에게 다양한 정보를 알려주는 GPS 네트워크 기술

지역주의 소비자들이 거주지 50~100마일 내의 농장에서 생산된 제품을 적극적으로 찾는 양상

지원 매체 대중매체 광고가 이르지 못하는 사람들에게 도달하도록 사용되는 전화번호부 또는 옥외 매체와 같은 매체

지위 상징 사람들에게 그들이 보다 높은 사회계층의 구성원임을 과시(혹은 최소한 그들이 구성원임을 믿게)하는 방법을 제공해주는 시각적 표식

직접 경로 제품 제조업자 또는 서비스 제공자가 최종 고객에게 직접 배포하는 유통 경로

직접 마케팅 소비자나 비즈니스 대상자들에 대해 주문이나 추가 정보의 요청, 혹은 제품 구매를 위한 매장이나 사업장 방문 등의 반응을 이끌어내기 위한 모든 종류의 직접적인 소통 방식

직접 반응 TV 2분 이하의 짧은 광고, 30분 정도의 정보 제공 광고, 홈쇼핑 네트워크를 포함하는 직접 반응을 목적으로 하는 TV 광고

직접 반응 광고 소비자가 제공자와 즉시 접촉하여 질문을 하거나 제품을 주문하여 소비자가 메시지에 반응하도록 하는 직접 마케팅 방법

직접 우편 한 번에 한 가지의 구체적인 상품이나 서비스의 내용을 전달하는 브로슈어나 팸플릿

직접 재구매 기업 구매자들이 최소의 의사결정이 필요한 일상적인 구매를 하는 구매 상황

직접 판매 판매원이 한 개인이나 소그룹에게 제품을 제공하고 주문을 받고 상품을 전달하는 상호작용형 판매 과정

집단주의 문화 안정된 공동체를 위해 구성원들이 개인적 목표를 희생하는 문화

집중적 유통 제품의 재고를 확보하고 판매하는 데 적극적인 모든 적절한 도소매상을 통한 제품의 판매

집중적 표적화 전략 단일 세분시장을 대상으로 하나 이상의 제품을 제공하는 기업의 노력에 초점을 두는 전략

징글 광고를 위해서 특별히 작사와 작곡이 이루어진 노래

차별적 표적화 전략 서로 다른 다양한 고객 집단을 대상으로 하나 이상의 제품을 개발하고 이러한 제공이 시장에서 지속적으로 구분되는지 확인하는 전략

차별화된 경쟁력 어떤 기업이 그들의 직접적인 경쟁자와 비교해서 갖는 우월적 능력

차별화된 편익 독특한 고객 혜택을 제공함으로써 경쟁자의 제품과 구별되게 해주는 제품 특성

창고 관리 판매 예측이나 유통 경로의 다른 구성원에게 배송할 제품을 저장하는 것

창고용 매장 창고 환경에서 폭넓은 구색의 식용과 비식용 물품들을 구매하는 소비자들에게 비싸지 않은 회비를 부과하는 할인 소매상

창의성 새롭고 가치 있는 무언가가 창조되는 현상

창의적 판매 과정 욕구를 분석하고, 제품 속성이 어떻게 고객을 위한 편익을 제공할 수 있는지 결정해, 이 정보를 커뮤니케이팅 하여 잠재 고객을 찾는 과정

채널 파트너 모델 공유/통합 IT시스템을 통해 구매 업체와 각 공급업체 간의 양방향 정보 교환이 촉진되는 채널 파트너 간 관계

체험적 쇼핑객들 쇼핑이 쇼핑객들의 즐거움에 대한 욕망인 경험적 욕구를 충족시키기 때문에 쇼핑을 하는 쇼핑객들

체험적 판촉 고객을 보다 효과적으로 참여시킴으로써 수동적 활동에서 보다 상호작용적인 활동으로 쇼핑을 전환한다는 의도를 가진 판촉

초기 다수자 혁신의 일반적인 채택을 나타내는 사람들

초기 수용자 확산 과정에서 혁신자의 뒤를 이어 혁신을 조기에 채택하는 자들

촉진 태도나 행동에 영향을 미치기 위해 마케팅 관리자들이 수행하는 의사소통의 조합

촉진 믹스 광고, 판매 촉진, 홍보, 인적 판매, 직접 마케팅을 포함하는 마케터가 통제하는 커뮤니케이션의 주된 요소들

촉진 제품 후원자의 인지 구축을 위해 주어지는 머그잔, 티셔츠, 장식용 자석 같은 재미있는 것들. 어떤 사은품들은 소비자 또는 산업체 고객들에게 직접 유포되고, 어떤 것들은 소매상과 노점상 같은 유통경로 당사자에게 주어짐

총비용 생산단위의 정해진 수에 대한 고정비용과 변동비용의 총합

총시청률(GRPs) 다른 매체 수단의 효율성을 비교하는 데 사용되는 특정 값으로 평균 도달 범위 X 빈도로 계산

최대 부하 가격 결정 수요가 많은 기간 동안 가격을 더 높게 설정하는 가격 결정 방법

최빈개도국(LDC) 경제적 개발 단계가 가장 낮은 국가

최첨단 기술 신뢰성 및 안정성과 관련된 문제 때문에 아직 시장에 전반적으로 출시할 준비가 되어 있지는 않지만, 그 성능에 대한 소비자의 인식을 평가하고 사용에의 잠재적인 문제를 식별하기 위한 베타 테스트에 적합한 상태에 있는 혁신적인 기술

충동구매 어떤 계획이나 탐색 노력 없이 이루어지는 구매

충동품 사람들이 흔히 충동적으로 구매하는 제품

친환경 소비자 환경 친화적인 제품을 적극적으로 찾고 구매할 가능성이 높은 소비자

침투 가격 전략 고객들이 신제품을 더 많이 구매하도록 유도하기 위해 낮은 가격으로 출시하는 가격 결정 전략

카탈로그 책의 형태로 된 판매를 위해 제공되는 제품들의 집합. 흔히 품목 사진이 동반되는 제품 설명으로 구성됨

카테고리 킬러 자신의 카테고리에서 방대한 구색의 제품을 취급하는 매우 큰 전문점

캐시 카우 시장 점유율은 높지만 성장 잠재력이 낮은 제품

커뮤니케이션 모델 의미가 송신자로부터 수신자에게 이전되는 과정

콘텐츠 마케팅 회선, 블로그, 코멘트, 비디오, 공유적 사회적 이미지, 인포그래픽의 형태를 통해 사고하는 리더십 전략

콤비네이션 스토어 같은 상점 내에서 소비자들에게 식품과 일반 상품을 제공하는 소매상들

쿠키 웹 사이트 스폰서가 인터넷 이용자들의 움직임을 추적하기 위해 이용자들의 하드 드라이브에 삽입한 텍스트 파일

크라우드소싱 기업의 마케팅 활동을 커뮤니티 사용자들에게 아웃소싱하는 것

크라우드 펀딩 신제품 개발을 위한 자금을 확보하고자 하는 창업 기업에게 수천 명의 개인들이 적은 액수의 돈을 기부 또는 투자할 수 있게 하는 온라인 플랫폼

크리에이티브 서비스 광고를 생산하는 대행사 구성원들(크리에이티브 감독, 카피라이터, 미술 감독)

크리에이티브 전략 개념을 광고로 바꾸는 과정

크리에이티브 지침서 크리에이티브 과정을 안내하는 마케팅 커뮤니케이션 프로그램에 대한 안내서 또는 청사진

클라우드 무제한의 저장 용량을 갖춘 네트워크 서브

클릭당 비용 마케터가 광고에 배치한 웹 페이지로 바로 연결하는 광고에 대한 개별 클릭 수에 따라 비용이 부과되는 온라인 광고 구매

클릭률 웹 사이트 또는 관련된 웹 페이지를 방문하기 위해 광고를 클릭하기로 결정한 웹 사이트 사용자의 비율을 나타내는 계량지표

키스토닝 제품의 가격을 구입 가격의 두 배로(100% 마크업) 결정하는 소매 업체의 가격결정 방법

타당성 조사에서 측정하려고 의도했던 것을 실제로 측정한 정도

탄력 요금제 수요가 증가함에 따라 제품의 가격을 올리고 수요가 감소하면 가격을 낮추는 가격 방법

탄력적 수요 가격의 변화가 수요량에 많은 영향을 미치는 수요

탈중개화 비용을 절감하고 경로의 효율을 개선하기 위해 유통 경로의 일부 계층을 제거함

탈중개화 인적 제공자의 간섭 없이 고객이 결과를 획득하는 데 필요한 서비스

탐색 조사 마케터들이 향후의 보다 엄격한 조사를 위한 통찰을 얻기 위해 사용하는 방법

태도 사람, 사물, 그리고 어떤 사안에 대한 비교적 지속적인 평가에 기초하여 자극에 호의적, 비호의적으로 반응하는 학습된 성향

태도 측정 메시지가 노출되기 전후에 소비자의 제품에 관한 신념이나 느낌을 묻는 조사 기법

텍스트 메시지 광고 모바일 폰에 문자메시지로 전송되는 광고

텔레마케팅 전화를 사용해 소비자와 비즈니스 고객들에게 직접 판매하는 것

통일 상품 코드(UPC) 식품점이나 여타 상점에서 팔리는 대부분의 품목 옆이나 아래에 인쇄된 검은 막대기나 선들의 집합. 스캐너로 읽히는 UPC는 전국적인 제품 확인 시스템을 만들어냄

통제 실제 성과를 기존 마케팅 목적과 비교하고 조정함으로써 전략 혹은 목

표를 수정해 나아가는 과정

통제를 위한 제품 구매 스마트 홈 기술을 설치하거나 외부인을 통제하는 주거단지로의 이사처럼 불확실한 세계에서 어느 정도의 예측 가능성과 통제력을 제공하는 제품과 서비스에 가치를 느끼는, 테러와 정치적 불안에 대한 소비자 대응

통합적 마케팅 커뮤니케이션(IMC) 마케터가 목표 수신자를 대상으로 시간을 들여 종합적이고 측정 가능하고 설득력 있는 브랜드 커뮤니케이션 프로그램을 계획하고 개발하고 집행하고 평가하는 전략적 사업 과정

투자 설명회 기업 투자자를 대상으로 하는 연차 및 분기별 보고서 같은 PR 활동

투자수익(ROI) 시간이나 돈 같은 자원 지출이 회사의 재정에 영향을 미쳤는지 측정하는 방법

트라이버타이징 제품에 대한 입소문을 위해 제공되는 광고

트위터 사용자들이 최대 140자의 짧은 메시지를 올리도록 하는 무료 마이크로블로깅 서비스

특별 장려금 제조업자가 그 제품을 판매한 것에 대하여 판매원, 고객, 유통업자에게 지급하는 보너스

특별 행사 해외 투자자의 방문에서부터 회사 소풍에 이르기까지 PR 부서가 계획하고 실행하는 활동

특허 경쟁자들로부터 자사의 발명품을 생산하거나 판매하는 것을 법적으로 막는 시스템. 일정 기간 동안 시장에서의 경쟁을 줄이거나 없애는 것을 목적으로 함

특허권 일정 기간 시장에서 경쟁을 줄이거나 제거할 목적으로 어떤 발명을 경쟁자가 생산하거나 판매하지 못하도록 보호하는 법적인 장치

티저 또는 신비 광고 제품을 언급하지 않고 곧 있을 광고 캠페인에 주의를 끌기 위해 곧 출시될 제품에 대해 호기심과 관심을 유발하는 광고

티핑 포인트 제품 확산의 과정에서, 제품의 매출이 천천히 상승하다가 단기간에 유례없는 새로운 수준으로 급증하는 시점

팀 판매 판매원, 기술 전문가, 기타 다른 사람들로 구성될 수 있는 팀에 의해 운영되는 판매 기능

파생 수요 기업 또는 조직 제품에 대한 수요가 소비재 또는 서비스의 수요를 발생시키는 수요

파트너 관계 관리(PRM) 판매자와 구매자 간의 정보를 공유하는 시스템으로 CRM과 유사

판매결과 판매사원 노력의 결과

판매노력 영업을 위한 빈도와 유형, 영업관리 비용, 그리고 고객사후관리 및 클라이언트 서비스와 같은 비판매 활동들이 포함

판매 마진 제품의 판매 금액과 비용의 차이

판매 수당 제품의 매장 내 지원에 대하여 소매상에게 하는 보상들

판매 지향 마케팅을 판매 기능이나 재고를 줄이기 위한 한 방편으로 보는 경영관

판매 촉진 특정 기간 동안 제품에 관심을 갖게 하거나 구매를 권하기 위해 설계된 프로그램

판매 프레젠테이션 판매원이 직접 고객에게 가치 제안을 커뮤니케이션하고 쌍방향 커뮤니케이션을 하는 판매 과정의 한 부분

팝업 광고 웹페이지가 뜨는 동안 또는 뜨고 나서 스크린에 나타나는 광고

팝업 스토어 핼러윈 의상점과 같이 어느 날 불쑥 나타났다가 하루에서 몇 달 후에 사라지는 소매점

패밀리 브랜드 일군의 개별 제품 또는 개별 브랜드를 공유하는 브랜드

편의점 한정된 수의 자주 구매되는 물품을 취급하고 집 근처에서 구매의 용이성에 대해 프리미엄 가격을 지불할 의향이 있는 소비자들의 요구를 충족시키는 동네 점포

편의 표본 데이터가 수집되는 시기와 장소에서 접근 가능한 개인들로 구성된 비확률 표본

편의품 보통 저렴한 가격에 어디에나 퍼져 있고 최소한의 비교와 노력으로 자주 구매하는 소비재 또는 서비스

평가 기준 경쟁하고 있는 제품 대안들을 비교하기 위하여 소비자가 사용하는 차원

평균 고정비 생산단위당 고정비용

포장 제품을 보호하고, 제품의 사용과 저장을 용이하게 하고, 중요한 마케팅 커뮤니케이션을 제공하는 제품을 싸거나 담는 것

포지셔닝 특정 세분시장이 제품 및 서비스를 타 경쟁사 제품 및 서비스와의 비교에서 어떻게 지각하는지에 영향을 미치기 위한 마케팅 전략의 개발

포지셔닝 설명서 제품의 특정 가치를 제안하기 위한 마케팅 커뮤니케이션을 기업 내부에서 개발하고 유지 관리의 지원을 하는 제품 포지셔닝의 표현

포트폴리오 분석 기업의 비즈니스 믹스를 평가하고 조직의 전략적 사업 단위의 잠재력을 파악하기 위한 관리 도구

포커스 그룹 훈련받은 중재자에 의해 진행되는 규모가 작은 소비자들의 제품 지향 토론

폭소노미 인터넷에서 검색한 정보를 자신의 키워드에 따라 분류하는 방법으로, 콘텐츠를 분류하기 위한 표준 시스템이 아닌 사용자의 기준에 의존한 분류 시스템

표본 추출 조사를 위해 응답자를 선택하는 과정

표시가격 또는 권장 소비자 가격(MSRP) 최종 소비자가 지불해야 하는 적정 가격으로 제조업체가 설정한 가격

표적 마케팅 전략 시장을 고객의 특성을 바탕으로 서로 다른 세분시장으로 구분하고, 하나 또는 그 이상의 세분시장을 선택하여 해당 세분시장의 소비자의 요구를 충족시키는 제품 개발

표적시장 기업이 그들의 마케팅 계획을 수립할 때 초점을 맞추고 그들의 마케팅 노력을 지향하는 세분 시장

표적화 마케터가 잠재적 세분시장의 매력도를 평가하고 각 세분시장의 소비자들을 자신의 고객으로 전환시키기 위해 자원을 투자하는 대상으로 결정하는 전략

푸쉬 전략 기업이 유통업자들에게 자사의 제품들을 권하도록 확산시킴으로써 제품들이 유통경로를 따라 옮겨가도록 하는 시도

풀 서비스 대행사 조사, 광고 카피 창출, 매체 선택, 최종 메시지 생산을 포함하는 캠페인에 필요한 대부분 또는 모든 서비스를 제공하는 대행사

풀 전략 기업이 소비자들 사이에서 그 제품에 대한 욕구를 가지도록 해서 소매점이 이 소비자의 수요에 대응하기 위해 이 품목을 재고로 두게 하여 유통경로를 통해 제품이 팔리도록 하는 시도

품절 매출 감소와 고객 불만족을 초래하는 재고가 없는 상황

프라이빗 브랜드 소매상이나 도매상이 소유하고 판매하는 브랜드

프랜차이즈 사업을 하는 전반적인 방식을 적용시킬 수 있는 권리를 주는 형태의 라이선스

프랜차이즈 조직 기업가(프랜차이즈)가 프랜차이즈의 이름 및 마케팅 계획을 유료로 사용할 수 있도록 허용하는 프랜차이저(제조업체 혹은 서비스 제공업체)를 포함하는 계약 수직 마케팅 시스템

프로토타입 개발하고자 하는 제품의 실물 모형

프리미엄 가격 결정 가장 기본적인 제품은 무료로 제공하지만 더 다양한 속성, 우수한 기능, 또는 고용량의 업그레이드된 제품에 대해서는(프리미엄) 비용을 청구하는 사업 전략

프리미엄 제품을 구매한 사람에게 무료로 제공되는 품목들

피드백 메시지에 대한 수신자의 반응

피라미드의 하단 가격 결정 피라미드의 하단에 있는 특정 국가에서 시장의 발판을 마련하고자 소득이 가장 낮은 소비자에게 어필할 수 있을 만큼의 충분히 낮은 가격을 제공하는 혁신적인 가격 결정 방법

피라미드 조직 대중에게 어떤 실질적인 투자 혹은 제품의 판매보다 오히려 그 프로그램에 가입하는 다른 사람들의 모집으로부터 많은 이익을 소비자들 혹은 투자가들에게 약속하는 불법적인 판매 기법

하울 비디오 최신 구매 제품을 유튜브 등에 포스팅하는 영상

하위문화 구성원들이 차별적인 일단의 신념, 특성, 또는 공동의 경험을 공유하는 사회적 집단

하위 브랜드 전략 주 브랜드 내에서 바람직한 목표 시장을 대상으로 하나의 제품을 차별화하는 데 도움을 줄 수 있는 2차 브랜드를 창출하는 것

하이브리드 마케팅 시스템 표적시장에 제공하기 위해 다양한 경로와 커뮤니케이션 방법을 사용하는 마케팅 시스템

하이퍼마켓 창고형 매장과 슈퍼마켓의 특성을 결합한 소매상인 하이퍼마켓은 다른 소매상들보다 두서너 배 더 크고 식료품에서 전자제품까지 거의 모든 것을 제공함

하향식 예산편성법 마케팅 커뮤니케이션에 들어갈 총액에 대한 경영자의 결정에 근거한 촉진 예산의 할당

학습 획득된 정보나 경험에 의해 야기된 행동에 있어서 상대적으로 영구적인 변화

한정 서비스 상인 도매상 고객에게 더 적은 서비스를 제공하는 도매업체

할인 소매상 유명 제조업체로부터 초과 상품을 구매하여 고객들에게 비용 절감의 혜택을 주는 소매상

합작 투자 둘 이상의 기업이 모여 만든 공동 기구에 합작하기로 한 기업의 자원을 모아 공동의 목표를 달성하고자 하는 전략적 제휴

해독 수신자가 메시지에 의미를 부여하는 과정

해석 사람이 자극과 관련하여 가지는 사전적 연상과 그 사람이 자극에 관해 설정하는 가정에 기초하여 의미를 부여하는 과정

핵심 관리대상 매출에 기여하는 가장 큰 고객

핵심 제품 제품이 소비자 또는 사업자 고객에게 제공하는 모든 편익들

행동적 세분화 소비자들이 재화나 서비스에 대해 어떻게 사용하고, 행동하고 느끼는지를 바탕으로 세분화하는 기법

행동 태도의 행동적 요소. 어떤 제품을 구매 또는 사용하려는 의도와 같이 어떤 것을 하고자 하는 소비자의 의도를 포함

행동학습이론 외부적 사건이나 자극에 의해 소비자 행동이 어떻게 변화되는가에 초점을 맞춘 학습이론

허용 마케팅 온라인 소비자가 청하지 않은 이메일을 받거나 거절할 기회를 가지도록 하는 이메일 광고

혁신 고객이 새롭거나 기존 제품과는 다르다고 지각하는 제품

혁신자 신제품을 채택하는 모집단의 약 2.5%에 해당하는 첫 번째 시장

현금 할인 현금으로 빠르게 지불하도록 고객들을 유인하기 위해 제공된 할인

현지 제조 규정 제품의 일정 부분이 현지 국가나 현지 경제적 공동체의 산업체가 공급하는 구성요소로 제조되어야 한다고 규정하는 보호 무역의 한 형태

협력소비 대여 기업가처럼 실행하는 기업 소비활동

혜택 소비자가 제품의 구매를 통해 얻고자 하는 결과로 소비자의 구매 행위를 촉진

호혜주의 두 기업들이 서로에게서 구매할 것을 동의하는 상사 조합

홍보 대중 매체에 나타나는 조직에 관한 대가를 지불하지 않는 커뮤니케이션

확률 표본 모집단의 각 구성원이 포함될 가능성이 사전에 알려진 표본

확산 어떤 제품 사용이 집단에 퍼져나가는 과정

확장 제품 실제 제품에 더하여 보증, 신용, 배달, 설치, 판매 후 수리 서비스와 같은 여러 지원들

환기상표군 의사결정 과정에서 소비자들이 떠올린 모든 대안 브랜드

환율 한 국가의 통화 가치를 다른 국가의 통화로 표현

활동·관심·견해(AIOs) 소비자들을 여러 차원으로 나누기 위해 사용된 소비자의 활동, 관심, 견해에 대한 측정도구

활동 계량지표 기업 내 다양한 마케팅 과정에서 취해진 특정 활동들에 대해 측정 및 추적하는 계량지표

회색 시장 고객에게 제품을 판매하는 것이 기술적으로 합법적일 수 있는 유통 경로. 그러나 최소한 관련 제품의 제조업체들에 의해 부적절하다고 간주된다. 회색 시장은 종종 독점적인 유통을 통해 판매되는 고급 사치품 주변에서 나타난다.

회색시장제품 상표권자의 허가 없이 해외에서 생산되고 수입된 제품

횡단연구 설계 체계적으로 수집된 정량적 정보를 포함한 서술적 방식

효과 계층 가망 고객이 제품의 최초 인지부터 브랜드 충성에 이르기까지 거치는 일련의 단계들

효용 제품이나 서비스를 이용할 때 소비자가 얻게 되는 혜택

후기 다수자 구매에 관련하여 거의 위험이 없을 때, 경제적 필요에 의해서 또는 사회적 압박에 의해 신제품을 구매하려는 채택자들

후원 기업의 기여를 알리는 보답으로 행사 자금을 돕는 재무적 자원을 기업이 제공하는 PR 활동

후원 검색 광고 인터넷 검색 후 상단에 노출되는 지불된 광고

후행 지표 실현된 결과를 바탕으로 실행 계획의 성과를 통찰 있게 제공하는 성과 지표

휴리스틱 의사결정 과정을 단순화함으로써 신속한 의사결정으로 유도하는 정신적 경험법칙

흡수 운임 가격 결정 판매자가 수송의 모든 비용을 부담하는 가격 결정의 전술

1차 자료 의사결정을 내리는 데 도움을 주기 위해 수행한 조사로부터 얻은 자료

2차 자료 주어진 문제에 대한 것이 아닌 다른 목적으로 수집된 자료

4P 제품, 가격, 촉진, 유통

80/20 법칙 구매자의 20%가 제품 매출의 80%를 구매하는 마케팅 법칙

A/B 실험 웹 페이지, 배너 광고, 이메일 등과 같은 마케팅 자산 특성에 대한 변화의 효과를 확인하는 데 사용되는 방법. 이 방법은 무작위로 형성된 두 사용자 모집단에 기존 방법과 변형된 방법을 노출시키면서 활용. 각 모집단 대상자들의 행동을 바탕으로 변형된 방법이 관심도(클릭 횟수)에 더 효과적으로 작용되는지에 대한 결과 도출

B2B 마케팅 제품/서비스 생산, 재판매, 또는 사업 운용을 위해 기업이나 조직이 필요로 하는 제품과 서비스에 대한 마케팅

B2B 시장(B2B) 제조업체, 도매상, 소매상, 다른 조직들을 포함하는 고객들의 그룹

B2B 전자상거래 둘 혹은 그 이상의 기업 또는 조직 간의 인터넷 교환

B2C 전자상거래 기업들과 개인 소비자들 간의 온라인 교환

BCG 성장-시장 점유 계량지표 보스턴 컨설팅 그룹이 개발한 포트폴리오 분석 모델로서 기업이 현금을 창출할 수 있는 성공적인 제품의 잠재력을 평가하거나 신제품에 투자할 때 활용하는 방법

BRICS 국가 개발도상국 중, 경제 성장이 가장 빠른 국가들로서 브라질, 러시아, 인도, 중국, 남아프리카. 30억 이상의 인구를 보유하고, 전 세계 인구의 42%가 이들 국가의 국민이며, 전 세계 생산의 20%를 차지하는 나라

F.O.B. 인도 가격 결정 제품을 선적하고 고객에게 수송하는 비용이 판매 가격에 포함되며 제조업자가 지불하는 가격 결정의 전술

F.O.B. 출발지 가격 결정(F.O.B. 공장도 가격 결정) 공장에서 고객의 위치까지 제품을 운송하는 비용이 고객의 책임이라는 가격 결정의 전술

f 커머스 페이스북에서 이루어지는 전자상거래

G7 경제적으로 가장 발전한 국가들의 비공식적 모임. 이 국가들은 연간 한 번씩 국제 사회가 직면한 주요 경제 및 정치적 문제에 대해 논의함. 이전에는 G8이었으나, 회원국이었던 러시아가 2014년 크림 반도 침략으로 인해 제외됨

ISO 9000 유럽에서 제품 품질 규제 표준화를 위한 국제 조직에 의해 개발된 기준

M-커머스 휴대전화와 스마트폰, 개인 디지털 단말기 등 기타 모바일 기기를 통해 전송되는 홍보 및 기타 전자상거래 활동

QR 코드 광고 스마트폰의 GPS를 이용해 소비자에게 다양한 정보를 전달하는 광고

SWOT 분석 조직의 강점과 약점, 외부 환경에서의 기회와 위협에 대한 분석

TV 에브리웨어 또는 인증된 스트리밍 태블릿이나 스마트폰과 같은 인터넷을 사용해 케이블이나 인공위성 업자들이 제공하는 콘텐츠를 스트림하는 행위

VALS™ 미국 성인들의 심리적 · 경제적 자원을 8개의 그룹으로 구분한 심리 세분화 시스템

X세대 1965~1978년 사이에 태어난 소비자 집단

Y세대(밀레니엄 세대) 1979~1994년 사이에 태어난 소비자 집단

Z세대 1994년 이후에 태어난 소비자 집단

▶ 찾아보기

저자 소개

마이클 R. 솔로몬, 엘노라 W. 스튜어트, 그레그 W. 마셜

마이클 R. 솔로몬

마이클 R. 솔로몬(Michael R. Solomon) 박사는 2006년에 필라델피아에 있는 세인트조셉대학교의 Haub 경영대학 마케팅 교수로 임용되었고, 2007년부터 2013년까지 영국 맨체스터대학교에서 소비자 행동학 교수로 임용되었다. 1995년부터 2006년까지, 그는 오번대학교의 소비자 행동학 교수였다. 1995년 오번대학교에 임용되기 전, 그는 뉴저지주에 있는 뉴브런즈윅의 러트거스대학교 경영학과에서 마케팅 학과의 책임자로 재직했다. 솔로몬 교수의 주된 연구 관심사는 소비자 행동과 생활 방식의 문제, 브랜드 전략, 제품의 상징적 측면, 패션·장식·이미지 심리, 서비스 마케팅, 시각에 기반한 온라인 연구 방법론의 개발 등이다. 최근에 그는 현재 *Journal of Consumer Behaviour, Journal for the Advancement of Marketing Education, Journal of Marketing Theory and Practice, Critical Studies in Fashion and Beauty* 등의 편집위원이다. 다른 저서 이외에도, 그는 또한 전 세계 대학에서 널리 사용되는 프렌티스 홀(Prentice Hall)의 텍스트 *Consumer Behavior: Buying, Having, and Being*의 저자이다. 솔로몬 교수는 '더 투데이 쇼', '굿모닝 아메리카', '채널 원', '월스트리트저널 라디오 네트워크', '내셔널 퍼블릭 라디오' 등과 같은 텔레비전과 라디오 프로그램에 자주 출연하여 소비자들의 행동과 마케팅 문제에 대해 논평한다.

그레그 W. 마셜

그레그 W. 마셜(Greg W. Marshall) 박사는 플로리다주에 있는 윈터파크 롤린스대학에 있는 크루머 경영대학원의 마케팅 및 전략 교수이다. 또한 그는 3년 동안 롤린스의 전략 마케팅 담당 부총장으로 일하고 있다. 롤린스에 임용되기 전, 그는 오클라호마주립대학교, 사우스플로리다대학교, 텍사스크리스천대학교 등의 교수로 재직하였다. 그는 또한 영국 버밍엄에 위치한 애스턴 경영대학원의 마케팅 분야에서 객

원 교수직을 맡고 있다. 마셜 교수는 털사대학에서 마케팅 분야의 BSBA와 MBA를, 오클라호마주립대학교에서 마케팅 분야의 박사학위를 받았다. 그의 연구 관심사로는 영업 관리, 마케팅 관리 의사 결정, 내부 관계 등이 있다. 그는 *Journal of Marketing Theory and Practice*의 편집위원장이고, *Journal of Personal Selling & Sales Management*의 전임 편집위원장이었으며, 현재는 *Journal of Business Research, and Industrial Marketing Management*의 편집위원장으로 있다. 마셜 교수는 American Marketing Association 이사회의 일원이며, American Marketing Association Academic Division과 Academy of Marketing Science의 전임 회장이자 유명한 펠로우이다. 학자 생활 이전에 그는 워너램버트, 멘넨, 타깃 등과 같은 회사의 제품 관리, 현장 영업 관리 및 소매 관리 등의 업무를 담당하였다.

엘노라 W. 스튜어트

엘노라 스튜어트(Elnora W. Stuart) 박사는 조지 딘 존슨의 사우스캐롤라이나 업스테이트대학교의 주니어 경영 및 경제학과의 마케팅 교수이다. 2008년에 USC 업스테이트에 임용되기 전에, 그녀는 카이로에 있는 아메리칸대학교의 마케팅 교수이자 BP 이집트 석유 경영학 교수였고, 사우스캐롤라이나에 위치한 락 힐에 있는 윈스럽대학교의 마케팅 교수였다. 그녀는 또한 스페인 마드리드의 국립통계연구소 방문 교수였다. 그녀는 그린즈버러의 노스캐롤라이나대학교에서 연극과 연설에서 학사학위를 받았고, 언론과 대중 커뮤니케이션 분야에서 석사와 사우스캐롤라이나 대학교에서 마케팅 분야의 박사학위를 받았다. 스튜어트 교수의 연구는 *Journal of Consumer Research, Journal of Advertising, Journal of Business Research, Journal of Public Policy and Marketing* 등을 포함하여 주요 학술지에 게재되었다. 25년 이상 동안, 그녀는 미국과 이집트 내의 수많은 기업과 비영리 단체들을 위한 고문으로 일해 왔다.

역자 소개

황용철
국립제주대학교 경영학과 졸업
중앙대학교 대학원 경영학 석사
중앙대학교 대학원 경영학 박사

현재 국립제주대학교 경영학과 교수
    (사)한국소비문화학회 부회장
    (사)한국상품학회 부회장
경력 마르퀴즈 후즈후 세계인명대사전 등재(2014~2019 현재)
    국립제주대학교 관광과경영경제연구소장
    (사)한국전략마케팅학회 회장
    (사)한국마케팅관리학회 부회장
    (사)한국마케팅학회 부회장
    (사)한국경영학회 제주지회장, 부회장
    (사)한국경영교육학회 부회장
도서 『NEW 소비자행동』, 『서비스마케팅』 등
주요 논문 「The Effects of Self Construal and Nostalgia Type on Product Evaluation」(Journal of Product Research) 외 다수

강민정
이화여자대학교 사회과학대학 신문방송학과(경영학과 부전공) 졸업
서울대학교 대학원 경영학 석사
서울대학교 대학원 경영학 박사

현재 국립목포대학교 경영학과 조교수
경력 서울대학교 아시아연구소 선임연구원
    성균관대학교 인터랙션사이언스학과 박사후연구원
도서 『국제광고론』, 『국제마케팅』 등
주요 논문 「The Effect of Customers' Perceived Benefits on Virtual Brand Community Loyalty」(Online Information Review) 외 다수

김미리
세종대학교 전자정보공학대학 디지털콘텐츠학과 졸업
서강대학교 대학원 경영학 석사
서강대학교 대학원 경영학 박사

현재 서강대학교 경영학부 특성화사업단 연구교수
도서 『사회과학연구조사방법론』
주요 논문 「Toward an Integrated Framework for Innovation in Service: A Resource-Based View and Dynamic Capabilities Approach」(Information Systems Frontier), 「제품의 관점을 통한 파괴적 혁신의 이해」(Korea Business Review) 외 다수

손민희
KAIST 경영과학과 졸업
KAIST 경영과학(마케팅) 석사
KAIST 경영공학(마케팅) 박사

현재 동국대학교 경주캠퍼스 경영학부 부교수
경력 KT 경영연구소/홈고객전략본부 부장(시장분석, 마케팅전략)
주요 논문 「Beyond The Technology Adoption: Technology Readiness Effects on Post-adoption Behavior」(Journal of Business Research, JBR), 「Why Firms Do Co-promotions in Mature Markets?」(JBR) 외 다수

전주언
인하대학교 경영학과 졸업
중앙대학교 대학원 경영학 석사
중앙대학교 대학원 경영학 박사

현재 안양대학교 글로벌경영학과 조교수
경력 한국표준협회 위촉전문위원, 한국산업은행(KDB) 금융대
　　 학 외래교수
주요 논문 「Brand Schematicity Moderates the Effect of Aesthetic
　　　　 Brands on Brand Accessories Purchase Intention」(SBP),
　　　　 「The Impact of Brand Concept on Brand Equity」
　　　　 (APJIE),「Daily Emotional Labor, Negative Affect, and
　　　　 Emotional Exhaustion」(Sustainability) 외 다수

황연희
연세대학교 경영대학 경영학과 졸업
한양대학교 대학원 경영학 석사
연세대학원 대학원 경영학 박사

현재 경성대학교 글로컬문화학부 문화서비스학전공 조교수
경력 연세대학교 경영학과 초빙교수, 동화약품 소비자만족팀,
　　 삼성전자 sadi 선임연구원
도서 『소비자행동』,『SMAT Module A 비즈니스 커뮤니케이
　　 션』등
주요 논문 「An Investigation of Attachment Factors to Digital
　　　　 Product」(Journal of Engineering and Applied Sciences),
　　　　 「지각 학습 관점에서 본 디자인 아이덴티티의 성공적
　　　　 인 제품 디자인 혁신 방안」(디자인학 연구) 외 다수